罗甸县志

Luodian County Annals

1991-2015

罗甸县史志编纂委员会 编

方志出版社

图书在版编目（CIP）数据

罗甸县志：1991-2015 / 罗甸县史志编纂委员会编 .
-- 北京：方志出版社，2018.6
ISBN 978-7-5144-3038-7

I. ①罗… II. ①罗 ... III. ①罗甸县—地方志—
1991-2015 IV. ① K297.34

中国版本图书馆 CIP 数据核字（2018）第 059168 号

罗甸县志（1991—2015）

编　　者：罗甸县史志编纂委员会
责任编辑：冯　松
出 版 人：冀祥德
出 版 者：方志出版社
地址　北京市朝阳区潘家园东里 9 号（国家方志馆 4 层）
邮编　100021
网址　http: //www. fzph.org
发　　行：方志出版社图书经销中心
电话（010）67110500
经　　销：各地新华书店
印　　刷：云南速盈印刷有限公司
开　　本：889 × 1194mm　　1/16
印　　张：56.5
字　　数：1542 千
版　　次：2018 年 6 月第 1 版　　2018 年 6 月第 1 次印刷
印　　数：0001 ～ 2000 册
ISBN 978-7 – 5144 – 3038 – 7　　定价：380.00 元

《罗甸县志（1991—2015）》编写领导小组

（2005 年 9 月成立）

顾　　问：宋　健　黄锐光　陈邦禄

组　　长：莫俊国　彭贤伦　高仲涵　邓德宇　余贤臣　韦成波　陈明莉

成　　员：赵小华　姚茂荪　杨胜钟　宋正钧　李祖祥　陆庆达　赵光龙

石青明　何桂春　杨敦智　胡　鸿　赵福尧　王定勇　刘明辉

罗孔道　罗玉忠　陈盛先

领导小组下设办公室，办公室设在县史志办，陆庆达兼任办公室主任。

《罗甸县志（1991—2015）》编纂委员会

（2007 年 8 月—2014 年 6 月调整）

名誉主任：黄锐光　彭贤伦　陈邦禄

主　　任：刘延学

副 主 任：刘胜军　余贤臣　罗金逸　陈光辉　曾仕超

成　　员：黄元智　刘发立　吴开京　李德林　李祖祥　罗伯忠　石炳通

刘敏智　安作林　罗仕辉　姚茂荪　陆庆达　曾兴铁　黎　牛

梁昌平　何桂春　王定勇　杨敦智　严平亚　王仕来　罗承俊

宿文科　谢　波　冷安辉　王兴田　石青明　邓德江　邓政斌

韩　松　罗玉忠　汪显勇　罗家兴　林永兴　莫显辉　陈　平

彭定禄　张　路　黄光林　龙文霞

编委会下设办公室在县史志办，陆庆达兼任办公室主任。

《罗甸县志（1991—2015）》编纂委员会

（2014年7月—2015年3月）

《罗甸县志（1991—2015）》编纂委员会

（2015年4月—2017年4月）

《罗甸县志(1991—2015)》编纂委员会

（2017年5月—2017年12月）

顾　　问：杨朝伟　杨兴华　罗金逸

主　　任：蓝康力

副 主 任：宋　辉　马素芬　韦正江　班禹霞　黄大斌

成　　员：县委办、县人大办、县政府办、县政协办、县纪委、县委组织部、县委宣传部、县档案史志局、县编委办、县法院、县检察院、县人社局、县财政局、县发改局、县教育局、县工信局、县农工局、县扶贫局、县住建局、县城管局、县审计局、县民政局、县水务局、县交通局、县林业局、县移民局、县统计局、县公安局、县司法局、县文旅局、县环保局、县卫计局、县市监局、县国土局、县民宗局、县气象局、县国税局、县地税局、县国资金融办等单位负责人。

县史志编纂委员会下设办公室在县档案史志局，县档案史志局章艳兼任办公室主任，负责日常事务工作。

《罗甸县志(1991—2015)》编辑部

（2014年7月成立）

主　　编：姚茂荪

副 主 编：陆庆达

执笔主编：陈盛先

编　　辑：陈建文　袁继光　黄元勋　陆国器

编　　务：罗家和　王邦英　左丹丹

《罗甸县志（1991—2015）》编辑部

（2014年10月调整）

主　　编：何清福
副 主 编：陆庆达
执笔主编：陈盛先
编　　辑：陈建文　袁继光　黄元勋　陆国器
编　　务：王邦英　兰国琴　邓政军　吴　勇

序　一

《罗甸县志》历经编修人员 4 个春秋（2014—2017）辛勤耕耘，今朝付梓问世，是罗甸县政治、经济、文化、社会建设领域一大盛事，可喜可贺！

《罗甸县志（1991—2015）》是 1994 年出版的《罗甸县志》之续志。本志坚持以马克思列宁主义、毛泽东思想、邓小平理论、“三个代表”重要思想、科学发展观、习近平新时代中国特色社会主义思想为指导，运用辩证唯物主义与历史唯物主义观点和方法，全面、系统、客观地记述罗甸 1991—2015 年政治、经济、文化和社会各项事业建设取得的辉煌成就，充分反映全县人民在县委、县人民政府的坚强领导下，以经济建设为中心，以发展为第一要务，锐意改革、团结拼搏、攻坚克难、艰苦奋斗的精神风貌，展示罗甸县综合实力跃升至全省非经济强县中游位次的艰辛历程，彰显罗甸县在新形势下焕发出来的勃勃生机和巨大活力。

过往皆为序章，奋斗成就未来。当前，县委、县人民政府正举全县之力，以习近平新时代中国特色社会主义思想为指引，坚持稳中求进工作总基调，坚持新发展理念，紧扣社会主要矛盾变化，统筹推进“五位一体”总体布局和协调推进“四个全面”战略布局，围绕“一枢纽三基地一湖城”战略目标，深化供给侧结构性改革，推动质量变革、效率变革、动力变革，坚决打好防范化解重大风险、精准脱贫、污染防治三大攻坚战，大力实施大扶贫、大生态、大健康战略行动，奋力决战脱贫攻坚、决胜同步全面小康，全力推进全县经济社会持续健康发展。

鉴古知今，继往开来，盛世修志，旨在“存史、资政、育人”，激励当代、启迪后世、造福桑梓。诚望全县广大干部群众大力弘扬大关精神、鼓足麻怀干劲，抢抓新时代发展新机遇，撸起袖子加油干，迈开步子加快赶，奋力书写新时代百姓富、生态美的罗甸新篇章。

中共罗甸县委书记　杨朝伟

2018 年 4 月 18 日

序　二

国修史，县修志，有史有志，方能鉴古知今，借鉴得失。《罗甸县志（1991—2015）》，四易其稿，今出版问世。

1991年以来，罗甸革命老区人民坚持改革开放这一强县之路、强县之本。从根本上改革束缚生产力发展的经济体制，坚持和完善社会主义市场经济体制；与此相适应，进行政治体制改革和其他领域的改革。提高改革决策的科学性，更加注重改革的系统性、整体性、协同性，在实践中开创新路。坚持对外开放的基本国策，吸收和借鉴人类社会创造的一切文明成果。

中共罗甸县委、罗甸县人民政府领导全县各族人民发展社会主义市场经济。毫不动摇地巩固和发展公有制经济，毫不动摇地鼓励、支持、引导非公有制经济发展。发挥市场在资源配置中的基础性作用，更好地发挥政府作用，建立完善的宏观调控体系。统筹城乡发展、区域发展、经济社会发展、人与自然和谐发展、国内发展和对外开放，调整经济结构，转变经济发展方式，推进供给侧结构性改革。促进新型工业化、信息化、城镇化、农业现代化同步发展，建设社会主义新农村，走中国特色新型工业化道路，建设创新型罗甸和科技强县。

以“大关精神”为榜样，励精图治，团结拼博，与时俱进，锐意进取，逐步优化调整经济结构，不断提高对外开放水平，全力推进工业化、城市化进程，全面加强精神文明和民主法制建设，着力打造“一圈两翼”“山水湖城·玉都罗甸”“长寿之乡”，实现全县经济又好又快发展。展现罗甸经济健康发展，社会文明进步，各项事业欣欣向荣，城乡面貌焕然一新，人民安居乐业，呈现出繁荣和谐蒸蒸日上的新气象。

《罗甸县志（1991—2015）》上溯1991年，下讫2015年，纵跨24年，百余万言，全面翔实地记述罗甸山川地理、政治经济、科教文化、风俗民情等各方面的历史和现状。力求观点与史实统一，思想性与科学性统一，展现罗甸乡土特色和改革开放取得辉煌业绩，为一部地方百科全书。

本志涉及范围广远，内容包括面广，编者按照科学分类，据内容之不同设篇，篇下设章，章下设节，节下设目，目下设子目，达到纲目分明，归类清晰。一志在手，主政者可以之为镜，知之交替，明兴旺，观民情，晓万业，把握罗甸历史发展脉络，从罗甸实际情况出发，宏观决策，规划蓝图；着力推进“四个全面”战略布局，贯彻“五大发展理念”，按照“守底线、走新路、奔小康”的要求，坚持主基调战略，加快建设“一枢纽三基地一湖城”，大力实施大扶贫、大健康战略行动，大力发展环保生态建设，确保与全国、全省同步建成全面小康社会。

忆往昔创业艰辛，望未来任重道远。相信罗甸人民将以史为鉴，继往开来，开拓创新，为罗甸全面实现小康社会谱写更加绚丽的篇章。

此书今日付梓，编著诸君实为功垂千古，故怀慰之心序之。

罗甸县人民政府县长 杨兴华

2017 年 12 月 18 日

凡　例

一、本志以马克思列宁主义、毛泽东思想、邓小平理论、“三个代表”重要思想、科学发展观和习近平新时代中国特色社会主义思想作为自己的行动指南，运用辩证唯物主义和历史唯物主义的立场、观点和方法，全面、客观、系统地记述罗甸自然、政治、经济、文化和社会的历史与现状，准确地记述县情，并突出地方特色。

二、本志为1994年版《罗甸县志》的续志，上限1991年，下限2015年。为保持事物记述的完整性、资料的连贯性，个别事物记述时间作必要上溯，如本志第一篇区域、自然地理和机构等复载前志资料。

三、本志依据行政区划调整，2014年2月全县调整为8镇1乡后，原26个乡镇资料记述至2013年，调整后的8镇1乡资料记述至2015年。

四、本志采用述、记、志、传、图、表、录等组成，以志为主。全志设篇、章、节、目等层次记述，辅以表置于相关志文中。概述、大事记、人物、补遗、附录不设篇。

五、本志纪年、称谓。纪年采用公元，历史纪年加注公元纪年；名称和职务按当时的称谓，首次出现用全称，之后用规范简称。

六、本志人物，坚持生不立传的原则。按人物传略、人物简介、人物补遗、名录分述。人物传以本籍为主，客籍为辅，重在以突出业绩、重大贡献、重大影响为标准，以卒年月先后为序。人物简介中介绍博士学位、高级专业技术职称、厅级干部中成就突出的罗甸籍在县外工作或外籍在罗甸期间业绩突出人员，以及在文学艺术取得突出成绩者。人物补遗为《罗甸县志》（1994年版）未列入的有重大贡献或影响的人物（含普通人物），以姓氏笔画为序。名录限于行政实职副处级以上、革命烈士、高级专业技术职称、受省部级以上表彰、百岁老人、本籍博士，其中行政实职副处级以上名录按届次为序，革命烈士按卒年月排序，其余按姓氏笔画为序。

七、本志篇或章后设专记记述地方特色和行业业绩。

八、本志采用现代语体文记述，使用规范简化字，标点符号、数字、计量单位执行国家的统一规定。

九、本志资料主要来源于县属各部门、乡镇、人民团体、历史档案、历史文献、政府统计资料、各种专著、年鉴、部门志、报刊文章和调查采访。

十、本志数据以统计部门公布的法定数据为准，部分数据以承编单位提供的为准。

十一、本志设补遗，以述事补前志之遗略。

十二、本志彩页图片，选用省（部）级领导到罗甸的图片。附录中设有提供资料撰稿人员名单。

罗甸县水域示意图

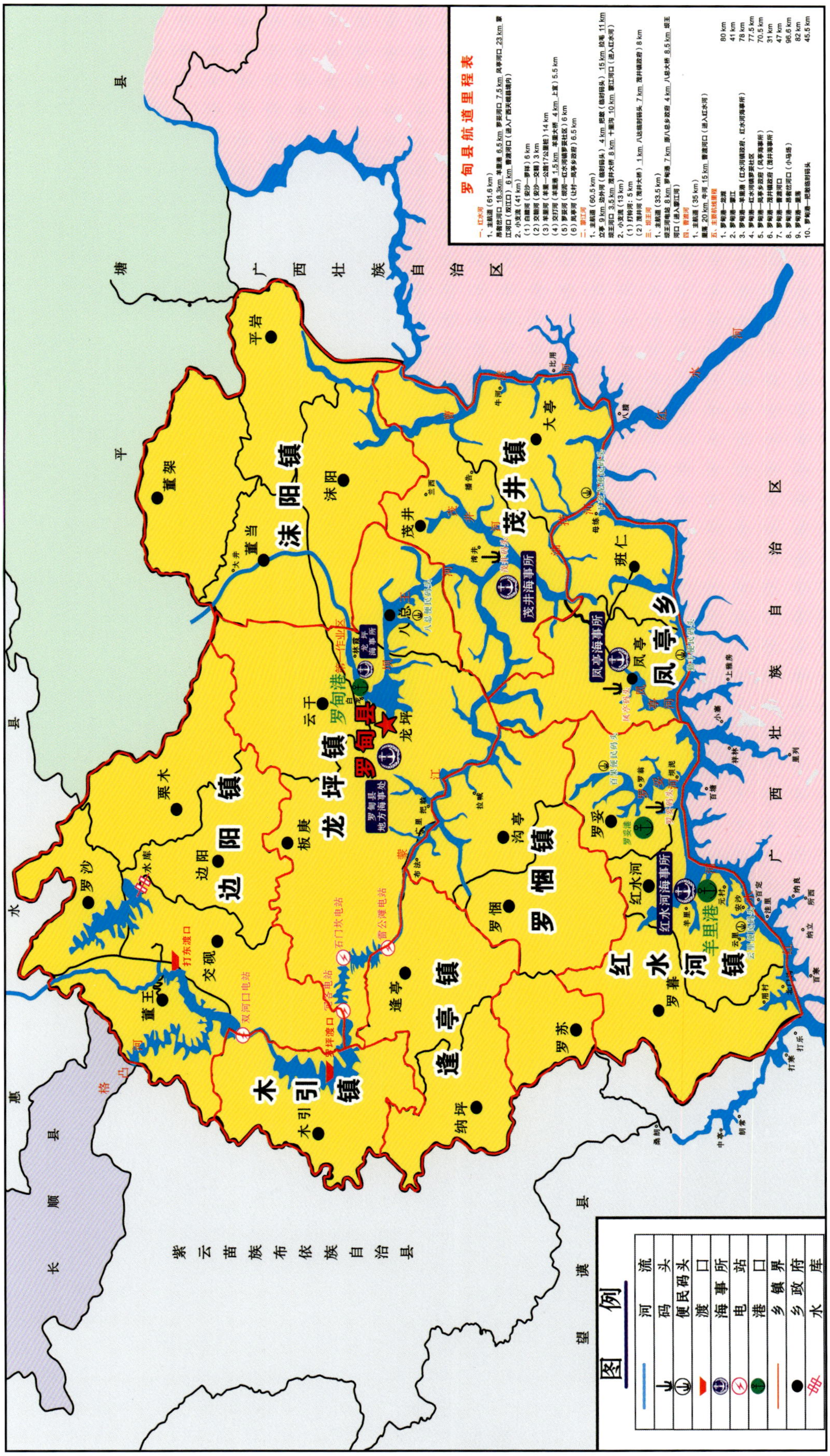

罗甸县水务局 2015 年制

罗甸县文物保护单位分布图

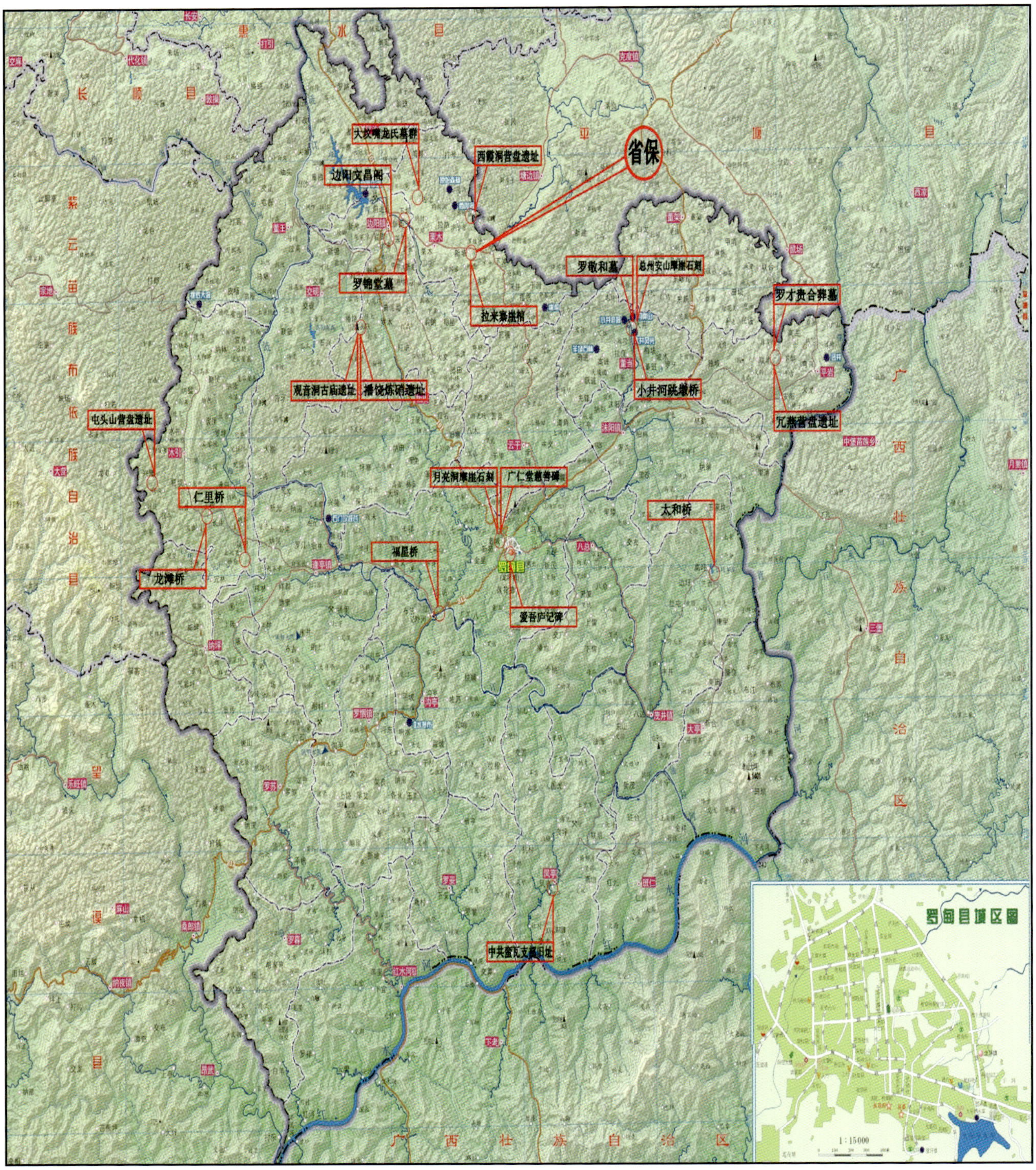

罗甸县文化广播与旅游局 2011 年制

罗甸县矿产资源分布图

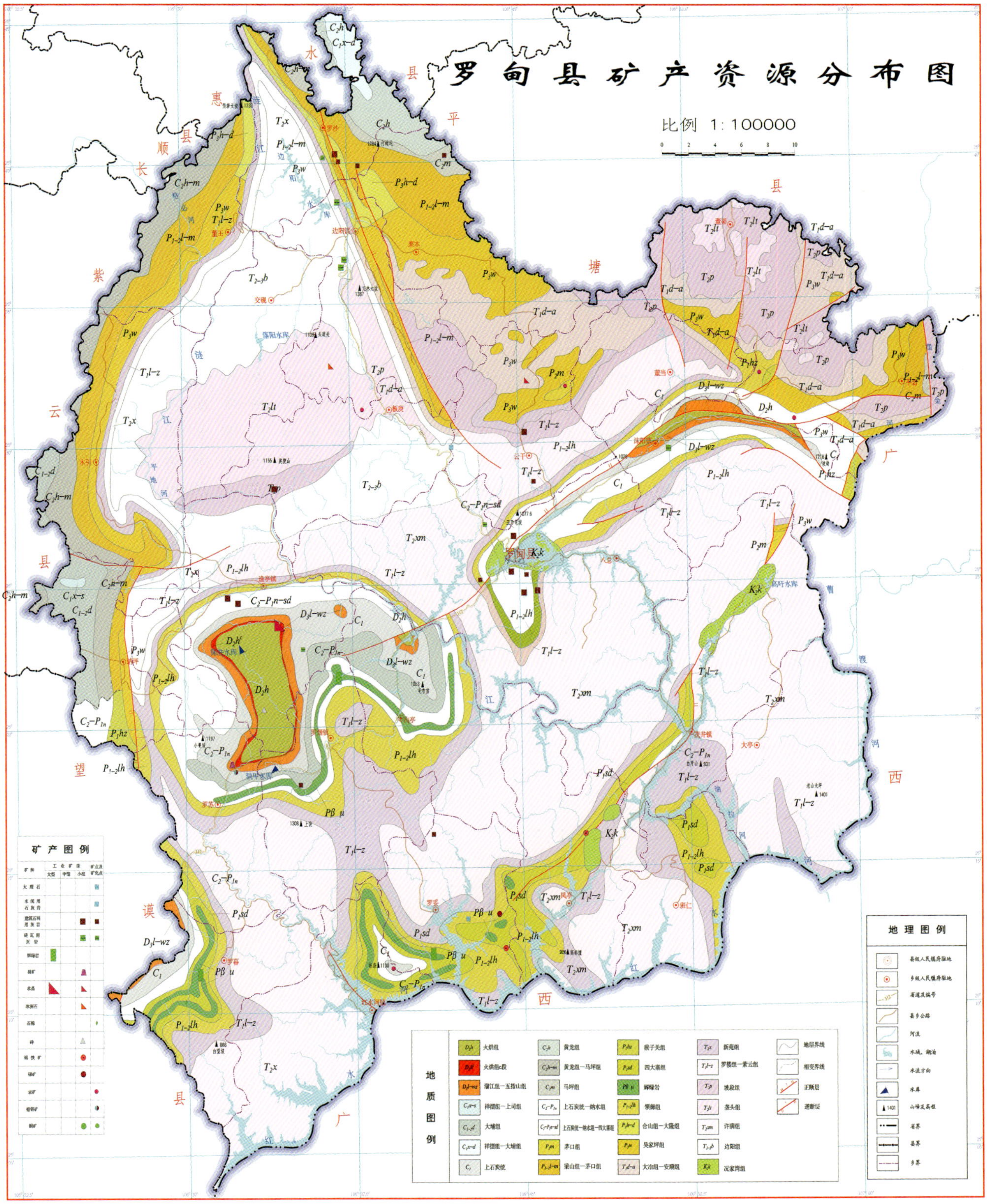

罗甸县国土资源局 2014 年制

1995 年前的罗甸县城

罗甸县城全景

2014 年 8 月县城全貌

大关精神

国务委员陈俊生 1996 年为大关村题词 （1996 年 12 月摄）

火烧田——大关人王明华家因无钱买炸药，用火浇石头后水淋，用木棒撬石造田 （2008年6月摄）

大关村一角新貌 （2008 年 6 月摄）

1997 年 2 月 16 日《人民日报》赞大关精神石碑

边阳镇平洋村坡改梯　（1997 年 12 月摄）

边阳镇深井村坡改梯工程　（2004 年 11 月摄）

领导关怀

1

2

1. 国务院扶贫办规划财务司司长吴华（中）考察县职业学校　（2006 年 3 月摄）

2. 国家林业局湿地保护管理中心副处长关东明（右三）调研罗甸湿地公园建设　（2013 年 9 月摄）

3. 中共贵州省委书记石宗源（右二）到罗甸贵州信邦制药公司考察　（2009 年 6 月摄）

4. 中共贵州省委书记赵克志（前右二）到罗甸考察火龙果发展情况　（2011 年 5 月 28 日摄）

3

4

5. 中共贵州省委副书记、省长陈敏尔（前一）考察罗甸火龙果长势　（2015 年 5 月摄）

6. 贵州省副省长陈鸣明（中）到罗甸第四小学考察　（2014 年 3 月摄）

7. 贵州省副省长慕德贵（左二）到罗甸开展精准扶贫遍访工作　（2015 年 7 月摄）

8. 贵州省副省长刘远坤（中）到罗甸调研移民易地扶贫搬迁工作　（2015 年 12 月摄）

城镇面貌

县城城北一角 （2015年3月摄）

未开发前城东新区旧貌 （2010年7月摄）

城东新区夜景　（2015年3月摄）

县城城西创业园全景　（2015年5月摄）

边阳镇全景 （2014 年 3 月摄）

沫阳镇全景 （2015 年 3 月摄）

逢亭镇全貌 （2015 年 3 月摄）

罗悃镇全景　（2011 年 5 月摄）

红水河镇 （2013 年 5 月摄）

木引镇全貌 （2015 年 3 月摄）

凤亭乡全景 （2012 年 7 月摄）

茂井镇新址——红屯 （2014 年 5 月摄）

农　业

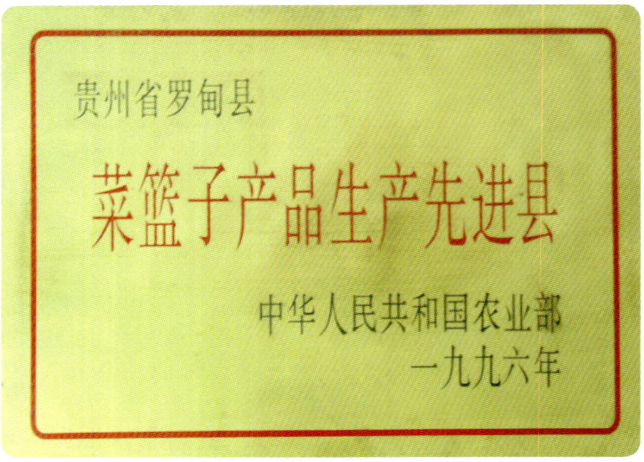

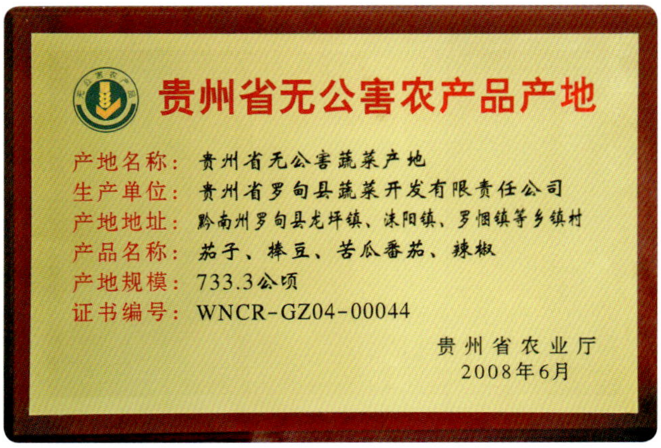

县城早菜交易市场　（2007年5月摄）

边阳专业合作社蔬菜基地　（2012 年 8 月摄）

逢亭镇祥脚早熟蔬菜基地　（2015 年 1 月摄）

罗甸亿源火龙果种植基地 （2015年6月摄）

火龙果产品

罗甸县人民政府：

经审查：批准罗甸火龙果为国家地理标志保护产品

中华人民共和国地理标志保护产品
PGI
罗甸火龙果
PEOPLE'S REPUBLIC OF CHINA

公告号：2013年第167号

国家质量监督检验检疫总局

二〇一三年十二月十日

罗甸特产——上隆脐橙
（2009 年 11 月摄）

木引镇水井村樱桃基地
（2015 年 4 月摄）

罗甸上隆生态茶园　（2012 年 5 月摄）

龙坪镇道角林下养鸡场
（2015 年 4 月摄）

罗甸“高原千岛湖”网箱规模养鱼
（2011 年 4 月摄）

云干商品牛养殖场
（2015 年 4 月摄）

凤亭乡凤亭村良坪生态火鸡养殖场
（2015 年 5 月摄）

茂井镇红屯黑山羊养殖基地
（2009 年 11 月摄）

逢亭镇上隆村生态生猪养殖场
（2015 年 5 月摄）

工业发展

贵州信邦制药厂全景　（2006 年 3 月摄）

位于沫阳镇罗沟村的森垚水泥厂全景　（2013 年 7 月摄）

位于沫阳镇董架村贵州坤达石业有限公司（2013 年 11 月摄）

罗甸董架米黄色大理石原矿石 （2013 年 11 月摄）

位于沫阳镇罗沟村的贵州坤达石业有限公司生产车间 （2015 年 12 月摄）

艾纳香原植物 （2012 年 5 月摄）

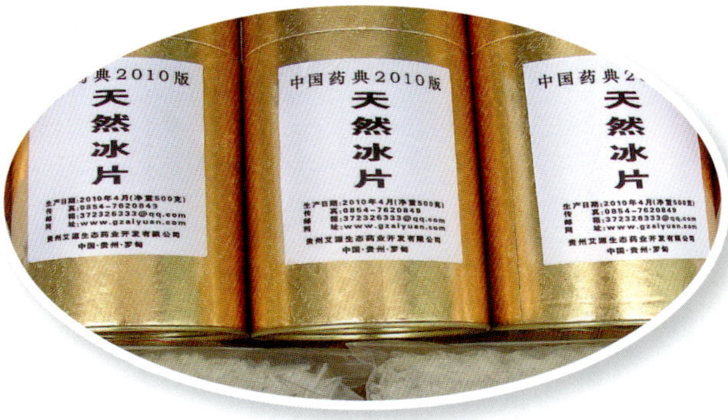

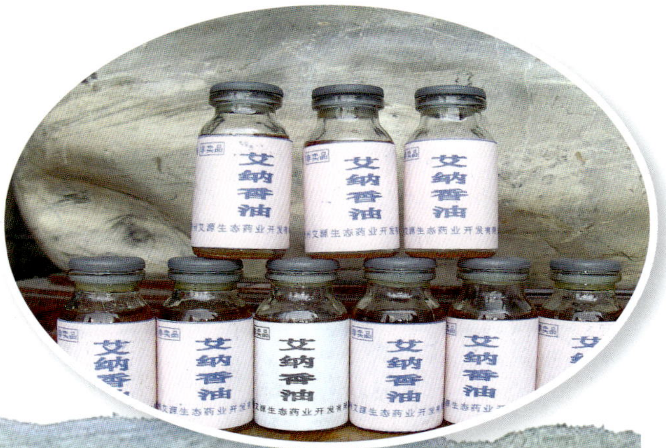

位于县城西的贵州艾源生态药业开发有限公司 （2012 年 5 月摄）

2010 年 6 月龙坪镇污水处理厂正式运行
（2010 年 6 月摄）

双河口水电站 2008 年 7 月正式投产发电
（2008 年 7 月摄）

2011 年 11 月上尖坡水电站开工建设
（2011 年 11 月摄）

交通建设

惠水、罗甸两县交界处——简燃关七道拐　（1999 年 2 月摄）

惠罗高速公路罗甸段板庚关　（2015 年 8 月摄）

2015 年 8 月 28 日，举行惠罗高速公路通车仪式

惠罗高速公路罗甸匝道口　（2015 年 8 月摄）

位于贵州、广西交界的罗天乐大桥　（2014 年 7 月摄）

罗甸港码头　（2014 年 7 月摄）

建设中的红水河航运码头
（2007 年 7 月摄）

新建成的红水河航运码头
（2015 年 4 月摄）

建设中的八总拦河坝 （2015 年 12 月摄）

重大活动

县公安、司法在县城农贸市场举办万人禁毒签名大会　（1999 年 6 月摄）

“让生命充满爱”大型感恩励志教育演讲在县体育中心举行　（2010 年 5 月摄）

罗甸举办首届“高原千岛湖”旅游文化节部分图片

（2007 年 5 月摄）

首游仪式

2009 年 10 月 23 日，罗甸县人民政府、县委宣传部、县教育局在县体育中心举办首届教育文化艺术节

2009 年 10 月，罗甸旅游推介会在千岛湖大酒店举行

2009 年 7 月 1 日，中共罗甸县委、罗甸县人民政府、县文体广播旅游局在县体育中心举办建党 78 周年文化活动

2009 年 10 月 23 日，在县体育中心举办民族交响音乐会

2015 年 11 月 22 日，左右江革命老区经济发展论坛在罗甸千岛湖大酒店举行

2015 年 10 月 25 日，红水河文化旅游活动周及宝玉石观赏石博览会在城东玉石城开幕

全省 100 个小城镇（边阳）建设推进会

（2013 年 7 月摄）

县老年书画研究会、县书法协会 2007 年春节在县城河滨路举办书画展

（2007 年 2 月摄）

2015 年 10 月罗甸一中运动会大课间表演

教育 卫生 体育事业

20 世纪 80 年代罗甸师范教学楼
（2010 年 9 月摄）

2009 年 9 月，省人民政府对罗甸教育“两基”审查及“普实”验收会议在县体育中心召开
（2009 年 9 月摄）

“两基”扫盲教育 （2005 年 5 月摄）

罗甸县中等职业技术学校教学楼　（2015 年 9 月摄）

罗甸一中全貌　（2014 年 9 月摄）

边阳中学全景　（2014 年 4 月摄）

沫阳中学全景　（2014 年 5 月摄）

罗甸四小校景　（2012 年 1 月摄）

老校舍

平岩中心校全貌　（2012 年 11 月）

木引镇木引中学
（2015 年 4 月摄）

逢亭镇逢亭小学
（2015 年 5 月摄）

茂井镇八茂民族小学
（2015 年 5 月摄）

红水河镇中心小学
（2014 年 8 月摄）

凤亭乡中心小学
（2013 年 6 月摄）

2015 年罗甸四小学生第二课堂

罗甸一中体育活动 （2015 年 10 月摄）

罗甸县城体育中心开展老年气门球活动 （2013 年 2 月摄）

在县城体育中心举行职工篮球赛（2014 年 2 月摄）

罗甸一中校园足球活动（2015 年 4 月摄）

2009 年县机关幼儿园举行“六一”儿童节活动

2006 年 8 月 1 日，贵州省信息产业厅对口帮扶罗甸教育师资培训在县职校开班

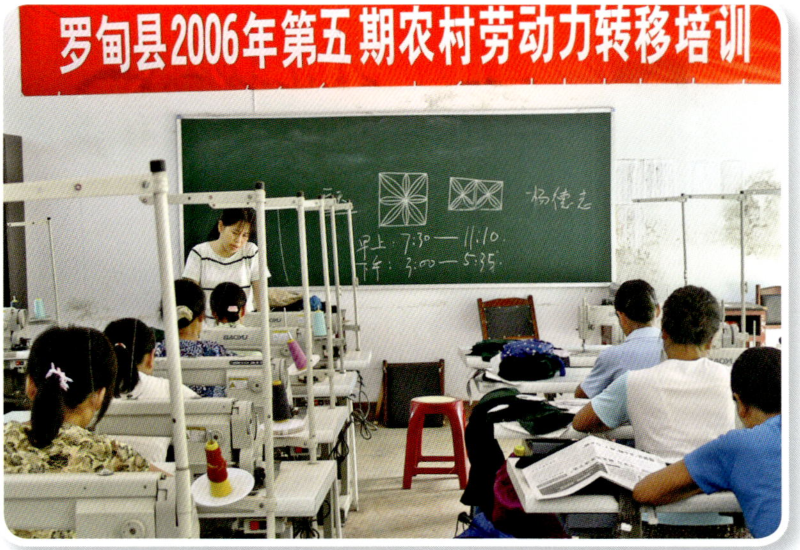

罗甸职校举办第五期农村劳动力转移技能培训 （2006 年 7 月摄）

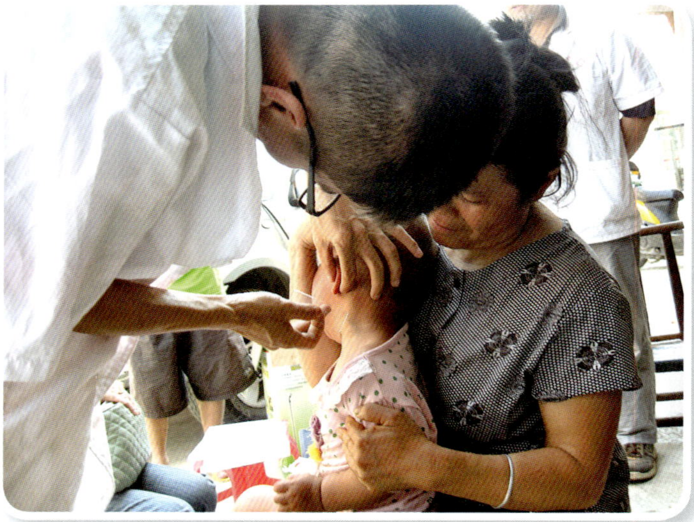

红水河疟疾疫点筛查疟情
（2012 年 5 月摄）

罗甸县人民医院
（2013 年 12 月摄）

新建位于信邦大道的罗甸县中医院
（2015 年 3 月摄）

移民搬迁安置

被淹没前的原茂井镇　（2006年摄）

被淹没前的原红水河镇　（2006年摄）

沐阳镇柏林移民安置点　（2005 年 2 月摄）

沐阳镇罗沟移民安置点　（2005 年摄）

边阳镇移民安置点　（2006 年 2 月摄）

罗悃镇移民安置点　（2006 年 2 月摄）

平岩生态移民新村（湾心村）　（2008 年 5 月摄）

红水河镇云里村旧址（2004年摄）

红水河镇安沙村旧址（2006年摄）

八总乡旧址（2006年5月摄）

双　拥

2015 年 4 月，民兵丛林作战训练

2013 年欢送新兵入伍

民兵帮助治理莲花河
（2015 年 2 月摄）

民　俗

逢亭白家坡苗族服饰

布依族刺绣——花背扇

平岩苗族服饰

布依族民乐——八音

布依族姑娘梳线

布依族服饰

长寿之乡

木引镇冗林村百岁老人王老路　（2014 年 8 月摄）

布依族民居　（2007 年摄）

水晶 猫眼 玉石工艺品

①

②

③

④

⑤

⑥

⑦

1. 水晶石工艺品
2. 水晶石原石
3. 猫眼石工艺品
4. 罗甸玉工艺品
5. 玉雕——白象工艺品　（2C15 年 12 月摄）
6. 玉雕——天官炉工艺品　（2015 年 12 月摄）
7. 2015 年 8 月 10 日罗甸玉获国家地理标志产品

旅　游

罗甸高原千岛湖　（2009 年 4 月摄）

董当坡贡石林
（2012 年 5 月摄）

打黛河天坑风光
（2015 年 5 月摄）

1

1. 董当大小井风光　（2009 年摄）
2. 中共蛮瓦支部旧址　（2010 年 9 月）
3. 三叠纪板庚滩葫芦寨　（2010 年摄）

2

3

《罗甸县志（1991—2015）》
省级终审会人员合影

前排左起：王素琴　陈盛先　班禹霞
梁贵钢　史继忠　唐玉芳
周声浩　黄大远

后排左起：王邦英　兰国琴　章　艳
钟　莉　何清福　邓政军
李燕芒

2017年4月26日，《罗甸县志（1991—2015）》州级复审会在罗甸县人民政府三楼会议室召开

《罗甸县志（1991—2015）》
编辑部人员合影

前排左起：袁继光　陈建文　章　艳
陈盛先　黄元勋

后排左起：兰国琴　吴　勇　何清福
陆庆达　邓政军　王邦英

目 录

第一篇 区域 自然环境

第二篇　人口 民族 宗教

第三篇　中共罗甸地方组织 社会团体

第四篇 人大 政府 政协

第五篇　政法 军事

第六篇 农 业

第七篇　扶贫开发

第八篇 工 业

第九篇 商业 贸易 金融

第十篇 城乡建设与环境保护

第十一篇 交通运输 邮电

第十二篇　经济综合管理

第十三篇　人力资源和社会事务管理

第十四篇　教育 科技 卫生

第十五篇　文化 广播电视 体育

第十六篇　旅游业

第十七篇　社会生活

人　物

前志补遗

附 录

CONTENTS

Part Two Population & Nationality & Religion

Part Three The Local Organizations and Social Groups of the Chinese Communist Party of Luodian

Part Four National People's Congress & The People's Government & Chinese People's Political Consultative Conference

Part Five Political and Law &Military

Part Six Agriculture

Part Seven　Poverty Alleviation and Development

Part Eight　Industry

Part Ten Urban and Rural Construction and the Environmental Protection

Part Eleven The Transportation & Posts and Telecommunications

Part Twelve Comprehensive Economic Management

Part Sixteen The Tourism Industry

Part Seventeen The Social Life

The Figures

Previous Annals' Addendum

The Appendixes

概 述

罗甸县位于贵州省南部边陲，距省政府驻地贵阳市 112.93 公里，距黔南州政府驻地都匀市 185 公里。位于北纬 25° 04' — 25° 45'，东经 160° 23' — 107° 03' 之间。东北与黔南州平塘县接壤，西与黔西南州望谟县、安顺市紫云县毗邻，南与广西壮族自治区天峨县、乐业县隔红水河相望，北与黔南州惠水县、长顺县相连。东西宽 62 公里，南北长 72 公里。全县国土面积 3015.76 平方公里，耕地面积 29.64 万亩，其中：田面积 10.89 万亩。

罗甸明代属广西布政司泗城府西隆罗博巡检司。清朝雍正五年（1727 年）八月二十日，吏部议准云贵总督鄂尔泰、工部侍郎李祓、广西巡抚韩良辅会议合疏割广西泗城府西隆红水河以北设永丰州，州内设罗斛州判（今罗甸）辖九甲半（含桑郎半甲），分六十一亭半三屯四村。清乾隆十四年（1749 年）罗斛州判改属定番州，划入贵阳府。民国 3 年（1914 年）罗斛厅改称罗斛县，民国 19 年（1930 年）改称罗甸县。1951 年 3 月 23 日罗甸和平解放，隶属贵阳专区，1952 年隶属贵定专区，1956 年 5 月隶属安顺专区，1956 年 8 月隶属黔南布依族苗族自治州。1958 年撤销平塘县建制，将通州、克度、西关三个区划属罗甸县。1961 年 8 月 18 日恢复平塘县建制，将划属罗甸县的通州、克度、西关三个区划回平塘县。

1991 年 8 月撤区并乡建镇，将全县原 6 个区 1 个区级镇 49 个乡和 1 个乡级镇调整为 26 个乡（镇）。2013 年 11 月罗甸县村级行政区划调整，将原 268 个行政村和 5 个居委会撤并为 177 个行政村和 5 个居委会。2014 年 2 月罗甸县行政区划调整，将 26 个乡镇调整为 8 镇 1 乡，辖 177 个行政村 1703 个行政组和 5 个社区居委会。2015 年 1 月罗甸县人民政府驻地设置斛兴办事处，将龙坪镇的城东社区、城西社区、河滨社区 3 个社区居委会划入斛兴街道办事处。县人民政府驻地龙坪镇和平路。2015 年全县人口 35.31 万人，有布依族、汉族、苗族、瑶族、侗族、壮族、土家族等 25 个民族，其中：少数民族人口 24.64 万人，布依族 19.42 万人占少数民族人口 78.81%。

罗甸地处贵州高原南缘，向广西桂北山区丘陵过渡斜坡地带，地势北高南低，呈阶梯式下降，朝南地形，全境以山地为主，山峦起伏，沟壑纵横，属喀斯特地形地貌，最高海拔是茂井镇老山大坪 1400.6 米，最低海拔是茂井镇牛河与红水河交汇处 242 米，相对高差 1158.6 米。在上隆、祥林、逢亭、床井、罗苏、把坝、冗林、董当、羊场、罗沙、高兰、罗化等山间峡谷的小盆地中有水稻田 500—1000 亩。董王、平岩、纳坪、云干、木引多为旱地。县境内有蒙江河由西向东南流，坝王河由北向东流，两条河注入红水河。

罗甸属亚热带季风湿润气候，光照充足、热量富足、春早夏长、秋迟冬短，冬无严寒、夏无酷暑，素有“天然温室”之美称，是动植物繁衍生息和人类居住理想之地，是避寒冬旅游的好环境。年平均气温 19.8 摄氏度，年平均降水量 1124.8 毫米，年日照总时数 1294.5 小时，无霜期 335 天。

境内自然条件优越，适宜多种植物、动物的繁衍生长，有着丰富的生物链资源。野生动物有 9 纲 28 目 86 科 2000 余种，属国家一级保护野生动物 1 种，二级保护野生动物 16 种。野生植物有 131 种 458 属 1264 种，属国家一级保护植物有 7 种，二级保护植物 15 种，三级保护植物 1 种。县境植被主要有灌木林、阔叶林、针叶林、草场等，多为混交林。

县域资源丰富，储藏有金、银、铁、玉石、大理石、猫眼石、石棉、硅矿等。硅矿储量 199001 万吨、米黄色大理石储量 30000 万立方米、辉绿岩储量 50000 万立方米、2009 年罗甸玉的发现填补了贵州无玉石的历史，探明玉石矿源储量 74.6 万立方米。县境景区主要有董当大小井风景区、三叠纪板庚滩和蒙江湿地公园等风景名胜区。

县域河流属珠江流域红水河水系，有蒙江、坝王河、红水河、曹渡河（含界河）四大干流。流域面积在20平方公里以上中小河流24条，流程595.17公里。水能蕴藏量48.7万千瓦，已经开发33.3万千瓦。蒙江河、坝王河流域建成石门坎水电站、雷公滩水电站、双河口水电站、灰洞水电站、冗各水电站、上尖坡水电站、坝王河水电站、柏林水电站等梯级电站，为罗甸的工业、农业、基础设施建设奠定了基础。

一

十一届三中全会后，罗甸全面进入改革开放和建设有中国特色社会主义建设新时期。37年来，罗甸人民发扬“大关精神”，与时俱进，开拓进取，奋力拼搏，社会经济快速发展、蒸蒸日上，不断开创新局面，创造新业绩，人文蔚腾，各行各业成就斐然。罗甸实现了政治文明、物质文明、精神文明、生态文明的跨越式进步，经济社会生态协调发展，城乡面貌焕然一新。

经济总量快速增长。随着改革开放的不断深入，罗甸以经济建设为中心，工农业发展形成阶梯式稳步上升。1978年以前，罗甸是一个产业结构单一的农业县，经济支柱产业为种植业和养殖业。1991—2000年国有企业逐步陷入困境，难以为继，私营企业零星起步，且规模小，在经济结构中比重不大。1980年全县农业总产值2786万元，工业总产值372.70万元，财政收入117.65万元。以蔬菜和养殖业为支柱产业很难走上强县富县，要发展工业才能富民强县。随着改革步伐推进，县委、县政府围绕“加速发展，加快转型，推动跨越”主基调和利用天然药业资源和水资源发展医药工业企业和电力为主导产业，助推罗甸经济发展。1995年第一家私营企业信邦制药有限公司进驻罗甸。2011—2015年，边阳工业园区、城东、城西、逢亭、沫阳等工业园区先后开工建设。

1980年全县生产总值3247.54万元，1991年生产总值突破亿元大关，2015年生产总值实现57.07亿元。2000年产业结构比发生明显变化，由1978年全县第一、二、三产业结构比重的74.65 ：8.03 ：17.32变为44 ：40 ：16。2015年产业结构比重为22 ：36 ：42，产业结构进一步优化。2015年比1991年，全县财政总收入69859万元增长97.67倍，财政支出268184万元增长144.37倍；县内生产总值570067万元增长28.42倍；银行年末存款余额563604万元增长116倍；银行年末贷款余额391627万元增长51倍；固定资产投资814000万元增长2326倍，社会消费品零售总额110959万元增长16.90%。2015年城镇居民可支配收入22593元，消费支出11295元，农民人均纯收入7933元，消费支出7243元，消费支出分别占收入的49.99%、91.30%。全县经济发展出现新的面貌，人民群众生活水平发生了明显变化。

二

改革开放以来，罗甸以县城为中心，乡镇为重点，新农村建设为基础，全面推进城镇与农村建设，推进社会全面发展。

城镇建设逐渐提升。1978—1992年城建处在改扩零星发展。1992年县委、县政府以加速发展，加快转型，全力实施工业化、城镇化和农业产业化三大战略和城镇建设按“统一规划、合理布局、因地制宜、综合开发，配套建设”的要求，以“水之城，玉之城，灵性之城”的城市定位，提出“高起点规划，高标准建设，高质量管理”的建设理念。1994—2015年建成商业街、河滨路、环城路、解放西路、斛兴路、信邦大道、城西大道、安邦市政道路、永龙玉石城市政道路、城东一号大道等21条，长30公里。改建街道22条，长18公里，将罗斛大道、兴华中路、信邦大道、人民路等12条水泥路面街道改造成沥青路面，长12公里。同时建成龙兴商城、城西商贸城、金斛家园、锦绣家园、都市丽景、山水华庭、腾龙轩苑、龙城新望角、润福花园小区、城东新区、千岛城1—2期等工程及住宅区、办公区、农贸市场、商业批发市场、休闲广场、步行街、校区分布于各条大街，初具现代城市规模。县城面积由2平方公里拓宽到9平方公里，人口6万余人，罗甸逐步成为新兴的休闲、度假、旅游、居住的时代新城，是贵州南下广东、广西以及东南亚各国出海口的时尚新城市。

龙坪、边阳、逢亭、沫阳、茂井、罗悃、红水河、木引、凤亭等镇（乡）集镇建设规模不断扩大，集镇改造日新月异，农村人口迁入，集镇人口不断增长，2001年第一轮农村危房改造2035户，新建楼房336栋。2014—2015年实施农村第二轮危房改造3587户。从2008—2015年全县危房改造和新建楼房37692户，总投资63327.36万元，村容村貌焕然一新。

工业园区初具规模。边阳工业园区以“一轴一心五区”的发展规模，面积15.68平方公里（核心示范区4.5平方公里）。园区布局，“一轴”：即沿边阳至栗木一带带动小城镇聚集轴，“一心”：即围绕边阳工业园区的综合型管理服务中心，“五区”：即生物农业深加工产业集聚区、新型建材及石材产业集聚区、加工制造与创业集聚区、生物高新技术产业集聚区、综合服务区。此外，还有逢亭硅系列循环经济产业园区和沫阳石材产业园区、玉石开发加工产业等。加大招商引资力度，2005—2014年引进医药工业、水电建设、城镇建设、农业产业化建设和文化建设等项目254个，到位资金12.559亿元。2015年建设项目54个，引进到位资金8.53亿元。全县工业企业22家，其中：工业企业11家，规模以上工业5家，非公经济占经济总量73.44%，2015年完成规模工业增加值9.22亿元是2010年的2.94倍，年均增长24.12%。县域工业出现欣欣向荣的新景象。

道路交通发展迅速。交通一直是阻碍罗甸经济发展的瓶颈问题之一，1978年，县内公路除惠罗线和平罗线外，其余公路均为等级外公路，县、乡、村道均为泥石路，晴通雨阻现象严重。改革开放以后，国家对交通基础设施建设步伐加快。2013年全县实现乡乡通油路，全县273个行政村（居委会）实现村村通公路，同时1258个村民组通公路，占全县1765个村民组71.27%。2014年县境建成公路：国道2条、省道3条、县道14条、乡（镇）道30条、村道148条，计191条2716公里（其中油路418公里）。交通运输网络基本形成，2015年全县有各类货运车570辆、客运车96辆，公交车16辆，出租车145辆，全县各乡镇已全部实现通畅，通畅率为100%。2015年银百高速公路罗甸段竣工通车，罗甸到贵阳车程由4小时缩短为1.5小时，交通出行极大提速。水路运输有羊里、罗甸、罗妥三大码头，辖区通航242.6公里。货船14艘、客船31艘，渔船、自用船、公务船等各类船只419艘。2014年完成客运量5377.77万吨公里。2015年完成客运42万人次，客运周转量2265.93万人公里。货运量86.87万吨，货运周转量6991.1万吨公里。交通的迅速发展，为罗甸步入经济发展的快车道提供了保障。

电力、通信等基础设施逐步完善。罗甸利用得天独厚的水资源发展电力工业，至2015年建成双河口、冗各、灰洞等水电站7座，总装机181050千瓦，年发电量82535万千瓦时，总投资184590万元，年产值20633万元，成为罗甸发展工农业生产的又一支柱产业。乡镇邮路，1997年农村投递路线36条537公里，县城投递路线4条。2013年农村邮政投递路线25条全长690公里，2015年全县实现乡乡通油路和村村通公路后，单程邮路910公里，农村投递路线710公里。承办业务有函件、包裹、机要、快递、汇兑、报刊发行、邮政储蓄、乡镇函送、电子商业、商品销售等。境内通信，1998年开通全县26个乡镇程控电话和县城无线寻呼直放站及电话宽带；2002年启动“乡乡通”工程，2003年移动通信覆盖乡镇100%，2006年实现“村村通”，移动信号覆盖100%；2013年实现全县26个乡镇移动信号覆盖；2014年进行光纤线路改造，2015年程控电话交换机S1210和中兴TDM电话交换机退网。

三

二十世纪80年代中期，农村经济体制改革全面铺开，农业农村发展驶入快车道。

以工代赈取得成就。1991年，罗甸县紧紧抓住国家对贫困地区实施以工代赈坡改梯扶贫项目的机遇大力开展坡改梯工程治理，取得了巨大的成就，并为全省人民树立了学习的榜样一大关精神。1991—2006年用以工代赈资金在逢亭、边阳等8个乡（镇），建设以坡改梯为主的基本农田22.94万亩，新增耕地3.08万亩，地变田5.35万亩，修渠道703条长257.63公里，小水池（窖）1.82万个，蓄水2608万立方米，解决23万人、14万头（匹）牲畜饮水问题，有效灌溉农田6万亩，投放资金5738万元。

扶贫开发初见成效。2001年国家制定《中国农村扶贫纲要》，罗甸县被列为新阶段扶贫开发工作的重点县，全县有19个乡和159个行政村被省政府列为新阶段扶贫开发工作重点乡镇、村。在新阶段扶贫开发中，罗甸通过大力抓好交通、水、电、通信“四通”工程，改造茅草房，改善教育、卫生条件“两改”工程，建设“三小”、沼气池和基本农田“三建”工程，加大各渠道资金捆绑、项目配套建设力度，大力改善贫困乡村基本生产生活条件，不断提高综合发展能力，增强抑制返贫能力和发展后劲。1994—2013年，累计投入各类扶贫资金10161.9万元，2001—2014年全县共有12.77万贫困人口脱贫，董架、罗沙、董当、交砚和木引等乡镇顺利实现“减贫摘帽”，扶贫攻坚目标如期实现。

农业产业结构不断优化。罗甸坚持以农民增收为核心、优化结构为主线、产业升级为目标，突出发展蔬、果、渔、畜、禽、茶等特色产业，加快转变农业发展方式。蔬菜产业，1978年，省农科院蔬菜专家李桂莲到罗甸县试种商品蔬菜成功，点燃了罗甸蔬菜产业的“星星之火”；2014年，罗甸蔬菜种植面积发展到35.18万亩，产值15.17亿元。罗甸县曾先后获得农业部“菜篮子生产先进县”“国家农业标准化无公害蔬菜示范基地县”“农业部蔬菜定点批发市场”等荣誉称号。畜牧产业，加大对畜牧业品改和结构调整，推广“两全三保”有偿技术服务，发展生猪、牛、羊、家禽，采取县财政、扶贫资金贴息贴保和固定投资配套方式，加大畜牧业的投入和兑现优惠政策，2005年完成订单生猪2万头、羊3万只。在县内价格下跌的情况下，组织生猪、羊外销广西、广东、湖南等省区，2006年完成畜牧产值29600万元，比上年增长4.1%，肉类总产量2.59万吨，比上年增长7.9%。2015年全县生猪出栏20.73万头，年终存栏13.99万头；羊出栏4.19万只，存栏5.1万只。林果产业，2002年依据退耕还林政策，发展林果业，主要有脐橙、香蕉、龙眼、荔枝、柑橘、杨梅、火龙果等热带水果和发展艾纳香、茶叶、油桐、板栗、核桃、竹类等经济林，2015年珍贵林木种植3.2万亩，其中降香黄檀2.2万亩，柚木1万亩。2006年对全县各类经济林调查统计为44.22万亩，2015年各类经济林23.91万亩。2005年森林资源二类调查统计，全县灌木林地面积59.32万亩。2014年灌木林地面积87.23万亩，2015年森林覆盖率达52.67%。罗甸火龙果在20世纪九十年代由贵州省果树科学研究所引进试种成功，培育出“紫红龙”“粉红龙”“晶红龙”等优良品种，因颜色鲜艳、风味浓郁、口感细腻，深受广大消费者喜爱，2014年种植面积达6.02万亩，产量9000吨，年产值1.4亿元。2013年火龙果获得国家农产品地理保护标志。

四

扶贫攻坚的一面旗帜——大关精神。大关村属云干乡，居住在海拔900多米高的石山中。1980年全村253户1320人，耕地1332亩，其中：田62亩，人均食粮132公斤，人均纯收入50元，为全县“三缺三靠村”，缺粮、缺水、缺钱，吃饭靠供应、用钱靠贷款、穿衣靠救济的村。1984年大关村在党支部书记何元亮带领下，举起反贫困的旗帜，在崇山峻岭中劈石造田，至1996年，历经几年奋斗，投工51.9万个，翻（搬）石头83万立方米，抠填泥土15.6万立方米，投入资金62.2万元，造成田1038亩，建成水窖255个，蓄水12750万立方米，解决浇灌田和人畜饮水困难问题，人均食粮540公斤，比1980年增长3.15倍，人均纯收入1008元，比1980年增长19.6倍。大关村在反贫困扶贫攻坚中起到的先锋模范作用，受到中共中央、国务院的高度重视。1991年12月江泽民总书记视察贵州时在遵义接见何元亮。1995—1997年省、州、县委分别作出开展学习大关精神的决定，《人民日报》《贵州日报》、贵州广播电视台等多家媒体也分别作报道。大关以自力更生、艰苦奋斗、坚忍不拔、苦干实干，改天换地的愚公精神，在大山深处竖起了一面不倒的旗帜，成为人们宝贵的精神财富，激励指引着广大干部群众在小康路上阔步前行。

龙滩电站移民安置。广西龙滩水电站是国家“西部大开发”的标示性工程，也是国家实施“十五”计划重点基础设施项目。电站位于黔桂两省（区）交界的红水河上，2001年7月1日开工建设，按照坝高375米规划方案，罗甸县是黔桂两省涉及淹没面积最大的县，淹没涉及罗甸11个乡（镇），69个村，287

个村民组，淹没土地面积75.91平方公里，其中：陆地面积62.51平方公里、水域面积13.4平方公里，占龙滩库区总面积的24%，淹没耕地17450.2亩。2008年完成搬迁人口17611人，其中：农业人口13764人、非农业人口3847人，生产安置人口18749人；迁建茂井、红水河、八总3个集镇，复建公路82公里及一批电力、电信等基础设施工作，同时迁复建企业21家，蓄水后地质灾害影响新增搬迁人口777人，迁建企业7家。

五

改革开放以来，罗甸教育、卫生、文化、广播、体育等各项事业蓬勃发展。

教育事业迈出新步伐。1991年，罗甸开始实施新一轮教学改革和素质教育，1996年实施“普六”“双教”（普教和农教），启动学校计算机教育、教师继续教育工程。2000年启动“两基”（基本普及九年义务教育和基本扫除青少年文盲）攻坚，2005年全面完成普九义务教育，2009年“两基”工作顺利通过省、州复查，国家检查验收，成为无文盲县。1994—2000年，倡导“人民教育人民办，办好教育为人民”，采取国家投资、集体、家长群众投工投劳的方式，出资聘请代课老师，全县村组教学点160所（个），2015年全县各类学校164所（点），其中：高级中学1所、完全中学1所、初级中学9所、九年一贯制学校8所、中等职业学校1所、完全小学73所、特殊学校1所、育新学校1所、教学点19个、幼儿园50所（其中：公办30所，民办20所），特殊教育学校1所，育新学校1所。全县在校生64590人，其中：小学生26907人、初中生15842人、普通高中生6422人、中职生4469人、幼儿园（学前儿童）10865（公办5619人，民办3511人），特殊学校学生85人。1995年参加普通高考学生116人，录取本科12人、专科48人、中专13人。2015年参加普通高考学生1824人，录取本科374人，录取比例占参考的20.50%。2015年全县教职工3453人，其中：本科以上（研究生5人）学历1474人、大专学历1534人，获得高级职称247人、中级职称1542人。

医疗卫生事业迈上新台阶。1991年全县各级各类医疗机构33家，医疗技术人员679人，床位353张。2015年各级各类医疗机构281家（县级医疗2家，专业卫生机构3家，乡镇卫生院26家，村卫生室238个，民营机构12家），专业技术人员1353人，床位1042张，建筑面积7.35万平方米。2007年全县启动新型农村合作医疗，参合人数241679人，参合率82.82%，参合基金总额120.84万元，报销支出503.47万元；2015年参合率99.4%，参合基金总额1.35亿元，报销支出11.45亿元。

文化事业蓬勃发展。党的十一届三中全会后，罗甸文化迅速发展走向繁荣，历史文化、民族民间传统文化得以传承，涌现出一批具有时代精神风貌和地方特色的优秀作品和优秀文艺作者。创办刊物有《红水河文艺》《今日罗甸》《罗甸文史》等。出版书籍有史学类：《中国共产党贵州省罗甸县组织史资料》《罗甸县志》《罗甸县政协志》《罗甸县军事志》《中共罗甸蛮瓦特别支部专辑》等；文艺类：《蒙江恋歌》《高原风筝》等；书画类：《墨宝奇观·罗甸书画摄影集》《神奇的红水河畔》《神奇罗甸·福寿天堂》等；故事类：《中国民间故事集成·罗甸县卷》三集等。文化活动：2006年罗甸组队参加黔南州建州50周年联街庆典活动。2007年和2010年分别举办“中国·贵州·罗甸高原千岛湖旅游文化节”。2012年罗甸在州府所在地都匀市举办“2012年‘高原水乡·魅力罗甸’文艺汇演专场晚会”。2014—2015年开展“幸福进万家·文化精品乡村行”宣传罗甸活动；1999—2015年《夜乐舞》《亮灯瑶》《花棍舞》《情暖一家》等节目参加全国、省、州举办文艺演出比赛，获二、三等奖和优秀奖。建设红色文化教育基地，1932年9月黔桂边委地下党根据邓小平“上贵州发展”的指示，黄举平、黄伯尧、黄衡球在罗甸建立党支部，成为贵州省最早的中共党支部之一。1998年罗甸被列为革命老区，为县红色文化教育基地。

广播电视事业迅速发展。1991年建有龙坪、边阳、逢亭、沫阳、茂井、平艾、罗沙等广播站和王乃屯广播电视调频差转台、木引乡冗林电视差转台。2000年全县有广播电视站7座，发射台2座，地面卫星电视接收站40座，广播电视覆盖率90%。2015年全县9个乡镇177个行政村47555户实现广播电视“村村通”，电视覆盖率100%。

体育基础设施不断改善。1998年县城建成篮球场、田径运动场（含足球场）、门球场、网球场、游泳池为一体的体育活动中心。2015年全县有篮球场143个，还有田径场5个、网球场1个、门球场2个、羽毛球场3个，游泳池3个，体育场占地面积12.87万平方米。各种体育活动广泛开展，群众体育、学校体育、竞技体育等齐头并进，人民体质明显提高。

文物保护成效显著。2007—2013年全县文物普查有76处文物点，其中：仁里桥、边阳文昌阁、拉来寨岩棺葬等21处被列入保护单位（省级保护拉来寨岩棺葬，县保20处）。被列入省级非物质文化遗产有《布依族土布制作扎染工艺》《苗族夜乐舞》《芦笙舞》《阳戏》。

旅游开发凸显成效。罗甸始终坚守发展和生态两条底线，紧扣“一圈两翼”区域发展战略，围绕“一枢纽三基地一湖城”发展目标，全力打造“水之城、玉之城、灵性之城”，实施大旅游、大健康发展战略，不断创新旅游业态，提升景区管理质量，迅速推进全域旅游，全面打造罗甸旅游发展升级版。35年来，罗甸紧紧围绕大小井风景区、蒙江湿地公园、三叠纪板庚滩、打黛河天坑、五行天坑、红水河水上乐园、千岛湖休闲度假区、木引“寿仙宫”溶洞奇观等开发建设，初具规模，游客骤增，凸显成效。2015年接待旅游者85.27万人次，接待游客同比增长26.04%，接待旅游收入4.69亿元，同比增长26%。2000—2015年，罗甸拥有罗甸玉、火龙果、艾纳香、脐橙等4个国家地理标志保护产品，先后荣获“中国长寿之乡”“全国十佳生态养生旅游名县”“中国观赏石之乡”“中国火龙果之乡”“贵州垂钓基地”等荣誉称号，品牌效应相继被触发，罗甸发展旅游产业迎来难得机遇。

六

改革开放37年以来，罗甸在就业、社会保障等各方面不断提高公共服务和民生工作水平，社会民生得到明显改善，为人民群众带来了实实在在的福利。

1991—1995年按国家计划内招生的大中专毕业生进行分配安排，对自费生进行考试择优录取安排。1996—2000年对大中专毕业生进行考试择优录用79人。2006—2010年向社会招考公务员，录用公安干警6人，检察院干警4人。2011—2015年招考录用公务员488人。1991—1995年调配干部129人，1996—2000年岗位交流，实施公务员、专业技术人员岗位交流129人。2001—2005年干部岗位交流21人，2014年完成股级及股级以下公务员6623人考核。2015年招聘事业单位工作人员323人。

1995年，县委、县人民政府选派一批在职干部和应届大中专毕业生省外打工锻炼，正式启动罗甸县“借地育才”的新人才战略。先期实施“借地育才”人数4600人，其中大中专毕业生297名，机关干部63名，科局级27名。到2005年，共向省内外输出农村剩余劳动力20.2万人（次），年均递增187.3%，占农村富余劳动力总数的86.67%。2000年以来，罗甸向沿海城市输送学历教育和培训转移富余劳动力13604人；2011—2014年城镇新增就业人员12140人；2015年城镇新增就业7544人，农村劳动力转移就业13566人。

1988年，罗甸县拉开社会保障制度改革序幕。社会保险制度改革采取先易后难、逐步推进、重点突破的方法，体系建设日趋完善。城镇职工养老保险实现全覆盖，建立起城镇职工基本医疗保险、城镇居民基本医疗保险和新型农村合作医疗等三项制度，实现了城乡居民失业有救济、职工工伤有保护，全县基本养老、失业、医疗和工伤保险参保率均超过90%。2014年，全县城乡居民参加基本养老保险128000人，基本医疗保险23266人（其中职工参保10726人，城镇居民参保12540人），参加工伤保险11100人，生育保险5470人。社会保障体系的进一步完善，为县城经济各项事业发展奠定了良好的基础。

新时代开启新征程，新思想引领新伟业。当前罗甸已站在承前启后、继往开来的历史新起点上，罗甸人民将高举新时代中国特色社会主义的伟大旗帜，坚定不移地贯彻中央、省委、州委决策部署，坚守发展和生态两条底线，坚持主基调主战略和“一圈两翼”区域发展战略，加快建设“一枢纽三基地一湖城”，大力实施大扶贫、大生态、大健康战略行动，传承“大关精神”，用好“天然温室”，着力打造大健康养生基地，开拓创新、锐意进取、迎难而进、乘势而上，为决战脱贫攻坚、决胜同步小康，建设繁荣、富裕、民主、文明、和谐的新罗甸而努力奋斗。

大 事 记

1991 年

3 月 16 日 《人民日报》以“贵州发现世界罕见三叠纪大贵州滩”为题向世人报道中美地质专家在罗甸县板庚乡历经 1988—1991 年的联合考察结果。

3 月 罗甸县被国务院批准列入国家“八五”期间第二批农村初级电气化建设县。

4 月 11-12 日 县委六届四次全会在县城召开。会议通过《关于罗甸县国民经济和社会发展十年规划和“八五”计划的决议》。

8 月 罗甸县按照贵州省委、黔南州委指示精神，实施撤区并乡建镇，由原来的 7 个区镇、49 个乡镇“建并撤”为 26 个乡镇，即龙坪镇、边阳镇、罗悃镇、沫阳镇、茂井镇、逢亭镇、红水河镇、板庚乡、云干乡、八总乡、栗木乡、罗沙乡、交砚乡、董王乡、沟亭乡、罗苏乡、罗妥乡、罗暮乡、董当乡、董架乡、平岩乡、大亭乡、凤亭乡、班仁乡、纳坪乡、木引乡。

8 月 25 日 中共贵州省委书记刘正威在省委常委、省委秘书长王思齐，黔南州委副书记郝鑫忠等省、州有关单位负责人陪同到罗甸检查指导工作。

12 月 21 日 中共中央总书记江泽民到贵州视察工作，在遵义县红星村接见罗甸县云干乡大关村党支部书记何元亮。

是年 县商业局下属各公司推行“国有民营”风险经营承包，1995 年面向社会承包。公司人员开始分流，自谋发展。

1992 年

1 月 3-6 日 中共罗甸县委第七次代表大会在县城召开，应到会代表 264 人，实到会代表 250 人。会议听取、审议并通过县委工作报告及县纪委工作报告，选举产生中共罗甸县第七届委员会书记何荫懋，以及副书记 3 人、常委 10 人、委员 29 人、候补委员 3 人、县纪委委员 17 人。

4 月 19 日 县委、县政府印发《关于机关单位和干部职工领办、创办企业和从事开发性生产的暂行规定》，鼓励和支持行政事业单位干部职工在不影响正常工作的前提下，领办创办企业和从事开发性生产。

9 月 县建立农村信用合作联社，1996 年县农村信用社与县农业银行独立分设。

11 月 25 日 罗甸县第十一届人大常委会第十四次会议任命王启林为代理县长，同意罗珍丽辞去县政府县长职务。

是年 全县实施粮食流通体制改革，放开粮食市场经营。

1993 年

4 月 12-17 日 政协罗甸县第四届委员会第一次会议在县城召开，应到会政协委员 142 人，实到会委员 116 人，因事因病请假 26 人。会议听取和审议政协罗甸县第三届常委工作报告；列席县第十二届人民代表大会第一次会议，讨论县人民政府、县财政局、县计委和县人大常委会、县法院、县检察院工作报告；选举产生政协罗甸县第四届主席党以臣，以及副主席4人、秘书长1人、常务委员21人。

4月13–17日 罗甸县第十二届人民代表大会第一次会议在县城召开，应到会代表193人，实到会代表193人。会议听取、审议通过县政府、财政、计划和县人大常委会、县法院、县检察院工作报告，选举产生第十二届县人大常委会主任王启林，以及副主任4人、常委14人；选举产生县政府县长罗来儒，以及副县长5人、县法院院长1人、县检察院检察长1人。

9月 省政协副主席蒙素芬带领省政协、省民委、省教育厅、省妇联、共青团贵州省委、省扶贫办等部门组成麻山贫困地区调查组，到罗甸麻山地区乡镇、村、组进行调研，县政协主席等11人参加调研活动。

10月 雷公滩电站开工建设，1996年5月建成投产发电，总投资2亿元。总装机容量2×4200千瓦=8400千瓦，年发电量4200万瓦时。

12月 为统一税法，公平税负，内外资企业统一实行33%的比率税率。

是年 《中共罗甸组织史资料》出版发行，主编党以臣、副主编林昌华，字数60余万字。

是年 县机关事业、企业实行住房制度改革，干部职工以规定价格购买取得住房所有权。

1994年

1月1日 开征土地增值税，土地增值税县级占100%。

1月18日 县中医院张某某违章超载驾驶一辆18座中巴车从边阳开往罗甸行至落脚河时，翻下深沟，造成17人死亡、14人受伤事故。

3月 设罗甸粮油贸易总公司，和县粮食局实行两块牌子一套人员办公。

3月 县级机构改革，县计划委员会和县统计局合并组建新的县统计局，1996年恢复县计委，2000年7月更名为罗甸县发展计划局，2004年改为发展和改革局。

6月 县工商行政管理局、县质监局、县物价局合并组建为新的工商行政管理局。

8月 第一轮《罗甸县志》由贵州人民出版社出版发行，字数80余万字。

是年 罗甸县董王、木引、纳坪、罗苏、罗暮5个乡被贵州省委、省政府定为"两山"（麻山、瑶山）扶贫开发区。1994—2013年累计投入罗甸麻山地区实施开发项目399个，投入资金10161.9万元。

是年 罗甸开始征收个人所得税，征收税金2万元。

是年 按照事权和财权相结合的原则，将各税种统一划分为中央税、地方税和中央地方共享税。

是年 撤销罗甸县税务局，组建罗甸县国家税务局和罗甸县地方税务局。

是年 县城商业街建成后，对沿街两旁宅基地进行公开拍卖。

是年 人力三轮车进入县城运营，1997年机动三轮车进入客运市场，2013年县人民政府取消人力三轮车、机动三轮车营运。

1995年

1月 贵州信邦制药股份有限公司收购濒临倒闭的罗甸县制药厂。

1月5日 县委、县政府作出《关于加快公路建设的实施意见》。根据"北上贵阳、南下两广、挺进东南亚、内引外联、全方位开发"的发展战略，加快公路建设。

2月14日 县委第6次常委会议通过《罗甸县"八七"扶贫攻坚计划报告及农业综合开发项目报告》。

2月20日 县委作出《关于村级领导班子调整实施意见》，对村级干部任职年龄、文化程度、政治素质等作出规定。

4月 何元亮被国务院评为全国劳动模范，5月1日到北京参加表彰会，受到党和国家领导人接见。

5月26日 县委第11次常委会议通过《发展非公有制经济的实施意见》。

5 月 罗甸开通程控电话 2000 门，1998 年 26 个乡镇全部开通程控电话。

6 月 6 日 县委、县政府作出《关于拍卖非耕地使用权的实施办法及有关改革的暂行规定》。

6 月 17 日 县委第 12 次常委会议通过《罗甸县人民政府关于招商引资奖励办法的暂行规定》。

7 月 20 日 县委、县政府作出《关于选派机关年轻干部和应届大中专毕业生参加劳务输出锻炼的通知》，规定行政事业单位 30 岁以下年轻干部和应届大中专毕业生须参加劳务输出锻炼，时间为 1—2 年。

9 月 27 日 县委第 18 次常委会议通过《罗甸县“九五”计划期间财政发展规划》。

12 月 贵州省军区司令员焦斌少将到罗甸县人民武装部检查指导工作。

是年 中共罗甸县委、县人民政府发出号召，在全县开展向大关村学习的活动。

是年 罗甸县荣获贵州省人民政府“二五”（1991—1995 年）普法先进单位。

是年 全县取消粮油计划供应，1997 年国家不再发放粮油票券，新中国成立以后使用 40 多年的购粮本、粮票被废止。

是年 罗甸开征资源税，主要来源于铁矿、石灰石、玉石、大理石、石英石等自然资源。

是年 贵州省少年举重锦标赛在贵阳市举行，罗甸籍选手唐正义获男子甲组 70 公斤级第二名；罗甸籍选手刘勇获男子乙组 46 公斤级第一名。

1996 年

1 月 1 日 《罗甸报》出版发行，每期出版 4 期，每期 2 开 4 个版面，印发 500 份。

2 月 13–14 日 中共罗甸县委七届第四次全委扩大会议在县城召开，应到会委员 29 人，实到会 29 人；应到会县委候补委员 6 人，实到会 5 人，因公请假 1 人。会议审议通过《中共罗甸县委关于制定“九五”计划和 2010 年规划的建议》。

3 月 7 日 县公安局接到群众报警，称在距县城 4 公里的册三公路三岔河路段，有 5 名青年在大客车上抢劫乘客财物后下车逃跑。县公安局立即开展侦破工作，于当日 21 时在县城内将此团伙成员全部抓获，摧毁影响恶劣的路霸团伙案。

3 月 12 日 县委第 5 次常委会议决定成立罗甸报社。罗甸报社为正局级事业单位，设主编 1 人、副主编 1–2 人、事业编制 12 人。

4 月 1 日 罗甸县人武部按照上级党委要求，收归现役部队建制。

4 月 15 日 县委、县政府作出《关于科局及乡镇领导包村扶贫的实施意见》，决定县直各部门和各乡镇包村扶贫，扶持 78 个村，解决温饱问题。

5 月 边阳镇发生一系列拐卖婴儿案件，县公安局抽调警力组成专案组开展调查侦破工作，历时 2 个月侦破，抓获以广东深圳覃某某、都匀市任某某、平塘县覃某某 3 人为核心，有罗甸、龙里、平塘、长顺四县参与其他涉嫌人员 20 余人，拐卖婴儿 11 人，追回赃款 2 万余元，解救幼童 1 人。

5 月 罗甸县水利局被国际计划委员会水利部表彰为“全国第二批农村水电初级安全会建设先进集体”。

7 月 1 日 全县实施按增值税、消费税和营业税税额的 1% 计征地方教育附加费。

8 月 9 日 中共黔南州委、黔南州人民政府作出《关于开展向罗甸县大关村学习的决定》。

9 月 罗甸县人武部被贵州省军区评为“抗洪救灾先进单位”。

10 月 罗甸县人武部获成都军区开展的“民兵预备役知识竞赛”优胜奖。

10 月 5 日 罗甸县第十二届人大常委会第二十四次会议作出《关于任命滕久明为县人民政府代理县长的决定》《关于同意接受罗来儒辞去县人民政府县长职务的决定》。

10 月 6–8 日 中共罗甸县委第八次党代表会在县城召开，应到会代表 300 人，实到会代表 281 人，因公外出 19 人。会议听取、审议并通过第七届县委工作报告和纪委工作报告，选举产生中共罗甸县第八届委员会书记余学强，以及副书记3人、常委9人、委员29人、候补委员6人、县纪检委员17人。

11月1日 国务委员、国务院扶贫领导小组组长陈俊生在中共贵州省委副书记代省长吴亦侠、副省长袁荣贵陪同下，率国家机关有关部委领导到大关村考察。

12月23日 中共贵州省委、贵州省人民政府作出《关于广泛开展学大关活动的决定》。

是年 全县实施“普六”和“双教”（普教和农教），启动学校计算机教育、教师继续教育工程，在中小学进行教学评估。

是年 罗甸县农村信用合作社脱离中国农业银行罗甸支行，受罗甸县人民银行代管，同时开始按合作性原则运作。

1997年

2月16日 《人民日报》刊登记者胡跃平、孙海涛采写的报道《劈开千年顽石，造出千亩良田——大关村苦干12年挖掉穷根》，并题加编者按。是年，贵州省委、省政府作出《关于开展学习大关活动的决定》，在全省开展学习大关精神活动的热潮。全省各地（州、市）、县及广西壮族自治区河池地区市（县）党政领导和有关单位负责人到大关参观学习。

4月8–11日 罗甸县第十二届人民代表大会第五次会议在县城召开，应到会代表193人，实到会代表160人，因事因病请假33人。会议听取、审议县政府、计划与经济贸易和县人大常委会、县法院、县检察院工作报告；补选县长滕久明1人、县法院院长1人。

5月25日 中共罗甸县委第八届二次全委（扩大）会议在县城召开，应到会委员29人，实到会28人，因公外出1人；应到会县委候补委员6人，实到会6人。会议审议通过《关于加强罗甸县社会主义精神文明建设的决定》。

5月 县委宣传部协助省委宣传部、省电视台等单位拍摄大关精神专题片《大关人》上、中、下3集。

10月6日 县公安局接板庚乡派出所电话报称：贵阳—罗甸公路145公里处的涵洞内发现3具高度腐败尸体。县公安局立即出警，11月21日抓获犯罪嫌疑人，案件迅速侦破。

12月16日 《人民日报》头版头条报道了大关村连续苦干12年，率先解决温饱的消息。

是年 罗甸县人民政府引进贵阳夏利出租车30辆，开展出租车业务。

是年 县植物油厂、县粮食加工厂因缺资金运转先后倒闭，2004年根据县城规划需要，植物油厂和粮食加工厂的厂房、车间、库房、晒场等被拆除占用。

是年 罗甸开通移动通信业务。

1998年

2月17–22日 政协罗甸县第五届委员会第一次会议在县城召开，应到会政协委员140人，实到会委员117人，因事因病请假23人。会议听取和审议政协第四届常委会工作报告；列席罗甸县第十三届人民代表大会第一次会议，讨论县人民政府、县财政、县计划委和县人大常委会、县法院、县检察院工作报告；选举产生政协罗甸县第五届主席罗世云，以及副主席7人、秘书长1人、常务委员21人。

2月18–22日 罗甸县第十三届人民代表大会第一次会议在县城召开，应到会代表193人，实到会代表160人，因事因病请假33人。会议听取、审议通过县政府、县财政、县计划委和县人大常委会、县法院、县检察院工作报告；选举产生第十三届县人大常委会主任王启林，以及副主任5人、委员13人；选举产生县政府县长滕久明，以及副县长6人、县法院院长1人、县检察院检察长1人。

6月4日 县委作出《关于开展依法治县工作的决定》。

6月 罗甸县人民政府组织有关人员对县境蒙江流域的乡镇进行调研，写出《蒙江流域综合开发试验区》报告呈报省有关部门。

6月17日 中共贵州省委办公厅、贵州省人民政府办厅批转省划定革命老区领导小组《关于划定遵义等县市为革命老区的请示》的通知，划定罗甸县为革命老区。

是月 根据省政协安排，对罗甸麻山地区的董王、木引、纳坪、罗苏、罗暮等5个乡进行跟踪调查，写出调研报告《变化中的麻山》《攻克最后的堡垒》《对返贫现象的思考》。

8月18日 贵州省人民政府〔1998〕132号文件批复，同意建立红水河镇。

8月 省政协副主席吴嘉甫在县政协主席等人陪同下到红水河流域调查，为开发"两江一河"（南盘江、北盘江和红水河）提供依据。

9月 罗甸县人武部被贵州省人民政府和贵州省军区评为"扶贫工作先进单位"。

10月 北京天坛公园举办全国名人奇石艺术节，罗甸选送一块名为"人与兽"的奇石获金奖。

是年 按中央文件规定，农村土地承包责任制50年不变。

是年 罗甸邮政实施代理快递业务，设速递物流营业部。

1999年

3月9–12日 罗甸县第十三届人民代表大会第二次会议在县城召开，应到会代表186人，实到会代表178人，因事因病请假8人。会议听取、审议通过县政府、财政、计划和县人大常委会、县法院、县检察院工作报告；补选韦安华为县政府县长。

5月 县政法委组织开展打击邪教组织活动，在平岩乡逮捕邪教组织"门徒会"主要成员25人。

6月 技术监督局从工商局分离出来，同月实行省以下垂直管理。

7月 县工商局实行省垂直管理，原物价局、质量技术监督管理局合并人员分离，划归县政府管理。

10月 在昆明世博会上，一块名为"母与子"的罗甸奇石获银奖。

是月 县工商局将所办企业移交县政府管理，与所办市场脱钩，不再参与培育和建设市场。

11月 贵州省军区政委喻忠贵少将到罗甸指导扶贫帮困工作。

是月 撤销罗甸建设银行，人员并入罗甸县工商银行。

12月 贵州省军区副司令员陆林治少将到罗甸县人武部检查指导工作。

12月27–28日 省长钱运录在省有关部门负责人陪同下，到罗甸县进行调研、指导工作。

是年 组建县粮食购销有限公司、粮油购销业务与粮食局分设实行政企分离。

2000年

1月 贵州省少年举重冠军赛在清镇市举行，罗甸籍运动员王昆成获男子乙组69公斤级第一名（抓举、挺举、总成绩计3次破省记录）。

3月23日 县委、县人民政府作出《进一步加快教育事业发展的决定》《大力发展职业教育的决定》，确保2000年基本普及初等教育和基本扫除青壮年文盲。

6月 板庚乡冗各组民办教师残疾人韦应江，荣获香港金钟扶轮社授予的"2000年全国杰出残疾人士"。

7–10月 根据省委安排，罗甸县级领导班子、领导干部深入开展"三讲"教育（讲学习、讲政治、讲正气）。县委、县人大、县人民政府、县政协领导班子及领导干部，县纪委、县委组织部、县委宣传部、县法院、县检察院领导班子、领导干部参加深入开展"三讲"教育活动。

10月 由罗甸县人民政府推选的边阳镇栗木民间舞蹈《夜乐舞》参加由文化部举办的全国第十届群星杯舞蹈大赛，获铜奖和优秀编导铜奖。

11月6日 罗甸县第十三届人大常委会第十九次会议作出《关于任命莫俊国为县人民政府副县长的决定》《关于同意韦安华辞去县人民政府县长职务的决定》。

12 月 罗甸县人武部被贵州省军区评为“‘八七’扶贫攻坚先进单位”。

是年 全县启动“两基”攻坚工作（基本普及九年义务教育和基本扫除青壮年文盲）。

是年 华信超市首家进驻罗甸，在县城解放中路邮政大楼开业。

2001 年

1 月 17 日 县委第 2 次常委会议审议通过《罗甸县国民经济和社会发展第十个五年计划纲要》。

3 月 18–22 日 罗甸县第十三届人民代表大会第四次会议在县城召开，应到会代表 186 人，实到会代表 161 人，因事因病请假 25 人。会议听取、审议并通过县人民政府、县财政、县委计划与经济贸易局和县人大常委会、县法院、县检察院工作报告；补选莫俊国为县政府县长，补选县人大常委会委员 3 人。

3 月 12 日 根据贵州省、黔南州委的安排，罗甸县委作出《关于在全县乡镇开展“三个代表”重要思想学习教育活动的实施方案》。

6 月 19 日 罗甸县委作出《关于在全县部门开展“三个代表”重要思想学习教育活动的实施方案》。

6 月 19–21 日 中共罗甸县委第九次代表大会在县城召开，应到会代表 300 人，实到会代表 281 人，因公请假 19 人。会议听取、审议并通过县委工作报告和纪委工作报告；选举产生中共罗甸县第九届委员会书记宋健，以及副书记 3 人、常委 10 人、委员 25 人、候补委员 5 人、县纪委委员 17 人。

7 月 1 日 云干乡大关村荣获“全国先进基层党组织”称号。县委作出《关于进一步深入开展学习大关精神活动的决定》，在全县进一步掀起学习大关精神的热潮。

9 月 28 日 龙坪镇罗斛大道发生一起特大恶性杀人案。县公安局接报后立即出警，仅 30 分钟迅速将正在潜逃的犯罪嫌疑人抓获。

10 月 24 日 县委第 13 次常委会议审议通过县委、县政府《关于对发生严重危害社会稳定重大问题的地方实行领导责任查究的实施意见》。

10 月 25 日 县委、县政府作出《关于罗甸县县级党政机构改革的实施意见》，县委工作机构设置 8 个，部门管理机构 1 个；县政府机构设置 25 个。

是年 县财政局始设机关事业单位干部职工开设个人银行账户，干部职工工资直接由财政划拨到个人账户上。

是年 落地性中等职业学校被省人民政府评为“贵州省级重点职业学校”。

2002 年

6 月 1 日 县委、县政府同意印发《龙滩水电站罗甸库区移民安置实施管理办法（试行）的通知》，共 5 章 41 条。同日，作出《关于做好龙滩水电站罗甸库区移民安置工作的意见》。

6 月 罗甸启动龙滩电站罗甸库区移民安置工作。2008 年底完成 18296 人移民安置工作。其中：县内外迁 9147 人，县外迁建 2016 人，自谋职业无土安置 1420 人，后靠迁建 5713 人。

7 月 1 日 广西龙滩水电站开工建设，电站库区水域面积 377 平方公里中淹没罗甸国土面积 75.91 平方公里，涉及红水河镇、罗苏、罗暮、罗妥、沟亭、班仁、茂井、凤亭、大亭、龙坪、八总等 11 个乡镇 69 个村 287 个村民组和茂井、红水河、八总三个乡镇政府驻地及 73 家企事业单位。

8 月 6 日 罗甸县委、县人民政府作出《关于进一步加快“两基”攻坚步伐的决定》。《决定》要求加快全县“两基”教育工作，迎接 2005 年贵州省人民政府对“两基”工作的验收。

12 月 贵州省军区副政委黄光荣少将到罗甸县人民武装部检查指导工作。

是月 《罗甸报》停刊。

是年 惠水—罗甸路段（境内 57 公里）改造为四级柏油路。

2003 年

3 月 15–20 日 政协罗甸县第六届委员会第一次会议在县城召开，应到会政协委员 143 人，实到会委员 141 人，因事因病请假 2 人。会议听取和审议政协第五届常委工作报告；列席县第十四届人民代表大会第一次会议，讨论县人民政府、县财政局、县计委和县人大常委会、县法院、县检察院工作报告；选举产生政协罗甸县第六届主席陈邦禄，以及副主席 6 人、秘书长 1 人、常务委员 21 人。

3 月 16–20 日 罗甸县第十四届人民代表大会第一次会议在县城召开，应到会代表 186 人，实到会代表 165 人，因事因病请假 21 人。会议听取、审议并通过县政府、财政、计划、县委人大常委会、县法院、县检察院工作报告；选举产生第十四届县人大常委会主任黄锐光，以及副主任 6 人、委员 11 人；选举产生县政府县长莫俊国，以及副县长 6 人、县法院院长 1 人、县检察院检察长 1 人。

4 月 《今日罗甸》创刊，总编辑余贤臣。

4 月 18 日 县长莫俊国在电信局电视电话会场主持召开专题会，参加专题会议有各位副县长、县直各工作部门主要负责人 22 人。会议落实全省“非典型性肺炎”防治电视电话会议精神，全面安排部署全县“非典型性肺炎”防治工作。

4 月 25 日 县委召开县委、县人大、县政府、县政协四家班子领导专题会议，讨论和安排全县进一步加强“非典”防治工作，防止“非典”传入罗甸，确保全县人民群众的身体健康、安全。

6 月 3 日 县委召开第 69 次常委会议，通过《进一步促进“资本转换”运转模式，加快全县经济社会发展的意见》。

8 月 5–6 日 中共罗甸县委第九届六次全委（扩大）会议在县城召开，应到会委员 25 人，实到会 25 人；应到会候补委员 5 人，实到会 5 人。会议审议通过《中共罗甸县委关于加强全县畜牧业发展的意见》《中共罗甸县委关于加大新阶段扶贫开发工作力度的决定》。

是月 双河口水电站由贵州蒙江流域开发有限公司 2004 年投资开工建设。电站设计坝高 99.5 米，设计高程 583 米，总库容 19560 万立方米，装机容量 3×40000 千瓦 =120000 千瓦，年发电量 4.2200 万千瓦时。总投资 8.5200 万元。

是年 独山—罗甸公路（罗甸县境 48 公里）改造成四级油路。

是年 国家对农村税费改革实行财政转移支付政策，罗甸县不再向农民收取“三提”“五统”经费。

是年 黔南州龙顺房地产公司和嘉禾房地产公司到罗甸县城进行房地产开发，开发项目有龙兴商城、嘉禾小区。

是年 全县 26 个乡镇实现移动通信号全覆盖。

2004 年

3 月 4 日 中共罗甸县委第九届七次县委全委（扩大）会议在县城召开，应到会委员 27 人，实到会 25 人，因公外出 2 人；应到会候补委员 5 人，实到会 5 人。会议审议通过《中共罗甸县委关于促进农民增收，推动农业农村工作的意见》，部署全县助民增收工作。

4 月 4 日 县人民政府出台《罗甸县招商引资奖励办法（试行）》，《办法（试行）》规定建立县专项招商引资奖励基金、奖励对象、范围、标准和奖励程序等。

9 月 14 日 中国联合网络通信有限公司罗甸分公司成立，负责中国联通在罗甸县区域内公众通信网络的建设和运营。

10 月 19 日 县人民政府批准同意县供销社改制方案，对基层社和公司进行改制，改制后县供销社停止一切经营业务。

是年 根据中央文件有关规定，县人民政府取消除全县烟叶以外的农业特产税。

是年 县人民政府将罗甸发电公司的产权以1.5亿万元转让给中水蒙江公司。

是年 县人民政府拍卖县粮油加工企业厂区——民中操场的土地作为房地产开发用地，房地产市场初步形成。

是年 栗木乡拉来寨苗族舞蹈《夜乐舞》歌舞队在参加全国第十届群星广场舞蹈比赛中获铜奖。

2005年

4月 董架乡东跃村汪财发荣获国务院授予“全国劳动模范”荣誉称号。

9月20 中共罗甸县委第九届十次全委会召开，到会县委委员29人，会议审议通过《中共罗甸县委关于贯彻学发展观进一步做好新形势下人口资源环境工作的实施意见》《中共罗甸县委关于进一步加强惩治和预防腐败体系建设的实施意见》。

10月27日 罗甸县十四届人大常委会第十七次会议审议通过县人民政府提请《关于调整“十五”规划工业总产值粮食总产量指标议案》。

12月 贵州银监局批准罗甸农村信用联社实行一级法人、统一核算、分级管理、授权经营的管理体制。

12月23日 罗甸县第十四届人大常委会第十八次会议作出《关于同意莫俊国辞去县人民政府县长职务的决定》。

是年 全县招商引资到位资金1.25亿元，续建项目11个。

是年 罗甸举办电大党政干部职工学历教育，开设专科、本科学历教育，有党政干部专修班、汉语言文学、数学、英语班等。实行学分制，累计学分达到规定毕业学分，发给毕业证书，承认学历。

是年 罗甸县中等职业学校被教育部评为“国家级重点职业学校”。

2006年

1月5–6日 中共罗甸县委第九届十一次全委（扩大）会议在县城召开，应到会委员28人，实到会28人；应到会候补委员5人，实到会5人。会议审议通过《中共罗甸县委关于“十一五”规划的建议》。

1月10日 罗甸县第十四届人大常委会第十九次会议作出《关于任命彭贤伦为县人民政府副县长代理县长的决定》《关于接受黄元秀辞去县人大常委会副主任职务的决定》文件。

3月16–19日 罗甸县第十四届人民代表大会第四次会议在县城召开，应到会代表186人，实到会代表181人，因事因病请假5人。会议听取、审议并通过县政府、县财政局、县发展和改革局及县人大常委会、县法院、县检察院工作报告；补选彭贤伦为县人民政府县长。

4月20日 县人民政府出台《罗甸县招商引资政策暂行规定的通知》，《暂行规定》对在罗甸县进行投资开发者在遵守国家法律法规的前提下，享受土地、税收、奖励政策及服务保障。

9月30日 龙滩电站下闸蓄水，回水高程375米，罗甸县境水域面积80平方公里，通航里程242.6公里。

12月 罗甸县人武部被贵州省军区评为“基层全面建设先进单位”。

是月 贵州省人民政府批复董当大小井风景区为省级风景区。

是年 艾滋病初筛实验室通过省级验收。截至2014年12月30日，全县累计报告艾滋病毒感染者和病人64例（艾滋病病人15例，艾滋病病毒感染者49例），死亡18例，存活46例，男29例，女17例。病例分布在19个乡镇与社区。

是年 全县以及招商引资到位资金2.16亿元，续建项目4个。

是年 县本级财政收入1亿元，突破亿元大关。

是年 农业标准化示范项目通过考核验收，获国家级示范区项目县，为黔南州第一个获国家级示范县。

是年 罗甸县《红水河》刊物停办，2009年改为《千岛湖文艺》，2012年恢复为《红水河》刊物。

2007 年

1 月 5-9 日 政协罗甸县第七届委员会第一次会议在县城召开，应到会政协委员 166 人，实到会委员 166 人。会议听取和审议政协第六届常委工作报告；列席县第十五届人民代表大会第一次会议，讨论县人民政府、县财政局、县发展和改革局及县人大常委会、县法院、县检察院工作报告；选举产生政协罗甸县第七届主席陈邦禄，以及副主席 5 人、秘书长 1 人、常务委员 22 人。

1 月 6-9 日 罗甸县第十五届人民代表大会第一次会议在县城召开，应到会代表 186 人，实到会代表 186 人。会议听取、审议并通过县政府、县财政局、县发展和改革局及县人大常委会、县法院、县检察院工作报告；选举产生第十五届县人大常委会主任黄锐光，以及副主任 5 人、委员 17 人；选举产生县政府县长彭贤伦，以及副县长 6 人、县法院院长 1 人、县检察院检察长 1 人。

3 月 3 日 中国文联和中华民族文化促进会到罗甸县开展“送欢乐进罗甸”慰问演出。著名歌手李光羲、阿洪克力、阿幼朵等登台演出。

3 月 17 日 上午 7 时 7 分交算村发生 3.8 级地震，3 户民房损坏，无人员伤亡。

3 月 罗甸县新型农村合作医疗工作领导小组成立，制定新型农村合作医疗实施方案并施行。

4 月 19 日 中共罗甸县委、县人民政府作出《关于进一步加强民族工作，加快全县经济社会发展的实施意见》。

5 月 19-21 日 罗甸县委、县人民政府在县体育中心举办“中国 · 贵州 · 罗甸第一届高原千岛湖旅游文化节”，全县 26 个乡镇包括机关单位进行踩街庆典和文艺演出，参加人员 2000 多人。

7 月 20 日 中共罗甸县委、县人民政府作出《关于进一步加快移民安置和工程复建的意见》，要求在 9 月底龙滩电站下闸蓄水之前完成 3995 人的搬迁安置任务用工程复建。

8 月 茂井镇民兵莫显杰代表参加成都军区在昆明市举行的民兵军事竞赛，取得优异成绩。

是月 罗甸县人民政府征兵办公室被成都军区征兵办公室评为“2006 年度征兵工作先进单位”。

10 月 27 日 县委第 18 次常委会议审定通过《关于加快农业产业化进程，推进现代农业发展的意见》。

是年 国家开始向农民发放各种涉农补贴，对购买农业机械者给予补偿，发放机具 180 台，秧盘 12000 个，补贴资金 44 万元。

是年 由于龙滩电站库区被水淹没，龙滩公司投资复建红水河镇市场建大棚 2280 平方米，摊位 196 个。

是年 全县招商引资续建项目到位资金 850 万元。

是年 中共中央对台办副主任王再希在省、州、县有关单位负责人陪同下，到平岩乡湾心村出席台湾慈济慈善基金会资金帮助的移民新村建设开工剪彩活动。

2008 年

2 月 双河口电站建设竣工，7 月，双河口水电站首台机组发电。8 月，3 台机组发电。

2 月 平岩、大亭、董王、董架等地遭遇凝冻灾害袭击，大小树木被压折，水电交通中断。

3 月 31 日 中共罗甸县委、县人民政府作出《关于切实加强农业基础设施建设，进一步促进农业发展农民增收的实施意见》，提出围绕“3211”工程（即 3 万亩早熟蔬菜、2 万亩特色水果、1 万亩茶叶、1 万口网箱），加强农业基础设施建设，促进农业发展农民增收。

5 月 凤亭乡班仁小学教师李兹喜荣获“中国青年‘五四’奖章标兵”称号。

6 月 《罗甸军事志》出版发行，主编廖开林，字数 13 万余字。

8 月 5 日 罗甸首批低收入家庭享受廉租住房租赁补贴。

12 月 云干乡大关村被中央文明办评为全国第二批文明村镇。

12 月 罗甸县全面完成龙滩移民搬迁安置补偿和县内双河口、灰洞水电站的移民安置补偿工作。

12月 龙滩电站第一期7台机组全部建成投产发电，罗甸县参与税收分配。

12月 《罗甸政协志》出版发行，主编陈邦禄，副主编陈盛先、党以臣、李祖祥。

是年 罗甸县被林业部列为中西部地区石漠化治理县，并启动治理工程。截至2013年累计治理面积143191.95亩，其中：防护林33996.2亩、经济林26116.65亩、封山育林83079亩，投资2285.96万元。

是年 龙滩公司投资复建茂井镇市场建大棚1560平方米。

是年 灰洞水电站开工建设，2013年12月竣工投产发电，总装机容量2×2.5万千瓦=5.0万千瓦，年发电量21060万千瓦时，总投资4.5亿元。

是年 县内黔南州上隆绿茶获贵州名牌产品。

是年 撤销县工商银行，2011年重新组建罗甸县工商银行。

是年 县歌手佘丽参加全国“德艺双馨”专业组民族唱法比赛，获流行唱法二等奖。

是年 由邓青作词、季洛夫作曲的《美美的大小井》歌曲获第四届贵州省政府文艺奖音乐类二等奖。

是年 全县招商引资新建项目2个，到位资金3931万元。

是年 罗甸县义有出租汽车有限公司成立，引进出租汽车45辆投入营运，县城首次4辆公交车由林场—码头对开。

2009年

3月27日 平塘县李某某驾驶双牌座农用车到逢亭镇收购旱玉米，返程至翁牛村翻下路坎，导致车内6人当场死亡，8人受伤的重大交通事故。

6月 冗各电站开工建设，装机容量90兆瓦，年平均发电量3.36亿千瓦时。2015年12月竣工投产。

7月 贵州省军区政委石晓少将到罗甸县人武部检查指导工作。

9月 逢亭镇、红水河镇民间舞蹈《苗族芦笙舞》入选第三批贵州省级非物质文化遗产代表名录。

是月 董架、栗木民间传统戏剧《阳戏》入选第三批贵州省级非物质文化遗产代表名录。

10月19日 中共罗甸县委作出《罗甸县进一步强化全县各级党组织党务公开的实施意见》，凡属党内法规要求公开的内容，只要不涉及党内机密，都应当公开。

12月 罗甸县“两基”（九年基本义务教育和基本扫除青少年文盲）工作顺利通过教育部评估和验收，全部合格达标。2008—2009学年度，适龄儿童入学率为99.28%，其中：女童入学率99.3%，初中毛入学率（指超龄和未达初中就读年龄的人）为100.55%，三残儿童入学率74.06%。2007—2008年学年度小学辍学率0.42%，初中辍学率2.02%。完成率15周岁人口初等教育完成率97.73%，17周岁初级中等教育完成率82.11%。文盲率15周岁人口文盲率为0。

12月21日 中共罗甸县第十一届委员会第九次全体会议在县城召开，应到会县委委员37人，实到会37人；应到会县委候补委员7人，实到会5人，因公外出2人。会议审议通过《中共罗甸县委关于大力加强干部队伍建设的意见》。

是年 羊里港口建成，新建500吨级客货综合泊位一个，长度为65米，年吞吐量29万吨。

是年 罗甸港开工建设。

是年 全县实施“185产业化工程”，通过采取各种措施，使每亩耕地年产值10000元、8000元、5000元。

是年 全县招商引资新建项目14个，到位资金1.08亿元。

2010年

1月7日 县委第52次常委会议审议通过《罗甸县25度以上坡耕地退耕还林实施方案》。

3月27日 县委第57次常委会议研究呈报《申报安作成同志为革命烈士》，省人民政府批准为烈士。

安作成于2010年3月在扑救县林场山火中英勇牺牲。

4月 灰洞电站开工建设。装机容量50兆瓦，年发电量2.02亿千瓦时。2013年12月竣工投入使用。

次月 凤亭乡班仁金祥小学民办教师李兹喜获国务院授予“全国劳动模范”荣誉称号。

是月 2009年秋季至2010年4月，出现历史罕见的百年大旱，导致衍生灾害森林火灾频繁发生，经济损失严重。

9月18日 罗妥乡交算发生ML40级地震（中国地震局核实发布为4.4级），没有造成人员伤亡和经济损失。

是日 中共罗甸县委第十届十三次全委（扩大）会议在县城召开，应到会委员37人，实到会34人，因公外出3人；应到会候补委员7人，实到会6人，因公外出1人。会议讨论通过《中共罗甸县委关于推进民生工程建设的意见》。

10月28日-30日 中共罗甸县委第十一次党员代表大会在县城召开，应到会代表285人，实到会285人。会议审议通过第十届县委工作报告，选举产生十一届县委书记1人、副书记3人、常委10人、委员36人、候补委员7人、县纪委委员23人。

11月 罗甸县鑫鹏硅业发展有限公司与罗甸外贸油厂合资组建贵州艾源生态药业有限责任公司，投资260万元，2012年12月建成年产50吨天然冰片加工项目。

12月23日 中共罗甸县委、县人民政府作出《关于加强老龄工作的实施意见》。《意见》决定从2011年1月起，对具有罗甸县长住户口，非财政供养的80岁以上老年人每月发给生活补贴：80岁-89岁老人月津贴60元/人，90岁-99岁老人月津贴100元/人，100岁以上老人月津贴200元/人。百岁老人去世后，每人给予1200-1500元安葬补助。

12月 罗甸县婚姻登记处荣获民政部“全国规范化单位”。

是年 1996—2010年，深圳市龙岗区政府向罗甸县捐资帮扶资金2618.7万元。

是年 “黔甸”蔬菜、“董当”酒类、“时光”珠宝3个商标成功注册。

是年 罗甸县进行第六次人口普查，全县人口335484人，其中：男173948人、女161536人，少数民族227961人，占总人口67.95%。汉族人口107523人，占总人口32.05%。本籍人口中：接受大学教育（大专学历以上）人数6537人，接受高中教育（含中专）12910人，接受初中教育63117人，接受小学教育117977人。

是年 罗甸县荣获贵州省人民政府“五五”（2006—2010年）普法依法治县工作先进单位。

是年 全县招商引资新建项目7个，到位资金1.85亿元。

是年 武警罗甸县中队被武警总部评为“执勤先进中队”。

是年 在所也方向距县城5公里处建垃圾处理厂1个，占地128.55亩，总容量43.12万立方米，日处理垃圾65吨，日处理渗滤液40吨。

是年 私营快递公司进驻罗甸开展快递业务。

2011年

1月6-9日 罗甸县第十五届人民代表大会第五次会议在县城召开，应到会代表186人，实到会代表186人。会议听取、审议并通过县政府、县财政局、县发展和改革局及县人大常委会、县法院、县检察院工作报告；会议补选县人大常委会副主任1人；补选杨朝伟为县人民政府县长。

1月 罗甸县人武部被省军区评为“全面建设先进团级单位”。

5月27日 县人民政府出台《罗甸县招商引资政策暂行规定的通知》，同时废止2006年《罗甸县招商引资政策暂行规定的通知》。

7月1日 县启动城乡居民社会养老保险工作和实施农村基本养老保险。

7 月 19–23 日 经中央台办批准，邀请台湾“中华资深记者协会”“高雄市新闻记者公会”等 10 余家新闻媒体到罗甸开展“看罗甸万重山、游高原千岛湖”为主题的采风活动。

是月 边阳工业园区建设启动，修建园区内 2 条大道全长 7.28 公里，总投资 1.1 亿元；投资 4509 万元建成标准厂房 4.1 万平方米。

8 月 红水河镇官固村村民在山上耕种时偶然发现玉石，经省中科院化验证实属碳酸盐矿物接触变质的产物，结构致密，该矿与新疆和田玉和青海昆仑山脉一带软玉相近，属罗甸优质软玉矿。

9 月 3–4 日 省委书记栗战书及省委常委、省纪委书记宋璇涛在省州有关单位负责人陪同下到罗甸检查指导工作。

9 月 4 日 贵州省人民政府邀请中国科学院院士、中国工程院院士 20 多名院士到罗甸考察工作。

9 月 台湾慈济慈善总会一行 2 人到罗甸进行纪录片《黔山系列》拍摄，记录台湾慈济总会多年对罗甸帮扶成果，宣传罗甸农业产业和旅游资源。

是月 黔南州编委批准成立罗甸逢亭工业园区工作委员会，为县人民政府管理的副县级财政全额拨款事业单位。

10 月 罗甸第一中学动工修建，2013 年 10 月竣工投入使用，投资 1.5 亿元，学校占地 387 亩，其中：校园占地 267 亩，建筑面积 63478.66 平方米。

10 月 14 日 罗甸县高原千岛湖水利风景区被批准为第十一批国家水利风景区。11 月，县人民政府成立罗甸县高原千岛湖水利风景区管理处。2013 年 3 月，黔南州编委批准罗甸县高原千岛湖水利风景区管理处为县人民政府管理的副县级公益一类事业单位。

10 月 18 日 中国邮政储蓄银行罗甸支行正式成立，隶属中国邮政银行黔南州支行。

12 月 1 日 罗苏乡过石村干田堡组发生饮用含钩吻药酒导致食物中毒事件，中毒 10 例，死亡 5 例。

是月 栗木敬老院荣获贵州省十佳敬老院。

是月 罗甸布依族相诺《亮灯谣》参加贵州省第十一届杜鹃曲艺节决赛，获二等奖。

是月 罗甸县蚂蚱调民谣组合参加张家界国际乡村音乐周，获最佳台风奖。

是年 县机构调整，县发展改革局、县科学技术局、县粮食局、县物价局合并组建新的发展和改革局。

是年 龙坪镇五星村蔬菜协会获全国科普惠民兴农项目，中国科协、财政部给予以资代补资金 20 万元。

是年 全县招商引资新建项目 40 个，到位资金 8.04 亿元。续建项目到位资金 1.36 亿元。

是年 重新组建罗甸县工商银行。

是年 县建成 500 吨级罗甸港客货客运泊位 1 个，泊位长度分别为 86 米和 55 米。年吞吐量 73 万吨。

2012 年

1 月 县委、县政府立项“罗甸艾纳香”申报国家地理标志产品保护工作。3 月，“罗甸艾纳香”获得国家质检总局批准成为地理标志保护产品。

1 月 2–5 日 政协罗甸县第八届委员会第一次会议在县城召开，应到会政协委员 166 人，实到会委员 161 人，因事因病请假 5 人。会议听取和审议政协第七届常委工作报告；列席县第十六届人民代表大会第一次会议，讨论县人民政府、县财政局、县发展和改革局及县人大常委会、县人民法院、县人民检察院工作报告；选举产生政协罗甸县第八届主席罗金逸，以及副主席 8 人、秘书长 1 人、常务委员 19 人。

1 月 3–6 日 罗甸县第十六届人民代表大会常委会第一次会议在县城召开，应到会代表 186 人，实到会代表 186 人。会议听取、审议并通过县人民政府、县财政、发展和改革局及县人大常委会、县人民法院、县检察院工作报告；选举产生第十六届县人大常务委员会主任陈邦禄，以及副主任 6 人、委员 16 人；选举产生县人民政府县长杨朝伟，以及副县长 6 人、县人民法院院长 1 人、县人民检察院检察长 1 人。

4 月 26 日 县委第 11 次常委会议审议通过《边阳园区基础设施建设方案》和龙坪镇《城东新区等重点项目建设方案》。

4 月 罗甸新客运站开工建设，2013 年 2 月投入使用。占地 25 亩，客车站占地 16.67 万平方米，建筑面积 7793.2 平方米，停发车位 100 个。

是月 罗甸县人武部被成都军区评为“民兵工作先进单位”。

6 月 28 日 中共罗甸县委、县人民政府作出《关于贯彻落实国发〔2012〕2 号文件的若干意见》。国发〔2012〕2 号文件要求实施银川—龙邦（贵州经罗甸）高速公路、余龙（余庆—安龙经平塘—罗甸—望谟）高速公路、永兴（永州—兴义经平塘—罗甸—望谟）高速公路、罗甸红水河航运、罗甸机场，打造全县水陆空立体交通格局，拓展罗甸发展空间。

7 月 5 日 中共罗甸县委作出《关于加强党的纯洁性建设，确保全县经济社会又快又好发展的实施方案》。

8 月 罗甸县边阳镇被列为全省 100 个州级示范小城镇。

8 月 城东新区启动修筑湖滨大道（称 1 号大道），东起点—罗甸码头，全长 1910.35 米，道路红线宽 45 米。2 号大道起点解放东路至幸福巷，全长 1067.71 米，南段道红线宽 36 米，北段道红线宽 45 米。2013 年 8 月，两条大道竣工通车。

9 月 2 日 罗甸县第十六届人大常委会第四次会议任命杨兴华为罗甸县人民政府副县长、代理县长。

11 月 《中共罗甸蛮瓦特别支部》专辑出版发行。主编罗金逸、副主编田儒斌、执行主编韦政敏、编辑陈盛先，字数 23 余万字。

11 月 15 日 惠罗高速公路开始施工，2015 年 10 月 1 日竣工通车。

12 月 罗甸县民政局获人力资源和社会保障部、民政部授予“全国民政系统先进集体”；栗木敬老院获贵州省五星级敬老院（贵州省第一所）。

是年 罗甸县实现“双百工程”目标，即“百分之百村村通公路、百分之百乡乡通油路”。

是年 在罗甸红水河镇发现玉石，矿源分布在红水河、罗暮、罗妥、罗苏、罗悃、沟亭等乡镇。2013 年开始开发玉石加工。

是年 招商引资新建项目 36 个，到位资金 273450 万元。

2013 年

1 月 1 日 罗天乐（罗甸、天峨、乐业）大桥竣工通车，桥长 525 米，高 89 米，宽 10 米。

1 月 5–6 日 中共罗甸县委第十一届四次全委（扩大）会议在县城召开，应到会委员 37 人，实到会 36 人，因事请假 1 人；应到会候补委员 7 人，实到会 6 人，因事请假 1 人。会议讨论通过《中共罗甸县委关于开展同步小康创建活动的意见》《中共罗甸县委、县人民政府关于加快工业化发展的实施意见》《中共罗甸县委、县人民政府关于加快推进山地生态高效农业产业发展的实施意见》《中共罗甸县委、县人民政府关于加快城镇化进程的实施意见》《中共罗甸县委、县人民政府关于进一步加强干部和人才队伍建设的实施意见》。

2 月 26–28 日 罗甸县第十六届人民代表大会第二次会议在县城召开，应到会代表 186 人，实到会代表 179 人，因事因病请假 7 人。会议听取、审议并通过县政府、县财政局、县发展和改革局及县人大常委会、县法院、县检察院工作报告；补选杨兴华为县政府县长。

3 月 惠罗（惠水—罗甸）高速公路开工，在沟亭乡征地 1000 余亩，涉及 168 户 468 人。公路途经沟亭乡路段长 9.74 公里。

8 月 28 日 中共罗甸县委第十六届常委会第十二次常委会议审议批准《撤销木引乡设置木引镇的决定》。

9月10日 县委第46次常委会议讨论通过《红水河临港经济区筹建方案》。

9月 投资4900万元，建成边阳工业园区栗木大道二期及边阳大道二期工程，全长3.32公里，宽24米。

10月 台湾嘉义现代农业交流团一行37人到罗甸考察农业产业。

10月21日 全县第一家融资担保公司罗甸县鼎盛担保公司成立，12月13日开业。

11月5日 中共罗甸县委第十一届五次全委（扩大）会议在县城召开，应到会委员33人，实到会31人，因公外出2人；应到会候补委员7人，实到会6人，因公外出1人。会议审议通过《罗甸县乡镇行政区划调整方案》《罗甸县合并行政村实施方案》，并按程序上报上级有关部门。

11月15日 罗甸县第十六届人大常委会第十四次会议审议同意《关于村级行政区划调整的决定》。

11月 黔南州交运公司罗甸分公司客车驾驶员龙志华获第十届昆仑杯全国见义勇为"英雄司机"称号，获奖5万元。

12月20日 罗甸县第十六届人大常委会第十五次会议审议县人民政府《关于报请审议罗甸县乡镇行政区划调整的议案》，同意将全县原26个乡镇撤并组建为8镇1乡，即龙坪镇、边阳镇、沫阳镇、逢亭镇、茂井镇、罗悃镇、红水河镇、木引镇、凤亭乡。

12月 栗木敬老院获民政部"群众满意窗口"和"行风示范单位"称号。

12月23日 中共罗甸县委党校增设罗甸县行政学院。

是月 国家质监总局批准对"罗甸火龙果"实施地理标志保护。罗甸火龙果获得国家农产品地理标志，同年获"国家级火龙果标准化示范区"称号。是年，罗甸火龙果被国家质量技术监督局批准为国家示范项目。

是年 团县委获"全省五四红旗团委"称号。

是年 1995—2013年国家开发投资公司向罗甸县援助扶贫资金3309.3万元。

是年 全县实现地区生产总值40.38亿元，财政收入4.65亿元，农民人均纯收入6166元，人均占有粮346公斤，全县累计12.77万贫困人口脱贫。

是年 国家进行重大税务改革，原来由县地税部门征收的营业税改为增值税。

是年 罗甸玉石研究所成功申报"罗甸玉"地理标志证明商标。2015年8月，"罗甸玉"经国家质量检验检疫总局标志审查，批准为国家地理标志保护产品。

是年 全县招商引资新建项目69个，到位资金18.01亿元。

是年底 淘汰关停罗甸水泥厂、泰安公司和清阳水泥厂，关停所有铁合金厂。

是年 县城完成主要街道水泥路改沥青路工程，长12公里。

是年 高原千岛湖休闲度假园区被列入全省"5个100工程"，进入"省100个旅游景区"发展平台。

是年 县内贵州信邦制药股份有限公司生产的"邦消安"牌银杏片、"邦消安"牌脉血康胶囊、"邦消安"牌益心舒胶囊3个产品获贵州省名牌产品称号。

是年 罗甸县蔬菜、火龙果、水产养殖三大特色产业，成功挤进全省100个园区建设范畴。

2014年

1月1日 县工商行政管理局由省垂直管理调整为县政府管理的工作部门，9月，撤销县工商行政管理局、县质量技术监督管理局、县药品监督管理局，组建罗甸县市场监督管理局。

1月13日 县委第57次常委会议审议通过县城《城西大道及场地平整项目建设方案》。

是月 贵州省军区司令员王盛槐少将到罗甸县人武部检查指导工作。

2月9日 县委第60次常委会议审议通过中共罗甸县委《党的群众路线教育实践活动方案》。

2月 根据关于废止《贵州省屠宰税征收办法》，罗甸屠宰税停征。

是月 城西启动医药产业园区一期工程，起点县林场接S101线KO+320处与高速公路出站口连接县十字相交处向东北方向展线经交苑、第一中学至老城村口，全长2.34公里，总投资6800万元，8月竣工。

2月25日 贵州省人民政府批复同意罗甸县行政区划调整，撤销原26个乡镇建制，设置新的8镇1乡，即龙坪镇、边阳镇、沫阳镇、逢亭镇、茂井镇、罗悃镇、红水河镇、木引镇、凤亭乡。

3月 各镇（乡）召开乡镇人民代表大会第一次会议，产生乡镇国家机关组成人员，选出镇乡人大主席9名，镇（乡）长9名，副镇（乡）长37名。

4月1日 第二轮《罗甸县志（1994—2015）》启动编修，主编何清福、副主编陆庆达、执笔主编陈盛先，编辑黄元勋、袁继光、陈建文、陆国器。

6月 贵州省军区参谋长姜永申少将到罗甸县人武部指导召开教育实践活动专题民主生活会。

7月28日 中共贵州省委书记赵克志到边阳镇考察示范小城镇建设。

8月 沫阳镇麻怀村村委会主任邓迎香获“全国三八红旗手标兵”、贵州省“三八红旗手标兵”荣誉称号，到北京人民大会堂参加全国“三八红旗手”表彰大会。

11月7日 县委第83次常委会议审议通过《罗甸县深化管理体制改革，促进镇（乡）加快发展实施意见》。

是月 贵州省军区政委谢武忠少将到罗甸县人武部检查指导工作。

12月 罗甸县民政局获民政部颁发“全国文明优抚事业单位”“全国农村五保供养工作先进单位”。

12月 罗甸县城东新区建成罗甸港、罗甸客车站、湖滨大道、玉都大道、千岛湖酒店、山水华庭小区、千岛城一期工程，总投资9.8亿元。

是年 全县实施国家农机机具1325台（套），受益农户1299户，补贴资金250万元。

是年 罗甸贵州信邦制药股份有限公司与贵州科技医药有限公司重大资产重组，注册资本125000万元，总资产60.5亿元，净资产24.5亿元，下属21家控股企业，员工4300余人，现已成为集医药工业、医药流通、医疗服务为一体的医药医疗大健康产业集团。

是年 县引进贵州艾力康中草药开发有限公司、贵州君之堂制药有限公司2家，开发产品：冰片、艾粉、艾纳香油、香皂、牙膏等系列产品。

是年 县人民政府对改制企业县水泥厂、印刷厂、造纸厂、硅厂、油脂化工厂、页岩砖厂、农机厂、矿产公司和外贸公司9家企业进行资产评估计2318.96万元。改制后安置人员及费用支出：一次性安置247人，支出费用960.2万元；内退52人，支付医疗、高龄费等104万元；退休153人，支付一次性医疗费310万元；遗属477人，支付1374.2万元。

是年 全县取消经营性收费许可证制度，今后不再办理“经营性服务性收费许可证”。

是年 罗甸产业结构比重为25 ∶ 35 ∶ 40、结构趋于合理，形成工业反哺农业格局。

是年 罗甸县非物文化遗产经调查共有75个，其中：列为省级保护4个（边阳镇栗木拉来寨崖棺），县级保护19个，一般52个。

是年 全县招商引资新建项目69个，到位资金28.42亿元，续建项目29个，到位资金35.61亿元。

是年 全县各项存款19.27亿元，较2013年末增加2.48亿元。增长14.7%。

是年 全县国有土地使用权应发证3356本，已发3356本，占应发证数100%。村民宅基地集体土地使用权应发证59021本，实发53591本，占应发数的90.8%。

2015年

1月9日 中国老年学会和老年医学学会授予罗甸县“中国长寿之乡（2013—2018）”称号。

2月4-6日 政协罗甸县第八届委员会第四次会议在县城召开。

2月4-7日 罗甸县第十六届人民代表大会第四次会议在县城召开。

7月9日 中共贵州省委常委、副省长慕德贵至边阳镇大寨村开展遍访贫困村贫困户工作。

7 月 15 日　中共贵州省委副书记、省长陈敏尔到罗甸调研，杨朝伟、杨兴华、蓝康力、龙仲芳、高峰陪同。

7 月 19 日　中共贵州省委书记陈敏尔到边阳镇考察小城镇建设。

7 月　中国观赏石协会授予罗甸“中国观赏石之乡”荣誉称号。

7 月　县委、县人民政府批复投入 280 万余元，将原林霞小学改造建设为“罗甸县育新学校”。11 月 5 日正式开学，首期设 2 个班，学生 41 人。

9 月 8–9 日　贵州省政协副主席班程龙一行到红水河临港经济区、县城调研，陈元贵陪同。

9 月　边阳镇被列为全省 100 个省级小城镇和商贸型示范镇。

11 月 3 日　中共贵州省委常委、省委宣传部部长张广智到边阳镇油海村、县体育馆、新中盛火龙果农旅观光园、玉文化产业园调研。

11 月 21–24 日　由罗甸县政协邀请广西壮族自治区百色市政协副主席韦启良、河池市政协副主席马丹葵和贵州省政协副主席班程农、黔南州政协副主席王国太等到罗甸召开左右江革命老区经济发展论坛暨黔桂两省（区）三市（州）二十二县（市）政协 200 余人联谊会。并邀请中国社科院农村研究所所长魏后凯和贵州省发改委刘京伟等专家到会作《左右江革命老区振兴规划》专题讲座。

12 月 3 日　贵州省副省长刘远坤到逢亭镇、木引镇调研易地扶贫搬迁项目推进情况。

12 月　县人武部被贵州省军区评为“依法治军从严治军先进单位”。

是年　贵州省钓鱼协会授予罗甸县“贵州省钓鱼基地”品牌。

是年　中共罗甸县委、县人民政府领导先后率队前往北京、浙江、广东、江苏、重庆、上海等地对接洽谈推荐项目 20 次，外出招商 40 次，对接客商 400 余人次，引进项目 57 个，引进项目投放资金 93.57 亿元，引进企业 18 户，完成新进省外投资规模 1000 万元以上合同项目 56 个。引进全球 500 强企业三一集团、中国 500 强企业绿城集团、医药 300 强企业神奇制药、上市公司陕西海升集团等。

是年　全县地区生产总值 56.97 亿元，同比增长 13.6%，完成财政总收入 6.98 亿元，占年初预算的 111.29%，同比增长 25.07%，税收增速位居全省第一。农村居民人均可支配收入 7969 元，同比增长 11.3%，城镇居民人均可支配收入 22614 元，10.3%。

是年　中共罗甸县委、县人民政府按照“四个切实”“六个精准”“五个一批”的扶贫攻坚要求，建成“扶贫云罗甸大数据中心”，选派 183 名科级干部和新招录的 102 名大学生，组建 80 个驻村扶贫工作队进驻 51 个一类贫困村开展扶贫工作。通过贵州省考核验收，全县实现 31389 人脱贫，木引、董当、纳坪、董架、罗沙等 5 个乡镇摘帽，贫困乡镇发生率降至 38.46%。

第一篇　区域 自然环境

第一章　行政区划

第一节　地理位置

罗甸县地处贵州南部边陲，距省政府驻地贵阳市 112.93 公里，距州政府驻地都匀市 185 公里。位于北纬 25° 04′—25° 45′，东经 106° 23′—107° 03′ 之间。东与平塘县接壤，西与望谟、紫云县毗邻，南与广西壮族自治区天峨、乐业县隔红水河相望，北与惠水、长顺县相连。

县境东西宽 63 公里，南北长 72 公里，地处云贵高原南缘向桂西北山区与丘陵过渡斜坡地带，地势北高南低呈阶梯式下降，朝南地形。境内以山地为主，河流穿插切割深，山峦起伏、沟壑纵横，地面破碎，属喀斯特地貌。最高海拔为茂井镇大亭老山大坪主峰 1400.6 米，最低海拔为茂井镇牛河与红水河汇合处 242 米。全县面积 3015.76 平方公里，人口密度每平方公里 114 人。耕地面积 267552.4 亩，其中：田面积 102630 亩，地面积 164922.4 亩；水域面积 96.59 平方公里；2015 年森林覆盖率 52.6%。2015 年总人口 353104 人。

第二节　建置沿革

罗甸，在明代属广西布政司泗城土府西隆州罗博巡检司；清雍正五年（1727 年）吏部议准云贵总督鄂尔泰与工部侍郎李祓，广西巡抚韩良辅会议合疏，割广西泗城土府西隆红水河以北设永丰州，州内设罗斛州判驻罗斛（今罗甸）辖九甲半（含桑郎半甲）分为六十一亭半三屯四村；清乾隆十四年（1749 年）罗斛州判改属定番州，划入贵阳府；清光绪六年（1880 年）罗斛州判改称同知；清光绪七年（1881 年）罗斛同知升为罗斛厅；民国 3 年（1914 年）罗斛厅改称罗斛县；民国 4 年（1915 年）废除土司、亭、屯、村建制，全县设 7 个区，即：中一区（今龙坪镇）、中二区（今沫阳镇）、中三区（今逢亭镇）、东区（今茂井镇）、西区（今望谟县桑郎镇，时属罗甸辖区）、北区（今边阳镇）、南区（今罗悃镇）；民国 19 年（1930 年）改称罗甸县；民国 20 年（1931 年）迁入新城（今址）。

1951 年 3 月 23 日罗甸县和平解放，隶属贵阳专区；全县设 6 个区，即第一区（城关区）、第二区（边阳区）、第三区（逢亭区）、第四区（沫阳区）、第五区（八茂区）、第六区（罗悃区）。18 个乡（镇），即：第一区辖龙坪镇、盘石乡、夹界乡；第二区辖：边阳镇、罗沙乡、润霞乡、大龙乡；第三区辖：逢亭乡、模宝乡；第四区辖：甲翠乡、董坡乡；第五区辖：八茂乡、边幽乡、仁矿乡；第六区辖：罗悃乡、沟亭乡、罗妥乡、罗暮乡。121 个行政村。1952 年 12 月罗甸县隶属贵定专区，1953 年全县设 80 个乡镇。1956 年 5 月罗甸县改属安顺专区，1956 年 8 月隶属黔南布依族苗族自治州。

1956 年全县设 6 个区 49 个乡镇，1958 年调整为 9 个公社（划平塘县三个区归罗甸，即城关、边阳、沫阳、逢亭、八茂、罗悃、克度、通州、西关）78 个管理区。1961 年 8 月克度、通州、西关三个区划回平塘县。

1963年恢复6个区级建制，公社改称区公所，53个管理区改称50个公社。1967年3月“文化大革命”时期“造反派”夺取县人民委、县人民政府的党、政、财、文大权，8月22日中共罗甸县委、罗甸县人民委员会改称罗甸县革命委员会，各区、公社、生产队统称革命委员会，生产队建立革命生产领导小组。1979年各区革命委员会恢复称区公所，公社委员会改称公社管理委员会。1980年1月恢复中共罗甸县委、罗甸县人民政府，撤销罗甸县革命委员会。1984年4月，全县调整为6个区，1个区级镇，49个乡，一个乡级镇，271个行政村，1722个组。即：城关区、龙坪镇（区级镇）、边阳区、逢亭区、沫阳区、八茂区、罗悃区。1991年8月全县撤区并乡建镇，调整为26个乡镇。撤城关区，将龙坪镇、所也乡、立亭乡合并建龙坪镇；撤边阳区，将边阳镇、大文乡、兴隆乡合并建边阳镇；撤逢亭区，将逢亭乡、罗里乡、床井乡合并建逢亭镇；撤沫阳区，将沫阳乡、翁保乡合并建沫阳镇；撤八茂区，将茂井乡、高圩乡合并建茂井镇；撤罗悃区，将罗悃乡、平艾乡、纳闹乡合并建罗悃镇；将交广乡并到八总乡；猴场乡并到云干乡；罗化乡并到板庚乡；达上乡、深井乡并到栗木乡；巴沙乡并到罗沙乡；冗翁乡并到交砚乡；油闹乡并到董王乡；云里乡、摆龙乡并到木引乡；坡共乡并到董当乡；田坝乡并到董架乡；布告乡并大亭乡；平亭乡并到罗暮乡；冗响乡并到沟亭乡。单列纳坪乡、罗苏乡、平岩乡、凤亭乡、班仁乡、罗妥乡、罗羊乡（1998年8月改称红水河镇）。2013年11月罗甸县村级区划调整，将原268个行政村撤并为177个行政村，5个社区（居）委会不变。2014年2月行政区划调整，撤销原26个乡镇建8个镇1个乡，原乡（镇）改称社区服务中心。即：云干乡、八总乡、板庚乡并龙坪镇；栗木乡、罗沙乡、董王乡、交砚乡并边阳镇；纳坪乡并逢亭镇；木引乡升格为木引镇；董当乡、董架乡、平岩乡并沫阳镇；罗苏乡、沟亭乡并罗悃镇；罗妥乡、罗暮乡并红水河镇辖；大亭乡并茂井镇；班仁乡并凤亭乡。2015年1月省政府批准同意罗甸县龙坪镇析置斛兴街道办事处，析置后的龙坪镇辖新莲村、老城村、马草村、五星村、八一村、顶访村、交谷村、金星村、六一村、七一村、新艾村、兴未村、交广村、八总村、下儒村、里矮村、云盘村、道角村、干里村、大关村、八木村、罗化村、大坪村、坪寨村、里免村，龙坪镇人民政府驻新莲村。斛兴街道办事处辖城东、城西、河滨3个社区居委会。

第二章　乡镇（街道）概况

第一节　龙坪镇

一、龙坪镇

地处罗甸县中部，位于北纬25°　22′—25°　29′，东经106°　43′—106°　49′，东接沫阳镇，南与罗悃镇和凤亭乡相连，西与逢亭镇隔蒙江毗邻，北靠边阳镇，地势北高南低，属低山河谷地，最高海拔罗化南部坡关1113.3米，最低海拔八总下儒288米，是罗甸县政治、经济、文化、物流和商贸中心。

沿革　龙坪镇清代属罗斛州判（厅）辖地城区甲哨的渌降亭。民国4年（1915年）废除土司的亭、屯、村建制，实行保甲制，全县设7个区（今望谟县桑郎镇属罗甸县所辖，1940年成立望谟县属望谟辖区。）龙坪镇属中一区所辖。民国32年（1943年），龙坪镇辖10个保92个甲。1951年3月罗甸解放废除保甲制，龙坪镇隶属第一区。1956年龙坪镇时称城关镇，1958年8月改称城关管理区隶属城关公社。1963年恢复区级建制设城关区公所，辖城关、所也、八总、交广、立亭、板庚、云干、猴场8个公社。1967年改称城关区革命委员会，1984年4月撤城关公社建龙坪镇升为区级镇。1991年8月全县撤区并乡建镇，撤城关区，将立亭乡、所也乡并入龙坪镇，辖18个行政村，156个村民小组63个自然寨和2个居民委员会33个居民小区、县机关、企事业单位103个（含省、州驻县单位）。2013年11月罗甸县村级区划调整，撤并原18个行政村为12个行政村，即：将原莲花村、新苑村合并，称新莲村；

沙井村、老城村合并，称老城村；林霞村、马草村合并，称马草村；五星村、新民村合并，称五星村；八一村、八二村合并，称八一村；顶访村、卡祥村合并，称顶访村；原来的交谷村、金星村、六一村、七一村、新艾村、兴未村保留不变。2014 年 2 月罗甸县行政区划调整，将龙坪镇、板庚乡、云干乡、八总乡合并为新的龙坪镇，下辖新莲、老城、马草、五星、八一、顶访、交谷、金星、六一、七一、新艾、兴未、云盘、道角、干里、大关、八木、交广、八总、下儒、里矮、罗化、大坪、板庚、坪寨、旧寨、里免 27 个行政村 328 个村民小组 253 个自然寨和城东、城西、河滨 3 个社区 29 个居民小组。2015 年 1 月省政府批准罗甸县龙坪镇析置斛兴街道办事处，析置后的龙坪镇辖新莲村、老城村、马草村、五星村、八一村、顶访村、交谷村、金星村、六一村、七一村、新艾村、兴未村、云盘村、道角村、干里村、大关村、八木村、交广村、八总村、下儒村、里矮村、罗化村、大坪村、板庚村、坪寨村、旧寨村、里免村 27 个行政村 328 个村民小组 253 个自然寨。

人口　龙坪镇主要居住布依族、汉族、壮族。1991 年总人口 35926 人，男性 17600 人，女性 18326 人，其中：非农业人口 14081 人，农业人口 21845 人；少数民族 29541 人，占总人数 82%。人口呈现逐年递增。2013 年总人口 91991 人，男性 46048 人，女性 45943 人，其中：非农业人口 22873 人，农业人口 69118 人；少数民族 73692 人，占总人数 80.1%。2015 年总人口 92857 人。其中：男 46489 人、女 46368 人。农业人口 69169 人，非农业人口 23688 人。少数民族人口 75214 人，占总人口 81%。

面积　1991 年全镇国土面积 198.96 平方公里，其中：陆地 191.1 平方公里，占 96.05%；水域 7.86 平方公里，占 3.95%；耕地面积 11717 亩，其中：田 5477 亩、地 6240 亩，人均 0.33 亩。2014 年 2 月区划调整后国土面积 502.42 平方公里，人口密度每平方公里 185 人，水域面积 11.72 平方公里，林地面积 35.85 万亩，宜林荒山 17953 亩，森林覆盖率 46%。

地形地貌　全镇为喀斯特地形地貌，地势北高南低，以山地为主，中部地势较低，山脚为小盆地，最高海拔罗化南部坡关山 1113.3 米，最低海拔位下儒村八忍组 288 米。

植物动物　植物有杉木、椿树、枫樁树、马尾松；珍稀动物有穿山甲、野羊、锦鸡；药材有川芎、砂仁、通草、岩黄连、小黄草等。

气候　龙坪镇属亚热带季风气候，无霜期 330 天，年日照 1350—1520 小时，年平均温度 20℃，最高温度 7 月，平均气温 26.32℃，最低温度 1 月平均气温 10.0℃，年均降雨量 1200 毫米，5-7 月为降雨季节，6 月最多。具有“天然温室”之称，是罗甸种植早熟蔬菜的主要镇。

自然灾害　境内自然灾害主要有水灾、旱灾、冰雹、山体滑坡等。2008 年 3 月冰雹灾造成龙坪镇早菜 1 万多亩绝收，涉及莲花、新苑、老城、马草、五星 5 个村，经济损失 2000 万元。2009 年 6 月发生特大洪灾，河滨路一带被水淹没损坏房屋 15 间，庄稼绝收 1500 亩，经济损失 750 万元。

粮食作物　主要种植水稻、玉米。1991 年产粮 3180 吨，产值 286 万元，人均食粮 146 公斤，人均纯收入 680 元；1995 年产粮 4200 吨，产值 441 万元，人均食粮 189 公斤，人均纯收入 1300 元；2000 年产粮 5146 吨，产值 677 吨，人均食粮 226 公斤，人均纯收入 1800 元；2005 年产粮 3916 吨，产值 660 万元，人均食粮 168 公斤，人均纯收入 2760 元；2010 年粮 5096 吨，产值 1076 万元，人均食粮 169 公斤，人均纯收入 3920 元；2014 年区划调整，八总、云干、板庚乡并入龙坪镇后，产粮 14983 吨，产值 3916.7 万元，人均食粮 217 公斤，人均纯收入 7796 元。2015 年龙坪镇耕地面积 38522 亩，其中：田 17714 亩，地 20808 亩。完成蔬菜种植 4.8 万亩，产量 9.33 万吨，产值 14800 万元；完成粮食作物播种 6.77 万亩，产量 1.53 万吨，产值 3800 万元；油菜种植 4000 亩，产量 248 吨，产值 125 万元。农民人均可支配收入 8624.9 元，农民年人均食粮 267 公斤。

经济作物　1991 年早熟蔬菜种植面积 3800 亩，产量 1900 吨，产值 380 万元；柑橘 2005 亩，产量 1002.5 吨，产值 200.5 万元；甘蔗 1000 亩，产量 2500 吨，产值 250 万元。在河滨路建成占地面积 3000 平方米早菜交易场所。每年 3-6 月，是早菜大量上市期，品种有辣椒、长茄、团茄、豇豆、棒豆、菜玉米、黄瓜、苦瓜、丝瓜、西瓜等，品种齐全。2008年火龙果在新民村试种1000亩成功，同年全县实施“185工程”（即每亩产值1万元、8000元、5000元）经县政府验收全部达标。2013年火龙果发展到10000亩，亩产800—1300公斤，产量4000吨，产值2400万元。2015年火龙果种植挂果面积3万亩，产量1.81万吨，产值1.78亿元；脐橙2万亩，产量1.5万吨，产值1.5亿元；板栗挂果面积1.51万亩，产量3000吨，产值1500万元；核桃挂果面积1400亩，产量189吨，产值480万元；砂仁挂果面积3000亩，产量1200吨，产值480万元。

养殖业 1991年生猪饲养1.78万头，出栏1.68万头，产值2352万元；牛9847头，出栏1375头，产值412.5万元；家禽5.82万羽，上市5.3万羽，产值53万元；总产值2817.5万元。1995年生猪饲养1.94万头，出栏1.8万头，牛饲养1.15万头，出栏4313头，家禽7.65万羽，上市7.6万羽，总产值6213万元。2000年生猪饲养2.43万头，出栏2.2万头，牛饲养1.23万头，出栏5780头，家禽7.57万羽，上市7.5万羽，总产值7864万元。2005年养猪2.54万头，出栏2.5万头，牛饲养1.23万头，出栏6120头，家禽7.99万羽，上市7926羽，总产值8145万元。2010年养猪2.95万头，出栏2.9万头，牛饲养3326头，出栏1100头，家禽8.11万羽，上市8万羽，总产值7986万元。2014年养猪5.72万头，出栏5.58万头，产值1.45亿元；牛9500头，出栏2130头，产值1065万元；养羊1.44万只，出栏5948只，产值535.3万元；家禽15.31万羽，上市15.2万羽，产值304万元。2015年饲养生猪出栏12.59万头，黑山羊出栏6857只，牛出栏3566头、家禽出栏上市38.57万羽，禽蛋626吨，总产量1.24万吨，产值3.99亿元。

劳务输出 农民创收外出打工是农村经济收入的另一个主要来源。1991年全镇外出打工7981人，收入7981万元；2014年外出打工人员29026人，收入2.27亿元。2015年外出打工人员9342人，收入2.34亿元。主要分布在广东、浙江、福建等沿海城市，进缝纫厂、鞋厂、服装厂、建筑业等。

交通 1998—2014年龙坪镇修村级公路总长89.4公里，国家总投资2235万元，实现村村通公路。2015年，修建林场至八一通村水泥路3.48公里，总投资172.9万元；争取“一事一议”项目10个，修建通组公路15.28公里，财政奖补356.52万元。

境内交通运输有公路和水路，东有罗甸港码头、八总码头水路南下广西，西有罗甸—贵阳高速公路。开往全国各地客车每日233次，客船32艘。

电 电力建设有110千伏主变电站1座，主变压器2台，容量为20+31.5兆伏安；35kV变电站1座，两座变电站总容量71.5兆伏安，高压输电线13条，总长162.16公里。2000年全镇通电率100%。

通信 1991年安装固定电话3500户，1996年移动电话1200户，普及率40%；2015年移动电话36678户，固定电话8200户，普及率83%。

广播电视 2010年安装电视卫星接收器1788台，电视用户8024户，电视覆盖率80%；2014年合并后安装电视卫星接收机930台，电视用户12127户，电视覆盖率100%。

水利建设 流经境内大小河流4条。2010年治理河道莲花塘—马草寨总长3.5公里，保护了沿河两岸居民不受淹没，同时美化县城环境。

2012年有山塘1个，蓄水1000立方米，小水窖249口，蓄水7470立方米。主要分布在林霞、新民、交谷、金星、六一等11个村，基本解决人畜饮水困难。2015年实施小水窖、水池安全饮水工程项目8个，总投资2693万元，1.05万亩农田得到保障灌溉；其中：完成七一村土地整治1600亩；建成144口小水池蓄水7790立方米，使7000多村民用水难问题得到解决。

市场建设 2010年建集贸市场2个，面积10000多平方米，均盖钢棚、设固定摊位，功能齐全。水泥硬化率100%，交易物品为农产品和轻工业产品、日杂货等，市场繁荣。

卫生 2000年龙坪镇卫生院专业卫生员8人，业务房建筑面积245平方米，住院完成诊疗5170人（次），治愈率90%。2005年专业卫生人员10人，完成住院198人（次），完成诊疗9813人（次），治愈率91%。2010年专业卫生人员18人，完成住院361人（次），诊疗10810人（次），治愈率91%。2014年镇级医院（板庚乡、云干乡、八总乡、龙坪镇）4所专业卫生人员30人，完成住院15982人（次），诊疗205316人（次），治愈率92%。2015年镇级医院4所，建筑面积1750平方米，专业卫生员30人。住院完成诊疗23147人（次），治愈率95%。

计生工作 1991年设计划生育办公室1个，面积20平方米，专职计生员4人，主要开展生育办证、办理独生子女户1户，生育办证138人。1995年有计生员9人，其中：技术员3人，开展上环手术683例，结扎62例，办理独生子女户371户，生育办证率90.66%。2010年开展上环手术169例，办独生子女证16户。2014年组建卫生计生站1个，总建筑面积1125平方米，专职计生员18人，2015年落实计生“两术”1095例。常住人口出生率为8.75‰、自然增长率为2.6‰，社抚费征收102.31万元。

文化 2011年建镇文化站1个，建筑面积200平方米，藏书3000册。村级文化室20个，每村文化室藏各类科技书2000册。2015年建社区文化站4个，总建筑面积1040平方米，每社区文化室藏书18000册；村文化室30个，每村藏书2000册。

教育 1991年全镇有中小学22所，即：罗甸民族中学、罗甸二中、罗甸职校、龙坪一小、龙坪二小、龙坪三小、机关幼儿园1所、和平、交谷、落脚河、林霞、简坪、立亭、丁未、卡祥、拂讲、顶访、所也、把炳、把敢、里况、坡头小学，建筑面积24426.48平方米，学生8296人，其中：男生4410人、女生3886人，少数民族生6199人，民族生占总数75%。教师159人，其中：大专52人、中师107人。

2005年10月“两基”工作通过省人民政府评估和验收，小学入学率99.35%，小学生人均图书8.4册。教学用房达标率100%。教学设备达标率100%，小学结业班全科合格率95.9%，毕业率为99.6%，小学专任教师合格率100%。2014年有学校49所，其中：高中1所、初中2所、中等职业技术学校1所、小学17所、特殊教育学校1所、育新学校1所、公办幼儿园6所、公办学校附设幼儿园8所、私立幼儿园12所。学校总建筑面积150505.66平方米，其中：小学59279平方米、中学31087平方米、高中57179平方米、特殊教育学校1147平方米、幼儿园1813.66平方米；中小学生人数25066人，其中：高中生数4626人、初中学生数5408人、小学生数9604人、幼儿园生数5428人，少数民族生数11349人，占学生总数45%。小学入学率99.8%，初中入学率112.6%，高中入学率91.57%。2015年中小学学生数19638人、少数民族生11349人，占总数58%。

2015年罗甸一中参加高考1480人，录取429人；民族中学参加中考339人；二中参加中考658人；云干中学参加中考84人；板庚中学参加中考104人，计1185人。2015年教师1122人（高中教师283人、本科以上学历有278人、专科毕业5人；初中教师301人、本科以上学历有269人、专科毕业31人、高中毕业1人；小学教师538人，本科以上学历有95人、专科毕业387人、高中毕业56人）。

农村“五保”分散供养 1991年农村“五保”分散供养48人，年支出3.1万元，1995年41户48人，支出3.2万元；2000年40户45人，支出3.3万元；2005年支出3.5万元，2010年39户44人，支出3.7万元，2014年区划调整合并后86户90人，支出21.6万元；2015年86户90人，支出21.6万元。

老复退军人补助 1991年农村老复退军人29人，国家每人每月补助150元；1995年28人，国家每人补助180元，2005年国家每人补助300元，2014年区划调整，八总乡、云干乡、板庚乡并入龙坪镇后共34人，每人每月补助650元。2015年人数、补助相同。1991年烈属6人，国家每人每月补助160元；1995年6人，国家每人每月补助200元；2000年6人，国家每人每月补助240元；2005年5人，国家每人每月补助330元；2014年3人，每人每月补助630元；2015年3人，国家每人每月补助650元。

最低生活保障 2002年罗甸开始实行城镇最低生活保障，当年享受低保260户1040人，国家每月共补助1.04万元；2007年开始实行农村最低生活保障，农村享受低保1537户6148人，国家支出310.1万元；2015年农村低保4152户11043人，国家支出1540.81万元；城镇低保1153户2319人，国家支出534万元。

合作医疗 2010年参加农村合作医疗10403户31553人，占总户数84%。2014年18343户65334人，占总户数80%。2015年参加农村新型合作医疗65917人，参合率达100%。

移民搬迁 龙滩电站建设375米以下淹没涉及龙坪镇淹田、地、不淹房，新民、马草、八一、金星、林霞、新艾6个村；淹房淹田、地，五星村25个组493户2362人。2013年完成搬迁493户2362人，占总任务100%。同时完成县政府安排安置外乡镇龙滩移民1040户4935人，现生活安定，和睦相处。

新农村建设 2008年3月贵州省民政厅拨专款由民政局负责，对农村危房补助改造，技术由县住建局把关，和乡镇干部共同下村组调查，照相核实。2009—2013年分别在全镇21个村旧房改造676户，投资583.4万元；2014—2015年实施农村危房改造工程614户，投资593.32万元。

扶贫攻坚 2015年围绕大扶贫战略，坚持“四个切实”“六个精准”和“五个一批”要求，深入村组完成6397户24776人调查，建档立卡和信息录入工作，完成财政扶贫资金项目实施方案上报12个，专项资金2092.6万元。是年，实现脱贫1243户5370人。城西社区、五星村、板庚村、大关村获县级同步小康示范村称号；道角、大关、八木、八总四村实现贫困村出列任务。

园区建设 2010年至2014年12月31日，龙坪镇共征土地1362.61亩，迁坟701冢。其中：城东社区征地741.52亩，主要用于建城东新区、祝家庄综合菜市场、城中菜市场、城东新区二号公路延伸、明珠广场等建设；城西片区征地596.16亩，主要用于城西工业食品工业园区、城西食品加工园、莲花变电站、生态移民安置区、城西大道、莲花幼儿等建设；城北片区征地24.93亩，主要用于交易市场、节能建材厂、专业综合市场、市政建设、二级路进城改造项目等用地。2015年龙翔千堤休闲农业度假园区投入资金4.72亿元，开发面积2.46万亩，建成通园公路77.55公里、机耕道22.49公里、步道25.8公里、水池65口、火龙果良种育苗基地50亩，建成园区办公用房、停车场花园等设施。龙坪镇辖区企业840家，其中：国有企业12家，私营企业536家、非公企业292家，上缴税金4.73亿元。建成城北新型建材商贸产业园、城西医药产业园，引进君之堂、艾力康、王鑫硅业、贵州新中盛、良云金秋等60余家企业入驻，其中：规模以上企业16家，完成规模工业增加值6.93亿元。玉石加工38户，产值1.29亿元。2012年罗甸屠宰场占地面积9000平方米，总投资630万元，2013年11月投入使用。2011年7月罗甸垃圾埋场占地面积128.6亩，总投资4557万元，2014年6月投入使用。2015年底，园区总产值11.9亿元，销售收入4.4亿元，并顺利通过州级评审。

城镇建设 2014年至2015年12月31日，完成城东片区征地2299.38亩，主要用于城东新区、湿地公园、绿城·桃花源康体养生小镇、景观坝、祝家庄综合菜市场、城东新区二号公路延伸段、明珠广场等建设；城西片区征地1258.95亩，主要用于城西工业园区、城西食品加工园、农业展示展销园、莲花变电站、生态移民安置区、城西大道、莲花幼儿园等建设；城北片区征地875.67亩，主要用于交易市场、节能建材厂、专业综合市场、市政建设、二级路进城改造项目等用地，其他项目征地104.06亩。高速公路及二级路征地2452.64亩，迁坟231冢。县城建成区面积从4.5平方公里拓展到9平方公里，实现三年再造一座新城的目标。2015年，城镇化率达50.6%。

旅游景点 大乐亭：湖光粼粼，山水相映，环境幽静，是晨练和垂钓的好地方。烈士陵园：陵园占地面积300余亩，建纪念塔一座，刻有罗甸各时期的烈士名录，有花岗岩诗画栏，建墓碑50座，六角亭2个，石阶400级，已成为中、小学进行革命传统教育的基地，同时是休闲晨练的景点。罗甸码头和城东国际开发区连成一片，码头货船、客船川流不息。

特优农产品 早熟蔬菜是龙坪镇支柱产业之一。2015年种植面积4.8万亩，品种齐全无污染，价廉物优，深受省内外菜商的青睐。

火龙果 2008年新民村试种火龙果1000亩获得成功，2015年全镇发展3万亩，产品深受顾客欢迎。

二、八总社区服务中心

2014年2月罗甸县行政区划调整，八总乡并入龙坪镇，改称龙坪镇八总社区服务中心。

原八总乡位于北纬25°23′—25°28′，东经106°47′—106°52′。地处罗甸县东南部，东连茂井镇，南靠凤亭乡、西与沟亭乡隔河相望，北与龙坪、沫阳两镇接壤。2008年6月因龙滩电站建设，乡党委和乡人民政府从平初村坡坎组迁驻八总村。

沿革　清代八总属罗斛州判甲哨皈凌亭。民国4年（1915年）废除土司的亭、屯、村建制，实行保甲制，八总属龙坪管辖。民国25年（1936年）实行保甲制度，八总属龙坪第七联保。民国32年（1943年）八总属四维乡管辖。1951年罗甸解放废除保甲建制，设八总乡隶属第一区。1956年八总乡属城关区。1958年八总乡改称八总管理区，隶属城关公社。

1963年恢复区级建制后，八总公社属城关区。1967年改称八总公社革命委员会。1979年改称八总公社管理委员会。1984年建八总乡人民政府，隶属城关区公所。1991年8月撤区并乡建镇，将交广乡并到八总乡。八总乡辖平初、八总、交友、里矮、里厦、交广、播也、另桃、上儒、下儒共10个村民委员会，37个村民小组25个自然寨。2013年11月全县村级区划调整，八总乡10个行政村撤并为4个行政村。即：上儒村与下儒村合并称下儒村，八总村、平初村、里厦村合并称八总村，里矮村与交友村合并称里矮村，播也村与令桃村合并称交广村。

人口　八总是布依族聚居乡。1991年辖区总人口6746人，其中：男性3487人、女性3259人，农业人口6740人，少数民族6673人占总人数98.93%。1995年总人口7233人，其中：非农业人口29人、农业人口7204人，少数民族7106人占总人口98.24%。2000年总人口7426人，其中：非农业人口51人、农业人口7375人，少数民族7173人占总人口96.59%。2005年总人口7702人，其中：非农业人口63人、农业人口7639人，少数民族7485人占总人口97.18%。2010年总人口7233人，其中：非农业人口69人、农业人口7792人，少数民族7636人占总人口97.39%。2013年总人口8825人，男性4523人，女性4302人，其中：非农业人口73人、农业人口8752人，少数民族8723人占总人口98.84%。

面积　1991年八总乡土地面积97.95平方公里。其中：陆地94.09平方公里，占总面积96.08%；水域3.86平方公里，占总面积3.92%。人口密度每平方公里90人。2014年2月并到龙坪镇。原属三类乡。

地形地貌　八总乡地处大山腹地，喀斯特地形地貌，地势西高东低，山高谷深。境内最高峰位于播也村海拔880米，最低点位于下儒村八忍组海拔288米。

水文　境内河道属珠江流域红水河水系，流域面积18平方公里，总长24公里，年平均流量177800万立方米。主要支流有坝王河（年平均流量7.41—63.6立方米/秒）、边外河（年均流量158.01立方米/秒）两条河流经八总乡的平初、交友、八总、下儒四个村，最后汇入红水河。坝王河长8.6公里，年平均流量7.41—63.6立方米/秒；边外河长9.4公里，年平均流量158.01立方米/秒，小溪11条。

1991年修小水池（水窖）10口。1995年修小水池小水窖20口。2000年修小水池小水窖60口。2005年修小水池（水窖）100口。2010年修小水池（水窖）80口。2013年修小水池（水窖）30口。全乡小水池（水窖）300口，基本满足农田灌溉和人畜饮水要求。

耕地面积　1991年全乡耕地面积6135亩，其中：田2865亩，地3270亩，人均0.74亩；林业用地面积36420亩，其中：林地12865亩、宜林荒山10825亩，森林覆盖率38.24%。

自然灾害　主要有旱灾和雹灾。最严重的冰雹灾发生在2002年，涉及交友村、里矮村、平初村、八总村4个村14个村民小组612户3725人受灾，损坏房屋318栋1054间，农作物1156亩，其中：800亩无收，造成经济损失1220万元。2008年全乡10个村37个村民组均受到不同程度的旱灾，水井、河流干涸，人畜饮水困难，居住高山有交广、上儒、里厦3个村全靠县政府派车每天拉水救助，粮食作物受灾4000多亩，造成经济损失1500万元。

农业　1991年农业总产值1550万元，农民人均纯收入2297元。1995年总产值1850万元，人均收入2557元。2000年总产值2150万元，农民人均纯收入2895元。2005年总产值2650万元，人均纯收入3440元。2010年总产值2950万元，人均纯收入3752元。2013年总产值4000万元，人均收入4551元。

粮食作物　粮食作物以种植高产水稻、杂交玉米为主。1991年产粮3500吨，产值700万元，人均食粮518公斤。1995年产粮3650吨，产值730万元，人均食粮504公斤。2000年产粮3600吨，产值1100万元，人均食粮485公斤。2005年产粮2800吨，产值785万元，人均食粮363公斤。2010年产粮3050吨，产值1200万元，人均食粮391公斤。2013年产粮3151吨，产值1323万元，人均食粮659公斤。

经济作物早菜 1991年种植早菜715亩，产量357.5吨，产值71.5万元；西瓜种植823亩，产量823吨，产值82.3万元，总产值153.8万元。2013年早菜1500亩，产量750吨，产值300万元；西瓜种植1600亩，产量1600吨，产值320万元。1995年早菜西瓜种植2000亩，产量1200吨，产值192万元；2000年早菜西瓜种植3200亩，产量2200吨，产值352万元。2005年早菜西瓜种植3100亩，产量1250吨，产值500万元。2010年早菜西瓜种植3000亩，产量1650吨，产值650万元。2013年早菜西瓜种植3000亩，产量1500吨，产值450万元。“185工程”（即亩产值分别为1万元、8000元、5000元），2013年经县政府验收达标。1991—2013年种植板栗挂果3800亩，产量3800吨，产值1520万元；砂仁挂果1200亩，产量480吨，产值192万元；火龙果1000亩，产量500吨，产值200万元；油桐挂果6000亩，产量6000吨，产值2400万元；核桃挂果800亩，产量108吨，产值324万元，总产值4636万元。

养殖业 以饲养生猪、牛、羊为主。1991年生猪饲养5606头，出栏5100头，产值714万元；牛5105头，出栏807头，产值242.1万元；家禽8650羽，上市8000羽，产值8万元；总产值964.1万元。1995年生猪饲养5740头，出栏5500头；牛饲养6210头，出栏925头；家禽8960羽，上市8000羽，总产值398.8万元。2000年养猪5360头，出栏5000头；牛5370头，出栏850头；家禽7880羽，上市7500羽，总产值494.6万元。2005年养猪4520头，出栏4250头；养牛5500头，出栏950头；家禽8200羽，上市8000羽，总产值1093.7万元。2010年养猪3932头，出栏3500头；养牛4072头，出栏920头；家禽4032羽，上市3800羽，总产值3213.98万元。2013年养猪5000头，出栏4500头，产值1170万元；牛4135头，出栏950头，产值475万元；养羊4410只，出栏1500只，产值135万元；家禽12000羽，上市11000羽，产值22万元，总产值1802万元。2014年社区养猪5000头，出栏4500头，牛4135头，出栏1100头，养羊4410只，出栏1500只，家禽12000羽，上市11000羽，总产值2795万元。

劳务输出 1991年劳务输出619人，收入495.2万元。1995年劳务输出1402人，收入1402万元。2000年劳务输出1868人，收入2241.6万元。2005年劳务输出2203人，收入3965.4万元。2010年劳务输出2086人，收入4172万元。2013年劳务输出2114人，收入4228万元。2014年社区劳务输出2283人，收入5250万元。输出人员主要分布在广东、浙江等沿海城市，从事加工、建筑业等。

交通 1991年修乡政府—平初—八总村级公路长4公里。1993年年修乡政府—播也村级公路长5公里。1996—1997年修上儒—下儒村级公路6公里。2000年修播也—另桃5公里。2006—2009年修乡政府—里矮12公里；2013年村级公路总长32公里，国家总投资800万元，实现村村通公路。

电 全乡有电10千伏，通过几年的电力基础设施建设，八总乡25个自然寨37个村民小组通电率逐年递增。1988—1989年平出村、八总村通电，通电率20%；1993—1994年里厦村、上儒村、下儒村、交广村、播也村、另桃村通电，通电率80%。1995—1997年里矮村、交友村通电，通电率100%。1997年八总乡通电率100%。

邮政通信 1991年有固定电话用户23户，移动电话用户31户，普及率0.2%。1995年固定电话用户80户，移动电话用户310户，普及率2.8%。2000年固定电话用户690户，移动电话用户912户，普及率50%。2005年固定电话用户810户，移动电话用户1936户，普及率65.0%。2010年有固定电话用户965户，移动电话用户3986户，普及率75%。2013年邮政网点1个，安装固定电话用户1021户，移动电话用户4020户，普及率80%。

广播电视 1991年全乡安装广播电视工程（小天锅）用户25户，电视覆盖率0.45%；1995年安装广播电视工程156户，电视覆盖率2.5%；2000年安装广播电视工程685户，电视覆盖率35%；2005年安装广播电视工程863户，电视覆盖率45%；2010年安装广播电视工程1053户，电视覆盖率60%；2013年安装广播电视工程1324户，电视覆盖率70%。

卫生 1991年有卫生院1所，建筑面积240平方米，专业卫生员3人，完成诊疗1128人次，治愈率达90%。2005年八总乡卫生院因龙滩库区移民搬迁到里厦村卫生室办公，卫生员3人，完成诊疗600人次，治愈率达95.0%。2010年卫生院搬迁如八总村新址，建筑面积400平方米，专业卫生员10人，其中：本科4人、大专3人、中专2人、后勤1人，执业医生3人，完成住院45人次，诊疗1800人次，治愈率达97.0%。2013年卫生员10人，完成诊疗2300人次，治愈率98%。

计生工作　1991年有计生技术服务站1个，建筑面积110平方米。专职计生人员1人，技术员1人，办理独生子女证2户，生育办证率65%。1995年开展结扎、上环手术43例，办理独生子女证5户，生育办证率占68%。2000年有计生技术服务站4个，开展结扎手术21例、上环57例，办理独生子女证4户，生育办证率70%。2005年开展手术55例，其中：结扎21人、上环57例，办理独生子女证4户，生育办证率占85%。2010年专职计生人员3人，技术员5人。开展手术46例，其中：结扎32例，上环14例，办理独生子女证16户，生育办证率占76%。2013年计生人员8人，开展手术98例，其中：结扎57例、上环41例，办理独生子女证22户，生育办证率85%。

婚姻登记　1991年结婚登记23对，登记率占100%。1995年结婚等级43对，登记率100%。2000年结婚登记49对，登记率95%。2005年结婚登记52对，登记率100%。2010年结婚登记56对，登记率100%。2013年结婚登记52对，登记率100%。

文化　2012年八总乡建文化站1个，建筑面积260平方米，藏各种科技书2000册。村级图书室10个，各图书室藏书1500册。

教育　1991年八总乡小学6所，其中：完小3所（八总中心校、交广小学、另桃小学），教学点3所（八总民小教学点、播也教学点、里厦教学点）。学校总面积2482平方米，学生522人，其中：男生327人、女生195人，少数民族生占总数100%。1995年有学生546人，其中：男生386人、女生160人，少数民族生546人占学生总数100%。2000年新增里矮教学点，小学校共7所，学生663人，其中：男生386人、女生147人，少数民族生616人占学生总数99.7%。2005年增加双儒小学，学校有8所，学生752人，少数民族生748人占学生总数99.46%。2010撤销播也教学点和里厦教学点，有学校5所，学生854人，少数民族生850人占学生总数99.53%。2013年只保留八总小学和交广小学，其他3所小学撤销。学生343人，少数民族学生341人，占学生总数的99.42%。

“两基”工作　2005年11月“两基”工作通过省人民政府评估和验收，八总小学入学率98.2%，完成率96.9%。教学用房达标率100%；教学设备达标率100%；小学结业班全科合格率100%，毕业率100%，小学教师合格率100%。

教师文化结构　1991年小学教师37人，其中：大专7人、中师30人。2013年教师25人，其中：大专学历15人、中师10人。1995年教师32人，其中：本科10人、大专6人、中师16人。2000年教师36人，其中：本科6人、大专12人、中师18人。2005年教师48人，其中：大专文化以上程度以上20人、中师28人。2010年教师31人，其中：大专文化以上程度以上18人、中师13人。

“五保”分散供养　1991年农村“五保”分散供养9人，发放“五保”补助款0.54万元。1995年农村“五保”分散供养9人，发放“五保”补助款0.54万元。2000年农村“五保”分散供养8人，发放“五保”补助款0.55万元。2005年农村“五保”分散供养8人，发放“五保”补助款0.75万元。2007年农村“五保”分散供养7人，发放“五保”补助款0.46万元。2010年农村“五保”分散供养5人，发放“五保”补助款0.42万元。2013年农村“五保”分散供养4人，发放“五保”补助款0.72万元。

农村老复退军人　1991年农村老复退军人6人，每人每月补助150元。1995年农村老复退军人6人，每人每月补助180元。2000年农村老复退军人5人，每人每月补助210元。2005年农村老复退军人5人，每人每月补助300元。2007年农村老复退军人5人，每人每月补助190元。2010年农村老复退军人4人，每人每月补助390元。2013年农村老复退军人4人，每人每月补助500元。

享受农村低保　2007年享受农村低保592户2593人，国家补助101.32万元。2010年享受农村最低生活保障592户2593户，国家补助148.67万元。2013年享受农村最低生活保障599户2136户，国家补助212.14万元。

农村临时救济 1991年农村临时救济140人次，国家补助0.5万元。1995年农村临时救济250人次，国家补助1.5万元。2000年农村临时救济240人次，国家补助2万元。2005年农村临时救济280人次，国家补助4.1万元。2007年农村临时救济182人次，国家补助2.9万元。2010年农村临时救济320人次，国家补助4.5万元。2013年农村临时救济465人次，国家补助6.51万元。

农村合作医疗 2010年参加农村合作医疗1488户7444人，占总人口93%；医疗救助31人次，补助资金0.75万元。2013年参加农村合作医疗1816户7935人，占总人口93.5%；医疗救助190人次，补助资金8.25万元。

移民 龙滩电站建设，全乡被淹没田651.99亩，土1110.62亩；2007年涉及搬迁5个村，11个组，171户807人，其中：县内搬迁85户、377人；县外搬迁86户430人。

生态移民 2001年上儒村因原居住条件恶劣，民政局帮助实行统一规划、统一建房50户227人，补助资金185.3万元。2002年里厦大寨原居住环境差，民政局帮扶搬迁到公路边32户164人，补助资金50万元；形成里厦和上儒移民新村，村民居住环境得到改善。

危房改造 2008年贵州省民政厅拨专款由民政局负责，改造技术由城建局把关，名单由乡政府提供并照相核实。2009年全乡危房改造68户，涉及10个村，其中：平初村6户、八总村6户、交友村7户、里矮村9户、里厦村7户、交广村8户、播也村8户、另桃村5户、上儒村6户、下儒村6户，总投资78.5万元。2010年全乡危房改造169户，其中：平初村14户、八总村15户、交友村26户、里矮村13户、里厦村16户、交广村19户、播也村12户、另桃村4户、上儒村25户、下儒村25户，总投资207万元。2011年全乡危房改造111户，其中：平初村5户、八总村5户、交友村12户、里矮村6户、里厦村20户、交广村20户、播也村12户、另桃村3户、上儒村14户、下儒村14户，总投资208.85万元。2012年全乡危房改造99户，其中：八总村2户、交友村14户、里矮村2户、里厦村6户、交广村15户、播也村3户、另桃村6户、上儒村15户、下儒村36户，总投资120.43万元。2013年全乡危房改造83户，其中：平初村2户、八总村2户、里矮村3户、里厦村3户、交广村4户、播也村20户、上儒村11户、下儒村38户，总投资72.11万元。2009—2013年危房改造涉及10个村530户，国家投资586.88万元。

特色产品西瓜 八总有着得天独厚的地理、气候条件，土壤属黄泥沙土最适合西瓜种植，是罗甸西瓜的主产地。

八总西瓜享誉省内外，种植较多的是新澄、西瓜八号等品种，生长期100天。西瓜皮薄韧性好、果肉粉红色，肉质脆、汁多、含糖量高，多年来八总西瓜深受市民喜爱，每到西瓜成熟季节，许多外地客商都慕名去订购，产品供不应求。

三、云干社区服务中心

2014年2月罗甸县行政区划调整，云干乡并入龙坪镇，改称为龙坪镇云干社区服务中心。

地处北纬25° 26'—25° 31'，东经106° 41'—206° 49'。东连沫阳镇，南与龙坪镇毗邻，西与板庚乡、边阳镇相邻，北与栗木乡接壤。

沿革 清代，云干原名盘石属罗斛州判（厅）内外甲哨甘半亭，今干里村、中交村。民国25年（1936年），盘石联保属第一区。民国32年（1943年）重划政区，盘石乡辖6个保、43个甲，由县直辖。1951年罗甸解放废除保甲建制，设区、乡、村、组，盘石乡属第一区。1953年盘石乡改称营干乡。1956年第一区改称城关区，营干乡隶属城关区。1958年实行人民公社化，改称营干管理区，隶属城关公社。1963年2月恢复城关区级建制，营干公社隶属城关区。1967年改称营干公社革命委员会。1979年改称营干公社管理委员会。1984年建营干乡人民政府，隶属城关区。1991年8月全县区划调整，撤城关区，将猴场乡、营干乡合并（营干乡改称云干乡）建新云干乡，辖幸福村、云盘村、八木村、大关村、永进村、打拥村、中交村、道角村、干里村、中心村10个行政村92个村民组。

2013年11月村级区划调整为5个村，即：幸福村与云盘村合并称云盘村；永进村、打拥村、大关村合并称大关村；中交村与道角村合并称道角村；干里村与中心村合并称干里村；八木村不变。

人口　主要居住汉族、布依族。1991年辖区总人口10781人，其中：男性5336人、女性5446人，少数民族3956人占总人数36.7%。1995年总人口11278人，其中：男性5667人、女性5611人，非农业人口86人、少数民族4005人，少数民族人口占总人数35.5%。2000年总人口11771人，其中：男性5972人、女性5799人，非农业人口101人，少数民族4056人，占总人数34.5%。2005年总人口12284人，其中：男性6262人、女性6022人，非农业人口137人，少数民族4109人，占总人数33.5%。2010年总人口12368人，其中：男性6335人、女性6033人，非农业人口177人，少数民族4448人，占总人数36.0%。2013年总人口12988人，其中：男性6720人、女性6268人，少数民族4156人，占总人数32.0%。

面积　云干乡国土面积105.7平方公里，耕地面积1.13万亩，其中：田5172亩、地6098亩，人均0.88亩。森林面积7.43万亩，森林覆盖率46.9%

地形地貌　乡内全境高山地带，境内山峦起伏、山体切角较深，山地面积大，盆地、谷地少，地势北高南低，平均海拔800米，最高海拔大关村高扛坡海拔1200米，最低海拔干里村三岔河390米，北部68%的区域属典型的喀斯特地貌，南部多为土山、荒坡。

自然灾害　云干乡自然灾害主要有旱灾、雹灾。2008年3月冰雹袭击，造成幸福村、云盘村、八木村、平里村、道角村早菜6000亩绝收，经济损失6700多万元，房屋（瓦房）21栋61间瓦全部毁坏，造成经济损失70多万元。

农业　1991年产值569万元，占GDP比重91%，农民人均收入328元。1995年产值932万元，农民人均收入863元。2000年产值1430万元，农民人均收入1601元；2005年产值2942万元，农民人均收入2150元。2010年产值9730万元，农民人均收入3210元。2013年产值2.61万元，农民人均收入6205元。属二类贫困乡。

粮食作物　以种植高产水稻、杂交玉米为主。1991年粮食产量1709吨，其中：水稻657吨、玉米1051吨，人均食粮159.5公斤。1995年粮食产量2349吨，其中：水稻929吨、玉米1420吨，人均食粮209.9公斤。2000年粮食产量3144吨，其中：水稻1321吨、玉米1823吨，人均食粮269.4公斤。2005年粮食产量4069吨，其中：水稻1628吨、玉米2441吨，人均食粮335公斤。2010年粮食产量5267吨，其中：水稻2025吨、玉米3242吨，人均食粮432公斤。2013年粮食产量6320吨，其中：水稻2475吨、玉米3845吨，人均食粮586公斤。

经济作物　1991年早菜种植面积4300亩，产量2311吨，产值209万元；1995年早菜种植面积4900亩，产量3169吨，产值370万元；2000年早菜种植面积5100亩，产量3780吨，产值186万元；2005年早菜种植面积6100亩，产量5185吨，产值970万元；2010年早菜种植面积9200亩，产量8096吨，产值2493万元；2013年早菜种植面积1.08万亩，产量9740吨，产值4870万元。

经济林　1991年核桃挂果面积110亩，产量30吨，产值24万元；脐橙种植90亩，产量90吨，产值9万元。1995年砂仁挂果面积200亩，产量61吨，产值98万元；核桃挂果面积180亩，产量160吨，产值198万元；2000年砂仁挂果面积500亩，产量160吨，产值231万元；核桃挂果面积300亩，产量195吨，产值520万元；2005年砂仁挂果面积1100亩，产量341吨，产值538万元；核桃挂果面积600亩，产量396吨，产值860万元；2010年砂仁挂果面积3000亩，产量930吨，产值1480万元；核桃挂果面积5000亩，产量630吨，产值1320万元；

云干脐橙是贵州高品位水果之一，品质优，无污染，外观好，香气怡人，市场竞争强，乡人民政府看准云干的品牌优势，按照“人无我有、人有我优、人优我特、人特我名”的发展理念。2010年出台《云干乡“十二五”加快脐橙产业发展实施意见》，对脐橙产业发展目标、布局落到实处；引进资金，乡政府协调金融部门加大信贷投入，以“公司＋农户”形式对农户、合作社贷款实行贴息或减息，减轻农户、合作社经济压力；鼓励农户自行发展，乡政府向县直有关部门和省州争取项目资金，对种植大户实行苗木、肥料、地膜等物资补助，提高群众种植积极性；采取集中连片开发、户户联营和整村推进的方式，在云盘、道角等村组重点发展纽荷尔脐橙种植；对村干部“做给群众看、带着村民干、帮着群众赚”的要求。2010年，在种植大户幸福村党支部书记涂正元的示范带动下，幸福村和云盘村农户种植塔罗科血橙和脐橙4900余亩，2013年产生效益1216亩，产量608吨，产值364.8万元；道角村村支部书记付涛种植脐橙挂果60亩，实现年收入18余万元。在他的带动下，道角村脐橙种植面积4600亩，产生效益4000余亩，纯收入1200万元。

养殖业 主要以饲养鸡、猪、牛、羊为主。1991年生猪饲养1.95万头，年末存栏9805头；牛饲养4207头，年末存栏3202头；羊饲养6825头，年末存栏4519头，家禽饲养1.9万羽，上市1万羽，禽蛋2吨。养殖总产值387万元。1995年生猪饲养2.61万头，年末存栏1.56万头；牛饲养4422头，年末存栏3351头；羊饲养7173头，年末存栏4740头；家禽饲养2.4万羽，上市2.1万羽，禽蛋3吨。养殖总产值978万元。2000年生猪饲养3.27万头，年末存栏1.75万头；牛饲养4669头，年末存栏3554头；羊饲养7575头，年末存栏4869头，家禽饲养3万羽，上市2.5万羽，禽蛋4吨。养殖总产值1392万元。2005年生猪饲养3.18万头，年末存栏1.71万头；牛饲养4539头，年末存栏3454头；羊饲养7368头，年末存栏4671头，家禽饲养3.6万羽，上市3万羽，禽蛋6吨；养殖总产值1953万元。2010年生猪饲养3.13万头，年末存栏2.37万头；牛饲养5272头，年末存栏4067头；羊饲养5734头，年末存栏4520头，家禽饲养5万羽，上市4.5万羽，禽蛋6吨。养殖总产值3491万元。2013年生猪饲养4.68万头，年末存栏2.37万头；牛饲养5272头，年末存栏4067头；羊饲养5734头，年末存栏4520头，家禽饲养28.2万羽，上市20万羽，禽蛋34.6吨。养殖总产值6412.9万元。

劳务输出 外出打工是农村经济收入的一个主要来源。1991年劳务输出210人，收入30万元。1995年劳务输出430人，收入119万元。2000年劳务输出760人，收入510万元。2005年劳务输出1180人，收入894万元。2010年劳务输出2618人，收入4712万元。2013年劳务输出3513人，收入7700万元。外出务工人员主要分布浙江、广东、福建等省，从事建筑、缝纫、服装等业。

乡镇企业 2013年云干乡私营种植养殖业11家，分别是：李拉水果种植场、益民综合养殖场、风香坪亿达养殖场、永兴水果园、星星脐橙种植专业合作社、三龙柑橘种植专业合作社、成通种养殖专业合作社、红星砂石厂、大湾砂石厂、中交村坡拱桥砂石矿山、云干砖厂，从业人员136人，2013年上缴税金31.06万元。2014年上缴税金35万元。

交通 乡柏油公路1条，县城—乡政府总长26公里。1996年修猴场—永进6.2公里，1997年修云干—道角村6公里，1998年修山门口—打拥3.4公里，2003年修中交桥—上简伴5公里，2011年修幸福桥—中心5.3公里，2012年修八木大湾—简桑—永进5.8公里，2013年修岔河—中交村6.3公里，2014年修猴场—从阳湾6公里，修云干派出所—窝屎关10公里。总长58.02公里，国家投资1508万元。

电 2010年乡有10千伏主变电（站）器59台，总容量4350兆伏安，高压输电1条，总长67.592千米。全乡92组通电率100%。

邮政通信 1998年安装固定电话12户，移动电话3户。2013年邮政网类1个，固定电话用户162户，移动电话用户3002户，普及率90%。

水资源 云干乡水资源较为缺乏，全年降雨量1000毫米，有自然水井6口，基本解决人畜饮水困难。1991—2013年，修山塘12个，蓄水14000立方米，小水窖、小水池1765口，蓄水52950立方米，分布在全乡10个村，属国家无偿投资建设。

广播电视 1991—2013年安装电视卫星接收器210台，电视用户2943户，电视覆盖率98%。

医疗卫生 1991年建卫生院1所，建筑面积150平方米，卫生员4人，完成住院43人次，诊疗1230人次，治愈率93.5%。1995年完成住院86人次，诊疗899次，治愈率96.8%。2000年卫生院建筑面积480平方米，专业卫生员 6 人，其中：执业医生 2 人、注册护士 4 人，完成住院 142 人次，诊疗 3400 余人次，治愈率 97.5%。2005 年卫生院建筑面积 820 平方米，专业卫生员 9 人，其中：执业医生 3 人、注册护士 5 人，完成住院 154 人次，诊疗 3500 余人次，治愈率 97.8%。2010 年义务人员 10 人，其中：大专 4 人、中专 4 人。完成住院 99 人，诊疗 1827 次，治愈率 95%。2013 年医务人员 13 人，其中：本科 1 人、大专 6 人、中专 6 人，完成住院 107 人次，诊疗 3178 人次，治愈率 99%。

医疗设备有 B 超机、X 光机、疼痛治疗仪、红外线烤灯、洗胃机、吸痰机、多普勒胎儿听诊器、三道心电图机、光机、全数字超声诊断系统、心脏除颤监护仪、呼吸机、离心机，以及病床 5 张。

计生工作　1991 年计生技术服务站 1 个，建筑面积 100 平方米。计生员 3 人。生育办证 75 人、办独生子女证 3 人。1995 年开展“四术”211 例，其中：上环 129 例、结扎 82 例。生育办证率 68%。2000 年开展“四术”194 例，其中：上环 117 例、结扎 77 例。生育办证率 87.9%。2005 年计生技术服务站扩建，建筑面积 314 平方米，专职计生员增加 2 人，技术员增加 1 人，开展“四术”183 例，其中：上环 114 例、结扎 69 例。生育办证率 91.1%。2010 年开展“四术”170 例，其中：上环 103 例、结扎 67 例。生育办证率 93.5%。2013 年有计生员 6 人，开展“四术”161 例，其中：上环 91 例、结扎 70 例。生育办证 5 人，生育办证率 93.7%。

计生设备有 B 超机 1 台、手术床 1 张、空调、波姆光机各 1 台、三氧消毒机 1 台、离心机 1 台、血红蛋白质仪 1 台、恒温水箱 1 台、数码阴道镜、乳腺检查仪 1 套。

婚姻登记　1991 年结婚登记 52 对，登记率 98.9%。1995 年结婚登记 63 对，登记率 99%。2000 年结婚登记 57 对，登记率 100%。2005 年结婚登记 61 对，登记率 100%。2010 年结婚登记 47 对，登记率 100%。2012 年后由县民政局统一联网登记。

文化　2009 年建文化站 1 个，建筑面积 300 平方米，藏书 1.2 万册。村级文化室 5 个，各藏科技书 1000 余册。

教育　1991 年有学校 8 所，即：云干中心校（含初中、小学）、大关学校（含初中、小学）、干里小学、前进小学、八木小学、云盘小学、令七小学、中交小学，建筑面积 14980 平方米，学生 2518 人，其中：初中生 698 人，小学生 1820 人。男生 1560 人，女生 958 人，少数民族学生 582 人，占总数 23.1%。1995 年学生 2063 人，其中：初中生 650 人、小学生 1413 人，男生 1240 人、女生 823 人，少数民族学生 590 人占学生总数 28.6%。2000 年撤销中交小学，扩建云干、大关学校，总面积 15580 平方米，学生 1731 人，其中：初中生 544 人、小学生 1187 人，男生 972 人、女生 759 人，少数民族学生 511 人占学生总数 29.5%。2005 年学生 1487 人，其中：初中生 469 人、小学生 1018 人，男生 839 人、女生 648 人，少数民族学生 445 人占学生总数 29.9%。2010 年学生 1276 人，其中：初中生 444 人、小学生 832 人，男生 691 人、女生 585 人，少数民族学生 385 人，占学生总数 30.2%。2013 年有学校 4 所，撤销前进小学、令七小学、大关学校初中部，云干小学并为云干中学，新建云干幼儿园，扩建云干中心校，总建筑面积 15729 平方米。学生 782 人，其中：初中生 300 人，小学生 482 人。男生 408 人，女生 374 人，少数民族生 316 人，占总数 40.4%。

“两基”工作　2005 年 11 月“两基”工作通过省人民政府评估和验收，小学入学率 99.1%，初中入学率 100%，完成率 100%，小学人均图书 8.3 册，中学生人均图书 39.8 册。

教学用房达标率 100%。教学设备达标率 100%，中、小学结业班全科合格率分别为 96.81%、96.32%，毕业率为 100%和 100%，中小学专任教师合格率 100%。

教师文化结构　1991 年共有教师 113 人，其中：中学教师 34 人、小学教师 79 人，大专以上文化程度 2 人、中师 111 人。1995 年教师 115 人，其中：中学教师 36 人、小学教师 79 人，大专以上文化程度 12 人、中师 103 人。2000 年教师 99 人，其中：中学教师 36 人、小学教师 63 人，大专以上文化程度 27 人、中师 72 人。2005 年教师 98 人，其中：中学教师 35 人、小学教师 63 人，大专以上文化程度 57 人、中师 41 人。2010 年教师 93 人，其中：中学教师 32 人、小学教师 61 人，大专以上文化程度 76 人、中师

17 人。2013 年教师 84 人，其中：中学教师 30 人、小学教师 54 人，大专以上文化程度 76 人、中师 8 人。

城镇低保 2002 年 1 户 1 人，国家每人每月补助 100 元。2005 年 1 户 1 人，国家每人每月补助 120 元。2010 年 1 户 1 人，国家每人每月补助 155 元。2013 年 3 户 4 人，国家每人每月补助 590 元。

农村低保 2007 全乡 890 户 2984 人，发放低保金 154.44 万元。2010 年 954 户 3202 人，发放低保金 174.79 万元，2013 年 1077 户 2506 人，发放低保金 263.4056 万元。

农村“五保”分散供养 1991 年 28 人，发放“五保”供养费 1.68 万元，1995 年 29 人，发放“五保”供养费 1.74 万元，2000 年 32 人，发放“五保”供养费 1.92 万元，2005 年 30 人，发放“五保”供养费 1.8 万元，2010 年 27 人，发放“五保”供养费 2.268 万元，2013 年 36 人，发放“五保”供养费 6.48 万元。

农村老复退军人 1991 年 16 人，民政每人每月补助 150 元。1995 年 16 人，民政每人每月补助 180 元。2000 年 15 人，民政每人每月补助 210 元。2005 年 15 人，民政每人每月补助 300 元。2010 年 14 人，民政每人每月补助 390 元。2013 年 13 人，民政每人每月补助 500 元。

参加农村合作医疗 2013 年 2875 户 11500 人，占总户数 97%，农村医疗报销 11 万元。

农村旧房改造 2008 年 3 月，贵州省民政厅拨专款由民政局负责，由城建局把改造技术关，名单由乡政府提供，共同组织下村组调查，照相核实。2009—2013 年分别在幸福村、大关村、道角村、中交村、中心村、千里村、云盘村、八木村、永进村、打拥村旧房改造 9943 户，户均投资 4.8 万元，共 47726.4 万元，村民得以安居。

生态移民 因原居住自然条件恶劣，2001 年 3 月，由民政局补助、群众投工投劳，在水涡函建房 13 户，搬迁 49 人，总投资 10.8 万元。

农特产品 土特产主要有云干脐橙、云干血橙、云干火鸡等。盛产品质优良的土特产血橙、核桃、中药材、反季节蔬菜，为农家乐旅游业开发做好铺垫。云干脐橙果色黄里透红、皮薄肉厚、汁甜味美，市场供不应求。种植面积 16800 亩，主要分布在道角、千里村、幸福村。

云干火鸡 云干火鸡是经人工驯养繁殖后的一种山鸡，其性情温顺，生命力、适应力和抗病力极强，对环境要求不高，极易饲养极为漂亮的一种野生动物。野鸡是世界闻名的山珍野味，具有极高的经济价值，肉质细嫩鲜美，野味浓，其主要蛋白质含量高达 30%，是普通鸡肉、猪肉的两倍，脂肪含量仅 0.9%，是猪肉的 1/39，牛肉的 1/8，鸡肉的 1/10，基本不含胆固醇，是蛋白质低脂肪的野味食品。主要分布在千里村。

四、板庚社区服务中心

2014 年 2 月罗甸县行政区划调整，板庚乡并到龙坪镇，更名为龙坪镇板庚社区服务中心。位于罗甸县北部，距县城 22 公里，201 国道穿境而过。地处北纬 25° 27′—25° 30′，东经 106° 35′—106° 42′之间，东靠云干乡，南连龙坪镇，西邻逢亭镇，北与边阳镇和交砚乡接壤。

沿革 民国 4 年（1915 年）废除土司的亭、屯、村建制，实行保甲制，板庚归中一区所辖；民国 25 年（1936 年）整编保甲，板庚乡隶属一区，辖 4 个联保 27 甲。民国 32 年（1943 年）板庚隶属夹界乡管辖。1951 年罗甸解放废除保甲制改设行政村组，设板庚乡，1953 年板庚乡属第一区。1956 年第一区改称城关区，板庚乡隶属城关区。1958 年改称板庚管理区隶属城关公社。1963 年恢复区级建制，板庚公社隶属城关区。1967 年改称板庚公社革命委员会。1979 年板庚公社革命委员会改称板庚公社管理委员会。1984 年全县调整为六区一镇 49 个乡，板庚乡隶属城关区公所。1991 年 8 月全县实行撤区并乡建镇，将原罗化乡与板庚乡合并建板庚乡人民政府。乡政府辖板庚、红岩、旧寨、泽汉、兴卫、五星、坪寨、纳田、对门、兴龙、保上、大坪、林园、里免 14 个村民委员会。2013 年 11 月全县村级区划调整，撤并原 14 个村 88 个村民小组为 6 个行政村 88 个村民组，即：兴龙村、保上村（钻平、油麻、纳贤、米闹组）、对门村合并，称罗化村；保上村（保上、上林、下林、田坝、裸上组）、大坪村、林园村合并，称大坪村；纳田村、坪寨村合并，称坪寨村；兴卫村、红岩村、板庚村合并，称板庚村；泽汉村（泽汉、里把组），旧寨村合并，称旧寨村；里免村、五星村、泽汉村（里女组）合并，称里免村。2014 年 2 月罗甸县行政区划调整，板

庚乡并到龙坪镇，更名为龙坪镇板庚社区服务中心，

人口　1991年辖区总人口为13052人，其中：男性7048人、女性6004人，非农业人口146人、农业人口12906人，少数民族8494人占总人数65%。1995年总人口13452人，其中：男性7258人、女性6194人，非农业人口190人、农业人口13262人，少数民族人口8614人占总人口数64%。2000年总人口13952人，其中：男性7028人、女性6924人，非农业人口245人、农业人口13707人，少数民族人口8764人占总人口数62.8%。2005年总人口14452人，其中：男性7435人、女性7017人，非农业人口300人、农业人口14152人，少数民族人口8914人占总人口数61.7%。2010年总人口14695人，其中：男性7542人、女性7153人，非农业人口303人、农业人口14392人，少数民族人口9314人占总人口数63.4%。2013年总人口14552人，男性7418人，女性7134人，其中：非农业人口222人，农业人口14328人，少数民族人口9381人，占总人口数64.5%。

面积　1991年全乡土地面积108.8平方公里。耕地面积9400亩，其中：田4200亩，地5200亩。荒山43890亩，森林面积60359亩，森林覆盖率62.29%。人口密度每平方公里120人。

地形地貌　境内山高坡陡，属典型的喀斯特地貌。最低海拔位于罗化村盘龙深沟397米，最高海拔位于罗化村冗各背后山1187米。

自然灾害　主要有干旱、冰雹。2008年2月遭受凝冻，农作物损失2000多亩，经济损失200多万元。2013年3月23日，板庚乡遭受冰雹，房屋倒塌15间，瓦房屋顶全部被砸毁80余间，早菜等农作物受灾500多亩，经济损失600多万元。

农业　板庚乡耕地面积9400亩，其中：田4200亩、地5200亩，人均0.64亩，1991年农业总产值3282万元，农民人均纯收入2515元。1991年农业总产值3282万元，农民人均纯收入2515元。1995年农业总产值3373万元，农民人均纯收入2507元。2000年农业总产值3382万元，农民人均纯收入2418元。2005年农业总产值3423万元，农民人均纯收入2369元。2010年农业总产值3476万元，农民人均纯收入2363元。2013年农业总产值3503万元，农民人均纯收入2396元。2014年农业总产值1.08亿元，农民人均纯收入3834.4元。

粮食作物　以种植高产稻种、杂交玉米为主。1991年产粮3252吨，其中：玉米1803吨、水稻1449吨，产值227.6万元，人均食粮209公斤。1995年产粮3292吨，其中：玉米1987吨、水稻1305吨，产值329.2万元。人均食粮244公斤。2000年产粮3342吨，其中：玉米2258吨、水稻1086吨，产值501.3万元，人均食粮204公斤。2005年产粮3392吨，其中：玉米2043吨、水稻1349吨，产值678.4万元。人均食粮235公斤。2010年产粮5066吨，其中：玉米2945吨、水稻2121吨，产值1215.8万元，人均食粮344公斤。2013年产粮5897吨，其中：玉米3500吨、水稻2397吨，产值2316万元，人均食粮403公斤。

经济作物　1990年乡政府提出打造万元山，全乡统一规划，因地制宜，不同的山地种不同的果苗，建"万亩板栗"种植基地。板栗，俗称栗子，又名瑰栗、毛栗、凤栗，素有"千果之王"的美称，国外誉为"人参果"。

板庚乡种植板栗历史悠久，20世纪80年代，板栗是板庚乡农户主要经济来源之一。1990年开始发展嫁接板栗4500亩。1991年板栗挂果面积1500亩，产量1500吨，产值1050万元；砂仁挂果面积800亩，产量560吨，产值1456万元；油桐挂果面积1万亩，产量400吨，产值1200万元。1995年板栗挂果面积2500亩，产量2500吨，产值1750万元；砂仁挂果面积1100亩，产量770吨，产值2002万元；油桐挂果面积9000亩，产量360吨，产值1080万元。2000年板栗挂果面积5000亩，产量5000吨，产值3500万元；砂仁挂果面积1200亩，产量840吨，产值2184万元；油桐挂果面积5000亩，产量200吨，产值600万元。2005年板栗挂果面积6500亩，产量6000吨，产值4.2亿元；砂仁挂果面积1500亩，产量1050吨，产值2730万元；油桐挂果面积4000万亩，产量160吨，产值480万元。2007年开始试种火龙果500亩。2010年板栗挂果面积7000亩，产量7000吨，产值4900万元；砂仁挂果面积2500亩，

产量1750吨，产值4450万元；火龙果挂果面积2000亩，产量2000吨，产值4000万元。油桐挂果面积6000万亩，产量240吨，产值720万元。2013年发展板栗1.08万亩，产量1.08万吨，产值4320万元；砂仁挂果面积3400亩，产量2380吨，产值6188吨；火龙果3980亩，产量3980，产值7960万元；油桐挂果面积7000亩，产量280吨，产值840万元。“185工程”2013年6月调查全部达标。

早菜 1991年早菜种植3800亩、产量1000吨，产值2856万元。1995年早菜种植4000亩、产量1000吨，产值2756万元。2000年早菜种植3900亩，产量800吨，产值2398万元。2005年早菜种植9600亩（含复种面积），产量800吨，产值1900万元。2010年早菜种植10050亩（含复种面积），产量15075吨，产值2972.8万元。2013年蔬菜种植（三季）11700亩，产量11500吨，产值2267.7万元。

养殖业 1991年生猪饲养3490头，出栏2890头，产值404.6万元；牛1670头，出栏536头，产值160.8万元；养羊3700只，出栏1470只，产值29.4万元；家禽24980羽，上市19984羽，产值20万元；养殖总产值614.8万元。1995年生猪饲养3896头，出栏3080头；养牛1980头，出栏918头；养羊4100只，出栏2120只；饲养家禽28900羽，上市23120羽。总产值185.47万元。2000年生猪饲养4184头，出栏3300头；养牛2100头，出栏1215头；养羊4700只，出栏2520只；家禽31400羽，上市25120羽。总产值470.71万元。2005年生猪饲养4980头，出栏4100头；养牛2400头，出栏913头；养羊5300只，出栏3150只；家禽38000羽，上市37000羽。总产值822.48万元。2010年生猪饲养6300头，出栏3900头；养牛2700头，出栏900头；家禽42000羽，上市4000羽。总产值1287.09万元。2013年养猪7627头，出栏6200头；养牛3274头，出栏2050头；养羊12000只，出栏9854只；家禽71250羽，上市58658羽。总产值2211.3万元。

劳务输出 1991年全乡劳务输出697人，收入613.36万元。1995年劳务输出920人，收入920万元。2000年劳务输出1120人，收入1568万元。2005年劳务输出1334人，收入2267.8万元。2010年劳务输出1684人，收入3368万元。2013年劳务输出2524人，收入6814.8万元。外出务工人员主要分布在广州、浙江、上海等沿海城市，从事进缝纫厂、鞋厂、服装厂、建筑业等。

交通 1953年8月惠罗公路通车，贯穿板庚乡境，是通公路较早的乡之一。1991年，修通板庚—罗化村级公路，长8.44公里，宽4.5米。1993年修五星—里免公路，全长8.179公里，2008年扩建，国家投资25万元。2010年板庚全乡村村通公路58.65公里，国家共投资339.3万元，基本解决群众出行难问题。

水池水窖 1990年建堤水池1个，可溶水200立方米，修小水池、小水窖30个。至2013年共修小水池、小水窖1211口，蓄水36330立方米，分别在旧寨、林园、保上、大坪、对门寨、兴卫6个村，同时建堤水池5个，可蓄水1050立方米，基本解决全乡人畜饮水困难。

电 1991年辖区有变电站1个，高压输电线1条，长48公里，总电容600千伏。2013年增加变电站1个，高压输电线4条，长110公里，总电容3150千伏，全乡6个行政村88个村民小组通电率100%。

邮政通信 1998年有固定电话用户9户。2000年有固定电话80户，移动电话563户，普及率38%。2005年有固定电话736户，移动电话1960户普及率62%。2010年有固定电话1300户，移动电话2780户，普及率80%。2013年有固定电话1399户，移动电话3650户，普及率85.1%。

广播电视 1991年安装广播电视工程小天锅7户，1995安装小天锅接收器123户，覆盖率占8%。2000年安装小天锅接收器1200户，覆盖率占32%。2005年安装小天锅接收器1720户，覆盖率占56%。2010年安装小天锅接收器3000户，覆盖率占95%。2013年电视用户3432户，电视覆盖率99%。

水资源 境内有板庚河与蒙江河两条河流。板庚小河发源于板庚村葫芦寨，途径下寨组、移民组、烂田湾三个组，河道长4公里。蒙江河源流于惠水涟江流入罗甸境称蒙江，流经罗化村冗各组、冗况组、大坪组、下龙坪组、盘龙组，最后经双江口汇合注入红水河。境内河段全长4.5公里，年平均流量158.01秒立方米。流域面积0.08平方公里。

旅游资源 板庚乡人文资源丰富，有世界绝无仅有的两亿多年前形成的三叠纪大贵州滩 · 地质公园。

1988—1992 年，中美地质专家对板庚乡板庚滩经过三年多联合考察，发现板庚滩是距今二亿多年前的古代环境沉积，比美国墨西哥湾号称研究现代碳酸盐岩“经典圣地”的两叠纪巴哈马滩规模更大。三叠纪板庚滩是三叠纪地层构造的经典剖面所在，三叠纪物种大灭绝和生命重新复苏的地质历史遗迹。是“大贵州滩”的核心区域，是全球范围内研究三叠纪生物复苏的最理想地区之一，具有十分重要的科研价值。景区由三叠纪板充值滩、葫芦寨、金钟山、观音洞、马灵桥、古驿道等大大小小 10 余个景点组成。有传统的布依族手工土布制作和浸染、杂染工艺，当地布依族妇女手工纺织的纯棉土花布，做工精细，图案新颖，花色素雅，品种繁多，具有浓郁的民族特色。有三月十三、牛魂节（俗称洗牛脚杆）、七月半、尝新节（重阳节前后）等民族节日。2013 年，板庚乡有农家乐 5 家，旅馆 3 家，日接待量 120 人左右，年接待约 4.32 万人，创利润 100 多万元。

矿藏资源　经勘探，在坪寨村九洞组、罗化村江内组储藏有金矿，板庚村龙洞组储藏有冰洲石，未开采。

卫生　1991 年乡卫生院，建筑面积 210 平方米。卫生员 9 人，完成诊疗 899 次，治愈率 95%。1995 年专业技术人员 10 人，完成住院 55 人次，诊疗 899 次，治愈率 100%。2000 年卫生院建筑面积 400 平方米，卫生员 11 人，完成住院 95 人次，诊疗 1346 人次，治愈率 100%。2005 年卫生院建筑面积 530 平方米，卫生员 12 名，完成住院 198 人次，诊疗 3060 人次，治愈率 97.9%。2010 年卫生员 5 人，其中：大专 3 人、中专 2 人，注册护士 3 人，完成住院 298 人次，诊疗 8122 人次，治愈率达 98.5%。2013 年专业卫生员 8 人，其中：本科 2 人、大专 5 人、中专 1 人。住院 226 人次，完成诊疗 8660 人次，治愈率 99.2%。

医疗设备有显微镜、B 超机、电解质分析仪、洗胃机、心电图机、全自动生化分析仪、X 光机、病床 18 张等。

计生工作　1991 年有计生站 1 个，建筑面积 100 平方米，专职计生员 3 人，生育办证 23 人，作各种手术 219 例。1995 年开展“两术”180 例，其中：上环 94 例、结扎 86 例，生育办证率 68%。2000 年有专职计生员 4 人，开展“两术”189 例，其中：上环 96 例、结扎 93 例，生育办证率 70%。2005 年，计生技术服务站扩建，建筑面积 360 平方米，有专职计生员 5 人，开展“两术”203 例，其中：上环 99 例、结扎 104 例，生育办证率 75%。2010 年有专职计生员 6 人，开展“两术”205 例，其中：上环 113 例、结扎 92 例，生育办证率 80%。2013 年有专职计生员 3 人，办理独生子女证 139 户，生育办证 85 人，办独生子女证 139 户，作各种手术 311 例。

婚姻登记　1991 年自愿结婚 16 对，登记率 100%。1995 年自愿结婚 19 对，登记 100%。2000 年自愿结婚 23 对，登记率 100%。2005 年自愿结婚 51 对，登记率 98%。2010 年结婚登记 27 对，登记率 100%。2013 年结婚登记 8 对，登记率 100%，2012 年以后由县民政局联网办理结婚登记。

文化　2010 年板庚乡建文化站 1 个，建筑面积 280 平方米，藏有各种科技图书 2000 册。村文化室共 14 个，平均藏书 2000 册。

教育　1991 年学校 5 所，即板庚中学、板庚小学、龙滩小学、罗化小学、大坪小学，占地面积 4787 平方米，建筑面积 2627 平方米。学生 1155 人，其中：初中生 165 人（女生 62 人）、小学 990 人（女生 432 人），少数民族生 743 人，占总数 64%。1995 年学校 7 所，增加里免小学、保上小学，全乡学生 1756 人，其中：初中生 180 人（女生 68 人）、小学生 1578 人（女生 715 人），少数民族学生 883 人，占学生总人数 50.28%。板庚中学扩建占地面积 1795 平方米，建筑面积 1375 平方米。学校总用地面积 6397 平方米，建筑面积 3447 平方米。2000 年全乡学校 6 所，撤销保上小学。学生 1940 人，其中：中学生 196 人（女生 90 人）、小学生 1744 人（女生 740 人），少数民族生 1237 人，占学生总数 65.61%。2005 年有学校 5 所，撤销里免小学。学生总计 1906 人，其中：初中生 215 人（女生 96 人）、小学生 1691 人（女生 711 人），少数民族学生 1140 人，占学生总数 59.81%。2010 年学校 5 所，即板庚中学、板庚小学、龙滩小学、罗化小学、大坪小学。学生 1770 人，其中：中学生 319 人（女生 114 人）、小学生 1451 人（女生 639 人），少数民族学生 1231 人，占学生总数 69.54%。2013 年学校 5 所，学生 1310 人。

其中：初中生 329 人（女生 118 人）、小学生 879 人（女生 374 人）。幼儿班学生 102 人，其中：男生 61 人，女生 41 人。少数民族生 1022 人，占学生总数 78%。

教师文化结构 1991 年教师 50 人，其中：初中教师 10 人，小学教师 40 人；大专以上文化程度 1 人、中师 46 人、初中文化程度 3 人。1995 年教师 73 人，其中：初中教师 20 人，小学教师 53 人；大专以上文化程度 1 人、中师 67 人。2000 年教师 78 人，其中：初中教师 21 人、小学教师 57 人，大专以上文化程度 18 人、中师 59 人。2005 年教师 67 人，其中：初中教师 36 人，小学教师 43 人；大专以上文化程度 56 人，中师 11 人。2010 年教师 85 人，其中：初中教师 36 人、小学教师 49 人，大专以上文化程度 73 人、中师 12 人。2013 年有教师 79 人，其中：初中教师 35 人，小学教师 44 人；其中：本科 21 人、大专 52 人、中师 4 人、初中 2 人。

“五保”分散供养 1991 年农村“五保”分散供养 19 人，共发放“五保”定补助 0.46 万元。1995 年农村“五保”分散供养 18 户 18 人，发放“五保”定补助 0.65 万元；2000 年农村“五保”分散供养 18 户 18 人，发放“五保”定补助 1.08 万元。2005 年村“五保”分散供养 17 户 17 人，发放定补助 1.224 万元。2010 年农村“五保”分散供养 17 户 17 人，发补助款 1.43 万元。2013 年农村“五保”分散供养 12 人，发放“五保”定补助 2.16 万元。

农村老复退军人 1991 年农村老复退军人 14 户 14 人，每人每月补助 150 元。1995 年农村老复退军人 13 户 13 人，每人每月补助 180 元。2000 年农村老复退军人 13 户 13 人，每人每月补助 210 元。2005 年农村老复退军人 12 户 12 人，每人每月补助 300 元。2010 年农村老复退军人 12 户 12 人，每人每月补助 390 元。2013 年农村老复退军人 11 户 11 人，每人每月补助 500 元。

享受农村低保 2002 年享受城镇低保 7 人，每月补助 1050 元。2005 年非农业享受最低生活保障户 6 户 7 人，每月补助 1400 元。2010 年板庚乡享受最低生活保障 1430 户 2247 人，其中：非农业人口 2 户 5 人，每月补助 1150 元；农业人口 1428 户 2242 人，国家补助 190.51 万元。2013 年享受最低生活保障 1548 户 3006 人，其中：非农业人口 5 户 6 人，每月共补助 1175 元；农业人口 1543 户 3000 人，年补助 321.67 万元。

农村临时救济 1991 年农村临时救济 140 人次，国家年补助 0.57 万元。1995 年农村临时救济 150 人次，年补助 0.9 万元。2000 年农村临时救济 194 人次，年补助 1.48 万元。2005 年农村临时救济 208 人次，年发放补助 2.52 万元。2007 年农村临时困难救济 220 人次，年发放补助 11.6 万元。2013 年农村临时救济 360 人次，补助 19.08 万元。

参加农村合作医疗 2007 年罗甸开始实行农村合作医疗。“参合”11147 人，占总人口 85.7%；医疗救助 110 人次，救助金 6.20 万元。2013 年参加农村合作医疗 12685 人，占总人口的 97.6%，国家补助 63.425 万元；农村医疗救助 566 人次，补助 31.9 万元。

移民安置 板庚村移民组为龙滩电站移民搬迁安置点。2005 年对移民点统一规划、统一设计，共建房屋 32 栋，安置 71 户 314 人，实现“三通”即水通、电通、路通，移民安居乐业。不仅满足搬迁群众的居住条件，同时展现民族特色风貌。

危房改造 2008 年 3 月，贵州省民政厅拨专款由民政局负责，改造技术由城建局把关，名单由乡镇政府提供，并共同组织下村组调查，照相核实。2009 年危房改造 46 户，投资 53.32 万元。2010 年危房改造 62 户，投资 58.01 万元。2011 年危房改造 58 户，涉及 11 个村，其中：板庚村 4 户、大坪村 6 户、旧寨村 3 户、里免村 8 户、坪寨村 8 户、红岩村 1 户、兴卫村 1 户、林园村 6 户、泽汉村 10 户、对门村 9 户、纳田 2 户，投资 52.75 万元。2012 年危房改造 19 户，涉及 8 个村，其中：板庚村 1 户、大坪村 2 户、旧寨村 3 户、坪寨村 1 户，红岩村 1 户、保上村 9 户、泽汉村 1 户、纳田村 1 户，投资 13.3 万元。2013 年危房改造 26 户，涉及 6 个村，其中：板庚村 3 户、大坪村 3 户、旧寨村 4 户、里免村 2 户、罗化村 9 户、坪寨村 5 户，投资 16.9 万元。2009—2013 年共危房改造 221 户，国家投资 194.28 万元。

饮水工程 1990 年板庚乡建提水站 1 个，蓄水池可蓄水 200 立方米。2010 年板庚村、罗化村各建提水站 1 个，蓄水池各 1 个，可蓄水 350 立方米。2013 年在板庚村、罗化村、坪寨村建提水站 4 个，高位蓄水池 4 个，可蓄水 750 立方米。2013 年在旧寨、林园、保上、大坪、对门寨、兴卫 6 个村建提水站 5 个，高位蓄水池 6 个，可蓄水 1050 立方米。自来水用户 712 户 3049 人，基本解决人畜饮水的困难。

1991 年修水池（小水窖）30 口。1995 年水池小水窖 50 口。2000 年修水池小水窖 70 口。2005 年建水池小水窖 123 口。2010 年建水池小水窖 258 口。2013 年建水池小水窖 680 口。板庚乡共有水池（小水窖）1211 口，蓄水 36330 立方米，基本解决农田灌溉与人畜饮水问题。

板庚花灯　花灯戏又名扇子戏，表演者以 2 人表演居多。演唱时要唱调子，要扇子，走步子，是板庚乡汉族和布依族共同演唱的地方戏。花灯戏源于民国初年独山艺人吴氏兄弟传授，主要流传在板庚街上、冲头、坪寨、对门寨。以演民间小戏为主，题材多取农村生活和民间故事，整台演出以二胡伴奏为主，还配以笛子、三弦、锣鼓、碰铃等。

调子有喜怒哀乐几种，依剧情而选用，可演戏剧，可排舞蹈。常演出的是《头台戏》（又叫打头台）。解放前后曾演出《蒋三哥下南京》《抓壮丁》《选女婿》《兄妹学文化》《情来义往互相帮》《借亲配》《拜月记》《庆贺》和花灯舞等。解放后，除节日和喜庆演出外，还有政府组织会演和调演。1958 年《兄妹学文化》参加黔南州民族民间文艺调演获奖，1984 年以来县有关部门多次组织会演或调演。演唱的花灯调有：欢喜调、嗬嗨调、二黄调、姑娘调、老奶调、老者调、哭调、送鞋调等。

演唱歌词，如《头台戏》中男主角出场开头的唱词：努力读书不怕苦，学成本领走江湖。一生爱唱花灯戏，庆祝新春来演出。

用出马门调子演唱。又如《蒋三哥下南京》中女主角唱的《送鞋调》唱词：我今送你一对鞋，三哥穿去穿转来。路上闲花休要采，家中芙蓉正在开。

男唱《接鞋调》歌词是：双手接妹鞋一双，为哥穿去穿回乡。心中时刻想着妹，野草闲花弃路旁。

这些都表达了男女双方的思念和对爱情的忠贞。

在《庆祝》戏中，男女合唱“八月桂花香”调，唱词是：

板庚好地方，世界美名扬。科研价值大，观赏不寻常。三叠纪，板庚滩，多神奇，举世更无双。

板庚好地方，四季暖洋洋。青山多秀树，绿水源流长。草木盛，牛羊肥，风景美，鸟语伴花香。

板庚好地方，风物情谊长。勤劳人忠厚，友爱性优良。你受灾，我困难，他办事，团结互相帮。

板庚好地方，特产有名堂。板栗满山滚，柑橘一片黄。油桐多，蔬菜早，龙果甜，芭蕉处处香。

板庚好地方，旧貌换新装。小桥流绿水，大道建楼房。商旅繁，游人盛，市井荣，人民奔小康。

热爱家乡的深情厚谊，跃然纸上。

花灯戏人物少，情节简单，调式多样，旋律多变，生动、形象、自然，唱词道白通俗，生活气息浓郁，载歌载舞，轻松、活泼、风趣，擅长花扇舞。其表演以“扭”为特点，舞蹈的步法有二步半、四方步，快、慢三步，野鸡步、梭步、碎米步、矮桩步、妇田步、快上步等；扇子耍法有小花扇、大花扇、交扇、盖扇、差扇、扑蝶扇等；身段有犀牛望月、膝上栽花、黄龙缠腰、海底捞月、雪花盖顶、岩鹰展翅等。表演身段大都取材于花灯舞蹈的动作，演出时手执折扇和手帕，灵活运用各种步法、手势，以及耍扇、耍帕的技法，形成清新活泼的艺术特色。

第二节　边阳镇

一、边阳镇

位于罗甸县城北部，地处北纬 35° 30′ —35° 40′，东经 106° 34′ —106° 43′，东与平塘县塘边镇毗邻，西与木引镇隔蒙江相望，北与龙坪镇、惠水县相连。210 省道、贵百高速公路穿越镇境，是南下珠江航线的必经之路，通往平塘县大射电望远镜的捷径。2012 年兴建 15.68 平方公里的工业园区横贯镇所在地东西。

民国以来边阳一直以商贸活跃著称，为商贾云集之地，被誉为贵州四大旱码头之一，是边阳镇政治、经济、文化、物流商贸活动中心。

沿革 边阳清代属罗斛州判（厅）板庚甲哨岜羊亭，今边阳街上前进村一带，由岜羊土弁管辖。民国4年（1915年）废除土司亭、屯、村建制，实行保甲制，边阳属二区所辖。民国25年（1936年）全县设7个区34个联保，边阳属第二区辖7个联保。民国32年（1943年），撤区设署设乡镇，废联保，设边阳区署辖1个镇5个乡。1951年3月罗甸解放废除保甲建制，改设行政村组。全县设6个区，18个乡（镇），第二区称边阳区，边阳镇（乡级镇）隶属边阳区。1958年边阳区改称边阳公社，边阳镇改称边阳管理区，隶属边阳公社。1963年恢复区级建制，边阳区公所辖边阳、栗木、大文、罗沙、巴沙、兴隆、交砚、董王、油闹、深井10个公社。1967年改称边阳公社革命委员会。1979年边阳公社革命委员会改称边阳公社管理委员会。1984年撤销边阳公社，建边阳镇属乡级镇，隶属边阳区公所。1991年8月全县撤区并乡建镇，撤销边阳区公所，将原来的兴隆乡、大文乡、边阳镇合并建边阳镇，辖17个村（居）委会和1个居委会。2013年11月全县村级区划调整，打讲村、黄泥坳村、罗木村（打拱、罗木组）合并称兴隆村；新庄村、罗木村（大花厂、坪上、岩山组）合并称罗木村；关刀村、岩脚村合并称岩脚村；新联村、明星村（播薅一、二组）、翁纳村（绒钵组）合并称明星村；大文村、翁纳村（院隆、东院、翁纳、和平、良杠、冗水组）、明星村（中寨一、中寨二、下寨一、下寨二、下寨三、播东一、播东二组）合并称翁纳村；团田村、平洋村合并称团田村；罗沙乡董油村（上渡组）与新丰村合并称新丰村；新街村、前进村、下坝村不变。2014年2月罗甸县行政区划调整，撤销边阳镇、董王乡、交砚乡、栗木乡、罗沙乡新建边阳镇。辖35个村1个居委会442个村民小组。即：明星村、新街村、岩脚村、新丰村、前进村、兴隆村、翁纳村、团田村、下坝村、罗木村、新场村、栗木村、深井村、达上村、打号村、者任村、油海村、翁定村、里博沟村、董油村、巴沙村、交砚村、新塘村、和平村、石兴村、联兴村、大寨村、兴祥村、打窖村、油烟村、董王村、油尖村、尖坡村、打改村、交足村，边阳居委会，原来的乡改称边阳镇社区服务中心。

人口 边阳镇1991年总人口10028人，男性5182人，女性4846人。其中：非农业人口286人，少数民族5537人，占总数55%。1995年总人口15988人，其中：非农业人口850人，总人口中男性8994人、女性6994人，少数民族6635人，占总人口41%。2000年总人口20355人，其中：非农业人口8865人，占总人口43.5%，少数民族人口8865人，占总人口43.55%。2010年总人口23142人，其中：非农业人口1908人，总人口中男性13571人、女性9571人，少数民族10324人，占总人口数45%。2014年辖区总人口9.83万人，其中：男性4.96万人，占比50.46%，女性4.87万人，占比49.54%。少数民族43000人，占总人口46.43%。2015年辖区总人口9.85万人，其中：男性5.12万人，占51.98%。女性4.73万人，占48.01%。少数民族4.31万人，占总人口43.84%。人口密度每平方公里183人。

地形地貌 边阳镇地处大山腹地，地势北高南低，境内主要以熔岩山区和低山河谷为主，最高海拔罗沙东部打蜡坨1284.4米，最低海拔告牙村河边522米。

气候 边阳镇属亚热带季风湿润气候，最高气温7月，平均气温24.0℃，最低气温1月，月平均气温7.8℃，年平均气温17.1℃，无霜期250天，年降雨量1200.1毫米，雨量集中在5–7月，6月偏多。年平均日照1350–1520小时，冬无严寒、夏无酷暑，边阳被冠以“天然空调”的美称，气候温和，适宜多种植物生长。

自然灾害 2005年8月20日边阳镇遭受到强降雨，雨量900毫米，引发洪灾淹没田300多亩，经济损失300多万元。2008年12月26日晚8点左右，边阳镇团田村一带发生里氏4.0级地震，震源深度9公里，波及范围7000平方公里，部分农房瓦坠落，未发生伤亡人数。

面积 1991年辖区总面积128.9平方公里，人中密度每平方公里78人。耕地面积12120亩，其中：田7320亩，地4800亩；2014年（合并后）土地面积527.5平方公里，耕地面积63222.28亩，其中：田22924.29亩，地40297.99亩，人均0.74亩；林地203380亩、宜林荒山52755亩，森林覆盖率33.24%。

水资源 边阳镇无河流，每年缺水干旱严重。1956 年修边阳水库，蓄水 150 万立方米，1983 年改造加高水坝后库容 650 万立方米。2005 年修小水池、小水窖 178 口，蓄水 5340 立方米，主要分布关刀村、岩脚村、大文村、新丰村、达上村；2014 年修小水池水窖 6721 个，蓄水 134420 立方米，总投资 268.84 万元，主要分布在前进村、下坝村、新丰村、大文村、明星村。修引水渠长 51 公里，有效灌溉面积 10575 亩耕地和人畜饮水。2015 年增修小水池水窖 90 个，蓄水 5220 立方米，总投资 206.83 万元，主要分布在董王、交砚、油闹一带，基本解决了人畜饮水难的问题。

粮食作物 以种高产水稻、杂交玉米为主。1991 年产粮 5028 吨，其中：水稻 1735 吨，玉米 3293 吨，产值 210 万元，人均食粮 315 公斤；2010 年粮食种植面积 2.42 万亩，产量 7574 吨，产值 985 万元，人均食粮 327 公斤。2014 年粮食产量 2.41 万吨，其中：水稻 8459 吨、玉米 1.56 万吨，产值 3120 万元，人均食粮 301 公斤。2015 年粮食播种面积 11.39 万亩，产量 2.54 万吨，产值 6940.5 万元，人均食粮 289 公斤。

经济作物 以种植板栗、核桃、花生、杨梅、葡萄为主。1991 年板栗挂果面积 640 亩，产量 640 吨，产值 256 万元；花生 1120 亩，产量 532 吨，产值 425.6 万元，农民人均纯收入 535 元。2003—2007 年种植杨梅挂果面积 3000 亩，年产量 3000 吨，产值 1200 万元；2008—2013 年核桃挂果面积 1.6 万亩，年产量 2160 吨，产值 6480 万元，农民人均纯收入 4100 元。2014 年板栗挂果面积 3200 亩，产量 3200 吨，产值 1280 万元；花生 1800 亩，产量 855 吨，产值 684 万元；甘蔗 3600 亩，产量 9000 吨，产值 1800 万元；早菜面积 2.13 万亩，产量 1.07 万吨，产值 4260.2 万元，农民人均纯收入 7015 元。2015 年，早春蔬菜示范种植 400 亩，其中：绿青菜园示范种植 200 亩，罗沙坡脚四季豆示范种植 100 亩，兴隆辣椒、番茄示范种植 100 亩，带动全镇发展早春蔬菜种植 4.62 万亩（其中辣椒种植 9000 亩，番茄 900 亩，茄子 600 亩，南瓜 400 亩，黄瓜 600 亩，丝瓜 200 亩，苦瓜 300 亩，瓠瓜 200 亩，四季豆 8000 亩，豇豆 2000 亩，早黄豆 5000 亩，菜玉米 1.1 万亩，春白菜 5000 亩，莲花白 3000 亩），产量 8.32 万吨，产值 2.12 亿元。板栗种植挂果面积 8000 亩，产量 1060 吨，产值 1198 万元；中药材种植 1000 多亩，茶叶种植 1293 亩，种植业农业产值 4.83 亿元。

养殖业 养殖以牛、猪、羊、家禽为主。1991 年生猪饲养 6824 头，年末出栏 6138 头，产值 859.3 万元；养牛 1551 头，年末出栏 408 头，产值 122.4 万元；养羊 3243 只，年末出栏 1200 只，产值 24 万元；家禽饲养 9798 羽，出售 9000 羽，产值 9 万元。总产值 1014.7 万元；1995 年生猪饲养 9784 头，年末存栏 980 头；牛饲养 2216 头，年末存栏 1633 头；养饲羊 4633 只，年末存栏 1865 只；家禽饲养 1.4 万羽，上市销售 1.3 万羽，总产值 5025 万元。2000 年生猪饲养 1.08 万头，年末存栏 1088 头；牛饲养 2462 头，年末存栏 1814 头；养饲羊 5148 只，年末存栏 2074 只；家禽饲养 1.56 万羽，出售 1.5 万羽，总产值 7642 万元。2005 年生猪饲养 1.2 万头，年末存栏 1200 头；牛饲养 2736 头，年末存栏 2016 头；养饲羊 5760 只，年末存栏 2304 只；家禽饲养 1.73 万羽，出售 1.7 万羽，总产值 9855 万元。2010 年生猪饲养 1.5 万头，年末存栏 1500 头；牛饲养 4560 头，年末存栏 2520 头；养饲羊 7200 只，年末存栏 2880 只；家禽饲养 2.16 万羽，出售 2.1 万羽，总产值 9860 万元。2014 年养猪 10.4 万头，年末出栏 8 万头，产值 2.08 亿元；养羊 3.9 万只，年末出栏 9000 只，产值 810 万元；养牛 2.86 万头，年末出栏 7400 头，产值 3700 万元；家禽 13.68 万羽，上市家禽 12 万羽，产值 240 万元。总产值 2.56 亿元。2015 年大牲畜出栏 3566 头，生猪出栏 12.59 万头，黑山羊出栏 6857 只，家禽出笼 38.57 万羽；全年肉类产量 1.24 万吨，禽蛋产量 626 吨，产值 3.99 亿元。2015 年生产总值 8.4 亿元，比上年同期增长 16%。

水产 2015 在双河口电站水库水产养殖面积 10.86 平方公里，网箱养鱼 2072 口，总产量 612.8 吨，产值 890 万元，占农业总产值 5.58%。

劳务输出 2005 年外出务工 1623 人，收入 1200 万元。2014 年外出务工 14530 人，收入 6036 万元。2015 年外出务工 15350 人，收入 6250 万元。主要在广东、浙江、福建一带从事建筑、缝纫等。是年城镇居民人均可支配收入 11530 元；农村居民人均可支配收入 7972 元，同比增长 13.5%、12.6%。

交通 1991—2014年镇内通村公路长518.3公里，国家投资2157.5万元，其中：村级油路122.2公里，通组公路长396.1公里。2015年通村公路长64.84公里，国家投资2051.76万元，其中：通组公路长4.13公里，投入221万元。修边阳大道路全长1650米，投资1830.76万元；栗木大道经下坝至贵罗公路老加油站全长5272米，投资5249.92万元。

电 1991年边阳镇25千伏主变电（站）器1台，总容量8兆伏安，高压输电线1条，总长10公里，村组通电率达91.5%；2014年有130千伏主变电（站）器5台，总容量16兆伏安，农村电网全覆盖，改造升级全面完成，村组通电率达100%。2015年边阳镇有220千伏主变电（站）器1台，总容量360兆伏安；110千伏变电（站）器1台，容量50兆伏安；35千伏变电（站）器2台，容量15兆伏安；10千伏配电线路6条总长390公里，配电变压器409台，农村电网全覆盖，改造升级全面完成，村组通电率100%。

通信 1991年有固定电话用户325户，1996年移动电话988户，普及率50%；2014年电信网络5个，固定电话3860户，移动电话26734户，普及率80%。2015年电信网络9个，固定电话3910户，移动电话31780户，普及率85%。

广播电视 2005年安装电视卫星接收器475台，电视用户475户，电视覆盖率37%；2014年村村通和数字电视共20614户，覆盖面83%。2015年村村通和数字电视共3790户，覆盖率98%。

计生工作 1991年有计生办公室1个，计生员3人，生育办证397人，开展“两术”612例，办独生子女证302户。1995年计生员4人，开展上环手术105例，办理独生子女证2户。2010年有计生员10人，开展上环手术149例，办理独生子女户17户，生育办证率91%。2014年合并后有计生员21人，生育办证985人。2015年有计生员36人，生育办证1426人。

计生设备有全自动血液分析仪、半自动凝血分析仪、半自动生化分析仪、电热恒温箱、尿液分析仪、离心机、B超机、阴道镜等。

医疗卫生 1991年边阳镇卫生院1所，建筑面积1560平方米，医务人员32人，其中：专业技术人员27人，住院162人次，完成诊疗619人次，治愈率85%。1995年医务人员48人，完成住院657人次，诊疗3679人次，治愈率89%。2010年医务人员68人，完成住院3385人次，诊疗13058人次。2014年合并后有卫生院5所：边阳镇卫生院、栗木卫生院、罗沙卫生院、交砚卫生院、董王卫生院。专业卫生人员129人，完成诊疗2.5万人次，治愈率95%。

医疗设备有心电图、B超机、阴道镜、乳腺诊断仪、心脏除颤监护仪、呼吸仪、离心机、手术床、病床133张。2015年专业卫生人员132人，其中：获中级专业技术职称45人、初级85人，未评职称2人。完成诊疗2.8万人次，治愈率96%。

文化 2013年建文化站5个，建筑面积1146平方米，藏书180余万册。村级文化室36个，每村文化室藏各类科技书1500册。

教育 1991年学校15所，其中：中学1所，小学14所，学校建筑面积2.88万平方米，其中：中学建筑面积1.2万平方米，小学总建筑面积1.68万平方米，学生3800人，中学生1800人，男生954人，女生846人；小学生2000人，男生1115人，女生885人，少数民族生1750人，占总数87.5%。2013年11月行政区划调整后，学校28所，其中：完中1所、小学27所，学生7188人，其中：高中学生1828人、初中学生1805人、小学生3555人。男生4025人、女生3163人，少数民族生4816人，占学生总数67%。2015年边阳镇有36所中小学校及幼儿园（其中：完全中学1所），初中2所，九年一贯制2所，小学22所（其中：教学点3所），公办幼儿园5所，民办幼儿4所。在校学生14485人（其中：幼儿园2131名人、小学6585人、初中3973人、高中1796人）。少数民族学生6631人，占学生总数45.78%。

“两基”工作 2005年11月“两基”工作通过省人民政府评估和验收，小学入学率99.5%，初中入学率100%，完成率86.55%，小学人均图书为9.53册、中学生人均图书13.86册。教学用房达标率100%。教学设备达标率100%，中小学结业班全科合格率85.79%和62.37%，毕业率为95.91%和98.77%，中小学教师合格率100%。

2015年边阳中学高中生参加高考589人，录取大专院校291人，其中：录取本科一本33人、二本142人、三本79人、专科37人。全镇参加中考学生822人，其中：边阳中学496人、栗木中学136人、罗沙中学81人、交砚中学校33人，董王初中76人。

教师文化结构 1991年边阳镇有教师109人，其中：中学教师35人、小学教师74人。大专以上文化31人、中师78人。1995年教师138人，其中：中学教师47人、小学教师91人，大专以上文化66人、中师83人、高中72人。2000年教师149人，其中：中学教师49人、小学教师100人，大专以上文化103人。2010年教师143人，其中：中学教师42人、小学教师101人，大专以上文化112人、中师31人。2014年行政区划调整后有教师697人，其中：中学教师332人、小学教师365人。2015年全镇教师768人（不含私办幼儿园教师和自请教师）。

最低生活保障 2002年罗甸县开展实行城镇低保，边阳镇享受城镇低保91人，国家每月共补助9100元；2014年87人，国家每月共补助1.63万元。2015年享受城镇低保55户88人，国家每月共补助7515元。

2007年罗甸开始实行农村低保，边阳镇享受农村低保1105户3282人，国家支出160.82万元；2014年农村享受低保6921户21609人，国家补助1351.87万元。2015年农村低保4102户11499人，发放农村低保金3798.03万元。

“五保”分散供养老复退补助 1991年农村五保分散供养33人，国家支出1.19万元；农村老复退军人25人，国家每人每月补助150元。2014年五保分散供养94人，国家支出17.84万元；农村老复退军人55人，国家每人每月补助650元。2015年五保分散供养106人，国家支出19610元；农村老复退军人45人，国家每人每月补助850元。

合作医疗 2007年起罗甸实施农村合作医疗，全镇参加农村合作医疗保险1205户4986人。2010年参加农村合作医疗1742户6639人，参合率92%；2014年新农合参保6865户55223人，参合率94%。2015年新农合参保59530人，参保金额535.77万元，参合率95%。城乡居民社会养老保险参保34862人，缴参保金193.52万元，参保率98.31%；城镇居民医疗保险参保168人，缴参保金2.27万元。

移民安置 2013年边阳涉及龙滩电站移民安置14个村51个组762人，分别安置在岩脚村、新庄村、新丰村、下坝村、翁纳村、团田村、前进村，现生活安定，和睦相处，安居乐业。

旧房改造 2009—2015年由县民政局负责专项拨款，城建局把技术关，镇政府提供名单，并共同组织下村组调查，照相核实。全镇36个村旧房改造1136户，共投资1214.49万元，使4495个村民得以安居。

精准扶贫 2015年边阳镇实施精准扶贫5339户18856人，其中；社会保障人口9553人，扶持对象9303人。是年计划脱贫2626户10071人（国家标准脱贫户830户3651人，省定标准1806户6420人），边阳镇获得扶贫攻坚项目7个，分别为茶叶种植200亩、资金420万元；养殖黑山羊764只资金80万元；庭院蔬菜种植1480亩投资37万元；种植何首乌100亩投资20万元，玉都北殿蔬菜基地基础设施建设投资300万元；标准葡萄种植150亩，投资30万元，完成实施2个。全年发放粮种补贴资金100.05万元。制定帮扶村扶户，建立贫困台账、项目扶持，年度通过省级、县检查验收。完成减少农村贫困人口10071人。其中：边阳社区3700人、栗木社区1676人、罗沙社区2250人、交砚社区1689人、董王社区756人。

城镇建设 2011—2014年城镇开发建设用地1872亩，新增贯通公路22.83公里，建成边阳工业园区、边阳河滨生态园、大坡安置区、引水扩容工程等，固定资产投资14.2亿元。2015年边阳镇列为全省100个示范小城镇省级商贸型示范镇。城镇建设用地210亩，新增贯通公路64.84公里，总投资3242.1万元。建成家家乐购物超市及义江商贸城，占地面积3000平方米，改建老农贸市场为文化休闲广场，（含柑胶球场、健身器材、绿化），占地28亩，投资132.41万元；乐亿酒店占地2200平方米，建筑面积11000平方米，投资1800万元，已投入使用。建成停车场856.44平方米（包括洗车、维修、安检）总停车位

539个；完成董王、交砚2个社区客车站建设，占地2000平方米。全年完成固定资产投资48600万元，同期增长36%。2015年全省小城镇建设工作绩效考评边阳镇列全省第60位。

边阳观光景点 1983年边阳水库改造加高堤坝，库容蓄水650万立方米。水库承担边阳上下坝、栗木乡、罗沙乡1万多亩良田灌溉，供应边阳镇、栗木乡和罗沙乡2万多的人畜饮水。边阳水库周围青山绿映怀抱，水库鱼类百余种，是垂钓、旅游的理想地方，每年有上万人到此观光旅游、垂钓。在库区可乘坐机动船游览，可吃到清香可口的农家饭。当地民风淳朴、好客，有香醇自酿的土酒，黄豆鸡、水煮鱼等美味佳肴，让游客流连忘返。

边阳文昌阁 建于1909年，民国18年（1929年）在地方人士黄仁昭的倡议下，当地群众曾对文昌阁进行修复，后作罗北小学（现边阳小学）。文昌阁为古花窗、檐柱、石狮等工艺精湛雕刻，四周古树参天，保存完好，被列为县级重点保护文物。

地方特产 荞灰豆腐 荞灰豆腐是边阳镇的特色名菜，在其他地方用同样的方法做出来的荞灰豆腐其质地、口感均不能与在边阳镇生产的相比，就像“国酒茅台”一样，非此地此水此气候不能生产，边阳制作的荞灰豆腐，全国独一无二，清香、细嫩、口感好，风味独特，成为罗甸各大宾馆、饭店餐桌上的一大主食菜肴，深受群众喜爱。该技术工艺在边阳得到较大的发展和传承，并成为一项产业，部分生产经营者靠生产它走上致富的道路。

二、栗木社区服务中心

2014年2月行政区划调整，栗木乡并入边阳镇，原栗木乡改称边阳镇栗木社区服务中心。位于北纬25° 35′—25° 38′，东经106° 45—106° 43′ 。地处罗甸县北部，东与平塘县塘边镇毗邻，南与边阳镇接壤，西与罗沙乡相连，北靠与边阳镇（原大文乡）。

沿革 民国25年（1936年）整编保甲，栗木隶属边阳联保。民国32年（1943年）栗木属二区管辖。1951年罗甸解放废除保甲制，设栗木乡，隶属二区。1956年二区称边阳区，栗木乡属边阳区。1958年8月全县实行人民公社化，边阳区改称边阳公社，栗木乡改称栗木管理区，属边阳公社。1963年更名为栗木公社。1967年改称栗木公社革命委员会，隶属边阳区革命委员会。1979年改称栗木公社管理委员会。1984年改称栗木乡人民政府，隶属边阳区公所。1991年8月区划调整撤区并乡建镇，将达上乡、深井乡并到栗木乡，辖干洞村、摆贡村、深井、新场村、下冲、达上、拉昂村、打号村、简赖村、栗木村10个村97个村民小组。建制后的栗木乡属二类贫困乡。

2013年11月全县村级区划调整，撤并原10个行政村为5个行政村97个村民小组，即：干洞村、摆贡村、深井村合并，称深井村；新场村与下冲村合并、称新场村；达上村与拉昂村合并，称达上村；打号村、简赖村（良纳、简赖、上嘎组）合并，称打号村；栗木村不变。

人口 1991年总人口15133人，其中：男性8020人，女性7113人，少数民族4267人，占总人口28%。1995年总人口15783人，其中：男性8207人、女性7575人，非农业人口242人，少数民族人口4788人占总人口30%。2000年总人口16568人，其中：男性8615人、女性7953人，非农业人口266人，少数民族人口5128人占总人口31%。2005年总人口17360人，其中：男性8854人、女性8506人，非农业人口314人，少数民族人口5478人占总人口32%。2010年总人口18163人，其中：男性8899人、女性9264人，非农业人口424人，少数民族人口5878人占总人口32%。2013年总人口18906人，其中：男性9074人，女性9832人，少数民族6295人占总人数33%。

面积 栗木乡土地面积111.94平方公里，其中：耕地面积1.725万亩，其中：田5670亩、地1.158万亩，人均耕地0.9亩，人口密度每平方公里169人。林业用地面积91373亩，其中：林地5308亩，宜林荒山38285亩，森林覆盖率38.24%。

地形地貌 栗木乡境地势北高南低，为熔岩残丘，中低山谷地，地表水缺乏。境内最高山峰位于打号村上光组海拔1284.4米，最低海拔位于播团700米。

气候灾害　主要是旱灾、大风、冰雹。2002 年 4 月发生冰雹灾，损坏房屋 1536 栋 4608 间，造成经济损失 430 万元。油菜 1326 亩，小麦 3486 亩，经济损失 100 多万元。2009 年发生旱灾，损坏蔬菜 3864 亩，涉及 9 个村 86 个组，4236 户人畜饮水困难，经济损失 170 多万元。

粮食作物　粮食以种高产水稻、杂交玉米为主。1991 年粮食产量 4828 吨，其中：水稻 1412 吨，玉米 3416 吨，人均食粮 323 公斤，人均纯收入 846 元。1995 年粮食产量 5398 吨，其中：水稻 1511 吨，玉米 3887 吨，人均食粮 348 公斤，人均纯收入 1374 元。2000 年粮食产量 6324 吨，其中：水稻 1707 吨，玉米 4617 吨，人均食粮 382 公斤，人均纯收入 2136 元。2005 年粮食产量 6143 吨，其中：水稻 1720 吨，玉米 4423 吨，人均食粮 360 公斤，人均纯收入 3264 元。2010 年粮食产量 6820 吨，其中：水稻 3235 吨，玉米 9795 吨，人均食粮 385 公斤，人均纯收入 4836 元。2013 年粮食产量 7398 吨，其中：水稻 3235 吨，玉米 4163 吨，人均食粮 402 公斤，人均纯收入 6170 元。

经济作物　以种植早菜、杨梅、板栗、金秋梨等为主。1991 年蔬菜种植面积 5000 亩，产量 2500 吨，产值 2500 万元；板栗挂果面积 300 亩，产量 300 吨，产值 60 万元。1995 年蔬菜种植面积 6800 亩，产量 1.36 万吨，产值 1360 万元；板栗、李子挂果面积 400 亩，产量 1000 吨，产值 200 万元。2000 年蔬菜种植面积 8000 亩，产量 1.6 万吨，产值 1600 万元；油桃、金秋梨挂果 450 亩，产量 1125 吨，产值 225 万元。2005 年蔬菜种植面积 1 万亩（轮种），产量 2 万吨，产值 2000 万元；李子、油桃挂果 500 亩，产量 1250 吨，产值 250 万元。2010 年蔬菜种植面积 1.13 万亩（轮种），产量 2.26 万吨，产值 2260 万元；杨梅、金秋梨挂果面积 600 亩，产量 1500 吨，产值 300 万元。2013 年蔬菜种植面积 3650 亩，产量 3650 吨，产值 4100 万元；油桃、板栗、金秋梨挂果 800 亩，产量 900 吨，产值 320 万元。

养殖业　饲养以生猪、牛、黑山羊为主。1991 年生猪饲养 1.22 万头，年末出栏 1.2 万头，产值 1680 万元；牛饲养 2115 头，年末出栏 458 头，产值 137.4 万元；羊饲养 1574 只，年末出栏 786 只，产值 15.72 万元；家禽饲养 16.11 万羽，上市 4.7 万羽，产值 47 万元，总产值 1880.12 万元。1995 年生猪饲养 4.83 万头；牛饲养 3900 头，年末出栏 3422 头；羊饲养 4566 只，年末出栏 3024 只；家禽饲养 9.97 万羽，上市 9.9 万羽，禽蛋 1.5 吨。总产值 4400 万元。1995 年生猪饲养 4.83 万头，年末存栏 2100 头；牛饲养 3900 头，年末出栏 3422 头；羊饲养 4566 只，年末出栏 3024 只；家禽饲养 9.97 万羽，上市 9.9 万羽，禽蛋 1.5 吨。总产值 4400 万元。2000 年生猪饲养 5.14 万头，年末存栏 1500 头；牛饲养 4148 头，年末出栏 3646 头；羊饲养 5178 只，年末出栏 3312 只；家禽饲养 16.49 万羽，上市 16.4 万羽，禽蛋 2.3 吨。总产值 4755.7 万元。2005 年生猪饲养 51891 头，年末存栏 1100 头；牛饲养 4278 头，年末出栏 3764 头；羊饲养 5358 只，年末出栏 3372 只；家禽饲养 16.52 万羽，上市 16.41 万羽，禽蛋 2.5 吨。总产值 4801.9 万元。2010 年生猪饲养 5.43 万头，年末出栏 1480 头；牛饲养 4534 头，年末出栏 3968 头；羊饲养 5488 只，年末出栏 3486 只；家禽饲养 16.46 万羽，上市 16.38 万羽，禽蛋 2.8 吨。总产值 5015 万元。2013 年生猪饲养 2.52 万头，年末出栏 2.35 万头，产值 6121.2 万元；牛饲养 2678 头，年末出栏 670 头，产值 335 万元；羊饲养 5539 只，年末出栏 2024 只，产值 182.2 万元；家禽饲养 16.57 万羽，上市 15.25 万羽，产值 305 万元。总产值 6943.4 万元。

劳务输出　1991 年外出务工 868 人，收入 260.4 万元。1991 年外出务工 1320 人，收入 792 万元。2000 年外出务工 1564 人，收入 1248 万元。2005 年外出务工 1896 人，收入 3412.8 万元。2010 年外出务工 1980 人，收入 3960 万元。2013 年外出务工 2030 人，收入 4060 万元。主要分布在浙江、广东、福建等。

资源　境内矿藏资源有煤矿、硫磺矿，储量丰富，具有较高开发价值。其他资源药材何首乌、茯苓、百部、天门冬、砂仁、灵芝、苦练子、艾纳香、通草、金银花、土人参等。栗木乡水资源匮乏，全乡人畜饮水、农田灌溉主要靠边阳水库、小水池、小水窖为主。2000—2013 年，全乡建小水池小水窖 2352 口，容量 8.34 万立方米，受益 10 个村 102 个组 1846 户 8307 人。

交通　1991 年修达上村—打号村公路，长 7 公里。2003 年修栗木村—拉昂村公路，长 2.2 公里。2004 年修摆贡村—干洞村路，长 3.5 公里。2008 年修新场村—下冲村路，长 2.5 公里。2013 年全乡村级公路总长15.2公里，国家投资380万元，全乡实现村组通公路。

电　1991年有主变电（站）器54台，总容量2700兆伏安，高压输电线路1条，长18公里，全乡通电率50%。2000年有主变电（站）器62台，总容量3200兆伏安，高压输电线路1条，长23公里．全乡86个自然寨通电率100%。

通信　1995年安装固定电话12户，1998移动电话145户。2000年固定电话156户，移动电话236户，普及率23%。2005年固定电话524户，移动电话688户，普及率54%。2010年固定电话624户，移动电话3868户，普及率85%。2013年安装固定电话用户412户，移动电话4456户，普及率90%。

广播电视　1991年有电视546户，电视覆盖率11%。1995年安装电视卫星接收机12台（大型），电视用户1236户，电视覆盖率25%。2000年安装电视卫星接收器（小天锅）2677台，电视用户4129户，电视覆盖率85%。2010年安装电视卫星接收器2677台，电视用户4129户，电视覆盖率85%。2013年安装电视卫星接收器2868台，电视用户4664户，电视覆盖率98%。

医疗卫生　栗木乡1991年卫生院1所，占地面积300平方米，建筑面积680平方米。卫生人员8人，完成住院500人次，门诊1100人次，治愈率76%。1995年卫生人员9人，其中：医师3人、注册护士3人，完成住院580人次，门诊1250人次，治愈率75%。2000年住院910人次，门诊1360人次，治愈率76%。2005年卫生人员10人，其中：医师4人，注册护士3人，完成住院860人次，门诊1400人次，治愈率78%。2010年卫生人员15人，其中：本科3人、大专3人、中专3人，完成住院1080人次，门诊1580人次。治愈率80%。2013年有卫生员18人，完成住院1100人次，门诊1656人次，治愈率80%。

计生工作　1991年有计生站1个，建筑面积200平方米。专职计生员4人，办生育证64人，办独生子女证15户，开展“四术”手术189例。1995年办理独生子女户数23户，双女结扎65户，生育办证率63%。2000年办理独生子女户数26户，双女结扎73户，生育办证率63%。2005年办理独生子女户数28户，双女结扎76户，生育办证率59%。2010年有计生员6人，办理独生子女户数30户，双女结扎81户，生育办证率61%。2013年有计生员6人，办理独生子女户32户，生育办证62人，做各种手术173例。

婚姻登记　1991年自愿结婚113对，结婚登记93%。1995年自愿结婚102对，结婚登记94%。2000年自愿结婚96对，结婚登记97%。2005年自愿结婚94对，结婚登记98%。2010年结婚88对，登记率100%。2012年以后统一由民政局联网办理。2012年以后统一由县民政局联网办理。

教育　1991年有学校7所，其中：初中1所，建筑面积8049平方米；小学6所，建筑面积6738平方米（栗木小学、达上小学、深井小学、新场小学、下冲和利民小学）。学生2132人，其中：初中生634人、小学生1498人，男生1099人、女生1033人，少数民族生788人，占学生总数36.9%。1995年学生2128人，其中：初中生633人、小学生1495人，男生1097人、女生1031人，少数民族生796人，占学生总数37.4%。2000年学生2116人，其中：初中生625人、小学生1491人，男生1089人、女生1027人，少数民族生783人，占学26人，少数民族生778人，占学生总数36.8%。2010年学生2088人，其中：初中611人、小学生1477人，男生1074人、女生1014人，少数民族生768人，占学生总数36.8%。2013年学生2057人，其中：初中生595人、小学生1462人，男生1059人、女生998人，少数民族生765人，占学生总数37.2%。

“两基”工作　2005年10月“两基”工作通过省人民政府评估和验收合格，小学入学率99.4%，初中入学率98.3%，完成率98.5%，小学人均图书为5.2册和8.3册。教学用房达标率100%。教学设备达标率73.2%，中小学结业班全科合格率100%，毕业率为100%。中小学专任教师合格率99.25%。

教师文化结构　1991年有教师109人，其中：初中教师35人、小学教师74人，大专以上文化程度31人、中师78人。1995年教师138人，其中：中教47人、小教91人，大专以上文化程度66人。2000年教师149人，其中：初中教师49人、小学教师100人，大专以上文化程度103人、中师46人。2005年教师204人，其中：初中教师53人、小学教师151人，大专以上文化程度134人、中师70人。

2010年教师143人，其中：初中教师42人、小学教师101人，大专以上文化程度112人、中师31人。2013年教师136人，其中：初中教师43人、小学教师93人，大专以上文化程度109人、中师27人。

享受最低生活保障 非农业人口：2002年1人，国家每月补助150元。2005年1人，国家每月补助200元。2010年1人，国家每月补助268元。2013年28户23人，国家每月共补助1.17元。农业人口：2007年罗甸开始实行农村低保，栗木乡1049户3444人，国家资助200.11万元。2010年1050户3454人，国家补助212.44万元。2013年1051户3455人，国家补助324.5万元。

农村“五保”分散供养 1991年35人，国家支出1.26万元。1995年60人，国家支出2.4万元。2000年59人，国家支出3万元。2005年59人，国家支出3.6万元。2010年65人，国家支出5.46万元。2013年35人，国家支出6.3万元。

农村老复退军人 1991年农村老复退军人25人，国家每人每月补助150元。1995年农村老复退军人24人，国家每人每月补助180元。2000年农村老复退军人23人，国家每人每月补助210元。2005年农村老复退军人22人，国家每人每月补助300元。2010年农村老复退军人21人，国家每人每月补助390元。2013年农村老复退军人17人，每人每月补助500元。

参加农村合作医疗 2007年参加农村合作医疗3472户15624人，占总人数90%。2010年参加农村合作医疗3713户16709人，占总人数92%。2013年参加农村合作医疗3907户17582人，占总人数93%。

移民安置 2002年在达上村和栗木村安置龙滩水库移民涉及3个村72户326人，现移民和睦相处，安居乐业。

危房改造 2008年3月，贵州省民政厅拨专款由民政局负责，改造技术由城建局把关，名单由乡政府提供并照相核实。2009—2013年分别在栗木、新场、下冲、深井、摆贡、干洞、达上、拉昂、打号和简耐10个村完成旧房改造532户，总投资672.51万元，使村容村貌得到有效改善。

《夜乐舞》 是拉来寨苗族一个传统习俗，喜庆欢快，激情洋溢，不着银饰，只穿朴实素净的民族服装，是一个将情感表达得淋漓尽致的舞蹈。但长久以来，这个舞蹈只是家族传承，尤其是丧葬时跳的夜乐舞不许外传，舞蹈仅在拉来寨流传。堪称苗族民间舞蹈的“孤本”。1959年《夜乐舞》曾经到北京参加少数民族会演获得好评，受到中央领导接见。2000年参加全国广场舞蹈大赛，获文化部颁发铜奖。

拉来寨悬馆 栗木乡拉来寨干洞村麻元、麻茂等寨至今还保存着许多完好的灵柩。棺木为长方形，两头加上“井”字形木条夹空，集中放存。在悬崖上凿数孔钉以木桩，将棺木置其上或将棺木一头置于空气干燥、能避雨崖穴中，洞中曾放几十或百余具棺木。有的另一头悬架于绝壁所钉木桩上。悬棺葬是苗族一种安葬死者的特殊方式，对这种富有深厚独特文化内涵的悬棺葬式，存在着许多令今人无法解释的奥秘之处。现为省级文物保护单位，对研究当地民风民俗或开发旅游业具有参考价值。

特优产品：有杨梅、白花桃、金秋梨，色鲜、甜脆、口感好，深受顾客的偏爱。

三、罗沙社区服务中心

2014年2月罗甸县行政区划调整，罗沙乡并入边阳镇，改称边阳镇罗沙社区服务中心。辖区土地面积95.76平方公里，其中：陆地94.56平方公里，占98.73%；水域1.2平方公里，占1.27%。人口密度为每平方公里162人。

位于罗甸县北部，地理坐标北纬25° 39′—25° 45′，东经106° 32′—106° 40′，东与栗木乡接壤，南与边阳镇、交砚乡相连，西与董王乡隔河相望，北与惠水县、长顺县毗邻。

沿革 罗沙乡清代属罗斛州（厅）判板庚甲哨罗路半亭，由州判亲辖。民国4年（1915年）废除土司的亭、屯、村建制，实行保甲制，罗沙属北区边阳管辖。民国25年（1936年）罗沙属第二区。民国32年（1943年）罗沙乡辖7个保64个甲，隶属边阳区署。1951年罗甸解放废除保、甲建制，设罗沙乡，隶属第二区。1956年第二区称边阳区，罗沙乡属边阳区。1958年人民公社化，全县6个区改设

6个公社辖53个管理区，罗沙乡改称罗沙管理区，隶属边阳公社。1963年恢复区公所建制，罗沙管理区改称罗沙公社隶属边阳区。1967年改称罗沙公社革命委员会。1979年罗沙公社革命委员会改称罗沙公社管理委员会。1984年4月建立罗沙乡人民政府，隶属边阳区公所。1991年8月撤区并乡建镇，将巴沙乡并归罗沙乡。新建的罗沙乡辖者任、油海、董油、里博沟、翁定、翁选、平寨、罗路、巴沙9个村民委员会，98个村民小组。2013年11月罗甸县村级区划调整，撤并原9个行政村为6个行政村100个村民组，即：者任村、罗路村合并，称者任村；平寨村、董油村（蛮浪、拉怀、兰兰、岩脚、纳磨、纳旁、古树、董油、高家组）合并，称董油村；翁选村、油海村、栗木乡的简赖村（竹冲、甲托、各滕组）合并，称油海村；董油村（小坡组）、巴沙村合并，称巴沙村；里博沟村、翁定村不变。

人口 1991年罗沙乡总人口13297人，其中：男性7047人、女性6250人，非农业人口186人，少数民族7908人，占总数59.5%。1995年总人口13789人，其中：男性7308人、女性6481人，非农业人口194人，少数民族5048人占总人口36.61%。2000年总人口14295人，其中：男性7576人、女性6719人，非农业人口207人，少数民族5183人占总人口36.26%。2010年总人口15126人，其中：男性8017人、女性7109人，非农业人口270人，少数民族4973人占总人口32.88%。2013年3910户15544人，其中：男8030人、女7514人，农业人口16212人，非农业人口300人。少数民族7146人占总人口46%。

地形地貌 罗沙乡境内东部为石山区，属喀斯特地貌，呈东高西低的地理走势。境内最高峰位于者任村和尚洞海拔1275米，最低点位于董油村董王大桥海拔580.3米。

气候灾害 主要有旱灾、冰雹灾。2012年罗沙乡遭受冰雹袭击，冰雹最大直径6毫米左右，致使董油村、巴沙村12个村民小组394户1970人，瓦房损毁1084间，农作物受灾585.4亩，直接经济损失100多万元。

农业 罗沙乡1991年耕地面积18480亩，其中：田6160.5亩，地12319.5亩，农产值1134万元，农民人均纯收入1376元。1995年耕地面积18675亩，其中：田6225亩、地12450亩，农产值1252万元。农民人均纯收入2624元。2000年耕地面积18255亩，其中：田6390亩、地11865亩，农产值2972万元。农民人均纯收入4187元。2005年耕地面积11235亩，其中：田4815亩、地6420亩，农产值3328万元，农民人均纯收入5423元。2010年农产值3681万元，农民人均纯收入5897元。2013年耕地面积11167.5亩，其中：田4815亩、地6352.5亩，农产值3642万元，农民人均纯收入6485元。

粮食作物 粮食以种植高产水稻、杂交玉米为主。1991年粮食产量4097吨，其中：水稻308吨、玉米3789吨，人均食粮308公斤。1995年粮食产量5285吨，其中：水稻1230吨、玉米1835吨，人均食粮383公斤。2000年粮食产量5887吨，其中：水稻319吨、玉米5568吨，人均食粮412公斤。2005年粮食产量6245吨，其中：水稻240吨、玉米6005吨，人均食粮422公斤。2010年粮食产量6699吨，其中：水稻240吨、玉米6459吨，人均食粮443公斤。2013年粮食产量4338吨，其中：水稻240吨、玉米4098吨，人均食粮279公斤。2013年粮食产量4338吨，其中：水稻240吨、玉米4098吨，人均食粮279公斤。

经济作物 1991年早菜种植面积532亩，产量266吨，产值26.6万元；油桐挂果面积1134亩，产量1134吨，产值226.8万元，总产值253.4万元。1995年早菜种植面积782亩，产量195.5吨，产值39万元；油桐挂果面积1146亩，产量143吨，产值147万元；核桃挂果面积26亩，产量3.51吨，产值63万元。2000年早菜种植面积2640亩，产量660吨，产值184.8万元；油桐挂果面积1187亩，产量148吨，产值183万元；核桃挂果面积32亩，产量4.32吨，产值87万元。2005年早菜种植面积5371亩，产量134.3吨，产值483.4万元；油桐挂果面积1198亩，产量150吨，产值217万元；核桃挂果面积56亩，产量7.6吨，产值119万元。2010年早菜种植面积9234亩，产量231吨，产值2310万元；油桐挂果面积1247亩，产量156吨，产值269万元；核桃挂果面积73亩，产量9.9吨，产值121万元。红香桃挂果面积90亩，产量22.5吨，产值36万元。2013年早菜种植面积4700亩，产量4700吨，产值940万元；油桐挂果面积1247亩，产量1247吨，产值498.8万元，总产值1438.8万元。

2009年罗路村委会主任陈玉华利用自家引进的白水桃、水蜜桃、油桃三个品种混合嫁接独创“红香桃”新品种（因所产桃子红润香脆而得名），建成罗沙乡“红香桃”观光园。该园面积70亩，年产70吨，产值30多万元。培育的红香桃苗木远销江西、四川、云南等地，并带动本县木引、龙坪、沫阳、深井、边阳水库、罗沙等地30多户购苗种植近300亩，使30多农户逐步走上脱贫致富的道路。

桃园农家乐，土鸡放养，每到三月繁花和盛夏采摘时节，游客在享受赏花之趣时，可以品尝到有名的辣子鸡、黄豆鸡等地方特色菜肴，一饱口福。

2013年有100多农户种植红香桃、油桃、白水桃面积400多亩，增加农民收入，尽快脱贫。

耐窖黄光林，2013年种植葡萄60余亩，投资50多万元创建集餐饮、休闲、观光于一体的葡萄庄园，年产葡萄20多万斤，酿制葡萄酒1万多斤，产值100多万元。同时带动10多户种植大户积极参与，在耐窖、木姜寨一带连片种植150余亩葡萄，当年得到政府部门30多万元的资金扶持和水利匹配项目，带动农业产业的发展，安置农村劳动力就业上百人，年创产值300多万元。

养殖业　1991年生猪饲养3870头，年末出栏3320头，产值464.8万元；牛饲养3600头，年末出栏1200头，产值168万元；羊饲养700只，年末出栏200只，产值4万元；家禽饲养1.24万羽，上市1.2万羽，产值14.5万元；总产值651.3万元。1995年生猪饲养4450头，年末存栏630头；牛饲养3100头，年末存栏2640头，羊饲养1100只，年末存栏780只；家禽饲养1.86万羽，上市1.75万羽，生产禽蛋7.886吨。总产值1260.64万元。2000年生猪饲养6160头，年末存栏870头，牛饲养2900头，年末存栏2100头，羊饲养1600只，年末存栏1130只；家禽饲养2.38万羽，上市2.1万羽，生产禽蛋10.091吨；总产值1613.08万元。2005年生猪饲养5840头，年末存栏820头，牛饲养2700头，年末存栏2290头，羊饲养1800只，年末存栏1270只；家禽饲养2.65万羽，上市2.34万羽，生产禽蛋11.236吨。总产值1796.074万元。2010年生猪饲养7420头，年末存栏1050头，牛饲养2500头，年末存栏1.8万头，羊饲养2200只，年末存栏1560只；家禽饲养3.22万羽，上市3.2万羽，生产禽蛋13.653吨；总产值2182.4万元。2013年生猪饲养8950头，年末出栏7690头，产值1999.4万元；牛饲养2600头，年末出栏400头，产值200万元；羊饲养2400只，年末出栏700只，产值63万元，养殖总产值2262.4万元。

2013年6月郑泽刚原在罗沙乡畜牧站工作，响应县政府“双带”号召（带工资停职、带头发展经济）先后投资50多万元在油海村鸡公坡建“康牧盈”蛋鸡养殖场，占地面积30多亩，引进罗曼粉蛋鸡品种，从试养几十只发展到8000多只规模，均保有量6000多只，日均产蛋5000多个，年产值120多万元，解决劳动力就业6人。在他的技术指导和带动下，先后有马廷辉、陈玉华、左国华、龙老忠、余再兵、万治权、李朝友等一大批养鸡大户产生，其中：马廷辉和余再兵分别多则5000多只，最少1000多只，使大家走向共同富裕道路。

劳务输出　外出打工是农民增加收入的另一主要来源。1991年外出务工774人，年收入355.2万元。1995年外出务工1323人，年收入778.36万元。2000年外出务工1764人，年收入1128.88万元。2005年外出务工2530人，年收入3645.48万元。2010年外出务工3426人，年收入6200.24万元。2013年外出务工4074人，年收入8148万元；外出务工人员主要集中广东和江浙一带。

水池、沼气、坡改梯　罗沙乡地表水缺乏，人畜饮水靠边阳水库供给。流经乡境内的董王河，落差大，沟谷深得不到利用，辖区内有小溪60条，水井330口，基本满足人畜饮水。

1991年修山塘3个，蓄水1500立方米，水窖40口，蓄水1200立方米，解决565人饮水困难；坡改梯980亩，主要集中在者任村、油海村和里博沟村。1995年修山塘3个，蓄水1500立方米，水窖45口，蓄水1350立方米，解决762人饮水困难；坡改梯1030亩，主要集中在者任村、油海村、里博沟村。2000年修山塘2个，蓄水1600立方米，水窖90口，蓄水2700立方米，解决1160人饮水困难；沼气40个，坡改梯1110亩，主要集中在者任村、里博沟村、翁定村。2005年修山塘2个，蓄水1600立方米，水窖170口，蓄水5100立方米，解决1982人饮水困难；沼气50个，坡改梯980亩，主要集中在油海村、里博沟村、巴沙村、翁定村。2010年修山塘2个，蓄水1400立方米，水窖320口，蓄水9600立方米，解决4240人饮水困难；沼气263个，坡改梯2210亩，主要集中在者任村、罗路村、油海村、翁选村、里博沟村、巴沙村、翁定村。2013年修山塘2个，蓄水1800立方米，水窖723口，蓄水2.17万立方米，解决1.12万人饮水困难；沼气350个，坡改梯2230亩，主要集中在者任村、罗路村、油海村、翁选村、里博沟村、巴沙村、翁定村。

集贸市场 罗沙乡建有集贸市场1个，位于者任村二组，农贸市场2013年9月修建完成，总面积1200平方米，投入资金27万元，共投摊位85个，未投入使用。

药材资源 向内药材主要有：何首乌、岩黄连、苦参、三叶青、铁皮石斛等。

土特产 **罗沙乡翁选村柿子** 柿子的营养价值很高。成熟的柿子中含糖15%，蛋白质1.36%，脂肪0.57%，以及粗纤维、胡萝卜素、钙、磷、铁等元素和多种维生素，尤其是维生素C比一般水果高1—2倍。

交通 101省道贯穿全境14.2公里外，至2013年通村公路13条总长60.2公里，通组公路122条总长221.1公里，乡内实现村村通公路。村级公路国家投资1505万元，群从部分投工投劳，折价60万元。1991年修边阳第三小学—油海村宽4.5米、长3.5公里。1995年修村级公路3条，总长14.8公里，其中：里博沟水库—里博沟村宽4.5米，长5.2公里，母王贤—巴沙村长9.6公里、宽4.5米，栗木乡简耐村竹冲组—翁选村宽4.5米，长4.6公里。通组公路3条，宽3米，长1.5公里。2000修村级公路3条，总长15.3公里，其中：者任村—平寨村宽4.5米，长6公里；油海村—翁选村宽4.5米、长5公里；者任村—王家坡宽4.5米、长4.3公里；通组公路11条，宽3.5米，长10公里。2005年修村级公路2条，总长7.8公里，其中：平寨—董油村宽4.5米，长4.6公里；平寨—里博沟村4.5米、长3.2公里；通组公路18条，宽3.5米、长22.5公里。2010年修村级公路3条，总长12.2公里，其中：惠水县断杉镇木新村坝汉组—翁定村宽4.5米、长3.2公里；平寨—里博沟村4.5米、长3公里；惠水县断杉镇新场村—翁定村长6公里、宽4.5米。通组公路43条，宽4米，长85公里。2013年修村级公路2条，长6.6公里，其中：平寨—巴沙长3.6公里，宽4.5米；平寨村—董油村宽4.2米、长3公里。通组公路47条，宽4米，长112.1公里。

通信 1998年安固定电话15户、移动电话12户。2005年安装固定电话用户195户，移动电话用户1788户，普及率53%。2010年安装固定电话用户279户，移动电话用户2981户，普及率85%。2013年安装固定电话用户302户，移动电话用户3630户，普及率90%。

广播电视 1991年安装电视卫星接收器100台，电视用户100户，电视覆盖率2.5%。1995年安装电视卫星接收器151台，电视用户230户，电视覆盖率8.3%。2000年安装电视卫星接收器376台，电视用户660户，电视覆盖率25%。2005年安装电视卫星接收器522台，电视用户950户，电视覆盖率45%。2010年安装电视卫星接收器2872台，电视用户2932户，电视覆盖率78%。2013年安装电视卫星接收器3449台，电视用户3479户，电视覆盖率97%。

卫生 1991年卫生院建筑面积200平方米，医护人员15人，完成诊疗2987人，治愈率92.3%。1993年卫生院建筑面积200平方米，医护人员15人，完成诊疗2987人，治愈率92.3%。2010年卫生院职工22人，其中：大专12人、中专16人，主治医师1人、医师1人、助理医师3人、医士2人、护士7人，检验士1人。完成住院3728人次，诊疗13571人次，治愈率96%。2013年卫生院职工35人，其中：获专业技术职称初级7人，注册护士2人，完成住院2594人次，诊疗9869人次，治愈率98%。

计生工作 1991年建乡计生办公室和计生技术服务站，建筑面积104平方米，专职计生员2人，技术员1人，办理生育证39人，完成各种手术283例。1995年专职计生员增加至3人，开展手术39例，其中：上环30例、结扎9例。2000年新建计生服务楼，总面积400平方米。专职计生员5人，技术员3人，开展手术62例，其中：上环50例、结扎12例。2013年有计生员6人，办理独生子女户14户，生育办证98人，完成各种手术268例。

婚姻登记 1991年自愿结婚登记30对，登记率95%。1995年自愿结婚登记32对，登记率98%。2000年自愿结婚登记38对，登记率100%。2005年自愿结婚登记28对，登记率100%。2010年自愿结婚登记30对，登记率占100%。2012年以后由民政局联网登记。

文化　2010年建文化站1个，建筑面积296平方米，藏书3000册，者任村文化活动中心面积200平方米，巴沙村运动场面积400平方米；建9个村农家书屋，各藏书1500册。

教育　1991年有学校7所，总建筑面积10237平方米，学生2246人，其中：初中生674人、男生394人，女生280人，少数民族生341人占51%；小学生1572人，男生890人，女生682人，少数民族生796人，占51%。1995年学校总建筑面积11384平方米，共有学生2235人，其中：初中生637人，男生364人、女生273人，少数民族生324人占51%；小学生1598人，其中：男生896人、女生702人，少数民族生732人占46%。2000年学生2048人，其中：初中生602人，男生334人、女生268人，少数民族生298人占50%；小学生1446人，其中：男生843人，女生603人，少数民族生698人占48%。2005年共有学生1968人，其中：初中生579人，男生321人，女生258人，少数民族生297人占51%；小学生1389人，其中：男生805人，女生584人，少数民族生593人占43%。2010学生1528人，其中：初中生413人，男生234人，女生179人，少数民族生234人占57%；小学生1115人，其中：男生593人、女生522人，少数民族生502人占45%。2013年学校5所，总面积建筑12183平方米，共有学生1240人，其中：初中生378人，男生216人、女生162人，少数民族生185人占49%；小学生862人，男生475人、女生387人，少数民族生326人占38%。

“两基”工作　2005年12月通过省人民政府评估和验收小学入学率100%，初中入学率98%，完成率98%，小学人均图书为9.5册。教学用房达标率100%。教学设备达标率100%，中小学结业班全科合格率均为100%，毕业率均为100%，中、小学专任教师合格率100%。

教师文化结构　1991年教师124人，其中：中学教师43人、小学教师81人，大专以上13人、中师3人。1995年教师123人，其中：中学教师44人、小学教师79人，大专以上24人、中师3人。2000年教师109人，其中：中学教师38人、小学教师61人，大专以上43人、中师66人。2005年教师109人，其中：中学教师367人、小学教师72人，大专以上60人、中师49人。2010年教师103人，其中：中学教师36人、小学教师67人，大专以上102人、中师1人。2013年教师98人，其中：初中教师28人、小学教师70人。大专以上97人、中师1人。获技术职称中教中级5人、初级10人；小教中级14人、初级16人。

农村“五保”分散供养　1991年罗沙乡农村“五保”分散供养34户34人，支出1.632万元；1995年农村“五保”分散供养32户32人，支出1.54万元；2000年农村“五保”分散供养32户32人，支出1.95万元；2005年农村“五保”分散供养33户33人，支出2.376万元；2010年农村“五保”分散供养21户31人，支出2.604万元；2013年农村“五保”分散供养5户6人，支出1.08万元。

农村老复退军人　1991年农村老复退军人16户16人，国家每人每月补助150元；1995年农村老复退军人15户15人，国家每人每月补助180元；2000年农村老复退军人15户15人，国家每人每月补助210元；2005年农村老复退军人14户14人，国家每人每月补助300元；2010年农村老复退军人14户14人，国家每人每月补助390元；2013年农村老复退军人12户12人，国家每人每月补助500元。

享受低保　2002年罗甸县开始实行非农业人口最低生活保障，全乡农村非农业最低生活保障2户4人，国家补助0.04万元。2005年农村非农业最低生活保障2户4户，国家补助0.06万元。2007年全县开始实行农业人口最低生活保障，全乡农业人口3196人，国家补助203.83万元。2010年农村非农业最低生活保障2户4人，国家每月补助670元。2013年享受城镇低保1户2人，国家每月补550元；享受农村低保1338户3324人，国家补助299.4万元。2013年享受城镇低保1户2人，国家每月补助550元。全乡享受低保1328户3324人，国家补助299.4万元。

农村临时救济　1991年农村临时救济140人次1.57万元。1995年农村临时救济150人次1.68万元。2000年农村临时救济186人次2.08万元。2005年农村临时救济210人次2.35万元。2010年农村临时救济380人次4.25万元。2013年农村临时救济450人次5.04万元。

医疗救助 2010年农村医疗救助年24人次支出0.27万元；2013年农村医疗救助491人次支出5.5万元。

生态移民 原住地生存条件差，2011年由民政局单位出资120万元，由乡政府和民政局部门共同协作，将原罗路村耐窑组搬迁者任村冷水沟30户1352人，现安居乐业，和睦相处。

四、交砚社区服务中心

位于北纬25° 32′—25° 37′，东经106° 31′—106° 36′。东与边阳镇接壤、南与逢亭镇隔蒙江相望、西与木引社区隔蒙江相邻、北以蒙江河为界与董王社区相连。

沿革 清代大龙今交砚乡属罗斛州判板庚甲哨坡饶亭，现播饶村，由州判亲辖。民国4年（1915年）废除土司的亭、屯、村建制，实行保甲制属北区（今边阳镇）管辖。民国25年（1936年）大龙联保属第二区。民国32年（1943年），全县重划政区，撤区设署设乡镇废联保，大龙乡隶属边阳区署，辖6个保59个甲。1951年罗甸解放废除保甲建制，改设行政村组。全县设6个区，18个乡镇，121个村，设大龙乡属第二区。1953年5月大龙乡更名交砚乡。1956年第二区改称边阳区，交砚乡隶属边阳区。1958年10月，全县实行人民公社化设6个公社53个管理区，交砚乡改称交砚管理区隶属边阳公社。1963年改称交砚公社隶属边阳区公所。1967年交砚公社改称交砚公社革命委员会。1970年撤销洛阳公社，划归交砚公社和冗翁公社。1979年交砚公社革命委员会改称交砚公社管理委员会。1984年实行党政分开，建立交砚乡人民政府隶属边阳区公所。1991年8月全县区划调整为26个乡（镇），将冗翁乡并到交砚乡。交砚乡辖交砚、交塘、石兴、和平、播饶、新塘、联兴、告牙、大寨9个行政村75个村民组。2013年11月罗甸县村级区划调整，撤并原9个行政村为6个行政村75个村民小组。即：交砚村、交塘村合并，称交砚村；大寨村、告牙村合并，称大寨村；和平村、播饶村合并，称和平村；新塘村、联兴村、石兴村不变。

人口 交砚乡是布依族、苗族、汉族杂居乡。1991年总人口9998人，其中：男5167人、女4831人，非农业人口122人，少数民族4946人占总人口49%。1995年总人口10102人，其中：非农业人口147人，少数民族4968人占总人口49%。2000年总人口10102人，其中：非农业人口147人，少数民族4968人占总人口49%。2005年总人口10533人，其中：非农业人口170人，少数民族5022人占总人口48%。2010年总人口10662人，其中：非农业人口65人，少数民族5339人占总人口50%。2013年总人口10615人，其中：男5486人、女5129人，非农业人口122人，少数民族5335人占总人口50%。

面积 2013年辖区面积108.6平方公里，其中：陆地101.6平方公里，占93.55%；水域7平方公里，占6.45%；林地面积9.56万亩，森林覆盖率48.76%。人口密度为每平方公里98人。

地形地貌 地势北高南低，高海拔地区土地瘠薄，低海拔处土壤肥沃。境内最高海拔交塘村上交组山神坡1145.0米，最低海拔告牙村河边组522.0米。

水文 境内双河口河属蒙江流域，流域面积7平方公里。流经境内长12公里，径流量293立方米/秒。在双河口处建有发电站，装机容量12万千瓦，是黔南州最大的水电工程。

气候灾害 主要有旱灾、冰雹灾、泥石流，2010年4月10日–5月发生大旱灾、涉及交砚、交塘、新塘、和平、播饶和石兴6个村，导致3500人800多头（匹）大牲畜饮水困难，农作物受灾5300亩，直接经济损失350余万元。2012年4月20日，发生冰雹灾，涉及新塘、和平、石兴、交砚、联兴5个村均遭冰雹袭击，损坏农作物4000多亩、瓦房20多间，经济损失500余万元。

农业 耕地面积7815亩，其中：田3215亩、地4600亩，人均0.74亩。2013年，农业总产值5100万元。交砚乡属二类贫困乡。

粮食作物以种植水稻、玉米为主。1991年粮食产量3759吨，产值1543万元，人均食粮375.9公斤，人均纯收入1543元。1995年粮食产量3867吨，产值1652万元，人均食粮382公斤，人均纯收入1635元。2000年粮食产量4312吨，产值1725万元，人均食粮422.7公斤，人均纯收入1691元。2005年粮食产量4289吨，产值1860万元，人均食粮407公斤，人均纯收入1765元。2010年粮食产量4343吨，产值4375万元，人均食粮407公斤，人均纯收入4103元。2013年粮食产量3850吨，产值6076万元，人均食粮362公斤，人均纯收入5723元。

经果林 2008年柑橘挂果面积2440亩，产量1220吨，产值732万元；板栗挂果面积3700亩，产量3700吨，产值1480万元；核桃挂果面积1555亩，产量210吨，产值630万元，总产值2842万元。2010年种植核桃920亩、板栗1667亩、杨梅56亩、樱桃10亩。2013年种植核桃525亩、板栗576亩，成林挂果2500亩，总产值1150万元。

养殖业 以饲养猪、牛、羊、家禽为主。1991年生猪饲养量4999头，年末存栏900头；牛饲养量1800头，年末存栏350头；羊饲养量1100只，年末存栏500只；家禽饲养量2.8万羽，上市家禽2.5万羽，总产值278万元。1995年生猪饲养量5100头，年末存栏500头；牛饲养量2000头，年末存栏500头；羊饲养量1200只，年末存栏514只；家禽饲养量2.8万羽，上市家禽2.3万羽，总产值325万元。2000年生猪饲养量1.2万头，年末存栏1400头；牛饲养量1800头，年末存栏1000头；羊饲养量2000只，年末存栏1000只；家禽饲养量2.9万羽，上市家禽2.3万羽，总产值325万元。2005年生猪饲养量1.2万头，年末存栏400头；牛饲养量2700头，年末存栏2000头；羊饲养量2100只，年末存栏1000只；家禽饲养量4.8万羽，上市家禽4.5万羽，总产值482万元。2010年生猪饲养量5800头，年末存栏800头；牛饲养量2100头，年末存栏1500头羊饲养量2090只，年末存栏1570只；家禽饲养量5.6万羽，上市家禽4.2万羽，总产值487万元。2013年生猪饲养量5500头，年末出栏5200头，产值1352万元；牛饲养量1100头，年末出栏100头，产值50万元；羊饲养量2400只，年末出栏500只，产值45万元；家禽饲养量4.32万羽，上市3.12万羽，产值62.4万元，总产值1509.4万元。

渔业 2013年在双河口电站水域面积7平方公里发展网箱养鱼220箱，产量100吨，总产值140万元。

交通 1991年修边阳镇—交砚乡政府公路宽4.5米、长14公里。1995年修交砚乡—交塘村公路宽4米、长3公里；交砚乡—和平村公路宽4米、长5公里；交砚乡—石兴村公路宽4米、长4公里；交砚乡—联兴村公路宽4米、长9公里；交砚乡—播绕村村公路宽4米、长5公里；联兴村—大寨村宽4米，长7.5公里；联兴村—告牙村长4公里。2005年修架往—石兴村宽4米，长5公里；修播良组—肉麻组宽4米，长6公里。2013年交砚乡6个村全通公路，长53.5公里，国家投资1337.5万元。

通信 2005年全乡有移动电话用户400户，电话普及率15.19%。2010年开设电信网点1家，服务网点1个、固定电话60户、移动电话800户、宽带用户16户，普及率30.1%。2013年安装光缆线路长25.5公里，主干电缆1.6公里，互联网端口总数20个，其中：占用端口总数18个，宽带接入18户。电话安装100门，移动电话1200户，普及率为51%。

水资源 1991年修小水窖小水池30口；1995年小水窖小水池45口。2000年小水窖小水池65口。2005年修小水窖小水池80口。2010年小水窖小水池150口，计376口蓄水4100立方米。2013年修山塘1个，蓄水1500立方米。主要分布在交砚、新塘、和平、石兴、联兴、大寨等村，基本解决人畜饮水。

药材资源 药材主要有：苦练子、艾纳香、通草、金银花、木瓜、千张纸、土人参、三叶青等。

广播电视 1995年交砚乡有线电视用户753户，占总户数30%。2000年电视用户1256户，占总户数49.2%。2005年电视用户2010户，占总户数72.3%。2010年电视用户2746户，占总户数95%。2013年电视用户3001户，电视综合覆盖率98%。

医疗卫生 1991年乡政府有卫生院1所，建筑面积600平方米，卫生员3人，住院187人次，完成诊疗143人次，治愈率76%。1995年门诊576人次，完成住院224人次，诊疗145人次，治愈率64%。2010年卫生人员8人，其中：本科2人、大专3人、中专3人，注册护士3人，完成出院病人186人次诊疗5566人次。2013年有医务人员8人，其中：本科2人、大专3人、中专3人。

计生工作 1991年计生办公室和计生服务站，建筑面积200平方米。计生员6人，生育办证43人，完成各种手术172例。1995年上环59例，结扎15例。2000年专职计生员8人，技术人员2人，上环手术89例，结扎手术37例。2005年专职计生人员9人，技术人员2人，开展手术120例，结扎105例。

2010 开展手术 121 例，结扎 20 例。2013 年有计生员 9 人，生育办证 132 人、办独生子女证 7 户完成各种手术 131 例。

婚姻登记 1995 年结婚 20 对，登记率 100%。2000 年结婚 30 对，登记率 100%。2005 年结婚 62 对，结婚登记 100%。2010 年结婚 75 对，登记率 100%。2012 年婚姻登记移交县民政局办理。

文化 2013 年交砚乡建文化站 9 个，其中：村级 8 个。乡文化站建筑面积 270 平方米，科技藏书 2700 册。各村文化室科技藏书 500 册。

教育 1991 年交砚乡学校 8 所［交观（含戴帽初中）、和平、洛阳、告牙、大塘、新塘、播饶、银子石］，总建筑面积 4510 平方。学生 1716 人，其中：初中生 112 人，男生 68 人、女生 44 人；小学生 1604 人，男生 925 人、女生 679 人，少数民族学生 1072 人，占总数 62%。1995 年学生 1732 人，其中：初中生 105 人，男生 55 人，女生 50 人；小学生 1631 人，其中：男生 994 人，女生 637 人，少数民族生 1078 人，占总人数 62.2%。2000 年学生 2417 人，其中：初中生 126 人，男生 72 人，女生 54 人；小学生 2291 人，其中：男生 1184 人，女生 1107 人，少数民族生 1478 人，占总人数 61.2%。2005 年学生 1899 人，其中：初中生 146 人，男生 88 人、女生 58 人；小学生 1753 人，其中：男生 860 人、女生 893 人，少数民族生 1034 人，占总人数 55%。2010 年小学 6 所，初中 1 所，（撤销告牙小学、交塘小学），学生 1018 人，其中：初中生 92 人，男生 58 人、女生 34 人；小学生 926 人，其中：男生 542 人、女生 384 人，少数民族生 318 人，占总人数 31.2%。2013 年小学 4 所，撤销新塘小学、播饶小学，建幼儿园 1 所，小学在校生共 408 人，其中：男生 215 人，女生 193 人，少数民族生 152 人，占总数 37.2%。初中 1 所，在校生 196 人，其中：男生 110 人，女生 86 人，少数民族生 125 人，占总数 63.8%。教师 56 人，本科 22 人、大专 31 人、中师 3 人。

“两基”工作 2005 年 11 月“两基”通过省人民政府评估和验收，小学入学率 97.6%，初中入学率达 95.7%，15 周岁完成率达 87.5%，17 周岁完成率达 79.75%，中学生人均图书为 10 册，小学生人均图书 8 册。教学用房达标率 100%，教学设备达标率 100%，中小学结业班全科合格率 93.4% 和 91.67%，毕业率为 93.46% 和 91.67%，中学专任教师合格率 91.67%，小学专任教师合格效率 95.34%。

文化结构 1991 年交砚乡有教师（含小学和戴帽初中教师）49 人，其中：初中教师 6 人、小学教师 43 人，大专以上文化 17 人，中师 32 人。1995 年教师 51 人，其中：初中教师 6 人、小学教师 45 人，本科 6 人、大专 18 人，中师 27 人。2000 年教师 84 人，其中：初中教师 37 人、小学教师 47 人，本科 6 人、大专 39 人、中师 39 人。2005 年教师 74 人，其中：初中教师 32 人、小学教师 42 人，本科 42 人、大专 5 人、中师 27 人。2010 年教师 63 人，其中：初中教师 27 人、小学教师 36 人，本科 26 人、大专 35 人、中师 2 人。2013 年教师 56 人，其中：初中教师 21 人、小学教师 35 人，本科 22 人、大专 31 人、中师 3 人。

非农业社会保障 2002 年享受城镇最低生活保障户数 1 户 2 人，国家每月补助 140 元。2005 年 1 户 2 人，国家每月补助 160 元。2010 年非农业 2 户 4 人，国家每月补助 685 元，2013 年非农业 2 户 3 人，国家每月共补助 300 元。农业人口 2007 年农村享受低保 1065 户，人数 3575 人，国家支出 123.46 万元。2010 年农村人口 1065 户 3573 人，国家每月共补助 192.67 万元。2013 年农业人口有 1090 户 2870 人，国家每月共补助 277.27 万元。

农村“五保”分散供养 1991 年全乡共有 22 人，支出 1.1 万元；1995 年有 21 人，支出 1.01 万元；2000 年有 21 人，支出 1.26 万元；2005 年有 20 人，支出 1.44 万元；2010 年有 19 人，支出 1.6 万元；2013 年有 14 人，支出 2.52 万元。

农村老复退军人 1991 年全乡共有 11 人，国家每人每月补助 150 元；1995 年有 11 人，国家每人每月补助 180 元；2000 年有 9 人，国家每人每月补助 210 元；2005 年有 8 人，国家每人每月补助 300 元；2010 年有 8 人，国家每人每月补助 390 元；2013 年有 6 人，国家每人每月补助 500 元。

农村医疗救助 2005 年 150 人次，国家住处 1.9 万元。2010 年 13 人次，国家住处 0.2 万元。2013 年 337 人次，国家住处 3.6 万元。

农村临时救助　1995 年 170 人次，国家支出 2.5 万元。2000 年 240 人次，国家支出 3.6 万元。2005 年 280 人次，国家支出 4.2 万元。2010 年 321 人次，国家支出 4.8 万元。2013 年 390 人次，国家支出 5.8 万元。

旧房改造　2008 年 3 月，贵州省民政厅拨专款由民政局负责，改造技术由城建局把关，名单由乡政府提供并照相核实。2009—2013 年完成危房改造 9 个行政村 345 户，总投资 338.51 万元，村民得以安居。

农村合作医疗　2010 年全乡人口 10497 人参加农村合作医疗 9890 人，占总人口 94%。2013 年参加农村合作医疗 10008 人，占总人口 96%。

五、董王社区服务中心

2014 年 2 月罗甸县行政区划调整，董王乡并归边阳镇，改称边阳镇董王社区服务中心。位于罗甸县西北部，地处北纬 25° 35′ —25° 42′，东经 106° 32′ —106° 33′ 。东与罗沙乡隔河相望，西与紫云县接壤，南与交砚乡和木引乡毗邻，北与长顺县敦操乡和惠水县打引乡相连，是两地（安顺和黔南）四县交界结合处。

沿革　清代属罗斛州判（厅）板庚甲哨罗路半亭。民国 4 年（1915 年）废除土司的亭、屯、村建制，实行保甲制，董王属北区边阳管辖。民国 25 年（1936 年）整编保甲属二区边阳管辖。民国 32 年（1943 年）重新划政区，撤区设署设乡、镇，废除联保，董王属大龙乡（现交砚乡）和罗沙乡。1951 年罗甸解放废除保甲制，改设行政村组，设董王乡属第二区。1955 年 8 月撤油尖乡并董王乡。1956 年第二区改称边阳区，董王乡属边阳区。1958 年改称董王管理区隶属边阳公社。1963 年恢复区公所建制，董王管理区改称董王公社，属边阳区管辖。1967 年改称董王公社革命委员会。1979 年改称董王公社管理委员会。1984 年全县调整为六区一镇 49 个乡，董王乡隶属边阳区公所。1991 年 8 月撤区并乡建镇，油闹乡并到董王乡，辖皮桶村、油捞村、过高村、屯脚村、打窖村、交足村、打改村、油烟村、油尖村、尖坡村 10 村 50 个村民组。2013 年 11 月罗甸县村级区划调整，撤并原 10 个行政村为 8 个行政村 50 个村民组，即：撤并皮桶、油捞村设立油捞村；撤并过高村、屯脚村设董王村；打窖、交足、打改、油烟、油尖、尖坡 6 村区域现状不变。

人口　董王乡主要聚居苗族，1991 年总人口 7605 人，其中：男性 4325 人、女性 3280 人，非农业人口 91 人，少数民族 7923 人占总人口 89%。1995 年总人口 8125 人，其中：男性 3859 人、女性 4266 人，非农业人口 5 人，少数民族 7635 人占总人口 92%。2000 年总人口 8577 人，其中：男性 4567 人、女性 4010 人，非农业人口 98 人，少数民族 7965 人占总人口 92%。2005 年总人口 9066 人，其中：男性 5006 人、女性 4060 人，非农业人口 103 人，少数民族 8219 人占总人口 91%。2010 年总人口 2381 户 9583 人，其中：男性 5520 人、女性 4063 人，非农业人口 101 人，少数民族 8718 人占总人口 91%。2013 年 10478 人，其中：男性 5328 人、女性 5150 人，非农业人口 101 人，少数民族 9227 人占总人口 88%。

面积　辖区土地总面积 85.7 平方公里，耕地面积 7551.38 亩，其中：田 552.89 亩，地 6998.49 亩。水域面积 5 平方公里。林业用地面积 53678 亩，森林覆盖率 33%。人口密度每平方公里 122 人。

地形地貌　董王乡最高海拔尖坡山 951 米，最低海拔董王桥 531 米。全境为中低山熔岩地，地貌以喀斯特为主，沟谷壑深，石多土少，沙漠化严重，自然条件恶劣，群众居住分散，交通不便，信息闭塞。涟江河和格凸河环绕全乡山脚而过，水位落差大，群众居住地和田土地势高，水源奇缺，是罗甸典型的贫困乡。

气候　境内属亚热带季风气候，具有春晚、夏短、秋长、冬早的特点。年平均气温 16.3℃，最热 7 月平均气温 28℃，最低温是 1 月温度 6℃，植物生长期年平均 300 天，无霜期年 320 天，最长达 330 天，年平均日照时数 2160 小时，年平均降水量 1089—1180 毫米。

水文　境内涟江河和格凸河沿境界边山脚穿越而过，总长 11 公里。格凸河由西北向南经打窖村、油捞村出境长 4.5 公里；另一条经打改村、尖坡村、油尖村、屯脚村、过高村、油捞村出境的涟江河长 5.5 公里，汇入濛江。

气候灾害　主要有旱灾、凝冻、冰雹。2008 年 1 月中旬至 2 月初，董王乡遭遇凝冻，10 个村受灾 4020 多人，农作物受灾面积 4000 多亩，直接经济损失 72 万元。2010 年 5-6 月农作物受旱灾 1243 亩，占夏收农作物播种面积60%，其中：重旱826亩，干枯417亩，受灾人口5815人，900头大牲畜饮水困难，直接经济损失100多万元。

农业 1991年农业总产值723.2万元，农民人均收入720元；1995年农业总产值850.6万元，农民人均纯收入800元；2000年农业总产值1192.5万元，农民人均纯收入890元。2005年农业总产值1615万元，农民人均纯收入1030元。2010年农业总产值1620万元，农民人均纯收入2020元。2013年农业总产值1625万元，农民人均纯收入4143元。

粮食作物 主要种植玉米、水稻。1991年产粮1850吨，其中：水稻660吨、玉米1190吨，人均食粮246公斤。1995年产粮2120吨，其中：水稻823吨、玉米1297吨，人均食粮250公斤。2000年产粮2399吨，其中：水稻860吨、玉米1539吨，人均食粮283公斤。2005年产粮2059吨，其中：水稻1230吨、玉米1829吨，人均食粮341公斤。2010年产粮4052吨，其中：水稻1037吨、玉米2015吨，人均食粮427公斤。2013年产粮2757吨，其中：水稻997吨、玉米1760吨，人均食粮268公斤。

经济作物 以种植核桃、板栗、李子、金秋梨、油桃等为主。1991年核桃挂果面积1万亩，产量1350吨，产值2160万元；板栗挂果面积50亩，产量50吨，产值10万元；李子、油桃挂果面积100亩，产量100吨，产值20万元，总产值2190万元。2013年核桃挂果面积2.1万亩，产量2835吨，产值8505万元；板栗挂果面积700亩，产量700吨，产值280万元；李子、油桃挂果面积450亩，产量450吨，产值180万元，总产值8965万元。

养殖业 1991年养猪5000头，年末出栏4500头，产值630万元；养牛1800头，年末出栏100头，产值30万元；养羊800只，年末出栏100只，产值2万元；家禽饲养1万羽，上市9500羽，产值9.5万元；总产值671.5万元。1995年养猪5600头，年末存栏300头；牛饲养1800头，年末存栏1700头；羊饲养1000只，年末存栏900只；家禽饲养1.1万羽，上市1.05万羽；总产值120万元。2000年生猪饲养5600头，年末存栏415头；牛饲养1700头，年末存栏1600头；羊饲养1000只，年末存栏800只；家禽饲养1.2万羽，上市1.1万羽，总产值140万元。2005年生猪饲养6000头，年末存栏580头；牛饲养1100头，年末存栏1000头；羊饲养1200只，年末存栏960只；家禽饲养1.5万羽，上市1.45万羽，总产值200万元。2010年生猪饲养6200头，年末存栏329头；牛饲养1000头，年末存栏9500头；羊饲养1000只，年末存栏800只；家禽饲养1.8万羽，上市1.68万羽，总产值250万元。2013年生猪饲养6500头，年末60出栏6080头，产值1580.8万元；牛饲养850头，年末出栏150头，产值75万元；羊饲养1200只，年末出栏220只，产值19.8万元；家禽饲养2万羽，上市1.8万羽，产值36万元。总产值1711.6万元。

劳务输出 1991年全乡劳务输出740人，务工收入740万元。1995年劳务输出910人，务工收入1092万元。2000年全乡劳务输出1062人，务工收入1486.8万元。2005年全乡劳务输出1200人，务工收入2160万元。2010年全乡劳务输出1820人，务工收入3640万元。2013年劳务输出2150人，务工收入5590万元；务工人员主要分布在广州、浙江、上海等沿海城市，从事进缝纫厂、鞋厂、服装厂、建筑业等。

电 1991年通电率50%，1995年通电率65%，2000年通电率78%，2005年通电率88%，2010年通电率100%。

通信 1991年固定电话200户，移动电话10户，普及率0.2%。1995年固定电话650户，移动电话用户650户，移动电话用户90户，普及率60%。2000年固定电话750户，移动电话1200户，普及率65%。2005年固定电话1130户，移动电话5620户，普及率80%。2010年固定电话750户，移动电话6735户，普及率85%。2013固定电话20户，移动电话1327户，普及率43%。

交通 1995年修边阳—董王乡泥巴公路1条，总长为22公里，2004年改为柏油公路。村公路：2002年修交足—打改—油捞3条村公路长25公里；修过高村—拉哇村公路长3.5公里；2003年修皮桶—石板、水井—野猫、破岩—油捞村总长8公里；2004年修尖坡村—摆匡7公里、皮桶—白岩（老水井寨）组长3公里；2005年修皮桶—打窖公路5.3公里、油尖—大白岩长6村公里；2006年修屯脚村—达娘组长3公里。

1995—2012 年修村级公路总长 35.8 公里，国家共投资 895 万元。

水资源　境内主要有涟江河、格凸河，总长 11 公里，水流量每秒 220 立方米，水井 50 口，因人居住和耕地都在山上，河在山脚，难以利用，人畜饮水困难。1991 年修山塘 12 个，蓄水 8000 立方米；小水池小水窖 150 口，蓄水 3000 立方米。1995 年修山塘 2 个，蓄水 1000 立方米；小水池小水窖 900 口，蓄水 8000 立方米。2000 年修山塘 4 个，蓄水 2500 立方米；小水池小水窖 986 口，蓄水 1.97 万立方米。2005 年修山塘 2 个，蓄水 1000 立方米；小水池小水窖 1200 口，蓄水 3.6 万立方米。2010 年修山塘 1 个，蓄水 700 立方米；小水池小水窖 230 口，蓄水 6900 立方米。2013 年全乡共有山塘 21 个，蓄水 1.05 万立方米；小水池小水窖 3466 口，蓄水 8.67 万立方米。国家投资 1386.4 万元。

集贸市场　董王乡集贸市场于 2011 年建成使用，总面积 380 平方米，摊位 150 个，水泥硬化率 98%，主要交易农产品和日常生活用品。

广播电视　1991 年全乡安装广播电视（小天锅）45 户，电视覆盖率 0.6%。1995 年安装小天锅 200 户，覆盖率 3.5%。2000 年安装小天锅 2000 户，覆盖率 30%。2005 年安装小天锅 4420 户，覆盖率 60%；2010 年安装小天锅 6700 户，覆盖率 88%；2013 年安装小天锅 7100 户，覆盖率 91%。

医疗卫生　1991 年有卫生院建筑面积 160 平方米，卫生员 3 人，完成诊疗 1300 人次，治愈率 93%。2000 年卫生院建筑面积 300 平方米，完成诊疗 1500 人次，治愈率 94%。2005 年完成诊疗 2200 人次，治愈率 95%。2010 年卫生院建筑面积 600 平方米，专业卫生员 8 人，其中：本科 2 人、大专 3 人、中专 1 人，注册护士 1 人，完成住院 100 人次，诊疗 4000 人次，治愈率达 97%。2013 年卫生员 11 人，其中：注册护士 3 人。完成住院 120 人次，诊疗 4000 人次，治愈率 98%。

计生工作　1991 年建计生站 1 个，建筑面积 120 平方米，专职计生员 1 人，办理生育办证 24 人、办独生子女证 2 户，完成各种手术 112 例。1995 年开展手术上环 15 例，结扎 17 例，办理独生子女 3 户，生育办证率 80.2%。2000 年开展结扎手术 1 例、上环术 25 例，办理独生子女 3 户，生育办证率 85%。2005 年计生办和计生技术服务站，建筑面积 500 平方米，专职计生员 2 人，开展结扎手术 10 例，上环手术 35 例，办理独生子女 3 户，生育办证率 85%。2010 年专职计生员 8 人，其中：大专 5 人、中专 3 人，开展手术结扎 4 例，上环 15 例，办理独生子女户 5 户，生育办证率 85%。2013 年专职计生员 10 人，其中：大专 8 人，中专 2 人，开展结扎手术 62 例，上环手术 71 例，办理独生子女 50 户，生育办证率 85%。2013 年计生员 10 人，办理独生子女证 50 户，生育办证 92 人，完成“四术”103 例。

婚姻登记　1991 年自愿结婚登记 15 对，登记率 96%。1995 年自愿结婚 18 对，登记率 95%。2000 年自愿结婚登记 20 对，登记率 97%。2005 年自愿结婚登记 45 对，登记率 96%。2010 年自愿结婚 35 对，登记率 95%。2012 年以后由县民政局联网办理，结婚登记 100%。

文化　2012 建文化站 1 个，建筑面积 250 平方米，藏书 1.6 万册。村级图书室 8 个，各藏科技书 800 册。

教育　1991 年全乡学校 6 所，即：董王中心校、油尖、油捞小学，打窖、打改、交足小学，总建筑面积 4085 平方米。学生 1382 人，其中：男生 722 人、女生 660 人，少数民族生 1133 人，占学生总数 82%。1995 年学生 1418 人，其中：男生 726 人、女生 692 人，少数民族生 1197 人，占总数 84%。2000 年新建皮桶小学，建筑面积 4506 平方米，学生 1406 人，其中：男生 720 人、女生 692 人，少数民族生 1201 人，占总数的 85%。2010 年撤销油捞、打窖小学，董王乡。学校有 5 所，总建筑面积 3650 平方米。学生 1558 人，其中：男生 795 人、女生 763 人，少数民族生 1308 人，占总数的 84%。2013 年学校 5 所，其中：初中 1 所，建筑面积 600 平方米；小学 4 所，建筑面积 5459 平方米。学生 1523 人，其中：初中学生 371 人、小学生 1152 人，男生 837 人、女生 686 人，少数民族生 1310 人，占学生总数 86%。

“两基”工作　2005 年 10 月通过省人民政府评估验收。小学入学率 98.1%，初中入学率达 98%，完成率 93%，中小学人均图书为 6.15 册和 7 册。教学用房达标率 100%。教学设备达标率 100%，中小学结业班全科合格率 91% 和 95%，毕业率为 91% 和 95%，中小学专任教师合格率 100%。

教师文化结构 1991年教师56人，其中：大专8人、中师46人、小学2人。1995年教师60人，其中：大专以上16人、中师42人、小学2人。2000年教师67人，其中：大专以上26人、中师39人、小学2人。2010年教师71人，其中：大专以上46人、中师23人、小学2人。2013年教师52人，其中：初中教师27人、小学教师25人，其中：本科18人、大专25人、中师9人。

农村农业人口低保 2007年享受农村低保750户2780人，发放低保金166.8万元。2010年享受农村低927户2903人，发放低保金218.36万元。2013年享受农村低保880户3203人，发放低保金342.6万元。

农村"五保"分散供养 1991年"五保户"12人，发放"五保"金0.48万元，1995年"五保户"11人，发放"五保"金0.55万元。2000年"五保户"10人，发放"五保"金0.5万元。2005年"五保户"10人，发放"五保"金0.60万元。2010年"五保户"8人，发放"五保"金0.68万元，2013年"五保户"9人，发放"五保"金1.62万元。

农村临时救助 1991年农村临时救助180人次，民政支出2.7万元，1995年农村临时救助220人次，民政支出3.3万元，2000年农村临时救助280人次，民政支出4.2万元，2005年农村临时救助350人次，民政支出5.3万元，2010年农村临时救助370人次，民政支出5.5万元，2013年农村临时救助460人次，民政支出6.9万元。

农村医疗救助 2010年44人次，2013年参加农村合作医疗8431人，医疗救助505人次。

生态移民 原居住地生存条件差，2011年民政局资助177.1万元，乡政府共同协作，将原居住灰洞共32户152人搬迁到环境较好的三角地，现安居乐业。

旧房改造 2009—2013年由县民政局资助，城建负责技术把关，乡政府改造户名单，与城建共同核实照相。分别在10个村旧房改造524户，即：董王、打窖、交足、打改、油烟、油尖、尖坡、皮桶、过高、屯脚，共投资185.74万元。使村民得以安居。

第三节 逢亭镇

一、逢亭镇

位于北纬25° 34′—25° 36′，东经106° 23′—106° 38′。位于罗甸县城西部，东与龙坪镇隔蒙江相望，南与罗悃镇接壤、西与安顺市紫云县白花乡毗邻，北与板庚乡隔蒙江相望。是逢亭镇政治、经济、文化物流商贸活动中心。辖区最低海拔逢亭村三组（下寨）蒙江河汇合处425米，最高海拔纳坪东北部交晚山1137.2米。区内驻有上隆茶果场、纳见茶场、石门坎、雷公滩、冗各三个水电站和碳化硅厂。

逢亭清代属罗斛州判（厅）床井甲哨逢亭，由州判亲辖。民国4年（1915年）废除土司亭、屯、村建制，逢亭属三区所辖。民国25年（1936年）整编保甲，逢亭第三区辖3个联保。逢亭联保属第三区。民国32年（1943年）重划政区，罗悃区署辖逢亭乡8个保79个甲。民国35年（1946年）划属逢亭区直隶县政府。1951年3月罗甸解放后废除保甲建制，设6个区18个乡，逢亭乡隶属逢亭区。1953年5月，全县改建为80个乡镇，逢亭乡属第三区。1956年第三区称逢亭区，逢亭乡隶属逢亭区管辖。1958年8月，行政建制调整，全县设6个公社53个管理区，逢亭区改称逢亭公社，逢亭乡称逢亭管理区，隶属逢亭公社。1963年2月，恢复逢亭区级建制称逢亭区公所，管理区改称公社，逢亭区公所辖逢亭、床井、罗里、云里、木引、摆龙、纳坪7个公社。

1967年逢亭公社改称逢亭公社革命委员会。1969年秋撤区并社，撤销六个区级建制，53个公社并为22个公社，保留逢亭公社。1979年1月恢复逢亭区公所，逢亭公社革委会改称逢亭公社管理委员会。1984年4月建立逢亭乡人民政府，隶属逢亭区公所。1991年8月罗甸撤区并乡建镇，全县调整为26个乡镇，撤销逢亭区公所，将逢亭、罗里、床井三乡合并建逢亭镇，辖18个行政村75个村民组。

2013年11月罗甸县村级区划调整，撤并原逢亭镇18个行政村为10个行政村，即：耐村村、纳上村合并，称纳上村；床井村、布吉村合并，称床井村；隆兴村、上隆村合并，称上隆村；新光村、公里村、纳见村合并，称新光村；祥脚村、祥林村合并，称祥脚村；布忙村、翁牛村、罗江村合并，称翁牛村；拱里村、逢亭村、纳闹村、腮里村不变。2014 年 2 月罗甸县行政区划调整，撤销原逢亭镇、纳坪乡建逢亭镇，原乡镇改称社区服务中心，辖纳上、床井、上隆、新光、祥脚、翁牛、拱里、逢亭、纳闹、腮里、纳坪、翁传 12 个村 91 个村民组。

地形地貌　逢亭镇地处罗甸县城西部，地势西高东低向南部倾斜，为中低山熔岩河谷地。最高海拔纳坪东北部交晚山 1137.2 米，最低海拔逢亭河与蒙江汇合处 425 米。

气候　逢亭镇属南亚热带季风性气候，年平均气温 19.6℃，最高气温 7 月份平均气温 27.1℃，最低气温 1 月份 10.1℃。农作物生长期 300 天，无霜期 335 天，年平均降水量 1200 毫米，雨量集中在每年 5–7 月，6 月偏多。年平均日照时数 1350—1520 小时之间，具有春早、夏长、秋迟、冬短的特点，是罗甸水稻、玉米、早熟蔬菜、茶叶的生产区之一。

人口　1991 年全镇人口 13570 人，其中：男性 7120 人、女性 6450 人，非农业人口 478 人，少数民族 6989 人占总人口 51.5%。1995 年全镇人口 14519 人，其中：男性 7793 人、女性 6726 人，非农业人口 525 人，少数民族 7521 人占总人口 51.8%。2000 年全镇人口 15369 人，其中：男性 8362 人、女性 7007 人，非农业人口 587 人，少数民族 7992 人占总人口 52%。2010 年全镇人口 18362 人，其中：男性 9863 人、女性 8499 人，非农业人口 643 人，少数民族 10324 人占总人口 56.2%。2014 年全镇人口 22360 人，其中：男性 11469 人、女性 10891 人，非农业人口 652 人，少数民族 12573 人占总人口 56.23%。2015 年全镇人口 21399 人，其中：男性 11059 人、女性 6726 人，少数民族 14148 人占总人口 66.11%。

面积　逢亭镇境面积，1991 年 167.88 平方公里，人口密度每平方公里 82 人。耕地面积 12348 亩，其中：田 5812 亩，地 6536 亩。2014 年区划调整后全镇土地面积 245.82 平方公里，耕地面积 14043.65 亩，其中：田 6500.8 亩、地 7542.85 亩。林业用地面积 145805 亩，其中：林业用地 87483 亩，林地 14580 亩、宜林荒山 43742 亩，森林覆盖率 59.09%。人口密度每平方公里 87 人。

水文　境内河流蒙江河属珠江流域，流经逢亭、立亭、班仁双河口注入红水河，全长 274 公里，流域面积 8613 平方米，年平均流量 165 立方米 / 秒，天然落差 417 米。

逢亭河　发源于逢亭镇上隆村茅草坪，经小龙、祥林、祥脚、逢亭三组（下寨）后注入蒙江河，长 14 公里，流域面积 58.62 平方公里，年平均流量 1.1 立方米 / 秒，天然落差 123 米。

拱里河　发源于逢亭镇腮里村纳岭，流经中腮、拱里、纳饶后注入蒙江，河长 15.61 公里，流域面积 23.32 平方公里，年均流量 0.65 立方米 / 秒，天然落差 206 米。

水资源　全镇有逢亭河、拱里河、床井河（水库）和小溪 16 条，1990—1991 年修有山塘 4 个蓄水 2400 立方米，小水窖 178 个蓄水 5340 立方米，2001—2015 年修水窖 507 个，容量 20280 立方米，基本满足人畜饮水。水能蕴藏量为 48.27 万千瓦，未开发利用的有 27 万千瓦。

矿产资源　逢亭镇境内矿产资源丰富，种类繁多、分布广、储量大、品质高。金属有褐铁、磁铁、赤铁、锑、铀、铜、铅、镁矿等。非金属有硅、水晶、冰洲石、辉绿岩等，其中：硅和水晶储量较大，现已探明硅储量约为 1949.8 亿吨。被誉为“中国水晶之王”巨型水晶出自逢亭镇床井村的拱里矿山，现存于北京博物馆。镇内有铁合金厂和碳化硅厂，对硅矿产品加工，已具备硅系列生态循环工业园区的基础条件。

生物资源　逢亭镇生物种类繁多，有大量珍稀动植物，总类 2100 余种，其中：植物有 1500 多种、珍稀植物 10 余种，常见的有云南马尾松，杉木、枫树、椿树、榕树和后期开发的桃，李、板栗、柚子、茶叶等。动物有 600 多种，珍稀动物有虎纹蛙、穿山甲、岩羊、锦鸡等 17 余种，常见主要有乌骨鸡、黑山羊、杜洛克猪。药材主要有艾纳香，金银花、大小黄草、通草、川芎、天门冬、何首乌等。

旅游资源　主要风景点：上隆茶果场立体茶园区风光、逢亭至上隆“河西走廊”风光、床井原始森林风光、白家坡苗族风情、硅系列生态循环工业区、雷公滩电站、石门坎电站、冗各电站、双河口电站的濛江河谷。是游客最佳选择的漂流和观光地方。

旅游文化 逢亭镇具有布依族、苗族悠久的传统文化，尤其是白家坡苗族的芦笙舞、花棍舞等享誉黔南。苗族服饰、布依族土布格床单，刺绣等制作工艺列入全州首批非文化物质文化遗产。其中：土布制作、芦笙舞被纳入贵州省级名录，布依相诺奖得贵州省第十届杜鹃红曲艺二等奖。

土特产 上隆茶叶畅销省内外，各种名优茶叶品种多，被国家农业部农垦局评为“全国绿色食品”称号，茶园面积稳定在5000亩。2011年通过招商引资，新建和改建茶园近5000亩。此外，还有纳建茶场、逢亭村种植的甘蔗、脐橙、柚子，由于味道佳，产品销往重庆、广东等省内外。

气候灾害 主要有雹灾、水灾、旱灾。2009年8月—2010年4月连续干旱8个月，造成山塘、水井、水窖干枯，小河断流，尤其是罗里片区的新光村、纳闹村全靠政府送水达4个月，造成生产、生活极度困难。全镇粮食作物受灾1203亩，绝收927亩，直接经济损失达200多万元。2004年5月11日纳见村受冰雹袭击，造成57户309人166间瓦房全部摧毁，损坏瓦757600块，石棉瓦3685块，草房3户9间全部倒塌，特重灾12户，重灾27户，轻灾17户，经济损失150万元。

粮食作物 以种植杂交水稻、杂交玉米为主，1991年产粮5656吨，总产值1131.2万元，人均食粮261公斤。1995年产粮6095吨，产值2831万元，人均食粮424公斤。2000年产粮6105吨，产值2851万元，人均食粮413公斤。2010年产粮6265吨，产值2891万元，人均食粮353公斤。2014年产粮6085吨，总产值2811万元，人均食粮464公斤。2015年产粮6077吨，产值2430.8万元。人均食粮320公斤。

养殖业 1991年生猪饲养6940头，年末出栏6590头，产值922.6万元；养牛5316头，年末出栏1166头，产值349.8万元；养羊1485只，年末出栏900只，产值18万元；家禽1.35万羽，上市9000羽，产值9万元；总产值979万元。1995年生猪饲养9019头，年末存栏2480头；养牛5712头，年末存栏4601头；养羊1941只，年末存栏1100只；家禽2.14万羽，上市2万羽；蛋2.36吨；总产值961.951万元。2000年生猪饲养1.21万头，年末存栏1511头；养牛4810头，年末存栏1265头；养羊4565只，年末存栏2900只；家禽3.06万羽，上市2.5万羽；蛋4.06吨；总产值1187.97万元。2005年生猪饲养1.15万头，年末存栏3550头；养牛4720头，年末存栏3890头；养羊2230只，年末存栏1240只；家禽2.65万羽，上市2.1万羽；蛋3.11吨；总产值1237.07万元。2010年生猪饲养1.5万头，年末存栏612头；养牛4104头，年末存栏3609头；养羊3850只，年末存栏2043只；家禽4.571万羽，上市4万羽；蛋5.78吨；总产值1377.07万元。2014年生猪饲养1.55万头，年末出栏1.5万头，产值3900万元；养牛1790头，年末出栏250头，产值125万元；养羊1.28万只，年末出栏700只，产值63万元；家禽饲养17.83万羽，上市17.2万羽，产值344万元；总产值4432万元。2015年生猪饲养1.82万头，出栏1.06万头，产值2764万元；养牛1501头，年末出栏1200头，产值600万元；养羊3210只，出栏821只，产值73.9万元；家禽饲养10.2万羽，上市10万羽，产值200万元，总产值3637.9万元。

经济作物 1991年种植早菜4514亩，产量2257吨，产值451.4万元；板栗挂果面积3240亩，产量3240吨，产值648万元；总产值1099.4万元。农民人均纯收入1180元。1995年种植早菜4544亩，产值1272.3万元；西瓜1542亩，产值646.8万元；柑橘2317亩，产值648.76万元；油桐挂果面积4160亩，产值87.36万元。农民人均纯收入2180元。2000年种植早菜4594亩，产值1378.2万元；西瓜1246亩，产值523.3万元；柑橘2360亩，产值648.4万元；核桃1650亩，产值330万元；油桐挂果面积3250亩，产值71.5万元。农民人均纯收入2820元。2005年种植早菜4630亩，产值1620.5万元；西瓜2123亩，产值1082.73万元；柑橘挂果面积1296亩，产值717万元；板栗挂果面积485亩，产值1115.5万元；核桃挂果面积1730亩，产值363.3万元；油桐挂果面积1580亩，产值37.9万元。农民人均纯收入3640元。2010年种植早菜4650亩，产值1627.5万元；柑橘挂果面积2410亩，产值723万元；板栗挂果面积489亩，产值399.6万元；油桐挂果面积1580亩，产值37.92万元。农民人均纯收入4460元。2014年种植蔬菜9006亩，产量4503吨，产值1801.2万元；板栗挂果面积3200亩，产量3200，产值1280万元；脐橙挂果面积 5000 亩，产量 2500 吨，产值 1500 万元；柑橘挂果面积 6000 亩，产量 3000 吨，产值 1800 万元，总产值 63812 万元。农民人均纯收入 7082 元。茶叶、脐橙是逢亭镇经济收入的主要支柱。茶叶因逢亭镇得天独厚的气候和土壤，早在 1991 年发展脐橙 3500 亩，茶叶 5000 亩。1997 年贵州省、黔南州领导到逢亭镇上隆考察，提出“以场带乡，促进共同富裕”的思路，从此逐年从周边邻县紫云、望谟和罗甸的边阳、木引等地生存条件较差的地区自愿异地移民、龙滩库区移民，共同开发上隆农业园区，具体实施由逢亭镇人民政府管理。园区涉及逢亭镇的逢亭村、祥脚村、祥林村、上隆村、纳见村、新光村，木引镇的冗林村、丛里村，罗苏乡的罗苏村。2000 年带动纳见村开垦种茶叶 5000 亩，茶叶畅销省内外。2011 年上隆茶叶被国家农业部评为“全国绿色食品”称号。2014 年种植云南大叶茶发展到 2.5 万亩、脐橙 2000 亩、台湾青枣 240 亩，产茶叶 5000 担，水果 1500 吨，产值 500 多万元。解决园区固定职工 178 人有固定收入，异地移民合同工和季节性民工 5000 多人就业。承包管理农场移民 154 户 709 人，月均收入 5000—6000 元，实现一次性脱贫，取得较好的社会效益。2014 年被贵州省人民政府列为全省“产业式”移民试点。逢亭镇成为具有“你有我特”的特色产品。“185 工程”2010 年开始实施（即亩产值 1 万元、8000 元、5000 元），2014 年经县政府验收全部达标。2015 年投产茶叶基地 3120 亩，柑橘基地 1620 亩，年产干茶 806.5 吨，产值 3200 万元；水果 4400 吨，产值 8800 万元。早菜 3.16 万亩，产量 1.96 万吨，产值 8160 万元。农民人均纯收入 7420 元。

劳务输出　1991 年外出务工 157 人，务工收入 314 万元。1995 年外出务工 262 人，2010 年外出务工 2206 人，务工收入 6287.1 万元。2014 年外出务工 3858 人，务工收入 11547 万元。主要到广东、浙江、上海、福建一带从事建筑、服装、鞋等加工。2015 年外出务工 3910 人，务工收入 11730 万元。

工业园区　2015 年逢亭工业园区投资 2.4 亿元，引进企业 4 家，组建专业合作社 12 家，完成总产值 7.88 亿元，销售总收入 5.3 亿元。

交通　1991—2010 年修村级公路总长 104 公里，国家投资 2600 万元。实现村村通公路。2015 年投资 4460.55 万元，打通纳坪至紫云县 7 公里断头路的硬化工程和建成 11 条长 76.68 公里水泥公路和 1 条长 9 公里三级油路，

电　1981 年逢亭镇开始用电，2013 年逢亭镇有 10 千伏线路 6 条，30 千伏线路 4 条，1×5 兆伏安变压器 1 台，1×1.8 兆伏安变压器 1 台，拥有 145 千伏，主变电站 2 台，总容量 51.8 兆伏安，高压输电线 4 条，变压器 62 台，总长度 258.68 公里。全镇 77 个自然寨 75 个村民小组全部通电，全镇通电率 100%。

通信　1998 年开始安装电话 20 户，2013 年移动电话户增到 4520 户。2015 年安装固定电话 767 户，移动 16322 户，占总户数 73%。

广播电视　1991 年逢亭镇开始安装电视小天锅 78 户。1995 年安装电视小天锅 150 户，电视覆盖率 56%。2000 年安装电视小天锅 500 户，电视覆盖率 70%。2010 年安装电视小天锅 1330 户，电视覆盖 90%。2014 年开通数字电视，安装卫星接收器 683 台，有线电视用户 593 户，村村通工程用户 2169 户，电视覆盖率 98.5%。2015 年电视覆盖率 100%。

计生工作　1991 计生站年建筑面积 337.7 平方米，专职计生员 5 人，技术员 5 人，办理独生子女证 15 户，办证生育 96 人。2000 年专职计生员 6 人，开展手术 235 例，其中：结扎手术 58 例，上环手术 168 例。2010 年有专职计生员 15 人，其中：技术员 6 人，开展结扎手术 70 例，上环手术 189 例，办理独生子女 119 户，双女结扎 15 户，生育办证率 97%。2014 年计生员 18 人，办理独生子女证 105 户，办证生育 135 人。2015 年扶持计生户投入 8.1 万元，其中：节育奖 56 户、家庭奖 3 户、独生女户助学金 10 户、“少生快富”11 户、“三结合”帮扶 46 户。

计生设备有 B 超机、数码阴道镜、床 2 张。

医疗卫生　1991 年卫生院建筑面积 1300 平方米，专业卫生员 10 人，住院 230 人次，完成诊疗 6379 人次，治愈率 88%。1995 年完成住院 470 人次，诊疗 7235 人次，治愈率 90%。2010 年专业卫生人员 15 人，其中：

注册护士 3 人。完成住院 1398 人次，诊疗 1496 人次，治愈率 90%。2014 年行政区划调整后镇级卫生院 2 所，专业卫生员 23 人，注册护士 3 人。完成住院 1571 人次，诊疗 19903 人，治愈率 96.99%。2015 年专业技术人员 30 人，完成住院 1571 人次，完成诊疗 19903 人次，治愈率 96.9%。

医疗设备有 X 光机、显微镜、血液分析仪、尿液分析仪、B 超、全自动生化分析仪、阴道镜、妇科红光治疗仪、病床 16 张。

文化 2009 年 4 月建文化站，建筑面积 300 平方米，藏书 2000 册。全镇村级建文化室 10 个，各藏科技书 700 册。

教育 1991 年全镇有 12 所，其中：初中 1 所，小学 11 所，学生 3087 人，其中：初中生 1256 人，小学生 1831 人，少数民族生 1724 人占总数 55.8%。1995 年学生 3030 人，其中：初中生 1224 人、小学生 1806 人，少数民族生 1693 人占总数 55.8%。2000 年中小学 13 所，其中：中学 1 所、小学 12 所，学生 3011 人，其中：初中生 1218 人、小学 1793 人，少数民族生 1686 人，占总数 56%。2005 年共有学生 2980 人，其中：初中生 1212 人、小学 1768 人，少数民族生 1624 人占总数 54.5%。2010 年有中小学 11 所，其中：初生 1 所、小学 10 所，共学生 2825 人，其中：初中生 1222 人、小学生 1603 人，少数民族生 1721 人占总数 60.1%。2014 年有中小学 10 所，其中：初中 1 所、小学 9 所，学生 2945 人，其中：初中生 1258 人，小学生 1687 人，少数民族生 1831 人占总数 62.17%。2015 年有中小学 9 所，其中：初中 1 所、小学 6 所、公办幼儿园 1 所，公建民营幼儿园 1 所，中学生 1108 人，其中：男 588 人，女 520 人，少数民族生占总数 71.8%；小学生 1649 人，其中：男生 849 人、女生 799 人，少数民族生占总数 74%；幼儿园 735 人，其中：男生 413 人、女生 322 人，少数民族占总数 78%。2015 年逢亭中学参加中考 151 人。

“两基”工作 2005 年 11 月“两基”工作通过省人民政府评估和验收。小学入学率 99.3%，初中入学率 96.7%，完成率 97%，中学生人均图书为 15.6 册，小学生人均图书 9.6 册。教学用房达标率 100%。教学设备达标率 100%，中小学结业班全科合格率 82.5% 和 98%，毕业率为 96.6% 和 98%，中小学专任教师合格率 100% 和 96.6%。

教师文化结构 1991 年逢亭镇教师 126 人，其中：初中教师 45 人，小学教师 81 人，本科 5 人，大专 38 人，中师 83 人。1995 年教师 128 人：中学教师 42 人、小学教师 86 人，大专以上文化 51 人、中师 76 人、高中 1 人。2000 年共有教师 145 人，其中：初中教师 58 人、小学教师 87 人，大专以上文化 70 人、中师 75 人。2005 年有教师 155 人，其中：初中教师 63 人、小学教师 92 人，大专以上文化 94 人，中师 61 人。2010 年教师 142 人，其中：初中教师 55 人、小学教师 87 人，大专以上文化 116 人、中师 26 人，获中教高级 2 人、中教中级 10 人、初级 18 人。2014 年有教师 150 人，其中：初中教师 58 人、小学教师 92 人，高中学历 1 人、中师 20 人、大专 83 人、本科 41 人。2015 年教师 150 人，其中：初中教师 58 人，小学教师 92 人。高中学历 1 人，中师 20 人，大专 88 人，本科 41 人。

最低生活保障 2002 年实施对城镇农非业人口最低生活保障政策，是年，城镇非农业人口 3 户 6 人，享受最低生活保障每月 0.06 元。2005 年 3 户 6 人，国家每月补助 0.07 元，2010 年 4 户 4 人，国家每月补助 0.2 万元。2014—2015 年享受最低生活保障 4 户 4 人，国家每月补助 0.2 万元；

2007 年国家实施对农村人口享受最低生活保障政策，逢亭镇 989 户 2967 人享受国家最低生活保障金 210.15 万元。2010 年 1196 户 3182 人，国家补助 272.83 万元，2013 年 1160 户 4 补助 129 人，国家祖 387.7 万元。2014 年 1554 户 5329 人，享受国家补助 615.87 万元。2015 年 901 户 2613 人，享受国家补助金 294.87 万元。

“五保”分散供养 1991 年农村“五保”分散供养 19 人，国家年支出 0.684 万元。1995 年 18 户 18 人，年支出 0.86 万元；2000 年 18 户 18 人，年支出 1.08 万元。2005 年 16 户 17 人，年支出 1.23 万元。2010 年 15 户 18 人，年支出 1.51 万元。2013 年 20 户 20 人，年支出 3.6 万元。2015 年“五保”分散供养 21 户 21 人，年发放补助 3.78 万元。

农村老复退军人 1991年13户13人，国家每月每人补助150元。1995年11户11人，国家每月每人补助180元。2000年11户11人，国家每月每人补助210元。2005年11户11人，国家每人每月补助300元；2010年10户10人，国家每人每月补助390元。2013年8户8人，国家每人每月补助50元年补助3.78万元，2014年8户8人，国家每人每月补助650元。2015年7人，国家每人每月补助850元。

合作医疗 2010年参加农村合作医疗3364户13457人，占总户数85%。2015年参加农村合作医疗4518户18530人，占总户数96.87%。

移民安置 2007年逢亭镇承担县政府分给任务，龙滩375米以下涉及羊里、云里、红水河、罗妥、平亭、茂井165户749人，分别安置在逢亭、祥脚、祥林、隆兴村，移民安居乐业。

旧房改造 2008年3月至2015年农村危房改造涉及17个村1306户，总投资1285.69万元。

精准扶贫 2015年逢亭镇有贫困村7个，即纳坪村、翁传村、供里村、纳上村、翁牛村、新光村。年初贫困人口1730户6506人，通过结队帮扶，按照"五个一批"进行扶持，年底全镇实现230户937人脱贫。2015年逢亭镇年终考核获县二类乡镇一等奖。

镇城建设 2015年12月底，完成老镇区和新区的开发，占地面积2.5平方公里，其中：老镇区城镇沿罗（甸）紫（云）公路两侧建成新的法庭、镇卫生院、计生站、变电站、农资市场。南部新区沿河而建，面积622.35亩，建成生态居住区、敬老院、文体休闲区、商住区具有民族特色的"山水河滨镇"。

旅游资源 苗族文化历史悠久，白家坡苗族的《芦笙舞》《花棍舞》等享誉黔南。

芦笙舞有四种形式，一种称作"群圈舞"，是以围圈的形式，根据芦笙的曲调移转跳动，用围舞的形式表达自己对先辈的怀念和对生活的热爱。另一种称为"群排舞"，用来迎接宾客，舞者站在村口路两旁，男者边舞边吹芦笙，女者根据芦笙曲调的节奏踏歌起舞，苗族同胞用这样的欢迎方式使客人们倍感亲切。第三种称为"独舞"，即一人吹芦笙独跳，是体现个人对芦笙舞技巧掌握的程度和创新能力。第四种称为"双人舞"，即两人一边吹芦笙，一边随着节奏跳，动作主要是拐脚旋转，边吹芦笙边舞，有时犹如斗鸡跳跃，有时翻身打滚如比赛的斗牛，有时倒立吹奏，有时单腿转如芭蕾舞，动作优美、粗犷、奔放，变化无穷，整个舞蹈体现两个舞者的配合协调。

一般在重大节日里，芦笙曲调与舞蹈交织在一起，韵调明快，节奏强烈，艺术性高，多数是本村男芦笙高手和优秀女舞者才能参加。白家坡芦笙舞曾参加黔南州、县多彩贵州文艺会演、罗甸"高原千岛湖旅游文化节"、罗甸"红水河旅游文化节"，均获一、二、三等奖。1996年首次被邀请参加庆祝黔南州建州四十周年民族歌舞会，获荣誉奖。2002年8月23日参加黔南州第二届"好花红"艺术节——《土风奇葩》民族歌舞暨2002年都匀国际摄影博览会展演，获州文化局颁发荣誉奖。

白家坡苗族芦笙舞，依托逢亭中学、逢亭小学投入资金建少年儿童芦笙培训班，列入教改内容之一。2014年芦笙舞已被列入罗甸县中小学大课间操进行教学。1995年被州文化局命名为"芦笙舞文化艺术之乡"。

苗族服饰，刺绣等制作工艺列入全州首批非物质文化遗产。其中：芦笙舞等被纳入贵州省级名录。

二、纳坪社区服务中心

2014年2月罗甸县行政区划调整，纳坪乡并入逢亭镇，改称逢亭镇纳坪社区服务中心，

位于北纬25° 19′—25° 27′，东经106° 23′—106° 30′。东靠逢亭镇，西靠望谟县桑郎镇和紫云县大营乡毗邻，南与罗苏乡相连，北与木引乡接壤。乡政府驻地距县城45公里。

沿革 纳坪清代隶属罗斛州判上隆甲哨拜伦亭，今翁传村，由州判亲辖。民国4年（1915年）废除土司的亭、屯、村建制，实行保甲制，纳坪属中三区逢亭管辖。民国25年（1936年）实行保、甲制，纳坪属逢亭第三区第三联保。1951年罗甸解放后废除保甲建制，设行政村组，设纳坪乡，隶属逢亭区。1956年第三区改称逢亭区，纳坪乡属逢亭区管辖。1958年纳坪乡改称纳坪管理区，隶属逢亭公社。1963年恢复区公所建制，纳坪管理区改称纳坪公社隶属逢亭区。1967年纳坪公社改称纳坪公社革命委员会。1979年改称纳坪公社管理委员会。1984年4月全县调整为6区1镇49个乡，纳坪乡仍隶属逢亭区公所。

1991年8月撤区并乡建镇，全县调整为26个乡镇，保留纳坪乡，升格为正科级机构，隶属县政府，属三类贫困乡。辖纳鸟村、新坪村、翁传村、冗翁坪村、打金村5个村16个村民组。2013年11月罗甸县村级区划调整，撤并原5个行政村为2个行政村16个村民组。即：撤新坪村、纳鸟村，设立新的纳坪村；撤翁传村、冗翁坪村、纳鸟村过腮组，设立新的翁传村；打金村划入木引镇。

人口 1991年总人口3768人，其中：男性1893人，女性1875人，少数民族3579人，少数民族占总人口92.53%；非农业人口8人。1995年总人口3943人，其中：男性1981人、女性1962人，非农业人口14人，少数民族3773人占总人口的95.69%。2000年总人口4276人，其中：非农业人口21人，男性2201人、女性2075人，少数民族3896人占总人口91.11%。2005年总人口4370人，其中：非农业人口31人，男性2135人、女性2235人，少数民族4070人占总人口93.13%。2010年总人口4532人，其中：非农业人口28人，男性2204人、女性2328人，少数民族4240人占总人口93.56%。2013年总人口4641人，其中：男性2384人，女性2257人，非农业人口25人，少数民族4379人占总人口94.35%。其中：苗族3447人占总人口74.3%，布依族932人，占总数20%。

地形地貌 纳坪乡地处望谟、紫云、罗甸三县交界的麻山腹地，地势西高东低呈阶梯状下降，山峦起伏、低中山为46.6平方公里，占95.1%，槽谷坝子2.4平方公里，占4.9%。境内最高海拔冗采组鲁王山1309.2米，最低海拔翁传村拜里组川洞428.2米。

水文 纳坪境内只有一条300米长的季节性小河沟，位于打金平桥组。每年5—7月汛期涨水，8月至次年4月基本干枯。

境内无河流，有水井46口，2010年建成窑量30—80立方米水窖220口蓄水量1.22万立方米，主要分布在冗翁坪村，打金村等。基本满足全乡的人畜饮水。

气候灾害 主要有水灾、凝冻、旱灾。2004年6月14日遭受水灾袭击，其中：上坝、冗彩一带毁坏房屋30多间，倒塌6间，冲走大、小猪10余头，家禽600余只，经济损失40余万元。2008年1月，全乡出现百年不遇的10多天凝冻灾害，导致交通、通信、电路中断，房屋毁坏30户150间，林木毁坏2300多立方米，冻死牛15头，家禽冻死1500多只，冻死辣椒苗150亩，经济损失达410多万元。2009年8月—2010年4月持续干旱导致旱菜枯死728亩，打龙、岜岭、打金、打科、大若、冗彩、打牙、基为、高坡、达腮等自然村寨共1100多人畜饮水困难。经济损失58万元。

面积 纳坪乡辖区总面积81.32平方公里。人口密度每平方公里58人。耕地面积4319亩，其中：田1513亩，地2806亩，人均0.91亩；林业用地面积72396亩，其中：林地33302亩、宜林荒山39094亩，森林覆盖率46%。

粮食作物 主要种植高产水稻、杂交玉米。1991年粮食产量1590吨，其中：水稻553吨、玉米1037吨，人均食粮320公斤。1995年粮食总产量1667吨，其中：水稻570吨、玉米1044吨、杂粮53吨，人均食粮422公斤。2000年粮食总产量1716吨，其中：水稻587吨、玉米1067吨、杂粮62吨，人均食粮401公斤。2005年粮食总产量1769吨，其中：水稻590吨、玉米1069吨、杂粮110吨，人均食粮404公斤。2010年粮食总产量2398吨，其中：水稻1162吨、玉米1075吨、杂粮161吨，人均食粮529公斤。2013年粮食产量1573吨，其中：水稻593吨、玉米980吨，人均食粮385公斤。

经济作物 主要以种植油菜、花生、辣椒、玉米、板栗为主。1991年种植油菜1400亩，产量78.4吨，产值31.4万元；花生548亩，产量260吨，产值104.1万元；菜玉米500亩，产量225吨，产值45万元；板栗挂果面积728亩，产量728吨，产值145.6万元；辣椒1250亩，产量750吨，产值300万元；总产值626.1万元，农民人均纯收入970元。1995年种植油菜1350亩，产量24.25万公斤，产值97万元；花生530亩，产量8.1万公斤，产值23.8万元；早辣椒1300亩，产量127万公斤，产值103万元，菜玉米450亩，产量72.5万公斤，产值72.5万元；板栗挂果面积728亩，产量28万公斤，产值30.5万元，总产值326.8万元，农民人均纯收入1171元。2000年，种植油菜1250，产量45.4万公斤，产值90.8万元；花生480亩，产量

15.8万公斤，产值21.7万元；旱辣椒1250亩，产量118万公斤，产值97.3万元；菜玉米350亩70.33公斤，产值70.3万元；板栗挂果面积728亩，产量27.5万公斤，产值41.25万元。总产值321.35万元，农民人均纯收入1568元。2005年种植油菜1050亩，产量38.13万公斤，产值为76.26万元；花生450亩，产量18.81万公斤，产值28万元；旱辣椒1050亩，产量9.91万公斤，产值9.91万元；菜玉米200亩，产量40.16万公斤，产值40万元；板栗挂果面积728亩，产量26.8万公斤，产值37.5万元。总产值191.67万元，农民人均纯收入1641元。2010年种植油菜980亩，产量34.3万公斤，产值68.6万元；花生410亩，产量12.3万公斤，产值24.6万元；旱辣椒2950亩，产量93.1万公斤，产值65.17万元；板栗728亩，产量26.3万公斤，产值39.45万元，总产值197.82万元，农民人均纯收入1641元。2013年种植油菜1150亩，产量64.4吨，产值25.7万元；花生512亩，产量243吨，产值194.4万元；辣椒1010亩，产量606吨，产值484.8万元；板栗挂果面积728亩，产量728吨，产值291.2万元。总产值996.1万元，农民人均纯收入5717元。

劳务输出 1991年外出务工135人，年收入57万元。1995年外出务工338人，年收入157万元。2000年外出务工563人，年收入561万元。2005年外出务工785人，年收入1046万元。2011年外出务工1023人，年收入1643万元。2013年外出务工1048人，年收入1854.8万元。

药材资源 药材有：苦练子、杜仲、通草、金银花、苦参、土人参等。

电力输送 1991年30千伏变压器1台，通电率30%。1995年变压器7台，通电率50%。2000年变压器16台，通电率80%。2005年变压器19台，通电率85%。2010年变压器21台，通电率100%。

邮政通信 2010年设邮政分局1个，安固定电话5户。2013年建移动机塔4个，固定电话用户30户，移动电话用户1350户，普及率90%。

广播电视 2005年安装卫星接收器小天锅125台，普及率50%。2010年安装350台，普及率80%。2013年安装1413台，普及率95%。

交通 1991年修村级公路上隆—纳鸟8公里。1995年修纳坪—新坪8公里。2000年修上隆—纳坪23公里。2005年修新坪—打金—打龙30.5公里。2010年修纳坪—各个组57公里。2013年修纳坪—各个组61公里。村级公路长187.5公里，国家投资4687.5万元。村通公路100%。

婚姻登记 1991年自愿结婚登记23对，登记率100%。1995年自愿结婚登记27对，登记率100%。2000年自愿结婚登记36对，登记率100%。2005年自愿结婚登记70对，结婚登记100%。2010年结婚85对，登记率100%。

计生工作 1991年乡政府设计生办公室，建筑面积15平方米，计生员2人，办理生育证33人，办理独生子女证2人，完成“四术”91例。1995年开展手术195例，其中：结扎90例，上环105例。2000年建计生办公室和计生服务站各综合楼1个，建筑面积140平方米。开展手术208例，其中：上环100例，结扎108例。2005年有专职计生员5人，其中：技术员3人。开展手术223例，其中：结扎113例。2010年有专职计生员5人，其中：技术员3人，开展结扎手术100例，上环术150例。2013年计生员5人，办理独生子21户，办生育证912人，完成“四术”98例。

医疗卫生 纳坪乡卫生院1991年建筑面积80平方米，专业卫生员2人，完成诊疗110人次，治愈率70%。1995年卫生员3人，完成诊疗205人次，治愈率75%。2000年卫生院建筑面积240平方米，卫生员4人，执业医生1人，完成诊疗310人次，治愈率85%。2005年卫生员5人，完成诊疗520人次，治愈率89%。2010年完成诊疗1520人次，治愈率95%。2013年医务人员7人，其中：大专1人、中专6人，完成诊疗1800人次，治愈率95.6%。医疗设备有B超机一台、X光机一台、全自动生化分析仪一台、电脑一台、心电图一台、病床6张。

文化 2011年建乡文化站，建筑面积299.6平方米，藏书科技5000册。村级文化室4个，各藏科技书1000册。

教育 1991年学校4所，即：纳坪、翁传、扁快、打金小学，建筑面积516平方米，学生281人，其中：男生 169 人、女生 112 人，少数民族生 273 人，占学生总数 97.15%。1995 年有学生 324 人，其中：男生 188 人、女生 136 人，少数民族 311 人，占学生总数 95.98%。2000 年有学生 548 人，其中：男生 280 人、女生 268 人，少数民族生 214 人，占学生总数 89%。2005 年有学校 3 所，学生 523 人，其中：男生 269 人、女生 254 人，少数民族生 509 人，占学生总数 97.32%。2010 年有学生 501 人，其中：250 人、女生 251 人，少数民族生 470 人，占学生总数 93.81%。2013 年小学 2 所（纳坪小学和翁传小学），学生 424 人，其中：男生 219 人，女生 205 人。少数民族生 394 人，占学生总数 93%。

“两基”工作 2005 年 11 月“两基”工作通过省人民政府评估和验收，小学入学率 99.9%，人均图书为 12 册、小学毕业率 100%、教学用房达标率 100%、教学设备达标率 95%、小学结业合格率 85%、毕业率为 100%、小学教师合格率 100%。

教师文化结构 1991 年有教师 8 人，其中：大专 2 人、中师 6 人。1995 年有教师 14 人，其中：大专 1 人、中师 13 人。2000 年有教师 18 人，其中：大专 2 人、中师 16 人。2005 年有教师 18 人，其中：大专 2 人、中师 16 人。2010 年有教师 21 人，其中：大专以上 17 人、中师 4 人。2013 年有教师 22 人，其中：大专以上 20 人、中师 2 人。

农村“五保”分散供养 1991 年 7 人，年支出 0.168 万元。1995 年 7 人，年支出 0.252 万元。2000 年 5 人，年支出 0.18 万元。2005 年 4 人，年支出 0.192 万元。2010 年 3 人，年支出 0.252 万元。2013 年 2 人，年支出 0.36 万元。

农村老复退军人 1991 年 5 人，国家每人每月补助 150 元。1995 年 4 人，国家每人每月补助 180 元。2000 年 4 人，国家每人每月补助 210 元。2005 年 3 人，国家每人每月补助 300 元。2010 年 3 人，国家每人每月补助 390 元。2013 年 3 人，国家每人每月补助 500 元。

享受农村低保 2007 年享受农村低保 396 户 2460 人，国家年补助 88.56 万元。2010 年 406 户 2686 人，国家补助 117.16 万元。2013 年 415 户 1617 人，国家补助 159.94 万元。

农村合作医疗 2010 年 969 户 3954 人；2013 年 1011 户 4134 人完成率 89.07%；农村医疗救助 2010 年 11 人次，2013 年 42 人次。

农村临时救济 1991 年 90 人，1995 年 170 人，2000 年 240 人，2005 年 290 人，2010 年 311 人，2013 年 380 人，支出 22.2 万元。

生态移民 2003 年冗翁坪村冗尚组因原驻地缺水、电、路等基本生存条件，县发改局资助 120 万元，乡政府共同协作，将原住冗尚组 22 户 110 人，搬迁到条件较好的干坝处，已建成平房，水、电、路设施齐全，村民安居乐业。

危房改造 2008 年 3 月贵州省民政厅拨专款由民政局负责，改造技术由城建局把关，名单由乡政府组织调查核实。2009—2013 年分别落实 5 个村，旧房改造总 477 户，投资 388.2 万元，村容村貌得到改善，村民安居乐业。

集贸市场 2005 年建成乡小集贸市场面积 2000 平方米，搭钢棚，设有摊位。水泥硬化率 100%。主要交易农产品和日用平。

特优农产品 上隆茶叶种植 5000 亩，产品远销广东、四川、重庆、福建、台湾等地。

第四节　沫阳镇

一、沫阳镇

位于罗甸县东部，地处北纬 25° 25′ —25° 31′ ，东经 106° 48′ —106° 56′ 之间。东与广西天峨县隔河相望，南与茂井镇接壤，西与龙坪镇相连，北与平塘县克度镇毗邻。210 省道贯穿沫阳全境，是罗甸通往都匀、平塘、独山的必经之路，是全镇政治、经济、文化、物流、商贸活动中心。

沿革 沫阳清代属罗斛州判（厅）香亭，即柏林、里改、里怀村。民国4年（1915年）废除土司亭、屯、村建制，实行保甲制，称第四区，沫阳属四区所辖。民国25年（1936年）整编保甲沫阳为第四区辖4个联保。民国32年（1943年）撤区设署设乡镇，废联保，改设沫阳区署辖4个乡。1951年3月罗甸解放废除保甲制，改设行政村、组，设柏林乡，1956年柏林乡改称沫阳乡。第四区改称沫阳区，沫阳乡隶属沫阳区。1958年10月全县实行人民公社化，设6个公社53个管理区，沫阳区改称沫阳公社。沫阳乡改称沫阳管理区，隶属沫阳公社。1959年册三（册亨—三江）公路通车后，区、乡政府由老沫阳迁到柏林村对门坡。1963年恢复区建制称沫阳区公所，辖沫阳、董当、坡共、翁保、平岩、田坝、董架7个公社。1967年沫阳区改称沫阳区革命委员会，沫阳管理区改称沫阳公社革命委员会隶属沫阳区革命委员会。1979年全县恢复区公所，各公社革命委员会改称公社管理委员会，即改称沫阳公社管理委员会。1984年实行党政分开，建沫阳乡人民政府，仍隶属沫阳区公所。1991年8月全县撤区并乡建镇，撤沫阳区公所，将翁保乡、沫阳乡合并建沫阳镇。辖12个行政村84个村民组。2013年11月罗甸县村级区划调整，撤原沫阳镇12个行政村为8个行政村，即：沫阳村、纳括村合并，称沫阳村；访里村、林情村合并，称访里村；里改村、里怀村合并，称里怀村；纳翁村、里落村合并，称纳翁村；江亭村、罗沟村、柏林村、翁保村不变。2014年2月罗甸县行政区划调整，撤销原沫阳镇、董当乡、平岩乡、董架乡建沫阳镇，原乡镇改称社区服务中心，辖沫阳、访里、里怀、纳翁、罗沟、柏林、江亭、翁保、董当、大井、拉良、红星、高峰、勇进、跃进、先锋、罗牙、董架、东跃、麻怀、田坝、民进、白龙、董细、联合、高兰、平岩、独坡、联丰、安阳30个村委会，291个村民组。

面积 沫阳镇1991年辖区总面积131.23平方公里，耕地面积27087亩，其中：田14844亩，地12243亩，林地91764亩，草地面积4255亩，人均0.57亩，水域面积1.61平方公里。

2014年行政区划调整后辖区总面积405.9平方公里，耕地面积58036亩，其中：田29799亩，地28237亩，林地341679亩，草地8527.97亩，水域面积325.04平方公里，森林覆盖率44.08%。

人口 1994年总人口12617人，其中：男性6521人、女性6096人，非农业人口297人，少数民族7723人，占总人数61.21%。1995年总人口13210人，其中：男性7256人，女性5954人，非农业人口597人，农业人口12613人，少数民族人口8264人，占总人口62.56%。2000年总人口136117人，其中：男性7966人，女性6844人，非农业人口597人，少数民族人口9731人，占总人口65.71%。2010年总人口15949人，其中：男性8255人，女性7622人，非农业人口573人，少数民族人口10386人，占总人口65.12%。2014年总人口50222人，其中：男性26459人，女性23763人，非农业人口1193人，少数民族人口33226人，占总人口66.16%。2015年总人口51671人，其中：男性26704人、女性24967人。是一个以布依族、苗族为主的聚居镇，少数民族34758人，占总人口67%。人口密度每平方公里127人。

地形地貌 全镇地形山峰延绵，地势北高南低，最高海拔位于翁保坡坳山1216.5米，最低海拔位于里落村450米。

气候 沫阳气候属亚热带季风气候，年平均气温19.5℃。最高气温7月，平均气温26.9℃，最低气温为1月9℃，无霜期335天，年均日照1435小时，年均降雨量1156.2—1200毫米，雨量多集中在5—7月，6偏多，是罗甸早菜主要基地之一。

气候灾害 主要有旱灾、冰雹等。2008年6月旱灾导致上千亩水稻绝收，造成经济损失300多万元；2012年4月出现冰雹，造成300多亩早菜受损，经济损失200多万元。

水文 河流主要有沫阳河，发源于董当大井，长15公里，水域面积300平方公里，平均水流每秒30立方米。河流经集镇中心流入龙坪镇境内。访里河、纳羊河两条小河四季长流。建有沫阳关水电站、柏林水电站。

粮食作物 主要以种水稻、玉米为主。1991年水稻种植面积1.48万亩，玉米种植面积1万亩，产量8420吨，产值692万元，人均食粮280公斤，农民人均纯收入500元。1995年水稻种植面积1.5万亩，玉米种植面积1万亩，产量8500吨，产值870万元，人均食粮256公斤，农民人均纯收入1100元。2000年水稻种植面积1.5万亩，玉米种植面积1万亩，产量1.05万吨，产值1440万元，人均食粮240公斤，农民人均纯收入1600元；2005年水稻种植面积1.5万亩，玉米种植面积1万亩，产量1.15万吨，产值2730万元，人均食粮240公斤，农民人均纯收入2580元；2010年水稻种植面积1.5万亩，玉米种植面积0.8万亩，产量1.15万吨，产值3500万元，人均食粮233公斤，农民人均纯收入3615元；2013年水稻种植面积1.5万亩，玉米种植面积0.8万亩，产量1.15万吨，产值3800万元，人均食粮200公斤，农民人均纯收入6723元；2014年区划调整后水稻种植面积4.12万亩，玉米种植面积4.41万亩，产量7.27万吨，产值1.27亿元，人均食粮258公斤，农民人均纯收入7016元。2015年水稻种植面积2.26万亩，玉米种植面积2.7万亩，产量2.27吨，产值6874.01万元，人均食粮439.7公斤，农民人均纯收入8266元。

经济作物 以种植早菜、黄瓜、四季豆、苦瓜、茄子、青椒为主。1991年早菜种植面积5000亩，产量2500吨，产值500万元。1995年早菜种植面积6000亩，总产量6000吨，产值300万元；2000年早菜种植面积6000亩，总产量7200吨，产值432万元；2005年早菜种植面积8000亩，总产量9600吨，产值960万元；2010年早菜种植面积1万亩，总产量1.4万吨，产值2800万元；是年“185工程”经验收，沫阳社区、董当社区合格达标。2014年种植早菜1.15万亩，产量5750吨，产值2300万元；火龙果1500亩，产量750吨，产值300万元。2015年早菜示范点500亩2个、300亩1个，产量1200吨，产值103.2万元；秋菜完成种植面积4625亩，产量6937万吨，产值513.3万元；冬菜种植完成352亩，产量420吨，产值17.64万元。

1991—2011年脐橙种植面积150亩，主要分布在江亭村，产量150吨，产值100万元。火龙果1500亩、脐橙500亩、烤烟850亩、艾纳香100亩，核桃3506.3亩，刺梨3800亩。2015年300亩核桃示范点挂果，产量90吨，产值600万元。

养殖业 1991年生猪饲养1275头，年末出栏758头，产值106万元；牛饲养501头，年末出栏100头，产值30万元；羊饲养1143只，年末出栏603只，产值12.1万元；家禽饲养2.23万羽，出售2.22万羽，产值22.2万元；畜牧业总产值170.3万元。1995年生猪饲养2100头，年末存栏420头，牛饲养531头，年末存栏300头，羊饲养1401只，年末存栏803只，家禽饲养25159羽，出售2.42万羽，畜牧业总产值38.41万元。2000年生猪饲养3275头，年末存栏205头，牛饲养781头，年末存栏410头，羊饲养2755只，年末存栏1103只，家禽饲养3.52万羽，出售3.4万羽，畜牧业总产值53.41万元。2005年生猪饲养4275头，年末存栏980头，牛饲养981头，年末存栏550头，羊饲养3755只，年末存栏1603只，家禽饲养4.02万羽，出售3.85万羽，畜牧业总产值62.41万元。2010生猪饲养5275头，年末存栏213头，牛饲养1265头，年末存栏800头，羊饲养4755只，年末存栏2203只，家禽饲养5.02万羽，出售4.9万羽，畜牧业总产值76.41万元。2013年生猪饲养6070头，年末存栏158头，牛饲养3765头，年末存栏2150头，羊饲养7725只，年末存栏3203只，家禽饲养5.72万羽，出售5.48万羽，畜牧业总产值94.87万元。2014年生猪饲养2.21万头，年末出栏2.03万头，产值5267万元；牛饲养1.08万头，年末出栏575头，产值287.5万元；羊饲养1.77万只，年末出栏6350只，产值571.5万元；家禽饲养15.72万羽，出售1.52万羽，产值30.5万元；畜牧业总产值6156.5万元。2015年生猪饲养3.12万头，年末出栏2.67万头，产值7518万元；牛饲养1.85万头，年末出栏864头，产值691.2万元；羊饲养2.35万只，年末出栏1.04万只，产值833.6万元；家禽饲养21.46万羽，出售1.85万羽，产值74.19万元；畜牧业总产值9116.99万元。

新农村建设 2015年沫阳镇小康建设示范村5个，即：访里村、大井村、罗沟村、东跃村、董架村。

劳务输出 2000年劳务输出2155人，年收入1986万元。2005年劳务输出2880人，年收入2136万元。2010年劳务输出3110人，年收入3016万元。2013年劳务输出4681人，年收入4038万元。2015年劳务输出1.2万人，年收入2亿余元。主要分布在上海、江苏、广东、浙江一带的工厂、建筑业等。

企业 2013年引资央企业森垚水泥厂1家，占地面积188.18亩，建筑面积6000平方米，总投资2.6

亿元。2014 年产量 8 万吨，产值 2400 万元，交税 226 万元。同年引进坤达石业、茂钰石材、欣益诚石材 3 个私营企业，其中：坤达石业、茂钰石材各投资 1.5 亿元，均已投入生产；欣益诚石材投资 8650 万元，2015 年投入生产。2015 年森垚水泥厂产量 7.54 万吨，产值 1879.53 万元，交税 95.16 万元。

城镇建设　2014 年完成柏林村生态移民安置点公路 750 万元，沫阳镇文化广场 250 万元，便民服务中心 250 万元，访里交通市场 50 万元。国家总投资 1400 万元。

集贸市场　沫阳新集贸市场 2000 年建成，面积 4584 平方米，水泥硬化率达 100%，盖钢棚 1200 平方米，设有摊位，主要交易日常生活用品及农产品交易。2014 年投资 50 万元建成访里蔬菜市场 2000 平方米，并通过州、县验收合格，投入使用。

交通　1991 年修建沫阳—纳刮、罗沟—江亭、沫阳—林情公路，路宽 4 米，总长 15 公里。2000 年修建林情—翁保公路，路宽 4 米、长 7 米。2005 年修沫阳—纳刮、罗沟—江亭、柏林—里改，宽 4 米，总长 15 米；2010—2012 年修柏林—里改、跃进桥—翁保、纳翁—里落，宽 4 米，总长 35 米。2014 年修村级公路长 72 公里，国家共投资 1800 万元。2015 年修村级公路长 60.55 公里，国家投资 3027.65 万元。

水资源　2013 年治理沫阳小河长 1630 米，国家投资 533 万元，新修水渠 14071 米，水池水窖 56 口，蓄水 1680 立方米，涉及羊场、沫阳、翁保。治理大井河道长 3673 米，国家投资 1300 万元。

电　1991 年输通 10 千伏，主变电（站）器 1 台，总容量 3300 千伏安，高压输电线 1 条，总长 11.3 公里，全镇 13 个自然村寨 44 组实现通电率 50%。1995 年增加到 12 千伏，主变电（站）器 1 台，总容量 3800 千伏安，高压输电线 1 条，总长 11.3 公里，通电率 60%。2000 年增加到 15 千伏，主变电（站）器 1 台，总容量 4200 千伏安，高压输电线 1 条，总长 11.3 公里，通电率 70%。2005 年增加到 35 千伏，主变电（站）器 1 台，总容量 6300 千伏安，高压输电线 1 条，总长 11.3 公里，通电率 100%。

邮政通信　1991 年有邮政网类 1 个，固定电话用户 7 户。1995 年有固定电话用户 21 户，移动电话 12 户。2000 年固定电话 87 户，移动电话用户 3620 户，2005 年有固定电话用户 281 人，移动电话用户 11382 户，普及率 79.2%。2010 年固定电话用户 407 户，移动电话用户 13725 户，普及率 90.4%。2013 年固定电话用户 534 户，移动电话用户 15803 户，2014 年固定电话用户 1241 户，移动电话用户 47214 户，普及率 92.1%。2015 年固定电话用户 1789 户，移动电话 48054 户，普及率 93%。

广播电视　1991 年安装电视卫星接收机 5 台，电视用户 60 户，电视覆盖率 8%；1995 年安装电视卫星接收机 25 台，电视用户 120 户，电视覆盖率 20%；2000 年安装电视卫星接收机 100 台，电视用户 205 户，电视覆盖率 35%；2005 年安装电视卫星接收机 180 台，电视用户 395 户，电视覆盖率 68%；2010 年安装电视卫星接收机 265 台，电视用户 60 户，电视覆盖率 80%；2013 年安装电视卫星接收机 345 台，电视用户 610 户，电视覆盖率 90%；2014 年安装电视卫星接收机 1340 台，电视用户 2482 户，电视覆盖率 98%。2015 年安装 4846 户，电视覆盖率 100%。

医疗卫生　1991 年镇卫生院 1 所，建筑面积 1544.68 平方米。卫生员 8 人，其中：执业医生 7 人，注册护士 1 人。完成住院 356 人次，诊疗 356 次，治愈率 96.2%。1995 年专业卫生员 10 人，其中：执业医生 9 人，注册护士 1 人。完成住院 402 人次，诊疗 402 人次，治愈率 96.5%。2000 年专业卫生员 15 人，其中：执业医生 11 人，注册护士 4 人。完成住院 782 人次，诊疗 782 人次，治愈率 97.4%。2010 年专业卫生员 19 人，其中：本科 1 人、大专 4 人、中专 8 人，获中级职称 5 人、初级 5 人、注册护士 4 人。完成住院 893 人次，诊疗 893 人次，治愈率 97.4%；2014 年卫生院 4 个（合并后的平岩、董当、董架社区医院），建筑面积 2469.64 平方米。2015 年全院职工 42 人，专业卫生员 38 人，其中：本科 8 人、大专 18 人、中专 12 人，完成住院 3927 人次，诊疗 18698 人次。

医疗设备有红外线烤灯、心电图机、全自动生化分析仪、电解质分析仪、DR、洗胃机、X 光机、B 超、救护车、病床位 35 张。

计生工作　1991 年有计生站 1 个，计生工作人员 1 人。办独生子女户 5 户，生育办证 86%。1995 年开展手术 49 例，其中：结扎 9 例，上环 40 例。2000 年开展手术 58 例，其中：上环 52 例、结扎 6 例。2005 年设计生办公室和计生技术服务站 1 个，建筑面积 606 平方米，专职计生员 5 人，技术员 2 人。开展手术上环 63 例，结扎 17 例，生育办证率 80.5%。2010 年计生人员 9 人，技术人员 5 人。2013 年沫阳镇总人口 15803 人，其中：男 10567 人，女 5236 人，已婚育龄妇女 4987 人，开展手术结扎 48 例，上环 107 例。独生子女 216 户，双女结扎 202 户，生育办证女 81%

计生设备有 B 超、乳腺镜、阴道镜、尿液分析仪、离心机、水浴箱、彩超、X 光机、半自动生化分析仪、血球分析仪。

婚姻 1995 年自愿结婚 43 对，结婚登记 100%。2000 年自愿结婚 39 对，结婚登记 100%。2005 年自愿结婚 53 对，结婚登记 100%。2010 年自愿结婚 368 对，结婚登记 100%。2012 年以后由县民政局联网办理。

文化站 2012 年沫阳镇建文化站 1 个，建筑面积 300 平方米，科技藏书 8000 册。建村图书室 13 个，村室各藏科技书 500 册。

教育 1991 年有学校 10 所，其中：初中 1 所（沫阳中学，建筑面积 2861 平方米），小学 9 所（沫阳、柏林、江亭、翁保、纳翁、纳刮、里怀、里落、林情），建筑面积 8388 平方米。学生 2676 人，其中：初中生 893 人、小学生 1783 人，男生 1739 人、女生 937 人，少数民族生 2381 人占学生总数 89%。1995 年学生 2776 人，其中：初中生 912 人、小学生 1864 人，男生 1740 人、女生 1036 人，少数民族生 2498 人占学生总数 90%。2000 年学生 2874 人，其中：初中生 917 人、小学生 1957 人，男生 1541 人、女生 1333 人，少数民族生 2529 人占学生总数 88%。2005 年学校 7 所，撤里怀、纳刮小学，学生归柏林小学；撤里落小学，学生归翁保小学。扩建沫阳中学教学楼面积 6861 平方米，学生 3076 人，其中：初中 1253 人，小学生 1823 人，男生 1570 人，女生 1506 人，少数民族生 2751 人占学生总数 89%；2010 年学校 5 所，撤林情小学并入柏林小学，学生 2606 人，其中：初中生 1118 人，小学生 1488 人，男生 1326 人，女生 1280 人，少数民族生 2378 人占学生总数 91%；2013 年初中扩建，建筑面积 8666 平方米；小学建筑面积 8472 平方米；幼儿园 2 所，建筑面积 1467。全镇学生 2387，其中：初中生 758 人，小学生 1248 人，幼儿园学生 381。其中：男生 1198 人，女生 1189 人，少数民族生 2236 人占学生总数 93%。2014 年董当乡、董架乡、平岩乡合并沫阳镇，有学校 21 所，其中：初中 4 所，总建筑面积 25660 平方米，小学 17 所，总建筑面积 28472 平方米，学生 5012 人，初中生 1689 人，小学生 3351 人，其中：男生 2646 人，女生 2366 人，少数民族生 3282 人占学生总数 65%。2015 年学校 22 所，其中：独立初中 1 所，九年一贯制学校 2 所，建筑面积 45233 平方米，完全小学 10 所，教学点 4 个，幼儿园 5 所，建筑面积 87627 平方米，共有学生 5278 人，其中：幼儿在校生 904 人、小学在校生 2824 人、初中在校生 1550 人，少数民族生 3761 人占总人数 71%。2015 年，沫阳镇参加中考 352 人，其中：沫阳初中 246 人、董架中心校初中部 34 人、董当中心校初中部 72 人。

“两基”工作 2005 年 11 月通过省人民政府评估和验收，小学入学率 99.38%，初中入学率 100%，完成率达 98.34% 和 87.5%，中小学人均图书为 6.9 册和 14.2 册。教学用房达标率 100%。教学设备达标率 100%，中小学结业班全科合格率 95% 和 93%，毕业率为 95% 和 95%，中小学专任教师合格率 96.22% 和 100%。2015 年小学入学率 99.1%，初中毛入学率为 106%，中小学人均图书为 17.56 册和 21 册。

教师文化结构 2005 年教师 180 人，其中：初中教师 73 人，小学教师 107 人，大专以上文化程度 110 人，中师 70 人。2010 年全镇教师 165 人，其中：初中教师 67 人、小学教师 98 人、大专以上文化 138 人、中师 27 人。2013 年全镇教师 176 人，其中：初中教师 62 人、小学教师 94 人、幼儿园教师 20 人，大专以上文化 165 人、中师 11 人。2014 年教师 384 人，其中：初中教师 130 人、小学教师 254 人，大专以上文化程度 268 人、中师 116 人。2015 年教师 380 人，其中：幼儿园教师 38 人、小学教师 189 人、中学教师 153 人。

“五保”分散供养 1991 年农村“五保”分散供养 22 人，支出 0.8 万元；1995 年农村“五保”分散供养 22 人，发放救助金 1.5 万元；2000 年农村“五保”分散供养 25 人，发放救助金 1.65 万元；2002 年农村“五保”分散供养25人，发放1.65万元；2007年农村“五保”分散供养25人，国家支付生活补助1.8万元。2010年农村“五保”分散供养26人，国家支付生活补助2.2万元。2013年农村“五保”分散供养29人，国家支付生活补助5.22万元。2014年农村“五保”分散供养85户94人，每人每月补助150元；散居孤儿37人，每人每月600元。2015年农村“五保”分散供养93人，每人每月补助185元；孤儿33人，每人每月补助600元。

农村临时救济　1991年农村临时救济150人次，发放救济金0.9万元；1995年农村临时救济170人次，发放救济款1.1万元；2000年农村临时救济210人次，发放救济金1.7万元；2007年农村临时救济220人次，发放救助金2.1万元。2010年农村临时救济360人次，发放救助金2.7万元。2013年农村临时救济380人次，发放救助金2.7万元。

最低生活保障　2002年非农业人口享受低保3户5人，发低保金0.6万元。2007年农村享受最低生活保障980户2940人，发放保障金134.7万元，其中：非农业5户5人，每月支出600元。2010年享受城镇低保5人，月发953元；享受农村低保1053户3008人，发放低保金197.25万元。2013年享受低保1102户2899人，发放223.91万元；2014年享受低保3938户10111人，发放低保金563.4万元；享受城镇低保16户19人，年发放低保金4.56万元。全镇参加农村养老保险19668人，占全年任务的100.3%。2015年享受城镇低保16户25人，年发放低保金10.24万元；农村享受最低生活保障2727户6826人，年发放低保金576.52万元。

农村老复退军人　1991年沫阳镇农村老复退军人14人，国家发给每人每月生活补助金150元。1995年农村老复退军人12人，国家发给每人每月生活补助金180元。2000年农村老复退军人12人，国家发给每人每月生活补助金210元。2002年农村老复退军人12人，国家发给每人每月生活补助金180元。2007年农村老复退军人11人，国家发给每人每月生活补助金300元。2010年农村老复退军人11人，国家发给每人每月生活补助金390元。2013年农村老复退军人9人，国家发给每人每月生活补助金500元。2014年农村老复退军人9人，国家发给每人每月生活补助金650元。2015年农村老复退军人22人，国家发给每人每月生活补助金850元。

农村合作医疗　2010年参加农村合作医疗3332户13248人占总人口95%。2014年参加农村合作医疗11987户47537人，占总人口95%。2015年参加农村合作医疗11392户45534人，占总人口88%。

龙滩移民安置　沫阳镇按县政府安置任务，分别在柏林村、罗沟两村安置移民2025户2215人，现移民安居乐业、和睦相处。

生态移民　2001年3月纳刮村山体滑坡，民政局补助建房28户，安置126人，投资60.48万元。

旧房改造　2008年3月贵州省民政厅拨专款由民政局负责，改造技术由城建局把关，名单由乡镇政府提供共同组织下村组调查，照相核实。2009在沫阳、里怀、江亭等12个村旧房改造102户，每户投资0.6111万元，共62.3万元。2011年在罗沟、纳翁、林情等12个村旧房改造134户，每户投资0.5638万元，共77.55万元。2012年在访里、翁堡、柏林等9个村旧房改造47户，每户投资0.6787万元，共31.9万元，2013年旧房改造53户，涉及9个村，每户投资0.7万元，共37.1万元。2014年董当、董架平岩并入沫阳镇后分别在30个村旧房改造296户，每户投资1.1万元，共325.23万元。2009—2015年旧房改造958户，民政补助775.64万元。

精准扶贫　坚持“六个精准”实施“五个一批”，全镇有贫困村14个，3189户10811人。其中：董架社区496户1507人，沫阳社区934户3334人，平岩社区579户1866人。2015年争取扶贫攻坚项目6个，资金583万元。扶贫涉及旅游、绿壳蛋鸡、中草药种植、精品水果、庭院经济、蔬菜产业等。项目涉及4个社区19个村4868户21917人。年底实现董当社区、董架社区、减贫摘帽的目标。2015年沫阳镇工农业总产值9.23亿元，完成社会固定投资4.5亿元，粮食产量2.1万吨，农民人均纯收入8266元。

城镇建设　2015年城镇建设主要沿307省公路段两侧发展，南北长3公里、东西宽1公里，面积3

平方公里，建成和改造解放东路、西路，通村公路6.7公里。建成早菜交易批发市场1个，面积6800平方米；修建下水道4公里、垃圾池2个。完成柏林村生态移民安置点一期260套，实施干部职工公租房56套，其中：干部32套、教师24套。建成访里村580立方米的蔬菜保鲜库1栋；投资540万元。启动董架“世界天眼第一村”建设；建成水厂1座，规模3600立方米/日，修建变电站2×2500KVA（千伏安）1座。建成董当、董架两个社区客运站2个，投资140万元，2015年投入使用。

二、董当社区服务中心

2014年2月罗甸县行政区划调整，将董当乡并到沫阳镇，改称沫阳镇董当社区服务中心。

位于罗甸县东北部，地处北纬25° 30′—250° 5′，东经106° 49′—106° 55′之间，全境为低山河谷地，地表水丰富。东与平岩乡接壤、南连沫阳镇、西靠云干乡、北邻董架乡。

沿革 董当乡清代属罗斛州判（厅）内外甲哨罗牙亭（今罗牙村、大井村、坡木村、拉良村、梅坡村）。民国4的（1915年）废除土司亭、屯、村建制，实行保甲制，董当属中二区沫阳管辖。民国25年（1936年）董当属第四区董坡联保。民国32年（1943年）整编保甲，董当属董坡乡沫阳区管辖。1951年罗甸解放废除保甲制设区、乡、村组，设董坡乡第四区管辖。1953年5月董坡乡改称董旺乡，隶属四区。1956年第四区改称沫阳区，8月董旺乡改称董当乡，隶属沫阳区。1958年改称董当管理区，隶属沫阳公社。1962年董当管理区与羊场管理区合并为董当公社，隶属县直辖。1963年2月，恢复区级建制，董当公社隶属沫阳区。1967年改称董当公社革命委员会。1979年改称董当公社管理委员会。1984年实行党政分开，建立董当乡人民政府，隶属沫阳区公所。1991年8月撤区并乡建镇，坡共乡（原羊场乡）并归董当乡，辖董当、董望、梅坡、大井、拉良、红星、高峰、勇进、先锋、罗牙、坡木、红星12个行政村88个村民组。2013年11月罗甸县村级区划调整，撤并原12个行政村为9个行政村88个村民组，即：撤董望村、梅坡村、坡木村并董当村称董当村，保留原有的大井村、罗牙村、红星村、拉良村、勇进村、高峰村、跃进村、先锋村。

人口 董当乡主要聚居布依族，1991年总人口11211人，其中：非农业人口317人，男性5626人、女性5585人，少数民族9129人占总人口81.4%。1995年总人口12140人，其中：非农业人口324人，男性6093人、女性6047人，少数民族9868人占总人口81.3%。2000年总人口14099人，其中：非农业人口334人，男性7100人、女性6999人，少数民族11504人占总人口81.6%。2005年总人口15389人，其中：非农业人口192人，男性7740人、女性7649人，少数民族12370人占总人口80.4%。2010年总人口16564人，其中：非农业人口303人，男性8339人、女性8225人，少数民族13537人占总人口81.7%。2013年总人口16334人，其中：男性8186人，女性8148人，少数民族13443人占总人口82%，非农业人山口344人。

地形地貌 境内以熔岩、中低山河谷地为主，最高海拔勇进村830米，最低海拔红星村430米。辖区总面积72.3平方公里，其中：水域面积0.16平方公里，林地4853.34亩，森林覆盖率45.6%。人口密度为每平方公里226人。

气候 董当乡属典型的亚热带季风湿润性气候，具有春早、夏长、秋迟、冬短特点，全年无霜期330天，年平均气温19℃，最冷是1月平均气温为9.2℃。最热是7月最高温度37℃。平均无霜期330天。年平均日照1300-1500小时，年降雨量1200毫米左右。降雨集中在5-7月、6月偏多。

自然灾害 主要是旱灾。2013年3-4月，地处高坡的勇进村、拉良村、高峰村、跃进村、先锋村旱灾严重，全乡受灾稻田7001亩，造成经济损失800多万元。

水文 境内水资源丰富，大井河发源于董当大井，流经沫阳、龙坪、八总、八茂汇入濛江。大井河—沫阳长12公里，流域面积216平方公里，年平均流量7.41-63.6立方米/秒。

农业 董当乡是罗甸早菜和水稻生产区域。1991年耕地面积13275亩，其中：田9090亩、地4185亩，人均0.81亩，农业总产值870万元，农民人均纯收入820元。1995年农业总产值1180万元，人均收入945元。

2000年农业总产值1250万元，农民人均收入1144元。2005年农业总产值1945万元，人均收入3440元。2010年农业总产值2530万元，人均收入4650元。2013年农业总产值2904万元，人均纯收入6197元。

粮食作物 董当乡为罗甸水稻产区之一，主要种植水稻、玉米、小麦等。1991年产粮4850吨，产值1061万元，人均食粮445公斤。1995年产粮5150吨，产值1853.5万元，人均食粮436公斤。2000年产粮5270吨，产值21350万元，人均食粮383公斤。2005年产粮5753吨，产值21350万元，人均食粮379公斤。2010年产粮7875吨，产值3.16亿元，人均食粮484公斤。2013年产粮5881吨，产值2650万元，人均食粮368公斤。

经济作物 1991年早菜种植9090亩，产量4545吨，产值454.5万元。1995年早菜种植面积9100亩，产量1.94万吨，产值3104万元。2000年早菜种植面积9515亩，产量2.2万吨，产值3526万元。2005年早菜种植面积9600亩，产量23250吨，产值3720万元。2010年早菜种植面积9795亩，产量2.15万吨，产值4292万元。2013年早菜种植9070亩，产量4535吨，产值1814万元。2011年开始种植火龙果面积120亩，2013年火龙果产量60吨，产值24万元。

养殖业 1991年生猪饲养5605头，出栏5005头，产值700.7万元；牛2610头，出栏148头，产值44.4万元；羊1420只，出栏236只，产值4.7万元；家禽1.52万羽，上市1.42万羽，产值14.2万元；养殖总产值764万。1995年生猪饲养6070万头，存栏1050万头；牛饲养2490万头，存栏2000万头；羊1620只，存栏900只；家禽1.65万羽，上市1.59万羽，总产值406.5万元。2000年生猪饲养7049万头，存栏600万头；牛饲养2410万头，存栏1800万头；羊1840只，存栏920只；家禽1.68万羽，上市6000羽，总产值417万元。2005年生猪饲养7690万头，存栏508万头；牛饲养2156万头，存栏1200万头；羊2300只，存栏1200只；家禽1.67万羽，上市1.62羽，总产值425万元。2010年生猪饲养8282万头，存栏1050万头；牛饲养2010万头，存栏1800万头；羊4610只，存栏3100只；家禽1.51万羽，上市1.4万羽，总产值380万元。2013年生猪饲养8160头，出栏7500头，产值1950万元；牛饲养1820头，出栏192头，产值96万元；羊2130只，出栏610只，产值54.9万元；饲养家禽1.38万羽，上市7680羽，产值15.4万元，总产值2116.3万元。

劳务输出 董当乡能工巧匠的村民较多，2000年劳务输出2100人，年收入1386万元；2013年劳务输出3600人，年收入7200余万元。主要分布江苏、广东、浙江、北京，从事进缝纫厂、鞋厂、服装厂建筑业等。

水资源 大井河水流量每秒146立方米，另外有一条小河从罗牙村注入，水资源丰富。百分之五十水田旱涝保收。全乡有水井43口，满足人畜饮水。

文化旅游 **大小井风景区** 大小井景区位于罗甸县东北部，属省级风景区、省级翠滩森林公园。

景区内树、竹、水、洞于一体的特色景观，有原始森林和百余溶洞群，三股清澈的暗河分别从洞中涌出，蜿蜒于田间，汇成一条优美如画的飘带。遮天蔽日的古榕树盘根错节、青翠欲滴的凤尾竹绿色环抱；错落有致的布依族栏杆农舍古朴典雅；神秘莫测的天坑，纵横交错的地下河喷珠吐玉；洞中的石芽、石笋、峰林、峰丛千姿百态，先后有德国、美国、印尼、英国、加拿大等国家的专家、学者到大小井景区考察游览。

景区辖区面积为17平方公里，有独秀峰、月亮山、将军墓、百步石跳蹬、响水洞、芭蕉洞、大硝洞、黑洞、天德洞大天坑、打黛河“大天坑”、千年鸳鸯古榕树等景点，风光秀丽。有叹为观止的熔岩洞群，洞中有洞，洞中有景，竹绿树茂，天坑秀色幽雅，山水相映，山峦起伏，迂回曲折的地下河及碧波秀水，宽广茂盛的森林植被，罕见的高山奇险，幽深的峰崖洞壑，可与世界著名游览胜地发过南部的伏克留兹泉相媲美。1985年上半年，中、法两国洞穴专家考察大小井景区，两国专家称为“东方洞穴博物馆”。

民族风情 董当乡布依族占总人口85%，传统文化历史积淀丰厚，民族服饰、传统饮食、民间习俗、文学艺术、民间工艺等遍布董当乡村村户户，与当地群众的生产生活共生共鸣。

古历三月三节日 （有的过三月十三日，有的将此节延至九月种阳节，原因有的缺粮，待收粮食进家后才过，如罗牙村等）是罗甸布依族的“扫墓节”。此节日以宗族集体到祖坟地挂青，杀猪、宰鸡，摆酒菜、花糯米饭祭奠祖先。节日这一天，人们到山野踏青游玩，儿童们摘几支嫩枫叶或柳枝做成圆圈带在头上，妇女们则摘几支嫩枫叶或柳枝插在头髻上；青年们在山上有的吹木叶、唱山歌，如遇上称心如意的，便相邀到本寨，通宵达旦地对歌。临别时，主人家用芭蕉叶包糯米饭和鸡腿、肉分送对方，作为节日的礼物。

七月半 是布依族的一个重要的节日，俗称“过小年”（又称七月十四），休息三天，家家户户买猪肉、杀鸡，做合叶粑（又称塔梁粑），农历七月十四这天上午做美味佳肴祭祖宗。晚上，家家点路香，意思是让无户无名的野鬼吃饱饭后不要来骚扰，同时烧纸钱祭祖宗。

布依族服饰制作工艺 布依族服饰制作集蜡染、扎染、挑花、织锦、刺绣等多种工艺技术于一身。服饰多为自织自染的土布，有黑白土布，织的布多为格子、条纹、梅花、辣子花、花椒、鱼刺等图案。服饰色彩多为青蓝色底配以多色花纹，有红、黄、蓝、白色等，既庄重大方，又新颖别致。反映了布依族妇女纯朴善良、温和热情的性格。

交通 1991 年修村公路 3 条：沫阳镇—董当乡政府驻地长 7 公里；沫阳—羊场长 10 公里；董当乡政府驻地—大井村村级公路 1 条，宽 4.5 米，长 2 公里。2000 年修村公路 2 条：克麻井—罗牙村，宽 4.5 米、长 3 公里；乡政府驻地—羊场 6.3 公里。2005 年修村公路 4 条：乡政府驻地—高峰村 6.4 公里；乡政府驻地—红星，宽 4.5 米，长 4.1 公里；乡政府驻地—拉良，宽 4.5 米，长 1.4 公里；乡政府驻地—董望，宽 4.5 米，长 1.9 公里。2010 年修村公路 6 条：乡政府驻地—梅坡，宽 4.5 米，长 1.7 公里；跃进—先锋，宽 4.5 米，长 4.8 公里；高峰—顶望，宽 4.5 米，长 1.5 公里；高峰—先锋，宽 4.5 米，长 2.4 公里；先锋村委会—先锋三组，宽 4 米，长 2.7 公里；把卧—纳上，宽 4.5 米，长 2.7 公里。2013 修村级公路 3 条：乡政府驻地—克麻井，宽 4.5 米，长 6.3 公里；小井—顶外，宽 4.5 米，长 1.5 公里；勇进—高峰，宽 4.5 米，长 2.4 公里；先锋—中交，宽 4.5 米，长 5 公里。全乡村级公路 15 条，全长 58 公里，为董当乡的经济建设奠定了基础，国家投资 145 万元，实现村村通公路。

电 1991 年有 7 千伏主变电（站）器 1 台，总容量 2800 千伏安，高压输电线 1 条，总长 7 公里。全乡 43 个自然寨 88 个组通电率 30%。1995 年有 10 千伏主变电（站）器 1 台，总容量 3500 千伏安，高压输电线 1 条，总长 7 千米，通电率 50%。2000 年有 14 千伏主变电（站）器 1 台，总容量 4200 千伏安，高压输电线 1 条，总长 7 千米，通电率 70%。2005 年有 30 千伏主变电（站）器 1 台，总容量 5300 千伏安，高压输电线 1 条，总长 8 公里，全乡通电率 100%。

邮政通信 1991 年有固定电话 3 户，移动电话 143 户，普及率 3.7%。1995 年有固定电话 18 户，移动电话 280 户，普及率 6.9%。2000 年有固定电话 86 户，移动电话 894 户，普及率 34%。2005 年有固定电话 157 户，移动电话 1620 户，普及率 67.8%。2010 年有固定电话 270 户，移动电话 3140 户，普及率 90.5%。2013 年有固定电话 308 户，移动电话 3780 户，普及率 93.4%。

广播电视 1991 年安装电视卫星接收器 3 台，电视用户 82 户，电视覆盖率 2.4%。1995 年安装电视卫星接收器 18 台，电视用户 140 户，电视覆盖率 4.8%。2000 年安装电视卫星接收器 78 台，电视用户 580 户，电视覆盖率 19.5%。2005 年安装电视卫星接收器 580 台，电视用户 1070 户，电视覆盖率 57%。2010 年安装电视卫星接收器 1040 台，电视用户 3240 户，电视覆盖率 91.2%。2013 年安装电视卫星接收器 1420 台，电视用户 3840 户，电视覆盖率 94%。

医疗卫生 1991 年有卫生院 1 所，建筑面积 200 平方米，卫生员 2 人，完成诊疗 230 人次，治愈率 75%。2005 年卫生院，建筑面积 400 平方米，专业卫生员 5 人，其中：职业医生 2 人、注册护士 1 人，完成诊疗 1200 人，治愈率 98%。2010 年卫生院，建筑面积 840 平方米。专业卫生员 12 人，其中：本科 1 人、大专 5 人，注册护士 4 人，住院 70 人次，完成诊疗 1400 人，治愈率 99%。2013 年有卫生员 12 人，其中：本科 4 人、大专 8 人。完成住院 900 人次，诊疗 1982 人次，治愈率 99%。

计生工作 1991年乡设计生办公室，专业计生员1人。完成独生子女办证3户，生育办证29人，完成四术319例。1995年专业计生员2人，完成结扎手术110例，上环术123例。2000年建计生办公室和计生技术服务站各1个，建筑面积820平方米。完成结扎手术51例，上环术89例。专职计生人员3人。2005年完成结扎手术75例，上环术93例。2013年专职计生员5人，办理独生子女户26户，生育办证142人，完成四术583例。

婚姻登记 1991年自愿结婚登记29对，登记率100%。1995年自愿结婚登记41对，登记率100%。2000年自愿结婚登记57对，登记率100%。2005年自愿结婚登记78对，登记率100%。2010年自愿结婚登记123对，登记率占100%。2012年以后由民政局联网办理。

教育 1991年有学校9所，其中：初中（董当小学设附中）1所建筑面积987平方米。完全小学4所：董当中心校、坡共、先锋、罗牙；教学点7所：坡木、大井、茅坪、打良、高峰、红星、跃进，总建筑面积7287平方米。学生1488人，其中：初中生145人、小学生1343人。男生890人、女生598人，少数民族生1290人，占学生总数87%。1995年有学生1585人，其中：初中168人，小学生1417人，其中：男生908人、女生677人，少数民族生1545人，占学生总数97.47%。2000年有学生1728人，其中：初中356人、小学生1372人，其中：男生978人、女生750人，少数民族生1698人，占学生总数98.26%。2005年有学校4所，撤销梅波、茅坪、红星、高峰4所小学。总建面积4580平方米。有学生1916人，其中：初中612人、小学生1304人，男生1025人、女生891人，少数民族生1896人，占学生总数98.95%。2010年有学校4所，总建面积6878平方米。有学生1556人，其中：初中504人、小学生1052人，男生806人、女生750人，少数民族生1360人，占学生总数87%。2013年有学校5所，其中：董当中心校（含戴帽初中部一所），建筑面积5746平方米。村级小学：坡共、先锋、罗牙小学3所，幼儿园1所，总建筑面积1078平方米。学生1213人，其中：初中生387人、小学生739人、幼儿园学生87人，男生656人，女生557人，少数民族生1011人，占学生总数83.3%。

“两基”工作 2005年10月“两基”工作通过省人民政府评估验收。小学入学率99.9%，初中入学率98.8%，中学生人均图书为35册，教学用房达标率98.6%，教学设备达标率95.5%，中小学毕业班全科合格率95.4%和96.8%，毕业率为98.4%和100%，中小学专任教师合格率99.8%。

教师文化结构 1991年有教师60人，其中：初中教师18人，小学教师42人，大专以上文化程度15人，中师45人。1995年教师68人，其中，初中教师20人、小学教师48人，大专以上文化程度18人、中师50人。2000年教师75人，其中，初中教师23人、小学教师52人，大专以上文化程度48人、中师27人。2005年教师85人，其中，初中教师26人、小学教师59人，大专以上文化程度73人、中师12人。2010年教师99人，其中，初中教师32人、小学教师67人，大专以上文化程度82人、中师17人。2013年教师95人，其中：初中教师35人、小学教师58人、幼儿园教师2人，大专以上文化程度82人、中师13人。

最低生活保障 非农业 2002年1人，国家每月补助150元。2005年1人，国家每月补助180元。2010年1人，国家每月补助235元。2013年2人，国家每月补助620元。

农业户口 2007年981户2784人，补助100.23万元。2010年1059户4348，补助260.88万元。2013年1187户3562人，补助3562万元。

农村“五保”供养 1991年“五保”户54人，发放“五保”供养费1.944万元。1995年“五保”户60人，发放“五保”供养费2.88万元；2000年“五保”户50人，发放“五保”供养费0.3万元；2005年“五保”户54人，发放“五保”供养费3.89万元；2010年“五保”户56人，发放“五保”供养费4.704万元；2013年“五保”户36人，发放“五保”供养费6.48万元。

董当敬老院 2013年民政局投资1300万元新建，占地面积18000平方米，建筑面积6300平方米，功能设备介全。

农村老复退军人 1991年农村老复退军人12人，国家每人每月补助150元。1995年11人，国家每人每月补助 180 元。2000 年 11 人，国家每人每月补助 210 元。2005 年 10 人。国家每人每月补助 390 元。2013 年 6 人，国家每人每月补助 500 元。

新型农村合作医疗 2010 年全乡总人口 16564 人，参合人数 14222 人，占总人口 87.5%。2013 年全乡总人口 16334 人，参合人数 14128 人，占总数 88.3%。

农村临时救灾 1991 年临时救灾 110 人次，1995 年临时救灾 180 人次，2000 年 230 人次，2005 年临时救灾 260 人次，2010 年临时救灾 350 人次，2013 年临时救灾 440 人次，支出 23.55 万元。

旧房改造 2008 年 3 月，贵州省民政厅拨专款由民政局负责，改造技术由城建局把关，乡政府提供名单，并共同组织下村组调查，照相核实。2008—2013 年旧房改造涉及 11 个村 573 户，补助资金 692.13 万元，农户自筹资金 1166.547 万元，总投资 1858.677 万元，村容得到有效改善。

三、董架社区服务中心

2014 年 2 月罗甸县行政区划调整，董架乡并归沫阳镇，更名为沫阳镇董架社区服务中心。位于罗甸县城东北面，地处北纬 25° 32′—25° 38′，东经 106° 50′—106° 59′。东与平塘县鼠场乡毗邻、南靠董当乡、西与平岩乡接壤、北与平塘县塘边镇相连。册三公路贯通全乡境内，是国家发改委规划为“500 米口径大射电望远镜项目后勤功能保障服务基地”。董架社区距县城 39 公里。

沿革 清代董架原名甲翠属罗斛州判下辖九甲半三屯。三屯即甲哨屯，今董架乡甲哨村；董细屯，今董架乡董细村；董屯，今董架乡董架村。三屯由内外布甲哨管辖。

民国 4 年（1915 年）废除土司亭、屯、村建制实行保甲制，董架属沫阳中二区管辖。民国 21 年（1932 年）行政区划调整中二区改称第四区。民国 25 年（1936 年）董架改称甲翠联保属第四区。民国 32 年（1943 年）重划政区，撤区设署设乡镇废联保。甲翠联保改设甲翠乡，辖 11 个保 107 甲，隶属沫阳区署。1951 年 3 月罗甸解放废除保甲建制，改设行政村、组。甲翠乡属第四区。1953 年甲翠乡改称董细乡属第四区。1956 年董细乡改称田坝乡。1956 第四区改称沫阳区，甲翠乡隶属沫阳区。1958 年田坝乡改称董架管理区，隶属沫阳公社。1963 年改称董架公社隶属沫阳区公所。1967 年改称董架公社革命委员会。1979 年改称公社管理委员会。1984 年称董架乡政府，隶属沫阳区。1991 年 8 月全县撤区并乡建镇，调整为 26 个乡镇，将田坝乡并到董架乡，辖董架村、甲哨村、东跃村、麻怀村、田坝村、民进村、白龙村、董细村、联合村。2013 年 11 月全县村级区划调整，撤并原 9 个行政村为 8 个行政村 68 个村民组，即：撤董架村、甲哨村，设立新的董架村；东跃村、麻怀村、田坝村、民进村、白龙村、董细村、联合村不变。

人口 1991 年总人口 8190 人，其中：男性 4170 人、女性 4020 人，少数民族 1638 人占总人口 20%，非农业人员 115 人。1995 年总人口 8426 人，其中：男性 4381 人、女性 4045 人，少数民族 1853 人占总人口 22%，非农业人口 92 人。2000 年总人口 8863 人，其中：男性 4520 人、女性 4343 人，少数民族 2100 人占总人口 23.69%，非农业人口 115 人。2005 年总人口 9354 人，其中：男性 5612 人、女性 3742 人，少数民族 2339 人占总人口 25%，非农业人口 137 人。2010 年总人口 9843 人，其中：男性 5905 人，女性 3938 人，少数民族 1285 人占总人口 13.05%，非农业人口 182 人。2013 年总人口 10014 人，其中：男性 5946 人，女性 4068 人，少数民族 2372 人占总人口 24%。非农业人口 182 人。

面积 2013 年辖区总面积 116.4 平方公里，其中：林业用地面积 7.9 万亩，森林覆盖率 40%，人口密度为每平方公里 86 人。董架乡属二类乡。

地形地貌 董架地处大山腹地，喀斯特地貌，地势东高西低，山高谷深。境内最高山峰牛栏坡位于民进村海拔 1232.6 米，最低海拔董架村筒高坡 800 米。

气候 董架乡属南亚热带季风性气候，年降雨充沛，日照时间长，冬暖夏凉。年平均温 18.6℃，最高气温 26.5℃，最低气温 3.5℃，无霜期 286 天，年平均日照时数 1085.5 小时，年平均降雨 1100-1250 毫米，降雨集中在 5-7 月份，6 月偏多。

气候灾害 2009 年 8 月，旱灾受灾农作物 2100 亩，经济损失 200 多万元；2010 年 7 月发生地质滑坡，联合村、民进村、麻怀村等 37 户，损坏房屋 148 间，经济损失 80 多万元。

农业　全乡耕地面积 9705 亩，其中：田 4380 亩、地 5325 亩，人均 0.9 亩。1991 年农业总产值为 500 万元，农民人均纯收入 520 元。1995 年农业总产值为 700 万元，农民人均纯收入 580 元。2000 年农业总产值为 1200 万元，农民人均纯收入 1050 元。2005 年农业总产值为 2300 万元，农民人均纯收入 1795 元。2010 年农业总产值为 2600 万元，农民的人均纯收入 3520 元。2013 年农业总产值为 4522 万元，农民人均纯收入 7284 元。

粮食作物　董架乡以种植水稻、玉米为主。1991 年水稻产量 2955 吨，玉米产量 2005 吨，人均食粮 605 公斤。1995 年水稻产量 3208 吨，玉米产量 1800 吨，农民人均食粮 520 公斤。2000 年水稻产量 3290 吨，玉米产量 1860 吨，人民人均食粮 528 公斤。2005 年水稻产量 2655 吨，玉米产量 1900 吨，农民人均食粮 502 公斤。2010 年水稻产量 2423 吨。玉米产量 3292 吨。人均食粮 492 公斤。2013 年水稻产量 1820 吨，玉米产量 2130 吨，人均食粮 484 公斤。

经济作物　1991 年早菜种植面积 3000 亩，产量 1500 吨，产值 150 万元；枇杷挂果面积 2 亩，产量 2 吨，产值 0.4 万元，总产值 150.4 万元。1995 年早菜种植面积 3500 亩，产值 580 吨，产值 110.5 万元；水果产值 10.7 万元。2000 年早菜种植面积 5000 亩，产值 690 吨，产值 125 万元；水果产值 13.2 万元。2005 年早菜种植面积 5599 亩，产值 700 吨，产值 135.2 万元；水果产值 15.8 万元。2010 年早菜种植面积 6000 亩，产值 750 吨，产值 142.1 万元；水果产值 31.2 万元。2013 年早菜 3400 亩，产量 1700 吨，产值 680 万元；枇杷面积 50 亩，产量 50 吨，产值 20 万元；核桃面积 3550 亩，产量 479 吨，产值 1437 万元，总产值 2137 万元。

养殖业　1991 年生猪饲养 7100 头，年末出栏 6600 头，产值 924 万元；养牛 1300 头，年末出栏 200 头，产值 60 万元；羊饲养 1000 只，年末出栏 300 只，产值 6 万元；家禽 1.16 万羽，上市 1.15 万羽，产值 11.46 万元；养殖总产值 1001.46 万元。1995 年生猪饲养 7800 头，年末存栏 2700 头；养牛 1200 头，年末存栏 800 头；羊饲养 1100 头，年末存栏 900 头；家禽 1.32 万羽，年末存栏 9851 羽，养殖总产值 209.45 万元。2000 年生猪饲养 8900 头，年末存栏 3800 头；养牛 1600 头，年末存栏 900 头；羊饲养 1500 头，年末存栏 1200 头；家禽 1.75 万羽，年末存栏 10054 羽，养殖总产值 247.3 万元。2005 年生猪饲养 9800 头，年末存栏 4200 头；养牛 2100 头，年末存栏 900 头；羊饲养 1800 头，年末存栏 1300 头；家禽 19342 羽，年末存栏 1.11 万羽，年末存栏 1.25 万羽，养殖总产值 280.24 万元。2013 年生猪饲养 1.34 万头，年末存栏 5300 头；养牛 3000 头，年末存栏 1200 头；羊饲养 3000 头，年末存栏 2300 头；家禽 5.8 万羽，年末存 3 万羽，养殖总产值 259.12 万元。

劳务输出　1991 年劳务输出 963 人，年收入 1142 万元。1995 年劳务输出 1113 人，年收入 1694 万元。2000 年全乡劳务输出 1283 人，年收入 2134 万元。2005 奶奶劳务输出 1443 人，年收入 2380 万元。2010 年劳务输出 1623 人，年收入 2900 万元。2013 年劳务输出 4000 人，年收入 6723 万元。主要分布在广州、浙江、广西等沿海城市，从事缝纫厂、鞋厂、服装厂、建筑业等。

资源　境内矿藏资源主要有米黄色大理石，经勘测储藏量 2.5 亿立方米。主要分布在东跃、白龙、董细、甲哨、董架、田坝六个村。

乡镇企业　董架乡 2013 年从事大理石加工私营企业两家，茂钰公司和坤达公司。2013 年茂玉公司上税金额 120 万元；坤达公司上税金额 62 万元。

水池水窖　董架水源缺乏。1991 年修山塘 2 个，小水池、小水窖 1543 口。1995 年新修山塘 1 个，水池水窖 145 口。2000 年新修水池水窖 94 口。2005 年新增山塘 1 个，水池水窖 11 口。2010 年新增水池水窖 17 口。至 2013 年山塘有 4 个，蓄水 2500 立方米；小水池（小水窖）1865 口，蓄水 5.6 万立方米，全靠国家投资。主要分布在联合村、田坝村、东跃村、董细村、麻怀村、董架村、白龙村、民进村，基本解决人畜饮水困难。

交通 1992年修董架村—鼠场边界村级公路长13.5公里。1995年增修东跃村岜西组—董细村村级公路长5公里。2000年增修岜油—余家坳村级公路长6.5公里；董架—簸箕寨村级公路长4.5公里；董架—金家坨柏油路7.8公里，累计总长18.8公里。2005年新增董架—锅厂村级公路长4.5公里；董细—下坝村级公路长1.5公里；簸箕寨—白马长3公里；白龙擦山—力毛坪长2公里；屯长—翁井长2.5公里，总里程13.5公里。2010年村级公路新增沫跃—董组长5公里；簸箕寨—董饶长2.5公里；董饶—董相长1，5公里；董架—大窝凼长3公里；田湾—正董长1.5公里；下坝—油山长2公里；甲哨—田坝长4.5公里，余家坳—青坡—苗山6公里。2013年村级公路新修塘砍—抵榜长5.5公里。全乡村级公路总长82.3公里，实现村村通公路。2013年动工硬化抹尖—田坝—余家坳村公路面。

电 1991—2013年，辖区无主变电（站）器、高压输电线。全乡只有10千伏线路11条，通过多年的电力基础设施建设，通电率逐年递增，其中：1991年为65%、1995年为77%、2000年为89%、2005年为93%、2010年为98%，2013年72个自然寨68个村民小组通电率100%。

邮政通信 1991年固定电话用户139户，移动电话用户28户，普及率0.3%。1995年安装固定电话用户174户，移动电话用户55户，普及率0.4%。2000年固定电话用户204户，移动电话用户531户，普及率57.5%。2005年固定电话用户271户，移动电话用户1485户，普及率79.3%。2010年固定电话用户321户，移动电话用户1611户，普及率82%。2013年拥有邮政网类1个，固定电话用户356户，移动电话用户1753户，普及率84.46%。

广播电视 1991年安装广播电视小天锅70户；1995年安装电视300户，覆盖率3.8%；2000安装电视731户，覆盖率31.7%；2005年安装电视1219户，覆盖率49.4%；2010年安装电视1631户，覆盖率62.7%；2013年电视用户2759户，电视覆盖率100%。

医疗卫生 1991年有卫生院1所，建筑面积150平方米，卫生员5人，其中：执业医生2人、注册护士3人，完成住院人次30人，诊疗1100人次，治愈率达91.5%。2000年卫生院，建筑面积418平方米，病床4张，卫生员7人，其中：注册护士5人，完成住院人次60人，诊疗2000人次，治愈率达96.5%。2005年卫生院扩建，建筑面积增加到600平方米，病床7张。卫生员7人，其中：注册护士3人，完成住院人次80人，诊疗3500人次，治愈率达96.8%。2010年卫生员8人，其中：注册护士3人，住院240人次，完成诊疗5500人次，治愈率达99.8%。2013年卫生员8人，其中：本科2人、大专3人、中专3人，完成住院462人次，诊疗9773余人次，治愈率达99.8%。

医疗设备有B超机、X光机、治疗仪、心电图、全自动生化仪、洗胃机、吸痰机、生物显微镜等、病床7张。

计生工作 1991年计生站1个，建筑面积276平方米，计生员9人。办理独生子女证15户，生育办证率146人，完成“四术”247例。1995年计生办和计生技术服务站扩建，建筑面积400平方米。开展结扎手术4例、上环术15例，办理独生子女户4户，生育办证率85%。2000年开展结扎手术1例、上环术23例，办理独生子女户3户，生育办证率85%。2005年专职计生员2人，技术员2人，开展结扎手术12例、上环术38例，办理独生子女户4户，生育办证率85%。2010年有专职计生员3人，技术员3人，开展结扎手术4例、上环术15例，办理独生子女户5户，生育办证率85%。2013年计生员8人，办理独生子女证44户，生育办证118人完成四术376例。

计生设备有B超、X光机、半自动生化分析仪、血球分析仪、数码阴道镜、心电图。

婚姻登记 1991年自愿结婚登记50对，登记率98.9%；1995年自愿结婚登记61对，登记率99%；2000年自愿结婚登记57对，登记率100%；2005年自愿结婚登记72对，登记率100%；2010年结婚登记43对，登记率100%。2012年后由县民政局联网办理。

教育 1991年有学校9所，其中：完成小学3所〔即董架中心校（含戴帽初中）、田坝小学、董细小学〕，教学点6个（即白龙、麻怀、联合、甲哨、东跃，苗山），学校总建筑面积6673平方米，学生1338人，其中：

初中生 402 人、小学生 936 人，男生 751 人、女生 587 人，少数民族生 314 人占学生总数 23.4%。1995 年学生 1529 人，其中：初中生 382 人、小学生 1147 人，男生 820 人、女生 709 人，少数民族生 321 人占学生总数 20.9%。2000 年学生 1580 人，其中：初中生 418 人、小学生 1045 人，男生 841 人、女生 739 人，少数民族生 333 人占学生总数 22.8% 人。2005 年学校 7 所（即董架中心校学、甲哨小学、田坝小学、白龙小学、联合小学、董细小学、东跃小学），董架中心学校仍设有初中部，建筑面积扩建到 7163 平方米。学生 1463 人，其中：初中生 418 人、小学生 1045 人，男生 730 人、女生 733 人，少数民族生 333 人占学生总数 22.8%。2010 年学校建筑面积 7394 平方米，学生 1184 人，其中：初中 319 人、小学生 865 人，男生 595 人、女生 589 人，少数民族生 314 人占学生总数 26.5%。2013 年学校 6 所（即董架中心学校、甲哨小学、田坝小学、董细小学、白龙小学、东跃小学），董架中心学校仍设有初中部。建筑面积扩建到 6055 平方米，学生 821 人，其中：初中生 211 人、小学生 610 人，男生 441 人、女生 380 人，少数民族生 240 人，占学生总数 29.23%。2014 年撤销董架中心学校的初中部，中学生全部到县民中、二中就读；撤销联合小学。学校有 6 所，学校总建筑面积 6055 平方米，学生 598 人，其中：男生 333 人、女生 265 人，少数民族生 185 人，占学生总数 31%。

“两基”工作 2005 年 11 月“两基”工作通过省人民政府评估和验收，小学入学率 99.2%，初中入学率 98.38%，完成率 82.38%，中小学人均图书为 17.9 册和 7.5 册，教学用房达标率 100%，教学设备达标率 100%，中小学结业班全科合格率 97.16% 和 90.40%，毕业率为 97.16% 和 95.48%，中小学教师合格率 100%，小学教师合格率 100%。

教师文化结构 1991 年有教师 30 人，其中：中学教师 10 人、小学教师 20 人，大专以上文化程度 3 人、中师 27 人。1995 年教师 51 人，其中：初中教师 12 人、小学教师 39 人、大专以上文化程度 4 人、中师 47 人。2000 年教师 54 人，其中：初中教师 15 人、小学教师 39 人，大专以上文化程度 7 人、中师 41 人。2005 年教师 74 人，其中：初中教师 20 人、小学教师 54 人，大专以上文化程度 34 人、中师 38 人。2010 年教师 67 人，其中：初中教师 24 人、小学教师 43 人，大专以上文化程度 49 人、中师 18 人。2013 年教师 55 人，其中：中学教师 10 人、小学教师 45 人，大专以上文化程度 41 人、中师 14 人。

农村“五保”分散供养 1991 年农村“五保”分散供养 15 人，国家发放“五保”定期补助款 0.54 万元。1995 年农村“五保”分散供养 15 人，国家发放“五保”定期补助款 0.63 万元。2000 年农村“五保”分散供养 20 人，国家发放“五保”定期补助款 0.96 万元。2002 年农村“五保”分散供养 15 人，国家发放“五保”定期补助款 0.81 万元。2010 年农村“五保”分散供养 21 人，国家发放“五保”定期补助款 1.77 万元。2013 年农村“五保”分散供养 24 人，国家发放“五保”定期补助款 4.32 万元。

农村老复退军人 董架乡 1991 年农村老复退军人 10 人，每人每月补助 150 元；1995 年农村老复退军人 9 人，每人每月补助 180 元；2000 年农村老复退军人 9 人，每人每月补助 210 元；2002 年农村老复退军人 8 人，每人每月补助 300 元；2010 年农村老复退军人 8 人，每人每月补助 390 元；2013 年农村老复退军人 6 人，每人每月补助 500 元。

最低生活保障 2002 年国家对非农业人口实施最低生活保障补助。是年对非农业人口 2 户 4 人月发放补助 0.06 元。2007 年国家对农业人口实施最低生活保障政策，2010 年董架乡享受最低生活保障 1140 户，其中：非农业人口 4 户 8 人，农业人口 1136 户 4239 人，国家月发放补助金 194.78 万元。2013 年董架乡享受最低生活保障 1291 户，其中：非农业人口 14 户 19 人，农业人口 1277 户 2702 人，国家月发放补助金 256.4 万元。

合作医疗 2007 年罗甸县实施农村合作医疗，董架乡 2010 年参加合作医疗 9047 人，占总人数 96.15%。2013 年参加合作医疗 8998 人占总人数 80%。农村医疗救助 338 人，临时救助 450 人次，支出 21.3 万元。

新农村建设 2002 年民政局引进台湾慈济会帮扶董架村沫尖组修建移民新村 32 户，总投资 50 万元。

2004年民政局补助金家坨建房6户，总投资25万元。2006年民政局引进台湾慈济会帮扶上翁井村建移民新村50户，总投资231万元。2008年民政局引进台湾慈济会帮扶董架村对门寨建移民新村52户，总投资234万元。2009—2013年危房改造792户，县民政局补助694.2万元，涉及8个村，使村民得以安居。

集贸市场 董架乡1992年前群众赶集、农产品交易等都是沿210国道两侧进行。1993年乡政府征地新建集贸市场5336平方米，1995年水泥硬化市场路面。市场交易物品主要是日常生活用品及农产品。

特优农产品 董架核桃壳薄洁净、肉质丰满、质优量高，含丰富的不饱和脂肪酸及丰富的维生素B和维生素E。

四、平岩社区服务中心

2014年2月罗甸县行政区划调整，平岩乡并到沫阳镇，改称沫阳镇平岩社区服务中心。社区位于罗甸县东部，地处北纬25° 29′—25° 34′，东经106° 55′—107° 04′。地处两省三县交界地带。东与广西南丹县中堡乡隔河相望，南靠沫阳镇翁堡村，西与董架接壤，北与平塘县鼠场乡相邻。

沿革 平岩清代属罗斛州判辖三屯的甲哨屯。民国4年（1915年）废除土司的亭、屯、村建制，实行保甲制，平岩属中二区管辖。民国25年（1936年）整编保甲，平岩属第四区甲翠联保。1951年罗甸解放后废联保，设平岩乡。1953年平岩乡属第四区。1956年第四区改称沫阳区，平岩乡属沫阳区。1958年全县实行人民公社化，平岩乡改称平岩管理区，隶属沫阳公社。1963年恢复区级建制，平岩公社隶属沫阳区。1967年改称平岩公社革命委员会。1979年改称平岩公社管理委员会，1984年改称平岩乡。1991年8月撤区并乡建镇，保留平岩乡，调整后平岩乡属二类贫困乡，辖高兰、平岩、弯心、火龙、安阳、独坡、下朝、联丰8个村51个村民组。

2013年11月全县村级区划调整，撤并原8个行政村为5个行政村35个村民组，即弯心村并高兰村，火龙村并平岩村，安阳村的川硐组并独坡村，下朝村并联丰村，安阳村不变。

人口 1991年总人口6108人，其中：男性3156人、女性2952人，非农业人口70人，农业人口6038人，少数民族2040人，占总人口33.4%。1995年总人口6506人，其中：非农业人口80人、农业人口6426人，少数民族2186人占总人口33.6%。2000年总人口7031人，其中：非农业人口95人、农业人口6936人，少数民族2179人占总人口33.1%。2005年总人口67301人，其中：非农业人口102人、农业人口7199人，少数民族2443人占总人口33.5%；2010年总人口7812人，其中：非农业人口128人、农业人口7684人，少数民族2622人占总人口33.6%。2013年总人口8180人，其中：男性4229人、女性3951人，非农业人口111人、农业人口8069人，少数民族2597人占总人口32%。

面积 辖区东西宽19.6公里，南北长19.78公里，总面积79.9平方公里，其中：陆地77.2平方公里占96.62%，水域2.7平方公里占3.38%。人口密度为每平方公里96.72人。

地形地貌 地处大山腹地，典型的喀斯特地貌地区，地势东高西低，山高谷深。境内最高海拔位于联丰村大坡海拔1300米，最低海拔位于安阳村云盘坡540米。

气候 平岩乡属南亚热带季风性气候，年降雨稀少，日照时间长，其特点春早、夏长、秋迟、冬短。年平均温15.3℃，最热是7月，7月平均气温22℃，气温最低是1月，1月平均气温6.6℃。无霜期300天，年平均日照时数960小时。7月，年平均降水量800—1100毫米。降雨集中在每年5-7月，6月降雨偏多。

水文 境内漕度河属珠江流域水系，流域面积15平方米，境内长度9.2公里。年平均流量156000万立方米。

气候灾害 主要有旱灾、冰雹。2007年受冰雹袭击庄稼受损2200亩，损坏房屋500栋，经济损失260多万元。

农业 平岩乡耕地面积7969亩，其中：田1485亩、地6484亩，人均0.98亩；林业用地面积3.2万亩，森林覆盖率40%。1991年农业总产值788.1万元，人均纯收入720元。1995年总产值1149.4万元，人均纯收入800元；2000年总产值1203.7万元，农民人均纯收入890元。2005年农业总产值1624万元，人均纯收入 1054 元。2010 年总产值 1630 万元，人均纯收入 2046 元。2013 年农业总产值 1636 万元，人均纯收入 4839 元。

粮食作物　主要以种植玉米、水稻为主。1991 年产粮 1800 吨，产值 216 万元，人均食粮 295 公斤。1995 年产粮 2039 吨，产值 285.5 万元，人均食粮 313 公斤。2000 年产粮 2039 吨，产值 332 万元，人均食粮 279 公斤。2005 年产粮 2130 吨，产值 639 万元，人均食粮 292 公斤。2010 年产粮 4480 吨，产值 716.8 万元，人均食粮 573 公斤。2013 年产粮 3136 吨，产值 752.6 万元，人均食粮 392 公斤。

经济作物　1995 年平岩乡群众未种植有早菜，基本是夏季种植蔬菜，自产自足。1998 年群众开始种有少量早菜。2000 年早菜种植 20 亩，产量 18 吨，产值 0.27 万元。2005 年早菜种植 31 亩，产量 21 吨，产值 0.42 万元。2010 年早菜种植 29 亩，产量 20 吨，产值 0.39 万元。2013 年早菜种植 1200 亩，产量 600 吨，产值 240 万元。1997 年栽核桃 9000 亩，2013 年产量 1215 吨，产值 2430 万元。

养殖业　1991 年生猪饲养 3985 头，出栏 3900 头，产值 546 万元；养牛 2055 头，出栏 299 头，产值 89.7 万元；养羊 785 只，出栏 215 只，产值 4.3 万元；家禽 1.32 万羽，上市 1.3 万羽，产值 13 万元；养殖总产值 653 万元。1995 年生猪饲养 4985 万头，出栏 4500 万头；养牛 2100 万头，出栏 415 万头；家禽 1.41 万羽，上市 1.35 万羽，总产值 235.6 万元；2000 年生猪饲养 5980 万头，出栏 5000 万头；养牛 2333 万头，出栏 598 万头；家禽 1.69 万羽，上市 1.51 万羽，总产值 241.2 万元。2005 年生猪饲养 7907 万头，出栏 7500 万头；牛饲养 2865 万头，出栏 689 万头；家禽 1.34 万羽，上市 1.32 万羽，总产值 336 万元。2010 年生猪饲养 9192 万头，出栏 9000 万头；牛饲养 3359 万头，出栏 828 万头；家禽 20388 万羽，上市 2 万羽，总产值 262.9 万元。2013 年养猪 6000 头，出栏 5000 头，产值 1300 万元；养牛 1700 头，出栏 310 头，产值 155 万元；养羊 1300 只，出栏 300 只，产值 27 万元；饲养家禽 1.35 万羽，上市 1.02 万羽，产值 20.4 万元，总产值 1502.4 万元。

劳务输出　1991 年全乡劳务输出 774 人，年收入 774 万元。1995 年劳务输出 934 人，年收入 1214 万元。2000 年全乡劳务输出 1084 人，年收入 1620 万元。2005 年劳务输出 1234 人，年收入 2221.2 万元。2010 年劳务输出 1784 人，年收入 3568 万元。2013 年劳务输出 1013 人，年收入 2026 万元。务工人员主要分布在广州、浙江、上海等沿海城市，从事进缝纫厂、鞋厂、服装厂、建筑业等。

水资源　境内槽渡河属珠江流域水系，流域面积 15 平方公里，总长 9.2 公里，年平均流量 1.4 亿立方米。因河床处在坡脚，落差大，无法利用，农田浇灌和人畜饮水困难。平岩社区水源缺乏，平时吃水靠下雨。1991 年修山塘 15 个，小水池小水窖 200 口。1995 年修山塘 3 个、小水池小水窖 150 口。2000 年修山塘 7 个、小水池小水窖 200 口。2005 年修山塘 5 个、小水池小水窖 110 口。2010 年修山塘 5 个、小水池小水窖 140 口。2013 年共有山塘 31 个、小水池小水窖 5210 口。基本解决人畜饮水困难。

自然资源　有杉木、青岗木、松木、椿木、青杉、香樟树、桂花树等；药材有何首乌、杜仲、黄精、百部、天门冬、砂仁、灵芝、石榴、银杏、苦练子、金银花、木瓜、土人参等。动物：野猫、松鼠、狸、獐子及蛇类、鸟类等。

交通　1991 年辖区有泥巴公路 1 条，长 19.8 公里，2000 年矿路改为柏油公路，国家投资 1980 万元。1991 修乡政府—弯心村公路长 2.7 公里；1995 年修平岩—下朝村公路长 8.913 公里；2000 年修冗好—安阳长 8.9 公里；2005 年修木林口—联丰村长 14.2 公里，独坡翁岩—联丰村 4 公里；2010 年修平岩路—独坡 13.1 公里，平岩—火龙村 7.5 公里；1991—2012 年修村级水泥公路长 110.3 公里。国家投资 2757.5 万元，实现村组通公路。

电　1996 年以前全乡只有 10 千伏 1 台变压器，90% 的农户仍点煤油灯，2005 年全乡通电率 100%。

通信　1998 年安装固定电话 12 户，2013 年固定电话 33 户，移动电话 1807 户，普及率 77%。

广播电视　1991 年全乡安装电视小天锅 50 户。1995 年安装 300 户，电视覆盖率 4.5%。2000 年安装小天锅 2210 户，电视覆盖率 31.4%。2005 年安装小天锅 4560 户，电视覆盖率 62.5%。2010 年安装小天锅6960户，电视覆盖率89.1%。2013年安装小天锅2150户，电视覆盖率92%。

医疗卫生 1991年卫生院1所，建筑面积200平方米，专业卫生员3人，执业医生3人，完成诊疗1500人次，治愈率95.0%。2000年卫生院建筑面积500平方米，专业卫生员5人，完成诊疗1800人次，治愈率95.0%。2005年完成诊疗2000人次，治愈率95.0%。2010年卫生院建筑面积700平方米，专业卫生员6人，其中：本科1人、大专3人、中专2人。注册护士1人，完成住院90人次，诊疗3600人次，治愈率97.0%。2013年专业卫生员8人，其中：大专4人、中专4人。注册护士3人。完成住院130人次，诊疗4800人次，治愈率98.0%。医疗设备全自动生化分析仪、心电图、B超机、尿液分析仪、病床6张。

计生工作 1991年设计生办公室和计生技术服务站，建筑面积100平方米，专职计生员2人，办理独生子女2户，生育办证率60人，完成“四术”131例。1995年计生站建筑面积400平方米，开展结扎手术4例，上环术15例，办理独生子女4户，生育办证率85%。2000年开展结扎手术1例，上环术23例，办理独生子女3户，生育办证率67%。2005年专职计生人员2人，技术人员2人，开展结扎手术12例，上环术38例，办理独生子女4户，生育办证率70%。2010年专职计生人员3人，技术人员3人，开展结扎手术4例，上环术15例，办理独生子女5户，生育办证率76%。2013年专职计生员5人，其中：大专2人，中专3人，独生子女办证5户，生育办证83人，完成“四术”128例。设备有B超、吸阴器、数码阴道镜、乳腺诊疗仪、消毒锅等。

婚姻登记 1991年自愿结婚17对，结婚登记率97%。1995年自愿结婚20对，结婚登记率100%。2000年自愿结婚登记22对，登记率100%。2005年自愿结婚登记47对，登记率100%。2010年自愿结婚30对，结婚登记率95%。2012年后由县民政局联网办理，结婚登记100%。

文化 2012年建乡文化站，建筑面积299.6平方米，藏各类科技书5000册。村级文化室8个，藏各类科技书500册。

教育 1991年学校8所，建筑总面积9280平方米，其中：完全小学3所（平岩、独坡、联丰），教学点5个（下朝、安阳、高兰、文坪、火龙）。学生565人，其中：男生377人、女生188人，少数民族生81人占学生总数14%。1995年小学5所（联丰村、下朝村、度坡村、平岩村、安阳村），总建筑面积9280平方米。学生698人，其中：男生449人，女生249人，初中生400人。少数民族生124人占学生总人数18%。2000年学生906人，其中：男生518人、女生388人。2005年学生1132人，其中：中学生300人、小学生832人，男生434人、女生398人，少数民族生386人占学生总人数34%。2010年小学3所，学生1081人，少数民族生408人占学生总人数37.7%。2007年县民政局引进台湾慈济会援助资金126万元，2009年12月建成平岩中学学生公寓一栋三层，建筑面积1516平方米，基本解决学生住校的困难。2013年学生929人，其中：中学生241人、小学生688人，男生612人、女生317人。少数民族生304人占学生总人数32.7%。2005年11月“两基”工作通过省人民政府评估和验收平岩小学入学率98.8%，初中入学率100%，完成率98.8%，中学生人均图书为15册，小学生人均9.8册。教学用房达标率100%、教学设备达标率100%，中小学结业班全科合格率99.6%和100%，毕业率为99.6%和100%，中小学专任教师合格率100%。

教师文化结构 1991年小学教师17人，文化程度中师17人。1995年教师32人。其中：初中教师5人、小学教师27人，大专以上文化程度12人、中师20人。2000年教师46人。其中：初中教师13人、小学教师33人，大专以上文化程度15人、中师31人。2005年教师62人。其中：初中教师19人、小学教师43人，大专以上文化程度20人、中师42人。2010年教师71人。其中：初中教师27人、小学教师43人，大专以上文化程度22人、中师49人。2013年教师58人，其中：初中（1995年设戴帽中学）教师21人、小学教师37人，大专以上文化程度28人、中师30人。2014年平岩中学并到沫阳中学。

农村“五保”分散供养 1991年农村“五保”分散供养18人，国家发放补助金0.65万元。1995年农村“五保”分散供养16人，国家发放补助金0.77万元。2000年农村“五保”分散供养15人，国家发放补助金0.9

万元。2002 年农村“五保”分散供养 14 人，国家发放补助金 1.08 万元。2010 年农村“五保”分散供养 20 人，国家发放补助金 1.68 万元。2013 年农村“五保”分散供养 14 人，国家发放补助金 2.52 万元。

农村老复退军人 1991 年农村老复退军军人 7 人，国家每人每月补助 150 元；1995 年农村老复退军人 6 人，国家每人每月补助 180 元；2000 年农村老复退军人 6 人，国家每人每月补助 210 元；2005 年农村老复退军人 5 人，国家每人每月补助 300 元；2010 年农村老复军人退 5 人，国家每人每月补助 390 元；2013 年农村老复退军人 4 人，国家每人每月补助 500 元。

享受最低生活保障 2002 年国家对城镇非农业人口实施最低生活保障政策。平岩乡享受城镇最低生活保障 1 人，月补助 100 元。2005 年享受城镇最低生活保障 2 人，每月补助 220 元。2010 年享受城镇最低生活保障 2 人，国家每人每月补助 190 元。2013 年享受城镇最低生活保障 5 人，国家每人每月补助 260 元。2007 年国家实施农村人口享受最低生活保障政策后。是年享受农村最低生活保障 1234 人，国家发放补助 74.04 万元。2010 年享受农村最低生活保障 1574 人，国家发放补助 170.63 万元。2013 年享受农村最低生活保障 1050 户 2995 人，国家发放补助 265.11 万元。

农村临时救助 1991 年国家对农村贫困农户采取临时政策。2007 年农村临时救济 198 人，国家发放补助 0.8 万元。1995 农村临时救济 250 人，国家发放补助 1.5 万元。2000 农村临时救济 340 人，国家发放补助 2.6 万元。2005 农村临时救济 380 人，国家发放补助 4.6 万元。

农村合作医疗 2010 年参加农村合作医疗 1917 户 7163 人，占总人口 89%。2013 年参加农村合作医疗 1930 户 7272 人，占总人口 88%。

生态移民 高栏村和弯心村是平岩村苗族村寨，原居住的是茅草叉叉房，面积 30 平方米左右，条件非常艰苦，2006—2008 年，在县民政局和台湾慈济会支持下，按照民族特色，先后在高栏村建 42 栋 84 户、弯心村建 32 栋 64 户，极大地改变了当地群众居住条件，展现了民族特色风貌。

危房改造 2008 年 3 月贵州省民政厅拨专款由民政局负责，改造技术由城建局把关，名单由乡政府组织调查核实。2009 年危房改造 127 户，涉及 8 个村，其中：安阳村 27 户、独坡村 26 户、高栏村 40 户、火龙村 14 户、联丰村 21 户、平岩村 28 户、弯心村 4 户、下朝村 12 户，投资 210 万元。2010 年危房改造 149 户，其中：安阳村 40 户、独坡村 36 户、高栏村 12 户、火龙村 3 户、联丰村 9 户、平岩村 20 户、弯心村 7 户、下朝村 22 户，投资 185 万元。2011 年危房改造 115 户，其中：安阳村 21 户、独坡村 21 户、高栏村 11 户、火龙村 4 户、联丰村 24 户、平岩村 16 户、弯心村 3 户、下朝村 15 户，投资 61.9 万元。2012 年危房改造 182 户，其中：安阳村 25 户、独坡村 14 户、高栏村 41 户、火龙村 11 户、联丰村 10 户、平岩村 45 户、弯心村 11 户、下朝村 25 户，投资 122.35 万元。2013 年危房改造 240 户，其中：安阳村 26 户、独坡村 30 户、高栏村 60 户、火龙村 26 户、联丰村 39 户、平岩村 42 户、弯心村 8 户、下朝村 9 户，投资 149.5 万元。平岩乡危房改造共 910 户，总投资 788.31 万元。村貌焕然一新，村民安居乐业。

第五节 茂井镇

一、茂井镇

位于罗甸县东南部，位于北纬 25° 04'—25° 45'，东经 106° 23'—107° 03' 之间，东与广西天峨县三堡乡隔槽渡河相望，西与罗悃镇相连，南与凤亭乡接壤，北与沫阳镇毗邻，是茂井镇政治、经济、文化、物流、商贸活动中心。

沿革 清雍正五年（1727 年）隶属罗斛州判赖石甲哨岜索亭。民国 4 年（1915 年）废除土司亭、屯、村建制，实行保甲制，八达属于五区所辖。民国 25 年（1936 年）整编保甲，第五区八茂辖 3 个联保。民国 32 年（1943 年），撤区设署，废联保设乡镇，撤八茂区设八茂乡，隶属沫阳区署。1951 年罗甸解放废除保甲制，改设区、乡、行政村组，八茂属第五区下设八茂乡。1956 年第五区改称八茂区，八茂乡隶属八茂区。1958年八茂区改称八茂公社辖7个管理区。1963年恢复区级建制，八茂公社改为八茂区公所，原管理区改为公社。八茂区辖：八茂、弯井、高圩、大亭、班仁、布告、凤亭7个公社。1967年八茂区公所改称八茂区革命委员会。1979年1月恢复区公所，各公社革命委员会改称公社管理委员会。1984年全县调整为6区1镇，49个乡。八茂区公所辖7个乡。1991年8月撤区并乡建镇，撤八茂区，八茂乡和高圩乡合并建茂井镇，镇政府驻地八达村。龙滩电站建设，原镇驻地被淹没，镇党委和政府及机关单位2006年9月迁到新址红屯村。2013年11月全县村级区划调整，撤原12个行政村建9个行政村，即：兰西村、康里村合并，称兰西村；边圩村、红屯村合并，称红屯村；新茂村与油西村（7–10组）合并，称新茂村；东山村与油西村（1–6组）合并，称东山村；高田村、丰井村、八达村、五家坟村、高里村不变。2014年2月罗甸县行政区划调整，将原茂井镇、大亭乡合并建茂井镇，原乡镇改称社区服务中心。调整后茂井镇辖五家坟、高里、兰西（兰西、康里合并）、茂井（红屯、边圩合并）、高田、丰井、八达、新茂、东山（东山、油西合并）、大亭、牛棚、布江、布苏、亭西、田坝、北亭16个村委会141个村民组。

人口 茂井镇1991年人口12918人，其中：男性6677人、女性6241人，少数民族人口12088人，非农业人口241人，少数民族占总人口93.57%。1995年总人口13410人，其中：非农业人口323人。少数民族人口12555人占总人口93.6%。2000年总人口14031人，其中：非农业人口446人，少数民族人口13146人占总人口93.7%。2005年总人口14688人，少数民族人口13796人，非农业人口563人，少数民族占总人口93.93%。2010年人口14241人，其中：非农业人口379人，少数民族人口13395人占总人口93.41%。2013年人口13816人，其中：男性7108人、女性6708人，非农业人口294人，流动人口1107人。少数民族12727人占总人口92.12%。2014年人口23588人，其中：男性12191人、女性11397人，非农业人口380人，少数民族人口22220人占总人口94.2%。2015年人口24537人，其中：男性12677人、女性11860人，非农业人口382人，少数民族人口23136人占总人口94.3%。

面积 镇辖区东西宽11公里，南北长23公里，总面积189.16平方公里，其中：陆地176.56平方公里，占93.34%；水域面积13.76平方公里，占7.27%。人口密度为每平方公里73人。2014年与大亭乡合并后面积313.42平方公里，其中：水域面积20.56平方公里占总面积6.56%，人口密度为每平方公里75人。

地貌 地貌多为山地，地势北高南低，呈阶梯式下降，四面山峦叠嶂，中间沿高圩河呈狭长河谷低山地带，多以土坡为主，最高海拔位于田坝村老山大坪1400.6米，为全县最高点；最低点位于田坝村下大湾（双河口），海拔242米（现被水淹），为全县最低点。

气候 茂井镇属亚热带气候，年平均温度20. 6℃，境内极端气温最高40.3℃，最低1.8℃。其特点：春早、夏长、秋迟、冬短，无霜期354天，素有“天然温室”之称。年平均日照时数1460小时，年平均降水量1100—1200毫米，降雨多集中再每年5–7月，6月份最多。

水文 境内河流有霸王河、蒙江（边外河）、油拉河（坝王河、蒙江汇合后的下游）、曹渡河、高圩河。高圩河发源于五家坟村，流经高里村、兰西村、茂井村（红屯村、边圩村）丰井村、八达村进入油拉河；坝王河、蒙江、油拉河、曹渡河穿境而过，流经红屯、丰井、八达、东山、新茂5个村，最后注入红水河；曹渡河系贵州与广西的边界河流，流经五家坟、高里、兰西村及大亭后在双江口注入红水河，河流总长55公里，流域面积189平方公里，年平均流量424600万立方米。另有小溪20条，地表水源丰富，长年不断，满足人畜饮水需要。原在油西村朗扛设水文站1个，龙滩电站蓄水淹没后报废。

气候灾害 2009年7月，茂井镇连降暴雨，发生风灾水灾，造成五家坟、高田村、兰西、康里、边圩、东山、油西等村农田240多亩、房屋26间损毁，经济损失60多万元。2011年夏秋，茂井全镇范围内发生旱灾，1500余亩田土农作物绝收或歉收，其中：五家坟、高田、东山、油西、新茂等5个村尤为严重，造成经济损失130余万元。

耕地 1991年全镇耕地面积17370亩，其中：田5835亩、地11535亩，人均耕地面积1.34亩。林地90795亩，森林覆盖率32%。1995年耕地面积17475亩，其中：田5850亩、地11625亩，人均耕地面积 1.3 亩，林地 9.93 万亩，森林覆盖率 35%。2000 年耕地面积 17520 亩，其中：田 5850 亩、地 11670 亩，人均耕地面积 1.245 亩，林地 109230 亩，森林覆盖率 38.5%。2005 年耕地面积 17610 亩，其中：田 5895 亩、地 11715 亩，人均耕地面积 1.215 亩，林地 119910 亩，森林覆盖率 42%。2010 年耕地面积 17925 亩，其中：田 5925 亩、地 12000 亩，人均耕地面积 1.25 亩，林地 133350 亩，森林覆盖率 47%。2013 年耕地面积 16590 亩，其中：田 5805 亩、地 10785 亩，人均耕地面积 1.2 亩，林地 153225 亩，森林覆盖率 54%。2014 年大亭乡并到茂井镇后，耕地面积 28450 亩，其中：田 8806 亩，地 19644 亩，人均耕地面积 1.2 亩。林地 253875 亩，森林覆盖率 54%。2015 年林地 263277 亩，森林覆盖率 56%。

粮食作物　以种植水稻、玉米为主。1991 年粮食产量 4512 吨，其中：水稻 3688 吨、玉米 788 吨，产值 1263 万元，人均食粮 349 公斤。1995 年粮食产量 5046 吨，其中：水稻 4016 吨、玉米 856 吨，产值 1513 万元，人均食粮 418 公斤。2000 年粮食产量 5860 吨，其中：水稻 4764 吨、玉米 914 吨，产值 1875 万元，人均食粮 418 公斤。2005 年粮食产量 6044 吨，其中：水稻 4860 吨、玉米 1124 吨，产值 1875 万元，人均食粮 411 公斤。2010 年粮食产量 4498 吨，其中：水稻 3990 吨、玉米 476 吨，产值 1747 万元，人均食粮 314 公斤。2013 年粮食产量 4660 吨，其中：水稻 4202 吨、玉米 424 吨，产值 1973 万元，人均食粮 337 公斤。2014 年粮食产量 7060 吨，其中：水稻 5880 吨，玉米 860 吨，小麦等其他粮食作物 320 吨，产值 2666 万元，人均食粮 300 公斤。2015 年粮食产量 7290 吨，其中：水稻 6040 吨，玉米 900 吨，小麦等其他粮食作物 350 吨，产值 2752 万元，人均食粮 297 公斤。

经济作物　以种植蔬菜、油桐、板栗和香、芭蕉为主。1991 年早蔬菜种植面积 510 亩，产量 255 吨，产值 51 万元；香、芭蕉挂果面积 340 亩，产量 340 吨，产值 34 万元；油桐挂果面积 4300 亩，产量 2000 吨，产值 400 万元；板栗挂果 1640 亩，产量 820 吨，产值 164 万元；其他经济作物 30 万元，总产值 679 万元。1995 年早蔬菜种植面积 1224 亩，产量 1042 吨，产值 180 万元；香芭蕉、甘蔗 400 亩，产值 92 万元；油桐挂果面积 5600 亩，产值 225 万元；板栗挂果面积 1870 亩，产值 121 万元；总产值 658 万元，农民年人均纯收入 1734 元。

2000 年早蔬菜种植面积 2826 亩，产量 2450 吨，产值 442 万元；香芭蕉、甘蔗 660 亩，产值 144 万元；油桐挂果面积 5200 亩，产值 216 万元；板栗挂果面积 2450 亩，产值 170 万元。总产值 1012 万元。农民年人均纯收入 2320 元。2005 年早蔬菜种植面积 4880 亩，产量 4390 吨，产值 834 万元；柑橘、挂果面积 790 亩，产值 176 万元；油桐挂果面积 4900 亩，产值 192 万元；板栗挂果面积 2740 亩，产值 208 万元。总产值 1455 万元，农民年人均纯收入 3256 元。

2010 年早蔬菜种植面积 4645 亩，产量 4456 吨，产值 879 万元；柑橘、香芭蕉 810 亩，产值 184 万元；油桐 4200 亩，产值 188 万元；板栗 3030 亩，产值 240 万元。总产值 1541 万元，农民年人均纯收入 4685 元。2013 年早蔬菜种植面积 4744 亩，产量 4530 吨，产值 906 万元；柑橘挂果面积 830 亩，产值 194 万元；油桐挂果面积 3800 亩，产值 162 万元；板栗挂果面积 3480 亩，产值 276 万元。总产值 1593 万元，农民年人均纯收入 6237 元。2014 年早菜种植面积 4820 亩，产量 2410 吨，产值 964 万元，香芭蕉面积 800 亩，产量 800 吨，产值 160 万元；油桐挂果面积 8300 亩，产量 3200 吨，产值 1280 万元；板栗挂果面积 7410 亩，产量 3600 吨，产值 1280 万元。经济作物总产值 3684 万元，农民人均纯收入 7160 元。2015 年早菜种植面积 4940 亩，产量 2550 吨，产值 1020 万元；香芭蕉面积 960 亩，产量 960 吨，产值 92 万元；油桐挂果面积 7800 亩，产量 3000 吨，产值 1200 万元；板栗挂果面积 7820 亩，产量 3800 吨，产值 1520 万元。总产值 3832 万元，农民人均纯收入 7340 元。

养殖业　以饲养猪、牛、黑山羊为主。1991 年生猪饲养存栏 0.555 头，出栏 0.4 万头，产值 560 万元；养羊 0.4 万只，出栏 0.15 万只，产值 30 万元；牛存栏 0.43 万头，出栏 1 万头，产值 300 万元；家禽饲养 1.85 万羽，上市家禽 1.2 万羽，产值 12 万元，总产值 902 万元。

1995 年养猪 0.7 万头，出栏 0.32 万头；养羊 0.48 万只，出栏 0.28 万只；牛 0.46 万头，出栏 0.2 万头；

家禽2.1万羽，上市1.5万羽；总产值810万元。2000年养猪0.75万头，出栏0.36万头；羊0.53万只，出栏0.32万只；牛0.42万头，出栏0.2万头；家禽2.2万羽，上市1.6万羽；总产值1224万元。2005年养猪0.78万头，出栏0.37万头；羊0.55万只，出栏0.25万只；牛0.37万头，出栏0.1万头；家禽2万羽，上市1.6万羽；总产值1537万元。2010年生猪饲养0.76万头，出栏0.5万头；羊0.56万只，出栏0.35万只；牛0.32万头，出栏0.15万头；家禽2.1万羽，上市1.6万羽；总产值1792万元。2013年生猪饲养0.75万头，出栏0.55万头；羊0.57万只，出栏0.35万只；牛0.29万头，出栏0.09万头；家禽2.3万羽，上市1.7万羽；总产值1950万元。2014年生猪饲养0.94万头，出栏0.68万头，产值1757.6万元；养羊0.68万只，出栏0.25万只，产值225万元；牛存栏0.35万头，出栏0.07万头，产值350万元；家禽4.6万羽，上市2.6万羽，产值52万元，总产值2384.6万元。2015年生猪饲养0.98万头，出栏0.69万头，产值1804.4万元；养羊0.71万只，出栏0.26万只，产值234万元；牛存栏0.36万头，出栏0.072万头，产值360万元；家禽4.8万羽，上市2.8万羽，产值56万元，总产值2454.4万元。

渔业 龙滩电站蓄水后，茂井镇河谷形成13.76平方公里湖面，为发展渔业提供有利条件。2007年网箱养鱼34户400口，养殖水面1.5平方公里，产量700吨，产值800万元。2010年网箱养鱼45户700口网箱，养殖水面2平方公里，鱼产量1300吨，产值1500万元。2013年网箱养鱼64户1000口网箱，养殖水面3平方公里。鱼产量1800吨，产值2000万元。2014年网箱养鱼68户1200口，养殖水面3. 5平方公里，产量1500吨，产值1800万元。2015年网箱养鱼64户1150口，养殖水面3.2平方公里，产量1420吨，产值1704万元。

劳务输出 1995年茂井镇开始组织劳务输出，外出务工84人，年收入15.6万元。2000年外出务工1236人，年收入395万元。2005年外出务工1842人，年收入693万元。2010年外出务工2628人，年收入1524万元。2013年外出务工3226人，年收入2166万元。2014年外出5251人，年收入6460万元。2015年外出5362人，年收入6720万元。

乡镇企业 1991年个体桐油加工厂1家，从业人员5人，年产值80万元；2014年有砖厂私营企业1家，规模设备1套，上缴税金1.89万元。1995年个体桐油加工厂2家，规模设备2套，从业人员11人，年产值320万元；2000年个体桐油加工厂4家，规模设备4套，从业人员27人，年产值890万元；2005年因龙滩水库淹没，企业停办。2013年有个体桐油加工厂1家，规模设备1套，从业人员4人，上缴税金1.46万元。2015年有私营企业砖厂1家，规模设备1套，上缴税金2.24万元。

矿产资源 境内已探明有铁矿，主要分布在丰井村、新茂村和东山村，矿区面积3平方公里，储藏量11亿立方米；大理石10亿立方米，矿区面积1平方公里，主要分布在高田、丰井村；玄武石25亿立方米，主要分布在茂井、高里等村；药材有苦练子、砂仁、艾纳香、土人参等。

交通 1991年修八茂—高圩村级公路，长15公里，宽5.5米。1996年修高里—大亭公路14公里。1998年修高里—五家坟长7公里，兰西—康里长4公里。1999年修八达—新茂长6公里，茂凤公路—交上长2公里。2002年修茂高—交色长6公里，2004年修茂凤—油韶长4.5公里。2005年修油韶—交忙山长4.5公里。2006年修康里—小平田长4公里，油韶—纳仰长3.5公里。2006年龙滩电站蓄水，乡镇公路被淹没16公里（罗八公路10公里、茂凤公路6公里），村组公路被淹18公里（新茂公路6公里，茂高公路10公里，交上、油韶、交色公路共2公里）2007年修沫阳纳翁—茂井长21公里。2008年修八达—红屯、茂井—逢亭复建公路长37公里（由移民局修建补偿被龙滩水库淹没的公路）。2009年修高里—八里河长4.5公里，高里—交饶长4公里。2010年修大亭—弄本公路长4公里。2013年修红屯—林纳—朗桃公路长8公里，红屯—新茂公路长31公里，弄本—交色公路长7.6公里，弄本—朗桃公路长3.2公里，八茂大桥—拉索公路长1.6公里。2013年乡镇公路共4条51.4公里。1991—2013年村组公路15条90.4公里，国家共投资2260万元。

电 2012年有315千伏安变电站1座，变压器126台，总容量20兆伏安，高压输电线路4条，总长

201 公里。全镇 43 个自然寨 77 个村民小组，通电率 100%。2015 年有变压器 216 台，总容量 40 兆伏安，高压输电线路 6 条，总长 386 公里。全镇所有村寨全部通电，通电率 100%。

集贸市场 茂井镇有高圩和红屯集贸市场 2 个，市场交易主要为农产品及服装、五金、日用百货商品等。红屯新集贸市场是龙滩电站蓄水后新建的农贸市场，长 89.2 米、宽 50 米，面积 4460 平方米，硬化率 100%，盖顶棚，设固定摊位，功能设施齐全；高圩市场位于高里、兰西交界处，历史悠久，市场繁荣，设摊位，无顶棚，市场面积约 1000 平方米，硬化率 50%。

通信 2013 年建邮政网点 1 个，固定电话用户 202 户，移动电话 2550 户，普及率 85%。2015 年移动电话 6850 户，普及率 95%。

水利建设 1996 年修建小水窖 332 口，蓄水 9960 立方米，主要分布在五家坟、兰西、高田、新茂、东山、高田村。2006 年始建红屯水库，蓄水量 52 万立方米，2007 年建成投入使用。2014 年修高里—边圩大坝水渠长 19.6 公里，灌溉农田 2200 亩，国家投资 432 万元。2015 年修建边圩、兰西大坝提灌工程，覆盖田土 1500 亩，国家投资 180 万元。

广播电视 2013 年镇政府驻地开通数字电视，全镇村村通广播电视工程用户（小天锅）共 2784 户，电视覆盖率 91%。2015 年通广播电视用户（小天锅）4960 户，电视覆盖率 94%。

计生工作 1991 年建计划生育股和计生站各 1 个，建筑面积 260 平方米，计生员 2 人，技术员 1 人，开展手术 90 例，其中：结扎 47 例、上环 43 例，办理独生子女证 4 户，生育办证率 83%。1995 年开展手术 134 例，其中：结扎 61 例、上环 73 例，办理独生子女证 9 户，生育办证率 88%。2000 年开展手术 161 例，其中：结扎 84 例、上环 77 例，办理独生子女证 11 户，生育办证率 90%。2005 年技术人员 3 人，开展手术 230 例，其中：结扎 104 例、上环 126 例，办理独生子女证 12 户，生育办证率 91%。2006 年茂井镇政府及计生站因龙滩电站蓄水被淹搬迁到红屯临时办公。2007 年新址红屯建计生站，建筑面积 680 平方米。2010 年计生员 5 人，其中：获中级职称 1 人、初级 3 人，开展手术 281 例，其中：结扎 129 例、上环 152 例，办理独生子女证 110 户，生育办证率 89.6%。2013 计生干部 6 人，技术人员 5 人，开展手术 180 例，其中：结扎 105 例、上环 75 例，生育办证率 95%。2014 年计生站建筑面积 1140 平方米，计生员 8 人，生育办证、独生子女证 95 人。2015 年末，镇卫生院、计生站合并为茂井镇卫生计生服务中心。生育办证 91 人，办独生子女证 88 人。

计生设备有 B 超机、生化分析仪、乳腺检查仪、数码阴道镜检查仪、血液细胞分析仪等。

婚姻登记 1991 年结婚 32 对，登记率 100%。1995 年结婚 40 对登记率 100%。2010 年登记 54 对。2011 以后由县民政局网上登记办理。2015 年 10 月后又转由镇社会事务办办理结婚（离婚）登记，办理登记结婚 15 对。登记率 98%。

医疗卫生 1991 年卫生院 1 个，建筑面积 632 平方米、病床 6 张，专业卫生人员 7 人，其中：执业医师 1 人，注册护士 2 人，中级职称 1 人，初级职称 3 人。完成住院 169 人次、诊疗 5065 人次，治愈率 85%。1995 年有专业卫生员 10 人。完成住院 181 人次，诊疗 5678 人次，治愈率 87%。2000 年有专业卫生员 11 人，其中：执业医师 2 人，注册护士 3 人。完成住院 204 人次，诊疗 6354 人次，治愈率 87%。2005 年专业卫生员 13 人，完成住院 221 人次，诊疗 7122 人次，治愈率 89%。2006 年卫屯院随镇政府搬迁到红屯新址。2007 年新卫生院建成，面积 758 平方米。2009 年扩建住院部大楼，建筑面积 1254 平方米。2010 年有专业卫生员 15 人，其中：医师 1 人，注册护士 5 人，完成住院 264 人次，诊疗 8325 人次，治愈率 90%。2013 年有专业卫生员 16 人，其中：执业医师 1 人，注册护士 6 人，完成住院 292 人次，诊疗 9463 人次，治愈率 92%。2014 年乡镇合并后有卫生院 2 个（茂井卫生院和大亭卫生院），建筑面积 1714 平方米，病床 15 张，专业卫生人员 27 人，其中：医师 1 人，助理医师 6 人，注册护士 7 人。完成住院 265 人次，诊疗 17651 人次，治愈率 93%。2015 年有卫生院 2 个（茂井卫生院和大亭卫生院），建筑面积 3826 平方米，病床 19 张，专业卫生人员 26 人，其中：医师 2 人、助理医师 4 人，注册护士 8，完成住院193人次，诊疗15301人次，治愈率93%。医疗设备有生化分析仪、红光治疗仪、血液细胞分析仪、B超机、雾化机、心电图机、X光机、数码阴道镜。

文化建设 2011年建文化站1个，建筑面积230平方米，藏书0.5万册；同年建村文化室12个，各村藏科技书2万册。2013年1月在红屯新镇驻地建成文体活动中心1个，建筑面积2260平方米。2015年合并后全镇有村文化室16个，镇文化站1个，总藏书4.2万册。

教育 1991年茂井镇有学校13所，其中：初中1所（八茂中学）建筑面积1860平方米；小学12所总建筑面积5508平方米，即：八茂民族小学（完小）、高兰小学（完小）、油韶小学（完小）、五家坟小学（初小）、朗桃小学（初小）、弄本小学（初小）、红屯小学（初小）、湾井小学（初小）、交色小学（初小）、康里小学（初小）、新茂小学（初小）、交忙小学（初小）。学生1602人，其中：初中生477人（男生281人、女生196人），小学生1125人（男生593人、女生532人）。少数民族学生占总数85.9%。2000年小学建筑面积6125平方米，中学建筑面积2160平方米。学生1672人，其中：初中生531人（男生531人、女性291人）、小学生1141人（606人、女性535人），少数民族学生1472人占总数88%。2005年学生1696人，其中：初中生553人（男生297人、女性256人），小学生1143人（599人、女性544人），少数民族学生1506人占总数88.8%。2006年因龙滩电站蓄水，新校未建成，八茂中学、八茂民族小学停办1年。2007年搬迁到新驻地红屯后复办，建成民族小学并红屯小学。之后，陆续停办交色小学、交忙小学。2010年有小学8所、初中1所，即八茂民族小学、高兰小学、油韶小学、五家坟小学、朗桃小学、弄本小学、康里小学、新茂小学、八茂中学。学生1717人，其中：初中生561人（男性294人、女性267人），小学生1156人（男性8人、女性548人），少数民族学生1536人占总学生数89.4%。2003年茂井镇学校有7所，其中：初中1所（八茂中学）、小学6所〔（撤销弄本小学、康里小学，保留八茂民族小学（完小）、高兰小学（完小）、油韶小学（完小）、五家坟小学（初小）、朗桃小学（初小）、布告小学（初小）〕。中小学校总建筑面积11736平方米。学生1732人，其中：初中生564人、小学生1168人。少数民族生1527人占总学生数88%。2014年茂井镇学校8所，其中：小学6所，九年一贯制学校1所，独立中学1所。中小学校总建筑面积11735平方米。学生3379人（包括在外就读茂井籍学生），其中：初中生1180人，小学生2199人，男生1856人，女生1523人，少数民族生3210人占学生总数95%。2015年茂井镇学校7所，其中：初中1所、完小4所、教学点2所。中小学校总建筑面积21245平方米。学生3405人（包括在外就读茂井籍学生），初中生1194人，小学生2211人，男生1864人，女生1541人，少数民族生3231人占学生总数95%。2015年全镇参加中考138人，其中：八茂中学78人、大亭中心校初中部60人。

“两基”工作 2005年10月通过省人民政府评估和验收，小学入学率99%，初中入学率95.67%，完成率82%，中小学人均图书为24.7册和10.2册。教学用房达标率100%。教学设备达标率100%，中小学结业班全科合格率92.9%和91.7%，毕业率为92.9%和91.7%，中小学专任教师合格率100%。

师资文化结构 1991年有教师43人，其中：初中教师15人，小学教师28人，大专以上文化程度5人，中师26人，高中初中文化程度12人。1995年有教师46人，其中：初中教师16人、小学教师30人，大专以上文化程度9人、中师31人，获中教中级职称2人、初级3人。2000年有教师48人，其中：初中教师17人、小学教师31人，大专以上文化程度21人、中师22人，获中教中级职称3人、初级4人。2005年有教师49人，其中：初中教师19人、小学教师30人，大专以上文化程度26人、中师21人，获中教中级职称4人、初级3人。2010年有教师52人，其中：初中教师20人、小学教师32人，大专以上文化程度38人、中师14人。2013年有教师54人，其中：初中教师20人、小学教师34人，大专以上文化程度41人、中师13人。2014年有教师117人，其中：初中教师33人，小学教师84人，大专以上文化程度91人，中师26人。获中教中级职称8人、初级24人。2015年全镇教师123人，其中：初中教师35人，小学教师88人，大专以上文化程度97人，中师26人。

“五保”供养　1991年“五保”户分散供养26人，年国家补助0.94万元。1995年“五保”户分散供养25人，补助0.91万元。2005年“五保”户分散供养27人，补助1.2万元。2010年“五保”户分散供养27人，补助2.3万元。2013年“五保”户分散供养33人，国家定期补助5.94万元。2014年农村“五保”分散供养64人，国家补助8.46万元。2015年农村“五保”分散供养57人，定期补助16.4万元。

农村老复退军人　1991年农村老复退军人8人，国家每人每月补助150元。1995年农村老复退军人8人，国家每人每月补助180元。2000年农村老复退军人7人，国家每人每月补助210元。2014年农村老复退军人6人，烈属1人，国家每人每月补助650元。2015年农村老复退军人6人，前三季度每人每月补助650元，第四季度提高补助标准到850元。

最低生活保障　国家开始实施城镇低保政策，是年享受城镇低保3人，每月共补助1200元。2007年享受农村低保共989户2967人，国家补助154.93万元；2014年享受城镇低保的非农人口7户13人，国家年补助2.601万元，享受农村最低生活保障农业人口1837户6417人，国家年补助585.77万元。2015年享受城镇低保的非农人口6户11人，国家年补助2.71万元，2015年享受农村最低生活保障农业人口1497户5058人，国家年补助477.7286万元。

合作医疗　2010年参加农村合作医疗2253户10376人，占总人数80%。2014年参加农村合作医疗5186户21487人，占总人数91%；2015年参加农村合作医疗5244户21552人，占总人数91%。

农村临时救助　2010农村临时求助310人次，发放救助金4.2万元。2013年临时救助450人次，发放救助金0.75万元。2015年临时救助682人次，政府发放救助金19.32万元。

移民　茂井镇是龙滩电站罗甸库区移民大镇之一，375米水位线下，涉及八达、新茂、东山、丰井4个村19个村民小组，需搬迁安置677户3460人。2004年初，库区移民以“投亲靠友，分散安置”的方式为主，陆续开始搬迁，2007年底完成移民搬迁任务。移民后靠搬迁90户，随镇搬迁红屯新址46户，搬迁到县城541户，多集中居住在龙坪镇莲花塘、新寨、干河、祝家庄、县水泥厂一带；有部分搬迁到沫阳、边阳、罗沙、栗木、上隆等地，还有少部分迁到都匀、安龙、广西、广东、海南等县外省外。2013年，移民户从事水产养殖58户，水陆运输31户，农业生产119户，从事其他行业469户。

2011年茂井镇实施就近扶贫搬迁工程，县政府补助资金80万元，地方自筹23.1万元，农户集资120万元，将红屯村40户165人搬迁到集镇周围。2012年由发改、水利、财政等部门支助资金1255万元，农户自筹1300万元，将红屯、丰井、高田等村166户721人迁到茂井集镇内，建成住房166户，建筑面积30600平方米。2011—2015年，国家投入资金2000余万元用于集镇建设，建成垃圾填埋场、污水处理厂，农贸市场、敬老院、幼儿园、车站、公租房、集镇道路等，集镇功能得到完善。

精准扶贫　按照精准扶贫相关文件要求，对贫困村、贫困户识别，2015年茂井镇有9个贫困村，3310户，贫困人口12928人。制定帮扶计划明确帮扶责任人。通过县扶贫局评审、审批、录入贵州省扶贫系统平台。实施项目有：中药材种植艾纳香1250亩，投入资金100万元；枇杷种植面积378亩，投入资金30万元；绿壳蛋鸡养殖60833羽，投资73万元；核桃管护2000亩，投入资金10.6万元。2015年脱贫168户763人，占贫困户总户数的5.08%，占贫困人口的5.9%，年人均纯收入3342元，人均食粮225公斤。

旧房改造　2013年由民政局出资、城建把技术关，全镇共完成危房改造187户，总投资130多万元。主要分布在东山、油西、高田、新茂、五家坟、康里等贫困村占70%以上。2015年，全镇共实施危房改造1580户，国家共投入1585万元。基本消除农村危房，平房率98%以上，改善农村面貌，贫困户得以安居乐业。

旅游景点　龙滩库区形成后，茂井镇形成长40余公里长的湖面直下广西天峨县。大亭、茂井合并后，茂井镇北、东、南三面环水，湖面长度60余公里，沿岸景色优美，风光迷人，极具旅游开发价值。

特优农产品　茂井镇的土壤与气候特点，康里产的脐橙无籽多汁，甘甜味美。

二、大亭社区服务中心

2014年2月罗甸县行政区划调整，大亭乡并到茂井镇，原大亭乡改称茂井镇大亭社区服务中心。位于罗甸县东南部，北纬25° 14'—25° 20'，东经106° 53'—107° 00'，东北面隔槽渡河与广西天峨县三堡乡相望，西与茂井镇、班仁乡接壤，南隔红水河与广西天峨县坡结乡、向阳镇相望。乡人民政府距县城60公里。

沿革 清代大亭隶属赖石甲哨崩亭，即现北亭村和亭西村。民国4年（1915年）废除土司的亭、屯、村建制，实行保甲制，大亭属东区（八茂）管辖。民国25年（1936年）整编保甲，大亭属第五区仁矿联保。民国32年（1943年）大亭隶属沫阳区署八茂乡管辖。1951年罗甸解放废除保甲建制，设行政村组，大亭隶属第五区仁矿乡。1953年大亭隶属第五区坡亭乡。1956年第五区改称八茂区，坡亭乡隶属八茂区。1958年坡亭乡和大苗乡合并建大亭管理区，隶属八茂公社。1963年恢复区公所建制，大亭管理区改为大亭公社，属八茂区公所。1967年“文化大革命”时期改称大亭公社革命委员会。1979年改称公社管理委员会。1984年实行党政分开，建立大亭乡人民政府。1991年8月全县区划调整为26个乡（镇），播告乡并到大亭乡，辖兴合、布良、布江、牛棚布苏、亭西、田坝、北亭8个村64个村民组。2013年11月全县村级区划调整，撤并原8个行政村为7个行政村，即：撤原兴合村、布良村设大亭村，牛棚村、布江村、布苏村、亭西村、田坝村、北亭村区域不变。

人口 1991年大亭乡总人口8651人，其中：男性4471人、女性4180人，少数民族人口7809人占总人数90.26%，非农业人口60人。1995年总人口8834人，其中：非农业人口62人，少数民族人口7969人占总人数90%。2000年有人口8972人，其中：非农业人口70人，少数民族人口8077人占总人数90%。2005年总人口9126人，其中：非农业人口75人，少数民族人口8122人占总人数89%。2010年总人口9354人，其中：非农业人口81人，少数民族人口8296人占总人数89%。2013年总人口9647人，其中：男性4986人、女性4661人，布依族8549人占总数88.6%。非农业人口84人。

辖区面积 区域总面积122.6平方公里，其中：陆地面积115.8平方公里；水域面积6.8平方公里。人口密度为每平方公里78.55人。全乡耕地面积11080亩，其中：田2971亩、地8109亩，人均1.15亩。林地面积2.68万亩，森林覆盖率73%。大亭乡1990年以前因环境条件较差，交通闭塞，文化落后，群众吃饭靠救济、用钱靠贷款过日子，是罗甸典型的贫困乡之一，属二类乡。

地貌 大亭乡地处罗甸县东南部，地势属高山及低山河谷，沟壑纵横，海拔最高点位于老山大坪主峰1400.6米，海拔最低点位于双河口242米。

气候 大亭乡属典型的南亚热带季风湿润气候。特点：春长、夏短、秋早、冬迟，四季不明，冬无严寒，夏无酷暑，气候温和。多年平均气温16.8℃，最低气温1月平均气温7.8℃，极端最低气温-5.5℃（2008年1月4日）；最高气温7月平均气温23.4℃。植物生长期年平均262天，无霜期年平均240天，年均日照时数为1140小时，年平均日辐射75千卡/平方厘米。年均降雨量1200毫米，降雨集中在每年5–7月，6月偏多。

自然灾害 2009年1月中旬至2月下旬，持续1个多月的凝冻，导致道路中断、水管冻结，电杆倒塌、农作物受灾5264亩，经济损失169万元。

水资源 境内河流槽渡河、红水河。红水河绕境内坡脚长63.6公里，流域面积702.9平方公里，流量225立方米/秒。槽渡河长49.5公里，流域面积241.27平方公里，流量1.39立方米/秒。因山高谷深，河床低，水源没有得到利用。大亭乡主要河流大亭河，境内河道长5.7公里，流域面积25.45平方公里，多年平均流量0.90立方米/秒，天然落差599米，由于水位低，没有得到利用。1993年修山塘1个蓄水3000立方米；小水池小水窖96口，蓄水3500立方米。2002年修小水池小水窖52口，蓄水2000立方米，分布在布告、亭西、田坝、小苗、大苗、马耳、北亭、大亭、牛棚等村组，基本解决人畜饮水。

动物资源 小灵猫、獐、野兔、穿山甲、松鼠、果子狸等及鸟类。

药材资源　艾纳香、土人参、何首乌、苦练子、砂仁、通草、马鞭草、臭牡丹等。

农业　全乡耕地面积 11080 亩，其中：田 2971 亩，地 8109 亩，人均 1.15 亩。1991 年农业总产值 430 万元，农民人均纯收入 408 元，人均食粮 334 公斤；1995 年农业总产值 1056 万元，农民人均纯收入 971 元，人均食粮 373 公斤；2000 年农业总产值 1490 万元，农民人均纯收入 1217 元，人均食粮 448 公斤；2005 年农业总产值 2785 万元，农民人均纯收入 1877 元，人均食粮 551 公斤；2010 年农业总产值 4169 万元，农民人均纯收入 3471 元，人均食粮 670 公；2013 年农业总产值 5080 万元，农民人均纯收入 4035 元，人均粮 759 公斤。

粮食作物　以种植水稻、玉米为主。1991 年粮食产量 3218 吨，其中：水稻 1756 吨、玉米 1136 吨，马铃薯 134 吨，小麦 192 吨；1995 年粮食产量 3785 吨，其中：水稻 2136 吨，玉来 1163 吨，马铃薯 207 吨，小麦 279 吨；2000 年粮食产量 4616 吨，其中：水稻 2605 吨，玉米 1419 吨，马铃薯 252 吨，小麦 340 吨；2005 年粮食产量 5770 吨，其中：水稻 3256 吨，玉米 1773 吨，马铃薯 316 吨，小麦 425 吨；2010 年粮食产量 7212 吨，其中：水稻 4063 吨，玉来 2212 吨，马铃薯 395 吨，小麦 542 吨；2013 年粮食产量 8416 吨，其中：水稻 4780 吨，玉米 2545 吨，马铃薯 464 吨，小麦 627 吨。

经济林　以种植油桐、板栗、核桃为主。1991 年全乡年油桐挂果面积 7500 亩，板栗挂果面积 1200 亩，核桃挂果面积 500 亩，杉木 14300 亩，总产值 2129 万元。1995 年油桐挂果面积 9000 亩，板栗挂果面积 1500 亩，核桃挂果面积 700 亩，杉木 1.7 万亩，总产值 3071 万元。2000 年油桐挂果面积 1.1 万亩，板栗挂果面积 2000 亩，核桃挂果面积 900 亩，杉木 2 万亩，总产值 4293 万元。2005 年油桐挂果面积 1.3 万亩，板栗挂果面积 2200 亩，核桃挂果面积 1100 亩，杉木 2.3 万亩，总产值 5645 万元。2010 年油桐挂果面积 1.5 万亩，板栗挂果面积 2500 亩，核桃挂果面积 1300 亩，杉木 2.6 万亩，总产值 7209 万元。2013 年油桐挂果面积 1.6 万亩，板栗挂果面积 3000 亩，核桃挂果面积 1500 亩，杉木 2.8 万亩，总产值 8742 万元。

养殖业　以饲养黑山羊、生猪、牛和家禽为主。1991 年生猪饲养 1800 头，出栏 1500 头，产值 210 万元；养羊 900 只，出栏 200 只，产值 4 万元；家禽存笼 7200 羽，上市 6300 羽，产值 6.3 万元；养牛 530 头，出栏 100 头，产值 30 万元；总产值 250.3 万元。1995 年生猪存栏 2600 余头，出栏 0.22 万余头；黑山羊存栏 1300 只，出栏 0.09 万只；家禽存笼 9200 万羽，出笼 9300 羽；牛存栏 710 头，出栏 400 万头，总产值 284 万元。2000 年黑山羊存栏 2100 只，出栏 1300 只；生猪存栏 2100 余头，出栏 1900 余头；家禽存笼 1.12 万羽，出笼 7300 羽；牛存栏 920 头，出栏 350 头，总产值 392 万元。2005 年黑山羊存栏 2100 只，出栏 1000 只，生猪存栏 2170 余头，出栏 2030 余头；家禽存笼 1.22 万羽，出笼 9300 羽；牛存栏 1100 头，出栏 400 头，总产值 757 万元；2010 年黑山羊存栏 2900 只，出栏 1500 只；生猪存栏 3100 余头，出栏 2900 余头；家禽存笼 1.32 万羽，出笼 9000 羽；牛存栏 1800 头，出栏 500 头；总产值 1342 万元。2013 年养羊 3200 只，出栏 1200 只，产值 108.24 万元；养猪 3700 头，出栏 3500 头，产值 910 万元；家禽存笼 1.62 万羽，上市 8200 羽，产值 16.4 万元；养牛 2300 头，出栏 500 头，产值 250 万元；总产值 1284.4 万元。

交通　2000 年国家投资 160 万元修乡政府至九十九堡村级公路，长 8 公里；2003 年国家投资 150 万元修乡政府—布江村公路，长 7 公里；2005 年国家投资 240 万元修乡政府—布苏村公路，长 12 公里；2006 年国家投资 240 万元修乡政府—田现村公路，长 12 公里；2006 年国家投资 220 万元修乡政府—北亭村公路，长 11 公里；2007 年国家投资 300 万元修乡政府—牛棚村公路，长 12 公里；2008 年国家投资 198 万元修乡政府—布良村公路，长 9 公里；2010 年国家投资 325 万元修乡政府—亭西村公路，长 13 公里。全乡村级公路 7 条，总长 84 余公里。实现村村通公路。2013 年国家投资 1700 万元修高兰—大亭乡乡级沥青公路，长 17 公里。

电　大亭乡 1991 年开始通电，有变压器 3 台，总容量 100 千伏安，大亭村、北亭村、亭西村通电。1993 年增设 4 台变压器，总容量 1200 千伏安，牛棚村、田坝村、布苏村、布江村 7 个村 64 个村民组 56 个自然寨实现 100% 通电。

邮政通信 2000年安装固定电话5户，移动电话13户；2005年有固定电话32户，移动电话467户；2010年有固定电话573户，移动电话2100户；2013年有固定电话800户，移动电话3500户；是年建邮政办公楼1栋。电信服务网点1个，电话交换机总容量2800门，光缆线路长25.5公里，互联网端口总数20个，宽带接入用户18户，固定电话普及率94.6%，移动电话普及率96.6%。

劳务输出 2000年劳务输出769人，年收入526余万元。2005年劳务输出1898人，年收入1979余万元。2010年劳务输出2073人，年收入2250万元。2013年劳务输出2964人，年收入3000余万元。主要分布在广东、江苏、浙江等省。

广播电视 1991年电视用户7户，1995年有电视用户12户，2000年安装卫星接收器310户，2005年安装卫星接收器630户，2010年安装卫星接收器1300户，2013年安装卫星接收器广播电视覆盖率100%。

医疗卫生 1991年卫生院1所，建筑面积120平方米，卫生员3人，诊疗365人次。1995年卫生员4人，住院、诊疗478次。2000年卫生院扩建到427平方米，卫生员6人，住院、诊疗1398次。2005年有卫生员7人，住院、诊疗3693次。2010年卫生员9人，住院、诊疗4178次；文化结构大专21人，中专3人，其他3人。2013年卫生院建筑面积460平方米，卫生员10人，完成诊疗8900人次。

计生工作 1991年计生办公室和计生服务站1个，建筑面积82平方米。专职技术员1人，完成独生子女证4户，生育办证15人，完成“四术”103例。1995年完成结扎手术163例，上环手术134例。2000年专职技术员2人，完成结扎手术278例，上环手术203例。2005年计生站扩建到460平方米，技术员3人，完成结扎手术139例，上环手术98例。2010年技术员4人，完成结扎手术115例，上环手术77例。2013年计生员4人，办理独生子女证38户，生育办证109人，完成“四术”112例。

婚姻登记 1991年自愿结婚登记27对，1995年自愿结婚登记31对，2000年自愿结婚登记42对，2005年自愿结婚登记52对，2010年自愿结婚登记58对，2012后由县民政局联网统一登记。

文化 2013年建乡文化站，建筑面积300平方米，藏书5000册。村文化室8个，每村藏书500册。

教育 1991年有学校14所，其中：乡中心学校（含附中）1所；村级完小2所（布告小学、田坝小学）；教学点11个（马耳、亭西、交龙、北亭、告年、交改、林母、下列、大苗、小苗、纳育小学）。中小学校面积6185平方米，学生137人，其中：男生96人，女生41人，少数民族生125人占学生总数91.25%。1995年学生267人，其中：男生179人、女生88人，少数民族生246人占学生总数92.14%。2000年撤牛河、降纳2个教学点。学生327人，其中：男生216人、女生111人，少数民族生307人占学生总数93.91%。2005年撤告年小学。学生759人，其中：小学生575人、初中生184人，男生432人、女生327人，少数民族生701人占学生总数92.35%。2010年撤小苗、北亭、亭西、林母4个教学点。学生1024人，其中：小学生716人、初中生307人，男生536人、女生488人，少数民族生970人占学生总数94.65%。2013年保留乡中心学校、布告小学、田坝小学，其他学校撤销。学生1374人，其中：初中生335人，小学生977人，幼儿园学生62人。男生750人，女生624人，少数民族生1293人占学生总数的94%。

“两基”工作 2005年10月“两基”工作通过省人民政府评估和验收，小学入学率98.7%，初中入学率60.1%，残疾儿童入学率100%，中小学完成率分别为64.56%和100%，中小学人均图书为6册和13册。教学用房达标率100%。教学设备达标率100%，中小学结业班全科合格率91.4%和95.3%，毕业率为99.6%和100%，中小学专任教师合格率100%。

教师文化结构 1991年教师26人，中师文化程度21人，代课教师5人。1995年教师33人，其中：代课教师6人。大专5人、中师以下28人。2000年教师47人，其中：代课教师6人。大专10人、中师以下37人。2007年教师67人，其中：中学教师16人、小学教师51人、代课教师9人。大专17人、中师以下50人。2013年教师59人，其中：初中教师31人，小学教师28人。大专以上46人、中师13人。

农村“五保”分散供养 1991年农村“五保”分散供养36人，国家支出1.3万元；1995年“五保户”34人，国家支出1.63万元；2000年“五保户”34人，国家支出2.5万元；2005年“五保户”34人，国家支出2.5万元，2010年“五保户”30人，国家支出2.52万元；2013年“五保户”25人，国家支出4.5万元；2014年有“五保户”24人，国家每月每人补助150元。

农村老复退军人 1991年农村老复退军人3人，国家对每人每月补助150元；1995年农村老复退军人3人，国家对每人每月补助180元；2000年农村老复退军人2人，国家对每人每月补助210元；2005年农村老复退军人2人，国家对每人每月补助300元；2007年农村老复退军人1人，国家每人每月补助390元；2013年农村老复退军人1人，国家每人每月补助500元；2014年老复退军人1人，国家每人每月补助650元。

享受农村低保 2007年罗甸开始实行农村最低生活保障，全乡750户2642人，国家补助126.8万元；2010年享受农村低保884户3216人，国家支出208万元；2013年农村低保919户3213人，张国家补助300万元。

农村合作医疗 2010农村参加合作医疗187户935人，占总人口97%。2013年参加合作医疗9611人，占总人口99.6%。

旧房改造 2008年3月贵州省民政厅拨专款由民政局负责，改造技术由城建局把关，名单由乡镇政府提供，共同组织下村组调查，照相核实。2009—2013年旧房改造1130户，涉及全乡8个村，其中：兴合村207户、布苏村152户、布江村78户、布良村、牛棚村153户、北亭村126户、亭西村223户、田坝村60户，国家总投资1130万元。

第六节 罗悃镇

一、罗悃镇

位于罗甸县西南部，地处北纬25° 17′—25° 22′，东经106° 27′—106° 38′，东与龙坪镇隔蒙江相望，西与望谟县桑郎镇毗邻，南与红水河镇接壤，北与逢亭镇相连。是罗悃镇政治、经济、文化、物流、商贸活动中心。

沿革 清代罗悃属罗斛州判（厅）城区甲哨罗悃亭，今河东村、河西村。民国4年（1915年）废除土司亭、屯、村建制，实行保甲制，罗悃属六区管辖。民国25年（1936年）罗悃称第六区辖4个联保。民国32年（1943年）撤区建署废除联保设乡镇，建罗悃区署辖6个乡。1951年罗甸解放废除保甲制，改设区、乡、行政村组，全县设6个区，罗悃镇称第六区，罗悃乡隶属第六区。1956年第六区称罗悃区，罗悃乡属罗悃区。1958年罗悃区改称罗悃公社。1963年改称罗悃区公所，辖罗悃、沟亭、纳闹、罗妥、平艾、罗苏、罗羊、罗暮、平亭、冗响10个公社。1967年改称罗悃区革命委员会。1979恢复区公所，公社改称管理委员会。1984年4月全县调整为6个区、1个区级镇、建49个乡、1个乡级镇。罗悃区公所辖10个乡。1991年8月撤区并乡建镇，全县调整为26个乡镇，撤罗悃区公所，由原来的罗悃、平艾、纳闹3个乡合并建罗悃镇，辖14个行政村128个村民组。

2013年11月全县村级区划调整，撤原14个行政村并为8个行政村，即：河东村、纳冗村合并，称河东村；河西村、洞甲村合并，称河西村；平艾村、上饶村合并，称平艾村；纳闹村、架良村合并，称纳闹村；冗瓦村、朗顶村合并，称朗顶村；干村村、玉里村合并，称干村村；各化村、新坡村不变。2014年2月罗甸县行政区划调整，撤销原罗苏乡、沟亭乡、罗悃镇建罗悃镇，辖：河东、河西、平艾、纳闹、朗顶、干村、各化、新坡、沟亭、响水、冗响、布乃、拉嘁、布沙、拉招、罗苏、龙井、塘山、沿河、平榜20个行政村133个村民组。原来的镇（乡）改为社区服务中心。

罗悃镇主要以布依族为主。1991年总人口10480人，其中：男性5618人、女性4862人，非农业人口264人，农业人口10216人，少数民族9092人占总人口数的86.8%。1995年总人口11475人，其中：男性5813人、女性5662人，非农业人口185人，农业人口11290人，少数民族人口10161人占总人口90%；2000年总人口12693人，其中：男性6420人、女性6273人，非农业人口284人，农业人口11884人，少数民族人口10814人占总人口91%。2005年总人口13410人，其中：男性6951人、女性6459人，非农业人口337人，少数民族人口12203人占总人口92%；2010年总人口12693人，其中：男性6420人、女性6273人，非农业人口284人，农业人口11884人，少数民族人口10814人占总人口91%。2010年总人口14110人，其中：男性7516人、女性6594人，非农业人口337人，少数民族人口10298人占总人口72.98%。2013年总人口14980人，其中：非农业人口356人，总人口中男性8325人、女性6655人。2013年11月全县区划调整，将沟亭乡、罗苏乡并到罗悃镇，总人口为30116人，其中：罗悃社区15245人，沟亭社区7556人，罗苏社区7315人，非农业人口825人，少数民族人口20866人占总人数69.28%。

2014年2月将沟亭乡、罗苏乡并到罗悃镇后，总人口为30116人，其中：男性15876人、女性14241人。非农业人口825人、农业人口29291人，少数民族人口27706人占总人口92%。2015年总人口为30500人，其中：男性16230人、女性14270人。非农业人口825人，少数民族人口21160人占总人口69.37%。

地形地貌　罗悃镇以低中山熔岩地为主，地势北高南低，最高海拔平艾西部308.9米，最低海拔弄拉沟400米。

面积　1991年镇境内面积114.6平方公里，人口密度每平方公里91人。2014年2月区划调整后，国土面积436.86平方公里，人口密度每平方公里130人。

1991年罗悃镇耕地面积11318亩，其中：田4171亩，地7147亩。林地面积33188亩，荒山61689亩，森林覆盖率61.07%。2014年2月区划调整后耕地面积27363亩，其中：田11743亩、地15620亩。2015年耕地面积27061亩，其中：田11313亩、地15748亩。林地面积38188亩，荒山566891亩，森林覆盖率75.8%。

气候　罗悃镇属南亚热带季风湿润山地气候，其特点：春早、夏长、秋迟、冬短，常年平均气温19.5℃，最高7月平均气温26.2℃，最低1月平均气温9.6℃。年降雨量1300毫升，无霜期335天，降雨多集中在每年5–7月，6月最多，具有“贵州西双版纳”和“天然温室”之称。森林茂密，土壤肥沃，是罗甸主要早菜基地之一。

气候灾害　主要灾害有冰雹、风灾、泥石流、旱灾等，旱灾最严重的是2009年8月—2010年4月连续干旱8个月，造成水井干枯，小河断流，群众饮水极度困难，粮食作物受灾3245亩，绝收1620亩，经济损失310多万元。

水资源　境内有罗悃小河、纳冗小河，经洞甲、河东、河西、纳冗等从蔬菜种植区域穿过，流域面积98.7平方公里，河流总长36公里，年均流量2.80立方米/秒。

水利建设　2002年修朗顶村达母水渠长1000米，老亭水渠长1500米。2005年修干村村水窖3个。2008年修河东村把函—旧养老院水渠长1.5公里。2011年修平艾村—干坝水渠长1500米。2013年修河东村把重—把干水渠长1600米。2013年修河西村—双洞桥水渠长1000米，平王水渠长400米，拉坝拉水渠长410米。2013年修纳闹一组水渠长300米、三组水渠长2000米。

矿产资源　罗悃境内矿产资源丰富，种类繁多，分布广，储蓄量大，品质高。金属有锰矿、铁矿、锑矿、铅锌矿等；非金属硅、灰绿石、猫眼石等；灰绿石主要分布在河东村、河西村、洞甲村、平艾村、上绕村；猫眼主要分布在朗顶村、新坡村；锑矿主要分布在洞甲村。经武汉中南冶勘资源环境工程有限公司勘测，罗悃镇地下蕴藏的灰绿岩储量达4.7万立方米以上，素有“灰绿岩之都”的美称。

粮食作物　以种植高产水稻、杂交玉米为主。1991年粮食产量3500吨，产值315万元，人均食粮334公斤。1995年产粮3950吨，产值414万元，人均食粮344公斤。2000年产粮4380吨，产值567万元，人均食粮359公斤；2005年产粮4860吨，产值819万元，人均食粮362公斤。2010年产粮5340吨，产值 1127 万元，人均食粮 378 公斤。2013 年产粮 5800 吨，产值 936 万元，人均食粮 387 公斤。2014 年产粮 11068 吨，产值 26500 万元，人均食粮 367 公斤。2015 年产粮 11073 吨，产值 26000 万元，人均食粮 368 公斤。

经济作物　主要种植油桐、柚子、艾纳香、脐橙、柑橘、核桃、板栗、早熟蔬菜等。1991 年蔬菜种植面积 1700 亩，产量 1700 吨，产值 170 万元；油桐挂果面积 0.74 万亩，产量 7400 吨，产值 1480 万元；脐橙挂果面积 0.1 万亩，产量 500 吨，产值 100 万元；核桃挂果面积 0.1 万亩，产量 135 吨，产值 216 万元；板栗挂果面积 70 亩，产量 70 吨，产值 14 万元，总产值 1980 万元。1995 年蔬菜种植面积 0.39 万亩，产量 8162 吨，产值 1949 万元。油桐桂果面积 0.95 万亩，产量 2850 吨，产值 238 万元。脐橙、柑橘、核桃、板栗桂果面积 0.31 万亩，产量 2618 吨，产值 644 万元。2000 年蔬菜种植面积 0.41 万亩，产量 10022 吨，产值 2368 万元；油桐桂果面积 1.15 万亩，年产量 3450 吨，产值 287 万元；脐橙、柑橘、核桃、板栗桂果面积 0.36 万亩，产值 748 万元。2005 年蔬菜种植面积 0.43 万亩，产量 1.075 万吨，产值 2616 万元。油桐桂果面积 1.4 万亩，产量 4200 吨，产值 350 万元；脐橙、柑橘、核桃、板栗桂果面积 0.39 万亩，产量 5413 吨，产值 811 万元。2010 年蔬菜种植面积 0.54 万亩，产量 1.59 万吨，产值 2078 万元；油桐桂果面积 1.7 万亩，产量 5100 吨，产值 425 万元；脐橙、柑橘、核桃、板栗桂果面积 0.43 万亩，产量 6846 吨，产值 894 万元。2013 年蔬菜种植面积 1.01 万亩，产量 2.12 万吨，产值 840 万元；油桐桂果面积 2 万亩，产量 0.6 万吨，产值 540 万元。脐橙、柑橘、核桃、板栗桂果面积 4750 亩，产量 8246 吨，产值 987.56 万元；艾纳香种植 2100 亩，产量 6.75 吨，产值 540 万元。2003 年—2013 年实行“造、封、管、节”并举，逐年完成 0.5 万余亩退耕还林。2014 年蔬菜种植面积 1.17 万亩，产量 5850 吨，产值 2340 万元；油桐挂果面积 1.2 万亩，产量 1.2 万吨，产值 4800 万元；脐橙挂果面积 0.21 万亩，产量 1050 吨，产值 630 万元；核桃挂果面积 0.25 万亩，产量 337.5 吨，产值 1012.5 万元；板栗挂果面积 150 亩，产量 150 吨，产值 60 万元；艾纳香种植 2 万亩，产量 100 吨，产值 6000 万元，总产值 14842.5 万元。2015 年蔬菜种植面积 1.7 万亩，产量 1.75 万吨，产值 1 亿元；油桐种植新增挂果面积 100 亩，产量 100 吨，产值 40 万元；脐橙 2500 亩，产量 1120 吨，产值 670 万元；核桃 550 亩，产量 50 吨，产值 45 万元；板栗 30 亩，产量 1200 吨，产值 720 万元；艾纳香种植 50 亩，产量 10 吨，产值 400 万元，总产值 15375 万元。

养殖业　主要饲养生猪、黑山羊、牛、家禽。1991 年生猪饲养 4867 头，出栏 3500 头，产值 490 万元；牛存栏 1576 头，出栏 462 头，产值 138.6 万元；黑山羊存栏 1492 只，出栏 648 只，产值 13 万元；家禽饲养 1.68 万羽，上市 1.55 万羽，产值 15.5 万元；总产值 657.1 万元。1995 年生猪饲养 6342 头，出栏 2178 头；牛存栏 2377 头，出栏 563 头；黑山羊存栏 2315 只，出栏 985 只；家禽存栏 2.35 万羽，上市 1.99 万羽，总产值 2986 万元。2000 年生猪饲养 7650 头，出栏 3486 头；大牲畜存栏 3075 头，出栏 893 头；黑山羊存栏 3140 只，出栏 1264 只；家禽存栏 3.02 万羽，出栏 2.6 万羽；总产值 3359 万元。2005 年生猪饲养 8920 头，出栏 4128 头；大牲畜存栏 3856 头，出栏 1309 头；黑山羊存栏 4027 只，出栏 1762 只；家禽存栏 3.72 万羽，出栏 3.05 万羽；总产值 3748 万元。2010 年生猪饲养 1.05 万头，出栏 5341 头；大牲畜存栏 4659 头，出栏 1423 头；黑山羊存栏 4837 只，出栏 2764 只；家禽存栏 4.3 万羽，出栏 3.99 万羽；总产值 4026 万元。2013 年生猪饲养 1243 头，出栏 6542 头；大牲畜存栏 5583 头，出栏 1541 头；黑山羊存栏 5607 只，出栏 4526 只；家禽存栏 50037 羽，出栏 5.54 万羽；总产值 4289 万元。2014 年生猪饲养 1.22 万头，出栏 1.1 万头，产值 2860 万元；牛存栏 5583 头，出栏 950 头，产值 475 万元；黑山羊存栏 5607 只，出栏 2350 只，产值 211.5 万元；家禽饲养 5.54 万羽，上市 5 万羽，产值 100.1 万元；总产值 3646.6 万元。2015 年生猪存栏养殖 1.96 万头，出栏 1.55 万头，产值 4020 万元；牛存栏 1.36 万头，出栏 3752 头，产值 1876 万元；黑山羊存栏 2.72 万只，出栏 1030 只，产值 92.7 万元；家禽饲养 32.52 万羽，上市 21.53 万羽，产值 430.68 万元；总产值 6419.38 万元。

劳务输出　1991 年劳务输出 3198 人，收入 1455 万元。1995 年劳务输出 3347 人，年收入 1523 万元。

2000年劳务输出3585人，年收入1632万元。2005年劳务输出3700人，年收入1684万元。2010年劳务输出3863人，年收入1758万元。2014年劳务输出8165人，年收入3717万元。2015年劳务输出8989人，年收入5393.4万元。务工人员主要分布在广东、浙江等省市。

农民收入 1991年农民人均纯收入2035元，1995年农民人均纯收入2524元，2000年农民人均纯收入3282元，2005年农民人均纯收入3775元，2010年农民人均纯收入4506元，2014年农民人均纯收入6856元，2015年农民人均纯收入7390元。

乡镇企业 1993年建加贝桐油加工厂，2010年建宋老二桐油加工厂，后因各种原因全倒闭。2014年有砂石场2家，分别是伟胜砂石场、巴他尚砂石场，规模设备6套，从业人员45人，上税3.1万元；2015年有砂石场3家，分别是恒丰砂石场、西能高速矿业砂石场、昌润石材砂石场，规模设备12套，带动就业68人。

交通 2010年修河东村—纳冗公路，长5.5公里。2011年改建河西—洞甲公路为二级公路长6.5公里。1997年修罗暮—各化公路长2公里。2003年修朗顶村平艾—朗顶公路长7公里。2009年修纳闹—玉里公路长6.2公里。2009年修纳闹—干村长7.4公里。2008年修平艾—新坡，长8公里。2014年罗悃镇修完成罗悃—羊里二级油路、罗悃镇—罗妥乡油路，通村公路100%。村级公路国家共投资727.5万元。

电 2000年罗悃镇有35千伏变电站1座，主变1台4兆伏安，公共变压器32台，总容量3050千伏安；专用变压器16台，总容量2650千伏安；高压输电线3条，总长56.72千米，年供电量700万千瓦时。全镇14个村67村民小组38个自然寨，通电率100%。

邮政通信 1998年开始使用固定电话18户、移动用户21户，普及率5%。2013年罗悃镇有电信企业3家，服务网点5个，移动电话用户2415户，普及率为79.6%。2015年有电信企业5家，服务网点7个，移动电话用户6264户，普及率为86.5%。

广播电视 2010年广播电视安装2314户，电视覆盖率75%；2014年安装“村村通”广播电视3401户，电视覆盖率100%。2015年安装有“村村通”广播电视6956户，电视覆盖率100%。

计生工作 1991年用老乡政府办公楼作为计生办公室，建筑面积500平方米，专职计生员3人。1995年专职计生员4人，其中：技术员3人，开展手术上环46例，结扎40例。2000年专职计生员4人，技术员4人，开展手术上环25例，结扎术27例。2005年专职计生员6人，其中：技术员4人，开展手术上环92例，结扎32例。2005年专职计生员4人，其中：技术员3人，开展手术上环87例，结扎20例。2010年专职计生员6人，开展手术上环98例，结扎62例。2014年专职计生员20人，完成生育办证21人、独生子女办证5人。2015年专职计生员20人，一孩办证27例，二孩办证105例，办独生子女证14户。

计生设备有半自动生化分析仪、尿液分析仪、B超、乳腺诊断仪、阴道镜诊断仪、血红蛋白仪、九孔无影灯、电动吸引器、微波治疗仪、恒温箱等。

卫生工作 1991年卫生院1所，建筑面积862平方米。专业技术人员9人，完成住院590人次，诊疗7500人次，治愈率85%。1995年有专业技术人员10人，完成住院620人次，诊疗8140人次，治愈率87%。2000年专业技术人员12人，完成住院690人次，诊疗8400人次，治愈率82%。2005年完成住院760人次，诊疗9800人次，治愈率89%。2010年专业技术人员21人，其中：本科1人、大专13人、中专7人，完成住院980人次，诊疗10500人次，治愈率90%。2014年县医院托管40人，其中：本科5人、大专27人、中专8人，注册护士3人，完成住院1120人次，诊疗12800人次，治愈率92%。2015年专业技术人员60人，其中：本科5人、大专15人、中专9人，注册护士4人。完成住院932人次，诊疗30026人次，治愈率98.9%。

医疗设备有400型生化分析仪、500型电解质、血常规分析型、三分类血球分析仪、五分类血球仪、180型尿机、腹腔镜彩超图、DR机、心电监护器、洗胃机、麻醉机、X光机、B超、心电图、血液分析仪，病床258张。

婚姻登记　1991 年自愿结婚 73 对，结婚登记 100%。1995 年自愿结婚 98 对，结婚登记 100%。2000 年自愿结婚 114 对，结婚登记 100%。2010 年自愿结婚 121 对，结婚登记 100%。2012 年实现联网，结婚登记全部到县民政局办理。

文化　2012 年有文化站 1 个，建筑面积 180 平方米。藏书 5000 册。村级图书室 14 个，每村藏各类科技书 500 册。2015 年村级农家书屋 20 个，每个藏各类图书 2000 册。

教育　1991 年有学校 14 所，其中：中学 1 所，小学 13 所（包括 9 个教学点）。即罗悃中学、罗悃小学、纳闹民族小学、冗瓦小学、平艾小学，教学点有洞上、纳冗、干村、上饶、新坡、架良、玉里、各里、化里。小学建筑面积 4940 平方米，中学建筑面积 1344 平方米。学生总数为 1908 人，其中：初中生 452 人，男生 297 人，女生 155 人。小学生 1456 人，男生 820 人，女生 636 人。少数民族学生 1785 人占学生总数 93.55%。1995 年中学建筑面积为 1560 平方米，小学校舍总建筑面积为 5540 平方米。学生总数 1964 人，其中：初中生 488 人（男 248 人，女 248 人），小学生数为 1476 人（男 749 人、女 727 人），少数民族学生 1821 人占学生总数 92.71%。2000 年撤销架良、玉里和化里 3 个学点，全镇保留 1 所中学、4 所完小 6 个教学点。小学校舍总建筑面积 7018 平方米，中学建筑面积 1812 平方米。初中生 561 人（男 310 人、女 251 人），少数民族生 1012 人占总数 91.62%；小学生 1372 人（男 732 人，女 640 人），少数民族学生 1259 人占学生总数 91.76%。2005 年有初中生 1012 人，其中：女生 502 人、男生 510 人，少数民族学生 908 人占学生总数 89.72%；小学生 1541 人，其中：女生 719 人、男生 822 人，少数民族生 1409 人，占学生总数 91.43%。2010 年全镇中学 1 所、完小 8 所、教学点 3 个。中学生 779 人，其中：女生 405 人、男生 374 人，少数民族生 719 人占学生总数 92.3%；小学生 1116 人，其中：女生 523 人、男生 593 人，少数民族学生 1056 人占学生总数 94.62%。2014 年初中 1 所，完小 4 所，教学点 3 个。小学总建筑面积 8156 平方米，中学建筑面积 6709 平方米；初中生 1028 人，其中：女 509 人、男生 519 人，少数民族生 963 人占学生总数 93.68%；小学生 1964 人，其中：女生 947 人、男生 1017 人，少数民族生 1811 人占学生总数 92.21%。2015 年全镇中学 1 所，完小 8 所（即：罗悃民族小学、纳闹民族小学、冗瓦小学、沟亭小学、冗响小学、布沙小学、罗苏小学、沿河小学），教学点 2 个（各里小学、新坡小学），幼儿园 2 个（罗悃中心幼儿园、沟亭幼儿园）。中学总建筑面积为 6709 平方米，小学总建筑面积为 19941 平方米，幼儿园总建筑面积为 2110 平方米。初中生 1066 人，其中：女生 566 人、男生 500 人，少数民族 1001 人，占学生总数 93.9%；小学在校生 1880 人其中：女生 993 人、男生 887 人，少数民族 1772 人占学生总数 94.26%；在园（班）儿童 643 人，其中：男 251 人、女 392 人，少数民族 643 人占在园儿童总数 100%。是年，罗悃中学参加中考 189 人，平均分排列全县同级同类学校第一名，被中共罗甸县委、县人民政府评为“中考教学质量优秀奖”。

“两基”工作　2005 年 11 月“两基”工作通过省人民政府评估和验收，小学入学率 99%，初中入学率 98%，完成率 90%。中学生人均图书 40 册，小学人均图书 20 册，教学用房达标率 100%。教学设备达标率 100%。中小学结业班全科合格率 97% 和 98%，毕业率为 97% 和 98%。中小学专任教师合格率均为 100%。

教师文化结构　1991 年全镇教师 55 人，其中：中学教师 22 人、小学教师 33 人，大专 34 人、中师 20 人、初中文化 1 人。1995 年教师 73 人，其中：中学教师 22 人、小学教师 51 人，大专 44 人、中师 28 人、初中文化 1 人。2000 年教师 105 人，其中：中学教师 43 人、小学教师 62 人。大专 48 人、中师 57 人。2005 年教师 112 人，其中：中学教师 47 人、小学教师 65 人。大专 53 人、中师 59 人。2010 年教师 123 人，其中：中学教师 59 人、小学教师 57 人、幼儿园教师 7 人，大专 102 人、中师 21 人。2014 年教师 187 人，其中：中学教师 65 人、小学教师 122 人、幼儿园教师 21 人，大专 163 人、中师 24 人。2014 年教师 208 人，其中：中学教师 65 人，小学教师 122 人，幼儿园教师 21 人。学历：大专以上学历 163 人、中师 45 人。2015 年全镇教师 213 人，其中：中学教师 72 人、小学教师 114 人、幼儿园教师 27 人，大专以上学历 168 人、中师 45 人。

社会保障 非农业人口：2002年享受城镇低保4人，每月共发放补助金400元；2005年4人，每月共发放补助金600元。2010年5人，每月共发放补助金953元；2013年16人，每月共发放补助金4090元。农业人口：2007年全镇792户2376人，国家支出301.14万元；2010年全镇924户3557人，国家支出334.075万元；2013年893户35456人，国家支出343.22万元；2014年2204户7482人，全年共支出343.22万元。

农村“五保”分散供养 1991年10人支出1.24万元；1995年9人支出0.32万元；2000年10人支出0.54万元；2005年8人支出0.576万元；2010年8人支出0.62万元；2013年7人支出1.216万元；2014年42人支出9.324万元；2015年“五保”分散供养39人国家发放补助金9.36万元。

农村老复退军人 1991年8人，每人每月补助150元。1995年8人，每人每月补助180元。2000年6人，每人每月补助210元。2005年5人，每人每月补助300元。2010年5人，每人每月补助390元。2013年3人，每人每月补助500元。2014年9人，每人每月补助650元。2015年老复退军人126人，国家每人每月发放生活补助金850元。

农村临时救济 1991年救济100人，发救济金2.4万元。1995年救济180人，共发2.7万元。2000年救济220人，发救济金3.3万元。2005年救济250人，发救济金3.75万元。2010年救济340人，发救济金5.1万元。2013年救济380人，发救济金5.7万元。2014年救济315人，发救济金6.2万元。

新型农村合作医疗 2010年全镇参合12072人，占总人数85%。2011年参合12171人，占总人数86%。2012年参合12496人，占总人数89%。2013年参合13049人，占总人数87%。2014年参合24982人，占总人数82%。2015年参合26048人，占总人数86%。

移民安置 2005年由于龙滩电站的修建，根据县委、县政府安排，罗悃安置龙滩移民62户271人，分散安置移民7户43人。

旧房改造 罗悃镇2008年3月，贵州省民族厅拨专款有县民政局负责，改造技术由县城建局把关，镇政府组织，联合调查核实提供名单，2008—2013年分别落实到14个村旧房改造1093户，总投资808.18万元，其中：2008年1户、2009年113户，投资91万元。2010年159户，投资179万元。2011年270户投资254.9万元。2012年277户，投资312.53万元。2013年203户，投资200.25万元。2014年70户，投资95.86万元。2015年城镇建设共投入资金2020万元，征地214.4亩，启动80套公租房建设项目，安装公共路灯70盏，完成罗悃镇街道路面白改黑长1公里、通村水泥硬化路7条长57.47公里。人饮工程建设8个，解决3418人饮水安全，协助开展“罗望高速”征地18.67公里。

集贸市场 罗悃集贸市场，历史悠久，原摆摊在正街两旁容易造成交通堵塞。2013年迁移新址面积3000多平方米，水泥硬化率80%，盖钢棚1000平方米，设200多个摊位。主要交易农产品、日杂货，市场繁华。

沼气 2005年在朗顶村建沼气34口，2008年在河西村建沼气42口，2009年在河东村建沼气76口、平坡村42口，2010年在平艾村建沼气53口、干村村建沼气40口，2013年在纳闹村建沼气56口、河西村建沼气34口、河东村建沼气23口。全镇累计建成沼气池400余口。

精准扶贫 2015年经核实，全镇有贫困户3391户13323人，实施产业扶贫项目建设4个，投入资金302万元，其中：庭院蔬菜种植475亩，投资19万元，扶持925户贫困人口3699人；绿壳蛋养殖54166羽，投资200万元，扶持678户人口2800人；精品水果种植20000株，投资15万元，扶持472户1934人；阳光果园改造及新建果园100亩，投资200万元，扶持50户207人。当年脱贫427户1652人。

民间文化 罗悃镇布依族具有悠久的文化传统，尤其具特色的织布舞、竹竿舞、花苞舞、布依山歌、小缸青染布、刺绣等民族习俗和民间文化，其中：织布舞、竹竿舞2008年曾被中央八台节目组录制收藏。

土特产 有黄豆鸡、狗绷肠、糯米、五彩饭等，此外，还有脐橙、柚子，由于味道佳，产品销往省内外。

二、沟亭社区服中心

2014年2月罗甸县行政区划调整，沟亭乡并到罗悃镇，更名为罗悃镇沟亭社区服务中心。位于罗甸县西南部，地处北纬25° 16′ —25° 25′ ，东经106° 36′ —106° 44′ ，东与八总乡、凤亭乡接壤，南与罗妥乡相连，西与逢亭镇毗邻，北与龙坪镇隔边外河相望。

沿革 清代属罗斛州判（厅）辖地城区甲哨沟亭，今沟亭村。民国4年（1915年）废除土司亭、屯、村建制实行保甲制，属南区沟亭联保。民国25年（1936年）调整行政区划，沟亭联保属第六区。民国32年（1943年）撤区建署，废联保，设沟亭乡辖6个保46个甲，隶属罗悃区署。1951年罗甸解放后废除保甲制设行政村组，建沟亭乡属第六区。1956年第六区改称罗悃区，沟亭乡属罗悃区管辖。1958年沟亭乡改称沟亭管理区隶属罗悃公社。1963年恢复区级建制，沟亭管理区改称沟亭公社隶属罗悃区公所。1967年沟亭公社改称沟亭公社革命委员会。1979年恢复区公所，沟亭公社改称沟亭公社管理委员会。1984年建沟亭乡人民政府，隶属罗悃区公所。1991年8有撤区并乡建镇，冗响乡并沟亭乡，沟亭乡辖沟亭、布法、布沙、布乃、拉喊、拉招、冗响、平坡、响水、雷坡10个行政村，39个村民小组。

2013年11月全县村级区划调整，撤并原10个行政村为7个行政村39个村民组，即：撤原沟亭村、布法村设沟亭村；撤原平坡村、响水村设响水村；撤原雷坡村、冗响村设冗响村；布乃村、拉喊村、拉招村、布沙村区域不变。

人口 1991年总人口5691人，其中：男性2902人、女性2789人，农业人口5682人、非农业人口9人，少数民族5423人占总人数95.3%。1995年总人口5983人，其中：男性3051人、女性2932人，农业人口5958人，非农业人口25人，少数民族5623人，占总人数94%。2000年总人口6348人，其中：男性3237人、女性3111人，农业人口6303人、非农业人口45人，少数民族5873人占总人数92.5%。2005年总人口6713人，其中：男性3423人、女性3290人，农业人口6648人、非农业人口65人，少数民族6123人占总人数91.2%。2010年总人口7078人，其中：男性3609人、女性3469人，农业人口6993人、非农业人口85人，少数民族6373人占总人数90%。2013年总人口7370人，其中：男性3758人、女性3612人，农业人口7269人、非农业人口101人，少数民族6623人占总人数90%。

面积 沟亭乡总面积120.36平方公里，人口密度为每平方公里61.4人。2013年耕地面积7864.52亩，其中：田3399.99亩、地4464.53亩，人均1.067亩。林地面积45682亩，宜林荒山面积74170亩，森林覆盖率58.6%。

地形地貌 沟亭乡地貌属低山河谷地，最高海拔沟亭村布苗坡956米，最低海拔拉喊村把来组里介319米。

水文 境内共有两条河流：蒙江和沟亭河。蒙江河属珠江流域红水河水系，流经沟亭乡境内。从纳绕寨口流到拉喊村把来组，河长7公里，流域面积3.24平方公里，平均流量45立方米／秒，天然落差417米。沟亭河发源于罗悃平艾的上绕，流经沟亭乡边外河口注入濛江，河道长10.67公里，流域面积72.67平方公里，年平均流量2.30立方米／秒，天然落差360米。

饮水工程 2011年在沟亭、布乃新建水窖515口，容量15450立方米；2012年在冗响、布沙新建水窖361口，容量10830立方米；2013年在拉招、拉喊新建水窖284口，容量8520立方米。基本解决人畜饮水问题。

粮食作物 主要种植水稻和玉米。1991年粮食产量3150吨，产值289万元，人均食粮394公斤。1995年粮食产量3110吨，产值352万元，人均食粮382公斤。2000年粮食产量3060吨，产值389万元，人均食粮364公斤。2005年粮食总产量3010吨，产值468万元，人均食粮358公斤。2010年粮食总产量2960吨，产值526万元，人均食粮386公斤。2013年粮食产量2916吨，产值718万元，人均食粮305公斤，属三类贫困乡。

农民收入 1991年人均纯收入1015元，1992年人均纯收入1696元，2005年人均纯收入2803元，

2010 年人均纯收入 3626 元，2013 年人均 5965 元。

经济作物 1991 年早菜种植面积 625 亩，产量 625 吨，产值 125 万元。农民人均纯收入 816 元。1995 年早菜种植面积 2080 亩，产量 4187 吨，产值 1000 万元。2000 年早菜种植 2310 亩，产量 5623 吨，产值 1329 万；板栗挂果面积 3000 亩，产量 1600 吨，产值 900 万元；脐橙挂果面积 846 亩，产量 2800 吨，产值 1120 万元。2005 年种植早菜 3095 亩，产量 7210 吨，产值 1524 万元；板栗挂果面积 3400 亩，产量 1820 吨，产值 728 万元；脐橙挂果面积 850 亩，产量 2630 吨，产值 1125 万元。2010 年完成“185”工程蔬菜种植 8100 亩（其中：早菜 4550 亩、秋菜 1550 亩、冬菜 2000 亩），产量 1.54 万万吨，产值 2673 万元；板栗挂果面积 3200 亩，产量 1750 吨，产值 720 万元。脐橙挂果面积 900 亩，产量 3005 吨，产值 1326 万元。2013 种植早菜 1273 亩，产量 636.5 吨，产值 254.6 万元；板栗挂果面积 3500 亩，产量 3500 吨，产值 1400 万元；脐橙挂果面积 920 亩，产量 460 吨，产值 276 万元；火龙果挂果面积 180 亩，产量 90 吨，产值 36 万元；蜜柚挂果面积 150 亩，产量 75 吨，产值 30 万元；艾纳香种植 6000 亩，艾粉产量 30 吨，产值 1800 万元。总产值 3796.6 万元。

养殖业 主要饲养牛、羊、猪为主。1991 年生猪存栏 3211 头，出栏 2900 头，产值 406 万元；牛存栏 450 头，出栏 90 头，产值 27 万元；羊存栏 1541 只，出栏 700 只，产值 14 万元；家禽 9625 羽，出售 8520 羽，产值 8.52 万元；总产值 455.52 万元。1995 生猪存栏 4127 头，年底出栏 4100 头；牛存栏 485 头，出栏 80 头；羊存栏 4100 只，出栏 1800 只；养家禽 12444 羽，出售 11245 羽。总产值 751.59 万元。2000 年生猪存栏 5411 头，年底出栏 4820 头；牛存栏 463 头，出栏 115 头；羊存栏 3241 羽，出栏 1250 羽；家禽饲养 14236 只，出售 1400 只。总产值 811.5 万元。2005 年生猪存栏 6146 头，年底出栏 5241 头；牛存栏 508 头，出栏 175 头；羊存栏 3852 只，出栏 1800 只；家禽饲养 17250 羽，出售 17000 羽；总产值 1052.34 万元。2010 年生猪存栏 8240 头，年底出栏 8102 头；牛存栏 712 头，出栏 200 头；羊存栏 4211 只，出栏 1525 只；家禽饲养 36554 羽，出售 34520 羽；总产值 1526.2 万元。2013 年生猪存栏 4800 头，出栏 4200 头，产值 1092 万元；牛存栏 930 头，出栏 120 头，产值 60 万元；山羊存栏 2500 只，出栏 700 只，产值 63 万元；家禽 2.814 万羽，出售 2 万羽，产值 40 万元。总产值 1255 万元。

劳务输出 1991 年劳务输出 456 人，年收入 380 万元。1995 年劳务输出 520 人，年收入 480 万元。2000 年劳务输出 528 人，年收入 510 万元。2006 年劳务输出 603 人，年收入 615.57 万元。2010 年劳务输出 820 人，年收入 1520 万元。2013 年劳务输出 2135 人，年收入为 3000 万元。主要分布在广州、浙江、广西等沿海城市，从事进缝纫厂、鞋厂、服装厂建筑业等。

矿产资源 2008 年经黔南州地质队勘探境内有灰绿岩、硅矿、铁矿石、石英石等矿藏资源。主要分布在拉喊、布乃、沟亭、平坡等地，储量丰富。

交通 2010 年改造沟亭乡—风亭乡沟亭段油路长 23 公里，国家投资 230 万元；2011 年修沟亭乡—布乃村公路长 6 公里；2012 年修冗响村—布沙村公路长 12 公里；2013 年修沟亭—拉招村公路 5 公里。全乡村村通公路，国村级公路国家投资 575 万元。

通信 1991 年沟亭乡固定电话用户 20 户，移动电话 28 户，普及率 0.3%。1995 年安装固定电话 54 户，移动电话 64 户，普及率 0.728%。2000 年固定电话 152 户，移动电话 653 户，普及率 49%。2005 年固定电话 164 户，移动电话 751 户，普及率 55.7%；2010 年固定电话 180 户，移动电话 1021 户，普及率 72.4%。2013 年固定电话 214 户，移动电话 1130 户，普及率 68.9%。

电 1991 年沟亭乡有电 10 千伏。经过几年的电力基础设施建设，沟亭乡 10 个自然寨 39 个村民小组通电率逐年递增，1991 年通电率 30%，1995 年通电率 77%，2000 年通电率 89%，2005 年通电率 93%，2010 年通电率 100%。

文化建设 沟亭乡于 2013 年建文化站 1 个，建筑面积 90 平方米。建村级图书室 10 个，有科技藏书 7153 册，每村图书室有各类科技书籍 500 册。

广播电视　1991年全乡安装广播电视工程小天锅46户，电视覆盖率2.8%。1995年安装小天锅152户，电视覆盖率11%。2000年安装小天锅481户，电视覆盖率29.6%。2005年安装小天锅825户，电视覆盖率50%。2010年安装小天锅1017户，电视覆盖率59.8%。2013年安装小天锅1187户，覆盖率75%。2014年电视用户1611户，电视综合覆盖率95%。

医疗卫生　1991年有卫生院1所，建筑面积100平方米，病床2张，专业卫生员3人，住院人次12人，完成诊疗321人次，治愈率达80.32%。1995年医院建筑面积265平方米。专业卫生员4人，其中：执业医师2人，注册护士2人，完成住院人次32人，诊疗1062余人次，治愈率85%。2000年专业卫生员6人，其中：执业医师4人，注册护士2人，完成住院人次38人次，诊疗1500余人次，治愈率89%。2005年专业卫生员7人，其中：执业医师4人，注册护士2人，药剂师1人，完成住院人次30人次，诊疗1350人次，治愈率90%。2010年专业卫生员11人，其中：大专文化8人、中专3人，注册护士3人。完成住院36人次，诊疗2410人次，诊愈率达91.7%。2013年有卫生员14人，其中：大专11人、中专3人。住院34人次，完成诊疗3007人次，诊愈率90%。

计生工作　1991年有计生站1个，建筑面积80平方米，专职计生员4人，生育办证9人，办理独生子女证3户，完成“四术”89例。1995年计生员5人，其中：技术员1人，开展手术82例，其中：结扎2例、上环80例。已婚育龄妇女862人，办理独生子女户3户，生育办证率61%。2000年开展手术124例，其中：结扎3例，上环121例。办理独生子女户3户，生育办证率75%。2005年计生站建筑面积为360平方米，计生员6人，开展手术185例，其中：结扎5例，上环180例，办理独生子女户6户，生育办证率81.3%。2010年有计生员6人，开展手术352例，其中：结扎3例、上环349例。办理独生子女户13户。2013年专职计生员10人，生育办证108人，办理独生子女证18户，完成“四术”107例。

婚姻登记　1991年自愿结婚38对，结婚登记率100%。1995年自愿结婚89对，结婚登记率100%。2000年自愿结婚102对，结婚登记率100%。2005年结婚72对，结婚登记率100%。2010年结婚86对，结婚登记率100%。2012年后婚姻登记由县民政局实行联网办理。

教育　1991年有学校2所：沟亭小学、冗响小学；3个教学点（拉招小学、平坡小学、布法小学），学校总建筑面积1238平方米。学生358人，其中：男生187人、女生171人，少数民族生340人占学生总数95%。1995年学生382人，其中：男生201人、女生181人，少数民族生362人占学生总数95%。2002年撤销拉招教学点，新建布沙小学（完小），建筑面积246平方来。全乡小学校3所。学生432人，其中：男生228人、女生204人，少数民族生410人占学生总数95%。2005年小学3所，建筑面积2946平方米，其中：冗响小学700平方米。学生450人，其中：男生241人、女生209人，少数民族生427人占学生总数95%。2010年全乡有完小3所，学生669人。其中：男生1400人、女生269人，少数民族生占学生总数95%。2013增加幼儿园1所，建筑面积310平方米。学生480人，其中：小学生400人，幼儿园学生80人，男生248人，女生232人，少数民族生457人占学生总数的95%。

“两基”工作　2005年11月“两基”工作通过省人民政府评估和验收，小学入学率98.82%，教学用房达标率100%，教学设备达标率100%，小学结业班全科合格率100%，毕业率100%，小学人均图书20册，小学专任教师合格率100%。教学用房达标率100%，教学设备达标率100%，小学结业班全科合格率100%，小学专任教师合格率100%。

教师文化结构　1991年教师30人，其中：大专以上文化程度3人，中师27人。1995年教师39人，其中：大专以上文化程度4人、中师35人。2000年教师41人，其中：大专以上文化程度5人、中师36人。2005教师40人，其中：大专以上文化程度21人、中师19人。2010年教师38人，其中：大专上文化程度29人、中师9人。2013年教师31人，其中：本科7人、大专22人、中师1人。

农村“五保”分散供养　1991年农村“五保”分散供养25人，国家支出0.6万元。1995年24人，国家支出0.86万元。2000年27人，国家支出1.14万元。2007年28人，国家支出1.68万元。2010年30人，国家支出 2.52 万元。2013 年 9 人，国家年支出 1.62 万元。

农村老复退军人 1991 年 7 人，每人每月补助 150 元。1995 年 6 人，每人每月补助 180 元。2000 年 5 人，每人每月补助 210 元。2005 年有 5 人，每人每月补助 300 元。2010 年 4 人，每人每月补助 390 元。2013 年 4 人，每人每月补 650 元。

最低生活保障 2007 年开始实施农业人口最低生活保障 654 户 1962 人，国家支出 141.3 万元。2010 年非农业人口享受最低生活保障 2 人，每月补助 290 元；农业人口享受最低生活保障 693 户 2311 人，支出 157.1 万元。2013 年非农业人口享受最低生活保障 3 人，每月补助 450 元；农业人口享受最低生活保障 628 户 2224 人，支出 227.59 万元。

农村临时救济 1991 年临时救济 96 人次，支出 1.44 万元。1995 年临时救济 120 人次，支出 1.8 万元。2000 年临时救济 210 人次，支出 3.15 万元。2005 年临时救济 280 人次，支出 4.2 万元。2010 年临时救济 370 人次，支出 5.55 万元。2013 年临时救济 450 人次，支出 6.75 万元。

合作医疗 2010 年参合农村合作医疗 1428 户 5793 人，占总户数 81%；农村医疗救助 17 人次，支出 0.3 万元。2013 年参加农村合作医疗 1634 户 6575 人，占总户数的 90%；农村医疗救助 195 人次，支出 2.1 万元。

旧房改造 2008 年 3 月，贵州省民政厅拨专款由县民政局负责，改造技术由县城建局把关，镇政府组织，调查核实提供名单，2009—2013 年旧房改造分别落实到 10 个村 515 户，每户投资 1.23 万元，总投资 634.98 万元，其中，2009 年 68.5 万元、2010 年 241.5 万元、2011 年 143.8 万元、2012 年 131.66 万元、2013 年 29.52 万元。

移民搬迁 龙滩移民淹没 375 米以下及涉及淹田、土、不淹房，拉喊村拉喊组、把来组、里冗组共 104 户 425 人。全部往山上后靠居住，现安居乐业。

特优产品 红心火龙果：营养丰富、味甜多汁；红肉蜜柚：果大皮薄瓤肉无果子，清甜微酸；红心脐橙：果大均匀，肉质脆嫩，清香诱人。

三、罗苏社区服务中心

2014 年 2 月罗甸县行政区划调整，罗苏乡并到罗悃镇，更名为罗悃镇罗苏社区服务中心。位于罗甸县城西南部，地处北纬 25° 16′—25° 20′，东经 106° 27′—106° 33′。东与罗悃镇相连，南与红水河镇接壤，西与望谟县桑郎镇毗邻，北靠纳坪乡和逢亭镇。

沿革 清代属罗斛州判（厅）桑郎甲哨罗苏亭，今罗苏村，由桑郎土弁管辖。1940 年 3 月桑郎（原属罗甸第七区）划归望谟县，罗苏划归罗甸第六区平榜联保。民国 32 年（1943 年）罗苏隶属罗悃区署罗悃乡联保。1951 年罗甸解放废除联保甲制，设罗苏乡属第六区。1956 年罗苏乡隶属罗悃区。1958 年改称罗苏管理区，隶属罗悃公社。1963 年改称罗苏公社。1967 年改称罗苏公社革命委员会。1979 年改称罗苏公社管理委员会。1984 年全县调整为 6 个区 1 个区级镇，49 个乡 1 个乡级镇。罗苏乡隶属罗悃区公所。

1991 年 8 月撤区并乡建镇，全县调整为 26 个乡镇，将原属罗暮乡的平榜村 7 个村民小组并到罗苏乡，辖罗苏、纳庆、过石、龙井、塘山、沿河、平榜 7 个村 29 个村民组。2013 年 11 月全县村级区划调整，撤并原 7 个行政村为 5 个行政村 29 个村民组，即：撤原罗苏村、纳庆村设罗苏村；撤原过石村、龙井村设龙井村；塘山村、沿河村、平榜村区域不变。

人口 罗苏是以布依族为主的乡，1991 年辖区总人口 5230 人，其中：男性 2703 人、女性 2527 人，非农业人口 12 人，少数民族 5191 人占总人口 99%。1995 年总人口 5572 人，其中：非农业人口 26 人，少数民族 5305 人占总人口 95%。2000 年总人口 6019 人，其中：非农业人口 46 人，少数民族 5436 人占总人口 90%。2005 年总人口 6369 人，其中：非农业人口 81 人，少数民族 5556 人占总人口 87%；2010 年总人口 6928 人，其中：非农业人口 116 人，少数民族 6048 人占总人口 89%。2013 年总人 7228 口，其中：男性 3684 人、女性 3544 人，非农业人口 137 人，少数民族 6115 人占总人口 84.59%。2013 年总人口 7264 人，其中：男性 3756 人、女性 3508 人，少数民族 6115 人占总人口 84%。

面积　辖区面积 90.2 平方公里。人口密度为每平方公里 56 人。森林面积 14463 亩，森林覆盖率 41%。全乡耕地面积 8180 亩，其中：田 4172 亩、地 4008 亩，人均 1.13 亩。属二类贫困乡。

地形地貌　罗苏地势北高南低，呈峡谷地带。地形分为熔岩山区和低山河谷地。境内最高峰老山位于塘山村海拔 1100 米，最低点把郎山位于平榜村海拔 400 米。

自然灾害　主要有泥石流、旱灾、冰雹等。2005 年 4 月 23 日大雨发生泥石流，受灾 2 户，房屋倒塌 5 间，死亡 2 人，造成经济损失 30 多万元。

农民收入　1991 年农民人均食粮 355 公斤，人均收入 280 元。1991 年农民人均食粮 355 公斤，人均收入 280 元。1995 年农民人均食粮 499 公斤，人均收入 550 元。2000 年农民人均食粮 410 公斤，人均收入 800 元。2005 年农民人均食粮 457 公斤，人均收入 1200 元。2010 年农民人均食粮 607 公斤，人均收入 1600 元。2013 年农民人均食粮 659 公斤，人均收入 6856 元。

粮食作物　以种植高产水稻、杂交玉米为主。1991 年粮食产量 1856 吨，其中：水稻 1100 吨、玉米 756 吨，产值 210 万元。1995 年粮食产量 2300 吨，其中：水稻 1390 吨、玉米 910 吨，产值 286.9 万元。2000 年粮食产量 2506 吨，其中：水稻 1505 吨、玉米 1001 吨，产值 341 万元。2005 年粮食产量 2908 吨，其中：水稻 1885 吨、玉米 1023 吨，产值 606 万元。2010 年粮食产量 4219 吨，其中：水稻 2628 吨、玉米 1582 吨，产值 696 万元。2013 年产粮 4791 吨，其中：水稻 3100 吨、玉米 1691 吨，产值 750 万元。

经济作物　1991 年早菜种植面积 930 亩，产量 930 吨，产值 93 万元；板栗 150 亩，产量 150 吨，产值 30 万元。1995 年早菜种植面积 1793 亩，产量 1782 吨，产值 502.6 万元；板栗挂果面积 350 亩，产量 35 吨，产值 12.6 万元。2000 年菜种植面积 930 亩，产量 830 吨，产值 306.5 万元；板栗挂果 500 亩，产量 55 吨，产值 22 万元。2005 年早菜种植面积 3168 亩，产量 1863 吨，产值 631 万元；板栗挂果 800 亩，产量 80 吨，产值 40 万元。2010 年早菜种植面积 4025 亩，产量 1987 吨，产值 643 万元；板栗挂果面积 1200 亩，产量 120 吨，产值 75 万元。2013 年早菜种植 3000 亩，产量 3000 吨，产值 600 万元；板栗 2000 亩，产量 2000 吨，产值 800 万元；火龙果面积 2500 亩，产量 1250 吨，产值 500 万元；艾纳香面积 2100 亩，产量（冰片）10.5 吨，产值 630 万元。是年，“185”工程经县人民政府组织验收全部达标。

养殖业　1991 年生猪饲养 3012 头，年末出栏 2014 头，产值 282 万元；养殖牛 1320 头，年末出栏 200 头，产值 60 万元；饲养羊 4201 只，年末出栏 950 只，产值 19 万元；饲养家禽 10240 羽，上市 9200 羽，产值 9.2 万元；总产值 370.2 万元。1995 年生猪饲养 3622 头，年末存栏 1200 头；养殖牛 1982 头，年末存栏 180 头；黑山羊饲养 5012 只，出栏 250 只；饲养家禽 13024 羽，年末存栏 8500 羽。总产值 240 万元。2000 年生猪饲养 4520 头，出栏 1800 头；养殖牛 2210 头，年末存栏 1250 头；黑山羊饲养 5428 只，年末存栏 1500 只；家禽饲养 15020 羽，年末存栏 1.1 万羽。总产值 285 万元。2005 年生猪饲养 5562 头，年末存栏 2300 头；养殖牛 2951 头，年末存栏 310 头；黑山羊养殖 6201 只，年末存栏 420 只；家禽饲养 1.99 万羽，年末存栏 4600 羽；总产值 320 万元。2010 年生猪饲养 6210 头，年末存栏 3500 头；牛养殖 3523 头，年末存栏 1360 头；山羊养殖 7501 只，年末存栏 480 只；家禽饲养 1.99 万羽，年末存栏 1900 羽。总产值 382 万元。2013 年生猪饲养 6850 头，年末出栏 6000 头，产值 1560 万元；牛养殖 4820 头，年末出栏 700 头，产值 350 万元；羊养殖 6800 只，年末出栏 2000 只，产值 148 万元；家禽饲养 3.86 万羽，上市 3.73 万羽，产值 74.5 万元。总产值 2164.5 万元。

劳务输出　1991 年劳务输出 650 人，年收入 598 万元；1995 年劳务输出 865 人，年收入 1038 万元；2000 年劳务输出 1025 人，年收入 1496.5 万元；2005 年劳务输出 1560 人，年收入 2652 人；2010 年劳务输出 1956 人，年收入 3432 人；2013 年劳务输出 2611 人，年收入 6788.6 万元。

乡镇企业　2013 年有私营企业砂石厂 1 家，投资 50 万，规模设备 1 套。上缴税金 1.19 万元。

水资源　境内干江河发源于罗苏塘山村的小青坡，流经罗苏、沿河、平榜、罗暮、羊里汇入红水河，河长 40 公里，流域面积 258.7 平方公里，年水流量每秒 4.80 立方米。天然落差 231 米。

1991—2013年修建人畜饮水工程3处，灌溉引水工程4处，建小水池764口，蓄水22920立方米。主要分布在纳庆、塘山、过石、沿河、平榜。基本满足人畜饮水和农田灌溉。

矿藏资源 境内已探明矿藏有硅矿、铁矿、锰矿。主要分布在罗苏村纳庆上下组，矿区面积约3.9平方公里。硅矿分布在龙井村林纳组，矿区面积5.4平方公里。

交通 1995年修罗苏—塘山水泥路，长6公里；2000年修塘山—兴龙堡公路，长2公里；过石寨—干田堡长3.2公里，总长11.2公里。2005年修干田堡—纳井长2.8公里；罗苏一组—罗苏二、三、四、五组长7公里；纳庆—纳井长6.5公里，总长16.3公里。2010年修过石—平榜村二级路长18公里；平榜村下坪组—里村组长4公里；沿河—纳海长1.5公里；罗苏村—龙井村长2公里；龙井组—里苏组长1公里，总长26.5公里。2013年修干江河—纳庆村长2.5公里；沿河—纳云长3公里，沿河—纳岩长2.3公里；塘山—然绕河长1.5公里；塘山—水井湾长3公里；塘山—大寨长2公里；平榜—里列长3公里。总长17.3公里。2013年修过石组—林纳组长2公里。全乡村级公路总长79.3公里，实现村村通路，国家投资1170万元。

电 2010年有主变电（站）器1台，总容量1.250兆伏安，高压输电线3条，总长48.845公里。全乡24个自然寨，29个村民小组通电率100%。

通信 1998年固定电话用户15户，移动电话用户20户。2000年有固定电话用户60户，移动电话用户220户，普及率28.0%。2005年有固定电话用户130户，移动电话用户550户，普及率52.5%。2010有固定电话用户80户，移动电话用户850户，普及率64%。2013年电信服务网点1个，移动服务网点1个，安装光缆线总长61公里，主干电缆43公里，互联网端口总数83个，其中：已占用端口总数49个，宽带接入用户36户，移动电话用户5743户，普及率79%。

广播电视 1991年安装广播电视工程小天锅20户。1995年安装电视170户，电视覆盖率11.8%。2000年安装电视331户，电视覆盖率21.7%。2005年安装电视650户，电视覆盖率49.4%。2010年安装电视831户，电视覆盖率62.7%；2013年电视用户1899户，电视综合覆盖率92%。

医疗卫生 1991年建卫生院，建筑面积200平方米，专业卫生员3人，其中：执业医生3人，完成诊疗1200人次，治愈率92%。1995年卫生院建筑面积500平方来，医生4人，完成诊疗1500人次，治愈率95%。2000年卫生院建筑面积750平方米，医生5人，完成诊疗1750次，治愈率96%。2005年完成诊疗2965人次，治愈率94%。2010年卫生员10人，其中：大专4人、中专5人，注册护士2人。完成诊疗7520人次，治愈率95%。2013年卫生员14人，完成诊疗9753人次，治愈率95%。

计生工作 1991年有计生办公室和计生技术服务站合并1个，建筑面积100平方米，专职计生员1人，技术员1人，开展结扎手术2例、上环术8例，办理独生子女证1户，生育办证率80%。1995年开展结扎手术8例，上环术18例，办理独生子女证3户，生育办证率85%。2000年计生站建筑面积220平方来，开展结扎手术12例，上环术25例。2005年计生员2人，开展手术45例，其中：结扎术18例、上环术27例，办理独生子女证12户，生育办证率85%。2010年计生员3人，开展手术78例，其中：结扎术36例、上环术42例，办理独生子女证25户，生育办证率85%。2013年罗苏乡有计生员3人，办理独生子女证59户，双女结扎户60户。开展手术103例。

计生设备有干燥海箱机、紫外线消毒器、四孔无影灯1台、电热恒温水浴箱1个、阴道镜、多功能手术床1个、孔腺诊断仪、微波治疗、电冰箱、血红蛋白仪。

婚姻登记 1991年自愿结婚12对，结婚登记率100%。1995年自愿结婚19对，结婚登记率100%。2000年自愿结婚22对，结婚登记率100%。2005年自愿结婚35对，结婚登记率100%。2010年自愿结婚40对，结婚登记率100%。2012年后由县民政局联网办理。

文化 2012年建乡文化站1个，建筑面积280平方米，藏书1000册。村级图书室7个，各藏科技书籍500册。

教育 1991年小学5所，其中：完全小学1所（罗苏）；教学点纳庆、沿河、塘山、过石4所，建筑面积6250平方米，学生580人。其中：男生430人，女生150人，少数民族生535人，占学生总数92%。1995年撤销纳庆小学。全乡学生710人，其中：男生529人、女生181人，少数民族生673人占学生总数95%。2010年撤销塘山、过石2所小学。有学生621人，其中：男生306人、女生315人，少数民族生580人占学生总人数95%。2013年学生550人，其中：男生312人，女生238人，少数民族学生520人，占学生总数95%。2005年11月罗苏小学“两基”工作通过省人民政府评估和验收。

教师文化结构 1991年有教师10人，其中：中师8人，初中2人（民办教师）。1995年教师14人，其中：大专以上5人、中师9人。2000年教师20人，其中：大专以上文化9人、中师11人；2005年教师25人，大专以上文化12人、中师11人、初中2人。2010年教师31人，其中：大专以上文化23人、中师8人。2013教师33人，其中：大专以上文化26人、中师7人。

农村“五保”分散供养 1991年农村“五保”分散供养33人，国家发放定期补助1.19万元；1995年“五保”户33人，国家发放定期补助1.584万元；2000年有“五保”户32人，国家发补助款1.92万元；2005年“五保”户32人，国家发补助款2.304万元；2010年“五保”户31人，国家发补助款2.604万元，比上年增长6.9%；2013年“五保”户28人，国家发补助款5.04万元，比上年增长5%。

农村老复退军人 1991年农村老复退军人4人，国家每人每月补助150元；1995年农村老复退军人4人，国家每人每月补助180元；2000年农村老复退军人3人，国家每人每月补助210元；2005年农村老复退军人3人，国家每人每月补助300元；2010年农村老复退军人2人，国家每人每月补助390元；2013年农村老复退军人2人，国家每人每月补助500元。

享受农村低保 2007年实施农村最低生活保障，享受低保612户1847人，国家发补助款110.8万元；2010年享受农村低保637户2068人，国家发补助款143.5万元；2013年享受农村低保653户2310人，国家发补助款225.2万元。

农村临时救济 1991年农村临时救济110人次，国家补助1.65万元；1995年农村临时救济160人次，国家补助2.4万元；2000年农村临时救济270人次，国家补助4.1万元；2005年农村临时救济290人次，国家补助4.35万元；2010年农村临时救济370人次，国家补助5.55万元；农村临时救济410人次，国家共补助6万元。

农村合作医疗 2010年参加农村合作医疗1578户5639人，占总人口84%；医疗救助22人，国家共补助1.2万元。2013年参加农村合作医疗1601户6323人，占总人口87%；医疗救助185人次，国家补助3.8万元。

生态移民 沿河村部分村民因居住环境生存条件差，2010年县发改局投资60万元，群众自筹180万元，总投资240万元，将沿河村纳云组30户121人搬到罗苏村纳锰安置点，使村容得到改变。

旧房改造 2009—2013年分别完成罗苏村、过石村、龙井村、平榜村、塘山村、纳庆村、沿河村旧房改造412户，县民政局投资506.7万元，使村民安居乐业。

四、罗暮社区服务中心

2014年2月罗甸县行政区划调整，将罗暮乡并到红水河镇，改称红水河镇罗暮社区服务中心，位于罗甸北纬25° 10′—25° 15′，东经106° 28′—106° 36′。东与红水河镇接壤，南与广西乐业县逻西镇隔红水河相望，西与望谟县昂武乡毗邻，北与罗苏乡相连。

沿革 罗暮清代属罗斛州判（厅）辖地，桑郎甲哨罗暮亭，今罗暮乡沫村村。民国4年（1915年）废除土司亭、屯、村建制，实行保甲制，罗暮隶属西区（桑郎时属罗甸）。民国25年（1936年）全县分7个区34个联保，罗暮联保属第七区，1940年成立望谟县原罗甸第七区桑郎划归望谟县。民国32年（1943年）重划政区，撤区设署设乡镇，废联保，设罗暮乡辖7个保78个甲，隶属罗悃区署。1951年3月罗甸解放废除保甲制，改设乡（镇）、村、组。罗暮乡辖7个村，隶属第六区。1956年第六区改称罗悃区，罗暮乡隶属罗悃区。1958年改称罗暮管理区，隶属罗悃公社。1963年改称罗暮公社，隶属罗悃区公所。1967年改称罗暮公社革命委员会。1984年4月实行党政分开，建立罗暮乡人民政府。1991年8月全县区划调整为26个乡镇，将平亭乡并到罗暮乡，辖7个村即罗暮村、胡家湾村、沫村村、冗袍村、保上村、白羊村、平亭村；将平榜村划归罗苏乡。2013年11月罗甸县村级区划调整，撤并原7个行政村为6个行政村34个村民组，即：撤并原平亭村、白羊村设平亭村；罗暮村、胡家湾村、保上村、沫村村、冗袍村区域现状不变。

人口 1991年辖区总人口8006人，其中：非农业人口56人、农业人口7950人，少数民族6604人占总人口82.5%。1995年总人口8112人，其中：非农业人76人、农业人口8036人，少数民族7110人占总人口87.6%。2000年总人口8392人，其中：非农业人口97人、农业人口8395人，少数民族7203人占总人口85.8%。2005年总人口8876人，其中：非农业人口101人、农业人口8775人，少数民族7500人占总人口84.5%。2010年总人口9003人，其中：非农业人口116人、农业人口8887人，少数民族7517人占总人口83.5%。2013年总人口9101人，其中：非农业人口147人、农业人口8954人，少数民族7773人占总人口85.4%。

地形地貌 罗暮社区地势北高南低低山河谷地。境内最高海拔为妹坡1122.3米，最低海拔罗暮村333米。

面积 2013年全乡国土面积97.65平方公里，人口密度每平方公里93人。耕地面积6951亩，其中：田2575亩、地4376亩，人均0.76亩；山林面积9.37万亩，森林覆盖率32%；宜林荒山6.5万亩。为二类贫困乡。

水文 境内古屯河道属珠江流域，从羊里流经境内河长6.12公里，流域面积0.048平方公里，年平均流量3.41—43.6立方米/秒，天然落差67米。

水利建设 1991年修建山塘1个，蓄水2500立方米；水窖10口，蓄水300立方米。1995年修建水窖50口，蓄水1500立方来。2000年修建水窖36口，蓄水800立方米。2006年修建水窖30口，蓄水700立方米。2008年修建水窖50口，蓄水1400立方米。2013年修建水窖52口，蓄水1500立方米。截至2013年共有山塘1个，水窖228口，蓄水8000立方米，基本解决农田灌溉和人畜饮水。

气候灾害 主要有洪涝、冰雹等。2008年5月2日遭受水灾，水淹罗暮街道，受灾34户，死亡1人，其中：毁坏房屋2栋，被淹1200多亩早菜、西瓜，经济损失200多万元。6月，罗暮村发生严重冰雹灾，街道两边100多农户住房第一层全部被冰雹淹没，一周多未溶化完。经济损失达300余万元。

矿藏资源 矿藏金属矿主要有金、银、铜、铁等4个品种。非金属矿有：玉石、大理石、猫眼石、石棉矿等。

农作物 粮食作物主要种植水稻、玉米。1991年水稻产量3046吨，玉米产量1028吨，黄豆产量4.5吨，农业总产值670.5万元，农民人均食粮198公斤，人均纯收入1105元。1995年水稻产量3214吨，玉米产量980吨，黄豆产量5.5吨，农业总产值1046.6万元，农民人均食粮215公斤，人均纯收入2210元。2000年水稻产量3300吨，玉米产量1200吨，黄豆产量3.5吨，农业总产值1510.5万元，农民人均食粮256公斤，人均纯收入2910元。2005年水稻产量3746吨，玉米产量1210吨，黄豆产量3吨，农业总产值1910万元，农民人均食粮230公斤，人均纯收入3120元。2010年水稻产量2990吨，玉米产量1450吨，黄豆产量2.5吨，农业总产值2285万元，农民人均食粮235公斤，人均纯收入3995元。2013年水稻产量3050吨，玉来产量950吨，黄豆产量3.5吨，农业总产值3810万元，农民人均食粮215公斤，人均纯收入5750元。

经济作物 1991年油桐挂果面积396亩，产量396吨，产值79.2万元；板栗47亩，产量47吨，产值9.4万元，总产值88.6万元。2005—2007年油桐挂果面积396亩，种植板栗47亩，总产值30万元。2008年板栗挂果面积189亩，艾纳香1500亩，油桐挂果面积500亩，总产值110万元。2009年油桐挂果面积800亩，艾纳香2500亩，板栗挂果面积44亩，总产值150万元。2010年油桐挂果面积60亩，产量

40 吨，产值 12.1 万元；艾纳香 1500 亩，产量 108 吨，产值 108 万元，板栗挂果面积 98 亩，产量 50 吨，产值 25 万元。2013 年油桐挂果面积 180 亩，产量 180 吨，产值 72 万元；艾纳香 2500 亩，产量 12.5 吨，产值 750 万元；板栗挂果面积 47 亩，产量 47 吨，产值 18.8 万元；火龙果挂果 5000 亩，产量 2500 吨，产值 1500 万元，总产值 2340.8 万元。

养殖业 1991 年生猪饲养 3101 头，出栏 2305 头，产值 322.7 万元；牛养殖 1675 头，出栏 977 头，产值 293.1 万元；羊养殖 13500 只，出栏 5130 只，产值 102.6 万元；家禽饲养 5700 羽，上市 5100 羽，产值 5.1 万元。总产值 723.5 万元。1995 年生猪饲养 2997 头，出栏 2397 头；牛养殖 1601 头，出栏 987 头；家禽饲养 5690 羽，上市 5200 羽。总产值 465.5 万元。2000 年生猪饲养 3005 头，出栏 2111 头；牛养殖 1654 头，出栏 911 头；家禽饲养 6768 羽，上市 6532 羽。总产值 790.48 万元。2005 年生猪饲养 3150 头，出栏 1990 头；牛养殖 2470 头，出栏 1591 头；家禽饲养 6700 羽，上市 6450 羽。总产值 836.4 万元。2010 年生猪饲养 3566 头，出栏 2154 头；牛养殖 1456 头，出栏 860 头；羊养殖 2100 只，出栏 1905 只；家禽饲养 7100 羽，上市 6708 羽。总产值 1682.74 万元。2013 年生猪饲养 3840 头，出栏 2152 头，产值 560 万元；牛养殖 1565 头，出栏 780 头，产值 390 万元；羊养殖 10500 只，出栏 3990 只，产值 359 万元；家禽饲养 7770 羽，上市 6708 羽，产值 13.4 万元；总产值 1322.4 万元。

劳务输出 1991 年劳务输出 1106 人，年收入 55.3 万元；1995 年劳务输出 1830 人，年收入 219.6 万元；2000 年劳务输出 2037 人，年收入 387.03 万元；2005 年劳务输出 2929 人，年收入 615.09 万元；2010 年劳务输出 3061 人，年收入 857.08 万元。2013 年劳务输出 2790 人，年收入 864.9 万元。主要分布在广州、浙江、上海等沿海城市，从事进缝纫厂、鞋厂、服装厂建筑业等。

电 1991—1996 年，罗暮乡自建小型水电站发电用电。1997 年电输送到乡政府所在地罗暮村。1998 年通电率 40%，1999 年通电率 60%，2005 年通电率 80%，2010 年通电率 95%，2013 年通电率 100%。

交通 1995 年罗暮乡启动修村级公路，罗暮—胡家湾公路长 4.2 公里。1997 年修罗暮—保上公路 6.8 公里；保上—华里公路长 5.2 公里；华里—冗袍公路长 3 公里。2000 年修平亭—洒亭公路长 7.8 公里；罗暮—沫村 8.7 公里。全乡村级公路总长 35.7 公里，实现村村通公路，国家投资 1026.2 万元。

通信 2003 年安装固定电话用户 10 户，移动电话用户 30 户，普及率 0.4%。2005 年固定电话 10 户，移动电话 200 户，普及率 10%；2010 年固定电话 15 户，移动电话 1000 户，普及率 50%。2013 年固定电话 20 户，移动电话 1500 户，普及率 75%。

广播电视 1998 年安装广播电视工程（小天锅）30 户，电视覆盖率 1.5%。2000 年安装小天锅 200 户，覆盖率 10%。2005 年安装小天锅 1000 户，覆盖率 50%。2010 安装小天锅 1600 户，覆盖率 80%。2013 年安装小天锅 1800 户，覆盖率 90%。

医疗卫生 1991 年卫生院 1 所，建筑面积 160 平方米，卫生员 3 人，完成诊疗 3226 人次。2000 年卫生院建筑面积 215 平方米，完成诊疗 5220 人次，治愈率 96.5%。2005 年执业医生 5 人，完成诊疗 6770 人次，治愈率 97.5%。2010 年卫生员 11 人，其中：本科 1 人、大专 6 人，注册护士 2 人，完成诊疗人 8700 次，治愈率 95.5%。2013 年卫生院建筑面积 362 平方米，专业卫生员 11 人，其中：本科 1 人、大专 9 人、中专 1 人，注册护士 4 人。完成诊疗 84.4 人次。2013 年卫生院建筑面积 362 平方米，卫生员 11 人，完成诊疗 8400 人次。

计生工作 1991 年有计生办公室和计生技术服务站 1 个，建筑面积 365 平方米。专职计生员 3 人，其中：技术员 1 人。开展手术上环 56 例、结扎 11 例，办理独生子女证 7 户，生育办证率 23.5%。1995 年专职计生员 5 人，其中：技术员 1 人。开展上环手术 78 例、结扎手术 14 例，办理独生子女证 9 户，生育办证率 46%。2000 年专职计生员 5 人，其中：技术员 1 人。开展上环手术 86 例、结扎手术 15 例，办理独生子女证 11 户，生育办证率 75.5%。2005 年专职计生员 5 人，其中：技术员 2 人。开展上环手术 86 例、结扎手术 35 例，办理独生子女证 13 户，生育办证率 83.6%。2010 年专职计生员 5 人，开展上环手术83例、结扎手术13例。办理独生子女证9户，生育办证率83.5%。2013年计生员5人，开展上环手术76例、结扎手术14例，办理独生子女证8户，生育办证率95.5%。

结婚登记 1991年自愿结婚22对，结婚登记率100%；1995年自愿结婚33对，结婚登记率100%；2000年自愿结婚22对，结婚登记率100%；2005年自愿结婚51对，结婚登记率100%；2010年自愿结婚登记38对，结婚登记率100%；2012年以后由县民政局联网办理。

文化 罗暮乡文化站建于2010年，建筑面积200平方米，藏书4600册。村级文化室7个，各藏科技书1000册。

教育 罗暮乡1991年学校有7所，即平亭小学、沫村小学、胡家湾小学、保上小学、冗袍小学、白羊村小学、罗暮中心校（含戴帽初中），总建筑面积1900平方米。学生310人，其中：初中生51人、小学生259人，男生231人、女生79人，少数民族学生262人占学生总数84.5%。1995年学生446人，其中：初中生62人、小学生384人，男生250人、女生134人，少数民族生317人占学生总数85.6%。2000年学生655人，其中：初中生81人、小学生574人，男生346人、女生309人，少数民族生573人占学生总数87%。2005年学生655人，其中：初中生101人、小学生554人，男生366人、女生289人，少数民族生573人占总数87.5%。2010年撤销白羊村小学、冗袍村小学，有学校4所，学生786人，其中：初中生123人、小学生663人，男生436人、女生350人，少数民族生645人占学生总数82%。2013年撤销沫村村小学、胡家湾村小学、保上村村小学3所。有学校1所，学生970人，其中：初中生145人、小学生825人，男生425人、女生400人，少数民族生656人占总数67%。

“两基”工作 2005年10月通过省人民政府评估和验收。小学入学率100%，初中入学率96.77%，完成率88.5%。教学用房达标率100%，教学设备达标率100%，中小学结业班全科合格率91.33%和85.77%，中小学生毕业率90.32%和100%，中小学教师合格率96%。

教师文化结构 1991年教师47人，其中：中学教师16人、小学教师31人，中师文化47人。1995年有教师49人，其中：初中教师17人、小学教师32人，大专以上文化程度17人、中师32人。2000年教师49人，其中：初中教师17人、小学教师32人，大专以上文化21人、中师28人。2005年教师51人，其中：初中教师19人、小学教师32人，大专以上文化43人、中师8人。2010年教师53人，其中：初中教师29人、小学教师24人，大专以上文化51人、中师2人。

农村“五保”分散供养 1991年农村“五保”分散供养9人，发放定期补助款0.22万元。1995年农村“五保”分散供养9人，发放定期补助款0.32万元。2000年农村“五保”分散供养9人，发放定期补助款0.54万元。2007年农村“五保”分散供养9人，发放定期补助款0.65万元。2010年农村“五保”分散供养8户9人，发放定期补助款0.32万元。2013年农村“五保”分散供养8人，发放定期补助款1.44万元。

农村老复退军人 1991年农村老复退军人3人，每人每月补助150元；1995年农村老复退军人3人，每人每月补助180元；2000年农村老复退军人1人，每人每月补助210元；2007年农村老复退军人2人，每人每月补助300元；2010年农村老复退军人1人，每人每月补助390元；2013农村老复退军人1人，每月补助500元。

享受低保 2002年享受城镇低保1人，国家每月补助150元。2007年享受农村低保812户1570人，国家补助113.04万元。2010年非农业人口1人，每月补助235元；享受农村低保885户1838人，国家补助6178.9万元。2013年非农业人口1人，每月补助275元；享受农村低保989户3090人，国家补助302.5万元。

农村临时救济 1991年农村临时救济150人次，国家补助2.25万元；1995年农村临时救济190人次，国家补助2.85万元；2000年农村临时救济270人次，补助4.1万元；2007年农村临时救济360人次，国家补助2.98万元；2010年农村临时救济440人次国家救助6.6万元；2013年农村临时救济490人次，国家补助 11.6 万元。

合作医疗　2010 年参加农村合作医疗 1489 户 6105 人，占总人口 76%。2013 年参加农村合作医疗 1591 户 6963 人，占总人口 77%。

危房改造　2008 年 3 月贵州省民政厅拨专款，由县民政局负责组织，改造技术由城建局把关，名单由乡政府提供，下村组调查，照相核实。共改造 718 户，投资 707.4 元，其中：涉及罗暮、胡家湾、沫村、冗袍、保上、白羊、平亭 7 个村。2008 年改造危房 73 户，政府补助 80.5 万元；2009 年改造危房 96 户，政府补助 90.6 万元；2010 年改造危房 99 户，政府补助 91.4 万完；2011 年改造危房 133 户，政府补助 218.4 万元；2012 年改造危房 199 户，政府补助 182 万元；2013 年改造危房 65 户，政府补助 44.5 万元。

集贸市场　罗暮市场历史悠久，清末民国初期就有，2006 年重新改建，占地面积 2000 多平方米，搭钢棚 1000 多平方来，设有摊位，主要交易农产品和日用品。

第七节　红水河镇

一、红水河镇（原名罗羊乡）

位于北纬25° 14′ —36° 45′ ，东经 106° 23′ —107° 03′ 。东与凤亭乡接壤，西与望谟县桑郎镇毗邻，北与罗悃镇相连，南与广西天峨县逻西镇隔红水河相望。红水河过境长 23 公里。2013 年罗天乐（贵州罗甸、广西天峨、乐业三县）大桥竣工通车。红水河镇是黔桂两省四县（贵州的罗甸、望谟县，广西的天峨、乐业县）水陆交通的咽喉要道，是贵州和罗甸南部边陲重镇。是全镇政治、经济、文化、物流、商贸活动中心。

沿革　清代属罗斛州判(厅)辖地罗宜甲哨杨内亭，位于今红水河镇罗羊村，由州判亲辖。民国4年(1915 年）废除土司亭、屯、村建制，实行保甲制，罗羊（今红水河镇）属六区管辖。民国 25 年（1936 年）平榜联保属六区管辖。民国 32 年（1943 年）属罗悃区罗暮乡辖 7 个保 78 个甲。1951 年罗甸解放羊里乡属第六区。1956 年第六区称罗悃区，羊里乡属罗悃区。1958 年将全县 6 个区改设 6 个公社 53 个管理区，羊里乡改称罗羊管理区，隶属罗悃公社。1963 年罗羊管理区改称罗羊公社隶属罗悃区。1967 年改称罗羊公社革命委员会。1984 年实行党政分开，建立罗羊乡人民政府，隶属罗悃区公所。1991 年 8 月全县区划调整为 26 个乡（镇），平亭乡并归罗羊乡。1997 年 7 月罗羊乡向县政府申请更名建红水河镇（罗羊政〔1997〕13 号）。1998 年省人民政府〔1998〕132 号批复同意建红水河镇，于同年 8 月 18 日举行挂牌建镇仪式。红水河镇原驻地因建龙滩电站属 330 米水淹线，2006 年 10 月 1 日，镇党委和政府办公大楼及宿舍楼搬到新址羊里村高坡，总投资 238 万元。

2013 年 11 月全县村级区划调整，撤并原 5 个行政村为 4 个行政村，即：下宜村、羊里村合并，称红河村；原关故村更名为官固村区域现状不变，罗祥村、云里村不变。2014 年 2 月罗甸县行政区划调整为 8 镇 1 乡，将原来的罗妥乡、罗暮乡并到红水河镇，原来的乡改称社区服务中心。红水河镇辖：红河、官固、罗祥、云里、平亭、罗暮、胡家湾、冗袍、保上、沫村、罗妥、峨村、交算、牙村、相亭共 15 个村委会。

人口　1991 年红水河镇辖 5 个行政村，22 个自然寨，33 个村民小组，包括县羊里林场。土地面积 128 平方公里，辖区总人口 5127 人，其中：男性 2680 人、女性 2447 人，非农业人口 263 人，农业人口 4864 人，少数民族 4000 人占总人数 72.28%，人口密度每平方公里 40 人。1995 年总人口 5534 人，其中：男性 2803 人、女性 2731 人，非农业人口 314 人，少数民族 4001 人占总人口 72.8%。2000 年总人口 5876 人，其中：男性 2971 人、女性 2905 人，非农业人口 367 人，少数民族 4248 人占总人口 72.29%。2005 年总人口 6150 人，其中：男性 3112 人、女性 3038 人，非农业人口 388 人，少数民族 4612 人，占总人口 75%。2010 年总人口 5972 人，其中：男性 3018 人、女性 2954 人，非农业人口 232 人，少数民族 4288 人占总人口 71.80%。2014 年罗暮乡、罗妥乡并到红水河镇后，总人口 18357 人，其中：男性 9292

人、女性9065人，非农业人口408人，少数民族12767人占总人口69.55%。2015年总人口为18759人，其中：男性9877人、女性8882人，非农业人口412人，农业人口18347人，少数民族13067人占总人口69.65%。人口密度每平方公里56人。

面积 红水河镇2015年国土面积为336.02平方公里。耕地面积18296亩，其中：田9134亩，地9162亩。林业用地面积13.97万亩，森林覆盖率65%。

地形地貌 红水河镇地处大山腹地，喀斯特地貌，东高西低，地形为高山河谷。最高海拔耐坡1125米，最低海拔下宜467米。

气候 气候属南亚热带季风气候，特点：春早、夏长、秋迟、冬短。年平均温度20.3℃，最高月气温7月平均气温27.7℃，最低月是1月10.8℃，无霜期340天，素有“天然温室”之称。年日照1300—1500小时以上，年降水量1200—1300毫米，雨量多集中在5、6、7月，6月偏多。

气候灾害 全镇自然灾害主要分布为雹灾和旱灾。1997年6月20号红水河镇遭受暴雨袭击，全镇1711亩田土受灾，经济损失80多万元。

水文 红水河为罗甸与广西壮族自治区界河，罗甸县境内河段长63.6千米，流域面积702.9平方公里，流量225立方米/秒，流量225立方米/秒，多年平均流量650000万立方米。

干江河 干江河发源于罗苏西南小青坡，流经罗暮乡于羊里注入红水河。河道长40公里，流域面积258.7平方公里。多年平均流量4.80立方米/秒，天然落差326米。

罗翁河 发源于罗悃镇架良，流经纳闹、大干村、小干村、相亭、白果、罗翁注入红水河。河道长28公里，流域面积112.35平方公里。多年平均流量2.00立方米/秒，天然落差537米。

安沙河 安沙河发源于罗祥村白蜡，流经云里、安沙注入红水河。河道长13公里，流域面积31.07平方公里。多年平均流量0.45立方米/秒，天然落差257米。

洒亭河 洒亭河发源于冗袍村白立，流经白望、母羊、用村、洒亭注入红水河。河道长13.2公里，流域面积47.22平方公里。多年平均流量0.7立方米/秒，天然落差320米。

峨村河 峨村河发源于峨村公峨，流经峨村、峨岜注入红水河。河道长7.2公里，流域面积21.5平方公里，多年平均流量0.45立方米/秒，天然落差274米。

上述河流基本解决全镇农田灌溉与畜饮水问题。

动物资源 红水河两岸群山起伏，大山之中，动物资源有野鸡、野猪、熊、獐、穿山甲、蟒蛇、果子狸常见踪影。森林资源有古榕、蓝靛木、香樟、红木、紫檀木等稀有树木随处可见。全镇林业用面积13.97万亩，森林覆盖率65%。

矿产资源 红水河镇物产丰富，已开发的矿藏有金、银、锑、辉绿岩等，久负盛名的“红河石”（奇石）为中国五大名石之一，享誉海内外。猫眼石的发现于开发，填补了中国地质矿产空白，成为国内唯一产猫眼宝石之地。境内还有冰洲石、蓝石棉、辉绿岩。2009年官固村村民上山耕作时发现玉石矿，2012年经中航玉峰勘探镇内有软玉矿，储藏量大。

旅游资源 红水河风光秀丽迷人。春夏雨季，河水猛涨，惊涛骇浪，声震霄汉；秋冬两季，碧水如蓝，清澈甘洌。一年四季，满山遍野的香蕉林硕果累累，一片片甘蔗林宛如仙女织的绿色绸缎。江边，水柳摇曳，古榕盘根错节，一簇簇，一排排竹林随风起舞，婀娜多姿；江面上，渔舟轻摇，山歌悠悠；蓝天白云，竹翠倒映，天、地、人、物构成一幅美不可言的山水画……随着高原千岛湖渐显优势，生态网箱养鱼、船舶业的发展、布依民族风情和南亚热带湿润季风季候为红水河镇提供强劲的旅游资源。

土特产 红水河风味美食“狗绷肠”，色泽黄金，外酥里香；红水河芝麻剑鱼，内质细嫩，味道鲜美，因其特有的风味和丰富的营养名震大江南北。

农业 红水河镇合并前有耕地面积5643亩，其中：田260亩、地1285亩，人均1.6亩。1991年农业产值67.8万元，农民人均纯收入1322元；1995年总产值125.6万元，人均收入2285元。2000年总产值218万元，农民人均纯收入3710元。2005年总产值293.1万元，人均纯收入4765元。2010年总产值231.6万元，人均纯收入5429元。2013年农业总产值271.5万元，人均纯收入6520元。2014年农业总产值647.8万元，人均纯收入6215元。2015年农业总产值1927.5万元，人均纯收入5968元。

粮食作物　红水河镇主要粮食作物有水稻、玉米、小麦、小米、红稗、高粱、荞子等。1991年产粮1162吨，人均食粮226公斤。1995年产粮1376吨，人均食粮231公斤。2000年产粮2582吨，人均食粮240公斤。2005年产粮1964吨，人均食粮238公斤。2010年产粮2128吨，人均食粮301公斤。2013年产粮2289吨，人均食粮311公斤。2014年产粮6079吨，人均食粮327公斤。2015年产粮6276吨，人均食粮331公斤。

经济作物　1991年种植早菜1040亩，产量520吨，产值104万元。2006年开始种植火龙果2125亩。2008年产量1062.5吨，产值425万元。2012年种植小米蕉1243亩。2015年种植早菜1030亩，产量654吨，产值122万元；火龙果挂果面积2125亩，产量1086吨，产值515万元；小米蕉产量753吨，产值679万元。

艾纳香种植。2011年罗甸县政府出台《罗甸县中药材产业发展规划（2011—2015）》和制定《罗甸县中药材产业发展实施方案》。2012年红水河镇获得种植艾纳香产业扶贫项目，投入扶贫资金300万元，种植面积3102亩，产量（冰片）31吨，产值930万元。同年产品经国家质检总局验收通过，并以2012年第37号公告批准罗甸艾纳香为国家地理标志保护产品。2013年种植面积8000亩，2014年亩产冰片6公斤（每公斤按最低价300元），产量（冰片）48吨，产值1440万元。红水河镇成为罗甸县艾纳香产业种植主产区。2015年因受市场竞争，人造合成冰片影响，艾纳香没有大的发展，基本维持2014年产量产值水平。

养殖业　1991年饲养猪3200头，出栏3000头，产值420万元；养牛1875头，出栏625头，产值187.5万元；羊8000只，出栏3500只，产值70万元，总产值677.5万元。1995年生猪饲养1567头，出栏1293头，牛饲养2714头，出栏2239头，家禽21942羽，出栏18564羽，总产值113.9万元。2000年生养猪2149头，出栏2003头；牛2947头，出栏2726头；家禽23105羽，出栏20178羽，总产值1541万元。2005年生养猪2357头，出栏2142头；羊牛3140头，出栏2964头；家禽26317羽，出栏24947羽，总产值1675.32万元。2010年生养猪2741头，出栏2431头；牛3625头，出栏3364头，家禽28459羽，出栏27546羽，总产值1821.6万元。2013年生养猪3018头，出栏2818头；牛3916头，出栏3812头；养羊7599只，出栏6742只；家禽30047羽，出栏28546羽，总产值1980万元。2014年养猪5200头，出栏5000头，产值1300万元；养牛4819头，出栏2150头，产值662.5万元；养羊6934只，出栏5900只，产值254.3万元，总产值2583.5万元。2015年养猪5276头，出栏5112头，产值1329万元；养牛4949头，出栏2194头，产值680.4万元；养羊7239只，出栏5600只，产值287.2万元，总产值2693.5万元。

劳务输出　外出务工主要分布在广州、浙江、上海等沿海城市，从事进缝纫厂、鞋厂、服装厂建筑业等。1991年全镇劳务输出124人，年纯收入44.64万元。1995年劳务输出214人，年收入128.4万元。2000年劳务输出281人，年收入337.2万元。2005年劳务输出375人，年收入675万元。2010年劳务输出764人，年收入1833.6万元。2013年劳务输出544人，年收入1305.6万元。2014年劳务输出1354人，年收入3105.4万元。2015年劳务输出1385人，年收入3195.6万元。

乡镇企业　2013年有私营企业2家：1家三星物流有限公司，有2辆重型货车，1台挖机，从业人员17人，年支付工人工资56.1万元，上缴税金10.9万元，2014年支付工人工资58.6万元，上缴税金11.2万元；1家羚羊种植养殖合作社，有农机设备4台，小型货车1辆，从业人员11人，2013年支付工人工资34.8万元，上缴税金6.8万元，2014年付工人工资总额为35万元，上缴税金7.2万元。

旅游资源　主要景区：高原千岛湖，可一次接待游客1000余人，旅游项目：渡轮时光、垂钓、游泳、游火龙果园等。

交通　1991年辖区有泥巴公路1条宽5米，长30公里。2005年新增公路21公里，其中：通羊里2.5公里、通下宜村1.5公里、通云里村10公里、通罗祥村7公里。2010年改造修建镇主干道，宽7.5米，长32公里。2010—2014年修建村级公路36.8公里，国家共投资965万元。2015年完成冗袍牙里通组公路硬化4.04公里；古屯—末村水泥路2.94公里；相亭—牙里14.62公里，牙村—交算18.54公里；红水河镇—罗祥24.65公里。

电 1991年通电覆盖率为63%，1995年为70%，2000年为82%，2005年为90%，2010年为95%，2013年为100%。

邮政电信 2014年有邮政网点2个，普及率80%。

1995年安装固定电话用户43户，移动电话236户。2000年安装固定电话用户983户户，移动电话用户1020户。2005年安装固定电话用户1120户，移动电话用户5214户，普及率60%。2010年安装固定电话用户1253户，移动电话用户3718户，普及率70%。2014年安装固定电话用户1333户，移动电话用户4114户，普及率95%。2015年安装固定电话用户30户，移动电话用户4122户，普及率85%。

人畜饮水 1991年修山塘17个蓄水8500立方米，小水池、水窖242口蓄水7260立方米。1995年修山塘16个，小水池、水窖262口。2000年修山塘11个，小水池、水窖144口。2005年修山塘14个，小水池、水窖128口。2010年修山塘4个，小水池、水窖227口。2014年共有山塘192个蓄水96500立方米，小水池小水窖582口蓄水17460立方米。2015年共有山塘193个蓄水96900立方米，小水池小水窖590口蓄水17700立方米。基本解决居住高山的村民和大牲畜饮水困难。

广播电视 1991年全镇安装广播电视（小天锅）72户，电视覆盖率1%。1995年安装小天锅电视157户，覆盖率9.5%。2000年安小天锅电视872户，覆盖率50%。2005年安装小天锅电视1124户，覆盖率75%。2010年安装小天锅电视1268户，覆盖率89%。2014年小天锅电视1308户，覆盖率96.5%。2015年电视覆盖率98.5%。

卫生 1991年有镇卫生院1所，建筑面积200平方米，病床2张，专业技术人员6人。完成诊疗2160人次，治愈率达50%。2000年卫生院扩建，建筑面积640平方米，病床7张，完成诊疗2190人次，治愈率达58%。2005增加设备全自动化分析仪1套，完成诊疗3250人次，治愈率达60%。2010年专业卫生员增加到8人，注册护士4人，住院15人次，完成诊疗3820人次，治愈率达70%。2013年增加2人，完成住院12人次，诊疗3892人次，治愈率达80%。2014年完成住院17人次，诊疗5940人次，治愈率80%。2015年专业技术人员10人，其中：大专文化2人，中专文化6人。完成住院21人次，诊疗6127人次，治愈率82%。

医疗设备有血细胞分析仪、心电图机、尿液分析仪、B超、X光机、洗胃机、红外线烤灯、疼痛治疗仪、生物显微镜、手提高压消毒锅、数码阴道镜、呼吸机。

计生工作 1991年镇设计生办公室和计生技术服务站，建筑面积465平方米。专职计生员5人，技术员1人。办理独生子女证2户，生育办证3人生育办证率27.3%。2000年开展上环术21例、结扎术103例。办理独生子女证5户，生育办证率42%。2005年专职计生员6人，开展上环术80例、结扎术73例。办理独生子女证39户，生育办证率56%。2010年有计生员5人，技术人员5人。开展上环术118例、结扎术106例。办理独生子女证6户，生育办证率71%。2013年计生员5人，技术人员3人，开展上环术116例、结扎术172例。办理独生子女证10户，生育办证率91.2%。2014年计生员5人，办理独生子女证9户，生育办证101人。2015年有计生员15人，办理独生子女证23户，生育办证111人。

计生设备有阴道镜、乳腺诊断仪、B超、活动手术床、微波治疗仪、尿液分析仪。

婚姻登记 1991年自愿结婚28对，结婚登记100%。1995年自愿结婚15对，结婚登记100%。2000年自愿结婚6对，结婚登记100%。2005年自愿结婚58对，结婚登记100%。2010年自愿结婚33对，结婚登记100%。

文化 2010年始建乡镇文化站1个，建筑面积150平方米，藏书4600册。村级文化室5个，共藏科技书5000册。

教育　1991年小学1所，建筑面积320平方米，学生145人。其中：男生103人，女生42人，少数民族生145人，占学生总数100%。1995年学校有3所，学生398人，少数民族学生298人占学生总数100%，其中：镇政府驻羊里小学有戴初中1所，初中生53人，其中：男生42人，女生11人；云里村小学、关固村小学总建面积640平方米，学生162人，其中：男生82人，女生40人，少数民族生占100%。2000年有学校5所（羊里小学、关固小学、云里小学、罗祥小学、洒亭小学），总建面积2680平方米，学生890人，其中：中学生320人，少数民族学生863人占学生总人数97%。是年羊里戴帽初中扩建，建筑面积为360平方米。2005年，得到县民政局和台湾慈济会支持，扩建中学生住宿总建面积为1080平方米。年底取消村乡级小学4所（罗祥小学、洒亭小学、云里小学、关固小学）。2014年学校1所包括戴帽初中，学生509人，其中：男生290人、女生219人，少数民族学生501人占学生总人数的98.4%。

“两基”工作　2005年10月通过省人民政府“两基”评估和验收，小学入学率100%，初中入学率96.77%，完成率88.5%，中小学人均图书为28册和2.1册。教学用房达标率100%，教学设备达标率100%，中小学结业班全科合格率93.62%和89.06%，毕业率93.62%和100%，中小学专任教师合格率96%。2015年学校3所包括戴帽初中，学生1752人，其中：男生970人、女生782人，少数民族学生1571人，占学生总人数的99.9%。是年，全镇参加中考146人，其中：红水河中心校初中部33人、罗妥中心校41人、罗暮中心校72人。

教师文化结构　1991年红水河镇有小学教师8人，其中：中师7人，初中1人。1995年9月增设初中班，教师11人，学生50人。2000年教师24人，其中：初中教师7人、小学教师17人，大专文化程度7人、中师16人、初中1人。2005年教师40人，其中：初中教师16人、小学教师24人，大专文化程度27人、中师12人、初中1人。2010年教师33人，其中：初中教师14人，小学教师19人。大专文化程度31人，中师1人，初中1人。2014年有教师36人，其中：初中教师16人、小学教师20人，大专文化程度35人、中师12人、初中1人。2015年有教师107人，其中：初中教师71人，小学教师36人。大专文化程度106人，初中1人

社会保障　1991年农村五保分散供养4户4人，国家共补助0.096万元；农村临时救济130人次，国家补助共1.19万元。1995年农村“五保”分散供养4户4人，国家补助0.15万元；农村临时救济160人次，国家补助2.06万元。2000年农村“五保”分散供养3户3人，发放救济款0.22万元；农村临时救济205人次，国家补助3.1万元。2007年享受农村最低生活保障280户2803人，国家发放低保金98.85万元；农村“五保”分散供养2户3人，发放低保救济款0.22万元。2010年享受农业低保510户2491人，国家补助128.325万元；享受城镇低保3人，国家每月补助573元；农村“五保”分散供养2户3人，发放救济款0.25万元；参加农村合作医疗973户3888人，占总人口22.2%，医疗救助18人次，发救助资金2.89万元；农村临时救济240人次，国家补助共3.6万元。2014年享受最低生活保障共393户1475人，国家共补助165.36万元；农村“五保”分散供养3户4人，共发放“五保”补助款0.72万元；参加农村合作医疗1072户4333人，占总人口24.4%，医疗救助16人次，补助10.72万元；农村临时救济290人次，国家补助18.25万元。2015年农村“五保”分散供养11人，发放“五保”补助款2.95万元；享受农村低保1856户6387人，国家补助579.26万元；2015年参加农村合作医疗2877户12654人，占总人口71%。

农村老复退军人　1991年全镇农村老复退军人3人，国家发放每人每月130元。1995年全镇老复退军人3人，国家发放每人每月180元。2000年全镇老复退军人2人，国家发放每人每月210元。2005年全镇老复退军人2人，国家发放每人每月300元。2007年全镇老复退军人2人，国家发放每人每月300元。2010年全镇老复退军人1人，国家发放每人每月390元。2014年全镇老复退军人1人，国家发放每人每月500元。2015年全镇老复退军人1人，国家发放每人每月650元。

移民搬迁　广西龙滩电站建设，全镇375米以下水位淹没涉及6个村27个村民小组950户4265人，完成移民950户4265人，占总任务100%。移民从事水产养殖业322户，从事其他职业628户。

生态移民 2006年省民政厅出资2000万元，由乡政府和民政局共同协作，将部分村民原住地生存条件差的村450户1842人搬迁到小马场，与当地人和睦相处。

危房改造 2008年3月，贵州省民政厅拨专款由民政局负责，改造技术由城建局把关，乡镇政府提供名单，并下村组共同调查，照相核实。2009—2013年分别在关固、罗祥、下宜、云里、羊里5个村进行危房改造199户，每户0.95万元总投资189.56万元。2015年危房改造115户投资109.25万元。

矿产资源 镇境内矿藏有辉绿岩、罗甸玉、猫眼石。猫眼石已开发，填补了中国地质矿产空白，成为国内唯一产猫眼宝石之地。罗甸玉石是2009年8月红水河镇官固村村民韦小群、韦清武、杨小桃、杨小群4人在山上耕作时偶然发现，事后向当地政府报告，经省中科院化验证实，属碳酸盐矿物接触变质的产物，结构致密。该矿与新疆和田地区和青海昆仑山脉一带所产软玉相近，属优质软玉矿。2013年由国有企业中航集团开采。罗甸玉石产品加工有人物、鸟兽、花卉、器具、戒指、手镯、玉佩等，产品远销全国各地，并获得玉石界的好评。2014年罗甸玉荣获中华人民共和国国家地理标志称号。

奇石 主要分布在罗甸红水河、蒙江河一带。这两条河流域水位落差大，江水湍急，河谷狭窄，滚滚江流把上游峡谷沿途各支流的各种岩石裹入江中，九曲百折，数十万年间激流将各种岩石磨砺成造型生动的天然奇石，形成鬼斧神工的天然美。

1998年北京天坛公园举办第三届全国名人奇石文化艺术节，罗甸县奇石协会选送一块名为“人与兽”的奇石获金奖；1999年昆明世博会，一块命名为“母与子”的罗甸奇石获银奖；2001年在山东淄博首届奇石博览会上一块命名为“江山如此多娇”的罗甸奇石获得金奖；2002年贵州首届奇石博览会上“母与子”又获得金奖；2003年贵阳奇石博览会设10个金奖，罗甸奇石占了6件。罗甸奇石知名度越来越高，不仅轰动国内，还引起海外的关注。

精准扶贫 坚持“六个精准”实施“五个一批”。首先摸清对象，建立完善扶贫项目库。将无业可扶、无力脱贫人口全部纳入农村最低保障。其次，着力项目申报，包括种植、养殖业、旅游发展等。2015年申报批准总投资2062.47万元，其中：财政扶贫资金905.5万元，群众自筹以劳折资1156.97万元。在罗暮、末村、罗妥3人村建成早菜示范点3个，带动种植早菜15500亩，产值3100万元。在罗暮社区新建50亩三叶青示范点1个，带动其他村种植600亩；引进1家公司，在罗暮种植桉树7000亩、完成艾纳香套种米稿3250亩、种植精品水果9100亩、生态林种植15500亩。2015年经济总产量283308万元、农业总产值19520万元，固定资产投资600万元，旅游总收入475万元，农民人均可支配收入6410元，同比增长650元。2015年共完成扶贫攻坚项目6个，减贫430户1800人。

城镇建设 2015年建成红水河中心幼儿园并投入使用。建成职工周转房40套，工商办公楼400平方米和牙村小学教师宿舍。建成码头广场1个，文化长廊（含凉亭）1个、旅游停车场2个、旅游商铺5个、钓鱼棚20个。完成平亭村白望组、绕里组2个村寨的太阳能灯安装工程，建成村寨垃圾池15个。

市场建设 龙滩电站蓄水发电淹没原红水河羊里市场，镇政府新址重建农贸市场长80米、宽50米，面积4000平方米，水泥硬化率达100%，交易物主要是生活用品、家用电器和农产品。

特优农产品 特优农产品有：天然艾粉、油桃、早熟蔬菜、甘蔗、糯米粑等，具有红水河民族特色。

二、罗妥社区服务中心

2014年2月罗甸县行政区划调整，罗妥乡并到红水河镇，改称红水河镇罗妥社区服务中心。

地处县城南部边陲，位于北纬25°9′—25°16′，东经106°37′—106°45′。东邻凤亭乡，南与广西下老乡隔红水河相望，西连红水河社区，北与罗悃社区接壤。

沿革 清代雍正五年（1727年），罗妥属罗斛州判罗宜甲哨相亭，即今天的相亭村，由相亭土弁管辖。民国4年（1915年）废除土司亭、屯、村建制，实行保甲制，罗妥属南区（罗悃）管辖。民国25年（1936年）整编保甲，罗妥属第六区（罗悃）。民国32年（1943年），撤区设署设乡、镇、废联保，罗妥乡辖7个保49个甲，隶属罗悃区署。1951年3月罗甸解放后废除保甲制，设罗妥乡辖7个村。1953

年罗妥乡隶属第六区。1956年第六区改称罗悃区，罗妥乡属罗悃区。1958年罗妥乡改称罗妥管理区，隶属罗悃公社，1963年改称罗妥公社隶属罗悃区公所。1967年罗妥公社改称罗妥公社革命委员会，1979年改称罗妥公社管理委员会。1984年撤销公社管理委员会，建立罗妥乡人民政府。1991年8月撤区并乡建镇，罗妥乡作为单列乡保留，县人民政府直辖，罗妥乡辖俄村、相亭村、牙村村、下妥村、上妥村、交算村6个村。2013年11月罗甸县村级区划调整，撤并原6个行政村为5个行政村27个村民组，即：撤原下妥村、上妥村设罗妥村；俄村村、交算村、牙村村、相亭村区域现状不变。

人口　罗妥以布依族为主。1991年辖区总人口5125人，其中：男性2649人、女性2476人，非农业人口12人，农业人口5113人，少数民族5042人占总人口98.4%；1995年总人口5359人，其中：非农业人口18人、农业人口5341人，少数民族5253人占总人口98%。2000年总人口5522人，其中：非农业人口22人、农业人口5500，少数民族5359人占总人口97%。2005年总人口5882人，其中：非农业人口37人，农业人口5845人，少数民族5742人占总人口97%。2010年总人口5462人，其中：非农业人口69人、农业人口5393，少数民族5282人占总人口96%。2013年总人口5601人，其中：男性2895人、女性2706人，非农业人口80人。少数民族5209人占总人口93%。2013年总人口5601人，其中：男性2895人、女性2706人，非农业人口80人，少数民族5209人占总人口93%。

面积　2013年土地面积111.7平方公里，其中：陆地104.67平方公里，占93.7%，水域7.03平方公里，占6.3%，平均每平方公里50人。

地貌　全乡山峦起伏，沟壑纵横，为低山河谷地，河流在境内穿插，最高山峰俄劳山海拔990.2米，最低点拉岩海拔280米。

自然灾害　2011年6–9月持续旱灾严重，涉及下妥、俄村、牙村、相亭、交算5个村2900多人畜饮水困难，农作物受灾面积1034亩，绝收360亩，直接经济损失90万元。2013年3月12日晚冰雹袭击500多亩农田受灾，房屋受损31间，羊圈21间。涉及5个村20个组163户，经济损失75万元。

水资源　境内龙滩电站库区淹没面积12.8平方公里，流域长15.5公里。主要河流有罗翁河，河长28公里，流域面积112.35平方公里，天然落差537米。小溪3条，水井121口，1999—2013年修山塘12个，水池水窖164口，蓄水48000立方米，基本满足农田浇灌和人畜饮水。

矿产资源　2012年经中航玉丰公司勘探罗妥乡俄村玉石矿区面积0.95平方公里，储藏量10余万吨，2013年4月引进贵州满堂红投资有限公司开采30吨玉石矿。

森林资源　罗妥乡林业用地面积113724亩，其中：林地面积81261.15亩，疏林地面积1106.1亩，灌木林地面积3553.8亩，宜林地面积25170.75亩。列为国家重点公益林102148.5亩，森林覆盖率64%。

其他资源　药材有艾纳香、灵芝、砂仁、苦楝子、金银花、土人参等；动物有野山羊、野兔、野鸡、土画眉、斑鸠、猫头鹰等。

农业　罗妥乡耕地面积5701亩，其中：田2201亩、地3501亩，人均1.01亩。主要以种植水稻、玉米为主。1991年产粮1046吨，产值62.76万元，人均食粮245公斤，农业总产值523.7万元，人均纯收入950元。1995年产粮1245吨，产值149.4万元，人均食粮245公斤，总产值1114.6万元，人均收入2080元。2000年产粮2452吨，产值270.4万元，人均食粮316公斤，总产值1518.5万元，人均纯收入2750元。2005年产粮2942吨，产值1874万元，人均食粮345公斤，总产值1874万元，人均纯收入3032元。2010年产粮3057吨，产值1965万元，人均食粮360公斤，总产值2184万元，人均纯收入4025元。2013年产粮3241吨，产值1295.5万元，人均食粮331公斤，农业总产值3762万元，人均纯收入5760元。

经济作物　1991年油桐挂果面积100亩，产量100吨，产值20万元；早菜种植500亩，产量500吨，产值50万元，总产值70万元。1995年油桐挂果面积200亩，产量20吨，产值2万元；板栗挂果面积50亩，产量10吨，产值1.05万元；早菜700亩，产量40吨，产值5.3万元。2000年油桐挂果面积1000亩，产量105吨，产值14.7万元；板栗挂果面积100亩，产量21吨，产值4.2万元；早菜1000亩，产量53.2吨，产值10万元。2005年油桐挂果面积2000亩，产量210吨，值33.6万元；板栗挂果面积200亩，产量42吨，产值8.4万元；砂仁挂果面积150亩，产量45吨，产值13.5万元；蔬菜200亩，产量150吨，产值I5万元。2010年油桐挂果面积2500亩，产量262亩，产值52.4万元；板栗挂果面积300亩，产量63吨，产值20万元；砂仁挂果面积300亩，产量90吨，产值40万元；早菜500亩，产量380吨，产值25万元。2013年油桐3000亩，产量3000吨，产值1200万元；板栗550亩，产量550吨，产值220万元；砂仁600亩，产量240吨，产值96万元；艾纳香2000亩，产量10吨，产值600万元；早菜680亩，产量680吨，产值136万元，总产值2252万元。

养殖业 以饲养生猪、牛、羊为主。1991年生猪饲养1043头，出栏929头，产值130万元；牛养殖1755头，出栏350头，产值105万元；羊养殖6500只，出栏1560只，产值31.2万元；家禽饲养19562羽，上市18263羽，产值18.3万元。总产值280.5万元。1995年生猪饲养1466头，出栏1300头；牛养殖2614头，出栏750头。家禽饲养21840羽，上市21000羽，总产值1012.5万元。2000年生猪饲养2045头，出栏1850头；牛养殖2847头，出栏810头；家禽饲养22155羽，上市21000羽，总产值1427万元。2005年生猪饲养2347头、出栏2145头。牛养殖3150头，出栏730头；家禽饲养26117羽，上市24747羽，总产值1615.2万元。2010年生猪饲养2532头，出栏2400头；牛养殖3428头，出栏1300头；家禽饲养27345羽，上市26000羽，总产值1701.5万元。2013年猪存栏2987头，出栏2750头，产值715万元；牛存栏3809头，出栏949头，产值474.5万元；养羊存栏8990只，出栏3480只，产值313.2万元；家禽24874羽，上市18000羽，产值36万元；总产值1538.7万元。

劳务输出 1991年劳务输出542人，收入162.6万元；1995年劳务输出720人，收入360万元；2000年劳务输出950人，收入760万元；2005年劳务输出1020人，收入为1530万元；2010年劳务输出1310人，收入2751万元；2013年劳务输出1857人，收入5150.5万元。主要分布在广州、浙江、上海等沿海城市，从事缝纫厂、鞋厂、服装厂建筑业等。

乡镇企业 2013年私营企业2家，天奇石材公司和满堂红公投资2600万元，上缴税金（耕地占用税）518万元。

交通 1997年11月罗悃—罗妥公路正式通车，全长20.7公里。2005年10月修罗妥—相亭7.5公里，2006年修罗妥—俄村3.5公里，2007年修相亭—牙村8公里，2008年修罗翁—交算5.5公里，2009年修交算—交算码头3公里，修牙村—中苏组5.3公里，2010年改造罗悃—罗妥乡油路工程长21公里，修牙村—交算村19公里，护建借里码头—交算5.5公里，2011年实施下妥—海事码头道路硬化0.45公里，修牙村—八让组—安抗组5公里。2013年修村级公路62.3公里。村级公路国家共投资1557.5万元。

电 1991年罗妥乡18个自然寨26个村民小组通电率分别为：1991年通电60%，1995年通电70%，2000年通电82%，2005年通电90%，2010年通电率100%。

通信 1991年安装固定电话用户5户，移动电话用户15户，普及率0.3%。1995年安装固定电话用户9户，移动电话用户85户，普及率1.7%；2000年安固定电话用户12户，移动电话用户625户，普及率11.5%。2005年安固定电话用户18户，移动电话用户2315户，普及率39.6%。2010年有固定电话用户22户，移动电话用户3225户，普及率59.4%。2011年有固定电话用户31户，移动电话用户3760户，普及率67.6%。

广播电视 罗妥乡1991年安装广播电视（小天锅）用户52户，电视覆盖率1%。1995年安装小天锅142户，电视覆盖率8.5%。2000年安装有小天锅520户，电视覆盖率50%。2005年安装有小天锅850户，电视覆盖率72%。2010年安装有小天锅1116户，覆盖率93%。2013年安装有小天锅1220户，电视覆盖率100%。

医疗卫生 1991年罗妥乡有卫生院1所，建筑面积110平方米，卫生员4人，完成诊疗1500人次，治愈率60%。2000年卫生院建筑面积324平方米，职业医生3人，完成诊疗750人次，治愈率达78%。2005年完成诊疗900人次，治愈率80%。2010年卫生院建筑面积524平方米，专业卫生员7人，注册护士1人，完成住院100人次，诊疗3500人次，治愈率90%。2013年卫生员9人，其中：注册护士3人。完成住院180人次，诊疗2133人次，治愈率95%。

计生工作　1991年乡设计生办公室和计生技术服务站，建筑面积465平方米，计生员5人，办理独生子女证5户、生育办证13人，完成四术107例。1995年开展结扎手术32例，上环43例，办理独生子女证6户，生育办证率23%。2000年开展手术结扎105例，上环23例，办理独生子女证8户，生育办证率41%。2005年专职计生员6人，技术员2人，开展结扎手术75例，上环67例，办理独生子女证7户，生育办证率57%。2010年有计生员6人，开展结扎手术40例，上环32例，办理独生子女证6户，生育办证率86%。2013年有计生员6人，办理独生子女证3户、生育办证91人，完成“四术”98例。

文化　2010年建乡文化站1个，面积150平方米，藏书5000册；村文化室6个，建筑面积300平方米，各藏各种科技书1000册。

婚姻登记　1991年自愿结婚32对，结婚登记率100%。1995年自愿结婚23对，结婚登记率100%。2000年自愿结婚15对，结婚登记率100%。2005年自愿结婚54对，结婚登记率100%。2010年自愿结婚47对，结婚登记率100%。2012年后由县民政局联网办理。

教育　罗妥乡1991年有学校10所，学校总建筑面积1200平方米，其中：完小小学2所（罗妥小学、相亭小学）；8个教学点（牙村小学、八让小学、交算小学、俄村小学、俄劳小学、上妥小学、罗翁小学、项宜小学）。学生650人，其中：男生497人、女生153人，少数民族生占100%。1995年有学生824人，其中：男生603人、女生221人，少数民族学生占100%。2000年学校10所，撤销俄劳小学，新增冗共小学，罗妥小学改称罗妥中心校。学生953人，其中：男生537、女生416人，少数民族学生占100%。2005年学校6所，学校扩建总建筑面积2063平方米。撤销罗翁小学、八让小学、坝宜小学、冗共小学。罗妥乡中心学校2002年设戴帽初中，有小学、初中学生856人，其中：初中生253人，男生132人、女生121人，少数民族学生843人占学生总人数的98.48%。2010年学校建筑面积3261平方米。学生856人，其中：初中生284人，男生139人、女生145人；小学生572人，其中：男生310人，女生262人，少数民族生845人占学生总数98.71%。2013学校建筑面积4596平方米，学生614人，其中：中学生230人（男生140人、女生90人）；小学生384人（男生200人，女生184人），少数民族生613人占学生总数99.9%。

“两基”工作　2005年10月通过省人民政府评估和验收。小学入学率100%，初中入学率96.77%，完成率88.5%，中小学人均图书28册和21册。教学用房达标率，教学设备达标率100%，中小学结业班全科合格率93.62%和89.06%，中小学生毕业率93.62%和100%，中小学专任教师合格率96%。

教师文化结构　1991年罗妥乡教师27人，其中：民办教师16人，中师11人。1995年教师35人，其中：民办教师21人，大专以上文化程度1人，中师13人。2000年教师40人，其中：民办教师8人、初中教师5人、小教35人。大专以上文化程度2人、中师30人。2005年教师39人，其中：中教11人、小教28人。大专以上文化程度28人，中师11人。2010年教师37人，其中：初中教师11人、小教教师26人。大专以上文化程度32人，中师5人。2013年教师50人，其中：初中教师23人，小教27人。大专以上文化48人、中师2人。

农村“五保”分散供养　1991年农村“五保”分散供养8人，国家发放定期补助0.192万元；1995年农村“五保”分散供养8人，国家发放定期补助0.29万元；2000年农村“五保”分散供养7人，国家发放定期补助0.34万元；2005年村“五保”分散供养7人，国家发放定期补助0.42万元；2010年农村“五保”分散供养7人，国家发放定期补助0.56万元；2013年农村“五保”分散供养10人，国家发放定期补助1.8万元。

农村老复退军人　1991年农村老复退军人7人，每人每月补助150元；1995年农村老复退军人7人，每人每月补助180元；2000年农村老复退军人6人，每人每月补助210元；2005年农村老复退军人6人，国家每人每月补助300元；2010年农村老复退军人5人，国家每人每月补助390元；2013年农村老复退军人5人，国家每人每月补助500元。

农村最低生活保障 2007年享受农村低保514户1542人，国家发放资金92.52万元；2010年享受农村低保555户3116人，国家发放资金144.54万元；2013年享受农村低保581户1910人，国家发放185.14万元。

农村临时救济 1991年农村临时救济120人次，发放补助1.8万元；1995年农村临时救济170人次，发放补助2.55万元；2000年农村临时救济240人次，发放补助3.6万元；2005年农村临时救济290人次，发放补助4.35万元；2010年农村临时困难救济163人次，发放补助7.32万元；2013年农村临时救济112人次补助3.2万元。

农村合作医疗及救助 2010年参加合作医疗1058户4256人；医疗救助31人次，发救助资金72万元；2013年参加农村合作医疗1173户4841人；农村医疗救助95人次，发救助补助4万元。

危房改造 2008年3月贵州省民政厅拨专款，由民政局负责，改造技术由城建局把关，名单由乡镇政府提供，共同组织下村组调查，照相核实。总投资453.62万元，其中：2009年危房改造57户，涉及6个村：俄村9户、交算村12户、上妥村13户、下妥村5户、相亭村6户、牙村村12户，投资59万元；2010年危房改造100户，涉及6个村：俄村10户、交算村8户、上妥村15户、下妥村12户、相亭村9户、牙村村46户，投资128万元；2011年危房改造95户，涉及6个村：俄村1户、交算村6户、上妥村28户、下妥村3户、相亭村15户、牙村村42户，投资97.2万元；2012年危房改造户共59户，涉及6个村：俄村8户、交算村9户、上妥村8户、下妥村1户、相亭村16户、牙村村17户，投资68.33万元；2013年危房改造户共55户，涉及6个村：俄村12户、交算村13户、上安村15户、下妥村12户、相亭村3户、牙村村10户，投资82.33万元。

乡集贸市场 罗妥罗翁集贸市场历史悠久，因龙滩水电站库区375米水位淹没，2006年市场迁乡政府驻地重建，长30米、宽20米，总面积600平方米，水泥硬化率100%。搭建钢棚，设有固定摊点。主要交易生活用品、家用电器和农产品等。

第八节 木引镇

木引镇 地处罗甸县西部，北纬25°26′—25°31′，东经106°23′—106°30′。东与边阳镇隔蒙江相望、西与紫云县宗地乡、大营乡毗邻、南与逢亭镇接壤、北与边阳镇董王社区相连。是木引镇政治、经济、文化物流、商贸活动中心。

沿革 清代木引原名模宝属罗斛州判（厅）属床井甲哨母运亭，位于今木引村。民国4年（1915年）废除土司亭、屯、村建制，实行保甲制，属中二区边阳管辖。民国25年（1936年）整编保甲属第三区（逢亭）管辖。民国32年（1943年）重划政区，撤区设署设乡镇，废联保。模宝乡辖10个保99个甲，隶属边阳区署。1951年3月23日罗甸解放，废除保甲建制，全县设6个区、18个乡，模宝乡属逢亭第三区。1953年模宝乡改称木引乡。1956年第三区改称逢亭区，木引乡隶属逢亭区。1958年改称木引管理区，隶属逢亭公社。1967年改称木引公社革命委员会。1979年改称木引公社管理委员会。1984年恢复区级建制，建木引乡人民政府，木引乡隶属逢亭区公所。1991年8月撤区并乡建镇，将云里乡、摆龙乡并到木引乡，建制后的木引乡属二类贫困乡，辖18个行政村108个村民组。2013年11月罗甸县村级区划调整，撤并原18个行政村为11个行政村，原纳坪乡的打金村划入木引乡单列打金村。即：冗林村、从里村合并，称从里村；长生村、云保村合并，称云保村；罗坪村、纳汝村合并，称罗坪村；把坝村、兴隆村合并，称把坝村；木引村、窖里村合并，称木引村；勤民村、纳猛村合并，称纳猛村；纳钵村、高山村合并；称高山村；宜龙村、水井村、摆落村、速进村不变。2014年2月罗甸县行政区划调整，木引乡升格为木引镇，辖从里、云保、罗坪、把坝、木引、纳猛、高山、速进、摆落、宜龙、水井、打金

12个行政村115个村民小组，192个自然寨。

人口　主要居住苗族、布依族、汉族。1991年末辖区有4854户19668人。其中：男性10402人、女性9166人，非农业人口142人，少数民族人口13316人占总人口67.70%。1995年4932户20165人，其中：男性10621人、女性9544人，非农业人口177人，流动人口4645人，少数民族人口13963人占总人口69.24%。2000年4932户20678人，其中：男性10955人、女性9723人，非农业人口213人，流动人口4856人，少数民族人口14072人占总人口68.05%。2005年2005户21184人，其中：男性11215人、女性11388人，非农业人口236人，流动人口5017人，少数民族人口14221人占总人口67.31%。2010年5124户21684人，其中：男性11672人、女性10012人，非农业人口269人，流动人口5221人，少数民族人口14386人占总人口66.34%。2014年5357户22621人，其中：男性11872人、女性10749人，非农业人口291人，少数民族人口14842人占总人口6536%。2015年5666户24259人，其中：男性12885人、女性11374人，非农业人口315人，少数民族人口16039人占总人口66.11%。

面积　2015年木引镇总面积152.92平方公里，其中：耕地面积15690亩，森林面积103935.8亩，森林覆盖率为46%。每平方公里人口密度159人。地形东、西、北部高，南部低，成梯级形状，全境为中低山熔岩地，地表水缺乏。最高海拔高山村高山坡1264.2米，最低海拔速进村晚拉组猫窄480米。

气候　全境属亚热带季风湿润气候，雨量充沛，年降雨量1000—1100毫米。特点为春早、夏长、秋迟、冬短。年日照时数1350—1520小时，年平均温度17.5℃，无霜期335天。年最高温度7月平均24.4℃，最低温度8.3℃，年降雨量1000—1200毫米，降雨集中在5–7月，6月多雨。

水文　境内有龙潭河，发源于云里村龙潭，流经云保、长生、丛里、罗罗寨后注入蒙江河，全长7公里，天然落差17米，灌溉农田面积300亩。

石里河　发源于石里，流经丛里，全长2公里，天然落差5米，在石里小桥注入云里龙潭河，灌溉农田面积100亩。

白马洞河　发源于白马洞，流经下丛、高车、罗罗寨后注入蒙江、全长5公里，天然落差14米，灌溉农田面积150亩。

以上3条河为气节性河流，在雨季时才发水，冬、春季节河水逐渐减少或断流。小溪7条，水井185口，基本解决人畜饮水。

双河口（即蒙江）　为紫云县格凸河和惠水的涟江河流到宜龙村纳烧组上部汇合称蒙江，河长24公里，天然落差25米。由于山壑切割深，又为界河，利用率低。

水利建设　1991年修水窖（小水池）49口，主要分布木引、高山、窑里、罗坪4个村。1995年修水窖84口（小水池），主要分布木引、窑里、罗坪、把坝等5个村。2000年建水窖101口（小水池），主要分布高山、窑里、罗坪、勤民等7个村。2005年建水窖128口（小水池），主要分布高山、窑里、罗坪、勤民等7个村。2010年建水窖187口（小水池），主要分布高山、窑里、罗坪、速进、勤民等10个村。2013年建水窖209口（小水池），主要分布高山、窑里、罗坪、速进、勤民、纳汝等12个村。2014年全乡共有水窖758口，蓄水22740立方米。全部由国家投资。

气候灾害　1987年11月18日速进村发生一次4.9级地震，涉及范围10公里，造成65户民房不同程度损坏，其中：3户瓦房屋倒塌，1名妇女被压死。次日省、州、县政府派人赴现场勘查及慰问。2015年8月28日，木引镇发生特大洪涝灾害，造成12个村109个村民小组3000余户的农作物不同程度受灾，水稻受灾面积3000亩，蔬菜受灾500亩。通过与保险公司协商获300余万元水稻保险赔偿金。

粮食作物　木引镇2014年耕地面积16863.91亩，其中：田6149.3亩，地10714.61亩，人均0.7亩。粮食作物以种植水稻、玉米为主。1991年产粮812吨，产值980万元，农民人均食粮113公斤。1995年产粮1012吨，产值3850万元，人均食粮208公斤。2000年产粮1482吨，产值5950万元，人均食粮208公斤。2005年产粮363吨，产值6850万元，人均食粮298公斤。2010年产粮3517.5吨，产值8540万元，人均食粮 293 公斤。2013 年产粮 5320 吨，产值 8893 万元，人均食粮 291 公斤。2014 年产粮 6854 吨，产值 1748 万元，人均食粮 301 公斤。2015 年产粮 6930 吨，产值 1815 万元，人均食粮 293 公斤。

经济作物 1991 年早菜种植面积 300 亩，产量 150 吨，产值 30 万元；核桃挂果面积 15 亩，产量 2 吨，产值 3.2 万元；板栗挂果面积 18 亩，产量 18 吨，产值 7.2 万元，总产值 40.4 万元。农民人均纯收入 550 元。1995 年早菜种植面积 500 亩，产量 23 吨，产值 1.5 万元；板栗挂果面积 35 亩，产量 2.5 吨，产值 8.9 万元，农民人均收入 890 元。2000 年早菜种植面积 1500 亩，产量 90 吨；产值 190 万元，核桃挂果面积 250 亩，产量 47 吨，产值 195 万元；板栗挂果面积 89 亩，产量 12 吨，产值 8 万元，农民人均收入 980 元。2005 年早菜种植面积 2500 亩，产量 178 吨；产值 285 万元，核桃挂果面积 500 亩，产量 95 吨，产值 385 万元；板栗挂果面积 125 亩，产量 85 吨，产值 14 万元，农民人均收入 2100 元。2010 年早菜种植面积 4800 亩，产量 2950 吨；产值 380 万元；核桃挂果面积 1200 亩，产量 152 吨，产值 450 万元；板栗挂果面积 156 亩，产量 210 吨，产值 16 万元，农民人均收入 4850 元。2014 早菜种植面积 2123 亩，产量 2123 吨，产值 849.2 万元；核桃挂果面积 1500 亩，产量 202 吨，产值 606 万元；板栗挂果面积 200 亩，产量 200 吨，产值 80 万元；樱桃 800 亩，产量 660 吨，产值 240 万元，总产值 1775.2 万元。2015 年早菜种植面积 1900 亩，产量 2000 吨，产值 800 万元；核桃挂果面积 1620 亩，产量 219 吨，产值 657 万元；板栗挂果面积 220 亩，产量 220 吨，产值 88 万元；樱桃挂果面积 600 亩，产量 450 吨，产值 180 万元，总产值 1725 万元。

养殖业 主要饲养以猪、牛、羊、鸡为主。1991 年生猪饲养 8000 头，年末出栏 7000 头，产值 980 万元；牛存栏 900 头，出栏 200 头，产值 60 万元；家禽出笼 1.8 万羽，上市 9500 羽，产值 9.5 万元；总产值 1049.5 万元。1995 年生猪饲养 8600 头，年末存栏 1500 头；牛存烂 1300 头，出栏 880 头；家禽出笼 2.7 万羽，存笼 1.9 万羽，总产值 287 万元；2000 年生猪饲养 8900 头，年末存栏 6000 头；牛存烂 1800 头，出栏 1200 头；羊存栏 2900 只，出栏 1800 只；家禽出笼 3.8 万羽，存笼 2.6 万羽，总产值 334 万元；2005 年生猪饲养 9000 头，年末存栏 7014 头；牛存烂 3500 头，出栏 2100 头；羊存栏 3500 只，出栏 2800 只；家禽出笼 4.9 万羽，存笼 3.7 万羽，总产值 363 万元；2010 年生猪饲养 1.21 万头，年末存栏 5800 头；牛存烂 4600 头，出栏 2300 头；羊存栏 0.47 万只，出栏 0.38 万只；家禽出笼 3.3 万羽，存笼 2.8 万羽，总产值 203 万元。2014 年生猪饲养 1.25 万头，年末出栏 1 万头，产值 260 万元；牛存栏 3500 头，出栏 1000 头，产值 300 万元；羊存栏 5600 只，出栏 2000 只，产值 120 万元；家禽出笼 8.7 万羽，上市 7.6 万羽；竹鼠养殖 4000 只，上市 2000 只，产值 4 万元；总产值 2436 万元。2015 年生猪饲养 1.26 万头，年末出栏 1.1 万头，产值 2860 万元；牛存栏 6100 头，出栏 953 头，产值 476.5 万元；羊存栏 5260 只，出栏 2400 只；家禽出笼 4.8 万羽，上市 3.5 万羽；竹鼠 5208 只，上市 2350 只，总产值 3208.5 万元。

劳务输出 2000 年劳务输出 800 人，年收入 350 万元。2005 年劳务输出 1987 人，年收入 2010 万。2010 年劳务输出 3285 人，年收入 3895 万元。2014 年劳务输出 4672 人，年收入 4700 万元。2015 年劳务输出 4867 人，年收入 4786 万元。

乡镇企业 2005 年私营企业 1 家，设备有：打砖机、打沙机、铲车、挖机，上缴税金 4600 元。2010 年私营企业 3 家，上缴税金 9500 元。2013 年私营企业 6 家，上缴税金 1.8 万元。2015 年私营企业 20 家，上缴税金 6.5 万元。

交通 1991 年修村级公路乡政府—水井、纳猛村 23.8 公里。1995 年修乡政府—摆落、把坝、云保公路，长 103.7 公里。2000 年修乡政府—窑里、从里公路，长为 157.9 公里。2005 年修乡政府至速进、罗坪、高山公路，长 178.6 公里。2010 年修乡政府—宜龙、纳钵、勤民、兴隆村级公路，长 225.2 公里；2013 年修乡政府—纳汝、干窖里村级公路，长 225.2 公里。木引乡 2014 年止共修村级公路共 890.6 公里，国家投资 22250 万元，实现村村通公路。2015 年，全镇除打金村、速进村外，其余 10 个村公路全部得到硬化。

电 2000 年有 10 千伏，主变电站 1 座 35 千伏，输电变压器 126 台，总容量 4350 兆伏安，高压输电线 3 条，总长 156.7 公里。全乡 192 个自然村寨 108 组通电率 100%。

邮政通信　1998年开始安装固定电话用户389户，移动电话23户普及率为8.35%。2000年有固定电话895户，移动电话2875户，普及率76.44%。2005年有固定电话1120户，移动电话2918户，普及率80.69%。2010年末，有固定电话1080户，移动电话3897户，普及率97.13%。2013年有固定电话1321户，移动电话4929户，普及率96.19%。2014年固定电话1378户，移动电话5159户，普及率75%。2015年固定电话103户，移动电话5325户，普及率80%。

广播电视　1991年木引乡安装广播电视工程用户（小天锅）48户，电视覆盖率0.6%。1995年安装电视215户，电视覆盖率8.9%。2000年安装电视895户，电视覆盖率31.4%。2005年安装小型电视卫星接收器2574台，电视用户3471户，电视覆盖率69%。2010年安装小型电视卫星接收器2854台，电视用户3798户，电视覆盖率74%。2013年安装小型电视卫星接收器3140台，电视用户4152户，电视覆盖率90%。2014年安装4152户，电视覆盖率90%。2015年安装电视小天锅5666户，覆盖率100%。

医疗卫生　1991年木引乡卫生院，建筑面积120平方米，专业卫生员3人，完成诊疗2855人次，治愈率90%。2000年卫生院扩建，建筑面积540平方米，医生5人，完成诊疗3500人次，治愈率93.0%。2005年专业卫生员8人，其中：执业医生5人，完成诊疗8900人次，治愈率93.0%。2010年建筑面积960平方米，专业卫生员16人，其中：大专16人，获技术职称中级2人、初级7人，注册护士3人，完成住院18520人次，诊疗19105人次，治愈率95.0%。2013年投资280余万元新建卫生院（移民新街东侧的山脚下），2014年专业卫生员19人，其中：大专以上文化19人，注册护士4人；完成住院650人次，诊疗17917人次，治愈率92%。2015年4月医院有专业技术人员16人，注册护士5人，完成住院623人次，诊疗26933人次，治愈率94%。

医疗设备有离心机、尿分析仪、洗胃机、半自动生化分析仪、200mA-X光机、台式B超机、高压消毒锅、心电图机、全自动生化分析仪、全自动血细胞分析仪、电解质分析仪、纯水器、病床12张等。

计生工作　1991年有乡计生办公室，计生员2人，生育办证30人，办理独生子女证2人，完成“四术”（即结扎、引产、上环、人流）231例。1995年完成“四术”120例。2000年计生员3人，其中：技术员1人，完成“四术”113例。2014年计生站建筑面积350平方米，计生员7人，办理独生子女证73户，生育办证89人。2015年计生站与卫生院整合为卫计办，工作人员8人，生育办证70人，完成“四术”292例。

计生设备有数码阴道镜、乳腺诊断仪、B超机、X光机、心电图、血细胞分类计数器、全自动血液细胞分析仪、凝血分析仪、全自动生化分析仪。

婚姻登记　2005年自愿结婚123对，结婚登记100%。2010年自愿结婚156对，结婚登记100%。2013年自愿结婚203对，结婚登记100%。

文化　2012年建乡文化站，建筑面积230平方米，藏各种科技书1500册；村级文化书屋18个，建筑面积共1080平方米，藏各种科技书500册。

教育　1991年学校10所，其中：初中1所，建筑面积5600平方米；小学9所，即木引、摆龙、摆落、团结、速进、把坝、纳妆、冗林、云里小学，建筑总面积1917平方米。学生2858人，其中：中学生629人，小学生2229人，男生1712人，女生1146人，少数民族生1766人占学生总数62%。2004年新建木引中学校舍，占地面积5万平方米，建筑面积6000平方米。1995年有学生3025人，其中：初中生800人、小学生2225人，男生1781人、女生1249人，少数民族生1928占学生总数63.74%。2000年有学生3265人，其中：初中生876人、小学生2389人，男生1884人、女生1329人，少数民族生2128人占学生总数65.18%。2005年有学生3358人，其中：初中生1086人、小学生2272人，男生1870人、女生1488人，少数民族生2235人占学生总数66.58%。2010年学生2860人，其中：初中生1033人、小学生1827人，男生1526人、女生1219人，少数民族生1929人占学生总数67.54%。2013年有学生2571人，其中：初中生801人、小学生1770人，男生965人、女生815人，少数民族生1226人占学生总数69.27%。2014年学生2581人，其中：初中生801人、小学生1780人，男生965人、女生815人，少数民族生1226人占学生总数69.27%。2015年学生2950人，其中：初中生952人、小学生1998人，男生1578人、女生1372人，少数民族生2158人占学生总数73.15%。是年木引中学参加中考170人。

“两基”工作 2005年11月“两基”工作通过省人民政府评估和验收，小学入学率98.39%，初中入学率96.02%，完成率94.89%，中小学人均图书为6册和18册。教学用房达标率100%。教学设备达标率100%，中小学结业班全科合格率91.69%和93.56%，毕业率为94.02%和93.56%。中小学教师合格率100%。

教师文化结构 1991年教师78人，其中：中教14人，小教64人。本科2人、大专20人、中师46人，初中文化10人。1995年教师88人，其中：中教22人、小教66人，本科7人、大专30人、中师41人、高中10人。2000年教师99人，其中：本科11人、大专33人，中师45人、高中10人。2005年教师120人，其中：本科20人、大专65人，中师28人，高中7人。2010年教师122人。其中：本科22人、大专65人，中师28人，高中7人。2014年教师123人，其中：本科42人、大专23人、中师54人、高中4人。2015年教师153人，其中：本科57人、大专37人、中师47人、高中12人。

社会保障 2002年享受城镇低保非农业人口6人，每月补助480元。2005年城镇低保非农业人口4户7人，国家每月补助700元。2007年享受农村低保1120户2900人，国家补助208.88万元。2010年享受城镇低保非农业人口4户7人，国家每月发放补助1325元。2013年享受城镇低保3户5人，每月补助1000元；享受农村低保1283户4249人，国家补助432.62万元，比上年增长18%。2015年享受城镇低保非农业人口5户5人，每月补助1200元；享受农村低保1096户3550人，国家支出135.7万元。

“五保”分散供养 1991年农村“五保”分散供养31人，国家补助1.5万元。1995年29户31人，年支出1.86万元；2000年28户28人，年支出1.344万元；2005年26户29人，年支出1.74万元；2010年26户29人，年支出2.436万元；2013年29户30人，年支出5.4万元。2014年农村“五保”分散供养30人，支出5.4万元。2015年木引敬老院建成投入使用后，对农村“五保”老人实行集中供养，入住敬老院共29人，支出32.77万元。

农村老复退军人 1991年14户14人，国家每人每月补助150元；1995年14户14人，国家每人每月补助180元；2000年有14人，国家每人每月补助210元；2005有13人，国家每人每月补助300元；2010有13人，国家每人每月补助390元；2013有11人，国家每人每月补助500元；烈属1户，补助500元。2014农村老复退军人11人，国家每人每月补助500元，烈属1户，发放补助每月500元。2015农村老复退军人10人，每人每月发放补助850元。

合作医疗 2010年全乡人口21917人，参加农村合作医疗15137人，占总人口69%。2013年参加农村合作医疗18844人，2014年参加农村合作医疗20944人，占总人口96%。2015年参加农村合作医疗20181人，占总人口96.5%。

生态移民 2013年由省发改委牵头，中央财政部拨款，每户补助5万元，其余由农户自筹资金，乡政府统筹协调农户与建设单位斛兴公司签合同，将原居住条件较差的速进、罗坪、把坝、高山、窖里、木引、纳钵、纳猛、纳汝、勤民、兴隆、宜龙等12个村部分村民搬迁到木引街定居169户731人，现和睦相处。

2014年完成冗各电站库区移民涉及罗坪、纳汝、速进、窖里等4个村229户965人的移民搬迁工作，其中：集镇生态移民安置80户，其余分别安置到上隆、县城，部分后靠。

旧房改造 2009—2013年涉及18个村，旧房改造1332户，民政局投资1392.06万元。2015年农村危房改造49户，民政局补助53.84万元。

2012—2014年征地200亩，建成便民服务中心、生态移民安置点、新卫生院、信用社、敬老院、群众文化广场、城镇大道等。

市场 1996年木引镇集贸市场2个，其中：农贸市场5000平方米，长100米，宽50米，有钢棚、设摊位水泥硬化100%；摆落村市场1000平方米，长100米，宽10米，水泥硬化率100%，主要交易农产品和工业品、电器、日用百货等。

2015年征地120亩，用于建设第二幼儿园、木引小学扩建、易地扶贫搬迁集镇安置点、望城坡安置点和云保安置点等。安装路灯55盏，垃圾桶100个。新老两区连成一片，小城镇焕然一新。

2015年初，通过招商引资引进陕西海升公司入驻木引镇丛里村、云保村建成1200亩柑橘园区，在全省率先试点薄膜光伏发电联网运营，装机116千瓦。9月招商开发摆落寿仙宫乡村旅游景点，作为“三变”改革试点成功。

精准扶贫　2015年木引镇重新调查、核实、统计录入贫困户2225户8238人。落实贷款300万元，扶持涉及7个贫困村107贫困户4706人，帮扶种植樱桃1250亩、种植蔬菜6800亩、核桃3500亩、杨梅300亩，刺梨10亩、皇竹草10亩、精品水果50亩、竹子种植3100亩，发展生猪15700头，黑山羊9856只、土鸡10300羽、肉牛6500头，竹鼠5208只。同年减贫人口2380人。

第九节　凤亭乡

一、凤亭乡

位于罗甸县南部，地处北纬25° 10′—25° 20′，东经106° 40′—106° 50′。东与广西天峨县三堡乡隔槽渡河隔河相望，西与红水河镇毗邻、南与广西天峨县下佬乡隔红水河相望、北与茂井镇接壤。是全乡政治、经济、文化经贸活动中心。

沿革　凤亭清代属罗斛州判（厅）罗宜甲哨俸亭。俸亭即今凤亭村，由土弁管辖。民国4年（1915年）废除土司亭、屯、村建制，实行保甲制，隶属东区（八茂）管辖。民国25年（1936年）整编保甲，凤亭属第五区仁矿联保。民国32年（1943年）属罗悃区署仁矿乡，辖7个保75个甲。1951年罗甸县解放后废除保甲制，蛮瓦（凤亭）属仁矿乡隶属八茂区。1953年设凤亭乡属第5区管辖。1956年第五区改称八茂区，凤亭乡隶属八茂区。1958年凤亭乡改称凤亭管理区隶属八茂公社，1963年改称凤亭公社。1967年凤亭公社改称凤亭公社革命委员会。1979年凤亭公社革委会改称凤亭公社管理委员会。1984年撤销管理委员会建凤亭乡人民政府。1991年8月撤区并乡建镇仍保留凤亭乡，乡政府辖8个村，即：凤亭、国光、联民、高山、良坪、抗村、交吾、勤丰，33个自然寨48个村民小组。

2013年11月罗甸县村级区划调整，撤并原8个行政村为6个行政村，即：撤原凤亭村、良坪村设凤亭村；撤原联明村、高山村设联明村；国光村、勤丰村、交吾村、抗村村区域不变。2014年2月罗甸县行政区划调整，班仁乡并到凤亭乡，原乡改称凤亭乡社区服务中心。调整后凤亭乡东抵茂井镇、南以红水河为界与广西天峨隔河相望、西连红水河镇罗妥社区、北与龙坪镇相邻，辖：凤亭、联明、国光、勤丰、交吾、抗村、仁兴、金祥、红光、班台10个行政村73个村民组。

人口　1991年全乡人口7421人，其中：男性3836人、女性3586人，少数民族人口5461人占总人口73%。1995年总人口7812人，少数民族人口5748人占总人口73.58%。2000年总人口8223人，少数民族人口6050人，占总人口73.57%。2005年总人口8655人，少数民族人口6363人占总人口73.58%。2010年总人口8554人，少数民族人口7369人占总人口86.14%。2013年总人口8421人，少数民族人口7196人占总人口85.45%。2014年总人口13493人，其中：男性6757人、女性6733人，少数民族10068人占总人口74.6%。2015年总人口13407人，其中：男性7104人、女性6303人，少数民族11326人占总人口84.48%。

面积　2013年凤亭乡总面积131.5平方公里，耕地面积9285亩，森林面积132651亩，耕林覆盖率68%。红水河在辖区河长11.6公里，流域面积5.8平方公里。2014年区划调整后，全乡土地面积211.7平方公里，耕地面积12903亩，其中：田3906亩，地8997亩，森林面积192560亩，森林覆盖率70%。红水河在辖区长28.6公里，流域面积18.8平方公里。每平方公里人口密度63人。属二类贫困乡。

地形地貌　凤亭乡地貌以高低山为主，海拔最高点位于班仁东北部交荣坡1134米，海拔最低处位于凤亭村河江 249 米。

气候 气候特点：春早、夏长、秋迟、冬短，年均日照时数为 1350—1520 小时之间，降水量为 1100—1400 毫米，无霜期 335 天，年均温度 19.6℃。最高温度 7 月平均温度 27.3℃，最低温度 1 月平均温度 10.4℃。

气候灾害 1992 年 4 月，凤亭遭受大风、冰雹灾害，冰雹最大 60 毫米，986 户受灾，其中：621 户瓦房被毁，早菜受灾 110 亩，经济损失 450 万元。2009 年 7 月至 2010 年 5 月，全乡遭受大旱，勤丰、联明、高山等村人畜饮水困难，田土开裂，粮食减产，经济损失 630 万元。

水文 境内有凤亭河和抗村河两条河流。凤亭河发源于油顶寨，流经海里村、拉祥村、蛮瓦村、凤亭村，于怀亭村注入红水河，河道长 11.6 公里，流域面积 50.6 平方公里，年均流量 1.10 立方米 / 秒，天然落差 292 米。抗村河发源于抗村大寨，流经八良注入红水河。

粮食作物 凤亭乡耕地面积 9576 亩，其中：田 2611 亩、地 6965 亩，粮食作物主要生产水稻、玉米、小米、黄豆等。1991 年产粮 2958 吨，农产值 1131 万元，人均食粮 398 公斤，农民人均纯收入 1054 元。1995 年产粮 3287 吨，农业产值 1413.76 万元，人均食粮 420 公斤，人均纯收入 1989 元。2000 年产粮 3579 吨，农业产值 1767.2 万元，人均食粮 435 公斤，人均纯收入 2405 元。2005 年产粮 3402 吨，农业产值 2209 万元，人均食粮 393 公斤，人均纯收入 3006 元。2010 年产粮 2421 吨，农业产值 2429.9 万元，人均食粮 283 公斤，人均纯收入 3758 元。2014 年耕地面积 12903 亩，其中：田 3906 亩、土 8997 亩，产粮 4020 吨，其中：水稻 1885 吨、玉米 2135 吨，人均食粮 251 公斤，农产值 3276 万元，比上年增长 7.2%，农民人均纯收入 4868 元。2015 年产粮 4031 吨，其中：水稻 1871 吨、玉米 2160 吨，农业产值 3291 万元，农民人均纯收入 5048 元，比上年增加 180 元。年均食粮 417 公斤。

经济作物 经济作物主要有早菜、板栗、油茶、柚子等。1991 年早菜 91 亩，产量 90 吨，产值 18 万元；油桐产量 3120 吨，产值 312 万元。2013 年种植早菜面积 3120 亩，产量 2000 吨，产值 196 万元；油茶挂果面积 3400 亩，产量 170 吨，产值 40 万元；柚子挂果面积 5200 亩，产量 5200 吨，产值 523 万元；板栗挂果面积 12000 亩，产量 10300 吨，产值 4800 万元。2015 早菜种植 1030 亩，产量 1268 吨，产值 206 万元；油茶挂果面积 5000 亩，产量 261 吨，产值 58.82 万元。

养殖业 主要以养猪、牛、羊为主。1991 年养猪 2439 头，出栏 2300 头，产值 322 万元；牛存栏 721 头，出栏 150 头，产值 45 万元；羊存栏 2723 只，出栏 800 只，产值 16 万元；家禽饲养 1.55 万只，上市 1 万只，产值 10 万元；年总产值 393 万元。1995 年猪存栏 2709 头，出栏 2500 头；牛存栏 648 头，出栏 280 头；羊存烂 3025 只，出栏 2000 只；家禽存栏 1.72 万只，上市 15000 只，年总产值 213.57 万元。2000 年猪存栏 3010 头，出栏 2900 头；牛存栏 584 头，出栏 260 头；羊存烂 3362 只，出栏 1800 只；家禽存栏 1.78 万只，上市 1.6 万只；年总产值 587.33 万元。2005 年猪存栏 3345 头，出栏 3200 头；牛存栏 525 头，出栏 215 头；羊存烂 3735 只，出栏 1500 只；家禽存栏 2.13 万只，上市 2.1 万只；年总产值 892.61 万元。2010 年猪存栏 3717 头，出栏 3680 头；牛存栏 473 头，出栏 180 头；羊存烂 4150 只，出栏 2000 只；家禽存栏 1.86 万只，上市 1.66 万只；年总产值 1259.46 万元。2013 年猪存栏 4130 头，出栏 4000 头；牛存栏 425 头，出栏 135 头；羊存烂 4612 只，出栏 2100 只；家禽存栏 1.93 万只，上市 1.5 万只；年总产值 1317.4 万元。2014 年养猪 6446 头，出栏 6400 头，产值 1664 万元；牛存栏 595 头，出栏 215 头，产值 423.5 万元；羊存栏 5363 只，出栏 2480 只，产值 223.2 万元；家禽饲养 4.53 万羽，上市 4 万羽，产值 80 万元，年总产值 1424.7 万元。2015 年养牛 4528 头，出栏 1209 头；养猪 3307 头，出栏 2814 头；养羊 5147 只，出栏 2105 只；家禽 6.7 万羽，上市 5.33 万羽，总产值 1657.6 万元。

水产养殖 广西龙滩电站蓄水发电，凤亭乡较低处被淹形成库区。2012—2015 年凤亭乡农户从事网箱养鱼 14 户，养殖水面 1.2 平方公里，鱼产量每年 43.5 万吨，年总产值 104.4 万元

劳务输出 2005 年劳务输出 2259 人，年收入 1626.48 万元。2010 年劳务输出 2510 人，年收入

2710.8万元。2014年劳务输出4384人，年收入7891.2万元。2015年劳务输出5214人，年收入9391.3万元。主要分布广东、江苏、福建、浙江等。

矿产资源 乡内有铁矿、锑矿、铅锌矿、花斑玉等矿产资源，矿区面积26平方公里，储藏量500万立方米。

乡镇企业 凤亭乡1991年私营企业贵州金昌矿业有限公司开采铁矿1家，设备投资85万元，解决就业人员28人，收入28万元，支付工人工资8.5万元，上缴税金3万元。1995年有私营企业开采铁矿1家，设备投资95万元，解决就业人员32人，收入39万元，支付工人工资12.5万元，上缴税金5.2万元。2000年有私营企业开采铁矿1家，设备投资120万元，解决就业人员37人，收入44万元，支付工人工资15.52万元，上缴税金9.8万元。2005年有私营企业开采铁矿（即贵州金昌矿业，贵州楷天亿矿业有限公司）2家，设备投资400万元，解决就业人员41人，收入89万元，支付工人工资52.8万元，上缴税金15万元。2010年有私营企业开采铁矿2家，设备投资800万元，解决就业人员47人，收入110.5万元，支付工人工资60.5万元，上缴税金51万元。2015停产整改。

水资源 主要河流为红水河，水流量每秒225立方米；小溪1条，水井63口，在高山榜上寨子还无法满足人畜饮水需要。

1991年修建水窖（小水池）17口，蓄水510立方米。1995修建水窖30口（小水池），蓄水900立方米。2000修建水窖（小水池）43口，蓄水860立方米。2005修建水窖（小水池）57口，蓄水1510立方米。2010修建水窖（小水池）88口，蓄水1760立方米。2013修建水窖（小水池）107口，蓄水3210立方米。2014年有山塘2个，蓄水1500立方米，小水窖224口，蓄水5000立方米，主要分布凤亭、交吾、联明、红光、金祥、班台、仁兴、国光等村。2015年增修小水窖168口，蓄水2950立方米。

电 凤亭乡1995年电开始输送到乡政府，安装变电器1台，总容量100千伏，高压输电线1条，总长25公里，低压线25公里。全乡37个自然寨54个组通电为10%。2000年安装变电器20台，其中：专电3台、公电17台，总容量1000千伏，高压输电线1条，总长45公里，低压线30公里，通电率70%。2005年电总量1400千伏，低压线40公里，通电为100%。2015农村电网改造35公里。

交通 1985年修茂井—凤亭乡公路，长16公里。1995年修凤亭—良坪公路，长19公里。2000年修凤亭—勤丰公路，长25公里。2005年续建凤亭—梨子坳11公里、高山—班仁乡长13公里。2007年续建凤亭—抗村长6公里。2008年修建国光村—洗矿场长7公里。2009年修沟（亭）凤（亭）公路—交吾村长11公里。全乡村级公路总长92公里，国家投资2300万元。2014—2015年硬化通村水泥路32.98公里，其中：红光村、高山村、班仁村、班台村、金祥村5条公路，总投资1649万元。

通信 2000年安装固定电话11户，移动电话67户，普及率1.5%。2005年安装固定电话14户，移动电话1157户，普及率47%。2010年安装固定电话16户，移动电话2023户，普及率75%。2013年移动电话2106户，普及率90%。2014年安装固定电话57户，移动电话5076户，普及率92%。

广播电视 1991年凤亭乡电视用户共11户。1995年电视用户17户，电视覆盖率1%。2000年安装小天锅电视用户532户，电视覆盖率24%。2005年安装小天锅电视用户1454户，电视覆盖率68%。2010年安装小天锅电视用户2038户，电视覆盖率80%。2013年安装小天锅电视用户2589户，电视覆盖率95%。2014年安装小天锅电视用户3156户，电视覆盖率99%。2015年增加安装小天锅95户，电视覆盖率100%。

卫生 1991年有卫生院1所，建筑面积600平方米，专业卫生员3人，其中：职业医生2人，注册护士1人，住院187人次，完成诊疗243人次，治愈率76%。2000年医务人员4人，完成住院224人次，诊疗145人次，治愈率64%。2010年专业卫生员11人，其中：大专8人、中专3人，注册护士2人，完成住院203人次，诊疗177人次，治愈率87%。2014年卫生院2个（班仁乡合并到凤亭乡），建筑面积1200平方米，专业卫生员18人，其中：大专14人、中专4人，注册护士2人，完成住院211人次，诊疗498人次，治愈率94%。2015年凤亭中心卫生院建筑面积900平方米，专业卫生员15人，执业医师1

人，注册护士 4 人，本科 1 人、专科 9 人，完成住院 206 人次，治愈率 94.52%。2015 年班仁社区卫生院建筑面积 1030 平方米，专业卫生员 11 人，执业医师 1 人，注册护士 2 人，专科 6 人。医疗设备有生化机、血常规、心电图、B 超机、X 光机等设备，病床 10 张。

计生工作 1991 年乡设计生办公室和计生技术服务站，建筑面积 150 平方米，专职计生员 1 人，技术员 1 人。办理独生子女证 1 户、生育办证 27 人，完成四术 107 例。1995 年计生站建筑面积 300 平方米，开展结扎手术 3 例，上环 20 例，办理独生子女 6 户，生育办证率 87%。2000 年开展结扎手术 4 例，上环 34 例，已婚育龄妇女 170 人，办理独生子女 6 户，生育办证率 88.5%。2005 专职计生员 2 人，技术员 2 人，开展手术 51 例，其中：结扎 11 例、上环 40 例，办理独生子女 6 户，生育办证率 89.5%。2010 专职计生员 3 人，技术员 4 人，开展手术 21 例，其中：结扎 6 例、上环 15 例，办理独生子女 7 户，生育办证率 88.6%。2014 年计生站建筑面积 810 平方米，专职计生员 8 人，技术员 6 人，获初级职称 2 人。办理独生子女证 6 户，生育办证 131 人，完成四术 103 例。2015 年专职计生员 4 人，技术员 4 人，获初级职称 1 人，独生子女办证 5 户，办理生育证 42 人，完成四术 98 例。设备有 B 超机、乳腺检查仪、阴道镜检查仪、化验设备等。

婚姻登记 1991 年自愿结婚 29 对，结婚登记 100%。1995 年自愿结婚 31 对，结婚登记 100%。2000 年自愿结婚 40 对，结婚登记 100%。2005 年自愿结婚 37 对，结婚登记 100%。2010 年自愿结婚 43 对，结婚登记 100%。2013 年自愿结婚 47 对，结婚登记 100%。2014 年自愿结婚 71 对，结婚登记 100%。

文化建设 2013 年乡政府建文化站 1 个，建筑面积 300 平方米，藏书 5000 册；村文化室 10 个，每村藏书 1000 册。2014 年有文化站 2 个，建筑面积 500 平方米，藏书 7000 册；村文化室 14 个，每村藏科技书 1000 册。2015 年有文化站 2 个，建筑面积 520 平方米，藏书 7032 册，村文化室共 14 个，每村藏科技书 1020 册。

教育 1991 年学校 11 所，占地面积 5100 平方米，总建筑面积 12100 平方米，其中：初中 1 所，小学 3 所（勤丰、高山、凤亭中心小学），教学点 7 个（联明、里王、抗村、里怀、海里、河江、交吾），学生 769 人，其中：初中学生 157 人，小学生 612 人，少数民族学生 710 人占总数 92%。1995 年学校 11 所有学生 826 人，其中：初中学生 248 人、小学学生 578 人，少数民族生 698 人占学生总数 86%。2000—2010 年学校 8 所有学生 923 人，其中：初中 1 所、小学 3 所、教学点 4 个，总建筑面积 9900 平方米；初中学生 516 人、小学学生 893 人，少数民族生 698 人占学生总数 92%。2000 年停办里王教学点；2003 年停办河江、里怀教学点；2011 年停办联明、抗村教学点。2013 年有学校 4 所，即：初中 1 所，小学 3 所，总建筑面积 7700 平方米，其中：凤亭中心学校 5100 平方米、国光小学 1100 平方米、勤丰小学 900 平方米。学生 866 人，其中：初中学生 557 人，小学学生 309 人。男生 452 人，女生 414 人，少数民族生 842 人占总数 97%。是年停办高山、海里、交吾教学点。2014 年有学校 6 所（初中 2 所、小学 4 所），总建筑面积 13466 平方米，其中：凤亭中心学校 5100 平方米、班仁中心学校 5766 平方米、国光小学 1100 平方米、勤丰小学 900 平方米，有学生 1378 人，其中：初中学生 744 人、小学学生 634 人，男生 747 人、生 631 人，少数民族生 1176 人占学生总数 85%。2014 年学校 6 所，其中：初中 2 所、小学 4 所，总建筑面积 13466 平方米，学生 1378 人，其中：初中生 744 人、小学生 634 人，男生 747 人、女生 631 人，少数民族生 1176 人占学生总数 85%。2015 年学校 4 所，其中：初中 2 所、小学 2 所，总建筑面积 12873 平方米，学生 832 人，其中：初中生 499 人、小学生 333 人，男生 421 人、女生 411 人，少数民族生 681 人占学生总数 82%。是年，全乡参加中考 116 人，其中：凤亭中心学校初中部 51 人、班仁中心校 65 人。

“两基”工作 2005 年 10 月“两基”工作通过省人民政府评估和验收，小学入学率 98.1%，初中入学率 100%，中小学完成率分别为 98% 和 95.9%，中小学人均图书为 6.15 册和 7 册。

教学用房达标率 100%。教学设备达标率 100%，中小学结业班全科合格率 99.5% 和 100%，毕业率为 99.5% 和 100%，中小学专任教师合格率 100%。

教师文化结构 1991 年教师 30 人，其中：初中教师 9 人、小学教师 21 人，大专以上文化程度 16 人、中师 14 人。1995 年教师 34 人，其中：初中教师 10 人、小学教师 24 人，大专以上文化程度 18 人、中师

16人。2000年教师37人，其中：初中教师10人、小学教师27人，大专以上文化程度20人、中师17人。2005年教师41人，其中：初中教师12人、小学教师29人，大专以上文化程度22人、中师19人。2010年教师46人，其中：初中教师14人、小学教师32人，大专以上文化程度24人、中师22人。2014年教师人数88人（班仁学校合并到凤亭乡），其中：初中教师37人、小学教师51人，大专以上文化程度58人、中师30人。2015年有教师47名，其中：小学教师22人、初中教师25人，本科20人、大专学历27人。

"五保"分散供养　1991年农村"五保"分散供养17人，发放补助款0.62万元。1995年农村"五保"分散供养16人，年发放"五保"补助款0.84万元。2000年农村"五保"分散供养14人，年发放"五保"补助款0.9万元；2005年农村"五保"分散供养14人，年发放"五保"补助款1万元。2010年农村"五保"分散供养15人，年发放"五保"补助款1.26万元。2012年农村"五保"分散供养19人，年发放"五保"补助款3.42万元。2014年两乡合并后农村"五保"户分散供养33人，年发放"五保"补助款5.94万元。

城镇低保　国家对农村实施享受城镇低保生活补助政策。凤亭乡2002年享受城镇低保1人，每月补助100元。2007年开始实行农村最低生活保障，当年享受低保580户1360人，国家补助81.6万元。2005年享受城镇低保生活补助1人，每人每月补助150元。2010年享受城镇低保生活补助2人，每人每月补助380元。2013年享受城镇低保生活补助2人，每人每月补助500元。2014年农村享受低保1132户4126人，发放补助费386.78万元。2015年享受农村低保673户2225人，发放补助费281.71万元。

农村老复退军人　1991年农村老复退军人6人，烈属1人，每人每月补助150元。1995年农村老复退军人5人，烈属1人，每人每月补助180元。2000年农村老复退军人5人，烈属1人，每人每月补助210元。2005年农村老复退军人4人，烈属1人，每人每月补助210元。2010年农村老复退军人4人，烈属1人，每人每月补助390元。2014年农村老复退军人2人，烈属3人，每人每月补助500元。2015年农村老复退军人4人，烈属1人，每人每月补助850元。

农村临时救济　1991年农村临时救济214人次，国家补助1.3万元；1995年农村临时救济237人次，国家补助1.52万元；2000年农村临时救济256人次，国家补助1.95万元；2005年农村临时救济310人次，国家补助2.6万元；

农村合作医疗　2010年参加农村合作医疗8499人，占总人口99%。2013年参加农村合作医疗8512人，医疗救助125人次，救助资金7.5万元。2014年参加农村合作医疗13550人，占总人口96.7%。2015年参加农村合作医疗13139人，占总人口98%。

旧房改造　2008年3月，贵州省民政厅拨款，由县民政局负责，改造技术由城建局把关，名单由乡镇政府提供，共同组织下村调查，照相核实。2009—2013年危房改造831户，国家补助664.8万元。2015危房改造23户，国家补助35.9万元。使凤亭、国光、抗村、交吾、高山、联明等部分村民得以安居。

移民　2002年广西龙滩电站建设，2006年蓄水龙滩电站建设库区淹没375米以下涉及凤亭乡5个村（即：交吾、高山、勤丰、凤亭、抗村），需移民275户1357人。2006年共搬迁275户1357人，占总任务100%，其中：后靠24户，在本乡内分散插迁10户，外迁241户，分别搬迁龙坪镇、罗悃镇、沫阳镇、板庚乡、沟亭乡、安龙县等地。现生活稳定，和睦相处。

基础设施建设　凤亭市场历史悠久，集贸市场1500立方米，水泥硬化率100%。主要交易农产品和日杂货。2015年征地56亩，完成凤亭乡集贸市场场平建设。

农田水利建设，主要完成4个片区农田水利建设，其中：海里片区新建渠道总长1024米、拉强片区新建渠道总长1195米、凤亭片区建成渠道总长2425米、班仁片区建成渠道总长1442米，总长6086米投资97.4万元。

村室建设　2013—2015年完成凤亭村立体活动场1210平方米，新建公厕1个、安装垃圾桶90个、垃圾集装箱4个、海里组庭院硬化128户，面积2560平方米。排污建设1665米，总投资46.5万元。

精准扶贫　2015年建档立卡贫困户1493户5503人，脱贫124户511人。其中：交吾村贫困户134

户 476 人、脱贫 7 户 28 人；抗村村贫困户 116 户 429 人，脱贫 13 户 58 人；凤亭村贫困户 162 户 574 人，脱贫 12 户 55 人；勤丰村贫困户 141 户 546 人，脱贫 20 户 91 人；国光村贫困户 205 户 788 人，脱贫 10 户 43 人；联明村贫困户 174 户 610 人，脱贫 20 户 85 人；红光村贫困户 108 户 380 人，脱贫 9 户 37 人；班台村贫困户 136 户 526 人，脱贫 1 户 4 人；金祥村贫困户 185 户 722 人，脱贫 20 户 63 人；仁兴村贫困户 132 户 452 人，脱贫 12 户 47 人。

凤亭乡地处偏僻，国家在扶贫攻坚中，加快扶贫步伐，投资项目建设。2015 年绿壳蛋鸡养殖总投资 43 万元，共 36953 羽。其中：凤亭村 1520 羽，投资 1.824 万元；国光村 2000 羽，投资 2.4 万元；联明村 5000 羽，投资 6 万元；勤丰村 3000 羽，投资 3.6 万元；交吾村 2833 羽，投资 3.3996 万元万元；抗村村 2000 羽，投资 2.4 万元；仁兴村 5000 羽，投资 6 万元；班台村 2000 羽，投资 2.4 万元；红光村 5000 羽，投资 6 万元；金祥村 3000 羽，投资 3.6 万元；联明村绿壳蛋鸡养殖专业合作社 5600 羽，投资 5.38 万元。投资 10 万元，优质枇杷种植 10000 株，其中：凤亭村 1000 株、国光村 1000 株、联明村 1000 株、勤丰村 1000 株、交吾村 1000 株、抗村村 1000 株、仁兴村 1000 株、班台村 1000 株、红光村 1000 株、金祥村 1000 株。各村财政投资分别为 1 万元。投资 12 万元，庭院蔬菜种植 300 亩，其中：凤亭村 30 亩，国光村 30 亩，联明村 30 亩，勤丰村 30 亩，交吾村 30 亩，抗村村 30 亩，仁兴村 30 亩，班台村 30 亩，红光村 30 亩，金祥村 30 亩。各村财政资金投入分别为 1.2 万元。

旅游资源　中共蛮瓦党支部　罗甸革命老区中共蛮瓦党支部（凤亭蛮瓦）。1930 年 11 月，红军主力北上，根据党中央的指示，韦拔群、陈洪涛领导的红七军 21 师及工农革命政权的部分干部和战士在右江流域、红水河两岸、滇黔桂边区继续坚持革命斗争。

右江独立师党委和右江特委根据邓小平“巩固右江苏区，上贵州发展”的指导方针，从 1931 年开始就不断派出部队和干部深入黔桂边区，深入到罗甸蛮瓦等地，秘密开展革命活动。

1932 年秘密建立中共蛮瓦党支部，中共蛮瓦支部属中共黔桂边委领导。支部书记由黄举平兼任，委员黄伯尧、黄衡球。

支部成立后，中共黔桂边委、边革委的工作重心转移到罗甸，并以罗甸蛮瓦为据点，在陈绣卿的保护和支持下，在罗甸开辟创建革命根据地。蛮瓦支部通过统战、兵运、农运的革命活动，推动了罗甸革命斗争活动的开展。

1934 年 7 月—1935 年 12 月，由于蛮瓦党支部组织得到陈绣卿的支持帮助，在中共黔桂边委的统一战绩政策影响下陈绣卿在罗甸通电反蒋，使国民党军队分散了兵力，减少了红军长征过贵州时的军事压力。

1998 年 4 月，中共贵州省委、省人民政府行文，将罗甸划为革命老区。

2012 年 2 月，罗甸被国务院确定为国家级革命老区。

二、班仁社区服务中心

2014 年 2 月罗甸县行政区划调整，撤原班仁乡并到凤亭乡，改称凤亭乡班仁社区服务中心，辖：仁兴、金祥、红光、班台 4 个行政村。

位于罗甸县城东南部，地处北纬 25° 10′—25° 17′，东经 106° 48′—106° 54′ 。东隔油拉河与大亭乡毗邻、西与凤亭乡接壤、南隔红水河与广西下老乡和向阳镇相望、北与茂井镇相连。

沿革　清代属罗斛州判罗宜甲哨俸亭（今凤亭乡），民国 4 年（1915 年）废除土司亭、屯、村建制，实行保甲制，班仁属东区（八茂）管辖。民国 25 年（1936 年）整编保甲，班仁属第五区仁矿联保。民国 32 年（1943 年）班仁隶属沫阳区署八茂乡管辖。1951 年罗甸解放废除保甲制，班台属仁矿乡管辖，1953 年班台乡隶属第五区（八茂）管辖。1956 年班台乡和仁鼎乡合并建班仁乡。1958 年班仁乡改称班仁管理区，隶属八茂公社。1963 年恢复区级建制，班仁管理区改称班仁公社，隶属八茂区公所。1967 年改称班仁公社革命委员会。1979 年改称班仁公社管理委员会。1984 年改称班仁乡。1991 年 8 月撤区并乡建镇，保留班仁乡建制，辖仁兴村、红光村、金祥村、班台村 4 个行政村。2013 年 11 月全县村级区划调整，保持4个行政村25个村民组，调红光村的第七组并入仁兴村，仁兴村的第八、九、十组并入金祥村。

人口　1991年总人口4285人，其中：男性2214人，女性2071人。少数民族2128人，占总数50%。非农业人口41人。1995年915户4846人，少数民族2364人，占总数49%，非农业人口46人。2000年1023户5213人，少数民族2627人占总数50%，非农业人口51人。2005年1110户5079人，少数民族2918人占总人数57%，非农业人口57人。2010年有1234户5056人，少数民族2844人占总人数56%，非农业人口71人。2013年总人口5257人，其中：男性2739人、女性2518人，非农业人口71人。

面积　2013年辖区土地面积80.2平方公里，耕地面积3618亩，其中：田1176亩，地2442亩，人均占有耕地0.71亩；森林面积59909.4亩，森林覆盖率49.8%。人口密度每平方公里65人，班仁属二类贫困乡。

地形地貌　全乡地势山高谷深，山峦叠嶂，呈阶梯式下降，境内最高峰猫鼻梁位于金祥村，海拔1300米，最低海拔位于各村龙滩库区375米。

自然灾害　1992年4月，班仁乡遭受冰雹灾，507户瓦房被毁，旱菜受损150亩，直接经济损失300多万元。

水文　境内有红水河和蒙江河支流，均在山脚流过。红水河流域面积13平方公里，长17公里，年均流量232100万立方米。流经红光、仁兴、金祥3个村；蒙江河支流流经班台、金祥两村与红水河汇合。境内河长8公里，水流量年232100万立方米。小溪6条，基本满足人畜饮水。

粮食作物　以种植水稻、玉米为主。1991年产粮1138吨，农业产值435万元，人均食粮265公斤，农民人均纯收入560元。1995年产粮1264吨，农业产值544万元，人均食粮260公斤。人均纯收780元。2000年产粮1404吨，农业产值693万元，人均食粮269公斤，人均纯收入1450元。2005年产粮1560吨，农业产值1012万元，人均食粮307公斤，人均纯收入100元。2010年产粮2169吨，农业产值2177万元，人均食粮428公斤，人均纯收入3760元。2013年产粮2386吨，农业产值2692.3万元，比上年增长11.3%。人均食粮453公斤，农民人均纯收入4510元。

经济林　1991年黄果挂果面积11亩，产量5.5吨，产值1.1万元；油桐挂果面积3400亩，产量3400吨，产值680万元；板栗挂果面积670亩，产量670吨，产值134万元；砂仁挂果面积230亩，产量92吨，产值18.4万元，总产值833.5万元。1995年全乡种植面积5亩，产量1.5吨，产值0.6万元；黄果挂果面积13亩，产量15吨，产值6万元；油桐挂果面积4200亩，产量410吨；板栗挂果面积820亩，产量112吨；砂仁挂果面积270亩，产量30吨。总产值415万元。2000年早菜种植面积24亩，产量7吨，产值3万元；黄果挂果面积17亩，产量20吨，产值7.5万元；油桐挂果面积4750亩，产量460吨；板栗挂果面积920亩，产量130吨；砂仁挂果面积320亩，产量36吨。总产值522万元。2005年早菜种植面积80亩，产量20吨，产值11万元；黄果挂果面积20亩，产量23吨，产值9万元；油桐挂果面积5180亩，产量510吨；艾纳香340亩，产量34吨；板栗挂果面积1030亩，产量147吨；砂仁挂果面积400亩，产量40吨。总产值614万元。2010年早菜种植面积112亩，产量28吨，产值15万元；黄果挂果面积27亩，产量32吨，产值13万元；油桐挂果面积7000亩，产量690吨。艾纳香460亩，产量47吨；板栗挂果面积1400亩，产量200吨；砂仁挂果面积550亩，产量54吨。总产值830万元。2013年早菜种植面积120亩，产量60吨，产值12万元；黄果挂果面积30亩，产量15吨，产值9万元；油桐挂果面积7500亩，产量7500吨，产值3000万元；艾纳香500亩，产量2.5吨（冰片），产值150万元；板栗挂果面积1500亩，产量1500吨，产值600万元；砂仁挂果面积600亩，产量240吨，产值96万元。总产值3867万元。

养殖业　1991年养猪1805头，出栏1500头，产值210万元；牛2811头，出栏500头，产值150万元；羊1216只，出栏900只，产值18万元；养家禽0.98万羽，上市0.9万羽，产值9万元。总产值387万元。1995年生猪存栏2005头，出栏1800头；牛存栏3123头，出栏1610头；羊存栏1520只，出栏841只；家禽存栏I.22万羽，上市1万羽。总产1值176.38万元。2000年生猪存栏2228头，出栏2150头；

牛存栏3470头，出栏1200头；羊存栏1900只，出栏900只；家禽存栏1.52万羽，上市1.3万羽。总产值563.44万元。2005年生猪存栏2476头，出栏2300头；牛存栏1555头，出栏750头；羊存栏3376只，出栏1500只；家禽存栏1.9万羽，上市1.5万羽。总产值860.26万元。2010年生猪存栏2751头，出和2500头；牛存栏1220头，出栏520头；羊存栏3970只，出栏1680只；家禽存栏2.37万羽，上市2.1万羽。总产值1232.56万元。2013年养猪2316头，出栏2200头，产值572万元；牛2170头，出栏600头，产值300万元；羊3751只，出栏1212只，产值109.8万元；养家禽1.9万羽，上市1.6万羽，产值32万元。总产值1013.8万元。

水产养殖 广西龙滩电站蓄水发电形成1.3平方公里库区，班仁村民发展水产养殖，2010—2013年从事网箱养鱼10户，鱼年产量98—100吨，2013年产值110万元。

劳务输出 劳务外出打工是农村主要收入之一，2005年劳务输出913人，年收入657.36万元；2013年劳务输出2530人，年收入4554万元。主要分布在广东、浙江、江苏、福建等省市。

水资源 主要有界河红水河境内长17公里，流量225秒立方；蒙江河长8公里，水流量年平均232100万立方米，其中：地表水资源量为0.06亿立方米。有小溪6条，水井15口。1991年修山塘2个，蓄水4000立方米。1995—2000年修小水窖小水池133口，蓄水3990立方米，分布在仁兴、班台、金祥、红光4个村。基本满足人人畜饮水和农田灌溉。

动物资源 有獐、狸、松鼠、穿山甲及鸟类等。

药材资源 有何首乌、黑草、艾纳香、土人参等。

交通 1998年修凤亭乡黎子坳路段通班仁乡公路1条，长19公里；2006年修红光村的半山—纳叶3公里；半山—交雨码头11公里；2007年修班台村白杨坳—交荣1.5公里，昂里坳—班台2.5公里；2008年修仁兴村—双河口码头11公里，班仁—昂桃3公里；2010年修班仁乡政府—金祥村长5.5公里；2011年修金祥村—房骂7公里，金祥—平枫6公里。总长50.5公里。村级公路国家投资1262.5万元。

电 1996年全乡只有班台、仁兴和红光3个村通电，安装变电器3台，总容量100千伏安。2006年增加金祥村4个村全部通电，总容量1000千伏。2007—2013年有主变电（站）器4台，供电变电器19台，总容量1200千伏安，高压输电线1条，总长45公里。全乡21个自然村寨，26个村民组实现通电率100%。解决农户打米机、粉碎机等加工。

通信 2005年固定电话5户，移动电话150户，普及率3%；2010年固定电话30户，移动电话2200户，普及率43.5%；2013年固定电话用户35户，移动电话2750户，普及率54.2%；2014年固定电话38户，移动电话2970户，普及率60%。

广播电视 2000年全乡有电视用户30户；2005年电视用户450户，覆盖率40.5%；2010年电视用户600户，盖率48.6%；2013年安装电视卫辱接收器520台，电视用户847户，电视覆盖率64.9%。

医疗卫生 1991年卫生院1所，建筑面积450平方米，卫生员2人。住院153人次，诊疗216人次，治愈率75.8%。2000年医务人员2人，其中：中专1人、初中1人。完成住院197人次，诊疗153人次，治愈率77.7%。2010年卫生员7人，其中：大专6人、中专1人，完成住院196人次、诊疗167人次，治愈率85.2%。2013年卫生院建筑面积540平方米，专业卫生员6人，其中：大专5人、中专1人，完成住院186人次、诊疗164人次，治愈率达88.2%。2013年卫生院建筑面积540平方米，专业卫生员6人。住院186人次，完成诊疗264人次，治愈率达88.2%。

计生工作 1991年乡设计生办公室和计生技术服务站，建筑面积100平方米，专职计生员2人，办理独生子女证2户，生育办证29人，完成四术89例。1995年计生办和计生技术服务站扩建，建筑面积150平方米，开展妇检和上环手术10例，结扎15例，办理独生子女证3户，生育办证率86.5%。2000年开展妇检和上环手术25例，结扎手术11例，办理独生子女户3户，生育办证率83.7%。2005年计生员2人，技术员2人，开展上环手术31例，结扎手术9例，办理独生子女证4户，生育办证率85.4%。2010年有计生员 2 人。2013 年计生员 2 人，办理独生子女证 6 户，生育办证 112 人，完成四术 106 例。

计生设备有 B 超机、乳腺检查仪、阴道镜检查仪、化验设备。

婚姻登记　1991 年自愿结婚 10 对，结婚登记率 100%；1995 年结婚 13 对，结婚登记率 100%；2000 年结婚 15 对，结婚登记率 100%；2005 年结婚 20 对，结婚登记率 100%；2010 年结婚 26 对，结婚登记率 100%；2012 年以后由县民政局联网登记。

文化　2012 年建乡文化站，建筑面积 200 平方米，藏书 2000 册。村文化室 4 个，每个文化室藏各类科技书 500 册。

教育　1991 年班仁乡学校 9 所，其中：完小 1 所，教学点 8 个（即平枫、交祥、班台、大田、油落、交雨、八若、八老），总建筑面积 6566 平方米，学生 423 人，其中：男生 232 人、女生 191 人，少数民族生 245 人占学生总数 58%。1995—2000 年学校 8 所，撤销大田和八老 2 个教学点，增加红光教学点，学校总建筑面积 6566 平方米，学生 467 人，其中：男生 266 人、女生 201 人，少数民族生 267 人，占有总数 57.2%。2000 年学生 512 人，其中：男生 302 人、女生 210 人，少数民族生 307 人占学生总数 60%。2005 年停办八若教学点，乡中心学校增设戴帽初中班，学生 654 人，其中：初中生 202 人、小学生 362 人。其中：男生 327 人、女生 237 人，少数民族生 316 人占学生总数 56%。2010 年所有教学点停办，只保留乡中心学校 1 所，学生 627 人，其中：男生 351 人、女生 276 人，少数民族生 369 人占学生总数 58.9%。2013 年完小 1 所（含戴帽初中班），学生 513 人，其中：初中生 187 人、小学生 326 人，男生 296 人、女生 217 人，少数民族生 334 人占学生总数 65.1%。

“两基”工作　2005 年 11 月“两基”工作通过省人民政府评估和验收，小学入学率 98.5%，完成率 96.8%；初中入学率 95.8%，完成率 88.5%；中小学人均图书分别为 10 册和 14 册。教学用房达标率 100%。教学设备达标率 100%，中小学结业班全科合格率 100% 和 100%，毕业率为 100% 和 100%，中小学教师合格率 96.88% 和 100%。

教师文化结构　1991 年教师 11 人，中师文化 11 人。1995 年教师 12 人，其中：中师文化 12 人。2000 年教师 17 人，其中：大专以上文化 5 人、中师文化 12 人；2005 年有教师 18 人，其中：大专以上文化 6 人、中师 12 人；2010 年教师 28 人，其中：大专以上文化 17 人、中师文化 11 人。2013 年教师 31 人，其中：大专以上文化 26 人、中师 5 人。

农村“五保”分散供养　1991 年农村“五保”分散供养 11 人，国家发放“五保”定期补助款 0.55 万元；1995 年农村“五保”分散供养 10 人，国家发放“五保”定期补助款 0.6 万元；2000 年农村“五保”分散供养 9 人，国家发放“五保”定期补助款 0.65 万元；2005 生农村“五保”分散供养 9 人，国家发放“五保”定期补助款 0.76 万元；2010 年农村“五保”户分散供养 10 人，国家发放“五保”定期补助款 0.84 万元；2013 年农村“五保”分散供养 16 人，国家发放“五保”定期补助款 2.09 万元。

农村老复退军人　1991 年农村老复退军人 4 人，国家每人每月补助 150 元；1995 年农村老复退军人 4 人，国家每人每月补助 180 元；2000 年农村老复退军人 3 人，国家每人每月补助 210 元；2005 年老复退军人 3 人，烈属 2 人，国家每人每月补助 210 元；2010 年农村老复退军人 2 人，烈属 2 人，每人每月补助 390 元；2013 年农村老复退军人 2 人，烈属 2 人，国家每人每月发 500 元。

享受农村低保　2007 年农村享受低保 463 户 2473 人，国家发放低保金 123.9 万元；2010 年享受农村低保 463 户 2473 人，国家共发放金额 123.86 万元；2013 年农村享受低保 466 户 1779 人，国家共发放 166.6 万元。

农村临时救济　1991 年农村临时救济 90 人次，国家补助 0.55 万元；1995 年农村临时救济 120 人次，国家补助 1.77 万元；2000 年农村临时救济 249 人次，国家补助 1.9 万元；2005 年农村临时救济 274 人次，国家补助共 2 万元；2013 年农村临时救济 1800 人次，发放救济款 35 万元，比上年增长 15.3%。

农村合作医疗　2007 年参加农村合作医疗 8499 人，农村医疗救助 113 人次，拨付救助金 6.75 万元；

2013 年参加农村合作医疗 1096 户 5071 人，占总户数 100%，农村医疗救助 89 人次。

移民搬迁 因龙滩水电站建设，库区 375 米以下淹没土地、房屋涉及 4 个村 17 个组，2003—2008 年后靠 871 户 3929 人，淹地不淹房 774 户 3422 人，涉外搬迁 97 户 507 人。移民户从事水产养殖业 8 户，从事其他职业 766 户，生活稳定。

第十节 斛兴街道办事处

斛兴街道办事处 2015 年 1 月原龙坪镇所辖的城东社区居委会、城西社区居委会、河滨社区 3 个社区居委会，经贵州省人民政府（黔府函〔2015〕5 号文件批复，成立罗甸县斛兴路街道办事处，辖城东、城西、河滨 3 个社区居委会，办事处驻城东社区居委会。2015 年为组建机构调配人员阶段，未独立开展工作。

第三章 自然地理

第一节 地质地貌

罗甸县地处贵州南部，属云贵高原南缘，向桂西北呈山地与丘陵过渡的梯级坡状。2014 年全县 9 个乡镇，国土总面积 3015.76 平方公里。

地层岩性 罗甸县地层除侏罗系及白垩系缺失外，从泥盆系中统至第四系均有出露。以三叠系地层发育最全，出露面积最广，约占区内总面积的 60% 以上。区内岩石主要为浅海相碳酸盐岩沉积，次为陆相碎屑沉积，二叠系上统为海陆交互相沉积，碎屑岩分布面积最广。

地质构造 罗甸境内地质构造复杂，以挤压型的北东向构造为主，发育少量近东西向的小构造。

褶皱 境内以复式褶皱为主，主要有兴隆向斜、沫阳背斜、董当向斜、八总向斜、纳坪向斜及一些次级构造。

兴隆向斜 北起于打讲南延伸至板庚一带，轴向延伸方向北西 15 度左右，在境内约呈直线型，向斜核部地层均由二叠地层组成，两翼出露地层为二叠系、石炭系，两翼地层倾角一般 30° —50° ，呈不对称背斜。

沫阳背斜 背斜途径过八二、龙坪、简平坳、访里、纳逢、翁保一带、呈弓形，在林霞被一逆断层破坏，背斜核部地层由泥盆系、石炭系地层组成，两翼地层为石炭系、二叠系、三叠系，两翼地层倾角一般 20° —60° 。

董当向斜 轴向北北东，长约 39 公里，西起于纳见，经罗江、牛皮寨、云干，东至董当。轴部为 T2b 粉砂质泥岩、石英粉砂岩，两翼分别为 T2x、T2xm，岩性变化较大，地层倾角较缓。

八总向斜 轴向北东，长约 30 公里，西起于相亭，经交吾、纳港、八总、东至里乃，在区内约呈直线型。轴部为 T2b 粉砂质泥岩、石英粉砂岩，两翼为 T2x、T1y、T1yn、P3w-d、P2m，石灰岩及少量白云岩，地层倾角较缓。

纳坪向斜 轴向北北西，长约 22 公里，北起于纳坪，经新龙堡、古屯，南至交朝。在区内约呈“草帽”型。轴部为 T2b 粉砂质泥岩、石英粉砂岩，两翼分别为 T2x、T2xm，岩性变化较大，地层倾角较陡，一般 30° —50° 。

断层 主要由北东向的逆断层为主，由东向西依次发育有较大规模的边阳断层、沫阳断层、腾子冲断层。它们多具中等规模，断层倾角一般所见为 40° —70° 。

边阳断裂带为一高度压扭性断裂带，整个断裂带长约43公里，南端始于板敖附近，呈北北西走向，延伸至者任断层面，者任以北，走向转为南北向，北段者任至断杉以北均发生的石炭系中，在南段板奥北西最大断距约800—1000米，构成一个较宽的断裂带，在边阳近断裂带达2公里，规模为罗甸县之首，见构造纲要图。

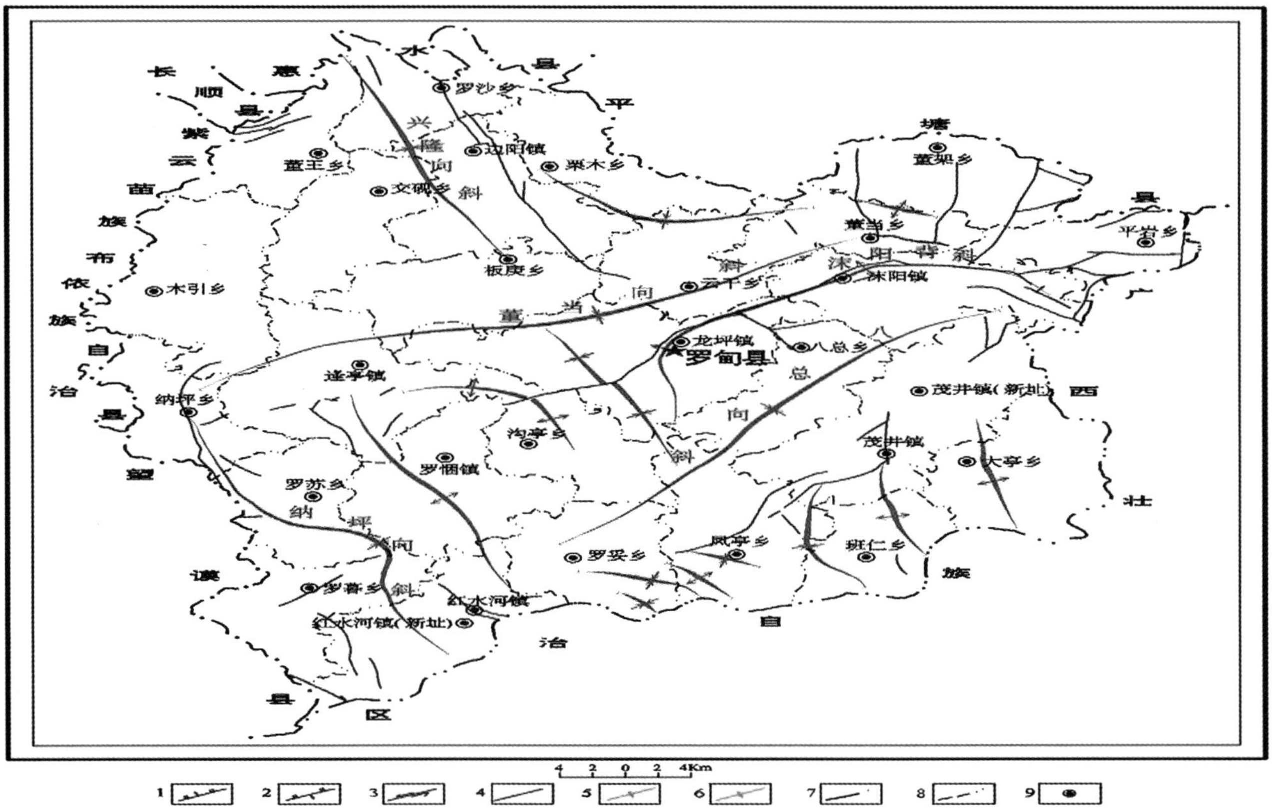

构 造 纲 要 图

1、正断层(数字示倾角) 2、逆断层(数字示倾角) 3、平移断层 4、性质不明断层
5、背斜轴 6、向斜轴 7、县界 8、乡(镇)界 9、乡(镇)驻地

地形 罗甸县地处贵州高原南缘向广西丘陵过渡的斜坡地带，地势北高南低，呈阶梯状下降，地貌类型复杂多样，切割强烈，县境北、北西、北东和南东边缘地带群山环绕，以低山和中山地貌类型为主，丘陵、盆地相间分布。但其间过渡不明显。特点是：山峦起伏、沟壑纵横、地面破碎、山地特色明显。

地貌 根据地貌形态特征、组合类型等，将其划分为五大成因类型，即溶蚀地貌、溶蚀构造地貌、溶蚀侵蚀地貌、侵蚀地貌、构造侵蚀地貌。

溶蚀地貌 是区内的主要地貌类型，形态复杂多样。组合形态有孤峰坡地、峰丛洼地、峰丛谷地等，个体形态有孤峰、漏斗、洼地、落水洞、溶洞等，构成如下岩溶地貌的组合类型。

峰丛洼地 主要分布在深井、董架、大小井、平岩等大部分地区，出露地层为石炭系至三叠系中下统的厚层—块状石灰岩、白云岩、白云质灰岩等。一般相对高差在100—200米。

垄脊槽谷 分布在罗沙—边阳、兴隆—板庚一带，为紧密褶皱之翼部，出露地层为三叠系中统至二叠系上统厚层石灰岩、白云岩。其走向和地层走向一致，谷、脊延伸长达10余公里，相对高差300—500米。

溶蚀盆地 分布龙坪镇，为背斜构造的倾伏端，由石炭系上统至二叠系石灰岩、燧石灰岩组成的半封闭状盆地，盆地标高380米与周围山顶高差500—600米，是罗甸县城内最低的盆地。

溶蚀侵蚀地貌 主要分布在纳坪、罗悃、罗苏、沟亭等地区，出露地层以碳酸盐岩夹碎屑岩为主。此类地形为地壳强烈上升和河流侵蚀、溶蚀综合作用所致，海拔在900米左右，深切割350米左右，山坡坡度大于 30°—50°，山脉走向和构造线方向一致。

侵蚀地貌 在罗甸县大面积出露，主要分布在班仁、罗苏、逢亭、八总、罗妥、茂井、大亭等地，出露地层以碎屑岩为主，沟谷纵横交错，山高谷深，切割强烈，高差一般在 300—400 米之间，最大可达 700 米以上，山脉走向与构造线基本一致，山顶呈圆形，组成一至二公里长的圆山脊，坡度多在 10°—20°，局部横切走向，河谷底部坡度可达 30°—40°。

第二节 土壤 植被

一、土壤

成土母质 罗甸县耕地中成土母质占最多的是石灰岩残坡积物，面积 10.99 万亩，占全县耕地面积的 20.16%，占最少的是其他母质，面积为 8.4 亩，占全县耕地面积的比例可以忽略不计。具体分布状况见表。

成土母质统计表

表 1-1

成土母质	面积（亩）	比例（%）	成土母质	面积（亩）	比例（%）
白云岩坡积物	21404.10	3.76	砂页岩坡积物	5159.10	0.91
钙质砾岩坡积物	2084.25	0.37	石灰岩残坡积物	109858.65	19.28
钙质紫色页岩坡积物	1507.20	0.26	石灰岩坡积物	42338.10	7.43
硅质白云岩坡积物	5046.30	0.89	燧石灰岩坡积物	9136.50	1.60
硅质灰岩坡积物	1178.10	0.21	溪 / 河流冲积物	104.10	0.02
河流沉积物	5258.10	0.92	玄武岩坡积物	526.65	0.10
辉绿岩坡积物	569.10	0.10	页岩等风化坡积物	33549.60	5.89
老风化壳	6600.15	1.16	页岩坡积物	33783.15	5.92
老风化壳坡积物	5774.85	1.01	黏土岩坡残积物	43531.20	7.64
泥岩 / 页岩坡积物	23496.15	4.12	中性紫色页岩坡积物	2619.15	0.46
泥页岩坡积物	64535.70	11.32	紫红色砂页岩坡积物	578.40	0.09
泥质白云岩坡积物	17508.60	3.07	紫色砂岩坡积物	671.85	0.12
泥质灰岩坡积物	792.15	0.14	棕紫色页岩坡积物	1500.15	0.26
凝灰岩风化坡积物	97060.35	17.03	白云岩坡积物	21404.10	3.76
其他母质	8.40	0.00	钙质砾岩坡积物	2084.25	0.37
砂岩坡积物	21.75	0.00	钙质紫色页岩坡积物	1507.20	0.26
砂页岩风化坡积物	8746.20	1.53	–	–	–
合　计	–	–	–	569943.60	100.00

耕地地力 罗甸区域，通过建立评价指标体系，应用模糊综合评判方法，通过综合分析，将全县耕地共划分为 7 个等级。以 2011 年罗甸县第二次土地调查耕地总面积为基准进行平差后，计算出各地力等级面积。罗甸县耕地总面积为 54.31 万亩，占全县土地总面积 12.06%。其中：一级地面积为 3.54 万亩，占全县耕地总面积的 6.49%；二级地为 8.75 万亩，占全县耕地总面积的 16.05%；三级地 9.02 万亩，占全县耕地总面积的 16.56%；四级地为 9.56 万亩，占全县耕地总面积的 17.55%；五级地为 10.93 万亩，占全县耕地总面积的 20.21%；六级地为 7.24 万亩，占全县耕地总面积的 14.80%；七级地为 5.27 万亩，占全县耕地总面积的 9.66%。

依据农业部1997年颁布的《全国耕地类型区、耕地地力等级划分》（NY/T 09—1996）标准，将罗甸县县域等级归入全国等级。具体过程如下：一实地调查，在每一等级的水田上抽查粮食产量（全年粮食产量）；二根据全国耕地地力等级划分要求，依粮食单产水平将全国耕地地力划分为10个等级，年单产大于900公斤/亩为一等地；小于100公斤/亩为十等地，每100公斤为一等级。根据此项标准，结合罗甸县七个地力等级上的粮食产量，将罗甸县的一级地化为全国等级的三等地，二级地化为全国等级的四等地，三级地化为全国等级的五等地，四级地化为全国等级的六等地，五级地化为全国等级的七等地，六级地化为全国等级的八等地，七级地化为全国等级的九等地。

罗甸县耕地地力评价结果面积统计表

表1-2　　　　单位：亩

全国等级	县级等级	面积（亩）	比例（%）	其中：水田		其中：旱地	
				面积（亩）	占全县水田比例（%）	面积（亩）	占全县旱地比例（%）
三等地	一级地	35369.30	6.49	32739.95	17.53	2629.35	0.73
四等地	二级地	87453.30	16.05	65585.55	35.12	21867.76	6.10
五等地	三级地	90222.15	16.56	55288.50	29.61	34933.65	9.75
六等地	四级地	95654.40	17.55	22844.10	12.23	72810.30	20.33
七等地	五级地	110155.50	20.21	8903.25	4.77	101252.25	28.27
八等地	六级地	73435.50	13.48	1348.95	0.72	72086.55	20.12
九等地	七级地	52663.05	9.66	39.60	0.02	52623.45	14.69
合　计		544953.20	100	186749.90	100	358203.3	100

一级地主要集中在龙坪镇、逢亭镇、沫阳镇；二级地主要集中在逢亭镇、沫阳镇、大亭乡、茂井镇；三级地主要集中在木引乡、龙坪镇、逢亭镇、沫阳镇、茂井镇；四级地主要集中在沟亭乡、罗暮乡、凤亭乡；五级地主要集中在木引乡、交砚乡、边阳镇、板庚乡；六级地主要集中在董架乡、栗木乡、木引乡和平岩乡；七级地主要集中主要集中在董王乡、栗木乡、边阳镇等地。

罗甸县各乡镇耕地地力评价等级分布统计表

表1-3　　　　单位：亩

行政单位	耕地面积	一级地	二级地	三级地	四级地	五级地	六级地	七级地
八总乡	17539.65	364.80	1177.65	4274.85	3464.25	5022.60	2320.50	915.00
班仁乡	7206.15	90.60	2418.30	1271.40	1765.65	1335.30	211.35	113.55
板庚乡	19872.75	1056.9	3060.15	2267.55	4224.90	5440.65	2455.65	1366.95
边阳镇	34088.40	438.30	4220.10	3461.70	5790.00	10142.25	5493.00	4543.05
大亭乡	18190.80	416.85	5873.70	3509.25	3357.30	4141.50	834.90	57.30
董当乡	20656.65	1307.10	4680.30	5111.70	3587.10	2585.85	775.05	2609.55
董架乡	22389.33	181.50	1265.40	3546.90	3008.25	4180.65	6216.63	3990.00
董王乡	27702.88	167.40	574.20	2201.70	2875.65	2864.40	4854.43	14165.10
逢亭镇	27477.00	3963.75	4590.15	4765.35	3204.30	5283.30	3424.05	2246.10
凤亭乡	15160.50	191.70	2854.35	4014.90	4822.80	2877.00	399.75	0.00

续表

行政单位	耕地面积	一级地	二级地	三级地	四级地	五级地	六级地	七级地
沟亭乡	12132.30	1244.40	2373.60	2787.90	4683.90	938.25	104.25	0.00
红水河镇	5685.15	841.50	1214.55	1347.60	1068.90	1008.90	170.40	33.30
交砚乡	25262.75	106.20	1201.80	3677.25	5200.80	11141.10	2625.35	1310.25
栗木乡	34632.15	1332.00	3390.15	3130.05	2871.45	5850.30	8623.80	9434.40
龙坪镇	32161.80	7078.50	6895.35	6123.30	5903.10	3926.70	1630.35	604.50
罗悃镇	21133.05	2264.85	4349.70	4925.55	3387.90	4656.30	1375.05	173.70
罗暮乡	19016.85	523.35	1869.30	3783.45	6137.70	2569.80	3146.85	986.40
罗沙乡	21445.20	785.55	4384.05	3231.00	2916.60	3010.20	3337.95	3779.85
罗苏乡	11246.85	1896.75	2969.70	2808.15	2519.55	675.30	374.10	3.30
罗妥乡	11204.85	652.05	2852.40	2540.55	1754.40	1652.40	1719.15	33.90
茂井镇	23438.85	2254.35	6910.20	5409.60	5890.50	2315.10	659.10	0.00
沫阳镇	25419.00	4183.65	6581.10	5601.90	3381.75	3946.65	1363.20	360.75
木引乡	43345.77	899.10	5695.05	6517.20	7074.15	12925.35	7883.37	2351.55
纳坪乡	8071.65	558.75	953.25	1132.20	1567.80	2279.85	1503.75	76.05
平岩乡	14295.30	165.60	560.85	1044.15	1250.25	3074.10	6081.30	2119.05
云干乡	24270.30	2396.40	4537.80	1737.00	3945.45	5411.85	4852.50	1389.30
全　县	543045.93	35361.90	87453.15	90222.15	95654.40	109255.65.	72435.78	52662.90

耕地土壤类型　一级地土壤类型按国家亚类来分，分为典型红壤、典型黄壤、红壤性土、红色石灰土、黄红壤、潜育水稻土、渗育水稻土、中性紫色土和潴育水稻土九种。按贵州土属来分，分为斑潮泥田、斑黄泥田、大黄红泥土等18个土属，其中：以大眼泥田面积最大，为8073.90亩，占一级地面积的22.83%，共24个土种。

二级地土壤类型按国家亚类分为典型黄壤、典型红壤、红壤性土等13类。按贵州土属分为大泥田、红泥田、斑黄泥田等29种土属，共37个土种。主要为红泥田和斑红泥田，面积分别为17110.50亩和14525.40亩，占二级地面积的19.57%和16.61%。

三级地土壤类型按国家亚类来分，可分为渗育水稻土、潴育水稻、典型红壤、红壤性土、典型黄壤、黄红壤、红色石灰土、黄壤性土、潜育水稻土、酸性粗骨土、黄色石灰土、中性紫色土、黑色石灰土、石灰性紫色土、脱潜水稻土等15个亚类。按贵州土属划分为斑潮泥田、斑红泥田、斑黄泥田、潮砂泥田等33个土属，42个土种。土属中以红泥田、斑红泥田、幼红泥田为主，面积分别为16565.1亩、13370.55亩、6886.65亩。

四级地土壤类型按国家亚类来分，可分为红壤性土、黄红壤等14种。按贵州土种划分为斑红泥田、斑黄泥田、潮砂田、大黄红泥土等35个土种。

五级地土壤类型按国家亚类来分，可分为红壤性土、黄红壤等13种。按贵州土属划分分为斑黄泥田、大泥田、大眼泥田等25个土属，其中：以幼红泥土为主，占五级地耕地面积的16.87%。

六级地土壤类型按贵州土种划分分为大泥田、大泥土、黄泥土等25个土种，其中：以岩泥土为主，占六级地耕地面积的40.45%。

七级地土壤类型按贵州土种划分分为大泥土、大泥田、红大泥土等17个土种，以岩泥土为主，占七级地耕地面积的78.79%。

罗甸县土种构成统计表

表 1-4　　　　单位：亩

土种	一级土种		二级土种		三级土种		四级土种		五级土种		六级土种		七级土种	
	面积	占全县一级地面积比例 %	面积	占全县二级地面积比例 %	面积	占全县三级地面积比例 %	面积	占全县四级地面积比例 %	面积	占全县五级地面积比例 %	面积	占全县六级地面积比例 %	面积	占全县七级地面积比例 %
斑潮泥田	1017.15	2.88	465.00	0.53	4.65	0.01	–	–	–	–	–	–	–	–
斑潮砂泥田	3652.05	10.33	119.25	7.95	–	–	–	–	–	–	–	–	–	–
斑红泥田	6038.25	17.07	14525.40	16.61	13370.55	14.82	3660.45	3.83	1464.45	1.33	–	–	–	–
斑黄泥田	907.80	2.57	2540.70	2.91	2107.05	2.34	29.10	0.30	1.20	0.00	–	–	–	–
潮砂田	–	–	22.35	0.03	81.75	0.09	–	–	–	–	–	–	–	–
大黄红泥田	153.45	0.43	809.10	0.93	1384.50	1.53	375.30	0.39	678.15	0.62	17.85	0.02	–	–
大泥田	151.50	0.43	2227.20	2.55	5538.30	6.14	6208.80	6.49	3785.40	3.44	934.80	1.27	39.60	0.08
大泥土		–	101.40	0.12	250.65	0.28	2286.15	2.39	2824.35	2.56	608.10	0.83	33.45	0.06
大眼泥田	8073.90	22.83	11197.65	12.80	6170.40	6.84	1808.10	1.89	171.15	0.16	96.90	0.13	–	–
复钙红黏泥土	–	–	96.00	0.11	21.60	0.02	–	–	–	–	–	–	–	–
红大泥土	107.85	0.30	1945.50	2.22	4128.15	4.58	5017.35	5.25	8920.50	8.10	1644.45	2.24	63.90	0.12
红泥田	6698.55	18.94	17110.50	19.57	16565.10	18.36	6411.30	6.70	2354.70	2.14	68.25	0.09	–	–
红泥土	1240.95	3.51	2779.35	3.18	2715.30	3.01	975.30	1.02	5885.55	5.34	–	–	–	–
红砂泥田	518.85	1.47	1971.00	2.25	1551.15	1.72	194.70	0.20	–	–	–	–	–	–
红砂泥土	251.85	0.71	1832.40	2.10	426.90	0.47	153.90	0.16	102.30	0.09	–	–	–	–
黄红泥土	7.50	0.02	760.35	0.87	1240.80	1.38	3620.25	3.78	18298.2	16.61	255.75	0.35	146.70	0.28
黄泥田	1850.55	5.23	10365.60	11.85	6407.70	7.10	3680.40	3.85	1126.35	1.02	7.35	0.01	–	–
黄泥土	148.80	0.42	3692.85	4.22	6484.95	7.19	7758.30	8.11	3781.50	3.43	1630.05	2.22	–	–
胶大眼泥田	32.70	0.09	759.45	0.87	–	–	–	–	–	–	–	–	–	–
橘黄红泥土	–	–	79.20	0.09	182.10	0.20	271.80	0.28	18.60	0.02	–	–	–	–
砾石大红泥土	–	–	58.20	0.07	687.45	0.76	131.85	0.14	–	–	2236.05	3.04	668.70	1.27
砾紫泥土	–	–	129.90	0.15	95.40	0.11	400.65	0.42	–	–	429.30	0.58	–	–
死红泥土	127.50	0.36	4412.70	5.05	5056.05	5.60	7098.75	7.42	–	–	1829.55	2.49	1428.75	2.71
死黄红泥土	–	–	316.50	0.36	1562.70	1.73	11199.75	11.71	–	–	4329.75	5.91	1112.10	2.11

续表

土种	一级土种		二级土种		三级土种		四级土种		五级土种		六级土种		七级土种	
	面积	占全县一级地面积比例 %	面积	占全县二级地面积比例 %	面积	占全县三级地面积比例 %	面积	占全县四级地面积比例 %	面积	占全县五级地面积比例 %	面积	占全县六级地面积比例 %	面积	占全县七级地面积比例 %
小红泥田	1126.65	3.19	3460.95	3.96	1301.46	1.44	565.80	0.59	–	–	–	–	–	–
小黄泥田	–	–	32.25	0.04	85.80	0.10	–	–	–	–	–	–	–	–
鸭屎泥田	63.15	0.18	21.45	0.02	975.45	1.08	1.80	0.00	–	–	–	–	–	–
油橘红泥土	305.25	0.86	85.05	0.10	–	–	–	–	–	–	–	–	–	–
油橘黄红泥土	43.65	0.12	–	–	–	–	–	–	–	–	–	–	–	–
幼红泥土	174.00	0.49	2706.00	3.09	6886.65	7.63	16851.6	17.62	18584.7	16.87	8222.40	11.20	784.65	1.49
紫泥田	2606.70	7.37	744.30	0.85	415.65	0.46	–	–	–	–	–	–	–	–
紫泥土	68.55	0.19	465.90	0.53	215.10	0.24	497.70	0.52	423.15	0.38	27.45	0.04	–	–
幼大红泥土	–	–	479.85	0.53	643.20	0.71	480.60	0.50	399.60	0.36	1215.90	1.66	–	–
幼大黄泥土	–	–	226.70	0.30	600.15	0.67	2736.90	2.86	4928.85	4.47	4504.05	6.13	1147.65	2.17
幼红砂泥土	–	–	42.00	0.05	407.10	0.45	3110.70	3.25	2090.40	1.90	213.30	0.29	115.50	0.22
幼黄泥土	–	–	835.95	0.96	782.70	0.88	2370.45	2.48	3552.45	3.22	1231.20	1.68	116.20	0.32
紫泥大土	–	–	10.35	0.01	91.50	0.10	108.15	0.11	–	–	104.70	0.14	8.25	0.02
黄砂泥田	–	–	–	–	147.30	0.16	–	–	–	–	–	–	–	–
冷浸田	–	–	–	–	8.40	0.01	–	–	–	–	–	–	–	–
冷水田	–	–	–	–	38.40	0.04	21.75	0.02	–	–	–	–	–	–
砾大泥土	–	–	–	–	117.30	0.13	329.10	0.34	–	–	1624.35	2.21	370.95	0.70
砾石大黄泥土	–	–	–	–	209.25	0.23	1017.15	1.06	–	–	5790.15	7.88	2819.25	5.35
砾石黄泥土	–	–	–	–	349.50	0.39	3618.90	3.78	12223.05	11.10	6471.00	8.81	2150.55	4.08
青红泥田	–	–	–	–	519.60	0.58	–	–	–	–	–	–	–	–
岩泥土	–	–	–	–	156.90	0.17	2046.00	2.14	–	–	29701.2	40.45	41493.60	78.79
幼黄砂泥土	–	–	–	–	228.45	0.25	262.20	0.27	–	–	–	–	113.55	0.22
橘黄泥土	–	–	–	–	–	–	92.70	0.10	39.90	0.04	–	–	–	–
大紫泥土	–	–	–	–	–	–	–	–	36.60	0.03	–	–	–	–
黑岩泥土	–	–	–	–	–	–	–	–	17442.90	15.83	–	–	–	–
砾石红泥土	–	–	–	–	–	–	–	–	1021.65	0.93	–	–	–	–
青黄泥田	–	–	–	–	–	–	–	–	–	–	241.65	0.33	–	–

二、植被

县境自然植被有常绿阔叶林、落叶阔叶林、松杉叶林、针阔叶混交林、疏林灌丛、石灰岩灌木草丛、草地等类型，同时还有人工飞播林，自然林（含防护林、水土保持林、灌木林）111.56万亩，分布在县域中南部，沫阳、龙坪、八总、茂井、大亭、班仁、凤亭、沟亭、罗苏、罗妥、红水河等11个乡镇；水土保持林和其他防护林，主要分布在县域西北部、北部和东北部，石漠化水土流失严重地区的罗沙、边阳、栗木、云干、平岩、董架、董当、板庚、交砚、董王、木引、纳坪、逢亭、罗暮、罗悃等15个乡镇；其他灌木林，主要分布在龙坪、沫阳、罗悃、红水河、凤亭、边阳、逢亭、茂井26个乡镇。退耕还林、荒山育林、封山育林31.23万亩，珠防工程营造林44.15万亩。2014年森林覆盖率44.67%。2015年全县完成营造林91468亩，公益林150.01亩森林覆盖率52.6%。

第三节　气　候

气候特点　罗甸地形复杂，气候多样。具有终年高温，光热丰富，雨水充沛，春早，秋迟，冬短，夏热，时有旱涝交潜，冬夏季风显著，无霜期335天；属南亚热带季风湿润气候。年平均气温为19.8℃，极端最高气温为40.5℃，极端最低气温为-3.5℃。年平均降雨量为1124.8毫米，年总日照时数1294.5小时。（说明：年平均气温、年平均降雨量、年总日照时数为1981—2010年近30年平均数，为最新现用数据）

气候区划　在全县范围内，大致可分为三种不同的气候特征，北部地势较高的低中山地区，冬暖夏凉，四季分明，气候宜人。中部丘陵低山地区，冬春干暖，春旱频繁，夏长炎热多雨。南部河谷低洼地区，热量尤为丰富，基本上没有冬季。

2015年气候特点：气温偏高，年平均气温20.7℃，与常年相比偏高0.9℃。年极端最高气温39.6℃，出现在4月19日；年极端最低气温3.9℃，出现在1月14日。年日照时数1129.2小时，与常年相比偏少13%。降水偏多，年降水量1300.6毫米，与常年相比偏多16%。前期降水严重偏少，后期降水偏多，降水时空分布不均，旱涝交替出现，对农业生产，农作物生长危害较大。

气温　2015年冬季（1-2月）平均气温13.3℃，与历年同期相比偏高1.8℃，其中：1月平均气温12.4℃，偏高0.9℃；2月平均气温14.2℃，偏高1.6℃，最冷时段出现在1月上旬末期至1月下旬中期。春季（3-5月）平均气温22.1℃，与历年平均值相比偏高1.6℃。其中：3月平均气温17.7℃，偏高1.3℃；4月平均气温22.8℃，偏高1.6℃；5月平均气温25.9℃，偏高1.9℃。夏季（6-8月）平均气温26.3℃，与常年同期相比偏低0.2℃，属正常。其中：6月平均气温26.9℃，偏高1.0℃；7月平均气温26.0℃，偏低1.0℃；8月平均气温25.9℃，偏低0.8℃。夏季高温时段主要出现在6月下旬后期、7月中旬前期到中期，夏季极端最高气温37.5℃，出现在6月29日。秋季（9-11月）平均气温21.5℃，与常年同期相比偏高1.0℃。其中：9月平均气温24.6℃，偏高0.1℃；10月平均气温21.4℃，偏高0.8℃；11月平均气温18.6℃，偏高2.3℃。秋季极端最高气温33.3℃，出现在9月11日。12月：平均气温11.8℃，与历年同期相比偏低0.1℃。

降水　2015年冬季（1-2月）降水量59.0毫米，与常年相比偏多41%。降水时空分布不均，降水主要集中在1月上旬。1月降水量39.4毫米，偏多128%；2月降水量19.6毫米，偏少20%。春季（3-5月）：降水量178.5毫米，与历年同期平均值相比偏少42%。3月降水量6.7毫米，与历年同期相比偏少82%；4月降水量18.7毫米，与历年同期比偏少78%；5月降水量153.1毫米，与历年同期比偏少17%。3月初至5月中旬出现特重级春旱天气，对早春蔬菜生长、春耕春播造成严重影响。夏季（6-8月）降水量618.6毫米，与常年同期相比偏多10%。其中：6月降水量272.7毫米，与历年同期相比偏多9%；7月降水量178.1毫米，与历年同期相比偏少6%；8月降水量167.8毫米，与历年同期比偏多31%。季度内日最大降水量47.6毫米，出现在8月13日。秋季（9-11月）降水量386.1毫米，与历史同期相比偏多103%，其中：9月降水量222.1毫米，与历年同期相比偏多163%；10月降水量53.8毫米，与历年同期相比偏少18%；11月降水量110.2毫米，与历年同期比偏多172%。12月降水量58.4毫米，与历年同期相比偏多292%。

日照 2015年罗甸全年日照时数1129.2小时，与常年相比偏少165.3小时。冬季（1–2月）日照时数109.2小时，与常年比较偏少2%。1月总日照时数47.6小时，偏少8%；2月总日照时数61.6小时，与历年同期相比偏多3%。春季（3–5月）日照时数338.6小时，与历年同期相偏多2%。3月总日照时数65.3小时，偏少25%；4月总日照时数134.1小时，偏多17%；5月总日照时数139.2小时，偏多6%。夏季（6–8月）日照时数363.8小时，与常年同期相比偏多19%。6月总日照时数113.7小时，属正常；7月总日照时数125.3小时，偏少19%；8月总日照时数124.8小时，偏少30%。秋季（9–11月）日照时数283.7小时，与常年同期相比偏少14%。9月77.7小时，偏少46%。10月128.7小时，偏多35%；11月77.3小时，偏少15%。12月日照时数33.9小时，与历年同期相比偏少54%。

特殊气候 2015年暴雨洪涝在全县主要出现3次强降雨天气过程，因灾造成直接经济损失3631.81万元。5月19日21时00分至20日06时，全县出现普降暴雨天气，最大降雨量茂井镇大亭社区192.1毫米。降雨量在110毫米以上的有乡镇3个、片区4个。灾情涉及6个乡（镇）39个村177个组691户2527人；农作物（主要是玉米、秧田、蔬菜等）受灾面积540亩，成灾面积280.5亩，绝收19.5亩；房屋受损90栋162间；因灾死亡大牲畜牛3头马2匹；水毁乡村公路197处塌方1700余立方米。因灾造成直接经济损失280余万元，其中：农业经济损失120余万元。8月27日夜间至28日上午，木引镇多村出现特大暴雨天气过程，最大降雨木引镇达312.7毫米。受灾木引镇及毗邻的逢亭镇涉及20个村127个组1740户7550人，紧急转移安置450人，因灾死亡3人。农作物受灾面积3670亩，其中：成灾面积2600亩，绝收面积1780亩；房屋倒塌10户66间、房屋损坏90户252间；水泥电杆倒14棵；家禽死260只；水毁公路114处塌方1220余立方米。因灾造成直接经济损失3342万元，其中农业经济损失596万元，水利、电力、通信、交通基础设施损失1100万元。9月19日夜间至20日上午，罗甸东部普降暴雨，其中：沫阳镇出现特大暴雨，最大雨量沫阳镇达250.7毫米，龙坪镇和凤亭乡出现大暴雨，降雨量分别为102.7毫米、118.2毫米。农作物受灾涉及龙坪、凤亭2个乡镇7个村28个组133户，受灾面积12.7公顷，成灾面积93公顷，绝收面积4.3公顷；羊死1只，猪死2头，经济损失9.81万元。

1991—2015年年均气温及降雨量表表

表1-5

年　份	年平均气温（℃）	年降雨量（毫米）	年　份	年平均气温（℃）	年降雨量（毫米）
1991	19.7	1078.3	2004	19.8	1079.3
1992	19.4	1007.7	2005	20.1	968.7
1993	19.5	1408.5	2006	20.2	1343.7
1994	19.8	1395.5	2007	19.9	1380.8
1995	19.3	878.1	2008	19.4	1290.5
1996	19.0	1052.3	2009	20.6	846.1
1997	19.5	1283.2	2010	20.4	1528.1
1998	20.3	1009.3	2011	19.2	1025.7
1999	20.2	1176.9	2012	19.5	887.4
2000	19.3	1226.3	2013	20.2	951.7
2001	20.0	1048.9	2014	20.1	1326.2
2002	20.2	1182.5	2015	20.7	1300.6
2003	20.6	1017.7	–	–	–

第四节　自然资源

一、水资源

罗甸县县域河流均属珠江流域红水河水系。流域面积在 20 平方公里以上的中小河流 24 条，流域面积 3013.05 平方公里，流程 595.17 公里（含过境河流境内段长度）。按其流域划分为四个片区河流水系，即：红水河、蒙江、坝王河和曹渡河。各条河流流域面积见表

罗甸县大于 20 平方公里以上流域统计表

表 1-6

片区名称	流域名称	流域面积（平方公里）	片区名称	流域名称	流域面积（平方公里）
红水河片区	红水河干流区	109.73	蒙江片区	濛江河干流区	559.93
	羊里河流域	38.2		逄亭河流域	62.69
	下宜流域	23.69		拱里河流域	36.69
	罗暮流域	44.89		打郎河流域	57.76
	冗瓦—朗顶流域	24.66		沟亭河流域	65.44
	坪榜河流域	43.37		所也河流域	110.5
	过石—罗苏流域	30.24		七一—金星流域	21.43
	冗翁坪—唐山流域	56.19		落脚河流域	35.96
	洒亭河流域	47.56		布讲河流域	23.87
	罗翁河流域	117.38		八茂河流域	105.74
	峨村河流域	26.02		联明—纳柳流域	21.82
	凤亭河流域	85.26		和平—石兴流域	45.58
	安沙河流域	39.22		纳田—对门流域	42.03
	八老河流域	27.02		打金—新光流域	68.44
坝王河片区	坝王河干流区	221.88		告牙干谷	50.16
	边阳河流域	84.5		木引干谷	58.67
	干里河流域	44.71	曹渡河片区	曹渡河干流区	119.61
	纳羊河流域	25.08			
	访里河流域	20.3		大亭河流域	22.34
	江亭—沫阳流域	21.91			
	翁定—达上干谷	37.22		董架—联合干谷	52.8
	打号干谷	19.98			
	栗木—下冲干谷	43.08		独坡—平岩干谷	61.42
	大关—摆贡干谷	45.5			
	摆细—毛坪干谷	20.56		–	–
	勇进干谷	23.83		–	–
	董细—白龙干谷	29.11		–	–
	东啰坨—董旺流域	39.08		–	–

县境内主要河流为4条，分别为红水河、蒙江河、坝王河及曹渡河。

红水河 红水河发源于云南省沾益县马雄山，流经望谟县桑郎河口流入罗甸县境。经红水河镇昂者至茂井镇大亭社区田坝村下大湾于曹渡河口注入广西天峨县境，为罗甸与广西壮族自治区界河。罗甸县境流程长63.6公里，流域面积702.9平方公里，流量225立方米/秒。主要支流蒙江、曹渡河等。

蒙江河 发源于贵阳市花溪区党武乡对门寨附近。流经青岩镇、惠水县、进入县境，流经罗沙、巴沙、董王乡，在打告村油然附近与格凸河汇合，此段河道称涟江。向南流经交砚、冗翁、摆龙、木引、云里、罗化、逢亭、立亭、沟亭、所也、冗响、交广、凤亭、茂井、大亭乡，于班仁乡双江口注入红水河，此段河长称蒙江。干流在县境内流程129.5公里，流域面积1366.72平方公里，片区多年平均流量84立方米/秒，河流天然落差417米。主要支流有格凸河、八茂河、所也河、沟亭河、布讲河、逢亭河、拱里河、云里河。

坝王河 发源于贵阳市花溪区批摆附近。流经惠水县摆金、平塘县克度镇，经塘边镇河边寨伏流后于县境董当乡大井村的大小井出流，经沫阳、龙坪镇、于茂井镇八达村蚂蚁寨注入蒙江。县境内河道长44公里，流域面积676.74平方公里，多年平均流量7.41—63.6立方米/秒，天然落差137米，片区多年平均径流量约4.13亿立方米。主要支流有干里河、纳羊河、仿里河、边阳河。

曹渡河 发源于都匀市摆忙乡烂木山果树场。经都匀、贵定、平塘入县境，经平岩、翁保、高圩、播告乡，于大亭乡大弯注入红水河，为罗甸与广西壮族自治区界河。县境内河道长49.5公里，流域面积256.16平方公里，多年平均径流量13700万立方米。主要支流有大亭河。

全县多年平均径流深在530—620毫米之间，水能资源蕴藏量58.7万千瓦。径流的变化及年内的变化规律与降水变化基本一致，多年平均径流深为590.24毫米。年平均每平方公里产生的径流量为59.02万立方米。全县年平均径流总量为17.78亿立方米（包括地下水补给量0.70亿立方米）。多年平均径流系数在0.37—0.62之间，面平均约为0.49。

罗甸县分片区多年平均水资源情况表

表1-7

片区名称	面积（平方公里）	年降水量（毫米）	年径流量（毫米）	年产水总量（1000立方米/秒）
红水河片区	702.9	1153.7	545.0	3.89
蒙江河片区	1259.2	1217.1	614.5	8.40
坝王河片区	789.7	1212.8	610.1	4.13
曹渡河片区	261.2	1135.0	534.3	1.37
合　计	3013	1179.7	576.0	17.79

县境内径流量的年际变化较大，最大年径流量为最小年径流量的2.3倍。径流量年内分配不均匀，1959—1980年水文资料记载，汛期（5–9月）径流量占全年的74.5%；最大是5–8月径流量占全年的67.09%，其中：7月份径流量约占全年的29.7%；12月至次年2月径流量为约占全年的8.9%，3月份径流量最小，仅占全年的1.56%。

二、动物资源

县境物产资源记载及2010年调查统计，野生动物有9纲28目86科2000余种。珍稀野生动物有：猴、狗熊、麝、穿山甲、锦鸡等；经济价值较高的野生动物有：野猪、野兔、野猫、野狗、野山羊、岩羊、水獭、刺猪、貉、狐狸、九节狸、香狸、松狼、松鼠、竹鸡、斑鸠、鹧鸪及蛙类、蛇类等。因属南亚热带沟谷季雨林气候，气温较高，蛇类资源较多，目前查明的蛇类品种已达50种以上。国家一级保护野生动物有林麝，二级保护野生动物有猕猴、穿山甲、黑熊、青鼬、大灵猫、凤头鹃隼、赤腹鹰、普通鵟、红隼、红腹锦鸡、草鸮、褐翅鸦鹃、领鸺鹠、斑头鸺鹠、虎纹蛙、蟒蛇。

三、植物资源

县境因自然环境和气候条件复杂，物种资源丰富。据贵州省林业学校、南亚热带植物研究所、西南林学院、贵州农学院调查和贵州省树木志及2010年林木种质资源调查统计，初步查明植物资源有131科458属1264种（含引进栽培种，包括亚种、变种、变形，以及小灌木、半灌木和木质化藤本）。其中：国家一级保护植物7种，即：桫椤、黑桫椤、苏铁蕨、贵州苏铁、银杏、南方红豆杉、掌叶木；国家二级保护植物15种，即：柔毛油杉、水青树、润楠、香樟、金荞麦、柄翅果、翅荚木、花榈木、榉木、十齿花、红椿、毛红椿、马尾树、喜树；国家三级保护植物有青檀。

四、生物能源

2006年3月，国家发展和改革委员会办公厅以发改办高技〔2006〕2352号行文批复“贵州中水绿能科技有限公司小油桐生物能源原料林基地”建设，项目总规模60万亩，总投资3.15亿元，其中：罗甸基地建设规模24.87万亩，投资1.31亿元。项目批复后，贵州中水绿能科技有限公司按批复的实施方案，通过采取租赁土地自主经营、公司加农户股合作开发等经营方式，在罗甸开发种植小油桐。截至2011年底，完成小油桐（麻风树）造林任务24.87万亩，但由于受低温气候因素影响，经省州专家鉴定，该项目在罗甸基本失败，没有产生效益。

五、矿藏资源

县境矿藏资源丰富，金属类有金、锑、铜、铁、锌、锰；非金属类有辉绿岩、大理石、水晶、猫眼宝石、罗甸玉、朱砂、冰洲石等。

第五节　自然灾害

干旱　本县春、夏、秋、冬四季均可出现干旱，其中：春旱出现概率为63%，夏旱出现概率为37%，危害最大的是春旱和夏旱。1991—2013年出现干旱27次，平均每年1.2次。主要旱灾记录：1995年出现严重春旱，全县有60个村，476个组，84500人，18960头大牲畜饮水困难，早菜推迟半个月上市，且产量质量均不如往年。春旱接连夏旱，水稻受旱43973亩，河流干断面463条，水塘水井干枯305个，全县102个村，613个组，12591户，60411人，大牲畜22500头（匹）饮水困难。2006年春旱，造成玉米受旱面积4.85万亩；夏收作物受旱面积26.8万亩，因旱造成5.51万人，2.93万头（匹）大牲畜饮水困难，135座山塘、2780个水池（窖）干涸。2009年夏、秋、冬三季至2010年4月，出现历史罕见的百年大旱，导致衍生灾害森林火灾频繁发生，造成粮食作物经济作物损失历史罕见。

冰雹　罗甸县冰雹平均每年出现一次，在四季中均可出现，其中：以春季最多，各月出现次数最多、危害最重的是3、4月份。冰雹出现时间多在傍晚到夜间，历时1-10分钟不等。虽然每次降雹时间不长，但其破坏性很大。在全县范围内，冰雹的分布特征是：北重于南，东多于西。1991—2013年出现冰雹17次，年平均0.7次，春季降雹概率82%，最多的2002年达4次。主要雹灾记录：1994年5月3日2-3时，沫阳镇遭受冰雹袭击，最大冰雹如鸡蛋，损坏房屋、早菜、小麦等，造成经济损失15万元。2003年3月26日18时45分，栗木、沫阳、董当、平岩四个乡镇遭受冰雹袭击，降雹持续时间5-6分钟，最大冰雹直径20毫米，最大密度70粒/平方米，造成经济损失331万元。2004年5月12日，边阳、逢亭、沫阳、木引、董王、董当7个乡镇遭受冰雹袭击，最大冰雹直径30毫米，降雹持续时间5-10分钟。造成22个村116个组1680户5034人受灾。农作物受灾面积6075.96亩，损坏房屋5栋15间，共造成经济损失215万元。2012年4月4日晚，云干、龙坪、边阳、董王、交砚、罗沙、沫阳、大亭、班仁9个乡镇出现冰雹，冰雹最大直径60毫米，密度每平方米80—120粒，造成农作物、房屋等不同程度损毁，因灾造成直接经济损失7678万元。

暴雨　罗甸系省内多暴雨区之一，平均每年3点4次，最多8次（2010年），1976年5月24日出现 336.7 毫米的特大暴雨至今仍是全省之冠。暴雨最早出现日期在 4 月 14 日（1999 年），最晚出现在 11 月 19 日（1951 年），常年以五月出现次数最多，占总次数 33%，6 月次之，占总次数 28%。出现次数及月份：1991—2013 年出现暴雨日数 87 次，年平均 3.8 次，大于或等于 100 毫米的日数 9 次，年平均 0.4 次。其中：1991 年 5 月 1 次，6 月 2 次，7 月、8 月各 1 次。1992 年 6 月 1 次，7 月 2 次，1993 年 4 月 1 次，5 月、6 月各 2 次，7 月 1 次。1994 年 5 月、6 月、7 月、9 月、11 月各 1 次，1995 年 9 月 1 次。1996 年 6 月 2 次。1997 年 6 月、7 月各 2 次。1998 年 5 月 2 次，6 月、7 月各 1 次。1999 年 4 月、5 月、6 月、7 月各 1 次。2000 年 5 月、6 月各 1 次。2001 年 6 月 2 次。2002 年 5 月、6 月各 1 次。2003 年 6 月 2 次、7 月 1 次。2004 年 6 月 1 次，7 月 2 次，8 月、9 月各 1 次。2005 年 5 月、6 月各 2 次。2006 年 6 月 3 次、7 月 1 次。2007 年 6 月、7 月各 3 次，8 月 1 次。2008 年 4 月 1 次，5 月 2 次，6 月、7 月、8 月各 1 次。2009 年 5 月 1 次，6 月 2 次。2010 年 5 月 1 次，6 月 4 次，7 月 2 次，9 月 1 次。2011 年 5 月 3 次，6 月 2 次。2013 年 6 月 2 次。2014 年 3 月、6 月、7 月、8 月、10 月各 1 次。2015 年 5 月、9 月、11 月各 1 次。

霜冻 罗甸属于省内轻微霜冻区，霜出现概率为 80%，但不一定都出现冻害。平均初霜日为 12 月 26 日，终霜日为次年 1 月 25 日。最早初霜日是 1975 年 11 月 27 日，最晚终霜日是 1971 年 3 月 3 日，平均霜期 31 天，有霜日平均每年 4 天，最多 18 天（1975 年），连续 3 天以上的霜冻概率为 37%。全县范围内霜冻分布是北部多（重）于南部，西部少（轻）于东部。

凝冻 罗甸境内海拔 1000 米以上的地区，在 12 月和 1-2 月份偶有凝冻发生。2008 年 2 月，平岩、大亭、董王、董架等地遭遇凝冻灾害的袭击，大小树木被压折，水电交通中断。

倒春寒 倒春寒主要出现在罗甸境内北部，南部少有。在县中部以南地区，在 1991—2015 年的 24 年中，仅在 1992 年 3 月 22-25 日出现一次轻级倒春寒天气。

雪 罗甸出现大雪的年份较少，极少发生雪灾。1991—2013 年龙坪镇有雪年 15 年，占 65%，无雪年 8 年，占 35%。年有雪日仅有 1 天的有 9 年，2 天以上的有 6 年，分别占有雪年的 60% 和 40%，平均有雪日数 1.2 天。少数年份无雪，最多有雪年份达 6 天。

雷灾 2002 年 7 月 14 日，大亭乡梨子坳二台坡发生雷击事故，当场击死 3 人，重伤 3 人，轻伤 3 人。8 月 25 日，逢亭纳闹村三组卢家富夫妇被雷击中死于家中。

气象设备 在罗甸县 9 个乡镇建有 26 个“两要素”（温度、降水）区域自动气象站，45 个山洪地质灾害区域自动雨量站。在龙坪镇、逢亭镇分别建有土壤水分监测站。在沫阳镇、龙坪镇各建“六要素”自动气象站。

罗甸县人工影响天气工作始于 20 世纪 70 年代。1976—1978 年罗甸县气象局自制土火箭实施人工增雨，成功率 60%。1992 年 10 月购置双管“三七”高炮 4 门；2000 年购置单管“三七”高炮 2 门；1999—2003 年修建逢亭、罗悃、边阳、沫阳、罗暮炮站，结束搭棚子的历史。2006 年增购置火箭防雹增雨作业车一辆。2008 年对龙坪、沫阳炮站进行标准化改造，使全县人工影响天气作业站点基础设施得到改善，县级气象防灾减灾建设体系初步建立，最大限度减轻了气象灾害损失，积极有效促进农业增产、农民增收。2014 年完成逢亭炮站、边阳镇炮站标准化改造，2015 年完成茂井镇炮站建设。全县设六门“三七”高炮和一辆流动作业火箭车用于人工防雹增雨工作，使全县人工影响天气作业站点基础设施得到改善，县级气象防灾减灾建设体系初步建立，最大限度减轻气象灾害对农业的损失，积极有效促进农业增产、农民增收。

地震 2006 年 10-12 月，监测分析地震 10 次，其中：发生在县境内地震 10 次，最大为 10 月 23 日发生在罗甸境内 ML1.7 级地震。2007 年 1-12 月份共监测分析地震 193 次，其中：发生在县境内地震 178 次，最大为 3 月 17 日发生在县境罗妥 ML3.8 级地震。2008 年 1-12 月份共监测分析地震 307 次，其中：发生在县境内地震共 290 次，3.0 级以上地震分别为：6 月 16 日发生在班仁乡 ML3.0 级地震，6 月 20 日发生在班仁乡 ML3.5 级地震，10 月 22 日发生在茂井镇高圩村 ML3.1 级地震，11 月 18 日发生在罗妥乡 ML3.2

级地震，最大为12月26日发生在板庚乡与栗木乡间ML4.0级地震。2009年1–9月份监测分析地震153次，其中：发生在县境内地震86次，最大为6月4日发生在茂井镇高圩村ML2.2级地震。2010年1–12月监测分析地震84次，其中：发生在县境内地震共84次，最大为9月18日发生在罗妥乡交算ML4.0级地震（中国地震局核定发布为4.4级）。2011年1–12月份共监测分析地震301次，其中：发生在县境内地震299次，最大为3月10日发生在立亭村ML2.4级地震。2012年1–12月份监测分析地震243次，其中：发生在县境内地震202次，最大为6月18日发生在逢亭镇与龙坪镇立亭村之间ML2.4级地震。2013年1–12月份监测分析地震182次，其中：发生在县境内地震127次，最大为11月17日发生在沫阳镇ML1.9级地震。2014年1–12月监测分析地震294次，其中：发生在县境内地震283次，最大为12月4日发生在栗木乡深井村ML2.1级地震。

2015年1–12月监测分析地震172次，其中：发生在罗甸县境内地震141次，最大为11月12日在茂井镇大亭社区ML2.0级地震。

机构　1951年3月23日罗甸解放，罗甸县人民政府接管民国时期设的气象站。1952年7月1日罗甸气象站更名为西南军区气象处罗甸气象站，1952年7月16日又更名为贵州军区罗甸气象站。1959年4月更名为罗甸气象科，1961年更名为罗甸县气象站，1981年4月贵州省罗甸县气象站更名为罗甸县气象局至今。

县气象局由管理机构、直属单位、地方气象机构三部分组成。综合管理办公室为管理机构，气象台为直属单位，地方气象机构按地方政府要求设置。2013—2015年在岗人员19人，其中：中央编制11人（参公管理4人、事业编制7人），外聘6人；地方机构两个：罗甸县人工影响天气办公室、罗甸县农村综合经济信息服务中心，地方编制5人，2015年在岗2人。

2003年5月，设立县防震减灾工作站，为股级事业单位，核定编制2人。2005年12月13日，龙滩电站遥测地震台网罗甸县望月楼后山子台仪器房建成。2006年10月30日，中国区域数字化地震观测网络罗甸地震监测台通过专家组验收并运行。

2007年10月增加防震减灾工作站事业编制1人。2011年，罗府办发〔2011〕133号文件，县防震减灾工作站，编制由3名调整至4名，领导职数1名，机构规格股级。

专记：罗甸县农业气象灾害

冰雹　2001年4月3日出现一次冰雹过程，最大冰雹直径25毫米，冰雹的最大重量为3克，给全县造成严重的经济损失。2002年，县境出现8次冰雹，最大冰雹直径为80毫米，冰雹的最大重量为50克，造成经济损失近6000万元。

2003年3月26日晚18时45分，栗木、沫阳、董当、平岩4个乡镇遭受雨夹冰雹袭击，雨量最大23.9毫米，降雹持续时间5–6分钟，最大冰雹直径20毫米，最大密度为70粒/平方米，造成经济损失331万元。

2004年4月24日，平岩乡遭受严重大风、暴雨、冰雹袭击。冰雹直径12米，降雹持续时间15分钟，涉及6个行政村，1312户5510人，农作物受灾面积5685亩，其中：绝收面积450亩；损坏房屋132间，造成直接经济损失105万元（农业经济损失104万元）。5月12日，边阳、逢亭、沫阳、木引、董王、董当7个乡镇受冰雹、大风袭击，最大冰雹直径达3厘米，降雹持续5–10分钟。受灾涉及22个村116个组1680户5034人，农作物受灾面积6075.96亩，其中：玉米受灾3124.66亩，早菜1678.3亩，秧田1113亩，小麦160亩，经果林受灾464亩，房屋不同程度损坏5栋10间，造成直接经济损失215万元。董王乡油尖村上油尖组组长陈文才被雷击死亡。

2006年4月6日20时40分，部分乡镇受大风、冰雹袭击，冰雹最大直径为10毫米，最大密度为每平方米209粒，其中：龙坪、八总、板庚、云干、逢亭5个乡镇最为严重，受灾涉及49个村、260个村民组、

2141户21839人，房屋倒塌6栋36间，损坏582栋1562间；农作物受灾面积9486亩，成灾6048亩，绝收960亩；水毁耕地面积370亩；水毁公路5处。因灾造成经济损失672.4万元，其中：农业经济损失达652.4万元。4月23日23时左右，县境遭受大风、冰雹袭击，雹粒最大直径6毫米，最大密度为每平方米80粒，造成风亭、沟亭2个乡镇5个村17个组622户2812人受灾，成灾1266人；农作物受灾3070亩，成灾1825亩，绝收1120亩，毁损耕地50亩（田20亩、地30亩）；房屋倒塌1栋6间，损坏158栋417间，沟渠等基础设施受到不同程度的毁损，因灾造成直接经济损失186万元，其中：农业经济损失185万元。

2012年4月4日晚，云干、龙坪、边阳、董王、交砚、罗沙、沫阳、大亭、班仁等9个乡镇出现冰雹，冰雹最大直径6厘米，密度每平方米80–120粒，造成农作物、房屋等不同程度损毁，因灾造成直接经济损失7678万元。5–7月县内个别乡镇出现暴雨或大暴雨天气，造成田土毁坏，房屋倒塌、道路塌方和蔬菜、玉米等农作物受到损失。

2014年3月31日出现一次降雹天气，最大冰雹的最大直径为13毫米，冰雹的最大平均重量为2克，降雹密度为每平方米40粒，造成轻微灾害。

旱灾 2001年4–5月降水累计为177.7毫米，比历年同期偏少44%，插秧打田受到严重影响。2006年入春以来，县境降雨量持续偏少，普遍受旱，截至8月13日，全县玉米受旱面积4.85万亩，夏收作物受旱面积达26.8万亩，其中：重旱1.09万亩，稻育秧面积800余亩，同期减少34.9%，因旱造成5.51万人，2.93万头（匹）大牲畜饮水困睢，135座山塘、2780个水池（窖）干涸。

2011年7月出现持续25天的高温少雨天气，月降雨量仅有40.6毫米，与多年同期平均降雨量相比偏少八成，其中：县境中部和南部地区出现35℃以上高温天气，导致全县发生轻旱。7月2–31日，全县26个乡镇均发生不同程产旱灾，涉及250个村，其中：云干、交砚、董王、茂井、八总、董当、董架、平岩、板庚、栗木、大亭、风亭等乡镇较为严重，9700人3400头大牲畜饮水受到影响，其中：以龙坪、董王、罗妥、红水河人畜饮水受影响较大。全县农作物受灾面积13.09万亩，其中：农作物受灾6.48万亩，不能恢复7000.5亩。水田缺水3.56万亩，旱地缺墒面积3250.9亩，主要受灾农作物为水稻、玉米、马铃薯、大豆等作物。果园受旱面积1.05万亩，成灾3799.5亩。受灾水果主要为脐橙、火龙果。茶圃受灾面积5299.5亩，成灾面积720亩。此次旱情共造成经济损失1224.35万元，粮食损失3877.11吨。2011年8月出现旱灾，水库、山塘、小水池蓄水减少，部分山塘水池干枯，河流水位迅速下降，小溪沟断流58条。8月份降雨量为52.5毫米，比历年同期偏少115.7毫米。26个乡（镇）受不同程度旱灾，涉及267个村，其中：云干、交砚、董王、茂井、八总、董当、董架、平岩、板庚、栗木、大亭、凤亭11个乡（镇）较为严重。全县9700人和5500头大牲畜饮水受到影响，其中：大亭、斑仁、风亭、平岩、红水河、罗沙、栗木、董当、董架、董王10个乡（镇）人畜饮水受影响较大。全县农作物受灾面积16.93万亩，其中：轻旱5.93万亩、重旱8.44万亩、绝收2.56万亩，受灾农作物主要为水稻、玉米。果园，茶园受旱面积1.22万亩，成灾6100.5亩，绝收85.5亩，受灾果品主要为脐橙、火龙果。此次旱灾共造成直接经济损失2723万元，粮食损失8922.83吨。

2015年3–4月，持续春旱达特重级程度，部分乡镇人、畜饮水困难，对春季农作物带来影响，使上市的蔬菜比往年产量少，且上市时间较往年晚。

大风暴雨 2002年5月2日，县境西南部的罗暮乡遭受冰雹、大风、大暴雨三灾并发，大面积水土流失，农作物颗粒无收，半小时降水量达165.0毫米。粮食损失37.69吨，房屋倒塌170户，耕牛冲走和死亡87头，马14匹、猪201头、羊282只、鸡鸭2500只，家电1万余件，电杆倒塌5根，被冲车辆3辆（摩托车2辆、农用车1辆）；公路冲毁48.6公里。造成经济损失460万元。

2003年7月20日，县境降大到暴雨，局部地区出现大暴雨。造成龙坪、纳坪、板庚、逢亭、沫阳、木引、罗悃、茂井等乡镇受灾，受灾人数41891人，涉及78个村，房屋受损3间，倒塌2间。农作物受灾面积2189亩，成灾1183亩，经济损失达30.52万元。

2004年4月6日，罗暮乡出现一次强降水天气过程，导致山洪暴发，河水上涨，造成涝灾。毁坏田土417.4亩，农作物4560亩（其中：1830亩绝收），毁坏房屋56间，6头猪21只鸡失踪，毁坏经果林5亩，直接经济损失72万元。6月5日0时，红水河镇遭受一场突如其来的特大暴雨，降雨持续近8小时，降雨量187毫米。集镇44户110间房屋受损，其中：2间倒塌，1间房屋后墙倒塌，加油站15米围墙倒塌，移民新村9户27间房屋不同程度受损。羊里村路段发生山体滑坡，造成交通中断近4小时，11户秧田受淹5亩，集镇居民的及家电被水冲毁20台，百货被大水冲走，大水冲走猪5头，损失20万余元，未发生人员伤亡事故。6月23日夜–24日凌晨，县境普降暴雨，其中：红水河、茂井、罗悃大暴雨，造成洪涝灾害。全县受灾人口5730人，倒塌房屋80间，损坏房屋132间。农作物受灾4110亩，成灾1665亩，其他作物受灾2445亩。直接经济损失197万元。

2005年4月22日夜至23日，罗甸县南部地区罗暮乡、红水河镇出现一次强对流天气过程，导致两乡镇出现雹灾、涝灾，使早熟蔬菜、玉米等作物受到严重损失。2005年6月6日、14日，罗甸县大部分地区出现暴雨天气，县局部地区造成洪涝、山体滑坡等地质灾害。8月21日夜–22日上午，边阳镇、董王乡、罗沙乡、栗木乡、交砚乡等乡镇遭受特大暴雨袭击，降水量达287.2毫米，造成边阳片区遭受洪涝灾害，使边阳水库水位超出警戒水位0.5米。造成经济损失850万元。

2007年7月25日晚至26日上午，县境遭受大暴雨袭击，最大降雨量边阳为138.1毫米，造成董架、沫阳、边阳、董王、班仁、凤亭、交砚、板庚、罗沙、栗木、逢亭等乡（镇）不同程度受灾，房屋、农作物等不同程度受损。据统计，11个乡镇75个村、272个组，4630户，15524人受灾，成灾2820户9857人，紧急转移安置356人，农作物受灾9228亩，成灾5286亩，绝收2132亩，毁损耕地174亩（田111亩，地63亩），房屋倒塌1栋6间、损坏38栋111间；公路损毁208处塌方9912立方米，沟渠1351米。边阳镇农贸市场被水淹深0.6米，损失达12万元。这次水灾造成直接经济损失411万元，其中：农业损失302.4万元。

2015年8月，木引镇多个村组出现特大暴雨，最大降雨量木引村达312.7毫米。受灾木引镇及毗邻的逢亭镇涉及20个村127个组1740户7550人，紧急转移安置450人，因灾死亡3人（在家中被水淹死）。农作物受灾面积3670亩，其中：绝收面积1780亩。房屋倒塌10户66间、房屋损坏90户252间；水泥电杆倒塌14棵；家禽死亡260只；水毁公路114处，塌方1220多立方米；洪水涌入210余户家中，致粮食、衣物、电视、冰箱等财产及农贸市场超市货物被水浸泡。直接经济损失3342万元，其中：农业经济损失596万元，水利、电力、通信、交通基础设施损失1100万元。

第二篇 人口 民族 宗教

第一章 人 口

第一节 人口概况

一、人口分布

罗甸是多民族聚居县，属黔南布依族苗族自治州所辖。境内民族主要有布依族、汉族、苗族及土家族、瑶族、回族、壮族、水族、仡佬族、白族、彝族、蒙古族、满族、高山族、哈尼族、藏族、东乡族等20多个民族。2013年对人口分布进行调查，全县26个乡镇271个行政村1712个村民组，1967个自然寨，总人口339108人，其中：布依族200274人，汉族101690人，苗族33620人，其他民族3524人。

县境以布依族，汉族、苗族为主体民族。布依族人口多分布在依山傍水，成片聚居于田坝地区；汉族主要分布在县境北部及散居于各地高山地区；苗族多分布县境东、西、北部高山区；其他民族散居于全县各地。

布依族人口多分布于红水河流域，主要有红水河镇、罗暮乡、罗苏乡、罗悃镇、罗妥乡、大亭乡、凤亭乡、班仁乡等；蒙江流域主要有逢亭镇、木引乡、交砚乡、板庚乡、八总乡、沟亭乡、茂井镇及龙坪镇西南部；沫阳河流域主要有董当乡、沫阳镇、八总乡、龙坪镇东南部。

汉族人口主要分布于县境西北部，主要有边阳镇、栗木乡、罗沙乡、云干乡、板庚乡、木引乡、董架乡及逢亭镇北部。

苗族人口多分布于县境东、西、西北部，主要有平岩乡、董王乡、木引乡、纳坪乡、董架乡、栗木乡、罗沙乡、罗苏乡、云干乡、罗妥乡、凤亭乡等。

二、人口结构

人口变动包括自然变动、迁移变动和社会变动三种形式。影响人口变动的主要因素是人口出生率及人口死亡率变动引起人口总体的增减。由于人民生活水平不断提高，医疗卫生条件的改善，罗甸县人口死亡率近30年来一直处在7‰—8‰之间。

1978—2000年，由于实行计划生育政策，人口出生率由1978年的32.75‰呈波浪起伏下降至2014年的12.06‰。总人口由1978年的229828人，2014年的345962人，2015年人口353104人。

从2001年起罗甸县连续6年新建和改扩建26个乡镇计生服务站及县计生中心服务站，新建村级计划生育服务室271个；全县人口出生率由2000年16.82‰降至2014年的12.06‰，人口自增率由9.88‰降至5.4‰，有效遏制人口快速增长的势头。2015年人口自然增长率基本保持2014年水平。

三、人口普查

2000—2010年，罗甸县进行2次人口普查，普查的内容包括：姓名、性别、年龄、民族、户口登记状况、受教育程度、行业、职业、迁移流动、社会保障、婚姻、生育、死亡、住房情况等。

第五次人口普查

第五次人口普查时间以2000年11月1日0时为标准，普查登记对象是具有中华人民共和国国籍并在中华人民共和国境内常住的人，每个人都在常住地进行登记。

总人口　罗甸县2000年在本地登记的人口为29.41万人（包括外来人口，不包括外出人口），同1990年7月1日0时第四次人口普查的27.56万人相比，十年零四个月共增加1.85万人，增长6.71%。平均每年增加0.18万人，年平均增长率为0.65%。

人口分布　2000年罗甸县在本地登记的人口分布如下：

龙坪镇36861人、边阳镇19275人、逢亭镇14927人、沫阳镇12704人、茂井镇13653人、罗悃镇12611人、红水河镇7031人、板庚乡12793人、云干乡11116人、八总乡7995人、栗木乡15110人、罗沙乡13088人、交砚乡9520人、董王乡8267人、木引乡17943人、纳坪乡4373人、董当乡12203人、董架乡7823人、平岩乡6540人、凤亭乡8830人、大亭乡9082人、班仁乡4923人、罗苏乡6204人、罗暮乡8397人、沟亭乡6509人、罗妥乡6276人。

家庭户人口　在本地登记的人口中：全县家庭户7.03万户，家庭户人口29.1万人，占总人口的98.95%，平均家庭户规模为4.14人，比1990年第四次人口普查的5.15人减少了1.01人。

年龄构成　在本地登记的人口中：0–14岁的人口为82975人，占28.22%；15–64岁的人口为194603人，占66.18%；65岁及以上人口为16476人，占5.6%。同1990年第四次人口普查相比，0–14岁人口比重下降了5.7个百分点，65岁以上人口比重上升了2.7个百分点。

性别构成　在本地登记的人口中：男性15.2万人，占51.68%；女性14.21万人，占48.32%。性别比（女性100：男性107）。

民族构成　在本地登记的人口中：汉族人口为9.7万人，占32.98%；少数民族人口为19.71万人，占67.02%。与1990年第四次人口普查相比，汉族人口减少0.11万人，降低1.13个百分点；少数民族人口增加1.96万人，增加11个百分点。

受教育程度人口　在本地登记的人口中：接受大学（指大专及以上）教育的0.16万人，占0.55%；接受高中（含中专）教育的0.89万人，占3.04%；接受初中教育的3.68万人，占12.53%；接受小学教育的13.46万人，占45.76%。与1990年第四次人口普查相比，每万人中拥有各种受教育程度的人数有如下变化：具有大学受教育程度的由20人上升为55人；具有高中受教育程度的由201人上升为304人；具有初中受教育程度由811人上升为1253人；具有小学受教育程度的由2788人上升为4575人。在本地登记的人口中：15岁及15岁以上文盲人口为6.71万人。与1990年第四次人口普查相比，15岁及15岁以上的文盲总人口的比重（粗文盲率）由50%下降为27%，下降23个百分点。

城乡总人口　在本地登记的人口中：居住在城镇人口3.94万人，占总人口的13.4%；居住在乡村的人口25.47万人，占总人口的86.6%。

第六次人口普查　第六次人口普查时间2010年11月1日零时开始，通过入户登记，按普查标准编码、复查、审核、汇总、验收、光电处理录入、汇编普查资料。2011年5月人口普查工作基本结束。

2010年人口普查全县人口335484人，其中：男性173948人、女性161536人。汉族107523人，占人口32.05%，少数民族227961人，占67.95%。接受小学教育117977人、接受初中教育63117人、接受高中教育（含中专）12910人、专科以上6537人。

根据罗甸县第六次人口普查，罗甸县家庭户有77193户，从家庭户规模看，其中：1人户10294户，占13.34%；2人户15936户，占20.64%；3人户18233户，占23.62%；4人户16641户，占21.56%；5人户9947户，占12.89%；6人户4035户，占5.23%；7人户1325户，占1.72%；8人户442户，占0.57%；9人户186户占0.24%；10人及以上户154户，占0.2%。从家庭户民族混合户看，其中：单一民族户66917户，占家庭户比重86.69%；二个民族户9839户，占家庭比重12.75%；三个民族户427户，占家庭比重 0.55%；四个及以上民族户 10 户，占家庭比重 0.01%。

此外，家庭有独生子女家庭、多子女家庭、汉族家庭、少数民族家庭（包括一个少数民族与另一个少数民族组成的家庭）、汉族与少数民族混合的家庭、单身家庭、集体户等形式。还有复姓（如欧阳）、两姓结合姓（李张）等姓氏在全县存在。

2010 年第六次人口普查数据表

表 2-1　　　　单位：人、%

地　区	户籍人口			常住人口	外出半年以上人口			外出半年以上人口占总人口比重		
	合计	男	女		小计	男	女	小计	男	女
总　计	335484	173948	161536	257236	91197	49841	41356	27.18	28.65	25.6
龙坪镇	45782	23068	22714	49646	3713	1903	1810	8.11	8.25	7.97
边阳镇	23683	12151	11532	18560	7413	3920	3493	31.3	32.26	30.29
逢亭镇	16604	8625	7979	12806	4230	2398	1832	25.48	27.8	22.96
沫阳镇	15840	8126	7714	12732	3517	1957	1560	22.2	24.08	20.22
茂井镇	14232	7342	6890	8925	5386	2896	2490	37.84	39.44	36.14
罗悃镇	14043	7174	6869	9767	4472	2439	2033	31.85	34	29.6
红水河镇	4890	2453	2437	3811	1279	668	611	26.16	27.23	25.07
板庚乡	14923	7776	7147	10400	4608	2542	2066	30.88	32.69	28.91
云干乡	12370	6576	5794	9048	3483	1930	1553	28.16	29.35	26.8
八总乡	8306	4318	3988	5772	2563	1395	1168	30.86	32.31	29.29
栗木乡	18573	9712	8861	13457	5255	2871	2384	28.29	29.56	26.9
罗沙乡	15073	7894	7179	10475	4708	2580	2128	31.23	32.68	29.64
交砚乡	10634	5638	4996	6682	3997	2199	1798	37.59	39	35.99
董王乡	9822	5223	4599	7277	2835	1579	1256	28.86	30.23	27.31
木引乡	21428	11269	10159	14893	6877	3782	3095	32.09	33.56	30.47
纳坪乡	4549	2382	2167	3045	1608	881	727	35.35	36.99	33.55
董当乡	15478	8036	7442	10687	4863	2727	2136	31.42	33.93	28.7
董架乡	10028	5300	4728	6255	3796	2111	1685	37.85	39.83	35.64
平岩乡	7738	4156	3582	5575	2150	1233	917	27.78	29.67	25.6
凤亭乡	8402	4451	3951	6233	2212	1244	968	26.33	27.95	24.5
大亭乡	9462	4881	4581	7284	2206	1168	1038	23.31	23.93	22.66
班仁乡	5071	2631	2440	3624	1457	776	681	28.73	29.49	27.91
罗苏乡	6946	3625	3321	5049	1995	1091	904	28.72	30.1	27.22
罗暮乡	8948	4618	4330	6087	2888	1549	1339	32.28	33.54	30.92
沟亭乡	7202	3706	3496	4941	2312	1282	1030	32.1	34.59	29.46
罗妥乡	5457	2817	2640	4205	1374	720	654	25.18	25.56	24.77

2015 年，全县有家庭 103609 户，比 2010 年第六次人口普查时 77193 户增加 24216 户，全县人口由 2010 年的 33548 人增加到 352104 人，5 年增加 17620 人。2014 年 26 个乡镇调整为 8 镇 1 乡后，各乡镇人口及结构情况如下。

2015 年人口及其变动情况统计年表

表 2-2　　单位：人

名称	年末总户数（户）	年末总人口								
		合计	其中		性别		年龄			
			城填人口	乡村人口	男	女	0–17 岁	18–34 岁	35–59 岁	60 岁及以上
罗甸县	103609	353104	101947	251157	185243	167861	92157	90111	123700	47136
龙坪镇	35774	88915	38674	50241	45591	43324	21074	23122	32570	12149
边阳镇	22035	81289	21655	59634	43074	38215	22460	21463	27071	10295
沫阳镇	12372	51392	14862	36530	27104	24288	13546	12939	17612	7295
逢亭镇	5709	21399	6843	14556	11249	10150	5732	5625	7386	2656
木引镇	5978	23656	7009	16647	12709	10947	6332	6015	8117	3192
罗悃镇	7242	29094	5776	23318	15229	13865	7660	6917	10565	3952
红水河镇	4972	19789	2239	17550	10416	9373	5431	5036	6893	2429
茂井镇	6017	23760	4889	18871	12508	11252	6228	5598	8470	3464
凤亭乡	3510	13810	0	13810	7363	6447	3694	3396	5016	1704

第二节　人口控制

一、人口管理

1979—1985 年，主要以区乡为单位，在农村开展计划生育政策宣传教育。

1986 年贵州省对计划生育工作实行目标管理，下达出生率、自增率，计划生育手术任务数。1986 年罗甸人口出生率 13.84‰，自然增长率 7.07‰，计生手术任务 6800 例，完成任务数 104%。

1992 年罗甸县政府出台《整顿生育秩序，实行持证生育》通告，凡是合符政策生育育龄妇女必须办理准生证，不办理准生证生育的，视为计划外生育。全年办理准生证 690 对，计划生育 151 人。

1991—1995 年，1991 年总人数由 270610 人增至 1995 年 282610 人；人口出生率由 1991 年的 14.69‰上升至 1995 年 14.76‰；死亡率由 1991 年的 7.18‰呈波浪起伏增至 1995 年的 14.76‰；人口自然增长率由 1991 年的 7.46‰上升至 1995 年的 7.53‰。

1996—2000 年，1996 年总人口数由 285610 人增至 2000 年的 295897 人；人口出生率由 1996 年的 14.66‰上升至 2000 年的 16.82‰；死亡率由 1996 年的 7.16‰呈波浪起伏下降至 2000 年的 6.93‰；人口自然增长率由 1996 年的 7.5‰上升至 2000 年的 9.89‰。

2001 年健全 26 个乡镇技术服务站，每站业务用房 200 平方米，为计划生育手术不出乡提供良好的服务环境。2002 年省州指示把“计划生育工作的重心下移到村、组”，由群众自己管理计划生育。2003 年县政府组织乡镇一把手，到外地参观学习，用先进地区的经验结合罗甸乡镇试点开展“村民计生自治”工作。2004 年实行计划生育村务公开。2005 年县委、县政府出台关于推行农村“五减免五优先两落实”奖励扶助政策，从而转变广大群众的生育观念，调动群众执行计划生育政策的主动性。

2001—2005 年，2001 年总人口数由 309361 人增至 2005 年 318117 人；人口出生率由 2001 年 19.43‰呈波浪起伏下降至 2005 年 11.65‰；死亡率由 2001 年 7.1‰上升至 2005 年 7.18‰；人口自然增长率由 2001 年 12.33‰下降至 2005 年 4.47‰。

2006—2010 年，2006 年总人口数由 319386 人增至 2010 年 335484 人；人口出生率由 2006 年 11.65‰上升至 2010 年 14.3‰；死亡率由 2006 年 6.42‰下降至 2010 年 6.1‰；人口自然增长率由 2006 年 5.23‰上升至 2010 年 7.2‰。

2011—2013 年，人口出生率由 1978 年 32.75‰呈波浪起伏下降至 2013 年 12.39‰。总人口由 1978

年来229828人增至2013年349686人，死亡率由2011年7‰下降至2013年6.99‰；人口自然增长率由2011年6.99‰下降至2013年5.73‰。

2014年末总人口345962人。出生率由1980年25.66‰下降至2014年12.06‰，自然增长率由1980年17.95‰下降至2014年5.4‰，人口增长得到合理控制。

2015年末总人口353104人，人口自然增长率保持在2014年水平，有效控制人口的快速增长。

二、政策法规宣传

1984年罗甸计划生育宣传技术指导站正式成立。1985—1991年罗甸县计划生育工作按照国家计划生育方针政策来开展。中共罗甸县委、县人民政府每年组织二次200—300人协助区乡镇下村组突击完成计划生育任务。

1987年罗甸县人民政府出台《关于重申对全县干部、职工、城镇居民、农业人口超怀、超生的处理意见》文件。1992年罗甸县人民政府发出关于《整顿生育秩序，实行持证生育》通告，对不持证生育的根据其情况，给予相应的经济处罚或开除工作籍。

三、计生服务与奖励政策

1996年出台《中共罗甸县委、罗甸县人民政府关于人口与计划生育实行综合治理的实施意见》及关于对农村“两女结扎户和独生子女贫困户”帮扶的意见。

2001年《中华人民共和国人口与计划生育法》颁布，县政府把计划生育考核内容纳入相关部门职责，签订目标管理责任书。是年，罗甸县人民政府先后出台了《罗甸县农村独生子女、二女结扎养老保障实施方案》的通知和《关于推行农村独生子女、二女结扎户“五减免、五优先、两落实”奖励扶助政策的通知》等政策。2002年9月公布《贵州省计划生育条例》增加农村独生子女和二女结扎户子女的考生，在参加全国普通高考时给予10分的照顾；获得“独生子女证”的家庭是国家机关、企事业单位职工按照规定退休时加发5%退休金。2003年落实养老保险资金66.52万元，为1663户独生子女、二女结扎户进行养老保险。2004年由政府贷款400万元对乡、镇技术业务用房进行改扩新建，使每个乡镇技术服站有200平方米以上的业务用房，并为各乡镇购置微机、阴道镜等设备。

2005年落实奖励扶助资金14.7万元，为245户符合条件的计生户发放奖励扶助每年每人600元，“少生快富”项目扶助152户发放14.4万元，当年获省优质服务基本合格县。

2006年全县兑现领取独生子女证152户的保健费11295元；发放166户办理独生子女证一次性奖励费4.18万元；兑现放弃政策内二孩生育105户一次性奖励6.23万元；兑现245人奖励扶助经费14.7万元，小计26.24万元。兑现“少生快富”工程2005年度以前农村放弃政策内二孩生育的计划生育家庭77户奖励费19.5万元，兑现2006年度36户少生快富经费8.5万元；兑现减免农村独生子女户、两女结扎户子女2005年春季学期2535人24.60万元，秋季学期2523人30.59万元，2006年春季学期2691人18.61万元，小计101.8万元。总计128.04万元。

2007年全县兑现957户领取独生子女证家庭的保健费3.78万元，新增的独生子女一次性奖励费13700元；兑现2006年度特殊困难家庭11户15人的救助金，共计1.44万元；兑现减免全县1336户独生子女户2974人，1178户双女结扎户4672人参加新型农村合作医疗经费，共计7.65万元；县直机关部门投入计生“三结合”帮扶资金、物资共计20.87万元。

2008年全县兑现604户符合领取独生子女证家庭保健费3.48万元，新增55户独生子女户一次性奖励费2.63万元；兑现放弃政策内二孩生育823户，每户500元，共计36.88万元；兑现奖励扶助对象34人，每人600元，共2.04万元；兑现特殊家庭救助2户，每户1200元，共2400元；兑现农村计生户女孩助学奖励兑现125人，资金12.18万元。总计兑现落实奖励扶助、优先优惠政策资金56.94万元。

2009年全县兑现581户符合独生子女证家庭保健费5.20万元、新增独生子女24户一次性奖励费0.99万元；发放独生子女和双女结扎户122人的子女助学金7.26万元；兑现新增19人和继续享受的264人奖励扶助金 20.38 万元；兑现 52 人特殊家庭救助金 6.24 万元；兑现 52 户少生快富金 12.48 万元。总计兑现落实奖励扶助。优先优惠政策资金 52.54 万元。兑现“五免五优两落实”优惠政策，对 2009 年考取本科院校的农村双女户和独生子女兑现一次性奖励 3 万元；县直机关部门帮扶投入物资、资金 35 万元帮助独生子女户、二女结扎户解决生产、生活中存在的困难和问题；县政府拨出专款为特困独生子女户和双女户建房 10 栋。

2010 年全县兑现少生快富资金 33 万元，奖励扶助资金 20.16 万元，女孩助学金 6.6 万元，独生子女保健费 2.94 万元，独生子女一次性奖励费 2.89 万元，独生子女合医补助费 3.23 万元，特殊家庭救助 6 万元，独生子女户、两女户考取本科院校一次性奖励金 6 万元。县直各部门帮扶投入 66.10 万元，为计生户购置抽水、储水设备，购买种子、化肥等生产物资。

2011 年兑现少生快富资金 9.2 万元，奖励扶助资金 22.46 万元，女孩助学金 10.18 万元，独生子女保健费 3.96 万元，特殊家庭救助 5.76 万元，独生子女户、两女户考取本科院校一次性奖励费 8 万元，县机关单位帮扶投入资金 51 万元。

2012 年全县 1784 户 3407 人享受计生优惠政策，发放各类奖扶资金 300.5 万元，其中：节育奖 73.02 万元、奖励扶助金 40.2 万元、一次性抚慰金 121 万元、特别扶助金 10 万元、女孩助学金 17.28 万元、少生快富奖 12 万元、高校录取一次性奖励 13.5 万元、独生子女奖励及保健费 13.5 万元。

2013 年罗甸县兑现资金 358.44 万元，部门、乡镇投入资金 100 万余元扶持计生户 2100 户；兑现考取大学奖励 25 人，兑现奖励资金 13 万元。

2014 年共发放四项制度资金 425.85 万元，其中：发放奖励扶助奖励金 55.32 万元，享受 506 人；发放手术并发症奖励金 0.8 万元，享受 4 人；发放非农业人口计划生育独生子女家庭奖励扶助奖励金 0.48 万元，享受 4 人；发放农村独生子女死亡 1 户一次抚慰金 3 万元，发放少生快富奖励金 49.8 万元，享受 83 户；发放计划生育手术节育奖 141.75 万元，享受 5529 人；发放春季女孩助学奖励金 12.18 万元，享受 226 人；发放秋季女孩助学奖励金 11.22 万元，享受 186 人；发放农村独生子女户、两女结扎户年满 60 周岁的养老补贴奖 39.23 万元，享受 503 人，独生子女保健费 466 户，发放 5.08 万元，独生子女一次性奖励费 161 户，发放 7.38 万元；计生“两户”参加新农保补助费 4990 人，发放 19.96 万元，计生“两户”参加新农合补助费 11378 人，发放 79.65 万元。

2015 年全县投入资金 109.83 万元进行计划生育“三结合”帮扶活动，累计发放四项制度资金 460.644 万元，其中：励扶助享受对象 515 人，奖励金 61.8 万元；特别扶助享受对象 51 人，抚慰金 35.42 万元；手术并发症对象 4 人，抚慰金 0.8 万元；手术节育奖享受对象 5297 人，奖励金 158.91 万元；新增少生快富 131 户，奖励金 78.6 万元；新增独生子女死亡家庭 2 户，一次抚慰金 6 万元；新增独生子女伤残家庭 1 户，一次抚慰金 2 万元；继续享受非农业人口计划生育独生子女家庭奖励扶助对象 4 人，奖励金 0.48 万元；基础养老金补贴 557 人，奖励金 43.47 万元。养老保险缴费补贴 4757 人，资金 19.03 万元。春季女孩助学奖励享受对象 206 人，奖励金 12.36 万元；秋季女孩助学奖励金 183 人，奖励金 10.98 万元；发放 2015 年度“两户”子女考取大学 29 人，发放 15 万元；计生“两户”参加新农保补助费 4757 人，发放 19.03 万元。519 户独生子女保健费 5.81 万元，204 户办证奖励金 9.99 万元，全县“两户”女孩参加中考加分 10 人，全县“两户”女孩参加高考加分 10 人。

四、计生行政执法

2015 年，全县政策外生育缴纳社会抚养费 78 人，征收 525.31 万元，与上年同期相比下降 55.09%。征收面 100%。开展出生人口性别比专项治理活动 9 次，“两非”专项治理活动 6 次，完成“两非”案件 6 件（谎报婴儿死亡 3 件、非法终止妊娠 1 件、非法鉴定性别 2 件）。出动执法人员 3107 人次，执法车辆 887 车次，监督检查单位 1243 户次，监督覆盖率达 100%。查处卫生违法案件 926 件，结案 926 件，结案率达 100%，罚款 93.99 万元。

五、流动人口管理

罗甸流动人口统计始于1988年，人口流出的主要原因是农村剩余劳动力多，农民进城务工经商，以求解决就业。

1993年《贵州省流动人口管理条例》法规发布，开始对流动人口引起重视，对流入罗甸县的人口是否持有“流动人口婚育证”等，历年来对超生的7924人进行处罚，并落实节育措施。

2001年省州将流动人口管理纳入党政目标管理考核，各乡进行认真清理，主要是抓好流出人口的办证登记和流入人口的婚育证明查验。2003年，建立县、乡流动人口管理办公室，并与公安，工商、劳动、城建、卫生、教育、民政签订目标管理责任书，结合计生工作进行审批。

2013年全省开展网上免费办理“流动人口婚育证明”工作，简化办证程序，方便群众办证，扩展服务方式，创新服务平台，提升人口计生工作水平的重要途径。

2014年罗甸在江苏省海门市设立流动人口服务站，开展计生服务工作。

2015年办理流动人口“一孩生育服务证”34人，出具婚育证明70份，流出育龄群众办（换）证婚育证明1599人（网上免费办理370人），并在江苏省海门市设立流动人口服务站。

第三节　计生管理机构

1984年建立罗甸县计划生育技术服务指导站，各区镇建计划生育服务站，站办合一，一套人员两块牌子，无技术服务人员，县站只设计划生育统计股。

1987年成立罗甸县计划生育协会。

1996年将罗甸县计划生育委员会更名为罗甸县计划生育局，内设办公室、规划统计股、宣传教育与技术管理股。

2001年罗甸县计划生育协会编制3人，设计划生育协会办。是年成立罗甸县流动人口计划生育稽查队。

2003年增设罗甸县流动人口计划生育管理办公室。

2004年罗甸县计划生育局更名为罗甸县人口和计划生育局。将县计划生育宣传指导站与县妇幼保健站合并，组建县计划生育妇幼保健服务中心。罗甸县计划生育协会更名为罗甸县人口和计划生育协会。

2011年增设罗甸县人口和计划生育执法督察大队、县人口和计划生育资金管理中心、县出生人口性别比治理办公室。

2014年罗甸县卫生和食品药品监督管理局与罗甸县人口和计划生育局两个部门组建成罗甸县卫生和计划生育局，下设9个职能股室（办公室、规划管理股、信息统计和目标管理股、疾病预防控制股、基层卫生股、妇幼健康服务股、医政医管股、中医药发展股、政策法规宣传股），13个直属事业单位（县医院、中医院、疾控中心、卫生和计划生育监督所、合医办、爱卫办、计生服务中心、流管办、计划生育家庭发展办公室、会计核算中心、医学会、卫校、档案室）。

第二章　民　族

第一节　民族分布

2010年第六次全国人口普查境内居住25个民族，总人口335484人。民族有布依族、汉族、苗族、侗族、土家族、壮族、瑶族、水族、彝族、仡佬族、白族、回族、仫佬族、满族、蒙古族、傣族、土族、藏族、黎族、傈僳族、哈尼族、毛南族、东乡族、朝鲜族、维吾尔族。

布依族、汉族和苗族是罗甸县的主体民族。第六次全国人口普查，布依族 200274 人，占全县总人口的 59.07%；主要分布在红水河、蒙江、坝王河等流域，即龙坪、八总、板庚、茂井、凤亭、班仁、大亭、沫阳、逢亭、董当、罗悃、罗苏、罗暮、罗妥、红水河等乡镇的大部分村寨，具有依山傍水、连片聚居的特点。

苗族总人数为 33620 人，占全县总人口的 10%；主要分布在县境东北、西北部与外县接壤的董王、木引、纳坪、平岩等山区，具有依山扎寨，聚族而居的特点。

汉族为 101690 人，占全县总人口的 30.3%，主要居住在县境北部、东北部的边阳、栗木、罗沙、交砚、董架等乡镇，具有分散、杂居的特点。

其他民族总人口为 3524 人，占全县总人口的 1.05%。

21 世纪初，为支持龙滩水电站建设，涉迁有茂井、大亭、班仁、罗妥、红水河、八总乡、龙坪、凤亭、罗暮等 11 个乡镇，人口 19669 人，大部分是少数民族，均安置在交通便利、生活生产条件较好的集镇。

罗甸县各民族人口统计表

表 2-3

民　族	人　数		占全县人口比例（%）		民　族	人　数		占全县人口比例（%）	
	2006 年	2015 年	2006 年	2015 年		2006 年	2015 年	2006 年	2015 年
布依族	176368	194234	53.4	55	傣　族	10	15	0.003	0.004
汉　族	112040	106699	34	30.22	土　族	9	12	0.003	0.003
苗　族	37947	46596	11.4	13.20	藏　族	9	6	0.003	0.002
侗　族	1400	1959	0.42	0.55	黎　族	8	41	0.002	0.01
土家族	748	1053	0.22	0.3	傈僳族	6	8	0.002	0.002
壮　族	720	1139	0.21	0.32	哈呢族	5	15	0.0015	0.004
瑶　族	448	618	0.13	0.18	毛南族	5	23	0.0015	0.006
水　族	90	207	0.03	0.058	东乡族	4	2	0.0012	0.001
彝　族	54	127	0.02	0.04	朝鲜族	1	2	0.0003	0.001
仡佬族	32	62	0.009	0.02	维吾尔族	1	–	0.0003	–
白　族	26	87	0.008	0.02	畲　族	–	5	–	0.001
回　族	19	60	0.006	0.02	高山族	–	2	–	0.001
仫佬族	15	17	0.005	0.005	景颇族	–	2	–	0.001
满　族	15	26	0.005	0.007	达斡尔族	–	41	–	0.011
蒙古族	13	35	0.004	0.01	其　它	–	9	–	0.002
拉祜族	–	2	–	0.001	合　计	329993	353104	–	–

2013 年全县各民族人口分布情况表

表 2-4　　单位：人

乡镇名称	行政村数	自然寨数	布依族自然寨数	苗族自然寨数	布依族、苗族杂居自然寨数	布依族、汉族杂居自然寨数	布依、苗、汉杂居自然寨数	总人口	布依族人口数	苗族人口数	其他民族人口数
龙坪镇	18	70	58	–	1	4	6	41661	39747	52	9
边阳镇	17	171	47	7	14	40	8	24270	9520	1003	298
逢亭镇	18	92	24	9	8	14	9	19350	6731	1990	470
沫阳镇	12	53	47	–	–	–	–	15859	14528	65	63

续表

乡镇名称	行政村数	自然寨数	布依族自然寨数	苗族自然寨数	布依族、苗族杂居自然寨数	布依族、汉族杂居自然寨数	布依、苗、汉杂居自然寨数	总人口	布依族人口数	苗族人口数	其他民族人口数
茂井镇	12	44	42	–	–	–	–	14240	12665	39	298
罗悃镇	14	46	34	–	–	8	–	14980	13572	234	–
红水河镇	5	25	22	–	1	2	–	4164	4039	12	3
八总乡	10	34	25	–	–	6	–	8324	8271	7	16
云干乡	10	174	33	4	–	6	3	12685	3505	554	–
板庚乡	14	67	15	3	4	26	6	15391	8429	779	16
罗沙乡	9	346	6	–	145	22	173	16268	5499	1627	5
交砚乡	9	75	12	2	7	12	4	10615	4123	1041	171
董王乡	10	46	1	39	–	–	–	8575	230	7440	–
栗木乡	10	100	2	13	1		61	18555	2908	2417	652
木引乡	18	216	79	40	31	42	24	22680	9800	4600	860
纳坪乡	5	23	2	15	2	1	3	4815	1482	2900	–
董当乡	11	50	33	–	–	7	–	16057	12728	20	65
董架乡	9	69	3	3		5	16	10339	1691	1227	53
平岩乡	8	32	1	23		1	1	7909	151	2548	
大亭乡	8	56	51	2	1	–	1	9621	8014	1053	11
凤亭乡	8	37	23	4	4	1	5	8288	6124	906	159
班仁乡	4	22	10	–	–	1	–	4899	2789	–	12
沟亭乡	10	39	37	–	–	2	–	7379	7084	–	–
罗妥乡	6	19	14	5	–	–	–	5334	3803	1238	293
罗苏乡	7	27	12	3	2	3	3	7228	5033	1282	38
罗暮乡	7	34	31	1	1	–	–	9622	7808	586	32
合　计	269	1967	664	173	222	203	323	339108	200274	33620	3524

罗甸县以2015年11月1日零时为标准时点进行1%人口抽样调查。调查结果显示全县常住人口257653，同2010年第六次人口普查的257236人相比，五年间增加417人，增长0.16%，年均增长0.03%。

2012年全县人口数量、分布及结构表

表2-5

地区别	年末总户数（户）	年末总人口（人）							
		合计	其中		性别		年龄		
			非农业人口	外来流动人口	男	女	18岁以下	18–35岁	35–60岁
甲	1	2	3	4	5	6	7	8	9
罗甸县	93323	342161	26715	0	178510	163651	88800	95919	114421
龙坪镇	16387	50868	19778	0	25323	25545	12516	14176	17823
边阳镇	7115	23574	1922	0	12206	11368	5644	6817	8084
逢亭镇	4689	17133	563	0	8932	8201	4458	4981	5749
茂井镇	3706	13903	302	0	7264	6639	3635	3869	4488
罗悃镇	3527	14140	386	0	7290	6850	3646	3573	5064

续表

地区别	年末总户数（户）	年末总人口（人）							
		合计	其　中		性　别		年　龄		
			非农业人口	外来流动人口	男	女	18 岁以下	18–35 岁	35–60 岁
沫阳镇	4027	15665	516	0	8091	7574	4056	4503	4074
红水河镇	1200	4773	94	0	2419	2354	1344	1439	1502
董架乡	2691	9973	190	0	5329	4644	2812	2706	3224
平岩乡	2206	7909	137	0	4277	3632	2379	2204	2434
董当乡	4481	16390	337	0	8460	7930	4001	4609	5364
罗暮乡	2314	9067	146	0	4732	4335	2334	2679	2950
罗妥乡	1428	5454	79	0	2871	2583	1497	1487	1824
沟亭乡	1790	7168	100	0	3736	3432	1965	1958	2358
罗苏乡	1809	6906	73	0	3639	3267	1836	1899	2349
班仁乡	1278	5039	71	0	2649	2390	1305	1453	1708
凤亭乡	2123	8436	91	0	4477	3959	2306	2345	2796
大亭乡	2240	9665	85	0	4966	4699	2464	2660	3179
木引乡	5525	21705	319	0	11541	10164	5728	6305	7038
板庚乡	3961	14621	262	0	7714	6907	3557	4146	5028
八总乡	2050	8266	63	0	4349	3917	2193	2096	2860
云干乡	3560	12360	174	0	6643	5717	3213	3501	4063
董王乡	2433	9908	102	0	5313	4595	2921	2707	3040
交砚乡	2762	10607	163	0	5710	4897	2614	2945	3703
栗木乡	4978	18543	441	0	9899	8644	4934	5316	5959
罗沙乡	3878	15392	283	0	8188	7204	4146	4232	5202
纳坪乡	1165	4696	38	0	2492	2204	1296	1313	1558

第二节　民族事务

一、工作机构

1994 年 3 月机构改革，罗甸县民族事务委员会更名为罗甸县民族事务局。

2001 年 12 月，罗甸县民族事务局与罗甸县宗教事务局合并为罗甸县民族宗教事务局。2014 年内设宗教股、民族研究所、宗教执法大队、办公室、民族经济事务股、玉石开发研究所共 6 个办事机构。在职人员 14 人（含借调人员），退休人员 3 人，工勤人员 8 人。

2012—2014 年先后成立布依学会、苗学会、经促会、民族民间文化保护促进会，挂靠县民族宗教事务局，从事少数民族研究工作，为罗甸的民族团结进步、经济繁荣发挥重要作用。

2014 年布依学会理事会成员 28 人，会员 127 人；苗学会理事会成员 23 人，会员 112 人；经促会 22 人；民族民间文化保护促进会理事会成员 13 人，会员 100 人。

2015 年在编在岗人员 17 人，其中：正科级 6 人，副科级 3 人（非领导职务 4 人），工作员 8 人。

二、民族政策和法律、法规宣传培训

为推动民族政策、法律和法规宣传工作，罗甸县将每年 8 月定为民族政策、法律和法规宣传月，在县城中心地段挂标语、发放宣传资料，分管县领导发表电视讲话等方式宣传《中华人民共和国宪法》《中华人民共和国民族区域自治法》《党的民族宗教政策法律法规》《城市民族工作条例》《民族乡行政工

作条例》《国务院关于贯彻民族区域自治法的若干规定》《宗教事务条例》等一系列党和国家的民族政策和法律法规。同时举办 1–2 期培训班，安排乡镇和县直部门 83 名分管领导及业务人员参加培训。2015 年利用赶走场天和各种宣传日，开展“四项教育”和“六进”活动，广泛宣传民族政策方针、法律知识和中央、省、州各级民族文件和民族工作会议精神开展宣传活动 24 次，发放宣传资料 5600 份。

三、民族成分更正、更改

改革开放以来，不同民族间通婚情况日益增多，凡夫妻双方有一方是少数民族的家庭，为获享受民族优惠政策，父母将自己的子女更改为少数民族成分的愿望和要求越来越多。遵照国家民委、省、州有关文件精神，1991—2014 年累计受理更改民族成分 415 件，办结 396 件。

四、民族民间文化挖掘、传承与保护

罗甸民族民间文化底蕴丰厚，保存着传统的民间工艺、民间口头文学、民族习俗、民族节日、民族服饰。

2002 年开展民族文化进校园活动，让民族的历史、地理、语言、文字、音乐、舞蹈、建筑、服饰、饮食、工艺、民间文艺及传统节日、庆典活动和民俗等走进学校，让民族文化得以传承。板庚中学建立了民族文化教学观摩基地，把板庚花灯舞剧、布依族纺织蜡染工艺作为主要内容，每学期进行一次教学观摩。八总乡交广小学以布依语、汉语双语教育引入民族歌谣（布依山歌），民族体育以打陀螺、丢花包、踢毽等为主，每学年举办一次民族文艺会演。

2003 年县民宗局组织人员深入少数民族村寨搜集、整理民族民间歌谣、舞蹈、戏剧、特技、古籍等民族文化资料，编纂载入典籍。对具有原始风貌的民族村寨进行保护与开发，支持、引导开展传统节日、庆典、祭祀、娱乐、竞技活动以传承传统文化。打造董当乡大井村、板庚乡葫芦寨、平岩乡高兰村，木引乡冗林村四个民族特色村寨，其中：董当大井村列为国家民委民族特色村寨示范点。这四个特色民族村寨纳入罗甸县“十二五”扶持规划。

2012 年创建 2 个民族陈列室：平岩乡高兰村的苗族文化陈列室，董当乡大井村布依族文化陈列室。民族陈列室不仅对苗族、布依族在各个历史时期的经济、文化、工艺、民族发展作了展示，同时保护民族历史文物、民族文化得到永远承传。

罗甸又是一个众多少数民族在长期的历史发展过程中通过口耳相传和文字记载，留下珍贵的民族文化遗产的地区。1990 年县民宗局把流传于罗甸的各种神话、传说、故事搜集整理编写成《中国民间故事集成·罗甸县卷》，各种民间歌谣收集、整理成《中国民间歌谣集成·罗甸县卷》，各种民间谚语收集、整理成《中国民间谚语集成·罗甸县卷》。把布依族青年男女从相遇、相识、倾慕、顾眷、相知、相惜、相爱、求婚、失恋、复恋到成家或生死离别的婚恋过程的口头文学整理成《蒙江恋歌》，是一部构架气势磅礴、感情温婉的布依族爱情史诗。

五、创建民族团结进步示范村寨

2012 年罗甸县民族团结进步创建示范区工作启动，对民族特色文化村寨、少数民族节庆、民族文化体育、民族古籍抢救、少数民族人才等进行扶持。是年，董当乡大井村、平岩乡高兰村、信邦公司 3 个示范点获得黔南州第一批民族团结进步创建活动示范单位。2013 年第二批增加板庚乡板庚村、交砚乡联兴村、边阳镇前进村、平岩乡高兰村、罗甸信用联社、罗甸职校 6 个民族团结进步创建示范点。

六、民族经费管理使用

民族经费由中央、省、州、县各级人民政府按年划拨。1996—2014 年向“麻山地区”和贫困乡村划拨 1791.45 万元，其中：投入发展资金 1071.3 万元，民族经费 645.75 万元；教育专项补助资金 74.4 万元，覆盖全县 26 个乡（镇），全县各族人民都受益。

1996—2015 年民族经费建设项目表

表 2-6　　单位：万元

年度	发展资金				民族资金				教育专项补助资金			合计
	中央级	省级	州级	县级	中央级	省级	州级	县级	省级	州级	县级	
1996	4.4	–	–	–	14	–	31.5	–	–	–	–	49.9
1997	3.6	–	–	–	10	–	20.5	–	–	–	–	34.1
1998	44	–	–	–	14	–	8	–	–	–	–	66
1999	26	–	–	–	8	–	8	–	–	–	–	42
2000	38	–	–	–	12	–	10.5	–	–	–	–	60.5
2001	36.5	–	–	–	7	–	10	–	–	–	–	53.5
2002	36	–	–	–	9	–	9.85	–	–	–	–	54.85
2003	40	–	–	–	10	–	6.5	–	–	–	–	56.5
2004	37	–	–	–	8	–	8.1	–	–	–	–	53.1
2005	41	–	–	–	9	–	9.7	–	–	–	–	59.7
2006	53	–	6	20	11.95	–	8.25	–	–	–	–	99.2
2007	48	10	3.25	–	–	6	15.7	–	–	–	–	82.95
2008	42	–	–	–	–	8	21.25	–	5.4	5	–	81.65
2009	42	5	4.25	15	–	7	11	–	7	3	–	94.25
2010	61	27	3	19.3	–	–	11.25	–	5	14	–	140.55
2011	40	20.5	11.5	7	–	4	–	–	4	6	–	93
2012	67	62	13	–	–	12	12.5	–	7	6	–	179.5
2013	141	20	14	10	–	13	10.7	–	10	2	–	220.7
2014	–	–	–	–	–	–	–	270	–	–	–	–
2015	83	55	16	10	–	15	–	10	–	–	–	199
合计	883.5	199.5	71	81.3	112.95	65	213.3	280	38.4	36	–	1990.45

七、民族经济

农业　随着改革开放，交通、水利基础设施不断改善，全县绝大多数乡镇均发展早熟蔬菜和秋冬菜种植，主要品种早玉米、四季豆、辣椒、番茄、黄瓜、南瓜等，分布在交通水源条件较好的地方。2014 年全县种植早春菜 20 万亩，秋冬菜 10 万亩，蔬菜种植已成为罗甸少数民族主要经济来源之一。

2014 年全县种植脐橙 3 万亩，主要分布云干、板庚、茂井三个乡镇；葡萄 1 万亩，分布边阳、栗木、罗沙三个乡镇；柚子 1 万亩，分布逢亭镇片区；茶叶 2 万亩，分布逢亭镇上隆茶场；黑山羊 6 万只，分布罗悃片区和茂井片区；网箱养鱼 1 万口，分布罗妥、红水河、茂井、大亭、班仁、凤亭等地区；林下养鸡 30 万羽，分布云干、罗妥、栗木三个乡；艾纳香种植 2 万亩，分布罗悃镇、红水河镇。

2014 年全县少数民族农民人均纯收入 6166 元，城镇少数民族收入 18815 元。

民族工商业　随着国家对民族工商业的重视，罗甸形成一批以信邦、艾源为龙头的民族医药企业，以坤达石材、茂玉石材为龙头的民族石材加工企业，以万芬民族服装、弘斛民族纺织为主的民族工艺加工企业，以中航玉丰、盛世玉业为龙头的玉石加工企业。全县民族企业达两百余家，其中：民贸企业 68 家（民族贸易企业 67 户，民族特需商品定点生产企业 1 家）。2014 年，仅民族医药业实现增值 3.15 亿元，占工业 GDP 比重 24.75%。贵州信邦制药股份有限公司，年销售收入超亿元，年上缴税收 6000 余万元，解决就业 1000 余人。此外，68 家民贸民品企业实现销售 6.6 亿元，年利润 1.5 亿元，缴税 1 亿元。

2015 年全县民贸民品企业 56 家，其中：民族贸易 55 家，民族特需商品 1 家。是年有 17 家民贸民品企业获得优惠利率贷款16.45亿元，贷款贴息918.15万元。

民族旅游业 2014年罗甸县打造大井村民族文化生态旅游，建设特色民族村寨，建成20多户特色布依族民居，配套农家乐餐饮等，一年四季都有游客前往大小井旅游、品赏布依族特色饮食。

第三节 民族文化

2014年全县民族民间各项艺人2000多人，主要技艺为刺绣、雕刻、蜡艺靛染、民间歌舞、民乐等。平均年龄为48.7岁，最大年龄74岁，最小年龄12岁。

民间山歌：有汉山歌、布依族情歌、布依族礼俗歌、布依族酒歌、布依族年歌等。

民间技艺：土布制作、苗族服饰制作、手工造纸、大井酿酒、荞灰豆腐、黄豆鸡、合叶粑、狗삐场、木工、铁具制作等。传统体育：斗坨螺，甩花包、扭扁担。

岁时节令：春节、元宵、完年、三月三（三月十三）、七月半、端午节。

口头文学：1990年出版中国民间文学三套集成《罗甸县卷》《中国民间故事集成》《中国民间谚语集成》《中国民间诗歌集成》60余万字。2008年出版45万字的布依族情歌《蒙江恋歌》。

民间舞蹈戏曲：《刷把舞》《铙钹舞》《花包舞》《板凳舞》《毽舞》《织布舞》《阳戏》《地戏》《花灯戏》等。

乐器：铜鼓、皮鼓、姐妹箫、笛、锣、铰、钹、月琴、四弦胡、唢呐、木叶等。

民族文化开展：截至2014年，开展民族山歌比赛进行10届；民族文化"六进"（进企业、进社区、进校园、进军营、进农村、进家庭）活动，每年开展12次以上，民族文化调研活动每年10次以上。

第四节 民族工艺

民族服饰、手工艺：土布床单、刺绣、蜡染、靛染、手工造纸、剪纸、织布等。随着国家对民族特色工艺的扶持，全县涌现出一批制造民族服饰、纺织工艺、土布企业，如罗小凤布依土布加工营销有限责任公司，万芬民族服装加工营销有限责任公司，弘斛民族纺织有限责任公司，家惠商贸有限公司等。

纺织 布依族姑娘自古以来能耕善织，开荒挖土，种植棉花。用碾花机碾去棉花籽，弹成棉条，从而用纺花机纺成线团，再把线团按黑白编织成各种布。有米格型、柳条型、lacxiul、lacngih、waaisdaaus等多种花样土布。

布依族花帘 一般有门帘和帐帘两种。门帘挂在新婚房门上，从结婚之日开始挂起，遮住木门，顶部用花线绣上花鸟草虫，其他部分是另一颜色土布或市场机制布；帐帘为蚊帐前沿顶部一块绣有花鸟草虫的彩布，过去都是人工刺绣，现在人工刺绣较少，改为机器刺绣。

花围腰 布依族妇女，一般都有一张花围腰，其大小同自身穿的女装衣服前面大小一样，上面绣有桃花、荷花、牡丹花、喜鹊、锦鸡、鸳鸯或蝴蝶，围腰制作的精致程度显示着戴围腰者的心灵手巧和刺绣水平。

花鞋 一对布鞋，用几层白布幅贴在一起，用麻线打鞋底，有打满天星式的，也有横竖行的。鞋面绣上花朵、虫、鸟、蝴蝶、蜻蜓等从大到小顺着鞋帮刺绣。一般赶场，走亲访友、社交活动穿新花鞋。

苗族刺绣 苗族刺绣主要是自制绣花裙。按地方习俗分逢亭、纳坪苗族和平岩苗族。逢亭、纳坪苗族穿的是白底红花裙；平岩地区苗族穿的是黑底红花裙。绣裙以红色花线为主，相间部分还有黄、绿、蓝色花线。一件花裙绣有各种图案，比较复杂。上装是领部直到前胸向下至裙扎部分绣有方花、直条。袖口和手臂用两圈花环修饰，衣领后有约一平方尺布，布上绣有花专吊在衣背肩上。花裙有九层不同花纹组成锦绣的裙身，下半部有18条曲花纹，上半部两侧用绿或蓝色布条，中间用青布一块镶成三部分与裙腰一起扎住上衣，配上头戴银制花铃，苗族妇女显得更美丽。

汉族刺绣　汉族妇女刺绣的围腰与布依族刺绣的一样精致，在围腰带上还刺有精密的图案和花朵。

第五节　民族干部培养

1951 年以来，罗甸少数民族干部队伍建设得到重视和加强，少数民族干部队伍逐年增加。1988 年全县少数民族干部 1979 人，2013 年 5156 人，占全县干部总数的 70%，分布在全县党政机关、企事业单位、各人民团体及经济组织等领域，成为推动罗甸县经济社会各项事业全面发展的主力军。2014 年全县干部 7267 人，其中：少数民族 5125 人，占全县干部总数 70.55%，布依族干部 3915 人，占 53.89%；汉族 2142 人，占 29.48%；苗族 803 人，占 11.05%；其他少数民族 407 人，占 5.6%。

罗甸县 2013 年少数民族干部职级结构：县处级干部 27 人，科级干部 519 人，股级干部 357 人，科员 4280 人。2015 年全县干部 7562 人，其中：布依族 1093 人，汉族 2153 人，苗族 869 人，其他少数民族 447 人。少数民族干部职级结构：县处级干部 29 人（女 6 人），正科级 316 人，副科级 617 人，其中：女 133 人。

2013—2015 年罗甸县各民族干部学历结构表

表 2-7　　单位：人

民族	研究生以上学历			大学本科学历			大专学历			中专（高中）			初中及以下学历		
	总人数	男性	女性	总人数	男性	女性	总人数	男性	女性	总人数	男性	女性	总人数	男性	女性
布依族	10	8	2	1348	844	504	1976	1158	818	551	394	157	49	43	6
汉族	26	19	7	801	529	272	977	590	387	326	227	99	25	20	5
苗族	7	4	3	323	198	125	362	229	133	95	69	26	16	15	1
其他	1	0	1	221	129	92	149	79	70	41	29	12	7	5	2
2015 年	25	0	0	440	0	0	0	313	0	67	0	0	0	0	0
总计	69	31	13	3133	1700	993	3464	2369	1408	1080	719	294	97	83	14

2014—2015 年罗甸县各民族干部统计表

表 2-8　　单位：人

民　族	人　数		占全县干部比例（%）		民　族	人　数		占全县干部比例（%）	
	2014 年	2015 年	2014 年	2015 年		2014 年	2015 年	2014 年	2015 年
布依族	3934	3898	53.84	54.44	白　族	6	7	0.08	0.1
汉　族	2155	2024	29.5	28.27	回　族	8	5	0.11	0.07
苗　族	803	817	11	11.41	仫佬族	4	5	0.005	0.07
侗　族	109	126	1.49	1.75	黎　族	3	3	0.004	0.042
土家族	98	94	1.34	1.31	东乡族	2	2	0.003	0.028
壮　族	81	67	1.1	0.94	满　族	4	2	0.005	0.028
水　族	28	38	0.4	0.53	畲　族	2	2	0.003	0.028
仡佬族	19	21	0.26	0.29	拉祜族	0	1	0	0.014
瑶　族	16	13	0.22	0.182	维吾尔族	0	1	0	0.014
彝　族	15	11	0.2	0.154	达斡尔族	1	0	0.001	0
毛南族	7	9	0.1	0.126	藏　族	1	0	0.001	0
蒙古族	2	4	0.003	0.056	其　他	10	8	0.14	0.111
傣　族	3	2	0.004	0.028	总　计	7311	7160	100	100

第三章　宗　教

第一节　宗教活动

佛教　佛教活动点分布在龙坪镇、边阳镇、栗木乡和木引乡，其活动场所有老城观音堂和灵园洞。观音堂面积348.61平方米；灵园洞面积154平方米，皈依居士71人。边阳有岩脚新庙，面积231平方米，观音阁面积106平方米，皈依居士20人。栗木达上莲经寺面积124平方米，皈依居士17人。木引青云寺面积90平方米，皈依居士1人。

佛教活动时间，每年的农历二月十九日（观世音诞辰纪念日）、六月十九日（观世音出家纪念日）、九月十九日（观世音得道成佛坐莲台纪念日），这三天要举行比较盛大的敬拜活动，其次是每个月的初一和十五都要在佛堂、殿、洞内焚香烧纸，诵经念佛。

佛教信徒信仰佛教以后，要遵守戒律，持身份证到贵阳宏福寺申请皈依，由寺主法师受戒发给皈依证，回来参与开展佛教活动。境内只有居士，其活动内容和形式单一，没有完整的佛经。

天主教　20世纪30年代在罗悃镇修有教堂，60年代“文化大革命”期间被毁。2013年罗悃、龙坪的部分天主教徒有的到平塘通州，有的到惠水天主教堂活动，年纪大的在家中挂圣母和耶稣像，每天早、晚做祷告仪式。

第二节　宗教管理

县民族宗教事务局设有宗教股，宗教执法大队，对宗教人员管理监督。制定管理措施：在全县范围内向各族群众和宗教教徒宣传《宗教事务条例》《贵州省宗教事务管理条例》等各种法律法规。对分散在罗悃、龙坪的天主教徒跟踪观察和引导，改变观念、发展经济、建设和谐社会作贡献。对分散在各地的道教道士观察和分析，引导他们为民族伟大复兴，实现中国梦而奋斗。四、定期或不定期对佛教活动场所进行依法监督，特别在佛教日农历二月十九日、六月十九日和九月十九日各活动场所检查活动内容、活动规模和安全情况。

第三篇　中共罗甸地方组织 社会团体

第一章　中共罗甸县委员会

第一节　党代表大会

一、县党代会

中国共产党罗甸县第六次代表大会，1988 年 9 月 6–10 日在县城召开。应到会党代表 234 名，代表全县 7155 名党员参加会议，实到会代表 234 人。会议听取和审议并通过罗正科代表第五届中共罗甸县委作工作报告；选举产生中共罗甸县委第六届委员会委员 29 人、候补委员 4 人；纪律检查委员会委员 15 人。会议期间举行六届一次全委会，选举产生罗正科为县委书记，以及副书记 3 人、常务委员会委员 9 人。

中国共产党罗甸县第七次代表大会，1992 年 1 月 3–6 日在县城召开。应到会党代表 264 名，代表全县 7131 名党员参加会议，其中：各级干部 150 名占 60%，工人 5 名占 2%，农民 59 名占 23.6%、专技人员 32 名占 12.8%，武警 1 人占 0.4%，其他劳动者 3 名占 1.2%。妇女代表 45 名占 18%，少数民族 150 名占 60%。应到会代表 264 人，因事请假代表 14 人，实到代表 250 人。会议听取、审议并通过何荫懋代表第六届中共罗甸县委作《加强党的建设，提高党的战斗力，为十年规划和“八五”计划的实现而努力奋斗》的工作报告；听取、审议并通过县纪委题为《抓党风党纪，促廉政建设，为兴甸富民保驾护航》工作报告。选举产生第七届县委委员 29 人、候补委员 3 人，纪律检查委员会 17 人。会议期间，举行七届一次全委会，选举产生何荫懋为县委书记，以及副书记 3 人、常务委员会委员 10 人。

中国共产党罗甸县第八次代表大会，1996 年 10 月 6–8 日在县城召开。应到会党代表 298 名，实到会代表 281 人，因事因病请假 17 人。代表全县 7777 名党员参加会议，其中：妇女 62 名占 20.7%；少数民族 205 名占 68%，领导 210 名占 70%，各类专业技术人员 32 名占 10.7%。实到会代表 281 人。代表平均年龄 41.3 岁，46 岁以上 93 人占 31%，31 岁至 45 岁 185 人占 61.6%，30 岁以下 22 人占 7.3%。会议听取、审议并通过余学强代表第七届中共罗甸县委作《抓住机遇，加快发展，为实现反贫困和跨世纪目标而努力奋斗》及县纪委题为《加强党风廉政建设，深入开展反腐败斗争，为实现县第八届党代表大会提出的任务而奋斗》的工作报告。选举产生第八届县委委员 29 人、候补委员 6 人；纪律检查委员会委员 17 人。会议期间举行八届一次全委会，选举产生余学强为县委书记，以及副书记 3 人、常务委员会委员 9 人。

中国共产党罗甸县第九次代表大会，2001 年 6 月 19–21 日在县城召开。应参会党代表 300 人，实到代表 294 人，因事请假代表 6 人。代表全县 8637 名党员参加会议，其中：少数民族 205 人占 68.3%、妇女代表 36 人占 12%，各级领导干部 192 名占 64%，各类专业技术人员 75 名占 25%。会议听取、审议并通过余学强代表第八届中共罗甸县委作《以邓小平理论和“三个代表”重要思想为指导把富民兴县伟大事业推向前进》及县纪委题为《认真总结工作经验，加大反腐倡廉力度，为实现第九届党代会提出的任务而奋斗》工作报告。选举产生九届县委委员 29 人、候补委员 5 人；纪律检查委员会委员 17 人。会议期间举行九届一次全委会，选举产生宋健为县委书记，以及副书记 3 人、常务委员会委员 10 人。

中国共产党罗甸县第十次代表大会，2006 年 10 月 28–30 日在县城召开。应到会党代表 300 人，实到代表 299 人，因事请假代表 1 人。代表全县 9927 名党员参加会议，其中：妇女代表 13.2%、少数民族占 65.2%、各级领导干部 174 占 58%、各类专业技术人员 66 名占 22%、各条战线先进模范人物 54 名占 18%、解放军、武警代表 6 占 2%。会议听取、审议并通过宋健代表第九届中共罗甸县委作的《立足新起点，实现新跨越，把兴县富民事业不断推向前进》及县纪委题为《围绕中心，服务大局，扎实推进党风廉政建设和反腐败工作》的工作报告。选举产生十届县委委员 36 人、候补委员 7 人；纪律检查委员会委员 23 人。会议期间举行十届一次全委会，选举产生沙先贵为县委书记，以及副书记 2 人、常务委员会委员 10 人。

中国共产党罗甸县第十一次代表大会，2011 年 10 月 28–30 日在县城召开。应到会党代表 285 人，实到会代表 285 人。代表全县 11105 名党员参加会议，其中：各级领导干部 162 名占 56.8%；各类专业技术人员代表 67 名占 23.5%；工人代表 12 名占 4.2%；农民代表 40 名占 14%；解放军、武警部队、消防大队代表 4 名，占 1.4%。妇女代表占 15.4%，少数民族代表 66.3%。会议听取、审议并通过沙先贵代表第十届中共罗甸县委作的《加快发展为民谋幸福，巩固党建推动新跨越》及县纪委题为《围绕中心，服务大局，为全县经济社会发展提供坚强纪律保证》的工作报告。选举产生十一届县委委员 36 名、候补委员 7 名；纪律检查委员会委员 23 人。会议期间举行十一届一次全委会，选举产生沙先贵为县委书记，以及副书记 3 人、常务委员会委员 10 名。

中共罗甸县委历届书记、副书记、常委任职时间表

表 3–1

届　次	职　务	姓　名	性别	民　族	文化程度	任职时间	备　注
第六届 1988.9—1992.1	书　记	罗正科	男	布依族	在职大专	1988.9–1990.10	
		何荫懋	男	汉族	大　专	1990.10–1992.1	–
	副书记	汪明祥	男	汉族	初　中	1988.9–1992.1	–
		何荫懋	男	汉族	大　专	1988.9–1990.10	–
		罗来儒	男	布依族	大　学	1988.9–1990.12	–
		黄大熙	男	汉族	在职大专	1990.10–1992.1	–
		罗珍丽	女	布依族	在职大专	1990.4–1992.1	–
		王启林	男	布依族	初　中	1991.11–1992.1	–
		潘　健	男	汉族	大　学	1988.3–1989.3	省挂职
	常　委	黄景周	男	布依族	初　中	1988.9–1992.1	–
		朱正华	男	汉族	初　中	1988.9–1992.1	–
		何德英	女	汉族	在职大专	1988.9–1992.1	–
		王世院	男	布依族	初　中	1988.9–192.1	–
		毛廷华	男	汉族	初　中	1989.5–1992.1	–
		范吉林	男	汉族	在职大专	1991.1–1992.1	–
第七届 1992.1—1996.10	书　记	何荫懋	男	汉族	大　专	1992.1–1994.4	–
		余学强	男	汉族	大　学	1994.4–1996.10	–
	副书记	罗珍丽	女	布依族	在职大专	1992.1–1992.12	–
		黄大熙	男	汉族	在职大专	1992.1–1996.10	–
		王启林	男	布依族	初中	1992.1–1996.10	–
		罗来儒	男	布依族	大学	1993.1–1996.10	–
		李文智	男	汉族	在职大专	1994.4–1996.9	–

续表

届　次	职　务	姓　名	性别	民　族	文化程度	任职时间	备　注
第七届 1992.1—1996.10	副书记	周　齐	男	汉族	中专	1994.10–1996.10	–
		朱家秋	男	布依族	在职大专	1994.10–1996.10	–
		李　路	男	汉族	大　学	1993.1–1994.1	州挂职
		杨桂清	男	汉族	本　科	1995.4–1996.1	省挂职
		龚经治	男	汉族	大　学	1993.5–1994.1	州挂职
		张应伟	男	汉族	大　学	1996.3–1996.10	省挂职
	常　委	崔忠玉	男	汉族	中　专	1992.1–1993.4	–
		朱家秋	男	布依族	在职大专	1992.1–1995.10	–
		冯兴碧	男	汉　族	在职大专	1992.1–1993.4	–
		范吉林	男	汉　族	在职大专	1992.1–1992.12	–
		刘大全	男	汉　族	中　专	1992.1–1996.10	–
		周　齐	男	汉　族	中　专	1993.3–1995.10	–
		王世院	男	布依族	初　中	1992.1–1996.10	–
		罗世云	男	布依族	大　专	1993.3–1996.10	–
		陈书玉	女	布依族	大　专	1995.8–1996.10	–
		向忠雄	男	土家族	大　学	1995.11–1996.10	–
第八届 1996.10—2001.6	书记	余学强	男	汉族	本科	1996.10–1998.6	–
		滕久明	男	苗族	在职大专	1998.6–2001.3	–
		宋　健	男	汉族	在职本科	2001.3–2001.6	–
	副书记	滕久明	男	苗族	在职大专	1996.10–1998.6	–
		朱家秋	男	布依族	在职大专	1996.10–1997.3	–
		罗世云	男	布依族	大专	1997.5–2001.6	–
		韦安华	男	布依族	在职大专	1997.10–2001.6	–
		向忠雄	男	土家族	本科	1998.6–2001.6	–
		莫俊国	男	布依族	本科	2000.11–2001.6	–
		张应伟	男	汉族	本科	1996.3–1997.1	省挂职
		黄晓平	男	汉族	本科	1996.3–1997.3	州挂职
		蒋禄元	男	汉族	本科	1996.10–1998.8	中农科院重庆柑橘研究所挂职
		熊志坚	男	汉族	在职专科	1997.3–1998.1	州挂职兼罗苏乡党委副书记
		杨照昌	男	汉族	本科	1997.3–1998.1	州挂职
		王　勤	男	汉族	本科	1997.4–1998.4	州挂职
		胡晓波	男	汉族	本科	1997.3–1998.1	州挂职
		王　荣	男	苗族	本科	1998.2–1998.12	省挂职
		许　军	男	汉族	本科	1998.3–1998.12	省挂职
	常委	向忠雄	男	土家族	本科	1996.10–1998.6	–
		刘大全	男	汉族	中专	1996.10–2001.6	–
		黄锐光	男	布依族	在职中专	1996.10–1998.5	–
		陈书玉	女	布依族	在职大专	1996.10–2001.6	–
		王世院	男	布依族	初中	1996.10–1999.2	–
		高仲涵	男	汉族	在职大专	1998.6–2001.6	–
		陈大敏	男	汉族	大专	1999.2–2001.6	–
		周学林	男	汉族	在职大专	2001.5–2001.6	–

续表

届　次	职　务	姓　名	性别	民　族	文化程度	任职时间	备　注
第九届 2001.6—2006.10	书记	宋　健	男	汉族	本科	2001.6–2006.10	–
	副书记	莫俊国	男	布依族	大学	2001.6–2006.10	–
		吴胜华	男	布依族	大学	2001.6–2003.2	–
		彭贤伦	男	布依族	在职本科	2001.6–2006.10	–
		高仲涵	男	汉族	在职大专	2001.6–2006.10	–
		于世洪	男	汉族	在职大专	2002.6–2006.10	–
		周学林	男	汉族	在职大专	2005.11–2006.10	–
		刘延学	男	布依族	在职本科	2006.5–2006.10	–
		田茂成	男	汉族	大学	2002.3–2003.3	省挂职
		朱柄玉	男	汉族	大学	2002.3–2003.2	州挂职
		刘渝民	男	汉族	大学	2003.3–2004.2	省挂职
		罗　俊	男	布依族	大学	2003.3–2004.2	州挂职
		雷良龙	男	汉族	本科	2004.3–2005.2	州挂职
		唐　军	男	汉族	本科	2004.3–2005.2	州挂职
	常委	罗　平	男	布依族	在职大专	2001.6–2006.10	–
		周学林	男	汉族	在职大专	2001.6–2006.10	–
		邓德宇	男	布依族	在职本科	2001.6–2006.10	–
		涂秋成	男	汉族	大专	2001.6–2003.3	–
		刘胜军	男	汉族	大学	2002.6–2006.10	–
		苏仕勋	男	汉族	大专	2003.3–2006.10	–
		吴　翔	男	布依族	在职本科	2003.7–2006.10	–
		骆紫光	男	汉族	在职本科	2006.10–2006.10	–
		韦成波	男	水族	大学	2004.12–2006.10	–
第十届 2006.10—2011.10	书记	沙先贵	男	回族	大学	2006.10–2011.10	–
	副书记	彭贤伦	男	布依族	在职研究生	2006.10–2010.8	–
		刘延学	男	布依族	在职本科	2006.10–2011.10	–
		杨朝伟	男	布依族	在职本科	2010.12–2011.10	–
	常委	刘胜军	男	汉族	大学	2006.10–2011.10	–
		骆紫光	男	汉族	在职本科	2006.10–2010.6	–
		韦成波	男	水族	大学	2006.10–2008.7	–
		吴　翔	男	布依族	在职本科	2006.10–2008.12	–
		罗金逸	女	布依族	在职大专	2006.10–2011.10	–
		苏仕勋	男	汉族	大专	2006.10–2009.6	–
		余贤臣	男	汉族	在职本科	2006.10–2009.6	–
		陈木林	男	水族	在职本科	2008.7–2011.10	–
		陈万祥	男	布依族	大专	2008.12–2011.10	–
		叶良华	男	汉族	大学	2009.6–2011.10	–
		李福锴	男	布依族	在职大专	2010.6–2011.10	–
		黄元智	男	布依族	在职大专	2010.6–2011.10	–
		陆祖宏	男	水族	大学	2011.10–2011.10	–

续表

届　次	职　务	姓　名	性别	民　族	文化程度	任职时间	备　注
第十一届 2011.10—	书记	沙先贵	男	回族	本科	2011.10–2012.6	–
		杨朝伟	男	布依族	在职本科	2012.7–	–
	副书记	杨朝伟	男	布依族	在职本科	2011.10–2012.7	–
		刘延学	男	布依族	在职本科	2011.10–2011.11	–
		杨兴华	男	苗族	大学	2012.8–	–
		陈木林	男	水族	在职本科	2013.5–2014.9	–
		陈元贵	男	布依族	研究生	2014.10–	–
	常委	陆祖宏	男	水族	大学	2011.10–2013.8	–
		陈木林	男	水族	在职本科	2011.10–2013.5	–
		李福锴	男	布依族	在职大专	2011.10–2014.10	–
		陈万祥	男	布依族	大专	2011.10–2013.5	–
		黄元智	男	布依族	大专	2011.10–2014.2	–
		叶良华	男	汉族	大学	2011.10–2014.1	–
		晏江婷	女	苗族	在职本科	2011.10–2013.8	–
		蓝康力	男	苗族	在职研究生	2013.5–	–
		雷学良	男	苗族	在职研究生	2013.5–	–
		朱　泉	男	汉族	大学	2013.8–	–
		杨茗翔	男	汉族	大专	2014.1–	–
		杨爱民	男	汉族	大学	2013.4–2014.3	州挂职
		王　春	男	布依族	研究生	2013.4–2014.3	州挂职

二、乡（镇）党代表大会

乡（镇）党代表大会〔简称乡（镇）党代会〕，是按照《中国共产党章程》规定设置召开，实行届期任制。党代表由基层党支部选举产生，党代表数额根据乡（镇）党员人数由上级党组织划定。乡（镇）党代会2004年前每三年举行一次，2006年后，每5年举行一次。大会选举产生新一届乡（镇）党委和纪委，如遇特殊情况，其党委书记、副书记、纪委书记由上级党委任免。1991年8月罗甸县按省、州文件精神，实施建镇并乡撤区（简称“建并撤”），由原来的7个区（镇）、50个乡（镇）“建并撤”为26个乡（镇）。新设置的26个乡（镇）设置党委、人民政府、人大主席团，领导乡（镇）党、政、群团等工作，保证基层政权、组织建设和经济、社会、文化建设的正常运转。1991年8月全县26个乡（镇）先后召开党代会，因纳坪乡、罗妥乡、平岩乡、凤亭乡、班仁乡单列保留建制，提高规格（乡科级），乡（镇）召开的党代会为第8次党代会，有21个乡（镇）即龙坪镇、八总乡、板庚乡、云干乡、边阳镇、栗木乡、罗沙乡、董王乡、木引乡、逢亭镇、董架乡、董当乡、沫阳镇、茂井镇、大亭乡、罗悃镇、罗苏乡、沟亭乡、罗羊乡（1995年改为红水河镇）等因“建并撤”而新设置。新建的乡（镇）党代会为“建并撤”后的第1次党代会。2013年11月，根据省、州文件精神进行乡（镇）区划调整，由26个乡（镇）调整为8镇1乡，即龙坪镇、边阳镇、逢亭镇、木引镇、沫阳镇、茂井镇、罗悃镇、红水河镇、凤亭乡。新建镇（乡）于2014年4月召开党代会，为使乡（镇）党代会届次保持连续性、统一性，这次乡（镇）党代会统一称之为第十四届乡（镇）党代会。1991年8月—2014年4月即“建并撤”后至新行政区调整前26个乡（镇）召开过7次党代会。

乡（镇）党代会的主要任务是听取和讨论上届党委会工作报告和纪委工作报告，选举产生新一届党委和纪委。在党代会闭会期间，乡（镇）党委主持日常工作。

1991—2014 年乡镇历次党代表大会基本情况一览表

表 3-2

名称	时间	届次	代表人数	选举产生委员	选举产生书记	选举产生副书记	时间	届次	代表人数	选举产生委员	选举产生书记	选举产生副书记	时间	届次	代表人数	选举产生委员	选举产生书记	选举产生副书记	时间	届次	代表人数	选举产生委员	选举产生书记	选举产生副书记
龙坪镇	1991.8	1	54	7	1	2	1994.9	4	56	7	1	2	1997.9	5	56	9	1	2	2001.1	6	57	9	1	3
	2004.1	7	58	9	1	4	2006.8	8	61	12	1	2	2011.8	9	59	13	1	2	2014.4	14	190	15	1	4
八总乡	1991.8	1	35	7	1	2	1994.9	9	37	5	1	2	1997.9	10	37	7	1	2	2001.1	11	38	7	1	2
	2004.1	12	39	9	1	3	2006.8	13	42	10	1	2	2011.8	14	40	11	1	2	–	–	–	–	–	–
云干乡	1991.8	1	40	7	1	2	1994.9	9	42	6	1	2	1997.9	10	42	9	1	3	2001.1	11	43	7	1	2
	2004.1	12	44	9	1	3	2006.8	13	47	10	1	2	2011.8	14	45	11	1	1	–	–	–	–	–	–
板庚乡	1991.8	1	41	7	1	3	1994.9	9	43	5	1	1	1997.9	10	43	9	1	2	2001.1	11	44	7	1	2
	2004.1	12	45	9	1	3	2006.8	13	48	10	1	2	2011.8	14	46	11	1	2	–	–	–	–	–	–
边阳镇	1991.8	1	51	7	1	2	1994.9	9	53	7	1	2	1997.9	10	53	9	1	2	2001.1	11	54	9	1	3
	2004.1	12	55	9	1	4	2006.8	13	58	12	1	2	2011.8	14	56	12	1	2	2014.4	14	225	15	1	4
栗木乡	1991.8	1	39	7	1	3	1994.9	9	41	7	1	2	1997.9	10	41	9	1	3	2001.1	11	42	9	1	3
	2004.1	12	43	9	1	3	2006.8	13	46	10	1	2	2011.8	14	44	12	1	2	–	–	–	–	–	–
罗沙乡	1991.8	1	40	7	1	2	1994.9	9	42	7	1	2	1997.9	10	42	7	1	2	2001.1	11	43	7	1	3
	2004.1	12	44	9	1	3	2006.8	13	47	10	1	2	2011.8	14	45	11	1	2	–	–	–	–	–	–
董王乡	1991.8	1	36	7	1	2	1994.9	9	38	7	1	3	1997.9	10	38	7	1	2	2001.1	11	39	7	1	2
	2004.1	12	40	9	1	3	2006.8	13	43	10	1	2	2011.8	14	41	11	1	2	–	–	–	–	–	–
交砚乡	1991.8	1	34	7	1	2	1994.9	9	36	5	1	2	1997.9	10	36	6	1	2	2001.1	11	37	7	1	3
	2004.1	12	38	9	1	3	2006.8	13	41	10	1	2	2011.8	14	39	11	1	2	–	–	–	–	–	–
逢亭镇	1991.8	1	43	7	1	2	1994.9	9	45	7	1	1	1997.9	10	45	9	1	2	2001.1	11	46	9	1	3
	2004.1	12	47	9	1	4	2006.8	13	50	12	1	2	2011.8	14	48	12	1	2	2014.4	14	79	12	1	2
木引乡	1991.8	1	42	7	1	2	1994.9	9	44	7	1	2	1997.9	10	44	7	1	2	2001.1	11	45	7	1	3
	2004.1	12	46	9	1	4	2006.8	13	49	10	1	2	2011.8	14	47	12	1	2	2014.4	14	47	12	1	2
纳坪乡	1991.8	8	26	4	1	1	1994.9	9	28	5	1	2	1997.9	10	28	7	1	2	2001.1	11	29	7	1	2
	2004.1	12	30	7	1	3	2006.8	13	33	10	1	2	2011.8	14	31	10	1	2	–	–	–	–	–	–
沫阳镇	1991.8	1	38	7	1	2	1994.9	9	40	7	1	2	1997.9	10	40	7	1	3	2001.1	11	41	9	1	3

续表

名称	时间	届次	代表人数	选举产生委员	选举产生书记	选举产生副书记	时间	届次	代表人数	选举产生委员	选举产生书记	选举产生副书记	时间	届次	代表人数	选举产生委员	选举产生书记	选举产生副书记	时间	届次	代表人数	选举产生委员	选举产生书记	选举产生副书记
沫阳镇	2004.1	12	42	9	1	4	2006.8	13	45	12	1	2	2011.8	14	43	12	1	1	2014.4	14	168	15	1	3
董当乡	1991.8	1	38	7	1	2	1994.9	9	40	5	1	2	1997.9	10	40	7	1	2	2001.1	11	41	7	1	2
	2004.1	12	42	9	1	3	2006.8	13	45	10	1	1	2011.8	14	43	10	1	2	–	–	–	–	–	–
董架乡	1991.8	1	38	7	1	2	1994.9	9	40	7	1	3	1997.9	10	40	7	1	2	2001.1	11	41	7	1	2
	2004.1	12	42	9	1	3	2006.8	13	45	10	1	2	2011.8	14	43	11	1	2	–	–	–	–	–	–
平岩乡	1991.8	8	34	5	1	2	1994.9	9	36	5	1	2	1997.9	10	36	7	1	2	2001.1	11	37	7	1	3
	2004.1	12	38	7	1	3	2006.8	13	41	10	1	1	2011.8	14	39	10	1	2	–	–	–	–	–	–
茂井镇	1991.8	1	39	7	1	2	1994.9	9	41	7	1	1	1997.9	10	41	8	1	3	2001.1	11	42	9	1	3
	2004.1	12	43	9	1	4	2006.8	13	46	10	1	2	2011.8	14	44	12	1	2	2014.4	14	84	13	1	3
凤亭乡	1991.8	8	27	6	1	2	1994.9	9	29	7	1	2	1997.9	10	29	7	1	2	2001.1	11	30	7	1	1
	2004.1	12	31	9	1	3	2006.8	13	34	10	1	2	2011.8	14	32	10	1	2	2014.4	14	66	12	1	2
大亭乡	1991.8	1	35	7	1	2	1994.9	9	37	5	1	2	1997.9	10	37	7	1	2	2001.1	11	38	7	1	2
	2004.1	12	39	7	1	3	2006.8	13	42	10	1	2	2011.8	14	40	10	1	2	–	–	–	–	–	–
班仁乡	1991.8	8	29	5	1	2	1994.9	9	31	7	1	4	1997.9	10	31	7	1	2	2001.1	11	32	7	1	2
	2004.1	12	33	9	1	3	2006.8	13	36	10	1	2	2011.8	14	34	9	1	2	–	–	–	–	–	–
罗悃镇	1991.8	1	44	7	1	2	1994.9	9	46	7	1	2	1997.9	10	46	9	1	2	2001.1	11	47	9	1	3
	2004.1	12	48	9	1	4	2006.8	13	51	12	1	2	2011.8	14	49	12	1	2	2014.4	14	127	13	1	3
罗苏乡	1991.8	1	33	5	1	2	1994.9	9	35	7	1	2	1997.9	10	35	7	1	1	2001.1	11	36	7	1	2
	2004.1	12	37	7	1	3	2006.8	13	40	10	1	2	2011.8	14	38	10	1	2	–	–	–	–	–	–
罗暮乡	1991.8	1	34	7	1	3	1994.9	9	36	7	1	2	1997.9	10	36	7	1	3	2001.1	11	37	7	1	1
	2004.1	12	38	9	1	3	2006.8	13	41	10	1	2	2011.8	14	39	10	1	2	–	–	–	–	–	–
罗妥乡	1991.8	8	29	5	1	2	1994.9	9	31	5	1	2	1997.9	10	31	7	1	2	2001.1	11	32	7	1	2
	2004.1	12	33	7	1	3	2006.8	13	36	10	1	2	2011.8	14	34	10	1	2	–	–	–	–	–	–
沟亭乡	1991.8	1	35	6	1	2	1994.9	9	37	5	1	1	1997.9	10	37	7	1	2	2001.1	11	38	7	1	2
	2004.1	12	39	9	1	3	2006.8	13	42	10	1	2	2011.8	14	40	10	1	2	–	–	–	–	–	–
罗羊乡	1991.8	1	30	5	1	2	1994.9	9	30	7	1	1	1997.9	10	33	7	1	3	–	–	–	–	–	–
红水河镇	2001.1	1	35	9	1	3	2004.1	2	35	7	1	3	2006.8	3	37	10	1	2	2011.8	4	35	11	1	2

第二节　重要会议

一、全委会会议

中共罗甸县委第六届二次全体委员（扩大）会议以下简称全委（扩大）会。1989 年 7 月 12–14 日在县城召开，会议由县委书记罗正科主持。应到会委员 29 人，实到会 29 人，应到会县委候补委员 4 人，实到会 4 人；列席会议有县人大常委会、县政府、县政协班子领导、县直各工作部门党员主要负责人、各区党委书记、区长、区纪检干事、乡党委书记、上隆茶果场、果科所、硅厂、纸厂、民中、二中、职中党员负责人。会议讨论通过《关于中共罗甸县委上半年工作情况和下半年工作意见的报告》《关于加强党的建设搞好民主评议党员工作的意见》《关于加强党风廉政建设的实施意见》。

中共罗甸县委第六届三次全委（扩大）会 1990 年 1 月 11–16 日在县城召开，会议由县委书记罗正科主持。应到会委员 29 人，实到会 29 人，应到会县委候补委员 4 人，实到会 4 人；列席会议有县人大常委会、县政府、县政协班子领导、县纪委委员 15 人、县直各工作部门党员主要负责人、各区党委书记、区长、区纪检干事、乡党委书记、上隆茶果场、果科所、硅厂、纸厂、民中、二中、职中党员负责人。会议传达中共中央十三届五中全会精神，总结 1989 年工作，布置 1990 年工作。

中共罗甸县委第六届四次全委（扩大）会 1991 年 4 月 11–12 日在县城召开，会议由县委书记何荫懋主持。应到会委员 30 人，因事请假 4 名，实到会 26 人，应到会县委候补委员 4 人，实到会 4 人；列席会议有县人大常委会常委会、县政府、县政协班子领导、县直各工作部门党政主要负责人、各乡（镇）党委书记、乡（镇）长、纪委书记、省、州驻县单位主要负责人。会议讨论通过《关于罗甸县国民经济和社会发展十年规划和“八五”计划的决议》《关于召开中共罗甸县第七届党代表大会的决定》。

中共罗甸县委第六届五次全委（扩大）会 1991 年 12 月 29 日在县城召开，会议由县委书记何荫懋主持。应到会委员 28 人，因事请假 5 名，实到会 23 人，应到会县委候补委员 4 人，因事因病请假 3 人，实到会 1 人；列席会议有县人大常委会、县政府、县政协班子领导、县直各工作部门党政主要负责人、各乡（镇）党委书记、乡（镇）长、纪委书记、省、州驻县单位主要负责人。全会讨论通过中共罗甸县第六届委员会所作的《中共罗甸县第七届党代会的工作报告（修改稿）》《中共罗甸县纪律检查委员会工作报告》。

中共罗甸县委第七届二次全委（扩大）会 1993 年 12 月 29 日在县城召开，会议由县委书记何荫懋主持。应到会县委委员 29 人，因事请假 1 人，实到会 28 人，应到会县委候补委员 3 人，实到会 3 人；列席会议有县人大常委会、县政府、县政协班子领导、县直各工作部门党政主要负责人、各乡（镇）党委书记、乡（镇）长、纪委书记、省、州驻县单位主要负责人。会议听取和审议县委《抓住机遇，深化改革，促进全县经济又快又好发展》和县人民政府《1993 年工作开展情况》报告。

中共罗甸县委第七届三次全委（扩大）会 1994 年 12 月 14 日主持在县城召开，会议由县委书记余学强主持。应到会县委委员 29 人，因事请假 2 人，实到会 27 人，应到会县委候补委员 3 人，实到会 3 人；列席会议有县人大常委会、县政府、县政协班子领导、县直各工作部门党政主要负责人、各乡（镇）党委书记、乡（镇）长、纪委书记、省、州驻县单位主要负责人。会议审议通过《抓好农村基层党组织建设》。

中共罗甸县委第七届四次全委（扩大）会 1996 年 2 月 13–14 日在县城召开，会议由县委书记余学强主持。应到会县委委员 29 人，实到会 29 人；应到会县委候补委员 6 人，因病请假 1 人，实到会 5 人；列席会议有县人大常委会、县政府、县政协班子领导、县直各工作部门党政主要负责人、各乡（镇）党委书记、乡（镇）长、纪委书记、省、州驻县单位主要负责人。会议讨论审议通过《中共罗甸县委关于制定“九五”计划和 2010 年规划的建议》。

中共罗甸县委第八届二次全委（扩大）会 1997 年 5 月 25 日在县城召开，会议由县委书记滕久明主持。应到会县委委员 29 人，因病请假 1 人，实到会 28 人，应到会县委候补委员 6 人，实到会 6 人；列席会议有县人大常委会、县政府、县政协班子领导、县直各工作部门党政主要负责人、各乡（镇）党委书记、乡（镇）长、纪委书记、省、州驻县单位主要负责人。会议讨论审议通过《关于加强罗甸县社会主义精神文明建设的决议》和选举出席中共黔南州第十五届党代表大会代表。

中共罗甸县委第八届三次全委（扩大）会 1998 年 6 月 12 日在县城召开，会议由县委书记滕久明主持。应到会县委委员 33 人，因事因病请假 3 人，实到会 30 人，应到会县委候补委员 6 人，实到会 6 人；列席会议有县人大常委会、县政府、县政协班子领导、县直各工作部门党政主要负责人、各乡（镇）党委书记、乡（镇）长、纪委书记、省、州驻县单位主要负责人。会议讨论贯彻落实《中共中央关于在全党深入学习邓小平理论的通知》。

中共罗甸县委第八届四次全委（扩大）会 1999 年 1 月 27–28 日在县城召开，会议由县委书记滕久明主持。应到会县委委员 29 人，实到会 29 人，应到会县委候补委员 6 人，实到会 6 人；列席会议有县人大常委会、县政府、县政协班子领导、县直各工作部门党政主要负责人、各乡（镇）党委书记、乡（镇）长、纪委书记、省、州驻县单位主要负责人。会议传达中共黔南州第七届四次全委（扩大）会议精神，总结 1998 年全县经济工作和其他各项工作，安排部署 1999 年全县经济工作及其他各项工作。

中共罗甸县委第八届五次全委（扩大）会 2000 年 1 月 17–18 日在县城召开，会议由县委书记滕久明主持。应到会县委委员 29 人，实到会 29 人，应到会县委候补委员 6 人，实到会 6 人；列席会议有县人大常委会、县政府、县政协班子领导、县直各工作部门党政主要负责人、各乡（镇）党委书记、乡（镇）长、纪委书记、省、州驻县单位主要负责人。会议传达黔南州经济工作会议精神，总结 1999 年各项工作，安排部署 2000 年的各项工作。

中共罗甸县委第九届二次全委（扩大）会 2002 年 2 月 2–3 日在县城召开，会议由县委书记宋健主持。应到会县委委员 29 人，实到会 29 人，应到会县委候补委员 5 人，实到会 5 人；列席会议有县人大常委会、县政府、县政协班子领导、县直各工作部门党政主要负责人、各乡（镇）党委书记、乡（镇）长、纪委书记、省、州驻县单位主要负责人。会议传达黔南州经济工作会议精神，讨论通过《中共罗甸县委关于加快发展步伐，努力做好 2002 年工作意见》，表决通过罗甸县出席中共黔南州党代会代表候选人员名单，对 2002 年全县经济工作进行安排部署。

中共罗甸县委第九届三次全委（扩大）会 2002 年 7 月 22–23 日在县城召开，会议由县委书记宋健主持。应到会县委委员 29 人，实到会 29 人，应到会县委候补委员 5 人，实到会 5 人；列席会议县人大常委会、县政府、县政协班子领导、县直各工作部门党政主要负责人、各乡（镇）党委书记、乡（镇）长、纪委书记、省、州驻县单位主要负责人。会议通报 2002 年上半年全县经济工作运行情况，安排部署 2002 年下半年全县经济及社会发展各项工作，贯彻落实全州“三级联创”工作会议精神。

中共罗甸县委第九届四次全委（扩大）会 2002 年 12 月 29 日在县城召开，会议由县委书记宋健主持。应到会县委委员 29 人，实到会 29 人，应到会县委候补委员 5 人，实到会 5 人；列席会议有县人大常委会、县政府、县政协班子领导、县直各工作部门党政主要负责人、各乡（镇）党委书记、乡（镇）长、纪委书记、省、州驻县单位主要负责人。会议听取和审议通过县委《求真务实，真抓实干，全面加快经济社会发展》和县人民政府《把发展作为第一要务，努力开创罗甸经济社会发展新局面》的报告。

中共罗甸县委第九届五次全委（扩大）会 2003 年 4 月 22 日在县城召开，会议由县委书记宋健主持。应到会县委委员 24 人，实到会 24 人，应到会县委候补委员 5 人，因事请假 1 人，实到会 4 人；列席会议有县人大常委会、县政府、县政协班子领导、县直各工作部门党政主要负责人、各乡（镇）党委书记、乡（镇）长、纪委书记、省、州驻县单位主要负责人。会议听取审议和通过县委《抢抓争快，重在落实》的报告和县人民政府《认清形势，创新思路，真抓实干，努力开创罗甸县农业农村工作新局面》的报告、《中共罗甸县委关于加强和改进作风建设的决定》及安排部署 2003 年全县农业和农村工作。

中共罗甸县委第九届六次全委（扩大）会 2003 年 8 月 5–6 日在县城召开，会议由县委书记宋健主持。

应到会县委委员 25 人，实到会 25 人，应到会县委候补委员 5 人，实到会 5 人；列席会议有县人大常委会、县政府、县政协班子领导、县直各工作部门党政主要负责人、各乡（镇）党委书记、乡（镇）长、纪委书记、省、州驻县单位主要负责人。会议讨论审议通过《中共罗甸县委关于加快全县畜牧业发展的意见》《中共罗甸县委关于进一步加强党风廉政建设和反腐败工作的决定》《中共罗甸县委关于加大新阶段扶贫开发工作力度的决定》。

中共罗甸县委第九届七次全委（扩大）会 2004 年 3 月 4 日在县城召开，会议由县委书记宋健主持。应到会县委委员 27 人，因病因事请假 2 人，实到会 25 人，应到会县委候补委员 5 人，实到会 5 人；列席会议有县人大常委会、县政府、县政协班子领导、县直各工作部门党政主要负责人、各乡（镇）党委书记、乡（镇）长、纪委书记、省、州驻县单位主要负责人。会议审议通过《中共罗甸县委关于促进农民增收推动农业农村工作的意见》《中共罗甸县委关于进一步加强党风廉政建设和反腐败工作的决定》；部署 2004 年全县助民增收工作。

中共罗甸县委第九届八次全委（扩大）会 2004 年 8 月 26–27 日在县城召开，会议由县委书记宋健主持。应到会县委委员 28 人，因病因事请假 4 人，实到会 24 人，应到会县委候补委员 5 人，实到会 5 人；列席会议县人大常委会、县政府、县政协班子领导、县直各工作部门党政主要负责人、各乡（镇）党委书记、乡（镇）长、纪委书记、省、州驻县单位主要负责人。会议传达中共黔南州委第八届七次全委（扩大）会议精神；审议通过《中共罗甸县委、罗甸县人民政府关于进一步加强库区移民开发工作的实施意见》《中共罗甸县委、罗甸县人民政府关于贯彻落实州西部大开发战略的实施意见》。

中共罗甸县委第九届九次全委（扩大）会 2004 年 11 月 18–19 日在县城召开，会议由县委书记宋健主持。应到会县委委员 28 人，因病因事请假 7 人，实到会 21 人，应到会县委候补委员 5 人，因病因事请假 1 人，实到会 4 人；列席会议有县人大常委会、县政府、县政协班子领导、县直各工作部门党政主要负责人、各乡（镇）党委书记、乡（镇）长、纪委书记、省、州驻县单位主要负责人。会议传达学习《中共贵州省委关于学习贯彻〈中共中央关于加强党的执政能力建设的决定〉的意见》《中共黔南州委关于学习贯彻省委九届六次全会精神的意见》，审议通过《中共罗甸县委关于贯彻落实州委八届八次全会精神的意见》。

中共罗甸县委第九届十次全委（扩大）会 2005 年 9 月 20 日在县城召开，会议由县委书记宋健主持。应到会县委委员 29 人，因病因事请假 6 人，实到会 23 人，应到会县委候补委员 5 人，因病请假 1 人，实到会 4 人；列席会议县人大常委会、县政府、县政协班子领导、县直各工作部门党政主要负责人、各乡（镇）党委书记、乡（镇）长、纪委书记、省、州驻县单位主要负责人。会议审议通过《中共罗甸县委关于贯彻落实科学发展观进一步做好新形势下人口资源环境工作的实施意见》《中共罗甸县委关于进一步加强惩治和预防腐败体系建设的实施意见》。

中共罗甸县委第九届十一次全委（扩大）会 2006 年 1 月 5–6 日在县城召开，会议由县委书记宋健主持。应到会县委委员 28 人，实到会 28 人，应到会县委候补委员 5 人，实到会 5 人；列席会议有县人大常委会、县政府、县政协班子领导、县直各工作部门党政主要负责人、各乡（镇）党委书记、乡（镇）长、纪委书记、省、州驻县单位主要负责人。会议传达省、州经济工作会议精神，讨论县委关于“十一五规划”的建议，认真总结全县 2005 年度经济工作，安排部署全县 2006 年度经济工作。

中共罗甸县委第十届三次全委（扩大）会 2007 年 8 月 1 日在县城召开，会议由县委书记沙先贵主持。应到会县委委员 37 人，实到会 37 人，应到会县委候补委员 7 人，实到会 7 人；列席会议有县人大常委会、县政府、县政协班子领导、县直各工作部门党政主要负责人、各乡（镇）党委书记、乡（镇）长、纪委书记、省、州驻县单位主要负责人。会议审议通过《中共罗甸县委、罗甸县人民政府〈关于深入贯彻落实树立科学发展观加快产业化发展进程的意见〉》，安排部署全县产业化发展工作。

中共罗甸县委第十届四次全委（扩大）会 2007 年 12 月 24 日在县城青少年活动中心召开，会议由县委书记沙先贵主持。应到会县委委员 36 人，因事请假 1 人，实到会 35 人，应到会县委候补委员 7 人，实到会 7 人；列席会议有县人大常委会、县政府、县政协班子领导、县直各工作部门党政主要负责人、各乡（镇）党委书记、乡（镇）长、纪委书记、省、州驻县单位主要负责人。会议审议通过中共罗甸县委〈关于学习贯彻党的十七大精神推动经济社会又好又快发展的意见〉》，全面总结 2007 年全县经济社会运行情况，安排部署 2008 年全县经济工作。

中共罗甸县委第十届五次全委（扩大）会 2008 年 8 月 20 日在县城青少年活动中心召开，会议由县委书记沙先贵主持。应到会县委委员 36 人，实到会 36 人，应到会县委候补委员 7 人，因事请假 1 人，实到会 6 人；列席会议县人大常委会、县政府、县政协班子领导、县直各工作部门党政主要负责人、各乡（镇）党委书记、乡（镇）长、纪委书记、省、州驻县单位主要负责人。会议审议通过中共罗甸县委《关于进一步加强和改进干部作风建设的决定》，安排部署全县干部作风建设工作。

中共罗甸县委第十届六次全委（扩大）会 2008 年 12 月 26 日在县城青少年活动中心召开，会议由县委书记沙先贵主持。应到会县委委员 36 人，实到会 36 人，应到会县委候补委员 7 人，实到会 7 人；列席会议有县人大常委会、县政府、县政协班子领导、县直各工作部门党政主要负责人、各乡（镇）党委书记、乡（镇）长、纪委书记、省、州驻县单位主要负责人。会议审议通过中共罗甸县委《关于大力推进罗甸农村改革发展的意见》，全面总结 2008 年县委工作情况，安排部署 2009 年各项工作。

中共罗甸县委第十届七次全委（扩大）会 2009 年 8 月 17 日在县城青少年活动中心召开，会议由县委书记沙先贵主持。应到会县委委员 36 人，因事因病请假 2 人，实到会 34 人，应到会县委候补委员 7 人，实到会 7 人；列席会议有县人大常委会、县政府、县政协班子领导、县直各工作部门党政主要负责人、各乡（镇）党委书记、乡（镇）长、纪委书记、省、州驻县单位主要负责人。会议审议通过中共罗甸县委、罗甸县人民政府《关于建设经济强县的意见》；增补县委委员 2 人。

中共罗甸县委第十届八次全委（扩大）会 2009 年 12 月 2 日由县委书记沙先贵主持，在县政府三楼会议室召开。应到会县委委员 38 人，因工外出 1 人，实到会 37 人，应到会县委候补委员 7 人，因事请假 2 人，实到会 5 人；列席会议县人大常委会、县政府、县政协班子领导、县直各工作部门党政主要负责人、各乡（镇）党委书记、乡（镇）长、纪委书记、省、州驻县单位主要负责人。会议内容：州委考察组到罗甸县公开推荐正县级后备干部。

中共罗甸县委第十届九次全委（扩大）会 2009 年 12 月 21 日在县城青少年活动中心召开，会议由县委书记沙先贵主持。应到会县委委员（原有委员 38 人，调离 1 人，实有委员 37 人）37 人，实到会 37 人，应到会县委候补委员 7 人，因事因病请假 2 人，实到会 5 人；列席会议有县人大常委会、县政府、县政协班子领导、县直各工作部门党政主要负责人、各乡（镇）党委书记、乡（镇）长、纪委书记、省、州驻县单位主要负责人。会议内容：报告十届六次全会以来的工作情况；对全县 2010 年经济社会发展指标作说明；审议通过《中共罗甸县委关于大力加强干部队伍建设的意见》。

中共罗甸县委第十届十次全委（扩大）会 2010 年 8 月 13 日在县城青少年活动中心召开，会议由县委书记沙先贵主持。应到会县委委员（原有委员 37 人，调离 1 人，实有常委 36 人）36 人，因事因病请假 3 人，实到会 33 人，应到会县委候补委员 7 人，因事因病请假 3 人，因事请假 4 人，实到会 3 人；列席会议有县人大常委会、县政府、县政协班子领导、县直各工作部门党政主要负责人、各乡（镇）党委书记、乡（镇）长、纪委书记、省、州驻县单位主要负责人。会议讨论通过《中共罗甸县委关于建设学习型机关的意见》。

中共罗甸县委第十届十一次全委（扩大）会 2010 年 12 月 28 日在县城青少年活动中心召开，会议由县委书记沙先贵主持。应到会县委委员 36 人，实到会 36 人，应到会县委候补委员 7 人，实到会 4 人；列席会议有县人大常委会、县政府、县政协班子领导、县直各工作部门党政主要负责人、各乡（镇）党委书记、乡（镇）长、纪委书记、省、州驻县单位主要负责人。会议讨论通过《中共罗甸县委关于制定罗甸县国民经济和社会发展第十二个五年规划的建议》。

中共罗甸县委第十届十三次全委（扩大）会2011年9月18日在县城青少年活动中心召开，会议由县委书记沙先贵主持。应到会县委委员（原有委员36人，调任1人，实有委员37人）37人，因事请假3人，实到会34人，应到会县委候补委员7人，因事请假1人，实到会6人；列席会议有县人大常委会、县政府、县政协班子领导、县直各工作部门党政主要负责人、各乡（镇）党委书记、乡（镇）长、纪委书记、省、州驻县单位主要负责人。会议讨论通过《中共罗甸县委关于推进民生工程建设的意见》。

中共罗甸县委第十一届三次全委（扩大）会2011年12月19日在县城青少年活动中心召开，会议由县委书记沙先贵主持。应到会县委委员37人，实到会37人，应到会县委候补委员7人，实到会7人；列席会议有县人大常委会、县政府、县政协班子领导、县直各工作部门党政主要负责人、各乡（镇）党委书记、乡（镇）长、纪委书记、省、州驻县单位主要负责人。会议讨论通过《中共罗甸县委关于进一步深化“三化五建设一工程”的意见》，总结2011年县委工作情况，安排部署2012年各项工作。

中共罗甸县委第十一届四次全委（扩大）会2013年1月5–6日在县青少年活动中心召开，会议由县委书记杨朝伟主持。应到会县委委员37人，因公外出2人，实到会35人，应到会县委候补委员7人，因事请假1人，实到会6人；列席会议有县人大常委会、县政府、县政协班子领导、县直各工作部门党政主要负责人、各乡（镇）党委书记、乡（镇）长、纪委书记、省、州驻县单位主要负责人。会议讨论通过《中共罗甸县委关于开展同步小康创建活动的意见》《中共罗甸县委关于进一步加强干部和人才队伍建设的实施意见》《中共罗甸县委、罗甸县人民政府关于加快工业化发展的实施意见》《中共罗甸县委、罗甸县人民政府关于加快城镇化进程的实施意见》《中共罗甸县委、罗甸县人民政府关于加快推进山地生态高效农业产业发展的实施意见》；总结2012年工作，安排部署2013年各项工作。

中共罗甸县委第十一届五次全委（扩大）会2013年11月5日在县政府会议室召开，会议由县委书记杨朝伟主持。应到会县委委员（原有委员37人，调离4人，实有委员33人）33人，因公外出2人，实到会31人，应到会县委候补委员7人，因病请假1人，实到会6人；列席会议有县人大常委会、县政府、县政协班子领导、县直各工作部门党政主要负责人、各乡（镇）党委书记、乡（镇）长、纪委书记、省、州驻县单位主要负责人。会议学习《习近平总书记在参加河北省委常委班子专题民主生活会的讲话》，审议通过《罗甸县乡镇行政区划调整方案》《罗甸县合并行政村实施方案》。

中共罗甸县委第十一届六次全委（扩大）会议2013年12月13日在县政府会议室召开，会议由县委书记杨朝伟主持。应到会县委委员33人，因公外出1人，实到会32人，应到会县委候补委员7人，实到会7人；列席会议有县人大常委会、县政府、县政协班子领导、县直各工作部门党政主要负责人、各乡（镇）党委书记、乡（镇）长、纪委书记、省、州驻县单位主要负责人。会议传达《省委十一届四次全体会议精神》；对《罗甸县乡（镇）行政区划调整方案》进行表决通过。

中共罗甸县委第十一届七次全委（扩大）会议2014年1月23日在县政府会议室召开，会议由县委书记杨朝伟主持。应到会县委委员33人，因工外出4人，实到会29人。应到会县委候补委员7人，因事未到2人，实到会5人；列席会议有县人大常委会、县政府、县政协班子领导、县直各工作部门党政主要负责人、各乡（镇）党委书记、乡（镇）长、纪委书记、省、州驻县单位主要负责人。会议审议通过《中共罗甸县委十一届七次全委（扩大）会议决议》。

中共罗甸县委第十一届八次全委（扩大）会议于2015年1月12–13日在县青少年活动中心召开，由县委书记杨朝伟主持。应到会县委委员31人，实到委员31人（调出2人），应到会县委候补委员6人，实到6人；列席会议有县人大常委会、县政府、县政协班子领导，县直各工作部门党政主要负责人，各乡镇党委书记、乡镇长、纪委书记，省、州驻县单位主要负责人。会议审议通过《中共罗甸县委关于全面推进依法治县的实施意见》《中共罗甸县委关于全面推进生态文明建设的意见》《中共罗甸县委关于全面推进从严治党的实施意见》《中共罗甸县委十一届八次全委（扩大）会议决议》。

中共罗甸县委第十一届九次全委（扩大）会议2015年12月25–26日在县青少年活动中心召开，会议由县委书记杨朝伟主持。应到会县委委员32人，因工外出4人，实到会28人。应到会县委候补委员6人，实到会6人；列席会议有县人大常委会、县政府、县政协班子领导、县直各工作部门党政主要负责人、各乡（镇）党委书记、乡（镇）长、纪委书记、省、州驻县单位主要负责人。会议审议通过《中共罗甸县委关于制定罗甸县国民经济和社会发展第十三个五年规划的建议》。

二、常务委员会会议

中共罗甸县第六届委员会常务委员会会议（以下简称常委会）（1988年9月—1991年12月）召开常委会124次，其中：1988年12次、1989年35次、1990年39次、1991年38次。

1988年9月14日上午在县委常委会议室召开中共罗甸县委第六届常委会第1次会议，会议由县委书记罗正科主持。应到会常委9人，实到会5人，因公外出4人；列席会议有县人大常委会副主任1人、县政法部门主要负责人4人。会议听取公安局汇报“严打”工作情况、政法委汇报打击诈骗案处理情况、县法院汇报案件处理情况。9月30日在县委常委会议室召开中共罗甸县委第六届常委会第4次会议，会议由县委书记罗正科主持。应到会常委9人，实到会7人，因公外出2人；列席会议有县人大常委会正、副主任2人、县政协主席1人。会议研究干部任免工作。10月4日在县委常委会议室召开中共罗甸县委第六届常委会第5次会议，会议由县委书记罗正科主持。应到会常委9人，实到会7人，因公外出2人；列席会议有县人大常委会正、副主任2人、县政协主席1人、财政局、税务局主要负责人2人。会议研究财政局、税务局工作，确保1988年财政税收350万元，争取360万元。11月8日在县委常委会议室召开中共罗甸县委第六届常委会第7次会议，会议由县委书记罗正科主持。应到会常委9人，实到会7人，因公外出2人；列席会议有县人大常委会副主任1人。会议研究干部任免、龙滩电站淹没区有关事宜；布置秋种；决定在云干乡、猴场乡架设输电线路，变压器安装在乡政府，所需资金由水电局支付。11月21日在县委常委会议室召开中共罗甸县委第六届常委会第9次会议，会议由县委书记罗正科主持。应到会常委9人，实到会9人；列席会议有县人大常委会正、副主任2人。会议传达全州县委书记会议精神，部署安排社会维稳工作，处理突发事件。12月5日在县委常委会议室召开中共罗甸县委第六届常委会第10次会议，会议由县委书记罗正科主持。应到会常委9人，实到会5人，因公外出4人；列席会议有县人大常委会正、副主任2人、副县长2人。会议听取县人事局汇报省、州关于为中级职称以上知识分子增加工资文件精神、县政府汇报省政府在册亨召开护林防火会议精神和全州水利工作会议精神。12月15日在县委常委会议室召开中共罗甸县委第六届常委会第11次会议，会议由县委书记罗正科主持。应到会常委9人，实到会5人，因公外出4人；列席会议有县人大常委会正、副主任2人、县政协主席1人。会议听取县委办汇报全州保密工作会议精神、县人民政府汇报州政府召开的村民委员会组织法试点工作会议精神；议定罗甸县实施村民委员会组织法在罗悃乡进行试点，1989年在全县铺开。12月23日在县委常委会议室召开中共罗甸县委第六届常委会第12次会议，会议由县委书记罗正科主持。应到会常委9人，实到会7人，因公外出2人；列席会议有县政协主席1人、副县长2人。会议听取县计委汇报1989年国民经济计划安排。

1989年1月4日在县委常委会议室召开中共罗甸县委第六届常委会第1次会议，会议由县委书记罗正科主持。应到会常委9人，实到会7人，因公外出2人；列席会议有县人大常委会正、副主任2人、县政协主席1人、县纪委书记1人。会议内容：传达全州县委书记农村工作会议精神。1月13日在县委常委会议室召开中共罗甸县委第六届常委会第2次会议，会议由县委书记罗正科主持。应到会常委9人，实到会7人，因公外出2人；列席会议有县人大常委会正、副主任2人、县政协主席1人、县纪委书记1人。会议内容：研究干部人事问题。2月22日在县委常委会议室召开中共罗甸县委第六届常委会第4次会议，会议由县委书记罗正科主持。应到会常委9人，实到会4人，因公外出5人；列席会议有县人大常委会正、副主任2人、县政协主席1人、县纪委书记1人、县人事劳动局长1人。会议内容：同意成立县史志编纂委员会和调整有关单位人员编制数。4月3日在县委常委会议室召开中共罗甸县委第六届常委会第

7次会议，会议由县委书记罗正科主持。应到会常委9人，实到会6人，因公外出3人；列席会议有县人大常委会正、副主任2人、县政协主席1人、县纪委书记1人。会议内容：传达全州县委书记会议精神。4月21日在县委常委会议室召开中共罗甸县委第六届常委会第8次会议，会议由县委书记罗正科主持。应到会常委9人，实到会7人，因公外出2人；列席会议有县人大常委会正、副主任2人、县政协主席1人、副县长1人、县纪委书记1人。会议内容：研究干部任免问题。5月19日在县委常委会议室召开中共罗甸县委第六届常委会第10次会议，会议由县委书记罗正科主持。应到会常委10人，实到会8人（新增常委1人，常委人数10人），因公外出2人。会议内容：学习讨论省委办、省政府办5月17日通知，切实做好学生和家长工作。5月29日在县委常委会议室召开中共罗甸县委第六届常委会第11次会议，会议由县委书记罗正科主持。应到会常委10人，实到会6人，因公外出4人；列席会议有县人大常委会副主任1人、副县长1人。会议内容：研究县硅厂、农机厂、水泥厂有关问题。6月7日在县委常委会议室召开中共罗甸县委第六届常委会第13次会议，会议县委书记罗正科主持。应到会常委10人，实到会9人，因公外出1人；列席会议县人大常委会正、副主任3人、副县长2人、县政协正、副主席2人。会议内容：学习省委常委扩大会议纪要、《解放军报》社论《坚决镇压反革命暴乱》和新华社消息《戒严部队平息首都反革命暴乱》。7月3日在县委常委会议室召开中共罗甸县委第六届常委会第16次会议，会议由县委书记罗正科主持，应到会常委10人，实到会9人，因公外出1人；列席会议有县人大常委会正、副主任2人、县政协主席1人。会议内容：传达州委扩大会议精神，研究决定县委六届二次全会7月11–14日召开。10月4日在县委常委会议室召开中共罗甸县委第六届常委会第24次会议，会议由县委书记罗正科主持，应到会常委10人，实到会8人，因公外出2人；列席会议有县人大常委会正、副主任2人、副县长2人、水电局等单位负责人4人。会议内容：研究坝王河电站开发相关事宜。12月22日在县委常委会议室召开中共罗甸县委第六届常委会第35次会议，会议由县委书记罗正科主持，应到会常委10人，实到会7人，因公外出3人；列席会议有副县长1人、县直有关单位负责人4人。会议内容：议定县六届三次会议内容，召开时间定在1990年元月上旬。

1990年1月2日在县委常委会议室召开中共罗甸县委第六届常委会第1次会议，会议由县委书记罗正科主持，应到会常委10人，实到会10人；列席会议有县人大常委会正、副主任2人、县政协主席1人、县委办主任1人。会议讨论修改州委关于进一步治理整顿和深化改革的方案。1月4–5日在县委常委会议室召开中共罗甸县委第六届常委会第2次会议，会议县委书记罗正科主持。应到会常委10人，实到会10人；列席会议有县人大常委会正、副主任5人、副县长5人、县政协正、副主席2人、县委办主任1人、县计委主任1人。会议讨论修改县委《关于治理整顿和深化改革的意见》和1989年工作总结；议定全委（扩大）会议召开时间和参加会议人员。2月12日在县委常委会议室召开中共罗甸县委第六届常委会第5次会议，会议由县委书记罗正科主持。应到会常委10人，实到会8人，因公外出2人；列席会议有县人大常委会正、副主任2人、县政协主席1人、县有关单位主要负责人6人。会议研究干部职工“三违”建私房问题。2月27日在县委常委会议室召开中共罗甸县委第六届常委会第6次会议，会议由县委书记罗正科主持。应到会常委10人，实到会4人，因公外出6人；列席会议有县人大常委会副主任1人、县政协主席1人、县有关单位负责人7人。会议听取县法院汇报省法院工作会议精神。3月14日在县委常委会议室召开中共罗甸县委第六届常委会第8次会议，会议县委书记罗正科主持。应到会常委10人，出席会议3人，因公外出7人；列席会议有县人大常委会主任1人、副县长1人、县政协正、副主席2人。会议听取人事局汇报调整工资会议精神；决定成立县调资领导小组，开会贯彻会议精神。3月31日在县委常委会议室召开中共罗甸县委第六届常委会第9次会议，会议由县委书记罗正科主持。应到会10人，实到会9人，因公外出1人；列席会议有县人大常委会正、副主任2人、县政协主席1人。会议听取组织部、纪委汇报州组工作会议和省纪委会议精神。4月14日。在县委常委会议室召开中共罗甸县委第六届常委会第12次会议，会议由县委书记罗正科主持应到会常委10人，实到会9人，因公外出1人；列席会议有县人大常委会正、副主任2人、县政协主席1人。会议研究换届选举干部工作。4月15-16日在县委常委会议室召开中共罗甸县委第六届常委会第13次会议，会议由县委书记罗正科主持。应到会常委10人，实到会10人；列席会议有县人大常委会正、副主任2人、县政协主席1人、县委办主任1人。会议传达州委县委书记会议精神；学习中央和省委关于密切联系人民群众的决定、中办通报《关于进一步稳定边疆少数民族地区的几点措施》等文件精神。4月23日在县委常委会议室召开中共罗甸县委第六届常委会第15次会议，会议由县委书记罗正科主持。应到会常委10人，实到会8人，因公外出2人；列席会议有县人大常委会正、副主任2人、县政协主席1人。会议研究县人大、县政府换届工作；听取县人武部汇报州军分区召开各县人武部长会议精神。4月28-29日在县委常委会议室召开中共罗甸县委第六届常委会第16次会议，会议由县委书记罗正科主持，应到会常委10人，出席会议8人，因公外出2人；列席会议有县人大常委会正、副主任2人、县政协主席1人。会议传达州委在独山召开的县委书记紧急会议精神；讨论修改第十一届人民政府工作报告。5月22日在县委常委会议室召开中共罗甸县委第六届常委会第18次会议，会议县委书记罗正科主持。应到会常委10人，实到会9人，因公外出1人；列席会议各位副县长、公、检、法、司负责人、政法委书记、工商局负责人。会议听取县委副书记汪明祥传达州委副书记肖永安在“严打”紧急会议上的讲话精神。成立县“严打”领导小组，领导小组办公室设在公安局。5月31日在县委常委会议室召开中共罗甸县委第六届常委会第20次会议，会议由县委书记罗正科主持。应到会常委10人，实到会6人，因公外出4人；列席会议有县人大常委会副主任1人、副县长1人、政法部门主要负责人6人。会议传达学习中共中央办公厅、国务院办公厅《关于进一步做好工作，维护社会稳定的通知》。6月25日在县委常委会议室召开中共罗甸县委第六届常委会第22次会议，会议由县委书记罗正科主持。应到会常委10人，实到会10人；列席会议有县人大常委会正、副主任2人、副县长1人、县政协主席1人、县委办主任1人。会议研究和当前工作，部署农业灭虫、工业生产等事项。7月16日在县委常委会议室召开中共罗甸县委第六届常委会第26次会议，会议县委书记罗正科主持。应到会常委10人，实到会6人，因公外出4人；列席会议有县人大常委会副主任1人、副县长1人、县政法部门主要负责人6人。会议听取州“严打”会议精神汇报，布置下一阶段全县“严打”工作。8月6日，县委书记罗正科在常委会议室主持召开中共罗甸县委第六届常委会第28次会议，应到会常委10人，出席会议7人，因公外出3人；列席会议县人大常委会副主任1人、副县长1人。会议研究干部培训、举办副区长、乡书记、乡长和村支书培训事宜。9月10日在县委常委会议室召开中共罗甸县委第六届常委会第30次会议，会议由县委书记罗正科主持。应到会常委10人，出席会议9人，因公外出1人；列席会议有县政协主席1人、县人大常委会老领导1人、县委办主任1人。会议研究干部任免工作。9月11日在县委常委会议室召开中共罗甸县委第六届常委会第31次会议，会议由县委书记罗正科主持。应到会常委10人，实到会10人；列席会议有县人大常委会副主任1人、县人大常委会老领导1人、副县长3人、县政协主席1人、县委办主任1人。会议听取周齐副县长汇报州政府在瓮安举行“三秋”生产现场会精神，分析安排部署下一阶段全县“三秋”生产工作。9月19日在县委常委会议室召开中共罗甸县委第六届常委会第32次会议，会议由县委书记罗正科主持。应到会常委10人，实到会9人；因公外出1人；列席会议有县人大常委会副主任1人、县政协主席1人、县人大常委会老领导1人、县纪委书记1人、县委办主任1人。会议听取罗正科参加水电部在北京召开的龙滩电站淹没区会议精神。10月13日在县委常委会议室召开中共罗甸县委第六届常委会第33次会议，会议由县委书记罗正科主持，应到会常委10人，实到会8人，因公外出2人；列席会议有副县长2人、县人事局负责人4人。会议研究落实退休干部生活待遇。10月16日在县委常委会议室召开中共罗甸县委第六届常委会第34次会议，会议由州委书记邱耀国主持。出席会议有州委常委、组织部长1人，应到会常委10人，实到会8人，因公外出2人；列席会议有县人大常委会副主任1人、副县长2人、县政协主席1人、县纪委书记1人、县委办主任1人。会议内容：州委组织部长宣读州委通知，何荫懋任中共罗甸县委书记，黄大熙任副书记兼组织部长。罗正科调离罗甸到贵阳花溪区工作。10月30

日在县委常委会议室召开中共罗甸县委第六届常委会第 35 次会议，会议由县委书记何荫懋主持。应到会常委 9 人，实到会 8 人，因公外出 1 人；列席会议有县政协主席 1 人、县人大常委会副主任 1 人、县教育局负责人 2 人。会议研究落实省委书记刘正威对罗甸教育文盲多、危房多的批示。12 月 17 日，县委书记何荫懋在常委会议室召开中共罗甸县委第六届常委会第 38 次会议，应到会常委 9 人，出席会议 7 人，因公外出 2 人；列席会议县人大常委会正、副主任 2 人、县政协主席 1 人、县计委主任 1 人、县公安局长 1 人、县粮食局长 1 人、县委办主任 1 人。会议研究信访案件和审批“农转非”等事宜。12 月 22 日，县委书记何荫懋在常委会议室召开中共罗甸县委第六届常委会第 39 次会议，应到会常委 9 人，出席会议 9 人；列席会议县人大常委会主任 1 人、县政协主席 1 人、县委办主任 1 人。会议研究干部任免问题。

1991 年 1 月 18 日在县委常委会议室召开中共罗甸县委第六届常委会第 1 次会议，会议由县委书记何荫懋主持。实到会 10 人；列席会议有县人大常委会主任 1 人、县政协主席 1 人。会议内容：研究县委党校办学问题。党校教师逐步配齐，开办电视中专班和秘书班；年内再建 17 所乡级党校；审定出席省、州计划生育先进集体和个人等事项。2 月 6 日在县委常委会议室召开中共罗甸县委第六届常委会第 4 次会议，会议由县委书记何荫懋主持，应到会常委 10 人，实到会 9 人，因公外出 1 人；列席会议有县人大常委会主任 1 人、县政协主席 1 人、副县长 1 人、县计委主任 1 人、县经委主任 1 人。会议传达州计划工作会议精神；研究成立县电气化领导小组、县党史领导小组、县法制宣传教育领导小组；同意调整县武装委员会成员，由县委书记何荫懋担任主任，办公室设在武装部。研究各乡（镇）5 月份党代会换届；决定县直属机关常委第五次代表大会于 4 月份召开。3 月 17 日在县委常委会议室召开中共罗甸县委第六届常委会第 5 次会议，会议由县委书记何荫懋主持。应到会常委 10 人，实到会 7 人，因公外出 3 人；列席会议有县人大常委会正、副主任 2 人、副县长 1 人、县政协正、副主席 2 人。会议审定州人大代表、州政协委员、县、乡人大主席团成员名单、纪念解放罗甸 40 周年成就报告；议定县人民代表大会第 2 次会议和政协会议召开日期。6 月 30 日在县委常委会议室召开中共罗甸县委第六届常委会第 18 次会议，会议由县委书记何荫懋主持。应到会常委 10 人，实到会 10 人；列席会议有县政协主席 1 人、县人大常委会副主任 1 人、县委组织部负责人 2 人。会议研究“七一”活动安排、表彰全县先进党组织和优秀共产党员；安排 7–9 月“建镇并乡撤区”工作，在第四季度进行县党代会换届等工作。7 月 10 日在县委常委会议室召开中共罗甸县委第六届常委会第 22 次会议，会议由县委书记何荫懋主持。应到会常委 10 人，实到会议 10 人；列席会议有县人大常委会主任 1 人、县政协主席 1 人。会议传达全州县委书记会议精神；成立“建镇并乡撤区”工作领导小组，县委书记何荫懋任组长。领导小组下设办公室在县政府办公室；成立基本农田建设办公室，办公室设在县委农工部。8 月 25 日，省委书记刘正威、省委秘书长王思齐、州委副书记郝鑫忠到罗甸检查指导工作，县委书记何荫懋在常委会议室汇报工作。应到会常委 10 人，出席实到汇报工作会 8 人、副县长 2 人。9 月 3 日在常委会议室召开中共罗甸县委第六届常委会第 33 次会议，会议由县委书记何荫懋主持。应到会常委 10 人，实到会 10 人；列席会议有县人大常委会正、副主任 2 人、县政协主席 1 人。会议传达省委书记刘正威关于苏联“8·19”事件讲话精神；审定表彰先进个人等事项。10 月 12 日在县委常委会议室召开中共罗甸县委第六届常委会第 34 次会议，会议由县委书记何荫懋主持。应到会常委 10 人，实到会 9 人，因公外出 1 人；列席会议有县政协主席 1 人、县人大常委会副主任 1 人、县委组织部负责人 2 人。会议研究人事任免、恢复县农机局；县医院、县中医院升格为区级；外事办与县委招待所分开；准备冬季征兵等工作。12 月 9 日在县委常委会议室召开中共罗甸县委第六届常委会第 38 次会议，会议由县委书记何荫懋主持。应到会常委 10 人，实到会 9 人，因公外出 1 人；列席会议有县政协主席 1 人、县人大常委会副主任 1 人。会议研究年终实行片区检查督促工作，设立巡视组及组长、副组长人选。

中共罗甸县第七届委员会（1992 年 1 月—1996 年 10 月）常委会召开会议 66 次，其中：1992 年 1 次、1993 年 3 次、1994 年 17 次、1995 年 25 次、1996 年 20 次。

1992 年 1 月 7 日在县委常委会议室召开中共罗甸县委第七届常委会第 1 次会议，会议由县委书记何荫懋主持。应到会常委10人，实到会9人，因公外出1人；列席会议有县政协主席1人、县委老领导3人。会议研究县委常委分工；离休干部易地安置建房补助标准和设立退休干部管理机构。

1993年1月30日在县委常委会议室召开中共罗甸县委第七届常委会第1次会议，应到会常务10人，出席会议7人，因公外出3人；列席会议有县人大常委会正、副主任2人、县政协主席1人、县老领导3人。会议议定成立罗甸县推荐表彰优秀知识分子科技人员评审小组名单。8月23日在县委常委会议室主持召开中共罗甸县委第七届常委会第2次会议，会议由县委书记何荫懋主持。应到会常委10人，实到会7人，因公外出3人；列席会议有县人大常委会副主任2人、县政协主席1人、县直有关单位主要负责人7人。会议审议通过《罗甸县城镇住房制度改革实施方案》。10月23日在常委会议室召开中共罗甸县委第七届常委会第3次会议，会议由县委书记何荫懋主持。应到会常委10人，出席会议6人（含省挂职1人），因公外出4人；列席会议有县人大常委会副主任1人、县老领导3人、县人事局正、副局长3人。会议听取县人事局关于在中专文凭清理工作情况的汇报。

1994年7月12日在县委常委会议室召开中共罗甸县委第七届常委会第1次会议，会议由县委书记余学强主持。应到会常委10人，实到会8人，因公外出2人；列席会议有县人大常委会副主任1人、县政协主席1人、县级老领导5人。会议听取工改有关事项、研究省教育学院在罗甸办教育管理大专班事宜。8月10日在县委常委会议室召开中共罗甸县委第七届常委会第5次会议，会议由县委书记余学强主持。应到会常委8人，因公外出2人，实到会常委8人，列席会议有县人大常委会副主任1人、副县长3人、县政协主席1人、县级老领导2人，会议听取龙坪镇关于城镇开发规划建设的汇报，议定由龙坪镇、城建局、土管局、工商局、经贸局、乡企局、公安局等部门，按照目标任务、小区规划、组织机构、实施办法等拟定实施计划。8月25日在县委常委会议室召开中共罗甸县委第七届常委会第8次会议，应出席会议常委10人，因公外出3人，实到会常委7人，列席会议有县级老干部4人。会议听取直属机关党委关于召开第六次代表大会的汇报、县人大关于召开纪念全国人民代表大会成立40周年座谈会的汇报、大、中专毕业生分配情况汇报、秋种安排汇报和研究驻乡警转干问题、乡（镇）党代会问题。9月15日在县委常委会议室召开中共罗甸县委第七届常委会第9次会议，实到会常委7人，应到会常委10人，实到会4人，因公外出6人；列席会议有县人大常委会副主任1人、副县长3人、县政协主席1人、县级老干部2人。会议听取龙坪镇汇报赴桐梓等地考察情况及龙坪镇城镇开发建设规划、县劳动人事局关于劳务输出情况、周齐副县长关于省、州林业、三秋生产、坡改梯、第二批农村电气化县达标工作会议情况及贯彻建设的汇报。9月29日在县委常委会议室召开中共罗甸县委第七届常委会第10次会议，应到会常委10人，实到会5人，因公外出5人；列席会议有县政协主席1人、县人大常委会副主任1人、县级老领导3人。会议传达全省乡（镇）企业会议精神，听取全县解放思想大讨论情况、国庆活动准备情况、县人大关于换届后工作情况的汇报。10月25日在县委常委会议室召开中共罗甸县委第七届常委会第11次会议，应出席会议常委10人，因公外出4人，实到会常委6人；列席会议有县人大常委会副主任1人、副县长1人、县级老领导3人。会议同意大亭乡政府迁址报告；听取县政法委赴贵定县考察社会治安综合治理情况汇报，部署全县社会治安综合治理工作。会议宣布州委组织部关于提任周齐、朱家秋任县委副书记的通知，研究县委分工和安排干部下乡村挂职事宜。12月13日在县委常委会议室召开中共罗甸县委第七届常委会第17次会议，应到会常委10人，实到会8人，因公外出2人；列席会议县政协主席1人、县人大常委会老领导1人、县计委1人。会议讨论非统配毕业生安置。

1995年1月5日在县委常委会议室召开中共罗甸县委第七届常委会第1次会议，会议由县委书记余学强主持。应到会常委10人，实到会8人，因公外出2人；列席会议有县政协主席1人、县人大常委会副主任1人。会议听取1994年全县各项经济统计数据的汇报、县人大关于对县人民政府组成人员和县人民法院领导试行向县人大作述职报告等事宜；审议通过县委、县人民政府对乡镇党委、政府实行目标管理考核意见；议定县委常委工作进行分工及人事安排。2月13日在县委常委会议室召开中共罗甸县委第七届常委会第3次会议，会议由县委书记余学强主持。应到会常委10人，出席会议7人，因公外出3人；列席会议有县人大常委会副主任1人、副县长3人。会议成立全县推荐表彰优秀知识分子科技人员领导小组、评审小组。2月14日在县委常委会议室召开中共罗甸县委第七届常委会第4次会议，会议由县委书记余学强主持。应到会常委10人，出席会议8人，因公外出2人；列席会议有县人大常委会副主任1人、副县长4人、县政协主席1人、县直有关单位主要负责人8人。会议研究通过组织工作、召开县乡人代会和县政协会议、水电费提价、财政预算、公费医疗、飞播、开发区内建住宅区、部门岗位目标责任制落实等事项；讨论通过《项目资金清理盘活领导小组名单》《罗甸县“八七”扶贫攻坚计划报告及农业综合开发项目报告》。3月2日在县委常委会议室召开中共罗甸县委第七届常委会第6次会议，会议由县委书记余学强主持。应到会常委10人，实到会6人，因公外出5人；列席会议有县人大常委会副主任1人、副县长5人、县政协主席1人、县直有关单位主要负责4人。会议审议通过《县人民政府工作报告》和部门1995年主要目标责任制，同意召开关心下一代工作委员会会议和共青团第十五届委员会三次会议。4月23日在县委常委会议室召开中共罗甸县委第七届常委会第9次会议，会议由县委书记余学强主持。应到会常委10人，实到会5人，因公外出5人；列席会议有副县长4人、县政协主席1人、县直有关单位主要负责15人。会议讨论修改《罗甸县人民政府关于加快个体私营经济发展的实施意见（草案）》，议定财、税收入和粮食入库工作。5月26日在县委常委会议室召开中共罗甸县委第七届常委会第11次会议，应到会常委10人，实到会8人，因公外出2人；列席会议有县人大常委会副主任1人、副县长2人、县直有关单位主要负责24人。会议讨论修改并通过《发展非公有制经济的实施意见》《关于多渠道筹集“普九”义务教育经费的实施意见》《县委组织部、县人事劳动局、县财政局关于财政人员考察的实施意见》和加快发展乡（镇）企业的决定。6月17日在县委常委会议室召开第12次会议，会议由县委书记余学强主持。应到会常委10人，出席会议8人，因公外出2人；列席会议有县人大常委会副主任1人、副县长3人（含省挂职1人）、县直有关单位主要负责15人。会议修改并通过《罗甸县人民政府关于招商引资奖励办法的暂行规定》《罗甸县民族中学教育改革实施的意见》《关于进一步完善干部管理工作的实施意见》《关于审干工作联系制度的实施意见》，讨论通过“七一”表彰的50个先进基层党组织和50个优秀党员名单等。7月25日在县委常委会议室召开中共罗甸县委第七届常委会第14次会议，会议由县委书记余学强主持。应到会常委10人，实到会8人，因公外出2人；列席会议有县人大常委会副主任1人、副县长3人（含省挂职1人）、县政协主席1人、县直有关单位主要负责16人。会议讨论通过《关于选派机关年轻干部和应届大中专毕业生参加劳务输出锻炼实施意见》《关于不具备国家公务员学历培训和考试的意见》，研究“以工代干”人员转干、民办教师转公办教师后工资发放、上海知青退休的问题。8月6日在县委常委会议室召开中共罗甸县委第七届常委会第15次会议，会议由县委书记余学强主持。应到会常委10人，实到会4人，因公外出6人；列席会议有县委办、县委组织部负责人2人。会议传达学习中共贵州省委办公厅、省人民政府办公厅《关于超标准工作用车等有关问题的处理意见》和中共贵州省委办公厅关于印发胡锦涛同志对《贵州一些乡镇干部与农民关系紧张》一文的重要批示及省委书记刘方仁批办意见的通知。8月11日在县委常委会议室召开中共罗甸县委第七届常委会第16次会议，会议由县委书记余学强主持。应到会常委10人，实到会5人，因公外出5人；列席会议有县人大常委会副主任1人、副县长2人、县政协主席1人、县直有关单位主要负责5人。会议传达全州1995年大中专毕业生安排工作会议精神、讨论修改《中小学教育体制改革实施意见》《宣传罗甸实行奖励的实施意见》和同意成立罗甸县城镇管理监察大队。8月23–24日在县委常委会议室召开中共罗甸县委第七届常委会第17次会议，应到会常委11人，实到会11人；列席会议有县人大常委会副主任1人、副县长5人、县政协正、副主席2人、县直有关单位主要负责25人。会议讨论贯彻实施《中共中央、国务院关于加速科学技术进步的决定》的决定、《罗甸县辉绿岩发展规划意见》《罗甸县人民政府关于加快辉绿岩资源开发的决定》、研究部署今冬明春水电工程规划及安排意见、今冬明春蔬菜发展、林业发展、坡改梯、非耕地资源开发、畜牧业的规划及部署。9月26—27日在县委常委会议室召开中共罗甸县委第七届常委会第19次会议，会议由县委书记余学强主持。应到会常委11人，实到会6人，因公外出5人。会议讨论通过《罗甸县人事劳动局关于劳动用工和临时工管理的意见》《关于退休人员实行工改工资标准的意见》《关于办〈罗甸报〉的意见》《关于加强全县财源建设的实施意见》《罗甸县第九个五年计划期间财政发展规划》；传达全省科技大会精神。10月9日，县委书记余学强在常委会议室主持召开中共罗甸县委第七届常委会第20次会议，应到会常委11人，出席会议9人，因公外出2人。会议讨论通过《关于干部、党员培训的意见》《关于进一步加强农村基层组织建设工作的意见》。10月29日在县委常委会议室召开中共罗甸县委第七届常委会第21次会议，会议由县委书记余学强主持。应到会常委11人，实到会8人，因公外出3人。会议传达全州1995年冬季征兵工作、“两山”（麻山、瑶山）扶贫工作会议精神，讨论安排全县冬季征兵，研究非农户口复退军人安置等事宜。11月6日在县委常委会议室召开中共罗甸县委第七届常委会第22次会议，会议由县委书记余学强主持。应到会常委11人，实到会8人，因公外出3人。会议研究乡（镇）人大换届工作、村委会换届选举工作，讨论党政干部过渡为公务员实施意见，同意县工商联加挂商会牌子，成立商会的请示等事项。11月19–20日在县委常委会议室召开中共罗甸县委第七届常委会第23次会议，会议由县委书记余学强主持。应到会常委11人，实到会10人，因公外出1人。会议传达学习省委第七届委员会四次全体会议精神；讨论修改《罗甸县国民经济、社会发展“九五”计划和2010年规划》。12月25日在县委常委会议室召开第25次会议，会议由县委书记余学强主持。应到会常委11人，实到会7人，因公外出4人。会议传达学习全州乡（镇）人大换届试点工作会议精神，安排部署全县乡镇换届工作。

1996年1月4–6日在县委常委会议室召开中共罗甸县委第七届常委会第1次会议，会议由县委书记余学强主持。应到会常委11人，实到会10人，因公外出1人；列席会议有县人大常委会副主任2人、副县长4人（省挂职1人）、县政协副主席3人、县直有关单位主要负责人18人。会议传达全州工作会议精神、黔桂两省四县林业联防会议精神、全州城镇建设会议精神、全州非公有制经济会议精神、听取县赴浙江乐清考察情况汇报、全省扶贫工作会议情况汇报、1995年主要经济指标完成情况和1996年国民经济与社会发展主要指标计划的汇报；审议“九五”计划（草案）等事项。2月11日在县委常委会议室召开第3次会议，应到会常委11人，实到会11人；列席会议有县人大常委会副主任2人、副县长4人、县政协主席1人、县直有关单位主要负责人10人。会议听取全国农业工作会议精神、全省法院、检察院、司法、政法工作会议精神、全州人武部收归军队工作会议精神、乡镇换届选举工作情况汇报；议定全委（扩大）会议议程、公路建设考核奖励、关于禁毒、取缔邪教组织专项斗争实施方案、加快辉绿岩矿山的开发等事项。3月12日在县委常委会议室召开中共罗甸县委第七届常委会第5次会议，应到会常委11人，实到会9人，因公外出2人；列席会议有副县长1人、县政协主席1人、县直有关单位主要负责人5人。会议议定成立《罗甸报》社的请示，同意报社为正局级事业单位，设主编1人、副主编1–2人，事业编制12人；议定《关于实施和参照试行国家公务员制度的意见》；听取全州计划生育工作会议精神等事宜。4月12日在县委常委会议室召开中共罗甸县委第七届常委会第7次会议，应到会常委11人，实到会10人，因公外出1人；列席会议有副县长3人、县政协主席1人、县直有关单位主要负责人15人。会议审议关于工商税征收范围划定、关于税改方案有关问题；审定关于县级领导干部抓“小康村”方案和科、局扶贫方案；议定老干部工作、在《贵州日报》登载宣传罗甸专版，通过《贵州日报》平台宣传罗甸。5月10日在县委常委会议室召开第9次会议，应到会常委11人，实到会10人，因公外出1人；列席会议有副县长4人、县政协主席1人、县直有关单位主要负责人5人。会议议定1996年中等专业学校定向招生、选派青年干部参加劳务输出等事项。6月11日在县委常委会议室召开中共罗甸县委第七届常委会第11次会议，会议由县委书记余学强主持。应到会常委11人，实到会10人，因公外出1人；列席会议有县人大常委会副主任1人、副县长2人、县政协主席1人、县直有关单位主要负责人18人。会议听取全州信访工作会议精神、关于龙坪镇管委会工作职责和小城镇建设的情况汇报；议定调整罗甸县基层组织建设领导小组成员、成立反贪局、增加民办教师工资待遇等事项。8月29日在县委常委会议室召开中共罗甸县委第七届常委会第17次会议，会议由县委书记余学强主持。应到会常委11人，实到会10人，因公外出1人；列席会议有县人大常委会副主任1人、副县长4人（含省挂职2人）、县直有关单位主要负责人11人。会议通报省“三乱”检查及视察罗甸情况；传达全州计生工作会议精神；议定县城有线电视改造方案、1996年大中专毕业生分配方案等事项。10月4日在县委常委会议室召开中共罗甸县委第七届常委会第20次会议，应到会常委11人，实到会7人，因公外出4人；列席会议有县政协主席1人、县委办、县委组织部负责人2人。会议议定在职年轻干部参加劳务输出人员名单、《罗甸报》每周发行1期改为每周发行2期。

中共罗甸县委第八届常委会（1996年10月—2001年6月）召开会议134次，其中：1996年9次、1997年31次、1998年28次、1999年24次、2000年23次、2001年19次。

1996年10月10日，县委书记余学强在常委会议室主持召开中共罗甸县委第八届常委会第1次会议，会议由县委书记余学强主持。应到会常委9人，实到会9人；列席会议有副县长3人（含省挂职1人）、县政协主席1人、县直有关单位主要负责人8人。会议听取1–9月财政收入情况；议定关于加强县委常委思想作风建设、召开“严打”斗争先进集体、先进个人表彰、“二五”普法总结和“三五”普法工作安排意见等事项。11月22日在县委常委会议室召开中共罗甸县委第八届常委会第4次会议，会议由县委书记余学强主持。应到会常委9人，实到会8人，因公外出1人；列席会议有县人大常委会正、副主任4人、副县长3人、县政协正、副主席3人、县直有关单位主要负责人18人。会议讨论“全县学大关，罗甸怎么办”；议定为武警罗甸县中队向省武警总队报请二等功、全省“两山”劳务输出会在罗甸召开的有关事项。12月30日在县委常委会议室召开中共罗甸县委第八届常委会第9次会议，会议由县委书记余学强主持。应到会常委9人，出席会议7人，因公外出2人；列席会议有县人大常委会主任1人、副县长3人（含州挂职1人）、县政协主席1人、县直有关单位主要负责人3人。会议审定推荐出席党的十五大代表候选人初步人选、研究全县一般干部交流方案、扶贫队工作、部分干部工作调动及增设部门党支部、公务员过渡入轨及有关事宜。

1997年1月6–7日在县委常委会议室召开罗甸县委第八届常委会第1次会议，会议由县委书记余学强主持。应到会常委9人，实到会8人，因公外出1人；列席有会议县人大常委会主任1人、副县长2人、县政协主席1人、县直有关单位主要负责人19人。会议研究1997年国民经济和社会发展主要指标；审议通过《1997年财政改革实施方案》，安排春节后的相关工作。2月18–19日在县委常委会议室召开中共罗甸县委第八届常委会第4次会议，会议由县委书记余学强主持。应到会常委9人，实到会7人，因公外出2人；列席会议有副县长6人、县政协正、副主席2人、县直有关单位主要负责人28人。会议讨论大关村接待省、州和各县参观事宜，审定各乡（镇）和县机关各单位1996年度工作目标考核结果、1997年度财政收支方案、乡镇企业任务分解、工商联第四届换届选举、县委、县政府“十件大事”、越过温饱线等事宜。3月16日在县委常委会议室召开中共罗甸县委第八届常委会第8次会议，会议由县委书记余学强主持。应到会常委9人，实到会7人，因公出差2人；列席会议有县人大常委会主任1人、副县长2人（含州挂职1人）、县直有关单位主要负责人4人。会议内容讨论1997年乡镇和部门实施目标管理考核实施意见、财政预算、四家班子领导信访接待值班、10万亩柑橘基地建设实施方案、城建局增设城管监察队、环卫站招聘合同制工人等事项。4月13日在县委常委会议室召开中共罗甸县委第八届常委会第10次会议，会议由县委书记余学强主持。应到会常委9人，实到会8人，因公外出1人；列席会议有县人大常委会正、副主任2人、副县长4人、县政协主席1人、县直有关单位主要负责人15人。会议讨论1996年度县机关、乡（镇）科级领导年度考核、干部停薪留职、留薪留职、村委会建房用地、利用扶贫资金以资引资、信邦公司申请扶贫贷款新建银杏种植基地等事宜。6月15日在县委常委会议室召开中共罗甸县委第八届常委会第16次会议，会议由县委书记余学强主持。应到会常委9人，实到会7人，因公外出 2 人；列席会议有县人大常委会副主任 1 人、副县长 4 人（省挂职 1 人）、县直有关单位主要负责人 11 人。会议研究接待“中国扶贫记者团”到罗甸采访、广西河池地区考察参观大关、深圳市龙岗区对口帮扶、用公款安装电话及话费开支、粮食部门实行两线运行实施方案等事项。7 月 27 日在县委常委会议室召开中共罗甸县委第八届常委会第 20 次会议，会议由县委书记余学强主持。应到会常委 9 人，实到会 8 人，因公外出 1 人；列席会议有县人大常委会副主任 1 人、副县长 6 人（省挂职 1 人）、县直有关单位主要负责人 13 人。会议讨论惠罗油路扫尾工程、龙岗区支持罗甸和合作项目实施方案，传达全州政府工作会议精神，听取农村基层组织建设阶段性整改验收情况。8 月 11 日在常委会议室召开中共罗甸县委第八届常委会第 23 次会议，会议由县委书记余学强主持。应到会常委 9 人，出席会议常委 6 人，因公外出 3 人；列席会议有县人大常委会主任 1 人、县委组织部负责人 1 人。会议讨论通过全县乡（镇）第九届党委换届实施方案。10 月 27 日在县委常委会议室召开中共罗甸县委第八届常委会第 27 次会议，会议由县委书记余学强主持。应到会常委 9 人，实到会 6 人，因公外出 3 人；列席会议有县人大常委会正、副主任 1 人、副县长 4 人、县直有关单位主要负责人 26 人。会议传达州委七届二次全委会议、全州冬季征兵工作精神，听取全州老年大学会议精神汇报，研究增加离休干部护理费、召开县妇联第八次代表大会、信邦公司 GMP（国际药业生产校准化）生产线等事宜。11 月 21 日在县委常委会议室召开中共罗甸县委第八届常委会第 27 次会议，会议由县委书记余学强主持。应到会常委 9 人，实到会 9 人；列席会议有县人大常委会正、副主任 2 人、副县长 3 人、县政协正、副主席 2 人、县直有关单位主要负责人 27 人。会议听取省民营企业家考察罗甸情况汇报，研究组团赴深圳龙岗义演的实施意见、财政部门承接罗斛大酒店修建和管理、成立县文联、县人大换届选举工作、县政协换届选举工作、三合公司开发情况等事项，听取省贫困义务教育规划情况。12 月 11 日在县委常委会议室召开中共罗甸县委第八届常委会第 31 次会议，应到会常委 9 人，实到会 8 人，因公外出 1 人；列席会议有县人大常委会正、副主任 2 人、副县长 3 人、县政协正、副主席 2 人、县直有关单位主要负责人 27 人。会议研究龙坪水泥厂改制问题和抢修里落公路的有关事宜。

1998 年 1 月 9–10 日在县委常委会议室召开中共罗甸县委第八届常委会第 1 次会议，应到会常委 9 人，实到会 8 人，因公外出 1 人，列席会议有县人大副主任 1 人、副县长 4 人、县政协主席 1 人、县直有关单位主要负责人 36 人。会议传达全省城建工作会议精神；议定全县 1998 年财政税收初步方案、公费医疗改革方案。4 月 12 日在县委常委会议室召开中共罗甸县委第八届常委会第 10 次会议，会议由县委书记余学强主持。应到会常委 9 人，实到会 6 人，因公外出 3 人。会议听取上立亭电站项目审查、赈种济肥收回情况汇报；议定乡（镇）妇联换届选举、贵大、贵师大 4 名统配生到罗甸就业等事项。4 月 20 日在县委常委会议室召开中共罗甸县委第八届常委会第 11 次会议，会议由县委书记余学强主持。应到会常委 9 人，实到会 8 人，因公外出 1 人；列席会议有县人大常委会正、副主任 2 人、副县长 4 人、县政协副主席 2 人、县直有关单位主要负责人 29 人。会议传达全州领导干部会议精神，研究在《贵州日报》开辟专栏宣传罗甸、成立县委、县政府督查室、实施丧葬制度改革、征收蔬菜检疫收费等事项。5 月 25 日在县委常委会议室主持召开中共罗甸县委第八届常委会第 14 次会议，会议由县委书记余学强主持。应到会常委 9 人，实到会 8 人，因公外出 1 人；列席会议有县人大常委会主任 1 人、副县长 4 人、县直部门主要负责人 27 人。会议听取赴山东省寿光市考察蔬菜项目、嘉旺公司等地考察生物饲料养殖技术情况汇报，讨论水电部门招聘事业人员、修建县农民体育运动场、申请参加省“8·28”龙洞堡机场通航展销会、实施“安居工程”、大关接待有关事项，研究接待省作家协会采风团等事项，审定推荐参加黔南州公开选拔副县级领导干部人员名单。6 月 22 日在县委常委会议室召开中共罗甸县委第八届常委会第 16 次会议，会议由县委书记滕久明主持。应到会常委 9 人，实到会 9 人；列席会议有县人大常委会正、副主任 3 人、副县长 3 人、县政协副主席 1 人、县直部门主要负责人 15 人。会议审定《加快林业发展步伐的若干规定的报告》。7 月 21 日在县委常委会议室召开中共罗甸县委第八届常委会第 16 次会议，会议由县委书记滕久明主持。应到会常委 9 人，实到会 8 人，因公外出 1 人；列席会议有副县长 3 人、县老领导 2 人、县直部门主要负责人 22 人。会议学习中发〔1998〕11 号文件精神，讨论成立县计生服务中心、县直属机关党委换届、加强职业教育等事宜，听取林业工作调查、财税集团承包方案实施情况汇报。8 月 5 日在县委常委会议室召开中共罗甸县委第八届常委会第 20 次会议，会议由县委书记滕久明主持。应到会常委 9 人，实到会 9 人；列席会议有县人大常委会正、副主任 3 人、副县长 4 人、县政协副主席 2 人、县老领导 1 人、县直部门主要负责人 29 人。会议贯彻落实中发〔1998〕11 号文件精神安排意见。10 月 10 日在县委常委会议室召开中共罗甸县委第八届常委会第 25 次会议，应到会常委 9 人，实到会 9 人；列席会议有县人大常委会正、副主任 2 人、副县长 3 人、县直部门主要负责人 33 人。会议学习贯彻中办发《关于认真学习江泽民同志在全国抗洪救灾总结表彰大会上的讲话的通知》和贵州省委书记刘方仁于 9 月 21 日和黔南州委书记何永康 9 月 23 日在全省、全州电视电话会上的讲话精神。11 月 22 日在县委常委会议室召开中共罗甸县委第八届常委会第 28 次会议，应到会常委 9 人，实到会 7 人，因公外出 2 人；列席会议有县人大常委会正、副主任 2 人、副县长 4 人（省挂职 1 人）、县政协副主席 1 人、县直部门主要负责人 2 人。会议学习贯彻省委八届二次全会精神。

1999 年 1 月 16 日，县委书记滕久明在县委常委会议室主持召开中共罗甸县委第八届常委会第 1 次会议，应到会常委 9 人，实到会 8 人，因公外出 1 人；列席会议有县人大常委会副主任 2 人、副县长 2 人、县政协副主席 1 人、县直有关单位主要负责人 22 人。会议学习贯彻黔南州委七届四次全委（扩大）会议精神；审议县委、县人民政府《1998 年工作总结和 1999 年工作重点》以及《1999 年重点抓的十件大事》。3 月 1 日在县委常委会议室召开中共罗甸县委第八届常委会第 4 次会议，应到会常委 9 人，实到会 9 人；列席会议有县人大常委会正、副主任 6 人、副县长 5 人、县政协副主席 2 人、县直有关单位主要负责人 19 人。会议传达黔南州委书记何永康春节前电话指示精神；分别审定《罗甸县农村税费制度改革实施方案》《1999 年财政预算》《1999 年县四家班子财税集团承包方案》《1998 年度乡（镇）目标管理考核结果》《县人民政府工作报告》《关于进一步加强农业和农村工作意见》《“三讲”教育及发展非公有制经济实施意见》（“三讲”即讲学习、讲政治、讲正气）。4 月 28 日在县委常委会议室县委书记滕久明主持召开中共罗甸县委第八届常委会第 8 次会议，应到会常委 9 人，实到会 8 人，因公外出 1 人；列席会议有县人大常委会正、副主任 5 人、副县长 4 人、县政协 2 人、县直有关单位主要负责人 16 人。会议研究“三讲”教育活动安排、召开全县教育工作会议，传达全州维护稳定电视电话会议精神。6 月 16 日在县委常委会议室召开中共罗甸县委第八届常委会第 4 次会议，会议由县委书记滕久明主持。应到会常委 9 人，出席会议 8 人，因公外出 1 人；列席会议有县人大常委会副主任 2 人、副县长 1 人、县政协副主席 1 人、县直有关单位主要负责人 24 人。会议研究村村通电视、体育活动中心建设、建立乡（镇）司法所、开展依法治县工作、吴华等教师离岗的处理意见、省农业厅派李琼芬出国考察等事宜。7 月 22 日在县委常委会议室召开中共罗甸县委第八届常委会第 15 次会议，应到会常委 9 人，实到会 7 人，因公外出 2 人；列席会议有县人大常委会正、副主任 5 人、副县长 5 人、县政协副主席 2 人、县直有关单位主要负责人 10 人。会议传达学习中发〔1999〕13 号和省办发〔1999〕36 号等有关电传文件精神和黔南州纪委、州监察局《关于严肃查处违纪驾车肇事干部的紧急通知》。8 月 31 日在常委会议室召开中共罗甸县委第八届常委会第 18 次会议，会议由县委书记滕久明主持。应到会常委 9 人，实到会 5 人，因公外出 4 人；列席会议有县人大常委会正、副主任 4 人、副县长 4 人、县直有关单位主要负责人 10 人。会议听取县人大执法检查情况汇报，传达全省“两山”县委书记扶贫工作交流会议精神、1—8 月财税工作情况通报和部署后 4 个月工作，讨论人民代表大会制度宣传工作，研究 1999 年大中专毕业生分配工作、国家机关工作人员死亡丧葬费开支标准、申报享受省政府津贴人员。10 月 26 日在县委常委会议室召开中共罗甸县委第八届常委会第 21 次会议，会议由县委书记滕久明主持。应到会常委 9 人，实到会 6 人，因公外出 3 人；列席会议有副县长 2 人、县政协副主席 1 人、县直有关单位主要负责人 19 人。会议传达贵州省人民政府省长钱运录、黔南州委书记何永康对交砚乡问题的重要指示、龙滩电站移民工作会议精神、全州征兵工作会议精神。12月30日在常委会议室召开中共罗甸县委第八届常委会第24次会议，会议由县委书记滕久明主持。应到会常委9人，实到会9人；列席会议有县人大常委会正、副主任5人、副县长4人、县政协副主席2人、县直有关单位主要负责人19人。会议听取省长钱运录到罗甸调研情况通报，议定组建社会保险事业局、茂井镇高圩水库建设问题、县城河滨路、跃进路、政府路规划设计实施等事项，审议通过《关于迎接西部大开发建设方案及2000年“十件事实”（草案）》。

2000年1月12日在常委会议室召开中共罗甸县委第八届常委会第1次会议，会议由县委书记滕久明主持。应到会常委9人，实到会6人，因公外出3人；列席会议有副县长5人、县政协副主席2人、县直有关单位主要负责人20人。会议传达中办发〔2000〕1号文件精神和黔南州领导对交砚乡问题的指示、讨论龙滩电站移民规划问题和高圩水库建设问题、传达全州经济工作会议精神并安排部署全县经济工作。2月15日在县委常委会议室召开中共罗甸县委第八届常委会第5次会议，会议由县委书记滕久明主持。应到会常委9人，实到会7人，因公外出2人；列席会议有人大常委会正、副主任3人、副县长1人、县政协副主席1人、县直有关单位主要负责人13人。会议讨论2000年财政预算收入方案、龙滩电站罗甸库区实物指标调查情况、设置县人民政府法制局、关于召开县第十三届人民代表大会第三次会议和罗甸县第政协五届第三次会议等事项，审定罗甸县第十三届人代会第三次会议政府工作报告。4月10日在县委常委会议室主持召开中共罗甸县委第八届常委会第7次会议，应到会常委9人，实到会8人，因公外出1人；列席会议有县人大常委会正、副主任5人、副县长5人、县政协副主席3人、县直有关单位主要负责人12人。会议讨论龙滩电站移民迁建、茂井新镇选址、继续修建里落公路、高圩水库建设等事项。9月9日在县委常委会议室召开中共罗甸县委第八届常委会第17次会议，会议由县委书记滕久明主持。应到会常委9人，实到会7人，因公外出2人；列席会议有县人大常委会主任1人、副县长2人、县委组织部、县教育局、人事局主要负责人5人。会议讨论二中选调教师、贵州电视台《革命老区行》栏目组到罗甸拍摄专题内容。9月25日在县委常委会议室召开中共罗甸县委第八届常委会第18次会议，会议由县委书记滕久明主持。应到会常委9人，实到会9人；列席会议有县人大常委会主任1人、县直有关单位主要负责人11人。会议审定县委、县政府“三讲”教育活动整改方案，复议2000年大中专毕业生分配等事项，关于边阳镇与贵州齐欣贸易发展有限公司合作发展养猪问题，议定县人民政府要与对方沟通，减少群众损失，政府只能作好引导、牵线搭桥等事宜，不再介入具体的合作事项。10月27日在县委常委会议室召开中共罗甸县委第八届常委会第20次会议，会议由县委书记滕久明主持。应到会常委9人，实到会6人，因公外出3人；列席会议有县委办、县政府办、县财政局主要负责人。会议讨论人口普查、“双教”（基础教育、职业教育）、冬季征兵、“三五”普法验收所需经费、财政税收工作等事宜。11月7日在县委常委会议室召开中共罗甸县委第八届常委会第21次会议，会议由县委书记滕久明主持。应到会常委9人，实到会6人，因公外出3人；列席会议有县人大常委会主任1人、副县长1人、县直有关单位主要负责人8人。会议讨论研究乡（镇）党委换届、试行公开选拔部分副科级领导干部、1998届大中专毕业生打工实习期满回县安排工作方案等事项，审定县残联升格为正科级、县党政领导信访工作责任制、清理集资建房操办酒席等事项。12月13日在县委常委会议室召开中共罗甸县委第八届常委会第24次会议，会议由县委书记滕久明主持。应到会常委9人，实到会6人，因公外出3人。会议研究关于干部职工集资建房、操办酒席的有关处理意见、关于推荐评选1998—2000年农村基层组织建设先进个人和集体问题。

2001年2月2日在县委常委会议室召开中共罗甸县委第八届常委会第4次会议，会议由县委书记滕久明主持。应到会常委9人，实到会5人，因公外出4人。会议审定全县参加黔南州第十一届人大代表会议初步人选名单。5月30日在县委常委会议室召开中共罗甸县委第八届常委会第14次会议，会议由县委书记宋健主持。应到会常委9人，实到会6人，因公外出3人；列席会议有县人大常委会正、副主任2人、副县长3人（含省挂职1人）、县政协副主席1人、县直有关单位主要负责人14人。会议讨论修改《中共罗甸县第九届党代会工作报告》《县九届党代会代表分配方案》等。6月7日，受县委书记宋健委托，县长莫俊国在县委常委会议室主持召开中共罗甸县委第八届常委会第15次会议，应到会常委9人，实到会9人；列席会议有县人大常委会副主任5人、副县长4人、县政协副主席2人、县直有关单位主要负责人11人。会议审议出席黔南州第八届党代会初步人选方案、审定新一届《县纪委班子有关人事方案》、传达贯彻全省市、县、乡机构改革会议精神。6月12日在县委常委会议室召开中共罗甸县委第八届常委会第19次会议，会议由县委书记宋健主持。应到会常委9人，出席会议9人；列席会议有原县委书记1人、县人大常委会主任1人、县委办主任1人。会议审定《中共罗甸县第九届委员会委员、候补委员建议人选方案》《中共罗甸县纪律检查委员会委员候选人建议方案》。

中共罗甸县第九届委员会（2001年6月—2006年10月）召开常委会议179次，其中：2001年21次、2002年32次、2003年29次、2004年29次、2005年38次、2006年30次。

2001年7月3日在县委常委会议室召开中共罗甸县委第九届常委会第1次会议，会议由县委书记宋健主持。应到会常委10人，实到会8人，因公外出2人；列席会议有县人大常委会主任1人、政协主席1人、县政法委书记1人、县委办、县委组织部负责人3人。会议听取大关村党支部书记何元亮同志出席中共中央庆祝中国共产党成立八十周年大会盛况暨受表彰情况汇报。8月14日在县委常委会议室召开中共罗甸县委第九届常委会第8次会议，会议由县委书记宋健主持。应到会常委10人，实到会8人，因公外出2人；列席会议有县人大常委会正、副主任5人、县委副调研员1人、副县长1人、县政协正、副主席4人、县直有关部门主要负责人12人。会议讨论调整县有关议事机构、公开招聘民中、二中、一小等正、副校长事项，听取全州政法会议精神汇报、关于财税工作情况通报、关于土地清查情况汇报。11月20日，县委书记宋健在常委会议室召开中共罗甸县委第九届常委会第16次会议，会议由县委书记宋健主持。应到会常委10人，实到会6人，因公外出4人；列席会议有县人大常委会正、副主任4人、副县长3人、县政协副主席4人、县委副调研员1人、县直有关单位主要负责人15人。会议讨论成立乡级人大及村委会换届选举片区指导组，开展村级学习“三个代表”（中国共产党要始终代表中国先进生产力的发展要求，代表中国先进文化的前进方向，代表中国最广大人民的根本利益）重要思想学习教育活动，涉及减轻农民负担恶性案件等事项。12月30日在县委常委会议室召开中共罗甸县委第九届常委会第21次会议，会议由县委书记宋健主持。应到会常委10人，实到会6人，因公外出4人；列席会议有县人大常委会正、副主任6人、副县长4人、县政协正、副主席4人、县委正、副调研员2人、县直有关单位主要负责人11人。会议审议通过《中共罗甸县委关于加强人大工作的意见》《关于做好新时期统一战线工作的意见》。

2002年1月10日在县委常委会议室召开中共罗甸县委第九届常委会第22次会议，会议由县委书记宋健主持。应到会常委10人，实到会7人，因公外出3人；列席会议有县人大常委会正、副主任4人、县政协正、副主席2人、县人武部部长1人、县委正、副调研员2人、县直有关单位主要负责人15人。会议审议通过《中共罗甸县委关于贯彻落实〈中共贵州省委关于加强政协工作的决定〉的意见》。4月30日在县委常委会议室召开中共罗甸县委第九届常委会第32次会议，会议由县委书记宋健主持。应到会常委10人，实到会8人，因公外出2人；列席会议县人大常委会主任1人、县政协主席1人、县委正、副调研员2人、县直有关单位主要负责人9人。会议传达学习贵州省第九届党代会精神。8月7日在县委常委会议室召开中共罗甸县委第九届常委会第43次会议，会议由县委书记宋健主持。应到会常委12人，实到会10人，因公外出2人；列席会议有县人大常委会正、副主任4人、副县长3人、县政协正、副主席4人、县委正、副调研员2人、县直有关单位主要负责人7人。审议《罗甸县党政领导干部信访工作责任制》。12月20日在常委会议室召开中共罗甸县委第九届常委会第53次会议，会议由县委书记宋健主持。应到会常委12人，实到会12人；列席会议有县人大常委会正、副主任6人、副县长2人、县政协正、副主席5人、县委正、副调研员2人、县直有关单位主要负责人18人。会议审议通过《禁止党员领导干部、国家公务员、企事业单位职工大操大办酒席的规定》的通知。12月27日在县委常委会议室召开中共罗甸县委第九届常委会第54次会议，应到会常委12人，实到会11人，因公外出1人；列席会议县人大常委会正、副主任3人、副县长3人、县政协正、副主席6人、县委正、副调研员2人、县直有关单位主要负责人6人。会议审议通过《中共罗甸县委关于2003年经济和社会发展的工作意见（修改稿）》、县委书记宋健、县长莫俊国在九届四次全委（扩大）会议上的《讲话稿》《九届四次全委（扩大）会议议程》以及《2002年县委工作总结》。

2003年1月3日在县委常委会议室召开中共罗甸县委第九届常委会第55次会议，会议由县委书记宋健主持。应到会常委12人，实到会5人，因公外出7人；列席会议有县人大常委会正、副主任5人、副县长2人、县政协副主席3人、县委正、副调研员2人、县委办、县政府办、财政局负责人3人。会议传达学习全州经济工作会议精神，研究关心困难群众生活问题。2月17日在县委常委会议室召开中共罗甸县委第九届常委会第59次会议，会议由县委书记宋健主持。应到会常委9人（离任常委3人，常委人数9人），实到会9人；列席会议有县人大常委会正、副主任6人、副县长3人、县政协正、副主席3人、县直有关单位主要负责人18人。会议审议《龙滩电站罗甸库区375—400米水位一次性建设方案》。5月5日在常委会议室召开中共罗甸县委第九届常委会第66次会议，应到会常委9人，实到会9人；列席会议有县人大常委会、县政府、县政协班子领导、县直有关部门和各乡镇党委书记。会议传达5月3日黔南州委（扩大）会议精神、黔南州委办公室、州人民政府办公室《关于进一步抓好当前“非典”控防和农业生产等工作的紧急通知》及《关于在农村基层和城市社区（居委会）建立“一个责任、两个报告”制度的紧急通知》、通报罗甸县开展“非典”（非典型性肺炎）防治工作以来的总体情况，并对下步“非典”防治工作进行安排部署。6月3日在县委常委会议室召开中共罗甸县委第九届常委会第69次会议，会议由县委书记宋健主持。应到会常委9人，实到会8人，因公外出1人；列席会议有县人大常委会主任1人、县直有关单位主要负责人11人。会议审议通过《进一步推进“资本置换”运营模式加快全县经济社会发展的意见》。6月27日在常委会议室召开中共罗甸县委第九届常委会第71次会议，应到会常委9人，实到会9人；列席会议有县人大常委会正、副主任6人、副县长3人、县政协副主席3人、县委调研员正、副调研员2人、县直有关单位主要负责人7人。会议传达学习中共中央《关于在全党兴起学习贯彻“三个代表”重要思想新高潮的通知》、贵州省委《关于在全省兴起学习贯彻“三个代表”重要思想新高潮的通知》。12月23日下午在县委常委会议室召开中共罗甸县委第九届常委会第83次会议，会议由县委书记宋健主持。应到会常委9人，实到会9人；列席会议有县人大常委会正、副主任3人、副县长4人、县政协正、副主席3人、县直有关单位主要负责人12人。会议传达全省经济工作会议精神，研究县城中心广场片区改造相关问题。

2004年1月31日上午，在县委常委会议室召开中共罗甸县委第九届常委会第84次会议，会议由县委书记宋健主持。应到会常委11人，实到会10人，因公外出1人；列席会议有县人大常委会主任1人、县委副调研员1人、县委办、政府办负责人3人。会议对“1·28”交通事故进行了总结、反思，并提出整改措施。2月12日上午在县委常委会议室召开中共罗甸县委第九届常委会第85次会议，应到会常委11人，实到会10人，因公外出1人；列席会议县人大常委会正、副主任4人、副县长5人、县政协副主席1人，县直有关部门主要负责人10人。会议传达学习《中国共产党纪律处分条例》《中国共产党党内监督条例（试行）》及《中共黔南州委、黔南州人民政府关于以促进农民增收为中心做好2004年农业农村工作的意见》。6月8日，县委书记宋健在常委会议室主持召开中共罗甸县委第九届常委会第94次会议，应到会常委11人，出席会议10人，因公外出1人。会议传达学习《钱运录、石秀诗在全省人口资源环境工作座谈会上的讲话》《吴官正在贵州考察工作时的讲话》《钱运录、曹洪兴、王正福、姜延虎在贵州省第二十五次公安会议上的讲话》，讨论《中南电力设计院设计的龙滩水电站400米高程罗甸县防护方案》。9月28日在县委常委会议室召开中共罗甸县委第九届常委会第103次会议，会议由县委书记宋健主持，应到会常委11人，实到会10人，因公外出1人；列席会议县人大常委会主任1人、县政协主席1人、县直有关单位主要负责人14人。会议审定《罗甸县关于健全和完善村务公开和民主管理制度的意见》《中共罗甸县委关于加强县委思想政治工作联系会议的意见》。12月28日在县委常委会议室召开中共罗甸县委第九届常委会第111次会议，会议由县委书记宋健主持。应到会常委11人，实到会11人。会议审议通过《罗甸县国民经济和社会发展第十一个五年规划基本思路（讨论稿）》。12月30日下午在县常委会议室召开中共罗甸县委第九届常委会第112次会议，会议由县委书记宋健主持，应到会常委12人（新增常委1人，常委人数12人），实到会11人，因公外出1人。会议组织学习中央、省、州有关会议、文件和领导讲话精神，研究兑现2004年第二批畜牧养殖固定资产配套资金等问题。

2005年1月6日在常委会议室召开中共罗甸县委第九届常委会第113次会议，会议由县委书记宋健主持。应到会常委12人，实到会10人，因公外出2人。会议研究关于召开全县经济工作会议的问题；关于栗木等乡（镇）部分外出务工人员患矽肺病的问题；关于“两基”（基本普及九年义务教育和基本扫除青壮年文盲）攻坚工作问题。9月29日在县委常委会议室召开中共罗甸县委第九届常委会第134次会议，会议由县委书记宋健主持。应到会常委12人，实到会11人，因公外出1人；列席会议有县人大常委会正、副主任5人、副县长4人、县政协正、副主席3人、县直有关部门主要负责人18人。会议审定《中共罗甸县委贯彻落实〈关于进一步完善党委（党组）重大事项决策的规定〉的实施办法》。11月17日在县委常委会议室召开中共罗甸县委第九届常委会第143次（扩大）会议，会议由县委书记宋健主持。应到会常委11人，实到会7人，因公外出5人；列席会议有县人大常委会正、副主任4人、副县长4人、县政协正、副主席3人、县直有关部门主要负责人8人。会议传达学习《中共中央办公厅、国务院办公厅转发公安部等13部门〈关于进一步加强禁赌工作的意见〉的通知》文件精神和审定《罗甸县干部人事管理工作暂行办法》等五大制度。12月31日下午在县委常委会议室召开中共罗甸县委第九届常委会第150次会议，会议由县委书记宋健主持应到会常委11人，实到会10人，因公外出1人；列席会议有县人大常委会正、副主任4人、副县长3人、县政协副主席2人、县直有关部门主要负责人22人。会议传达学习全州经济工作、民族工作和议军工作会议精神，研究召开中共罗甸县九届十一次全委（扩大）会议暨全县经济工作会议的问题和龙滩水电站罗甸库区集镇迁建和专项复建工程的相关问题。

2006年1月9日晚在县委常委会议室召开中共罗甸县委第九届常委会第151次会议，会议由县委书记宋健主持。应到会常委11人，实到会6人，因公外出5人；列席会议县人大常委会主任1人、副县长1人、县直有关部门主要负责人7人。会议专题研究部署移民维稳工作。3月27日，受县委书记宋健委托，县长彭贤伦在常委会议室主持召开中共罗甸县委第九届常委会第158次会议，应到会常委11人，实到会9人，因公外出2人；列席会议有县人大常委会正、副主任6人、副县长2人、县政协正、副主席4人、县直有关单位主要负责人34人。会议学习《中国共产党章程》《中共贵州省委、贵州省人民政府关于推进社会主义新农村建设的实施意见》文件精神，审议通过《中共罗甸县委、罗甸县人民政府关于加强农业农村工作推进社会主义新农村建设的实施意见》《龙滩水电站罗甸库区2006年移民搬迁安置工作实施方案》，研究启动县城独立高中征地问题。6月14日，受县委书记宋健委托，县长彭贤伦在县委常委会议室主持召开第165次会议，应到会常委11人，实到会7人，在外学习4人；列席会议州移民局长1人、县人大常委会副主任3人、县政协副主席2人、县直有关部门主要负责人37人。会议审定《中共罗甸县委、罗甸县人民政府关于社会主义新农村建设的实施意见（讨论稿）》《罗甸县“十一五”农村劳动力培训和转移就业规划（草案）》《中共罗甸县委关于在全县范围内深入开展向李兹喜同志学习活动的决定（讨论稿）》《罗甸县普法依法治县第五个五年规划》。7月10日，受县委书记宋健委托，县长彭贤伦在县委常委会议室主持召开中共罗甸县委第九届常委会第168次会议，应到会常委11人，实到会5人，因公出差6人；列席会议县人大常委会正、副主任4人、副县长3人、县政协正、副主席2人、县直有关部门主要负责人42人。会议审议通过《龙滩水电站罗甸库区补偿概算调整工作方案（讨论稿）》。8月9日，受县委书记宋健委托，县长彭贤伦在县委常委会议室主持召开中共罗甸县委第九届常委会第172次会议，应到会常委 11 人，实到会 8 人，因公外出 3 人；列席会议有县人大常委会正、副主任 5 人、副县长 5 人、县政协正、副主席 2 人、县直有关部门主要负责人 16 人。会议集中学习《中共贵州省委转发〈省人大常委会党组关于做好设区的市、自治州和县、乡人民代表大会换届选举工作的意见〉的通知》《中共黔南州委关于贯彻落实〈中共贵州省委关于认真做好市（州）、县（市、区、特区）领导班子换届工作的通知〉的通知》文件精神、研究乡（镇）党委换届暨迎接省委乡镇换届巡视组的有关事宜。10 月 26 日，在县委常委会议室召开中共罗甸县委第九届常委会第 180 次会议，会议由县委书记沙先贵主持。应到会常委 9 人（调离 2 人，常委人数 9 人），实到会 8 人，因公外出 1 人；列席会议有县人大常委会主任 1 人、县政协主席 1 人、县直有关部门主要负责人 4 人。会议专题研究召开中国共产党罗甸县第十次代表大会相关事宜。

中共罗甸县第十届委员会（2006 年 11 月—2011 年 10 月）召开常委会议 98 次，其中：2006 年 5 次、2007 年 16 次、2007 年 16 次、2008 年 17 次、2009 年 13 次、2010 年 16 次、2011 年 15 次。

2006 年 11 月 13 日在县委常委会议室召开中共罗甸县委第十届常委会第 1 次会议，会议由县委书记沙先贵主持。应到会常委 10 人，实到会 10 人。会议研究县委常委工作分工、常委会议议事规则、调整县部分机构领导成员、研究县委第十届党代会代表提出建议的落实问题、研究 2007 年度基本建设项目安排有关问题。11 月 25 日在县委常委会议室召开中共罗甸县委第十届常委会第 2 次会议，会议由县委书记沙先贵主持。应到会常委 10 人，实到会 10 人；列席会议县人大常委会主任 1 人、副县长 1 人、县政协主席 1 人、县直有关部门主要负责人 18 人。会议研究同意县物价局加挂物价成本监审所牌子，将县委督查室和县政府督查室明确为正科级单位，在龙坪等六个片区设立安全生产监督管理站、成立林业资源管理工作站，审议通过《罗甸县志·军事志》。12 月 30 日在县委常委会议室召开中共罗甸县委第十届常委会第 5 次会议，会议由县委书记沙先贵主持。应到会常委 10 人，出席会议 8 人，因公外出 2 人；列席会议有县人大常委会正、副主任 5 人、副县长 3 人、县政协正、副主席 5 人、县直有关部门主要负责人 19 人。会议通过《举办首届环龙滩湖旅游文化节的活动方案》。

2007 年 1 月 31 日在县委常委会议室召开中共罗甸县委第十届常委会第 6 次会议，会议由县委书记沙先贵主持。应到会常委 10 人，实到会 7 人，因公外出 3 人；列席会议有县人大常委会主任 1 人、副县长 1 人、县政协主席 1 人、县直有关部门主要负责人 27 人。会议审定通过《罗甸县深入开展农村党的基层组织建设"三创三强"活动实施方案》，传达贵州省委书记石宗源在省委常委扩大会议上的讲话精神。4 月 10 日在县委常委会议室召开中共罗甸县委第十届常委会第 9 次会议，会议由县委书记沙先贵主持。应到会常委 10 人，实到会 9 人，因公外出 1 人；列席会议县政协主席 1 人、县直有关部门主要负责人 28 人。会议审议通过《中共罗甸县委关于开展全县党政机关作风教育整顿活动的实施意见》《关于严格遵循人员编制年度使用计划和空编补员审批制度的意见》。9 月 13 日，在县委常委会议室召开第 16 次会议，会议由县委书记沙先贵主持。应到会常委 10 人，实到会 7 人，因公外出 3 人；列席会议有县人大常委会正、副主任 2 人、县直有关部门主要负责人 28 人。会议传达贯彻《中共贵州省委办公厅关于专题学习〈中共中央关于加强人民政协工作的意见〉和省委〈实施意见〉的通知》等文件精神，审议中共罗甸县委关于加强人大、统一战线、政协工作的实施意见（征求意见稿）。10 月 27 日在县委常委会议室召开中共罗甸县委第十届常委会第 18 次会议，会议由县委书记沙先贵主持。应到会常委 10 人，实到会 8 人，因公外出 2 人；列席会议有县人大常委会正、副主任 5 人、县政协主席 1 人、县直有关单位主要负责人 26 人。会议审议通过《关于加快农业产业化进程推进现代农业发展的意见》《罗甸县 2006—2010 年干部教育培训规划》《关于提名推荐出席贵州省第十一届人民代表大会代表候选人的请示》《罗甸县公开选拔副科级后备干部工作方案》和审定县信访办更名为县信访局。12 月 22 日上午在县委常委会议室召开中共罗甸县委第十届常委会第 21 次会议，会议由县委书记沙先贵主持。应到会常委 10 人，实到会 9 人，因公外出 1 人；列席会议有县人大常委会主任 1 人、县政协主席 1 人、县委副调研员 1 人、县直有关单位主要负责人35人。会议审议县十届四次全委（扩大）会议暨全县经济工作会议的相关问题。

2008年1月7日在县委常委会议室召开中共罗甸县委第十届常委会第22次会议，会议由县委书记沙先贵主持。应到会常委10人，实到会7人，因公外出3人；列席会议县有人大常委会正、副主任5人、副县长2人、县政协副主席1人、县委副调研员1人、县委办、人大办、政府办、政协办办公室主任4人。专题听取县人大、政府、政协关于2007年工作总结和2008年工作安排的汇报等。1月9日在县委常委会议室召开第23次会议，会议由县委书记沙先贵主持。应到会常委10人，实到会9人，因公外出1人；列席会议有县人大常委会主任1人、县政协主席1人、县法院、县检察院及有关单位主要负责人9人。会议审议通过《县人大常委会工作报告》《县人民政府工作报告》《县政协工作报告》《县人民法院工作报告》《县人民检察院工作报告》《县发改局工作报告》《县财政局工作报告》。1月28日在县委常委会议室召开中共罗甸县委第十届常委会第24次会议，会议由县委书记沙先贵主持。应到会常委10人，实到会9人，因公外出1人；列席会议有县人大常委会正、副主任3人、副县长1人、县政协主席1人、县直有关单位主要负责人20人。会议审议通过《2008年旅游、工业交通、教育卫生计生、城镇建设、逢亭硅系工业基地以及财税工作等集团承包方案》。3月20日在县委常委会议室召开中共罗甸县委第十届常委会第25次会议，会议由县委书记沙先贵主持。应到会常委10人，实到会9人，因公外出1人；列席会议有县人大常委会主任1人、县政协主席1人、县直有关单位主要负责人20人。会议审议通过县纪委十届二次全会会议相关资料、《“多彩贵州·相约高原千岛湖”征歌歌唱活动方案》、县机构编制委员会关于增设机构等机构编制事项。9月11日，在县委常委会议室召开中共罗甸县委第十届常委会第33次会议，会议由县委书记沙先贵主持。应到会常委10人，实到会8人，因公外出2人；列席会议有县人大常委会主任1人、县政协主席1人、县直有关单位主要负责人25人。会议贯彻落实黔南州委书记黄家培同志到罗甸县调研时的讲话精神，审定《城市精细化管理实施方案》《开展无党派人士主题教育活动实施方案》《开展领导干部作风建设“向我看齐”活动方案》《困难党员关怀救助基金管理使用办法》。12月20日在县委常委会议室召开中共罗甸县委第十届常委会第37次会议，会议由县委书记沙先贵主持。应到会常委10人，实到会10人；列席会议有县人大常委会主任1人、县政协主席1人、县直有关单位主要负责人24人。会议传达贯彻《中央组织部〈从严治党要体现在干部管理上〉的通知》文件精神，审议通过中共罗甸县十届六次全委（扩大）会议相关材料、《罗甸县经济适用住房建设管理规定和县农村居民最低生活保障制度实施方案》。12月30日在县委常委会议室召开中共罗甸县委第十届常委会第38次会议，会议由县委书记沙先贵主持。应到会常委10人，实到会8人，因公外出2人；列席会议有县人大常委会主任1人、县政协主席1人、县直有关单位主要负责人14人。会议传达贯彻《中共贵州省委办公厅印发〈关于进一步加强和改进全省党委（党组）中心组学习的意见〉的通知》文件精神和全省经济工作会议精神，审议通过《罗甸县新型农村合作医疗管理办法（试行）》。

2009年1月16日在县委常委会议室召开中共罗甸县委第十届常委会第39次会议，会议由县委书记沙先贵主持。应到会常委10人，实到会8人，因公外出2人；列席会议有县人大常委会主任1人、县政协主席1人、县法院院长1人、县直有关单位主要负责人8人。会议审议通过《县人大常委会工作报告》《县人民政府工作报告》《县政协工作报告》《县人民法院工作报告》《县人民检察院工作报告》《县发展和改革局工作报告》《县财政局工作报告》。9月16日在县委常委会议室召开中共罗甸县委第十届常委会第48次会议，会议由县委书记沙先贵主持。应到会常委10人，实到会6人，因公外出4人；列席会议有县人大常委会主任1人、县政协主席1人、县直有关部门主要负责人33人。会议审定《罗甸县国民经济和社会发展“十一五”规划实施情况中期评估报告》。12月1日在县委常委会议室召开第50次会议，会议由县委书记沙先贵主持。应到会常委9人，实到会8人，因公外出1人；列席会议有县人大常委会主任1人、县政协主席1人、县直有关单位主要负责人27人。会议审定《2009年工作总结和2010年工作意见（草案）》、全县应急密码通信系统（基本装备）建设方案、《关于鼓励精品文艺创作生产推进文化产业发展实施意见》《罗甸县2009—2013年“四在农家”创建活动实施方案》、通过恢复原沙井村委会的建制。12月18日上午在县委常委会议室召开中共罗甸县委第十届常委会第51次会议，会议由县委书记沙先贵主持。应到会常委9人，实到会7人，因公外出2人；列席会议有县人大常委会主任1人、县政协副主席1人、县直有关部门主要负责人20人。审议通过中共罗甸县委十届九次全体（扩大）会议材料，研究关于召开罗甸县第十五届人民代表大会第四次会议和政协第七届罗甸县委员会第四次会议的问题，研究广西聚源鸿矿冶开发有限公司合作开发硅系工业基地投资协议的问题，研究扶持斛龙绿产开发有限责任公司发展的问题。

2010年1月7日在县委常委会议室召开中共罗甸县委第十届常委会第52次会议，会议由县委书记沙先贵主持。应到会常委9人，实到会8人，因公外出1人；列席会议有县人大常委会正、副主任5人、县政协副主席3人、县直有关单位主要负责人43人。会议研究通过《罗甸县25度以上坡耕地退耕还林实施方案》。3月27日在县委常委会议室召开中共罗甸县委第十届常委会第57次会议，会议由县委书记沙先贵主持。应到会常委9人，实到会6人，因公外出3人；列席会议有县人大常委会正、副主任2人、县政协主席1人、县直有关单位主要负责人34人。会议审议通过《中共罗甸县委常委会议定报告制度》《罗甸县新型农村合作医疗管理办法（试行）》、研究通过《申报安作成为革命烈士》《追授安作成为“全县优秀共产党员”称号》。11月4日在县委常委会议室召开中共罗甸县委第十届常委会第64次会议，会议由县委书记沙先贵主持。应到会常委9人，实到会8人，因公外出1人；列席会议有县政协主席1人、县直有关单位主要负责人26人。会议传达学习全省农村精神文明建设工作经验交流会精神、全省山地农业扶贫开发工作现场会精神。12月23日在县委常委会议室召开中共罗甸县委第十届常委会第66次会议，会议由县委书记沙先贵主持。应到会常委9人，实到会9人；列席会议有县人大常委会正、副主任6人、副县长4人、县政协正、副主席4人、县直有关单位主要负责人45人。会议传达黔南州委第九届十三次全体（扩大）会议精神，审定中共罗甸县委第十届十一次全体（扩大）会议材料。

2011年1月24日在县委常委会议室召开中共罗甸县委第十届常委会第67次会议，会议由县委书记沙先贵主持。应到会常委10人（新增常委1人，常委人数10人），实到会9人，因公外出1人；列席会议有县人大常委会正、副主任5人、副县长4人、县政协正、副主席4人、县直有关单位主要负责人38人。会议传达全省城镇化建设推进会议精神、审议通过《罗甸县城人民街南段建设方案》。6月3日在县委常委会议室召开中共罗甸县委第十届常委会第72次会议，会议由县委书记沙先贵主持。应到会常委10人，实到会9人，因公外出1人；列席会议有县人大常委会正、副主任3人、副县长5人、县政协正、副主席4人、县直有关单位主要负责人37人。会议传达学习中共贵州省委第十届十一次全体会议精神和贵州省委副书记、省长赵克志到罗甸调研指示精神；审议通过《罗甸县城镇房屋征收与补偿办法（暂行）》。8月5日在县委常委会议室召开中共罗甸县委第十届常委会第76次会议，会议由县委书记沙先贵主持。应到会常委10人，实到会10人；列席会议有县人大常委会正、副主任3人、县政协主席1人、县直有关部门主要负责人30人。会议分别审议通过《边阳工业园区发展规划》《边阳工业园区建设征地拆迁补偿及安置方案》《罗甸县加快投资与项目、园区建设实施意见（试行）》《中共罗甸县委关于新形势下加强和创新社会管理的意见》和研究通过2011年乡（镇）党委换届工作的有关事宜。8月17日在县委常委会议室召开中共罗甸县委第十届常委会第77次会议，会议由县委书记沙先贵主持。应到会常委10人，实到会9人，因公外出1人。会议审议通过《县、乡（镇）人民代表大会换届选举工作意见》。9月5日在县委常委会议室召开第78次常委会，会议由县委书记沙先贵主持。应到会常委10人，实到会10人；列席会议有县人大常委会正、副主任4人、副县长2人、县政协正、副主席4人、县直有关单位主要负责人33人。会议学习中共贵州省委书记栗战书，省委常委、省纪委书记宋璇涛到罗甸调研指示精神。10月24日在县委常委会议室召开中共罗甸县委第十届常委会第82次会议，会议由县委书记沙先贵主持。应到会常委10人，实到会9人，因公外出1人；列席会议有县人大常委会主任1人、县委办、县委组织部负责人 5 人。会议学习《中共贵州省委关于学习贯彻党的第十七届六中全会精神的通知》《贵州省委栗战书书记在中共贵州省委第 102 次会议研究换届工作议题时的讲话》精神，听取中国共产党罗甸县第十一次代表大会筹备情况汇报。

中共罗甸县委第十一届委员会（2011 年 11 月—2014 年 12 月）召开常委会议 89 次，其中：2011 年 11 月—12 月 5 次、2012 年 19 次、2013 年 28 次、2014 年 37 次。

2011 年 11 月 11 日在县委常委会议室召开中共罗甸县委第十一届常委会第 1 次会议，会议由县委书记沙先贵主持。应到会常委 10 人，实到会 10 人；列席会议有县人大常委会副主任 1 人、县直各工作部门主要负责人 14 人。会议审议通过《中共罗甸县委常委会议议事规则》《中共罗甸县委关于县委常委工作分工的通知》《关于加快水利改革发展的意见》等事项。12 月 17 日下午在县委常委会议室召开中共罗甸县委第十届常委会第 5 次会议，会议由县委书记沙先贵主持。应到会常委 9 人，实到会 8 人，因公外出 1 人；列席会议有县人大常委会主任 1 人、县政协主席 1 人，县直有关部门 18 人。会议审议通过《罗甸县其他事业单位绩效工资实施方案》《提高艰苦边远地区津贴标准》。

2012 年 1 月 17 日在县委常委会议室召开中共罗甸县委第十一届常委会第 6 次会议，会议由县委书记沙先贵主持。应到会常委 9 人，实到会 7 人，因公外出 2 人；列席会议有县人大常委会正、副主任 3 人、副县长 1 人、县政协主席 1 人，县直有关单位主要负责人 18 人。会议传达学习省委农村工作暨全省扶贫开发工作会议精神，审议通过《2012 年政府预算（草案）》。4 月 26 日在县委常委会议室召开中共罗甸县委第十一届常委会第 11 次会议，会议由县委书记沙先贵主持。应到会常委 9 人，实到会 8 人，因公外出 1 人；列席会议县人大常委会主任 1 人、副县长 2 人、县直有关单位主要负责人 23 人。会议审议通过《边阳工业园区基础设施建设方案》《城东新区等重点项目建设方案》。8 月 31 日在县委常委会议室召开中共罗甸县委第十一届常委会第 17 次会议，会议由县委书记杨朝伟主持。应到会常委 9 人，实到会 7 人，因公外出 2 人；列席会议有副县长 4 人（其中：省挂职副县长 1 人）、县政协主席 1 人、县直有关单位主要负责人 24 人。会议审议通过《金融机构支持地方经济社会发展考核试行办法》《罗甸县 2012 年度集团承包目标管理考核评分细则》《罗甸县残疾人联合会换届工作方案》。12 月 23 日在县委常委会议室召开中共罗甸县委第十一届常委会第 24 次会议，会议由县委书记杨朝伟主持。应到会常委 9 人，实到会 9 人；列席会议有县人大常委会正、副主任 7 人、副县长 3 人、县政协正、副主席 8 人、县直有关单位主要负责人 30 人。会议传达学习全省经济工作会议精神和州委十届二次全体（扩大）会议精神，审定通过《罗甸县 2012 年度乡（镇）和部门目标管理考核工作分组方案》《罗甸县 2012 年重点工作集团承包考评方案》。

2013 年 1 月 4 日在县委常委会议室召开中共罗甸县委第十一届常委会第 25 次会议，会议由县委书记杨朝伟主持。应到会常委 9 人，实到会 9 人；列席会议有县人大常委会正、副主任 7 人、副县长 5 人（其中：省挂职 1 人）、县政协正、副主席 8 人、县直有关单位主要负责人 32 人。会议审定中共罗甸县委第十一届四次全委会工作报告暨 2013 年国民经济和社会发展预期指标等事项。2 月 4 日在县委常委会议室召开中共罗甸县委第十一届常委会第 27 次会议，会议由县委书记杨朝伟主持。应到会常委 9 人，实到会 9 人；列席会议有县人大常委会正、副主任 6 人、副县长 4 人、县政协正、副主席 8 人、县直有关单位主要负责人 38 人。会议审议通过《罗甸县乡（镇）行政区划调整规划（2013—2015 年）初步方案》。5 月 20 日在县委常委会议室召开中共罗甸县委第十一届常委会第 37 次会议，会议由县委书记杨朝伟主持。应到会常委 9 人，实到会 9 人；列席会议有县人大常委会主任 1 人、县政协主席 1 人、县直有关单位主要负责人 15 人。会议审议通过《罗甸县深入解放思想加快跨越发展实施方案》《县旅游文化开发投资有限责任公司组建工作方案》《县医院、中医院人事和编制管理制度改革办法（暂行）》。10 月 16 日在县委常委会议室召开中共罗甸县委第十一届常委会第 48 次会议，会议由县委书记杨朝伟主持。应到会常委 9 人，实到会 9 人；列席会议有县人大常委会正、副主任 6 人、副县长 3 人、县政协正、副主席 6 人、县直有关单位主要负责人 49 人。传达学习《中共贵州省委办公厅关于印发〈贵州省党员干部政治纪律“十严禁”〉

和〈贵州省党员干部作风“十不准”的通知〉》（“十严禁”：一严禁发表与党的理论路线方针政策和中央决定不一致的言论，编造传播政治谣言、丑化党和国家的言论。二严禁以任何形式泄露党和国家秘密。三严禁购买、传看反动书刊、音像制品、电子读物。四严禁口是心非、阳奉阴违，对党组织说假话，搞当面一套背后一套。五严禁搞团团伙伙、拉帮结派，搞小圈子、小山头和人身依附。六严禁有令不行、有禁不止，在贯彻执行中央和省委决策部署上打折扣、作选择、搞变通。七严禁向组织讨价还价，不服从组织安排。八严禁买官卖官、跑官要官、拉票贿选。九严禁诬告陷害、诋毁抹黑他人，进行人身攻击。十严禁加入非法组织、宗教组织，参与各种封建迷信活动。“十不准”：一不准侵害群众利益，不得利用职务便利或单位影响为本人或亲友谋取私利。二不准收受可能影响公正执行公务的礼金礼品、会员卡、购物卡或各种有价证券。三不准收送金银珠宝、古玩字画等贵重物品。四不准在工作时间、会议时间以及公共场所打麻将，不得参加任何形式的赌博活动。五不准在工作日午间和节假日值班期间饮酒。六不准收受地方土特产，不得在公务活动时接受超标准接待。七不准参与未经批准的地方论坛、节庆活动。八不准用公款送礼，不得参加用公款支付的旅游、健身、娱乐及其他与公务无关的活动，不得违规配备使用公务用车、占有住房，不得用公款购买、印制和寄送贺卡、明信片。九不准出入私人会所、夜总会等娱乐场所。十不准大操大办婚丧喜庆或借举办婚丧喜庆敛财）等文件精神及黔南州委书记龙长春重要批示精神、审议通过《罗甸县信访局工作责任追究暂行规定》《追认朱能为优秀共产党员的决定》。11月19日在县委常委会议室召开中共罗甸县委第十一届常委会第50次会议，会议由县委书记杨朝伟主持。应到会常委9人，实到会8人，因公外出1人；列席会议有县人大常委会正、副主任7人、副县长3人、县政协正、副主席7人、县直有关单位主要负责人48人。会议传达学习《党的十八届三中全会精神》，审议通过《罗甸县城规划区征地补偿安置补充办法》《罗甸县城镇房屋征收与补偿暂行办法补充规定》。12月25日下午在县委常委会议室召开中共罗甸县委第十一届常委会第52次会议，会议由县委书记杨朝伟主持。应到会常委9人，实到会7人，因公外出2人；列席会议有县人大会正、副主任4人、副县长4人（含省挂职1人）、县政协正、副主席3人、县直有关单位主要负责人45人。传达全省经济工作会议精神，听取全县经济分析报告，研究群众工作中心组建方案。

2014年1月13日下午在县委常委会议室召开中共罗甸县委第十一届常委会第54次会议，会议由县委书记杨朝伟主持。应到会常委9人，出席会议6人，因公外出1人，请假2人；列席会议有县人大常委会正、副主任7人、副县长4人、县政协正、副主席6人、县直有关单位主要负责人39人。会议讨论《中共罗甸县委第十一届七次全会工作报告》，审议《城西大道及场地平整项目建设方案》。3月5日下午在县委常委会议室召开中共罗甸县委第十一届常委会第62次会议，会议由县委书记杨朝伟主持。应到会常委9人，出席会议9人；列席会议有县人大常委会主任1人、副县长3人、县政协主席1人、退休县级老干部5人、县直有关单位主要负责人17人。会议通过《罗甸县人民政府工作报告》《罗甸县财政预算草案报告》《罗甸县国民经济和社会发展计划草案报告》《罗甸县乡镇机构编制设置方案》。4月11日晚上在县委常委会议室召开中共罗甸县委第十一届常委会第65次会议，会议由县委书记杨朝伟主持。应到会常委9人，实到会8人，因公外出1人；列席会议有县人大常委会正、副主任6人、副县长4人、县政协正、副主席3人、县直有关单位主要负责人20人。审议通过《罗甸石材产业发展“三年扶持政策”》《罗甸县关于加快推进茶产业发展实施意见》。6月4日在县委常委会议室召开中共罗甸县委第十一届常委会第69次会议，会议由县委书记杨朝伟主持。应到会常委9人，实到会9人；列席会议县人大常委会正、副主任2人、副县长1人、县政协正、副主席2人、县直有关单位主要负责人19人。会议审议通过《罗甸县整治“八风”问责办法（试行）》《罗甸县规范公务用车管理实施方案》。7月17日在县委常委会议室召开中共罗甸县委第十一届常委会第73次会议，会议由县委书记杨朝伟主持。应到会常委9人，实到会9人；列席会议有县人大常委会正、副主任6人、副县长4人、县政协正、副主席5人、县直有关单位主要负责人41人。会议审议通过罗甸县第三步规范公务员津贴事宜。8月7日下午在县委常委会议室召开中共罗甸县委第十一届常委会第75次会议，会议由县委书记杨朝伟主持。应到会常委9人，实到会9人；列席会议有县人大常委会正、副主任2人、县政协正、副主席2人、县直有关单位主要负责人14人。会议审议通过《罗甸县人民政府党组关于审定撤销龙坪镇、设街道办事处方案的请示》《罗甸县股级及以下干部调配办法（暂行）》《罗甸县面向全县竞争性选拔县城中学副校长工作的初步建议》《罗甸县教师遴选暂行办法》《罗甸县国家机关差旅费管理暂行办法》《罗甸县国有独资公司领导人员薪酬管理暂行办法》。9月25日在县委常委会议室召开中共罗甸县委第十一届常委会第79次会议，会议由县委书记杨朝伟主持。应到会常委9人，实到会9人；列席会议有县人大常委会正、副主任4人、副县长3人、县政协正、副主席5人、县直有关单位主要负责人39人。会议审议通过《罗甸县关于深入实施“5531工程”扎实推进治理体系和治理能力现代化实施方案》《罗甸县土地利用总体规划修改方案》。11月7日在县委常委会议室召开中共罗甸县委第十一届常委会第83次会议，会议由县委书记杨朝伟主持。应到会常委9人，实到会7人，因公外出2人；列席会议县人大常委会正、副主任6人、副县长3人、县政协副主席1人、县直有关单位主要负责人37人。会议审议通过《罗甸县深化管理体制改革促进镇（乡）加快发展实施意见》《罗甸县2014年教育信息化融资建设工作实施方案》。12月17日在县委常委会议室召开中共罗甸县委第十一届常委会第87次会议，会议由县委书记杨朝伟主持。应到会常委9人，实到会9人；列席会议有县人大常委会正、副主任5人、副县长2人、县政协副主席3人、县直有关单位主要负责人46人。会议专题学习《中共贵州省委关于深入推进党要管党从严治党的决定》。12月26日在县委常委会议室召开中共罗甸县委第十一届常委会第89次会议，会议由县委书记杨朝伟主持。应到会常委9人，实到会8人，外出学习1人；列席会议有县人大常委会正、副主任3人、副县长2人、县政协正、副主席5人、县直有关单位主要负责人45人。会议同意补选陈元贵、朱泉、宋辉等十位人员为县十六届人大代表；同意增补聂军、陈杰等七位人员为政协第八届罗甸县委员会委员。2015年1月11日在县委常委会议室召开中共罗甸县委第十一届常委会第91次常委（扩大）会议，会议由县委书记杨朝伟主持。应到会常委10人，实到会10人；列席会议有县人大常委会正、副主任4人、副县长4人、县政协正、副主席3人、县直有关单位主要负责人36人。会议传达州委十届六次全会暨全州经济工作会议精神；审定中共罗甸县委第十一届八次全会暨全县经济工作会议相关报告；传达黔南州人口与计划生育工作会议精神，研究部署罗甸2015年人口与计生工作；传达全省组织部长会议精神；研究罗甸县委党校改造二期方案；审定县人大常委会党组关于召开罗甸县第十六届人民代表大会第四次会议的请示和县政协党组关于召开政协罗甸第八届委员会第四次会议的请示。

三、县委专题会议

县委专题会议始于1994年9月。1994年9月24日，县委书记余学强在县委常委会议室主持召开专题会议。出席会议有县委常委6人、县政协主席1人、县人大常委会副主任1人、副县长2人、县老领导2人。会议听取和讨论“八七”扶贫攻坚计划汇报。10月11日，县委书记余学强在县委常委会议室主持召开专题会议。出席会议有县委、县政府领导3人，县直有关单位主要负责人18人。会议听取县城建局关于拍卖罗羊乡集镇开发建设规划的汇报并同意关于罗羊乡集镇建设规划、国土局关于拍卖农贸市场周边土地的规划。11月23日，县委书记余学强在县委常委会议室主持召开专题会议。出席会议有县委、县政府领导4人，县直有关单位主要负责人13人。会议听取县城建局关于边阳镇城镇开发建设规划的汇报；议定边阳城镇建设的发展方向、城镇规划及开发建设有有关优惠政策。12月22日，县委副书记李文智在县委常委会议室主持召开专题会议。出席会议有县委、县政府领导2人，县直有关单位主要负责人6人。会议讨论龙坪镇城镇开发建设工作；议定龙坪镇城镇新城区的建设由龙坪镇管委会负责。

1995—2003年3月不再召开县委专题会议。

2003年4月25日，县委书记宋健在县委常委会议室主持召开县委、县人大、县政府、县政协四家班子领导专题会议，出席会议县委常委2人、副县长2人、县政协副主席1人，县直有关单位负责人16人。

专题讨论和安排全县进一步加强非典型性肺炎防治工作。防止非典型性肺炎传入罗甸，确保全县人民群众身体健康，维护社会稳定。

2003 年 5 月—2014 年 12 月不再召开专题会议。

四、县委联席会议

县委联席会议始于2006年，由县委牵头，有县人大常委会、县人民政府、县政协四家班子领导出席会议。

2006 年 11 月 1 日，县委书记沙先贵主持召开县委十届第 1 次县委、县人大常委会、县人民政府、县政协领导班子联席会议。出席会议有县委常委 9 人、县人大常委会正、副主任 5 人、县政协正、副主席 3 人、县委副调研员 1 人；列席会议有县直各部门主要负责人 17 人。会议研究移民安置和复建工程的有关问题、研究完成 2006 年经济社会各项目标任务的问题，研究重点项目的启动和落实，督查工作的有关问题、研究 2007 年工作目标任务及工作基本思路，基本框架的问题、听取县乡人大代表选举工作情况汇报；传达《黔南州委对新一届县（市）委领导的要求》精神。

2007 年 4 月 17 日，县委书记沙先贵主持召开第 3 次县委、县人大常委会、县人民政府、县政协领导班子联席会议。出席会议有县委常委 6 人、县人大常委会正、副主任 4 人、副县长 2 人、县政协正、副主席 4 人、县委副调研员 1 人；列席会议有县直各部门主要负责人 22 人。会议听取第一季度农业农村工作情况汇报、第一季度财税工作情况汇报、第一季度工业经济运行情况汇报、重点工程项目建设情况汇报、移民复建工程建设情况汇报、移民搬迁安置督查情况汇报和旅游文化节筹备工作情况汇报。8 月 27 日上午，县委书记沙先贵主持召开第 5 次县委、县人大常委会、县人民政府、县政协领导班子联席会议。出席会议有县委常委 8 人、县人大常委会正、副主任 6 人、副县长 4 人、县政协正、副主席 5 人、县委副调研员 1 人；列席会议有县直各部门主要负责人 15 人。会议听取贵百高速公路项目调研组赴百色调研情况汇报、县人大常委会关于红水河、茂井、八总场平及公路、水库等移民复建工程的调研报告、县政协关于全县移民搬迁安置工作中存在的问题的情况汇报、研究关于国防动员潜力调查有关问题、关于卫星广播电视转星调整工作安排事宜、关于计生年度考核及“两基”迎“国检”工作。

2008 年 2 月 15 日，县委书记沙先贵主持召开第 7 次县委、县人大、县人民政府、县政协领导班子联席会议。出席会议有县委常委 8 人、县人大常委会正、副主任 6 人、副县长 5 人、县政协正、副主席 5 人、县委副调研员 1 人；列席会议有县直各部门主要负责人 37 人。会议传达学习中共黔南州委常委扩大会议精神、通报全县凝冻灾害情况。4 月 7 日，县委书记沙先贵主持召开第 8 次县委、县人大、县人民政府、县政协领导班子联席会议。出席会议有县委常委 4 人、县人大常委会副主任 3 人、副县长 1 人、县政协正、副主席 2 人、县委副调研员 1 人；列席会议有县直各部门主要负责人 23 人。会议研究关于县政府路南段及县人民广场建设等问题和关于全县开展党的基层组织建设年活动有关经费的问题。

2009 年 4 月 17 日，县委书记沙先贵主持召开第 11 次县委、县人大、县人民政府、县政协领导班子联席会议。出席会议有县委常委 6 人、县人大常委会副主任 4 人、副县长 1 人、县政协副主席 3 人、县委副调研员 1 人；列席会议有县直各部门主要负责人 55 人。会议就如何做好全县“两基”迎“国检”省级检查阶段工作进行专题研究和部署。4 月 28 日，县委书记沙先贵主持召开第 12 次县委、县人大常委会、县人民政府、县政协领导班子联席会议。出席会议有县委常委 7 人、县人大常委会副主任 1 人、副县长 2 人、县政协正、副主席 3 人、县委副调研员 1 人；列席会议有县直各部门主要负责人 34 人。会议就全县当前工作进行具体研究和部署。主要研究关于申报国家新增投资项目情况的有关问题、关于明确 2020 年全面小康和建市目标的有关问题、村级公益事业“一事一议”财政奖补试点工作的有关问题、关于罗甸县城—羊里二级公路征地拆迁实物指标补偿兑现方案的有关问题、关于县人武部营区建设规划的有关问题、关于县 2009 年上半年就业困难人员安置的有关问题。6 月 26 日，县委书记沙先贵主持召开第 14 次县委、县人大常委会、县人民政府、县政协领导班子联席会议。出席会议有县委常委 5 人、县人大常委会正、副主任 5 人、副县长 3 人、县政协副主席 2 人、县委副调研员 1 人；列席会议有县直各部门主要负责人

30人。会议传达学习省委书记石宗源同志到罗甸调研工作的讲话精神、研究关于规范公务员津补贴工作的问题、关于建设县革命历史纪念馆的问题和关于做好当前抗旱改种的问题。

2010年2月21日，县委书记沙先贵主持召开第17次县委、县人大、县人民政府、县政协领导班子联席会议。出席会议有县委常委5人、县人大常委会正、副主任3人、副县长3人、县政协正、副主席4人、县委副调研员1人；列席会议有县直各部门主要负责人19人。会议研究关于各部门、各乡（镇）春节后到岗督查情况的问题、关于2010年十项重点工作的问题、关于春耕备耕的问题、关于森林防火的问题、关于春运交通安全的问题和关于州“两会”期间信访维稳的问题。9月6日，县委书记沙先贵主持召开第20次县委、县人大、县人民政府、县政协领导班子联席会议。出席会议有县委常委4人、县人大常委会正、副主任2人、县政府副县长2人、县政协副主席2人、县委副调研员1人；列席会议有县直有关部门主要负责人10人。会议传达贯彻全省领导干部大会及省委常委（扩大）会议精神、审议通过《县人民政府及乡镇机构改革方案》，并对当前工作进行安排部署。

2011年7月14日，县委书记沙先贵主持召开第21次县委、县人大、县人民政府、县政协领导班子联席会议。出席会议有县委常委6人、县人大常委会正、副主任6人、县政府副县长3人、县政协正、副主席4人、县委副调研员1人；列席会议有县直各部门主要负责人26人。会议听取2011年上半年“三化五建设一工程”（三化：城镇化、工业化、农业产业化，五建设：项目建设、作风建设、环境建设、平安建设、党的建设，一工程：民生工程）工作进展情况，就工作中存在的困难和问题作专题研究，并对下半年工作进行安排部署。

2012年4月13日，县委书记沙先贵主持召开第1次县委、县人大常委会、县人民政府、县政协领导班子联席会议。出席会议有县委常委5人、县人大常委会副主任5人、县政府副县长3人、县政协正、副主席7人、县人大正县级干部1人、县委副调研员1人；列席会议有县直各部门主要负责人37人。会议传达贯彻全州第二轮产业园区及项目建设现场观摩会精神，并对当前工作进行安排部署；通报州委《关于王明亮任职提名的通知》。12月5日，县委书记杨朝伟主持召开第4次县委、县人大、县人民政府、县政协领导班子联席会议。出席会议有县委常委7人（正、副县长2人）、县人大常委会正、副主任4人、县政府副县长3人、县政协正、副主席5人、县委副调研员1人；列席会议有县直各部门主要负责人10人。会议就抓好12月6日城东新区建设施工现场秩序维护相关工作进行安排与布置。

2013年2月16日，县委书记杨朝伟主持召开第5次县委、县人大、县人民政府、县政协领导班子联席会议。出席会议有县委常委6人、县人大常委会正、副主任6人、县政府副县长4人、县政协副主席7人、县委副调研员1人；列席会议有县直各部门主要负责人31人。会议就抓好2013年度及当前相关工作进行安排部署。会议决定：2013年3月后不再召开县委、县人大、县人民政府、县政协领导班子联席会议。

第三节　重大决策

一、解放思想更新观念

1991年10月7日，中共罗甸县委印发《关于组织学习江泽民同志的重要讲话和党史、党建理论的安排意见》，要求全县党员和各级干部要认真参加学习，各级领导干部要带头学习，带头辅导，并对基层广大群众进行宣讲，确保取得实效。2000年4月15日，为实施西部大开发战略，根据贵州省委、省人民政府的通知精神，中共罗甸县委、罗甸县人民政府作出关于在全县集中开展《“西部大开发，罗甸怎么办”大讨论的通知》。《通知》指出2000年是实施西部大开发的第一年，在全县党员干部特别是在各级领导干部中，集中一段时间开展“西部大开发，罗甸怎么办”的大讨论，发扬大关精神，促进罗甸在西部大开发中加快发展。6月8日，中共罗甸县委作出《关于认真贯彻江泽民同志“三个代表”重要思想的通知》，要求各级党委、政府和各部门、各单位通过“三个代表”重要思想的学习，增强政治意识、大局意识、责任意识、忧患意识，主动解决工作中存在的问题，切实维护社会稳定，推动西部大开发战略在全县的顺利实施，努力开创富民兴县事业的新局面。

2001年7月1日，云干乡大关村荣获全国优秀基层党组织称号。7月18日，掀起学习和实践“三个代表”重要思想，使“大关精神”在富民兴县实践中发扬光大，在各行各业中结成丰硕的成果，县委作出：《关于进一步深入开展学习大关精神活动的决定》，在全县进一步掀起学习大关精神的热潮。

2003年11月26日，中共罗甸县委作出《关于进一步加强精神文明建设的意见》。《意见》指出进一步加强精神文明建设，深入学习贯彻“三个代表”重要思想，进一步落实《公民道德建设实施纲要》，弘扬“大关精神”，全面提高广大干部群众的思想道德素质；切实深入开展群众性的精神文明创建活动，不断提高精神文明创建水平；着力打造绿色品牌，突出民族文化、树立罗甸新形象；突出工作重点，主攻薄弱环节，推动农村精神文明建设全面发展；加强基础设施建设，为精神文明建设深入发展创造条件；提高思想认识，强化保障机制，不断形成加强精神文明建设新格局。

2013年5月20日，中共罗甸县委第十一届常委会第37次会议审议通过《罗甸县深入推进解放思想加快跨越发展实施方案》。《方案》以“解放思想找差距、科学发展促跨越”为主题，坚持“统一思想、解决问题、促进工作、推动发展”的工作要求，坚持“作风转变到位、发展环境优化、工作增比进位、群众测评满意”的考核标准，以“学、查、改、评”为主要方法，进一步解放思想、转变观念，找准差距、开拓创新，以思想的大解放、观念的大转变，提振精气神，构筑精神高地，促进全县经济社会实现跨越式发展。

二、政务实施

1991年1月18日，中共罗甸县第六届委员会第1次会议，研究党校的性质、地位和作用及解决师资、经费问题。4月11—12日，中共罗甸县第六届四次全委（扩大）会议在县城召开，讨论通过《关于罗甸国民经济和社会发展十年规划和“八五”计划的决议》、7月10日，中共罗甸县第六届常委会第18次会议，研究建立县“建并撤”领导小组等问题，指导全县开展建镇并乡撤区工作。

1992年4月19日，为推进全县经济发展和改革开放，县委、县人民政府印发《关于机关单位和干部职工领办、创办企业和从事开发性生产的暂行规定》，鼓励和支持行政机关、事业单位干部职工在不影响正常工作的前提下，领办、创办企业和从事开发性生产。

1995年2月20日，根据贵州省、黔南州有关指示精神，县委作出《关于村级领导班子调整实施意见》。《意见》在1995—1996年对全县271个村级领导班子进行一次全面整顿。对村干部的任职年龄、文化等作出规定。加强村干部建设，建立一支能够带领群众走脱贫致富奔小康的村干部。6月19日，经县委、县人民政府研究同意，县委办、县政府办行文批转执行《罗甸县民族中学教育改革实施方案的意见》的通知，《方案》决定罗甸民族中学拟从1995年起进行全面教育改革，改革内容包括学校领导体制、学校职工管理、学校教学管理、学校经费管理、学校招生等。8月25日，经县委、县人民政府研究同意，批转执行《罗甸县乡（镇）独立中学，中心小学教育体制改革实施方案（试行）》。全县乡镇独立中学、中心小学引进竞争机制，在合理定编的基础上，试行经费包工和教师聘任制工作目标责任制。

1998年6月4日，进一步加强民主法制建设，全面贯彻落实党中央关于依法治国，建设社会主义法制国家的战略方针，中共罗甸县委作出《关于开展依法治县工作的决定》。《决定》的基本任务：建设一支高素质的行政执法和司法工作队伍，健全和完善各种执法制约机制，保证法律、法规贯彻实施。深入开展法制宣传教育，增强广大干部群众的法律意识和法制环境，提高依法办事、依法管理的水平和能力。11月30日，中共罗甸县委、罗甸县人民政府作出《关于加快全县农村小康建设步伐的实施意见》：1997年，全县粮食总产量9.36万吨、财政收入3012万元、农民人均纯收入1156元，8万贫困人口越过温饱线。《意见》指出，1998—2000年，建设小康村35个，小康乡（镇）2个，其中：1998年建小康村10个，1999年建小康村15个、小康乡（镇）1个，2000年建小康村10个、小康乡（镇）1个。主要指标：人均纯收入 1100 元（1990 年不变价，现价 2500 元）；人均年肉、蛋、鱼、奶消费达 30 公斤；农民食品支出占生活消费支出 50% 以上；80% 农户有一幢改建或新建的砖或砖混结构住房；每户至少有 1 名受过初中以上文化教育或掌握 1–2 门适用技术劳动者。乡（镇）小康指标：小康户占农户总数 70% 以上、基本普及初等教育、用电农户达 80% 以上、70% 村通公路、70% 村通电话、电视机普及率达 50% 以上、无计划外生育、万人刑事案件立案数≤ 5 件。

1999 年 3 月 1 日，中共罗甸县委、罗甸县人民政府作出《关于进一步加强农业和农村工作的意见》。《意见》指出：认真领会中共中央《关于农业和农村工作若干重大问题的决定》、中共贵州省委《关于进一步加强农业和农村工作的决定》、黔南州委、黔南州政府《关于进一步加强农业和农村工作的意见》精神，把握重点，提高认识；认清形势，增强农业和农村工作的紧迫感和责任感；当前及今后全县农业和农村工作的指导思想和工作重点。1999 年农业和农村工作的目标是：实现 6 个增长（即：实现农业总产值 4 亿元，比上年增长 14.3%；粮食产量 10.7 万吨，比上年增长 6.4%；畜牧产值 9000 万元，比上年增长 12.5%；乡镇企业总产值 7.6 亿元，比上年增长 25%；农民人均纯收入 1280 元，比上年增加 115 元；人均占有粮 370 公斤，比上年增加 11 公斤）；切实加强党对农村工作的领导，全面完成农业和农村工作的各项任务。3 月 20 日，省委书记、省人大常委会主任刘方仁在省委秘书长、办公厅主任王晓东的陪同下，到罗甸考察调研，并听取县委、县政府的工作汇报。对如何抓好扶贫攻坚工作作重要指示。

2001 年 3 月 12 日，根据中共中央、省、州安排，为搞好全县农村“三个代表”重要思想学习教育，县委作出《关于在全县乡镇开展“三个代表”重要思想学习教育活动的实施方案》。《方案》从 2001 年 3 月中旬—6 月中旬结束，时间 3 个月，分学习培训、对照检查、整改提高三个阶段进行。6 月 19 日，根据中央、省、州文件精神，中共罗甸县委作出《关于在全县部门开展“三个代表”重要思想学习教育活动的实施方案》。《方案》规定，部门开展“三个代表”重要思想学习教育活动从 2001 年 6 月中旬—9 月中旬，时间为 3 个月，分为学习培训、对照检查、整改提高三个阶段进行。10 月 25 日，根据《中共黔南州委、黔南州人民政府关于罗甸县党政机构改革方案的通知》的精神，县委、县人民政府作出《关于罗甸县县级党政机构改革的实施意见》的要求，改革调整后县委工作机构设置 8 个，部门管理机构 1 个。县人民政府机构设置 25 个，另设议事协调的常设办事机构 1 个，受县人民政府委托行使部分行政管理职能的直属事业单位 3 个。

2003 年 2 月 25 日，中共罗甸县委作出《关于进一步加强农村基层组织建设的意见》。《意见》的主要任务和工作措施：强化领导班子建设，努力选好配强乡、村两级带头人；强化干部队伍建设，努力提高农村基层干部队伍的整体素质；强化集体经济建设，努力增强农村基层组织集体经济实力；强化乡、村组织制度建设，努力推进农村基层组织制度化、规范化。5 月 5 日，县委作出《关于切实加强党组织建设，确保“非典”防治工作顺利开展的通知》。《通知》要求：切实加强党组织建设，确保“非典”防治工作顺利开展，打赢“非典”防治工作胜仗。

2005 年 12 月 1 日，中共罗甸县委结合全县实际，作出《关于进一步转变作风抓好“三农”工作的实施意见》，基本原则是：以人为本、民生为重、尊重民意、科学决策、实事求是、建立健全“三农”工作机制。

2006 年 4 月 9 日，中共罗甸县委、罗甸县人民政府作出《关于进一步加强民族工作加快全县经济社会发展的实施意见》。意见要求：切实落实党在民族地区的各项政策，加快全县经济社会发展，加强少数民族干部队伍建设，大力培养选拔少数民族干部和各类专业技术人才，进一步推进民族团结进步事业，不断巩固和发展社会主义民族关系，认真贯彻民族法律法规，支持和完善民族区域自治制度。

2007 年 1 月 22 日，中共罗甸县委、罗甸县人民政府印发《罗甸县优化经济发展环境“五不准”规定》。规定：不准巧立名目乱收费；不准设置障碍乱检查；不准违反规定乱处置；不准假借名义乱摊派；不准“吃、拿、卡、要”乱索取。8 月 9 日，为加快产业化进程，推进“活力罗甸”战略目标实现，促进全县经济又好又快发展，中共罗甸县委、罗甸县人民政府作出《关于深入贯彻落实科学发展观，加快全县产业化进程的意见》。《意见》指出：到2011年，全县地区生产总值比2006年翻一番以上，三产比例为30 ∶ 36 ∶ 34左右；财政总收入实现3.4亿元以上；农民人均纯收入年均增加150元以上；工业总产值比2006年翻一番以上，其中：规模工业生产实现产值21亿元，工业用水重复利用率60%以上；形成2个销售收入5亿元以上的企业，5个销售0.5亿元以上企业；农业方面经济总量翻一番以上，其中：蔬菜、水果、茶叶、畜牧、渔业生产规模壮大，年产值分别达到3.4亿元、1.2亿元、0.6亿元、4亿元、2.5亿元。同时促进旅游、物流等各项服务业的快速发展。

2009年12月1日，中共罗甸县委第十届常委会第50次会议审议通过《关于鼓励精品文艺创作生产 推进文化产业发展实施意见》。《意见》的实施有助于推进全县文艺创作，鼓励多出文化产品、精品，促进全县文化产业的发展。

2010年12月23日，中共罗甸县委、罗甸县人民政府作出《关于加强老龄工作的实施意见》。2009年年底，全县60周岁以上老龄人口已达4.53万人，占全县总人口的13.5%。《意见》指出：要加强老龄工作，做到认真落实各项惠老政策，加快建设老年福利服务基础设施，大力推进为老服务，落实老年人优先规定，完善高龄老人长寿生活补贴制度，对具有罗甸县常住户口、非财政供养的80岁以上老年人发给生活补贴，即80–89岁老人月津60元/人，90–99岁老人月津贴100元/人，百岁老人病故每人给予安葬补助1200–1500元，高龄老人的生活补贴和百岁老人病故安葬补助，所需资金由县财政承担。

2011年5月12日，根据中共黔南州委、黔南州人民政府关于县、市人民政府机构改革的实施意见和中共黔南州委办、黔南州人民政府办关于印发《罗甸县人民政府机构改革方案》的通知，中共罗甸县委、罗甸县人民政府对县人民政府各部门的“三定”（定内设机构、定职能、定人员编制），提出实施意见。《意见》对县政府各工作部门“三定”工作起到指导和规范作用。是日，根据贵州省、黔南州调整县级人民政府机构设置与改革和州委办、州政府办关于印发《罗甸县人民政府机构改革方案》的通知，县委、县政府作出《关于罗甸县人民政府机构改革的实施意见》。《实施意见》指出，机构设置：县人民政府设置办公室和工作部门共23个（不含监察局、供销社），其中：正科级事业单位2个。领导职数原则上设正职1名，副职1–2名。人员编制和工作职责变化不大的部门，重点解决好机关人员行政、事业混编问题；撤并、整合、重组的部门，人员编制上收，集中统一调配。8月5日，中共罗甸县委第十届常委会第76次会议审议通过《中共罗甸县委关于新形势下加强和创新社会管理工作的意见》。《意见》对新形势下加强和创新社会管理工作提出了要求，加强和创新社会管理对于全县继续抓住和用好发展的重要战略机遇期、加快推进经济社会发展历史性跨越、促进社会长治久安、实现全面建设小康社会目标具有十分重要的意义。审议通过《罗甸县加快推进投资与项目园区建设实施意见（试行）》。《意见（试行）》的实施对于抓好项目、园区建设，充分发挥投资拉动、项目带动作用，全面完成全县固定资产投资目标任务，促进县域经济社会又好又快更好更快发展，起到改革保障的作用和依据。9月18日，中共罗甸县委第十届委员会第十三次全体扩大会议讨论通过《关于推进民生工程建设的意见》。《意见》的总体要求为：突出重点，统筹兼顾，优先解决最困难群众的突出问题，好事办好，实事实办，让人民群众真正得到实惠，确保民生工程可持续实施。

2012年7月5日，中共罗甸县委作出《关于加强党的纯洁性建设确保全县经济社会又好又快发展的实施意见》。《实施意见》的实施、对于进一步加强党的纯洁性建设，更好的肩负推动全县经济社会又好又快、更好更快发展起到指导和促进作用。

2013年1月19日，中共罗甸县委根据贵州省委、省人民政府关于加快推动城镇化建设的精神作出《关于加快城镇化进程实施意见》。《意见》指出：县2012年城镇化率32.9%，与全省全国存在很大的差距、已经严重制约经济社会快速发展。因此，要加快城镇化进程，到2016年城镇化率确保达40%以上；2020年达45%以上，城镇人口实现18万人。其中：县城人口10万人、边阳镇（含栗木、罗沙）达到3万人、罗悃镇、逢停镇、沫阳镇、茂井镇、红水河镇、木引镇、董架乡等城镇建成5000—10000人，其他城（集）镇人口实现翻一番。9月17日，根据《中共黔南州委、黔南州人民政府深化“平安贵州”“平安黔南”建设意见》的精神，中共罗甸县委、罗甸县人民政府作出《关于深化“平安罗甸”建设的意见》。《意见》的出台，有力的指导和推进“平安罗甸”的建设。

2014年1月23日，中共罗甸县委召开第十一届全委扩大会议，提出全面深化改革工作的总方向和要求：全县各级党组织和广大党员干部要深刻领会全面深化改革的重大意义，紧紧围绕中央及省、州总体部署，坚定不移地推进全面深化改革各项工作。3月，中共罗甸县委、罗甸县人民政府根据全县乡镇区划调整情况，印发《〈罗甸县乡镇行政区划调整后机构编制设置方案〉的通知》。《通知》规定：将原来的26个乡镇调整为9个镇（乡）。镇（乡）党政机构设置：党政办公室、社会事业办公室、经济发展办公室、卫生和计划生育人口办公室、社会治安综合治理办公室（加挂城镇综合执法室牌子）；在县人民政府所在地的龙坪镇及贵州省批准的100个示范小城镇之一的边阳镇，单独设置城镇综合执法室。7月14日，县委书记杨朝伟主持召开县委全面深化改革领导小组第一次会议，审议通过《中共罗甸县委关于全面深化改革推动跨越发展的实施方案》《中共罗甸县委全面深化改革领导小组专题组2014年改革任务分解方案》《中共罗甸县委2014年全面深化改革工作要点》《中共罗甸县委全面深化改革领导小组、专题组和办公室工作规则（细则）》等改革推进方案。10月13日，县委书记杨朝伟主持召开县委全面深化改革领导小组第二次会议，审议通过《关于以改革创新精神扎实推进扶贫开发工作的实施方案》《罗甸县深化管理体制改革促进乡镇加快发展的实施方案》。10月25日，县委、县人民政府印发《关于实施“5531工程”，扎实治理体系和治理能力现代化实施方案的通知》（“5531工程”就是坚持经济发展，社会管理，基层基础，民生保障，生态保护“五位一体”统一抓；整合党委、政府、群团组织、社会组织、志愿者队伍“五种力量”合力抓；最大程度地满足最广大人民群众的物质、精神、生活“三个层面”的需求；始终贯穿群众路线“一条线”）。《通知》要求，努力形成有效的联系服务群众体制机制，推进治理体系和治理能力现代化。11月7日，中共罗甸县委第十一届县委常委第93次会议通过《罗甸县深化管理体制改革促进镇（乡）加快发展实施意见》。《意见》有实施对于深化管理体制的改革，促进全县镇（乡）加快发展起着推进保障的作用。

2015年1月12-13日，中共罗甸县委第十届常委会第八次全委会审议通过《中共罗甸县委关于加快生态文明建设的意见》。《意见》要求加快推进罗甸生态文明建设，建设青山绿水良好生态环境。这对于推进全县经济文化建设有重要意义；审议通过《中共罗甸县委关于全面推进从严治党的实施意见》。《意见》要求，从严治党是新时期党的建设要求。全面推进从严治党，确保党的路线方针政策得以贯彻实施有重大意义。全县各级党组织、党员领导干部和党员都要加强学习，从严要求，为实现罗甸小康建设目标而奋斗。7月25日，县委第十一届常委会第106次会议审议通过《罗甸县科学技术奖励办法》。《办法》的实施为全县实施科教兴县战略，充分调动广大科学技术工作者的积极性和创造性，推动科学技术进步，促进全县经济社会又好又快发展，科学技术的应用提供奖励机制与改革。11月9日，中共罗甸县委第十一届县委常委第114次会议通过《罗甸县农村土地承包经营权流转管理对比试验实施方案》。《方案》通过坚持依法、自愿、有偿，集中、规模、增效，引导、服务、规范，因地、有利、发展的原则，以稳定农村土地承包关系为基础，以有效配置土地资源，促进产业发展、农业增效和农民增收为目标，建立“政府引导、市场调节、农民自愿、依法有偿”的土地流转运行机制，着力解决制约罗甸现代山地特色高效农业发展、新农村建设、乡村旅游发展的土地瓶颈，促进罗甸经济、社会、生态效益全面提高，加快推进全县现代山地特色高效农业发展和社会主义新农村建设，努力构建城乡统筹发展的和谐社会。审议通过《罗甸县精准扶贫决战决胜同步小康实施意见（2015—2020）》。《意见》要求为深入贯彻落实习近平总书记视察贵州时的重要讲话精神，落实黔南州精准扶贫决战决胜同步小康推进大会会议精神，进一步加速罗甸县经济社会发展，集中力量推进扶贫攻坚决战决胜，加快全面建成小康社会步伐，到2020实现年全面建成小康社会奋斗目标。坚持开发式扶贫方针，实行扶贫开发和农村最低生活保障制度有效衔接。把扶贫开发作为脱贫致富的主要途径，鼓励和帮助有劳动能力的扶贫对象通过自身努力摆脱贫困，把社会保障作为解决温饱问题的基本手段，逐步完善社会保障体系。12 月 24 日，中共罗甸县委第十一届常委会第 117 次审议通过《罗甸县关于推进大扶贫战的行动坚决打赢脱贫攻坚战的实施意见》。《意见》对全县推进大扶贫战的行动提出了要求和具体的实施意见，为打赢脱贫攻坚提供政策保障。

三、干部管理

1995 年 6 月 15 日，根据中共中央《关于严格按照党的原则选拔任用干部的通知》，为进一步适应改革开放和社会主义市场经济建设的需要，中共罗甸县委制定《关于进一步完善干部管理工作的通知》，规定选拔任用干部必须按照规定的程序办事，坚持从基层选拔领导干部，干部调动要坚持服从组织安排等原则。7 月 20 日，为让年轻干部和应届大中专毕业生走出县门，到沿海发达地区锻炼学习，中共罗甸县委、罗甸县人民政府作出《关于选派机关年轻干部和应届大中专毕业生参加劳务输出锻炼的通知》。《通知》规定，行政事业单位 30 岁以下年轻干部和应届大中专毕业生须参加劳务输出锻炼，时间 1—2 年，年轻干部参加劳务输出期间，保留其住房、户口、行政关系不变、工资按四项之和（事业单位按两项之和）扣除三费发给，享受县规范人均数额的公医费，参与劳务输出所得报酬归自己所有；应届大中专毕业生暂不定岗安排工作，待劳务输出期满后，考核合格，按双向选择落实工作岗位。

1998 年 8 月 15 日，为加强对在职年轻干部和应届大中专毕业生打工锻炼，县委出台《关于加强对在职年轻干部和应届大中专毕业生打工锻炼管理的规定》，凡年轻在职干部和应届分配大中专毕业生（除县委、县人民政府确认的特殊专业人员外）都必须参加县统一组织的打工锻炼。1998—1999 年，全县输出大中专毕业生劳务输出 326 人，在职年轻干部打工 272 人，让年轻干部和应届毕业生到沿海市场经济前沿进行锻炼。

1999 年 11 月 26 日成立县“三讲”（讲政治、讲学习、讲正气）教育领导小组，制定“三讲”教育学习方案。

2000 年 4 月 15 日，中共罗甸县委作出《关于提拔党政领导干部实行任前公示的通知》。《通知》指出：根据中共贵州省委、中共黔南州委《关于提拔党政领导干部实行任前公示的暂行规定》文件精神，中共罗甸县委作出拟提拔到县委、县人民政府各工作部门（含派出机构）和县人大常委会、县政协的有关工作机构的领导干部；乡（镇）党委、政府领导干部、工会、共青团、妇联等社会团体的领导干部，在提拔任用前必须全额公示。公示期限 15 天。如对公示对象干部群众有反映足以影响提拔使用的，由县委组织部针对反映问题以及调查情况，以书面形式报县委复议。公示对象涉及党纪、政纪问题的，在县委复议决定后，转执纪执法部门查处。

2000 年 7–10 月，根据省委安排，中共罗甸县委、县人大常委会、县人民政府、县政协领导班子和领导干部（非党员领导不参加）及县委组织部、县纪委、县委宣传部、县法院、县检察院领导班子和领导干部参加深入开展“三讲”活动。“三讲”期间，通过调研，收到各种意见和建议 728 条，发放进村入户调查表 22950 份，收回 21294 份，收到意见 9016 条，其中：领导班子 7258 条，领导干部 1758 条。县委抽调 100 名机关干部深入 26 个乡（镇）105 个村征求意见 554 条。“三讲”教育对象深入到 26 个乡（镇）32 个村 116 户农户家中同吃同住同劳动，征求意见 183 条。开展民主评议和民主测评，征求意见、建议共 1290 条，通过信访渠道收集群众意见 218 条，通过召开会议听取整改方案的修改意见 81 条。通过“三讲”教育活动的开展，进一步加强领导班子和领导干部队伍的建设。

2002 年 6 月 6 日，为贯彻落实计划生育基本国策，强化党政领导干部人口与计划生育责任制，根据中共贵州省委、贵州省人民政府的有关规定，中共罗甸县委、罗甸县人民政府出台《关于对党政领导干部实行人口与计划生育“一票否决”制的暂行规定》。8 月 2 日，为贯彻实施《党政领导干部选拔任用工作条例》，建立健全全县干部选拔任用和监督管理机制，中共罗甸县委作出《关于学习贯彻〈党政领导干部选拔工作条例〉的实施意见》。《实施意见》为建立健全干部选拔和监督管理机制进一步规范提供了依据。

2004年3月4日，中共罗甸县委第九届七次全委（扩大）会议通过《关于进一步加强党风廉政建设和反腐败工作的决定》。《决定》要求：党员领导干部廉洁自律意识要明显提高，部门和行业风气要明显好转，对领导干部行使权力的监督要切实加强，腐败现象要进一步得到遏制。

2008年8月20日，中共罗甸县委十届五次全委（扩大）会议审议通过《中共罗甸县委关于进一步加强和改进干部作风建设的决定》。《决定》指出：高度重视，充分认识新形势下进一步加强和改进干部作风建设的重要性和紧迫性；突出重点，切实加强和改进干部作风建设；加强领导，务求干部作风转变实效。

2009年12月21日，中共罗甸县委第十届委员会第九次全体会议通过《关于大力加强干部队伍建设的意见》。《意见》提出：进一步推进干部人事制度改革，树立科学正确用人导向，提高全县干部队伍和领导班子科学执政，民主执政，依法执政的能力和水平。提升干部学历，使全县科级干部队伍研究生学历提高4%，达到5%，大学本科学历提高12%，达到50%，科级妇女干部比例提高4%，达到22%，老中青科级干部逐步实现均衡发展，科级干部每年轮训一次。

2013年1月6日，中共罗甸县委第十一届委员第四次全体会议通过《关于进一步加强干部和人才队伍建设的实施意见》。《意见》要求，全力打造综合素质高、执行能力强的干部队伍，注重抓教育、产业、科学创业，为实现后发赶超、同步小康、组织提供保障。

2014年9月28日，中共罗甸县委印发《罗甸县贯彻落实〈建立健全惩治和预防腐败体系2013年工作计划〉》。《计划》指出，要狠抓党的作风建设，保持惩治腐败高压态势，科学有效地预防腐败。

四、党务公开

2009年10月19日，中共罗甸县委出台《罗甸县进一步强化全县各级党组织党务公开工作的实施意见》，主要内容：凡属《中国共产党党内监督条例（试行）》和其他党内法规要求公开的内容，凡是党员和干部群众关注的重要事项和热点问题，只要不涉及党内秘密，都应当公开。公开内容：一是全局和中心工作（主要包括党组织关于经济建设和社会发展的重大决策、决定、决议和任期目标、阶段工作重点，涉及群众利益的重要政策措施等）。二是思想政治建设（主要包括党组织中心学习组学习计划及落实情况，党员领导干部学习情况，年度党建主题活动安排，群众性精神文明创建活动实施计划等）。三是组织建设（主要包括领导班子成员工作分工、工作职责，民主生活会和整改情况，选举情况，党费收缴、使用、管理情况，党员互助资金的募集、管理、使用情况，干部民主测评、推荐、选拔、使用情况，发展党员情况，党员队伍建设情况，表彰奖励情况等）。四是作风建设（主要包括落实党风廉政建设责任制情况，领导干部述职述廉情况，领导干部执行廉洁自律规定和重大事项报告的情况，维护群众利益情况，党员领导干部违纪违法案件查处情况等）。五是制度建设（主要包括党内制度法规和各项办事程序、工作要求，党内民主选举、民主决策、民主监督、民主管理制度和干部人事制度改革情况等）。六是根据实际情况或党员、群众认为有必要公开的不涉及党内秘密的党内其他事项。

县直机关公开内容：包括干部选拔、管理、使用、年度考核情况，基层党组织建设和领导班子建设情况，发展党员情况，为民办实事情况，党员领导干部落实党风廉政建设责任制情况，精神文明创建计划及落实情况。乡（镇）党委公开内容：包括年度党务工作计划及落实情况，乡镇党委关于土地、计划生育、林权制度改革等事项，重大群众信访举报问题的处理落实情况等。村（社区）公开内容：包括村级党组织换届选举情况，农村经济发展计划及产业开发情况，农村无职党员设岗定职情况等。非公有制企业公开内容：包括组织建设和党群共建情况，参与企业重要工作决策的计划和部署，党员示范岗、党员责任区的实施情况，党建工作指导员制度落实情况。窗口服务单位公开内容：包括党员亮身份、党员先锋岗、服务承诺制等方面的内容。

第四节 纪检 监察

中共罗甸县纪律检查委员会（以下简称中共罗甸县纪委），1983年12月升格为副县级领导机构，实行届任制，由县党代会选举产生新一届县纪委。新一届纪委举行全体会议，选举产生常务委员、书记、副书记。1993年6月中共罗甸县纪委、县监察局合署办公。2015年5月，中共罗甸县纪委与县监察局设9个室：办公室、党风政风监督室、教育研究室、案件监督管理室、第一监察室、第二监察室、审理室（案件申诉复查复议办公室）、信访室、干部室。行政编制19名，其中：书记1名、副书记2名（其中1名兼任监察局局长），副局长3名。内设机构室主任9名。机关事业编制工勤人员8名（含工委）。设立举报中心，参公事业编制6名，其中：主任1名（副科级），副主任1名，设罗甸纪检监察信息中心，事业编制3名，主任1名（股级）。1991年8月进行建镇并乡撤区，设置26个乡（镇）纪律检查委员会。2014年2月全县进行行政区划调整，将26个乡镇调整为8镇1乡，设立8镇1乡纪委并增设纪检监察室。2014年5月，根据省、州文件精神，强化对民生领域工作的监督检查。8镇1乡设民生项目监督特派组，2015年初民生项目监督特派组更名民生监督组。

一、中共罗甸县纪律检查委员会第六届至第十一届委员、常委、书记、副书记选举产生情况

中共罗甸县第六次代表大会1988年9月8日选举产生第六届县纪律检查委员会委员15人。是日，中共罗甸县纪委第六届委员会举行第1次全体委员会议，选举产生县纪委常委委员7人，毛廷华当选为县纪委书记，以及副书记2人。

中共罗甸县第七次代表大会1992年10月5日选举产生第七届中共罗甸县纪律检查委员会委员17人。是日，中共罗甸县纪委第七届委员会举行1次全体委员会议，选举产生县纪委常委4人，以及副书记2人。1993年7月，中共黔南州委任命罗世云为中共罗甸县委常委、县纪委书记。

中共罗甸县第八次代表大会1996年10月10日选举产生中共罗甸第八届县纪律检查委员会委员17人。是日，中共罗甸县纪委第八届委员会举行第1次全体委员会会议，选举产生县纪委常委6人，刘大全当选为县纪委书记，以及副书记2人。

中共罗甸县第九次代表大会2001年6月21日选举产生第九届县纪律检查委员会委员17人。是日，中共罗甸县纪委第九届委员会举行第1次全体委员会会议，选举产生县纪委常委7人，周学林当选为县纪委书记，以及副书记2人。

中共罗甸县第十次代表大会2006年6月30日选举产生第十届县纪律检查委员会委员23人。是日，中共罗甸县纪委第十届委员会举行第1次全体委员会会议，选举产生县纪委常委7人，骆紫光当选为县纪委书记，以及副书记2人。

中共罗甸县第十一次代表大会2011年10月10日选举产生第十一届县纪律检查委员会委员23人。是日，中共罗甸县纪委第十一届委员会举行第1次全体委员会会议，选举产生县纪委常委7人，李福锴当选为县纪委书记，以及副书记2人。

二、党风廉政建设

1991—2000年，全县党风建设的重点是做好党的十四大、十五大精神的贯彻落实，抓好廉政准则和其他系列党纪法规的贯彻和执行，积极开展党性党风党纪和“三讲”（即讲学习、讲政治、讲正气）教育活动，加强制度建设，严肃查处违反党纪行为，为全县经济建设和社会发展做好服务和保障。

2001—2011年全县党风建设主要抓好党的十六大、十七大精神和“三个代表”重要思想、科学发展观贯彻落实。抓好《中国共产党章程》学习，着力抓好《中国共产党党内监督条例（试行）》《中国共产党党员领导干部廉洁从政若干准则》《党政领导干部选拔任用工作条例》等党内法规的宣传教育和贯

彻落实。

2012—2014年，全县党风建设以党的十八大精神为指导，重点抓好中央和省、州、县委改进工作作风、密切联系群众各项规定及其他纪律规定的贯彻执行，着力查纠“四风”（即形式主义、官僚主义、享乐主义、奢靡之风）问题，以廉政谈话、家庭助廉、廉政短信、廉政文化、警示教育等形式和载体，进一步深化党性党风党纪教育，积极推进民主评议行风、评议党员干部工作，规范党员干部述职述廉、党务公开、报告个人有关事项等工作，强化对权力的制约和监督。认真开展公车治理，对304辆公务车建立档案。加强对“三公经费”〔即因公出国（境）经费、公务车购置及运行经费、公务接待费用〕管理和滥办酒席治理等专项监督检查。积极推进作风建设常态化，驰而不息地查纠“四风”突出问题，累计开展作风专项监督检查47次，查处违反工作或作风各项规定的党员干部186人，其中：作通报批评128人、提醒谈话48人、诫勉谈话3人、免职1人、党政纪处分6人，在县电视台点名道姓通报曝光典型案例12件17人。大力弘扬党的优良传统，树立新风正气，不断凝聚发展的正能量。2014年6月罗甸县廉政警示教育基地在县委宣传部大楼二楼竣工投入使用，面积400平方米，投资84万元。从2014年10月至2015年底，累计组织2500多名党员干部到廉政教育基地接受教育。督促全县800余名科级干部及其他科级以下干部严格执行落实党员干部报告个人有关事项制度。对省委第二巡视组巡视反馈县级层面的21个问题，抓好整改督促，整改率达100%。

三、案件查处

1991年立案46件，结案43件，党纪处分12人，其中开除党籍5人、撤销党内职务1人、留党察看3人、严重警告3人。1993年县纪委和县监察局合署办公以后，坚持严格按照“事实清楚、证据确凿、定性准确、处理恰当、手续完备、程序合法”的查办案件工作方针，认真开展案件查处工作。1991—2015年，立案748件，结案722件。受党纪处分491人，其中：开除党籍100人、留党察看48人、撤职29人，严重警告123人，警告193人；受政纪处分402人，其中：开除公职64人、撤职/留用察看24人/8人、降级36人、记大过61人、记过68人、警告139人。受双重处分30人，挽回经济损失12.52亿元。

1991—2015年案件查处一览表

表3-3

年份	立案（件）	结案（件）	合计党纪/政纪（人）	处分（起）													挽回经济损失（万元）
				党纪						政纪						双重处分	
				开除党籍	留党察看	撤职	严重警告	警告	通报（了结）	开除公职	撤职/留用察看	降级	记大过	记过	警告		
1991	46	43	12/17	5	3	1	3	–	–	8	1/3	2	3	–	–	–	–
1992	38	28	22/6	7	1	2	7	5	–	2	1/	2	1	–	–	–	1.9
1993	23	19	16/10	11	–	–	2	3	–	3	3/2	1	–	–	1	–	3.2
1994	26	26	10/16	–	–	–	–	–	–	1	1	3	10	1	–	–	–
1995	14	14	6/5	1	–	2	2	1	–	–	1/1	1	2	–	–	–	23
1996	25	25	6/24	–	2	–	1	3	–	3	1/	5	12	3	–	–	2.5
1997	22	22	8/19	2	3	–	2	1	–	–	1/	5	3	8	2	–	7.29
1998	63	63	63	–	4	–	2	13	–	–	2/1	1	4	7	45	–	4.5
1999	27	27	9/46	–	3	1	4	1	–	4	2/	3	3	17	17	–	15.05
2000	21	21	14/24	–	1	2	5	6	–	4	3/	–	3	2	12	–	12.37
2001	34	34	19/19	7	4	–	2	6	–	6	1/	–	4	–	8	–	50
2002	36	38	24/15	8	2	–	7	7	–	7	2/	2	3	–	1	–	28.5
2003	37	37	25/18	5	4	–	5	11	–	5	1/	3	–	3	6	–	44.7

续表

年份	立案（件）	结案（件）	合计党纪/政纪（人）	处　分（起）													挽回经济损失（万元）
				党　纪						政　纪						双重处分	
				开除党籍	留党察看	撤职	严重警告	警告	通报（了结）	开除公职	撤职/留用察看	降级	记大过	记过	警告		
2004	42	42	24/19	4	2	6	11	1	–	–	–	1	2	8	8	1	94.8
2005	11	11	8/3	3	1	–	1	2	–	–	–	–	–	1	2	–	29.3
2006	11	11	8/5	2	1	–	2	3	–	1	1/	–	1	1	1	3	173
2007	21	21	10/12	6	1	–	1	2	–	1	–	–	1	4	6	1	97.41
2008	25	25	25/9	2	–	–	6	17	–	1	1/	–	1	3	3	4	48.51
2009	21	21	21/11	2	1	–	11	7	–	3	–	–	4	1	3	3	40
2010	21	21	25/9	8	–	–	3	14	–	1	–	1	3	–	4	5	140.5
2011	14	14	14/6	2	2	–	1	9	–	1	–	2	–	1	2	3	58.72
2012	22	22	29/7	2	2	–	9	16	–	1	1/	2	–	2	1	4	55.16
2013	21	13	9/7	4	–	–	2	3	–	3	–	–	–	1	3	1	106.2
2014	51	43	38/10	5	5	15	17	11	–	3	1	1	1	4	–	2	124.47
2015	76	81	46/22	14	4	–	17	51	–	6	–	1	–	1	14	3	118.15

四、纠风和行政效能监察

1991—1995年，在全县50个科局级部门和2个乡镇开展自查自纠，查出问题57个，涉及343人，金额56.4万元，立案查处45件，处理24人，退赔1万元。各单位清理各种不合理的规章制度76个，完善219个，新建规章制度107个。

1996—2000年集中清理农民负担过重问题，建立农民负担监督卡，减轻农民负担344.2万元。规范教育收费行为，清理违规收费16.2万元。取消企业不合理收费项目5个，实行收费明白和备案制度。

2001—2005年深入开展农民和企业负担监督，减轻农民负担2348.3万元，其中：取消涉农收费3项，免收8项，降低收费5项，农业税率由7%下调为6%。取消农业税440.8万元，实施种粮补贴42.3万元，受益农民25万人。取消对企业不合理收费项目1个（乡镇企业管理费），监督医药单位推行药品集中招标采购，集中招标采购药品400种，总金额272.6万元。整顿规范药品流通秩序，对192户次医疗机构、药店、个体行医进行调查，查处假药139批次，过期药品（劣药）1413种，过期一次性医疗器械632付（支）。对农贸市场进行专项整治，清理市场41次，检查经营户460户次，清理出劣质化肥16吨，涉案金额1.2万元，伪劣农药310件，涉案金额4.6万元，清理统一着装部门22个，清理不符合政策规定着装的部门13个，通过整顿着装人数由676人降为209人。为248名农民工追回工资105万元。

2006—2010年纠正工业硅厂重组改制和破产中侵害职工合法权益问题，安置9名内退人员和43名退休职工，兑现安置费396.5万元。取消出租汽车运输管理费、公路客运附加费等明令取消的收费项目，为出租汽车司机减负4.5万元。开展对干部职工吃“空饷”（即指在编不在岗，不上班而照常按年按月领取工资的行为）的清理，督促相关部门对吃“空饷”的13人停发工资。开展对罗甸龙滩库区移民复建工程第二期19个项目进行招标监督，节约资金1510.8万元。查纠教育乱收费行为，涉及30所中小学违规收费和挪用学生生活补助专项资金等32.2万元，相关责任人受到追责处理。完成涉农项目备案197个，资金35845.65万元。加强国有土地管理和执法监督，参与监督出让土地使用权2宗（罗甸县1000吨冷藏库面积15.87亩，罗甸县港口码头面积53.55亩）；发现违法用地80起，立案查处25起，发现非法开采矿山20起，制止15起，立案查处5起。开展农资打假专项行动，整治规范农资市场32个（点），查处种子案件7件，开展涉农专项资金、农村低保、种粮补贴等方面检查，纠正违规资金37.24万元。对全县政府投资和使用国有资金500万元以上的项目进行3次专项督查，查出问题15个进行督促整改。参与监督政府采购19次，节约资金72.3万元。查纠县国土部门违规收费1.11万元、建设部门违规收费0.99万元、县征稽查所违规收费5.2万元，并进行清退。开展环保执法监察工作，将COD、SO^2两大主要污染物排放总量控制指标分解到60家企事业单位。开展对全县新农合资金专项监督检查，查办交砚乡卫生院原院长李某违纪违法案件，并移送司法机关依法查处。开展对县直机关33个部门和26个乡镇60个基层站所的民主评议和满意度测评，对8个群众满意率不高的单位限期整改。对83个县直部门和26个乡镇开展行政效能监察工作，促进各级各部门不断提升工作效率和服务水平，不断优化发展环境。

2011—2015年，开展全县26个乡镇的243个基层站所的民主评议工作，聘请249名评议代表，对26个乡镇的水利、计生、文化、司法、社会事务等74个基层站所进行监督和评议。对公安、工商、综治办和县运管所等基层站所开展"回头看"活动。开展对影响和制约全县发展环境优化方面的问题排查，召开座谈会46场次，发放问卷2000余份，9012人参与测评。执行涉农项目备案534个（项），备案资金1.23亿元，开展4次专项涉农资金督查，下达整改通知15份，进行全县通报4次，约谈16个单位领导。2014年，组织民生监督特派组对全县落实农村危房改造政策及补助情况进行检查，完成2011—2013年实施的危改户9307户的核查，核查三类危房改造补助资金9136.44万元。完成2013—2014年城乡低保政策和补助金落实情况的监督检查，涉及177个村5个社区1763个村民小组，核实城乡低保金6700余万元。通过民生监督检查，累计发现问题157个，经初核了结104件，立案20件，结案7件，涉案金额300余万元，为群众追回民生资金150余万元，批评教育8人，党纪处分7人，移送司法机关依法处理2人，在电视台曝光典型案例2起6人，发出监察建议书2份。清退教育系统违规收费16.36万元。强化行政审批网上监管、政务服务中心在网上累计审批办理664件。对98个新增中央投资项目建设效能监察，推进项目建设有序开展。深入推进工程建设领域突出问题专项治理，对全县政府投资和使用国有资金500万元以上的25个项目进行效能督查，其中：完工项目11个，在建项目13个，待建项目1个；对非政府投资3000万元以上项目15个进行效能监察，其中：在建项目12个，待建项目3个。在效能监察中发现问题18个，并督促抓好整改落实。对全县50个固定投资项目建设情况进行效能监察，对推进不力的2个单位启动问责机制。开展对全县10宗土地出让、11宗采矿权出让进行检查，督促相关部门对存在的问题进行整改。加大"两违"查处力度，对4名干部涉嫌"两违"（违章建房、违法用地）问题按程序移交国土、住建等部门进行处理。2015年，开展党风廉政建设突出问题集中专项整治抽查，涉及县直部门27个、乡镇7个，针对抽查中发现的问题，约谈干部346人，其中：2人主动上交违纪款3430元，清退违规发放津补贴100.5万元。同时抽查政府投资重大项目39个，复查2014年实施重大项目4个，发现11个项目实施进展缓慢，督促8个建设单位及时整改，加快项目建设进度。是年，开展各项民生监督工作，对8家公立和民营医疗机构专项督查，发现违规报销新农合资金23.21万元，责令主管部门对其进行相应处罚。对全县2009—2013年"家电下乡补贴"兑现情况开展专项检查，并将查处的问题及线索移送司法机关处理。梳理各类民生突出问题169件，办结145件，其中：立案62件82人，结案59件，给予党纪政纪处分81人，移送司法机关5件7人，涉及金额346.22万元。挽回经济损失72.03万元，退回资金25.24万元。

第五节　政法委工作

一、机构

中共罗甸县委政法委员会（简称县政法委）1991年7月成立社会治安综合治理委员会，下设办公室（简称综治办），为正科级常设机构，与县政法委员会合署办公。1994年增设督查科，1997年撤销督查科，设执法监督科和综治科。同年，全县26个乡（镇）设立政法委员会和社会治安综合治理办公室，由乡（镇）党委副书记兼任政法委书记（兼综治办主任）。2001年3月，设县维护社会稳定办公室，为正科级常设机构，与县政法委合署办公。2007 年，根据省、州文件精神，乡（镇）党委政法委书记由乡（镇）党委委员专任。2009 年 5 月机构改革，县政法委、县综治办、县维稳办合署办公，内设机构为：政工科、办公室、执法监督科、社会治安综合治理工作科、维护稳定工作科（防范和处理邪教工作科），人员编制 7 人。2011 年 9 月，机构调整，县、乡镇同步更名为社会管理综合治理委员会。2013 年 11 月，全县行政区划调整，由 26 个乡镇调整为 8 镇 1 乡，调整后的镇（乡）政法委员会和社会管理综合治理办公室，作为镇（乡）党委、政府的办事机构，承担镇（乡）政法、综治、维稳、邪教防范与处理的日常工作事务。2015 年底，县政法委设书记 1 人，社会治安综合治理办公室设副书记 3 人，专职副主任 1 人，维护稳定办公室副主任 1 名，政工科长 1 名，办公室副主任 1 名，综治工作科副科长 1 名，事业编制干部 4 名，工勤人员 2 名。

队伍建设　1991—1998 年，县政法委队伍学历结构：中专 2 人，高中 1 人，初中 3 人。1999—2012 年，县政法委学历结构：本科 3 名，大专 3 名，中专 3 人，小学 2 名。2015 年，县政法委学历结构：本科 10 名，大专 3 名，初中 2 名。2000—2015 年，为提升干部业务素质，利用远程教育清华大学扶贫教育平台，在罗甸举办 3 期为期半月的县政法委机关全体干部职工、乡镇政法委书记、综治办主任、综治专干、乡镇派出所、司法所、法庭及公检法司机关中层干部参加的培训班。先后安排 5 人参加省州政法委举办为期 1 个月以上的上岗培训。

二、政法工作

执法检查　1991—1995 年，政法委牵头组织对公安、检察院、法院开展执法执纪检查，共清理纠正超期羁押案件 26 件 38 人；1996—2000 年，纠正超期羁押案件 78 件 92 人；2001—2005 年，纠正超期羁押案件 104 件 117 人。积案 32 件；2006—2010 年，纠正超期羁押案件 4 件 7 人，积案 32 件。积案 68 件；2011—2014 年，积案 56 件。1991—2014 年，清理纠正超期羁押案件 212 件 254 人。清理落实法院执行积案 100 余件，清理并规范政法干警枪支管理。

1991—1995 年，接待群众来访 27 次，领导批示 20 次，转办信件 34 件；1996—2000 年接待群众来访 43 次，领导批示 30 次，转办信件 46 件；2001—2005 年，接待群众来访 1010 次，领导批示 150 次，转办信件 210 件；2006—2010 年，接待群众来访 1200 次，领导批示 190 次，转办信件 360 件，评查案件 8 件；2011—2014 年，接待群众来访 450 次，领导批示 140 次，转办信件 220 件，评查案件 10 件，听证 4 次。1991—2015 年，接待群众来信来访 2700 余人次，牵头领办处理群众来信和领导批示督办案件 560 余件，转办群众来信 900 余件，组织召开案件评查会议 18 件次，召开涉法涉诉信访听证会 4 次。

社会治安综合治理　1991—1995 年，按照省、州安排，组织在县城、边阳、深井、猴场等地开展“严打集中统一行动”，逮捕 222 人，宣判 186 人，执行死刑 9 人。县政法委牵头组织县妇联、团县委等部门，开展“打击拐卖妇女儿童犯罪”整治行动，抽调政法干警组成 26 个专案组，前往广西、河北、河南等 6 省区和省内 10 个县市开展调查取证、追捕追赃、解救工作，查破拐卖妇女儿童案件 59 起（14 个团伙 76 人），依法逮捕 56 人，起诉 31 件 60 人，解救妇女 31 人，解救儿童 3 人，收缴赃款 46000 余元。组织开展禁赌治理行动，抓赌 34 场，治安处罚 298 人，拘留 65 人，警告 26 人，罚款 24443 元。针对罗甸、平塘沿边结合部地区盗窃、拐卖人口案件多发问题，县政法委协调平塘县政法部门召开两县结合部地区重点治理工作会议，抽调干警集中整治，公开逮捕田某某、张某某等犯罪嫌疑人 24 名。组织开展严打“整顿夏季治安”“追逃犯”等专项行动，对罗羊乡小马场赶集日商贩多次被抢突出问题，组织政法干警 40 余人赴罗羊乡小马场驻点，并协调广西壮族自治区的乐业、天峨两县警方组织开展“小马场市场整治”集中行动，组建护村护寨队维护市场治安秩序，恢复小马场赶集日市场秩序。同年，对凤亭乡交吾村、沟亭乡拉招村等偷牛盗马突出问题，抽调政法干警，深入实地开展打击“偷牛盗马”集中整治行动。

1996—2000 年，针对枪支泛滥、危爆物品管理失控，涉枪涉爆案件时有发生，严重影响社会治安问题，政法部门和各乡镇集中组织开展收缴枪支、整治危爆物品专项行动，收缴火药枪 4171 支、收缴炸药 6673 公斤、雷管 22901 枚，导火索 13744 米。开展“春季严打”“秋季严打”行动，组织召开公捕公判大会 5

次，逮捕52人，宣判40人，执行死刑6名。针对大亭、班仁、云干、木引等乡偷牛盗马突出和涉毒案件增多问题，组织政法部门，抽调政法干警，深入实地开展打击“偷牛盗马及禁毒”集中整治行动，铲除罂粟5906株，依法处理相关责任人。同时开展打击偷牛盗马、打击盗窃机动车专项整治行动。

2001—2005年，根据省、州安排，部署为期两年的“严打整治”斗争。县政法委组织政法部门在县城公开逮捕61人，依法判决38人，公开执行死刑3人。针对凤亭乡交吾村，沟亭乡拉招村、拉喊村，罗沙乡翁定村偷牛盗马突出问题，龙坪镇八一、八二村等县内部分偏远村寨农业四税征收困难及计划生育工作开展难等突出问题，抽调干警51名组成案件调查组、家庭座谈规劝组、村组干部动员组，深入村组开展治爆缉枪等重点整治。追回被盗牛马23头匹、被盗摩托车50辆，收缴炸药669公斤、雷管4472枚、导火索876.3米、非法枪支128支。

2006—2010年，开展打击城镇入室盗窃、农村偷牛盗马集中统一行动。以移民搬迁安置为重点，集中整治龙滩电站罗甸库区各乡（镇）村寨治安秩序，严厉打击危害和影响库区移民搬迁安置的违法犯罪行为，保证国家重点工程的建设。针对《贵州都市报》等报道罗甸县赌博突出问题，集中开展“惩赌治乱”专项整治活动，查处赌博案件23起，行政处罚200余人，收缴赌资15万余元，查扣车辆20余辆。在深入开展打击“两抢（抢劫、抢夺）两盗（盗窃摩托车、入室盗窃）”整治活动的同时，集中开展打击毁林烧山违法犯罪专项行动，立火灾案件51起，破28起，一审判决14人，在全县20个乡（镇）巡回召开打击毁林烧山公捕公判大会，从根本上扭转全县毁林烧山突出问题。

2011—2015年，在深入开展打击两抢（抢劫、抢夺）两盗（盗窃摩托车、入室盗窃）专项整治行动的同时，组织政法、交通运管、市政等部门集中开展机动三轮车整治、取缔专项行动、危爆物品寄递物流清理整顿。查处非法营运载客机动三轮车313辆，完成县城500余辆机动三轮车取缔工作。抽调干部21名，集中开展公共安全排查整治行动和提升安全感、提升满意度百日攻坚行动，查出隐患问题43处，检查走访物流寄递行业、分点30家，整改17家，落实物品100%先验视、100%实名制邮寄制度；检查涉爆单位、非煤矿山、烟花爆竹销售点83家。

社会管理 2011年县政法委启动社会管理工作。2011—2015年，全县有困难群体93044人（农民工76677人、空巢老人4631人、留守妇女986人、留守儿童3516人、下岗工人168人、失地农民5953人、无业人员1113人）；特殊人员群体3425人（吸毒人员319人、违法犯罪青少年59人、流浪失学辍学问题未成年人247人、刑释解教人员453人、违法犯罪艾滋病人员19人、易肇事肇祸精神病人131人、流入暂住人员2170人）；利益诉求群体16574人，重点工程建设群体、移民拆迁等11个方面35445人（龙滩电站罗甸库区17533人、双河口电站3808人、灰洞电站994人、尖坡电站1476人、冗各电站1752人、城东新区2534人、边阳工业园区859人、高速公路5845人、信邦三期223人、城北农贸市场343人、城西变电站78人）的信息采集工作。2015年分别在县二中、县民族中学举办“雨露班”，从县政法、教育等部门选聘15名教师对120名学生进行思想、法治、心理辅导。2012—2015年，按贵州省和黔南州对刑释解教人员无缝对接要求，牵头接回刑释解教人员79名，由县司法局和各乡（镇）社区安置帮教。

2015年，县综治办牵头，相关部门协助，投入160万元将原龙坪镇林霞小学改建为罗甸县育新学校。将涉嫌轻微违法犯罪及教育严重不良行为的青少年统一入校学习，接受帮教转化。首期入校学生30名。在龙坪镇山水华庭小区开展网格化管理试点，推进小区建设；督促完成重大工程和重点项目风险评估31个。

群防群治 治安巡防 1991年5月，全县各村（居）委会组建护村护寨队，企业单位组建护厂、学校组建护校队。1993年，全县274个村（居委会）共建有护村护寨队228个1583人，护厂护场队5个39人，护校队63个580人，治安联防队10个70人，全县132个重点部位专人值守。2008—2013年，为强化乡镇治安巡防，妥善处置突发重大治安、群体性事件，各乡镇组建30—50人的治安巡防队，配备服装、警具。乡（镇）中心校、各独立初中、高中学校建立警务室，用转岗教师等方式转为保安人员124名。县直部门及企事业单位配备内保值班人员209人。2013年，招聘事业编制特警100名，作为县城平时治安巡防和进行县内群体性事件处置。

边界联防　1991—1994 年，县政法委牵头，倡导罗甸、平塘、长顺三县联防，在罗甸召开平塘、罗甸、长顺三县边沿结合部治安连片重点治理工作协调会，部署治安联防事宜，协同打击违法犯罪。由罗甸县人民法院院长王治良带队与平塘、长顺两县协调，对云干、栗木、罗沙等沿边乡（镇），社会治安集中整治。2004—2010 年，县政法委、县综治办要求县际边界各乡镇主动与相邻的外县乡镇订立治安联防协议。由董架乡主导成立有平岩乡、董当乡及平塘县克度镇、鼠场乡等边界联防队；董王乡主导成立有木引乡及长顺县代化乡、灯操乡边界联防队；栗木乡主导边阳及平塘县的塘边等乡镇边界联防队；红水河镇主导成立与广西天峨县下老乡、乐业县逻西乡边界联防队，形成共防共治共建局面，维护社会治安稳定。

视频监控　2008 年，采取电信承建、政府租用（年租金 52 万元）模式，牵头完成县城主街道 49 个视频监控点建设并投入使用。次年，完成边阳镇主街道 10 个视频监控点建设并投入使用。2010 年投入 229 万元为乡中心校以上学校安装视频监控报警系统。同年县财政、县移民局、公安局、县检察院、县法院、县委办、县人民政府办等 21 个部门办公楼完成视频监控建设。2013 年，县政法委牵头完成乡镇、县直部门 46 台实名制信息采集系统安装并投入使用。2015 年，县政法委协助公安部门完成县城 390 个、乡镇 55 个、主干公路出境卡口 12 个点的视频监控、报警装置建设并投入使用。

“平安罗甸”创建　1996 年，围绕“发案少、秩序好、群众满意”，县政法委组织启动开展“平安工程”创建活动，创建平安家庭户 60560 户，平安单位（村）223 个，平安单位 97 个，平安乡镇 24 个。1999 年罗甸县获省级“社会治安综合治理模范县”称号，2005 年再次获贵州省“社会治安综合治理模范县”称号。2006—2015 年，围绕“发案少、秩序好、社会稳定、群众满意”为主题，组织开展平安文明家庭、平安文明村（单位）、平安文明乡镇“三级联创”。创建平安文明家庭 57860 户，平安文明村（社区）188 个，平安文明单位 91 个，平安文明乡镇 22 个。

见义勇为　1994 年，县见义勇为基金会建立后，在全县机关、乡镇、学校、农村宣传在险情面前发扬一不怕苦，二不怕死，勇斗敌人，抢救国家和人民财产，保护他人生命的精神。2012 年，对县电力公司职工刘秋伦勇救落水儿童进行表彰，奖励基金 2000 元。2013 年 11 月，黔南州交运公司罗甸公司客车驾驶员龙志华获第十届昆仑杯全国“见义勇为英雄司机”称号，获奖 5 万元，获县见义勇为工作协会奖励 1 万元。2015 年，龙志华和班世义参加黔南州第二届见义勇为基金表彰会，被表彰为黔南州见义勇为先进模范。

第六节　组织工作

1991 年，中共罗甸县委组织部（以下简称县委组织部）内设机构有办公室、干部科、组织科、知识分子工作办公室。2001 年，内设机构有：办公室、组织科（农村基层党组织建设办公室）、干部调配科、干部监督与教育科、知识分子工作办公室 5 个职能科室，行政编制 10 名。2013 年参照中共贵州省委组织部做法，将县非公有制和社会组织党建工作办公室挂靠组织部，编制 4 名。2015 年，县委组织部设置有办公室、组织科（农村基层党组织建设办公室）、干部调配科、干部教育科、干部监督科、知识分子工作办公室、县农村党员干部远程教育办公室（县委党的建设工作领导小组办公室，县委党代表联络办公室）、组工信息中心、干部档案室。县非公有制和社会组织党建办公室挂靠组织部。组织部行政编制 12 名，事业编制 8 名，参公编制 13 名（县委党建办），行政工勤编制 3 名，在职在编干部职工 28 人。

一、基层组织建设

1991 年 8 月建镇并乡撤区（以下简称“建并撤”），将全县 7 个区（镇）、49 个乡、1 个乡级镇，“建并撤”为 26 个乡（镇），并建立乡（镇）党委。是年，全县设置基层党委 30 个，即乡（镇）党委 26 个和县直机关、上隆茶果场、省柑研所、公安局党委；设党组 19 个，即县政府党组、县人大党组、县政协党组、县计委党组、县司法局党组、县法院党组、县检察院党组、县经委党组、县教育局党组、县卫生局党组、县商业局党组、县林业局党组、县税务局党组、县供销社党组、县粮食局党组、县农行党组、县农业局党组、县工商局党组、县水电局党组；县直机关设党总支10个，乡（镇）274个村（居委会）设有党支部，全县党员人数7131人。2002年，全县有基层党委30个，党组28个，党总支22个，党支部505个（其中：农村党支部274个），党员人数8873人。2011年成立中共罗甸县非公经济工作委员会和中共教育工作委员会，2012年建立中共罗甸县社会组织工作委员会。2013年，中共罗甸县非公经济工作委员会与中共罗甸县社会组织工作委员会合并为中共罗甸县非公有制经济和社会组织工作委员会，县直属机关党委更名县直属机关工作委员会。是年，村级区划调整，部分行政村进行合并，全县共有党的基层组织456个，其中：党委11个，工委3个，党总支45个，党支部397个，其中：农村党支部182个（177个村、3个社区，2个居委会）。全县党员11719名。2014年2月全县乡（镇）行政区划调整，由26个乡（镇）党委整合为8镇1乡党委，即龙坪镇、沫阳镇、边阳镇、罗悃镇、红水河镇、逢亭镇、木引镇、茂井镇和凤亭乡。2015年，全县基层党组织有镇（乡）党委9个，街道党工委1个，县机关工委3个，农村党支部177个，社区党支部3个，居委会党支部2个，全县党员人数11825人。

党员队伍建设 1991年全县有党员7131人，其中：妇女党员814人。

1991—2015年全县党员情况统计表

表3-4

年　份	总人数（人）	其中：妇女（人）	年　份	总人数（人）	其中：妇女（人）
1991	7131	814	2004	9443	1264
1992	7358	838	2005	9737	1286
1993	7367	837	2006	9927	1366
1994	7440	836	2007	10152	1436
1995	7668	862	2008	10579	1526
1996	7789	891	2009	10514	1587
1997	7913	1009	2010	10874	1655
1998	8082	1036	2011	11105	1734
1999	8267	1048	2012	11496	1877
2000	8406	1066	2013	11719	1990
2001	8637	1079	2014	11690	2030
2002	8873	1091	2015	11825	2098
2003	9198	1107	-	-	-

1991—2000年，县委针对党员队伍老龄化、文化素质偏低情况，将优秀知识青年列为重点发展对象，要求各乡（镇）党委大力发展大中专学历党员。2001—2010年，县委要求每个村党支部每年至少发展1名党员，对连续3年不发展党员的党支部进行通报，并对支部书记进行诫勉谈话。这期间，全县每年发展党员在300—490人之间。县委为全面规范党员发展工作，制作印发《发展党员工作守则》，制定积极分子、预备党员培养教育考察登记表，规范发展党员程序，对积极分子各阶段的培养、教育和审查提出严格要求，落实发展党员预审制、票决制、公示制和责任追究制。2010年4月贵州省委组织部副部长侯正茂到罗甸检查指导抗旱救灾工作时指出：可将抗旱救灾工作中表现特别突出的积极分子“火线”发展入党，以树立一批先进典型。是年，全县共发展抗旱救灾中贡献突出的入党积极分子10名“火线”入党。2011—2015年，在中共中央“控制总量，提高质量”发展党员工作的指导下，省、州、县三级党委全面压缩发展党员工作指标，优化党员队伍结构，严禁“带病入党”，对长期不缴纳党费、不

参与组织生活的不合格党员展开清理工作。2015年底，全县有党员11825人，其中：妇女党员2098人。

党员教育（远程教育） 1991—1995年，全县开展建设有中国特色社会主义理论教育，7131名党员受到不同程度的教育。1996—2000年，全县开展“做合格共产党员”教育，开展“讲学习、讲政治、讲正气”“三讲”教育，全县5890名党员受到不同层次的教育。2001—2005年，全县开展“三个代表”重要思想学习教育活动，相继建立310个远程教育站点，其中：农村站点77个、学校站点233个，为加强全县党员教育与学习提供条件，全县6816名党员受到不同层次的教育。2006—2010年开展“保持共产党员先进性”“学习实践科学发展观”教育活动，同时，整合党建扶贫资源，筹集资金30万元为26个乡（镇）建立远程教育培训中心，培训中心容纳100人以上，为农村党员配备现代远程教育设备电视、电脑等多媒体远程教育培训提供条件，全县10874名党员不同程度接受培训和教育。2010—2012年，全县526个基层党组织、1万多名党员紧紧围绕“推动科学发展、促进社会和谐、服务人民群众、加强基层组织”的总要求，以“三实三创”为抓手，立足本职工作开展“创先进、争优秀”活动。2014年，在第二批党的群众路线教育实践活动中，全县有59个工作部门，9个乡镇，177个村，3个社区，2个居委会，共454个基层党组织，10780名党员参加党的群众路线教育实践活动。2015年，县委、县人大党组、县政府党组、县政协党组32名县处级以上领导干部参加了“三严三实”专题教育。从1991年始至2015年，县委每三年制订一次党员教育培训规划，每年制定具体培训内容，每名党员至少参加培训1次。

二、干部队伍建设

1990年8月，全县开始建镇并乡撤区工作，抽调县直机关42名干部到“建并撤”工作委员会深入各乡（镇）开展“建并撤”工作，对50个乡（镇）的293位干部进行考察，提拔乡（镇）领导干部182人，其中：少数民族干部占89%，非党干部占5%，妇女干部占6%。同时，充实调整科局级干部38名，明确为副主任科员17名，股级干部46名，呈报州委组织部审批的县级职务3名，享受副县级待遇的离退休干部42名。选派7名中青年干部下乡（镇）挂职锻炼。1995年开始，利用与沿海地区建立的良好关系，选派干部到沿海经济发达地区打工锻炼，选派少数民族干部到深圳龙岗挂职238人次。

2006年，全县实行干部任职公示制、票决制、试用期制和任前谈话制。出台《关于认真做好乡（镇）党委换届工作的通知》《关于认真做好乡（镇）党委换届选举工作的意见》两个文件，对乡（镇）党委换届选举工作进行安排和部署，顺利完成罗甸县乡（镇）领导班子换届选举工作。2007年3月引入公推直选制度，成功地组织面向全县公推直选罗甸二中校长和龙坪一小校长两个职位，参加公推直选报名26人。2008年，结合《关于印发〈黔南州2008年干部人事制度改革工作指导意见〉的通知》精神，制订罗甸县《关于对部分县直部门纪检组长职位进行平职竞岗的方案》，采取平职竞岗跨乡（镇）、跨部门的方式选拔基层一线干部，把德才兼备的干部选拔到8个县直部门的纪检组长岗位上来。采取公推直选纳坪乡、木引乡、董架乡党委书记人选。同时，对5个乡（镇）卫生院院长职位进行公推直选。2009年开展定向招录乡（镇）机关公务员试点、从优秀村干部中考录乡（镇）公务员岗位，其中：定向招录乡（镇）机关公务员符合报考条件60人，符合加分条件1人；从优秀村干部中考录乡（镇）机关公务员符合报考条件11人，符合加分条件1人，7人被录用。

2012年6月初，州县联合公开选拔领导干部工作正式启动，面向全省公开选拔6名副科级领导干部，面向全县公开选拔9名乡（镇）副科级领导干部；是年，选出35个副科级岗位进行公开招考选拔，参加报名人数400余人，录用32人。根据《党政机关竞争上岗工作暂行规定》的有关规定，中层干部任职原则上全部实行竞争上岗。县法院、县司法局、县民政局、罗暮乡等乡（镇）部门的10个中层干部岗位，全部面向本系统进行竞争上岗。出台强化对县、乡、村三级干部的规范化、精细化管理。同时，实施“干部返乡带富工程”，优化对非领导职务干部的管理，第一批选派17名科局级非领导职务干部，深入15个乡（镇）16个村开展“双带”（带头致富、带领群众致富）工作，返乡带领群众共同发展。3月初，创新实施“公推差选”方式，提名推荐公推差额选出新任教育局局长。制订《规范干部遴选借调办法》，规范干部队伍调配管理。2013年底完成全县800多名科级干部个人信息的更新，充实完善科级干部档案。2014年全县乡（镇）行政区划调整，开展对行政区划调整后合并的9个乡（镇）党政主要领导、人大主席岗位在全县领导干部大会上初始提名，原乡（镇）领导班子成员224人，有117人在乡（镇）交流任职，56人交流到县直部门，51人安排在园区或社区服务中心工作。2015年，不断深化人事管理体制改革，出台《罗甸县股级干部选拔任用工作办法（暂行）》《罗甸县县管干部选拔任用初始提名程序暂行规定》，下放股级干部人事任免权利，拓宽初始提名推荐；进一步健全干部选拔任用机制，建立153人的副科级后备干部和99名正科级后备干部库，全年共提拔干部81人，调整到重要岗位14人，交流77人，"改非"35人；积极开展公务员职务与职级并行工作，完成全县155人职级晋升工作；以广州天河区对口帮扶为契机，选派32名年轻干部到天河区进行为期半年的挂职学习锻炼。

干部教育 1991—1995年，根据中共中央印发《1991—1995年全国干部培训规划要点》和省、州组织人事部门要求，罗甸县举办3期干部培训班，参加培训人员330人，内容为《邓小平文选》《邓小平南巡讲话》及党的十四大精神；举办岗前培训1期，参加培训30名，培训内容《公务员基本常识》；举办不具备国家公务员学历的党政机关干部培训2期，参加培训180人，培训内容为《公务员基本知识》。

1996—2000年，根据中共中央印发《1996—2000年全国干部培训规划》的要求，罗甸县举办培训班2期153人，培训内容为邓小平理论和农业农村政策；举办理论培训班2期140人，学习内容邓小平理论和社会主义市场经济理论；开展公务员综合素质培训5期328人，学习内容为《公务员基本知识》和驾驶技术培训；举办专业技术管理干部业务培训1期76人，学习内容为科技管理知识。举办全县党政机关事业单位干部职工计算机培训4期200余人。组织全县50岁以下的公务员500人参加全省统一科技知识培训与考核。

2001—2005年，罗甸县开展公务员培训班2期150人，学习内容为《公务员基本知识》。开展全县党政机关事业和乡（镇）干部计算机中级应用能力培训31期4243人。开展新录用的国家公务员和机关工作人员岗前培训1期31人，学习内容为《公务员基本知识》。举办股级干部培训班1期80人。举办农村乡土人才培训11期1210人。

2006—2010年，罗甸县举办公务员培训10期1646人，学习内容为科学发展观和党的十七大文件；开展技术人员培训1期85人，学习科技管理知识；在全县专业技术人员中开展创新能力培训15期4500余人；开展职称评定培训1期200余人；举办公务员电子信息化与电子政务培训12期1252人，开展知识产权法学习与测试，3361人参加培训和测试；举办新进事业单位岗前培训6期499人。举办股级干部培训2期146人；举办节假日培训（黔南州委办公室、黔南州政府办公室联合下文要求各县利用双休日，节假日举办干部学习班，进行更新知识的学习，称之为节假日培训）75期950人；举办年度考核获基本称职和不称职的人员离岗培训1期369人；举办农村乡土人才、农村实用技术培训297期30785人（次），新增乡土人才信息库资料273人，信息库中有乡土人才档案资料1803人；县人力资源和社会保障局与县教育局、县职校联合举办旅游文化节礼仪接待培训班1期200人。

2011—2015年，共举办干部培训119期14546人（次），学习内容为科学发展观、中共十八大文件、公务员业务、农业科技知识、法律知识、工业强县战略、山地生态高效农业、招商引资等，其中：依托县委党校培训副乡科级、股级干部、新进公务员、村党支部书记、村委会主任48期7166人（次）（包括到广州市天河区党校、团校以及复旦大学7期346人）；各单位举办业务知识培训41期4230人（次），短期培训30期3150人（次）。2013年，根据黔南州委组织人事部门安排，罗甸县到贵州省委党校、黔南州委党校及省内外高校参加学习132人（次），其中：县级干部31人（次），科（局）级干部87人（次），后备干部11人（次），村干部3人。2014年根据黔南州委组织人事部门安排罗甸县县级、科（局）级干部及后备干部219人（次）到中央党校、国家行政管理学院、中山大学、贵州省委党校、黔南州委党校等高等院校学习；2015年根据黔南州委组织人事部门安排罗甸县县级、科（局）级干部及后备干部191

人（次）到中央党校、贵州省委党校、黔南州委党校、中山大学、山西干部学院等高等院校学习，其中：县级干部 41 人（次）。

1991—2015 年党员干部队伍建设（包括非党领导干部）情况统计表

表 3-5　　　　单位：人

年度	党员干部	其　中									非党领导干部（副科级以上）					
	一般干部			乡科级干部		县处级干部		副地厅级干部		人数其中：妇女	其中：妇女	其　中				
	人数	其中：妇女	人数	其中：妇女	人数	其中：妇女	人数	其中：妇女	人数				乡科级人数	其中：妇女	县处级人数	其中：妇女
1991	2002	389	1633	343	341	43	28	3	0	0	35	10	32	10	3	0
1992	2017	394	1642	344	347	47	28	3	0	0	36	10	33	10	3	0
1993	2041	398	1661	345	351	49	29	4	0	0	37	10	34	10	3	0
1994	2063	402	1667	345	365	53	31	4	0	0	38	11	35	11	3	0
1995	2098	411	1693	352	372	55	33	4	0	0	41	11	37	11	4	0
1996	2134	419	1687	351	411	63	35	5	1	0	45	12	42	12	3	0
1997	2161	425	1700	355	424	66	36	4	1	0	45	12	42	12	3	0
1998	2194	431	1717	358	438	69	38	4	1	0	48	13	44	13	4	0
1999	2219	438	1731	360	449	73	39	5	0	0	48	13	44	13	4	0
2000	2256	446	1751	364	467	77	38	5	0	0	48	13	45	13	3	0
2001	2283	451	1750	362	503	85	30	4	0	0	53	15	51	15	2	0
2002	2304	459	1754	368	519	87	31	4	0	0	54	15	52	15	2	0
2003	2343	471	1771	376	535	90	37	5	0	0	57	16	54	16	3	0
2004	2391	505	1840	382	551	97	22	4	0	0	57	17	56	17	1	0
2005	2483	516	1881	408	574	105	28	4	0	0	58	17	57	17	1	0
2006	2578	590	1921	416	628	121	29	4	0	0	65	19	63	19	2	0
2007	2511	613	1798	398	681	125	32	4	0	0	71	21	69	21	2	0
2008	2543	534	1794	402	719	129	30	3	0	0	75	21	72	21	3	0
2009	2585	608	1795	407	761	131	29	4	0	0	80	23	77	23	3	0
2010	2665	630	1876	422	758	133	31	4	0	0	77	23	75	23	2	0
2011	2734	656	1881	454	821	137	32	3	0	0	86	25	83	25	3	0
2012	2971	759	2050	468	870	149	39	4	2	0	91	26	87	26	4	0
2013	3083	810	2150	493	896	161	36	4	0	0	93	27	89	27	4	0
2014	3173	862	2208	508	930	167	34	6	0	0	98	29	94	29	4	0
2015	3339	913	2406	556	899	159	33	5	0	0	79	22	78	22	1	1

三、知识分子和人才工作

1991 年，贯彻落实《中共中央关于加强和改进知识分子工作的通知》精神，罗甸表彰 7 位成绩突出的科技人才。认真落实知识分子政策，按政策收回 1 人，解决夫妻分居和照顾家庭困难 19 人，解决家属农转非 16 户 32 人，吸收 37 人加入党组织，提拔 83 人到各级领导岗位工作。

1995 年中共罗甸县委、罗甸县人民政府启动“放飞小鸟、引回凤凰”的借地育才新人才战略。1995—2005 年，选派一批在职干部和应届大中专毕业生外出广东、浙江等发达沿海地区打工锻炼，为促进罗甸发展培养实用型人才。

2008 年开始实施高层次人才补贴，发放补贴 76 人 9.68 万元。

2011年罗甸开始面向社会引进高层次人才和急需紧缺人才，出台《关于加快人才发展的意见》，2012年除正常招考公务员外，还制订招录“500人才行动计划”。2012—2014年，对技能岗位，直接面向社会招录大专以上学历人才。2011—2014年，罗甸县赴武汉、长沙、重庆、贵阳等地高校引进大学本科生1264人，硕士研究生47人，面对社会招聘大专以上266人。

2013年，中共罗甸县委出台《关于进一步加强干部和人才队伍建设的实施意见》，发放高层人才补贴122人计16.46万元，发放引进外省籍事业单位紧缺人才住房补贴每人每月200元；同时，启动人才安居工程，拿出35套人才公寓解决县内事业单位引进的外省籍高校毕业生住房困难，积极有效地确保人才安居乐业和发挥工作积极性。

2013年全省统一执行人才资源监测统计报告制度。罗甸县2014年12月党政人才1586人、专业技术人才6240人、农村实用人才3847人、企业管理人才2183人，技能人才5595人，全县每万人人才资源数达748人。2014年，各类人才总数达到19186人，增长8.84%，每万人人才资源数达748人；是年，建立“黔归人才”信息库，收集整理录入在黔南州外罗甸籍人才信息3104人，落实人才津贴政策，发放高层次人才岗位补贴233人共28.52万元。2015年，人才发展综合指数为68.93分，在全州排名上升4位排名第八；建成人才公寓300套并分配入住。

第七节　老干部工作

一、离退休干部工作

1971年恢复县委组织部，内设老干部科。1987年10月根据黔南编〔1987〕22号文件精神要求，将县委组织部老干部科单列为中共罗甸县委老干部局，为正局级单位。1995年改称为罗甸县离退休干部工作局，内设办公室，1991年底有离休干部61人，其中：抗日战争时期10人，解放战争时期51人（妇女干部2人）；2000年底有离休干部43人，其中：抗日战争时期10人，解放战争时期33人（妇女干部2人）；2010年底有离休干部23人，其中：抗日战争时期6人，解放战争时期17人（妇女干部2人）；2014年底有离休干部14人，其中：抗日战争时期2人，解放战争时期12人（女干部1人）。2015年底有离休干部9人，其中：抗日战争时期1人，解决战争时期8人（女干部1人）。

1991年副县级以上干部退休人数68人，其中：正县级9人，副县级（享受副县级待遇）59人（妇女干部2人）。1996年副县级以上干部退休人数71人，其中：正县级11人，副县级（享受副县级待遇）60人（妇女干部2人）。2001年副县级以上干部退休人数72人，其中：正县级10人，副县级（含享受副县级待遇）62人（女干部3人）。2006年副县级以上干部退休人数64人，其中：正县级8人，副县级（含享受副县级待遇）56人（女干部3人）。2010年副县级以上干部退休人数50人，其中：正县级8人，副县级（含享受副县级待遇）42人（女干部3人）。2014年副县级以上干部退休44人，其中：副厅级1人，正县级11人，副县级（享受副县级待遇）32人。2015年底副县级以上干部47人，其中：副厅级1人、正县级11人（女干部1人）、副县级35人。

1991—2014年罗甸县离休干部统计表

表3-6　　　　单位：人

年　度	合计数	抗日战争期间	其中：女干部	解放战争期间	其中：女干部
1991	61	10	0	51	2
1992	60	10	0	50	2
1993	57	10	0	47	2
1994	54	10	0	44	2

续表

年　度	合计数	抗日战争期间	其中：女干部	解放战争期间	其中：女干部
1995	52	10	0	42	2
1996	50	10	0	40	2
1997	46	10	0	36	2
1998	46	10	0	36	2
1999	45	10	0	35	2
2000	43	10	0	33	2
2001	43	9	0	34	2
2002	41	7	0	34	2
2003	41	7	0	34	2
2004	39	7	0	32	2
2005	33	7	0	26	2
2006	29	7	0	22	2
2007	27	7	0	20	2
2008	26	7	0	19	2
2009	24	7	0	17	2
2010	23	6	0	17	2
2011	21	5	0	16	2
2012	19	4	0	15	2
2013	15	2	0	13	2
2014	12	2	0	12	1
2015	10	2	0	8	1

1991—2014 年罗甸县副县级以上退休干部情况表

表 3-7　　　　单位：人

年度	合计数	正县级退休干部人数	其中：女干部	副县级（含享受副县级待遇）	其中：女干部	地厅（副地厅）
1991	68	9	0	59	2	0
1992	67	9	0	58	2	0
1993	65	9	0	56	2	0
1994	69	10	0	59	2	0
1995	68	10	0	58	2	0
1996	71	11	0	60	2	0
1997	72	12	0	60	2	0
1998	71	12	0	59	3	0
1999	72	12	0	60	3	0
2000	74	12	0	62	3	0
2001	72	10	0	62	3	0
2002	67	10	0	57	3	0
2003	63	8	0	55	3	0
2004	65	8	0	57	3	0
2005	62	7	0	55	3	0
2006	64	8	0	56	3	0

续表

年度	合计数	正县级退休干部人数	其中：女干部	副县级（含享受副县级待遇）	其中：女干部	地厅（副地厅）
2007	59	10	0	49	3	0
2008	57	10	0	47	2	0
2009	55	10	0	45	2	0
2010	50	8	0	42	1	0
2011	49	8	0	41	1	0
2012	47	8	0	39	0	0
2013	45	8	0	36	0	1
2014	44	10	0	33	0	1
2015	47	11	1	35	0	1

离退休老干部学习制度　1991—1995 年，每月组织离退休老干部学习一次，学习邓小平理论和党的路线、方针、政策，每次参加学习人数 30 余人。

1996—2000 年，学习“三个代表”重要思想及党的路线、方针、政策，每次参加学习人数 50 余人。认真落实离退休干部待遇，开展两年一次老干部体检制度。

2001—2005 年，学习科学发展观和党的路线、方针、政策，每次参加学习人数 50 余人。2003 年组织离退休老干部 70 余人到上隆茶果场、高圩水库了解罗甸建设，赴广西南宁、百色等地参观考察学习。2004 年组织离退休老干部 150 余人（含家属）到云南省丽江、大理等地参观考察学习。2005 年组织离退休老干部 70 余人到湖南省凤凰县参观考察学习。

2006—2010 年，学习科学发展观和党的路线、方针、政策，每次参加学习人数 40 余人。2006 年组织离退休老干部 70 余人到遵义、惠水、独山、荔波、沿河等县（市）参观考察学习。

2011—2015 年，学习《中国共产党章程》《习近平总书记系列讲话》及党的路线、方针、政策，每次参加学习人数 40 余人。2011 年组织离退休老干部 70 余人到广西壮族自治区百色、南宁等地参观考察学习。2012 年组织老干部 70 余人到董架乡东跃村、县城城东新区开发参观考察。2015 年组织老干部到新建宁夏银川至广西龙邦贵州段惠水至罗甸高速路修建参观。

重大节日走访慰问制度　每年春节前夕，深入老干部家中进行走访慰问，与他们促膝谈心，了解他们家庭及生活情况，不定期走访慰问年老多病离退休老干部。每年春节、国庆召开老干部座谈会，县委、县人民政府主要领导向老干部通报全县经济运行和社会发展情况。积极开展健康有益的活动，丰富老干部精神文化生活。每年“七一”“十一”期间，根据老干部的特点，开展丰富多彩的娱乐活动，如歌咏比赛、象棋比赛、召开座谈会等。

老年书画活动　县老年书画研究会 1998 年成立。黔南州老年书画研究会分别在各县举办书画联谊展活动，其顺序为：贵定、独山、惠水、瓮安、罗甸、长顺、福泉、荔波、龙里、三都、平塘、都匀市。1998—2006 年黔南州老年书画联谊展每年 2 次，2007 年后每年举行一次。罗甸于 1996 年、2002 年、2011 年承办黔南州老年书画联谊展（在罗甸县城举行），三次联谊展罗甸县参展作品有 392 幅，其中：书法 354 幅、绘画 38 幅。2011 年参展作品中，书法 95 幅，美术作品 20 幅，摄影作品 30 幅；获一等奖作品 9 幅、二等奖 20 幅、三等奖 32 幅。从 2003 年至 2012 年，县老年书画研究会组织书画参展作品 480 幅，其中：陈盛先书法作品 6 幅书法先后被长顺、福泉、三都、平塘、都匀市作精品收藏；获奖人员：刘成德、陈盛先、黄光仁、丰安仁、杜正尧等 73 人，分别获一等奖 9 名、二等奖 20 名、三等奖 44 名。县老年书画研究会应邀平塘县老年大学成立 20 周年、罗甸县边阳中学建校 50 周年，罗甸县民族中学参加书画展活动。2015 年，组织县优秀书画作品 26 余幅参加在荔波县举行的全州三届九次老年书画展。

老干部活动中心建设　县老干部活动中心于 2010 年 4 月破土动工，2011 年 5 月竣工投入使用。占地面积1000平方米，建筑面积1343.65平方米，主体四层局部五层，总投资210万元，其中：省投资40万元、州投资10万元、县自筹资金160万元。活动中心内设学习室、会议室、棋牌室、书画室、乒乓球室等。

二、老年工作

罗甸县老年大学成立于1989年11月6日。2002年，县老年大学明确为县委直属正科级事业单位，编制3人。2005年，办学经费纳入县级财政预算。2006年县老年教育办公室设在县老年大学，指导开展县老年教育活动。2009年县老年大学明确为参照公务员事业管理单位，2011年5月5日，县老年大学从县图书馆迁入县老干部活动中心四楼办学。2013年编制7人，内设机构设有综合办公室、教务处。2015年编制8人，在职8人。

老年教育 老年教育属非学历正规学校教育，主要以60岁以上老年人为教育对象。1989—1999年，县老年大学报名注册学员213人，设有普通班、诗联班、声乐班。2000—2009年每年报名注册学员253—357人，设置有普通班、声乐班、诗联班、乐器班。2010—2015年注册学员357—537人，设有普通班、音乐班、老年体育班（汽排球、门球）、太极拳学习班、文艺班、诗词楹联班、舞蹈班、乐器班、摄影班等。设置课程有：声乐、舞蹈、诗词楹联欣赏、老年卫生保健、老年心理保健、时事政治、法律常识、文学常识、书法、绘画、中草药、花卉、家电维修、科普知识、剪纸工艺、历史常识、罗甸县史、民族知识、民族历史与文化、器乐演奏、旅游常识、摄影摄像知识等课程。先后聘请教师30余人。2015年开设班级16个，学员537人。

2000年成立龙坪镇沙井村老年艺术学校，2002年成立边阳镇、罗沙乡、板庚乡、木引乡老年学校。2013年全县有乡（镇）、村老年学校22所，敬老院老年学校2所。是年底，全县乡（镇）区划调整，由26个乡（镇）调整合并为8镇1乡。2015年，全县镇（乡）、社区有老年学校24所，其中：龙坪镇6所，边阳镇5所，沫阳镇3所，罗悃镇3所，红水河镇3所，逢亭镇2所，茂井镇1所。根据乡（镇）的调整变动，把全县乡（镇）老年学校更名为镇（乡）级老年学校和村级老年学校及敬老院老年学校。是年底，镇（乡）、级老年学校11所、村级老年学校11所、敬老院老年学校2所，村注册老年学员1652人。

开展活动 县老年大学每年组织人员参加县委、县人民政府及有关部门举办的“七一”建党纪念文艺演出、“十一”国庆纪念文艺活动，“九九”老年节及春节晚会演出，参加县委宣传部、县文体广电局、县科技局、县卫生局等单位到乡（镇）开展文化、科技、卫生“三下乡”活动。1999年10月举办县老年大学建校10周年校庆活动。2005年、2007年两次各组织30余人演出队参加全州老年大学文艺调演。2004—2007年，县老年大学组织学员到独山、荔波、龙里、长顺等县老年大学参加联谊活动文艺演出。2007年5月、2010年10月参加县旅游文化节演出。2014年参加承办“长寿之乡文艺演出”活动。夕阳红文艺队、九九文艺队、夕阳俏佳文艺队竞标获2014年罗甸精品乡村行文艺演出，深入9个乡镇开展送文化下乡活动。2015年，夕阳红文艺队受文化和旅游局委托继续开展送文化下乡活动。

2005年边阳镇前进村荣获省老年教育领导小组颁发的贵州省“老年教育先进学校”。2012年，学员罗泽忠获省级老年学员优秀奖。2015年，县老年大学获“贵州省县级老年大学示范学校”称号。

三、关心下一代工作

罗甸县关心下一代协会于1989年9月成立。1995年改称为县关心下一代工作委员会办公室。罗甸县关心下一代工作委员会挂靠离退休干部工作局，一套人员，两块牌子。

2013年11月乡（镇）区划调整。2014年全县9个镇（乡），177个村，3个社区，2个居委会都建立关工委组织。

抓好组织建设、完善工作机制。抓好农村“三无两有”（无儿童辍学、无不孝顺子女、无青少年犯罪，少年有文化、青年有技术）、“五好”（领导班子建设好、骨干队伍作用好、制度建设执行好、活动经常效果好、积极探索创新好）基层关工委工作。

宣传贯彻《中共中央国务院关于进一步加强和改进未成年人思想道德建设的若干意见》《公民道德

建设实施纲要》，组织青少年参加社会实践活动，与教育等部门通过家庭教育、学校教育和社会教育，努力提高青少年的思想道德素质。

组织“五老”（老干部、老模范、老专家、老教师、老战士）人员深入中小学开展“祖国好·家乡美”等宣讲报告；2011—2014年，组织老干部到县民中、龙坪一小等学校开展“祖国好·家乡美”教育，参加听课的中小学师生3000余人；深入红水河镇中小学开展“祖国好·家乡美”教育，参加听讲师生500余人。

第八节　宣传工作

中共罗甸县委宣传部（以下简称县委宣传部）1991年干部7人。1996年，成立《罗甸报》社，设总编1人，副总编2人，采编16人，报社设总编室、通联部、记者部、发行部。属县委宣传部管理正科级事业单位。2002年，县委宣传部职能调整，将文化管理职能转入县文体广播电视局；将管理全县学校德育工作职能转入教育局；代管县精神文明建设委员会办公室；协同管理县文体广播电视局、罗甸报社、罗甸电视台、县文联等，内设办公室、宣传教育股。2004年增设罗甸县新闻办公室；2010年，增设县文化体制改革和文化产业发展办公室；2015年底，县委宣传部编制34人（含事业编制），在职人数26人。内设机构有办公室、外宣办、整治办、财务室、网监中心、《今日罗甸》编辑部，辖文产办、文明办。

一、理论教育

1991—1995年，理论教育开展马列主义毛泽东思想和建设有中国特色社会主义理论学习，学习党的十四大、省情、州情、县情，建立板庚乡文化大窗口活动，参加全省农村时事政治知识竞赛，了解农村家庭联产承包责任制形式。在全县中小学开展“热爱祖国、做四有新人”（有理想、有道德、有文化、有纪律）读书活动，开展各种培训1.12万人。

1996—2000年，理论学习主要内容有邓小平理论、党的十五大文件精神。举办各种学习形式培训14037人。

2001—2005年，开展理论学习活动主要内容有“三个代表”重要思想和中共十六大精神，开展理论、宣传、通信员培训2913余人。

2006—2010年，精神文明办举办干部培训班17期，培训干部1100余人，组织全县党员干部学习党的十七大精神宣讲报告32场（次），举办各种培训班20期2500余人，撰写调研文章30篇，举办形势专题讲座2次；2010年开展6次读书学习交流会，机关干部撰写心得体会2000余篇，调研文章100多篇。

2011—2015年，开展宣讲活动51场5000余人，新闻宣传培训2期，媒体应对与危机管理2期，文艺辅导16期，文艺培训14期；邀请知名专家作专题讲座5场，县外文艺交流10次；组织宣传培训6期1100余人，“三思三干”培训480人，开展党的十八大及十八届二中、三中、四中、五中全会精神及《习近平总书记系列重要讲话》学习5100人余。组织开展学习党的群众路线教育实践活动和实施宣传部长上讲堂制度，开展宣讲活动128场次，培训党员干部5000多人。

二、宣传工作

1991—1995年，宣传重点是党的十三届七中全会、省委六届五次会议精神，宣传县人民政府制订的“八五计划”，宣传中宣部、国家计委和全国总工会联合发出《关于在企业职工中进行基本国情与基本路线教育的通知》。参与贵州省政协及省妇联、团省委等部门对木引、纳坪、董王、平岩、罗苏、罗暮6个麻山贫困乡的调查。宣传学习《邓小平文选》第三卷、宣传“向两山献爱心”活动。宣传法制建设和精神文明建设，遏制精神污染，净化文化市场。以中小学为重点开展“热爱祖国、做四有新人”的读书活动。纪念抗日战争暨反法西斯战争胜利五十周年，结合有关部门开展抗日战争胜利报告会，宣传爱国主义教育活动。宣传云干乡大关村在喀斯特地貌上大搞坡改梯，进行山、水、林、田、路综合治理。

1995年12月，《罗甸报》创刊，县内发行，每月出版4期，每期2开4个版面。

1996—2000年　1996年1月起，《罗甸报》每期印发5000份，其中：外送300份。8月，在西南地区成都个体经济协作会上，增印《罗甸报》1万份，内容有招商引资优惠政策、资源优势、工业六大系列、农业六大产品基地，扩大罗甸的宣传力度。宣传党的十四届五中、六中全会精神。利用《罗甸报》为窗口，宣传“严打”斗争，进行“扫黄打非”活动。配合省、州作出《关于广泛开展学习“大关精神”活动的决定》，以《人民日报》《贵州日报》对大关先进事迹“大关精神”进行报道的契机，在省内外广播、报刊等多种新闻媒体报道“大关精神”。协助中共贵州省委宣传部汇编《大关方向·贵州希望》一书。是年，全县26个乡（镇）和县直机关建立通信组。1997年8月28日，在贵阳龙洞堡飞机场通航展销会上，增印《罗甸报》专刊3万份宣传罗甸。2000年，开展“三讲”宣传活动，与中央广播电视台、中共贵州省委宣传部、中共贵州省党史研究室、贵州省广播电视台和州新闻媒体拍摄中国西部农业之光电视专题片《扬帆济海会有时——贵州罗甸县加紧迎接红水河开发》《来自喀斯特的报道》《贵州革命老区行》。

2001—2005年，宣传党的十五大和“三个代表”重要思想，通过专题、专访、专栏、《罗甸报》、广播电视播放县“两会”消息，宣传“两会”精神。宣传扶贫攻坚脱贫致富奔小康。开展以提高公民素质，培育“四有”新人，以爱国主义、集体主义、社会主义和社会公德、职业道德、家庭美德教育开展宣传工作。进一步加强树立罗甸新形象的宣传，宣传罗甸解放50年取得的成就和改革开放20年来罗甸的发展变化，宣传罗甸资源开发利用。宣传中央、省、州委关于机关作风教育整顿的有关文件精神和《公民道德建设实施纲要》。2002年5月，《黔南日报》罗甸记者站成立。围绕“三个代表”重要思想，开展理论研讨和理论宣传。进行保持共产党员先进性教育，全面建设小康社会和富民兴县发展经济宣传，深入到逢亭镇新光村，罗妥乡、平岩乡、大亭乡、沫阳镇等乡镇宣传“两基”教育和计划生育政策。根据中办发〔2003〕19号和黔办发〔2003〕13号文件精神，2003年11月14日《罗甸报》宣布停刊。罗甸报社改称罗甸县新闻中心，原《罗甸报》改办《今日罗甸》（内刊）月刊，2004年4月创刊发行。

2006—2010年，编辑《红水河春晓·民运会特辑》画册，移民维稳《新家园、新生活》《早菜产业先进典型材料》等文集，在“深圳文博会”发放《投资指南》3000余册，《神奇红水河畔》画册500余册，宣传罗甸，让外界认识罗甸、投资罗甸。2007年，以宣传党的十七大为重点，在全县举办宣传中共十七大报告会46场次。主办春节民族运动会、罗甸高原千岛湖旅游文化节和“多彩贵州”舞蹈大赛罗甸海选赛活动。加强与《光明日报》《贵州日报》《贵州民族报》《劳动报》《贵州宣传》《黔南宣传》合作，以及向中央电视台、贵州电视台、黔南电视台等宣传媒体投稿采用1500篇（条），提高罗甸知名度。宣传县委、县政府“3211”富民工程（即3万亩“四季”蔬菜，2万亩特色水果，1万亩新品种茶叶，1万口网箱装养鱼），抗雪救灾、春耕生产、“公民道德建设工程——满意在罗甸”主题活动、“美在罗甸”系列活动，纪念改革开放30周年、“迎奥运、树新风”“多彩贵州”歌唱大赛活动。

2011—2015年　宣传党的十七届五中、六中全会和胡锦涛同志“七一”讲话精神，宣传罗甸“走进十二五”“解读十二五”及纪念中国共产党成立90周年，罗甸解放60周年活动。开展中共十八大及十八届三中、四中、五中全会的学习和宣传。向《当代贵州》和台湾《中华日报》《台湾新生报》撰稿宣传罗甸蕴藏猫眼宝石、水晶石、玉石、冰洲石、奇石、硅石、辉绿岩等丰富矿产资源，推进引进外资开发，促进罗甸经济发展。以中国（贵阳）国际特色农产品交易会为依托，推介罗甸农产品早菜、火龙果、艾纳香（冰片）和矿产资源走向外界市场。《当代贵州》和台湾《中华日报》《台湾新生报》等11家台湾媒体联合开展开展宣传罗甸活动。与新华通信社、央视驻贵州记者站、贵州日报、黔南日报、人民网、贵州电视台等媒体合作，适时策划报道重点和重大宣传课题，邀请中央、省、州媒体记者到罗甸采访报道。邀请中央电视台媒体记者到县进行采访，针对罗甸山地高效生态农业发展做了《从农田到餐桌》的宣传报道2期。在2014年全县开展“长寿之乡”主题系列活动期间，邀请新华社贵州频道、贵州日报、贵州电视台、黔南电视台等中央、省、州级主流媒体20余家24名记者到县进行采访，发稿30余篇，其中：《贵州都市报》刊发 2 个整版，《贵州民族报刊》刊发 1 个整版，《黔南日报》刊发 1 个整版，深化对罗甸宜人居住的“中国长寿之乡”宣传和报道。

通信报道 1991—1995 年，1991 年全县建有通信组 11 个，通信员 53 人。到 1995 年年底，全县 26 个乡（镇）和县直部门 8 个单位建有通信组，有通信员 72 人，向中央、省、州报刊、广播电视台投稿被采用 1053 篇。

1996—2000 年，向中央、省、州新闻单位投稿被采用 1206 篇。

2001—2005 年，向中央、省、州报刊、广播电视等媒体投稿，被《贵州日报》采用 101 篇，贵州电视台用稿 30 篇（条），《黔南日报》用稿 400 余篇。

2006—2010 年，向中央、省、州报刊、广播电视等新闻媒体投稿篇 6603（条），其中：《人民日报》用稿 4 篇、《光明日报》用稿 28 篇、《农民日报》用稿 1 篇、《贵州日报》用稿 423 篇、《黔南日报》用稿 4216 篇、中央电视台用稿 12 条、贵州电视台用稿 292 条、省广播电台用稿 130 条，黔南电视台用稿 1177 条、黔南广播电台采用 320 条。

2011—2015 年，向中央、省、州报刊、广播电视等新闻媒体投稿篇 10391（条），其中：《人民日报》用稿 1 篇、《光明日报》用稿 12 篇、《新华每日电讯》用稿 1 篇、中央电视台用稿 35 篇、《贵州日报》用稿 249 篇、《当代贵州》杂志 39 篇《黔南日报》用稿 3958 篇、贵州电视台用稿 117 条，贵州广播电站用稿 15 条、黔南电视台用稿 935 条、黔南广播电站用稿 69 条、罗甸电视台用稿 5385 条、专题 59 期。人民网 · 贵州频道用稿 146 篇，新华网 · 贵州频道用稿 448 篇，金黔在线用稿 130 篇，新华罗甸发稿 120 篇，新华罗甸 APP 发稿 785 篇，其他媒体发稿 223 篇。

典型人物及电视宣传 1993 年，摄制《贵州省麻山地区缩影——罗甸县》专题片，受到贵州省政协等相关部门和领导的重视；《董王乡贫困纪实》专题带，引起黔南州委、州人民政府的领导重视。1994 年，早菜生产科技二传手胡天英、安心扎根麻山地区木引乡从事教育的上海知青刘德华先进事迹，在《贵州日报》刊登。1997 年 2 月 16 日，《人民日报》刊登记者胡跃平、孙海涛采写的报道《劈开千年顽石，造出千亩良田—大关村苦干十二年挖掉穷根》，并题加编者按。是年，省委、省政府作出《关于开展学习大关活动的决定》，在全省开展学习大关活动的热潮，全省各地（州）、市（县）及广西壮族自治区河池地区市（县）党政领导和有关单位负责人都到大关参观学习。大关精神在《人民日报》《贵州日报》、贵州电视台等报刊、电视媒体开展报道；县委宣传部协助中共贵州省委宣传部、省电视台等有关单位完成大关精神专题片《大关人》《大关之路》《大关新愚公 · 何元亮》及专题片《布依羊倌 · 蒙峰腾》拍摄。推出“大关精神”“东跃作风”“麻怀干劲”艰苦奋斗、改变环境的典型经验，成功塑造和宣传罗甸获得全国劳动模范胡天英、何元亮、汪财发、李滋喜、罗谋、马廷科和全国三八红旗手邓迎香及贵州省先进工作者汪富珍。

三、思想道德建设

开展社会主义精神文明建设，对中国共产党在各个历史时期的路线、纲领、方针、政策和意识形态方面进行宣传、教育、指导。2007—2014 年举办干部培训班 17 期，培训干部 1100 余人（次），举办形势教育专题讲座两次。是年，全县开展公民道德建设工程“满意在贵州”主题活动。以“春节”“七一”“八一”“国庆”等法定重大节日、纪念日和传统民族节庆日为契机，开展系列爱国主义教育活动，弘扬和培育民族精神，发放宣传教育资料 20 余万份，开展道德文明礼仪基本素质教育培训会 300 余场次。

2008 年开展公民道德宣传月 9 · 20“公民道德宣传日”活动，悬挂标语 30 余幅、设置咨询台 20 个、展出宣传展板 60 余块、发放宣传资料 20000 余份。2013 年以“兴甸大讲堂”为平台，结合“我推荐、我评议身边好人”活动，有针对性地发掘、树立、宣传、展示、学习全县各行各业具有代表性的“最美人物”“最美事迹”“最美精神”，在各级各部门召开宣传动员大会 50 场次，开展道德宣讲 80 余场次，开展集中宣传活动10次，策划相关专题7期，转发文明短信10万余条（次）；推荐“最美贵州人”18名；收到全县各界人士推荐“身边好人”200余份，经过筛选后向州推荐11人。在重点乡镇、重点行业及省级文明单位中建立30余个覆盖全县各个单位、各个领域的“道德讲堂”网络。

未成年人思想道德建设　中共中央〔2004〕8号文件和省委黔党发〔2004〕12号文件下发后，罗甸县各级党委和政府，重视未成年人思想道德建设，将未成年人思想道德建设工作纳入重要议事日程。全县在“五四”“六一”“七一”“十一”等重大节庆日，每年开展“祖国好·家乡美”“感恩活动”“做一个有道德的人”等一系列主题教育活动，并广泛开展革命传统教育，不定期邀请“五老”（即老教师、老模范、老干部、老专家、老战士）人员进校举办革命传统教育报告。2004—2015年，建成县体育中心青少年活动中心1个，修建中共蛮瓦支部纪念馆和望月楼烈士陵园2个县级爱国主义教育基地，罗甸革命老区省级爱国主义教育基地1个，向社会免费开放。

四、“整脏治乱”

2006年，县“整脏治乱”专项行动领导小组成立，由县委副书记任组长，下设办公室在县委宣传部，由县委宣传部部长任办公室主任。“整脏治乱”办公室成立后，对工作进行计划部署，由机关党员带头，全民动员参与的“整脏治乱”工作在全县铺开。2011—2012年，采取政府投入加企业自筹的形式，加强停车场、公共厕所、农贸市场、给排水、污水处理和垃圾处理等基础设施建设，完善交通标识标线，绿化美化亮化城镇，投入基础设施建设经费4.2亿元；投入资金150余万元添置压缩式垃圾清运车、摆臂式多功能垃圾运输车、小型垃圾转运车、封闭式垃圾箱、洒水车、果皮箱等市政环卫基础设施设备；投入资金1200万元，对城区人民街、河滨路、商业街、环城路等主次干道的人行道地砖进行更新、维护；投入资金1.6亿元，加强农贸市场建设。建成城东菜市场、县城鲜活农产品市场、城西集贸市场、新河苑小区集贸市场、城中菜市场，完成边阳镇、逢亭镇等集贸市场建设、改造；投入资金150余万元，在县城区按照三星级标准新建公厕5座、改造5座，新建和升级改造公厕面积达500余平方米；投入资金7000万元，新建面积2万余平方米的人民广场地下停车场；投入资金1.6亿元，完成城区及重点乡镇道路建设，建成干河至码头道路（1.86公里）、兴华西路、边阳大道（1.68公里）等；投入350万元，将城郊霸王河水引入城区莲花河，使莲花河常年保持高水位，彻底解决莲花河在枯水季节水质脏臭的问题；投入60余万元，在城区人民街、商业街、都市丽景小区等城区主干道行道树及人行天桥安装景观灯，改造、维修街道路灯等。

2013—2014年，“多彩贵州文明行动”办公室成立，投入旧城区升级改造和基础设施建设经费1亿余元，完成道路“白改黑”工程3.9万平方米，人行道改造1.6万平方米，建成休闲广场2个6647平方米（其中：人民广场面积4428平方米、河滨广场面积2219平方米）。市政设施建设：购置大型摆臂式垃圾斗10个、中型垃圾箱28个，添置1台集清扫、冲洗、吸尘为一体的街道清扫车，配套洒水车、除尘车等；新增城北大型车停车场1个，新增街面车辆泊位200余个，建地下停车场一处近百个车位，增设交通标线标牌50余块；完成引水入城和路灯改造、城市亮丽工程等。2014年制作户外大型公益广告80余块，护栏公益广告24块，车载公益广告50辆千余条次，围挡公益广告2万平方米。2015年投入1361万元加大县城基础设施改造和市政设施建设，提升城市亮化工程。

“满意在罗甸”　2008年3月，县“满意在罗甸”领导小组办公室成立，由县委书记任组长，县人大、县政府、县政协有关领导任副组长，县直机关48个相关责任单位主要负责人为成员，“满意在罗甸”主题活动领导小组下设综合协调、宣传教育、督促检查3个工作组，将县直各单位（含省州驻县单位）按照工作职责划分为11个职能部门和88个责任单位，将26个乡镇列为“满意在罗甸”主题活动和“整脏治乱”责任单位。2009年，县委、县政府加大“满意在罗甸”宣传力度，利用县电视台、宣传栏、《今日罗甸》等媒体深入宣传《活动纲要》《活动方案》。2010年通过开展“关爱农民工、建设新农村”大型公益演出活动、“三八”节篝火晚会、“五一”“五四”表彰文艺晚会、“农民运动会”“信邦上市庆典文艺晚会”“六一”文艺会演等文化宣传活动，宣传“满意在罗甸”，2011—2015年，将“满意在罗甸”主题活动列为县委对全县各单位年终目标考核内容，实行半年开展一次群众满意度测评工作。县委明确规定，凡在“满意在罗甸”“整脏治乱”工作中受到黄牌警告的单位（部门）、乡镇不能参加年终综合目标考核评优和各类文明创建先进的评选。2015 年，木引小学、逢亭小学、罗悃中学、凤亭小学获得 2015 年中央专项彩票公益金支持村学校少年宫项目。

五、精神文明单位创建活动

2003—2004 年，全县按照新农村建设“五好五推进”的工作思路，结合农村基层组织建设“五大工程”（即党的思想建设、党的组织建设、党的作风建设、党的制度建设、党的廉政建设）示范点创建，创建“县交警大队车管室、县建设局服务大厅、县国税计划征收股办税服务厅”等第一批州级文明窗口，2006—2007 年，罗甸成功申报州级文明县城，在全县创建 8 个“文明生态小康村”示范点，以及 15 个文明单位、5 个文明乡镇、15 个文明村，其中：州级文明单位 3 个（县财政局、县国家税务局、县地方税务局）文明乡镇 1 个（罗沙乡）。2008 年大关村被评为第二批全国文明村镇。2014 年县气象局、县国税局、县移动公司、县烟草局被评为“省级文明单位”。

“五好五推进”　（领导班子好、党员队伍好、工作机制好、工作业绩好、群众反映好，以扶贫开发推进新农村建设、以科技推广推进新农村建设、以文明生态推进新农村建设、以文化旅游推进新农村建设、以务工经济推进新农村建设）。

2006 年，按照新农村建设“五好五推进”工作思路，创建农村“五大工程”示范点，抓好“十星级文明户”重点建设。“整脏治乱”专项治理投入资金 196 万元，完成县城交通标识标线，更换果皮箱 400 个，新修垃圾回转站 3 个。

第九节　统战工作

1995 年成立罗甸县对台办公室，2002 年成立罗甸县侨务办公室，与中共罗甸县委统战部合署办公。2015 年 5 月设立经济联络服务中心，8 月侨务办公室和对台办公室调整为外事侨务和台湾工作办公室。

一、落实政策

1999 年接待台胞、台属、归侨 3 人（次），帮助解决困难和寻找亲人，为他们提供服务。2002 年接待经济人士、党外干部、党外知识分子和“三胞两属”（大陆港澳特别行政区同胞、台湾同胞、海外侨胞、港澳台的亲属、海外侨胞的亲属）、归侨、侨眷 68 人（次），为他们解决具体问题和向有关部门协调解决存在困难。

2003 年后，“三胞两属”、归侨、侨眷、党外干部、党外知识分子、经济人士提出的问题和存在的困难基本上得到解决，走访、反映问题的“三胞两属”、归侨、侨眷、党外干部、党外知识分子、经济人士逐年减少。

二、政协委员推荐

1989 年，政协罗甸县第二届委员会任期届满，由统战部做好 1990 年政协换届人选的考察推荐工作。政协罗甸县第三届委员会第一次会议于 1990 年 5 月 11-15 日在县城召开。本届委员由 14 个界别组成，委员 105 名，其中：非党委员 64 人，占委员总数的 60.9%，主席 1 人，副主席 5 人，其中：非党人士 4 人，秘书长 1 人，常务委员 23 人，其中：非党人士 15 人，占常委委员 65.22%，完成委员的人选与推荐工作。是年，同时为州政协考察推荐州政协委员 12 人。

1993 年政协罗甸县第三届委员会任期届满换届选举。统战部与县人大办、县委组织部、县政协等部门到各乡（镇）和县直机关部门考察推荐非党政协委员和非党人大代表人选。政协罗甸县第四届委员会第一次会议于 1993 年 4 月 12-17 日在县城召开。本届委员会由 16 个各界别组成，委员 142 人，其中：非党委员 87 人，占委员总数 61.27%，选举主席 1 人，以及副主席 4 人，常务委员 21 人。主席及副主席中非党人士3人，委员中非党人士12人，占57.14%。随着形势的发展和政协工作的需要，政协罗甸县委员会需增补委员4人，统战部经过考察推荐，在县政协第四届三次会议上表决通过，经考察推荐，在县政协四届四次会议上选举表决通过，增补县政协副主席2人，以及常委1人。

1998年政协罗甸县第四届委员会任期届满换届选举。县委、县政府、县委统战部对县政协第五届委员会的人选考察推荐。政协罗甸县第五届委员会第一次会议于1998年2月18–22日在县城召开。本届委员会由16个界别组成，委员140人，委员中非党政协委员84人占委员总数60%，选举产生县政协主席1人、以及副主席6人，常务委员21人。主席及副主席中非党人士3人，常务委员中非党人士18人占67%。

2003年政协罗甸县第五届委员会任期届满举行政协罗甸县委员会第六届的选举工作。县委统战部、县委组织部和县纪委对委员的人选进行考察推荐。政协罗甸县第六届委员会第一次会议于2003年3月15–20日在县城举行。本届委员会由17个界别组成，委员143人，其中：非党委员86人，占委员总数60.1%，选举产生县政协主席1人，以及副主席6人，常务委员21人。主席及副主席中非党人士3人，委员中非党人士13人占61.9%。

2006年接省委统战部文件，按照中央指示精神，全国县一级政协、政府、人大统一提前换届。县委统战部与县委组织部对政协委员人选进行考察推荐。2007年1月政协罗甸县第七届委员会第一次会议召开，本届委员会由18个界别组成，委员166人，其中：非党委员100人，占委员总数60.2%。选举主席1人及副主席5人，常务委员22人。主席及副主席中非党人士3人，常务委员中非党人士15人占68.18%。是年协商推荐第十届州政协委员13人。

2012年政协罗甸县第七届委员会任期届满，县委统战部与县委组织部对政协第八届政协委员进行考察推荐，2012年1月2–5日政协罗甸第八届委员会第一次会议在县城召开。本届委员会由18个届别组成，委员166人，非中共党员100人，占委员总数60.2%。会议选举产生主席1人，副主席8人，常务委员19人。主席及副主席中非党人士2人，非党副主席占主席、副主席总数22%。常务委员中：非常人士12人，占常务委员总数的63%。

三、非党干部安排

1988年，县统战部对统战对象党外领导干部、知识分子进行调查、考察、培养党外人士后备干部。经调查，全县非党知识分子中有高级专业技术职称4人，中级职称340人，初级职称339人。

1993年县、乡两级换届，安排党外副局级以上干部43人，其中：副县级6人，正局级5人，副局级9人，正乡长1人，副乡长22人。党外知识分子安排副县长1人，人大常委会副主任1人，政协副主席3人，县人大常委1人，县人大代表5人，县政协常委12人，黔南州政协委员2人，贵州省政协委员1人。1996年对全县26个乡镇和11个县直部门领导班子调查，副科级以上非党领导干部55人，其中：非党女干部20人。1997年县委统战部配合县委组织部，对党外人士进行考察推荐22人任贵州省、黔南州、县人大代表、政协委员和州工商联代表、执委，其中：5人任省、州、县人大代表和政协委员，5人任州、县工商联正、副会长，4人任州工商联执委，8人任州工商联代表。

1998年在选拔配备党外人士工作中，配合组织、人事部门推荐党外人士48名，其中：州人大代表3人，州政协委员4人，县人大代表14人，县政协委员27人（副县长1人，政协副主席3人）。2000年10月县委统战部配合县委组织部选送4名党外领导干部参加州举办的培训班学习，2001年完成3018名党外知识分子（其中：副股级以上157人）调查统计、造册登记工作。是年，全县26个乡镇全部配齐党外领导干部和统战委员。2004年县委统战部配合县委组织部完成全县党外副股级以上领导干部150人、统战系统干部30人、党外后备干部15人及党外知识分子的登记工作。

2006年，县委统战部考察推荐在边远山区从事教育20年以上教师李慈喜、李开华两位出席贵州省委统战部、省教委在贵阳召开的第六次香港主力电器制品有限公司奖励边远山区优秀教师表彰大会。两位教师荣获贵州省边远山区优秀教师荣誉称号，各获3000元奖金。李慈喜被评为省十佳杰出青年称号。

2007年县委统战部建立党外后备干部人才库，培养、选拔、任用非党干部59人，其中：副县级5人、正科级5人、副科级49人。2008年有党外副科级以上干部67人，其中：副县级4人，正科4人，副科级58人，有副高级职称以上党外知识分子24人。2009年有党外副科级以上干部72人，其中：副县级4人，正科6人，副科级62人，副高级职称以上党外知识分子26人。2010年有党外副科级以上干部72人，其中：副县级5人，正科级5人，副科级62人。2011年有党外副科级以上干部72人，其中：副县级5人，正科级7人，副科级60人。2012年有党外副科级以上干部72人，其中：副县级5人，正科级7人，副科级55人。2014年全县副科级以上党外领导干部54人，其中：副县级4人，正科级3人，副科级47人。同年，县委组织部派到村挂职锻炼489人，其中：党外干部236人，选派2名优秀年轻党外干部参加中央统战部苏州干部培训中心举办的黔南州党外干部培训班。2015年全县副科级以上党外领导干部有56人，其中：副县级4人，正科级3人，副科级49人。全年进行大型党外干部和代表人士培训3次231人。

四、统战宣传

1999年，向州委统战部推荐3名民营企业家业绩载入《黔南民营企业家黔南州风采集》，向有关报刊投稿宣传罗甸统战工作。10月县委统战部和县委组织部选送4名党外干部参加黔南州举办的培训班学习。2001年以（罗统发〔2001〕3号）文件下发26个乡镇及县直机关、厂矿学校发放竞赛试卷1000份，收回答题卡890份，占任务数89%，荣获全州统一战线知识竞赛二等奖。2002年召开全县26个乡镇分管统战工作领导、统战委员及县直部门主要负责人、工商联执委、县城各中心小学校长及历届老统战部长会议130余人，县四大班子领导出席会议并发表讲话，会上宣传贯彻民族区域自治法，并强调新时期统战工作的重要性、长期性和广泛性。是年，向《贵州民族报》投稿2篇，采用2篇，完成调研报告1篇。发放江泽民主席《为推进祖国和平统一大业而继续奋斗》的八项主张宣传资料5000份。2003年12月，县委统战部组织党外知识分子、党外干部、非公经济人士、“三胞两属”代表人士专题学习胡锦涛总书记“七一”重要讲话和中共十六届三中全会精神。并听取县人民政府作全县国民经济和社会发展情况通报。是年，完成调研文章5篇，被《贵州日报》《黔南商会》《贵州统一战线》《罗甸报》各采用1篇。2004年完成3个调研课题，即《统一战线为发展服务的基本模式和有效途径问题研究》《如何围绕党委的中心工作开展统一战线问题研究》《当前农村召开群众会议难的思考及对策》3篇文章和2篇心得体会，其中：《如何围绕党委的中心工作开展统一战线问题研究》一文获黔南州三等奖。《当前农村召开群众会议难的思考及对策》选入县政协编辑出版的《调查与研究》第二辑，《以“三个代表”重要思想统领民族地区统战工作》《学校是未成年人思想建设重要阵地》《罗甸非公有制经济党建工作做到四个转变三个坚持》分别被《贵州民族报》《贵州政协报》采用。2005年6月会同有关部门做好台湾媒体到罗甸栗木乡拉来寨和董当乡大小井风光的拍摄工作。2007年举办两期统战人员、党外干部、非公经济人士、乡镇党委书记和乡镇长、县直部门负责人共300余人培训会。宣传贯彻学习统一战线、非公经济发展和《宗教事务条例》《民族区域自治法》等统战理论，黔南州委统战部副部长、州民宗局长陆明臻，黔南州委统战部副部长何惠明在培训会作专题讲座。是年，县委统战部完成两篇调研报告，调研文章被《贵州民族报》采用，《新闻出版总署》中心网站创新与发展栏目转载发表。2009年完成《罗甸农村危房改造的思考》《罗甸非公经济党建工作调研报告》2篇调研报告。2010年完成《罗甸县“十一五”期间扶持民族贸易和民族特需商品定点企业政策落实情况调研报告》《深入开展民族团结创建活动，谱写民族团结奋斗新篇章》《罗甸县民族工作现状与发展对策》《罗甸县麻山民族地区贫困情况调查报告》课题调研。2011年7月经中央台办批准，邀请台湾“中华资深记者协会”等十家媒体到罗甸进行采风活动。

五、帮扶

1991年县委统战部、对台办领导，走村串寨调查研究，与台属共商致富大计，鼓励他们发展生产，发展经济，在“三胞两属”形成你追我赶脱贫致富的新局面。1994年在向麻山“献爱心送温暖”活动中，统战部和工商联组织非公有制经济人士154名个体户和私营企业到木引乡摆落小学捐赠衣物438件给摆落村、现金 9500 元给摆落小学修建学校，私营企业主张明向摆落小学捐资 5000 元修建学校，并负责摆落、摆龙两所小学的两个女生班 80 名学生小学期间的学费开支。1996 年引进香港赵汉钟为修建纳坪乡纳坪小学校教学楼捐赠 6 万元。1998 年，县委统战部组织非公经济人士为全县公益事业捐款（含物资）2.83 万元。为 110 个贫困村订阅 1998 年党报。是年在开展光彩事业活动中，建立与非公有制经济人士联系 10 名，州联系非公经济人士 4 名。2006 年，根据县委、县政府的安排，由部长带队，1 名副部长长期蹲点，完成罗暮乡把歪组的移民维稳和搬迁工作。同时 1 名副部长在茂井镇蹲点，完成 6 户移民搬迁工作，在处理事件中，部长深入现场调解，成功化解移民户夏辉和红屯村的荒山承包纠纷。

2007 年县委统战部开展党建扶贫工作，深入到龙坪镇帮扶移民点马草村五、六组黄小毛、黄小印两户移民开展帮移工作，使两户搬到本村白龙组 375 米水位线上建房定居；到板庚乡计生“三结合”帮扶到 5 户生产、生活困难，解决每户化肥 1 包，支持他们春耕生产。并为板庚乡大坪小学“两基”迎国检帮扶点，捐款价值 800 元的体育用品。2008 年县委统战部在计生帮扶中，挤出资金购买化肥 10 包，送到板庚乡 5 户双女结扎户手中，解决春耕生产之用。2009 年购买化肥 10 包，送到板庚乡 5 户双女结扎户手中，解决他们的燃眉之急。2010 年对板庚乡 5 户双女结扎户发放化肥 15 包，对交算村、俄村村 40 户计生困难户发放帮扶化肥 120 包，为板庚乡和云干乡群众解决复合肥料 3 万元。是年 3 月，县委统战部组织非公经济人士举行“抗旱救灾”捐款仪式，共收到捐款 11266 元。是年 9 月 3 日组织非公经济人士向云干乡八木小学捐款 1.2 万元。在抗旱救灾工作中为板庚乡解决 0.3 万元抗旱油费，为边阳镇的黄泥坳村捐献 0.2 万元现金作为抗旱输电线路，为八木小学解决 1 万元，为边阳镇新庄村解决水池水窖 5000 元。2011 年县委统战部在计生帮扶中，挤出资金购买化肥 15 包，送到板庚乡 5 户双女结扎户手中，解决春耕生产之用。2012 年开展计生“三结合”帮扶 20 户 68 人，发放物资折款共计 2000 元。2014 年春节期间，深入到有关乡镇慰问台胞胎属 4 户 24 人，发放慰问金每人 500 元计 1.2 万元。是年，县委统战部在边阳镇打号村开展党建扶贫帮助 10 户困难群众解决急需的化肥 1000 元，争取到越冬棉被 30 床，解决打号村困难户越冬棉袄。争取到 6 万元，帮助打号村修建文化体育广场。2015 年为驻村帮扶的红水河镇牙村村村委会解决价值 7000 余元的办公用电脑和打印机 1 套，出资 5000 元帮助维修因灾受损的通村公路 4 公里。是年在牙村开展的精准扶贫、党建帮扶、计生帮扶、城乡支部联动等活动中为需扶助的困难党员、计生困难户和贫困户解决救助物资及资金计 1.3 万余元。

六、对台、海外、侨务工作

1990 年，为了确切地了解台胞台属情况，对原有和新增的台属进行登记建档，全县港澳台属侨属 71 户 320 人，去台人员 36 人，分类填表装订存档，同时建立台胞档案 3 件，对 40 户侨港属普查登记结束。是年，接待台胞来访 1 次 2 人，台属来访 8 次 12 人，台胞台属来信 12 件。1991 年对全县 71 户港、澳、台、侨属生产生活经济状况作调查，罗沙乡台属帅锡忠家生活困难，对台办同志与民政、供销部门协调解决钢材、水泥帮助该户建房，又送农药、化肥帮助发展生产，是年帅锡忠建成水泥钢筋结构楼房一栋，生活逐渐好转。云干乡台属刘祖萌收到亲属从台湾汇来 2000 美元，一直存入银行。统战部帮助刘用其资金投入种养殖业，后成为乡里知名的富户。

1993 年为台胞何登明办理往返大陆探亲手续，为台属刘定英父亲回大陆定居解决宅基地 100 多平方米，为台胞杨昌余回大陆定居办理手续和为归侨潘孝顺减免住院费 150 元，为侨属梁德道解决侨联贸易公司地基 3 亩，为原国民党投诚军官杨世杰解决生活待遇。是年，接待台胞来大陆探亲 7 人 7 次，并处理来信来访 10 件。2001 年县委统战部向州民政局争取资金 12 万元，解决 40 户台属、归侨、侨眷 68 人建房及生活困难，走访 98 户，接待原国民党投诚人员 4 人（次）。2003 年走访慰问“三胞两属”，党外干部，党外知识分子，非公有制经济人士 127 人，其中：“三胞两属”，党外干部，党外知识分子 17 人（次），非公经济人士 110 人（次）。

2011 年 7 月 19–23 日，经中央台办批准立项，邀请台湾“中华资深记者协会”“高雄市新闻记者公会”等十家新闻媒体开展“看罗甸万重山、游高原千岛湖”为题的采风活动，并取得圆满成功；是年9月，台湾慈济总会一行2人到罗甸进行纪录片（黔山系列）拍摄，记录台湾慈济会多年对罗甸帮扶成果和向台湾宣传罗甸的农业产业和旅游资源。2012年指导在罗甸的四川重庆籍非公经济人士成立罗甸川渝商会，做大做强非公企业；是年9月27日下午，县委统战部组织政协办、工商联、民宗局、侨务办、“三胞两属”代表及统战部机关全体干部和历届老领导在县望月宾馆四楼会议室召开国庆、中秋“三胞两属”座谈会；是年11月27日，组织非公经济人士、“三胞两属”部分代表在县工商联会议室召开学习十八大精神会议。参加会议的有非公经济人士、“三胞两属”部分代表及统战部和工商联全体干部共45人。

2013年10月，台湾嘉义现代农业交流团一行37人到罗甸考察，先后参观大小井景区，县农业展厅、林场火龙果基地、上隆茶果场、红水河镇淡水养鱼等。2014年5月6日，台湾农业有机肥料专家徐显兴教授在黔南州台办有关人员陪同下，到罗甸县进行两次考察，同年6月，台湾周围法人慈济人文志业基金会到罗甸拍摄《爱的约定——慈济州助学的成效与回馈》，记录台湾慈济会多年来对罗甸帮扶成果。

2015年6月，化解回乡定居台胞台属的矛盾纠纷，组织相关部门协调办理了台胞杨昌余遗产继承手续。

1991—2015年海内外经济统战及智力支边情况统计表

表3-8

年度	海内外、港、澳支援单位	投资金额（万元）	受益单位	项　目	完成项目类别	备　注
1990	台胞林建宏	200	独资	建材开采	灰绿岩开发	-
1991	台胞张彩炉	50	贵州宏运石材有限公司	建材开采	灰绿岩加工	-
1996	香港赵汉钟	6	纳坪乡	教育扶贫	教学楼1栋	-
2004	深圳市平湖镇峨公岭村	33.3	板庚乡纳田村	教育扶贫	教学楼和8个小组自来水安装及学生书包	-
2005	香港慈恩基金会、香港建行杏社、中国烛光基金会	35	董架乡东跃小学、罗悃镇干村小学、龙坪镇林霞小学、栗木乡简村小学	-	教学楼	-
2006	台湾慈济慈善事业基金会	444.8	董架、平岩移民新村建设、平岩中学公寓楼、板庚乡大坪小学、班仁乡中心小学教学楼	移民新村建设，教育扶贫	董架、平岩新村建设学校教学楼	-
	中华职教社	-	全县乡镇农民	实用技术培训	培训500余人	-
2007	台湾慈济慈善事业基金会	383.9	平岩乡湾心村	移民新村点建设	建房57栋285间114户456人受益	中共中央对台办副主任王再希出席剪彩
	陈登基金会	63	董架乡上瓮井、边阳中学、班仁乡金祥、风亭乡交吾、木引乡纳汝小学	教学楼	教学栋各一栋	-
2008	深圳市龙岗区原统战部	16	边阳镇新庄小学	教育	教学楼	-
2009	香港慈施慈善基金会、陈登基金会	2.4	罗沙乡油海村、板庚乡、罗甸民中、罗化村	卫生室政府扶贫	村卫生室房助学金	4名贫困生及1名住院学生
	台湾慈济慈善事业基金会	353.98	罗沙、板庚、平岩、董架、董王、云干、八总等乡	-	粮食、棉被等	有4200贫困户18305贫困人口

续表

年度	海内外、港、澳支援单位	投资金额（万元）	受益单位	项　目	完成项目类别	备　注
2009	台湾慈济慈善事业基金会	175.59	董架、罗沙、沫阳等乡镇和中小学、罗甸民中	教育扶贫	助学金	–
2010	陈登基金会	2.4	民中边阳中学高中生	教育扶贫	助学金	40 人
	香港陈源女士	0.16	罗甸民中高中生	教育扶贫	助学金	4 人
	龙岗区统战部、工商联	60	边阳镇新庄小学	教育扶贫	教学楼	–
	香港慈施慈善基金会	–	板庚乡罗化村、边阳镇油海村	卫生扶贫	建村卫生室	–
2011	台湾慈济慈善事业基金会	粮 491.04 吨、油 6395 桶、被 12763 床、衣物 55000 件等物资	平岩乡罗沙两乡 17 个村	物资扶贫	粮食、棉被、食油等	4305 户 16368 人
	台湾慈济慈善事业基金会	89.6	平岩、罗沙两乡 17 个村贫困学生	教育	助学金	1956 人次
	香港慈恩基金会	2.04	红水河镇中心校	教育扶贫	助学金	51 名贫困生
	广东民营企业合作交流协会	25	平原中心小学、联丰小学	教育扶贫	助学金及教学器材	–
2012	台湾慈济慈善事业基金会	粮 546 吨、油 4485 桶、被 4913 床、衣 18678 件	平岩、罗沙、沟亭、木引、董架等乡	物资扶贫	粮食、食油、衣物、棉被等	4485 户 18206 人
	台湾慈济慈善事业基金会	57.04	平岩、罗沙、联丰、木引、沟亭等乡	教育扶贫	助学金	5 个乡贫困生
	广东民营企业合作交流协会	34	平岩联丰小学	教育扶贫	修建教师宿舍和学校教学器材	–
2013	台湾慈济慈善事业基金会	粮约 247 吨、油 4743 桶、被 3458 床、衣 22016 件、书包 4743 个	木引、龙坪、平岩等乡镇	物资扶贫	粮食、食油、衣物、被子等	4743 户 16465 人
	台湾慈济慈善事业基金会	50.375	木引、龙坪、平岩等乡镇	教育扶贫	助学金	–
	台湾慈济慈善事业基金会	1.28	罗甸民中、二中	教育扶贫	助学金	9 人
	暨南大学 EMBA 慈善会、深圳狮子会	37 万元资金，物资 4 万元	罗妥乡牙村小学	教育扶贫	物资资金	–
2014	台湾慈济慈善事业基金会	75450	罗甸民中高中生、罗甸贫困大学生	教育扶贫	助学金	高中 121 人、大学生 35 人
	台湾慈济慈善事业基金会	大米 154.5 吨、油 2571 桶、棉内衣 5150 套、棉被 3108 床、生活包 2517 个	龙坪镇	教育扶贫	粮、食油、衣物、被等	2517 户 5150 人
	台湾慈济慈善事业基金会	74560 元	罗甸一中高中及贵阳高校罗甸籍贫困大学生	物资扶贫	助学金	–

续表

年度	海内外、港、澳支援单位	投资金额（万元）	受益单位	项　目	完成项目类别	备　注
2014	台湾慈济慈善事业基金会	66450 元	罗甸一中及贵阳高校罗甸籍贫困生	教育扶贫	助学金	–
2015	台湾慈济慈善事业基金会	282400 元	罗甸一中及贵阳高校罗甸籍贫困生	教育扶贫	助学金	–
	香港慈恩基金会	12416 元	贫困学生	教育扶贫	助学金	–
	马来西亚祝福文化慈善基金会	70000 元	贫困学生	教育扶贫	助学金	–
	澳洲慈善家魏基成	34 台助听器、2 台语音教学机	特殊学校学生和社会听障人士	物资扶贫	物资	–

第十节　机构编制

罗甸县编制委员会办公室成立于 1988 年 12 月，为副局级单位，机构设在县劳动人事局。1994 年机构改革后，县编制委员会办公室列入党委工作部门，与县人事劳动局合署办公，为正局级建制。2000 年 11 月设置事业登记管理局，负责全县事业单位登记管理工作，与县机构编制委员会合署办公。2001 年县机构编制委员会办公室单独设置，列入县委工作部门，负责全县乡镇和部门机构、编制管理、工资基金占编人员的审核、机构编制督查、编制使用计划、机构编制、编制结构调整、机构编制实名制管理、中文域名管理、机构改革准备和开展等工作。2014 年机构改革编制调整后，2015 年机构编制没有变化。

一、全县机构总数

县委工作部门　1996 年 5 个，2001 年 8 个，2015 年 8 个。

县政府工作部门　1996 年 30 个，2001 年 26 个，2005 年 24 个，2011 年 24 个，2015 年 24 个。

议事协调机构　2001 年 1 个，2005 年 2 个，此后，不再设置。

按党章、宪法及有关章程规定设置的机构　1994 年 7 个，2001 年 4 个，2011 年 4 个，2015 年 4 个。

群团组织　1994 年 7 个，2001 年 6 个，2002 年 7 个，2003 年 8 个，2006 年 9 个，2011 年 9 个，2014 年 9 个。

县政府管理事业机构　1994 年 1 个，2001 年 2 个，2011 年 3 个，2013 年 4 个，2014 年 8 个。

县政府管理其他机构　2011 年 1 个，2014 年 1 个。

乡镇　1991 年 7 个区委（镇）50 个乡公社，（1 个乡级镇）。1992 年 6 个镇 20 个乡，2015 年 8 个镇 1 个乡。

二、全县人员编制管理

县直部门行政编制　1991 年 455 名（含政法专项编制 207 名），1992 年 455 名（含政法专项编制 207 名），1993 年 455 名（含政法专项编制 208 名），1994—1995 年 455 名（含政法专项编制 230 名），1996 年 470 名（含政法专项编制 235 名），1997 年 470 名（含政法专项编制 274 名），1998 年 480 名（含政法专项编制 235 名），1999 年 492 名（含政法专项编制 231 名）。2001 年 509 名（含政法专项编制 226 名），2002 年 520 名（含政法专项编制 217 名），2003 年 542 名（含政法专项编制 226 名），2004 年 552 名（含政法专项编制 243 名），2005 年 572 名（含政法专项编制 257 名），2006 年 572 名（含政法专项编制 257 名），2007—2009 年 758 名（含政法专项编制 404 名），2010 年 774 名（含政法专项编制 413 名），2011 年 782 名（含政法专项编制 421 名），2012 年 801 名（含政法专项编制 440 名），2015 年 872 名（含政法专项编制 451 名）。

乡镇行政编制　1991 年 578 名，1995 年 578 名，1996 年 648 名，1997 年 536 名，1998 年 578 名，1999—2000 年 578 名，2001—2006 年 544 名，2007 年 548 名，2008—2009 年 546 名，2010—2011 年 545 名，2012—2015 年 544 名。

全县事业编制　1991 年 2553 名，1992 年 3972 名，1993 年 3970 名，1994 年 4176 名，1995 年 4213 名，1996 年 4122 名，1997 年 4072 名，1998 年 4213 名，1999 年 4229 名，2000 年 4302 名，2001 年 4459 名，2002 年 4781 名，2003 年 4864 名，2004 年 5276 名，2005 年 5938 名，2006 年 6067 名，2007 年 6211 名，2008 年 6210 名，2009 年 6403 名，2010 年 6572 名，2011 年 8640 名，2012 年 9125 名，2013 年 9137 名，2014—2015 年 9144 名。

事业单位登记管理　2000 年登记 98 个；2001 年新登记 13 个（累计 111 个），变更登记 2 个，年检 36 个；2002 年新登记 79 个（累计登记 190 个），变更登记 5 个，年检 103 个；2003 年新登记 46 个（累计登记 236 个），年检 164 个；2004 年新登记 68 个（累计登记 304 个），变更登记 3 个，年检 213 个；2005 年新登记 34 个（累计登记 338 个），变更登记 5 个，年检 268 个；2006 年新增登记 6 个（累计登记 344 个），变更登记 61 个，年检 317 个；2007 年新增登记 6 个（累计登记 347 个），注销 3 个，年检 318 个；2008 年新登记 9 个（累计登记 353 个），变更法人登记 40 个，注销 3 个年检 322 个；2009 年新登记 70 个（累计登记 420 个），变更登记 49 个，注销 3 个，年检 356 个；2010 年新登记 3 个（累计登记 409 个），变更登记 51 个，注销 14 个，年检 368 个；2011 年新增登记 10 个（累计登记 405 个），变更登记 193 个，注销 14 个，年检 372 个；2012 年新登记 4 个（累计登记 396 个），变更登记 45 个，注销 13 个，年检 380 个；2013 年新登记 6 个（累计登记 397 个），变更登记 82 个，注销 5 个，年检 378 个；2014 年新登记 12 个（累计登记 397 个），变更登记 71 个，注销 12 个，年检 385 个；2015 年新登记 15 个（累计登记 299 个），变更登记 209 个，注销 131 个，年检 288 个。

第十一节　党　校

1991 年中共罗甸县委党校内设总务处和教务处。1995 年 7 月，罗甸县委党史研究室合并到县委党校。1996 年，县委宣传部、县委党校、罗甸报社 3 个单位合署办公。1998 年 6 月县党史研究室合并到县档案局。2002 年县委党校设置：办公室、教务处、图书室。2007 年年底县委党校领导班子调整，宣传部部长不再兼任县委党校领导职务。2010 年县委党校单列。2013 年增设罗甸行政学院，与县委党校合署办公，增设教研室和远程办。内设机构从 3 个增加到 5 个，编制从 10 人增加到 20 人。2014 年，加挂罗甸县社会主义学院牌子，一套人员 3 块牌子。2015 年在编人员 17 名，其中：硕士研究生 4 名，大学本科 10 名，大专学历 4 名，专职教师 12 名，其中：高级讲师 2 名，讲师 4 名。是年；学院校址迁至八总码头（原八总乡政府驻地）。

干部培训　1991—1995 年，先后举办中青年干部培训班 7 期 386 人，学习内容为邓小平视察南方主要讲话和党的十四大精神。1996—2006 年，与县人事局举办公务员培训班 5 期 459 人。学习内容《公务员法》等有关法律法规。2007—2015 年，与县人事局举办专业技术人员继续教育培训班 36 期 48457 人，学习内容主要是职业道德及工作礼仪等内容。还与县委组织部、县人事局、县政法委、县妇联、县直机关工委等单位开设各类培训班 30 期 3589 人。与县人力资源社会保障局举办 8 期首次任职干部培训班，党员 1673 人。是年，与工商行政管理局、发改局、国税局联合举办党的群众路线教育实践学习活动培训，参加培训人员 140 人。

村级干部培训　1990 年，举办农村党支部书记培训班 1 期 80 人，1993 年举办村党支部书记、村委会主任培训班 4 期 216 人，学习内容为邓小平视察南方主要讲话和市场经济理论、学习省情、州情、县情基础知识，组织到云干乡参观学习大关村劈石造田、建设美好家园的先进典型事迹。2006 年举办50个贫困村干部培训班50人，学习内容为农村经济政策、扶贫开发政策。2007—2009年，根据省委组织部和省委党校的要求和县委安排，开办一村一名大学生函授班3期，学制两年半，参加学习人数119人，对年青村干部进行提升学历和能力教育。2007—2015年连续举办16期村支两委培训班6176人。

电大成人班学历培训 1991年，贵州省广播电视大学原在罗甸县党校开设电大成人班脱产学习教育，1991年停办。

党校中专班 1991年招文秘中专班23人，学制2年（1991.9—1993.7），农电中专班42人，学制3年（1991.9—1994.7），均由中共贵州省委党校颁发毕业证书。

党校函授专科、本科班 1995—2010年招开设有专科班10个，学员360人，专业为经济管理，文秘、法学等。2000—2010年举办函授本科教育11个班次，学员717人，专业：经济管理、法律、行政管理等。2007—2009年招一村一名大学生函授班119人，学制两年半。省党校函授教育学历班学员毕业证书由中共贵州省委党校颁发。

科研、教研工作 2015年，县委党校开展调研、科研工作，按照围绕中心、服务大局的要求，完成县级课题6个。申报州级课题2个，其中：州级党校课题《借力对口帮扶 聚力同步小康——有效利用对口帮扶助推我县跨越发展的思考与建议》获得立项并被评定为良好等次，实现党校课题成果零突破，同时也为罗甸县脱贫攻坚工作提供智力支持。

体制评估 2014年5月县委研究决定将原八总乡政府、八总小学价值3000余万元土地及设施整体划给县委党校，并投入350多万元提升校园建设，顺利通过评估，党校教学培训设施设备得到明显改善，阶梯教室、中小型会议室、体育活动场所、多媒体电子阅览室全部俱全，可一次性容纳120人培训。2015年9月23日，通过省委组织部、省委党校、省编委联合成立的省评委会对罗甸县委党校体制改革工作进行评估。最终以97.23分在全州11个已通过评估的县级党校中排名第四名。

第十二节　党史编研

机构 1990年党史资料征集办公室改称县委党史研究室，1995年7月县党史研究室合并到县委党校。1998年6月合并到县档案局。2003年5月县史志办从档案局单列，人员编制3人。2004年11月追加编制2人。2009年列入县委直属正科级事业参公管理单位。2011年5月县级机构改革，县史志办与档案局合并，称罗甸县档案史志局，加挂中共罗甸县委党史研究室。

党史资料征集编写 1993年6月《中共罗甸县组织史资料》内部出版，全书资料785千字。1997年9月，成立县划定革命老区工作领导小组（罗办发〔1997〕44号文件），领导小组下设办公室，领导小组在原有材料基础上在县内外展开深入调查，走访黔桂边尚健在的老同志，搜集大量的史料和文献。1998年1月完成关于要求划定罗甸县为革命老区的调查报告。2月，中共罗甸县委、罗甸县人民政府完成向州委、州政府提交关于请求将罗甸县凤亭等18个乡镇划定为革命老区的报告，1998年6月“省办发〔1998〕16号文件”批转省划定革命老区领导小组《关于划定遵义等县（市）为革命老区的请示》，贵州省共31个县列为革命老区，罗甸县被列为31个革命老区县之一。1999年10月协助省党史研究室和省广播电视台摄制专题片《革命老区行·罗甸篇》。2006年启动《中国共产党罗甸县历史》（第一卷）编写，2010年8月正式编写《中国共产党罗甸县历史》第一卷，2012年11月编写稿进行县级初审。2008年9月县史志办协助中共贵州省党史研究室和贵州省广播电视台摄制《红色沃土》罗甸“两基”专题片（基本完成九年义务教育、基本扫除青少年文盲），反映革命老区人民的基础教育。是年协助州史志办撰写社会主义新农村带头人口述历史篇《大关之路》。2010年开展《罗甸县革命遗址普查登记》，并完成革命遗址普查上报工作。2011年5月23日在县青少年活动中心举办全县《纪念中国共产党成立 90 周年党史知识竞赛》，同时组织县代表队参加全州举办的党史知识竞赛。2013 年 9 月配合贵州省委宣传部、贵州省电视台、贵州省党史研究室拍摄贵州革命老区电视系列节目，再现罗甸革命老区人民的历史贡献，现实奋斗和未来憧憬，激励革命老区人民奋力实现小康。2003—2015 年期间，史志办按省州党史研究室和省地方志办要求，开展搜集党史、地方人物及图片资料等工作。

党史资料服务　1982 年开始征集党史资料，1986 年汇编成《罗甸县史志内部资料》（1-3 辑）。1995 年至 1997 年 12 月，在县内及黔西南州、广西壮族自治区河池地区的东兰、天峨、凤山县，百色地区的百色市、田林、凌云、乐业县及广西壮族自治区政协、区委组织部、区档案局收集史料，走访健在的离休干部和革命老人，为 1998 年划定革命老区提供了史料，使罗甸成功申报为革命老区；参加编写《滇黔桂革命根据地》由中共党史出版社 1999 年公开出版发行。为在县城望月楼新建的烈士陵园、爱国主义教育基地、革命历史纪念馆，提供丰富的历史教育史料，2012 年 11 月由县政协编写的《中共罗甸蛮瓦特别支部》一书出版发行，为《中共罗甸县历史》第一卷编写提供材料，发挥“以史鉴今，资政育人”的作用；为罗甸申报中央对老区人民扶贫开发扶持争取资金，促进县域经济发展提供史料。

第十三节　信　访

1984 年县委、县政府设立联合信访科，隶属县委办。1993 年县委、县政府设立信访办。2000 年信访办隶属政府办。2008 年 6 月成立县信访局，隶属县委、县政府两办。2013 年内设机构有：综合办公室、督查科、信访科、投诉受理及信访信息中心，编制 12 人（行政编制 4 人、事业编制 8 名）。2014 年 4 月县委、县政府组建罗甸县群众工作委员会，与县信访局合署办公，下设群众工作中心，内设 4 个科室、1 个热线办和 10 个接待窗口、20 个接待单位入驻；同时成立 8 镇 1 乡群众工作中心和 17 个社区群众工作站 182 个村群众工作室，全县形成综治维稳信访并轨运行的群众工作体系。2015 年信访局编制为 18 名，其中：行政编制 4 人，事业编制 14 名。在职 13 人。

历年信访　1991—1993 年全县信访总量为 96 件。接待来访 63 批 95 人次（其中，接待集体来访 4 批 27 人次），来信 33 件。县信访办协调化解 96 件，化解率达 100%。

1994—1996 年全县信访总量为 113 件。接待来访 82 批 298 人次（其中，接待集体访 12 批 139 人次），来信 31 件。县信访办协调化解 113 件，化解率 100%。

1997—1999 年全县信访总量为 154 件，接待来访 119 批 239 人次（其中，接待集体访 16 批 133 人次），来信 35 件。县信访办协调化解 154 件，化解率 100%。

2000—2002 年全县访总量为 253 件。接待来访 210 批 413 人次（其中集体访 15 批 108 人次），来信 43 件。县信访办协调化解 253 件，化解率 100%。

2003—2005 年全县访总量为 301 件。接待来访 243 批次 583 人次（其中集体访 17 批 148 人次），来信 58 件。县信访办协调化解 298 件，化解率 99%。

2006—2008 年全县信访总量 379 件，接待来访 277 批 533 人次（其中，接待集体访 32 批 218 人次），来信 102 件。县信访办协调化解 345 件，化解率 91%。

2009—2011 年全县信访总量 338 件，接待来访 247 批 459 人次（其中，接待集体访 45 批 243 人次），来信 91 件。县信访局协调化解 335 件，化解率 99%。

2012—2015 年全县信访总量 731 件，接待来访 451 批 742 人次（其中，接待集体访 65 批 378 人次），来信 86 件，网络信访 208。县信访局协调化解 648 件，化解率 99%。2015 年省、州交办 200 件，办结 200 件。县领导坐班接访 331 次，接访群众 18 批 45 人次，带案下访 56 次。

第十四节 机关党建

中共罗甸县直属机关工作委员会（简称县直机关工委），原为中共罗甸县直属机关委员会（简称县直机关党委）于1972年3月成立，1981年县直机关党委内设县直机关团委，1984年增设纪律检查委员会。1999年中共罗甸县直属机关委员会更名为中共罗甸县直属机关工作委员会，同时撤销原县直机关团委。2000年机构改革更名为中共罗甸县直属机关委员会。2013年2月又更名为中共罗甸县直属机关工作委员会（含中共罗甸县直属机关纪律检查工作委员会），同时设立县机关党员服务中心，为直属机关工委管理的股级事业单位。2015年底，行政编制3名、事业编制2名，实有在岗人员4名，其中：行编制制2人、事业编制2人。

组织建设 1991—2001年，县机关有13个单位建立总支委员会，由1987年的55个支部发展至117个，各支部按期换届或补选。培训入党积极分子近700余名，发展新党员400余名，预备党员按期转正。

2002—2013年，特别是2012年机构改革对各单位进行撤并后，县机关工委所辖的党总支由原来的13个减至11个，117个党支部减至82个。培训入党积极分子900多人，发展新党员500余人，预备党员全部按期转正。2013年12月底，县直机关有党员1664人。2014年举办入党积极分子培训班1期，参加培训128人，与县委组织部联合举办党务干部培训班一期，培训人员80余人，与县妇联开展机关女党员干部培训，参加培训人员300余人，“七一”期间，开展机关党员培训700余人，是年新发展党员35名，转正党员42名，为全县退休在县城居住的272名老党员和78个机关党支部征订《共产党员》月刊，提供学习资料。2015年，根据《中国共产党和国家机关基层组织条例》，成立县市场监督管理局、县卫计局、县科学技术和知识产权局、县人民政府行政服务中心等4个基层党组织，将县人大办第一、二、三支部合并为一个支部，老龄办支部并到县民政局支部，划转县公路段、县网络公司、客运站等支部由州直对口单位管理。年底，县直属机关管理18个机关党委80个支部1724名党员。对县直机关22个基层党组织进行换届，选举书记20人、委员44人。接收入党积极分子35人，转正43人。举办入党积极分子培训1期58人。与县委党校联合举办党务干部培训班1期，培训人员70余人，“七一”期间开展机关党员培训700余人，为全县退休在县城居住的300名党员征订《共产党员》月刊，提供学习资料。

党费缴纳 缴纳党费是党员应尽职责和义务，党费主要作为党员教育经费的补充，主要用于培训党员、订阅或购买用于开展党员教育的报刊、资料、音像制品和设备以及表彰先进基层党组织、优秀共产党员和优秀党务工作者、补助生活困难的党员等。每年机关工委都要行文下发到各支部，要求各支部组织学习贯彻中央、省、州、县委组织部《关于中国共产党党费收缴、使用和管理的规定》的有关文件精神，切实加强宣传教育，提高党员对党费清缴工作的认识，规范机关党员党费缴纳工作，特别是做好离退休党员的学习教育，使缴纳党费成为每个党员的自觉行动，圆满完成党费的收缴工作。每年收缴的党费按规定都及时上缴县委组织部，由县委组织部统一管理。1991—2013年收缴党费124.62万元，其中：1991—1995年收缴党费6.18万元，1996—2000年收缴党费7.5万元，2001—2005年收缴党费20.15万元，2005—2009年收缴党费35.81万元，2010—2014年收缴党费54.98万元。2015年收缴党费58万元，返回15万元支持支部党建活动。

党员违纪查处情况 在发展党员过程中，严格按照发展党员的有关要求，为党组织输送新鲜血液，同时，在严把“入口关”的同时，还注重疏通“出口”，净化党的肌体。要求各总支、支部积极协助纪检监察部门认真查处各种违法违纪案件，对本部门、本单位违法违纪的人员和现象要敢于向上级党组织反映。认真处置不合格党员，维护党的纯洁性，保持党的先进性。1991—2015年，受党纪处分的党员55名，其中：开除党籍7名，警告27名，严重警告19名，留党察看2名。取消预备党员资格2名。

第二章　社会团体

第一节　总工会

罗甸县总工会，1991 年 8 月全县建镇并乡撤区后，成立 26 个乡（镇）274 个村（村居委会）联合工会。2014 年 2 月全县区划调整。调整合并后设 8 镇 1 乡，建有帮扶中心、俱乐部。2014 年 12 月，县总工会内设机构有办公室、帮扶中心、俱乐部。编制 9 人。

一、县总工会历次代表大会概况

罗甸县总工会第六次代表大会于 1991 年 3 月 25 日在县城召开，会期 1 天。参会代表 120 人。会议听取并审议通过第五届委员会工作报告、财务报告和经费审查报告，选举产生第六届委员会委员 15 人。会期举行罗甸县总工会第六届委员会第一次会议，选举产生主席 1 人、以及副主席 1 人、常务委员 3 人。

罗甸县总工会第七次代表大会于 1996 年 10 月 17–18 日在县城召开，会期 2 天。应到代表 128 人，实到代表 120 名，因事因病请假 8 名。大会听取并审议通过第六届委员会工作报告和财务报告，选举产生第七届委员会委员 17 人。会期举行罗甸县总工会第七届委员会第一次会议，选举产生主席 1 人、以及副主席 1 人、常委 3 人。

罗甸县总工会第八次代表大会于 2003 年 5 月 18–19 日在县城召开，会期 2 天。应到会代表 120 人，实到会代表 120 人，大会听取并审议通过第七届委员会工作报告、财务报告和经费审查报告，选举产生第八届委员会委员 18 人。会期举行罗甸县总工会第八届委员会第一次会议，选举产生主席 1 人、副主席 1 人、常委 3 人。

罗甸县总工会第九次代表大会于 2006 年 4 月 18 日在县城召开，会期 2 天。应到会代表 130 人，实会代表 130 人，大会听取并审议通过第八届委员会工作报告、财务报告和经费审查报告，选举产生第九届委员会委员 22 人。会期举行罗甸县总工会第九届委员会举行第一次会议，选举产生主席 1 人、以及副主席 1 人、常委 3 人。

罗甸县总工会第十次代表大会于 2012 年 7 月 19 日在县城召开，会期 2 天，应到会代表 133 人，实会代表 133 人。大会听取并审议通过罗甸县总工会第九届委员会工作报告、财务报告和经费审查报告，选举产生罗甸县总工会第十届委员会委员 15 人。会期举行罗甸县总工会第十届委员会第一次会议，选举产生主席 1 人、以及副主席 2 人、兼职副主席 4 人，常委 7 人。2015 年工会领导工作变动，7 月 3 日召开罗甸县总工会第十届六次全体会议补选第十届委员会委员 1 名，常委 1 名，副主席 1 名。

二、基层工会建设

1991—1995 年，全县 26 个乡镇 272 个村建立 298 个联合工会，发展会员 5471 人。1996—2003 年，机关事业单位建立工会组织 58 个，会员 4248 人。2003—2014 年，企业单位建立工会组织 36 个，会员 2291 人。2014 年年底全县工会组织 392 个，会员 12010 人。2013 年初组织国有企业、民营企业与基层工会、职工代表签订集体合同和工资集体协议企业 127 家，涉及职工 4022 人，签订率达 100%。2014 年与用工单位签订用工协议 650 人，签订集体合同、工资集体协议共 131 家职工 4022 人。2015 年与用工单位签订用工协议 850 人，签订集体合同、工资集体协议共 165 家，涉及职工 6575 人，签订率达 100%，成功培育县自来水公司为工资体验协商典型。

三、开展活动

1991—1995 年，在元旦和春节期间，走访慰问困难职工农民工 65 户，发放慰问金 3250 元；“七一”

期间，慰问困难老党员 15 人，发放慰问金 750 元；开展“进万家门，知万家情，暖万家心”活动，组织实施资助特困职工子女上大学和向特困职工送温暖，并适时向患大病、重病和遭受自然灾害的职工实施救助。开展助学活动，共资助困难学生 39 人，发放资助金 2000 元；救助大病、重病职工 32 人次，每人救助 3200 元。全县各基层工会及时组织开展向特困职工和弱势群体解囊相助献爱心活动。鼓励下岗职工“自谋职业、自主创业”，组织农民工培训 6 期 380 人。为提高和丰富职工精神文化生活，每年“五一”国际劳动节、“十一”国庆节、春节期间举办灯谜、篮球、拔河、文艺演出、节日运动会等多种形式的文体赛事活动 24 场次。

1996—2000 年，在元旦与春节期间，开展慰问困难职工和帮扶下岗职工，共慰问困难职工农民工 102 人，发放帮扶慰问金 8160 元；“三八”节慰问困难女职工 18 人，发放慰问金 1440 元；“七一”期间，看望慰问困难老党员 15 人，发放慰问金 1200 元；广泛开展助学活动，帮助困难大学生 42 人，资助金 3360 元；救助大病、重病困难职工 35 人次共 3500 元。开展职工、农民工技能技术培训共 8 期 480 人次；开展法制维权宣传活动 12 次，发放宣传资料共计 6 万余份。组织开展篮球、象棋、书法等形式多样的文体娱乐活动 25 场，丰富职工、农民工精神文化生活。

2001—2005 年，每年元旦与春节期间帮扶困难职工和农民工共 200 人次，发放帮扶资金 6.2 万元；每年“三八”妇女节、“七一”建党节等节日期间，走访慰问困难职工、农民工、老党员等 44 人次，发放慰问金 8800 元；资助困难学生 50 人共 15000 元；发放大病救助 40 人，计 3200 元。组织开展现场招聘会，联系厂商提供就业岗位 3000 余个。组织全县部分农民工、初中、高中毕业生参加美容美发、电工、厨师等培训 4 次 1500 余人。每年春节期间组织开展篮球比赛活动、猜谜和征联活动等，“五一”“五四”期间组织开展职工劳动竞赛活动 10 场，参赛职工 1000 余人。

2006—2010 年，每年元旦和春节期间慰问和帮扶困难职工、下岗人员及农民工共 1000 余人，发放慰问金和帮扶资金 34.88 万元。“六一”国际儿童节期间，慰问农民工子女和留守儿童 70 余人，发放慰问金 0.95 万元。“七一”建党节期间，慰问困难老党员 18 人，发放慰问金 0.54 万元。金秋助学共帮扶 31 名贫困大学生和 5 名高中生，发放助学金 2.91 万元。开展下岗职工和农民工技能技术培训 8 期，培训 1500 余人。举办“春风行动”劳务现场招聘会，帮助 815 名农民工填写求职登记表；帮助 295 名农民工与用人单位签订用工合同。组织 16 名农民工到贵阳利美康光彩职业技术学校为期 2—3 个月的美容美发技能培训。帮扶罗妥等乡镇抗旱资金 3.51 万元。积极组织开展劳动竞赛、职工技能竞赛 9 次，安监系统、水利系统等单位参赛职工 1700 余人。举办文艺晚会、象棋、书法等活动 15 场次，丰富职工精神文化生活。2010 年举办首届职工诗词、对联、书法竞赛展活动，收到参赛作品 364 件，评审出 72 件优秀作品参展，共发放奖励资金 0.99 万元。

2011—2014 年，每年元旦和春节期间，慰问全国劳模 5 人，共发放资金 21.04 万元。帮扶困难职工和农民工 4788 人资金 118.25 万元。开展“金秋助学”活动，资助高考录取的品学兼优贫困大学生 222 人、资金 25.05 万元；开展“圆梦金秋”助学活动，资助高考录取的品学兼优家庭困难贫困大学生 3 人，每人 5000 元。开展下岗职工、农民工技能技术培训 20 期 4256 人，其中：与贵州大学培训中心在茂井镇、上隆茶果场、罗沙乡、县城等地举办首届农民工、下岗职工、在岗职工培训 903 人。举办在岗职工能力提升培训 11 期，参加培训人员 5290 人，其中：举办女职工能力培训人数 580 人。与省外有关企业合作为罗甸县提供 9316 个就业岗位。开展春风行动劳务合作招聘会，签订劳动用工协议 5513 人。发放困难职工大病救助 7 人 1.6 万元。在“六一”国际儿童节期间，慰问农民工子女和留守儿童 81 人，发放慰问金 1.2 万元。开展“祖国好、家乡美”全县职工创作大赛，135 名作者参赛，收到诗词、对联等作品 200 余件，评出优秀作品 86 件。

2015 年，元旦和春节期间，慰问全国劳模 5 人，发放资金 10.5 万元，帮扶困难职工和农民工 300 人，发放资金 30 万元。开展“金秋助学”活动，资助高考录取的品学兼优贫困大学生 80 人，发放资金

16 万元；开展“圆梦金秋”助学活动，资助高考录取的品学兼优家庭困难贫困大学生 3 人，每人 5000 元。开展女职工“关爱行动”帮扶 5 名“两癌”女职工 1.15 万元；帮助大病、重病职工 15 人，发放资金 3.1 万元。“六一”期间，慰问农民工子女和留守儿童 20 人，发放资金 0.6 万元。共发放资金 89.75 元。开展下岗职工、农民工技能技术培训 15 期 2050 人。举办在岗职工能力提升培训 2 期，参加培训人员 300 人，其中：女职工能力培训人数 180 人。与省外有关企业合作为罗甸县提供 1316 个就业岗位。开展春风行动劳务合作招聘会，签订劳动用工协议 513 人。组织干部职工参加黔南州“忠诚跟党走，敬业作奉献”职工书法摄影大赛，报送参赛作品 20 件。积极推行工会会员服务卡工作，共办理 49 家单位 1261 张工会会员卡。同时积极参与全县迎春活动，开展职工参加各种积极健康向上文化活动，丰富职工精神文化生活。

第二节　共产主义青年团

共产主义青年团是中国共产党直接领导的社会团体组织，是中共联系青年的桥梁和纽带，是党组织的助手和后备军。共青团组织活动按《中国共产主义青年团章程》进行，各级团组织由换届选举产生。届中如遇特殊情况，必须按章程手续增补选举。1971 年恢复罗甸县团县委。1991—2014 年先后召开 13 次团代会，选举各届团县委委员、常委，正、副书记。1998 年成立第一届罗甸县青年联合会。2002 年，团县委人员编制为 2 名，其中：书记 1 名，副书记 1 名（兼办公室主任）。2007 年，团县委内设机构有办公室，人员编制增加到 3 名，即书记 1 名，副书记 1 名，办公室主任 1 名。2015 年年底，团县委人员编制为 4 名，其中：书记 1 名，副书记 1 名，办公室主任 1 名，事业编制工勤人员 1 名，经费由财政全额预算管理。

一、共青团罗甸县代表大会历次会议

共青团罗甸县第十五次代表大会　于 1992 年 6 月 22–24 日在罗甸县城召开，应到会代表 160 人，实到代表 160 人。大会听取、审议和通过共青团罗甸县委第十四届委员会的工作报告。根据《中国共产主义青年团章程》《中国共产主义青年团地方各级代表大会组织选举规则（暂行）》的有关规定，选举出共青团罗甸县第十六届委员会委员 15 名、候补委员 4 名。会期举行共青团罗甸县第十五届委员会第一次会议，选举产生第十五届委员会常务委员 5 名，共青团罗甸县第十五届委员会书记 1 名。

共青团罗甸县第十六次代表大会　于 1997 年 5 月 30–31 日在罗甸县城召开，应到代表 120 人，实到代表 120 人，特邀及列席人员 10 人，会议听取、审议和通过共青团罗甸县委第十五届委员会的工作报告。根据《中国共产主义青年团章程》《中国共产主义青年团地方各级代表大会组织选举规则（暂行）》的有关规定，选举出共青团罗甸县第十六届委员会委员 21 名、候补委员 6 名。会期举行共青团罗甸县第十六届委员会第一次会议，选举产生第十六届常务委员委员会 5 名，共青团罗甸县第十六届委员会书记 1 名，以及副书记 1 人。

共青团罗甸县第十七次代表大会　于 2006 年 4 月 28–29 日在罗甸县人民政府三楼会议室召开，应到代表 128 名，实到代表 128 人，列席、特邀人员 20 名。会议听取、审议和通过共青团罗甸县经十六届委员会工作报告。根据《中国共产主义青年团章程》《中国共产主义青年团地方各级代表大会组织选举规则（暂行）》的有关规定，选举出共青团罗甸县第十七届委员会委员 27 名、候补委员 9 名。会期举行共青团罗甸县第十七届委员会第一次会议，选举产生第十七届委员会常务委员 7 名，共青团罗甸县书记 1 人，以及副书记 1 人。2006 年 4 月举行共青团罗甸县第十七次代表大会后，直到 2015 年年底，未按章程规定召开大会进行换届选举。

二、共青团组织

1991 年年底，全县有团支部 300 个。2015 年年底，全县共有各级团组织 573 个，其中：在各中学建立团委 11 个；在 8 镇 1 乡建立团委 9 个，建立镇（乡）直属团支部 521 个；在机关建立团支部 12 个；

在非公企业建立团支部11个。全县共青团团员人数26788人。

三、共青团活动

1991年，共青团罗甸县委员会围绕组织青年、引导青年、服务青年、维护青少年合法权益四项基本职能，团结和带领全县青年开展禁毒、科普、法律、环保、计生、“学雷锋”等大型主题活动400余场。随着社会各界对罗甸山区的普遍关注，团县委向贵州省青少年发展基金申报得到199.4万元“希望食堂”援建款，2010—2014年在县内的立亭小学、坡共小学、油尖小学、新丰小学、沿河小学、高兰小学修建了8个村级学生食堂，其中：在立亭小学修建2个，解决村级学校学生就餐难题。得到习酒公司、茅台集团、宏立城集团援助90余万元助学金，帮助150余名品学兼优，家庭贫困的高三毕业生圆了大学梦。得到九阳集团捐资价值33万元的厨房设备，为全县11所村级小学食堂添置厨具。深圳汇文通科技有限公司资助30万元的教学硬件发放给全县60所学校。2008年团县委推荐优秀青年代课教师李兹喜荣获中共团中央授予第三届“中国青年五四奖章标兵”称号；共青团罗甸县委员会2013年荣获中共贵州省团委“全省五四红旗团委”称号。2014年在县城举办青年创业培训班3期，参加培训人员283人，邀请10名基层青年创业致富带头人介绍创业经验交流。是年“六一”国际儿童节期间，团县委联合有关单位为县城福利院的孤残儿童送去价值1.2万元的奶粉，使孤残儿童得到温暖，受到社会的关心和关爱。2015年，团县委向贵州省青基金会争取到由江苏省贵州商会捐赠的爱心图书600余册，包括文学、科学等学科门类，折合人民币共计1万余元，捐赠给茂井镇布告小学；向茂井镇布告小学捐赠价值1万元希望厨具。是年8月，团县委联合县教育局组织开展为期一个月的“关爱留守儿童·以校为家”夏令营活动，全县学校教师、志愿者143人报名参与志愿服务活动，600余名留守儿童参加夏令营活动。

第三节　妇女联合会

罗甸县妇女联合会（以下简称县妇联）1991年8月建镇并乡撤区后，全县26个乡镇274个村（居委会）都建有妇女联合会组织。2014年2月全县行政区划调整，26个乡镇调整为8镇1乡。8镇1乡和177个村3个社区2个居委会都建有基层妇女联合会组织。2015年年底县妇联内设机构有办公室及妇女儿童工作委员会。

一、县妇联第七届至第十届妇女联合代表大会

罗甸县第七届妇女联合会代表大会于1992年12月16–17日在县城召开。应出席大会代表149人，实到会149人。会议听取和审议罗甸县妇女联合会第六届执行委员会所作的工作报告。大会选举产生执行委员19名。会期召开执委会第一次会议，选举产生主任1人，以及副主任1人。1996年1月增补副主任1人。

罗甸县第八届妇女联合会代表大会于1997年12月8–9日在县城召开，应出席大会代表153人，实到会代表153人，特邀3人，列席4人。会议听取和审议罗甸县妇女联合会第七届执行委员会所作的工作报告，大会选举产生罗甸县妇联第八届执行委员19人。会期召开执委会第一次会议，选举产生执行委员会常委7人，主席1人，以及副主席1人。2001年5月通过竞争上岗，任命副主席1人。

罗甸县第九届妇女联合会代表大会于2003年10月28–29日在县城召开，应出席大会的代表121人，实到会代表121人，特邀5人，列席18人。会议听取和审议罗甸县妇女联合会第八届执行委员会所作的工作报告，大会选举产生执行委员19人。会期召开执委会第一次会议，选举产生执行委员会常委7人，主席1人，以及副主席1人。因工作变动，2007年5月14日，经第九届六次执委会会议，补选主席1人，以及副主席1人。

罗甸县第十届妇女联合会代表大会于2009年3月5–6日在县城召开，应出席大会的代表132人，实到会代表132人，特邀7人，列席32人。会议听取和审议罗甸县妇女联合会第九届执行委员会所作的工

作报告，大会选举第十届妇联执行委员会委员21人。会期召开执委会第一次会议，选举执行委员会常委9人，选举主席1人，以及副主席1人。2011年根据工作需要，县委组织部任命7名（女）副科级干部为兼职副主席。2014年11月12日，召开第十届第四次执委会会议，会议增选妇联十届执委会委员2人，常委2人，副主席1人。是年12月9日，召开第十届第五次执委会会议，会议增选执委会委员、常委、主席1人。

二、开展活动

1991—1995年，举办农村妇女农业实用技术培训，培训农村妇女人数15000人，在沫阳小学举办春蕾女子班学生120名（1–6年级）。每年开展“三八”“六一”节活动，营造节日浓厚氛围。

1995—2006年期间，开展“巾帼建功”“双学双比”“母亲健康快车”活动，开展庆祝“三八”“六一”系列活动，开展扶贫济困救助工作，抓好妇女发展规划和儿童发展规划的实施。

2007—2010年期间，得到中央电视台“音乐之声”栏目的支持，对平岩小学、联丰小学、罗甸第四小学80名留守儿童连续为期3年（每年每生400元）的助学资助。

2011年3—9月，县妇联主任在省妇联挂职学习挂任省妇联发展部副部长、并被派到天津全国妇女培训基地和厦门大学参加全国全省妇干班学习；得到北京农家女文化发展中心支持，在全县15个乡（镇）举办23期2000余名农村妇女文化提高班。

2011—2013年，县妇联主任在江苏省海安县高新区挂职任党群工作局副局长期间，联系江苏省海安县党群工作局对龙坪四小22名留守学生发放爱心助学金（每生500元）和书包、学习用具等；联系北京天道恒远文化有限责任公司和贵州省国际国内公共关系协会给龙坪二小、三小分别捐赠4000册价值20余万元图书；争取省妇联对董王中心校留守儿童捐赠2万多元的爱心物资和省妇联基金会“母亲水窖”工程在董当乡坡木村、沟亭乡沟亭村实施。组织150余名城镇居民和农村妇女赴省城利美康学校进行为期17天的非农技能家政培训，省人大常务委员会副主任付传耀、省妇联主席吴坤凤、副主席喻培莹、杨玲，黔南州妇联主席张蓉出席非农技能家政培训结业典礼，省州新闻电视台等10多家新闻媒体对此次活动进行宣传报道。解决妇女创业小额信贷贴息500万元。得到贵州省妇联支持县计生服务中心“母亲健康”快车1辆。得到黔南州妇联对龙坪镇40名留守儿童每人400元的爱心帮扶。是年培训妇女干部和农村妇女实用技术学习5000人（次）。

2014年，组织全县在职副科级干部、女党员200余人进行礼仪知识、廉政文化、理财知识培训。举办县、镇（乡）、社区（村）三级妇女干部能力提升专题培训班3期，参加培训217人。创建巾帼脐橙和火龙果示范基地，解决创建经费1万元。开展“六一”儿童慰问活动，为罗悃镇沿河小学送去价值3000余元的学习体育用品和文化书籍。为沫阳镇董当社区、罗悃镇罗苏社区、县福利院贫困家庭100余名婴幼儿送去（贝因美）奶粉，价值10万余元捐资活动，2013—2014年，推荐沫阳镇麻怀村邓迎香参加全国“三八红旗手”评比活动，并荣获全国“三八红旗手标兵”、贵州省“三八红旗手标兵”荣誉称号。

2015年，开展“三八”妇女节维权周系列活动，发放《妇女权益保障法》《婚姻法》等法律宣传资料3000余份（本），接受法律维权咨询妇女500余人。举办“关爱女性、远离两癌”健康知识培训，培训人数80余人。举办“锦绣女”“家政女”培训班，培训人数120余人。组织留守学生赴广州参加“亲情相约·圆梦广州”关爱留守儿童夏令营活动。开展“蒲公英助学”行动，解决助学金4.5万元。开展以做鞋垫赠新兵为主要内容为70余名新兵送去亲手制作鞋垫。的“情系子弟兵·爱心献功臣”活动，发动16名爱心妈妈，开展“恒爱行动——百万家庭亲情一线牵”爱心毛衣编织活动，为新疆16名留守儿童送去“爱心妈妈”的关爱和温暖。组队参加黔南州庆“三八”排舞大赛，获得优秀奖。组队参加贵州省、黔南州妇女特色手工（刺绣）大赛，获得一等奖、三等奖及优秀奖的好成绩。倾力打造“黔灵女”家政服务品牌，成功对接加盟贵州“黔灵女”家政服务公司，挂牌成立罗甸分公司，授予该公司为妇女“创业就业实践”基地，为10余名妇女提供就业岗位。创建贵州省“三星级妇女之家”示范点边阳镇油海村1个，解决创建经费 0.7 万元。2014—2015 年，争取到“贫困母亲两癌救助专项基金”救助“两癌妇女”6 人 6 万元。

校园文化建设和家庭教育活动 2010 年 5 月 20 日，县妇联特邀中国时代之声演讲团荣誉团长、首席演讲家邹越教授在青少年活动中心广场为全县 15000 名学生、老师、家长进行一次以“爱祖国、爱老师、爱父母、爱自己”的感恩励志演讲。演讲内容得到社会各界高度赞誉。2012 年“六一”儿童期间特邀卢勤“知心姐姐”演讲团为 10000 余名学生家长进行家庭教育演讲活动；2013 年“三八”节期间在青少年活动中心对全县妇女干部及副科级以上干部家属进行助廉培训活动。2015 年，开展“明礼知耻·崇德向善在家庭”主题活动，收集“最美家庭”材料 74 户，“慈母”“贤妻”“孝女”材料 152 人，评选表彰罗甸县“最美家庭”10 户，“美德之星—慈母、贤妻、孝女”26 名。

“妇女当家”及表彰 全县村级第八届村（居）委员会换届，全县有 274 个村（居）委会，女性当选村支部书记 7 人，村委会主任 4 人，副主任 16 人，委员 293 人。2010 年全县 274 个村（居）委员会中设立妇联组织“妇女之家”。2014 年年底，全县 8 镇 1 乡，182 个村（社区、居委会）建有妇联组织“妇女之家”。受表彰妇女有：全国表彰 2 人，省级表彰 9 人，州级表彰 42 人，县级表彰 373 人。受表彰基层组织 13 个、家庭 103 个。

维护妇女儿童合法权益 1990—2005 年，县妇联重点开展维权信访接待工作，与公、检、法、司单位密切配合，打击拐卖妇女儿童犯罪活动，解救被拐妇女儿童 29 人重返家园。2005—2010 年充分利用维权宣传周开展宣传活动，下发维权宣传单 3 万余份，建立维权信访工作机制，认真履行人民陪审员职责，成立家庭暴力庇护站。2011—2015 年，成立妇女信访代理中心，开通 12338 维权热线，接待调处妇女纠纷 100 余件，调处率 98%，维护了社会和谐稳定。

第四节　工商业联合会

中共十一届三中全会以后，为适应市场经济体制改革，发展非公有制经济，1990 年 12 月，恢复罗甸县工商业联合会（商会）。2013 年指导成立湖南商会，2014 年指导成立川渝商会。

一、历届会议

罗甸县工商业联合会（商会）第二届会员代表大会于 1990 年 12 月 23-24 日在县城召开。应到会代表 149 人，实到会代表 149 人。通过民主选举产生主任 1 人，以及副主任 1 人和执行委员 15 人。根据工作需要，1992 年 5 月在第二届三次执委会上增设常委会，增选常务委员 3 人。

罗甸县工商业联合会（商会）第三届会员代表大会按照《中国工商业联合会章程》规定，经协商决定，本届会员 242 名。1993 年 12 月 23-24 日第三届会员代表会议在县城召开。应出席代表 79 名（企业会员代表 12 名，团体会员代表 1 名，个人会员代表 53 名，特邀代表 13 名），因事因病请假代表 13 人，实际到会代表 66 人，列席人员 37 名。大会通过民主选举产生会长 1 人，以及副会长 2 人，秘书长 1 人，执行委员 25 名，常务委员 13 名。

罗甸县工商业联合会（商会）第四届会员代表大会 1997 年 3 月 21-22 日在县城召开，应出席会议代表 95 名，因事因病请假代表 3 人，实到会代表 92 名。大会通过民主选举会长 1 人，以及副会长 6 人，秘书长 1 人，执行委员 27 名，常务委员 13 名（由每届任期三年改为任期五年）。

罗甸县工商业联合会（商会）第五届会员代表大会 2001 年 10 月 20-21 日在县城召开，应出席会议会员代表 117 人，因事因病请假代表 11 人，实到会代表 106 人，列席人员 31 人。大会通过民主选举产生会长 1 人，副会长 6 人，秘书长 1 人，选举执行委员 35 名，常务委员 18 名。根据工作需要，2004 年 7 月在第五届三次执委会上增选副会长 1 人，常务委员 2 人。本届常务委员 19 名。

罗甸县工商业联合会（商会）第六届会员遵照《中国工商业联合会章程》和省州工商联换届工作会议精神，2006 年 8 月 10-11 日在县城召开会议，应出席会员代表 120 人，因事因病请假代表 22 人，实到会代表 98 人。会议通过民主选举产生会长 1 人，以及副会长 10 人，秘书长 1 人，执行委员 36 名，常务委员 20 名。

罗甸县工商业联合会（商会）第七届会员代表大会于 2011 年 9 月 27–28 日召开，应出席会员代表 120 名，因事因病请假代表 33 人，实到会代表 87 名。会议通过民主选举产生会长 1 人，以及副会长 11 人，秘书长 1 人，执行委员 36 名，常务委员 23 名。

二、商会活动（光彩事业）

1991—2000 年，县工商业联合会组织非公有制经济人士 190 人积极参与光彩事业活动，为麻山贫困地区献爱心，捐资捐物折款 31.87 万元，其中：帮助木引乡摆落小学和纳坪乡纳坪小学各修教学楼 1 栋，捐衣物 438 件；民营企业家张明帮助摆落小学 2 个女子班 80 名学生解决入学的书学费；信邦公司向 10 个贫困乡党委和 100 贫困村党支部订阅《人民日报》《贵州日报》等报刊，向逢亭小学等学校捐赠学习文化用品，关心关注贫困学生和留守儿童，向逢亭镇祥脚村创建农村“三文明”活动捐资捐物；民营企业安排下岗人员再就业 100 余人。

2001—2010 年，组织非公有制经济人士 645 人积极参加“光彩事业”“希望工程”活动，共捐资捐物计 492.2 万元，其中：资助罗暮乡堡上村“双女”结扎户唐子方家，把生命重危的唐子方送医院及时医治，挽救了唐子方的生命；非公经济人士杨熙廷桐油加工厂，在工厂停工 6 个月期间关爱残疾人，仍发给 16 名残疾人基本生活费。非公经济人士张玉明资助 3 万元给残疾人刘正碧读省水电学校直到毕业；一批非公经济人士资助栗木乡栗木村三组廖世洋建成种猪示范养殖场，饲养种母猪 25 头，肥猪 20 头，帮助贫困村民走向致富小康路。组织非公经济人士为罗甸 2007 年 5 月举办高原千岛湖旅游文化节活动，以信邦公司为龙头，汇通、嘉禾等房地产公司及 100 余名私营企业主捐款 300 余万元，资助活动开展，通过旅游搭台，文化唱戏，经济展示，共同打造罗甸经济发展的前景。

2011—2015 年，组织非公经济界人士举行捐资活动，捐资 5.13 万元和 10 吨水泥；在“六一”国际儿童节期间和春节来临期间，到龙坪一小、龙坪二小及逢亭小学，县特殊教育学校慰问学生，关心和关注留守儿童，关心残疾儿童；家惠超市李小治经理捐出 2000 元解决云干乡干里村维修村委会办公室。组织信邦、黔发等 20 余家民营企业捐资 14 万元、水泥 50 吨协助董架社区联合村开展“美丽乡村建设示范点”活动，帮助落实通村公路 13.8 公里路面硬化工程。

专记：部分企业简介

贵州信邦制药股份有限公司　贵州信邦制药有限公司（简称：信邦制药，股票代码：002390）于 1995 年 1 月成立，注册地为罗甸县，是一家集中药材 GAP 种植、新药研发、药品生产及销售为一体的高新技术制药企业。2010 年 4 月 16 日，公司股票在深圳证券交易所上市交易，正式成为上市公司。截至 2012 年 12 月 31 日，公司总资产已超 13.3 亿元，注册资本 1.74 亿元，员工 1300 人。

信邦制药下属有贵州信邦远东药业有限公司、贵州信邦药业有限公司、贵州信邦药物研究开发有限公司和贵州信邦保健品有限公司、江苏信邦制药有限公司和贵州信邦中药材发展有限公司六家子公司，已建成铜仁、大方和罗甸中药材种植基地、罗甸固体制剂生产基地和贵阳制剂生产基地。罗甸固体制剂生产车间于 2013 年初通过新版 GMP 认证。信邦制药主营业务为中成药的开发、生产和销售，产品主要集中在心脑血管类和消化类两大系列。现获得国药准字号品种 71 个，其中：国家基本药物品种 17 个、国家优质优价品种 4 个、中药保护品种 3 个、独家品种 7 个。信邦消安牌六味安消胶囊是目前国内首家进行多中心临床研究的全天然胃肠动力药；益心舒胶囊《益心舒胶囊治疗冠心病的多中心临床研究和推广项目》于 2008 年 1 月荣获“2007 年度华夏高科技产业创新奖”奖项一等奖；公司先后申请 64 项专利（其中：发明专利 55 项，外观设计专利 8 项，实用新型 1 项），“邦消安”“信邦”商标被评为“贵州省著名商标”。在营销体系建设方面，公司借鉴国际优秀制药企业的营销模式，精心打造自己的营销体系和团队，在全国29个省、市、自治区建立办事处100多个，形成基本覆盖全国的销售网络体系。

贵州罗甸县黔龙食品公司 公司于2001年成立，是专业生产宏牛牌肉制品系列产品的专业化现代化肉制品的民营企业。注册资金50万元，总资产600多万元，固定资产500多万元，年销售额超过3000万元，公司主营业务宏牛牌系列牛肉制品年产量500吨以上，产值超过2500万元，为中国农业银行A级信用单位。

黔龙食品有限责任公司集开发、生产、销售为一体，拥有各类高素质的专业人员200余人，形成从研发、生产到销售和售后服务的一条龙管理体系。2005年通过ISO 9001 ：2000质量管理体系认证。是年6月通过国家质监总局食品安全市场准入QS认证，获得食品行业市场准入（QS）生产许可认证。宏牛牌系列肉制品按照食品生产规程，遵照ISO 900A：2000质量管理体系，通过传统生产工艺和先进的生产设备精心烹制而成，不添加防腐剂。品质优越、色泽自然、味道纯正，为绿色健康食品。宏牛牌系列肉制品包括传统系列（片型、丝型、颗粒和条型）卤汁系列（卤汁牛肉）礼盒系列（礼袋）和猪肉制品等四大系列的产品阵容。在东北、华北、和华南拥有稳定的销售网络。公司目前主要产品为牛肉干、猪肉干系列。

贵州省罗甸县汇通房地产开发实业有限公司 公司于2005年5月成立，注册资金2400万元。汇通房地产开发实来有限责任公司主要经营业务有房地产开发、汽车销售、水上旅游、工程建设、大型建筑石料生产。职工200余人，其中：具有大中专以上学历员工达40人，管理人员23人，工程技术人员15人，其他管理人员130余人。

贵州省罗甸县明盛矿业有限公司 明盛矿业有限公司位于逢亭镇，距县城23公里，紧邻雷公滩水电站，有丰富的水电资源，交通极为便利。该项目于2003年3月通过县经济贸易局批准立项，注册成立贵州省罗甸县明盛矿业有限公司。按批准规模于2003年12月建成两台6300KVA工业硅炉，并先后完善两台炉的环保设施。公司现地处罗甸硅系循环经济工业基地规划范围内，被县人民政府列为工业基地的首个项目，同时享受县直供电价政策，总资产3000多万元、员工159人。主要产品有3303、441、553等系列工业硅产品。年产工业硅8000吨，微硅粉2650吨，实现产值6750万元，利税350万元，企业达到铁合金行业收入的基本条件。

贵州省明强房地产开发有限公司 贵州罗甸县明强房地产开发有限公司为湖南明强投资有限公司下属子公司，注册资金2000万元。湖南明强投资有限公司于2002年成立，主要从事一级土地开发，包括城市住宅、商业综合体、酒店、教育、矿产开发、外贸等。先后开发过云南师宗腾达商业步行街、甘肃敦煌风情城等大型商业综合体项目，资产规模达9亿元。贵州罗甸明强房地产开发有限公司负责开发承建罗甸县重点市政工程五路一广场（明珠路、明强路、大关路、河滨路南段及2号路延伸段和罗甸县最大的市民休闲娱乐广场——明珠广场）和罗甸县最大的城市综合体——罗甸·明珠中央广场。罗甸·明珠中央广场项目占地237.6亩（158400平方米），总建筑面积548836.48平方米，规划有多层住宅、高层住宅、酒店及大型集中商业，总投资15亿元。

贵州省罗甸县鼎盛融资担保有限公司 公司于2013年10月成立，注册资金4800万元。经省金融办批准并颁布“融资性担保机构经营许可证”，公司业务范围：贷款担保、票据承兑、贸易融资担保、信用证担保；诉讼保全担保、招投标担保、预付款担保、工程履约担保等履约担保业务；与担保业务有关的咨询、财务顾问等中介服务；以及使用不高于净资产20%的自有资金进行符合规定的投资。公司以“三农”企业、中小企业和微型企业为主要服务对象，急客户之所急，想客户之所想，致力于解决中小企业的融资难题，助推中小企业持续、快速发展。公司本着“守法诚信、稳健创新、永续经营”的经营理念，始终把“守法经营”放在首位，把“诚信合作”视为生命，在稳健中求创新，在创新中求稳健，把“永续经营”作为公司的最高宗旨。为客户提供全程式人性化、专业化、知识化的投资理财服务，充分整合政府、银行、中介机构等有限资源，诚实守信，服务社会，贡献社会。力争通过公司自身的不懈努力，充分重视风险防范，立足长远，规范动作，在担保和投资市场上与社会共同进步，与企业共发展，经实现社会效益和经济效益双提高为工作目标，推动地方经济又好又快健康发展。

贵州省罗甸县双阳建筑安装工程公司　公司于1984年成立，注册资金3000万元，在册人员216人，其中：二级建造师14人，高级职称5人，中级职称46人。属于国家二级建筑安装工程企业，可承建28层高度120米面积12万平方米的住宅小区、建筑群体和市政施工工程、桥梁工程、隧道工程、体育场馆等工程。公司在深圳、贵阳、六枝、紫云、都匀等地设有项目部，是黔南州4家市政二级资质企业之一。县双阳建筑安装工程公司先后承接罗甸县城北廉租房群、山水华庭小区、罗甸县民族中学初中楼、罗烟昌润建材厂、木引乡公租房等，公司荣获“2015年黔南州建筑业常务理事单位”。

公司资质升级工作，2014年公司资质从三级资质企业晋升到二级资质企业，2015年正在筹划房屋总承包一级资质申报。

第五节　科学技术协会

罗甸县科学技术协会（以下简称县科协），2013年，全县26个乡（镇）成立科学技术协会。2013年11月，由26个乡镇调整合并为8镇1乡，科协也相应调整，在8镇1乡成立科学技术协会。

一、基层协会

1989—1992年，全县先后建有医学会、林学会、畜牧学会等9个县级学术团体和乡（镇）科学技术协会。县医学会等7个学会承担挂靠单位和部门的科技人员职称评定工作。2004年1月，逢亭镇祥脚村农产品销售协会成立，2015年，全县镇（乡）、村先后有早菜、养殖、水果、桐油、农产品销售等农技协会13个成立。1995—2015年，各学术团体和协会开展各种学术交流和学术研讨会15次，参加专家、学者和科技人员279人。

二、科普宣传

1991—2000年，县科协积极开展科普宣传、农村适用技术培训和科技服务工作，放映科教电影、录像176场，举办407期适用技术培训班，培训学员43723人（次）；同时，开展科普演讲、技术跟踪服务和科技咨询服务。接待贵州省科协组织的中美科学家三叠纪碳酸盐岩地科学考察队对三叠纪贵州滩（板庚滩）5个月的考察活动。1996—2000年，县科协在3个乡（镇）举办5期黑山羊养殖技术培训班，培训人员272人，用黔南州科协拨给科普培训经费1000元、省科普部3万元麻竹示范基地项目贷款及3000元培训经费，办起20亩台湾金苹枣和100亩麻竹示范基地。2001—2015年，举办各种实用技能培训班136期培训人员3512人，组织开展科普宣传咨询活动41次，参与活动群众8万余人，印发各种科技资料33万份，发放各类科技书籍万余册，展出科普挂图4000多幅。发放良种、肥料（小包装）等农业生产资料3000多份（袋），发放避孕药具3000多套（份），义诊3000多人。充分利用全县城乡宣传栏，张贴反邪教教育、关爱生命远离毒品、抗击“非典”、预防艾滋病等大幅科普宣传画2000余张。县科协先后组织五批33名中小学生参加黔南州青少年科技夏令营活动。与教育部门联合组织学生参加“科技之星”作文比赛及“科技之星”科普知识竞赛，有23名学生获奖，18名教师荣获“优秀辅导员”，其中：龙坪一小被中国少年科学院命名为“中国少年科学院科普基地”。开展第十五届中国科协年会“北京天文馆科普大篷车走进罗甸巡展”活动，活动由中国科学院院士紫金山天文台研究员陆埮主讲“探索宇宙的奥秘”。县科协组织罗甸科技人员到学校、机关、部门开展科学普及宣传，到农村开展实地教学培训，举办科普知识竞赛等活动50余场（次），科普宣传惠及7个乡（镇）11个村，直接受益群众42000余人，为推动全县创建“科学素质先进县”奠定基础。由县委办牵头，县科协、县人民政府金融办邀请贵州省委研究室赵世磊博士一行5人组成宣讲团到县城开展金融知识讲座，全县干部职工570余人参加听讲。是年，聘请贵州省知识产权局保护处处长成丹到罗甸县城对80余人科技工作者开展培训。

三、科技成果

2011年龙坪镇五星村蔬菜协会获全国科普惠农兴村项目1个，中国科协、财政部给予奖金20万元。

2012年罗悃镇养殖大户岑承向获全国科普带头人项目1个，奖金5万元。是年，罗甸组团参加第28届贵州省青少年科技创新大赛，县民族中学、县第二中学的3名学生获省州青少年科技创新大赛奖。是年，完成罗甸县科普论文集的编辑。2014年罗甸县选送青少年科技创新作品22幅到黔南州参赛，受到州表彰作品10幅。2015年建立县级科普服务站1个。罗甸县渔业协会获全国科普惠农兴村项目奖，中国科协、财政部给予奖金20万元。是年，组团参加第31届贵州省青少年科技创新大赛，贵州省第二届青少年科普知识竞赛，通过评选向州推荐作品33件（幅），获省州表彰17件（幅）；贵州省第二届科普知识竞赛，推荐6名优秀选手参加决赛，其中：1人获省决赛三等奖，5人获优秀奖。是年，县科协获贵州省第二届科普知识竞赛先进单位。

第六节　文学艺术界联合会

罗甸县文学艺术界联合会（简称县文联）于1997年12月成立，设在县文体广电局，文联主席由文体广电局局长或分管文化副局长兼任。2006年县文联换届后单列为正科级单位。2015年年底编制4人，在编4人。县文联业务指导的协（学）会有：文学戏剧家协会、诗词楹联学会、音乐家协会、舞蹈家协会、美术家协会、书法家协会、摄影家协会、观赏石宝玉石协会。

一、历次代表大会概况

罗甸县文学艺术界联合会第一次代表大会于1997年12月20日在县城新电影院召开，应到会代表56人，实到53人，因事因病请假3人。邀请省、州文联和县有关单位列席会议82人。特邀贵州省文联副主席余未人、黔南州文联主席罗文亮等参加会议。会议通过《罗甸县艺术界联合会章程》，选举产生主席1人，以及副主席1人，秘书长1人。1998年初，县文联主席工作离任，根据《章程》规定，1998年12月22日文联召开罗甸县文学艺术界联合会第一次代表大会二次会议，补选文联主席1人。2000年3月10日，罗甸县文学艺术界联合会第一次代表大会三次全体会议，补选县文联主席1人、副主席1人。

罗甸县文学艺术界联合会第二次代表大会于2006年12月5日在县政府三楼会议室召开，应到会代表56人，实到会代表53人，邀请黔南州文联主席苏红出席会议。会议通过《罗甸县文学艺术界联合章程》，选举县文联主席1人、专职副主席1人、兼职副主席2人、秘书长1人、委员15人。

罗甸县文学艺术界联合会第三次代表大会于2012年2月27–28日在县职校召开，应到会议代表81人，实到会代表81人。选举主席1人、专职副主席1人、秘书长1人、委员19人。

二、文联活动

2000年5月，县文联组织举办罗甸县首届民族民间文艺调演活动，全县26个乡镇及县直部门组队参加演出，演出人数800余人。2002年春节期间，组织举办县首届大型灯展，展期15天，灯展观众20余万人。2003—2006年，组织县书法协会和县老年书画研究会联合举办迎春书画展。

2006—2015年，每年组织诗词楹联学会、书法协会和县老年书画研究会在县城举办书画展、征联、灯谜和到各乡镇、村义务为群众书写春联活动。

2007年3月3日，中国文联和中华民族文化促进会及中国摄影家协会到罗甸开展为期一周实地采风，开展“送欢乐进罗甸”慰问演出。著名男高音歌唱家李光羲、阿洪力克，著名萨克斯演奏家范圣琦，民族歌手阿幼朵等上台演出。5月19日，县文联参与承办首届“中国·贵州·罗甸高原千岛湖旅游文化节”，邀请国内著名歌唱家阎维文、韦唯，歌手张伟等到罗甸县城演出。

2008年，承办“2008·多彩贵州·相约高原千岛湖”征歌活动。收到全国各地投稿歌词、歌曲1200余首，其中：歌曲500余首，歌词700余首。最终评选出14首入围歌曲。2010年10月参与承办“中国·贵州·罗甸第二届‘高原千岛湖’旅游文化节”。组织罗甸花车方队巡游，以及参加黔桂两省6县山歌邀请赛和野钓大赛等。2012年，与县纪委等部门到罗沙乡油海村联合举办“廉政文化进农村”文艺活动。是年，在青少年活动中心大厅举办“创先争优·喜迎十八大”书画展，展出书法作品40余幅，美术作品20余幅。2015年9月，在红水河举办“中国·贵州·罗甸红水河全国野钓大赛”，来自北京、安徽、广东、云南、湖南、四川、重庆、贵州等省内外20支队伍800余名运动员参赛。10月，举办“罗甸红水河旅游文化周”的机会，组织全县企业家和艺术工作者参与“百名艺术家、百名企业家”罗甸采风活动。

书协活动　1998年12月，县书法协会精选书画作品29幅，参加黔南州文联举办的“纪念十一届三中全会召开二十周年美术、书法、摄影展”和“迎澳门回归书画作品展”。

三、学术成果

1998年，陈盛先《志在追求人类健康》文章在《西南文史》经济卷发表，获西部开发成果奖。2000年，王昌卫、陈爱莲二度创作的苗族舞蹈《夜乐舞》，在文化部举办的第十届群星奖广场舞蹈比赛中获铜奖和优秀编导铜奖。2005年首届“多彩贵州”歌唱大赛，苏友毅获黔南赛区美声组比赛一等奖，并代表黔南州参加省级比赛，荣获优秀歌手奖。2007年苗族舞蹈《花棍舞》参加“多彩贵州”舞蹈大赛州级比赛中，荣获二等奖，并代表黔南州参加贵州省“多彩贵州”复赛。2008年初，县歌手佘 丽在2008年全国“德艺双馨”专业组民族唱法比赛中荣获金奖，是年，参加黔南州“多彩贵州”歌唱大赛，获得流行唱法二等奖，并代表黔南州赴贵州省参加“多彩贵州”半决赛。是年，由邓青作词，季洛夫作曲的《美美的大小井》获第四届贵州省政府文艺奖音乐类二等奖。2009年，苗族舞蹈《花棍舞》参加“多彩贵州”原生态舞蹈比赛，获州级比赛一等奖，并代表黔南州参加省级比赛。2011年11月，县布依族相诺《亮灯谣》参加“贵州省第十一届杜鹃曲艺节”决赛，获得二等奖。是年，罗甸县苗族蚂蚱调民瑶组合队参加张家界国际音乐周演出获最佳台风奖。2012年8月，陈盛先书法2幅入选“世界华人艺术家辞海”。2013年，布依族相诺《亮灯谣》获第三届“黔南州文艺奖”三等奖。栗木中学荣获由贵州省教育厅、省文明办、省文联、省诗词楹联学会联合颁发的“诗教先进单位”荣誉称号。同年郭其昌的散文《清明粑》在全国青少年冰心文学大赛青年组的比赛中荣获中国散文学会银奖。是年4月，参加多彩贵州歌唱大赛《黄果树大瀑布》获美声组优秀奖。9月，参加全省“群文之星”声乐大赛获优秀奖。2014年2月，陈盛先词16首入选《新中国诗词三百家》。5月陈盛先诗词32首载入《中国大百科全书》国学卷·二，获国学百科创作奖。8月，王智源散文作品被录入《新时期中国少数民族文学散文卷——布依族卷》（作家出版社出版发行）。2015年3月，县诗联学会会员颜登荣《七律·喜迎乙未新春》获中宣部“新春诗词歌赋征集活动”二等奖，是年，在中宣部开展的“把楹联写在党旗上，诗词飞扬党旗飘”活动中，县诗联学会会员吴忠祥《七律·建党九十四周年感叹吟》荣获一等奖，颜登荣《七律·丰碑礼赞》，王小毛《好事近·歌颂党》分别荣获三等奖，并在《人民日报》《光明日报》等报刊载发表。是年，组织县戏剧家协会、县摄影协会、县诗联学会会员参加省内外学术交流活动。

（一）公开出版的部分文学作品

报告文学　刘学文 陆青剑（著）《穿越贫困》

报告文学　陆青剑 刘学文 彭贤伦（著）《阳光之旅》

报告文学　陈盛先著《反贫的带头人》《志在追求人类健康》

报告文学　王智源（著）《朝阳夕照》《穿越域与事》

论　文　陈盛先著《敬读毛主席诗词感悟》《简述文史资料的价值观》《贫困村跨越温饱线的思考》

诗词集　颜登荣（著）《潺溪吟草》《浅草尘缘》

诗词集　杜正尧（主编）《罗甸当代诗词三百首》

诗词集　余贤臣 林昌华（主编）《罗甸诗词集》

诗　集　杜正尧《葫芦遗韵》

散文集　谭宗文《乡音乡情》

诗歌集　班方智《高原风筝》

散文集　郭其昌《时光的修辞》

（二）公开出版的其他作品

文史专辑　黔南州政协文史专辑，陈盛先（编著）《麻山熊氏三兄妹》州政协（内部刊物）

文史专辑　余贤臣 陆青剑（著）《绿风水韵读罗甸》

民间文学布依歌　陈平（主编）《濛江恋歌》

布依民间乐曲　谭宗文（著）《唢呐声声》

民间文学　王学之（编著）《神榜》

文史专辑　杨昌雄 黄光耀 林昌华（编著）《麻山女杰熊三妹》

四、刊物

县文联主办《红水河》文艺刊物于2006年创刊，2009年改为《高原千岛湖文艺》，2014年恢复为《红水河》，该刊物为季刊，每期84页，设“红水河夜话”“散文天地”“小说园圃”“曲艺荟萃”“诗情画意”“师生园地”等栏目，设有内彩“行摄罗甸”“书画欣赏”等，2006—2015年出刊36期。《红水河》刊物的创办，为培养罗甸文学艺术人才创作作品提供了阵地。

五、文化交流

县文联1997年成立后，先后组织县文学戏剧家协会、县诗联、县摄协、县美术、县音协等会员先后到独山、开阳、大方、平塘、荔波、贵定、长顺、惠水、开阳、广西天峨等县（市）开展采风创作交流活动，提高了会员创作水平。2006年，县文联主办的《红水河》内刊创刊后，与省内外文联和有关刊物进行交流，积极培养和推荐县文学作者与作品。2009年4月在县体育中心举办黔桂两省（区）17县（市）摄影书画联展。是年4月组织歌手到广西乐业县参加“欢歌乐业”滇黔桂3省（区）山歌大赛，罗甸县男歌手获得第二名。2011年在县老年干部工作局举办黔南州12县（市）老年书画联谊展活动。2013年春节期间，参与县民宗局等单位组织两省6县即贵州省平塘县、贵定县、罗甸县、紫云县和广西壮族自治区的天峨县、乐业县布依语和汉语情歌大赛。2014年春节期间与县民宗局等有关单位举办布依情歌和汉语情歌大赛。

文艺交流　2003—2006年参与承办全县农民运动会的文艺活动。2005—2014年，每年参与承办“多彩贵州”罗甸赛区系列大赛。2000—2014年，每年召开县人民代表大会、县政协委员会议期间，组织文化部门为县人大代表和县政协委员进行文艺晚会演出。2011年，组织县布依族相诺《构皮歌》参加全国少数民族曲艺展演。2012年10月26日晚在都匀举办“2012年高原水乡魅力罗甸”文艺公演晚会。2013年元旦，参与县民宗局、教育局举办“贵州罗甸首届民族民间文化进校园活动文艺展演”的大型晚会。2014年共开展广场文艺演出28场。

第七节　残疾人联合会

罗甸县残疾人联合会（简称县残联）成立于1991年7月，内设机构有办公室、业务股，其中：业务股设置辅助器具服务站和残疾人就业服务所。

一、历次残联代表大会

罗甸县残疾人联合会第一次代表大会于1991年7月23日在县城召开，会期1天。应到会代表76人，实到会代表76人，会议听取第一次代表大会筹备工作报告和通过《残疾人联合会章程》。选举第一届执行理事会理事长1人。1995年7月，召开理事会第二次会议，补选副理事长3人。

罗甸县残疾人联合会第二次代表大会于1996年12月19日在县城召开，会期1天。应到代表79人，实到代表51人，因事因病请假28人，会议通过残疾人联合会工作报告、《残疾人联合会章程》。选举第二届执行理事会理事长1人，副理事长1人。

罗甸县残疾人联合会第三次代表大会于2001年5月15日召开，会期1天，应到会代表119人，实到会代表119人，会议通过残疾人联合会工作报告和《残疾人联合会章程》。选举第三届执行理事会理事长1人，副理事长1人，理事1人。

罗甸县残疾人联合会第四次代表大会根据黔南州安排，与州残疾人联合会届次同步接轨，第四次代表大会改为第五次代表大会，会议于2007年7月18日–19日在县城召开，会期2天。应到会代表143人，实到会代表101人，因事因病请假42人。会议听取和通过残疾人联合会工作报告、《残疾人联合会章程》。选举产生第五届执行理事会理事长1人，副理事长1人，理事1人。2009年6月召开第二次理事会会议，补选副理事长1人。2011年4月，理事会第三次会议，补选理事长1人。

罗甸县残疾人联合会第六次代表大会于2012年10月25–26日召开，会期2天，应到会代表118名，实到118名，会议听取和审议通过残疾人联合会工作报告、《残疾人联合会章程》，选举产生第六届执行理事会理事长1人，副理事长1人，理事2人。

二、维权

1996年12月—2001年6月，县残联为残疾人办理"残疾人证"1682本；2001年6月—2007年8月，为残疾人办理"残疾人证"1282本，接待来信来访174件。罗悃镇司法所被国家司法部和中国残联命为"全国残疾人维权示范岗"；2007—2012年，县残联成功调处残疾人案件5件，接待来信来访565人（次）；投入5万元对全县残疾人摸底调查工作，各类残疾人28652人，已办理"残疾人证"12855本。处理来信来访56件56人（次），县法律援助中心法律援助案件31件。2009—2014年，为残疾人共办"残疾人证"7665本。2014年，接待来信来访30件30人（次），2015年接待来信来访人员41人（次），其中处理来信3件；救济27件27人，教育1件1人，优惠政策5件5人、侵权1件1人，康复1件1人，其他3件3人，做到事事有回复，件件有落实。

三、残疾人培训就业扶贫

1991年7月—1996年12月，县残联成立劳动就业服务所和社区康复站，举办实用技术培训参训120人，安排残疾人个体就业81人。1997—2001年，从省残联贷款150万元，解决16人残疾人就业，安排集体就业60人，支持个体就业60人。县残联被省残联工委评为"2000年度全省残疾人就业工作先进单位"。2002—2007年，组织751名残疾人进行实用技术培训，安置322名残疾人就业，其中：培训盲人保健按摩师5名，全部上岗就业。2008—2012年，支持10户残疾人实现个体创业，利用残疾人保障基金为残疾人创业者贴息4.69万元，带动32名残疾人就业。为残疾人争取贷款贴息资金18万元。2014年，为残疾人创业贷款贴息17.64万元。安排残疾人就业90人。其中：集中就业15人，创办3个残疾人创业示范点，即纳坪原生态养殖示范基地、罗苏社区江涛养殖示范基地、龙坪镇兴成示范基地。2015年完成学前教育救助项目，救助学生5人，发放1.5万元；完成115人居家托养任务（阳光家园计划）；发放资金5.75万元；上报残疾人创业就业示范点2个；残疾人康复贷款贴息20人；涉及贷款资金569.9万元；发放贴息资金28.87万元；推荐3位盲人参加初级盲人保健按摩师培训班。在罗悃镇新坡村举办一期农村残疾人实用技术培训班，邀请县农村工作局的专业技术人员为72名残疾人及残疾人家属授课，并现场办理残疾人证30本。

四、残疾人康复

1991—1996年，县残联送白内障患者到州人民医院作复明手续254例，194例白内障患者重见光明；护送聋哑儿童5人到州残联作语言训练；护送小儿麻痹症儿童6人到州医院作肢体矫治；体检病人868人次；送贵阳特殊教育学校读书4人；发送轮椅车6辆、供应残疾人用品用具603件。2001年6月—2007年，筹措资金0.29万元，让500名残疾人得到不同程度的康复治疗；筹措资金0.4万元帮助13名残疾人儿童接受义务教育；每年资助10名残疾儿童；帮助木引乡1名残疾学生完成中专学业。2007—2012年，投入资金270万元，使全县3276名残疾人得到不同程度的康复。在黔南州残联的支持下，2012年10月—2013年12月，护送白内障患者到贵阳市阳明医院作复明手术170人170例；完成翼状胬肉作术95人95例；

送4人到贵州省残联安装下肢假肢；护送13位盲人到贵州省残联进行定向行走培训；发送轮椅车40辆，拐杖等辅助器18件给58名贫困残疾人。2014年，协助完成白内障复明手术182例，假肢安装4人，脑瘫智障康复3人，治疗自闭症儿童1人，贫困精神病患者治疗求助6人，发放残疾人辅助器具134件；学前教育助学5人，支助特殊教育学校建设8万元，筛查35名残疾学生入学。同年，在木引镇和边阳镇的交砚社区实施残疾人实用技术培训，受训人数161人。

2015年，实施白内障复明手术236人326例；完成低视力配用助视器117人；实施脑瘫智障儿童救助18人，其中：彩金项目14人，七彩梦项目2人，重点工程2人；实施0–6岁残疾儿童康复工程救助5人，其中：聋儿2人，自闭症2人，肢体矫治1人。发放残疾人辅助器具176人198件，其中：轮椅车77辆、拐杖及拐杖胶头21（只/个）、手杖24支、盲杖6支、助听器23台、坐便器24张、盲表、助行器、沐浴椅等其他残疾人辅助器具23件；装配普及型假肢、肢矫形器4例；完成盲人定向行走训练7人；完成精神病患者住院服药救助15人，救助资金16.8万元；对5名成年肢体残疾人开展社区家庭康复训练。

五、参加社会活动情况

1991年开始，县残联在每年“5·17全国助残日”“12·3国际残疾人日”期间，开展走访、慰问、宣传、鼓励残疾人自立、自信、自觉参与社会活动。1996—2001年，对残疾人扶助宣传活动8场1800多人次，走访、慰问残疾人87人（次），发放慰问品和慰问金1万多元。宣传板庚乡冗各小学民办教师残疾（肢残）人韦应江身残志坚，顽强办学的事迹，其被中国青年发展基金会授予“第五届全国希望工程园丁称号”。2000年6月，韦应江荣获香港金钟扶轮社授予的“2000年全国杰出残疾人士”（全国仅两名），奖金1万港元，奖杯1个，其先进事迹在《人民日报》等有关新闻报纸杂志刊载。2003年韦应江被省残工委授予“全省自强模范”，被省人事厅、省残联记二等功一次。2007—2012年，在全县26个乡镇274个村（社区）成立乡镇残疾人联合会及村（社区）残疾人协会，配备300名残疾人工作者（兼职）及专职委员，其补贴纳入县财政预算；投入10万元资助26名贫困残疾人及残疾人子女圆读书梦。2011年6月，投入19万元承办2011年全州残疾人文化周在罗甸县城举行文艺演出活动，制作《十一五罗甸残联》专题片，让全社会了解和关注残疾人，是年获得中国残疾人联合会颁发的“全国残疾人康复工作先进单位”。2012年，县人民政府出台《关于促进残疾人就业发展的意见》《罗甸扶助残疾人若干规定》《罗甸城乡大病医疗求助实施办法》等文件，全县95.6%农村残疾人参加合作医疗保险。在2013年5月第二十三次“全国助残日”活动期间，为贫困残疾人免费发放辅助器具、助学金和创业补助金等共计29.8万元，慰问金和化肥计3000元。是年，参加州残疾人联合会主办的艺术节。2014年2月，县乡镇区划调整后，县残联在8镇1乡177个村、3个社区、2个居委会，分别设立乡镇残疾人联合会和村（社区、居委会）残疾人协会，配备残疾人工作者（兼职）及专职委员；投入36.3万元帮助110户贫困残疾人危房改造；发放阳光家园居家托养残疾人生活补贴5.6万元；残疾人机动椅车燃油补贴7.28万元。是年，县残联协调乡镇、村（居）和社区，将2100名残疾人纳入城镇和农村低保，协调扶助残疾人实施危房改造14户，发放资金8.4万元。2015年完成农村贫困残疾人危房改造项目7户，救助资金4.2万元。临时救助班仁社区仁兴村二组言语残疾学生姚银愿2000元。

六、残联专项经费

国家、省、州关心残疾人的生活、患病、康复，残疾经费逐步提高。2005—2011年国家投入73.46万元，其中：财政拨入57.08万元，省、州残联投入16.38万元；2012年，国家投入残疾经费61.08万元，其中：中央经费23.18万元，省级经费27.71万元，州级经费10.2万元；2013年国家投入残疾经费10.3万元，2014年省、州、县投入残疾经费13.47万元。2015年投入中央预算内资金240万元在逢亭镇修建罗甸县残疾人托养中心，预计2017年投入使用。

第八节　红十字会

罗甸县红十字会（以下简称红会），于1988年9月19日建立，会长罗来儒（兼）。1993年1月，配备红十字会办公室专职干部。2003年12月31日，经县编委行文，机构规格明确为股级，人员编制为3人。2010年10月18日，县红十字会从县卫生行政部门分离出来单独设置红十字会组织机构，股级建制，列入群众团体组织机构序列。人员编制从原来的2名增加到5名，其中：领导职数3名：会长1名（副县长兼，不占编制），副会长1名，秘书长1名，经费实行财政全额预算管理。2011年8月22日，县红十字会调整为正科级机构规格，设办公室和业务股两个股室，机关事业编制5名，其中：会长1名（副县长兼，不占编制），专职副会长1名（正科级），股长、主任各1名，工勤人员1名，财政全额预算管理。2012年9月22日，黔组通〔2012〕89号文件明确县红十字会为群团机关列入参照公务员法管理范围。

2011年发展基层红十字会4个，分别是罗悃镇、罗妥乡、董王乡、县中医院，会员224人，志愿者160名。2012年发展基层红十字会5个，分别是：县人民医院、边阳镇打讲村、边阳镇岩脚村、龙坪镇城东社区、县公安局巡逻大队，会员306名，志愿者83名。2013年发展基层红十字会6个，分别是：栗木乡新场村、栗木乡摆贡村、县社会保险事业局、贵州信邦制药股份有限公司、县第二中学、龙坪镇城西社区，会员3032名，志愿者50名。2014年发展基层红十字会3个，分别是：县档案史志局、县财政局、边阳镇翁纳村，会员108名，志愿者25名。2015年发展基层红十字会2个，分别是：罗甸中等职业学校、边阳镇明星村，会员212名，志愿者30名。

无偿献血　2011年全县826人参加无偿献血，献血量达30.6万毫升。

2012年全县601人参加无偿献血，献血量达17.66万毫升，是年采集造血干细胞血样53份。2013年全县625人参加无偿献血，献血量达20万毫升，是年采集造血干细胞血样50份。2014年全县848人参加无偿献血，献血量达22.36万毫升，是年采集造血干细胞血样51份。2015年全县669人参加无偿献血，献血量达25.95万毫升，是年采集造血干细胞血样50份。

募集捐款　2011年募集捐款3.10万元。2012年募集捐款2.2万元。2013年募集捐款4.13万元。

捐款使用　2011年向云干乡王小炳、王仕华捐赠0.6万元。

2012年向12名贫困学生发助学捐款2.2万元，向边阳镇打讲村捐款8000元。2013年向四川雅安地震灾区捐赠3.63万元，向县内两名病患者捐赠0.4万元。2014年向龙坪镇新莲村病患者杨元惠捐赠3000元。2015年向边阳镇达上村拉昂组残疾人罗定华捐赠1000元，向边阳镇翁纳村困难户夏兴富捐赠500元，向逢亭镇水灾户何大进捐赠1000元，向徐安员捐赠500元，向四海助学会捐赠2000元。

救助工作　2011年发放救助物资大米30吨、衣物2000件，鞋500双、电筒1000支、帽子3600顶、棉被50床，900户困难群众受益。2012年发放救助物资大米44吨、衣物500件、鞋200双、帽子3600顶，2000户困难群众受益。2013年发放救助物资大米20吨、衣物500件、鞋200双、家庭包20个，500户困难群众受益。2015年发放救助物资大米6吨、食用油100桶、棉被100床、贝因美奶粉50箱，300户困难群众受益。

第四篇 人大 政府 政协

第一章 地方人民代表大会

第一节 县人民代表大会

一、代表选举

罗甸县人民代表大会每届第一次全体代表大会召开之前，均成立换届选举领导小组，指导、宣传、筹备选举工作。首先划定选民选区，成立选区工作小组，进行选举宣传、选民登记、提名推荐代表、协商确定代表候选人，由选区居民直接选举人大代表。县人大代表和县人大常委会组成人员的名额由贵州省人大常委会选举委员会确定。

罗甸县第十一届人民代表大会代表选举工作共88个选区如期换届选举。各政党、各人民团体代表可10人提名或个人单独推荐候选人，于选举日5日前张榜公布候选人名单。选区小组经过反复酝酿讨论决定候选人。选区选民凭身份证或选民证领取选票。选举小组设置选举票箱，同时为方便选民，还设流动票箱，在规定的选举日组织选民投票选举。

1990年罗甸县第十一届人民代表大会代表189人，其中：工人1人，占0.53%；农民63名，占33.33%；干部104名，占55.03%；知识分子16名，占8.47%；其他5名，占2.64%。在代表中：中共党员128人，占代表总数67.72%，非党人士61人，占代表总数32.28%。妇女43人，占代表总数22.75%。少数民族130人，占代表总数68.78%。

罗甸县第十二届人民代表大会代表193人，1993年3月15日换届选举，全县76个选区如数选举产生193人。在代表中，中共党员126人，占代表总数65.3%。非党人士67名，占代表总数34.7%；妇女41名，占代表总数21.24%；少数民族128名，占代表总数66.32%。工人、农民、干部、知识分子武警及人口特少的瑶族都有适当数量的代表。

罗甸县第十三届人民代表大会代表186人，1998年1月12日换届选举，全县76个选区如数选出代表186人。在代表中，工人3名，占代表总数1.61%；农民54名，占代表总数29.13%；干部109名，占代表总数58.6%；知识分子17名，占代表总数9.14%；武警1名，占代表总数0.54%；其他劳动者2名，占代表总数1.09%。妇女44名，占代表总数23.7%；少数民族122名，占代表总数65.6%，其中：布依族96名，占代表总数51.6%；苗族21名，占代表总数11.3%；瑶族2名，占代表总数1.08%；其他少数民族3名，占代表总数1.61%。中共党员118名，占代表总数63.4%；非党人士68名，占代表总数36.6%。

罗甸县第十四届人民代表大会代表186人，2003年3月5日换届选举，在全县86个选区（农村81个，机关5个）如数选出代表186人。在代表中，工人4名，占代表总数2.2%；农民75名，占代表总数40.3%；干部和知识分子96名，占代表总数51.6%；武警1名，占代表总数0.5%；其他劳动者10名，占代表总数5.4%。妇女46名，占代表总数24.7%；少数民族130名，占代表总数69.9%，其中：布依族101名，占代表总数 54%；苗族 22 名，占代表总数 11.8%；其他少数民族 7 名，占代表总数 3.8%。中共党员 115 名，占代表总数 61.8%；非党人士 71 名，占代表总数 61.8%；非党人士 71 名，占代表总数 38.2%。连任代表 42 名，占代表总数 22.6%。本届代表人数与上届相同。

罗甸县第十五届人民代表大会代表 186 人，2006 年 11 月 17 日换届选举，在全县 86 个选区（农村 81 个，机关 5 个）全额如数选出代表 186 人。本届代表与上届代表人数相同。在代表中，农民 76 名，占代表总数 40.9%；科技专业技术人员 9 名，占代表总数 4.8%；干部 96 名，占代表总数 51.6%；工人、武警、非党人士、非公经济等 5 名，占代表总数 2.7%。妇女 45 名，占代表总数 24.2%。中共党员 123 名，占代表总数 66%；非党人士 63 名，占代表总数 34%。少数民族 141 名，占代表总数 76%，连任代表 71 名，占代表总数 38%。

罗甸县第十六届人民代表大会代表 186 人，与上届人数相同，2011 年 11 月 6 日换届选举，在全县 86 个选区（农村 81 个，机关 5 个）如数选出代表 186 人。代表结构：工人 4 名，占代表总数 2.15%；专业技术人员 8 名，占代表总数 4.3%；非公经济 2 名，占 1.08%；武警 1 名，占 0.54%；教师 6 名，占 3.22%；农民 71 名，占代表总数 38.17%；干部 94 名，占 50.54%。在代表中，中共党员 123 名，占代表总数 66.13%；非党人士 63 名，占代表总数 33.87%。妇女 50 名，占代表总数 26.88%。少数民族 139 名，占代表总数 74.73%。连任代表 74 名，占 39.78%。

二、人民代表大会会议

罗甸县人民代表大会会议（简称县人代会）由全体人大代表参加，一般 1 年举行 1 次全体代表大会会议。县第十一届至第十六届人代会（1990—2015 年）召开全体会议 26 次。会议由大会主席团主持。同时，在县委的领导下，各代表团成立临时党支部，开展组织活动。人代会主要议程：听取和审议县人大常委会，县人民政府、计划、财政，县人民法院，县人民检察院等工作报告，并作出决议。每届第 1 次人民代表大会会议选举产生县人大常委会主任、副主任，人大常委会委员，县人民政府县长、副县长，县人民法院院长、县人民检察院检察长。

罗甸县第十一届人民代表大会第一次会议，于 1990 年 5 月 12-18 日在县城召开。应到会代表 189 人，实到会代表 189 人，其中：妇女 43 人，占代表总数 22.75%；非党人士 61 人，占 32.28%；少数民族 130 人，占 68.78%。列席、特邀人员 74 人。会议听取和审议县人民政府、计划、财政报告，听取和审议县人大常委会、县人民法院、县人民检察院等工作报告。批准并通过上述报告和各项决议。选举黄景周为县十一届人大常委会主任，以及副主任 4 人，人大常委会委员 14 人；选举罗珍丽（女）为县人民政府县长，以及副县长 4 人，县人民法院院长 1 人，县人民检察院检察长 1 人。

罗甸县第十一届人民代表大会第二次会议，于 1991 年 4 月 22-26 日在县城召开。应到会代表 189 人，实到会代表 187 人，因病因事请假 2 人。列席特邀人员 87 人。会议听取和审议县人民政府、计划、财政报告，审查和批准罗甸县国民经济和社会发展第八个五年规划纲要；听取和审议县人大常委会、县人民法院、县人民检察院等工作报告，批准并通过上述报告和各项决议。会议选举罗甸县出席黔南布依族苗族自治州第九届人民代表大会代表 30 名。

罗甸县第十一届人民代表大会第三次会议，于 1992 年 4 月 21-24 日在县城召开。应到会代表 189 名，实到会代表 160 名，因病因事请假 29 人。列席、特邀人员 90 名（含政协委员）。会议听取和审议县人民政府、计划、财政、县人大常委会、县人民法院、县人民检察院等工作报告，批准并通过上述报告和各项决议。会议补选县人民检察院检察长 1 人。

罗甸县第十二届人民代表大会第一次会议，于 1993 年 4 月 13-17 日在县城召开。应到会代表 193 人，实到会代表 193 人。列席、特邀人员 93 人。会议听取和审议县人民政府、计划、财政、县人大常委会、县人民法院、县人民检察院等工作报告，批准并通过上述报告和各项决议。会议选举产生王启林为县人大常委会主任、以及副主任 4 人、县人大常委会委员 14 人；选举产生罗来儒为县人民政府县长、以及副县长5人，县人民法院院长1人，县人民检察院检察长1人。

罗甸县第十二届人民代表大会第二次会议，于1994年4月16–19日在县城召开。应到会代表193人，实到会代表190人，因病因事请假3人。列席、特邀人员85人。会议听取和审议县人民政府、计划、财政、县人大常委会、县人民法院、县人民检察院等工作报告，批准并通过上述报告和各项决议。

罗甸县第十二届人民代表大会第三次会议，于1995年3月6–8日在县城召开。应到会代表193人，实到会代表170人，因事因病请假23人。列席、特邀人员92人。会议听取和审议县人民政府、计划、财政、县人大会常委会、县人民法院、县人民检察院等工作报告，审查批准并通过上述报告和各项决议。

罗甸县第十二届人民代表大会第四次会议，于1996年3月31–4月3日在县城召开。应到会代表193人，实到会代表189人，因事因病请假4人。列席、特邀人员90人。会议听取和审议县人民政府、计划、财政报告、审查和批准罗甸县国民经济和社会发展第九个五年规划纲要；听取和审议县人大常委会、县人民法院、县人民检察院等工作报告，批准并通过上述报告和各项决议；会议选举罗甸县出席黔南布依族苗族自治州第十届人民代表大会代表31名（含州下选）。

罗甸县第十二届人民代表大会第五次会议，于1997年4月8–11日在县城召开。应到会代表193人，实到会160人，因病因事请假33人。列席、特邀人员42人。会议听取和审议县人民政府、计划、财政、县人大常委会、县人民法院、县人民检察院等工作报告，批准并通过上述工作报告和各项决议。会议补选滕久明为县人民政府县长，补选县人民法院院长1人。

罗甸县第十三届人民代表大会第一次会议，于1998年2月18–22日在县城召开。应到会代表186人，实到会代表186人。列席、特邀人员118人，州委、州人大常委会、州委组织部、州委统战部、黔南州12县市人大常委会领导59人应邀列席会议。会议听取和审议县人民政府、计划、财政、县人大常委会、县人民法院、县人民检察院等工作报告，批准并通过上述各项报告和决议。大会选举产生王启林为县十三届人民代表大会常务委员会主任，以及副主任5名、县人大常委会委员13人；选举产生滕久明为县人民政府县长，以副县长6名，县人民法院院长1名，县人民检察院检察长1名。

罗甸县第十三届人民代表大会第二次会议，于1999年3月9–12日在县城召开。应到会代表186人，实到会代表178人，因事因病请假8人。列席、特邀137人。会议听取和审议县人民政府、计划、财政、县人大常委会、县人民法院、县人民检察院等工作报告，批准并通过上述报告和决议。会议补选韦安华为县人民政府县长。

罗甸县第十三届人民代表大会第三次会议，于2000年2月25–29日在县城召开。应到会代表184人，实到会代表155人，因病因事请假29人，列席、特邀143人。会议的议程是：听取和审议县人民政府、计划、财政、县人大常委会、县人民法院、县人民检察院等工作报告，审查、批准并通过上述报告和决议。对县人大常委会、县人民政府、县人民法院、县人民检察院等县级领导干部进行述职测评。

罗甸县第十三届人民代表大会第四次会议，于2001年3月18–22日在县城召开。应到代表186人，实到161人，因病因事请假25人。列席、特邀119人。会议听取和审议县人民政府、计划、财政报告，审查和批准罗甸县国民经济和社会发展第十个五年规划纲要。听取和审议县人大常委会、县人民法院、县人民检察院等工作报告。审查、批准并通过上述报告和决议。会议选举罗甸县出席黔南布依族苗族自治州第十一届人民代表大会代表27人；补选莫俊国为县人民政府县长，补选县十三届人大常委会委员3人。

罗甸县第十三届人民代表大会第五次会议，于2002年3月16–20日在县城召开。大会应到代表186人，实到149人，因病因事请假37人。会议议程是：听取和审议县人民政府、计划、财政、县人大常委会、县人民法院、县人民检察院等工作报告。审查、批准并通过上述报告和决议。对20名县十三届人民代表大会代表进行表彰。

罗甸县第十四届人民代表大会第一次会议，于2003年3月16–20日在县城召开。应到会代表186人，实到会代表165人，因事因病请假21人。列席、特邀人员116名。会议听取和审议县人民政府、计划、财政、县人大常委会、县人民法院、县人民检察院等工作报告，批准并通过上述各项报告和决议。会议选举产生黄锐光为县十四届人民代表大会常务委员会主任，以及副主任6人，人大常委会委员11人；选举产生莫俊国为县人民政府县长，以及副县长6人，县人民法院院长1人，县人民检察院检察长1人。

罗甸县第十四届人民代表大会第二次会议，于2004年3月16–19日在县城召开。应到会代表186人，实到会代表166人，因病因事请假20人。列席、特邀人员116人。会议听取和审议县人民政府、计划、财政、县人大常委会、县人民法院、县人民检察院等工作报告，批准并通过上述报告和决议。会议补选县十四届人大常委会委员2名。

罗甸县第十四届人民代表大会第三次会议，于2005年3月22–25日在县城召开。应到会代表186人，实到会代表183名，因病因事请假3人。列席、特邀人员142名。会议听取和审议县人民政府、计划、财政、县人大常委会、县人民法院、县人民检察工作报告，批准并通过上述报告和决议。

罗甸县第十四届人民代表大会第四次会议，2006年3月16–19日在县城召开。应到会代表186人，到会代表181名，因病因事请假5人。列席、特邀人员142名。会议听取和审议县人民政府、计划、财政报告、审查和批准罗甸县国民经济和社会发展第十一个五年规划纲要；听取和审议县人大常委会、县人民法院、县人民检察院等工作报告，批准并通过上述各项报告和决议。会议补选彭贤伦为县人民政府县长；会议选举罗甸县出席黔南布依族苗族自治州第十二届人民代表大会代表31名（含下选）。

罗甸县第十五届人民代表大会第一次会议，于2007年1月6–9日在县城召开。应到会代表186名，实到会代表186名。列席、特邀人员129名。会议听取和审议县人民政府、计划、财政、县人大常委会、县人民法院、县人民检察院工作报告，批准并通过上述各项报告和决议。会议选举产生黄锐光为县人大常委会主任，以及副主任5名，人大常委会委员17名；选举产生彭贤伦为县人民政府县长，以及副县长6名，县人民法院院长1名、县人民检察院检察长1名。

罗甸县第十五届人民代表大会第二次会议，2008年1月13–15日在县城召开。应到会代表186人，实到会代表182人，因病因事请假4人。列席、特邀人员119人。会议听取和审议县人民政府、计划、财政、县人大常委会、县人民法院、县人民检察院等工作报告，并通过上述各项报告和决议。会议补选县十五届人大常委会委员3名。

罗甸县第十五届人民代表大会第三次会议，于2009年1月18–20日在县城召开。应到会代表186人，实到会代表183人，因事因病请假3人。列席、特邀人员162人。会议听取和审议县人民政府、计划、财政、县人大常委会、县人民法院、县人民检察院等工作报告，批准并通过上述各项报告和决议。

罗甸县第十五届人民代表大会第四次会议，于2010年1月16–18日在县城召开。应到会代表186人，实到会代表182人，因病因事请假4人。列席、特邀人员158人。会议听取和审议县人民政府、计划、财政、县人大常委会、县人民法院、县人民检察院等工作报告，批准并通过上述各项报告和决议。

罗甸县第十五届人民代表大会第五次会议，于2011年3月6–9日在县城召开。应到会代表186人，实到会代表182人，因病因事请假4人。列席、特邀人员160人。会议听取和审议县人民政府、计划、财政报告、审查和批准罗甸县国民经济和社会发展第十二个五年规划纲要；听取和审议县人大常委会、县人民法院、县人民检察院等工作报告，批准并通过上述各项报告和决议。会议补选杨朝伟为县人民政府县长，县人大常委会副主任1名；

罗甸县第十六届人民代表大会第一次会议，于2012年1月3–6日在县城召开。应到会人大代表186人，到会代表186人。列席、特邀人员136人。会议听取和审议县人民政府、计划、财政、县人大常委会、县人民法院、县人民检察院工作报告，并通过上述各项报告和决议。会议选举产生陈邦禄为县十六届人大常委会主任、以及副主任6人、人大常委会委员16人；选举罗甸县出席州十三届人民代表大会代表31人（含州下选）；选举产生杨朝伟为县人民政府县长、以及副县长6人，县人民法院院长1人；县人民检察院检察长1人。

罗甸县第十六届人民代表大会第二次会议，于2013年2月26–28日在县城召开。应到会代表186人，实到会代表179人，因事因病请假7人。列席、特邀人员151人。会议听取和审议县人民政府、计划、财政、县人大常委会、县人民法院、县人民检察院等工作报告，批准并通过上述各项报告和决议。会议补选杨兴华为县人民政府县长。

罗甸县第十六届人民代表大会第三次会议，于2014年3月8–10日在县城召开。应到会代表186人，实到会代表177人，因事因病请假9人。列席、特邀人员170人。会议听取和审议县人民政府、计划、财政、县人大常委会、县人民法院、县人民检察院等工作报告，批准并通过上述各项报告和决议。会议补选罗甸县人大常委会委员3人，补选县人民法院院长1人，补选县人民检察院检察长1人。

罗甸县第十六届人民代表大会第四次会议，于2015年2月4–7日在县城召开。应到会代表186人，实到会代表176人，因事因病请假10人。列席、特邀人员170人。会议听取和审议县人民政府、计划、财政、县人大常委会、县人民法院、县人民检察院等工作报告，批准并通过上述各项报告和决议。会议补选罗甸县人大常委会副主任1人，补选罗甸县人大常委会委员4人。

三、届期代表变动

罗甸县第十一届人民代表大会代表总数189人，任期3年（1990.5—1992.4），届期变动5人，补选1人，届末代表总数为185人。罗甸县第十二届人民代表大会代表总数193人，任期5年（1992.4—1997.4），届期变动7人，届末代表总数为186人。罗甸县第十三届人民代表大会代表总数186人，任期5年（1997.4—2002.3），届期变动21人，补选21人，届末代表总数186人。罗甸县第十四届人民代表大会代表总数186人，任期4年，届期变动27人，补选22人，届末代表总数181人。罗甸县第十五届人民代表大会代表总数186人，任期5年（2007.1—2012.1）届期变动22人，补选22人，代表总数186人。罗甸县第十六届人民代表（2012.1—2015.2）代表总数186人，届期变动14人，补选4人，截至2015年2月，罗甸县十六届人民代表大会第4次会议召开时代表总数176人。

第二节　县人大常委会

一、常务委员会

县人大常委会是县人民代表大会的常设机构，遵照全国人大、省、州人大换届选举有关规定，选举产生主任、副主任。县人大常委会委员数额由省人大常委会决定。

1991—2015年人大常委会历届主任、副主任任职情况表

表4-1

届次	姓名	性别	民族	职务	任职时间	委员人数	备注
县第十一届人大常委会	黄景周	男	布依族	主　任	1990.5–1993.4	14人	–
	王仕学	男	布依族	副主任	1990.5–1993.4		–
	田炳兰	男	汉　族	副主任	1990.5–1993.4		–
	刘正纪	女	布依族	副主任	1990.5–1993.4		–
	黄壁光	男	布依族	副主任	1990.5–1993.4		无党派
	黄景周	男	布依族	党组书记	1990.5–1993.4		–
	王仕学	男	布依族	党组副书记	1990.5–1993.4		–
县第十二届人大常委会	王启林	男	布依族	主　任	1993.4–1998.2	14人	–
	冯兴碧	男	汉　族	副主任	1993.4–1998.2		–
	刘正纪	女	布依族	副主任	1993.4–1998.2		–

续表

届次	姓名	性别	民族	职务	任职时间	委员人数	备注
县第十二届人大常委会	罗绍基	男	布依族	副主任	1993.4–1998.2	14	无党派
	王科弟	男	布依族	副主任	1993.4–1998.2		–
	王启林	男	布依族	党组书记	1993.4–1998.2		–
	冯兴碧	男	汉　族	党组副书记	1993.4–1998.2		–
县第十三届人大常委会	王启林	男	布依族	主　任	1998.2–2003.3	15 人	–
	黄锐光	男	布依族	副主任	1998.2–2003.3		–
	王科弟	男	布依族	副主任	1998.2–2003.3		–
	杨通杰	男	汉　族	副主任	1998.2–2003.3		–
	罗德勤	男	布依族	副主任	1998.2–2003.3		–
	黄元秀	女	布依族	副主任	1998.2–2003.3		–
	王启林	男	布依族	党组书记	1998.2–2003.3		–
	黄锐光	男	布依族	党组副书记	1998.2–2003.3		–
县第十四届人大常委会	黄锐光	男	布依族	主　任	2003.3–2007.2	13 人	–
	彭文芬	女	汉　族	副主任	2003.3–2007.2		–
	黄元秀	女	布依族	副主任	2003.3–2006.1		–
	陈光辉	男	布依族	副主任	2003.3–2007.2		无党派
	韩尚平	男	布依族	副主任	2003.3–2007.2		–
	黄大斌	男	布依族	副主任	2003.3–2007.2		–
	田儒斌	男	土家族	副主任	2003.3–2007.2		–
	黄锐光	男	布依族	党组书记	2003.3–2007.2		
	彭文芬	女	汉　族	党组副书记	2003.3–2007.2		–
县第十五届人大常委会	黄锐光	男	布依族	主　任	2007.3–2012.2	17 人	–
	彭文芬	女	汉　族	副主任	2007.2–2012.2		–
	陈光辉	男	布依族	副主任	2007.2–2012.2		无党派
	韩尚平	男	布依族	副主任	2007.2–2009.3		–
	黄大斌	男	布依族	副主任	2007.2–2012.2		–
	赵光龙	男	汉　族	副主任	2007.2–2012.2		–
	曾兴铁	男	汉　族	副主任	2011.2–2012.2		–
	黄锐光	男	布依族	党组书记	2007.02–2012.2		–
	彭文芬	女	汉　族	党组副书记	2007.02–2012.2		–
县第十六届人大常委会	陈邦禄	男	苗　族	主　任	2012.2–	22 人	–
	邓德宇	男	布依族	副主任	2012.2–		–
	陈克朴	男	土家族	副主任	2012.2–		–
	赵光龙	男	汉　族	副主任	2012.2–2014.10		–
	曾兴铁	男	汉　族	副主任	2012.2–2014.5		–
	黎　牛	男	布依族	副主任	2012.2–		–
	王剑武	男	布依族	副主任	2012.2–		无党派
	班禹霞	女	布依族	副主任	2015.2–		–
	陈邦禄	男	苗　族	党组书记	2012.2–		–
	邓德宇	男	布依族	党组副书记	2012.2–		–

二、办事机构

县人大常委会依照规定设立相应的工作机构和办事机构。1990 年，第十一届人大常委会设 5 委 1 室，即办公室、财经工作委员会、教科文卫工作委员会、法制工作委员会、代表工作委员会、民族宗教侨务工作委员会。办公室及各工作委员会设有正副主任。行政编制 14 人。

罗甸县第十二届人大常务委员会工作机构，1993 年设 5 委 1 室，即办公室、财经工作委员会、教科文卫工作委员会、法制工作委员会、代表工作委员会、民族宗教侨务工作委员会。办公室及各工作委员会设有正副主任。行政编制 19 人。

罗甸县第十三届人大常务委员会工作机构，1998 年 3 月，增设农村经济工作委员会，2001 年 11 月增设环境资源保护工作委员会，工作机构为 7 委 1 室，即办公室、财经工作委员会、教科文卫工作委员会、法制工作委员会、代表工作委员会、民族宗教侨务工作委员会、农村经济工作委员会、环境资源保护工作委员会。办公室及各工作委员会设有正副主任。2002 年 9 月，《罗甸县人大常委会机关职能配置内设机构和人员编制方案》核定行政编制 14 人，借调或聘用人员 10 人，在职人员 24 人。

罗甸县第十四届人大常务委员会工作机构，2003 年 5 月增设信访督察室，工作机构为 7 委 2 室，即办公室、财经工作委员会、教科文卫工作委员会、法制工作委员会、代表工作委员会、民族宗教侨务工作委员会、农村经济工作委员会、环境资源保护工作委员会、信访督察室。2006 年 8 月《关于追加县委办等部门机关后勤服务人员事业编制的通知》明确：县人大后勤编制为 7 人。2007 年 11 月《关于追加罗甸县人大常委会机关行政编制的通知》追加 5 个行政编制名额，行政编制为 19 人，工勤人员编制 7 人（用编 5 人）。

罗甸县第十五届人大常务委员会工作机构与上届相同。2007 年 2 月，农村经济工作委员会更名为农业和农村工作委员会。即办公室、财经工作委员会、教科文卫工作委员会、法制工作委员会、代表工作委员会、民族宗教侨务工作委员会、农业和农村工作委员会、环境资源保护工作委员会、信访督察室。行政编制 19 人，工勤人员 7 人。

罗甸县第十六届人大常务委员会工作机构与上届相同，有 7 委 2 室，即办公室、财经工作委员会、教科文卫工作委员会、法制工作委员会、代表工作委员会、民族宗教侨务工作委员会、农业和农村工作委员会、环境资源保护工作委员会、信访督察室。行政编制 26 人，工勤人员 7 人。2015 年 3 月根据罗甸县机构编制委员会关于印发《罗甸县人大代表服务中心机构编制方案》的通知精神，增设罗甸县人大代表服务中心，为人大常委会办公室管理的副科级公益一类事业单位，编制 7 人，2015 年年底实际在编 4 人。

第三节　人大工作

县人大常务委员会在历次常委会议对本行政区域的政治、经济、文化、社会发展等重大事项作出的决定和决议。

一、决定

1991 年 3 月 27 日，决定县第十一届人民代表大会第二次会议于 1991 年 4 月 22 日在县城召开。

1992 年 1 月 22 日县第十一届人大常委会第十四次会议，接受韦成华辞去县十一届人大常委会委员的职务。11 月 25 日第十一届人大常委会第二十次会议，确定县、乡（镇）人民代表大会代表名额为：县第十二届人民代表大会代表 193 名，报省人大常委会批准；龙坪镇第四届，其他各乡（镇）第九届人民代表大会代表 966 名，报省人大常委会备案。接受罗珍丽辞去县人民政府县长的职务，决定任命王启林为县人民政府副县长、代理县长。

1996 年 10 月 5 日，县第十二届人大常委会二十四次会议根据地方组织法第二十七条的规定和本人的申请，会议同意罗来儒辞去县人民政府县长的职务，决定任命副县长滕久明为县人民政府代理县长。

1998年7月30日，县第十三届人大常委会第三次会议作出关于同意接受滕久明辞去县长职务，任命韦安华为县人民政府副县长、代理县长的决定。

2000年11月6日，县第十三届人大常委会第十九次会议作出同意接受韦安华辞去县人民政府县长职务的决定，决定任命莫俊国为县人民政府副县长、代理县长。

2001年3月1日，县第十三届人大常委会第二十次会议作出《关于接受覃信前等12位辞去县人大代表职务的决定》。

2002年1月28日，县第十三届人大常委会第二十六次会议审议并作出《关于召开县第十三届人大五次会议日期的决定》。

2005年6月9日，县第十四届人大常委会第十五次会议审议并作出《关于批准2004年财政决算的决定》。12月23日，县第十四届人大常委会第十八次会议作出同意接受莫俊国辞去县人民政府县长职务的决定。

2006年1月10日，县第十四届人大常委会第十九次会议审议并作出《关于任命彭贤伦为县人民政府副县长、代理县长的决定》《关于接受黄元秀辞去县十四届人大常委会副主任职务的决定》。5月12日，县第十四届人大常委会第二十一次会议审议并作出《关于批准2005年财政收支决算的决定》。

2007年12月1日，县第十五届人大常委会第五次会议根据地方组织法和本人申请，作出《关于接受李德林等14位辞去县十五届人大代表职务的决定》。

2008年12月25日，县第十五届人大常委会第十四次会议作出《关于调整县十五届人大常委会代表资格审查委员会成员的决定》。

2009年3月19日，县第十五届人大常委会第十六次会议作出《关于接受韩尚平辞去罗甸县人大常委会副主任职务的决定》《关于接受罗世斌辞去罗甸县人民政府副县长职务的决定》。

2009年11月27日，县第十五届人大常委会第二十次会议根据地方组织法和本人申请，作出《关于接受昌成昀等15位辞去县十五届人大代表职务的决定》。

2011年1月26日，县第十五届人大常委会第二十八次会议作出关于召开县十五届人大第五次会议的决定：决定任命杨朝伟为代理县长；关于补选白松海、张加坤、杨朝伟等3人为黔南州十二届人大代表。

2012年9月21日，县第十六届人大常委会第四次会议作出关于任命杨兴华为副县长、代理县长的决定。

2013年8月28日，县第十六届人大常委会第十二次会议审议县人民政府提请《撤销木引乡设置木引镇的议案》，作出关于撤销木引乡设置木引镇的决定。

2014年3月28日，县第十六届人大常委会第十九次会议根据有关法律法规的规定，审议通过县人大常委会主任陈邦禄提请的《关于任命乡（镇）选举委员会组成人员的议案》，决定任命乡（镇）选举委员会组成人员；审议通过《关于乡（镇）行政区划调整后县乡（镇）人大代表选举日的议案》，等决定。

2015年1月23日，县第十六届人大常委会第二十六次会议作出《关于召开罗甸县第十六届人民代表大会第四次会议的决定》《关于接受杨志忠等7位辞去罗甸县第十六届人大代表职务的决定》。

2015年2月5日，作出了《关于表彰2014年度人大代表建议办理工作先进单位的决定》。

2015年4月1日，县第十六届人大常委会第二十七次会议作出了《关于接受陈登琴辞去黔南州第十三届人民代表大会代表职务的决定和罗甸县第十六届人民代表大会代表职务的决定》。

二、决议

1991年1月19日，县第十一届人大常委会第五会议通过关于修改过的《龙坪镇市政管理试行办法》，由县人民政府公布实施。是日，通过《关于设立县人大常委会民族宗教侨务工作委员会及组成人员的决议》。12月19日，县第十一届人大常委会第十三次会议听取县人民政府《关于请求批准调整后〈罗甸县国民经济和社会发展第八个五年计划和十年规划〉的报告》。经审议、批准这个报告，并作出决议。

1992年5月28日，县第十一届人大常委会第十六次会议听取县人民政府《关于1至5月罗甸县灾情情况的汇报》，经审议作出《关于开展生产救灾的决议》。

1993 年 12 月 17 日，县第十二届人大常委会第四次会议听取和审议县财政局局长受县人民政府委托所作的《关于罗甸县 1993 年 1 至 11 月份财政预算收支执行情况和预算变更意见的报告》，并作出决议。

1995 年 4 月 19 日，县第十二届人大常委会第十四会议审议县人民政府提请《关于加强国有土地使用管理的暂行规定的议案》，经审议，作出决议，《暂行规定》自即日起公布施行。

1998 年 12 月 2 日，县第十三届人大常委会第五次会议审议县人民政府提请《关于罗甸城镇建设管理通告的议案》，并作出同意《通告》的有关规定之决议。

1999 年 8 月 1 日，县第十三届人大常委会第十次会议审议通过县人大常委会主任会议提请的《关于开展执法检查考核的意见》议案。

2000 年 1 月 8 日，县第十三届人大常委会第十四次会议作出《关于加强扶贫资金使用管理监督力度的决议》。12 月 28 日，县第十三人大常委会第二十二次会议，作出《关于加强对宪法、法律、法规行政区域内实施情况监督的决议》。

2002 年 1 月 28 日，县第十三届人大常委会第二十六次会议审议县人民政府提请《关于批准调整 2001 年全县工业和乡镇企业产值计划议案》《关于批准调整 2001 年财政收入预算议案》，并作出决议；作出补选宋健为州第十一届人民代表大会代表的决议。9 月 8 日，县第十三届人大常委会第三十次会议审议县人民政府提请《关于在县城区域内禁止燃放烟花爆竹暂行规定议案》，并作出决议。

2003 年 7 月 29 日，县第十四届人大常委会第三次会议审议县人民政府提请《关于批准贷款解决“两基”（指基本普及九年义务教育、基本扫除青壮年文盲。简称“两基”）攻坚缺口资金的议案》，并作出决议。

2004 年 5 月 14 日县，第十四届人大常委会第八次会议审议县人大常委会主任会议提请《关于法官、检察官、人民警察违法办案及错案责任追究监督暂行办法议案》《关于公民旁听办法议案》，并作出决议。

2005 年 10 月 27 日，县第十四届人大常委会第十七次会议审议县人民政府提请《关于调整“十五”规划工业总产值粮食总产量指标议案》，并作出决议。

2007 年 9 月 28 日，县第十五届人大常委会第四次会议审议县人民政府提请《关于茂井镇人民政府驻地搬迁议案》，并作出决议。

2008 年 1 月 5 日，县第十五届人大常委会第七次会议审议县人民政府提请《关于水上交通安全管理办法议案》，并作出决议。6 月 23 日，县十五届人大常委会第十次会议审议县人民政府提请《关于将罗甸至羊里二级公路征地拆迁补偿资金贷款还款计划纳入财政预算议案》，并作出决议。11 月 27 日，县第十五届人大常委会第十三次会议审议县人民政府提请《关于县旅游发展总体规划议案》，并作出决议。

2009 年 9 月 30 日，县第十五届人大常委会第十九次会议审议县人大常委会主任会议提请《关于对任命的县人民政府、县人民法院、县人民检察院国家机关工作人员实行履职承诺评议（暂行）办法议案》，并作出决议。

2010 年 7 月 30 日，县第十五届人大常委会第二十五次会议审议并作出批准《关于 2009 年财政决算的决议》。

2012 年 11 月 30 日，县第十六届人大常委会第五次会议，听取和审议县人民政府提请《关于筹措罗甸县第一高级中学建设资金及将还款计划纳入财政预算的议案》，并作出决议。

2013 年 11 月 15 日，县第十六届人大常委会第十四次会议审议县人民政府提请《关于罗甸县部分乡（镇）行政区划调整的议案》，并作出决议。12 月 20 日，县第十六届人大常委会第十五次会议审议县人民政府提请《关于审议罗甸县乡（镇）行政区划调整的议案》，并作出决议。同意对全县原 26 个乡（镇）撤并组建为 8 镇 1 乡，将原龙坪镇、八总乡、云干乡、板庚乡合并为龙坪镇；将原边阳镇、栗木乡、罗沙乡、董王乡、交砚乡合并为边阳镇；将原沫阳镇、董当乡、董架乡、平岩乡合并为沫阳镇；将原逢亭镇、纳坪乡合并为逢亭镇；将原木引乡改为木引镇；将原罗悃镇、沟亭乡、罗苏乡合并为罗悃镇；将原红水河镇、罗妥乡、罗暮乡合并为红水河镇；将原茂井镇、大亭乡全并为茂井镇；将原凤亭乡、班仁乡合并为凤亭乡。会议要求县政府依法按照程序报省人民政府批准后实施。

2014年12月1日，县第十六届人大常委会第二十四次会议审议县人民政府提请《罗甸县人民政府关于将"罗甸县国有资本营运有限责任公司2014年银杏私募债券"本息偿付款项纳入财政预算的议案》《罗甸县人民政府关于将全县部分重点项目贷款偿还资金纳入县级财政预算的议案》，经审议，作出相关决议。

2015年5月29日，县第十六届人大常委会第二十八次会议作出《关于批准2014年决算的决议》。

2015年8月6日，县第十六届人大常委会第二十九次会议审议县人民政府提请《关于批准罗甸县人民政府将罗甸县龙坪镇农民集中住房河滨安置区建设项目纳入预算管理议案》《关于批准罗甸县人民政府将罗甸县城西土地收储整治项目等五个项目纳入预算管理议案》，作出相关决议。

2015年9月21日，县第十六届人大常委会第三十次会议审议县人民政府提请《关于批准罗甸县人民政府将罗甸县易地扶贫搬迁一期建设项目工程回购资金分年度纳入预算的议案》，并作出决议。

2015年11月27日，县第十六届人大常委会第三十一次会议审议县人民政府提请《关于批准"四在农家·美丽乡村"基础设施建设六项行动计划项目融资资金分年度纳入财政预算的议案》《关于批准罗甸县人民政府2015年预算调整的议案》《关于批准罗甸县人民政府将罗甸县易地扶贫搬迁二期建设项目回购资金分年度纳入预算的议案》，对以上三个《议案》作出决议。

三、议案与建议

县第十一届人民代表大会，任期3年，届期召开3次县人民代表大会。大会期间，收到代表提出议案、建议和意见348件，其中：议案71件，建议和意见277件。会后，由县人大常委会办公室梳理归类，转县人民政府及有关单位和部门办理，并将办理结果书面回复代表。

县第十二届人民代表大会任期5年，届期召开县人民代表大会5次。大会期间，代表提出议案、建议和意见409件，其中：议案36件、建议和意见373件。会后，由县人大常委会办公室梳理归类，转县人民政府及有关单位和部门办理，并将办理结果书面回复代表。

县第十三届人民代表大会任期5年，届期召开5次县人民代表大会。大会期间，代表提出议案、建议和意见437件，其中：议案4件、建议和意见433件。会后，由县人大常委会办公室梳理归类，转县人民政府及有关单位和部门办理，并将办理结果书面回复代表。

县第十四届人民代表大会任期4年，届期召开4次县人民代表大会。大会期间收到代表提出的议案议案、建议和意见445件，其中：议案21件、建议和意见424件。会后，由县人大常委会办公室梳理归类，转县人民政府及有关单位和部门办理，并将办理结果书面回复代表。

县第十五届人民代表大会任期5年，届期内召开5次县人民代表大会。大会期间，共收到代表提出议案、建议和意见582件，其中：议案14件、建议和意见568件。会后，由县人大常委会办公室梳理归类，转县人民政府及有关部门办理，并将办理结果书面回复代表。

县第十六届人民代表大会，2012—2015年期间共召开4次县人民代表大会。大会期间，代表提出议案、建议和意见397件，其中：议案4件、建议和意见393件。会后，由县人大常委会办公室整理归类，转县人民政府及有关部门办理，并将办理结果书面回复代表。

第四节　人事任免

罗甸县人大常委会遵循宪法和法律法规赋予的职权，对县人民政府、县人民法院、县人民检察院（以下简称"一府两院"）及县人大常委会内设机构负责人依法任免。

县第十一届人大常委会（1990年5月—1993年4月）任期内，同意接受辞去任命县人民政府代理县长1人，挂职副县长2人；任命政府组成部门负责人45人。任命县人大常委会办公室及有关工作委员会负责人3人；任命县人民法院各法庭庭长8人；任命县人民检察院各科科长6人；任命县选举委员会成员15人，乡（镇）选举委员会成员136人；依法免去职务15人，同意接受辞去职务3人。指导乡（镇）完成“建并撤”（建镇并乡撤区）任务；依法选出县十二届人民代表大会代表193人。

县第十二届人大常委会（1993年4月—1998年2月）任期内，任命政府组成部门负责人68人。任命代理县长1人、副县长（省、州挂职科技副县长）15人；同意接受辞去县长职务1人、副县长职务5人；同意接受辞去县人大常委会委员职务2人；依法办理县人民政府组成人员免职20人；任命县人民法院、县人民检察院工作人员38人；同意接受辞去县人民法院院长职务1人，依法办理县人民法院、县人民检察院免职工作人员10人。届中补选县人民政府县长1人和县人民法院院长1人。依法补选、调整、充实乡（镇）人大主席22人、乡（镇）长23人、副乡（镇）长48人。依法选出县十三届人民代表大会代表186人。

县第十三届人大常委会（1998年2月—2003年3月）任期内，任命政府组成部门负责人54人。任命代理县长2人，副县长（省、州挂职科技副县长）7人；同意接受辞去县长职务2人，副县长职务3人；任命县人大常委会各工委（室）负责人20人，依法办理免职手续6人；依法办理县人民政府组成部门负责人免职14人；任命县人民法院、县人民检察院工作人员84人；同意接受辞去县人民法院院长职务1人，县人民检察院检察长职务1人，任命代理法院院长1人、代理检察长1人；依法办理县人民法院、县人民检察院工作人员免职24人；补选县人民政府县长1人；依法选出县十四届人民代表大会代表186人。

县第十四届人大常委会（2003年3月—2007年1月）任期内，任命政府组成部门负责人38人（次）。同意接受辞去县十四届人大常委会副主任职务1人、人大代表职务22人，补选22人。辞去县人民政府县长职务1人，任命县人民政府代理县长职务1人、副县长职务5人；免去县长职务1人、副县长职务1人；免去县人民法院院长职务1人，任命代理法院院长1人；免去县人民检察院检察长职务1人，任命代理检察长职务1人；补先县人民政府县长1人，补选县人大常委会委员2人；县依法选出县十五届人民代表大会代表186人。

县第十五届人大常委会（2007年1月—2012年1月）任期内，任命县人民政府副县长2人，免去副县长2人；任命政府组成部门负责人46人（次），免去职务7人；任命县人大常委会有关工委主任、副主任职务7人，免去职务4人；任命县人民法院、县人民检察院工作人员42人（次），免去职务18人；任命代理院长1人；同意接受辞去人大常委会副主任职务1人，批准辞去十五届县人大常委会委员职务4人；同意接受辞去十五届县人大代表职务14人，补选14人。依法选出县十六届人民代表大会代表186人。

县第十六届人大常委会（2012年2月—2015年12月届期未满），任命副县长、代理县长1人，副县长（省、州挂职副县长）13人；接受辞去县人民政府县长职务1人，以及副县长职务1人；任命政府组成部门负责人39人，免去职务30人；任命县人大常委会有关工委主任以及副主任职务20人，免去职务20人；任命县人民法院、县人民检察院国家机关工作人员39人以及免去职务27人。补选县人民政府县长1人，县人民法院院长1人，县人民检察院检察长1人，县人大常委会委员7人。

第五节　监　督

1991—2015年，县人大常委会通过组织代表开展执法检查、调查、视察、工作评议、专题询问等进行法律和工作监督。

1991年12月9-14日，根据县人大常委会主任会议工作安排，对县人民法院、县人民检察院、县公安局和县司法局机关进行1991年度的执法检查。通过检查，公检法司在执法过程中，配合是好的，但存在不足，需要进一步改进工作。

1992年7月22日，县人大常委会组织在茂井镇召开学习《中华人民共和国全国人民代表大会和地方各级人民代表大会代表法》座谈会。到会33人。其中：州人大代表2人，县人大代表5人，镇人大代

表 14 人，邀请班仁乡、大亭乡、凤亭乡的人大主席团常务主席、镇机关、各部门负责人参加会议。代表们通过学习，进一步提高认识履行代表的权利和义务。镇政府通过学习，提高认识，无条件地支持人民代表工作。8 月 14 日，县人大常委会召开贯彻落实《贵州省各级人民代表大会常务委员会监督条例》座谈会，参加会议的有县委常委，县人民政府正副县长，政协正副主席，县人大常委会组成人员，县人民法院院长，县人民检察院检察长和审判员、检察员，政府各部门正副局长，正副主任 87 人。通过座谈，大家充分地认识县人大常委会依法监督是法律赋予的职责，提高了接受县人大常委会对其工作法律监督的自觉性。10 月中旬，根据贵州省人大常委会办公厅的通知精神，召开有关部门负责人会议，布置检查《贵州省职业技术教育暂行条例》《国务院关于大力发展职业技术教育的决定》的执行情况，深入到县职业技术教育学校检查。通过检查，对于贯彻实施《暂行条例》《决定》所取得的成绩给予肯定，对存在的不足要积极创造条件予以克服，办好职业技术教育。

1993 年 6 月 5–27 日，由县人大常委会率领，组织有县工会、县司法局、县经委、县商业局参加的调查小组，先后对全县 18 个国营企业贯彻执行《中华人民共和国企业法》情况的调查。通过调查，国营企业在贯彻实施《中华人民共和国企业法》总体是好的，但存在差距和不足，通过调查与检查，督促有关企业和单位进一步建立健全完善规章制度，贯彻实施《中华人民共和国企业法》。

1999 年 8 月 16–20 日，县人大常委会组织驻县的部分省、州人大代表和部分县人大代表、县人大常委会组成人员、县人大常委会各工作委员会负责人，抽调县人民检察院、县司法局、县监察局、县审计局、县物价局有关人员，邀请县委政法委派人参加，共 49 人编成 4 个执法检查组，对县人民政府各行政执法部门和县人民法院、县人民检察院等 31 个执法单位进行执法检查。各执法检查组于 8 月 31 日向县人大常委会议作专题汇报。通过检查，认为成绩是主要的，但存在一些不容忽视的问题：一是依法治县的认识不到位。二是执法主体模糊。三是有的执法无依据、无许可证、无标准超标收费、收费票据混乱。四是执法程序不合法。五是执法制度不健全。六是个别单位有法不依，有章不循。七是有的娱乐场所存在黄、赌、毒现象。通过执法检查，督促有关部门进一步依法依章办事，不断改进工作，依法执法。

2000 年 4 月 24 日，根据贵州省人大常委会关于检查《贵州省计划生育条例》贯彻执行情况的通知及黔南州关于《条例》的执法检查工作会议精神，县人大常委会成立由主任王启林任组长、副主任黄元秀、副县长彭文芬任副组长的执法检查领导小组，分 3 个组对全县 26 个乡（镇）进行检查。通过检查，县人民政府在执行《条例》中，是严格按《条例》规定实施计划生育政策，加强计划生育的管理工作，对存在的不足，提出建议。这对加大执行《条例》和加强计划生育管理工作起到规范作用。

2001 年 5 月 24 日，县人大常委会主任会议研究，省、州到罗甸进行执法检查事项，将省、州人大的文件印发给县人民政府、县人民法院、县人民检察院。要求按照检查提纲作好自查，并将自查报告于 5 月 29 日前报送县人大常委会法制工作委员会。

2002 年 4 月 8–23 日，县人大常委会组织县人大常委会组成人员、省州驻县人大代表、部分县人大代表及县人民政府相关部门负责人 65 人，分成 5 个执法检查组，在全县范围内检查《中华人民共和国食品卫生法》的贯彻实施情况。检查采取“听、看、查、访”的方式进行。通过检查，肯定成绩，对存在不足提出建议与意见，督促贯彻实施《中华人民共和国食品卫生法》。5 月 17 日，根据黔南州人大常委会通知，开展《中华人民共和国残疾人保障法》执法检查，24 日听取县政府汇报并进行实地检查，28 日汇总上报黔南州人大常委会内务司法工作委员会。

2004 年 12 月 13–22 日，县人大常委会组织县人大常委会有关部门和县政府有关单位共 20 人，分成 3 个执法检查组，分别对县公安局、县建设局、县文体广电局、县教育局、县卫生局、县工商局、县交警大队、县运管所等单位的执法情况进行检查。通过检查，检查组认为，被检查的单位和部门总体执法质量明显提高，专业收费等行政管理行为较为规范。但存在差距与不足，建议对存在的问题要进行整改，加大依法行政宣传，加大投入配备设施。

2005年7月12–14日，由县人大常委会领导牵头，县人大常委会农工委、法工委、财经委的负责人组成执法检查组，对县人民政府及其有关部门和部分乡镇贯彻执行《中华人民共和国农业法》的情况进行检查。通过检查，在《中华人民共和国农业法》的执法工作质量不断提高，存在的问题是执法人员水平低，农业行政法规制度公开程序不够，农贸市场不规范等。有待于加大执法力度，提高执法水平。7月19日，根据黔南州人大常委会的通知，开展《中华人民共和国传染病防治法》执法检查。县人大常委会及时组织召开相关部门负责人会议，对执法自查工作进行安排部署。通过执法自查进行总结，将自查情况向黔南州人大常委会作报告。11月中下旬，县人大常委会组织执法检查组，分别对《中华人民共和国价格法》《中华人民共和国森林法》《中华人民共和国环境保护法》《中华人民共和国土地管理法》四个法律在全县的实施情况进行检查。通过检查，肯定成绩，对存在的问题给予督促和建议，并将执法检查结果向县十四届人大常委会第十八次会议报告，经审议后向县人民政府通报。

2007年4月16日，县人大常委会组织执法检查组，对全县贯彻实施《贵州省民族民间文化保护条例》情况进行检查。通过检查，查明文物点15处，列保8处，其中：省保1处，县保7处。存在的问题是投资不足，挖掘不够。建议将民族民间文化保护经费列入财政预算，明确各部门，配合文化主管部门做好民族民间文化工作，将执法检查报告黔南州人大常委会。

2008年8月19–23日，县人大常委会组织5个执法检查组，对县公安局、县建设局、县国土局等与人民群众生产、生活密切相关的22个部门实施《中华人民共和国行政许可法》情况进行检查。采取会议座谈、走访民众，听取汇报，实地检查，查阅资料等方式进行。检查组认为：《中华人民共和国行政许可法》2004年7月实施以来，通过县人民政府加强领导和实施《中华人民共和国行政许可法》各机关的努力，广大人民群众对《中华人民共和国行政许可法》的设定、实施和效能有进一步的认识。存在问题主要是认识不足，制度不够健全，行政许可行为不够规范。通过检查，提出建议与意见，并将检查情况向县人民政府通报。8月21日—28日，县人大常委会组织检查组对全县贯彻实施《中华人民共和国环境保护法》工作进行检查，检查全县范围内的工矿企（事）业单位的重点污染、城市饮用水源保护、医疗废水及医疗废物的处置工业、企（事）业污水排放，新建项目环保评估等。通过检查，肯定各单位在生产、服务、消费活动中，重视环境保护。但存在不足的是对新建项目把关不严、有的单位和企业存在偷排、漏排现象、环保经费投入不足，环保执法部门执法不到位等。检查组对存在的问题提出改进的措施和建议，并将检查报告通报县人民政府。

2009年5月25–27日，县人大常委会要求县人民政府就贯彻落实《中华人民共和国畜牧法》情况进行自查。通过自查和检查，对存在不足，提出改进措施与建议。人大常委会办公室5月28日将自查情况汇报黔南州人大农村经济工作委员会。

2010年12月6–15日，县人大常委会组织部分县人大代表和县人大常委会工委（室）负责人组成执法检查组，深入到县国土局，龙坪镇、沫阳镇、董当镇、栗木乡、边阳镇、罗沙乡、木引镇、逢亭镇、罗悃镇等乡（镇），2007—2010年贯彻落实《中华人民共和国土地管理法》情况进行执法检查。通过检查，对土地管理执法存在的问题，提出改进措施与建议，并将执法检查情况经县第十五届人大常委会第三十次会议审议通过，审议结果通报县人民政府。

2011年，县人大常委会因第十六届人民代表大会换届选举工作，未组织开展执法检查工作。

2012年4月9日，县人大常委会组织有关人员对全县《中华人民共和国文物保护法》的贯彻实施情况进行检查。通过检查，县有省级文物保护单位1处，即中共蛮瓦支部旧址。县级文物保护单位20处，未核定为文物保护单位55处，全部为不可移动文物。并将执法检查情况报黔南州人大常委会。

2013年8月7–9日，县人大常委会组织执法检查组，对《中华人民共和国安全生产法》在全县的贯彻实施情况进行执法检查。检查组听取县人民政府相关部门汇报情况后，分为交通运输、非煤矿、建筑施工、高速公路、烟花爆竹、民爆物品等行业领域五个组，深入乡（镇）、社区、生产、经营单位进行检查。

通过检查，对存在的问题提出建议，于8月28日将执法检查情况通报县人民政府。

2014年6月17-20日，县人大常委会对《中华人民共和国环境保护法》在全县贯彻实施情况开展执法检查。检查组分城镇开发、厂矿企业和重大项目3个检查组，在听取县人民政府环保部门对《中华人民共和国环境保护法》实施情况汇报后，深入乡（镇）、园（区）、厂矿企业和重大项目施工区进行实地调查了解。对存在问题提出改进措施和建议，并将执法检查报告黔南州人大常委会。7月21-26日，县人大常委会执法检查组到9个乡镇和16个部门，对贯彻实施《中华人民共和国消防法》《贵州省消防条例》情况开展执法检查。通过听取当地政府和各部门汇报，查阅有关资料，实地察看。全县自《中华人民共和国消防法》《贵州省消防条例》实施以来，取得一定的成效。存在不足是全民消防意识、消防安全责任制尚有差距，公共消防设施不能适应消防安全需要，农村消防工作仍较薄弱，义务消防队伍有待进一步加强。针对存在的问题，检查组提出建议，并将执法情况通报县人民政府。

2015年9月14-16日，县人大常委会分成6个执法检查组对"一法一条例"（即《中华人民共和国道路交通安全法》《贵州省道路交通安全条例》）在全县贯彻实施情况开展执法检查。在集中听取县人民政府贯彻执行"一法一条例"情况的报告后，深入乡镇派出所、安监站、公安交警部门、交通部门及学校查阅相关资料，个别座谈走访了解情况，检查组充分肯定我县贯彻实施"一法一条例"取得一定的成效的同时。存在不足的是群众的交通安全意识淡薄，交通秩序不规范，农村交通违法现象严重，交通安全管理工作仍存在薄弱环节等建议已经书面向县委报告，并建议县人民政府及有关部门进行整改。

第六节 考察活动

1991年11月20日—12月5日，县人大常委会组织省人大代表2人、州人大代表21人、县人大代表102人共125人，分为3个视察组开展考察工作，即社会治安综合治理、工矿企业和金融工作、人畜饮水和多种经营。考察硅厂、水电公司、保险公司、工商联、农行、龙坪镇、云干乡、边阳镇、栗木乡、木引乡、董架乡、茂井镇、罗悃镇、罗羊乡、沟亭乡、罗妥乡，深入到云干乡的大关村、云盘村、幸福村、董架乡的上坝、金家坨，栗木乡的中寨，木引乡的摆落村等察看改土造田工地、人畜饮水工程，油菜育苗移栽和冬果菜种植，考察茂井镇镇办企业桐油加工厂、罗羊乡的羊里码头、新修的纳闹到罗妥公路。通过考察，对存在的问题提出整改建议，对有关单位和部门工作起到督促和推进作用。

1992年5月13-16日，由县人大常委会主任和副主任及各工作委员会有关人员组成2个组，到龙坪镇、板庚乡、云干乡、边阳镇、罗沙乡、栗木乡、逢亭镇、沫阳镇、董架乡、平岩乡、茂井镇、罗悃镇、罗苏乡、罗羊乡14个乡（镇）进行调研。了解县人大代表在生产、工作和社会活动中，向选民宣传党的方针政策和国家法律法规、传递科技信息与技术，带领群众脱贫致富，听取群众的意见和要求，联系选区选民情况等。调研组分别走访35位县人大代表，通过调研，人大代表的基本情况总体比较好，能够履行自己职责，存在问题，在今后工作中进一步完善。10月14-31日，县人大常委会组织省、州、县人大代表（其中：省人大代表2人，州人大代表21人）125人，分成3个视察小组，分别对乡镇企业局、县税务局、县财政局、县城乡建设局、县水电局、县教育局、县综治办、县普法办、龙坪镇、逢停镇、沫阳镇、罗悃镇、茂井镇、栗木乡、罗沙乡、董当乡、罗羊乡、罗甸民族职业中学、县农广校、雷公滩电站、上隆茶果场等32个单位考察，考察内容为1992年的国民经济计划，财政预算执行情况，乡镇企业、计划生育、职业教育、乡镇卫生院延伸情况、社会治安、"二五"普法及人民群众普遍关心、反映强烈、迫切要求解决的重大问题。通过考察，对存在的困难和问题，提出整改建议和措施。

1993年10月5日-11月8日，县人大常委会组织省、州、县人大代表89人（其中：省人大代表2人，州人大代表18人）分成4个组，对全县秋种完成情况、财政预算、金融工作、直杆桉开发实施、世行贷款教育发展项目、部分小学教育、计划生育、政法部门的执法执纪及廉政建设等进行考察，考察县财政局、县人民银行、县农业银行、县物质局、县林业局、县教育局、县计生委、县公安局、县检察院、县人民法院、县司法局11个单位和茂井镇、罗沙乡、罗苏乡、董架乡、平岩乡、云干乡、板庚乡7个乡（镇），实地考察看直杆桉基地。通过视察，对存在的问题提出整改建议。

1994年11月20日-12月10日，县人大常委会组织省、州、县人大代表共64人分为四个组，考察内容为：围绕《中华人民共和国农业法》《中华人民共和国农业技术推广法》《中华人民共和国土地管理法》《中华人民共和国水法》《中华人民共和国水土保持法》《中华人民共和国教师法》《贵州省初级卫生保健规划指标及实施方案》等法律法规的贯彻执行情况进行检查，同时对财政税收情况、国民经济社会发展计划执行情况、社会治安综合治理情况进行考察。被考察单位有县农委、县农业局、县土地管理局、县水利局、县教育局、县卫生局、县国家税务局、县地方税务局、县社会治安综合治理办公室、龙坪镇、罗沙乡、栗木乡、县民族中学等16个单位。通过考察，对存在问题提出改进措施和建议。

1995年11月27-28日，县人大常委会组织州县人大代表34人（其中：州人大代表14人）进行视察。视察内容：全县1995年1—10月国民经济和社会发展计划、财政预算、《贵州省行政事业性收费管理条例》执行情况、龙坪镇管委会工作情况、《中华人民共和国土地管理法》执行情况和减轻农民负担情况。被视察单位有县统计局、县财政局、县工商局、龙坪镇、县国土局、县农业局等单位。通过考察，对存在问题提出改进意见和措施。

1996年10月22日-11月8日，县人大常委会组织省、州、县部分人大代表共42人，分成3个视察组。考察工业、财贸、水电等有关企业的产销、税收完成情况，农村经济发展情况，公、检、法和工商局执法执纪、行政事业收费、管理情况，考察时间为3—5天。考察工业硅厂、县水电公司、县供销社、县公安局、县检察院、县法院、县工商局、罗羊乡、木引乡、边阳镇等10个单位和部门。通过考察，对存在问题提出改进措施与建议。

1997年9月17-27日，县人大常委会组织省、州、县部分人大代表52人（其中：省人大代表2人，州人大代表21人），分为3个组。考察内容：全县1997年国民经济社会发展计划执行情况、财政预算、乡镇温饱越线及财政税收、工业生产、迎接双教验收、农村卫生工作情况。被考察的单位：木引乡、栗木乡、板庚乡、凤亭乡、罗苏乡、董架乡、罗沙乡、边阳镇、县计委、县财政局、县国税局、县地税局、县经贸局、县乡镇企业局、县药材公司、县水泥厂、县龙泉铁合金厂、龙坪一小、龙坪二小、边阳二小、逢亭小学及龙坪卫生院、边阳卫生院、逢亭卫生院。通过考察，对存在问题提出改进措施和建议。

1998年，县人大常委会进行县十三届人民代表大会换届选举工作，未组织人大代表开展视察工作。

1999年开展乡级人大换届选举工作。同年从7月开始，县委、县人大常委会、县人民政府、县政协及县纪委、县委组织部、县委宣传部、县法院、县检察院参加全省第二批“三讲”活动，时间为3个月。未组织人大代表开展考察活动。

2000年11月24-26日，县人大常委会组织省、州、县部分人大代表64人，分成4个视察组。考察内容：乡镇农业税及农业附加、重点工程、重点项目执行情况，中小学教学管理、收费、乡镇卫生院工作情况。考察边阳镇、罗沙乡、逢亭镇、茂井镇、罗悃镇、红水河镇、沟亭乡及上立亭电站、上隆引灌工程、上隆茶果场、纳见茶场，县果业公司的立亭、纳洒、沟亭果园场，八总麻竹基地、绿色科技开发公司等单位。通过考察，对存在的困难和问题，提出建议和改进措施。

2001年11月13-15日，县人大常委会组织省、州驻县人大代表和部分县人大代表56人分5个专题组进行视察。考察内容：全县工业生产、农业生产、财政预算、政务公开工作和2001年县人民政府“十件实事”完成情况进行视察。视察组深入乡（镇）、村、组、农户和有关部门、企事业单位召开座谈会，听取汇报、走访农户、深入车间，提出建议和整改意见。请县人民政府研究办理，并于2001年12月底前书面向人大常委会反馈办理情况。

2002年11月22-24日，县人大常委会组织省、州驻县人大代表30人，分为3个组深入到乡镇、部门和企事业单位，考察2002年国民经济、社会发展、养老保险、失业救济情况和工业、城建、农业、教育卫生工作情况及群众关心的热点难点问题。通过考察、走访、召开座谈会和听取汇报，对存在问题提出整改建议，推进工作进度，完成2002年全年工作任务。县人大常委会将视察情况通报送县人民政府。县人民政府于12月16日召开办公会，就代表在视察中提出的问题进行研究，并回复人大代表。

2003年5月14–15日，县人大常委会组织15名县人大代表分为3个考察组，深入龙坪镇、罗沙乡、逢亭镇、木引乡、沫阳镇、董架乡、茂井镇、罗悃镇、红水河镇和县人民医院、县疾病控制中心，对“非典”防控工作进行考察。考察“非典”（即非典型性肺炎，简称“非典”）防控工作情况、《中华人民共和国食品卫生法》执行情况、爱国卫生运动开展情况。通过考察，全县，至5月24日已消毒车辆5542部，面积20.53万平方米，公共场所消毒1654个点，面积422.83万平方米，发放宣传资料9.28万份，考察入境人员2.28万人，其中：从疫区返乡1742人，发烧留置考察27人，已解除19人，尚留观察8人。全县未发现“非典”和疑似病例。通过考察，对存在的问题提出意见和建议，督促有关单位和部门加强对“非典”的防控，打好防控“非典”战役。9月8–10日组织部分驻县的省、州人大代表和县人大代表共41人，分3个考察组并邀请乡（镇）提议案和建议案的部分人大代表参加。对县十四届人大一次会议代表9件议案和建议的办理落实情况、县人民政府完成2003年“十件实事”进展情况检查，分别在县城和11个乡（镇）采取听、看、查、访的方式进行，通过考察，对存在问题和困难提出整改意见和建议，推进工作力度，加快完成当年任务。12月4日–5日，组织州人大代表20人分为2个组对视察董王乡人畜饮水工程、村级饮水工程、村级公路建设、养畜示范户及村级公路建设、栗木乡种草养畜示范场、栗木中学、木引中学建设、边阳镇农业综合开发区二期排洪工程完成情况和第三期排洪工程启动情况、板庚乡提前完成农业四税任务的做法和经验、纳坪乡干坝生态移民点、纳坪至紫云百花公路建设、逢亭腮里退耕还林点进行考察。通过考察，对单位和部门及项目建设情况，提出建议和意见。

2004年11月16–17日，县人大常委会组织州驻县人大代表和部分县人大代表共38人分为5个组，到各部门对全县国民经济、社会发展、财政预算、县人民政府“十件实事”完成情况进行考察。通过考察，对单位和项目存在的困难和问题提出建议和意见。

2005年11月15–16日，县人大常委会组织省、州驻县人大代表和县部分人大代表共43人分为3个考察组。考察前在人大常委会先集中听取县发改局、县财政局、县农业局、县经贸局等14个部门工作报告，围绕本县国民经济、社会发展、财政预算执行情况及群众普遍关心的民生问题进行实地察看、查阅资料、走访群众，召开座谈会等方式考察。通过视察，对存在的问题和差距提出改进措施和建议，加强工作力度，加快完成2005年全年工作任务。

2006年12月12–13日，县人大常委会组织驻县的省、州人大代表和县人大代表共25人分3个组进行考察。视察前，集中听取县农业办、县水利局、县旅游局、县移民局等工作情况汇报。考察：沫阳镇农业综合开发项目区、柏林提灌站、罗沟提灌站和上隆茶果场引灌工程、边阳农业综合开发项目区、边阳水库的经营管理情况；旅游业及新农村建设、龙滩水电站罗甸库区茂井至双河口水域、云干乡大关村、董当乡大井村的旅游和新农村建设示范推进情况；龙滩水电站罗甸库区城镇迁建及专项复建工程、茂井镇新址场坪、红水河镇新址场坪、红屯水库、中暮水库、茂井至高兰公路、古屯至红水河公路等复建工程建设情况。通过考察，对存在的问题和建议汇总，转县人民政府研究组织实施。

2007年12月10–11日，县人大常委会组织省、州驻县部分人大代表、县人大代表开展考察活动。在听取县政府及有关单位汇报和乡镇政府汇报后，考察双河口水电站、石门坎水电站、雷公滩电站改扩建工程、沫阳镇大桥—大井村油路、云干乡道角村公路、板庚乡政府—罗化村公路、板庚乡卫生院、县第一中学场坪工程；新农村建设的板庚村、大井村；考察沫阳跃进桥小油桐种苗基地、纳翁种植基地、沫阳镇秋菜种植情况。对存在问题提出改进措施及建议。

2008年7月3-5日，县人大常委会组织省、州驻县人大代表29人，在县人大常委会的陪同下，分成3个组对农村扶贫、农村雪凝灾害后重建、制度改革工作情况调研，9日下午在人大常委会听取汇报，并将调研报告报黔南州人大常委会。11月1-21日，县人大常委会组织部分县人大代表和邀请省、州驻县部分人大代表对县城—红水河二级油路建设、秋冬旱菜生产、畜牧业发展情况进行考察。通过考察，对存在的问题已向县人民政府和有关单位和部门提出整改建议。

2009年7月22-24日，县人大常委组织省、州、县三级人大部分代表32人，分成2个调研组，对县城—红水河全长72.44公里二级油路建设（项目投资7.71亿元，工程时限为2007年12月—2009年12月）及县内扩大内需投资重点项目（指2007—2009年7月，全县争取到中央扩大内需项目总投资5688.42万元，涉及保障性安居工程、饮水安全、社会发展等65个项目）实施情况进行调研。考察发现工程进度缓慢、不同程度存在质量问题、拆迁工作进度缓慢等。对存在的问题提出建议并反馈到有关单位和部门进行落实。扩大内需投资重点项目12月29日，县人大常委会向州人大常委会要求将贵州蒙江双河口电站税收划入罗甸县级财政收入的报告。报告说明贵州蒙江双河口电站于2003年12月29日开工建设，位于县境内木引镇与交砚乡交界处，2008年7月20日正式并网发电，为黔南州最大的水电站。2008年10月，州政府下发文件，将贵州蒙江双河口水电站年税收471万元全部纳入州级国库。2009年1-11月共纳税1126万元。根据税收按照税法属地征管的原则和全县财政税收具体情况，罗甸县要求将贵州蒙江双河口电站税收划入县级财政收入，黔南州未答复解决。

2010年11月11-12日，县人大常委会组织省州驻县部分人大代表47人分为2个组，对龙坪四小、沫阳中学、董当小学校安工程建设，平岩乡农村危房改造，县城污水处理厂建设等进行考察。通过考察对存在的问题提出整改建议，督促有关部门加快建设。12月6-15日，县人大常委会组织部分县人大代表和人大常委会相关委（室）负责人组成执法检查组，深入县国土局、龙坪镇、沫阳镇、董当乡、栗木乡、边阳镇、罗沙乡、木引乡、逢亭镇、罗悃镇等乡（镇）对2007—2010年贯彻落实《中华人民共和国土地管理法》执法情况进行考察。对存在宣传不够、执法有待加强等问题提出整改建议。

2011年，县人大常委会因第十六届人民代表大会换届选举工作，未组织人大代表开展考察工作。

2012年8月15-17日，县人大常委会组织省州驻县部分人大代表54人分成3个视察组。视察城镇化、工业化、农业产业化重点项目实施。考察中发现：有关单位汇报材料数据与实际调查差距大，如信邦公司汇报2011年的产值约13.75亿元（实际为5.5亿元）；艾源药业汇报2011年的产值约4000万元（实际为330万元）。有些部门招商引资企业落户难，只有协议书，没有实际内容，到位资金为零等。针对存在的问题，考察组提出整改建议，督促有关部门改进工作。

2013年11月19日-22日，县人大常委会组织部分省、州驻县人大代表56人，分为3个考察组。考察内容为：考察组首先听取县人民政府相关部门工作汇报后，考察组围绕县人民政府2013年“十件民生实事”完成情况[即：小农水项目、保障性住房和农村危房改造、生态移民搬迁安置、通村油路、“一事一议”项目、土地开发整治、六所幼儿园（板庚、纳坪、罗沙、莲花、逢亭、茂井幼儿园）、中医院业务楼建设等]相关点考察，经过考察，对“10件民生实事”完成情况存在的问题和困难提出整改建议，督促县人民政府及相关部门抓时间，积极改进工作措施和方法，推进“十件民生实事”工作任务的完成。

2014年11月25-26日，县人大常委会组织部分省、州、县三级人大代表43人，分为3个组开展考察。首先听取县人民政府有关部门工作汇报，后分为3个组到考察点考察水产养殖、通村水泥路、河道及小农水利建设情况。对存在的问题提出督促意见和建议，对被视察的单位工作起到督促和推进作用。

2015年8月4-6日，县人大常委会组织省、州、县三级人大代表72名分为7个代表小组，分别对农业产业园、城西医药产业园、边阳工业园区、逢亭工业园、沫阳新型建材园、红水河临港经济区等五个产园区和沫阳、罗悃两个小城镇规划建设等进行考察，采取现场调研、座谈交流、小组讨论、集中汇报、提出建议意见等方式，代表们通过实地考察，对部分项目建设存在的问题提出意见和建议，并书面向县人民政府及相关部门进行通报，有力推进县域项目建设和经济发展。

第七节 专题询问和工作评议

县人大常委会不断探索法律监督和工作监督方式，在借鉴其他地区和兄弟县（市）人大工作的监督方式及总结县人大常委会成立以来的经验，2014年，县人大常委会根据有关法律法规，先后出台《罗甸县人民代表大会常务委员会专题询问暂行办法》《罗甸县人大常委会工作评议（暂行）办法》，有序开展专题询问和工作评议工作。

专题询问 2014年11月27日，县人大常委会组织召开专题询问会议，对全县保障性住房（公租、廉租房）在政策投向、资金保障、规划建设、管理分配、后期管理等相关问题开展专题询问。县人大常委会组成人员，县人民政府分管副县长、县人民法院院长、县人民检察院检察长、镇（乡）人大主席、部分县人大代表及群众代表、县人民政府部分组成部门主要负责人等70人参加会议。会议听取县人民政府分管副县长在会上作专题报告，县人大常委会组成人员、部分人大代表、群众代表对全县保障性住房有关问题提出询问，县人民政府分管领导、县住建局领导班子成员和县人民政府组成部门主要负责作相应回答，对存在的问题提出意见和建议，县人民政府分管领导作表态发言，要求有关部门进行整改，会议取得良好的效果。

2015年10月26日，县人大常委会召开专题询问会议，对全县安全饮水问题开展专题询问，听取县人民政府《关于“十二五”以来全县保障饮用水安全工作情况的报告》，全面了解全县饮用水安全工作情况。县人大常委会组成人员，县人民政府分管副县长、县人民法院院长、县人民检察院检察长、（镇）乡人大主席、部分县人大代表及群众代表、县人民政府部分组成部门主要负责人等60余人参加会议。会议听取县人民政府分管副县长在会上作《关于“十二五”以来全县保障饮用水安全工作情况的报告》后，人大常委会组成人员和与会的代表们提出整改意见和建议，经人大常委会领导审签转交县人民政府及其相关部门研究办理，询问工作取得了很好效果。

工作评议 对“一府两院”及其工作部门进行工作评议是人大及其常委会依法行使监督权的监督形式。工作评议是把监督人和监督事有机结合起来，对促进国家机关及其工作人员增强法律意识，提高执法水平，转变作风，改进工作，具有不可替代的作用。

2014年，县人大常委会根据《罗甸县人大常委会工作评议（暂行）办法》《县人大常委会2014年工作要点》，对县水利局、县交通局开展2014年度工作评议，按照工作监督与民主评议、测评相结合的原则，对两部门工作中存在的不足各提出4条建议，建议整改工作满意度在2015年1月23日县十六届人大常委会第二十六次会议进行测评，满意和基本满意在95%，评议工作达到预期的目的。

2015年度，县人大常委会根据《罗甸县人大常委会工作评议（暂行）办法》《罗甸县人大常委会2015年工作要点》，对县人民政府组成部门县安监局、县民政局、县林业局、县人社局、县工信局、县农工局6个单位开展工作评议，提出24条建议，要求相关部门进行整改，整改工作满意度于2016年3月31日在县第十六届人大常委会第三十三次会议进行测评，满意和基本满意在97%，测评结果按照《罗甸县人大常委会工作评议办法（暂行）》的有关规定，评议整改工作达到了预期的效果，推进部门工作。

第八节 乡（镇）人民代表大会

一、乡（镇）人民代表大会

罗甸县人民代表大会常务委员会是县人民代表大会的常设机构，负责指导罗甸县乡（镇）人民代表大会开展工作。乡（镇）人民代表大会依法设立和召开，人民代表依法选举产生，代表的数额由本行政区域的人口数额和民族情况等由上一级人大常委会决定，实行届任制。1990—2002 年前为 3 年一届，2002 年《中华人民共和国地方各级人民代表大会和地方各级人民政府组织法》修改后改为 5 年一届，1991 年 8 月“建并撤”后，开始设乡（镇）主席团为常设机构。每年举行一次乡人民代表会议，届中如有特殊情况，人大代表可增选或补选，增选或补选由县人民代表大会常务委员会决定。

1989 年 11 月，县人大常委会任命 51 个乡（镇）选举委员会成员和 6 个区选举指导办公室主任、副主任。确定龙坪镇第三届、各乡（镇）第八届人民代表大会代表名额 1687 名，并报省人大常委会备案。截至 1990 年 3 月 30 日止，选出乡（镇）人大代表 1682 名，占应选代表的 99.7%，少选 5 名。经乡（镇）人民代表大会代表资格审查委员会审查，确认 1682 名乡（镇）人大代表当选有效。各乡（镇）于 1990 年 4 月中、下旬召开乡（镇）新一届人民代表大会第一次会议，完成乡（镇）人大的换届选举工作。选举产生乡（镇）新一届国家机关领导人员 51 名乡、镇长，68 名副乡（镇）长，乡镇人大主席 51 名。

1991 年 8 月，全县完成建镇并乡撤区（简称建并撤）工作。1991 年 9 月 25 日，依法选举和增选补选乡（镇）人民代表大会代表 754 名，选出乡（镇）人大主席团成员 133 名，推定主席团常务主席和副主席 29 名，乡（镇）人大主席团为常设机构；选出乡（镇）人民政府正、副乡（镇）长 77 名。建并撤前，全县辖 7 个区（镇）50 个乡（镇），有乡（镇）人大代表 1682 名，建并撤后变为 26 个乡（镇），其中：单列乡 7 个（纳坪、平岩、凤亭、班仁、罗苏、罗羊、罗妥），合并新建乡（镇）19 个。单列的 7 个乡原有人民代表 234 名，因调出等原因减少 13 名，实有 221 名人大代表的代表资格有效。根据需要，补选人大代表 13 名，增选人民代表 12 名，7 个单列乡人民代表 246 名。新建的 19 个乡（镇）原有的 1448 名人大代表的代表资格自行终止，必须重新依法选举，19 个乡（镇）人民代表大会代表 729 名，如期足额选出。“建并撤”后，全县乡（镇）人民代表大会代表 975 名，比原来少 707 名，减少 42.03%。建并撤前 50 个乡（镇）长为股级职级，新建 26 个乡（镇）长为正科职级。

1993 年 3 月 13 日，龙坪镇第四届、各乡（镇）第九届人民代表大会代表 966 名依法如期足额选出，经各乡（镇）人大代表资格审查委员会审查，确认新选出的乡（镇）人大代表资格有效。各乡（镇）召开本届人民代表大会第一次会议，选出乡（镇）人大主席团成员 137 名，推定主席团常务主席、副主席 31 名，选出乡（镇）人民政府正、副乡（镇）长 79 名。

1996 年 3 月，龙坪镇第五届、各乡（镇）第十届人民代表大会代表 1224 名全部足额选出，代表中：妇女 257 名，占 21%，中共党员 772 名，占 63.07%，少数民族 854 名，占 69.77%；国家机关工作人员 358 名，占 29.25%。同时，各乡（镇）召开新一届人民代表大会第一次会议，选举产生乡（镇）人大主席 26 人，乡（镇）长 26 人，副乡（镇）长 61 名。

1999 年 1 月，龙坪镇第六届、各乡（镇）第十一届人民代表大会代表 1224 名足额选出。各乡（镇）召开新一届人民代表大会第一次会议，选举产生乡（镇）人大主席 26 人，副主席 7 人，乡（镇）长 26 人，副乡（镇）长 60 人，计 119 人。26 个乡（镇）选出妇女副乡（镇）长 25 人，有 1 个镇未选出妇女副镇长。

2002 年 1 月 7 日龙坪镇第七届、各乡（镇）第十二届完成代表选举工作。全县 26 个乡（镇）共选出乡级人大代表 1222 名，占应选代表 1224 名的 99.84%，少选 2 名。1 月 26 日止，全县 26 个乡（镇）新一届人民代表大会第一次会议召开完毕。26 个乡（镇）选举产生人大主席 25 名、副主席 4 名；选举产生乡（镇）长 25 名、副乡（镇）长 57 名。乡（镇）人大、政府班子选举缺额的是：茂井镇缺镇长 1 名；董当乡缺人大主席 1 名（无副主席）、缺副乡长 1 名；边阳镇缺人大副主席 1 名；大亭乡缺女副乡长 1 名；交砚乡缺副乡长 1 名。共缺额 6 名。全县 26 个乡镇应选人大主席、副主席、乡（镇）正、副乡（镇）长 117 名，当选 111 名。根据《中华人民共和国宪法》修正案和《中华人民共和国地方各级人民代表大会和地方各级人民政府组织法》修正案的规定，乡（镇）人民代表大会和乡（镇）人民政府任期由三年改为五年，所以本届乡（镇）人民代表大会延期两年换届。

2007 年 1 月，龙坪镇第八届、各乡（镇）第十三届 1224 名人民代表足额选出。各乡（镇）召开新一届人民代表大会第一次会议，选举产生乡（镇）人大主席（兼职）26人，专职副主席25人，乡（镇）长26人，副乡（镇）长57人。26个乡（镇）人大主席全部由乡（镇）党委书记兼任，只设专职副主席1名。经过一年的实践，这种体制不适应乡（镇）人大工作的正常开展。

2008年初召开的乡（镇）人大会上，恢复设置专职人大主席体制，乡（镇）党委书记不再兼任人大主席职务。2008年9月，根据贵州省人大常委会办公厅的有关文件精神，乡（镇）人大由原来“某某乡（镇）人大主席团”更名为“某某乡（镇）人民代表大会”。

2012年1月，龙坪镇第九届、各乡（镇）第十四届人民代表大会应选代表1224名，实选出1223名，占应选代表的99.91%，少选1名。1月20日，26个乡（镇）召开新一届人民代表大会第一次会议，选举产生乡（镇）人大主席26人，乡（镇）长26人，副乡（镇）长70人。

2014年2月，全县行政区划调整由原来26个乡（镇）调整为8镇1乡（龙坪镇、边阳镇、逢亭镇、沫阳镇、茂井镇、罗悃镇、红水河镇、木引镇、凤亭乡）。乡（镇）区行政划调整后，原26个乡（镇）1224名人大代表资格自然终止，必须重新选举。2014年1月8镇1乡选出人大代表588名，比原来少636名，减少51.96%。3月，各乡（镇）召开乡（镇）人民代表大会第一次会议，选举产生乡（镇）国家机关组成人员，选出人大主席9名，乡（镇）长9名，副乡（镇）长37名。行政区划调整后召开的乡（镇）人民代表大会的届次仍沿用本乡（镇）本届的届次顺序不变。

二、乡（镇）人大工作

乡（镇）人大工作，按照《贵州省乡（镇）人民代表大会主席团工作暂行条例》的规定和在县人大常委会指导下开展工作。从每届任期三年到每届任期五年，乡（镇）的人大工作，规定一年召开一次人民代表大会会议（特殊除外），一年召开四次主席团会议。在乡（镇）人代会上，会议议程：听取和审议乡（镇）人民政府工作报告、人大主席团工作报告、财政工作报告。换届时，多设一项议程为选举。届中有人事变动时，须增加人民代表大会会议进行补选时，就临时增加召开一次乡（镇）人代会补选乡（镇）长的情况。

乡（镇）人民代表大会闭会期间，乡（镇）人大日常工作，由人大主席牵头，召集主席团成员会议、组织人大代表视察、培训人大代表、办理代表建议、接待人民群众来访、回复群众来信、制定和完善各项制度、开展工作调研、对有关法律法规进行执法检查、开展人大代表向选民述职、成立代表小组、组织学习《中华人民共和国宪法》《中华人民共和国选举法》《中华人民共和国地方各级人民代表大会和地方各级人民政府组织法》《中华人民共和国土地法》《中华人民共和国农村土地承包法》《中华人民共和国村民委员会组织法》等法律法规，提升代表素质，发挥代表作用等。各乡（镇）人大主席团工作的开展基本相同，乡（镇）人大工作已正常化、规范化，为基层政权建设发挥作用。

第二章　地方人民政府

第一节　罗甸县人民政府机构组成

罗甸县人民政府领导班子由罗甸县人民代表大会选举产生，实行届任制。届期如有人事变动，县长由县人民代表大会补选产生，副县长（代理县长）由县人大常委会任命。

县第十一届人民政府领导班子于1990年5月由县第十一届人民代表大会选举产生县长1人，副县长4人。届期，县长离任，县人大常委会决定代理县长1人。任命省计委挂职副县长1人（省、州挂职领导不占领导职数），政府工作机构31个。

县第十二届人民政府领导班子于1993年4月由县第十二届人民代表大会选举产生县长1人，副县长

5人，其中：女副县长1人。届期，县长、副县长离任，县人民代表大会补选县长1人，县人大常委会任命副县长8人、任命省、州挂职副县长7人，政府工作机构27个。

县第十三届人民政府领导班子于1998年2月由县第十三届人民代表大会选举产生县长1人，副县长6人，其中：女副县长1人。届期，县长离任，县人民代表大会补选县长2人，县人大常委会任命副县长1人，任命省、州挂职副县长4人，政府工作机构26个。

县第十四届人民政府领导班子于2003年3月由县第十四届人民代表大会第一次会议选举产生县长1人，副县长6人，其中：女副县长1人。届期，县长、副县长工作离任，县人民代表大会补选县长1人，县人大常委会任命副县长4人，政府工作机构32个。

县第十四届人民政府领导班子于2003年3月由县第十四届人民代表大会第一次会议选举产生县长1人，副县长6人，其中：女副县长1人。届期，县长、副县长工作离任，县人民代表大会补选县长1人，县人大常委会任命副县长4人，政府工作机构32个。

县第十五届人民政府领导班子于2007年3月由县第十五届人民代表大会第一次会议选举产生县长1人，副县长7人，其中：女副县长1人。届期，县长、副县长工作离任，县人民代表大会补选县长1人，县人大常委会任命副县长4人，政府工作机构24个。

县第十六届人民政府领导班子于2012年1月由县第十六届人民代表大会第一次会议选举产生县长1人，副县长6人，其中：女副县长1人。届期，县长、副县长工作离任，县人民代表大会补选县长1人，县人大常委会任命副县长7人、任命省、州挂职副县长6人，政府工作机构32个。

罗甸县第十一至十六届人民政府领导任职表

表4-2

姓名	性别	民族	文化程度	任职时间	职务
罗珍丽	女	布依族	在职大专	1990.5-1992.12	县长
王启林	男	布依族	初中	1992.12-1993.4	县委副书记、代理县长
崔忠玉	男	汉族	中专	1990.5-1993.4	常务副县长
黄光兴	男	布依族	中专	1990.5-1993.4	副县长
孙绍明	男	汉族	在职大专	1990.5-1995.2	副县长
周齐	男	汉族	中专	1990.5-1993.4	副县长
				1993.4-1996.3	常务副县长
陈加露	男	汉族	本科	1991.04-1992.4	省计委挂职副县长
柳学凯	男	汉族	本科	1992.05-1993.4	省计委挂职副县长
罗来儒	男	布依族	本科	1993.4-1996.10	县长
滕久明	男	苗族	在职大专	1993.4-1996.10	副县长
				1996.11-1997.2	代理县长
				1997.2-1999.3	县长
林家园	男	侗族	本科	1993.4-1996.5	副县长
韦成华	女	苗族	在职大专	1993.4-1995.4	副县长
罗世云	男	布依族	大专	1994.12-1997.1	副县长
罗登军	男	布依族	大专	1995.8-1997.5	副县长
彭文芬	女	布依族	在职大专	1996.3-2006.3	副县长
韦安华	男	布依族	在职大专	1996.3-1998.2	副县长
				1998.2-1999.2	常务副县长
				1999.3-2000.11	县长

续表

姓 名	性别	民 族	文化程度	任职时间	职 务
李文智	男	水 族	在职大专	1996.5–1996.10	副县长
于世洪	男	汉 族	在职本科	1996.9–2006.3	副县长
邓庆国	男	汉 族	本 科	1996.9–2003.3	副县长
吴胜华	男	布依族	本 科	1997.5–2000.1	副县长
				2000.1–2003.2	常务副县长
柳学凯	男	汉 族	本 科	1993.4–1995.3	省计委挂职副县长
叶金惠	男	汉 族	本 科	1995.4–1998.3	省计委挂职副县长
蒋禄元	男	汉 族	本 科	1996.8–1998.12	中农院重庆柑橘研所挂职副县长
戢 刚	男	汉 族	本 科	1996.9–1998.1	黔南州经委挂职副县长
陈 杰	男	汉 族	本 科	1993.3–1994.1	挂职副县长
王林贤	男	汉 族	中 专	1993.5–1997.1	挂职副县长
巩积文	男	汉 族	大 专	1994.10–1995.1	贵州中科院地化所挂职副县长
陈明莉	女	苗 族	在职大专	1998.2–2011.10	副县长
莫俊国	男	布依族	本 科	2000.11–2001.3	副县长代理县长
				2001.3–2006.1	县 长
刘胜军	男	汉 族	本 科	2002.7–2012.1	常务副县长
曾仕超	男	汉 族	在职大专	2000.2–2011.10	副县长
何林海	男	汉 族	本 科	2003.3–2007.3	副县长
欧天彪	男	汉 族	在职本科	2003.3–2008.11	副县长
樊初贵	男	苗 族	本 科	1998.3–2003.3	省计委挂职
梅仕能	男	汉 族	本 科	2000.12–2003.3	省计委挂职
赵 立	男	汉 族	大 专	2001.5–2006.10	省计委挂职
梅仕能	男	汉 族	本 科	2003.3–2004.5	省计委挂职
樊初贵	男	苗 族	本 科	2003.3–2004.5	省计委挂职
彭贤伦	男	布依族	在职本科	2006.1–2006.3	副县长代理县长
				2006.3–2011.1	县 长
陈克朴	男	土家族	在职大专	2006.3–2012.1	副县长
罗金逸	女	布依族	在职本科	2007.1–2012.1	副县长
罗世斌	男	布依族	在职大专	2007.3–2008.8	副县长
邓德宇	男	布依族	在职本科	2008.10–2012.1	副县长
陈义龙	男	苗 族	在职本科	2010.8–	副县长
黄元智	男	布依族	在职本科	2011.10–2014.2	副县长
刘明辉	男	汉 族	在职本科	2011.10–2013.6	副县长
杨朝伟	男	布依族	在职本科	2011.1–2011.3	副县长代理县长
				2011.3–2012.7	县 长
陆祖宏	男	布依族	本 科	2011.9–2013.8	常务副县长
杨兴华	男	苗 族	在职本科	2012.7–2013.2	副县长代理县长
				2013.2–	县 长
冷安辉	男	汉 族	在职本科	2012.1–2013.8	副县长
马素芬	女	汉 族	在职本科	2012.1–	副县长
朱 泉	男	苗 族	本 科	2013.8–	副县长

续表

姓　名	性别	民　族	文化程度	任职时间	职　务
贾维军	男	汉　族	本　科	2013.8–	副县长
李福锴	男	布依族	在职本科	2013.8–2014.11	常务副县长
赵光龙	男	汉　族	在职研究生	2014.1–	副县长
蓝康力	男	苗　族	在职研究生	2014.11–	常务副县长
王明亮	男	苗　族	在职博士	2012.4–2014.4	省教委挂职
王　凌	男	汉　族	本　科	2014.4–	省高院挂职
罗宇建	男	汉　族	本　科	2014.4–	州纪委挂职
冯洪森	男	汉族	本　科	2015.3–	州挂职
李琼芬	女	苗族	在职本科	2015.3–	州挂职
龚　元	男	汉族	硕士研究生	2015.3–	州挂职

县人民政府机构　1991年，罗甸县人民政府设政府办公室、计划委员会、科学技术委员会、统计局、物价局、民政局、司法局、公安局、林业局、水利局、电力局、交通局、财政局、税务局、粮食局、监察局、商业局、工商行政管理局、卫生局、文化局、档案局、史志办、计划生育委员会、民族事务委员会、城乡建设环境保护局、经济委员会、广播电视局、劳动人事局、农牧局、教育局、审计局，共31个机构。

1993年，罗甸县人民政府设政府办公室、档案局、计划委员会、经济委员会、农村经济委员会（与农工部合署办公）、史志办、农业局、林业局、水利局、教育与科学技术局、统计局、工商行政管理局、民政局、审计局、国土资源管理局、建设局、财政税务局、交通局、乡镇企业局、计划生育局、卫生局、人事劳动局、文体广播电视局、民族事务局、公安局、司法局、监察局共27个机构。

2000年，罗甸县人民政府设政府办公室、计划经济贸易局、教育局、科学技术局、民族宗教事务局、公安局、监察局（与纪委机关合署办公）、民政局、司法局、财政局、人事劳动和社会保障局、国土资源局、建设局、交通局、水利局、农业局、林业局、环境保护局、卫生局、计划生育局、审计局、统计局、粮食局、文体广播电视局、物价局、农业办公室、共26个机构。

2004年，罗甸县人民政府设政府办公室、发展和改革局、经济贸易局、教育局、科学技术局、民族宗教事务局、公安局、监察局（与县纪委机关合署办公）、民政局、司法局、财政局、人事劳动和社会保障局、国土资源局、建设局、交通局、水利局、农业局、林业局、卫生局、人口和计划生育局、审计局、统计局、环境保护局、粮食局、文体广播电视局、物价局、农业办公室、扶贫开发办公室、供销合作社联合社、安全生产监督管理局、招商引资局、旅游事业局，共32个机构。

2011年，罗甸县人民政府设政府办公室、工业和信息化局、教育局、统计局、公安局、监察局（与县纪委机关合署办公）、司法局、民政局（含老龄办）、财政局、国土资源局、农村工作局（挂扶贫开发局牌子）、林业局、水利局、文体广电旅游局（挂新闻出版局牌子）、卫生和食品药品监督局、人口和计划生育局、审计局、民族宗教事务局、环境保护局、交通运输局、住房和城乡建设局、人力资源和社会保障局、安全生产监督局、扶贫开发局（2013年设立，为县政府直属的正科级单位），共24个机构。

2014年，罗甸县人民政府设政府办公室、发展和改革局、教育局、工业和信息化局、民族宗教事务局、公安局、监察局（与县纪委合署办公）、民政局、司法局、财政局、人力资源和社会保障局、国土资源局、环境保护局、住房和城乡建设局、交通运输局、农村工作局、审计局、林业局、安全生产监督管理局、统计局、卫生和计划生育局、市场监督管理局、水务局、城市管理局、文化和旅游局、档案史志局、公共资源交易中心、政务服务中心、金融工作办公室、投资促进局、水库和生态移民局、供销合作社联合社，共32个机构。2015的机构不变。

第二节　政务会议

第十一届县人民政府（1990年5月—1993年4月）召开县长办公会议35次，专题会议8次。第十二届县人民政府（1993年4月—1998年2月）召开县长办公会议164次，专题会议119次。第十三届县人民政府（1998年2月—2003年3月）召开县长办公会议131次，专题会议231次。第十四届县人民政府（2003年3月—2007年3月）召开全体会议8次，常务会议19次，县长办公会议70次，专题会议686次。2004年起，县人民政府参照国务院、省、州人民政府全体会议、常务会的规定，制定县人民政府全体会议、常务会议制度。第十五届县人民政府（2007年3月—2012年1月）召开全体会议12次，常务会议51次，县长办公会议25次，专题会议583次。第十六届县人民政府（2012—2015年未满届）召开全体会议13次，常务会议62次，县长办公会议22次，专题会议820次。

一、县人民政府全体（扩大）会议

第十一届、第十二届、第十三届县人民政府（1990年5月—2003年3月）全体会议未形成制度，有的年度召开，有的年度未召开。2004年起，县人民政府参照国务院、省、州人民政府全体会议规定，制订罗甸县人民政府全体会议制度，正常召开县人民政府全体会议。

第十一届县人民政府（1990年5月—1993年4月）没有召开县人民政府全体会议。

第十二届县人民政府（1993年4月—1998年2月），1995年7月27日，常务副县长周齐在县人民政府三楼会议室主持召开全体（扩大）会议，各位副县长出席，县政府各部门主要负责人、各乡（镇）党委书记、乡（镇）长、部分企（事）业单位主要负责人、省、州驻县有关单位主要负责人参加会议。会议听取农委、经贸局、地税局、国税局、交通局和计生局工作情况汇报；县长罗来儒总结全县上半年工作，安排部署下半年工作。

第十三届县人民政府（1998年2月—2003年3月），2000年6月9日，常务副县长吴胜华在县人民政府三楼会议室主持召开第一次全体（扩大）会议。县长、副县长5人、县委书记、县人大常委会主任、县政协主席、县委副书记、政法委书记、人大常委会副主任、县政府各部门主要负责人和各乡（镇）党委书记、乡（镇）长参加会议。会议听取县长韦安华作上半年全县经济情况和对下半年工作进行安排部署。2001年3月6日，常务副县长吴胜华在县政府三楼会议室主持召开第一次全体（扩大）会议。代县长莫俊国、县人大常委会主任、副县长5人、政协主席1人和县政府各部门主要负责人、各乡（镇）党委书记、乡（镇）长、部分企（事）业单位负责人参加会议。会议传达黔南州人民政府全体（扩大）会议和黔南州人民政府工作会议精神，结合全县2001年预定的目标，明确提出县政府工作的总体思路。2002年4月2日，县长莫俊国在县人民政府三楼会议室主持召开第一次全体（扩大会议）。副县长5人、县委副书记和县政府各部门主要负责人、各乡（镇）党委书记、乡（镇）长、部分企（事）业单位负责人参加会议。会议内容：总结2001年工作所取得的成效、经验及存在的困难和问题，并对2002年工作进行安排。

第十四届县人民政府（2003年3月—2007年3月），2003年4月23日，县长莫俊国在县人民政府三楼会议室主持召开第一次全体会议，副县长5人出席会议，县政府各部门主要负责人、各乡镇乡镇长、省州驻县单位主要负责人、信邦公司、发电公司、供电公司、自来水公司四个企业负责人参加会议。会议听取副县长分管工作第一季度工作开展情况，并安排部署下步工作。8月6日，县长莫俊国在县人民政府三楼会议室主持召开第二次全体会议，副县长5人和县政府各部门主要负责人、各乡（镇）党委书记、乡（镇）长、部分企（事）业单位负责人参加会议。会议内容：传达贯彻省、州委（扩大）会议精神，总结2003年的上半年工作，对下半年的工作任务进行安排。2004年3月15日，县长莫俊国在县人民政府三楼会议室主持召开第一次全体会议，副县长4人和县政府各部门主要负责人、各乡（镇）党委书记、乡（镇）长、部分企（事）业单位负责人参加会议。会议讨论《政府工作报告（草案）》，认为《报告》提出的目标和任务符合实际，制订措施切实可行，同意《政府工作报告（草案）》提交罗甸县第十四届人民代表大会审议。9月24日，县长莫俊国在县人民政府三楼会议室主持召开第二次全体会议，副县长2人出席会议，县政府各部门主要负责人、各乡镇乡镇长、部分企（事）业单位负责人参加会议。会议听取副县长分管工作取得的成效及存在的问题困难，并对2005年工作进行安排。2005年9月20日，县长莫俊国在县政府三楼会议室主持召开第一次全体会议。副县长4人和县政府各部门主要负责人、各乡（镇）党委书记、乡（镇）长、部分企（事）业单位负责人参加会议。会议讨论《关于贯彻落实科学发展观进一步做好新形势下人口资源环境工作的实施意见》《关于进一步加强惩治和预防腐败体系建设的实施意见》两个征求意见稿。对2005年的上半年工作作总结和对下半年的工作部署安排。2006年5月22日，县长彭贤伦在县政府三楼会议室主持召开第一次全体会议，副县长4人出席会议，县政府各部门主要负责人、各乡镇乡镇长、党委书记、部分企（事）业单位负责人参加会议。会议听取副县长分管工作开展情况汇报，并对下步工作进行安排部署。12月31日，县长彭贤伦在县人民政府三楼会议室主持召开第二次全体会议，副县长5人和县政府各部门主要负责人、各乡（镇）党委书记、乡（镇）长、部分企（事）业单位负责人参加会议。会议讨论《政府工作报告（草案）》，同意修改后将《报告》提交县人民代表大会；副县长就分管工作进行安排。

第十五届县人民政府（2007年3月—2012年1月），2007年7月16日，副县长罗金逸在县人民政府三楼会议室主持召开第一次全体会议，县政府领导班子、县委、县人大常委会、县政协有关领导，人武部、县政府组成部门负责人、各乡（镇）长、省、州驻县单位负责人、部分企、事业单位负责人参加会议。县长彭贤伦通报上半年全县经济运行情况，对下半年工作进行安排。县政府副县长就分管工作进行安排。10月18日，县长彭贤伦在县人民政府三楼会议室主持召开第2次全体会议，副县长4人和县政府各部门主要负责人、各乡（镇）党委书记、乡（镇）长参加会议。会议内容对完成全年工作任务的部署和安排，县政府副县长就分管工作汇报和下步工作作要求。2008年7月24日，县长彭贤伦在县人民政府三楼会议室主持召开第一次全体会议，副县长4人和县政府各部门主要负责人、各乡（镇）党委书记、乡（镇）长、部分企（事）业单位负责人参加会议。会议内容：总结上半年的经济社会发展工作，安排部署下半年的新阶段扶贫开发、增加农民收入、招商引资工作任务。副县长就分管工作进行安排。10月22日，县长彭贤伦在县人民政府三楼会议室主持召开第二次全体会议，各位副县长、县直部门主要领导和各乡（镇）党委书记、乡（镇）长、部分企事业单位负责人参加会议。会议总结前3个季度全县国民经济和社会发展情况，查找问题和不足，安排部署第4季度工作，以确保全年各项工作目标任务的实现。副县长就分管工作进行安排。2009年4月17日，县长彭贤伦在县人民政府三楼会议室主持召开第一次全体会议，县直部分科局领导和乡（镇）党委书记、乡（镇）长、部分企（事）业单位负责人参加会议。会议内容是对第一季度的工作作全面分析总结，并对下一步工作提出意见和建议。县政府副县长就分管工作进行总结和安排。10月20日，县长彭贤伦在县人民政府三楼会议室主持召开第二次全体会议，副县长4人和县政府各部门主要负责人、各乡（镇）党委书记、乡（镇）长、部分企事业单位负责人参加会议。会议内容：总结前三个季度全县经济和社会发展情况，查找问题和不足，部署第四季度工作，以确保全年各项工作目标任务实现。副县长就分管工作进行安排。2010年1月12日，常务副县长刘胜军在县人民政府三楼会议室主持召开第一次全体会议，县长1人、副县长4人出席会议，县政府工作部门主要负责人、各乡镇乡镇长、省州驻县单位负责人参加会议。会议听取副县长分管工作的情况汇报，并安排下步工作。4月10日，县长彭贤伦在县人民政府三楼会议室主持召开第二次全体会议，副县长3人和县政府各部门主要负责人、各乡（镇）党委书记、乡（镇）长、部分企（事）业单位负责人参加会议。会议听取副县长就分管的工作汇报，研究和部署2010年的工作，全面完成“十一五”各项工作目标任务。7月10日，县长彭贤伦在县人民政府三楼会议室主持召开第三次全体会议，副县长6人出席会议，县政府工作部门主要负责人、各乡镇乡镇长、省州驻县单位负责人参加会议，会议听取副县长分管工作总结和汇报，并对下步工作进行安排。2011年4月21日，县长杨朝伟在县人民政府三楼会议室主持召开第一次全体会议，副县长6人和县政府各部门主要负责人、各乡（镇）党委书记、乡（镇）长、部分企（事）业单位负责人参加会议。会议贯彻落实县第十五届人民代表大会第五次会议的决议，对人大代表建议批评意见和政协委员提案的办理工作进行安排。副县长就分管工作进行总结和安排。

第十六届县人民政府（2012 年 1 月—2015 年 12 月），2012 年 5 月 3 日，县长杨兴华在县人民政府三楼会议室主持召开第一次全体会议，副县长 6 人出席会议，县政府工作部门主要负责人、各乡（镇）长、省州驻县单位负责人参加会议。会议听取副县长分管工作汇报，研究和部署下步工作。9 月 29 日，县长杨兴华在县人民政府三楼会议室主持召开第二次全体会议，副县长 6 人出席会议；县政府各部门主要负责人和各乡（镇）党委书记、乡（镇）长、部分企（事）业单位负责人参加会议。会议听取副县长分管的工作进行总结、汇报、研究和部署，加大工作力度全面完成 2012 年工作任务。2013 年 3 月 27 日，县长杨兴华在县人民政府三楼会议室主持召开 2013 年第一次全体会议，副县长 1 人、县政府各部门主要负责人参加会议；县人大、县政协及党群部门主要负责人和各乡（镇）党委书记、乡（镇）长参加会议。会议认真分析制约全县在加速发展，建设小康进程中思想障碍和制约瓶颈、廉政工作以及经济社会发展面临的形势和机遇，安排部署全年各项工作。10 月 24 日，县长杨兴华在县人民政府三楼会议室主持召开第二次会议，副县长 6 人、县政府各工作部门主要负责人、各乡（镇）长、部分企事业单位负责人参加会议。会议内容是县长分析前三季度工作，安排部署第四季度工作；副县长就分管工作进行汇报和安排。2014 年 3 月 22 日，县长杨兴华在县人民政府三楼会议室主持召开 2014 年第一次全体会议，副县长 6 人、县政府各部门主要负责人和各乡（镇）党委书记、乡（镇）长、部分企（事）业单位负责人参加会议。会议由副县长汇报分管工作，研究和讨论全县的城镇化、工业化、民生实事、财政税收等问题。11 月 7 日，县长杨兴华在县人民政府二楼会议室主持召开 2014 年县人民政府第二次全体会议，副县长 6 人、县政府各部门主要负责人和各乡（镇）党委书记、乡（镇）长、部分企（事）业单位负责人参加会议。会议就 2014 年目标和任务完成提出具体要求，认真落实。强调建设高效法治政府，深化改革开放，问发展要效益，加大融资力度，破解资金瓶颈。2015 年 4 月 2 日，县长杨兴华在县人民政府三楼视频会议室主持召开 2015 年第一次全体成员会暨廉政工作会议、建议提案交办会和禁毒、消防工作会议，副县长 5 人、县政府各部门主要负责人和各乡（镇）党委书记、乡（镇）长、部分企（事）业单位负责人参加会议。会议学习贯彻省政府廉政工作会议，安排部署 2015 政府系统廉政建设和反腐败工作，对县委十一届八次全会和县第十六届人民代表大会第四次会议确定的目标任务进行再细化、再安排、再部署、再落实。

二、县人民政府常务会议

第十一届、第十二届、第十三届县人民政府常务会议未形成制度，未正常召开县人民政府常务会议。2004 年起，县人民政府根据国务院、省、州人民政府常务会议规定，制定县人民政府常务会议制度，并使之正常化、制度化。

第十三届县人民政府常务会议（1998 年 2 月—2003 年 3 月），1998 年 2 月—2000 年 12 月，未召开常务会议。2001 年 7 月 7 日，常务副县长吴胜华在县人民政府三楼会议室主持召开常务会议，县长莫俊国、副县长 5 人出席会议；县政府各工作部门主要负责人 37 人列席。会议传达贯彻省、州税改会议精神，安排部署 2001 年农业税，农业特产税附加加征征收工作。要求抓紧做好农村税费的依法征收工作。2002 年 10 月 10 日，县长莫俊国在县人民政府二楼会议室主持召开 2002 年常务会议，副县长 4 人出席会议；县政府各工作部门主要负责人 37 人列席。会议分析 2002 年 1–9 月份经济运行情况，并对下一步工作进行全面安排和部署。2003 年 3 月 6 日，县长莫俊国在县人民政府三楼会议室主持召开第 14 次常务会议，副县长 6 人，县人大常委会副主任 1 人、县政协副主席 1 人出席会议；县政府各工作部门主要负责人 37 人列席。会议审议通过《关于罗甸县国民经济和社会发展第十一个五年规划纲要的报告》《罗甸县迎接建州 50 周年为民服务十件实事》。

第十四届县人民政府（2003 年 3 月—2007 年 3 月），2003 年 3 月 21 日，县人民政府县长莫俊国在县人民政府二楼会议室主持召开2003年第十四届第1次常务会议，副县长5人出席会议。会议就新的十四届人民政府要做到务必保持谦虚谨慎不骄不躁的作风，务必保持艰苦奋斗的作风；必须提高工作效率和执政水平；必须坚持“三讲”；必须坚持民主集中制；必须自觉接受人大的法律监督，工作监督和政协的民主监督；必须坚持党的领导。2004年2月1日，县人民政府县长莫俊国在县人民政府二楼会议室主持召开县人民政府常务会议，副县长5人出席会议，县政府各工作部门主要负责人35人列席。会议通报云干乡“1·28”重特大事故及其教训、反思及交通安全管理工作下步安排；对消防工作和森林防火工作进行安排；部署高效病性禽流感防治，关于信息反馈的要求等工作。2005年1月21日，县人民政府县长莫俊国在县人民政府二楼会议室主持召开常务会议，副县长4人出席会议；县政府各工作部门主要负责人37人列席。会议研究：关于贵州蒙江有限公司收购原罗甸发电公司产权移交手续的办理问题，关于推行政府部门行政首长问责制的问题，关于双河口水电站主要实物指标补偿单价问题等。2006年3月6日，县人民政府县长彭贤伦在县人民政府三楼会议室主持召开第14次常务会议，副县长6人、人大常委会副主任1人、县政协副主席1人出席会议，县政府各工作部门主要负责人37人列席。会议研究“十一五”经济社会发展的主要目标是“四个翻番”，即到2010年，全县地区社会总产值达到22亿元以上，人均国民生产总值达到6500元以上，比2005年翻一番；三产结构比例调整为30∶36∶34左右；五年全社会固定资产投资累计50亿元以上，比“十五”期间投资翻一番；财政收入实现3亿元以上（含龙滩电站税收分成1亿元），比2005年翻一番以上；农民人均纯收入达2400元以上，比2000年翻一番以上。12月6日，县人民政府县长彭贤伦在县人民政府二楼会议室主持召开第19次常务会议，副县长6人、县人大常委会副主任1人、县政协副主席1人出席会议，县政府各工作部门54人列席会议。会议内容：传达学习《中共贵州省委办公厅、贵州省人民政府办公厅关于加强社会治安工作遏制恶性刑事案件发生的紧急通知》、审定提交县人民代表大会《政府工作报告》及2007年为民服务“十件实事”等事项。

第十五届县人民政府（2007年3月—2012年1月），2007年1月19日，县人民政府县长彭贤伦在县人民政府二楼会议室召开第1次常务会议，副县长6人、县人大常委会副主任1人、县政协副主席1人出席会议，县政府各工作部门主要负责人35人列席。会议内容：讨论《政府工作报告》主要任务和“十件实事”，研究加快移民搬迁安置和复建工程方案，研究“高原千岛湖”旅游文化节筹备工作，研究教育教学体制改革校长“公推直选”方案。3月2日，县人民政府县长彭贤伦在县人民政府二楼会议室主持召开第3次常务会议副县长5人、县人大常委会副主任1人、县人民武装部副部长1人出席会议；县政府各工作部门主要负责人37人列席。会议学习贯彻《中共中央关于积极发展现代农业扎实推进社会主义新农村建设的若干意见》和全省农业农村工作会议精神、听取项目建设进展情况汇报、研究清理机关事业单位车辆问题、“八七”扶贫攻坚国投公司到期逾期有偿资金的清偿问题、研究全县兽医管理体制改革方案、研究“一村一名大学生工程”相关经费问题等。2008年8月26日，县人民政府县长彭贤伦在县人民政府二楼会议室主持召开第14次常务会议，副县长6人、县人大常委会副主任1人、县政协副主席1人、县人武部部长出席会议；县政府各工作部门主要负责人28人列席。会议学习《国务院关于加强市县政府依法行政的决定》精神、传达8月19日全省石漠化治理会议精神；研究出让迎宾路西侧国有土地使用权问题、研究罗甸县城—羊里二级公路征地补偿及安置用款计划问题、研究银河电站及淹没问题等。2009年4月27日，县人民政府县长彭贤伦在县人民政府三楼会议室主持召开第21次常务会议，副县长3人、县人大常委会副主任1人、县政协副主席1人出席会议，县政府各工作部门主要负责人20人列席。会议研究罗甸县城—羊里二级公路征地拆迁实物指标补偿方案问题。2010年6月12日，县人民政府县长彭贤伦在县人民政府二楼会议室主持召开县第33次常务会议，副县长6人、县人大常委会副主任1人、县政协副主席1人、县人民武装部部长出席，县政府各工作部门主要负责人35人列席。会议听取县城污水处理厂建设情况汇报，研究移民长补融资支持相关事宜，以及将城镇非农业人口计生“两户”（独生子女户、两女结扎户）列为奖励扶助对象、将县妇幼保健站房子作价转让给县质监局、县城城镇和职工高额医疗保险财政代扣代缴等事宜。2011 年 2 月 23 日，县人民政府县长杨朝伟在县人民政府二楼会议室主持召开第 37 次常务会议。副县长 6 人、县人大常委会副主任 1 人、县政协副主席 1 人出席会议，县政府各工作部门主要负责人 39 人列席。会议传达学习州政府全体（扩大）会、招商引资、人力资源和社会保障、安全生产等会议精神，研究国有资本营运公司转型问题、研究扶持县高能耗企业等事宜。11 月 20 日，县人民政府县长杨朝伟在县人民政府二楼会议室主持召开第 51 次常务会议，副县长 6 人、县人大常委会副主任 1 人、县政协副主席 2 人出席，县政府办、财政局、审计局、发改局负责人 11 人列席会议。会议审定《2011 年财政预算执行情况和 2012 年财政预算草案报告》。

县人民政府第十六届（2012 年 1 月—2015 年 12 月），2012 年 1 月 18 日，县人民政府县长杨朝伟在县人民政府二楼会议室主持召开第 1 次常务会议。副县长 6 人、县人民武装部政委、县人大常委会副主任 1 人、县政协副主席 3 人出席会议，县政府各工作部门主要负责人 33 人列席。会议研究县人民政府领导班子分工、县人民政府工作制度，传达省、州相关会议精神，学习中央、省、州关于元旦春节期间加强廉洁自律厉行节约文件精神，安排年末岁首工作。5 月 4 日，县人民政府县长杨朝伟在县人民政府二楼会议室主持召开县第 6 次常务会议。副县长 5 人、县人大常委会副主任 1 人、县政协副主席 2 人出席会议，县政府各工作部门主要负责人 41 人列席。会议传达学习近期省州会议精神，审定罗甸县规范城镇和乡村建房管理暂行办法、罗甸县高中阶段教育招生人数工作实施方案、罗甸县被征地农民就业和社会保障工作实施方案等。2013 年 4 月 2 日，县人民政府县长杨兴华在县人民政府二楼会议室主持召开第 18 次常务会议。副县长 6 人、县人大常委会副主任 1 人、县政协副主席 1 人、县人民武装部政委出席会议，县政府各工作部门主要负责人 32 人及木引乡乡长列席。会议传达学习《贵州省车船税收实施办法》文件精神，审定《罗甸县气象防灾减灾体系建设发展规划》，研究建设边阳镇河滨文化园、木引乡 2013 年小城镇建设乡（镇）耕地占用税任务分解相关事宜，研究罗甸高原千岛湖建设相关事宜，研究新中盛集团高效示范园建设及相关事宜等。2014 年 1 月 27 日，县人民政府县长杨兴华在县人民政府二楼会议室主持召开常务会议。副县长 6 人、县政协副主席 1 人出席会议，县政府各工作部门主要负责人 24 人列席。会议对县人民政府党组党的群众路线教育实践活动进行安排部署，对经济适用房产权证办理、2014 年财政预算编制、应急备用金管理等相关事宜进行研究，初审《2014 年政府工作报告（征求意见稿）》。11 月 30 日，县人民政府县长杨兴华在县人民政府二楼会议室主持召开第 60 次常务会议，副县长 6 人、县人大常委会副主任 1 人、县政协副主席 1 人出席会议，县政府有关部门主要负责人 31 人列席。会议研究人事问题、项目融资事宜，审定《关于进一步深化国库集中支付改革方案》，研究进一步理顺县工业园区和所在镇（乡）关系，研究工程项目建设模式及相关事宜等。2015 年 1 月 10 日下午，县人民政府县长杨兴华在县人民政府第一会议室主持召开第 40 次常务会议，副县长 6 人、特邀县政协副主席 1 人出席会议，列席会议有县政府有关部门主要负责人 44 人列席。会议传达学习《贵州省党员干部政治纪律“十严禁”》《贵州省党员干部作风“十不准”》，审定《县人民政府党组 2014 年工作开展情况报告》和研究 2015 年主要经济指标预安排等事宜。3 月 5 日上午，县人民政府县长杨兴华在县人民政府第一会议室主持召开第 50 次常务会议，副县长 6 人、特邀县人大常委会副主任 1 人、县政协副主席 2 人出席会议，列席会议有县政府有关部门主要负责人 40 人列席。会议传达《省人民政府办公厅关于 2015 年全省项目建设现场观摩及第一次观摩会的预通知》，研究罗悃镇中心卫生院重新修建事宜，审议《罗甸县 2015 年重点建设项目实施方案》等。8 月 13 日下午，县人民政府县长杨兴华在县人民政府第一会议室主持召开 57 常务会议，副县长 7 人（挂职 1 人）、特邀县政协副主席 1 人出席会议，列席会议有县政府有关部门主要负责人 32 人。会议研究编制红水河临港经济区总体规划和核心区控制性规划事宜等。12 月 18 日上午，县人民政府县长杨兴华在县人民政府第一会议室主持召开第 62 次常务会议，副县长 6 人、特邀县人大常委会副主任 1 人、县政协副主席 1 人出席会议，列席会议有县政府有关部门主要负责人 30 人。会议审定《2016 年全省农业春耕生产现场会筹备工作方案》和研究 FAST 项目 5 公里核心区移民搬迁安置事宜等。

三、县人民政府县长办公会

第十一届县人民政府（1990 年 5 月—1993 年 4 月），1990 年 6 月 15 日，县人民政府县长罗珍丽在县人民政府二楼会议室主持召开县长办公会，副县长 3 人出席会议，县政府办、县财政局主要负责人 5 人参加会议。会议研究县政府台湾事务办公室的开办费、办公室设置及人员等问题。12 月 19 日，县人民政府副县长崔忠玉在县人民政府二楼会议室主持召开县长办公会，副县长 1 人出席会议，龙坪镇、县林业局、县信访办、县林场负责人 7 人参加会议。会议研究林场与龙坪镇地界纠纷问题。（1990 年 5-8 月共召开会议 8 次）1991 年 2 月 28 日，县人民政府县长罗珍丽在县人民政府二楼会议室主持召开县长办公会，副县长 4 人出席会议。会议研究化肥价格和杂稻制种等问题。8 月 23 日，县人民政府常务副县长崔忠玉在县招待所三楼会议室主持召开县长办公会，副县长 4 人出席；县政府办主任、副主任参加会议，会议研究变卖巴沙乡政府木架屋的请示，县农业局提出开展调查农民负担情况的请示、木引乡、大亭乡、班仁乡要求修建办公楼及宿舍的请示等内容。11 月 14 日，县人民政府副县长崔忠玉在县招待所三楼会议室主持召开县长办公会，副县长 3 人、县委常委 2 人出席，县直有关单位主要负责人 12 人参加会议。会议研究县公安局基建地基纠纷等问题。1992 年 1 月 17 日，县人民政府县长罗珍丽在县人民政府二楼会议室主持召开县长办公会，副县长 3 人出席会议，县政府办负责人共 5 人参加会议。会议研究落实年前年后有关工作和年前检查工作情况等问题。5 月 18 日上午，县人民政府常务副县长崔忠玉在县委招待所三楼会议室主持召开县长办公会，副县长 2 人出席；县政府办主任、副主任参加会议。会议讨论决定将县车队债权债务和资产交给县矿产公司。12 月 12 日，县人民政府代理县长王启林在县委招待所主持召开县长办公会，副县长 3 人出席会议，县政府办负责人共 6 人参加会议。会议研究县招待所管理等有关事宜。1993 年 4 月 2 日下午，县人民政府代理县长王启林在县招待所三楼会议室主持召开县长办公会议，副县长 4 人出席，县公安局、县土地管理局、县职中、县信访办、县人民检察院、县教育局、县纪委、县水电公司、龙坪镇、县人大办等部门负责人及有关人员参加会议。会议研究土地纠纷问题。4 月 3 日，县人民政府代理县长王启林在县政府三楼会议室主持召开县长办公会，副县长 3 人出席；县直有关部门负责人 2 人人及龙坪镇镇长参加会议。会议研究关于物资局土地纠纷问题。12 月 6 日，县人民政府县长罗来儒在县政府二楼会议室主持召开县长办公会。常务副县长 1 人、副县长 4 人、县委副书记 1 人出席会议。会议研究确定雷公滩电站机组安装、金属结构制作安装工程施工队事宜。

第十二届县人民政府（1993 年 4 月—1998 年 2 月），1993 年 5 月 4 日，县长罗来儒在县招待所三楼会议室主持召开县长办公会。常务副县长 1 人、副县长 6 人出席，县政府办主要负责人 3 人参加会议。会议研究关于要求给边阳三小安装电灯线路经费的报告、县城管局报来关于自来水公司行业归口管理的请示等问题。1994 年 2 月 7 日，县人民政府县长罗来儒在县人民政府二楼会议室主持召开县长办公会。副县长 6 人出席会议，县政府办、财政局、税务局等单位主要负责人 5 人参加会议。会议研究税收改革后罗甸县如何做好税收工作。12 月 12 日，县人民政府县长罗来儒在县人民政府二楼会议室主持召开县长办公会。副县长 2 人（贵州中科院地化所挂职 1 人）出席会议，县直相关部门负责人共 11 人参加会议。会议研究 1995 年经济工作事宜。1995 年 2 月 6 日，县人民政府副县长孙绍明在其办公室主持召开县长办公会，县政府办、县公安消防大队负责人共 4 人参加会议。会议研究县城消防增设、更新安全设施，加强全县消防安全管理工作。5 月 29 日，县人民政府县长罗来儒在县人民政府二楼会议室主持召开县长办公会。各位副县长出席，县政府有关单位主要负责人列席。会议研究政府有关人事问题。12 月 6 日，县人民政府县长罗来儒在县人民政府二楼会议室主持召开县长办公会。副县长 4 人、县委副书记 1 人出席会议。会议研究确定雷公滩电站机电安装金属结构制作安装工程施工队事宜。12 月 21 日，县人民政府副县长罗世云在罗羊乡财政所办公室主持召开县长办公会。州交通局、县政府办、县交通局、罗羊乡负责人共 7 人参加会议。会议研究罗羊乡建设有关事宜。1996 年 1 月 2 日，县人民政府常务副县长周齐在县人民政府二楼会议室主持召开县长办公会。副县长 1 人出席会议，县政府办、工商局、农业局等部门主要负责人 7 人参加会议。会议研究确定今年“两杂”（杂交水稻、杂交玉米）种子的销售价格及有关销售问题。2 月 29 日下午，县人民政府常务副县长韦安华在县人民政府二楼会议室主持召开县长办公会。各位副县长出席，县政府有关单位主要负责人列席。研究关于罗羊大道建设拆迁问题。3 月 14 日下午，副县长罗登军在县政府二楼会议室主持召开县长办公会议。县委书记、县人大常委会副主任 1 人出席，县政府有关部门负责人及龙坪、板庚、边阳、罗沙 4 乡（镇）主要负责人参加会议。会议议题为惠罗公路罗甸段改造油面铺设工程的建设问题。6 月 12 日，县人民政府县长罗来儒在县人民政府二楼会议室主持召开县长办公会。副县长 5 人出席，县政府有关单位和部门主要负责人 11 人列席。会议研究：关于光纤电缆和移动电话工程建设；清缴电话费；关于城镇房屋租赁管理问；县民族事务局要求兑现民族专款等问题。11 月 23 日，县人民政府代理县长滕久明在县人民政府二楼会议室主持召开县长办公会。副县长 1 人出席会议，县工商局、城管局、文体广电局主要负责人共 4 人参加会议。会议研究解决工商局未按原要求设计兴建电影放映厅问题。1997 年 1 月 21 日晚，县人民政府县长滕久明在县人民政府二楼会议室主持召开县长办公会。副县长 6 人出席，县政府有关单位主要负责人 14 人列席。会议研究政府有关工作问题。5 月 6 日，县人民政府县长滕久明在县人民政府二楼会议室主持召开县长办公会议。县委书记、县人大常委会主任、县政协主席、副县长 8 人出席，县政府办主任正、副主任列席会议。会议研究盘活县工商银行历年不良贷款相关事宜。议定加强企业内部管理，挖掘企业内部潜力，盘活商品流通资金，采取招商引资及租赁等方式，搞活企业，增加效益偿还工商银行贷款等事项。12 月 28 日，县人民政府副县长于世洪在信邦公司会议室主持召开县长办公会。副县长 1 人出席会议，县经贸局、信访局等部门负责人共 3 人参加会议。会议研究关于信邦公司发展有关问题。

第十三届县人民政府（1998 年 2 月—2003 年 3 月），1998 年 2 月 8 日，县人民政府常务副县长韦安华在其办公室主持召开县长办公会。副县长 1 人出席会议，县交通局、逢亭镇、世行办负责人共 4 人参加会议。会议研究关于逢亭至木引公路扩建工程有关事宜。4 月 13 日，县人民政府副县长陈明莉在县政府二楼会议室主持召开县长办公会，副县长 1 人、县政协主席 1 人出席，县政府有关部门主要负责人 11 人参加会议。会议研究董当大小井风景区开发筹备工作相关事宜。12 月 11 日，县人民政府副县长吴胜华在县人民政府二楼会议室主持召开县长办公会。县委副书记 1 人出席会议，县人大农经委、县农业局、县工商局等部门主要负责人共 7 人参加会议。会议研究关于“两杂”种子销售有关问题。1999 年 2 月 25 日，县人民政府常务副县长韦安华在县人民政府二楼会议室主持召开县长办公会。副县长 6 人出席会议，县政府办 2 人参加会议。会议研究关于县交通局征收地方公路养护费的请示、关于县林业局收回乡（镇）林业站建片区中心工作站管理方案等问题。8 月 18 日，县人民政府县长韦安华在县人民政府二楼会议室主持召开县长办公会，副县长 4 人和县长助理出席会议，县政府有关单位主要负责人 14 人列席。会议研究和讨论关于国有企业改革方案，关于解决县城街道路灯管理所电费、统一畜禽防疫收费标准问题，对全县 4800 万元的财政税收任务作出安排部署。12 月 21 日，县人民政府县长韦安华在县人民政府二楼会议室主持召开县长办公会。副县长 6 人出席会议，县政府办、县财政局负责人共 7 人参加会议。会议传达省经济工作会议精神，研究财税征收工作事宜。2000 年 1 月 11 日，县人民政府县长韦安华在县人民政府二楼会议室主持召开县长办公会。副县长 7 人出席会议，县直有关部门负责人共 25 人参加会议。会议传达州经济工作会议精神，研究全县经济工作会的筹备等问题。4 月 10 日，县人民政府县长韦安华在县政府二楼会议室主持召开县长办公会，副县长 6 人出席；县政府有关部门主要负责人 10 人列席。会上传达江泽民总书记在广东省茂名市高州市领导干部“三讲”教育会上的讲话，讨论县直部门提交需要解决的问题。12 月 2 日，县人民政府常务副县长吴胜华在县人民政府二楼会议室主持召开县长办公会。副县长 5 人出席会议，县直有关部门办负责人共 11 人参加会议。会议传达州政府关于抓好年底前财税收入工作有关问题的会议纪要及省委办公厅、省人民政府办公厅关于 2001 年元旦、春节期间不搞相互走访和拜年活动的通知。2001 年 3 月 14 日，县人民政府县长莫俊国在县人民政府二楼会议室主持召开县长办公会。副县长5人出席，县政府办、县发改局、县财政局主要负责人4人列席。会议讨论《关于罗甸县国民经济和社会发展第十个五年计划纲要报告》，研究社会治安综合治理等问题。6月8日晚，县人民政府县长莫俊国在县人民政府二楼会议室主持召开县长办公会。副县长5人出席，县政府有关部门主要负责人9人列席。会议研究审定：县深宏奇石根艺公司办理使用深圳市基金会扶助罗甸县“奇石根艺项目”贷款等问题。12月30日，县人民政府县长莫俊国在县政府二楼会议室主持召开县长办公会。副县长4人出席，县政府办、县发改局、县交通局、县统计局、县卫生局等单位主要负责人9人列席。会议讨论关于规范边阳1.5公里水泥路两侧土地手续、解决开展强化服苗经费等问题。2002年3月2日上午，县人民政府县长莫俊国在县人民政府二楼会议室主持召开县长办公会，副县长4人出席，县政府有关单位主要负责人13人列席。会议研究解决县城基准地价评估问题、加挂县扶贫办公室牌子等事宜。12月16日，县人民政府县长莫俊国在县人民政府二楼会议室主持召开县长办公会。副县长6人出席，县直各单位主要负责人25人列席。会议研究2003年国民经济发展指标、招商开发蒙江流域水电资源和转让现有电站、县工商局市场管办脱钩等问题。2003年2月27日，县人民政府县长莫俊国在县人民政府二楼会议室主持召开县长办公会。副县长4人出席，县直有关部门主要负责人16人列席。会议研究《县人民政府工作报告》、启动城镇职工团体高额补充医疗保险、扩展森林消防队职能组建县消防抢险救援专职队等问题。

第十四届县人民政府（2003年3月—2007年3月），3月30日，县人民政府县长莫俊国在县政府二楼会议室主持召开县长办公会。县委副书记1人、副县长6人出席，县直有关部门主要负责人16人列席。会议研究县水泥厂进一步改制、县城水上娱乐中心和城中菜市场建设项目、申报董当大小井为省级风景名胜区、龙滩水电站罗甸库区移民人口中三种人的界定等问题。9月30日上午，县人民政府县长莫俊国在县人民政府二楼会议室主持召开县长办公会，副县长5人出席；县政府有关部门主要负责人5人列席。会议研究解决县人民检察院、县交通局、县林业局购置工作用车等事项。12月31日，县人民政府县长莫俊国在县人民政府二楼会议室主持召开县长办公会。副县长3人出席，县政府办负责人5人列席。会议传达全州安全生产工作会议精神，部署安全生产工作。2004年1月5日，县人民政府县长莫俊国在县人民政府二楼会议室主持召开县长办公会。副县长3人出席，县直有关单位主要负责人13人列席。会议研究县经济和社会发展指标考核等问题。7月1日，县人民政府常务副县长刘胜军在县人民政府二楼会议室主持召开县长办公会，副县长4人、县政协副主席、公安局长出席；县政府有关单位主要负责人17人列席。会议研究县发电公司资产转让有关事宜。12月24日，县人民政府县长莫俊国在县政府二楼会议室主持召开县长办公会。副县长6人出席，县直有关单位主要负责人20人列席。会议研究将乡镇农业服务中心分设为农技站和畜牧兽医站、中水蒙江流域开发有限公司要求兑现原贵州省罗甸县龙泉铁合金有限责任公司搬迁补偿费、减免移民安置点、义教工程、双河口电站、残疾人农业税等问题。2005年1月21日，县人民政府县长莫俊国在县人民政府二楼会议室主持召开县长办公会。副县长4人出席，县直有关单位主要负责人15人列席。会议研究经费补偿、税收政策等问题。4月13日，县人民政府县长莫俊国在县人民政府二楼会议室主持召开县长办公会，副县长5人出席；县政府有关单位主要负责人17人列席。会议研究调整边阳镇下坝村—栗木乡达上村机耕道建设工程方案、板庚乡移民集中安置点特困移民建房楼层增高问题、用财政预算资金解决档案管理人员保健津贴等事宜。12月22日，县人民政府常务副县长刘胜军在县人民政府二楼会议室主持召开县长办公会。副县长3人出席，县政府办、县财政局等单位负责人4人列席。会议研究2005年退耕还林工作、资金安排等问题。2006年1月11日，县人民政府县长彭贤伦在县人民政府二楼会议室主持召开县长办公会，副县长6人、特邀县人大常委会副主任1人出席；县政府有关单位主要负责人36人列席。会议研究解决董王油路、板庚至罗化公路和董当大桥建设占地、县城新车站建设、农机公司改制、电价上涨扶持冶炼业、扶贫工作整村推进等问题。7月6日下午，县人民政府县长彭贤伦在县人民政府二楼会议室主持召开县长办公会，副县长5人、州移民局局长、县政协副主席2人出席；县政府有关单位主要负责人26人列席。会议传达省移民办关于龙滩水电站移民投资调概成果补偿兑现实施方案座谈会内容等。12 月 12 日，县人民政府县长彭贤伦在县人民政府二楼会议室主持召开县长办公会，副县长 5 人出席；县政府办、扶贫办、住建局等单位主要负责人 6 人列席。会议研究移民复建工程建设问题。

第十五届县人民政府（2007 年 3 月—2012 年 1 月），2007 年 1 月 10 日，县人民政府县长彭贤伦在县人民政府二楼会议室主持召开县长办公会，副县长 6 人、特邀县人大常委会副主任 1 人、县政协副主席 1 人、县政府原副县长 2 人出席；县政府办、法制办、信访局等单位主要负责人 6 人列席。会议研究县政府领导班子成员工作分工，安排部署工作。5 月 28 日上午，县人民政府县长彭贤伦在县人民政府二楼会议室主持召开县长办公会，副县长 5 人、人武部部长、县人大常委会副主任 1 人、县政协副主席 1 人出席会议；县政府有关单位主要负责人 40 人列席。会议传达学习州政府专题会议纪要精神、研究移民复建工程、信邦公司振斛农场（五星村）400 亩荒山荒坡使用权变更等。12 月 27 日，县人民政府县长彭贤伦在县人民政府二楼会议室主持召开县长办公会，副县长 4 人出席；县直有关单位主要负责人 14 人列席。会议研究县果业公司职工养老保险等问题。2008 年 3 月 17 日，县人民政府县长彭贤伦在县人民政府二楼会议室主持召开县长办公会，副县长 3 人出席；县政府办、县财政局、县扶贫办等单位主要负责人 5 人列席。会议研究县种子公司改制、救灾资金分配等问题。5 月 26 日上午，县人民政府副县长刘胜军在其办公室召开县长办公会，副县长 5 人出席，县政府有关单位主要负责人 3 人列席。会议研究和布置抗灾救灾工作、关于解决八总乡政府临时办公场所等事务。10 月 22 日，县人民政府县长彭贤伦在县人民政府二楼会议室主持召开县长办公会，副县长 5 人出席，县政府办、县财政局、县粮食局、县农发行等单位主要负责人 5 人列席。会议审定《罗甸县储备粮食管理办法（试行）》。2009 年 7 月 6 日，县人民政府县长彭贤伦在县人民政府二楼会议室主持召开县长办公会，副县长 5 人、县人大常委会副主任 1 人、县政协副主席 1 人、县人武部部长 1 人出席，县直有关单位主要负责人 14 人列席。会议研究支持黔南茶产品参与“贵州省 2009 年十大名茶”评选等问题。9 月 3 日，县人民政府县长彭贤伦在县政府二楼会议室主持召开县长办公会，副县长 4 人、县人大常委会副主任 1 人、县政协副主席 1 人出席会议，列席人员有县人民政府有关单位主要负责人 22 人。会议研究全县草地生态牧业产业化科技扶贫种草养羊等事项、研究县城总体规划和土地储备问题、成立县城总体规划工作领导小组。10 月 15 日，县人民政府县长彭贤伦在县人民政府二楼会议室主持召开县长办公会，副县长 4 人、县政协副主席 1 人、县人民武装部部长 1 人出席会议，列席人员有县人民政府有关单位主要负责人 43 人。会议听取龙坪四小新址征地、罗甸港口高水位作业区码头工作建设、信邦公司上市、逢亭硅系循环经济工业基地工作、罗甸—羊里二级公路建设工作、黔明养殖场资金评估情况；研究组建行政服务中心和调剂部分县直机关办公用房、八总大桥原施工方工程结算、县体育活动中心广场用电、宏源液化气站迁建工作等问题；审定罗甸公墓规划设计方案、板庚乡板庚村民族团结进步示范建设规划；议定同意县发改局关于中堡水电站开发有关问题。2010 年 2 月 21 日，县人民政府县长彭贤伦在其办公室主持召开县长办公会，副县长 4 人出席会议，列席人员有县政府办 2 人。会议研究森林防火、抗旱、春运及安全生产督查、信访、财税等工作。3 月 8 日，县人民政府县长彭贤伦在县人民政府二楼会议室主持召开县长办公会，副县长 4 人、县人大常委会副主任 1 人、政协副主席 1 人、县人民武装部部长出席会议，列席人员有县人民政府有关单位主要负责人 33 人。会议审定《龙滩水电站罗甸库区无法落实生产安置耕地长期补偿实施方案》，研究《龙滩水电站罗甸库区集镇迁建和专项复建工程年期监理事宜》、2010 年移民基础设施工程项目实施计划、灰洞电站征占地补偿安置工作等。12 月 15 日，县人民政府常务副县长刘胜军在县人民政府二楼会议室主持召开县长办公会，副县长 4 人出席会议，列席人员有县人民政府有关单位主要负责人 29 人。会议研究“十二五”规划及 2011 年主要经济指标，整合八总小学教育资源、国有企业改制，增设第八届部分村（居）民委员会，对 2010 年度板庚等乡镇人口计生目标管理工作表彰、给予信邦公司申请贷款贴息和新产品研发资金补助等问题；听取罗甸县事业岗位设置管理、罗甸县集体林权制度改革整改工作情况；审定《罗甸县 2011 年度人口和计划生育工作考核实施方案》《罗甸县2011年度县级领导干部及乡镇、部门招商引资目标任务建议方案》《2011年政府预算分配方案》。2011年1月19日，县人民政府常务副县长刘胜军在县人民政府二楼会议室主持召开县长办公会，县人大常委会副主任1人、副县长5人、政协副主席2人出席会议，列席人员有县人民政府有关单位主要负责人47人。会议研究关停淘汰县水泥厂和泰安建材有限责任公司、新建县机动车辆检测站、转让罗悃集贸市场周边土地、青少年学生校外活动中心建设、罗甸县银河水电站建设、事改中心工作人员提前退休、组建民兵应急分队、信访、人民街南段建设，龙兴商城二、三期开发实施主体变更等问题；审定《关于加强城市报警与监控系统建设工作方案》《罗甸县全面推进"两集中三到位"改革工作实施方案》《罗甸县城乡建设用地增减挂钩试点工作实施方案》《罗甸职校建设项目征地工作方案》。6月7日，县人民政府县长杨朝伟在县人民政府二楼会议室主持召开县长办公会，副县长5人、县人大常委会副主任2人、县政协副主席1人出席会议，列席人员有县人民政府工作部门、单位主要负责人和乡镇主要负责人46人。会议研究防灾减灾工作的安排与部署。7月19日，县人民政府县长杨朝伟在县人民政府二楼会议室主持召开县长办公会，县人大常委会副主任2人、副县长3人、政协副主席1人出席会议，列席人员有县人民政府有关单位主要负责人48人。会议听取项目建设情况汇报；审查边阳工业园区发展规划。

第十六届县人民政府（2012年1月—2015年12月），2012年3月11日，县人民政府县长杨朝伟在县人民政府二楼会议室主持召开县长办公会，县人大常委会副主任1人、副县长6人、政协副主席2人出席会议，列席人员有县人民政府有关单位主要负责人23人。会议听取主要经济指标、固定资产投资及重点工程、工业经济运行、财政税收等情况汇报；部署特色民族村寨规划编制工作。6月7日，县人民政府县长杨朝伟在县人民政府二楼会议室主持召开县长办公会，副县长6人、县人大常委会副主任出席会议，列席成员有县人民政府有关单位主要负责人39人。会议听取全县在建项目建设情况的汇报，要求对在建项目建设加强领导，加快建设进度等工作部署。9月27日，县人民政府县长杨兴华在县人民政府二楼第一会议室主持召开县长办公会，副县长6人、县长助理3人出席会议，列席人员有县人民政府有关单位主要负责人15人。会议审定罗甸县人民政府议事规则补充事宜及资金拨付程序；研究落地项目用地相关事宜。12月13日，县人民政府县长杨兴华在县政府二楼第一会议室主持召开县长办公会，副县长5人，特邀县人民检察院检察长1人、县公安局政委1人出席会议，列席人员有县人民政府有关单位主要负责人27人。会议听取第一中学项目建设、县城出租车相关问题、县交运公司与县客车站建设等情况汇报。2013年1月4日，县人民政府县长杨兴华在县人民政府二楼第一会议室主持召开县长办公会，副县长6人、县长助理4人出席会议，列席人员有县人民政府有关单位主要负责人19人。会议听取各位副县长前期工作开展情况及部署相关工作。2月16日，县人民政府县长杨兴华在县人民政府二楼会议主持召开县长办公会，副县长5人出席，列席人员有县政府有关单位主要负责人29人。会议听取副县长汇报所分管的部门和业务的工作开展情况，要求各部门、各乡（镇）通力配合，确保完成全年目标任务。12月31日，县人民政府县长杨兴华在县人民政府二楼第一会议室主持召开县长办公会，副县长3人、政协副主席5人出席会议，列席人员有县政府办、财政局、民政局主要负责人3人。会议研究2014年春节县四家班子领导走访慰问活动相关问题。2014年1月24日，县人民政府县长杨兴华在县人民政府第一会议室主持召开县长办公会，副县长7人出席；列席人员有县政府有关部门主要负责人21人。会议审定《贵州省·罗甸县·天网工程（一期）视频监控设备安装及线路网络传输合同》、对边阳工业园区商贸大楼出售等相关事宜进行研究。12月9日，县人民政府县长杨兴华在县政府第一会议室主持召开县长办公会，副县长6出席会议，列席成员有县政府有关部门主要负责人6人。会议就污水处理工程污水收集输送系统建设和"双百工程"建设扫尾相关事宜进行讨论研究。2015年1月23日下午，县人民政府县长杨兴华在县人民政府第一会议室主持召开第18次县长办公会，副县长4人出席会议，列席人员有县政府办、县财政局主要负责人5人。会议对近期财税、城镇建设、社会民生、农业和农村及社会治安等重点工作作安排部署。4月7日上午，县人民政府县长杨兴华在县人民政府第一会议室主持召开第19次县长办公会议，副县长6人出席会议，列席人员有县政府办、县综合督查室、县发改局、县财政局、县监察局、县统计局主要负责人12人。会议对近期城镇建设、工业、农业农村、社会民生、经济社会发展等重点工作作安排部署。5月7日上午，县人民政府县长杨兴华在县人民政府第一会议室主持召开第20次县长办公会议，副县长7人出席会议，列席人员有县政府办、县发改局、县财政局、县住建局、县工业园区办主要负责人11人。会议对近期重点工作安排部署。10月8日下午，县人民政府县长杨兴华在县人民政府第一会议室主持召开第21次县长办公会议，副县长6人出席会议，列席人员有县政府办、县发改局、县财政局、县工信局、县住建局、县交通局、县农工局、县扶贫局、县工业园区办、县玉开办、旅投公司、龙坪镇主要负责人21人。会议安排部署迎接2015年全州第二次项目观摩会相关事宜。12月1日，县人民政府县长杨兴华在县人民政府第一会议室主持召开第22次县长办公会议，副县长5人参加会议，列席人员有县政府有关部门负责人17人。会议对近期重点工作安排部署，明确各副县长就分管工作牵头进行督促与协调。

四、县人民政府专题会议

第十一届县人民政府（1990年5月—1993年4月），1990年3月7日，县人民政府副县长黄景周在办公室召开专题会议，副县长2人出席，县政府有关单位负责人3人参加会议。会议讨论羊里亚热带雨林自然保护区等问题。8月30日，副县长孙绍明在县政府二楼会议室主持召开专题会议，县纪委、县政府办、县财政局、县工商局、县审计局、县司法局、县税务局等单门负责人共14人参加会议。会议研究企业第二轮承包问题。1991年8月12日，县人民政府县长罗珍丽在县人民政府二楼会议室主持召开专题会，常务副县长1人、副县长3人出席会议，县政府办相关负责人6人参加会议。会议专题讨论民委事宜。11月14日，县人民政府常务副县长崔忠玉在县招待所三楼会议室主持召开专题会议。副县长3人出席，县政府有关单位主要负责人13人参加会议。会议讨论县公安局基建地基纠纷问题。1992年1月17日，县人民政府县长罗珍丽在县人民政府二楼会议室主持召开县政府专题会议。副县长3人出席会议，县政府有关部门主要负责人2人等参加会议。会议讨论预防雹灾需解决的事项和其他事宜。1993年1月29日，县人民政府副县长周齐在县委常委会议室主持召开专题会，代理县长、县委副书记出席会议，县有关部门负责人和龙坪镇负责人5人参加会议。会议专题讨论并同意县司法局承办茉莉花基地和花茶加工的申请。

第十二届县人民政府（1993年4月—1998年8月），1993年6月23日，县人民政府副县长孙绍明在县财政局会议室主持召开专题会，县计委、县运管所、县铸造厂、八茂供销社等相关部门负责人6人参加会议。会议研究讨论如何筹建铁厂事宜。1994年4月21日，县人民政府县长罗来儒在县医院住院部二楼医生办公室主持召开专题会，常务副县长1人、副县长4人出席会议，县直相关部门5人参加会议。会议研究县农贸市场建房用地事宜。10月2日下午，副县长孙绍明在县人民政府二楼会议室主持召开专题会议，县政府有关单位主要负责人6人参加会议。会议讨论财粮工作等问题。1995年1月16日，县人民政府副县长林家园在县人民政府二楼会议室主持召开专题会议，县水电公司、县城建局、龙坪镇管委会、县物资局等部门负责人参加会议。会议研究罗斛大道输电线路有关事宜。5月16日，县人民政府副县长韦成华在办公室主持召开专题会议。参加会议的有县政府办、政法委、民宗局、民政局等部门主要负责人。会议对讨论研究解决宗教工作存在的问题和处理办法。1996年1月3日，县人民政府常务副县长周齐在县委常委会议室主持召开专题会议，副县长1人参加，县政府办及有关单位主要负责人9人列席。会议专题讨论和解决电力安排调度、规划及水电班子分工会议。3月25日，县人民政府副县长邓庆国在县人民政府二楼会议室主持召开专题会议，县政府办、县经贸局、县乡（镇）企业局、县国土局、罗悃镇、沟亭乡、罗暮乡负责人参加会议，矿山人员参加会议的有杨恩林等10人。会议研究和解决辉绿岩矿山管理和建设问题。4月10日下午，县人民政府副县长罗登军在茂井镇会议室主持召开专题会，县政府办、茂井镇党委书记、茂井镇镇长、县供销社主任、县工商局局长、县城建局局长、茂井镇副镇长、茂井镇镇长助理、县工商局市场股股长、茂井镇工商所所长、水电公司参加会议。会议研究解决关于茂井镇城镇建设的问题。4月15日，县人民政府副县长罗世云在县人民政府二楼会议室主持召开专题会，县政府办及有关单位主要负责人14人参加会议。会议研究关于早菜销售管理协调工作，解决早菜销售阶段、信息、市场管理等协调工作。1997年1月2日，县人民政府副县长戢刚（州挂职）在县人民政府二楼会议室主持召开专题会议，县长1人、副县长1人出席，城建局各股室负责人10人参加会议，会议研究水晶、珠宝一条街统一规划，建筑风格定位等事宜。5月2日下午，县人民政府副县长罗登军在县人民政府二楼会议室主持召开专题会，参加会议人员有县交通局、县世行办、沫阳镇负责人。会议研究沫阳—里落公路修建问题，定于5月18日前进场施工〔11月中旬平调全县各乡（镇）劳动力，以乡（镇）为单位，分段修建，由于工程难度大，12月底资金困难，未获省、州资金投入，里落公路暂时停修〕。5月6日，县人民政府副县长韦安华在其办公室主持召开专题会，县政府办及有关单位主要负责人4人参加会议。会议研究解决石门坎电站技改配套工程信贷资金安排事项，强调做好资金配套，确保石门坎水电站技改配套工程如期完成。11月20日，县人民政府县长滕久明在县人民政府二楼会议室主持召开专题会，参加会议的有县政府办、县财政局、县交通局、县审计局、县民政局、县粮食局、县世行办等部门主要负责人及沫阳镇镇长，研究解决里落公路停工后决算问题。12月28日，县人民政府副县长于世洪在信邦公司主持召开专题会，参加会议的有县政府办、县财政局、县国税局、县地税局等单位负责人。会议研究解决信邦公司发展事宜。

第十三届县人民政府（1998年2月—2003年3月），1998年3月12日，县人民政府副县长于世洪在县人民政府二楼会议室主持召开专题会议，县政府办、县公安局、县供销社负责人6人参加会议。会议研究开展农资市场检查整顿工作有关事宜。11月10日，县人民政府副县长彭文芬在文体广电局会议室主持召开专题会议，县委组织部部长、县委宣传部部长、县政协副主席各1人出席，县文体广电局负责人和电视工程业务有偿承包经营方及文体广电局全体干部职工参加会议。会议研究签订全县电视工程业务有偿承包经营合同有关事宜。后因涉及政策诸种因素，未能实施承包。1999年1月20日，县人民政府副县长吴胜华在县政府二楼会议室主持召开专题会议，副县长1人出席，县直有关部门负责人6人参加会议。会议研究关于规范县畜牧交易市场收费问题。9月22日，县人民政府县长韦安华在县人民政府二楼会议室主持召开专题会议，分管副县长及县政府办、县财政局、县建设局、县水电局、县铁合金厂等部门、企业负责同志参加会议。会议讨论用铁合金产品兑换建材物资搞活企业。2000年1月13日，县人民政府县长韦安华在县人民政府二楼会议室主主持召开专题会议，副县长2人出席，县电力公司各部门8人参加会议。会议研究关于调整高耗能企业用电价格有关事宜。11月14日，县人民政府副县长曾仕超在县人民政府二楼会议室主持召开专题会议，副县长2人、检察院检察长出席会议，县政府有关单位主要负责人11人参加会议。会议研究关于布置严厉打击制售假冒伪劣商品违法犯罪活动联合行动。2001年2月5日，县人民政府副县长邓庆国在县人民政府二楼会议室主持召开专题会议。县公安局、县经贸局、县交通局、县监察局、县农机局、县乡企局、县安委会、县水电局、县交警大队负责人9人参加会议。会议研究部署全县安全生产工作。2月7日，县人民政府代理县长莫俊国在县人民政府二楼会议室主持召开专题会议，县委书记、副县长2人出席会议，县政府办及有关单位负责人主要3人参加会议。会议研究决定，从2001年至2003年，按信邦公司每年度缴纳增值税总额35%、所得税总额50%的比例，由财政分期或每年底一次性回拨给信邦公司作为技改贷款贴息。2月8日，县人民政府副县长于世洪在县财政局主持召开财政税收征收工作专题会，代理县长莫俊国出席会议，县政府办及财政局、县国税局、县地税局等有关部门主要负责人7人参加会议。会上安排布置2001年税收任务工作。12月24日，县人民政府县长莫俊国在县人民政府二楼会议室主持召开专题会议，副县长3人、县政协副主席1人、县政府办及有关部门负责人13人参加会议。会议研究2002年城镇职工基本医疗保险制度改革启动工作有关问题。2002年1月4日，县人民政府副县长彭文芬在县人民政府二楼会议室主持召开专题会议。县直有关单位负责人8人参加会议。会议明确全县城镇职工基本医疗保险定点医院、定点零售药店。5月8日，县人民政府常务副县长吴胜华在县人民政府二楼会议室主持召开抗灾救灾工作专题会，各位副县长、县人大常委会副主任1人、县政协副主席1人出席会议，参加会议的有县委办、县政府办及县政府有关单位主要负责人16人。会议研究和布置做好抗灾救灾工作，解决受灾群众生活困难。11月7日，县人民政府常务副县长吴胜华在县人民政府二楼会议室主持召开专题会，副县长4人、县人民武装部政委出席，参加会议的有县政府有关单位主要负责人15人。会议研究决定转让石门坎、雷公滩电站经营权和蒙江流域水电梯级开发权。12月9日，县人民政府县长莫俊国在县人民政府二楼会议室主持召开专题会议，县委副书记于世洪出席会议，县财政局、县国税局、县地税局负责人参加会议。会议研究财政税收工作。2003年1月6日，县人民政府副县长邓庆国在其办公室主持召开专题会议。县交通局、县建设局、县交运公司、县城管大队、县交警大队、县工商局、县运管所负责人9人参加会议。会议研究开通县城出租车营运业务有关问题。

第十四届县人民政府（2003年3月—2007年3月），2003年4月18日，在县电信局电视电话会议室参加全省关于防治“非典型性肺炎”电视电话会。电视电话会后，县长莫俊国在电信局电视电话会场主持召开专题会，会议落实全省“非典型性肺炎”电视电话会议精神，各位副县长、县人武部政委出席会议，参加会议的有县委、县政府各工作部门负责人22人及县武警中队队长等。会议对全县防治非典型肺炎工作进行部署。6月6日，县人民政府副县长何林海在科技局会议室主持召开专题会议，县政府有关单位主要负责人12人参加会议。会议讨论决定申报大小井省级风景名胜区的工作。12月18日，县人民政府副县长陈克朴在县科技局会议室主持召开专题会议。县国土局、县环保局、县建设局、县交通局、县农业银行、县运管所、罗甸客运站、县电力公司、县自来水公司、罗甸柑研所等部门负责人10人参加会议。会议研究罗甸新客运汽车站建设相关事宜。2004年1月19日，县人民政府副县长何林海在县政府二楼会议室主持召开专题会议。县委常委1人、副县长1人出席会议，县委办、县政府办、县交通局、县公安局、县安委会、县运管所、县交警大队、县农业局、县农机局等部门负责人8人参加会议。会议研究部署春节期间安全生产工作。2月4日，副县长陈克朴在县政府二楼会议室主持召开专题会议，县政府办及有关单位负责人16人参加会议。会议对客商到边阳镇投建硅冶炼厂有关事项进行落实。12月27日，县人民政府副县长陈克朴在其办公室主持召开专题会议。县物价局、交通局、信访办、客车站、运管所、交运公司等部门负责人9人参加会议。会议研究县交运公司安全基金收取问题。2005年1月6日，县人民政府县长莫俊国在县人民政府二楼会议室主持召开专题会议。副县长曾仕超、陈明莉、陈克朴出席会议，参加会议有县政府办、县卫生局、县安监局、县人事劳动局负责人4人。会议落实和部署陈琦副州长对罗甸外出务工人员患职业病有关工作。5月9日，县人民政府副县长何林海在其办公室主持召开专题会议，县政府办及有关单位负责人4人参加会议。会议对县农业发展银行国有土地旁边废弃地，采取招商引资方式进行开发。12月7日，县人民政府副县长曾仕超在其办公室主持召开专题会议，县人大常委会主任1人、县委副书记1人、政协副主席1人出席会议，县财政局、县国税局、县地税局、县经贸局、县招商局、县建设局、县交通局、县国土局、县环保局、县统计局、县水利局、县教育局、县发改局、县农办、县电力公司等单位负责人21人参加会议。会议研究部署2006年财政收入任务。2006年1月6日，县人民政府副县长何林海委托县政府办公室主任杨胜钟在县政府二楼会议室主持召开专题会议，参加会议有县政府办、龙坪镇政府负责人、龙坪镇城东居委会负责人。会议研究解决县城城东社区两农户征地补偿兑现问题。1月13日，县人民政府常务副县长刘胜军在县人民政府二楼会议室主持召开专题会议。参加会议有县委办、县人大办、县政府办、县政协办、县纪委、县人民法院、县人民检察院、县监察局、县公安局、县司法局、县教育局、县财政局、县审计局、县建设局、县卫生局、县计生局、县畜牧中心、县农业局、县移民局等部门负责人26人。会议部署清理检查财政专项资金工作。12月24日，县人民政府常务副县长刘胜军在县政府二楼会议室主持召开专题会议。县建设局、县复建办、县移民局、县林业局、县财政局、县畜牧中心、县农业局、县民政局、县教育局、县审计局、县扶贫办、县八总乡、工程监理部、移民综合监理部等单位和部门负责人17人参加会议。会议研究茂井镇、红水河镇和八总乡集镇复建有关事宜。2007 年 1 月 11 日，县人民政府副县长罗金逸在县政府二楼会议室主持召开专题会议。县委常委骆紫光、副县长刘明辉出席会议。参加会议有县政府办、县教育局、县建设局、县文体广电局、县财政局、县精神文明办等单位负责人 6 人。会议研究青少年活动中心大楼建设有关问题。

第十五届县人民政府（2007 年 3 月—2012 年 1 月），2007 年 6 月 20 日，县人民政府常务副县长刘胜军在县人民政府二楼会议室主持召开专题会议，副县长 2 人出席，县委办、县政府办及有关部门负责 18 人参加会议。会议讨论做好抗灾救灾工作、加快移民搬迁安置和复建工程建设进度等工作。12 月 23 日，县人民政府副县长陈克朴在罗妥乡政府会议室主持召开专题会议，副县长 1 人出席会议，县移民局、县交通局、监察局、县乡公路管理所、移民综合监理部、综合设计代表部、罗妥乡政府、罗悃镇政府等单位和部门负责人 12 人参加会议。会议研究罗悃至罗妥公路维修工程竣工验收有关事宜。2008 年 1 月 2 日，县人民政府副县长陈克朴在县人民政府二楼会议室主持召开专题会议。县交通局、县发改局、县移民局、县财政局等部门和大亭乡政府负责人 5 人。会议研究高圩至大亭公路改扩建工程事宜。10 月 14 日，县人民政府县长彭贤伦在县政府二楼会议室主持召开专题会议，副县长 3 人出席；县政府办及有关部门负责人 25 人参加会议。会议听取县发改局等相关部门作当前重点项目建设进展情况汇报，对第四季度重点项目工作进行安排和明确要求。12 月 31 日，县人民政府县长彭贤伦在县人民政府二楼会议室主持召开专题会议。县委常委 1 人、副县长 1 人出席会议，县委办、县政府办、县监察局、县财政局、县发改局、县文体广电局等部门负责人 8 人参加会议。会议纠正县文体广电局擅自改变县文化馆公益性用途问题。2009 年 1 月 5 日，县人民政府副县长邓德宇在县政府第一会议室主持召开专题会议。县发改局、县畜牧局、县建设局、县财政局、县监察局、县审计局等单位负责人 7 人参加会议。会议审查 2008 年新增乡（镇）兽医站基础设施建设项目。11 月 18 日，县人民政府常务副县长刘胜军委托县人民政府办主任李德林在县政府二楼会议室主持召开专题会议，县公安局、县工商局、县药监局、县教育局等单位负责人参加会议。会议听取县公安局对全县禁制毒品管理情况汇报，并对有关事项研究安排部署抓好抓实。12 月 25 日，县人民政府副县长陈克朴在县人民政府第一会议室主持召开专题会议，县人大常委会副主任 1 人出席会议，县法院、二级办（罗甸县城至红水河镇二级公路征地拆迁领导小组办公室，设在县国土局的临时机构）、龙坪镇、罗悃镇、沟亭乡、罗暮乡、罗苏乡、红水河镇等单位负责人 10 人参加会议。会议研究协调罗甸—羊里二级公路建设相关工作。2010 年 1 月 4 日，县人民政府常务副县长刘胜军在县移民局四楼会议室主持召开专题会议，副县长 1 人出席会议，县监察局、县人民检察院、县审计局、县移民局、县电力公司及移民综合监理部等单位和部门负责人 13 人参加会议。会议审查关于 330 米水位提前蓄水影响应急抢险电力线路工程项目设计方案和预算。4 月 26 日，县人民政府副县长刘明辉在县政府二楼会议室主持召开专题会议，参加会议人员有县政府办及有关移民工作单位和乡镇负责人。会议解决县农村信用联社与移民户贷款、落实龙滩库区无法落实生产安置移民耕地长期补偿专项贷款工作。12 月 31 日，县人民政府副县长罗金逸在县人民政府二楼会议室主持召开专题会议。县政府办及有关单位负责人 24 人参加会议。会议协调县职校征地有关事宜。2011 年 1 月 4 日，县人民政府副县长邓德宇在县人民政府二楼会议室主持召开专题会议，县政府办及相关单位负责人 19 人参加会议。会议研究龙坪镇河道治理事宜。11 月 10 日，县人民政府副县长陈义龙在县人民政府二楼会议室主持召开专题会议，副县长出席及有关单位负责人参加会议。会议就红屯—高圩、十里沟—班仁、梨子坳—凤亭油路改造项目建设资金配套相关事宜安排与落实。12 月 28 日，县人民政府副县长罗金逸在县人民政府二楼会议室主持召开专题会议，县政府办及相关单位负责人 12 人参加会议。会议研究县民中高中部扩建有关问题。

第十六届县人民政府（2012 年 1 月—2015 年 12 月届期未满），2012 年 1 月 2 日，县人民政府副县长陈义龙在县人民政府二楼会议室主持召开专题会议。县移民局、县水利局、县监察局、县财政局、县审计局、县水利公司、移民综合监理部等部门负责人 7 人参加会议。会议研究茂井镇新址供水设备改造有关事宜。7 月 2 日，县人民政府副县长刘明辉在县人民政府二楼会议室主持召开政府专题会议，县政府办等有关单位负责人21人参加会议。会议对县投资局汇报的《贵州省鑫磊圆矿业有限公司、广西西江集团航桂实业有限公司联合组建罗甸县方解石开采及加工企业投资意向书》等相关事宜进行讨论研究，原则同意项目落实建设，实施“一厂一策”“一企一策”等特殊优待政策扶持。10月11日，县人民政府代理县长杨兴华在龙坪镇大关路段主持召开现场办公会，县水利局、县国土局、县自来水公司、永龙置业有限公司负责人4人参加。专题研究龙坪镇自来水厂大关路段引水管道改造事宜。2013年1月7日，县人民政府常务副县长陆祖宏在县人民政府二楼会议室主持召开专题会议。县人民检察院、县住建局、县招标办、县中医院等部门和单位负责人4人参加会议。会议研究如何推进教育卫生中央预算内项目建设工作。12月13日，县人民政府副县长朱泉委托县人民政府办副主任邹献福在县国资公司会议室主持召开专题会议，县监察局、县国土局、县交通局、县住建局、县市政中心、县公路管理所、县国资公司、宜昌城缘建设公司等单位负责人9人参加会议。会议监督和评定县城城东新区第三标段道路建设工程验收事宜。12月17日，县人民政府副县长马素芬委托县人民政府办副主任王朝洪在其办公室主持召开专题会议，参加会议的有县政府办、民政局等单位负责人。会议就全县城乡低保指标相关事宜进行研究，根据省民政厅救助局文件精神，从2014年起农村低保金由每人1700元/年提高到1960元/年，城市低保金由每人300元/月提高到345元/月。会议决定按文件要求贯彻落实。2014年1月7日，县人民政府常务副县长李福锴在县人民政府三楼小会议室主持召开专题会议。县政府办、县玉开办、罗悃镇及贵州高矿公司等相关单位负责人4参加会议。会议研究罗悃镇平艾矿山辉绿岩项目相关事宜。9月9日，县人民政府副县长朱泉在县人民政府第一会议室主持召开专题会议，县政府有关单位负责人5人参加会议。会议就明珠街南段、兴华路东段、和谐巷等道路改造项目相关事宜进行研究和部署。10月28日，县人民政府副县长马素芬在县人民政府二楼第二会议室主持召开专题会议，县环保局、县国土局、县工商局、县住建局、县运管局、县法制办、县交警大队、中兴汽车检测有限公司、正宇机动车综合性能事物充满有限公司等单位负责人10人参加会议。会议研究县机动车尾气检测站相关事宜。12月22日，县人民政府副县长贾维军在其办公室主持召开专题会议，县国土局、县林业局、县农工局、龙坪镇、红水河投资公司、红兴公司有关负责人参加会议。会议专题研究龙坪镇六一村黄花寨火龙果开发项目相关事宜。2015年1月6日上午，县人民政府副县长赵光龙在县人民政府第二会议室主持召开专题会议，县政府办、县发改局、县财政局、县运管局、县农工局、县教育局、县交警大队、红水河投资公司、龙坪镇、边阳镇等单位负责人13人参加会议。会议就罗甸县城市公共汽车经营许可方案进行研究。4月24日下午，县人民政府副县长朱泉在县政府第二会议室主持召开专题会议，就城东三期“五桥一路一房”建设相关事宜进行研究，县政府办、县财政局、县国土局、县住建局、县交通局、县水务局、县法制办、县红水河投资公司、县民生投资公司负责人9人参会。9月11日下午，县人民政府副县长朱泉在县人民政府二楼第二会议室主持召开专题会议，就城东三期建设相关事宜进行研究和部署，县政府办、县住建局、县国土局、县水务局、县移民局、县交通局、龙坪镇及中南设计院相关负责人12人参会。11月27日下午，县人民政府副县长朱泉在县人民政府二楼第一会议室主持召开专题会议，就城东三期环湖公路建设事宜进行研究和部署，县政府办、县发改局、县住建局、县交通局、县林业局、县水务局、县红水河公司、龙坪镇相关负责人8人参会。12月29日上午，县人民政府常务副县长蓝康力在县人民政府第三会议室主持召开专题会，黔南州林业局、黔南州人民财产保险公司、县政府办、县金融办和县人民财产保险公司等单位相关负责人9人参会。会议就全县政策性森林保险有关事宜进行研究和讨论。

五、“一府两院”会议

“一府两院”会议即县人民政府、县人民法院、县人民检察院联席会议。

罗甸县第十四届人民政府召开2次“一府两院”会议。2006年7月27日下午，县人民政府县长彭贤伦主持召开县人民政府、县人民法院、县人民检察院联席会议。副县长，县人民法院院长、副院长1人，县人民检察院检察长、副检察长，县政府法制办主任参加会议；县政协主席、县人大常委会副主任1人出席会议；列席会议的县政府有关部门负责人 4 人。会议贯彻落实《中共中央关于进一步加强人民法院、人民检察院工作的决定》、关于迎接县人大常委会开展 2006 年执法检查的问题，议定县国土局、县建设局、县工商局按照县人大常委会办公室的要求做好自查，迎接县人大常委会的执法检查。会议落实县人大常委会《关于龙顺房地产、嘉禾房地产公司招投标、投资开发协议履行情况的报告》《对违法占地建房的清理、处理情况的报告》审议意见的问题。议定由县建设局、县国土局根据罗甸县第十四届人大常委会第 22 次会议纪要要求，实事求是写出报告送县人民政府，由县人民政府分管领导审核后，再向县人大常委会报告。

2007 年 6 月 11 日，县人民政府县长彭贤伦在县人民政府二楼第一会议室组织召开县人民政府、县人民法院、县人民检察院联席会议。出席会议的有副县长 1 人、县人民法院院长、县人民检察院检察长；县政协主席、县人大常委会副主任 1 人出席会议；列席会议的有县政府有关部门主要负责人 5 人。会议议定：对县人民法院 2007 年的组织收入任务暂不调整；同意县人民法院和县人民检察院向财政局各借款 20 万元进行办公楼装修，待“两院”申报项目资金到位后归还；关于县人民法院立案庭信访工作人员岗位津贴问题，建议县人民法院以党组名义报县委审定；关于财政性借贷资金清收问题，要加大依法清收，对个别欠款数额较大且具有典型性的案件，依法立案，严肃处理。会议指出，县人民法院、县人民检察院要支持政府工作，依法收贷，对县城违法占地、违法建筑的清理。

2007 年 7 月后，县人民政府不再召开“一府两院”会议。

第三节　施政纪要

党的十一届三中全会后，改革开放，罗甸县人民政府在新形势下，以邓小平理论为指导，转变观念，以新思想、新思路、以经济建设为中心、以发展农业产业化增加农民收入、以发展工业强县为首任。贯彻落实 1991 年中共罗甸县委第六届第四次全委（扩大）会议通过的《关于罗甸县国民经济和社会发展十年规划“八五”计划的决议》，认真贯彻实行中共中央、国务院 1990 年颁发的《农民负担费用和劳务管理条例》规定减轻农民负担的决定。1992 年清理农民所负担的不合理项目集资、摊派、罚款共 21 项，总负担 504.4 万元，按《条例》规定清理退赔。

1993 年罗甸县被贵州省、黔南州列为农业综合开发重点县，罗甸县分别在逢亭镇、边阳镇、栗木乡、沫阳镇、董当等 8 个乡（镇）实施中低产农田改造项目。1999 年按照州委、州政府〔1999〕17 号文件精神，实施罗甸 2000—2005 年农业总体发展规划，对粮、蔬、牧、果四个产业结构进行调整。根据罗甸地理条件和气候特点，作出“北部常规优质水果，南部亚热带特点水果、北猪南牛羊”的规划，按此实施发展罗甸农业特色产品。“十一五”期间，全县在稳定粮食生产的基础上，以“3211”（即新增 3 万亩“四季”蔬菜、2 万亩特色水果、1 万亩新品种茶叶、1 万口网箱养鱼）和“185”工程（即将 1 亩田的产值分别提高到 1 万元、0.8 万元、0.5 万元）为载体，加大优良品种的推广，大力发展蔬、果、畜、渔、油桐、中药材等特色产业。

1985 年罗甸县被列为国家重点扶持贫困县，1994 年罗甸县被列为实施“八七”扶贫攻坚计划的重点扶贫贫困县，1998 年被中共贵州省委、贵州省政府划定为革命老区县。罗甸县人民政府紧紧抓住国家实施西部大开发机遇制订罗甸扶贫攻坚计划，计划分四个阶段：1978—1993 年“有组织、有计划，大规模扶贫”阶段；1994—2000 年“八七”扶贫攻坚阶段；2001—2013 年“新阶段扶贫开发”阶段；2014—2015 年“精准扶贫”阶段四个历史时期。扶贫开发取得显著成效：农村贫困人口大幅度减少，贫困发生率由 1978 年 83.47% 下降到 2015 年 26.03%。经济收入大幅度提高，农民人均纯收入由 1978 年的 96 元增长到 2015 年的 7933 元。生产生活条件明显改善，2015 年实现 100% 的镇（乡）通油路，95% 的村通简易公路（其中：通水泥路 238 个，占 87.18%），农户通电率 100%，解决大部分群众和人畜饮水困难及田土的灌溉问题。

工业建设，坚持以“盘活存量、做大增量”“培植财源、增加就业”两手抓，强化工业园区设施建设和规模工业建设。2006年对罗甸工业建设作进一步具体规划《罗甸县循环经济硅系工业基础规划》。2009年，罗甸县发现大量玉石。2010年中共罗甸县委、县人民政府出台《关于禁止非法开采矿产资源的通告》《罗甸县玉石资源整合实施方案》《关于加快罗甸玉石产业发展的意见》。引进资金，引进外商投资开发。在引资招商工作中县人民政府出台《罗甸县鼓励投资优惠政策暂行规定》《罗甸县招商引资项目行政审批代办服务实施方案》，并成立罗甸县利用外资和招商引资项目代办服务中心，在工作程序上做到“一站式”申报、“一次性”告知、“预备制”审批、“单一性”审批，直至完成项目设计的所有行政审批、办证。

2013年县人民政府为加快推进城镇化建设，建设科学化、民主化、法制化的城乡规划决策机制，全面提升城乡规划建设和管理水平，制订《罗甸县城乡规划建设委员会议事章程》，审议县域城乡发展战略规划，城镇体系规划，片区规划，县城、乡（镇）及园区总体规划，近期建设规划，控制性详细规划（含乡镇），城市设计和修建性详细规划，城乡雕塑、风景名胜区总体规划和详细规划，综合交通体系，综合防灾，综合管线，绿地系统等专项规划。是年，为管好园区建设和城镇开发资金的使用管理，县人民政府出台《罗甸县产业园区建设和城镇开发资金调度使用的暂行管理规定》，规定资金管理原则、资金主要用途、资金的调度拨付程序、资金的筹集与使用，调度资金的归位和偿还、资金使用监管等措施。

2014年对入驻罗甸工业园区的企业，罗甸县人民政府出台《关于工业园区企业入驻管理办法（试行）》，规定入园企业须在罗甸县工商局（外商投资企业在黔南州工商局）注册，注册地为罗甸县境内，在罗甸县税务管理机关办理税务登记证，依法经营，照章纳税。对进驻边阳工业园区、沫阳建材产业园区、逢亭硅系列工业园区的固定资产都有各自不同规定。对县城西生物医药产业园区、城东新区开发都作出明确规定。同时县人民政府对旅游开发也作出优惠政策规定，欢迎县内外各种经济实体、各界人士以购买、租赁、承包、联营、股份合作等多种形式投资开发。

2012年，根据县委、县政府有关文件精神，园区管委会委托有关部门对逢亭、县城、边阳、红水河物流园区四个园区进行统一修编，形成“一园四区”的格局。

由于中共罗甸县委、罗甸县县人民政府以工业强县为首任，出台很好的招商引资优惠政策，2015年在罗甸县办企业有：贵州信邦制药股份有限公司、贵州艾源生态药业有限责任公司、贵州艾力康中草药开发有限公司；硅系列开发有：贵州省罗甸县明康矿业有限公司、正鑫硅业公司；建材开发有：贵州砷达石业有限公司、黔南州天力石材开发有限公司、森垚水泥有限公司；玉石开发有：中航玉丰、盛世玉业有限公司等，促进罗甸工业快速发展。

第四节　综合政务

一、县人民政府办事务

罗甸县人民政府办公室是县人民政府处理日常行政事务和协调服务督察调研综合职能部门（简称县政府办）。1991—2000年内设机构有秘书科、信息科、行政管理科等科室。2001年内设机构有秘书科、信息科、督察科、行政管理科，为股级机构；直属管理有国防教育办公室、信访办公室、县人民政府法制办公室、外事侨务办公室、信息网络中心。2011年增设综合科，将督察科升格为县人民政府督察室，增设县人民政府应急管理办公室（加挂县人民政府总值班室），为科局级机构。2013年，内设职能科室有：秘书科、综合科、信息科、行政科、应急管理办公室（正科级，加挂“人民政府总值班室”）。直属机构有：人民防空办（县国防教育办）、外事侨务办公室、县机关后勤服务中心（2012年12月更名县机关事务管理局）、县金融办公室、信访办公室、法制办公室。2014年12月，县人民政府办行政编制30名，机关后勤服务人员事业编制15名，经费由财政全额预算管理。

罗甸县第十一届人民政府1990年以来，对县人大代表议案和政协委员提案的办理工作，明确1名县人民政府领导联系县人大和县政协工作，成立县人大代表议案和县政协委员提案办理工作领导小组。经过对议案、提案梳理，以文件明确承办单位，召开专题会议强调交办事项，并加强督办检查工作。

1991—1992年，罗甸县第十一届人民政府承办县第十一届人大常务委员会第二次会议代表议案、建议和意见110件，第三会议代表议案、建议和意见46件。

承办县政协第三届第二次会议委员提案、建议和意见28件；第三次会议委员提案、建议和意见34件。“两会”议案、提案、意见和建议办复率100%。

1993—1997年，罗甸县第十二届人民政府承办县第十二届人大常务委员会第一次会议代表议案、建议和意见124件；第二次会议代表议案、建议和意见72件；第三次会议代表议案、建议和意见70件；第四次会议代表议案、建议和意见73件；第五次会议议案、建议和意见70件。

承办罗甸县政协第四届第一次会议委员提案、建议和意见44件，第二次会议委员提案、建议和意见69件，第三次会议委员提案、建议和意见38件，第四次会议委员提案、建议和意见19件，第5次会议提案、建议和意见21件。“两会”议案、提案、意见和建议办复率100%。

1998—2002年，罗甸县第十三届人民政府承办罗甸县第十三届人大常务委员会第一次会议代表议案、建议和意见98件；第二次会议代表议案、建议和意见88件；第三次会议代表议案、建议和意见66件；第四次会议代表议案、建议和意见86件；第五次会议代表议案、建议和意见99件。

承办罗甸县政协第五届第一次会议委员提案、建议和意见38件；第二次会议委员提案、建议和意见47件；第三次会议委员提案、建议和意见55件；第四次会议委员提案、建议和意见67件；第五次会议委员提案、建议和意见49件；“两会”议案、提案、意见和建议办复率100%。

2003—2006年，罗甸县第十四届人民政府承办罗甸县第十四届人大常务委员会第一次会议代表议案、建议和意见127件；第二次会议代表议案、建议和意见102件；第三次会议代表议案、建议和意见140件；第四次会议代表议案、建议和意见59件。

承办罗甸县政协第六届第一次会议委员提案、建议和意见65件；第二次会议委员提案、建议和意见36件；第三次会议委员提案、建议和意见39件；第四次会议委员提案、建议和意见60件；“两会”议案、提案、意见和建议办复率100%。

2007—2011年，罗甸县第十五届人民政府承办罗甸县第十五届人大常务委员会第一次会议代表议案、建议和意见125件；第二次会议代表议案、建议和意见109件；第三次会议代表议案、建议和意见125件；第四次会议代表议案、建议和意见90件；第五次会议代表议案、建议和意见133件。

承办罗甸县政协第七届第一次会议委员提案、建议和意见58件；第二次会议委员提案、建议和意见32件；第三次会议委员提案、建议和意见34件；第四次会议委员提案、建议和意见39件；第五次会议委员提案、建议和意见28件；“两会”议案、提案、意见和建议办复率100%。

2012—2015年，罗甸县第十六届人民政府承办罗甸县第十六届人大常务委员会第一次会议代表议案、建议和意见154件；第二次会议代表议案、建议和意见94件；第三次会议代表议案、建议和意见55件；第四次代表议案、建议和意见94件。

承办罗甸县政协第八届1次会议委员提案、建议和意见57件；第二次会议委员提案、建议和意见115件，第三次会议委员提案、建议和意见103件；第四次会议委员提案、建议和意见95件；“两会”议案、提案、意见和建议办复率100%。

二、法制事务

罗甸县法制局于2000年成立，为县人民政府办内设副科级机构。2002年县法制局改为县人民政府法制办公室，仍属于县人民政府办内设机构。2005年县法制办升格为正科级，为县政府办事机构，编制仍县使用县人民政府办编制。职责是负责行政执法监督工作，处理行政复议和国家行政赔偿等事项，及时向县人民政府领导报告重要情况，协助人民县政府领导直接处理突发事件和事故，协助处理乡（镇）、县人民政府各工作部门向县人民政府反映问题；同时根据县人民政府领导的指示，处理各乡（镇）政府、县政府各工作部门之间出现的争议问题，把好县政府出台的各类文件政策性审查关。法制办设主任1名。2000—2002年，在编人员2名；2002—2014年，在编人员3名。2000—2014年，审查规范性文件93件，重大行政决策合法性审查103项，法制宣传及培训80场（次），开展行政执法案卷评查7次，评查执法部门65个（次），办理行政复议案件35件。2015年，审核政府规范性文件草案212件，在《罗甸县人民政府办公室关于印发罗甸县编制2015年县直部门权力清单和责任清单工作方案的通知》要求，编制县级行政权力6248项，其中：行政许可235项、行政处罚4769项、行政强制257项、行政征收43项、行政给付13项、行政检查322项、行政确认66项、行政奖励76项、行政裁决7项、其他行政权力460项。是年，共受理依法审结行政复议案件13件。依法结案行政诉讼案件13件。审查并修改县人民政府签订的各类合同文本82次，参与合同审查会签约仪式25次，提出审查意见320条。先后聘贵州法治时代律师事务所和贵州宇泰律师事务所的6位律师为罗甸县人民政府的法律顾问，安排20万元财政资金，为罗甸县代理行政诉讼案件13件，审查合同20件，参与重大行政决策5次；编制权责清单、缩减行政许可（行政审批）事项，行政审查事项由原来的321项精简到235项，减少26.8%，取消非行政许可、行政服务等职权类别，接待涉法信访案件21件。在3.15消费者权益保护日以及12.4宪法日等通过媒体、知识讲座以及分发学习资料等形式做好法制宣传，共发放宣传册20万本，接受法律咨询1万次，举展出各类宣传展板520幅。

三、政务服务中心事务

罗甸县人民政府政务服务中心于2009年11月成立，成立时名称为“罗甸县行政服务中心”，是罗甸县辖区行政、事业单位集中办理行政审批及公务服务事项的政务服务管理机构，为县政府办下属正科级事业单位。2013年12月更名为“罗甸县人民政府政务服务中心”。2014年机构改革后，明确县政务服务中心明确为县人民定政府直属正科级事业单位。县政务服务中心编制6人，下设3个职能股室：综合股、网络信息股、督查考核股。2015年末有主任1人、副主任1人，管理人员3人。2009年成立时进驻服务中心的县政府部门20个，即有食品药品监督管理局、县经济贸易局、县安全生产管理局、县人口和计划生育局、县畜牧兽医局、县环境保护局、县水利局、县人事劳动和社会保障局、县文体广播电视局、县市政公用事业管理中心、县林业局、县卫生局、县地方税务局、县农业机械服务中心、县建设局、县国土资源局、县国家税务局、县质量技术监督局、县地方海事处、县公安局（含交警大队）。经过机构调整，2014年进驻县政府服务中心的县人民政府部门26个，是年共办理行政审批服务事项171808件，办结171804件，办结率100%；接待企业和单位的咨询10000余人（次）。2015年，进驻部门23个，进驻单位和部门共69个，设置服务窗口人员101名。受理行政审批服务事项291245件，办结291241件，接受和单位咨询19200人（次）。2009—2015年，共受理行政审批服务事项730231件，办结729970件，办结率99.6%。

四、机关事务管理

罗甸县机关事务管理局于2012年12月成立，为县人民政府办公室管理的正科级事业单位，使用县机关后勤服务中心编制，负责贯彻执行上级有关接待工作的政策、规定。研究制定来宾接待方案，承担以县委、县人大、县政府、县政协名义接待重要来宾；参与省、州机关及上级有关部门在县内召开的有关大型会议和大型活动的会务和后勤保障工作；加强与接待对象的联系，宣传介绍罗甸情况，提高罗甸对外知名度。2014年设局长1名，副局长2名，在编在岗人员6名。2013年承担接待672批（次）5964人；2014年接待1324批（次）11748人；2015年接待500余批次6000余人。

五、投资促进事务

罗甸县招商引资办于1995年3月成立，由县人民政府办公室代管。2001年县招商引资职能划入县发展和改革局，2004年成立罗甸县招商引资局；2011年11月设立县投资促进局，为县发展和改革局管理的正科级事业单位；2013年4月成立副科级事业单位招商引资项目代办中心；2014年11月，县投资促进局划入县人民政府直管，属参照公务员管理并实行财政全额预算管理的正科级事业机构，2015年底，县投资促进局内设机构办公室、投资合作股、项目信息股等4个股室，编制为29人，在编19人，其中：局长1人、副局长3人、项目代办服务中心主任1人，干部14人。

招商引资 1991—2003年，招商引资工作都是零星小额资金投入，产生的经济效益不高。

2004年，招商引资工作初见成效，是年，续建项目9个：即冷水沟工业硅冶炼、边阳变电站及线路、柏林电站续建、龙坪酒店（三星级）、罗甸县工业硅冶炼项目、罗甸县冶炼生铁建设项目、罗甸县龙兴商城开发项目、罗甸县发电公司转让项目、罗甸县工业硅厂技改。续建项目资金34175万元，年度竣工6个项目工程投入使用，在建项目3个。

2005年，在建项目47个，续建到位资金36030万元，在建项目为：新建工业硅冶炼项目、宇发工业硅项目、水泥厂产权转让项目、何首乌种植项目、五联汽配修理项目、佳昌铁合金冶炼项目、罗甸斛兴驾校及车辆检测项目、边阳电石厂技改项目、华晋制氧项目、信邦胶囊生产线技改项目、凤亭矿山开采项目等47个。年度竣工投入使用项目8个，在建项目3个。

2006年，在建项目30个，在建资金到位54924万元，在建项目主要有：罗甸县桉树种植项目、石门坎电站2×2万千瓦扩机项目、雷公滩电站2×1万千瓦扩机项目、罗甸富万家超市项目。年度竣工投入使用项目1个，在建项目3个。

2007年，在建项目29个，到位资金55190万元，在建项目主要有：农产品批发市场建设项目、建材公司建材加工项目、宏昌采选厂矿产冶炼项目、网箱养鱼项目等项目。投产项目1个：即罗甸宏昌采选厂矿采选冶炼项目工程在建。

2008年，在建项目24个，到位资金39203万元，即速生丰产林建设项目、罗甸港口建设项目、罗暮矿产开采项目等。年度竣工投入使用项目2个。

2009年，招商引资新建项目25个，到位资金27147万元，在建项目主要有：网箱养鱼项目、保鲜库建设项目、锦绣家园建设项目、“千岛城”房地产开发项目“山水华庭”房地产建设项目等，年度竣工投入使用项目4个。

2010年，建设项目18个，到位资金42020万元，项目主要有：柚木商品林种植项目、都市丽景房地产开发项目、固体制剂GMP生产线项目等，年度竣工投入使用项目6个，续建项目12个。

2011年，建设项目54个，到位资金142053万元。项目主要有：罗甸县大丰葛根种植及葛根粉加工厂建设项目、何首乌规范化种植项目、罗甸县饰面灰岩矿产开采加工、奇石展览馆及四星级酒店建设项目、罗甸火龙果标准建设项目、罗甸县码头加油站建设项目、腾龙房地产建设项目二期工程、罗甸鲜活农产品市场、神泉酒店扩建项目、贵州罗甸硅系列循环经济工业基地及水电开发项目（央企业等项目）、董架加油站建设项目等54个。续建到位资金13561万元。续建工程14个，年度完成竣工项目18个，续建项目36个。

2012年，建设项目56个，到位资金277050万元。项目有：深圳正盟电子厂罗甸生产基地、豪庭酒店建设项目、逢亭镇赖村雄黄矿开采项目、罗甸兴茂桐油厂改扩建项目、罗甸玉石文化产业园、罗甸水泥磨粉站等36个。年度完成竣工项目18个，续建项目38个。

2013年，建设项目95个，到位资金492021万元，项目主要有：米黄大理石开发项目、交砚乡方解石开采及深加工项目、精品火龙果示范园、罗甸石材产业园、农副产品加工项目、农副产品加工项目、罗甸城市综合体、罗甸润福花园房地产开发项目、速生桉树种植二期项目、罗甸罗妥砂石场建设项目等，年度完成竣工项目35个，续建项目60个。

2014年，建设项目71个，到位资金640215万元，项目主要有：罗甸果科所片区一期城市产业综合体项目、铸造厂项目、罗甸综合体一期项目、罗甸“安邦华城”商业综合体项目、边阳富安生态园、边阳芊景房地产一期开发项目等，年度完成竣工项目27个，续建项目44个。

2015 年，建设项目 78 个，到位资金 83500 万元，项目主要有绿城集团、县城北建材城、君之堂中药材加工、艾力康艾纳香综合开发项目、未来城旅游综合体、玉都北殿现代高效农业休闲园区项目等工程。年度完成竣工项目 28 个，续建项目工程 50 个。

招商引资政策　2004 年 4 月 4 日，县人民政府出台《罗甸县招商引资奖励办法（试行）》，规定建立县专项招商引资奖励基金、奖励的对象、范围，标准和奖励的程序等。

2006 年 4 月 20 日，县人民政府出台《罗甸县招商引资政策暂行规定的通知》。《暂行规定》对在罗甸县进行投资开发的县内外投资者，在遵守国家法律法规的前提下，均享受土地优惠政策、税收优惠政策、规费优惠政策、奖励政策及服务保障等。

2011 年 5 月 27 日，县人民政府出台《罗甸县招商引资政策暂行规定的通知》。同时废止 2006 年《罗甸县招商引资政策暂行规定的通知》。

2014 年 12 月 30 日，县人民政府办公室出台《罗甸县工业园区企业入驻管理办法（试行）的通知》。《通知》明确企业准入条件，园区供地方式、条件、地价、标准厂房租赁管理及优惠条件等，为加大罗甸工业园区经济总量，提高发展质量，增强发展后劲提供政策保障。

六、档案地方志

县档案局于 1986 年 1 月成立，与档案馆实行局、馆合一体制，履行全县档案事业行政管理和档案保管利用两种职能，为县人民政府直属事业单位。1995 年 7 月，县志办并入档案局（馆）合署办公。1998 年 6 月，县党史办并入档案局（馆）合署办公。县档案局馆（含县志、党史办）定编 14 人。2003 年 5 月县党史办、县志办单列为县史志办。2011 年 5 月设立县档案史志局，撤销县档案局、县史志办，将县档案局（馆）、县史志办公室职能全部划转到县档案史志局，加挂中共罗甸县委党史研究室牌子，为县人民政府直属正科级参公管理事业单位，经费列入财政全额预算。2011 年人员定编 17 人，2015 年 12 月内设机构有办公室、业务指导与法规股、档案管理编研利用股（加挂罗甸县政务信息服务中心牌子）、信息技术股、党史股、方志股。

馆藏档案　1991—2015 年，清理登记县档案馆馆藏 152 个全宗，档案 50727 卷，其中：清朝档案 1 卷，民国档案 1992 卷、新中国成立后档案 48734 卷。印章档案 1129 枚。照片档案 560 余张。

馆藏资料　1991—2015 年，清理登记馆藏有图书、报纸、杂志等分为 11 大类，718 册。主要书籍有《史记》《金史》《宋书》、明代《黔记》、清代《贵州通志》《清实录》《贵州古代史》《贵州近代史》《中国国民党历次代表大会及中央全会资料》《民国通俗演义》《文化史资料选编》、近代《贵州省地理志》《贵州年鉴》《黔南年鉴》《中共党史人物传》《贵州革命烈士英名录》《中国历史大事记》《中华人民共和国大事记》《罗甸县志》《罗甸县志·民族志》《罗甸县组织史资料》《黔南州志》《罗甸县教育志》《新中国诗词三百家》《麻山熊氏三兄妹》《罗甸文史》第四集等。

设施建设　2010 年得到省、州档案局支持，中央财政补助 500 万元，地方财政配套 71 万元，在龙坪镇和平路新区巷（原县印刷厂处）修建用地面积 4885.62 平方米、占地面积 534.64 平方米、建筑面积 2630 平方米的档案馆办公大楼。2011 年 9 月档案馆开始施工，2013 年 12 月竣工验收并搬迁入住办公。

县志办　罗甸县地方志编写领导小组 1981 年 3 月成立，设县志办公室，正科级机构。1983 年 4 月建立县史志编纂委员会，将原县党史资料征集领导小组和县志编写小组合并，称罗甸县史志办公室。1995 年 7 月县志办合并到档案局，实行一个机构，两块牌子（县志办、档案局）。2003 年 5 月县党史研究室、县地方志办合并为县史志办，从档案局单列，为县委直属正科级事业单位，编制 3 人，2004 年编制为 5 人。2009 年省批准为参公管理事业单位。2011 年 5 月县级机构改革，县史志办与档案局合并，称罗甸县档案史志局，加挂中共罗甸县委党史研究室牌子。

1994 年 8 月《罗甸县志》出版发行。首轮《罗甸县志》出版后，1995—2013 年其他收集地方史志资料，为省、州和县有关单位提供史料。2014 年 4 月启动《罗甸县志（1991—2014）》编修工作，2015 年完成志稿总纂。10 月 22 日县级审稿会上决定下限到 2015 年，会后作 2015 年资料搜集，同时与县政府分管县志编写领导反映汇报县志编写情况，形成统一认识。2017 年 4 月 26 日召开《罗甸县志（1991—2015）》州级复审会，8 月 18 日通过省志办终审定稿出版。

七、金融办事务

2012 年 9 月设立罗甸县人民政府金融工作办公室（以下简称县金融办），由县人民政府办代管。2014 年 11 月，县金融办公室调整为县人民政府直属事业正科级单位，主要负责贯彻执行国家有关金融工作的方针、政策和法律、法规；研究分析国家金融政策、宏观金融形势和全县金融运行情况；协调金融机构为地方经济发展提供金融服务；组织协调实施金融突发事件应急等相关工作。2015 年 12 月底，内设机构有 4 个股室即综合股、资本市场股、发展规划股、协调服务股。

政府性项目融资 2013 年为政府项目融资实际到位资金 2.57 亿元，占县下达任务 1 亿元的 256.7%，分别为：农发行贷款 8000 万元给城东新区土地整治项目；工行贷款 1370 万元给第一中学、贷款 2000 万元给县人民医院；信用联社贷款 600 万元给边阳镇土地收储项目融资、贷款 700 万元给县职校；贷款 300 万元给罗悃镇小城镇建设项目、贷款 70 万元给民中项目；县农行贷款 300 万元给县中医院。

2014 年为政府项目融资规模达 17.22 亿元，实际使用资金 86000 万元，其中：直接融资到位资金约 36000 万元，通过金融机构间接融资到位资金约 5 亿元。

2015 年为政府融资项目 21 个，授信总额 19.67 亿元，到位资金 13.06 亿元，其中：金融机构到位资金 11.6 亿元，企业“投融建”模式垫资 14.6 亿元，同比增长 331.03%，超额完成 3 亿元年度政府性融资任务。

金融组织体系建设 2013 年 10 月 21 日批准成立全县第一家融资担保公司罗甸县鼎盛担保公司，公司于 12 月 13 日开业。同时，引进黔南州和元融资担保有限公司在县开展担保业务。

2014 年，组建成立全县政府性融资担保公司罗甸县融资担保有限公司，是年 1 月正式挂牌营业，注册资金 4800 万元；组建成立大通小额贷款公司，大通小额贷款有限责任公司于 12 月正式挂牌营业，注册资金 3000 万元；组建政府性投融资平台公司 3 家，即县民生发展投资有限责任公司、县旅游文化开发投资有限责任公司、县红水河投资有限责任公司。其中：民生公司和旅游公司由县政府出资成立，注册资本各为 1 亿元。红水河投资公司由原国资公司变更，注册资本 3 亿元。

2015 年，年初通盛小额贷款公司完成组建并获准开业，正式投入运行。引进贵阳市管材行业商会，对政府性融资担保公司进行增资扩股，将注册资本由原 4800 万元增至 1 亿元，经营区域扩大至贵州全省，进一步提升公司盈利能力和服务水平。

信贷业务 2013 年 12 月底，各银行业金融机构各项存款共计 35.43 亿元，比年初增加 0.75 亿元，增幅 2.16%；各项贷款 25.93 亿元，比年初增加 5 亿元，增幅 23.88%。

2014 年末，各项存款余额 45.20 万元，同比增长 7.39%；各项贷款余额 31.48 万元，同比增长 20.55%。2014 年 6 月，正式启动金融信用县创建工程，成功创建信用乡镇 1 个、信用村 37 个。

2015 年末，各项存款余额 56.36 亿元，同比增加 11.16 亿元，同比增长 24.70%。各项贷款余额 39.16 亿元，同比增加 7.68 亿元，同比增长 24.39%。

八、外事（侨务）与港澳台事务

2002 年，根据黔南州机构改革文件，保留县外事办公室、县侨务办公室，简称县外事办、县侨务办。县外事办、县侨务办是县人民政府主管全县外事、侨务工作的直属机构。2014 年底全县有华侨 13 人，侨眷 67 人，主要居住在龙坪镇和边阳镇。外事办（侨务办）使用县政府办公室行政编制，设主任 1 名，科员或办事员 1 名。

外事、侨务工作 2009 年 1 月 20 日，外事办、侨务办进行走访慰问贫困归侨侨眷共 15 户，送上慰问金及慰问品 3700 元。是年 4 月 3 日，侨办通过调查统计，侨属捐助 2008 年 5 月 28 日发生的汶川地震受灾捐助人数 31 人，资金 4800 元，其中：侨属干部捐 3400 元（含特殊党费 1000 元）。4 月 15 日，侨务办利用县城赶集日开展归侨侨眷权益保护法及其实施办法宣传活动，发放宣传资料 3853 份，咨询 360 人。

2010 年 2 月 8 日，外事（侨务）办走访慰问贫困归侨侨眷（含贫困移民侨眷）12 户，送慰问金及慰问品 2200 元。6 月 15 日利用县城赶集开展宣传活动，发放宣传资料 3635 份，咨询 1260 余人次。是年帮助侨眷移民筹措建房和发展资金，扶持潘景霞、潘景丽分别开发经果林 15 亩、5 亩。

2011 年 1 月 28 日，县委常委、副县长、统战部部长罗金逸率外事（侨务）办负责人走访慰问 5 户困难侨眷，送慰问金、慰问品计 3600 元。

2012 年 1 月 15 日，县政府外事（侨务）办走访慰问 5 户困难侨眷，送慰问金、慰问品计 4200 元。是年外事（侨务）办等单位的牵线搭桥，香港慈恩基金会、台湾慈济基金会、贵州一缕阳光义工会到龙坪镇、红水河镇、八总乡、罗妥乡等学校开展捐助活动，捐助困难学生 753 人，捐助资金 125.02 万元。是年，根据贵州省侨务办文件精神，选派 1 名优秀教师赴菲律宾任教。同年接待来自美国等国家和我国香港、台湾地区宾客 157 人次，办理赴香港考察学习 1 人。

2013 年 1 月 31 日上午，县委常委、副县长、统战部部长率外事（侨务）办负责人走访慰问 4 户困难侨眷，送慰问金、慰问品，计 4080 元。是年 11 月在黔南州侨办的关心、帮助争取得加拿大翡翠国际工业董事长、爱国侨胞陈沙立捐赠沫阳镇中心医院一辆救护车。同年 11 月 25 日 –12 月 4 日县外事（侨务）办主任参加国侨办在广州举办的侨务公共外交工作研讨班学习。是年，接待来自美国、马来西亚、比利时等国家和我国香港、台湾地区外宾 108 人次。

2014 年 3 月 30 日，县外事（侨务）办利用县城赶集日集中开展归侨侨眷权益保护宣传活动，发放各类法律法规宣传材料 1000 余份，接受咨询和法律法规解答 310 人次。12 月 15 日广州天河区侨办、天河区商会一行 19 人赴罗甸考察，天河区侨商共捐赠 3 万元现金及价值 5000 元的学生书包、文具等物品。是年，外事（侨务）办负责人走访慰问贫困侨眷 5 户，发放慰问金 3200 元。是年，接待来自美国、英国、法国、乌克兰、白俄罗斯、马来西亚、约旦、埃及等外宾 173 人次，办理罗甸县赴德国考察学习 1 人。

2015 年春节期间，县委统战部、县外事（侨务）办走访慰问深入共慰问侨眷 7 户，发放慰问金 5400 元。

根据国侨办和省侨务办安排，6 月份罗甸县有 3 名教师选派到泰国任教 1 年，任期 2015 年 6 月至 2016 年 5 月。9 月“天籁列车”澳大利亚慈善机构捐赠助听器，全县有 34 名听障少年儿童得到魏基成助听器的资助，其中：8 名是特殊学校的学生，26 名是残联非在校生听障儿童。12 月 17 日马来西亚祝福文化助学金发放仪式在罗甸县第一中学举行，此次共发放助学金 7 万元，100 名家庭经济困难且品学兼优的贫困高中生每人获得 700 元捐助及祝福文化 3 年的连续资助，直至高中毕业。是年，接待来自美国、新西兰、新加坡、日本、韩国等外宾和港澳客人 98 人（次），办理赴罗甸县越南、柬埔寨考察学习 1 人，赴香港考察学习 1 人。

第三章 政协罗甸县委员会

第一节 政协罗甸县委员会

政协罗甸县第三届委员会第一次会议，于 1990 年 5 月 11–15 日在县城召开，应到会委员 105 名，实到会委员 105 名，其中：中共党员 41 名，非党人士 64 名；妇女 16 名，少数民族 53 名，特邀人士 14 名。会议期间：听取和审议《政协罗甸县第三届委员会第一次会议筹备工作情况报告》《政协第二届委员会常务委员会工作报告》《县政协第二届提案工作委员会工作报告》。列席县十一届人民代表大会第一次会议，讨论县人民政府、县财政局、县计委工作报告和县人大常委会、县法院、县检察院工作报告。选举政协罗甸县第三届委员会主席黄光耀，以及副主席5人、秘书长1人和常务委员15人。会议期间，组织委员认真学习《中共中央关于坚持和完善中国共产党领导的多党合作和政治协商制度的意见》《中国人民政治协商会议章程》，并讨论和通过各项报告和决议。会议收到委员提案73件。会后，提案委员会将这些提案整理、归类送交县人民政府办公室转各有关单位办理落实，并负责书面回复委员。

政协罗甸县第三届委员会第二次会议，于1991年4月16–18日在县城举行，经政协第三届常委第四次会议协商通过增补政协罗甸县第三届委员会委员2名，本届政协委员107名。实到会委员95名，因事因病缺席12名，列席会议各界人士40名。听取和审议《政协罗甸县第三届委员会常务委员会工作报告》《县政协第三届委员会第一次会议以来提案工作情况报告》。委员和列席人员列席县第十一届人民代表大会第二次会议，听取和讨论县人民政府、县财政、县计委和县人大常委会、县法院、县检察院工作报告。会议期间，委员认真学习中共中央十三届七中全会精神，学习全会通过的《中共中央关于制定国民经济和社会发展10年和"八五"计划的建议》，讨论和通过各项报告和决议。会议收到委员提案28件，确定立案26件，会后提案委员会整理归类送交县人民政府办公室转有关单位承办，并负责书面回复委员。

政协罗甸县第三届委员会第三次会议，于1992年4月20–24日在县城举行，本届政协委员107名，出席会议77名，因事因病外出开会缺席30名，列席会议各族各界人士48名。会议主要内容是：传达学习邓小平视察南方重要谈话和中共中央及中共贵州省委有关会议精神。听取和审议《县政协第三届委员会常务委员会工作报告》《政协罗甸县第三届委员会第二次会议提案委员会关于提案审查情况报告》。委员和列席人员列席县第十一届人民代表大会第三次会议，听取并讨论县人民政府、县财政、县计委工作报告和县人大常委会、县法院、县检察院等工作报告。会议一致通过政协罗甸县第三届委员会第三次会议报告和决议及三届二次会议以来提案工作情况报告。会议期间，收到委员提案38件，经提案委员会逐件进行审查，确定立案34件，作为来信和建议处理4件，会后根据提案性质和归口办理原则，送交县人民政府办公室转交有关单位承办，并负责书面回复委员。

政协罗甸县第四届委员会第一次会议，于1993年4月12–17日在县城召开，本届政协委员由16个界别142名委员组成，实际到会116名，因病因事请假26名，列席会议人员20名。大会期间，委员认真学习中共中央十四大和全国"两会"精神，结合罗甸实际及省州县委的工作部署，共商罗甸经济和社会发展大计。同时，听取和审议《政协罗甸县第四届委员会第一次会议筹备工作报告》《政协罗甸县第三届委员会常务委员会工作报告》《政协罗甸县第三届委员会提案工作情况报告》和本次会议提案审查情况报告；委员和列席人员列席县第十二届人民代表大会第一次会议，听取和讨论县人民政府、县财政、县计委工作报告和县人大常委会、县法院、县检察院等工作报告；选举政协第四届委员会主席党以臣，以及副主席4人、秘书长1人、常务委员21人；讨论通过各项决议；根据修改后的《中国人民政治协商会议章程》第四十二条规定："中国人民政治协商会议的省、自治区、直辖市、自治州、设区的市、自治县、不设区的市和市辖区的地方委员会每届任期5年"，政协第四届改为任期5年。会议期间收到委员提案56件，确定立案43件，作为来信和建议处理13件。会后，提案委员会根据提案性质和归口办理的原则，送交县人民政府办公室提请有关单位办理，并负责书面回复委员。

政协罗甸县第四届委员会第二次会议，于1994年4月15.–19日在县城举行。本届委员142名，经政协第四届常务委员会第四次会议协商通过增补委员5名，计147名。本次应到会委员147名，实到会委员113名，因病因事请假34名，列席会议各族各界人士38名。会议期间：听取和审议《政协罗甸县第四届常务委员会工作报告》、四届一次会议以来提案工作情况报告和本次会议提案审查情况报告。委员和列席人员列席县人民代表大会第二届二次会议，听取和讨论《罗甸县人民政府工作报告》和县计划统计局、县财政局、县人民法院、县人民检察院等工作报告。会议期间，委员认真学习《中共中央关于建立社会主义市场经济体制若干问题的决定》和邓小平同志关于建设有中国特色社会主义理论、《政协章程》

等理论知识。会议期间收到委员提案73件，经审查确定立案69件，来信处理4件。会后，提案委员会按提案性质和归口办理原则，提请县委和县人民政府确定有关部门办理，并负责书面回复委员。

政协罗甸县第四届委员会第三次会议，于1995年3月5-8日在县城召开，本届委员147人。第四届二次会议后，有5名委员调离出县，经政协罗甸县第四届常务委员会第七次会议协商通过增补委员4名。四届三次会议应到会委员146名，实到会委员111名，因病因事外出开会学习35名。列席会议各族各界人士40名。会议期间，委员们学习坚持以邓小平同志建设有中国特色社会主义理论和党的若干路线为指导，遵循党的十四大和十四届三中、四中全会精神。按照政协《章程》，广泛团结全体政协委员和各族各界人士，紧密配合党和政府的中心任务，认真履行政治协商，民主监督，参政议政职能。会议期间：会议听取和审议《罗甸县第四届委员会常务委员会工作报告》《政协罗甸县第四届委员会关于四届二次会议以来提案工作情况报告》和四届三次会议提案审查情况报告。委员和列席人员列席县人民代表大会第十三届第三次会议。听取和讨论县人民政府、县财政、县计委工作报告和县人大常委会、县法院、县检察院工作报告。通过会议各项报告和决议。会议期间提案委员会共收到委员提案45件，经审理确定立案38件，不立案作为委员来信处理7件。会后，提案委员会按提案性质和归口办理原则，提请县人民政府及有关单位办理，并负责书面回复委员。

政协罗甸县第四届委员会第四次会议，于1996年3月30日-4月3日在县城召开。会前县政协第四届常务委员会第十一次会议协商决定增补委员2名。本次会议应到委员153名，实际到会101名，因病因事请假52人，列席会议各族各界人士43名。会议紧紧围绕罗甸“九五”计划和2010年远景目标纲要，畅所欲言，献计献策，共商发展大计。会议期间：听取和审议《政协罗甸县第四届委员会常务委员会工作报告》《政协罗甸县第四届三次会议以来提案工作报告》和四届第四次会议提案审查情况报告。委员和列席人员列席县人民代表大会第十二届第四次会议，听取和讨论县人民政府，县财政、县计划和统计局、县人大常委会、县法院、县检察院等工作报告；三、补选县政协副主席2名，县政协常务委员1名；四、通过各项决议；会议期间收到委员提案21件，立案19件，提请县委、县人民政府确定承办单位办理，并负责书面回复委员。

政协罗甸县第四届委员会第五次会议，于1997年4月7-11日在县城召开，应到会委员157名，实到会117人，因事因病外出开会学习请假缺席40名，列席会议各界人士41名。会议期间：听取和审议《罗甸县第四届委员会常务委员会工作报告》《政协罗甸县第四届委员会第四次会议以来提案工作报告》和四届第五次会议提案审查情况报告；委员和列席人员列席县人民代表大会第十二届第五次代表大会，听取和讨论县人民政府、县财政、县计委工作报告和县人大常委会、县人民法院、县人民检察院工作报告。通过各项决议。会议期间，经中共罗甸县委研究同意，将1996年3月28日政协第四届委员会第十一次常委会议通过的《政协罗甸县关于政治协商、民主监督、参政议政的规定》发给各位委员，要求政协委员按照政协《章程》在不同的工作岗位上，履行职能，搞好民主监督，参政议政。本次会议收到委员提案27件，经审理立案21件，提请县政府转有关单位办理20件，提请县委办理1件，并负责书面回复委员。

政协罗甸县第五届委员会第一次会议于1998年2月17-22日在县城召开。本届政协委员由16个界别140名委员组成。会议应到会委员140名，实际到会委员117名，因病因事请假23名，列席会议各族各界人士40名。大会期间，委员们认真学习中共十四届五中、六中全会和十五大会议精神，以经济建设和反贫困大业为中心，履行人民政协政治协商、民主监督职能，抓大事，办实事，参大政、议大事，推进规范化制度化建设。会议期间，听取和审议《政协罗甸县第五届第一次会议筹备工作报告》《政协罗甸县第四届委员会常务委员会工作报告》《政协罗甸县第四届委员会五年来提案工作情况报告》和五届一次会议提案审查情况报告；委员和列席人员列席县第十三届人民代表大会第一次会议，听取和讨论县人民政府、县财政、县计委工作报告和县人大常委会、县法院、县检察院工作报告；选举政协第五届委员会主席罗世云，以及副主席7人、秘书长1人、常务委员21人；讨论并通过各项报告和决议；会议期间收到委员提案42件，并经审查立案38件。对立案的提案，提请县政府转交有关单位办理的34件，4件作来信来访转有关部门办理，并负责书面回复委员。

政协罗甸县第五届委员会第二次会议，于1999年3月8–12日在县城召开，应到会委员140名，实际到会114人，因事外出请假36名。会议期间：听取和审议《政协罗甸县第五届委员会常务委员会工作报告》《政协罗甸县第五届委员会第一次会议以来提案工作情况报告》《五届二次会议提案审查情况报告》；出席会议全体委员和列席人员列席县第十三届人民代表大会第二次会议。听取和讨论县人民政府、县财政、县计委工作报告和县人大常委会、县法院、县检察院的工作报告。通过各项决议。委员们认真学习中共十三届五中、六中、七中全会精神，团结各族各界人士，积极参政议政，在促进全县的社会稳定、经济发展、治理整顿、深化改革，认真履行政治协商，民主监督职能。会议期间收到委员提案49件，经审查立案47件。提案委员会整理归类后提请县政府承办的43件，提请县委4件，并负责书面回复委员。

政协罗甸县第五届委员会第三次会议，于2000年2月24–29日在县城召开。会前县政协五届委员会第七次常务委员会决定增补8名政协委员。会议应到会委员148名，实际到会委员132名，因事因病外出请假16名，列席89人。会议期间：听取和审议《政协罗甸县第五届委员会常务委员会工作报告》《政协罗甸县第五届二次会议以来提案工作报告》和五届三次会议提案审查情况报告；委员和列席人员列席县第十三届人民代表大会第三次会议，听取和讨论县人民政府、县财政、县计委工作报告及县人大常委会、县法院、县检察院工作报告；会议协商讨论通过增选政协第五届委员会副主席1名、常委1名。全体委员和各界人士学习党的十五大、十五届三中、四中全会精神和邓小平同志的重要讲话。通过各项决议。会议期间收到委员提案56件，经提案委员会审查确定立案55件，由县政协提案委员会整理归类后转交县政府办提请县委办理5件，提请县政府转各有关单位办理50件，并负责书面回复委员。

政协罗甸县第五届委员会第四次全委会议，于2001年3月17–22日在县城召开。会议应出席委员148名，实到会委员120名，因病因事外出缺席28名。会议期间：听取和审议《政协罗甸县第五届委员会常务委员会工作报告》《政协罗甸县委员会关于五届三次会议以来提案工作情况报告》和五届四次会议提案审查情况报告；委员和列席人员列席县第十三届人民代表大会第四次会议。听取和讨论县人民政府、县财政、县计委工作报告和县人大常委会、县人民法院、县人民检察院工作报告。通过各项报告和决议。讨论和修改《罗甸县国民经济和社会发展第十个五年计划的纲要》。会议期间，收到委员提案67件，经审理立案67件。提案委员会整理归类后送交提请县委办理3件，提请县政府转有关部门办理63件，县政府办理1件，并负责书面回复委员。

政协罗甸县第五届委员会第五次会议，于2002年3月15–20日在县城召开，应到会委员148名，实到112名，因事因病外出开会学习缺席36名，列席会议各族各界人士11名。委员认真学习贯彻江泽民同志“七一”讲话和中共十五届六中全会精神，坚持以“三个代表”重要思想为指导，紧紧围绕县委、县政府工作中心，切实履行政协职能。会议期间：会议听取并审议《政协罗甸县第五届委员会常务委员会工作报告》《政协罗甸县第五届委员会第四次会议以来提案工作报告》和五届五次会议提案审查情况报告。委员和列席人员列席县第十三届人民代表大会第五次会议，听取和讨论县人民政府、县财政、县计委工作报告和县人大常委会、县法院、县检察院等工作报告。通过各项报告和决议。会议期间，收到委员提案50件，经提案委员会审查确定立案49件，提请县委办理3件，提请县政府及转有关单位办理46件，并负责书面回复委员。

政协罗甸县第六届委员会第一次会议，于2003年3月14–20日在县城召开。本届届别在上界的基础上增加了宗教界，共有17个界别共143名委员组成。会议应到会委员143名，实际到会141名，因事因病请假2名，列席本次会议各界人士82名。会议期间，委员认真学习邓小平理论和“三个代表”重要思想，中共十六大精神。会议主要内容：听取《政协罗甸县第六届第一次会议筹备工作报告》；听取和审议《政协罗甸县第五届委员会常务委员会工作报告》《政协罗甸县第五届委员会关于五年来提案工作情况报告》和六届一次会议提案审查情况报告。委员和列席人员列席县十四届人民代表大会第一次会议，听取和讨论县人民政府、县财政、县计委工作报告和县法院和县人民检察院工作报告；选举政协罗甸县第六届委员会主席陈邦禄，以及副主席6人、秘书长1人、常务委员21人；讨论并通过政协罗甸县第六届委员会第一次会议各项报告和决议。会议期间，收到委员提案66件，经提案委员会审查确定全部立案，会后提案委整理归类后转交县政府办公室提请有关部门办理，并负责回复委员。

政协罗甸县第六届委员会第二次会议，于2004年3月15日–18日在县城召开，本届委员143名，出席会议委员110名，因事外出开会学习33名，列席会议各族各界人士83名。会上委员们认真学习，全面贯彻中共十六大和十六届三中全会精神，同心同德，开拓进取，扎实工作，为罗甸全面建设小康社会和富民兴甸伟大事业努力奋斗。会议期间：听取和审议《政协罗甸县第六届委员会常务委员会工作报告》《政协罗甸县第六届委员会第一次会议以来提案工作报告》和六届二次会议关于提案审查情况报告；委员和列席人员列席县第十四届人民代表大会第二次会议，听取和讨论县人民政府、县财政、县计委工作报告和县人大常委会、县人民法院、县人民检察院工作报告；通过会议各项报告和决议。会议期间，收到委员提案38件，经审查立案36件，会后提案委员会整理归类后，转县政府办公室提请有关单位和部门办理，并负责书面回复委员。

政协罗甸县第六届委员会第三次会议，于2005年3月21–24日在县城召开，应到会委员143名，实到会131名，因事因病请假12名，列席会议各族各界人士95名。委员们认真学习邓小平理论和“三个代表”重要思想为指导，认真贯彻落实十六大和十六届三中、四中全会以及省、州、县有关会议精神，高举爱国主义、社会主义两面旗帜，牢牢把握团结和民主两大主题，履行职能，努力把政协工作提高到新的水平。会议期间：听取和审议《政协罗甸县第六届委员会常务委员会工作报告》《政协罗甸县第六届委员会二次会议以来提案工作报告》和六届三次会议关于提案审查情况报告；委员和列席人员列席县第十四届人民代表大会第三次会议，听取和讨论县人民政府、县财政、县计委工作报告和县人大常委会、县法院、县检察院等工作报告；通过会议各项报告和决议。会议期间，收到委员提案47件，经审查确定立案39件，会后提案委整理归类后送县政府办公室提请有关部门办理，并负责书面回复委员。

政协罗甸县第六届委员会第四次会议，于2006年3月15–18日在县城召开。应到会委员143名，实到132名，因事因病请假11名，列席会议各界人士96名。委员们认真学习《中共中央关于加强人民政协工作的意见》，《意见》充分体现十六大以来中共中央关于人民政协工作新思想新要求，是指导新时期新阶段人民政协事业发展的纲领性文件。会议期间：听取和讨论《政协第六届委员会常委会工作报告》《政协第六届委员会第三次会议以来提案工作报告》和六届四次会议提案审查情况报告；委员和列席人员列席县人民代表大会第十四届第四次会议，听取和讨论县人民政府、县财政、县计委工作报告和县人大常委会、县法院、县检察院工作报告；通过会议各项报告和决议。会议期间，收到委员提案60件。提案委员会根据《罗甸县政协提案工作条例》的有关规定，经审查立案60件。会后，提案委整理归类后，转县政府办公室提请有关部门办理，并负责书面回复委员。

政协罗甸县第七届委员会第一次会议，于2007年1月5–9日在县城召开。本次会议应为政协罗甸县委员会第六届第五次会议，为与全国、省、州政协同步，按上级文件精神，将六届五次全委会定为政协第七届委员会并于2007年1月换届。本届界别在第六届界别基础上，增加“新闻出版”界，18个界别166名委员。应出席会议委员166名，列席会议各族各界人士59名。会上，委员们认真学习贯彻中共中央关于加强人民政协工作的有关文件精神。会议期间：听取《政协第七届罗甸县委员会第一次会议筹备工作情况报告》；听取和审议《政协罗甸县第六届委员会常务委员会工作报告》《政协罗甸县第六届常务委员会关于四年来提案工作情况的报告》；委员和列席人员列席县第十五届人民代表大会第一次会议，听取和讨论县人民政府、财政局、发改局工作报告和县人大常委会、县法院、县检察院工作报告；选举县政协第七届主席陈邦禄，以及副主席5人、秘书长1人和常务委员22人；讨论和通过政协罗甸县第七届委员会第一次会议各项报告和决议；会议期间，收到委员提案64件，经审查立案58件，会后，提案委员会整理归类，转县政府办公室，提请有关单位办理，并负责书面回复委员。

政协罗甸县第七届委员会第二次会议，于2008年1月12-14日在县城召开。应到会委员166名，实到会145名，因病因事请假21名，列席各族各界人士59名。委员认真学习贯彻党的十七大精神和胡锦涛总书记提出的科学发展观。会议期间：听取和审议《政协罗甸县第七届委员会常务委员会工作报告》《政协罗甸县第七届委员会第一次会议以来提案工作情况的报告》、七届二次会议提案审查情况报告；委员和列席人员列席县第十五届人民代表大会第二次会议，听取和讨论县人民政府及财政局、发改局工作报告和法院、检察院工作报告。通过会议各项报告和决议。会议期间，收到委员提案33件，经审查立案30件，会后，提案委整理归类转县政府办公室提请有关单位和部门办理，并负责书面回复委员。

政协第七届委员会第三次会议，于2009年1月17-19日在县城召开，应到会委员166名，实出席会议150名，因事因病请假16人，列席会议各界人士41名，会上委员们认真贯彻十七大、十七届三中全会精神。会议期间：听取和审议《政协罗甸县第七届委员会常务委员会工作报告》《政协罗甸委员会第二次会议以来提案工作情况报告》和七届第三次会议提案审查情况报告；列席县第十五届人民代表大会第三次会议，听取和讨论县人民政府及财政局、发改局工作报告和县人大常委会、县法院、县检察院工作报告。通过会议各项报告和决议。会议期间，收到委员提案34件，经审查立案34件。会后，提案委整理归类转县政府办公室提请有关单位办理，并负责书面回复委员。

政协罗甸县第七届委员会第四次会议，于2010年1月14-16日在县城召开，应到会委员166名，实到会150名，因事因病请假16名。列席会议各族各界人士91名。会上，认真贯彻落实科学发展观，履行政协职能，参政议政，建言献策。会议期间：听取和审议《政协罗甸县第七届委员会常务委员会工作报告》《政协罗甸县委员会七届第三次会议以来提案工作情况报告》和七届四次会议提案审查情况报告；委员和列席人员列席县人民代表大会第十五届第四次会议，听取和讨论县人民政府、财政局、发改局工作报告和县人大常委会、县法院、县检察院工作报告，讨论通过会议各项决议。会议期间，委员提案39件，审查确定立案39件。会后提案委员会整理归类，转县政府办公室提请有关单位和部门办理，并负责书面回复委员。

政协罗甸县第七届委员会第五次会议，于2011年3月5-7日在县城召开。本次会议应到委员166人，因事因病请假24人，实到142人，应邀列席会议各族各界人士107人。委员们学习党的十七届五中全会精神、中央经济工作会议和县委十一届十一次会议精神。会议期间：听取和讨论《县政协第七届委员会常务委员会工作报告》《县政协七届常务委员会关于政协罗甸县七届四次会议以来提案工作报告》和政协五次会议提案审查报告；委员和列席人员列席第七届县人民代表大会第五次会议，听取和讨论县人民政府工作报告和《罗甸县经济社会发展“十二·五”（2011—2015年）发展纲要》。通过会议各项报告和决议。会议期间，收到委员提案33件，经审查确定立案28件。会后提案委员会整理归类转县政府办公室，提请有关单位和部门承办，并负责书面回复委员。

政协罗甸县第八届委员会第一次会议，于2012年1月2-5日在县城召开，应到会委员166人，实到会161人，因事因病请假5人。列席会议各族各界人士91名。会议期间：听取和审议《县政协第七届委员会常务委员会工作报告》《政协第七届罗甸县委员会常务委员会关于五年来提案工作情况报告》和政协罗甸县第八届委员会第一次会议提案审查情况报告；委员和列席人员列席县第十六届人民代表大会第一次会议，听取和讨论县人民政府、财政局、发改局和县人大常委会、县法院、县检察院工作报告；选举县政协第八届主席罗金逸，以及副主席8人、秘书长1人、常务委员19人；通过政协第八届第一次会议各项报告和决议。会上，委员们认真学习以邓小平理论和“三个代表”重要思想为指导，深入贯彻落实科学发展观。会议期间，收到委员提案57件，经审查立案57件，会后提案委员会整理归类，转县政府办公室提请承办单位办理，并负责书面回复委员。

政协罗甸县第八届委员会第二次会议，于2013年2月25–28日在县城召开，应到会委员164人，实到会142人，因事因病请假22人，列席会议各族各界人士121人。委员们认真学习党的十八大精神，牢牢把握团结和民主两大主题，围绕县委、县政府工作中心，切实履行“政治协商、民主监督、参政议政”三大职能，为促进罗甸经济发展，文化繁荣，政治稳定、社会和谐献计献策。会议期间：听取和讨论《政协罗甸县第八届委员会常务委员会工作报告》《政协罗甸县第八届委员会常务委员会关于第八届一次会议以来提案工作情况报告》和政协八届二次会议提案审查委员会关于提案审查情况的报告；委员和列席人员列席县第十六届人民代表大会第二次会议，听取和讨论县人民政府、财政局、发改局、和县人大常委会、县法院、县检察院报告及其他报告；通过会议各项决议。会议期间，收到委员提案130件，经审查立案118件。会后县政协提案委员会整理归类转县政府办公室提请有关单位承办，并负责书面回复委员。

政协罗甸县第八届委员会第三次会议，于2014年3月7–9日在县城召开，应到会委员159人，实到会141人，因事因病请假18人，列席各族各界人士127人。委员们认真学习党的十八大和十八届三中全会精神，牢牢把握团结与民主两大主题，紧紧围绕县委县政府工作中心，认真履行“政治协商、民主监督、参政议政”三大职能，为推进罗甸经济社会发展社会和谐献计献策作贡献。会议期间：听取和讨论《政协罗甸县第八届委员会常务委员会工作报告》《政协罗甸县第八届委员会常务委员会关于八届二次会议以来提案工作情况的报告》《政协罗甸县八届三次会议提案审查委员会关于提案审查情况的报告》；列席县第十六届人民代表大会第三次会议，听取和讨论县人民政府及财政局、发改局和县人大常委会、法院、检察院工作报告；补选1名县政协秘书长和县政协4名常务委员；讨论和通过各项报告和决议。会议期间，收到委员提案93件，经审查确定立案89件。会后，由提案审查委员会整理归类转县政府办公室提请有关部门办理，并负责书面回复委员。

政协罗甸县第八届委员会第四次会议，于2015年2月4–6日在县城召开，应到会委员162名，实到会141名，因事因病请假21名，应邀列席会议128人。会议：听取和审议《政协罗甸县第八届委员会常委会工作报告》《罗甸县第八届委员会常务委员会关于八届三次会议以来提案工作情况的报告》；参加和列席人员全体列席县第十六届人民代表大会第四次会议，听取和讨论县人民政府工作报告及其他报告；补选张良琴（女）、陈杰、聂军为县政协第八届委员会副主席、选举王文报为县政协第八届委员会秘书长；审议通过政协罗甸县第八届委员会第四次会议提案审查委员会关于政协罗甸县第八届委员会第四次提案审查情况汇报，审议通过《政协罗甸县委员会履行职能管理暂行办法》《政协罗甸县第八届委员会第四次会议决议》；会议还表彰2014年度优秀提案和提案承办先进单位。会议收到委员提案95件，经审查立案60件，其余35件按社情民意转县有关部门办理，60件提案由政协提案委员会转县政府办公室提请有关部门办理并负责答复代表。

历届政协罗甸委员会成员任职表

表4–3

届 次	姓 名	性别	民 族	学 历	职 务	任职时间	常务委员	备注
政协第三届委员会	黄光耀	男	苗 族	中 专	主 席	1990.05–1993.04	22人	–
	党以臣	男	汉 族	大 专	副主席			–
	赵国炳	男	汉 族	初 中				–
	张中立	男	汉 族	本 科				–
	颜亨权	男	汉 族	本 科				–
	黄多吉	男	布依族	大 专				–
	尹心义	男	汉 族	本 科	秘书长			–
	黄光耀	男	苗 族	中 专	党组书记			–

续表

届　次	姓　名	性别	民　族	学　历	职　务	任职时间	常务委员	备注
政协第四届委员会	党以臣	男	汉　族	大　专	主席	1993.04–1998.02	22 人	–
	彭文芬	女	汉　族	在职大专	副主席			–
	罗家智	男	布依族	本　科				–
	颜亨权	男	汉　族	本　科				–
	黄多吉	男	布依族	大　专				–
	谭宗文	男	布依族	本　科				–
	韦成华	女	苗　族	在职大专				–
	黄景良	男	布依族	初　中	秘书长			–
	党以臣	男	汉　族	大　专	党组书记			–
政协第五届委员会	罗世云	男	布依族	大　专	主席	1998.02–2003	22 人	–
	谭宗文	男	布依族	本　科	副主席			–
	韦党扬	男	壮　族	大学普通班				–
	张观福	男	汉　族	本　科				–
	陈光辉	男	布依族	大　专				–
	罗金逸	女	布依族	在职大专				–
	陈邦禄	男	苗　族	在职本科	兼秘书长			–
	罗世云	男	布依族	大　专	党组书记			–
政协第六届委员会	陈邦禄	男	苗　族	在职本科	主席	2003.03–2007.01	21 人	–
	罗金逸	女	布依族	在职大专	副主席			–
	杨系光	男	侗　族	在职大专				–
	张观福	男	汉　族	本　科				–
	韦党扬	男	汉　族	大学普通班				–
	骆紫光	男	汉　族	在职本科				–
	罗世斌	男	布依族	在职本科				–
	李祖祥	男	汉　族	在职专科	秘书长			–
	陈邦禄	男	苗　族	在职本科	党组书记			–
政协第七届委员会	陈邦禄	男	苗　族	在职本科	主席	2007.01–2012.01	21 人	–
	曾仕超	男	汉　族	在职本科	副主席			–
	田儒斌	男	土家族	在职大专				–
	张观福	男	汉　族	本　科				–
	韦党扬	男	汉　族	大学普通班				–
	杨　明	女	汉　族	大　专				–
	李祖祥	男	汉　族	在职大专	秘书长			–
	陈邦禄	男	苗　族	在职本科	党组书记			–
	曾仕超	男	汉　族	在职本科	副书记			–
政协第八届委员会	罗金逸	女	布依族	在职大专	主席、党组书记	2012.01–	29 人	–
	曾仕超	男	汉　族	在职本科	常务副主席			–
	陈光辉	男	布依族	大　专	副主席			–
	田儒斌	男	土家族	在职大专				–
	黄大斌	男	布依族	在职大专				–
	张观福	男	汉　族	本　科				–

续表

届　次	姓　名	性别	民　族	学　历	职　务	任职时间	常务委员	备注
政协第八届委员会	杨庆良	男	布依族	在职大专	副主席	2012.01–	29 人	–
	罗德新	男	布依族	在职大专				–
	王仕豪	男	布依族	在职本科				–
	卢　海	男	苗　族	在职本科	秘书长			–
	曾仕超	男	汉　族	在职本科	副书记			–
	曹培忠	男	布依族	在职本科	秘书长	2014.03–		补选
	张良琴	女	苗　族	在职本科	副主席	2015.02–		补选
	陈　杰	男	布依族	在职本科				补选
	聂　军	男	瑶　族	在职本科				补选
	王文报	男	布依族	在职本科	秘书长	2015.03–		补选

机构设置　政协罗甸县第三届委员会内设机构：办公室、提案委员会、学习委员会、文史委员会、经济工作委员会、教科文卫委员会、民族法制青年妇女祖国统一联谊委员会 1 办 6 委，设正副主任。

政协罗甸县第四届委员会内设机构：政协办公室、智力支边办公室、提案委员会、教科文卫委员会、文史学习委员会 2 办 3 委，设正副主任。

政协罗甸县第五届委员会内设机构：政协办公室、智力支边办公室、提案委员会、教科文卫委员会、文史学习委员会 2 办 3 委，设正副主任。

政协罗甸县第六届委员会内设机构：政协办公室、智力支边办公室、提案工作委员会、学习文史委员会、教科文卫委员会、社会联谊委员会、经济科技委员会 2 办 5 委，设正副主任。

政协罗甸县第七届委员会内设机构：政协办公室、智力支边办公室、提案与法制委员会、文史与学习委员会、经济发展委员会、教科文卫委员会、社会联谊委员会 2 办 5 委，设正副主任。

政协罗甸县第八届委员会内设机构：政协办公室、智力支边办公室、提案与法制委员会、文史与学习委员会、经济发展委员会、教科文卫委员会、社会联谊委员会 2 办 5 委，设正副主任。

第二节　履行职能

政协委员会履行职能重在调查研究、写提案、参政议政、建言献策，各专委会、办公室在主席、副主席领导下，各履其职，完成各项工作任务。

一、提案工作

提案工作是政协委员参政议政的重要方式。

政协第三届委员会第一次会议至第三次会议三年间，共收到委员提案 136 件，提请县委和县人民政府落实承办单位办理 109 件，采纳落实率 95.6%，收到委员意见和来信 26 件，转交有关部门参考，如“关于尽快发展种植油桐树”的提案，引起县委县政府和有关部门的高度重视，被列为“八五”计划重要内容，“八五”期末在原 20 万亩桐油树的基础上发展到 30 万亩，总产量 1500 万公斤以上。

第四届委员会共收提案 229 件，立案 199 件，转县政府提请有关部门办理。

第五届委员会共收到提案 278 件，审查立案 270 件。提请县委和县人民政府落实办理，提案采纳 207 件，落实的 115 件。对因条件限制等原因一时难以解决的，承办单位也在答复中如实作了说明。

第六届委员会共收到提案 242 件，立案 228 件，对立案的提案办复率为 100%。其中：采纳落实的 98 件，部分采纳或列入计划 98 件。

第七届委员会共收到提案236件，经审查立案224件，对已立案的提案办复完毕，其中：采纳或落实的98件，部分采纳或落实98件，受条件限制难以办到的28件。在第七届委员会第二次会议对优秀提案进行了表彰和奖励。

第八届委员会第一、二、三、四次会议共收到322件，立案的322件，提请县人民政府确定有关单位办理。

二、考察调研

考察调研工作是政协履行政治协商、民主监督、参政议政、三大职能的重要工作形式。

考察 政协罗甸县委员会成立以来，历届委员会重视考察工作，每年都要组织政协委员及省、州驻县政协委员对县内经济、文化、科技、农业、水利、电力、教育、林业等部门和行业进行考察。1993年4月—1998年2月，政协第四届委员会15次组织158人就全县农业农村经济文化教育等方面进行考察调研活动，写出考察调研报告16份，提出建议102条。1998年4月—2003年政协第五届委员组织委员考察5次，调研36次，参加考察和调研委员229人次，撰写调研报告42份。2003—2007年，政协第六届委员会组织政协委员围绕“三农”、工业、旅游、教育等方面进行调研和考察，完成63篇调研报告，提出意见和建议103条。2007—2012年，政协第七届委员会就非公经济发展、农村新型合作医疗、城镇建设、教育发展、移民安置、农业产业化、乡镇工作及干部队伍建设等事关民生及经济社会发展的重大问题开展23次专题调研考察，形成调研考察报告24篇，提出意见和建议89条，并送县有关领导及有关部门参考。2013年组织委员考察15次，就人民群众关心的问题，热点问题进行考察。2014年组织委员对农业、交通、水利、教育、卫生、计生、村级卫生室现状，行政区划调整后社区服务中心运行情况进行考察。通过考察活动，提高政协委员参政议政的能力，考察后的调研报告和建议，对推进县域经济社会的发展起到积极的作用。

2015年配合省、州政协委员和组织县政协委员进行专项考察工作，形成《省、州、县政协委员考察惠罗高速公路建设情况的考察报告》《罗甸县扶贫攻坚、减贫摘帽进展情况考察报告》等。这些考察报告，受到县委、县政府及有关部门的高度重视和认真落实，对推进县域经济起到推动的作用。

调研 政协历届委员会非常重视调查研究工作。1993年9月，积极参加由省政协牵头、省民委、省妇联、共青团贵州省委等部门组织的调查组，在省政协蒙素芬副主席的带领下，到麻山地区进行专题调查。主席、副主席、秘书长及部分常委和委员11人参加罗甸麻山地区调查活动，所形成调研成果《麻山在呼唤》，引起省委省政府及中央领导和有关部门的高度重视，掀起省内各级领导和部门及全社会开展“向麻山地区献爱心的活动”和对麻山地区的扶贫与开发，给罗甸及麻山地区带来发展机遇。1995年3月—1996年3月，政协四届委员会就非公有制经济、中药材资源、农村经济、早菜生产等调查，撰写《罗甸县非公有制经济情况调查报告》《罗苏乡农村经济情况的调查报告》《关于开发罗羊早菜新区的视察情况报告》《关于加快罗甸个体私营经济发展的建议案》等专题报告为县委县政府提供决策依据与参考。1996年3月—1997年4月，调查撰写《罗甸交通建设的历史回顾和展望》《关于发展罗甸旅游资源与发展经济的近期和远景规划报告》等，其中《加大改革力度，推进反贫困大业》一文被全国体改委成都农村经济工作会议采用并作为大会交流材料。1998年6月县政协组织有关人员对蒙江流域的乡镇进行调研，写出《蒙江流域综合开发试验区》的报告呈报省有关部门。根据省政协的安排，对麻山地区的董王、木引、纳坪、罗苏、罗暮5个乡进行5年的跟踪调查，写出了《变化中的麻山》《攻克最后的堡垒》《对返贫现象的思考》。陪同省政协副主席吴嘉甫到红水河流域调研，为两江一河（南、北盘江、红水河）开发提供依据。2001年7月，为全县制定新阶段扶贫开发计划提供决策依据，政协组成调研组分别深入到董王、平岩等乡、村、组、农户家中进行调查，写出《董王乡贫困状况的调查报告》《平岩乡贫困状况的调查报告》，如实反映贫困乡村的贫困状况，提出改变贫困状况的意见和建议。2004年，组织编写《三叠纪板庚滩，世界绝无仅有》《拉来寨自然景观概览》《大小井景区十景简介》《逢亭村奇特旅游景点介绍》等调研报告，经整理编辑成《罗甸旅游文史专辑》。2003—2007年，县政协编辑出版《调查与研究》《实践与探索》各三辑。2007—2012年，县政协出版编写了《调查与反思》《基层行政工作札记》。2009 年撰写的《对罗甸农业标准化体系建设路径》调查报告一文，被州委评为优秀调研报告。2012 年组织委员编写的《罗甸县农业产业化发展的现状及对策》《罗甸县农村学校实施营养餐和村级学校校点撤并的建设和思考》等调研文章，为全县经济文化建设提供参考。2013 年组织委员进行调研，就全县小城镇建设、教育、卫生、旅游发展、食品安全、水电开发、返乡农民工创业等进行专题考察调研，撰写调研报告 16 篇，积极为全县经济社会发展社会和谐献计献策。2014 年，围绕县委、县政府工作重点，认真开展考察调研，撰写《红水河、大小井风景区生态环境保护情况调研报告》《罗甸教育“9+3”计划实施调研报告》《关于“生态文明示范区”如何守住发展和生态底线，实现后发赶超同步小康》等课题调研，2012—2014 年编印《调查与研究》第六、七、八辑，为县委县政府的科学决策提供依据。2015 年由县政协主席、副主席分别带队，政协常委和相关委员参与，有关单位和乡镇配合，开展调查研究工作，积极协商议政建言献策，形成 14 篇专题调研报告，并邀请广西壮族自治区河池政协主席及天峨县政协主席等一行 10 多人红水河考察调研港口及航道升级改造、贵百高速建设。如《关于将贵州纳入“一带一路”的建议》《关于尽快启动贵百高速路罗甸段至百色段建设的建议》《关于按 1000 吨级建设龙滩水电站船闸的建议》《关于规划建设贵阳至百色快速铁路的建议》。这些报告的成果为省政协有关领导、全国政协委员领衔形成提案，于 2015 年初和 2016 年初提交全国政协全会，受到了中央有关部门的高度重视和进行落实。2015 年 8 月贵州省政协秘书长李月成带领 20 多名专家学者到罗甸调研，县政协就大射电项目带动罗甸旅游服务、科普体验、康体养生等发展提出建议，被省政协采纳。

三、文史资料征编

政协委员会文史委员会重视文史资料的收集、整理和汇编。政协第三届文史委汇编罗甸文史资料《庆祝罗甸解放四十周年诗词专刊》，收集编辑《罗甸文史资料》第三辑等。第四届委员会文史委为州政协文史委员会提供 7 篇反映罗甸 5 镇 2 乡政治经济面貌的专稿，《志在追求人类健康》一文被《西南少数民族文史资料丛史·经济卷》刊载。第五届委员会文史委征集撰写七、八、九文史资料辑。与州政协合编《麻山熊氏三兄妹》内部资料。第六届委员会文史委编辑《罗甸旅游文史专辑》，编辑出版《罗甸县政协志（1984—2006 年）》、完成政协全国委员会文史委征编的《罗甸布依族百年实录》《罗甸苗族百年实录》资料的收集，编辑出版《罗甸山歌》《罗甸政协对联》《罗甸文明与新歌》《罗甸情歌》《基层干部漫谈二十三讲》《人民政协工作与创新》《调查与反思》《基层行政工作札记》等文史资料，协助州苗学会调查撰写《黔南苗族》有关资料。第八届文史委于 2012 年完成《罗甸文史》第四辑（中共蛮瓦特别支部专辑）内部资料的编印，2014—2015 年完成 25 万字《回顾罗甸解放》（第五辑）内部资料的编印，完成《罗甸布依族历史与今天》46 万字书稿的编撰、录入，协助州政协文史委审校《黔南抗战实录》，如期编印发行，《回忆西部大开发》贵州卷罗甸内容 3 万多字的资料征集与撰写工作。

四、社会联谊

1991 年以来县政协历届委员会坚持开展对外联谊，服务于罗甸经济文化建设。至 1993 年 4 月，先后与省内外 130 多个省市地（市）、县级政协、各民主党派、社会团体和大专院校及科技院所建立友谊，沟通信息、交流经验，促进以经济建设为中心的各项工作。从 1991 年开始，参加黔桂两省（区）13 县（市）政协联谊活动。1994 年 4 月—1998 年 2 月，先后组织 142 人次委员到外考察参观学习，先后邀请和接待省政协办公厅，民族宗教委，科技委、经济委、九三学社、贵阳黔人公司、天龙公司、州政协各专委及支边办、广西河池、贵州毕节、铜仁、黔东南州及黔南州各县（市）政协等到罗甸参观大关，考察论证项目、科技咨询、人才培训、考察指导等工作。1998 年 2 月—2003 年 2 月，配合统战、台办，向省州有关部门争取资金 12 万元，解决 40 户 208 人“三胞两属”归侨、侨眷住房难的问题 . 先后接待县外 118 批 585 人次到罗甸参观、考察、学习。2003 年 2 月—2007 年 3 月，积极争取沿海地区和港澳同胞及国际友人到罗甸参观考察，引进外来无偿资金 320.66 万元，签订合同项目 31 个，涉及项目资金 500 多万元。2007 年 3 月—2012 年，参加黔桂两省区十三县市的联谊活动 5 次，参加黔南州十三县（市）的联谊活动

9次，接待省内外考察团12次，164人次。2012年先后参加了黔桂两省（区）十三县（市、区）政协联谊协作会第二十一次年会和黔南州政协联谊会第十一、十二次会议等联谊交流活动，接待云南省会泽县、广西壮族自治区天峨县等省（区）内外政协来考察、学习、指导工作。2013年接待广西的百色、乐业、南丹、天峨等县（市）及黔西南州望谟县政协来考察、学习，相互交流。2014年为县中医院争取州、省民建委给的中华思源工程扶贫基金捐赠价值20多万元的救护车一辆，缓解该院接转病人的压力。

2015年11月21—24日，在罗甸县城召开左右江革命老区经济发展暨黔桂2省区3市（州）即黔南州、河池市在、百色市22个县（市、区）政协联席会议，贵州省政协副主席班程农作会议讲话，参会人员200余人。会议对加强黔桂两省区红水河沿线县（市、区）政协的交流与联系，推动域内的重大工程项目列入“十三·五”规划和2016年发展计划，促进重大项目尽快开工、重大改革和改革措施尽快落地，重大民生任务尽快见效，推动区域经济及社会的发展。是年，接待三穗、溶江等县及广西壮族自治区的来宾市、大化等县（市）政协到罗甸考察移民安置、长寿之乡申报，农业产业发展、珍贵林木种植等工作，增进了罗甸与各地的联谊与交流。

五、智力支边

智力支边是根据国家扶持贫困地区经济建设的方针、政策，积极开展以牵线搭桥，咨询服务，讲学培训为主要内容，同时不断探索为经济建设办实事的途径。1990年5月—1993年4月，省内外民主党派、工商联组织和科技界人士共200多人次到罗甸开展智力支边活动，在资源开发利用，适用技术培训和教育卫生方面实施项目34项，举办培训班30多期，培训乡土人才4400多人次。1993年4月—1998年2月，先后组织42批314人次投入罗甸的扶贫支边活动，引进项目资金180万元，参与引进移民搬迁补助费100万元，完成智力支边项目60个。1998年2月—2003年3月，积极组织专家、学者和科技人员84人次，到罗甸开展科技咨询活动，举办各类培训班14期，培训各类人才1323人，完成支边项目37项，2003年3月—2007年1月，先后邀请香港黄佩球的子女到云干乡大关村捐赠15万元新建“希望小学”和2.5万元的奖学金。引进香港应善良基金会捐资22万元修建罗沙乡巴沙小学等。2007—2012年引进培训资金622.9万元。其中：176万元用于医疗义诊，参加义诊人数22362人，446.9万元作乡村学校、卫生室、饮水工程、资助学生、贫困户建房补助等。并联系民主党派专家、学者到罗甸为高三毕业班进行高考辅导和对全县中小学教导主任进行新课改培训，参训人员2316人。从上海引进资金280万元，在上隆茶果场发展优质水果2000亩，并每年组织麻山5个乡5个村的干部到贵州民族学院学习培训。2013年争取到香港慈恩基金会等社会组织为云干小学、板庚小学、龙坪二、三、四小捐赠图书12000册，价值36万元，同时县政协克服困难，挤出资金2万元资助2013年高考录取的贫困大学生入学，圆贫困学子的大学梦。2014年争取置业公司等企业捐资2.6万元，资助2014年高考录取的26名贫困大学生入学，争取明强房地产、湖南商会等部门到县特殊教育学校开展“送温暖，献爱心”活动，为该校学生送去生活用品，学习用具等价值3万元，使残疾儿童感受社会的温暖。2015年加强与华南师大联系，由华南师大选派6名研究生组成支教团到罗甸一中进行为期一年支教。

六、教科文卫

1991年以来县委政协历届常委会重视教科文卫联系工作。1990年3月—1993年4月，先后邀请民革贵州省委支边医疗队到全县开展医疗和讲学培训活动，为罗悃500多名群众义务看病。协助县教育局在沟亭小学开办布依族儿童学前试验班，开展汉语和布依语教学。通过民革贵州省委争取美籍华人“兹根基金会”捐款3万元，帮助罗悃片区民族小学开展教学活动。1993年4月—1998年2月，经过努力，省政协和省卫生厅牵头由贵医附院实施对全县为期3年的全方位医疗技术扶贫。1998年2月—2003年，先后向省民主促进会争取5万元资金，修建沫阳文化站。争取州寒窗基金会和美国兹根基金会、燃灯基金会25万元的支持用于修建国光、里怀、坡共三所小学，在边阳镇建立一个图书馆，资助10名贫困大学生和130名女孩入学。争取省政协帮助板庚、罗暮文化站建设经费5万元。2003年3月—2007年1月，争取省政协组织开展“三下乡”活动到龙坪、沫阳为群众义诊，向县医院、计生局、县民中、县政协捐赠药品、医疗器械、体育器材等物资。在每年高考前夕，联系民进黔南州委邀请都匀一、二中特级高级教师到罗甸民族中学开展支教活动，对罗甸民中高三毕业生进行考前辅导。2007—2012 年 1 月，通过州政协引进美国燃灯基金会为民中、职中 114 名贫困生发放助学金 7 万元。2012 年，积极争取深圳市第二高级技工学校对口帮扶罗甸民族中学 24 名学生免费入学，每位学生 1.8 万元，共计 43.2 万元。引荐广西医科大学梁浩、刘桂英等 11 位专家到县医院开展多元文化护理综合培训和课题研究。2013 年县教育局、团县委一起争取华南师范大学继续选派 6 名研究生组成支教团到罗甸第一高级中学为期一年的支教，争取华南师范大学为全县无偿培训教师 100 名。2014 年与县医院组织医卫界政协委员到沫阳镇平岩社区开展“健康教育议诊服务下乡”活动，诊疗 150 人次。2015 年协调贵州盛世玉业“六一”儿童节到罗暮中心校捐赠 150 床棉袄、30 套办公桌椅等物资价值 5 万元。协调中航玉丰公司、贵州省地理标志研究中心、贵州盛世玉业资助红水河镇官固村、沫阳镇访里村 6 名贫困大学生 1.4 万元；与工商联共同牵线湖南商会公司对环收工人及县特殊学校开展“五一”节慰问活动，资助慰问金及物资计 9.3 万元。县政协资助 2015 年高考录取的贫困大学生 20 名，每人发放 1000 元助学金。协调湖南商会为罗悃镇 39 名留守儿童及 45 名困难家庭捐赠 7 万元及 1.2 万元的棉被、植物油、大米等物资。

第五篇　政法 军事

第一章　公　安

县公安局是县人民政府主管公安工作的行政职能部门，工作职责为：预防、制止和打击违法犯罪活动，防范、打击恐怖活动，制止危害社会治安秩序的行为，维护社会稳定；管理交通、消防、危险物品、打击吸毒贩毒，户政管理、办理居民身份证、出入境事务和外国人在罗甸境内居留、旅行的有关事务，监督管理公共信息网络安全工作。

第一节　机构与队伍建设

机构　1991年年底，县公安局内设机构有秘书科、政工科、纪检室、政保科、保卫科、治安科、户政科、刑侦队、预审科、法制科、消防科（武装警察部队编制）、交通警察队、看守所、收容所、打拐办（县设）及龙坪、边阳、沫阳、逢亭、罗悃、茂井6个镇派出所20个乡公安工作组。全局124人，其中：干警（公务员编制）94人，驻乡民警（事业编制）30人。1991年8月，全县实施建镇并乡撤区工作，1992年6月省公安厅批准，设26个镇（乡）公安派出所。1992年县公安局党组改建为县公安局党委，设置纪律检查委员会。1994年2月县局户政股与治安股合并。1995年11月，县交警队改建为交警大队。1996年4月，恢复户政股。1997年4月，收容所改建行政拘留所。6月，成立缉毒缉私队，恢复巡警队。9月，消防科改称中国人民解放军武装警察消防大队。12月，组建刑侦大队。1998年4月，原罗羊乡派出所改称为红水河镇派出所。8月，增设警务督察队。1999年5月，成立县临时戒毒所。8月，成立县禁毒大队、公路巡逻民警大队。2001年3月，成立治安警察大队、经济犯罪侦察大队。2002年内设机构：办公室（指挥中心）、政工科、国内安全保卫大队（610办公室）、经济犯罪侦察大队、治安警察大队、刑事侦察大队，公共信息网络安全监察科、监所管理大队（管理县看守所、行政拘留所）、法制科、禁毒工作大队、装备财务科、交通警察大队（公路巡逻警察大队），警务督察大队、防暴巡逻警察大队及26个乡（镇）派出所。2003年4月，招聘治安巡逻防暴协勤人员36人，由巡逻防暴大队负责管理。2004年3月，上级文件规定：县公安局治安大队、看守所和公安派出所机构为副科级机构。2008年内设机构：指挥中心（加挂办公室牌子）、国内安全保卫大队、治安大队、刑事侦察大队、交通管理大队、禁毒大队、巡逻特警大队、公共信息网络安全监察大队、政工监督室、法制室、警务保障室、看守所、拘留所。县公安局内设机构、派出所及监管场所为副科级规格。2011年11月增设纪检监察室。2012年7月，设立机关后勤服务中心（事业编制，人员10名）。9月，组建县公安局经济犯罪侦查大队。11月，林业派出所更名为县森林公安局（加挂“罗甸县公安局森林警察大队”牌子）。12月，县交通管理大队更名县交通警察大队。2013年7月，组建人口管理大队。10月，法制室更名为法制大队。2015年末内设机构设1个指挥中心，10个大队，1个森林公安局，1个纪检监察室，1个后勤服务中心。

2014年2月行政区划调整后，设立龙坪、边阳、沫阳、逢亭、木引、罗悃、红水河、茂井、凤亭八镇一乡派出所，将原八总、云干、板庚、栗木、罗沙、交砚、董王、董当、董架、平岩、纳坪、罗苏、罗暮、罗妥、沟亭、大亭、班仁所在地的派出所更名为“中心警务室”。2015年11月设立县公安局水上治安派出所，副科级规格。

队伍建设　1991年年底全局干警94人，驻乡警30人，共124人。1995年年底全局干警158人，其中：公务员105人，事业编制53人。1998年年底全局干警164人。2000年年底全局干警161人。2003年年底全局民警139人。2005年年底全局民警158人。2008年年底全局民警258人。2010年年底全局民警251人。2014年开展枪支管理使用专项培训3批200余人（次），轮值轮训4期255人（次），民警晋升培训57人（次），警察装备教官培训12人（次）。2015年年底全局民警262人，机关后勤服务中心（事业编制）35人，县社会管理创新工作中心委托代管（事业编制）94人，协警216人，村警务助理182人。

第二节　案件侦查

1990年发生刑事案件428起，破案187起，逮捕人犯278人，缴获赃物折款1.52万元。4月2日，破获班仁乡1家4口被杀2人死亡2人受伤凶杀案。

1991—1995年，发生刑事案件1403起，侦破812起，提请逮捕人犯787人，缴获物资折款75.9万元。1991年发生刑事案件483起，破案336起，提请逮捕人犯123人，缴获物资折款13.1万元。处置的重大案件有：1993年1月17日11时许，沫阳镇发生一起杀人碎尸案，罗某某（女、26岁，龙坪镇马草寨人）在沫阳村小路上被本村王某某及沫阳镇沫阳村罗某某合谋杀害后碎尸。案发后，县公安局立即组织警力开展侦破工作，犯罪嫌疑人王某某、罗某某2月2日分别被抓捕归案。是年，王某某被判处死刑，罗某某被判处无期徒刑。

1996—2000年，发生刑事案件1139起，侦破913起，提请逮捕犯罪嫌疑人713人，缴获物资折款140.7万元，解救被拐卖妇女、儿童29人。处置重大和恶性案件有：1996年3月7日，群众报称距县城四公里册山公路三岔河路段，有5个青年在大客车上抢劫乘客财物后下车逃跑。县公安局立即出警开展侦破工作，于当日21时在县城内将该团伙成员罗某某、王某某、罗某某、黄某某、王某某全部抓获归案，摧毁影响恶劣的车匪路霸团伙案。

1996年5月，边阳镇发生系列拐卖儿童特大案件，县公安局抽调警力组成专案组开展调查侦破工作，历时两月查明系列拐卖儿童案的发生是以广东深圳的覃某某、都匀的任某某、平塘的覃某某3人为核心，有罗甸、龙里、平塘、长顺四县参与涉嫌人员20余人。在一年时间里作案10起，贩卖婴儿11名。专案组赴平塘、都匀、长顺、龙里、深圳等地调查、取证，抓获犯罪分子10人，追回赃款2万余元，解救幼童1名。

1997年10月6日，县公安局接板庚乡派出所电话报称：贵（阳）罗（甸）公路145公里处涵洞内发现3具尸体。刑警大队立即出警现场侦察，3具男性尸体已高度腐败，死者分别是广西乐业县马庄乡的黄某某、覃某某、覃某某。案件于11月21日破获。犯罪嫌疑人王某某、赵某某系安顺市宋旗镇平寨村二组人，2人于9月27日在广西乐业县客车站以拉啤酒为名包用覃某某的“桂花”牌农用车行至罗甸县城吃晚饭时，下毒至3人昏迷后用刀将3人杀害抛尸于涵洞内，抢走车辆转卖。

2000年9月7日，龙坪镇沙井菌种场在生产中压力消毒锅发生爆炸，造成杨某某（男，59岁，龙坪镇沙井村二组人）、卢某某（男，33岁，广西容水县人）2人死亡，其他2人受伤。经公安机关侦查，发生爆炸的压力锅系龚某某（广西容水县人）和罗某某（大亭乡退休干部）在杨家租房投资兴建菌种产品，属“三无”（无生产厂家、无产品合格证、无商标）自制产品，在试验消毒第一锅原料时即发生爆炸。

2001—2005 年，发生刑事案件 1625 起，侦破 1075 起，提请逮捕犯罪嫌疑人 812 人，缴获物资折款 253.1 万元。处置的重大和恶性案件有：2001 年 9 月 28 日，龙坪镇罗斛大道发生一起特大恶性杀人案。案犯杨某某、杨某某（2 人系罗甸县平岩乡火龙村三组人）与受害人刘某某（男、44 岁、边阳打讲村人）、汪某某（男、35 岁、龙坪镇人）、罗某某（男，35 岁，边阳打讲村人）发生矛盾引起斗殴，2 杨持刀将刘某某、汪某某、罗某某等 3 人杀死后潜逃。县公安局接警后，立即调集警力开展现场勘查，设卡堵截，走访排查，仅 30 分钟就迅速将正在潜逃的案犯杨某某、杨某某抓获归案。2002 年 8 月 15 日凌晨 6 时许，龙坪镇和平路望月巷发生一起特大持枪杀人案，机三驾驶员张某某（女，28 岁，平塘县塘边镇人）被杀害。县公安局接警后，立即调集警力开展摸排、调查取证和巡查布控工作，8 月 16 日 21 时在龙坪镇解放西路将案犯罗某某（男，沫阳镇沫阳村五组人）抓获归案。2003 年 10 月 30 日罪犯罗某某被依法判处死刑，执行枪决。12 月 22 日 14 时许，董某（男、18 岁，四川省华蓥市人）、蒋某某（男，18 岁，四川省广安市龙台镇人）两歹徒在龙坪镇望月楼坡上持刀对姚某（女，22 岁）实施抢劫，将姚某侄女王某（女，5 岁）挟持，并威胁姚某拿 20 万来赎金。县公安局接报案后，立即组织警力对案发现场开展地毯式搜捕工作，于案发 2 小时后将犯罪嫌疑人董某、蒋某某抓捕归案，解救了人质。2004 年 12 月 21 日，板庚乡兴隆村杨某某（男，32 岁）、杨某某（男，36 岁）、付某某（女，35 岁）等人，在交砚乡大寨村绑架劫持暂住在该村梁某某（紫云县人）夫妇的女儿梁应芬（13 岁），逼迫梁某某做杨某某老婆。县公安局接到报案后，立即将杨某某为首的 6 名主要犯罪嫌疑人抓获归案。

2006—2010 年，发生刑事案件 2550 起，侦破 975 起，提请逮捕犯罪嫌疑人 745 人，缴获物资折款 1411 万元。处置的重大和恶性案件有：

2008 年 7 月 4 日，逢亭镇发生一起持刀蒙面抢劫邮政储蓄所营业厅案件。县公安局接警后，立即组织警力出警现场，开展侦破工作。当日 17 时，将犯罪嫌疑人王某某（男，22 岁逢亭镇人）抓获，并在其家中查获抢劫赃款 2.28 万元。

2010 年 8 月 9 日，县公安局打掉以王某某为首的敲诈勒索犯罪团伙。该团伙（王某某、杨某某、王某某、王某、罗某某等人）自 2008 年在龙滩库区坡球码头水位退下后，以出钱修整道路为名，对过往车辆和靠岸船只非法收取过路费共计 20 余万元。10 月 29 日，中铁十六局路桥公司驻罗甸施工队职工张某某报案：接自称是该公司工会“卓主席”的电话，说卓在普定县嫖娼被查，急需用钱，张分 5 次共将 26 万元打款到卓指定的账户上。接案后，县公安局立即组织警力开展专案侦查，11 月 15 日，县公安局干警在广西壮族自治区岑溪市公安干警的配合下，在岑溪市将邵某某、吕某、陈某等 7 名电信诈骗犯罪嫌疑人抓获。

2011—2015 年，发生刑事案件 4566 起，侦破 2516 起，提请逮捕犯罪嫌疑人 788 人，抓获犯罪嫌疑人 548 人，缴获物资折款 2170 万元。处置的重大案件有：

2011 年 9 月 4 日，红水河镇关固村村民与罗悃镇河东、河西村村民因玉石矿发生斗殴，致使红水河镇关故村王某某死亡，5 人受伤，砸损机动三轮车 2 辆、烧毁 3 辆、砸损比亚迪小型车一辆。县公安局接到报案后，立即出警处置，将涉案人员黄某某、王某、王某某、王某某、班某某、岑某某、班某某、岑某某、班某某、黄某等抓捕归案。

2012 年 7 月 24 日，沫阳—大亭通乡油路沫阳一标段雷管被盗。县公安局接到报案后，立即成立“7·24”雷管被盗专案组开展侦破工作，于 7 月 29 日将罗某某（男，22 岁，董当乡人）、陆某某（男，17 岁，沫阳镇人）二名犯罪嫌疑人抓获，追回被盗雷管 58 枚。

2015 年 9 月 30 日 13 许，罗甸县龙坪镇云干社区发生一起故意杀人案，一人死亡。死者罗某某（男，48 岁，住罗甸县龙坪镇金星村所也三组）。案发后，公安机关在指挥调度系统的支撑下，迅速启动刑侦、图侦、情报、网安、巡特警、派出所多警种“同步上案合成打击”工作机制，通过缜密工作，于 10 月 4 日，成功将犯罪嫌疑人罗某某（男，49 岁，住罗甸县龙坪镇马草村三组 30 号）抓获。

徐某某于 2014 年初到罗甸县租用逢亭镇祥林小学空教室一间然后到罗甸县工商部门注册成立了“罗

甸县鑫宏皮具箱包有限公司”并到国税部门领取了增值税专用发票。5 月 26 日以向安徽省休宁县斯波特家具有限公司供货为幌子，在罗甸县国税局虚开增值税专用发票 22 份，价税合计 192.78 万元，为抵扣其所虚开的增值税专用发票税款，徐某某又以收购生牛皮名义为幌子，伪造进货清单，于 2014 年 4 月 22 日在罗甸县国税局领购 200 份农产品收购发票，并于 2014 年 5 月 30 日虚开发票总金额为 370.92 万元，价税合计 419.14 万元，用以抵扣税款，罗甸县公安局于 2015 年 5 月 26 日将该案移送罗甸县人民检察院审查起诉。

2015 年 3 月初，县公安局民警接群众举报，龙坪镇城西社区一出租房内存在涉黄涉赌情况。获悉情况后，民警深入调查该出租房进出人员活动情况，于 3 月 30 日 13 时许，县公安局果断出击，当场抓获涉案人员 167 人，其中：涉嫌开设赌场 3 人、涉嫌容留妇女卖淫 5 人、参与赌博人员 42 人、卖淫女 38 人、嫖娼 14 人、其他人员 65 人。缴获麻将机 12 台，麻将 24 副，扑克 100 余副，收缴涉案财物 7 万余元。刑拘留 3 人，报捕 3 人，起诉 3 人，行政拘留 51 人，罚款 48 人，训诫 62 人，其他处理 2 人。5 月，县公安局经布控获知茂井镇高里村黄某某因盗窃、拐卖犯罪被劳改释放后，组织人员在广西与罗甸交界处开设野外赌场。

第三节　治安管理

治安管理　1991—1995 年发生治安管理案件 1178 件，处理案件 1146 起，处罚 2874 人，其中：警告 137 人，行政拘留 190 人，罚款 2533 人，批评教育 14 人，处罚金额 45.54 万元，收缴民用枪支 72 支，炸药 11 公斤，管制刀具 88 把，导火绳 27.5 米，雷管 656 枚，铲除种植毒品植物 370 株。

1996—2000 年发生治安案件 4009 件，查处 3876 件，处罚 7249 人，其中：警告 678 人，行政拘留 178 人，劳动教养 1 人，罚款 4750 人，批评教育 1642 人。罚款金额 112.8 万元，收缴各种民用枪支 4280 支，炸药 6113 公斤，导火绳 12066.5 米，雷管 22186 枚，收缴管制刀具 10 把，铲除种植毒品植物 1758 株，收缴鸦片 500 克，海洛因 11 克，黄色录像带 13 盒。

2001—2005 年发生治安案件 9783 件，查处 9708 件，处罚 10660 人。其中：警告 272 人，行政拘留 217 人，罚款 8566 人，批评教育 1605 人。罚款金额 107.5 万元，调解 178 件，收缴民用枪支 45 支，炸药 311.81 公斤，雷管 3030 枚，导火绳 397 米，管制刀具 9 把，铲除种植毒品植物 420 株。

2006—2010 年发生治安案件 7155 件，查处 6918 件，处罚 2581 人，其中：警告 28 人，行政拘留 25 人，罚款 202 人，批评教育 2326 人，处罚金额 89 万元。调解治安纠纷 687 件。

2011—2014 年发生治安案件 10850 件，查处 10472 件，处罚 3048 人，其中：警告 1763 人，行政拘留 994 人，罚款 291 人。调解治安纠纷 1732 件。其中：2014 年查处“涉枪涉爆”15 起，收管制刀具 5 把，群众主动上缴子弹 33 发，炸药 24 公斤，雷管 300 枚。查处卖淫嫖娼案件 24 起，查处涉黄违法人员 60 人。查处赌博案件 29 起，打击处理涉赌违法人员 129 人。2015 年发生治安案件 1740 起，查处 1537 起件，处罚 940 人，一般调解 55 起，当场调解 340 起，并调处因民间纠纷引发的治安案件 733 起。

第四节　户政管理

1979—1996 年，户政管理属治安科管理，1997 年设立户政股，1998 年户政股改为户政科。1990 年、2000 年、2010 年参加全国第四次、第五次和第六次人口普查工作。1990—2004 年办理第一代居民身份证 366351 个（含补办数）、2005—2014 年办理第二代居民身份证 367872 个（含补办数）。2013 年 7 月，户政工作以登记人口变动、掌握全县人口变化情况。办理第一代、第二代居民身份证、统计年度人口年报。随着信息化的运用，人口统计工作由人工填写变为系统自动信息报表，人口管理工作全面实行信息化管理。

根据《贵州省人民政府关于进一步推进户籍制度改革的实施意见》（黔府发〔2015〕16号），从2015年6月1日起，实施城乡统一的户口登记制度，取消农业户口和非农业户口性质区分，统一登记为居民户口。是年8月16日，根据《贵州省人民政府关于同意罗甸县行政区划调整的批复》（黔府函〔2014〕32号），完成全县行政区划调整后人口数据归属调整工作，将原26个乡镇的户籍人口数据整合为9个乡镇管理。8月29日，牵头成立罗甸县户籍制度改革领导小组，开展户籍制度改革宣传工作，拟定罗甸县户籍制度改革方案。是年办理第二代居民身份证12102个（含补办数）。

1991—2015年公安管理人口情况统计表

表5-1　　　　单位：户、人

年　度	总户数	总人口	男	女	非农业	农　业	农转非	暂住人口
1991	53592	277583	141253	136330	11527	266056	197	856
1992	56272	279160	142174	136986	12336	266824	477	966
1993	58094	281060	143651	137409	12747	268313	197	1019
1994	59179	2833149	144707	138842	13265	269884	424	1313
1995	60757	285452	146144	139308	14619	270883	206	1327
1996	61724	288709	147881	140828	15711	272998	178	1398
1997	63964	291350	149146	142204	15404	275946	79	3058
1998	66943	298842	152515	146327	19137	279705	549	1067
1999	68172	299902	153271	146631	19531	280142	184	1714
2000	68923	293994	151841	142153	16594	277400	3	1305
2001	70011	307689	157014	150675	20771	285511	90	1037
2002	71081	310436	158070	152366	21309	288022	0	1635
2003	71692	312482	159602	152880	21837	290295	59	1786
2004	75224	317319	163471	153848	21556	294771	11	2613
2005	76082	319736	164721	155015	22233	297503	24	3483
2006	81365	326112	168231	157878	24157	301955	15	2616
2007	82659	331089	170757	160322	25411	305678	532	3116
2008	84718	335059	172918	162141	26128	308931	30	3125
2009	86131	336006	173758	162248	26316	309690	827	1290
2010	89989	335484	173948	161536	24298	311186s	352	1205
2011	91585	340158	176870	163288	26370	313788	102	1553
2012	93323	342161	178510	163651	26715	315446	196	1758
2013	93903	344037	180150	163887	26854	317183	103	2295
2014	95009	345962	181569	164393	27193	318769	0	1939
2015	103609	353104	185243	167861	-	-	137	4687

“蓝印户口”　罗甸推行“蓝印户口”是在改革开放的形势下，为有利于人力资源的合理流动，促进经济发展，加强人口管理，按贵州省公安厅制定的《关于贯彻执行〈贵州省公安厅关于实行蓝印户口的意见〉的有关规定》，1992年5月在全县推行“蓝印户口”。“蓝印户口”的“户口簿”为蓝色。办理程序：凡需办理的公民，持相关证件向当地公安派出所申请，由派出所审核同意报县公安局审批办理，申领“蓝印户口”的公民交纳一定数额的城镇建设增容费，由财政部门统一收取。“蓝印户口”只办户口，不办理粮油供应证。但作为当地城镇户口，准予在本县内迁移变动，不能以非农业人口迁往贵州省

的市、县和外省的市、县。在县内读书、升学、入伍、就业等方面享受与县内城镇非农业人口同等待遇。1992—1994年共办理“蓝印户口”2393人。2001年3月罗甸推行户籍制度改革，凡在罗甸投资、经商、购买商品房、自建住房、长期居住、务工的省内外公民为农业户口的、县内各乡镇的公民需到县城落户，符合条件的可办理为县城城镇非农业户口。2001—2014年办理1657人。入户人员在就业、参军、入托、入学、医疗及社会保障等方面与当地城镇非农业户口享有同等待遇，不受户口移迁限制。“蓝印户口”随着粮油供应证的取消，享受城镇非农业户口待遇。

第五节　监所管理

看守所　县看守所1991—1995年关押嫌疑人员1721人，处理出所1721人。1996—2000年，关押嫌疑人员956人，处理出所942人。2001—2005年，关押嫌疑人员1726人，处理出所1559人。2006—2010年，关押嫌疑人员1142人，处理出所982人。2011—2014年，关押嫌疑人员911人，处理出所744人。2015年，关押嫌疑人249人，处理出所235人。

拘留所　县治安拘留所，建于1968年8月，称为县收容所。1985年6月收容所更名为行政拘留所，主要拘留违反治安管理条例和违反司法规定的违法人员。2002年7月，原行政拘留所更名为县治安拘留所。2009年拘留违反治安管理人数123人，2010年拘留违反治安管理人员117人，2011—2015年拘留违反治安管理、违反司法规定的违法人员927人。

第六节　交通管理

1986年10月，县交通管理站更名为公安交通警察队，属公安局内设机构。1988年更名为县公安局交通管理大队。交通管理大队成立后，其职责是宣传交通规则、查处违章事故确保道路畅通。2012年12月，县公安局交通管理大队更名为县公安局交通警察大队。为确保道路畅通和出行安全，交通警察大队加大对道路的检查巡查，随时开展交通秩序整顿，特别是对客运车辆的严格管理，认真查处违章超载车辆，为人民群众的出行提供安全保障。

1991—1995年发生交通事故48起，死亡72人，伤69人，经济损失13.29万元，如：1991年发生交通事故13起，死亡17人，伤16人，经济损失2.21万元。1994年1月18日，县中医院驾驶员张某某，驾驶个体户吴某某的18坐中巴车，从边阳开往罗甸县城，行至落脚河转弯处翻下深沟。事故造成17人死亡，14人受伤。事故原因是违章超载、超速驾驶。驾驶员张某某被追究刑事责任。

1996—2000年发生交通事故111起，死亡158人，伤102人，经济损失152.42万元，如：1996年10月15日，龙坪镇个体户姚某某，驾驶贵J-600017牌号中巴车从沫阳镇驶往罗甸，行至三岔河路面（210国道248+300米）处时，车辆翻下河中，造成乘客9人死亡，15人受伤的交通事故。

2001—2005年发生交通事故266起，死亡65人，伤238人，经济损失93.661万元，如：2001年10月11日，罗某某（男，23岁，住边阳镇新街57号）驾驶平塘县通州财政所贵J66078康尼思大货车由红水河镇载5吨板栗（该车核载2.75吨）、乘坐8人驶往县城，行至册山公路145公里+700米（罗苏干江河）处转弯过桥时车辆翻下6.7米高的桥下干江河中，造成4人窒息死亡，4人受伤。2001年11月30日16时许，谭某某（栗木乡摆贡村打拥组人）驾驶贵J66094号山城牌六轮农用运输车载红砖4.5吨、载8人（驾驶室乘坐7人），从县城往栗木乡方向行驶，当车至210线2487公里+500米处，与都匀汽运公司中巴车会车，两车括擦致农用车辆失控翻下16.5米高的路坎，造成6人死亡，谭某某被依法追究刑事责任。

2006—2010年发生交通事故124起，死亡67人，伤167人，经济损失31.5585万元，如：2009年3月27日09时许，李某某（平塘人）驾驶白色双排座农用车到逢亭镇罗江村收购玉米，返程途中车辆行至逢亭镇翁牛村时翻下路坎，导致农用车内 6 人当场死亡，8 人受伤。

2011—2013 年发生交通事故 93 起，死亡 56 人，伤 95 人，经济损失 15.185 万元。2014 年发生交通事故 8 起，死亡 3 人，伤 6 人，经济损失 3500 元。查处各类交通违法行为 26588 起，行政拘留 37 人次。

2015 年发生交通事故 14 起，死亡 16 人，伤 20 人，经济损失 13.18 万元。查处各类交通违法行为 22300 起，行政拘留 46 人次。2–4 月，在全县摩托车整治暨减征办牌办证工作中，共办理摩托车注册入户 19632 辆，受理摩托车驾驶证 23000 余本，在全省 88 个县（市、区）中，罗甸取得了新增二轮摩托车办牌数排名第一的好成绩，受到省交警总队通报表扬。

第七节　禁毒工作

1996 年禁毒工作作为刑事侦查及治安管理的重要职责。1997 年成立县缉毒缉私大队，把禁毒工作从刑侦治安单列出来，进一步加强打击毒品犯罪活动。

1997—2000 年，毒品犯罪发案 88 起，破案 88 起，抓获吸贩毒 272 人，缴获毒品 24.48 克，鸦片 998 克、三唑伦 9 粒、盐酸曲马多 14 粒、精麻药品 611 粒。铲除罂粟 8550 株，追究刑事责任 15 人，强戒 120 人，劳动教养 26 人。仅 1997 年吸贩毒发案 8 起，侦破 8 起，抓获吸贩毒人员 53 人，缴获毒品 1.98 克、鸦片 998 克，铲除罂粟数 8023 株。

2001—2005 年，毒品犯罪发案数 162 起，侦破 162 起，抓获吸贩毒 261 人，缴获毒品 836.72 克及摇头丸 100 粒，铲除罂粟数 564 株。

2006—2010 年，毒品犯罪发案数 318 起，侦破 318 起，抓获吸贩毒 336 人，缴获毒品 212.59 克，铲除罂粟数 1358 株。

2011—2014 年，毒品犯罪发案数 213 起，侦破 186 起，抓获吸贩毒 293 人，缴获毒品 1677.05 克，铲除罂粟数 589 株。仅 2014 年涉毒刑事案件 27 起，缴获各类毒品 145 克，查处涉毒行政案件 81 起，抓获服毒违法人员 102 名，强制戒毒 60 人，社区戒毒 42 人。

2015 年侦破贩毒案件 17 起，抓获犯罪嫌疑人 18 人，缴获各类毒品 535.49 克；查处吸注毒品案件 94 起 94 人，其中，强制隔离戒毒 35 人、转刑事处罚 3 人、转社区康复 22 人，责令社区戒毒 24 人，铲除罂粟 11 起 1243 株，收治特殊患病吸毒人员 11 人。

第八节　110 接报警和网络安全

110 接报警工作　2003 年 6 月，在县公安局办公室内设置 110 指挥中心，建立 110 报警服务台，负责 110 报警电话的接收和下派。110 接处警工作是公安工作的重要组成部分，公安机关“有警必接、有难必帮、有险必救、有求必应”承诺践行，使 110 接报出警及时，有效打击犯罪分子，维护社会稳定。2003—2014 年，110 接处警工作得到健全，从单一的紧急事件报警发展到多层次服务，从单机单线升级到电脑平台操作。

2003—2005 年，报警 9069 次，出警 9069 次，处理特大案件 1 起，如 2004 年 1 月 28 日在云干乡大关村坡脚发生的 1 起特大交通事故，造成 9 人死亡，13 人受伤。110 接警后立即出警维护现场和参与抢救。

2006—2010 年，报警 13888 次，出警 13888 次，处理特大案件 2 起。即 2009 年 3 月 27 日出警处置逢亭镇翁牛村发生的特大交通事故。事故造成 6 人死亡，8 人受伤。2010 年出警侦破“10・29”特大电信诈骗案，涉案资金达 26 万元。

2011—2013 年，报警 16769 次，出警 16769 次，处理特大案件 1 起，即 2013 年出警侦破“6・9”特大诈骗案，涉案资金 26 万元。

2014年底，110指挥中心开通2个接警台，每个接警台同时受理三种报警，即110、119、120报警中心“三台合一”。“三台合一”报警中心的建立，节省人力、物力和经费，提高公安诸警种协同处警的效率。报警3611次，出警3611次。

2015年“情指一体化大厅”由指挥室、情报中心、图像、网安组成，集“110、119、122三台合一”系统、应急指挥应用系统、天网视频监控系统、350兆（天翼）无线通信系统、公安GPS系统、视频会议等为一体，实现接报警、视频监控、指挥调度的“扁平化、可视化、立体化”一条龙指挥，提高公安诸警种协同作战效率，接到报警能及时派警出警，发生在辖区范围内的突发事件能够“看得见、听得清、呼得出、信息准、反应快”，确保“指令下得去、情报上得来”的工作模式。全年报警3974次，出警3974次。通过合成作战提供破案线索90起，打击违法犯罪嫌疑人36人，成功破获了“9・30”故意杀人案、“9・3”强奸抢劫案等极具影响力的案件。

网络安全　随着网络信息化发展，对网络加强安全管理，2008年4月成立公共信息网络安全监察大队。2010年，查处行政案件7起，处罚7人；侦破案件2起，抓获犯罪人员1人，抓获网上在逃人员1人。2011年，开展网吧检查176次，发现各类不良信息975条，反馈舆情信息107条。2012年，发现反馈各类不良及有害信息1690条，反馈舆情信息61条。2013年，发现不良及有害信息1800条，反馈舆情信息262条。办理行政案件7起，查处违法人员7人。侦查案件30起，抓获犯罪嫌疑人40人；抓获网上在逃人员5人。2014年发现处置网上有害信息2980条，反馈舆情信息619条。办理行政案件11起，查处违法犯罪嫌疑人11人。配侦案件83起，共协助相关办案部门抓获犯罪嫌疑人135，网上在逃人员2名。2015年，处理网上违法信息908条，配侦案件27起，自行办理行政案件2起。抓获网逃人员3人。

第二章　检　察

第一节　机　构

县人民检察院1991年内设机构有办公室政工科、投诉科、批捕科、经济检察科、监所检察科。2002年内设机构有办公室、政工科、侦查监督科、公诉科、反贪污贿赂局、渎职侵权检察科、监所检察科、民事行政检察科、控告申诉检察科（含举报中心、刑事赔偿办公室）共9个科室。其中：政工科下设法警队，反贪局下设侦查科、技术科、预防科。2005年渎职侵权检察科更名为反渎职侵权局，下设综合科、侦查科。2010年设纪检监察机构。2012年增设计划财务装备科、案件管理办公室、研究室、机关后勤服务中心（股级事业机构），单列预防科、技术科。2013年底，编制48名，其中：政法编制44名，事业编制4名。2015年内设机构有：办公室、政工科（下设法警队）、公诉科、控告申诉检察科（含举报中心、刑事赔偿办公室）、监所检察科、民事行政检察科、反贪污贿赂局（设侦查科）、反渎职侵权局（内设综合科、侦查科）、纪检监察室、计划财务装备科、案件管理办公室、研究室、机关后勤服务中心、职务犯罪预防局（下设预防科、警示教育科）、生态环境保护检察科、技术科等共有15个科室和1个服务中心。

第二节　刑事检察

1991—2000年受理刑事批捕1029件/2282人，批准逮捕555件/2126人，受理起诉1170件/1800人，起诉973件/1476人。2001—2010年，受理刑事批捕1149件/1830人，批准逮捕1025件/1573人，受理起诉1314件/1953人，起诉1143件/1591人。如2003年，查处县血站偷税17万元大案，立案查处

8件9人。2006年在受理刑事案件中，严格执行有关办理未成年人刑事案件的规定，切实维护未成年人合法利益，逮捕青少年犯罪案件5件7人。2010年深入开展“打黑除恶”专项斗争，积极参与社会治安综合治理，全年办理涉恶团伙2件13人，净化社会治安环境。是年，认真贯彻实施关于快速办理放火失火案的相关法律，批捕失火案10件10人。2011—2015年，受理刑事批捕637件/1053人，批准逮捕465件/706人，受理起诉914件/1405人，起诉712件/1010人。

第三节　反贪污贿赂检察

1991—2000年，受理贪污贿赂案件初查188件/176人，立案117件/104人，挽回经济损失308万元。2001—2010年，受理贪污贿赂案件初查108件/139人，立案查处39件/33人，挽回经济损失370.9万元。2011—2015年，受理贪污贿赂案件初查32件/41人，立案查处30件/38人，挽回经济损失365万元。

第四节　渎职侵权检察

1991—2000年，受理渎职侵权案初查115件/183人，立案查处22件/92人。2001—2010年，受理渎职侵权初查22件/6人，立案查处8件/8人。2011年，受理罗甸县城—红水河二级路指挥部办公室相关人员滥用职权导致国家损失案件，相关责任人受到查处。2011—2015年，受理渎职侵权初查案件9件/13人，立案查处5件/5人。

第五节　民事行政检察

1994年开始受理民事行政检察。1994—2000年，受理民事行政案件52件，立案12件。2001—2010年，受理民事行政案件122件，立案28件，2011—2014年，受理民事行政案件36件，立案10件。在受理民事案件处理过程能够和解就和解，积极化解矛盾，维护社会稳定与和谐。2015年，发出督促行政机关依法履行职责检察建议6件，办理执行监督案件1件，依法向法院发出检察建议1份，发出纠正违法通知书1份，均被采纳。

第六节　监所检察

监所检查主要对象为县公安局看守所，由一名检察员管此项工作。2003—2014年，对监所检察250次214人，开展法制教育12次，到期办理通知书74件70人，呈报减刑23人，审批30人，超期羁押14次27人，得到纠正20次26人。2015年，向看完所发出纠正违法通知书及检察建议书6份，均得到纠正和采取；向办案单位发出到期催办通知书20件20人，均未出现超期羁押现象。

第七节　控告申诉检察

1991—2014年，受理控告申诉检查、举报案件153件70人，初查65件20人。来信来访462件1563人，立案32件36人，发放宣传资料11400份，接受法律咨询412人（次）。2015年，受理来信来访48件（次），其中：来信11件、来访36件，电话接访1件。48件中属控告申诉类38件、举报类10件。受理并办理司法救助1件、立案监督案件3件、申请民事监督案件1件。开展6次宣传活动，接受群众咨询70余次，发放宣传资料1500余份。

第三章 法 院

第一节 机 构

1973年初，恢复县人民法院，设置刑事审判庭和民事审判庭。各区人民法庭相继重建。1990年3月增设政工科和告诉申诉审判庭（简称告申庭），1992年3月增设执行庭，1994年11月成立司法警察中队。1997年3月，机构改革，县人民法院内设机构有：办公室、政工科（纪检、监察室）、刑事审判庭、民事审判庭、经济审判庭、行政审判庭、少年法庭、立案庭、审判监督庭、执行庭、研究室和法警中队等和边阳、罗悃、逢亭、沫阳、八茂、城关、龙坪7个派出法庭。2002年1月，按照《中共罗甸县委办公室关于印发〈罗甸县人民法院机关职能配置、内设机构和人员编制方案〉的通知》（罗党办发〔2002〕25号）（以下简称“25号”文件）精神，核定县人民法院内设机构为：办公室、政工科、民事审判第一庭、民事审判第二庭、刑事审判庭、行政审判庭、审判监督庭、研究室、立案庭、执行工作局（执行庭）、法警大队和书记官室共13个内设机构，派出人民法庭有边阳、罗悃、八茂、沫阳、逢亭、凤亭、红水河共7个。核定行政编制（中央政法专项编制）51人。2010年，县纪委监察局在县人民法院派驻纪检组，设纪检组长1名。2012年7月设立县人民法院机关后勤服务中心并核定地方事业编制4名。截至2015年底，有中央政法专项编制61人，地方事业编制4人。县法院实有院长1人，副院长4人，政工科科长1人，机关党委书记1人，执行局局长1人，纪检组长1人，庭长、副庭长12人，其他审判员18人，法警6人，书记员及其他干警19人，全院干警共61人，地方事业人员4人。其中：研究生3人（在职研究生2人），大学本科50人，大专5人，中专4人。具有法官资格37人，占干警数60.66%，其中：四级高级4人，一级法官13人，二级法官2人，三级法官2人，四级法官1人，未定等级法官15人。

第二节 刑事审判

1991年后，随着社会主义市场经济体制的逐步建立，法制建设得到不断完善。1996年、2012年修订的《中华人民共和国刑事诉讼法（1996年修订）》《中华人民共和国刑事诉讼法（2012年修正）》颁布施行，人民法院审判工作也由强调打击犯罪向打击犯罪与保障被告人、犯罪嫌疑人合法权益相结合转变。同时，人民法院审判方式也在进行改革，庭审模式由过去大包大揽的法官职权主义模式，转变为法官居中裁判的控辩式庭审模式，有效提高审判案件质量和效率。

1991—1995年，受理刑事案件706件/1166人，审结682件/1127人。1996—2000年，受理刑事案件421件/603人，审结426件/603人。2001—2005年，受理刑事案件559件/816人，审结556件/812人。2006—2010年，受理刑事案件568件/835人，审结568件/835人。2011—2015年受理刑事案件853件/1203人，审结825件/1162人。

第三节 民商事审判

县人民法院在审理民商事案件过程中，以不断深化审判方式改革为先导，坚持“谁主张、谁举证”的原则，以公开审判为中心，严格当庭举证、质证和认证，增强诉讼的透明度，实现办案质量、效率与社会效果的统一，树立人民法院的高效、公正、公平、透明的形象。

1991—1995 年民事案件收案 1991 件，结案 1877 件。1996—2000 年收案 2586 件，结案 2073 件。2000 年撤销经济庭，经济案件与民事案件合称为民商事案件，经济案件由民事审判第二庭审理。2001—2005 年收案 2467 件，结案 2432 件。2006—2010 年收案 2173 件，结案 2084 件。2011—2015 年收案 3117 件，结案 3049 件。

第四节　行政审判

1986 年 12 月，设立行政审判庭，承担行政案件的审判工作。1989 年 4 月 4 日，第七届全国人大第二次会议通过《中华人民共和国行政诉讼法》，并于 1990 年 10 月 1 日施行。1991—1995 年行政案件收案 73 件，结案 73 件。1996—2000 年收案 121 件，结案 121 件。2001—2005 年案件收案 39 件，结案 39 件。2006—2010 年收案 27 件，结案 26 件。2011—2015 年收案 68 件，结案 65 件。审查行政非诉执行 154 件，结案 154 件。

第五节　经济审判

1980 年 12 月，县人民法院成立经济审判庭。随着经济的不断发展和招商引资力度的不断加大，各种经济合同纠纷逐年上升，争议标的逐年增高，案件跨省、县，案情复杂，审理难度大等。针对这些问题，县人民法院充分运用司法手段调节经济关系，从改革审判方式入手，做好庭前指导举证工作，注重调解，把握一次庭审成功率。缩短办案周期，力求快审、快结、快执行，切实保护公民、法人的合法权益。1991—2000 年收案 338 件，结案 322 件，结案率 98.22%。2000 年，县人民法院撤销经济庭，设立民事审判第二庭，经济案件的审理由民事审判第二庭审理。

第六节　审判监督

人民法院的审判监督工作由原来的告诉申诉庭负责，主要处理立案审批、信访接待、案件申诉复查等工作。根据最高人民法院机构改革和立审分离、审监分离的要求，县人民法院于 1997 年撤销告诉申诉庭，成立立案庭和审判监督庭（简称审监庭）。根据法律规定，立案庭和审判监督庭（简称审监庭）专门负责对全院立案、刑事、民事、行政、执行等工作进行监督，依法对当事人申请再审的案件进行审查。2000—2010 年收案 25 件，结案 25 件。2011—2015 年没有案件发生。

第七节　案件执行

1985 年 5 月，县编制委员会批准设立执行庭，但未增加人员编制，有庭无人，执行案件由各业务庭自行执行。由于未结执行案件逐年增多，1992 年 3 月，县人民法院正式组建执行庭。当年收案 67 件，执结 64 件，结案率 95%。1998 年 7 月 24 日，县人民法院执行庭在八总乡某村依法执行时，遭到被执行人组织亲友进行围殴，执行庭庭长被打伤。同时，一些行政部门也以各种理由抗拒执行。1999 年，中共中央下发关于各级党委、政府和各部门支持配合法院执行的〔1999〕11 号文件，最高人民法院据此部署全国法院“执行年”工作会战。县人民法院按照中央文件精神和最高法院的部署，集中力量解决积案，当年执结案件 343 件，标的 331.19 万元。2000 年，执行庭与法警大队合署办公。2001 年，县人民法院执行工作局成立，简称执行局。1991—1995 年执行案件 114 件，结案 111 件。1996—2000 年执行案件

121 件，结案 121 件。2001—2005 年执行案件 39 件，结案 37 件。2006—2010 年执行案件 270 件，结案 267 件。2011—2015 年执行案件 816 件，结案 810 件。

第四章　司法行政

第一节　机　构

罗甸县司法局成立于 1980 年 10 月，设法律顾问处，各区（镇）配备司法助理员。1987 年在龙坪、边阳、沫阳三个区建立法律服务所，全局干部职工 22 人。1991 年行政编制 29 名，实有人数 28 人。内设机构有综合股、基层宣传股、公证处和法律顾问处，全县成立 26 个基层司法所，作为司法局的派出机构。2002 年，行政编制 39 名（其中机关行政编制为 14 名，基层司法所行政编制 25 名），实有人数 32 人。内设机构有办公室（计财装备股）、政工科、依法治理办公室（法制宣传教育股）、律师公证管理股、基层工作股、法律援助工作股（法律援助中心）。2006 年编制 43 名，实有人数 42 人。2011 年，行政编制 42 名（其中机关行政编制 16 名，基层司法所 26 名）。2013 年 11 月县乡区划调整后，全县 26 个乡镇区划调整为 8 镇 1 乡，基层司法所调整为 9 个，编制 55 名（其中中央政法专项编制 47 名，事业编制 8 名），实有人数 51 人。内设机构有办公室（计财装备股）、政工科（警务督查科）、依法治理办公室（法制宣传教育股）、律师公证管理股、法律援助工作股（法律援助中心）、基层工作股、社区矫正工作管理股。2014 年行政编制 47 个，实有人数 48 人。龙坪、边阳、沫阳、罗悃 4 个司法所通过省级规范化司法所验收。2015 年行政编制 47 人（其中机关 16 名，基层司法所 31 名），事业编制 8 名，在岗 3 人，缺编 5 人。

第二节　普法教育

“二五”普法　1991 年实施“二五”普法规划（1991—1995 年）。“二五”普法期间，开展对新颁布的国家赔偿法、劳动法、法官法、检察官法等法律法规宣传，配合“打拐”（打击拐卖妇女儿童，简称“打拐”）专项斗争的法律宣传，发放法律法规宣传资料 256 册，对乡镇普法骨干培训 127 人，举办法律知识竞赛抢答 1 次，五年上法制课 192 场（次），受教育 7680 人（次）。开展依法治村试点工作，明确依法治村示范点 9 个；督促部门开展专业法的学习，参加全省专业法学习交流会并作经验发言；组织《宪法讲话》《社会主义法制建设若干问题讲话》“两本书”及《“二五”普法法律法规选编》的学习考试，全县干部职工参加考试 9165 人（次），平均每年参加考试人数 1833 人，“二五”普法期间，荣获贵州省人民政府“二五”普法先进单位和黔南州人民政府“二五”普法成果展二等奖。

“三五”普法　1996 年启动“三五”普法规划（1996—2000 年），“三五”普法期间，加大对《全国人大常委会关于禁毒的决定》《中华人民共和国枪支管理法行政处罚法》律师法和老年人保护条例等法律法规的宣传 69 次，开展法律咨询 188 次，征订《依法治国论》等法律书籍 9000 册，开展法律知识竞赛 4 次，上法制课 52 场（次），对企业事业单位普法骨干培训 80 人，组织副科级以上领导干部学法培训 90 人，法制骨干培训 180 人，副县级以上领导干部学法考试 210 人（次），组织全县干部学法考试 18862 人次，参考率 97.6%，及格率 98.3%。2000 年底通过黔南州考核组验收。

“四五”普法　2001 年全面实施“四五”普法（2001—2005 年），“四五”普法期间，设立普法机构 102 个，明确法制宣传员 378 人；成立青少年法制教育基地 8 个，法制教育讲师团 1 个，明确依法治理示范点 6 个。举办法律知识讲座 87 次，法律知识竞赛 3 次，组织全县在职干部职工参加普法考试 5 次，参考人员 2 万余人（次）。开展“送法下乡”“送法进校园”“送法进社区”“进法到库区”活动 336 次，法制文艺演出 11 场（次），展出展板 1556 幅，悬挂标语 862 条，法律书籍 5 万余册，受教育人数 30 万余人（次）。举办外出务工、流动人员法律知识培训 58 期 1 万余人（次）；创建“民主法治示范村”106 个，占全县行政村的 38.7%；聘请法制宣传员和普法联络员 388 名；整理验收资料 185 卷 5000 多份，制作“四五”普法专题片一套，2005 年 10 月获黔南州“四五”普法模范县称号。

“五五”普法 2006 年年全面实施“四五”普法（2006—2010 年），全县领导干部、公务员、教师队伍和企业管理人员参加年度学法考试，年均达到 5800 人以上，参考率 98%，合格率达 95% 以上。在各中小学校开展法制讲座 145 场（次），举办青少年法律知识竞赛 51 场（次），举办法制宣传栏 261 期，举办以案说法宣讲 45 场（次），发放《青少年法律知识读本》38600 册。开展普法宣传活动 380 场（次），订制“五五”普法干部职工学法用法教材即《农村实用法律汇编》《中华人民共和国行政许可法》《中华人民共和国物权法》《干部法律知识读本》《干部职工学法用法法律汇编》《干部常用法律知识问答》等 6 本教材 3 万册，法制宣传资料 16 万余份，出法制专栏 645 期，解答群众咨询 6578 人（次）；开展“送法下乡”活动 230 场（次）；对 26 个乡镇村级干部、人民调解员、大学生村干部进行法律知识培训 82 场（次）；培训乡、村、组干部群众 3128 人（次）；讲师团深入龙滩电站库区、移民点开展政策、法律知识宣传 80 余场次；发送法律、相关政策宣传资料 10000 余份；巡回播放普法光碟、电影 20 余场（次），解答群众咨询 2000 余人次，发放“四爱”宣传册子 10000 余册。建立普法网站，开展网上学法和普法宣传。2010 年获黔南州“五五”普法依法治理先进县，贵州省 2006—2010 年普法依法治省工作先进单位。

“六五”普法 2011 年全面实施“六五”普法规划（2011—2015 年）。2011 年开展“六五”普法规划和启动“法治县”创建宣传活动；深入玉石矿区开展“送法进矿区、工区”宣传活动；紧紧围绕“消费与民生”这一主题，开展普法教育与宣传 197 场（次），参加培训人员和接受教育 2 万余人（次）。悬挂宣传挂图 1000 余张，展出宣传展板 160 块，培训村“两委”干部、人民调解员、法制骨干 6 场（次）。全县干部职工参加学法用法考试，参考率达 98%。接待群众法律、法规咨询 1588 余人（次），法治文艺演出 6 场（次），发放《青少年法律知识读本》20000 余册，《“送法进校园”宣传漫画》1 万余册。为全县副科级以上领导干部发放《中华人民共和国宪法》1000 余本，共开展领导干部及股级以下公职人员法律知识培训 8 场（次），培训人员 600 余人（次）。2015 年投入经费 20 万元，组织 16 个职能部门编印《罗甸县领导干部学法用法读本》《罗甸县青少年学法用法和道德教育读本》《罗甸县农民法律知识读本》法律书籍，分别赠送给全县领导干部、农民和青少年。在“春节”“两会”等时间节点，组织成员单位通过设置法律咨询台、流动宣传点等宣传农民务工维权、婚姻、禁毒、防邪等法律法规知识，发放政策、宣传手提袋、法制年画等法律法规辅导材料，在县电视台设立“平安罗甸”专栏、发送手机普法短信等进行宣传活动。同时利用“无纸化学法用法及考试系统”平台，组织 76 个单位领导干部、国家机关和部分企事业单位管理人员及职工参加全省干部职工无纸化学法用法统一考试。全年完成普法工作简报 30 期，开展督促检查 6 场次，开展宣传活动 48 场次，发放宣传小册子 41560 余份（册），宣传年画 38000 余张，发放购物袋 5460 余个，法制宣传围裙 5150 余条，宣传展板 45 块，解答咨询 740 余人次，到校上法制课 10 场次。“六五”普法期间，分别获贵州省 2006—2010 年普法依法治省工作先进单位和黔南州“五五”普法依法治理先进县。

第三节 律师事务

1980 年设立县法律顾问处，律师制度得到恢复。1991—1995 年受理各类案件 796 件（其中：刑事案件辩护 150 件，民事诉讼代理 503 件，非诉讼代理 59 件，代写法律文书 84 件），担任常年法律顾问 35 家，负责协助人民法院执行清收工作，追回逾期未还贷款近100万元。1996年，成立贵州红河律师事务所，1996—2000年受理各类案件1004件（其中：刑事案件辩护186件，诉讼代理613件，非诉讼代理89件，代写法律文书116件）。2001—2005年，律师事务所及基层法律事务所代理各类案件1094件（其中：刑事案件辩护186件，诉讼代理713件，非诉讼代理88件，代写法律文书115件），担任法律顾问42家，接待和解答法律咨询2200余人次，减少群众上访、息诉工作，维护社会和谐稳定。2006—2010年受理各类案件764件（其中刑事案件辩护101件，诉讼代理506件，非诉讼代理76件，代写法律文书81件）。2011—2014年受理各种案件458件（其中：民事代理315件，刑事辩护88件，行政代理14件，非诉代理39件，代书2件）。

2015年，律师、法律服务工作者为县委、县政府重点项目建设提供法律意见和建议，协调处理城镇规划征地拆迁、集体资金补偿分配、工伤和死亡补偿、农民工工资拖欠追偿，医疗纠纷以及处理敏感性、群体性涉法涉诉信访和接访工作，引导群众以理性方式反映利益诉求，有效防止社会矛盾激化。全年受理各类案件441件（其中：贵州红河律师事务所全年办理见证261件，民事诉讼123件，刑事诉讼11件，行政诉讼9件，非诉9件，代书6件，法律援助22件），担任法律顾问4家，参与政府中心工作34人次，审查疏理合同2起，提出修改建议36条，化解重大矛盾纠纷3起。

第四节　人民调解

1999年6月，成立26个乡镇司法所，主要任务是处理民间纠纷，搞好法制宣传。1999年，开通法律服务专线电话12348（12348是法律服务专用电话），解答群众法律咨询38次，及时调处突发事件1起，上门法律服务4次。2002年，司法所的主要任务，是指导全乡（镇）人民调解和参与重大疑难矛盾纠纷调解工作。各级调解组织调解纠纷657件。纠纷类型主要是山林土地、坟山墓地、婚姻家庭、生产经营、经济合同、宅基地等。防止民转刑案件16件，对人民调解员培训35次，在《罗甸报》开设“12348”法律服务专刊7000份。2003—2006年，基层司法所指导人民调解组织调解各类纠纷2302件，成功2203件，成功率95.65%。2007年，全县健全和完善乡人民调解委员。2010年成立道路交通事故损害赔偿纠纷人民调解委员会。2013年年底，全县建立人民调解委员会306个〔其中：乡镇级人民调解委员会26个，村级人民调解委员会268个，社区（居）人民调解委员会5个，调解员1673人〕。是年，县司法局与县有关部门相继成立交通调解委员会、医疗纠纷人民调解委员会和检察诉求人民调解委员会等3个行业性专业调解委员会，基本形成各乡镇有调解领导小组，村、社区（居）有调解委员会，村、社区（居）民小组有调解员的人民调解网络。2011—2014年，全县共调处各类民间纠纷3978件，调解成功3859件，成功率97%。防止上访案件64件2737人。2013年11月，全县区划调整，由268个村5个社区（居委会）调整为177个村5个社区（居委会），各村、社区（居委会）、村民小组建有村级调解委员会，明确调解员。2015年制定并通过县政府下发的《人民调解以奖代补基金管理使用办法（试行）》《法律援助专项基金管理使用办法（试行）》《司法救助基金管理使用办法（试行）》共同组成“三个基金”。“三个基金”实施以来，共发放法律援助专项基金24.68万元；发放人民调解以奖代补基金5万元；开展司法救助涉案8件14人，发放司法救助金20.95万元。全年各级人民调解组织进行矛盾纠纷排查480次，调处纠纷480起，调处成功480起，调处成功率100%。

第五节　法律服务

法律援助　1996年，县设立法律援助中心（在县司法局法律援助股加挂县法律援助中心牌子，即两块牌子一套人马），编制1人。1996—2010年，县法律援助中心为残疾人、下岗工人、贫困户、外来民工提供法律援助 1114 件（其中办理民事代理 730 件，刑事辩护 133 件，非诉代理 83 件，代书 168），电话解答法律咨询 10022 次，接待群众来信来访 2604 人（次）。向全县低保对象发放法律援助卡 350 户。协调各类群体性案件 5 件，发放援助联络卡 3000 余张，减免费用 20 余万元。2011—2014 年，在全县设立 42 个法律援助工作站和联络点，规范 115 个村、社区、县看守所、县法院法律援助工作室、医疗纠纷援助联络站。共接待受理各类法律援助案件 795 件（其中：民事代理 529 件，刑事辩护件 165 件，非诉代理 101 件），解答法律咨询 6573 人次，为当事人挽回经济损失 990 万元。2015 年，提供法律援助 369 件（其中民事案件 311 件，刑事案件 55 件，经济 2 件），接待法律咨询 279 人（次）。

社区矫正　社区矫正工作 2011 年在全县试行。社区矫正对象适用于具有本辖区正式户口、长期固定居住在本辖区的以下五类人员：被判处管制的罪犯、被宣告缓刑的罪犯、被裁定假释的罪犯、剥夺政治权利并在社会上服刑的罪犯（2013 年司法行政机关将被剥夺政治权利在社会上服刑的罪犯监管权于是年 2 月移交公安机关）、被决定暂予监外执行的罪犯（有严重疾病需要保外就医的、怀孕或者正在哺乳自己婴儿的妇女、生活不能自理，适用暂予监外执行不致再危害社会的）。2013 年年底，全县接收社区矫正人员 240 人，按期解除矫正 90 人并转入安置帮教。在矫人员 150 人，其中：城镇户籍 24 人，农村户籍 126 人，男性 142 人，女性 8 人。对 135 名拟适用缓刑、假释、监外执行的被告人、罪犯进行审前调查评估，并向人民法院、监狱出具 135 份复函，其中：90 件复函为适用社区矫正，45 件为不适用社区矫正，重新犯罪率控制在 3% 以内。2014 年年底接收社区矫正人员 339 人，解除矫正 149 人，并转入安置帮教。社区矫正人员有 190 人，其中：被判处缓刑的 153 人，假释的 25 人，监外执行 12 人；城镇户籍 31 人，农村户籍 159 人；男性 177 人，女性 13 人。2015 年，建立社区矫正信息化管控平台，对 116 名社区服刑人员建立手机定位管控。累计接收社区服刑人员 494 人，按期解除矫正 316 人（其中：特赦 14 人并转入安置帮教）。在册服刑人员 178 人，其中：被判处缓刑人员 133 人，假释的 30 人，监外执行 15 人，城镇户籍 22 人，农村户籍 156 人，男性 164 人，女性 14 人。接受人民法院、监狱的委托，累计对 351 名拟适用缓刑、假释、监外执行的被告人、罪犯进行了审前调查评估，并向人民法院、监狱出具了 351 份复函。

安置帮教　2002 年起开展安置帮教排查统计工作。2002—2005 年接收刑释解教人员 243 人；2006—2010 年，接收刑释解教人员 679 人，安置 630 人，安置率 92.78%。帮教 619 人，帮教率 91%；2011—2014 年，接收刑释解教人员 725 人，安置 720 人，安置率 99%，帮教 720 人，帮教率 99%。其中：开展刑释解教（2014 年废除劳动教养制度）人员摸底排查 1 次，与省外监所联系，核实罗甸籍服刑人员 33 人，协助监狱核实犯罪人员基本信息 33 人次，协助各乡镇接回刑释解教人员 14 人。通过在县过渡性安置基地、部分乡镇企业、零星企业、个体经营和落实责任田的方式安置刑满释放人员，安置率达到 90%。重新犯罪率控制在 3% 以内。2015 年，龙坪镇、罗悃镇、沫阳镇、逢亭镇建有 4 个过渡性安置帮教场所，临时解决需安置的回归人员。累计接收刑释解教人员 353 人，帮教 353 人，帮教率 100%。信息协查 399 人（其中网上协查 379 人，协查函 20 人），入监登记 35 人。

第六节　公证服务

罗甸县公证处成立于 1980 年。成立之初，只有 1 名兼职公证员。2015 年公证处有 2 名执业公证员、2 名公证员助理。公证服务性质：办理经济、民事公证。1991—2015 年，公证处开展民商事合同证明、移民搬迁工作协查、证明，参与重点工程的招投标及土地挂牌出让现场监督、廉租房的分配抽签现场监督，参与城东、城西、河滨土地征用丈量、房屋搬迁现场监督和重大活动现场监督等业务工作。

1991—2000 年办理公证 4627 件（其中：经济 3227 件、民事 1396 件）；2001—2010 年办理公证 8063 件，

其中：经济 2158 件，民事 5858 件；2011—2014 年，办理公证 1606 件，其中：经济 783 件、民事 823 件；2015 年，全年办理公证案件 313 件，其中：经济 2 件、民事 311 件，休息日办证 20 余次，上门调查和办证 10 余次，为老、弱、病、残及困难户办理援助 30 余件，减免费用 20 余万元。

第五章　军　事

第一节　机　构

罗甸县人民武装部，1986 年 6 月 2 日改为地方建制，编制 13 人，设部长、政委、副部长、副政委，下设办公室、军事科、政工科，隶属都匀军分区和县委领导。1996 年 4 月收归部队建制。

1991 年 8 月，罗甸县实施建镇并乡撤区，全县设 26 个乡镇，各乡镇建立武装部。2013 年 11 月全县行政区划调整，26 个乡镇调整为 8 镇 1 乡，设立 8 镇 1 乡武装部并配备专职武装部长，受县人武部和乡镇党委、政府领导。

1991—2015 年罗甸县人民武装部领导任职表

表 5-2

姓　名	性　别	民　族	文化程度	职　务	任职时限	备　注
范光明	男	汉　族	初　中	政　委	1986.06-1992.02	-
王世院	男	布依族	初　中	部　长	1986.06-1998.12	县委常委
万再林	男	布依族	初　中	政　委	1992.02-1996.05	-
陈大敏	男	汉　族	中　专	政　委	1996.12-2002.02	县委常委
张忠元	男	汉　族	中　专	部　长	1998.12-2002.02	-
苏仕勋	男	汉　族	大　专	部　长 政　委	2002.03-2003.03 2003.04-2009.03	县委常委
涂秋成	男	汉　族	大　专	政　委	2002.03-2003.04	县委常委
张　奎	男	汉　族	大　专	政　委	2003.04-2004.05	县委常委
陈有生	男	汉　族	大　专	部　长	2004.05-2005.05	-
杨玉龙	男	汉　族	大　专	部　长	2005.05-2008.04	-
叶良华	男	汉　族	大　专	部　长 政　委	2008.03-2009.03 2009.04-2011.03	县委常委
廖开林	男	汉　族	本　科	部　长	2009.03-2014.01	县委常委
张红星	男	汉　族	本　科	政　委	2011.03-2014.01	
杨茗翔	男	汉　族	大　专	部　长	2014.01-	县委常委
刘明万	男	汉　族	研究生	政　委	2014.01-	-
徐德权	男	汉　族	初　中	副部长	1986.02-2000.06	-
周善信	男	汉　族	中　专	副部长	2000.06-2002.11	-
黄永灿	男	汉　族	中　专	副部长	2002.11-2003.04	-
周家文	男	汉　族	中　专	副部长	2003.04-2005.03	-

续表

姓　名	性　别	民　族	文化程度	职　务	任职时限	备　注
廖开林	男	汉　族	本　科	副部长	2005.03–2009.03	–
田　斌	男	土家族	本　科	副部长	2009.03–2013.03	–
付　波	男	汉　族	本　科	副部长	2013.03–	–

第二节　国防动员

根据2010年2月26日新修订的《中华人民共和国国防动员法》的要求，县人民政府县长任县国防动员委员会主任，下设综合办公室、经济动员办公室、人民防空办公室、交通战备动员办公室、政治动员办公室、信息动员办公室、装备动员办公室等。2010年7月—2015年12月，县国防动员委员会每年在人武部召开“国动委”会议，各“国动委”成员单位主要领导参加，主要研究涉及国防潜力数据、动员能力、国防后备力量建设等方面的问题。

2001年4月28日，中华人民共和国第一部《中华人民共和国国防教育法》颁布实施，8月成立以县人民政府县长任组长，教育、宣传、文化、民政、财政、计划、共青团、妇联等部门领导为成员的国防教育工作领导小组。2000—2003年，利用赶集日、普法宣传日，“三下乡”活动周、座谈会等形式向群众宣传《中华人民共和国国防教育法》《中华人民共和国国防法》《贵州征兵条例》等国防法规30余次、发放宣传资料2万余份，标语1万余条幅。深入中小学上国防教育课（会）10余次，指导学生军训5次，国防教育专题讲座8次，举办国防知识竞赛2次，参加人数10000余人次。2004—2005年举办全民国防教育“勿忘历史，强我国防”万人签名活动和“爱中华，爱国防，奔小康”主题教育活动。2006年和省国教办有关单位在县城联合举办大型的《国防科技成果图片展》活动。2009年，人武部协调国教办为县直机关领导和公务员上国防教育课4次，为中小学生上国防教育课2次，受教育人数达6000多人；通过国教办组织人员到各乡镇放映爱国主义题材电影100场次，观看人数达3万余人。2011年9月18日，县人武部、县国教办利用全民国防教育日集中开展“国防教育日”宣传活动，当天受教育人数达1500人次，收到良好的教育效果。2012年5月27日，罗甸县人武部承办，组织国防动员委员会成员单位、驻军和青年学生共5000余人开展“爱我中华，强我国防”万人签名活动。是年9月15日是第十二个法定的国防教育日，县人武部、国教办、人防办等单位共同组织国防教育日活动，活动的主题是人民防空宣传。以悬挂标语、挂图、展板，播放视频，向群众分发宣传传单、手册1000余份，2014年8月、2015年8月，利用组织学生军训等时机，组织国防教育，持续加深人民群众对国防知识的了解。

人民防空　2008年8月12日，贵州省人民政府、贵州省军区批复罗甸县列为省级人防重点城市。9月，县人民防空办公室成立，挂靠县人民政府办公室，与国防教育办公室合署办公。2009年，县人民防空办公室与县国防教育办公室分离，仍挂靠县人民政府办公室，人民防空事业经费纳入县财政预算。

2010年，开征人民防空地下室易地建设费，凡是新建民用建筑项目不结合修建防空地下室，按规定征收易地建设费。2011年3月在县城安装防空警报器，并于每年9月18日举行一次人防音响警报试鸣演练。2012年，县第一个人民防空工程启动建设。是年，县人民政府组建7支人防专业队伍：抢险抢修专业队、医疗救护专业队、防化防疫专业队、通信专业队、运输专业队、治安专业队和消防专业队伍，抢险抢修专业队由自来水、电力、公路、广电等部门和单位组建，医疗救护专业队由卫生和医疗、医药等部门组建，防化防疫专业队由防疫、环保、城管等部门组建，通信专业队由通信等专业部门组建，运输专业队由交通运输等部门和单位组建，治安专业队和消防专业队分别由公安部门和消防部门的常备队伍组成，平时不另行组建。2013年，县委明确一名军事干部兼任人防办副主任，县人民政府网开设人防专栏，宣传人民防空知识。2014 年，结合县城高一新生入学军训开展人防知识宣传。2015 年，人防专业队伍增加由住建局组建的伪装掩护专业队。

第三节 民 兵

民兵队伍建设 1986 年，遵照中共中央、国务院、中央军委《关于县（市）人民武装部改归地方建制有关问题的通知》，罗甸县人民武装部于 6 月 30 日移交地方，实行地方军队双重领导。1996 年 4 月 1 日，县人武部收归军队建制，仍然是本县民兵组织的军事指挥机关。

1990 年，全县基干民兵 2466 人，普通民兵 14946 人。1991—2005 年，全县（含 26 个乡镇）建有基干民兵连 51 个，17435 人，其中：基干民兵 2256 人，普通民兵 15170 人，民兵应急分队 156 人。2006 年通过民兵组织整顿后编 10 个基干民兵连，262 个普通民兵连，基干民兵 1050 人，普通民兵 18372 人。2007 年基干民兵编制 1 个应急独立连、1 个应急独立排、1 个民兵渡河连、8 个应急救援分队和步兵分队，计 1050 人。普通民兵连以行政村为单位的适龄人员组建 214 个民兵连。2008 年完成 27 个基干民兵分队，1006 名基干民兵和普通民兵组织的调整任务。是年，根据龙滩电站水位不断上升的情况，将原在沫阳镇编组的民兵渡河连调整到靠近广西方向的大亭乡编组。2009 年共完成 26 个基干民兵分队、1050 名基干民兵和普通民兵组织的调整任务。2011 年经整组有普通民兵 29223 名，基干民兵 1050 名，基干民兵编成 7 个连、26 个排，排以上干部 35 名。2012 年编组普通民兵 2 万余人，基干民兵 710 人，其中：应急队伍 220 人，支援队伍 110 人，储备队伍 380 人。10 月，按照都匀军分区民兵组织调整改革任务要求，对全县民兵组织进行调整，编组以应急分队、9 支专业救援分队、1 个机动救援大队为主体共 520 人的应急队伍，以安全警戒分队为主体共 60 人的支援队伍，以工兵排、3 个独立步兵连为主体共 230 人的储备队伍，建立覆盖全县 26 个乡镇的民兵情报信息网。2013 年整编民兵总人数 17445 人，其中：普通民兵 16680 人共编 278 个连，基干民兵 765 人编为应急队伍、支援队伍和储备队伍 3 种类型 31 支分队。2014 年、2015 年，根据民兵整组命令，基干民兵仍然编为应急队伍、支援队伍和储备队伍，基干民兵人数为 800 人。

民兵训练 1991 年按《训练纲要》开展民兵整顿和训练，训练科目有队列、盾棍术、战术基础动作、应用战术、武器常识、步枪（冲锋枪、轻机枪）的应用、投弹和实弹射击。2003 年，县人武部 2 名干部和 8 名民兵参加都匀军分区比武竞赛，取得单项 3000 米长跑第三名和个人全能第六名的好成绩。2005 年县人武部 1 名干部和 6 名民兵参加军分区比武竞赛，获个人多媒体制作第一名和个人全能第二名，总评第六名的好成绩。2006 年，民兵训练分为民兵干部训练、应急分队训练和普通民兵训练。2007 年，完成全县基干民兵训练任务 201 人，按训练大纲要求，完成队列、盾棍术、轻武器射击、综合战术应用训练和政治教育等内容。2008 年，组织两期基干民兵训练：4 月，第一期训练在人武部营区举行，115 人参加；6 月，第二期训练在董架乡组织进行，90 人参加。同年，茂井镇民兵莫显杰代表都匀军分区参加省军区军事比武竞赛，后又代表省军区参加成都军区在昆明市举行的军事竞赛，取得优异成绩。10 月，又作为贵州省四名民兵参赛队员之一，参加在福州市举行的全国农民运动会，取得较好成绩。2009 年，为贯彻落实《军队基层建设纲要》，人武部根据县维稳工作需要，分别在县城和乡镇组织两批 180 人的基干民兵训练，以应对突发事件需要。是年 8 月，在参加黔南州第一届运动会军事三项比武竞赛中，罗甸县民兵取得个人投弹第三名和射击第八名的成绩。2010 年 7-8 月，人武部分别在龙坪镇、罗苏乡、罗沙乡，分两期组织 180 人的民兵开展为期 10 天的抗洪救灾和防范泥石流地质灾害演练训练。2011 年，人武部分 3 期训练民兵 210 人，其中：民兵应急分队 100 人，卫生勤务分队 30 人，通信专业分队 30 人，交通运输分队 50 人。参训率达到 90% 以上，有 12 人被评为“四会”教练员，20 人被评为训练标兵。是年在平塘县克度煤矿透水事故中，董架乡民兵闻令而动，迅速赶赴事发现场，协助当地政府维持秩序并积极参与救援，得到地方政府及群众的高度评价。2012 年 5 月 22 日—7 月 5 日，参加民兵训练 208 人。2013 年

5月16日—6月4日，参加民兵训练198人。2014年全年完成民兵训练320人，通过训练，提高民兵的军事素质和战斗能力。2015年3月初，按照人武部年度军事训练计划，组织为期15天的专武干部集训；3月下旬，挑选6名同志到惠水县人武部参加军分区组织的情报信息员集训，并取得良好成绩。4–8月，前后组织5期共230人的基干民兵军事训练，完成年度民兵军事训练任务。8月通过层层选拔，选送人员参加州运会民兵三项比武分别取得一项个人单项第二、总成绩第五的成绩。

第四节　征　兵

预备役人员　1983年3月9日–4月10日，全县完成预编任务和战时后续补充兵员任务，由惠水、长顺、罗甸3县组成1个团，属中国人民解放军昆明军区预备役第八师步兵11团第三营，1984年6月整编结束，属中国人民解放军都匀预备役师第3营。团部驻惠水，由现役军人担任营长，人武部干部任教导员和副营长。2014年属贵州预备役师步兵第二团，团部驻都匀。

基层武装部正规化建设　2005年7月30日，贵州省军区颁发了《贵州省民兵、预备役部队基层建设细则》。明确要求，要把思想政治建设摆在各项工作首位，认真落实政治教育内容，加强民兵预备役干部的培养，做好专职人民武装干部的选拔任用工作。同时，抓好组织建设、军事训练、战备执勤、行政管理、基本建设、参建参治、党管武装等工作。

按照要求，县人武部以三年为一个周期，持续不断抓好基层武装部正规化建设。要求基层武装部设有单独的办公室、民兵活动室、战备器材室和青年民兵之家。按照一盘、三卡、三图、五案、五册、六表、七簿、两报、四刊的标准，抓好正规化建设。通过2005—2015年的建设，尤其是2013年年底乡镇区划调整以后，全县8镇1乡的基层武装部正规化建设上了一个大台阶，基本符合了正规化建设的相关标准。2014年、2015年，各乡镇武装部在2013年规范化建设的基础上，继续完善各种软、硬件设施，2013—2015年的全县基层武装部正规化建设基本完成。

征兵工作　1989年7月，县人民政府依据《中华人民共和国兵役法》和贵州省人民政府颁发《贵州省征兵工作实施细则》，制定本县兵役工作法规，实现征兵工作法律化、制度化、规范化。

县内兵员征集是按国家的兵役制度执行。征兵，按《中华人民共和国兵役法》规定称志愿兵召集和义务兵征集。

志愿兵召集　根据上级下达召集任务，逐级分配任务，明确召集范围和条件。年龄年满18—30岁，历史清白，身高1.55米以上，体重50公斤以上，五官无严重缺陷，身无严重疾病的男性青年。经过宣传动员，以乡镇为单位自愿报名或妻子、父母代报均可，除此报名无效。经审查批准，集中移交县扩军委员会集中移交军分区或接兵部队。

义务兵征集　义务兵征集，除特殊情况外，一般是每年进行一次。每次征集人数、时间和具体要求，由省人民政府和省军区发布命令。2013年，根据国务院、中央军委决定，首次将冬季征兵调整为夏秋季征兵。

征兵工作开始，利用广播、电影、电视进行宣传《中华人民共和国征兵工作条例》，进行普法教育和国防教育。以乡（镇）街道办事处为单位开始报名。报名结束后进行体格检查：男性身高160厘米，体重47公斤以上，边远山区少数民族青年，身高、体重各放宽2厘米和2公斤；女性身高145厘米，体重43公斤以上为合格。2003年9月1日国防部颁布《应征公民体格检查标准》，男性身高160厘米以上，体重不超过标准体重的20%，不低于标准体重的15%；女性身高158厘米以上，体重不超过标准体重的20%，不低于标准体重的15%。体检合格，进行政治审查：依照公安部、总参谋部、总政治部颁发的《征集兵员政治条例》，由县、区、乡镇公安部门和基层单位对预征人员逐个进行政治审查，以保证部队的纯洁。体检合格，通过政审后进行公布，广泛听取群众意见。最后是定兵，优先择录文化素质高的人员，由县兵役机关发给《应征公民入伍通知书》，建立新档案，与接兵部队办理移交手续。新兵起运，举行新兵入伍仪式和欢送仪式，征兵工作结束。

退伍军人　退伍军人是指应征入伍的青年服满服役年限后，根据部队的安排退出现役返回原籍的军人。1991—1995年，全县接收退役军人386人，1996—2000年接收退役军人259人，其中：退役女兵2人。2001—2005年接收退役军人242人，其中：退役女兵1人。2006—2010年接收退役军人300人，其中：退役女兵1人。2011—2015年接收退役军人200人，其中：退役女兵3人。退役军人回到原籍后，成为当地经济文化建设的带头人。

罗甸县1991—2015年退役人数统计表

表5-3

年　度	退　役		年　度	退　役	
	男性	女性		男性	女性
1991	101	–	2004	59	1
1992	69	–	2005	53	–
1993	110	–	2006	50	1
1994	54	–	2007	59	–
1995	52	–	2008	76	–
1996	102	–	2009	64	–
1997	60	2	2010	51	–
1998	63	–	2011	33	1
1999	49	–	2012	45	–
2000	87	–	2013	26	2
2001	91	–	2014	41	–
2002	66	–	2015	52	–
2003	63	–	–	–	–

第五节　拥政爱民

高中学生军训　1991年，县人武部抽调20多名干部帮助学校进行学生军事列队、射击知识、国防教育、战术基础动作和体能技能训练，到2001年共完成1.4万名学生军训。

2001年，经国务院、中央军委批准，国务院办公厅、中央军委办公厅转发教育部、总参谋部、总政治部《关于在普通高等学校和高级中学开展学生军训工作的意见》，2001年起普通高等学校和高级中学入学新生列入军训规划。2006年9月，受训高中新生1230人。2007年8月，受训高中新生1230人。2008年8月，组织复退军人与民兵对县民族中学850名高中新生进行军训。2009年9月，人武部组织干部、职工和复退军人民兵为县民族中学进行为期7天对高中新生，共1500余人的军事训练，圆满完成军训工作任务。2010年8月，采取集中管理，军警联训的方式，组织县民族中学1050名高一新生进行为期7天的队列、军事知识、国防教育等课目的军训，收到较好效果。2011年8月，受训新生1523人。2013年8月、2014年8月、2015年8月，人武部每年组织县民族中学1500余名高一新生进行军事训练、国防知识教育、卫生与救护、防震防火逃生演练、枪械构造原理讲解等。既培养高中生军事化管理理念和吃苦精神，又培养他们的国防意识。

参建参治　1993年4月，县城烟山林区发生火灾，县人武部立即组织民兵250名参加扑火救灾。1995年4月县林场发生大面积火灾，县人武部立即组织300名民兵参加扑火救灾。1996年8月，罗甸—

贵阳公路由于水灾，发生大范围水毁路段，县人武部立即组织200多名民兵参加道路抢修，历时7天，完成上万立方米土石方的排方量。1997年12月，组织民兵800人，历时4个月，参加里落公路抢修，完成5公里路段。2006年9月，根据县委、县政府的要求，经请示上级同意，县人武部组织120名民兵应急分队队员，分成3个小队，分别进驻3个乡镇村组，帮助龙滩库区移民搬迁，奋战14天，配合完成全县3804户17176人的搬迁任务。《黔南日报》10月23日发表《视人民为父母，视驻地为故乡》的文章，整版宣传罗甸县人武部在移民搬迁、西部大开发中所做的工作。2007年6月上中旬，全县连降暴雨，大面积的农田被冲毁，25栋房屋倒塌，4人失踪，冲走牲畜无数，县人武部和乡镇武装部立即组织民兵抢险救灾，并带领民兵救援队伍深入重灾区进行抢险救灾，转移群众500余人，搜救到失踪人员2人，为受灾群众搭建临时住房36间。2008年春节前后，包括贵州省在内的南方多个省份遭受50年一遇的特大凝冻灾害，县人武部及时分点组织民兵协助政府恢复交通、电力，帮助群众生产自救。8–10月，龙滩库区部分移民不断到县委、县政府、县移民局聚集上访，县人武部报请军分区同意后，从各乡镇抽调民兵应急分队队员100余人，连续5个昼夜维护社会秩序。2009年12月—2010年5月，县内遭遇干旱，有的村寨群众饮水困难，县人武部组织民兵20余次5000多人次为群众送水抗旱。人武部党委2次发动全体干部职工为灾区群众捐款1.6万元，协调帮扶单位为扶贫点捐款5万元；协调贵州省建筑六公司驻县人武部项目部捐出救灾款1万元、协调民政等多家单位为凤亭乡、罗妥乡解决救灾款6万元，共计13万余元用于抗旱救灾。协调抽水机具6台，运水车2台，各类救灾物资10吨，千方百计为灾区群众解决生产生活上的困难。2010年3月，人武部5次组织干部职工和民兵预备役人员300余人参与森林火灾灭火。2012年，人武部出动民兵800余人次参加抢险救灾和维稳工作，参与森林灭火3次，参加交通事故抢险1次。2013年，人武部积极参加抗旱救灾工作，部领导亲自带队深入凤亭乡参加抗旱救灾，并协调筹集资金4万元，购买种子、化肥、抽水机具、水桶等农资支持群众搞好再生产。2014年参加扑灭山火4次，同时，县人武部在凤亭乡开展捐资助学活动，启动“四三二一”工程，帮贫困学子圆梦。2015年，组织全县民兵3000余人次，扑灭山火50余次。是年12月，利用野外拉练时机，组织官兵、职工捐款3500元，慰问3名百岁老人，购买学习用品捐赠驻地贫困家庭的15名学生。在联系点凤亭乡，协调县扶贫资金40万元用于定点帮扶2个村发展科技种养殖扶贫示范项目，推动当地农村产业经济发展同时还扩大了民兵“双带”示范影响。另外还协调资金钻打深水井，解决群众的用水难问题。联系2所学校资助26名留守儿童上学。

第六节　驻　军

中国人民解放军武装警察部队驻罗甸县中队，1956年8月划归黔南州管辖，改称为县公安局武装民警中队，1982年改称为中国人民解放军武装警察部队罗甸县中队，隶属于武警黔南布依族苗族自治州支队。

武警罗甸县中队主要担负罗甸县看守所外围武装警戒任务。1991—2015年，完成扑灭山火、抢险救援、武装抓捕、长途押解、城市武装巡逻等任务600起。1995年起，中队连续2年被总队评为“基层建设先进中队”，1997—2015年，连续19年被总队树为“基层建设标兵中队”，12次被省武警总队党委表彰为“先进基层党组织”。2002年被贵州省委、省政府表彰为“1999—2002年度精神文明先进单位”。2009年被省武警总队评为“管理教育先进中队”，2011年被总队评为“基础建设先进中队”。1997年被省武警总部评为“基层建设先进中队”，2001年、2003年、2012年、2013年被省武警党委评为“先进基层党组织”，2010年被省武警总部评为“执勤先进中队”，2012年被省武警总部表彰为“执勤标兵中队”。2014年出动300名兵力完成扑灭山火4起、武装抓捕10次、长途押解12次、安全保卫勤务30余次。2015年4月出动20名兵力成功将县城烟山特大火灾扑灭；8月30日指导员带领10名战士圆满完成逢亭镇上隆抢险清淤等任务。中队先后荣立集体一等功 1 次，集体二等功 13 次，集体三等功 7 次，涌现出凌虎、阮凯、王学军、付劲能、张明明、杨淋、黄建奇、王中平 8 名二等功臣。

武警消防 1976 年县公安局设置消防股，1983 年消防改制归属于中国人民武装警察部队，干部转为现役。县公安局成立消防科，1997 年 9 月，消防内部管理体制改革，科队合并，成立县公安消防大队，2012 年 4 月武警消防大队下设一个中队。消防设备有指挥车 2 台，执勤消防车 6 辆，消防安全重点单位 63 家，担负全县 3015.76 平方公里的防火监督和灭火应急救援任务，维护辖区 35 万人民群众的消防安全。

1997—2014 年，每年都与各机关、各部门、各企业签订消防责任状，根据“谁主管谁负责”的原则层层落实消防安全责任制。1997—2000 年，全县火灾发生数 22 起，损失财产 76.85 万元，伤 2 人，死 4 人。2001—2005 年，发生火灾 24 起，损失财产 32 万元，伤 4 人，死 5 人。2006—2010 年，发生火灾 26 起，损失财产 34.44 万余元。2011—2015 年，发生火灾 32 起，损失财产 18.68 万元。2011—2015 年，共检查社会单位 8622 家（次），发现火灾隐患或违法行为 7111 处，督促整改 7022 处，罚款 123.88 万元，临时查封 75 家，责令“三停”55 家，行政拘留 27 人；接警 1359 起，抢救被困人员 976 人，保护财产价值上亿元。举办各类消防安全知识培训班 86 次，组织学校、医院等人员密集场所进行消防安全演练 356 次。

第六篇　农　业

第一章　农业综合开发

第一节　机　构

1991 年，成立中共罗甸县农业农村工作部，1992 年设农村经济委员会，将县农机管理局、县乡镇企业局归农村经济委员会管理。1994 年撤销县农村经济委员会，组建中共罗甸县委农村工作委员会，增设农田基本建设办公室和调查研究股。1997 年 3 月，将农田基本建设办公室改称为基本农田建设服务公司，同时增设农业技术培训中心。2001 年，将县委农村工作委员会改设为罗甸县农业办公室，为县委常设机构。2003 年，罗甸县农业办公室下辖有综合股、农建股、调研股、农发股、世行股、资金管理股。2011 年 10 月，农业办公室行政职能整合改称县农村工作局。

2015 年县农村工作局辖县蔬菜开发办公室、县农业区划委员会办公室、县茶叶产业化发展办公室 3 个正科级单位及县果业产业化发展办公室、县动物疫病预防控制中心、县动卫生监督所、县渔业水产技术服务中心、县农机监理站、县农业执法队 6 个副科级单位，内设县农业技术推广站、县植保植检站、县农产品质量安全检测中心、县土肥站、县农业经营管理站、县种子管理站、县农村能源环保工作站、省广电学校罗甸分校、县农牧渔业资金管理中心、县市场与信息中心、县品种改良站、县渔政渔港监督管理站、县草原监理站、县农田基本建设中心、县兽医药政管理站、县果业中心 16 个股级单位。同时设有纪检监督机构，县纪委派驻县农村工作局纪检组、县监察局派驻县农村工作局监察室。干部职工 186 人，其中：研究生学历 1 人、本科学历 102 人、大专学历 60 人、中专学历 21 人、高中学历 1 人、初中学历 1 人。专业技术人员 115 人，其中：高级职称 4 人、中级职称 52 人、初级职称 59 人、其他人员 19 人。

第二节　农村经济体制改革

1992 年国家粮食流通体制改革，放开粮食市场经营。1998 年，中央文件规定，农村土地承包责任制 50 年不变。2003 年中央文件规定，对农民承包土地 70 年不变。2006 年，中央对农民免征公粮和农业税。

经营体制改革　县委、县人民政府明文规定，联产承包责任制，按中央文件，从 1998 年，规定 50 年不变。2003 年规定农民承包的土地责任制 70 年不变，农村土地所有权归村民、村民是土地所有者，依法行使占有权，使用权、发包权、收益权和处理权。承包的土地不进行调整，在承包期内，实行“增人不增地，减人不减地”的政策。保持承包土地的长期稳定。稳定农民的土地所有权，让农民放心，发展生产，发展经济。2004 年，中央对农业实施“三大战略”（转变、拓展、提升）、“九大行动”（实施社会主义新农村建设示范行动；实施粮食综合生产能力增强行动；实施优势农产品产业带促行动；实施农业科技提升行动；实施畜牧水产业增长方式转变行动；农业产业产品加工推进行动；农产品质量安全绿色行动；生态家园国强富民行动；禽流感等重大动物疫病防控行动）和“三农”（农村、农民、农业）政策，2006年，对农民免征公粮和农业税，让农民尽快地富裕起来。2015年6月12日，县人民政府召开罗甸县农村土地承包经营权确权登记颁证工作动员暨业务培训会，确定凤亭乡为土地确权登记颁证试点，全县农村土地承包经营权确权登记颁证试点工作正式启动。成立以县长为组长，分管副县长为副组长，县财政局、农工局、林业局、国土局、公安局、民政局等部门责任人为成员的罗甸县农村土地承包经营权确权登记颁证试点领导小组。县政府出台《罗甸县农村土地承包经营权确权登记颁证试点工作方案》，明确试点的工作内容、工作步骤和时间。举办土地确权登记工作培训班2期，相关人员120人次参加培训，发放宣传资料3000余份，完成无人机航空摄影测量212平方公里，制作工作底图333幅，覆盖10个村73个组，完成摸底调查3049户，外业调查2987户，张榜公示2次，并验收颁证。

农村社会服务　1991—2006年，农业社会服务涉及农技、林业、畜牧、水利、农机为农民科技服务的诸多领域。2001—2015年全县各类农业服务机构10个，从业人员600余人，并有20多个村设立服务组织，直接为农民解决技术难题。

农产品市场，全县26个乡镇，建有农产品交易市场20个和2个场点，农产品实现跨省经营，农产品市场交易方式由集市贸易扩大到专业批发“订单”交易为中心的农产品市场体系。

税费改革　中共中央、国务院1990年颁发《农民负担费用和劳务管理条例》规定减轻农民负担。县人民政府于1991年初，成立减轻农民负担办公室负责具体工作。1992年，农民所负担的不合理项目集资、摊派、罚款共21项，总负担504.4万元，人均19.4元。1991年，全县农民人均纯收入294元，按《条例》规定，农民直接向集体经济组织缴纳的村（组）提留和乡（镇）统筹不得超过人均纯收入的5%，罗甸农民人均上交村（组）提留和乡（镇）统筹控制在14.70元以内。

1992年县农业办公室对1991年龙坪镇农民负担进行调查，国家税金类：农业税、特产税、耕地占用税、契税、其他税金等，人均负担21.80元；村组提留类：人均管理费、公积金、其他提留，人均负担3.75元；乡镇统筹费：优抚费、预备役费、教育附加费、其他统筹，人均负担1.10元；社会负担类；社会治安管理费、行政事业费、集资摊派、罚款、其他社会负担，人均负担14.16元；农用生产资料价格上涨等，人均隐形负担20.80元，总计人均负担60.89元，每个农民多负担46.19元。对农民多负担的部分，按《农民负担费用和劳务管理条例》规定进行清理退赔。

2001年，全县辖7个镇19个乡，271个行政村，1751个村民组。农户6.25万户，总人口30.06万人。第二轮承包耕地面积21.55万亩，调整后的计税耕地面积21.80万亩。1999年，农民人均纯收入1158元。改革前全县农民总负担为1869.22万元，人均负担63.71元，其中：政策内负担为1167.17万元，人均负担39.78元。改革后农民的总负担额为687.25万元，人均负担22.86元，其中：政策内负担总额为539.70万元，人均减负40.85元，总减负率为63.23%，总减负率超过50%的有21个乡镇，其中：政策内减负额为627.48万元，人均减负21.53元，减负率为53.76%。税费改革，达到村村减负，户户减负，均衡减负，人人受益的局面。

2002年，罗甸被省、州定为扩大农村税费改革试点县，罗甸县成立税费改革机构。明确26名县级领导干部包乡镇，从县直机关抽调78名有农村工作经验的科局级干部组成26个督查组，分赴各乡镇，税改办安排18人组成6个业务组，分片区对各乡镇进行业务指导。

2006年，税费改革督查办深入26个乡镇调查，严格按照中共中央关于全面取消农业税的政策，督查是否有反弹现象。全县免征农业税得到全面落实，教育收费全面推行“一费制”，规范教育收费标准，各乡镇各部门没有出现乱收费乱“搭车”收费现象。

第三节　基本农田建设

“十一五”初期，县委、县政府进一步加强对农田基本建设工作的组织和领导，把农田基本建设作为农村经济发展的重点工作来抓。“八五”至“十五”期间，全县农田基本建设主要是以工代赈坡改梯资金投入4539万元，治理耕地面积近22万亩，改善农业耕作条件，促进全县农业经济发展。

1991—2006年，由县委农业农村工作部以工代赈资金分别在逢亭、边阳、栗木、沫阳、董当等8乡镇，坡改梯新增耕地30761.2亩，土变田53466亩，实现年产粮食14512吨。修建渠道和人畜饮水工程，渠道703条，长257.63公里；小水池（窖）18238个，水利工程总蓄水量2608万立方米，解决23万人、14万头（匹）大牲畜的饮水问题，有效灌溉农田60003亩。至2006年，投放资金5738万元。

2007—2013年期间，通过以工代赈坡改梯、省级土地出让金、财政扶贫小水池、巩固退耕还林成果基本农田建设、石漠化综合治理等项目投入，完成基本农田建设面积31345亩，累计投入资金3241.2万元。项目涉及边阳、罗沙、栗木、龙坪、逢亭、罗悃、沫阳等13个乡镇48个村，其中：坡改梯治理9230亩，新增耕地面积315亩，变田863亩，累计投入资金3240万元。田间地头修建小水池3438口，总蓄水量165574立方米，可使12000亩农田得到有效灌溉，解决3万余人和1.8万匹牲畜饮水困难问题。治理山塘一座蓄水量4500立方米，配套建设田间步道213条，长36413米。治理排洪沟5条，长2609米。修建排灌沟渠77条，长32.32公里。修建机耕道7条，长7.7公里，年增加粮食442吨，增加经济收入376万元。

2013年，全县有效灌溉耕地面积25.3万亩，占27.5万亩耕地面积的92%。2014以后没有开展农田基本建设任务。

2007—2013年基本农田建设情况统计表

表6-1

时　间	项目名称	投入资金（万元）	项目完成情况及内容	备　注
2007—2008年	以工代赈坡改梯	301	坡改梯治理2550亩，蓄水池588口，蓄水量18300立方，田间步道29条2680米，排水沟13条4289米，机耕道2条745米。新增145亩，变田850亩	平岩乡、董架乡
2007—2009年	财政扶贫小水池	322.4	建小水池1082口，蓄水量49757立方米	平岩乡、董架乡、逢亭镇、沟亭乡
2007—2013年	土地出让金（农业土地开发）	364.4	新增耕地75亩，土地治理2500亩，建蓄水池49口，蓄水量2040立方，田间步道88条16750米，机耕道3条4943米	–
2008—2012年	巩固退耕还林成果基本口粮田	1390.6	项目覆盖23177亩，其中：坡改梯2065亩，土壤改良625亩，小水池1531口，蓄水量87667立方，田间步道71条11041米，治理排洪沟5条2609米，引水渠54条22438米	罗沙乡、边阳镇、龙坪镇、板庚乡、云干乡、栗木乡
2008—2013年	石漠化综合治理基本农田建设	862.8	坡改梯3118亩，建小水池188口，蓄水量7810立方米，步道25条5942米，引水渠10条5600米，机耕道2条2000米，治理山塘1座，蓄水量4500立方米。新增耕地95亩，变田13亩	罗沙乡、边阳镇、龙坪镇、板庚乡、云干乡
合　计		3241.2	治理耕地面积31345亩，坡改梯建设9230亩，新增耕地315亩，变田863亩。建小池3438口，蓄水165574立方米，修田间步道213条，长36413米，修排洪沟5条2609米，修引水沟77条长32327米，修机耕道7条长7688米，治理山塘1座，蓄水量4500立方米	–

注：2014年后没有开展农田基本建设任务

罗甸县 1991—2008 年度坡改梯统计表

表 6-2

年度指标	1991	1992	1993	1994	1995	1996	1997	1998	1999	2000	2001	2002	2003	2004	2005	2006	2007	2008	合 计
投入（万元）	91.5	95.8	113	118.6	135.4	303	388.5	394.6	331.5	300.2	363.85	315.91	375.37	340.9	325.72	234.72	241	60	4529.57
任务（亩）	7000	7000	7000	9000	10000	20000	26000	26000	26000	26000	12000	10500	12000	9100	8800	3430	1800	750	222380
完成（亩）	9103	7983	7006	9701	9677	20352	26214	26551	28311	27693	12296	10780	12145	9322	8829	3430	1800	750	231943
新增（亩）	2885	361	344.2	307.8	2168	1315.2	3318	4163	3654	2785	1925	1886	2665	1317	1491	176	122	23	30906.2
变田（亩）	1565	1220	988	2740	1375	6713	5860	6778	8056	5743	3284	960	1184	2385	3629	986	850		54316
水池、窖（个）	532	11	44	1	13	114	359	222	409	501	650	525	840	1064	856	808	570	18	7537
蓄水（立方米）	15250	840	3571	120	2535	14598	13658	10720	9460	15030	19500	15750	22200	31920	25680	24240	17100	1200	243372
步道（条）	–	26	27	66	74	92	101	99	112	106	140	139	220	112	64	89	44	29	1540
长度（米）	–	60000	70000	18635	22202	32010	24687	27333	1968	18115	15209	15551	25188	12077	11953	7529	7257	2680	372394
排洪沟（条）	–	–	–	3	1	4	3	1	–	–	–	–	–	–	–	1	–	–	13
长度（米）	–	–	–	24000	1820	1788	2000	300	–	–	–	–	–	–	–	152	–	–	8460
引排水沟（条）	–	–	13	26	19	32	28	20	11	1	236	20	67	14	47	36	9	4	583
长度（米）	–	–	3552	6043	6120	10764	5561	3727	1275	38	23596	742	6146	2189	7472	4881	3043	1246	86395
机耕道（条）	14	3	2	7	1	6	5	1	2	2	5	–	3	–	5	2	2	–	60
长度（米）	32250	8000	4200	13794	750	4422	2095	200	2500	1400	5383	–	4360	–	3120	442	745	–	83661
谷坊（座）	–	–	–	2	7	–	5	–	–	–	–	–	–	–	–	–	–	–	14
拦沙量（立方米）	–	–	–	275	4500	–	6708	–	–	–	–	–	–	–	–	–	–	--	11483
增粮（吨）	528	406	413	616	707	1241	1646	1725	1048	1126	1009	807	995	1306	768	171	118.8	37	14667.8

第四节　农业产业结构调整

2009年初，在实施农业产业结构调整，深入分析县情，总结县内外农业发展经验，充分尊重群众首创精神的基础上，开始实施“185产业化工程”，通过采取各种措施，使每亩耕地年产值达1万元、0.8万元、0.5万元。

2013年，省委、省政府提出打造100个现代高效农业示范园区的指导思想。结合省、州关于建设现代高效农业示范园区的相关文件精神，罗甸县从蔬菜、火龙果、水产养殖三大特色产业，成功挤进全省100个园区建设范畴，加快罗甸农业产业结构调整步伐。

2015年，全县农林牧渔业总产值202200万元，比上年增加18300万元，增10%，其中：农业总产值115800万元、畜牧业总产值55300万元、渔业总产值17000万元、农林牧渔服务业3600万元、林业产值10500万元。农村居民可支配收入7933元，比上年增加773元，增10.7%。

蔬菜产业　2006年，引进优质品种16个，示范推广，种植面积9.39万亩，总产量14820万公斤，产值17300万元。2007年种植面积10.15万亩，产值21635万元。2014年种植面积35.29万亩（含秋、冬果菜复种数），产值150100万元。2015年完成蔬菜种植面积35.18万亩，产量60.23万吨，产量50.18万吨，产值151700万元。全县无公害蔬菜产业基地9万亩，无公害蔬菜产品11个。曾先后获得农业部“‘菜篮子’生产先进县”“蔬菜出口示范区”“国家农业标准化无公害蔬菜示范基地县”“国家农业部蔬菜定点批发市场”等荣誉称号。

畜牧产业　加大畜牧业品改和结构调整，推广“两全三保”有偿技术服务，发展生猪、牛、羊、家禽。采取县财政、扶贫资金贴息贴保和固定投资配套方式，加大畜牧业投入和兑现优惠政策。2005年完成生猪订单2万头，羊3万只。在省内价格下跌的情况下，组织生猪、羊外销广东、广西、湖南等省市。2006年完成畜牧业产值2.96亿元，比上年增长4.1%；肉类总产量2.59万吨，比上年增长7.9%；大牲畜存栏19.01万头（匹），生猪存栏25.36万头，羊存栏10.2万只，分别比上年增长9.25%、2.37%和减少0.8%。生猪年末存栏6.17万头，年出栏3.02万头，家禽出笼72.01万只，分别比上年增长3.5%、18.9%、17.97%。2009—2013年，县境实施省科技扶贫种草养羊项目农户2115户，辐射带动新增养殖农户1560户。2013年，全县大牲畜存栏115563头，其中：肉牛91187头，黄牛51663头，水牛36524头，马24376匹，生猪存栏219293头，羊存栏107136只，禽存栏782967羽。分别是2007年的1.28倍、1.55倍、1.91倍、1.52倍。全县牲畜业产值4.01亿元，占农业产值的27.19%。2014年全县牛存栏9.5万头，同比增长4.18%；生猪存栏23.7万头，同比增长8.07%；山羊存栏12.35万只，同比增长15.27%；家禽存栏101.8万羽，同比增长30.02%。2015年全县生猪存、出栏数分别为13.99万头和20.73万头，牛存、出栏数分别为9.83万头和2.37万头，羊存、出栏数分别为5.1万只和4.19万只，家禽存、出栏数分别为159.4万羽和146.2万羽，肉、蛋总产量分别达到2.02万吨和586吨，产值分别为40300万元和600万元。

林果业　海拔600米以下的低山河谷地区以脐橙、香蕉、龙眼、荔枝等南亚热带水果、麻竹及发展艾纳香药用植物。海拔700米以上地区发展油桐、板栗、杉木等经济林、用材林和优质常规早熟水果；北、中、南部均发展银杏，岩山地区发展杜仲、香椿等，既保水土，又增经济收入。

2002年，罗甸依据退耕还林政策，扩大林果业发展，主要有：柑橘、香芭蕉、桃、杨梅、李子、梨等。全县水果种植面积7.36万亩，其中：水果投产面积6万亩，产量1.91万吨，产值3810万元，分别比上年增2.2%、11.3%。发展板栗、核桃等经济林面积1万亩，实现干果年产量3302.5吨，产值901万元。完成竹类种植1200亩，全县竹类面积4.02万亩。2015年全县果林种植面积15.6万亩，新增果树种植面积0.71万亩，投产果园6万亩，产量4.5吨，产值3.11亿元。其中：火龙果种植6.29万亩，柑橘种植面积7.88万亩，投产面积3.2万亩，杨梅种植面积1.43万亩，投产0.8万亩。

扶持企业与产业调整 2006年初，县农业办组织人员，调查全县农产品龙头企业发展状况，全县农产品生产、加工、中介组织、流通企业56家，其中：种植业开发和产品加工企业37家（桐油加工19家）、畜牧养殖和加工13家，中药材种植及加工2家，农产品流通2家，中介组织2家。市场前景好，带动力强的企业，有贵州省信邦制药股份有限公司、贵州黔南上隆茶果场、罗甸县黔龙食品有限公司等9家企业。在发展过程中，遇到资金上困难，县金融部门给予扶持，向企业贷款15930万元，其中：信邦股份有限公司1.5亿元，黔南上隆茶果场300万元，黔龙食品有限公司80万元，种子公司50万元，19家油厂500万元。县财政企业扶持资金800多万元，实行税收减免，共减免企业所得税288万元。2010年财政扶持资金73万元，主要用于企业贷款贴息补助，2014年财政扶持资金50万元，用于企业贷款贴息和企业品牌建设奖励。

县农业办公室，组织罗甸特色农产品，参加在北京召开的第四届中国国际农产品交易会，把罗甸中药材、水果、茶叶、蔬菜、桐油等特色农产品推向市场。

2015年6月，罗甸国鑫矿业有限公司由于资金不足，技改缓慢，县人民政府通过在县工行质押2000万元，为该公司担保450万元贷款。是月28日完成2号炉技改投产。9月工业硅市场价格持续下降到9500元/吨亏损经营，县人民政府通过产品质押方式，为该公司解决350万元流动资金困难，鼓励企业坚持生产。11–12月，工业硅市场价格持续下滑9000元/吨，县政府通过产品质押方式给该公司贷款650万元解决生产困难和解决农民工工资。2015年贵州省信邦制药股份有限公司在罗甸注册资金17.05亿万元，总资产102亿元，营业收入41.8亿元，实现利税3.97亿元。

农业招商 2015年人民政府开始实施农业招商工作。引进清华启迪科技园·贵州涵龙生物科技有限公司在罗甸县投资茶产业，公司三年投资7000万元，借助上隆茶果场2000余亩老茶园开发石斛伴生茶、石斛酵素片、石斛超微粉、石斛寸金条等产品，通过龙头企业带动，将石斛附生茶树技术在全县推广。引进陕西海升集团、清华启迪科技园·贵州涵龙生物科技有限公司、西南生态农业有限公司、贵州德龙食品科技有限责任公司、贵州省罗甸县红心农业开发有限公司、深圳市百果园实业发展有限公司等大型龙头企业，签约项目资金14亿元，占目标任务的116.66%。其中：海升集团落户木引镇从里村建设千亩柑橘示范基地、沫阳镇飞龙桥草莓示范园、清华科技园入驻上隆生态循环园区、西南生态公司入驻边阳镇新建罗甸玉都北殿现代高效农业休闲园、贵州德龙食品科技有限责任公司入驻龙坪镇进行火龙果产品开发，主要生产火龙果酵素、红酒、果醋、果汁等产品；贵州省罗甸县红心农业开发有限公司在龙坪镇六一村建设5000亩的现代山地特色水果示范基地、精品水果引种示范区和生态农业体验园；深圳市百果园实业发展有限公司入驻县城主要经营农特产品线上线下销售、特色农产品基地开发、仓储、冷链、物流、电商等基础设施建设、农特产品品牌包装等。

农民专业合作社发展 2007年，开始成立农民专合作社经济服务组织46家，会员2217人，带动农户近2万户。2014年合作社达到211个，会员5486人，带动农户24400户。2015年，全县农民专业合作社新增注册登记农民专业合作社65个，全县工商部门注册登记各类农民专业合作社317个，注册资金1.34亿元，合作社成员3391人，带动农户10000余户，与上年相比增加25.8%。获得州级农民合作社示范社认定5个；完成州级家庭农场申报认定6个。按产业类型划分：种植业131个，其中：水果种植专业合作社59个、蔬菜种植专业合作社14个、中药材种植专业合作社39个、茶叶种植专业合作社1个、油茶种植专业合作社3个、干果种植专业合作社8个、牧草种植专业合作社4个、林业作物种植专业合作社3个。养殖业87个（其中：畜牧养殖78个、水产养殖9个）、综合服务类农民专业合作社99个（其中：农资服务88个，农机服务10个）、农产品营销专业合作社1个。列入贵州省农民专业合作社示范社1个、黔南州农民专业合作社示范社9个。

农业园区 2015年罗甸县现代高效农业园区属省级重点农业示范区6个，其中：省级园区5个（罗甸县现代高效农业示范区、水产养殖现代高效农业示范园区、上隆生态循环农业园区、龙翔千堤休闲农业度假园区、玉都北殿现代农业休闲园区）；州级园区1个（大小井休闲农业观光园区）。

园区规划区域为罗甸北部、中部和南部地区，涵盖边阳、沫阳、龙坪、罗苏、红水河等乡镇，涉及24个村，103个村民组，4750户21027人。园区建成边阳镇蔬菜销售市场2个，蔬菜配送综合交易市场1个，蔬菜交易场地1795平方米，蔬菜冷库3座；火龙果冷库4座，服务用房11间；建成通园公路25公里、主干道宽28米、机耕道1.6公里、生产便道宽4米。2015年完成投资6.72亿元，完成总产值16.04亿元，销售收入达13.17亿元，带动农户8597户，解决17194人的就业问题，实现人均可支配收入13200元。

罗甸县龙翔千堤休闲农业度假园区于2015年初申报、实施，并被列为全省325个省级农业园区之一。涵盖五星、八总、马草、老城、新莲、金星、八一、六一等村，规划面积137平方公里，按“一园三区”进行总体布局。一园：罗甸县新中盛火龙果农旅观光园。三区：环湖生态旅游及特色农产品销售区、医药食品产业园区、高效山地鲜活农产品生产区。是年，建成火龙果标准化基地2万亩，蔬菜提质增效1万亩，配套60立方米水池15口、30立方米水池50口、150立方米水池1口、进园公路20公里、步道3万米，输水管网（滴灌）20千米、管理用房3栋、贮藏库2座。新中盛火龙果农旅观光园位于龙坪镇五星村，县政府招商引资由北海新中盛集团有限公司和深圳华源兄弟实业有限公司合资兴建，园内以龙果为主，配种脐橙、桃子、李子、蔬菜等精品蔬果和休闲珍稀林木花草，连片种植火龙果4300亩，2015年投产面积1500亩，总产值6.59亿元，销售收入达6.29亿元。建成旅游休闲观景台、休闲凉亭、办公大楼及园区绿化。带动农户311户，解决16280人的就业问题，实现农民人均纯收入10778.7元，接待游客1.5万人次。

罗甸县上隆生态循环农业园区位于罗甸西部，距县城29.5公里，园区规模为3万余亩。2015年建成提灌站1座，排灌沟渠（管网）20公里，喷（滴）灌溉面积达750亩，水池水窖150口，园区主干道55公里，投资4.24亿元。引进企业15家，其中：规模以上企业4家（省级重点龙头企业3家，州级龙头企业1家）。组建专业合作社12家，社员数782人。修建标准化大型养殖场1个，林下经济生猪饲养1万头，禽类10万羽。2015年度，园区完成总产值7.88亿元，销售收入达5.3亿元，带动农户380户，解决997人的就业问题，实现人均可支配收入1.22万元。

罗甸县玉都北殿现代农业休闲园区位于罗甸北部边阳镇辖区，距离县城26公里，2015年起建，以生态旅游农业、精品水果种植为主导产业，配套设施农业、林下养殖业等产业，依托现有人文资源、植被资源和林果花卉种植，通过湖体山体绿化、林果蔬菜基地建设和乡村旅游景点建设，创建集生态观光、乡村旅游和休闲娱乐功能为一体的生态休闲园。是年建成农田自来水喷灌管网800亩、蓄水池52口，喷灌设施500亩。入驻企业10家，组建专业合作社11个，总完成投资3.19亿元，总产值达3.02亿元，销售收入2.92亿元，带动农户3700户，解决8471人的就业问题，实现人均可支配收入1.23万元。

水产养殖现代高效农业示范园区是全省唯一水产养殖示范园区。2015年园区组建专业合作社10家，引进企业8家，设置投饵网箱5812口，不投饵网箱210亩，建成水产养殖标准示范场1个50亩，配套建设管理服务中心1个，休闲垂钓棚800个，配备有观光游船及渔家乐。投资4亿元，总产值4.66亿元，销售收入3.21亿元，带动农户540户，解决1876人的就业问题，实现人均可支配收入1.3万元。

大小井休闲农业观光园区位于罗甸县东北部，距离县城20公里。园区主导产业为天地奇观旅游、休闲观光农业，配套产业为精品四季水果种植、羊场大米种植和无公害蔬菜种植。2015年园区种植蔬菜2万亩、火龙果提质增效1000亩、修建育苗中心1个，占地51亩，完成大棚主体工程、棚内喷灌、遮阳网、摧芽室、步道、管理用房等配套设施建设投入使用。投资3.66亿元，总产值达3.08亿元，销售收入达3亿元，带动农户354户，解决876人的就业问题，实现人均可支配收入9800元。

第五节　农业区划

北部种植区　边阳镇、栗木、罗沙、交砚、董王、木引、纳坪、董架、平岩等9个乡（镇），95村；区域内海拔最高点木引乡冗林大坡1387.4米，最低点云里播乃485.0米；日照时数1097.4—1527.1小时，平均气温 17.1℃—19.7℃，无霜期 309-336 天，降雨量 1000—1400 毫米。地貌以低中山、岩溶丘陵为主。主要作物有水稻、玉米、小米、小麦、油菜。

中部种植区 龙坪、逢亭、沫阳、罗悃、板庚、云干、八总、董当、罗苏、沟亭等 10 个乡（镇），126 村；区域内海拔最高点平艾上坡 1308.9 米，最低点八总与茂井双河口 283 米；日照时数 1158.5—1509.3 小时，平均气温 17.1℃—20.5℃，无霜期 309—340 天，降雨量 1000—1200 毫米；地貌以低山、河谷盆地、低中山、丘陵为主。主要作物有水稻、玉米、早菜、油菜、黄豆、茶果、甘蔗、香、芭蕉、芝麻等。

南部种植区 茂井镇、红水河镇、凤亭、大亭、班仁、罗暮、罗妥等 7 个乡（镇），52 村；区域内海拔最高点大亭老山大坪 1400.6 米，最低点大亭下大湾河边 242.0 米；日照时数 1277.5—1462.9 小时，平均气温 18.9℃—20.5℃，无霜期 330-340 天，降雨量 800—1000 毫米。

地貌类型及主要作物：地貌以低山和低中山为主，主要作物有水稻、玉米、甘蔗、早菜。

土地资源 罗甸县农业资源生态环境卫星遥感调查及信息系统建设项目。2005—2008 年，由县农业区划办和贵州师范大学周忠发教授等专家，完成罗甸县农业资源生态环境卫星遥感调查及信息系统建设项目，向县政府呈报。县政府于 2008 年 12 月 18 日，以罗府发〔2008〕33 号行文各乡镇工作部门，要求按遥感数据实施。通过遥感调查全县 26 个乡镇国土面积 3015.76 平方公里。

罗甸县国土面积汇总表

表 6-3　　单位：平方公里

乡 镇	卫星遥感面积	乡 镇	卫星遥感面积
龙坪镇	194.80	罗苏乡	89.85
边阳镇	127.31	罗暮乡	101.11
沫阳镇	131.97	罗妥乡	102.74
罗悃镇	134.62	沟亭乡	104.55
茂井镇	192.90	八总乡	97.95
逢亭镇	154.01	凤亭乡	131.75
红水镇	124.37	班仁乡	80.50
木引乡	154.78	大亭乡	127.85
罗沙乡	100.09	云干乡	94.19
董王乡	87.13	董当乡	75.07
交砚乡	98.579	董架乡	122.78
栗木乡	111.94	平岩乡	87.51
板庚乡	106.09	纳坪乡	81.32
合 计	3015.76	-	-

县农业局提供 2013 年全县耕地面积 296370.45 亩，其中：田面积 108854.95 亩，地面积 187515.5 亩，2007—2014 年减少土地面积 28818.05 亩，全县实有耕地面积 267552.40 亩，其中：田面积 102630 亩，地面积 164922.4 亩。

第六节 农业产业化开发

1991 年，县农业办公室对农业产业化进行规划调整。

1993 年，罗甸县被省州列为农业综合开发重点县，分别在逢亭、边阳、栗木、沫阳、董当等 8 个乡镇实施中低产田改造项目。1999 年，按照州委、州政府〔1999〕17 号文件精神，实施罗甸

2000—2005年农业总体发展规划，对粮、蔬、牧、果四个产业结构进行调整。根据罗甸地理条件和气候特点，北部常规优质水果，南部亚热带特色水果和“北猪南牛羊”的规划，发展罗甸农业特色产品。“十一五”期间，全县在稳定粮食生产的基础上，以“3211”（即新增3万亩“四季”蔬菜，2万亩特色水果，1万亩新品种茶叶，1万口网箱养鱼）；“185”工程（即将1亩田的产值分别提高到10000元、8000元、5000元）为载体，加大优良品种的推广，大力发展蔬、果、茶、畜、渔、油桐、中药材等特色产业。

一、粮食作物

水稻 2005年，在逢亭、龙坪、沫阳、罗悃、董当等14个乡镇种植金优63、协优63和D优130优质水稻3.73万亩。2015年种植优质水稻渝香203、宜香优2115、宜香725为主。

玉米 2005年在板庚、边阳、罗沙、董架、栗木、罗悃6个乡镇种植优质杂交玉米0.58万亩。2015年种植优质高产玉米种主要有迪卡008、正大619、黔单16。

二、蔬菜

2000年在五星村、马草寨村，兴隆村及沫阳镇、逢亭镇建成500亩无公害早熟蔬菜示范点，面积推广5000亩。2014年5月开始组织实施罗甸县现代高效山地农业标准育苗中心沫阳镇沫阳村建设项目，总投资540万元，2015年4月竣工，6月30日通过县级验收。是年，农业综合开发蔬菜新品种科技示范项目在逢亭镇床井村试种推广，总投资38万元，2015年，全县蔬菜种植面积35.18万亩，产量60.23万吨，产值15.17亿元。

早菜种子 2015年在栗木乡播团组建成100亩早熟蔬菜制种试验基地，繁育优质棒豆种成功，实现自给自足与外销。建成150亩火葱原料基地，在五星村坡球建成蔬菜科技示范园10亩。

早菜脱水加工 2000年4月，县三合公司建成脱水保鲜蔬菜生产线，正式投产。

三、经果林

2000年，重在名、优、稀、特经果林开发，建成以边阳、栗木、罗沙、云干4个乡镇经果林示范点11个，面积0.43万亩，品种有：黄花梨、石榴、麻竹和砂仁。全县种植经果林1.09万亩，其中：麻竹0.43亩，板栗、枇杷、梨、李、脐橙共0.66万亩；杉、松用材林3.21万亩。

2015年，全县果树种植面积完成15.6万亩，新增果树种植面积0.71万亩。

柑橘（又称黄果） 柑橘以前零星分布在全县各地，没有形成产业。1987年引进柑橘种植面积7200亩，品种有：脐橙、椪柑、柚子、血橙，总产20.2万吨，产值32.33万元。2007年全县柑橘种植面积1.69万亩，产量0.5万吨，产值1500万元。2010年柑橘种植面积1.61万亩，产量0.55万吨，产值2207万元，2013年柑橘种植面积7.35万亩，产量3.5万吨，产值9800万元，形成罗甸支柱产业之一。2014年种植面积7.55万亩，投产4.1万亩，产量3.59万吨，产值1.01亿元。2015年柑橘种植7.88万亩，新增0.33万亩，投产面积3.2万亩，产量3.2万吨，产值8200万元，亩产值2560元，覆盖7个乡镇46个村15150农户62400人。柑橘种植企业4家、合作社12个、种植大户150户。种植品种有纽荷尔脐橙，配套种植血橙、红肉蜜柚、琯溪蜜柚、椪柑、新橙、锦橙等。7月22日，“罗甸脐橙”农产品地理标志经过初审、专家评审和公示，符合农产品地理标志登记程序和条件，被国家农业部准予登记，并颁发中华人民共和国农产品地理标志登记证书（中华人民共和国农业部公告第2277号）。“罗甸脐橙”种植地域：龙坪镇、茂井镇、沫阳镇、红水河镇、罗悃镇、逢亭镇、凤亭乡等7个乡镇。

杨梅 县境野生杨梅，树冠高大，生长旺盛，叶大、果小，成熟期在6月上旬，果呈紫红色，味甜带酸。主要分布在边阳、新丰、逢亭、床井、控里、腮里，木引、栗木、董王等地。由于产量和经济效益低，再则是人为破坏，致使野生杨梅面积减少。1993年边阳岩脚村李时荣从浙江金华引进200多株试种成功，效益好，1996年开始初产，2000年年产量3吨，产值3万元，经济效益好，带动群众当地群众引进杨梅种苗大面积栽种。2000年33户引进杨梅种植600亩，2005年投产600亩，产量230吨，产值230万元，户均收入17293元。2007年产量360吨，产值720万元。2010年杨梅种植面积4050亩，产量1182吨，产值591万元；2013年杨梅产量3000吨，产值1800万元。产品销往贵阳、惠水等地。2014年种植面积1.43万亩，投产面积0.8万亩，产量0.4万吨，产值2400万元。2015年种植面积1.43万亩，投产面积0.8万亩，产量0.4万吨，产值800万元，亩产值1000元。种植户2960户，户均收入2702元。杨梅种植主要在边阳镇、木引镇、罗悃镇，涉及15个村1650户6210人。主要品种东魁、荸荠、东方明珠1号、东方明珠2号、碳梅1号、碳梅2号等。罗甸杨梅于5月上市，较省内其他生产地上市时间提早15天左右。

葡萄　2012年，边阳镇村黄光林从河北、四川、青岛等地引进"甜源1号""优选摩尔多瓦""红乳""金手指""红巴拉多""黑巴拉多""贵妃玫瑰""波尔莱特""夏黑""黑色甜菜"等优质葡萄品种，试验种植7亩。2015年种植面积200亩，80亩进入初投产，产量75吨，产值75万元，种植农户2户，户均收入37.5万元。

草莓　2015年沫阳镇谭碧峰从陕西引进海升集团公司种植草莓基地"章姬"品种，种植面积50亩，是年投产10吨，产值30万元。

板栗　板栗是罗甸农村普遍种植的经果林，2005年种植面积5.8万亩、投产面积5.73亩，产量1613吨，产值484万元。2010年种植面积7.22亩，投产面积5.84亩，产量1668吨，产值667万元。2015年种植面积8.06亩，投产面积6.84万亩，产量3678吨，产值2207万元。

核桃　核桃主产区分布在边阳镇、木引镇、沫阳镇等乡镇。核桃挂果期较长，栽培11年才挂果。2005年种植面积有2.15万亩、投产面积1.9万亩，产量49吨，产值116万元。2010年种植面积2.65万亩，投产面积2.03万亩，产量56吨，产值168万元。2015年种植面积3.01万亩，投产面积2.23万亩，产量411吨，产值1480万元。

桑葚　边阳镇黄光林2014年从山东引进"无籽大石""长果桑"桑葚品种，种植面积20亩，2015年开始投产，产量2.5吨，产值10万元。

樱桃　2004年，木引镇水井村杨昌兴从重庆引进"红玛瑙"樱桃。2005年种植面积100亩，种植农户2户。2010年种植面积300亩，投产面积100亩、产量1吨、产值3万元，种植农户23户，户均收入1304元。2013年种植面积500亩，投产面积400亩、产量8吨、产值24万元、种植农户29户、户均收入8276元。2015年种植100亩，投产300亩，亩产值2万元，产量150吨，产值600万元。主要品种为玛瑙红。产区在木引镇4个行政村，150户650人。投产面积：把坝村种植100亩投产60亩，产量30吨，产值120万元；高山村种植150亩投产100亩，产量50吨，产值200万元；纳孟村种植150亩投产100亩，产量50吨，产值200万元；木引村100亩、投产40亩、产量20吨、产值80万元。在樱桃成熟上市期间，来自县内外各地游客相约木引观光品果，体验新式旅游休闲娱乐方式，年接待游客5000人次。

四、茶

贵州金花茶　被誉为"植物界大熊猫""茶族皇后"。主要分布在罗甸茂井镇大亭社区，由于早期境内金花茶遭到乱采滥伐、大肆收购倒卖等现象，导致全县野生金花茶数量急剧减少，2015年除茂井镇大亭社区部分农户房前屋后有少量金花茶外，仅罗甸县五湖生态农业旅游开发有限责任公司、贵州益丰缘林业科技有限公司通过保护性移栽的1000余株野生金花茶并繁育苗木3万余株。

石斛茶　2015年9月，罗甸县通过招商引资引进清华启迪科技园·贵州涵龙生物科技有限公司与贵州省黔南州上隆茶果场合作，将铁皮石斛附生茶生态栽培技术应用于上隆茶果场老茶园，2016年3月完成100亩的试验示范园建设，同年10月完成石斛茶试制并取得成功。是年，铁皮石斛花产量50公斤，产值50万元。

附：石斛茶融合了茶叶与铁皮石斛的功效，除了茶叶含有的儿茶素、咖啡碱、茶多酚，还有石斛多糖、生物碱、氨基酸、微量元素和菲类化合物等有效成分，具有增强机体免疫力、抗肿瘤、促进消化液分泌、抑制血小板凝集、降血脂、降血糖、抗氧化、抗衰老和退热止痛等药理作用。2010 年版的《中国药典》中明确铁皮石斛活性多糖的标准是 25%，铁皮石斛经过在茶树上种植后，活性多糖成分明显增加，经贵州省贵阳现代化高新技术创业服务中心、贵州省食品药品检验所检验，非采摘期已经高达 56%，采摘期高达 62.6%，高出标准一倍多。铁皮石斛红茶、绿茶的多糖为 2.0%，也高出普通茶叶的 40%。

五、畜牧品种改良

2000 年，全县利用项目资金 9000 万元初步建成猪品改示范点 57 个，其中：种猪场 1 个，引进纯种母猪 119 头，种公猪 8 头，推广二元杂交母猪 1300 头，产三元杂交仔猪 6250 头，推广杂交猪 1.2 万头；建成牛鲜精输配示范点 5 个，引进种公牛（西门达尔）3 头，完成输配 720 头，产商品牛犊 33 头，新增能繁母牛 1062 头；完成“两全三保”投保生猪 10060 头。

2006 年，建成畜牧品改示范点 90 个，其中：猪品改点 62 个，牛品改点 12 个（牛鲜精输配点 3 个，冻配点 9 个），羊品改示范点 13 个，引进良种母猪 2115 头，公猪 33 头，推广三元杂交仔猪 6.25 万头；完成能繁母牛输配 570 头，产商品牛犊 173 头；完成“两全三保”投保，生猪 12116 头，牛 328 头，羊 1960 只。

2009 年，实施“以县为单位、整合资金、整村推进、连片发展”的全县优质仔猪繁殖项目，总投入 250 万元（国家扶贫专项资金），引进二元母猪 1350 头，种公猪 60 头，发放到深井、摆贡、干洞，边阳镇明星村 96 头，种公猪 4 头；板庚乡大平村母猪 169 头，公猪 7 头；团田村母猪 200 头，公猪 6 头；平洋村母猪 250 头，公猪 10 头；栗木乡深井村母猪 191 头，公猪 9 头；摆贡村母猪 240 头，公猪 10 头；干洞村母猪 204 头，公猪 9 头。改造猪舍 1410 间 11280 平方米。

2010 年，全县 26 个乡镇建设 90 个肉羊改良点，总投资 135 万元，共建设羊舍 90 间 1900 平方米，人工授精操作室 900 平方米，采购和发放种公羊 180 只、购置发放液氮灌、显微镜、保温箱、消毒锅等设备 90 套。是年，生态畜牧业项目，省级扶贫资金 500 万元，项目在 5 个乡镇 14 个村 501 户农户中开展实施，共建植草地 10030 亩，建成羊圈 15120 平方米，引进基础母羊 10000 只、种公羊 500 只，项目已通过省州验收。2015 年在龙坪镇大坪村，边阳镇翁纳村、董王村，罗悃镇平榜村建家庭农场，项目投资 136 万元，其中：省级财政投资 40 万元，养殖户自筹资金 96 万元，发放鸡苗 24139 羽、过渡期饲料 9640 公斤，牛品改冻配点 3 个。全县 9 个乡镇专业技术输精人员 7 名，完成牛人工输配 524 头，完成州下达任务 500 头的 104.8%。建成羊冻配点 90 个，改良本地黑山羊 6158 只；猪改良点 70 个，输配母猪 15124 头，其中：三元杂交猪 92324 头；引进良种猪 17 头，其中：公猪 2 头。

2012 年，引进火鸡 21105 羽，发放到云干，沫阳、边阳、罗暮、罗悃等乡镇，40 户作为示范点，总投资 68 万元。2013 年，引进湖羊 50 只，在沫阳镇种羊发展专业合作社为示范点。2014 年未引进畜禽新品种。2015 年在罗悃镇、边阳镇罗沙社区耕牛改种 100 头，罗悃镇沟亭社区羊改种 100 只，龙坪镇云干社区、边阳镇栗木社区猪改种 500 头，龙坪镇云干社区大关村稻渔工程 10 亩。

六、土地治理

2006—2013 年，实施农业综合开发土地治理项目。农业综合开发、土地治理项目的主要任务是改造中低产田土。在中低产田土改造上，以水利建设为主要内容，加强农田基本建设、加强科技建设服务、大力提高科技水平、增加单位面积产量。大力发展以优质无公害蔬菜、秋冬果菜、超级稻、优质稻等为主的支柱产业，并对相关的产业作技术培训以及相应的示范推广种植。

2006—2013 年，农业综合开发土地治理项目主要涉及沫阳、董当、逢亭、木引、边阳、罗沙、板庚等 7 个乡镇 25 个行政村，治理田土面积 4.83 万亩。实施水利项目 30 个，农业项目 16 个，科技推广项目 18 个，自然灾害损毁工程修复项目 2 个，省直科技示范推广项目 2 个。修建提灌站 5 座，拦河堰 9 座，山塘治理 6 座，引水或灌溉渠道（主、支）70.16 公里，蓄水池 12600 立方米，防洪渠道 4.68 公里，机耕道 25.512 公里，机耕桥 10 座，沤粪池 400 口 2000 立方米，交通桥 3 座，人行桥 3 座，倒虹管 6 座，滚水坝 1 座，完善 2005 年底沫阳引灌工程增设渠道盖板 660 米，尾水处理延伸 750 米，维修滑坡垮塌渠道 30 米，渠系 O 型建筑物及便民设施 10 座，水毁修复工程 1.31 公里，购置机载设备 153 台件，技术培训 5100 人次，示范种植推广（蔬菜超级稻）1.05 万亩，省级科技培训示范项目 0.8 万亩。2014 年无农业综合开发项目。2015 年，罗甸县现代高效农业示范园区属于省级重点农业园区，园区规划区域为罗甸北部、中部和西部地区，涵盖边阳、沫阳、龙坪、罗苏、红水河等乡镇（社区），涉及 24 个村 103 个村民组 4750 户 21027 人。园区已建成边阳镇 2 个蔬菜市场，蔬菜配送综合交易市场 1 个 1795 平方米，蔬菜冷库 3 座，火龙果冷库 4 座、服务用房 11 间；建成通园公路 25 公里，机耕道 1.6 公里，便道 4 公里，总投资 6.72 亿元。完成总产值 16.04 亿元，销售收入 13.17 亿元，带动农户 8597 户，解决就业 17184 人。

专记：罗甸早熟蔬菜

1980 年罗甸广大群众利用“天然温室”的有利条件，开始发展种植早熟蔬菜。1981 年种植早熟蔬菜采用新技术——塑料薄膜覆盖栽培。1982 年从单薄膜覆盖种植改变成双薄膜覆盖，蔬菜成熟期比单薄膜覆盖种植提前上市 15−20 天，给群众带来很好的经济效益。1991 年改变 80 年代耕作制度，县境中部的龙坪、罗悃、逢亭、沫阳、罗苏、沟亭、董当等乡镇改变种植早熟蔬菜技术，第一季种黄瓜、南瓜、西瓜、番茄、辣椒、玉米、四季豆、豇豆、苦瓜、瓠瓜等（一般腊月备耕栽种，次年 4−5 月成熟上市），第二季 6 月初栽种水稻，水稻收割完毕后翻犁田种植秋果菜、白菜、莲花白、萝卜、棒豆、番茄、黄瓜、青菜等。市场一年四季都有新鲜菜上市，产品除本省外，远销至重庆、成都、西藏、长沙、武汉等地。

1995 年早熟蔬菜种植面积 3.76 万亩，种植户 1.56 万户，人口 15.52 万人，产量 11.75 万吨，产值 6114.82 万元，菜区人均收入 288 元。1996 年被中华人民共和国农业部授予“罗甸菜篮子产品生产先进县”荣誉称号。

2000 年早蔬菜区域结构调整，在龙坪、逢亭、沫阳、罗苏 4 乡镇建成 1200 亩蔬菜示范基地。全县早菜种植面积 11.75 万亩，产量 11074 万吨，产值 114.82 万元。2013 年在龙坪镇五星村、马草村，边阳镇兴隆村和沫阳镇、逢亭镇建成 500 亩无公害早熟蔬菜示范点，在全县推广种植 5000 亩。引进早菜新品种：线椒、黄瓜、螺丝椒、花菜、甜玉米、糯玉米、番茄、苦瓜等 56 个品种，经试种筛选出海燕、海迈、田望夫 3 个黄瓜品种，吉农糯 7 号、螺丝甜玉 2 个菜玉米品种；钢铁 369、红牛 3 号 2 个番茄品种，受到菜农的欢迎，在全县普遍栽种。是年，引导罗化村贵平蔬菜种植农民生产合作社 6 家取得“无公害”农产品，辣椒、糯玉米、白菜、甘蓝、黄瓜、南瓜、番茄、苦瓜、豇豆 9 个产品合格率 100%。

2014 年 5 月沫阳镇沫阳村实施罗甸县现代高效山地农业标准育苗中心建设项目，总投资 540 万元。项目建成育苗大棚 10260 平方米，蔬菜育苗控制系统一套，催芽室 192 平方米，堆料装盘车间 600 平方米，管理用房 320 平方米，停车场地面硬化 2000 平方米，2015 年 4 月竣工投入使用。是年，农业综合开发蔬菜新品种科技示范项目在逢亭镇床井村试种推广，总投资 38 万元，完成蔬菜新品种示范基地 550 亩（辣椒 100 亩、菜玉米 450 亩），安装太阳能杀虫灯 8 盏，年总产量 34 万吨。同时在栗木乡播团村建成 100 亩早蔬菜制种试验基地，繁育优质棒豆成功，实现本县自给自足与外销，还建成 150 亩火葱原料基地。是年全县种植早菜 35.18 万亩，种植户 5.2 万户，人口 23.4 万人，产量 60.23 万亩，产值 15.17 亿元，菜区人均收入 4324 元。种植早熟菜成为罗甸人民群众增收脱贫致富的产业之一。

2006—2013年农业综合开发项目实施情况统计表

表6-4

项目名称	实施地点	项目投资及实施内容
罗甸县2006年度农业综合开发土地治理项目	沫阳镇	项目总投资542万元，新建提灌站4座、拦河堰3座、灌溉渠系17.04公里、倒虹管2座蓄水池4800立方米、沤粪池400口、机耕道1.6公里、机耕桥2座、完善2005年度沫阳引灌工程和水毁工程，技术培训1000人次，购置设备26台件，示范推广0.3万亩，省级科技示范项目0.2万亩
罗甸县2007年度农业综合开发土地治理项目	董当乡	项目总投资519万元，新建水池6000立方米、拦山沟、步道2公里、引水渠道7048公里、山塘治理5座以及修复水毁渠道1.097公里、机耕道5.0公里、购置农机具38台，技术培训700人次，示范推广0.2万亩
罗甸县2008年度农业综合开发土地治理项目	逢亭镇	项目总投资527万元，新建防洪工程1.718公里、河道疏浚11954立方米、灌溉渠系工程9.0公里、渡槽工程112米、拦水坝改造2座、渠系小型建筑物及便民设施10座、山塘改造1座、机耕道2.1公里、机耕桥涵4座，购置农机具30台，技术培训700人次、示范推广0.2万亩 （推广秋冬果菜示范种植1000亩，超级水稻推广1000亩）
罗甸县2009年度农业综合开发土地治理项目	木引乡	项目总投资704万元，新建拦水堰3座、引水渠道工程10公里，田间渠系3.2公里、渠系建筑物（倒虹管）0.38公里、水池1800立方米、步道带沟1.0公里、沉沙池30个、进水管1.1公里、防洪续建工程0.28公里、机耕道4.8公里、机耕桥3座、购置农机具35台，技术培训800人次、蔬菜示范推广0.1万亩、超级稻示范推广0.1万亩以及省直科技示范推广、自然灾害损毁工程修复项目
罗甸县2010年度农业综合开发土地治理项目	边阳镇	项目总投资507万元，新建提灌站工程1座、渠道工程10.6公里、渠系建筑物（倒虹管）1座，排洪渠工程1.2公里、机耕道4.3公里、滚水坝1座，技术培训800人次、示范推广0.05万亩以及自然灾害损毁工程
罗甸县2011年度农业综合开发土地治理项目	罗沙乡	项目总投资478.6万元，新建防洪工程1.36公里、灌溉渠系工程4.63公里、交通桥3座、人行桥3座、便民梯步10座、渡槽1座，技术培训500人次、购置仪器（立柱式太阳能杀虫灯）8台套、示范推广0.05万亩
罗甸县2012年度农业综合开发土地治理项目	木引乡	项目总投资491.0万元，新建拦水堰1座、灌溉渠系工程13.2公里、机耕道7.0公里，技术培训600人次、购置仪器（立柱式太阳能杀虫灯）16台套、示范推广0.05万亩
罗甸县2013年度农业综合开发土地治理项目	板庚乡	项目总投资390.0万元，新建拦水堰2座、灌溉渠系工程3.81公里、排洪渠1.762公里、建筑物工程（便民梯步）12座、机耕道0.712公里、机耕桥3座

2007—2015年罗甸县蔬菜产值表

表6-5　　万亩、万元、%

年份	蔬菜作物播种总面积	比上年增减（%）	蔬菜作物播种总产值	比上年增减（%）	早春蔬菜					秋菜					冬菜				
					种植面积	比上年增减（%）	总产值	比上年增减（%）	占蔬菜作物总产值	种植面积	比上年增减（%）	总产值	比上年增减（%）	占蔬菜作物总产值	种植面积	比上年增减（%）	总产值	比上年增减（%）	占蔬菜作物总产值
2007	10.15	8.09	21635	23.73	6.06	–2.73	15500	18.32	71.64	1.01	74.13	1215	49.63	5.62	3.08	19.38	4920	37.69	22.74
2008	13.1	29.06	27510	7.16	7.31	20.62	14810	–4.45	53.83	2.67	164.35	6400	426.75	23.26	3.12	1.30	6300	28.05	22.90
2009	16.17	23.43	53593	94.81	10.00	36.79	40000	170.08	74.64	3.09	15.73	7813	22.07	14.58	3.08	–1.28	5780	–8.25	10.78
2010	20.11	24.36	62100	15.87	11.90	19.00	42500	6.25	68.44	4.14	33.98	11000	40.8	17.71	4.07	32.14	8600	48.78	13.85
2011	25.13	24.96	85900	38.32	15.09	26.81	61000	43.52	71.01	5.97	44.20	14700	33.63	17.11	4.07	持平	10200	18.6	11.87
2012	30.21	20.21	123900	44.23	20.07	33.00	100100	64.09	80.79	5.01	–16.08	11500	–21.76	9.28	5.13	26.04	12300	20.59	9.93
2013	31.25	3.44	134000	8.15	20.16	0.45	107600	7.49	80.30	6.03	20.36	13900	20.87	10.37	5.06	–1.36	12500	1.63	9.33
2014	35.29	12.9	150300	12.16	20.13	–0.15	87900	–18.3	58.48	9.08	50.58	46800	236.69	31.14	6.08	20.20	15600	24.8	10.38
2015	35.18	–0.3	151700	0.9	22.08	9.7	106200	20.8	70.01	6.02	–33.7	21700	–53.6	14.30	7.08	16.4	23800	0.5	15.69
合计	216.69	–	810638	–	132.8	–	575610	–	71.01	43.02	–	135028	–	16.66	40.77	–	100000	–	12.33

抽样调查 1991年以来，在全县设立农业产量抽样调查点有：董架、木引、栗木、板庚、罗苏、高圩6个乡，每个乡抽取3个村18个点。设立住户调查点有：罗悃镇的河东二组、七组；边阳镇的达上、拉昂；八茂的八达、交贯；板庚乡的红岩、纳不；逢亭镇的纳见、罗里；沫阳镇的纳刮、柏林共12个点60户。1995—2003年抽选董王乡屯脚村、油尖村；凤亭乡高山村、抗村村；罗苏乡过石村、塘山村；沫阳镇沫阳村、柏林村；茂井镇八达村、丰井村共计100户作为西南世界银行贷款项目监测调查点；2001年根据国家统计调查方案，执行样本轮换，调整后的调查网点分别是：龙坪镇的顶访村10户、罗沙乡的者任村10户、栗木乡的新场村10户、罗苏乡的平榜村10户、八总乡的交广村10户、董当乡的大井村10户、沫阳镇的访里村10户、云干乡的云盘村10户共80户作为贫困监测和农村住户网点调查对象。

调查队成立20多年，开展农村住户调查、农村贫困监测调查、主要畜禽监测调查、城乡一体化住户调查、贫困乡镇监测调查、农户春耕备耕情况调查。西南世界银行贷款项目监测、退耕还林（草）调查等均采用国家统一调查方案，农户记日记账，实行超级汇总的季度报表、年度报表形式；农作物产量调查是根据国家统一的《农作物产量抽样调查操作规程》执行夏秋两季预计（临田估产）、实际实割实测调查，取得了大量的第一手资料，撰写500余篇调查分析与报告和重大信息，其中：1991年撰写的《罗甸县文盲和半文盲比重较重》调研报告得到省委有关领导好评。1997年撰写的《科技、文化、卫生三下乡调查》、2004年撰写《禽流感调查》、2007年撰写的《失地农民调查》《农民工进城务工安全问卷调查》、2008年撰写的《农村广播电视普及率调查》等材料引起有关领导的重视。2011—2012年开展人口数量分布抽样调查、劳动力抽样调查、经济抽样调查。从2013年开始，统计局在全县各乡镇抽出120户作为抽样调查对象，每年都开展5次城乡一体化住户调查。

2014—2015年全县城乡一体化住户调查主要指标完成情况表

表6-6

名　称	2013年	2014年	2015年	2014年比2013年增长%	2015年比2014年增长%
一、居民人均可支配收入（元）	–	10180	11252	–	10.53
（一）工资性收入	–	4109	4590	–	11.71
（二）经营净收入	–	4369	4598	–	5.24
（三）财产净收入	–	175	222	–	26.86
（四）转移净收入	–	1527	1842	–	20.63
二、城镇常住居民人均可支配收入（元）	18621	20502	22593	10.1	10.20
（一）工资性收入	11669	12817	13651	9.84	6.51
（二）经营净收入	4140	4487	5187	8.38	15.60
（三）财产净收入	442	531	716	20.14	34.84
（四）转移净收入	2370	2667	3039	12.53	13.95
三、农村常住居民人均可支配收入（元）	6393	7160	7933	12	10.80
（一）工资性收入	1357	1560	1938	14.96	24.23
（二）经营净收入	4122	4335	4425	5.17	2.08
（三）财产净收入	65	70	78	7.69	11.43
（四）转移净收入	849	1195	1492	40.75	24.85
四、城镇人均消费支出（元）	8018	9956	11295	24.17	13.45
农村人均消费支出（元）	4980	6457	7243	29.66	12.17
五、恩格尔系数（%）	46.9	35.26	39.1	–1.3个百分点	–1.3个百分点

2012 年地区生产总值报表表

6-7　　单位：万元

名　称	序码	当年价格计算		按 2010 年不变价格计算		
		本年	上年	本年	上年	比上年同期增长 %
		累计	累计	累计	累计	累计
地区生产总值	1	339937	277978	307854	263354	16.9
第一产业	2	78526	70518	70132	64247	9.2
农、林、牧、渔业	3	78526	70518	70132	64247	9.2
第二产业	4	132647	112442	127110	108500	17.2
工业	5	112217	95354	108514	92604	17.2
建筑业	6	20430	17088	18596	15896	17
第三产业	7	128764	95018	110612	90607	22.1
交通运输、仓储和邮政业	8	9934	7215	9243	6727	37.4
批发和零售业	9	16296	12601	14065	11888	18.3
批发业	10	2826	2492	2619	2351	11.4
零售业	11	13470	10109	11446	9537	20
住宿和餐饮业	12	2998	2366	2488	2268	9.7
住宿业	13	821	695	791	689	14.8
餐饮业	14	2177	1671	1697	1579	7.5
金融业	15	6885	4749	5799	4519	28.3
房地产业	16	13692	11837	11552	11016	4.9
房地产业（K 门类）	17	280	271	255	257	-0.8
居民自有住房服务	18	13412	11566	11297	10759	5
营利性服务业	19	10643	10231	9510	10278	-7.5
信息传输、计算机服务和软件业	20	5934	5041	5887	5041	16.8
其他营利性服务业	21	4709	5190	3623	5237	-30.8
非营利性服务业	22	68316	46019	57955	43911	32
公共管理金和社会组织	23	40622	26565	37779	25348	49
其他非营利性服务业	24	27694	19454	20176	18563	8.69

2015 年地区生产总值报表

表 6-8

名　称	现价（万元）	不变价（万元）	增速（%）
地区生产总值	570067	475740	13.6
农、林、牧、渔业	131535	85433	6.5
# 农林牧渔业服务业	–	–	–
工业	156644	166687	13.3

续表

名　称	现价（万元）	不变价（万元）	增速（%）
#开采辅助活动	–	–	–
#金属制品、机械和设备修理业	–	–	–
建筑业	44932	33556	18.7
批发和零售业	24834	19065	10.5
批发业	6476	3818	13.2
零售业	18358	15247	9.9
交通运输、仓储和邮政业	16473	16746	19.9
住宿和餐饮业	9739	3227	9.8
住宿业	3436	1140	12.1
餐饮业	6303	2087	8.6
金融业	11631	9420	24.1
房地产业	17331	14332	8.3
房地产业（K门类）	1608	1254	60.2
居民自有住房服务	15723	13078	5.0
其他服务业	156948	127274	17.7
营利性服务业	23677	22499	66.1
非营利性服务业	133271	104775	10.8
第一产业	131535	85433	6.5
第二产业	201576	200243	14.2
第三产业	236956	190064	16.6

1991—2015年主要经济完成情况表

表6-9

年度	GDP（万元）	财政收入（万元）	全社会固定资产投资（万元）	粮食产量（万吨）	人均占有粮（吨）	农民人均纯收入（元）	农民人均生活费支出（元）	社会消费品零售总额（万元）	城乡居民存款（万元）
1991	14856	688	333	7.36	0.26	427	401	6151	2496
1992	14856	829	1138	5.81	0.21	452	410	6900	2555
1993	19537	1065	1080	7.55	0.26	574	419	6943	2690
1994	20904	1303	3201	7.64	0.26	619	600	6896	3554
1995	30496	1077.9	3497	8.02	0.27	825	762	9436	4355
1996	40017	2257	5977	8.46	0.29	869	843	9725	5440
1997	50994	3012	12155	9.35	0.31	1095	817	10500	6759
1998	65046	4008	16537	10.06	0.33	1165	817	10500	10128
1999	75261	4819	21278	9.34	0.30	1147	863	10787	11353
2000	72833	3273	19485	9.67	0.31	1076	952	11226	12108

续表

年度	GDP（万元）	财政收入（万元）	全社会固定资产投资（万元）	粮食产量（万吨）	人均占有粮（吨）	农民人均纯收入（元）	农民人均生活费支出（元）	社会消费品零售总额（万元）	城乡居民存款（万元）
2001	67492	3438	19452	8.51	0.27	1182	859	11982	14310
2002	77999	2996	19477	7.75	0.24	1241	881	13455	16596
2003	85716	4007	21489	9.61	0.29	1349	1003	14935	20847
2004	100476	4362	30243	10.11	0.31	1496	1134	17313	26489
2005	110893	4762	42229	10.61	0.32	1648	1181	19440	33972
2006	124695	10007	51695	11.55	0.32	1778	1420	22217	56303
2007	145115	6770	75564	13.8	0.42	2177	1947	27012	70392
2008	170361	6975	95012	10.65	0.32	2636	2332	34463	74537
2009	200676	9088	119500	10.06	0.30	3086	2214	41054	82534
2010	233508	14334	189000	11	0.33	3687	2873	49215	98453
2011	277948	18475	261111	8.56	0.25	4576	3354	59008	131290
2012	339937	19135	391712	10.56	0.31	5371	3985	68185	163429
2013	403775	23229	570000	9.94	0.29	6166	5646	77498	204777
2014	508169	20888	780000	10.4	0.41	7160	6457	103391	259131
2015	570067	28314	814027	10.5	0.41	7933	7243	110959	281293

第二章　种植业

第一节　耕作制度与种子培育

耕作制度　1991年改变80年代耕作制度，县境中部的龙坪、罗悃、逢亭、沫阳、罗苏、沟亭、董当等乡镇改变种植早熟蔬菜技术。第一季种植黄瓜、南瓜、西瓜、番茄、辣椒、玉米、四季豆、豇豆、苦瓜等，一般腊月备耕栽种，次年4–5月成熟上市。第二季6月初栽种水稻，9月下旬–10月上旬收割完毕。蔬菜价格好，粮食又丰收。种植早熟蔬菜，在罗甸已形成重要产业，产品远销贵阳、重庆、湖南等地。

水稻收割完毕后，翻犁田土种植秋果菜，如白菜、莲花白、萝卜、棒豆、番茄、黄瓜、青菜、籼米菜等。县境东北部和西北部种小麦、油菜。但2008年后，基本没有种小麦而发展早熟蔬菜，主要种植莲花白和大白菜、莴笋等。2000年开始种植大棚早熟蔬菜，品种有：茄子、番茄、豇豆、黄瓜、四季豆、苦瓜、南瓜、辣椒、白菜等，市场一年四季新鲜蔬菜供应不断。

在山坡平地上种植玉米，间作黄豆、花生、红薯。如间作白菜、籼米菜，玉米长成匀秧时白菜和籼米菜已成销售，正值蔬菜淡季，价格好，效益显著。玉米地种植多年后，收益低就改种油桐或退耕还林。耕作制度形成菜—水稻—菜和菜—玉米—菜的模式。

种子制管　20世纪90年代罗甸几经试种栽培水稻制种，由于气候与技术，未能达到制种指标要求而停止。1991—2014年引进水稻种子采取与外地种子部门签订合同，每年保证供应。品种有：冈优527、冈优363、冈优364、冈优202、宜香优1577、宜香725、渝香203、糯优16、T优、Q优等。2015年引进种植优质高产水稻品种有渝香203、宜香优2115、宜香725。

玉米种子 1991年先后引进黔单23、巨单16、中单808、正红311、黔玉3号、遵玉3号。2001年引进正大619、2002年引进正大818、正大999。正大619与正大818在全县普遍种植，深受群众欢迎。2015年全县引进种植优质高产玉米品种有迪卡008、正大619、黔单16。

第二节 粮食作物

罗甸种植粮食作物有水稻、玉米、小米、红稗、高粱、小麦、荞子、黄豆、眉豆、红薯等。

粮食种植主要分布在边阳、逢亭、罗悃、沫阳、董当、龙坪、罗沙、栗木、茂井、罗苏、罗暮、红水河、罗妥、板庚、董架、沟亭、木引、凤亭、八总，其次是大亭、董王、平岩、班仁、纳坪、交砚、云干等乡镇。全县耕地面积267552.4亩，其中：田面积102630亩，地面积164922.4亩。

粮食生产 粮食作物水稻和玉米是罗甸农业的主要产品。1990年，粮食总产6.41万吨，其中：秋粮6.01万吨，夏粮3994吨。2000年粮食总产9.67万吨（含夏粮、秋粮、杂粮数）。2005年粮食总产10.62万吨（含夏粮、秋粮、杂粮数）。2013年粮食总产10.27万吨（含夏粮、秋粮、杂粮数）。水稻、玉米是罗甸的主粮，其次是小麦、高粱、薯类、豆类等。农业产业调整后，2006年，基本形成“菜–稻–菜”“粮–猪–沼”“北猪南牛羊、东西生态禽”布局。2014年粮食总产量10.4万吨（含夏粮、秋粮、杂粮数）。2015年粮食总产量10.48万吨（含夏粮、秋粮、杂粮数）。

20世纪90年代后，先后引进水稻、玉米等优良品种：

水稻 引进品种有：冈优527、冈优363、冈优364、冈优2009、Q优6号、T优6135、宜香99E–4、渝香203、中优177、宜香725等10多个品种。其特点是抗倒伏、米质优、产量高。2007年种植10.26万亩，亩产469.75公斤。2014年种植10.26万亩，亩产407.47公斤。2015年种植10.45万亩，亩产410.29公斤。

糯谷 糯谷种植以本地品种为主。20世纪90年代相继引进糯优11、糯优16和农虎禾等。

玉米 罗甸农户喜欢种植本地品种，其特点是米质优，口感好，亩产200—220公斤，但杆高易倒伏。20世纪90年代初开始引进玉米新品种有：黔玉3号、南校18、遵玉3号、正红311、黔单23、中单808、迪卡007、金玉818、黔单16、巨单1564、渝单8号、正大619、正大818、正大999、迪卡008等。群众较喜欢种植品种有正大619、正大818、正大999、黔单16、迪卡008等。2007年播种面积15.13万亩，亩产344.43公斤；2013年播种面积17.52万亩，亩产285.13公斤；2014年播种面积17.25万亩，亩产277.36公斤。2015年播种面积16.76万亩，亩产282.54公斤。

小麦 小麦新品种引进较早，20世纪50年代末引进阿波、阿夫、矮粒多，90年代初又引进美农8号、川育20号、黑小麦、铁杆小麦、贵农19号等。深受群众欢迎种植有阿波、阿夫、贵农19号和矮粒多品种。2006年播种面积3.82万亩，亩产85.55公斤，2013年播种面积3.55万亩，亩产81.76公斤。2014年播种面积3.52万亩，亩产88.21公斤。2015年播种面积4.09万亩，亩产76.67公斤。

杂粮 没有引进新的杂粮品种。在农村群众喜欢种植杂粮有：红稗、高粱、小米、荞子、薏米。2007年播种面积2.21万亩，亩产86.81公斤。2013年播种1.05万亩，亩产60.22公斤；2014年播种1.02万亩，亩产63.93公斤。2015年播种面积1.14万亩，亩产100.72公斤。

红薯 红薯以本地种为主有：白皮、红皮和脆苕。1991年引进广西黄皮和黄皮蜡红心，在逢亭种植后推广全县各地栽种。2002年引进红波心品种，全县普遍种植。2007年播种3.44万亩，亩产491.36公斤，2013年播种2.75万亩，亩产250.82公斤；2014年播种2.76万亩，亩产293.79公斤。2015年播种面积2.75万亩，亩产62.01公斤。

马铃薯 罗甸没有种植马铃薯的习惯。2008年从外地引进品种有：威芋3号、会–2号和费乌瑞它品种，在边阳片区、董架、平岩、董王等乡镇种植，产量不高，经济效益低，没有得到普遍种植。

罗甸县2007—2015年粮食作物生产情况表

表6-10　　单位：亩、吨

年度	农牧林渔业总产值	粮油作物播种总面积	粮食作物总产量	粮食作物总产值	粮食作物												油料作物播种面积	油料作物总产量	油料作物总产值	油料作物			
					水稻种植		玉米种植		小麦种植		杂粮种植		薯类种植		豆类种植					油菜		花生	
					面积	产量	面积	产量	面积	产量	面积	产量	面积	产量	面积	产量				面积	产量	面积	产量
2007	419370	118957	102630	48210	151260	52098	38235	3271	22140	1922	53685	8089	51420	5367	28815	2478	23910	1987	4905	491	2007	419370	118957
2008	402505	122954	101895	48065	139690	56490	38445	3413	22995	2044	48930	7891	50550	5051	31185	2721	25095	2136	6090	585	2008	402505	122954
2009	434565	126225	99795	46932	167670	60924	40815	3516	26055	2261	47445	7726	52785	4866	33465	2903	27630	2314	5835	589	2009	434565	126225
2010	428320	131011	99105	48349	178125	66100	30450	2558	32805	2649	44100	7069	43735	4286	32835	2620	25005	1879	7830	741	2010	428320	131011
2011	411675	85584	101460	33991	177525	40116	14205	2158	20745	762	48060	5194	49680	3363	35985	3058	28425	2450	7560	608	2011	411675	85584
2012	432555	101642	101625	41123	176475	48401	43035	2395	19095	681	45015	5741	47310	3301	37800	3238	30210	2621	7590	617	2012	432555	101642
2013	421350	102746	104445	40153	175155	49942	35520	2904	10545	635	52155	6353	43530	2759	38040	2919	31440	2529	6600	390	2013	421350	102746
2014	416235	103960	102615	41813	172455	47832	35190	3104	10245	655	52815	7772	42915	2784	39855	3207	31350	2717	8505	490	2014	416235	103960
2015	422235	104827	104505	42877	167595	47405	40890	3135	11445	1153	56355	7532	41445	2725	38250	3197	32250	2820	6000	377	2015	422235	104827

第三节　油料作物

罗甸种植油料作物有：油菜、花生、芝麻、向日葵、火麻、苏麻、油茶、棉籽油及野生木油树等。根据气候和土壤，油菜、花生、芝麻、油茶种植分布全县各地。种棉主要分布在县境中部和南部，火麻、苏麻主要分布在东北、北、西北部。

油菜　油菜本地品种有白菜型和芥菜型两种。20世纪90年代初先后引进品种有：油研10号、油研1220号、油研818、黔油19、黔黄油21号、油研817号等。这些品种深受群众欢迎，在全县普遍种植。2007年种植2.39万亩，亩产83.10公斤；2013年播种3.14万亩，亩产80.44公斤；2014年播种3.14万亩，亩产86.67公斤。2015年播种面积3.23万亩，亩产87.44公斤。

花生　种植花生，全县零星分布，以本地小花生品种为主。2007年栽种面积4905亩，亩产100.10公斤；2013年播种面积6600亩，亩产60.60公斤；2014年播种面积8505亩，亩产57.61公斤。2015年播种面积6000亩，亩产62.83公斤。

其他油料作物小面积栽种，作为香料使用。野生木油籽采集加工提炼油，作为加工蜡烛原料。

第四节　经济作物

经济作物品种主要有：棉花、艾纳香、甘蔗、香芭蕉、茶叶、蔬菜、火龙果、砂仁、烤烟等。经果林有：板栗、黄花梨、金秋梨、石榴、枇杷、杨梅、脐橙、油桐、柑橘、核桃、桃、李子等。

产区分布：棉花、艾纳香、甘蔗、香芭蕉、蔬菜、火龙果、脐橙，主要分布在县境中部、东南部和南部。杨梅、黄花梨、烤烟、桃、李子、核桃、石榴主要分布在东北、北、西北部。其中：油桐、柑橘、茶叶、砂仁、板栗分布在全县各地。

艾粉（又称艾纳香）　罗甸种植艾粉历史悠久，为特色经济产品，由于市场价格下跌，艾粉种植险为濒临灭绝。1999年市场带来复苏机遇，发展种植1000亩，2000年增到2000亩。2014年发展到4万亩，产值近2亿元。2015年艾粉价格呈下降趋势，种植面积有所下降，生产艾粉2万公斤，产值1200万元。

棉花　棉花种植在罗甸历史悠久，是布依族人民的特色产业。由于受市场价格的影响，产量低，再是国家纺织业的发展，化学纤维取代棉布，棉花种植面积逐年下降。2007年播种面积1245亩，单产23.29公斤。2013年种植930亩，单产21.5公斤。2014年全县没有发展种植棉花。

甘蔗　甘蔗产地主要分布在红水河镇的平亭、罗暮、罗羊、罗妥和逢亭、龙坪、八总等乡镇。甘蔗分糖蔗和水果蔗。糖蔗主要分布在红水河片区和逢亭。龙坪、八总主产水果蔗。由于受龙难滩电站375米水位的淹没，甘蔗种植面积减少。2007年甘蔗种植面积1995亩，总产4646吨，2013年种植1260亩，产量2328吨，种植面积逐年下降。2014—2015年全县仅有零星种植。

茶叶　罗甸茶叶种植分布全县26个乡镇，茶叶品种有：苦丁茶、巴沙茶、搞里茶、金花茶（马耳茶），零星种植，产量少。1991—2002年种植面积发展到4216亩，2002年产茶叶6650公斤。2003—2005年扩种2500亩，2005年全县茶叶种植面积达8000亩，年产干茶62吨，产值720万元；2010年全县种植面积3.3万亩，产量112吨，产值1311万元；2013年种植4.61万亩，产量695吨，产值3000万元；2014年茶叶种植4.96万亩，产量894吨，产值4760万元。2015年全县茶叶面积达5.84万亩，新增茶叶种植面积1.1万亩，干茶产量996吨，其中：名优茶288吨，大宗茶708吨，实现产值5413万元。

2015年引进清华启迪科技园·贵州涵龙生物科技有限公司在罗甸县投资茶产业，借助上隆茶果场2000余亩老茶园开发石斛伴生茶。通过龙头企业带动，将石斛附生茶树技术在全县推广。

附：上隆茶果场

上隆茶果场，位于县城西部逢亭镇上隆村。是贵州省公安厅1956年始建的劳改农场。农场几经变革调整，1986年改称黔南州上隆茶果场。地理、自然环境优越，群山环绕，溪水淙淙，土地肥沃，气候温和，常年云雾缭绕，方圆几十公里范围内无工矿企业和污染源。

上隆茶果场是一家以茶叶、柑橘种植、生产、加工一条龙，贸、农、工一体化经营的农垦企业，是贵州省优秀茶叶企业，农业部绿色食品生产基地和南亚热带作物名优基地。

2011年成立罗甸县华丰茶果营销专业合作社，主要成员10名，普通社员46名，茶叶专家顾问5名。截至2014年，全场占地3万亩，固定资产9500万元。1999年11月注册资金1300万元。下设5个农业分场，即：一个茶叶加工厂、一个绿色食品有限公司、一个铭君茶叶有限公司和一个养猪场。场部设子弟学校、职工医院等单位。场部内设办公室、供销科、生产科、财务科、保卫科、人事科、工会职能机构，2014年全场固定职工140人。

1996—2014年，建立以云南大叶茶和福鼎大白茶为主的优质茶园基地5000亩（其中：小叶茶200余亩），新开垦茶园5000亩。2012年产茶青400吨，干茶150吨，产值680万元；2013年产茶青450吨，干茶180吨，产值750万元；2014年产茶青450吨，产值800万元。所产茶叶产品属天然、纯净、无公害、无污染茶叶基地，主要产品：《上隆牌》红茶、绿茶、茉莉花茶。茶叶产品连续多年经中国茶科所检测，农残指标均达欧盟标准要求。1992年获全国农垦“百佳经济效益”企业称号。1994年获“绿色食品”标准使用权，为贵州最早“绿色食品”生产企业。2006年通过国家QS认证，是农业部绿色食品生产基础和南亚热带作物名优基地，贵州省重点农业产业化经营龙头企业，黔南州第一家通过QS认证的茶叶企业。同时该基地种植柑橘3000余亩，2011年产柑橘1600吨，产值480多万元。

通过“以场带乡”方式带动周边乡镇农户发展茶叶和柑橘2500多亩，为农户脱贫致富产生重要作用。2003年响应县委、县政府号召，接收安置生态移民486户2210人，龙滩库区移民187户850余人，场部总人口4000余人，形成小城镇规模。

第五节 火龙果

罗甸县是中国火龙果的原生地，20世纪80年代调查发现15个类型野生资源。90年代，贵州省果蔬站、果树科学研究所开始在罗甸县境内进行火龙果引种试种，先后培育出“紫红龙”“粉红龙”“晶红龙”等优良品种。2014年，引进台农3号、台农4号到罗甸部分果园种植。

罗甸县气候环境独特，是火龙果的优势种植区域，罗甸火龙果果品大小适中，颜色鲜艳，风味浓郁，口感细腻，很受广大消费者喜爱。火龙果引种试种成功后，2004年，贵州省果树科学研究所将火龙果种植面积扩种至50亩，2005年，罗甸县农业局在烟山果园场示范种植25亩获得成功。2007年，罗甸县果茶产业发展办公室成立，为加快大面积推广火龙果种植提供人才和技术保障，同年在龙坪、八总、板庚、茂井、红水河等五个乡镇推广种植紫红龙、晶红龙两个品种1870亩，产量105吨，产值168万元。是年荣获首届中国·成都国际农业博览会金奖。2008年荣获贵州·农业丰收地等奖。2009年，罗甸火龙果通过省级品种审定，为罗甸县推广火龙果种植积累了成功的经验。荣获贵州省农产品金奖。2010年，在罗苏、沟亭2个乡推广种植火龙果共7470亩，产量220吨，产值440万元。2011年3月24日时任贵州省省委书记栗战书指示：“尽快打造罗甸火龙果品牌”，同年5月29日时任贵州省省长赵克志考察罗甸火龙果基地时指出：“罗甸火龙果条件得天独厚，要加快扶持力度”。省政协主席王富玉多次到罗甸查看火龙果长势，鼓励全县干部带领农民群众种好“致富果”。

2013年种植面积5.82万亩，产量5250吨，产值1.05亿元。是年火龙果获得国家农产品地理保护标志，同年获得国家级火龙果标准化示范区。罗甸火龙果产业的发展引起新闻媒体的广泛关注，央视农业频道、新华网、人民网、《贵州日报》、贵州电视台、金黔在线、《黔南日报》、黔南电视台等中央、省、州主流媒体、网站对罗甸火龙果进行报道。2013年获得国家地理标志保护产品。2014年种植面积增至6.02万亩，产量0.9万吨，产值1.4亿元。是年12月，中共罗甸县委办公室、罗甸县人民政府办公室印发《关于加快火龙果产业发展的意见》，涉及新品种选育、果园改造升级、品牌建设、质量追溯、普链延伸和政策扶持。2014年初，罗甸县正式启动“中国火龙果之乡”誉名申报工作，7月，中国热带作物学会热带园艺专业委员会誉名罗甸县为“中国火龙果之乡”。2015年火龙果种植面积6.29万亩，投产面积2万亩，产量0.9万吨，产值1.5亿元；亩产值7000元，产品运销北京、上海、南京、重庆、长沙等城市。

第六节　农业机械推广使用

2004年中央财政部发布农机购置补贴政策，罗甸县2006年开始实施农机购置补贴政策，加速农业耕作技术改造，推广农业机械化使用，提高工作效力，普及农业机械化耕作，是年实施国家购机补贴资金11万元，发放各类农田作业机械93台（套），2007年列为国家级农机补贴项目县，国家对购买农业机械者给予补偿。

购机补贴　2007年开始实施国家购机补贴资金44万元，发放各类补贴机具180台，秧盘12000个。2008年各级购机补贴资金124.5万元，发放各种机具393台（套）。2009年国家实施农机补贴资金130万元，补贴发放机具635台（套）。2010年国家实放购机补贴资金284.49万元，发放机具1834台（套），组织安装及检修农机具1800余台次。2011年实施国家中央财政农机补贴资金270万元，补贴农机具1660台。2012年实施国家补贴资金420万元，补贴农机具2167台，受益农户1866户。2013年实施国家农机补贴370万元，发放各类农机具补贴2104台（套），受益农户2066户。是年罗甸县农业机械推广实现信息网络办公。2014年实施国家农机具补250万元，补贴发放各类农机具1325台套，受益农户1299户。2015年农机补贴资金为330.08万元（其中：2014年余50.08万元，2015年省安排280万元），补贴农机具822台（套），发放补贴资金85.75万元，受益农户819户。

农机推广　在推广农业机械化使用工作中，使用机械耕作逐年增加。2007年农田作业机械644台（套），总动力7.53万千瓦，拖拉机653辆，培训农机人员350人。是年机耕面积5.08万亩，修建沫阳纳刮村机耕道1.6公里，机械化提灌面积3.13万亩，水稻机械化育插面积601亩，水稻机收面积3000亩。

2008年农田作业机械在2007年644台的基础上增393台（套），总动力8万千瓦，拖拉机在2007年653辆增加到701辆，培训农机技术人员1500（次），农发购机扶持项目（微耕机，地点逢亭镇）。机耕面积4.8万亩，机械提灌面积3.13万亩，水稻机械育插1000亩，水稻机收面积3000亩。

2009年农田作业机械在2008年1037台（套）的基础上增加1672台（套），总动力8.36万千瓦，拖拉机在2008年701台（套）的基础上增加764辆，培训农机技术人员1750人（次），农发购机扶持木引乡云里、从里长生村大中型拖拉机2台，微机耕10台。机耕总面积5.2万亩，机械提灌面积3.91万亩，水稻机械育插523亩，水稻机械收割面积3500亩。是年建立边阳下坝专业合作社1个。

2010年农田作业机械在2009年1672台（套）的基础上增加到3506台（套），总动力9.5万千瓦，拖拉机从2009年764辆增至790辆，培训农机技术人员2000人（次），省级农机专业合作社建立边阳镇新街村利民农机合作社1个，机耕面积7.9万亩，水稻机械育插面积500亩，机械提灌面积5.36万亩，水稻机收面积5000亩。

2011年农田作业机械6373台（套），总动力从9.5万千瓦增至12.93万千瓦，机械提灌面积5.59万亩，2010年拖拉机875辆，培训农机技术人员1500人（次），建省级农机专业合作社板庚乡板庚奔腾农机合作社和维修网点。机耕面积8.86万亩，水稻机械育插面积506亩，水稻机收面积3.6万亩。

2012年农田作业机械8540台（套），总动力13.2万千瓦，拖拉机2011年875辆，由于机械使用多年，报废淘汰计 55 辆，拖拉机在册 417 辆。机械提灌面积 5.51 万亩，机耕面积 8.95 万亩，培训农机技术人员 2500 人（次），组建农机专业合作社 1 个，省级农机专业合作社沫阳镇华鑫农机专业合作社 1 个，水稻机械化育插 506 亩，机械收割面积 3.65 万亩。

2013 年农田作业机械 10644 台（套），比 2012 年增加 2104 台（套），农机总动力 15.3 万千瓦，拖拉机在册数 568 辆，淘汰老旧 100 辆，机械提灌面积 56100 亩，耕作面积 9.5 万亩，水稻机械化育插 100 亩，水稻机收面积 3.7 万亩，组建农机专业合作社 1 个，农机技术人员 4150 人（次）。由于罗甸地处山区，梯田多而小块，推广农机耕作较慢。

2014 年农田作业机械 11969 台套，比 2013 年增加 1325 台套，农机总动力 18.3 万千瓦，拖拉机在册数 219 辆，淘汰老旧农机 125 台，机械提灌面积亩 5.9 万亩，耕作面积 11.5 万亩，水稻机械化育插面积 100 亩，水稻机收面积 3.65 万亩，组建农机专业合作社 1 个，培训农机技术人员 4500 人。

2015 年，罗甸县新增农机动力 4.3 万千瓦，总动力 22.6 万千瓦，田间作业机械化综合水平达 95%。农民购置各类农机具 822 台套；完成机耕面积 22.6 万亩，年机耕面积占全县总耕种面积的 40%；机灌面积 6.2 万亩，年机灌面积占全县农业灌溉面积的 11.1%；完成机收面积 4.5 万亩，机收面积占全县收割面积的 41%；推广机械化育插秧 0.01 万亩。年末，罗甸县农机总动力达 22.6 万千瓦，比上年实际增长 19.47%。全县农业机械化原价值 1.5 亿元，比上年实际增长 15%。全县拥有各类耕作机械 12388 台 /77729 千瓦，农副产品加工机械 20988 台 /37647 千瓦，运输机械 721 台 /7960 千瓦，排灌机械 11703 台 /29643 千瓦，收获机械 54 台 /1026 千瓦，插秧机 20 台 /86 千瓦，茶叶机械 31 台 /68 千瓦，机动脱粒机械台 /8555 千瓦，畜牧水产养殖机械 5141 台 /15299 千瓦，建设农机维修点 16 个，抗旱服务队 3 个，农机专业合作社 10 个。

罗甸农田作业机械统计表

表 6-11

时间（年）	农机总动力（千瓦）	推广农田作业机械拥有量（台、套）			培训农机技术人员（人）	机耕面积（万亩）	机灌面积（亩）	备　注
		机械总数（台）	其　中					
			农田作业机械（台）	拖拉机（台）				
1980	1.05	282	146	136	282	0.57	–	1981—1991 年职能划归农业局
1992	2.32	345	209	136	275	177.04	36000	恢复农业机械管理局
1993	2.42	300	209	91	257	0.38	781	–
1994	2.47	327	236	91	286	0.41	756	–
1995	2.53	338	241	91	392	0.71	750	–
1996	2.61	352	322	87	489	0.41	7150	–
1997	2.90	407	212	195	137	0.165	7150	–
1998	3.11	436	202	234	419	0.175	7150	–
1999	3.11	436	202	234	419	0.175	7150	–
2000	3.11	436	202	234	419	0.175	7150	–
2001	3.11	436	202	234	419	0.175	7150	–
2002	3.11	436	202	234	419	0.175	7150	2002 年并入农业局，后又并入农村工作局到现在
2003	3.11	456	222	234	419	0.175	7150	–
2004	4.00	476	203	273	288	0.2030	7150	–
2005	5.10	492	219	273	150	2.357	19040	–
2006	6.21	585	312	273	300	1.356	19040	–

农机安全管理 建立与交警、县政府共同管理机制，确保农机安全生产。2015年拖拉机注册192台（其中：两年内应检车辆186台、新车入户6台），年检拖拉机154台，检验率80.2%。参加检验的拖拉机参保率100%，签订安全生产责任书率100%。实地免费检验田头农机具105台。全年组织开展农机安全培训8期，组织农机安全联组学习4次，培训农机安全操作员4106人次。开展农机教育宣传27次，出动监理人员108人次，编发安全短信4646条，发放安全资料2620余份，接访群众2442余人次。开展“道路交通安全百日整治”“预防农机道路交通事故专项行动”等4个专项行动，共排查安全隐患56次，出动监理人员117人次，检查经销企业5家56次，农机专业合作社6家12次，排查隐患18个，隐患整改率100%。编写农机安全简讯28期。全年没有发生农机安全生产责任事故。

农机合作社 2015年，成立“罗甸县隆鑫农机专业合作社”，投资36.35万元，其中：项目资金30万元、合作社自筹资金6.35万元。购置：修剪机20台套，割草机20台套，中耕机17台套，培训农机技术人员150人。

应急服务 2015年，成立罗甸县“上隆农机抗旱应急服务队”，投资15万元，购置柴油机水泵机组20台套、抗旱拖拉机（含运输水罐）3台套。

抗旱救灾 2015年4–6月，全县出现大部地区干旱，木引镇高山村、边阳镇兴降村旱情严重，受灾面积大，县农机监理站分别捐送高山村、兴降村各1台潜水泵和4卷80米管子与柴油抽水机2台用于农业生产，抗旱保苗。

第三章　养殖业

第一节　机　构

1991年罗甸县畜牧局内设机构有办公室，辖乡镇畜牧站。2001年12月，全县机构改革，县畜牧局、农机局、县农业局合并，组建农业局。乡镇畜牧站与农技站组建农业技术服务中心。

2003年7月，成立罗甸县畜牧水产发展服务中心，为县农业局正科级事业单位，人员编制15名（不含各场站编制）。2005年，县畜牧水产发展服务中心增设畜牧渔业执法大队和法规股，编制10人。2008年7月，撤销县畜牧水产发展服务中心，组建县畜牧兽医局，为正科级机构，设4个职能股（室），分别为办公室、兽医、畜牧、法制股，机关事业编制15名。

2011年，设立罗甸县农村工作局，加挂扶贫开发局牌子。将原县农业局、农业办公室、扶贫开发办公室、畜牧兽医局、农业机械技术服务中心，行政管理职责和经济贸易局农产品加工行政管理职责，整合划入县农村工作局。

2013年4月，在乡镇农业服务中心，加挂动物卫生监督分所牌子，实行两块牌子一套人员的管理体制。

2014年2月，按照“政事分开、事企分开”的原则，将渔业水产技术服务中心定为副科级事业单位，编制12名。是年12月机构改革，对畜牧渔业办公室部分内设机构及编制进行调整：品种改良站，股级事业单位，编制4名（均为专业技术人员）；渔政渔港监督管理站，股级事业单位，编制18名（管理人员6名，专业技术人员12名）；草原监理站，股级事业单位，编制2名（均为专业技术人员）；兽医药政管理站，股级公益一类事业单位，编制2名（均为专业技术人员）。将畜禽屠宰管理站职能整合到县动物卫生监督所，撤销畜禽屠宰管理站。

县、乡、村三级防疫机构建设 2007年，组建县级兽医实验室，室内分为消毒室、接样室、样品保管室、血清学检测室、病原学检测室等。

2011年，全县26个乡镇畜牧兽医站工作人员71人。2014年全县村级动物防疫员184名，设在184个村级设检疫报检点，基本建成县乡村三级动物防疫体系。2015年撤乡建镇并村后设177个行政村，建177个检疫报检点。

第二节 畜牧养殖

罗甸县畜牧品种有水牛、黄牛、山地马、骡、黑山羊、花猪、罗卜猪；引进品种有摩拉水牛、利木赞、鲁西黄牛；波尔山羊、南江黄羊、杜泊羊、湖羊；陆川猪、巴马香猪、苏联大白猪、巴克夏猪、杜洛克猪以及鸡、鸭等。

牛 县内品种以本地黄牛与水牛为主。本地水牛体格粗壮，皮毛稀疏，腿短蹄大，适合耕作。2000年以后，农机具的大力发展，黄牛水牛数量逐渐减少。

本地黄牛耐粗、抗病力强、动作灵活。主要分布在县内北部和南部低中山地带及土多田少的山区。2003年，引进3头西门塔尔种公牛。次年，引进鲁西种公牛1头，鲁西母牛100头，2004年，在边阳、沟亭、逢亭开展年冻配改良工作，年输配母牛300头左右，输配率35%。2012年，养殖户自行引进利木赞种公牛10头，母牛60头，当年处于饲养改良中。2015年饲料牛12.42万头，产值7600万元，年末存栏10.09万头。

2007—2015年牛饲养销售及产值情况表

表6-12　　　　单位：万头、万元

时 间	牛养殖（万头）	出栏（万头）	年末存栏（万头）	产值（亿元）
2007年	7.2	1.2	6.0	2200
同比增长（%）	2.3	5.3	2.4	84000
2008年	8.1	1.4	6.7	2900
同比增长（%）	12.5	16.7	11.6	318000
2009年	8.9	1.6	7.3	3200
同比增长（%）	9.9	14.3	9.0	103000
2010年	9.1	1.7	7.4	3500
同比增长（%）	2.2	6.3	1.4	94000
2011年	9.4	1.7	7.7	3900
同比增长（%）	3.3	0.0	4.1	114000
2012年	10.27	1.87	8.4	4500
同比增长（%）	9.3	10.0	9.1	154000
2013年	11.1	2.0	9.1	4900
同比增长（%）	8.1	7.0	8.3	89000
2014年	11.75	2.25	9.5	5900
同比增长（%）	5.86	12.5	4.4	204100
2015年	12.42	2.33	10.09	7600
同比增长（%）	5.70	3.56	6.21	288100

羊 县内以罗甸黑色山羊出名，黑山羊具有体型大、生长快、产肉率高、肉质嫩、膻味轻、板皮宽、质量好，母羊繁殖力强等优点。1997年，全县山羊存栏数15万只，后来由于封山育林等原因，渐渐减少山羊的发展。2006年年底，全县山羊存栏总数10.4万只。2009年，在全省大力实施草地生态畜牧业科技扶贫种草养羊项目的背景下，罗甸县大力发展黑山羊养殖，通过四年的项目支撑，黑山羊养殖从过去的粗放型散养形式转变为现在的规模化养殖。2013年年底，全县100头以上规模养羊户256家，全县山羊存栏16万头。

2005年，从四川简阳引进大耳种公羊2只，母羊9只，虽平均体重均高于本地山羊，但适应性较差，一年后全部被淘汰。2011—2012年度投资178.95万元发展黑山羊养殖，农户自筹9万元。扶持农户60户（建档立卡的贫困户36户），购基础母羊1200只（每只补助1000元），购种公羊60只（每只补助2000元），新建羊舍1800平方米（按每户补助30平方米，每平方米补助200元），采购防疫疫苗一批并开展技术服务。2013年，从贵州修文引进湖羊种公羊10只，种母羊190只，繁殖率与生长速度均高于本地山羊，现正在改良饲养中。2015年饲养羊19.79万只，出栏7.3万只，产值3700万元，年末存栏12.49万只。

2007—2015年羊饲养销售及产值情况表

表6-13

年　度	羊养殖（万只）	出栏（万只）	年末存栏（万只）	产值（万元）
2007年	9.1	3.5	5.6	1230
同比增长（%）	9.6	12.9	7.7	150000
2008年	10.1	4.08	6.03	1400
同比增长（%）	11.0	16.6	7.7	138000
2009年	11.8	4.1	7.7	1450
同比增长（%）	16.8	0.5	27.7	36000
2010年	12.22	4.2	8.02	1490
同比增长（%）	3.6	2.4	4.2	28000
2011年	13.4	4.7	8.7	1800
同比增长（%）	9.7	11.9	8.5	215000
2012年	15.1	5.4	9.7	2100
同比增长（%）	12.7	14.9	11.5	160000
2013年	16.6	5.9	10.7	2300
同比增长（%）	9.9	9.3	10.3	95000
2014年	19.2	6.85	12.35	2800
同比增长（%）	15.66	16.10	15.42	217400
2015年	19.79	7.30	12.49	3700
同比增长（%）	3.07	6.57	1.13	321000

猪 县内品种有土杂猪和黑毛猪，特点是繁殖率低、育肥期长。为解决这个问题，畜牧主管部门，2000年基本形成三元瘦肉型养殖体系。2000—2006年利用扶贫项目，为贫困村投放良种公猪128头，良种母猪1026头，全县生猪品种改良得到普及，沟亭乡福盛种猪场于2007年8月通过省、州专家评审，由省畜牧局，颁发县级种猪生产许可证和种猪经营许可证，罗甸县种猪场实现零的突破。2015年饲养57.67万头，出栏30.86万头，产值4.08亿元，年末存栏26.81万头。

2007—2015 年猪饲养销售及产值情况表

表 6-14

年 度	生猪饲养（万头）	出栏（万头）	年末存栏（万头）	产值（万元）
2007 年	30.9	16.8	14.1	17500
同比增长（%）	13.2	11.3	15.6	96000
2008 年	33.4	18.1	15.3	18200
同比增长（%）	8.1	7.7	8.5	40000
2009 年	36.1	19.3	16.9	19000
同比增长（%）	8.1	6.6	10.5	44000
2010 年	37.8	20	17.8	23000
同比增长（%）	4.7	3.6	5.3	211000
2011 年	41.8	23.2	18.6	27700
同比增长（%）	10.6	16.0	4.5	204000
2012 年	45.4	25.2	20.2	30200
同比增长（%）	8.6	8.6	8.6	90000
2013 年	49.3	27.4	21.9	35000
同比增长（%）	8.6	8.7	8.4	159000
2014 年	53.2	29.5	23.7	40700
同比增长（%）	7.91	7.66	8.22	162900
2015 年	57.67	30.86	26.81	40800
同比增长（%）	8.4	4.61	13.12	245700

第三节 特种养殖

罗甸特种畜禽养殖起步较晚，规模小。2007 年，边阳镇新丰村一农户，首先从事特种养殖，引进野鸡 30 只。2008 年龙坪镇五星村农户养竹鼠 730 只；板庚乡红岩村农户养野猪 50 头；边阳镇翁纳村养竹鼠 380 只，边阳镇达上村养香猪 38 头。2009 年，云干乡干里村养野鸡 700 只；茂井镇北亭村养竹鼠 82 只；逢亭镇逢亭村养斗鸡 110 只；边阳镇前进村养种兔 400 只，栗木乡新场村养香猪 50 头。2012 年栗木乡深井村养竹鼠 38 只，野鸡 214 只；达上村养竹鼠 85 只，斗鸡 157 只；云干乡幸福村养香猪 50 头。2013 年，罗悃镇纳闹村养野鸡 2000 只，河东村养兔 2500 只；木引乡云保村养竹鼠 720 只，黄豚鼠 72 只；罗苏乡罗苏村养竹鼠 108 只；逢亭镇祥脚村养黑豚鼠 150 只。2014 年，罗苏乡罗苏村养黑豚鼠 35 只。是年特种养殖农户发展到 30 户，养殖品种有香猪、竹鼠、野鸡、斗鸡、小米猪、黑豚鼠、肉兔等 7 个品种，其中：养竹鼠有 13 户，分布在云干、茂井、木引、边阳、栗木、罗苏、板庚、龙坪等乡镇。如栗木乡达上村农户养斗鸡年收入 2 万余元，深井村养野鸡年销售收入 2.5 万元。新场村销售香猪年收入 4 万元，边阳镇翁纳村销售竹鼠收入 10 万余元，前进村销售肉兔年收入 6 万元。2015 年全年竹鼠存栏 2500 余对，其中：木引镇在 7 个行政村发展竹鼠 700 对，新建鼠圈 400 平方米，发放竹鼠饲料 19.2 吨，受扶持资金 35 万元。

第四节 水产养殖

水域资源 2007 年，龙滩电站下闸蓄水，库容蓄水 375 米水位时，罗甸库区水域面积为 76 平方公里，占龙滩水库总水域面积的 20.15%。水库实际淹没涉及红水河镇、茂井镇、凤亭乡、龙坪镇、沫阳镇 5 个乡镇（2013 年 11 月调整后的行政区划），可养殖水域面积 7.2 万亩。

2008年，双河口电站下闸蓄水，水库水域面积为4.8平方公里，折合7196亩，水库淹没涉及边阳镇、木引镇2个乡镇（2013年11月行政区划调整前董王乡、交砚乡、木引乡），可养殖水域面积4300亩。库区水质优良（地表Ⅱ），上游及周边无大型工业污染，水温适中，适合发展温水性鱼类养殖。

水文气候 罗甸县年光照1300小时—1500小时，日照百分率在30—34%之间。总辐射量龙坪镇全年4028小时、兆焦/米平方、八总年4114小时、兆焦/米平方；年均气温19.6℃，无霜期330天以上，年均降雨量1150毫米，年均水积温6570℃以上，适宜暖水鱼类饲养。最冷的一月气温10℃，最热7-8月温度37℃以上10天左右，其他季节一般在30℃左右，非常适合养殖暖水性鱼类。

水生物资源 野生鱼类种类多，据1994年，普查蒙江、坝王河、曹渡河、红水河四大主干河流，有鱼类180多种，10科48属。常见鱼类有：斑鳠、草鱼、青鱼、瓣结鱼、马口鱼、鲫鱼、宜良墨头鱼、南方白甲鱼、刺鲃、鲈鱼、南方大口鲶、钢鳅（中华沙鳅）、泥鳅等14种。县境库区还有多种水生动物，主要有山瑞鳖（花腹团鱼）、鳖（团鱼）、青虾、田螺、螃蟹等。2007年龙滩库区淹没后，原有的河床、沙滩被淹没，产卵场、繁育场被破坏，山瑞鳖（花腹团鱼）、鳖（团鱼）基本绝迹，已经连续多年未发现。斑鳠、瓣结鱼、南方白甲鱼的数量已经大幅减少。而适合库区静水环境的餐条、罗非鱼、鳡鱼、翘嘴鲌等大量繁殖，成为库区渔民主要捕获对象。

水产养殖 1982—2000年，全县水产品产量由38.8吨上升到105吨。水产养殖产量由2.8吨上升到36.5吨。产量仍以捕捞为主，占总产量的68.16%。2001—2005年，水产产量由107吨上升到228吨。产值191.5万元。水产养殖产量由38吨上升到148吨。水产品养殖产量首次超过捕捞产量，养殖产量占到水产品总产量的64.9%，此后，水产品养殖产量逐年增加。2007—2014年，2007年，龙滩电站下闸蓄水，水域面积76平方公里，为罗甸渔业发展提供了资源条件。2007—2009年，利用龙滩库区，水质好的有利时机，发展生态不投饵网箱养鱼（竹架箱），2009年年底，不投饵网箱养殖规模2万口。全县水产总量从633吨增加到4750吨。随着库区淹没区有机物分解殆尽，库区水质变清、变瘦，竹架腐朽，不投饵网箱数量又急剧减少。2010年，不投饵网箱仅剩余3000口，投饵网箱数量逐年增加，2014年，投饵网箱数量从56口增加到5182口，养殖产量从633吨增加到1.8万吨，其中：捕捞产量连续多年维持在1000吨左右。2015年，完成1000口网箱的规范提升和50户养殖户完成网箱改造和垂钓棚建设工作，全县水产存箱量在2930万尾，水产品总产量2.5万吨。

捕捞船只 2007年，随着龙滩电站下闸蓄水，全县登记在册渔船总数400余艘。2007年后，一些不符合生产安全要求渔船退出和取缔一些非法捕捞的渔船。2010年，全县捕捞渔船223艘，2011—2015年，年捕捞船数量保持223艘。

水产管理 水产负责渔业规划、水产技术推广、水生动物疫病防治、水产品质量安全抽检。渔政负责渔业养殖、捕捞许可管理、渔业生产安全、渔业资源保护、渔业投入品监管。

渔业资源增殖放流 2015年9月8日上午在罗甸港低水位码头、董当大小井风景区、蒙江河、大乐亭水库、莲花河水域举行“罗甸县2015年渔业资源增殖放流活动”，放生5厘米以上的鲤鱼苗31万尾。10厘米以上的鲢鱼、草鱼、鳙鱼苗26.25万尾，放流计鱼苗57.25万尾。

水产渔政监管 春季禁渔。2015年根据《中华人民共和国渔业法》《珠江禁渔期制度》和省、州农委文件精神，县人民政府制定关于《罗甸县2015年春季禁渔实施工作方案》，公布县域珠江红水河段湖泊等天然水域从2月1日12时至5月31日晚12时实行禁渔期，禁止所有捕捞作业；执法人员深入沿河乡镇、市场、餐馆进行宣传，严禁销售、收购、经营非法捕捞天然水域的渔获物。春季禁期间，检查市场、餐馆检查36家。黔桂两省渔政执法部门在禁渔期开展两省交界水域联合执法行动1次。在禁渔期期间组织检查55次，出动执法检查车68车/次，出动执法检查船61船/次，水上执法航程720公里，参加检查执法人员共216人/次，检查渔船186艘，查获违规捕捞船5艘，没收渔获物196公斤。

水产品质量安全监管。辖区内投饵养殖户填写《养殖日志》，对养殖场和市场的水产品进行违禁药物抽样检查，配合农业部、州农产品质检中心完成水产品产地抽检工作，开展水产品抽检 24 次，抽检 100 个样品，抽检样品合格率 100%，元春种养殖专业合作社、黔明养殖有限公司完成了鲤鱼、草鱼两个品种的无公害水产品认证工作，覆盖养殖产量约 5000 吨，惠及养殖户 12 户。

渔业船舶安全监督管理及检验。与县 8 个镇 1 乡签订渔业安全生产责任书，与渔业捕捞船主签订《渔业安全生产责任书》221 份，签订《罗甸县 2015 年水产养殖户渔业安全生产责任书》143 份。渔船签状率达 100%。2015 年末渔船缩减渔船 48 艘（捕捞渔船 2 艘，养殖渔船 46 艘）。登记在册的机动渔船 364 艘（不含渔政执法船），其中：捕捞渔船 221，养殖渔船 143 艘，总功率 6561.24 千瓦。配备救生衣 728 件，救生圈 364 个，灭火器 364 件，通信设备 364 件。

渔业安全生产、科技宣传培训。全年开展养殖培训 4 期，培训（移）渔民 2500 人次，张贴安全生产宣传标语 32 幅，电视影像宣传 5 次，发放各种宣传资料 3580 余份。

渔业互保工作。11 月底罗甸启动渔业互保工作，渔民人身参保人数 412 人，投保金额 12.36 万元，渔民人身保险参保率 100%。为渔民的生命财产损失提供经济补偿，提高渔民的防灾和抗灾能力，维护渔民的合法权益，促进贵州省渔业生产健康持续发展。

渔业案件查处。全年查处渔业案件 9 起。其中渔船违章载客 2 起，违法电鱼 3 起，禁渔期违法捕捞 1 起，禁渔期违法收购野生鱼 1 起，使用不合格兽药（渔药）2 起，罚款 8700 元。

“平安渔业示范县”创建。2013—2015 年连续三年罗甸县被省农委、省安全监管局评为贵州省平安渔业示范县，2015 年被评为“国家级平安渔业示范县”。

2007—2015 年水产网箱养殖及产值情况表

表 6-15

年份	投饵网箱（口）	同比增长（%）	不投饵网箱（口）	同比增长（%）	水产品总产量（吨）	产值（万元）	同比增长（%）	养殖品种
2007	56	–	6000	–	633	759.6	–	草鱼、鲤鱼、鳙鱼、叉尾鮰
2008	160	185.72	19147	219.12	4000	4800	531.92	草鱼、鲤鱼、鳙鱼、叉尾鮰
2009	220	37.50	10666	-44.3	4750	5700	18.75	草鱼、鲤鱼、鳙鱼、叉尾鮰
2010	1502	582.73	9825	-7.89	6700	8040	42.06	草鱼、鲤鱼、鳙鱼、叉尾鮰
2011	2924	94.68	8700	-11.45	10500	12600	56.72	草鱼、鲤鱼、鳙鱼、叉尾鮰
2012	3444	17.79	6764	-22.26	12150	14580	15.72	草鱼、鲤鱼、鳙鱼、叉尾鮰
2013	5020	45.76	4102	-39.36	17180	20616	41.40	草鱼、鲤鱼、鳙鱼、叉尾鮰
2014	5182	3.23	13718	234.42	20000	24000	16.41	草鱼、鲤鱼、鳙鱼、叉尾鮰、长吻鮠
2015	4682	-10.67	22000	60.73	22134	26560	10.67	草鱼、鲤鱼、鳙鱼、叉尾鮰、长吻鮠

第五节 畜禽类品种改良

牛 2015 年，全县 9 个乡镇配备有畜禽专业技术输精人员 7 名。牛改冻配点 3 个，完成牛人工输配 524 头，完成州任务 500 头的 104.8%，受胎 341 头，完成州任务 325 头的 104.92%。产犊 332 头，完成州任务 323 的 102.79%。选育公牛 41 头，选配母牛 538 头。

羊 2015 年，全县存栏 200 只黑山羊以上的养殖场 3 个，建成羊冻配点 90 个，改良本地黑山羊 6158 只，新增羔羊数 9338 只，出栏杂交商品羊 19565 只。

猪 2015 年，全县猪改良点 70 个，人工授精点 9 个，全年输配母猪 15124 头，其中：工人工授精 8631 头；推广杂交猪 12.32 万头，其中：三元杂交猪 9.23 万头；引进良种猪 17 头，其中：种公猪 12 头。

罗甸家禽主要有麻山本地土鸡、麻江鸡、瑶山鸡、贵农黄鸡、三黄鸡、铁脚麻羽、绿壳蛋鸡、斗鸡、火鸡、番鸭、狮头鹅等。

鸡 县内本地鸡属肉蛋兼用型品种，农村每家每户几乎都饲养。1991年农村农户主要饲养贵农黄鸡、三黄鸡、铁脚麻羽等土杂鸡。2013年，引进绿壳蛋鸡，罗甸县江涛养殖场作为罗甸第一个绿壳蛋鸡孵化基地，为县境50万羽绿壳蛋鸡产业发展提供有力保障。全县饲养家禽220.33万只，其中：推广绿壳蛋鸡、麻山土杂鸡等良种鸡46.21羽，出栏109.67万只，产值3900万元，年末存栏110.66万只。比利时种兔1262只、中华蜜蜂1124群。

2007—2015年家禽饲养销售及产值情况表

表6-16

年　度	禽养殖（万只）	出栏（万只）	年末存栏（万只）	产值（万元）
2007年	101.2	49.8	51.4	1020
同比增长（%）	7.3	4.6	10.1	101000
2008年	104.8	51.7	53.1	531000
同比增长（%）	3.6	3.8	3.3	3300
2009年	107.6	52.4	55.2	552000
同比增长（%）	2.7	1.4	4.0	40000
2010年	109.3	52.7	56.6	566000
同比增长（%）	1.6	0.6	2.5	25000
2011年	128.6	63	65.6	656000
同比增长（%）	17.7	19.5	15.9	159000
2012年	139.3	67.7	71.6	716000
同比增长（%）	8.3	7.5	9.1	91000
2013年	152.6	74.3	78.3	783000
同比增长（%）	9.5	9.7	9.4	94000
2014年	200.6	98.8	101.8	2640
同比增长（%）	31.45	32.97	30.01	389500
2015年	220.33	109.67	110.66	3900
同比增长（%）	9.84	11	8.70	478700

第六节　饲料饲草

饲料 2006年全县饲料经营户88户，其中：龙坪镇23户、边阳镇15户、沫阳镇8户、罗悃镇6户、逢亭镇10户、木引乡8户、凤亭乡6户、茂井镇7户、红水河镇5户。

饲草 2007年，开展稻田免耕直播黑麦草平衡施肥试验1680亩。生物活杆菌处理秸秆舍饲养羊试验，黔引菊苣在热带地区高产模式栽培试验，野生两耳草引种训代栽培技术试验。在罗沙、交砚、云干、董架、龙坪乡镇发展草地鸡示范养殖24户，三元结构种植牧草135亩，饲养土杂鸡9150羽。是年8月7-9日配合省草原监理站对逢亭镇上隆茶果场三分场和沫阳镇林勤村及龙坪镇白龙村热性草丛进行生物群落和产草量监测，其中：草丛草场样方6个，灌丛草场1个。在林场配种站建皇竹草种苗基地40亩，引进狗尾草、柱花草、胡枝子牧草试验。

2011年，草地生态养羊项目中拿出100万元及退耕还林资金48.7万元，共计148.7万元发展火鸡养殖。在贵州师范大学喀斯特研究院、州区划办、州草地站指导下，共完成暖性灌丛10×10米样地一个，1米

×1 米调查样方 3 个。草丛草场样地 2 个，1 米 ×1 米调查样方 6 个。蔬林草场样地一个，1 米 ×1 米调查样方 3 个。收集样地图片 20 余张。在省草科所的支持下、在沟亭乡进行太空菊苣种植实验。

2013 年，在省草科所专家的指导下，在栗木乡下冲村进行鸭茅种植生长实验，实验地为一亩。

2014 年，完成二个牧草栽培试验地建设。一是在州草原监理站的指导下，在云干乡道角村进行的禾本科、豆科单播和混播试验，分别用燕麦、箭舌豌豆、一年生黑麦草（杰威）、光叶紫花苕每组 3 个对照试验，试验地为二亩。二是狗尾草示范种植试验数据采集。2015 年末引进牧草种植栽培。

2015 年，饲草种植 2.9 万亩，其中：冬闲田土种草 1.39 万亩，占计划 115.5%，草地改良 0.84 万亩，薯类、豆类等饲料作物 0.67 万亩。制作青贮、微贮饲料 2.59 万吨，其中：青贮饲料 2.48 万吨，占计划 103.46%，微贮饲料 0.11 万吨。推广工业饲料 0.89 万吨，其中：高蛋浓缩饲料 0.52 万吨，全价配合饲料 0.37 万吨。完成全国饲料统检 4 个饲料产品抽样，其中 2 个草鱼鱼饲料，1 个育肥猪浓缩料、1 个小鸡全价颗粒饲料，经贵州省兽药饲料监测所检验全部合格。在沟亭、董当两个社区，引进了太空菊苣、非洲狗尾草、饲用苎麻进行区域试种，完成撒播、条播两种方式生产多花黑麦草种子试验，其中条播方式种子产量高于撒播，增幅 15% 左右，选育 3 个适应罗甸气候条件种植太空菊苣品种，非洲狗尾草和饲用苎麻能完成各个生育期，经群众饲喂，两种牧草对草食畜禽适口性特好。

第七节　家禽畜牧防治检疫

疫病种类　牲畜病 28 种：口蹄疫、炭疽、牛出败、气肿疽、病毒性腹泻、肝片吸虫，猪瘟、猪丹毒、猪肺疫、口蹄疫、仔猪副伤寒、仔猪黄白痢、仔猪水肿、猪传染性胃肠炎、猪流行性乙型脑炎、猪链球菌病、猪囊虫病、猪支原体性肺炎、猪细小病毒、猪伪狂犬病，山羊痘、羊快疫、羊传染性胸膜肺炎、羊螨病、羊传染性脓疱、羔羊痢疾，马传染性鼻肺炎、马流行性感冒。

疫病防控　国家强制免疫病种有牲畜口蹄疫、高致病性禽流感、猪瘟。

2007 年，国家新增高致病性猪蓝耳病为强制免疫病种。2007—2011 年，开展全县山羊寄生虫病调查，全县山羊寄生虫种类有肝片吸虫、羊脑多头蚴（羊脑包虫）、消化道线虫、螨虫、蜱、虱等病。2009 年，罗沙乡、交砚乡、边阳镇相继发生口蹄疫疫情，为控制疾病传染共杀牛 39 头，猪 7 头。2013 年，董架乡发生一起口蹄疫疫情，扑杀猪 32 头，牛 1 头。

2015 年，发放猪 W 苗 39 万毫升，牛羊 W 苗 19 万毫升，禽流感疫苗 47.8 万毫升，猪蓝耳病疫苗 22 万头份，猪瘟疫苗 25 万头份，Ⅱ号炭疽苗 4 万头份，小反刍兽疫苗 3 万只份，鸡新城疫 96 万羽，羊胸膜肺炎疫苗 3 万毫升，狂犬疫苗 6000 只。发放酒精 3.43 万毫升、碘酒 5.1 万毫升，药棉 40 包、注射针头 1.542 万颗、注射器 204 把、肾上腺素 2520 支、消毒药 301 千克。免疫接种猪 W 疫苗 53.66 万头，牛 W 疫苗 21.24 万头，羊 W 疫苗 27.83 万只，均占应免数的 100%。免疫反应猪 58 头、羊 43 只，禽 210 羽，免疫反应死亡猪 34 头、羊 26 只、禽 60 羽。接种禽流感疫苗 327.81 万羽，鸡新城疫 322.45 万羽，猪瘟疫苗 52.87 万头，猪蓝耳病疫苗 53.1 万头，均占应免数的 100%。接种牛出败 0.23 万头，牛炭疽 0.26 万头，马 720 匹，山羊痘 7.41 万只，接种小反刍兽疫疫苗 0.8 万只、羊胸膜肺炎 6150 只、狂犬疫苗 200 只。畜禽寄生虫驱虫、诊疗服务：全县 9 个镇乡驱虫 52600 户，驱虫数 116.766 万头（只），分别为猪 21.07 万头、牛 5.13 万头、羊 13.406 万头、马 0.58 万匹、禽 76.56 万羽、兔 200 只；9 个镇乡 18 个门诊 224 人诊疗猪 1100 头、牛 324 头、羊 1080 只、马 52 匹、禽 1400 羽、犬 254 只。10% 农户畜禽死亡定点调查。共调查 3 个镇乡 18 个村 5260 户，畜禽饲养量为猪 1.2 万头、牛 2760 头、羊 1.56 万只，禽 1.36 万羽。死亡率为猪 3.06%、牛 0.72%、羊 2.5%、禽 7.09%，大、中、小畜禽死亡率分别控制在 1%、5%、13% 以内。对 8 镇 1 乡 177 行政村投入消毒药品 301 公斤，消毒面积 110 万平方米。防疫期间，县对乡共开展防疫相关培训 5 期，培训人数 468 人次，出动宣传车 48 次，电视宣传 2 次，印发动物防疫宣传资料 1.4 万余份，张贴宣传标语54条，县防疫督查组组织28人（次）对9个镇乡防疫开展督查48次。组织对乡进行兽医实验室监测技术培训2期42人次，县参加州实验室培训3期共8人次。

疫情监测 1990年以来，畜禽疫病防治工作坚持“预防为主”总方针，按照“加强领导、密切配合，依靠科学、依法防治，群防群控、果断处置”工作原则，切实落实各项畜禽疫病防治措施，防控重大动物疫病。

1998年，全县大面积爆发口蹄疫疫情，为有效扑灭疫情，我县果断采取强制扑杀、紧急免疫、消毒灭源等防控措施，共扑杀牛2050头，羊428只，猪271头，有效扑灭了本次动物疫情。

2007—2011年，开展全县山羊寄生虫病调查，全县山羊寄生虫种类有肝片吸虫、羊脑多头蚴（羊脑包虫）、消化道线虫、螨虫、蜱、虱等病。

2009年，罗沙乡、交砚乡、边阳镇相继发生口蹄疫疫情，为控制疾病传染共杀牛39头，猪7头。2013年，董架乡发生一起口蹄疫疫情，扑杀猪32头，牛1头。

2013年以前，罗甸无兽医实验室，动物疫情监测采样送至省州业务部门进行检测，2013年罗甸县动物兽医实验室通过省州验收，开始实施动物疫情监测。2013年，禽流感（HA及HI试验）检测已免血清641份，合格453份，抗体合格率为74.10%；鸡新城疫HA和HI检测已免血清533份，合格493份，抗体合格率为92.5%；牛/羊O型口蹄疫病毒ELISA抗体检测已免血清376份，抗体阳性303份，抗体合格率为80.59%；牛羊亚I型口蹄疫检测已免血清44份，抗体阳性36份，免疫合格率81.18%。猪O型口蹄疫病毒ELISA抗体检测已免血清436份，抗体阳性381份，抗体合格率为87.39%；猪瘟病毒ELISA抗体检测已免血清541份，抗体阳性438份，抗体合格率为80.96%；猪蓝耳病ELISA抗体检测已免血清488份，抗体阳性453份，抗体合格率为92.83%。虎红平板凝集试验检测非免血清447份，结果全为阴性。布病（虎红平板凝集试验）检测血清130份，均为阴性。病原学监测送检鸡血清样品30份、猪血清126份、羊血清110份、禽双棉拭子160份、环境样品30份、羊延脑5份。

2014年，禽流感监测390份，合格295份，合格率为75.64%；鸡新城疫HA和HI检测380份，合格274份，抗体合格率为72.11%；牛/羊O型口蹄疫检测40份，阳性34份，抗体合格率为85.0%；牛羊亚I型口蹄疫检测155份，抗体阳性88份，免疫合格率75.48%；猪O型口蹄疫检测260份，抗体阳性195份，抗体合格率为75.0%；猪瘟检测285份，抗体阳性187份，抗体合格率为72.63%；猪蓝耳抗体检测285份，阳性228份，合格率为80.0%；虎红平板凝集试验检测非免血清180份，结果全为阴性；布病（虎红平板凝集试验）检测血清180份，均为阴性；病原学监测送检鸡血清样品30份、猪血清30份、羊血清30份、禽双棉拭子20份。

2015年，高致病性禽流感免疫抗体监测1054份，合格946份，合格率为89.8%；新城疫免疫抗体监测1050份，合格940份，抗体合格率为89.5%；羊牲畜O型、亚洲I型口蹄疫免疫抗体监测共1004份，免疫合格871份，抗体合格率为86.8%；猪瘟免疫抗体监测588份，免疫合格326份，抗体合格率为55.4%；猪繁殖与呼吸综合征免疫抗体监测696份，免疫合格616份，抗体合格率为88.5%；布病检测情况，采用虎红平板凝集试验监测了4个规模场和34户散养羊血清共314份，阳性率为0，其中监测了4个规模场羊血清76份，阳性0份；监测了34个散养户羊血清238份，阳性0份；禽流感病原学监测送检110份鸡双拭子样品、新城疫病原学监测送检50份鸡双拭子样品；口蹄疫送检猪血清30份，羊血清10份；猪瘟送检猪血清样品30份；猪蓝耳病共送检猪血清样品30份。州级定点监测点送样，送检上隆猪场猪血清30份，韦小苗羊场羊血清30份，冯煌建蛋鸡养殖场鸡血清30份，龙坪镇集贸市场鸡双拭子样品30份，龙坪镇屠宰场猪颌下淋巴结30份。禽流感季度监测送样情况，禽流感第三季度监测送检龙坪镇畜禽交易市场环境样品5份，第四季度送检龙坪镇畜禽交易市场鸡双拭子样品5份。

动物检疫监测 2006—2008年，产地检疫猪13.53万头，牛1.22万头，羊10.94万只，马1.02万匹，检出不健康猪21头，牛6头，羊14只。

2009年，产地检疫9.21万头（只、羽），其中生猪1.38万头，牛4538头，羊5126只，禽6.87万羽，检出病猪31头，病牛17头，病羊24只，病禽168羽，并按有关法律法规对检出的病畜禽进行了相应处理；出县境检疫动物1.13万头（只），其中检疫猪4512头，牛2191头，羊4157只，动物产品20.23吨，其中，猪肉产品724千克，牛肉产品19.53吨；屠宰检疫3.43万头，其中猪肉尸2.61万具，牛肉尸8191具，检出病猪肉尸20具，病牛肉尸7具，并按有关规定作无害化处理。动物卫生监督检查81次246人次，检查26个场所，监督检查畜类8196头（只），禽类5.21万羽，动物产品178.2吨，对我县现有7个养殖场、1个养殖小区进行监管，实行一户一档，并督促、指导场主做好畜禽用药、消毒记录，定期对养殖场、小区进行监督检查，对经检查不合格的，限期进行整改。

2010年，产地检疫生猪4.78万头，牛2.53万头，羊4.16万只，禽9.07万羽，检出病猪8头，病牛1头，病羊1只，病禽76羽，并按有关法律法规对检出的病畜禽进行了相应处理；屠宰检疫猪3.15万具，牛肉尸1.77万具，检出病猪肉尸2具，病牛肉尸1具，并按有关规定作无害化处理；出县境检疫猪9816头，牛6339头，羊5879只，动物产品8.18吨，其中猪肉产品4.34吨，牛肉产品3.84吨。加强动物卫生监管，定期或不定期对辖区内屠宰场、种畜场等进行专项检查，对5个较大的规模养殖场（小区）实行监管实行分片包干，签订责任书。

2011年，产地检疫生猪3.16万头，牛2.13万头，羊2.16万只，禽3.36万羽，检出病猪6头，病羊1只，病禽50羽，并按有关法律法规对检出的病畜禽进行了相应处理；屠宰检疫猪2.4万具、牛肉尸4495具，检出病猪肉尸3具，并按有关规定作无害化处理；出县境检疫的检疫猪8300头，牛6015头，羊5207只，消毒302辆，调入家禽查证182批次。

加强动物卫生监管共出动人员85人次，检查市场24个、养殖场（小区）38个、屠宰场2个，签订《罗甸县2011年规模养殖场投入品责任书》38份，《养殖规模场对动物卫生监督所的承诺书》38份，发放宣传资料2000份，配合执法大队抽检样品2183批次，全为阴性；“地沟油”和餐桌废弃油脂监管检查养殖场（小区）48个，餐馆29个；启动动物标识及疫病可追溯体系建设工作，共上传数据1472条。

2012年，产地检疫生猪3.59万头，牛9628头，羊1.57万只，禽6.67万羽，查出无耳标生猪615头，牛185头，羊712只，检出病猪13头，并按有关法律法规对检出的病畜禽进行了相应处理；屠宰检疫猪2.59万具、牛肉尸5081具，检出病猪肉尸3具，并按有关规定作无害化处理，“瘦肉精”检测抽检屠宰生猪尿检542例，检测结果皆为阴性；出县境检疫的检疫猪4827头，牛4.24万头，羊5769只。加强动物卫生监管检查48次，动物标识及疫病可追溯体系上传数据8221条。

2013年，产地检疫生猪4.48万头，牛5545头，羊1.43万只，家禽5.32万羽；出县境检疫共计检疫生猪2553头，牛992头，羊3770只；屠宰检疫猪肉尸2.51万具，牛肉尸2310具，“瘦肉精”检测抽检屠宰生猪尿检685例，检测结果皆为阴性。加强监管，出动69人次，检查经营户134，家禽批发商2户，畜禽产品抽样送检4个，其中羊肉1个，猪肉1个，鸡肉1个，鸡蛋1个，检测结果均符国家食品安全标准；动物卫生监督执法共受理并结案一般程序案件3起；动物标识及疫病可追溯体系上传数据2720头

2014年，产地检疫生猪2.27万头，牛4136头，羊720只，家禽6.28万羽，屠宰检疫猪肉尸2.04万具，牛肉尸1820具，定点屠宰场查出无耳标猪235头，检出病害猪44头，并按规定做无害化处理，屠宰环节“瘦肉精”抽检屠宰生猪尿检508例，检测结果皆为阴性。加强监管，出动27人次，检查经营户134，家禽批发商2户，养殖场18次，对检查中发现的问题，提出整改意见，并发整改通知书要求限期整改。动物卫生监督执法受理并结案2起。动物标识及疫病可追溯体系数据上传5000余条。

2015年动物检测，一是产地检疫。在原有26个乡镇兽医站建产地检疫申报点26个，乡镇官方兽医41人，部分是乡镇聘请协检员，确保每个检疫点从事检疫人员在2个以上。产地检疫13.14万头（匹、只、羽），其中生猪4.29万头、大牲畜6667头（匹）、羊5703只、禽7.62万羽。屠宰检疫工作3.68万头，其中生猪屠宰检疫3.39万头，牛屠宰检疫2867头，屠宰检疫检出病害猪153头，按相关规定进行无害化

处理。屠宰环节对生猪“瘦肉精”实施尿检，按2%的比例抽检检测770头次，检测结果皆为阴性。溯源信息数据上传1.15万条。无害化处理监管共计463次，其中县所260次，乡镇分所203次，无害化处理猪死尸153具。出动252人次进行“三场”监督检查86次，联合市场监督管理局检查3次，其中养殖场监管36次共出动95人次、屠宰场监管24次，出动74人次、交易市场（超市）监管26次，出动83人次。动物卫生监督执法办案21件。

第四章　林　业

第一节　机　构

罗甸属非林业县，林业局其主要职能是保护、发展、恢复森林资源。实施天然林、珠江防护体系建设、退耕还林、石漠化治理等工程，对森林采伐按《中华人民共和国森林法》规定进行管理和病虫灾防治。1994年县级机构改革，林业局内设综合股、林政股、育林股、防火安全股、林业派出所、行政定编16人。2014年，林业局内设行政机构4个，即办公室、植树造林股（加挂县绿化委员会办公室牌子）、林政资源管理股、林业改革和林权保护股。编制184人，其中：行政编制14人，事业编制170人，（乡镇林业站108人），设局长1名，副局长3人。2015年林业局内设机构及编制数与2014年一致。

第二节　森林资源与保护

自然林　自然林包含防护林、水土保持林、灌木林。1991年全县防护林111.56万亩，其中：水源涵养林27.26万亩，占全县防护林面积的24.42%，主要分布在县域中南部，龙滩电站罗甸库区第一层山脊以内地段周围的沫阳、龙坪、八总、茂井、大亭、班仁、凤亭、沟亭、罗苏、罗妥、红水河等11个乡镇；水土保持林与其他防护林面积84.30万亩，占全县防护林面积的75.58%，主要分布在县域西北部、北部和东北部，石漠化水土流失严重地区的原罗沙、边阳、栗木、云干、平岩、董架、董当、板庚、交砚、董王、木引、纳坪、逢亭、罗暮、罗悃等15个乡镇。2005年森林资源二类调查统计，全县灌木林地面积59.32万亩，其中：国家特别规定灌木林46.55万亩，占78.48%；其他灌木林12.77万亩，占21.52%，主要分布在县域的原龙坪、沫阳、罗悃、红水河、凤亭、边阳、逢亭、茂井等26个乡镇。2010年全县灌木林地面积62.96万亩，2014年87.23万亩。2015年森林覆盖率52.6%。

经济林　2004年全县区划各类经济林44.23万亩，以油桐为主，面积41.92万亩，占全县经济林总面积的92.5%，主要分布县域的北部、西北部、东北部和南部的原罗沙、边阳、交砚、逢亭、罗悃、罗妥、罗暮、罗苏、八总、大亭、凤亭和茂井等12个乡镇。

2006年，全县各类经济林面积44.22万亩，其中：板栗1.62万亩、油桐林40.91万亩、梨桃类0.17万亩、柑橘0.44万亩、花椒0.24万亩、杜仲0.12万亩、茶叶0.40万亩、其他0.32万亩。

2015年全县共有各类经济林面积23.91万亩，其中：板栗11.04万亩、油桐7.41万亩、核桃3.77万亩，梨桃类0.17万亩，柑橘0.44万亩、花椒0.24万亩、杜仲0.13万亩、茶叶0.4万亩、其他0.32万亩。

天然林保护工程　1998年，省林业厅下达罗甸县天然林保护工程营造林任务4.5万亩，其中：人工造林3万亩、封山育林1.5万亩，工程投资250万元，其中：中央国债82万元，地方配套168万元。1999年，全年完成人工造林2.98万亩，其中：用材林0.73万亩、防护林1.87万亩、经济林0.38万亩，封山育林1.5万亩，完成总投资459万元，其中：中央财政82万元、地方转贷168万元、配套209万元。

工程覆盖罗暮乡、班仁乡、纳坪乡、罗苏乡、交砚乡、红水河镇、栗木乡、董架乡、边阳镇、凤亭乡、罗沙乡、沟亭乡、茂井镇、板庚乡、云干乡、八总乡、罗悃镇、木引乡、沫阳镇、龙坪镇、董王乡、逢亭镇、大亭乡、平岩乡、林场等24个乡镇和1个国有林场。2000年，省业厅未把罗甸县列入天然林保护县，天然林保护工程被取消。

珠江防护林体系建设工程 1996—2012年（2013—2014年无珠防工程项目），全县共完成珠江防护林体系建设营造林任务44.14万亩，其中：人工造林17.92万亩，封山育林26.22万亩，工程累计投资2811.12万元，其中：中央2254.7万元，省财政配套549.92万元，县财政配套6.5万元。工程实施覆盖全县26个乡镇。各年度营造林及投资完成情况统计如下：

罗甸县珠防工程营造林及投资一览表

表6-17　　　　单位：亩、万元

年　度	营造林完成数			完成投资			
	合　计	人工造林	封山育林	合　计	中　央	省	县
	441445.2	179214.2	262231	2811.12	2254.7	549.92	6.5
1996	30474.9	10474.95	19999.5	25	20	5	–
1997	48528.75	27507.75	21021	57	40	17	–
1998	67031.7	24031.65	43000.5	94	–	94	–
1999	26542.95	10770	15772.5	240	160	80	
2000	40728	15574.95	25153.5	160	160	–	–
2001	30949.05	9261	21688.5	148	120	28	–
2002	23652	9564	14088	190	135	55	–
2003	20029.95	10021.95	10008	170	136	34	–
2004	11007.9	3007.95	7999.95	85	68	17	–
2005	22999.95	7999.95	15000	148	148	–	–
2006	19999.95	–	19999.5	106	106	–	–
2007	18499.95	–	18499.5	80	50	30	–
2008	22999.95	22999.95	–	254.2	221.7	26	6.5
2009	15000	4999.95	10000.05	200	160	40	–
2010	20000.1	10000.05	10000.05	328.92	270	58.92	–
2011	13000.05	3000	10000.05	175	160	15	–
2012	10000.05	10000.05	–	350	300	50	–

飞播造林 罗甸县飞播造林时间为1979年、1987年、1996年。1979年王乃屯播区作业面积62.98万亩，有效面积54.68万亩，成效面积0.47万亩；1987年逢亭播区作业面积30.94亩，有效面积19.81万亩，成效面积1.62万亩。林宿播区作业面积3.15万亩，有效面积3.15万亩，成效面积3.15万亩；1996年东山播区作业面积15.97万亩，有效面积7.90万亩，成效面积2.56万亩。沟亭播区作业面积6.32亩，有效面积3.2万亩，成效面积0.41万亩。罗甸县3次飞播造林均因山火、自然灾害、人为破坏等原因，飞播造林成效不大，飞播造林失败。

退耕还林工程 退耕还林工程是国家启动实施的六大重点生态体系建设工程之一，2002年启动实施以来，广大群众纷纷参与，工程建设取得了明显成效，有效地减少水土流失、保护和建设生态环境、促进农村产业结构调整。截至2014年年底，累计完成营造林31.23万亩，其中：退耕地造林6.78万亩、宜林荒山造林18.85万亩、人工促进封山育林5.6万亩，工程累计投入1.87亿元，其中：种苗造林补助费0.28

亿元，粮食补助兑现 1.59 亿元。罗甸县退耕还林工程实施情况统计如下：

罗甸县退耕还林工程实施情况统计表

表 6-18　　　　单位：亩、万元

面积 年度	营造林完成数				总投资		
	小　计	退耕地	荒　山	封山育林	合　计	种苗费	补助兑现
2002	60000	30000	30000	–	666	300	366
2003	60000	30000	30000	–	1185	300	885
2004	45000	4999.95	40000.05	–	1778.5	225	1553.5
2005	31300.05	1300.05	15000	15000	1739.48	156.5	1582.98
2006	14500.05	1500	13000.05	–	1691.33	72.5	1618.83
2007	19999.95	–	10000.05	9999.9	1713.98	100	1613.98
2008	27000	–	12000	15000	1892.98	279	1613.98
2009	7000.05	–	7000.05	–	1767.98	154	1613.98
2010	12999.9	–	3000	9999.9	1458.6	156	1302.6
2011	15999.9	–	9999.9	6000	1388.3	400	988.3
2012	3000	–	3000	–	1034.62	105	929.62
2013	10500	–	10500	–	1305.7	388.5	917.2
2014	5000		5000		1092.2	175	917.2
总计	312299.9	67800	188500.1	55999.8	18714.67	2811.5	15903.17

巩固退耕还林成果　该工程 2008 年开始实施，截至 2015 年年底（2014 年无巩固退耕还林成果建设工程），全县完成营造林面积 7.52 万亩，其中：人工造林 6.57 万亩，封山育林 0.95 万亩。完成补植补造 6.13 万亩，恢复经营 0.5 万亩，完成投资 2849.8 万元。退耕还林 1.64 亩，经省州综合核查，造林成活率均达 85% 以上，成效明显。

罗甸县巩固退耕还林成果建设项目实施情况统计表

表 6-19　　　　单位：亩、万元

年　度	营造林完成面积			补植补造	恢　复 经　营	完成投资 （中央资金）
	小　计	薪炭林	种植业			
2008	4947	1249.95	3697.05	20751	–	357.8
2009	4701	1249.95	3451.05	20760	–	358
2010	3857.85	1250.1	2607.75	19759.95	–	353
2011	6220.05	1200	5020.05	–	2500.05	295
2012	5020.05	–	5020.05	–	2500.05	271
2013	14340	–	14340	–	–	577
2014	14340	–	14340	–	–	577
2015	–	–	16360	–	–	638
合计	53425.95	4950	64835.95	61270.95	5000.1	3426.8

植被恢复工程　因龙滩电站建设，淹没罗甸林地面积 4920 亩，其中：灌木林地 1999.5 亩，疏林地 2920.5 亩。同时，县内水电站、公路、企业征占用林地，使林地面积不断减少，为使被淹没和占用的森

林植被得到完全恢复，省州按面积恢复对等原则，实施植被恢复工程。2004—2015年，完成植被恢复营造林面积17.93万亩，其中：人工造林13.23万亩、封山育林4.7万亩。完成投资3784.31万元，其中：人工造林投资3127.3万元，封山育林投资128.75万元，基础设施投资528.26万元。

林木种苗　2015年全县苗圃生产面积315亩，产合格苗2526万株，其中马尾松、杉木等容器苗1037万株，核桃、板栗等经济林苗和绿化苗（裸根苗）1489万株。苗木出圃率和育苗用种质量合格率达省级以上标准。组织调运1091万株合格苗到各造林点，造林种苗合格率达98％以上。严把种苗质量关，开展种苗执法9次，县内生产单位均办理了种子生产经营许可证，种苗调运全部具有“两证一签”。

林业科技推广　2015年，与中国林业科学研究院资源信息研究所达成技术资源共享。组织林业企业开展建兰、文心兰产业化培育技术集成与示范，建立示范大棚400平方米。推广容器苗造林48000亩，使造林成活率提高了5%—10%；建立2个林业科技成果推广应用示范点，示范面积1680亩。到村开展林业种植实用技术培训4期，培训内容包括板栗、核桃、珍爱李种植与管理等，培训200多人（次），发放培训资料2000余份。在造林现场开展示范教学8场次，农民工268人（次），对提高造林质量产生了积极的推动作用。

罗甸县森林植被恢复费项目实施情况统计表

表6-20　　　　单位：亩、万元

年　度	营造林完成面积			投资金额			
	小　计	人工造林	封山育林	合　计	人工造林	封山育林	基础设施
2004	25000.05	25000.05	–	566	566	–	–
2005	9019.95	9019.95	–	204	204	–	–
2006	15000	–	15000	30	–	30	–
2008	38275.05	8275.05	30000	954.27	577.99	90	286.28
2009	10170	8170.05	1999.95	142.3	97.62	8.75	35.93
2010	20380.05	20380.05	–	284.17	284.17	–	–
2011	27000	27000	–	200	200	–	–
2012	15074.1	15074.1	–	817.32	611.27	–	206.05
2013	10168.95	10168.95	–	376.25	376.25	–	–
2014	6000	6000	–	210	210	–	–
2015	3175	3175	–	138.92	118.08	–	20.84
合计	179263.15	132263.2	46999.95	3923.23	3245.38	128.75	549.1

森林病虫害防治检疫　随着全球气候变暖，灾害性天气频发，林业有害生物发生危害形势仍然相当严峻。1994—2006年森林病虫监测和调查，紫茎泽兰、油桐角斑病、油桐坏死病、桑寄生害等在全县所有油桐林均有分布，面积达40万亩；板栗疫病、栗剪枝象等在板庚、逢亭有分布，面积近0.1万亩；柑橘溃疡病、柑橘大食蝇、柑橘小食蝇、柑橘黄龙病等危害和制约全县柑橘产业，面积达0.18亩；松毒蛾、松褐天牛、拟松材线虫病威胁全县9.8万亩松林，有近0.2万亩松林轻度发生。北部地区的边阳、栗木、罗沙、交砚等近万亩松感染松赤枯病。紫茎泽兰入侵已对全县林业、农业、牧业、水利构成危害，据2005年对紫茎泽兰入侵危害调查统计，全县受害面积已达74.43万亩，其中：轻度危害39.49万亩，中度危害19.66万亩，重度危害15.28万亩。其分布规律由公路沿线不断向两侧入侵。以北部边阳、交砚，中南部沟亭、罗悃等乡镇最为严重，上述乡镇油桐产业已遭到严重危害，出现不挂果、枯死等现象。仅从边阳、交砚两个乡镇来看，油桐面积从1995年的2万亩下降到目前的0.2万亩，下降69%。罗甸林业有害生物

危害和潜在危害对森林资源已构成严重威胁，防治工作不容乐观，任务十分艰巨。

1996—2014 年，全县累计监测面积 1691.1 万亩，监测率由 1996 年的 63.36%，提高到 2014 年的 100%。森林病虫发生面积累计 19.4 万亩，累计防治面积 19.4 万亩，防治率 100%。完成种苗产地检疫 0.735 万亩，木材调动检疫 7.74 万立方米，苗木调动检疫 0.14 万株，林副产品检疫 0.24 万吨。不断充实检疫执法队伍，2015 年，全县有专职检疫员 4 名，兼职检疫员 12 名。

2015 年完成林业有害生物越冬调查及防治，调查监测覆盖全县 9 个乡镇，调查松墨天牛越冬面积 0.13 万亩，设置诱捕器 13 个，诱杀松墨天牛 2000 多只；完成松材线虫病春季两季普查工作，普查面积 12.5 万亩，未发现松材线虫病；完成全县林业有害生物普查外业调查工作，完成踏查路线 125 条、调查点 71 个、调查样地 12 个，经普查，发现全县林业有害生物分布主要有 7 种，即：虫害 2 种，病害 2 种，外来有害生物 3 种。是年，全县未发生重、特、大森林病虫疫情。二是完成苗木产地检疫及调运检疫 3507.6 万株，木材调运检疫 250 立方米。

罗甸县 1996—2014 年森林病虫防治、检疫统计表

表 6-21　　单位：亩、万元

年度	监测面积	监测率 %	全县病虫害发生面积	防治面积	发生率 %	防治率 %	育苗产地检疫	检疫木材（立方米）	苗木调运检疫（万株）	其他林副产品检疫（吨）
1996	513000	63.36	2500.5	2500.5	0.31	100	337.5	3370	–	–
1997	513000	63.36	49.5	49.5	0.01	100	300	2500	10.5	53
1998	513000	78.5	300	300	0.04	100	312	1823	21.7	1120
1999	598905	74.86	600	600	0.08	100	427.5	3614.3	196.5	264.5
2000	581595	94.5	1200	1200	0.15	100	199.5	7010.1	–	37
2001	802995	80.5	1800	1800	0.23	100	480	6394	222	39
2002	805995	80.8	3799.5	3799.5	0.48	100	1096.5	5548.9	141.61	–
2003	814995	81.7	3100.5	3100.5	0.39	100	442.5	1014.5	–	–
2004	912105	91.4	1099.5	1099.5	0.14	100	691.5	2164	29	77.5
2005	881205	88.3	799.5	799.5	0.1	100	364.5	4948	107.8	130.5
2006	876405	87.8	2200.5	2200.5	0.28	100	340.5	2960	78.4	205
2007	876405	87.8	22699.5	22699.5	1.64	100	267	4713	55.4	10
2008	1230105	88.7	6910.5	6910.5	0.49	100	649.5	4254.3	2.25	335.5
2009	1230105	88.71	19960.5	19960.5	1.41	100	421.5	2466.3	333.2	101.5
2010	1386600	100	47200.5	47200.5	3.4	100	70.5	1240.4	27.2	–
2011	1531200	100	49132.5	49132.5	3.2	100	183	17983.1	14	–
2012	1471680	100	16494	16494	1.1	100	294	2087.5	64.7	–
2013	1371675	100	14131.5	14131.5	1.03	100	364.5	3263.3	82.99	–
2014	1371675	100	14131.5	14131.5	1.03	100	364.5	3263.3	82.99	–
2015	1531200	100	49132.5	49132.5	3.2	100	182	7983.1	14	–
合计	19813845	100	257242.5	257242.5	1.03	100	7789.5	88601.1	1484.24	2373.5

公益林管护　根据罗甸县 2015 年林地变更成果数据，公益林地面积为 150.04 万亩，占林地面积的 52.50%；在公益林地中，国家公益林地面积为 93.83 万亩，占公益林地面积的 62.53%；一般公益林地面积为 56.21 万亩，占公益林地面积的 37.46%。涉及全县 9 个乡镇和一个国有林场，177 个村。兑现情况：2015 年度国家级公益林中央财政生态效益补偿基金 1359.33 万元，兑现面积 93.83 万亩，涉及农户 35261 户。

2015年度地方财政生态效益补偿基金179.87万元，兑现面积56.21万亩，涉及126个村。完成2016年度中央财政1359.33万元、地方财政179.87万元森林生态效益补偿基金的申报工作。完成全县公益林数据库的进一步修订完善工作。完成2016年度森林生态效益补偿前期准备工作。

森林防火 森林防火坚持以“预防为主、积极消灭”的工作方针。通过加大森林防火的宣传教育力度，层层签订森林防火目标责任状，做到职责明晰，责任到人。2015全年全县未发生森林火灾，查处违规野外用火2起，处罚2人。

第三节 植树造林

人工造林 全县采取人工植树造林、飞播造林等方式实施绿化。1977—1986年，植树造林162.68万亩(含飞播造林)；1987—2015年，全社会共完成营造林166.58万亩，但造林成效较差，主要由于冬春干旱、山火以及经营管理粗放等原因所致。

罗甸县1991—2015年营造林面积统计表

表6-22 单位：亩

年　度	人工造林	封山育林	年　度	人工造林	封山育林
1991	1336.5	21000	2006	22500	19999.5
1992	51526.5	24000	2007	10000.5	28500
1993	64926	366630	2008	30847.5	21000
1994	–	–	2009	34833	23104.5
1998	50611.5	36000	2010	20452.5	44395.5
1999	53010	31654.5	2011	35335.5	29578.5
2000	38865	45841.5	2012	31620	10999.5
2001	22999.5	22933.5	2013	37216.5	15000
2002	51235.5	21094.5	2014	83409	–
2003	20022	10008	2015	61970	–
2004	28008	16999.5	合计	758724.5	818739
2005	7999.5	30000	–	–	–

世行项目造林 罗甸县世行项目林业扶贫，1995年，实施板栗项目、杜仲项目，实施面积0.31万亩(其中：板栗种植615亩、杜仲种植2500.5亩)，投资111.32万元，扶持云干、罗苏等乡贫困农户977户，帮扶人口3910人。

1996年实施银杏项目，种植面积0.2亩，投资142.49万元，扶持云干乡贫困农户247户，帮扶人口1971人。

1998年实施杜仲项目，实施面积0.4万亩，投资84.33万元，项目覆盖董当、木引、平岩、董架等乡镇中贫困农户843户，帮扶人口3372人。

黑荆树和直杆桉 1991—1993年发展黑荆树和直杆桉，总面积5万亩，其中：黑荆树3万亩、直杆桉2万亩，总投资722万元。但因产品销售不畅、市场疲软、经营不善等问题，截至2006年，项目无成效，全部失败。

农发水土保持项目 1996—2006年，该项目建设面积总计4.62万亩，其中：人工造林3.83万亩，封山育林0.79万亩，项目总投资355万元，其中：中央财政资金248.4万元，省财政配套资金20万元，州财政配套资金 10 万元，自筹 76.6 万元。2006 年该项目实施结束，成效明显。

罗甸县国家农业综合开发项目实施情况统计表

表 6-23　　单位：亩、万元

年　度	完成造林			投　资			
	小　计	人工造林	封山育林	小　计	中央财政资金	省州配套资金	自　筹
合计	46180.5	38335.5	7845	355	248.4	30	76.6
1996	10699.5	10699.5	–	44	26.4	–	17.6
1997	10059	10059	–	40	25	–	15
1998	10350	6915	3435	45	30	–	15
2000	4278	3033	1245	38	30	–	8
2001	10194	7029	3165	58	37	–	21
2005	600	600	–	130	100	30	–

第四节　林政管理

林政管理是林业行政管理部门，依照国家法律和政策，对森林资源的采伐、运输和销售等主要经营环节实施组织、协调、控制和监督职能活动。

森林采伐管理　根据《中华人民共和国森林法》规定："国家根据用材林的消耗量低于生长量的原则，严格控制森林年采伐量。"及国家林业部颁发的《森林采伐限额暂行规定》：加强森林采伐管理，由林权所有人提出采伐申请，村、乡（镇）政府、辖区林业工作站核实无林权争议，送县林业局审核同意后，下文批复实行。

1991—2006 年，罗甸森林总采伐限额 11.53 万立方米。累计办理商品材采伐蓄积 6.55 万立方米，出材量 3.99 万立方米，其中：国有采伐蓄积 2.17 万立方米，出材量 1.32 万立方米，办理自用材 2 份，采伐蓄积 19 万立方米。共办理林木采伐许可证 501 份，蓄积 6.55 万立方米，出材量 4.1 万立方米。其中：商品材 463 份，蓄积 6.34 万立方米，出材量 3.9 万立方米；农民自用材消耗量 4.88 万立方米，烧材消耗 9.67 万立方米。

2007—2015 年，罗甸的森林采伐限额指标为 7.37 万立方米，其中：按采伐类型分主伐 1.48 万立方米，抚育采伐 3.57 万立方米；按消耗结构分：商品材 1.38 万立方米，非商品材 2.1 万立方米，更新采伐 200 万立方米，低产（效）林改造 2.3 万立方米，其他采伐 1.39 万立方米；按森林类别分：公益林 0.74 万立方米，商品材 3.16 万立方米；按起源分：人工林 5.22 万立方米，天然林 2.16 万立方米。在实际执行采伐限额中，全县生产采伐 6.22 万立方米，其中：商品材 2.64 万立方米，农民自用材 1.32 万立方米，烧材 1.26 万立方米。

2015 年省林业厅下达到罗甸县的木材生产计划指标是 3.9 万立方米（蓄积）。全年办理林木采伐许可证 24 份，采伐面积 665 亩，采伐蓄积 2109.43 立方米，出材量 1029.08 立方米。全县木材运输证统一实行网上办理，发证率 100%。全年办理木材运输证 85 份，材积 761.92 立方米。

木材流通管理　1991 年，省林业厅《关于加强木材运输证管理工作的通知》要求，坚持办证与管证分离，办证与收费人员实行定期轮岗，统一收费标准，统一检验和核定。出省木材运输证办理，由县级林业主管部门签署意见，州林业局审查批办理。1991—2015 年，办理运输证 5539 份，总材积 6.35 万立方米。其中：办理县省内规格木材运输证 2959 份，材积 3.91 万立方米；办理出省规格材运输证 548 份，材积 1.87 万立方米；办理国营林场木材材积 108 万立方米；办理处理木材材积 0.03 万立方米；办理过境材材积 0.33 立方米；办理龙滩库区清理材运输证 170 份，材积 0.2 立方米；办理非规格材运输证 131 份，枝丫 1216 吨；办理林副产品运输证 1720 份，主要为桐油 1.73 万吨、青岗籽 42 吨、栓皮 160 吨、松脂 140 吨、桐籽 233 吨；办理木炭 1 份，总重 5 吨，活体树 10 份。为打击木材流通领域无证运输违法行为，使木材流通管理有序地正常运行。几十年来，执法人员上路巡查 5789 人次，验证放行 2342 车次，验证放行木材 5.1 万立方米。

依法治林和调解林权纠纷　1991—2015 年，县森林公安局、林政股、木材检查站等执法部门共查处各类破坏森林资源案件 814 起，打击处理违法犯罪人员 866 人次，没收木材 0.36 万立方米，收缴木炭 69.47 吨，补交育林基金 38.2 万元，木材变价款（含罚款）26.01 万元（上缴国库）。其中：非法收购野生动物 14 起，非法采挖野生植物 16 起，非法收购经营加工 18 起、运输木材证货不符 123 起，无证运输木材 181 起，火灾案件、乱占林地案件、滥伐盗伐林木等森林资源案件 717 起。林权纠纷是长期以来历史遗留问题，积怨重，问题多，隐患大，调处难，究其根源，均为利益驱使，利益所在，山林权属纠纷由罗甸县人民政府土地、山林、水事纠纷办公室（简称“三纠办”）负责调查处理。1991—2015 年，调解长期以来未能解决的山界林权纠纷 310 起，其中：州与州 9 起，乡（镇）与乡（镇）27 起，村与村 182 起，组与组 92 起。2015 年接待群众来信来访 69 件 239 人次，办结 65 件，其中权属纠纷 6 件，查阅档案 35 件，政策咨询 9 件，林权登记 9 件，修改补证 10 件，办结率 94.20%。在办理涉林事件和纠纷争议中，直接深入现场调查，同时配合乡镇调处林权矛盾纠纷 6 件 11 次。

第五节　林权制度改革

林权改革　全县集体林权制度改革（以下简称“林改”）于 2008 年 1 月启动，2012 年结束。按照“山有其主、主有其权、权有其责、责有其利”的要求，历时三年多，完成林改勘界面积 264.54 万亩，占应改面积 274.86 万亩 96.25%，涉及全县 26 个乡镇 261 个村 1604 个村民小组，涉及发证户数 20209 户，实发林权证 29974 本。林权登记勾绘林地小班 58091 宗，其中：依据自留山证换发林权证 9476 宗，面积 10.99 万亩；均山到户 31585 宗，面积 34.5 万亩；联户发证 10871 宗，面积 80.72 万亩；集体统一管理 1358 宗，面积 34.3 万亩；集体股份经营 4663 宗，面积 99.62 万亩；其他形式流转经营 138 宗，面积 4.05 万亩。完成装订成册共 2009 卷，其中：立卷归档 1965 卷〔综合类 260 卷、林权类 1683 卷、纠纷类 9 卷、电子声像类（纸质）13 卷〕。其他归档材料图纸 10 筒（内业图 6 筒 179 张、外业图 4 筒 133 张）、移动硬盘 1 个，林改剪影光盘 1 张；编制全引目录 2 套共 44 卷。

配套改革　2012 年，集体林权制度主体改革工作全面结束后，紧接着开展深化改革的后续配套相关工作。按照上级对林改工作提出的“机构不撤，队伍不散，工作不停，力度不减”的要求，县编委批准成立林权保护股和林权管理服务中心两个工作机构，明确了工作人员，接替林改办的主要工作职责，有序开展配套改革。

截至 2014 年年底，为企业办理林地流转 18 宗，流转林地面积 5417 亩，流转金额 81.25 万元，涉及凤亭、沟亭、龙坪等 3 个乡镇 7 个村 12 个组 89 户 76 本林权证 88 个图班。鼓励、引导和扶持林业合作组织 5 个，注册投资 214 万元，入社农户 48 户，合作经营面积 780 亩，其中：林下发展养殖 1 个，林下发展种植 2 个、经果林种植 2 个。编制《罗甸县林权抵押贷款实施方案》，拟定《罗甸县林权抵押管理办法（草案）》，制作“罗甸县林权抵押登记专用章”，编制相关林权抵押登记表册，按相关程序开展林权抵押登记；为稳定林业生产、分散林业风险、增强林业风险抵御能力，组织农民将森林纳入保险，全县公益林参保面积 150.18 万亩，商品林参保面积 2.09 万亩，共计 152.27 万亩，占任务数的 73.75%，涉及全县 26 个乡镇 261 个村。在红水河、罗暮、罗苏、罗妥、罗悃等南部地区引导及扶持发展林药模式，完成林下种植艾纳香0.21万亩，联结农户124户，纯收入273万元，成立艾纳香种植专业合作社1个；在罗沙、逢亭、罗苏发展林禽模式，林下养殖鸡禽2万只，联结农户37户，共投资55万余元，纯收入32万元，成立养殖专业合作社1个，提高当地农户经济效益。

2015年全县政策性森林保险面积206.47万亩，其中：完成投保的生态公益林150.18万亩、商品林2.82万亩。为贵州汇生公司办理流转19宗面积7458亩10本林权证；为个人办理流转1宗地44.43亩，流转林地涉及茂井、龙坪、逢亭等3个乡镇7个村民委员会125本林权证138个图班。为贵州高盛生态农林开发有限公司办理流转6宗地面积4302.12亩。

第六节　林木产品生产经营

木材加工企业　1991—2009年全县木材经营加工户58户，其中：木材加工户（含国有林场木材加工厂）5户，家具加工户53户，年加工木材0.7万立方米。2010年全县木材经营加工户48户，其中：木材加工9户，家具加工户22户，经营装饰材料5户，年加工木材0.68万立方米。2011年全县木材经营加工户22户，其中：木材加工9户，家具加工13户，年加工木材0.6万立方米。2012年全县木材经营加工户23户，其中：木材加工9户，家具加工14户，年加工木材0.7万立方米。2015年，经按照县委的要求进行清理整顿后，全县木材经营加工户21户，其中：木材加工8户，家具加工13户。在8户木材经营加工厂中，4户处于停产状态（分别为国有林场加工厂、杨剑木材加工厂、顺发木材加工厂、罗甸县林工商公司），其余3户处于半停产状态，但年均木材加工量（年加工木材0.2万立方米）同比往年已不到1/3。

木材生产　1991—2000年，生产采伐木材6.31万立方米，其中：商品材折合立木蓄积1.33万立方米，农民自用材1.93万立方米，烧材3.05万立方米。

2001—2005年，采伐木材9.98万立方米，其中：商品材2.98万立方米，农民自用材2.91万立方米，烧材4.09万立方米。

2006—2010年，生产采伐木材3.12万立方米，其中：商品材1.38万立方米，农民自用材1.2万立方米，烧材0.54万立方米。

2011—2015年，生产采伐木材3.1万立方米，其中：商品材1.27万立方米，农民自用材1.12万立方米，烧材0.71万立方米。

林副产品生产　2006年全县林副产品产量1.14万吨，产值3927.5万元，其中：油桐籽产量1.06万吨，产值201.4万元；鲜竹笋350吨，产值35万元；核桃58吨，产值49万元；花椒75吨，产值22.5万元；小杂竹296吨，产值9万元；杜仲46吨，产值73.6万元。

2015年全县林副产品产量1.52万吨，产值6557.1万元，其中：油桐籽产量8296吨，产值3318.4万元；青杠籽2000吨，产值400万元；板栗产量3997.2吨，产值2398.3万元；鲜竹笋350吨，产值35万元；核桃100.1吨，产值300.3万元；花椒75吨，产值22.5万元；小杂竹296吨，产值9万元；杜仲46吨，产值73.6万元。

第七节　林地征用

1996—2015年，全县征占用林地主要是水电站建设面积3.7万亩。征收植被恢复费6092.27万元，其中：龙滩电站征用3.4万亩，征收植被恢复费4996万元；双河口电站征用3013.5亩，柏林电站征用6亩，征收植被恢复费954.27万元；蒙江流域开发有限公司征用18亩，贵州省航务管理局征用30亩，征收植被恢复费142万元。调查龙滩电站复建工程占用林地2107.5亩，灰洞电站占用林地276亩，尖坡电站占用林地 340.5 亩。调查违法占用林地 4 起，违法占用林地 1.85 亩，其中：边阳镇强劲砖厂 0.3 亩、栗木乡爆竹厂 0.6 亩、平岩乡宿文玖石场 0.6 亩和宿文智石场 0.35 亩。查实厂矿企业非法占用林地 191.4 亩。

第八节　石漠化治理工程

2004—2005 年，罗甸县启动实施石漠化治理试点，建设面积 1000 亩，总投资 10 万元，截至 2005 年 8 月 10 日，完成营造林任务 1021.5 亩，占任务数 102.2%，其中：水竹 40.5 亩，枇杷 247.5 亩，花椒 193.5 亩，香椿 381 亩，石榴 154.5 亩，麻枫树 4.5 亩，共完成投资 11.92 万元，占投资总数的 119.2%。通过试点建设，探索治理土地石漠化模式，调查石漠化成因，为全县石漠化治理提供科学依据。2008 年，罗甸县被列入国家石漠化治理县并启动治理工程，截至 2015 年（2014 年无石漠化治理工程）累计治理面积 13.68 万亩，其中：防护林 3.3 万亩，经济林 1.12 万亩，封山育林 9.26 万亩，完成投资 3055.95 万元。石漠化治理工程的实施，改善了石漠化地区的生态环境，为脱贫致富奔小康创造了有利条件。

罗甸县石漠化综合治理工程实施情况统计表

表 6-24　　　　单位：亩、万元

年　度	营造林完成面积					完成投资
	小　计	人工造林			封　山	中央资金
		计	生态林	经果林	育　林	
2008	9900.3	3900.3	2994	906.3	6000	240
2009	17556	4452	2552.1	1899.9	13104	405.6
2010	27990	3594	2994	600	24396	407.4
2011	22815.75	9236.7	6983.25	2253.45	13579.05	452
2012	16999.95	6000	4500	1500	10999.95	334.5
2013	21813.3	6813.3	6093.3	720	15000	446.46
2015	19732	10232	6922	3300	9500	770
合计	136807	44228.3	33018.65	11179.65	92579	3055.85

第九节　林火视频监控系统

2015 年，罗甸县城始建林区森林防火视频监控项目由王乃山监控点、天鹅关监控点、望月山监控点、新中盛大监控点、木广坡监控点五个点位组成，总投入 403.59 万元，按照向公司购买服务的方式，分 8 年分期付款。系统采用无线传输方式，风光互补发电系统供电。每个山头建 10 米高监控铁塔，塔顶安装 320 毫米双光谱重型云台摄像机。其中：山王乃山监控点、天鹅关监控点、望月山监控点环绕县城，确保县城周边能及时发现火警并发出预警，保证森林生态安全；新中盛大监控点主要火龙果基地和新农村周边地区，木广坡监控点监控交广一带，监控点可视范围半径 3 公里，覆盖区域 109 平方公里，其北至里苏，坐标为 36373451.459，2819645.462；西至打林，坐标为 36369127.167，2805626.492；南至另桃，坐标为 36376332.776，2805626.492；东到里沙，坐标为 36381926.479，2812417.113。可确保监控区域可视范围内及时发现山火并发出预警，按照火险等级及时出警，及时扑救，实现森林火灾“打早、打小、打了”的原则，保证森林资源的安全，提高森林覆盖率，促进罗甸生态文明健康发展。

第五章 水 利

第一节 机 构

罗甸县水务局原称罗甸县水利电力局，主要承担水利工程建设与管理、水电开发与运行管理、防汛抗旱、水政执法、基础输变电线路设计与施工等工作。2002 年机构改革更名为水利局。2014 年机构改革，更名为罗甸县水务局。主要承担水利工程建设、水资源管理、中小河流治理、水行政执法、防汛抗旱、水土保持、污水处理、供排水管理等工作。罗甸县水利有限责任公司及罗甸县自来水责任有限公司隶属罗甸县水利局管理。2015 年在职人员 44 人，其中：管理岗位 16 人，专业技术人员 28 人，下辖县水利公司和自来水公司。

第二节 水资源

地表水资源 全县年平均径流量在 530—620 毫米之间。径流的变化及年内的变化规律与降水变化基本一致，年平均径流量为 590.24 毫米。年平均每平方公里产生的径流量为 59.02 万立方米。全县年平均径流总量 177800 万立方米（包括地下水补给量 7000 万立方米），人均占有水资源量 5229.4 立方米，多年平均径流系数在 0.37—0.62 之间。

地下水资源 地下水分为三大类：松散层空隙水、基层岩裂隙水、碳酸盐类岩溶水。第三类型是县内地下水的主要类型，属中低山丘陵地区，土层薄、多岩溶、切割深、坡度陡，地下水主要排泄于河流及低洼地区，变成河川基流，是地表水径流的一部分，罗甸县地下水资源流量约为 7000 万立方米。

水质现状及评价 根据罗甸 2014 年取用水调查及技术参数计算，全年罗甸县总用水量为 4762.52 万立方米，其中：农业总用水量为 2458.5 万立方米，农田（水田）灌溉总用水量为 2020.65 万立方米，林牧渔畜用水量为 437.85 万立方米，工业用水量为 1566 万立方米，城镇公共用水量为 34.81 万立方米；居民生活用水量为 703.21 万立方米。罗甸县水域面积 96.59 平方公里，监测断面 100% 的水体，大部分时段的水质处于 3 类以上。其中：重点观测断面八总大桥河段水质常年处于 2 类水质以上。部分水质较差的河段主要处于乡镇和县城河段且水质低于 3 类水质标准仅发生在枯季，这主要是部分地区污染物排放量较大。城镇生活污水排放量大增，农村部分河段的部分时段水质较差的原因主要是农村人畜粪便、农村生活污水以及农田化肥组成的面源污染所致。力争实现罗甸县各个控制面水环境质量维持《地表水环境质量标准》（BG3838-2002）3 类，饮用水污染源地水质维持 2 类水质要求。

第三节 水利工程

水利工程建设 1992—2000 年，实施水利工程项目：罗苏、罗暮、董王、凤亭、罗羊、平岩、龙坪、栗木、班仁、大亭、木引、纳坪等乡镇村，总投资 778.04 万元。建设规模：水池、小水窖、压力池、过滤池、消毒池、管道安装、变压器、架空线、渠道等，解决 63458 人饮安全。2007 年，实施项目：八总乡另桃村引灌工程，工程总投资 20.74 万元，解决 500 亩农田灌溉；董当乡拉良村引灌工程；罗甸县“三小”工程，工程总投资 167.36 万元；坝王河引灌供水干渠水毁修复工程；坝王河引灌及大乐亭管道水毁修复工程，工程总投资 39.74 万元；罗苏乡唐山村、董当乡红星村、董当乡较顶山、董当乡红星山塘等灌溉工程，总投资 46.36 万元；洛秧水库除险加固工程，总投资 62 万元；边阳镇供水工程，总投资 450.08 万元。

2012 年实施项目，省级冬修水利资金项目：木引乡长生村渠道维修工程、板庚乡小水池、沫阳镇林勤村等饮水工程，总投资 60 万元，解决 487 亩农田的灌溉。是年重点小型水库加固工程：床井、洞甲、大乐亭水库等加固工程，工程总投资 408 万元。

2013 年省级财政专项扶贫实施项目罗甸县董王乡皮桶村灌溉工程，总投资 20 万元，解决 30 亩农田的灌溉。

2014 年实施项目，省级财政专项扶贫资金项目有罗甸县龙坪镇大关村灌溉工程和罗甸县龙坪镇顶访村灌溉工程，总投资 25 万元，解决 241 亩农田的灌溉。

2015 年，继续实施 2014 年小型农田水利重点县建设项目，投资 1605.95 万元，其中：中央资金 800 万元，省级财政配套 800 万元，县级配套 5.95 万元。项目实施地点木引镇和逢亭镇，该项目从 2014 年 11 月 17 日开工实施，2015 年 7 月 17 日全面完工。完成建设内容为：拦河堰 9 座，渠道 29 公里，维修渠道 1.4 公里，排涝渠 1501 米，提灌站 2 座，导虹管 1 座，100 立方米水池 6 口，铺设管道 40 公里。解决两镇田土灌溉 9400 亩。

小型农田水利重点县建设项目投资 1505.35 万元，其中：中央资金 1000 万元，省级资金配套 500 万元，县级配套 5.35 万元。项目实施地点在龙坪镇、茂井镇、凤亭乡。建设内容为山塘整治 3 座，其中：道角山塘总库容为 2.02 立方米，高里山塘总库容为 2.2 万立方米，兰西山塘总库容为 2 万立方米。新建取水口 14 座，提灌站 1 座，提水流量 32 立方米 / 秒，装机 45 千瓦，上水管总长 850 米，新建高位水 1 座容积 100 立方米，安装变压器 1 台容量 80 千伏安，架设 10 千伏输电线路 0.65 公里，架设低压输电线路 0.1 公里。新建灌溉渠道 40 条 37.09 公里，新安装主干管 0.88 公里，新安装支管 2.68 公里，新安装毛管 67 公里。该批项目从 2015 年 12 月 19 日开始实施，完成工程形象进度 40%。

实施中央农田水利设施养护维修项目，中央农田水利设施养护维修资金 95 万元，在边阳交砚村新建 30 立方米水池 30 个；逢亭拱里新建 30 立方米水池 28 个；逢亭拱里村上隆灌区引水渠清淤 7853 米，墙体修复 65 米；更换新民火龙果基地 DN125 热镀锌管 750 米。项目 2015 年 10 月 15 日开始实施，完成工程进度 80%。

实施边阳镇大寨村渠道及排涝沟工程，投资 120 万元新建衬砌防渗渠道 350 米、排涝沟 1560 米。工程于 2015 年 10 月 17 日批复建设，2015 年 11 月 17 日开工建设，完成工程进度 85%。

一、蓄水工程

截至 2015 年，县境水库工程 17 座，其中：用于灌溉及人饮的水库有边阳、老猫坡、洛秧、高圩、红屯、洞甲、中暮、床井、大乐亭 9 座，在建 1 座（从里水库）。用于发电电站水库有沫阳柏林电站、雷公滩电站、双河口电站、灰洞电站、上尖坡电站、冗各电站、坝王河电站 7 座。

全县水库总库容 2.89 亿立方米（其中：电站水库总库容 2.76 亿立方米，灌溉水库总库容 1269 万立方米）；灌溉水库总兴利库容 894 万立方米，灌溉面积 2.67 万亩，年总供水量 1515 万立方米。

县境有大（2）型双河口电站水库 1 座，库容 1.93 亿立方米；中型电站水库 3 座，为雷公滩电站水库、上尖坡电站水库、冗各电站水库，总库容 7900 万立方米；小（一）型水库 4 座，为边阳水库、高圩水库、从里水库、灰洞电站水库，总库容 1310 万立方米；小（二）型 9 座（其中：灌溉及饮水水库 7 座，电站水库 2 座），总库容 408.14 万立方米，兴利库容 139.33 万立方米。

双河口电站水库 双河口电站是蒙江干流开发的第七级水电站，位于边阳镇境内，地处格凸河与涟江汇口下游 4 公里处，距边阳镇 27 公里，距罗甸县城 68 公里，2004 年 5 月 25 日开工，2008 年 2 月 28 日建成投产发电。总库容 1.96 亿立方米，死水库容 9760 万立方米，兴利库容 1.83 亿立方米。正常蓄水位 580 米，死水位 560 米，设计洪水位 580.37 米，校核水位 581.95 米，大坝坝型为钢筋混凝土面板堆石坝，坝顶高程583.8米，坝顶长度372.9米，最大坝高99.3米，属2级建筑物，设计洪水标准为100年一遇，是一座以发电为主，兼有防洪、养殖、旅游等综合效益的大（二）型水库。

雷公滩电站水库 雷公滩水库位于逢亭镇境内，距县城26公里。1992年2月开工，1996年6月竣工。大坝为浆砌石重力坝，坝顶高程410米，坝顶长90米，最大坝高23米，水库坝址以上集雨面积5383平方米。水库总库容1530万立方米，调洪库容80万立方米，兴利库容740万立方米，死库容660万立方米。雷公滩电站主要是发电、防洪。装机容量2×4200千瓦，保证出力2240千瓦，年发电量4200万千瓦小时。

灰洞电站水库 灰洞电站2008年开工建设，2013年12月建成投产发电。位于董王乡蒙江流域格凸河干流上，上游有摆东水电站，下接双河口水电站。大坝为混凝土砌石双拱坝，坝高45.5米，总库容：256万立方米，调节库容45.1万立方米，水库调节性能为日调节。大坝泄洪方式为无闸门表孔自由泄洪，正常蓄水位为648.5米，死水位644米，挡水大坝、泄洪建筑物等枢纽建筑物洪水标准：设计洪水重现期50年，校核洪水重现期200年。年平均径流量13.59亿立方米。

冗各电站水库 电站于2013年10月29日开工，2016年7月投产。电站主要任务是发电。冗各水电站位于逢亭镇，地处蒙江支流格凸河与涟江汇口下游22公里处的干流河段上，枢纽主要由大坝、溢洪道、放空底孔、引水发电系统等建筑物组成。厂房为地下厂房，位于大坝左岸山体内。拦河坝为碾压混凝土重力坝，坝顶高程501.00米，最大坝高66.0米。溢流坝段长为37.5米，共布置3个溢洪道表孔，堰顶高程483.00米，每孔设有10米×12米（宽×高）弧形工作闸门，最大下泄流量5030立方米/秒。水库正常蓄水位495.00米，死水位490米，总库容4770万立方米，正常蓄水位以下库容3290万立方米，调节库容1140万立方米，调节性能为周调节。电站总装机9万千瓦，设计多年平均年发电量3.36亿千瓦时。

上尖坡电站水库 上尖坡水电站位于蒙江的左源支流涟江下游，上游梯级为团坡电站，下游梯级为蒙江干流双河口电站。2013年12月开工，2016年6月竣工投入发电。坝址控制流域面积2341平方公里，年径流量14.85亿立方米。上尖坡拦河大坝为碾压混凝土重力坝，坝身表孔泄洪挑流消能，河床溢流坝段长为37米，共布置3孔开敞式溢洪道表孔，堰顶高程655米，最大下泄流量3720立方米/秒，水库总库容1600万立方米，水库正常蓄水位为670米，相应库容为1440万立方米，调节库容为410万立方米，死水位665米，死库容1030万立方米，调节库容为410万立方米，调节性能为周调节，电站装机容量6万千瓦。

边阳水库 边阳水库位于边阳镇西北部的三岔河上，距边阳镇3公里，距县城45公里，属珠江流域，红水河系，三岔河是一座以渠灌为主，兼有防洪、养殖、旅游等综合效益的小（一）型水库。

边阳镇坝址以上集雨面积24平方公里，多年平均降水量1160毫米，多年平均年径流量1579.1万立方米/秒，水库总库容650万立方米，调洪库容25万立方米，兴利库容495万立方米，死库容130万立方米，为年调节水库，校核洪水位878.356米，设计洪水位878.216米，汛期限制水位877米，正常蓄水位878.216米，死水位862.716米。水库大坝为细石砼块石双曲拱坝，最大坝高38.42米，坝顶高程879.636米，坝顶长度167米，坝顶宽3米，库始建于1977年，2003年4月进行除险加固修善。边阳水库设计灌溉面积1.52万亩，覆盖边阳镇，罗沙乡、栗木乡和交砚乡，保护下游2.5万人口，耕地6000亩以及通往省城干线，地理位置重要，是灌区三乡一镇工农业生产和人民生活的命脉工程。

高圩水库 距县城39公里，水库为四等级工程，2000年，由县人民政府批准续建，2002年2月动工，是年6月竣工，开始蓄水，水库坝址以上集雨面积4.25平方公里，库容134.3万立方米。灌溉面积3873亩，主要解决茂井镇高里、兰西、边圩三村3500亩的农业灌溉和保证下游2500人口饮水。

中暮水库 距县城72公里，是一座以灌溉为主，兼有防洪功能的小（二）水库。

水库坝址以上集雨面积2.9平方公里，水库正常蓄水位573.2米，水库总库容34.53万立方米，兴利库容 9.06 万立方米，供水兴利库容 10.36 万立方米，大坝为浆砌石重力坝，坝顶高程 575.76 米，溢流堰堰顶高程 573.2 米，坝顶长度 118.8 米，溢流堰堰顶净宽 18 米，最大坝高 39.26 米。

中暮水库始建于 2006 年 4 月，于 2007 年 8 月竣完工，为龙滩电站罗甸库区移民复建工程。工程配套引水管道 13.96 公里，水厂 1 座，年供水 46 万立方米，解决红水河镇新址 1396 人的生活饮用水，灌溉面积 800 亩。

红屯水库　位于茂井镇红屯村境内，2006 年 4 月始建，2007 年 8 月竣工投入使用，是一座以灌溉为主，兼有防洪功能的小（二）型水库。

集水面积 3.11 平方公里，水库总库容 51.07 万立方米，正常蓄水库容 41 万立方米，兴利库容 20.36 万立方米。水库正常蓄水位 533.05 米，设计洪水位 539.34 米，供水死水位 527.6 米。大坝为浆砌石重力坝，坝顶高程 542.40 米，坝顶长度 112.8 米，大坝高 38.04 米。供水人口 2470 人，输水管道 3.41 公里，供水池蓄水容积 300 立方米，设计灌溉面积 1000 亩。

老猫坡水库　2011 年 5 月动工建设，2012 年 5 月建成蓄水，位于边阳镇黄泥坳村，水库属珠江流域红水河系所也河，是一座以灌溉为主，兼有供水、防洪、养殖功能的小（二）型水库。主要解决边阳镇兴隆片区 3000 亩农田灌溉和 3500 人的供水。

集水面积 3.113 平方公里，水库大坝、底孔、取水口等主要永久建筑物按 5 级建筑物设计。水库死水位 606.61 米，正常蓄水位 613.9 米，洪水位 615.07 米，校核洪水位 615.36 米，坝顶高程 615.70 米，水库总库容 35.9 万立方米，坝高 26.70 米，坝顶长 73.7 米。

柏林电站水库　2004 年 11 月动工，2007 年 11 月竣工投入使用，是坝王河干流水电梯级开发中第六级，距沫阳镇约 3 公里，是一座以发电为主的小（二）型水库。坝址以上集雨面积 2240 平方公里。水库正常蓄水位 415 米，死水库容 16 万立方米，总库容 97 万立方米。

坝王河电站水库　电站始建 1989 年 12 月，1992 年 8 月建成投产，位于龙坪镇林霞村，距县城约 8 公里，是一座以供水、发电为主的小（二）型水库。坝址以上集雨面积 2258 平方公里，水库大坝为浆砌石重力坝，坝主要建筑物为 5 级，坝高 17.7 米，坝长 157 米，坝顶高程 403.6 米，正常蓄水位 395.11 米，死水位 395.11，总库容 96 万立方米，死库容 35 万立方米。2007 年电站已淹没赔偿，水库功能是以县城供水为主，丰水期发电为辅。

从里水库（在建）　水库于 2015 年 8 月修建，位于木引乡从里村，距离县城约 50 公里，坝型为 C10 细石砼砌毛石重力坝，投资 7836 万元，其中：中央 4388 万元，地方财政 3448 万元。总库容 270 万立方米水库 1 座（坝型为 C10 细石砼砌毛石重力坝，最大坝高 38.5 米，坝顶宽 4 米，坝顶长 113.74 米）。安装输水管道 10.51 公里。主要解决木引镇从里、长生、云堡、冗林 4 个村 4507 亩农田灌溉和解决 4842 人及 6910 头大小牲畜的饮水。

二、人畜饮水工程

罗甸县境内地表水和地下水切割较深，造成多数村寨人畜饮水困难。党和人民政府十分关心群众温饱，续年拨大笔资金，解决贫困地区群众饮水困难。1991—2015 年总投入 2 亿元，用于贫困乡村修建人畜饮水工程。

1991 年，为罗苏、罗暮乡调节水池，安装管道等人畜饮水工程，总投 72 万元，解决 1.14 万人饮水安全。1993 年，在董王乡新建蓄水工程 31 处，修水池 41 个，总投资 113.63 万元，解决 9858 人饮水安全。1994 年，为凤亭、罗羊、平岩乡，新建水池安装管道，建水窖等人饮工程，总投资 87.10 万元，受益人口 9420 人。1995 年，为龙坪镇新建水池、安装管道等人饮工程，总投资 284 万元，受益人口 2.5 万人。1996 年，解决凤亭乡人饮工程，总投资 21 万元，受益人口 5.07 万人。1997 年，为罗羊、栗木、平岩、班仁、大亭、木引、罗苏、罗暮、纳坪、董王乡人饮工程，总投资 200.31 万元，受益人口 7212 人。2000 年，为逢亭、平岩、交砚、董王、沫阳镇，栗木、大文、罗悃、董架、云干等乡镇，解决人饮安全工程，总投资 941.54

万元，受益人口 5.07 万人。2001 年，为凤亭、罗妥、大亭、董王等乡解决人饮水安全工程，总投资 71.51 万元，受益人口 3300 人。2002 年，为董王、边阳乡镇解决人饮工程，总投资 28.96 万元，受益人口 1413 人。2003 年，为罗暮、凤亭、栗木、董当、茂井、董架、交砚、董王、罗妥、罗沙、逢亭、沫阳、冗响、边阳、板庚、云干、红水河、龙坪、木引、纳坪、栗木沟亭等乡镇解决人畜饮水安全工程，总投资 1714.8 万元，受益人口 6.57 万人。2004 年，为沫阳、栗木、交砚、沟亭、董王、龙坪、木引、罗悃、罗沙、云干、平岩、上隆、董当、董架、罗苏、木引等乡镇解决人饮工程，总投资 649.31 万元，受益人口 1.3 万人。2006 年，为董架、罗妥、平岩、董当、云干、班仁、交砚、茂井、板庚等乡镇解决人饮安全，总投资 293.53 万元，受益人口 6349 人。2007 年，为平岩、大亭、茂井、八总、沫阳、木引、红水河、董王等乡镇修人畜饮水工程，总投资 413.59 万元，受益人口 1000 人。2008 年，罗悃、罗苏、纳坪、逢亭、罗暮、董王、大亭、平岩等乡镇修建人畜饮水工程，总投资 942.05 万元，受人口 2.17 万人。2009 年，为龙坪、沫阳、上隆、边阳、云干、罗沙、红水、罗妥、班仁、茂井、栗木、凤亭、董当等乡镇，修建人畜饮水工程，总投资 2976.25 万元，受益人口 5.91 万人。2010 年，为董当、沟亭、平岩、纳坪、罗悃、沫阳、平岩、罗妥、罗苏、罗暮、逢亭、木引、云干、罗沙、班仁等乡镇，修建人畜饮水工程，总投资 1924.89 万元，受益人口 3.83 万人。2011 年，为板庚、木引、凤亭、罗暮、八总、罗沙、大亭、董架、罗妥等乡镇，新建人畜饮水工程，总投资 829.14 万元，受益人口 1.73 万人。2012 年，为栗木、沫阳、班仁、交砚、罗沙、板庚、木引中小学、罗中小学、沫阳中小学等乡镇村学校人畜工程，总投资 1595.93 万元。受益人口 3.44 万人。2013 年，为八总、板庚、边阳、边阳中小学、大亭、董当学校、逢亭上隆中小学、逢亭、凤亭、沟亭、红水河、龙坪、边阳集镇、县林场、边阳集镇、罗悃中小学、罗沙、罗妥、沫阳、木引、平岩、云干、沟亭、龙坪、茂井等乡镇村和学校新建人畜饮水工程，总投资 2734.98 万元，受益人口 5.67 万人。2014 年在罗苏乡、罗妥乡、茂井镇、沫阳镇、木引乡、云干乡、沟亭乡、罗沙乡、八总乡、班仁乡、边阳镇、大亭乡、董架乡、董王乡、板庚乡、红水河镇、龙坪镇、纳坪乡、凤亭乡、逢亭镇、交砚乡、栗木乡、罗悃镇、罗暮乡等 24 个乡镇 55 个村 20 个学校修建饮水安全工程，工程总投资 2904.83 万元，解决了 6.18 万人（其中：农村人口 4.3 万人，学校人口 1.88 万人）的饮水安全问题。2015 年在龙坪镇、边阳镇、罗悃镇、逢亭镇、木引镇、红水河镇、沫阳镇、茂井镇、凤亭乡 9 个镇乡修建饮水安全工程，工程总投资 1196.34 万元，是年 3 月开工建设，10 月竣工投入使用，建成水池 555 个，总容量 2.29 万立方米，安装输水管 23.8 公里。工程 32 个，解决 9 个镇乡 2.24 万人饮水安全问题。

污水处理工程　县城污水处理厂一期工程于 2009 年 11 月开工建设，于 2010 年 6 月建成投运。总投资 2878 万元，建成 0.6 万吨 / 日污水处理厂 1 座，铺设污水收集管网 23.5 公里（2013 年 11 月 –2015 年 1 月新建 6 公里），污水提升泵站 1 座，检查井 548 座。污水处理工艺为 AmOn 生物处理法，处理水质达到Ⅰ级 B 标准。县城污水处理厂二期工程审定投资 2940 万元，2015 年 10 月 1 日完工并投入试运行，建成 0.4 万吨 / 日污水处理厂 1 座。污水处理采用改良型奥贝尔氧化沟工艺，处理水质达到Ⅰ级 A 标准。

边阳污水处理厂工程于 2015 年 9 月开工建设，于 2017 年 4 月 20 日通水试运行。总投资 4113.12 万元，建成 0.3 万吨 / 日污水处理厂 1 座，铺设污水收集管网 6.9 公里。污水处理采用改良型奥贝尔氧化沟工艺，处理水质达到Ⅰ级 A 标准。

专记：人畜饮水工程

罗甸县被国家和省定为重点扶贫贫困县，在改革开放，扶贫攻坚，西部大开发，国家投入扶贫资金，大搞农田基本建设，兴修水利、水库、拦河坝、水池、水窖解决边远高山地区人畜饮水及农田灌溉。

1991—1997 年国家投入 778.04 万元，在罗苏、罗暮、董王、罗羊、平岩、龙坪、凤亭、栗木、木引等乡镇，建水池、水窖 1045 个，蓄水 3.83 万立方米，输水管道 69175 米，解决 63458 人饮水难问题。

1998—2010 年国家投入扶贫资金 1.01 亿元，在平岩茂井、八总、红水河、木引、董王、大亭 8 个乡镇6个村组修提灌站7.5千瓦1座，拦水坝19座，配发生器3台（套），闸阀371个，4平方米消毒池1个，提水泵3座，设备3台（套），变压器2台，输电线路420米，建成水池水窖121个，蓄水20190立方米，输水管道728567米，解决人饮73376人。

2011—2013年在凤亭、云干、沟亭、红水河、罗悃、龙坪、边阳、沫阳、木引、罗沙、罗妥、纳坪、平岩、茂井等14个乡镇26个村15个组和罗悃中小学，修建饮水安全工程，投入扶贫资金3081.974万元，修建提水泵26台套，管理房212.28平方米，水塔6座，恒压供水系统1台套，输电线路6022米，消毒池800个，电缆线5122米，标志牌简介牌171块，消毒机199台，闸阀948个，水表977块，龙头1541个，发生器2台套，进水设备1台套，直饮机278台，消火栓62个，洗涤381台套，壁挂机179台，反渗透机3台套。建成水池、水窖579个，蓄水18760立方米，输水管道753283.73米，解决人饮65973人。上述1991—2013年建成人畜饮水工程296处，水池、水窖、提水泵，拦水坝等2754个，总蓄水量77216立方米，输水管道1551025.73米，总投资1.59亿元，解决人饮442104人，牲畜14036头匹饮水问题。

2014年实施项目农村饮水安全工程，在罗苏乡、罗妥乡、茂井镇、沫阳镇、木引乡、云干乡、沟亭乡、罗沙乡、八总乡、班仁乡、边阳镇、大亭乡、董架乡、董王乡、板庚乡、红水河镇、龙坪镇、纳坪乡、凤亭乡、逢亭镇、交砚乡、栗木乡、罗悃镇、罗暮乡等24个乡镇55个村20个学校，修建饮水安全工程，工程总投资3519万元，安装输水管道208189米，安装上水管道33683米，安装进户管道131725米，水池、水窖修建1678口（其中：20立方米水池815口，30立方米水池297口，40立方米水池118口，50立方米水池21口，60立方米水池405口，80立方米水池4口，100立方米水池15口，120立方米水池1口，150立案方米水池1口，250立方米水池1口），解决了61827人（其中：农村人口42997人，学校18830人）的饮水安全问题。2015年实施项目农村饮水安全工程在龙坪镇、边阳镇、罗悃镇、逢亭镇、班仁乡、木引乡、栗木乡、云干乡、董当乡、罗苏乡、板庚乡、沟亭乡、红水河镇、沫阳镇、八总乡、茂井镇、凤亭乡、纳坪乡18个乡镇32个村修建饮水安全工程，工程总投资1480.75万元，安装输配水管道61790米，安装进户管道52905米，水池、水窖修建1678口，解决22361人农村饮水难问题。

三、提灌工程

2000年，祥脚提灌工程，投资17.27万元，新灌面积441亩；云干、平岩、木引、董王、红水河镇官固村“三小”灌溉工程，投资111.8万元，新灌面积500亩；木引乡把坝村、纳猛、摆落村节水灌溉工程，总投资89.30万元，新灌面积400亩；栗木乡深井村浇地灌溉工程，投资22.3万元，新灌面积100亩；董架乡东驼村水池工程，投资8.38万元，新灌面积150亩；是年，总投资249.05万元，新灌面积1591亩。

2002年，红水河镇官固提灌工程，投12万元，灌溉面积210亩。

2004年，木引乡提灌工程，投资3万元，灌溉面积160亩；边阳镇节水灌溉及“三小”工程，投资42.48万元，灌溉面积200亩；边阳渠道水毁修复工程，投资10万元，新灌溉面积100亩；董王乡尖坡引灌工程，投资14万元，新灌溉面积406亩；木引乡摆落村水浇地工程，投资10万元灌溉面积120亩，上述总投资79.48万元，新灌面积986亩。

2005年，龙坪镇“三小”工程，投资4万元，新灌面积200亩；董王乡油捞等村“三小”工程，投资66万元，灌溉面积100亩，是年，总投资70万元，新灌面积300亩。

2006年，罗沙乡油海村引灌工程18.16万元，新灌溉面积548亩；逢亭镇上隆三分场提水工程，投资23.56万元，灌溉面积700亩；龙坪新艾村提工程，投资15万元，新灌溉面积450亩，本年度提灌总投资56.72万元，新灌溉面积1698亩。

2007年，沟亭乡布苏组提灌工程，投资28.04万元，新面积500亩；县蔬菜育苗中心提灌工程，投资10.46万元，灌溉面积300亩；八总乡另桃村提灌工程，投资31.58万元，解决834人的饮水安全；边阳镇供水工程，投资237.98万元，解决6447人的饮水安全；本年度工程总投资307.6万元，灌溉面积800亩，解决7281头大牲畜饮水困难。

2008 年，罗妥乡相亭村提灌工程，投资 24.33 万元，新灌面积 200 亩；董当乡星以场提灌工程，投资 2 万元，新灌面积 10 亩；罗苏乡政府提灌工程，投资 91.56 万元，解决 2900 人的饮水安全；沫阳镇饮水提灌工程，投资 248.38 万元，解决 8000 人的饮水安全；董王乡打改村提灌工程，投资 18.3 万元，解决 500 人的饮水困难。本年度总投资 384.57 万元，新灌面积 210 亩，解决 11400 人的饮水安全。

2009 年，龙坪镇莲花村水库移民提灌工程，投资 394.47 万元，解决 7838 人的饮水安全；逢亭集镇饮水安全工程投资 322.39 万元，解决 6400 人的饮水安全；董当乡政府驻地提灌工程，投资 197.47 万元，解决 3920 人的饮水安全；木引乡木引村提灌工程，投资 402.99 万元，解决 8000 人的饮水安全，上述（2009 年）总投资 1317.32 万元，解决 26158 人和大牲畜饮水困难。

2010 年，罗沙罗路村提灌工程，投资 18.14 万元，解决 360 人的饮水；边阳镇打井村提灌工程投资 15.11 万元，解决 300 人的饮水困难；沫阳翁堡村提灌工程，投资 15.11 万，解决 300 人的饮水安全；平岩乡中心校提灌工程，投资 13.15 万元，解决了 263 人的饮水困难；董架乡董架村提灌工程投资 25 万元，解决 500 人的饮水安全；董当乡高峰村提灌工程，投资 12.5 万元，解决 250 人饮水困难；本年度饮水项目共投资 99.01 万元，解决 1973 人的饮水困难。

2011 年，凤亭乡凤亭村提灌工程，投资 16.93 万元，解决 336 人的饮水困难；平岩乡平岩村提灌工程 81.81 万元，解决 1624 人的饮水安全；是年提灌工程项目总投资 98.74 万元，解决 1960 人的饮水难。

2013 年，董当乡罗牙村提灌工程，投 102.29 万元，解决 1912 人的饮水安全；董王乡油尖村提灌工程，投资 47.56 万元，解决 889 人饮水和农田用困难；龙坪镇新民村提灌工程，投资 27.12 万元，解决 507 人的饮水安全；罗悃镇洞甲村提灌工程，投资 26.22 万元，解决 490 人的饮水困难；罗悃镇干村提灌工程投资 24.13 万元，解决 151 人饮水困难；罗暮乡胡家湾提灌工程，投资 57.25 万元，解决 1070 人畜饮水困难；罗苏乡唐山村提灌工程，投资 45.10 万元，解决 843 人饮水困难。本年度投资提灌项目共 329.67 万元，解决 6160 人的饮水安全。总计（2000—2013 年）提灌工程总计投资 3004.16 万元，新灌面积 5795 亩，解决 54932 人饮水安全。

2014 年提灌工程总投资 1500 万元，灌溉 9495 亩。2014 年，董当乡罗牙村提灌工程，投资 42.00 万元，解决 785 人的饮水安全；八总乡小学校提灌工程，投资 17.62 万元，解决 549 人饮水和农田用困难；板庚中小学校提灌工程，投资 31.88 万元，解决 993 人的饮水安全；凤亭乡国光村提灌工程，投资 69.39 万元，解决 1297 人的饮水困难；凤亭中小学校提灌工程投资 42.40 万元，解决 1321 人饮水困难；沟亭乡布沙村湾提灌工程，投资 45.85 万元，解决 857 人畜饮水困难；沟亭乡平坡村提灌工程，投资 24.66 万元，解决 461 人饮水困难；沟亭中小学校提灌工程，投资 22.47 万元，解决 700 人饮水困难；交砚乡大寨村提灌工程，投资 37.99 万元，解决 710 人饮水困难；交砚中小学校提灌工程，投资 39.58 万元，解决 1233 人饮水困难；罗沙乡翁定村提灌工程，投资 39.96 万元，解决 747 人饮水困难；云干中小学校提灌工程，投资 51.36 万元，解决 1600 人饮水困难；规模化项目提灌工程总投资 1500 万元，灌溉 9495 亩；小农水项目提灌工程投资 159.70 万元，灌溉 830 亩。本年度投资提灌项目共 2085.28 万元，解决 1 万人的饮水安全，灌溉面积 1.03 万亩。

2015 年，罗悃镇纳冗村提灌工程，投资 23.65 万元，解决 442 人的饮水安全；木引乡从里村提灌工程，投资 31.80 万元，解决 1515 人饮水和农田用困难；董当乡勇进村提灌工程，投资 136.36 万元，解决 1661 人的饮水安全；板庚乡坪寨村提灌工程，投资 52.43 万元，解决 980 人的饮水困难；沟亭乡布法村提灌工程投资 20.01 万元，解决 374 人饮水困难；红水河镇羊里村提灌工程，投资 53.82 万元，解决 1006 人畜饮水困难；罗悃镇玉里村提灌工程，投资 17.71 万元，解决 331 人饮水困难；班仁乡红光村提灌工程，投资 22.90 万元，解决 428 人饮水困难；董当乡拉良村提灌工程，投资 21.40 万元，解决 400 人饮水困难；纳坪乡打金村提灌工程，投资 60.35 万元，解决 1128 人饮水困难；规模化项目提灌工程总投资 1536 万元，灌溉 10085 亩；小农水项目茂井镇纳柳村提灌工程投资 36.35 万元，灌溉 400 亩。本年度投资提灌项目共 2012.78 万元，解决 8265 人的饮水安全，灌溉面积 10485 亩。

农田水利修复工程　2014 年 9 月 14 日开工修复逢亭河河道水毁工程，是年 10 月 29 日峻工，总投资 50 万元，修复排洪堤挡土墙 800 米，冲毁垮塌排洪堤 25 米。保护逢亭河段两岸 1000 多亩农田和 500 人身财产安全。

2015 年投资 60 万完成农田水利灌溉工程维修养护；投资 30 万元坝王河排洪渠水毁修复工程；投资 106 万元边阳镇下坝村、逢亭镇纳鸟村机井配套工程；投资 28.61 万元沫阳镇访里村管道安装工程；投资 92.8 万元县城与二级公路平交路口管道改线工程；投资 14.45 万元红水河牙村村中苏组饮水安全工程。

投资 248.95 万元龙坪镇莲花河排污治理工程，该工程分两期实施，一期工程于 2015 年 4 月 15 日开始实施，6 月 14 日全面完工；二期工程于 9 月 7 日开始实施，9 月 30 日全面完工。建成主河道排污沟 491 米、新建主河道排污管 138 米、拦污栅 1 扇，1# 支沟淤泥清挖 307 米、DN500 钢筋砼管 291 米、集污井 15 个，拦污栅 1 扇，2# 支沟支沟淤泥清挖 209 米、C15 砼打底 150 米、C15 砼切割 313m，拦污栅 1 扇，3# 支沟淤泥清挖 197 米、C15 砼打底 61 米、C15 砼切割 377 米、拦污栅 1 扇，4# 支沟淤泥清挖 130 米、DN500 钢筋砼管 122 米，集污井 6 个，拦污栅 1 扇，农贸市场支沟淤泥清挖 180 米、C15 砼切割 249.5 米。二期完成建设内容为：新建主河道清淤 1798 米，步道排污 475 米（两侧），梯步 9 座，干河菜市场排污清淤 137 米。

投资 317.69 万元边阳镇供水管网改造，一期工程投资 186.06 万元，于 2015 年 9 月 6 日开工建设，10 月 16 日全面完工，铺设供水管网 3232 米，其中：DN225PE 管 420 米，DN200PE 管 1700 米，DN200 镀锌管 262 米，DN160PE 管 400 米，DN125PE 管 150 米，DN110PE 管 300 米；二期工程投资 131.63 万元，11 月 9 日开工，12 月 9 日全面完工，铺设供水管网 3480 米，其中：DN200PE 管 320 米，DN200 镀锌管 60 米，DN160PE 管 3050 米，DN150PE 镀锌管 50 米。

第四节　防汛抗旱

应急防汛工程　2007—2012 年，县境开始实施应急防汛工程 9 处，分别为：大亭乡水毁供水工程，坝王河毁渠道（排洪堤修复工程）、大乐亭水库水毁设施应急修复工程、大小井排洪沟修复工程、边阳灌区水毁渠道修复工程、洛秧水库水毁设施修复工程、洞甲水库大坝设施应急修复工程、罗沙乡排洪工程应急、逢亭镇水毁防洪应急修复工程等，投入经费 332 万元。

2014—2015 年，县境实施应急防汛工程 5 处，2014 年实施边阳镇罗木村黄泥坳渠道水毁修复工程、坝王河排洪渠水毁修复工程、县境水利水毁修复工程，投资 65 万元；2015 年实施红水河镇罗暮河道水毁修复工程，投资 30 万元；县境水利设施水毁修复工程，投资 15 万元。

抗旱应急水源工程　2007—2012 年，县境实施抗旱应急水源建设工程 4 处。分别是：董当乡下梅坡抗旱应急水源工程、董当乡坡牛山塘抗旱应急水源工程、交砚乡洛秧水库抗旱应急设施建设工程、交砚乡集镇抗旱应急水源工程等，投入建设经费 120 万元。2013—2015 年建设总投资为 3065.41 万元，其中：2014 年有董架乡抗旱应急水源工程，投入建设经费 220 万元；边阳镇下坝村机井配套工程，投入建设经费 41.51 万元；纳坪乡纳鸟村机井配套工程，投资经费 55.17 万元；罗沙乡、龙坪镇机井配套工程，投资经费 50 万元；罗甸县涟江—边阳水库连通工程，投资经费 2255.22 万元。2015 年实施抗旱应急水源工程有龙坪镇云干乡社区抗旱应急提水工程，投资经费 333.51 万元；罗甸县抗旱补助费（罗悃镇沟亭村布法组，沫阳镇高峰村、木引镇高山村），投资经费 40 万元；罗甸县沫阳镇董架社区民进村机井配套工程，投资建设经费 70 万元。项目实施后可解决 5260 亩耕地灌溉用水和贫困人口 69408 人 /23466 头大小牲畜的饮水安全问题。

抗旱排涝服务组织建设 2008年8月，县水利局建成“罗甸县抗旱排涝服务队”，投入经费70万元，其中：30万元购器具设备，40万元购抗旱机具及运输车和办公设备等。机构性质为事业单位，企业管理，工作人员7名，同年11月挂牌正式开展工作。2013年，县抗旱排涝服务队的固定资产已达400余万元，为开展抗旱救灾工作打下扎实的基础。

山洪灾害防排建设项目 2011年10月，经由贵州省防汛办批准，罗甸县列为山洪灾害防治非工程措施建设试点县，12月开始建设，2012年10月完工，通过省级验收。2013年汛期正式投入使用，该项目共投入资金440万元，共建成159个建设雨量监测站点，39处无线预警广播站，2座六要素气象站，9处雨量水位自动监测站，5处河道水位图象监控点等。该项目建成后，对罗甸的山洪灾害暴发区、隐患区的人民群众避险防灾和生命财产安全提供保障。

2014年罗甸县山洪灾害调查评价经费100万元、山洪灾害非工程措施补充完善255万元；2015年非工程措施补充完善21万元。用于升级改造已建成的雨量监测设施及购置应急抢险装备等。

抢险队伍建设 2009年，县水利局组建水利系统机动抢险队，队员66人，配备队员服装，冲锋舟，应急照明设备等救援装备。

抗旱减灾与抗洪抢险 2009—2011年，罗甸发生百年不遇的特大旱灾，给全县经济造成严重的损失，全社会集中力量，投入到抗旱救灾中。

县国土局献爱心，该局向受灾严重的交谷村里列组捐送一台价值0.7万多元的旋耕机。向交砚乡捐赠抗旱救灾经费3000元，向龙坪镇捐0.8万元，向大亭乡捐0.6万元，向新民村捐5吨水泥等。在县召开募捐大会上，省第二测绘院捐1万元抗旱救灾经费。

董架乡是典型的喀斯特地貌地区，各村群众日常生活用水，全靠蓄水池蓄的“望天水”。干旱以来，水池水窖日渐干枯，村民生活用水告急，眼看春节将至，旱情仍在发展，东跃村党支部决定组织36人民兵送水队，利用摩托到5公里外的跃进桥运水。优先照顾老弱病残户，其他农户谁家水缸没水，只要电话通知马上送水。当初送水队主要解决本村村民生活用水，后来甲哨、董细等和周边村村民生活用水困难，民兵送水队也给他们送水。当年春节以后，每天送水20吨，解决600余户、2000多人、1106头大牲畜饮水问题。东跃村党支书汪发财还垫支0.4万多元的送水车油费。

罗沙乡翁定村是干旱以来特重灾区，十几年前村里修建的水泵已老化损坏，不能运行，原蓄水池干枯见底。全村600多人和学校200多名学生，生活用水十分困难。县防汛办得知后，立即派人深入该村调查，情况属实即派一批技术员，在距50多米深的洞下抢修安装水泵，苦战数日，将水引到寨上，解决群众生活用水之忧。县防汛办又接到罗沙乡油海村群众打井出水，需要提供设备和技术援助，防汛办立即派技术人员和物资赶赴现场安装，经几天艰苦奋战，将水引到寨上，解除群众生活用水之忧。受同样干旱重灾区板庚乡罗化村，群众发现洞内深处有地下水，防汛办技术人员经调查并调进提水物资抽水出洞，解决4个自然寨800多人，260亩耕地用水困难。

罗沙乡罗路村坡脚组，也是此次旱灾特重区，原蓄水池干涸见底，水源干枯，溪沟断流，全组生活用水十分紧张，县防汛办得知后，深入该组实地勘查。在平地打井深度40多米，经40多天奋战，打出大股水，解决全村1800人720头大牲畜饮水，解决877亩农田和2.04亩旱育秧用水。

2015年8月28日，木引镇从里村发生特大洪水，降雨量达312.7毫米，导致山洪暴发，从里村整个区域全部进水，被水淹最深处达2米，给当地群众的生命财产造成严重损失。灾情发生后，县委、县政府迅速连夜赶赴现场，转移安置受灾人员，并帮助群众开展灾后恢复重建工作。8.28抗洪救灾投入抗洪抢险100余人/300余次，投入排涝机具30台/92次，救灾用油0.36吨，修复水毁管网17处14公里，渠道3公里，恢复4500人饮水问题，组织6台送水车送水72吨，临时解决灾区用水困难人口83户255人安全饮水问题，组织挖掘机、装载机等大型设备清理垃圾上千吨，人工清淤50多吨。直接投入救灾经费90多万元。

2007—2014 年防汛抗旱资投入情况表

表 6-25　　　　　　　　　　　　　　　　　　　　　　　　　单位：万元

时　间	拨款单位	资助项目及名称	拨款金额	备　注
2007 年	省防汛办	特大防汛补助经费，大亭乡、坝王河主干渠道维修	50	–
2008 年	省防汛办	特大防汛补助经费、抗旱排涝服务队伍建设等	48	–
2009 年	省防汛办	特大防汛补助经补大乐亭、坝王河修复	110	–
2010 年	省防汛办	百年不遇救灾经费，补大小井排洪沟修复等	60	–
2011—2012 年	中央、省县防汛办	特大抗旱补助经费，补董当乡坡牛村山塘应急水源建设和抗旱设备等。	750	边阳水库水毁和落秧水库修复
2013 年	中央、省级黔南财农下达	逢亭镇水毁防洪堤修复，交砚乡抗旱应急建设	140	–
2014 年	中央、省级黔南财农下达	莲江至边阳水库边通工程、董架乡抗旱应急水源、逢亭镇水毁防洪堤修复工程	2070	–
合　计	–	–	3228	–

第五节　水土保持

2007 年以来由县水利局及上级业务部门在县内实施水土保持项目主要是 4 个。

一、董当小流域水土保持综合治理项目

董当乡小流域水土保持综合治理，2011 年 12 月 13 日动工。涉及村寨包括董望、坡木、拉良、梅坡四个村，工程审定总投资 226 万元，资金组成为：中央补助资金 200 万元，省级配套 26 万元。

建设内容为：（1）工程实施：蓄水池 9 口、沉沙池 9 口、机耕道 2200 米、作业便道（带边沟）820 米；（2）林草措施：水保林 4264 亩、经果林 674 亩；（3）封育治理：封育治理面积 4181 亩；（4）保土耕作：保土耕作面积 284 亩。种植水保林（马尾松）40 万株，经果林，桃 2 万株，梨 2000 株，封禁碑 4 块，2012 年 5 月 13 日全面竣工。

二、董当乡董望村及沫阳至董当大井水土保持治理项目

该项目工程为罗甸十大民生工程，工程审定总投资 20.01 万元，治理水土流失面积 2.0 平方公里，资金来源为县财政拨款。2010 年 10 月 15 日动工建设，同年 12 月初完工。建设内容：种植火龙果 15 亩（苗需按季节种植）；封禁治理面积 2950 亩；河道两岸种植柳树 700 株，凤尾竹 600 株；董当水厂厂区种植柏树 30 株，铁树 30 株，桂花树 30 株，草皮 400 平方米；建成 60 立方米蓄水池 2 个，30 立方米蓄水池 1 个，1 立方米沉沙池 3 个，总蓄水量 150 立方米；制作封禁治理牌坊 8 块，已完成投资 20.01 万元，全面完成工程建设内容。

三、董当小流域综合治理工程

总投资 226 万元，其中：中央投资 200 万元，省水利厅补助 26 万元，该项目 2010 年启动，2012 年 10 月全面完工，治理水土流失面积 6.26 平方公里，蓄水池 9 口、沉沙池 9 口，机耕道 2200 米，作业便道（带边沟）820 米；水保林 4264 亩，种植水保林（马尾松）40 万株；经果林 674 亩，种植经果林桃树苗 2 万株、

梨树苗 2000 株；封育治理面积 4181 亩。

四、红水河镇羊里河小流域水土保持项目

罗甸县红水河镇为 2012 年省级水土保持第二批项目，补助资金 50 万元，其中：植物实施 43.92 万元，临时工程 0.92 万元，独立费用 5.16 万元，是年竣工。

五、移民库区水土保持项目

2009 年度，由省水利厅水土保持监测站，在罗甸开展龙滩电站罗甸库区，移民安置水土保持治理工程，项目治理范围：红水河镇、茂井镇两个移民集镇新址，云里村、五星村两个移民安置点，省道册三线罗甸县城附近，移民复建二级公路 6 处集中弃渣场（坝王河方向 4 处，边外河 2 处）。在红水河镇羊里村建 2.5 平方公里封禁治理和种植 77 亩水保林，工程总投资 50 万元。工程建设内容：假槟榔 240 株，香樟树 512 株，小叶榕 530 株，三角梅（紫花）546 株。表土剥离 51359 平方米，封禁治理 2.5 平方公里。八总乡复建公路部分边坡水土流失治理，总投资 1016.87 万元，该项目于 2009 年 2 月开工，2010 年 4 月竣工。

六、规费征收

2007 年《贵州省取水许可和水资源费征收管理办法》修订颁布实施以来，县境内两条主要河流分属省州直管，全县每年仅征收水资源费 3 万余元。2013 年后开发建设项目相对较少，年平均征收水土保持设施补偿费 5—10 万元不等。

第六节　经营管理

农灌费征收情况　根据县人民政府批准文件：《关于印发罗甸县水利工程供水价格实施意见的通知》（罗府发〔2001〕号）。农业自流灌溉供水价格粮食作物 53 元 / 亩。节水灌溉粮食作物每亩 54 元，经济作物 70 元 / 亩，一季经济作物灌溉 124 元 / 亩（一年中一季粮食作物）城乡供水（从水利工程设施或渠道引水的工业用水及生活用水）原水价 0.22 元 / 立方米，没有变动。

农业自流灌溉供水主要服务对象为边阳水库灌区，其收费部门为边阳水库管理所，收费性质为经营行收费；节水灌溉供水主要服务对象为坝王河灌区，其部门为坝王河水管所，收费性质为经营行收费。

农业自流灌溉供水价格批复为 53 元 / 亩，实际按 23 元 / 亩征收，年均征收 11.2 万元。2013 年由于边阳水库蓄水量偏低，为确保人饮安全，按照“先生活，后生产”的原则，边阳水库灌区农灌暂停供水，2013 年度农灌费未征收。

坝王河节水灌溉水价为 124 元 / 亩，实际按 60 元 / 亩征收，年均征收 2.18 万元。由于龙滩水库淹没坝王河灌区，故 2007 年后节水灌溉已经停止收取。

综合经营　龙坪镇水厂始建于 1996 年，2002 年二期扩建，占地面积 1 万平方米；2011 年进行技改，供水能力 1.5 万立方米 / 日，实际供水约 1 万立方米 / 日，最大日供水量 1.2 万立方米 / 日，供水普及率达 98%，水质检测能力 16 项。水厂水源为坝王河，原水由渠道输送和坝王河泵站（备用）抽送两种的方式输至水厂，饮用水加压抽提至高位水池（3000 立方米），直供至千家万户。2014 年 5 月，龙坪镇开展 5000 立方米 / 日，一体化净水设备增容建设，是年 7 月中旬完成并投入使用，水厂日制水能力超过 1.5 万立方米，满足县城供水需求。莲花塘水厂为备用水厂，供水量为 2400 立方米 / 日。2015 年改造 DN110 毫米以上供水主管 1235 米，新铺 708 米，解决明珠路、解放东路管道频繁爆漏问题。建成龙坪镇水厂 3000 立方米高位调节池上水管，铺设 DN200 毫米球墨铸铁管 120 米，砌筑混凝土支墩 40 立方米，配套 320 立方米 / 小时 · 台水泵及盘柜机组 2 套，增设 500 千伏安变压器一台，解决龙坪镇水厂制水和供水不平衡问题，保障县城现阶段日益增长的用水需求。

2015 年罗甸县自来水有限责任公司职工 67 名，设办公室、财务科、生产技术科、水质检测中心、龙

坪镇自来水厂、客户服务中心六个部门和供水管网服务公司、清源乡镇供水有限责任公司两个子公司。县城供水水价按《黔南州物价局关于改革罗甸县供水价格分类调整非居民生活用水价格的通知》执行，居民用水 2.30 元 / 立方米，非居民用水 4.00 元 / 立方米，特种用水 11.00 元 / 立方米。

罗甸县城供水　由罗甸县自来水有限责任公司（国有独资企业）全面负责。公司成立于 1997 年 7 月，拥有龙坪镇和莲花塘两座水厂、一幢占地面积 245.48 平方米办公楼（楼层 5 层）、一座备用（坝王河）泵站及 2180 米 DN400 配套输水管道，DN63 以上供水管道长度 75 公里，固定资产总计 3 千余万元。

罗甸县乡镇供水　由县自来水有限责任公司下属清源乡镇供水有限责任公司负责。

水费调价　2014 年 10 月启动县城居民生活用水调价申报程序，2015 年 9 月 16 日召开听证会执行阶梯水价，第一阶梯水价 2.70 元 / 吨，第二阶梯水价 4.05 元 / 吨，第三阶梯水价 8.10 元 / 吨。第一阶梯基准水量为每人每月 84 吨以下（含 84 吨），第二阶梯水量为每人每月 84 吨至 120 吨（含 120 吨），第三阶梯水量为没人每月 120 吨以上。非居民生活用水 4.05 元 / 吨，特种用水 13.50 元 / 吨。经县人民政府批示，县发改局于 2015 年 12 月 31 日下发《关于调整罗甸县成居民生活用水价格的通知》（罗发改发〔2015〕313 号），新水价从 2016 年 2 月 1 日起抄见量执行。

边阳水厂　2008 年建成，设计日供水规模 5800 吨，服务人口 3 万余人；实际日供水量 4200 吨、售水量 3200 吨，用水户数 6363 户；工作人员 17 名；水价 2.30 元 / 立方米。

罗苏水厂　2008 年建成，设计日供水规模 720 吨，服务人口 3000 人，实际日供水量 300 吨、售水量 270 用水，户数 288 户；工作人员，工作员 3 名；水价 1.50 元 / 立方米。

沫阳水厂　2008 年建成，实际日供水规模 960 吨，服务人口 8000 人；实际日供水量 240 吨、售水量 200 吨，用水户数 1004 户；工作员 4 名；水价 2.00 元 / 立方米。

罗悃水厂　2008 年建成，设计日供水规模 1006 吨、服务人口 8000 人；实际日供水量 225.4 吨、日售水量 130 吨，用水户数 884 户；工作人员 4 名；水价 1.20 元 / 吨。

红水河水厂　2008 年建成，设计日供水规模 480 吨、服务人口 2000 人；实际日供水量 150.6 吨、日售水量 90 吨，用水户数 352 户；工作人员 2 名；水价 1.50 元 / 吨。

逢亭水厂　2009 年建成，设计日供水 600 吨、服务人口 6400 人；实际日供水量 247.5 吨、日售水量 110 吨、用水户数 400 户；工作人员 4 名；水价 2.10 元 / 吨。

木引水厂　2009 年建成，设计日供水规模 720 吨、服务人口 8000 人；实际日供水量 320.3 吨、日售水量 155 吨、用水户数 1530 户；工作人员 4 名；水价 3.00 元 / 吨。

上隆水厂　2009 年建成，设计日供水规模 903 吨、服务人口 8750 人；实际日供水量 120 吨、日售水量 55 吨、用水户数 850 户；工作人员 3 名；水价 2.10 元 / 吨。

董当水厂　2010 年建成，设计日供水规模 400 吨、服务人口 3920 人，实际日供水量 68.6 吨、售水量 40 吨、用水户数 172 户；工作人员 2 名；水价 2.00 元 / 立方米。

第七篇　扶贫开发

第一章　扶贫攻坚

第一节　机　构

1991年，县贫困地区经济开发领导小组办公室，设在县委农村工作部内。1992年，单设县贫困地区经济开发领导小组办公室。1993年3月，成立县农业综合开发领导小组办公室，与县扶贫办合署办公，简称为县扶贫（农发）办公室。1996年5月，成立县西南世行贷款项目办公室，简称为县扶贫（农发、世行）办公室。编制14人，领导职数一正三副，内设机构综合股、监测股、扶贫股、农发股、世行股5个股室。

2000年，合并到县农业办公室，简称为县农业（扶贫、农发、世行）办公室。2002年，更名为县扶贫开发领导小组办公室。2011年10月，扶贫开发办公室更名为县扶贫开发局。2013年3月单独设置扶贫开发局，为县人民政府工作部门，农村工作局有关扶贫开发职能划转到县扶贫开发局。2014年，开展精准扶贫后，人员编制30名，调整和引进招录7名充实县扶贫开发局工作队伍，2015年扶贫工作人员21名。

乡镇扶贫　1998年，根据省、州扶贫办的安排，全县26个乡镇均成立扶贫工作站，由乡镇政府分管领导兼任站长，工作人员2名。2014年，实行行政区划调整和开展精准扶贫后，全县9个乡镇全部设立扶贫工作站，明确扶贫工作职能职责，事业编制33名（均为管理人员）。2015年全县9个乡镇从事扶贫开发工作人员54名，其中：专职人员16名。

第二节　扶　贫

一、扶贫第一阶段（1990—1993年）

1991年11月，实行“建并撤”后，全县调整为26个乡镇，总户数53414户，总人口275574人，其中：农业人口263566人。全县工农业总产值1.89亿元，其中：农业总产值1.62亿元，工业总产值2676万元。粮食总产量6.41万吨，农村人均占有粮243公斤，农民人均纯收入438元。财政收入616万元。按政府当时确定贫困标准统计，全县贫困人口为22万人，占农村总人口的83.47%。

政策措施及资金投入　根据中央及省、州有关政策规定，罗甸县委、县政府出台《关于加快贫困地区经济发展的意见》等文件，确定开发式扶贫方针。至1993年底，全县获得信贷扶贫资金2993.84万元，获批项目83个，其中：涉及第一产业项目43个，第二产业项目29个，第三产业项目11个。

扶贫成效　1993年年底，全县工农业总产值23187万元，比1990年增加4288万元。其中：农业总产值19267万元，比1990年增加了3044万元；工业总产值3920万元，比1990年增加了1244万元。粮食总产量7.55万吨，比1990年增加了1.14万吨。财政收入1065万元，比1990年增加了449万元。农民人均占有粮 280 公斤，比 1990 年增加了 37 公斤。农民人均纯收入 518 元，比 1990 年增加了 80 元。三年来累计解决 5.1 万人的温饱问题，贫困人口下降到 16.9 万人。

二、扶贫第二阶段（1994—2000 年）

1994 年 3 月，国家开始实施“八七”扶贫攻坚计划，罗甸县委、县政府积极响应党中央、国务院的号召，坚决“打好扶贫攻坚战”。7 年来累计获得各类扶贫资金 36554 万元，其中：信贷扶贫资金 1.61 亿元，财政扶贫资金 1725 万元，以工代赈资金 6025 万元，深圳对口帮扶资金 2932 万元，中直、省直部门定点帮扶资金 9730 万元。

扶贫成效　至 2000 年，全县实现国内生产总值 5.27 亿元，财政总收入 5188 万元，农民人均占有粮 334 公斤，农民人均纯收入 1168 元，贫困人口下降到 2.99 万人。七年间累计解决 13.91 万人的温饱问题。全县人均纯收入 1168 元，比 1993 年增加 650 元，年均增加 93 元。农民人占有粮为 334 公斤，比 1993 年增加 54 公斤。

农田水利建设　7 年累计完成坡改梯 12 万余亩，建成水利工程 8 处，小水池、小水窖 1 万余个，蓄水量 35 万立方米。新增和改善农田灌溉 1.5 万亩，人均占有保灌面积由过去的 0.13 亩提高到现在的 0.27 亩；解决 9.7 万人和 3.76 万头（匹）大牲畜的饮水困难。

电力　2000 年完成电网改造，并实现与国家电网并网。全县通电村数达 265 个村，占全县总村数 98%，作为初级电气化试点县已通过国家验收。

交通　2000 年建成 7 条共 155 公里通乡公路，改造 58 公里的惠罗主干公路；修通村级公路 84 条，总里程 423 公里。全县 26 个乡镇全部通等级公路，176 个村通简易公路。

通信　2000 年县城先后开通无线寻呼，移动电话，程控电话装机容量 7000 门，已使用 6000 余门，实现乡乡通程控，19 个乡镇通光缆，51 个行政村安装程控电话，农村安装电话 400 余部。

文化设施　2000 年 26 个乡镇建起文化站，各乡镇所在地均建成卫星电视地面接收站。90 个村建起卫星地面接收站，全县电视覆盖率 72%。

医疗卫生　2000 年新建、扩建乡级卫生所 17 个，村级卫生室 168 个。

“两山”攻坚脱贫　1994 年 8 月，省委、省政府发出《关于加快麻山、瑶山地区扶贫开发的通知》，决定建立麻山、瑶山地区扶贫开发试验区，罗甸有董王、木引、纳坪、罗苏、罗暮 5 个被列为麻山地区。麻山扶贫开发工作得到省、州、县各级各界的关心和支持，从政策、人力、物力、财力等方面给予倾斜扶持，1994 年以来，国家累计投入到罗甸县麻山地区各类扶贫资金 1 亿元，其中：信贷扶贫资金 864.6 万元，财政扶贫资金 3668 万元，以工代赈资金 5536.5 万元，其他资金 92.8 万元，实施项目 399 个。经过麻山地区广大干部群众 7 年来连续奋战和艰苦不懈的努力，麻山 5 乡的贫困面貌发生了较大变化。基本解决温饱的人口达 3.11 万人，贫困人口由实施“八七”扶贫攻坚计划前 1993 年的 4.25 万人下降到现在的 1.14 万人；农民人均纯收入达到 4335 元，人均占有粮达到 321 公斤，分别比 1993 年增加 4070 元和 106 公斤；完成坡改梯 7300 亩，修建小水池（窖）6318 个，蓄水 18.9 万立方米，实现新增灌面 2400 亩，解决 1.79 万人，0.9 万头（匹）大牲畜的饮水困难；扩建和改造通乡油路 5 条 91.3 公里，新增村级公路 24 条 98 公里，37 个村通公路或简易公路，通车率达 100%；新增董王、罗苏两个乡通电，通电村 37 个，实现乡乡村村通电目标；5 个乡已全部安装移动机站，实现乡乡村村组组开通移动电话目标；新建乡村学校教学楼 45 幢 8791 平方米，建乡卫生院办公楼 5 幢 500 平方米，村卫生室 37 个 3831 平方米，新增卫生设备 32 套，建成 38 个电视卫星接收站，电视覆盖率达 100%。

三、扶贫第三阶段（2001—2013 年）

2001 年，国家制定《中国农村扶贫纲要》，罗甸县被国家列为新阶段扶贫开发工作的重点县，有 19 个乡和 159 个行政村被省政府列为新阶段扶贫开发的重点乡、村。分别占全县总数的 73.1% 和 59.3%。2001 年底，国家扶贫标准提高，全县人均低于 924 元以下的贫困人口有 13.98 万人，其中：9 个重点乡

12.2 万人，159 个重点村有 12.51 万人，分别占全县贫困人口总数的 87.7% 和 89.5%。2007 年，国家扶贫标准提高到 1067 元后，全县贫困人口为 13.38 万人。是年 7 月，随着农村最低生活保障制度的建立，全县低于 693 元以下的 78849 人绝对贫困人口直接纳入低保，进入扶贫开发与农村低保“两轮驱动”阶段，开创了从制度上抑制贫困的新格局。2008 年底，国家对 693—1067 元之间的农村低收入人口全面实施扶贫政策，财政扶贫资金投向从种养殖业与基础设施项目并重向以产业化扶贫项目为主的转变阶段。

政策措施及资金投入 新阶段扶贫开发以来，县委、县政府紧按省、州的工作部署，把董王乡和 159 个扶贫开发重点村，作为农业农村工作的重中之重。至 2013 年，全县共投入各类扶贫资金 12.2 亿元，其中：中央资金 9.63 亿元，省级资金 2.05 亿元，帮扶资金 5130.72 万元。

扶贫成效 2013 年，全县实现地区生产总值 40.38 亿元，财政总收入 4.65 亿元，农民人均纯收入 6166 元，比 2000 年的 1168 元增加 4998 元；人均占有粮达 346 公斤。全县累计有 12.77 万贫困人口脱贫，2011 年云干乡实现减贫摘帽，2013 年罗苏和栗木乡实现减贫摘帽。通过扶贫项目的实施，完成无公害早春蔬菜及秋冬果菜生产示范基地 1.6 万亩，核桃种植 9.08 万亩，脐橙种植 0.8 万亩，板栗种植 0.42 万亩，艾纳香种植 3.7 万亩，油茶种植 1.45 万亩，林下养鸡 26.73 万羽；种草养羊项目完成种草 1.05 万亩，修建圈舍 2.42 万平方米，发放基础母羊 1.62 万只，种公羊 0.12 万只。农民收入从单一化走向多元化。是年全县完成通乡油路 390 公里，100% 的乡通油路，建成通村公路 703 公里，实现 95% 的村通简易公路。建成沼气池 3 万余口，架设输变电线路 433 公里，农户通电率 98%，修建水池水窖 5.73 万口，安装管道 529 公里，解决 118547 人，9.7 万头牲畜饮水困难和 2.09 万亩田土的灌溉问题。建成村级卫生室 53 个，切实解决当地群众看病、就医难的问题。完成农房改造 2452 户，改善部分贫困群众的住房条件。社会各项事业得到发展。在巩固“普六”成果的基础上，积极推进“两基”攻坚，2005 年，贫困乡镇村“两基”指标达到省定验收标准，为全县顺利通过省人民政府验收奠定了坚实基础；医疗卫生条件得到改善，实现乡乡有卫生院，90% 的村有卫生室，配备相应的设备，药品及卫生人员。加大广播电视工程建设力度，各乡镇均建有广播电视站，村级电视覆盖率达 90% 以上，有 5 个乡镇及广播电视站已与县广播电视台联网。

四、扶贫第四阶段（2014—2015 年）

2013 年 10 月，习近平总书记到湖南湘西考察时，首次提出了“精准扶贫”指示。由此扶贫开发方式从单一化向多元化转变，扶贫资金使用从大水“漫灌”向精确“滴灌”转变。扶贫开发为此进入由粗放扶贫转入精准扶贫方向转变的历史时期。2015 年 7 月 21 日黔扶通〔2015〕71 号文件下达罗甸拟“减贫摘帽”任务乡镇为董架乡、罗沙乡、董当乡，鼓励摘帽乡木引镇、交砚乡，州下达罗甸县减贫任务 2.5 万人。罗甸围绕减贫人口、减贫摘帽、精准扶贫、扶贫攻坚示范县等重点工作，以“十大扶贫工程”为抓手，以机制创新为动力、以实施项目为依托、以“六个到村到户”为纽带、以基层组织建设为保障，制定“减贫摘帽”方案减贫人口 2.8 万以上，降低 4.3 个百分点以上。区划调整前的原罗沙、交砚、董当、董架、木引 5 个乡镇实现“减贫摘帽”贫困乡镇发生率降到 38.46% 以下，全县农村居民人均可支配收入达 8162 以上，实现罗甸面上“减贫摘帽”目标。

贫困对象识别及建档立卡 为将贫困对象识别精准，县政府成立以县委书记为组长的精准扶贫工作领导小组和以县委副书记县长为组长的精准扶贫绩效考评及督查工作领导小组；二是完善并印发了《罗甸县扶贫开发建档立卡工作方案》《贫困村、贫困户指标分解方案》《罗甸县全面推进“六个到村到户”实施精准扶贫方案》《罗甸县精准扶贫结对帮扶工作方案》《罗甸县乡镇扶贫开发工作考核办法》，将工作方法和步骤、贫困人口和贫困村规模进行分解和落实，帮扶细化到人，实行一季一调度、半年一通报、一年一评比，确保精准扶贫不走过场，不流于形式，取得实效。2014 年，共识别出贫困村 100 个，其中：一类贫困村 56 个，二类贫困村 24 个，三类贫困村 20 个。初次识别建档立卡贫困户 2.97 万户，贫困人口 11.19 万人。2015 年国家对建档立卡政策进行适度调整，剔除“四有”（即有商品房、有高档轿车、有财政供养人员、有经商企业）农户，通过全县精准扶贫建档立卡贫困户的再一次复查，2015 年年底全县农村共有贫困户 2.2 万户及贫困人口 8.3 万人。其中由扶贫部门通过项目扶贫的贫困户 1.1 万户 4.6 万人；由民政部门通过低保解决的贫困户 1.1 万户 3.7 万人。将贫困人口信息全部录入贵州省精准扶贫系统信息平台，并按照“五个一批”制定了帮扶计划，落实了帮扶责任人。同时做好了脱贫管理。同时结合罗甸实际制定出台了《关于以改革创新精神扎实推进扶贫开发工作的实施方案》《罗甸县乡镇扶贫开发工作考核办法》《罗甸县全面推进“六个到村到户”实施精准扶贫工作方案》《罗甸县全面开展精准扶贫结对帮扶到村到户工作方案》《罗甸县关于进一步创新金融扶贫工作的实施方案》《罗甸县关于创新社会参与扶贫工作实施方案》等一系列改革文件，有力推进扶贫工作有序开展。

项目资金投入　2014—2015 年累计获得各类扶贫资金 1.33 亿元，其中：财政专项扶贫资金 1.24 亿元，社会帮扶资金 945 万元，实施项目 107 个。2014 年获得资金 4625.24 万元，项目 39 个；2015 年资金 8702 万元，实施项目 68 个。完成核桃种植 2.4 万亩，脐橙种植 0.14 万亩，蔬菜种植 0.3 万亩，兴建茶园 0.84 万亩和油茶 0.1 万亩；发展绿壳蛋鸡养殖 66.39 万羽，黑山羊养殖 0.12 万只；兴建中药材艾纳香・米稿套种 0.58 万亩，三叶青产业基地 0.05 万亩，何首乌种植 0.01 万亩；完成通组水泥路 3 公里，通组公路硬化 5.5 公里，实施沫阳镇大井村乡村旅游建设项目；完成现代高效农业（扶贫）示范园区项目 2 个，分别是罗悃镇平榜等 3 村、红水河镇沫村等 2 村艾纳香提质增效种植园 3383 亩和龙坪镇五星村新中盛精品火龙果示范园 5000 亩等。

扶贫攻坚示范县项目建设　2015 年，累计获得财政专项扶贫资金 8331 万元，实施扶贫攻坚示范县项目 65 个。一是发展绿壳蛋鸡养殖 52.3 万羽，修建圈舍 5.23 万平方米，其中：边阳镇 6.05 万羽，木引镇 4.25 万羽，逢亭镇 4 万羽，红水河镇 4.5 万羽，龙坪镇 10.08 万羽，罗悃镇 5.42 万羽，茂井镇 6.08 万羽，沫阳镇 8.33 万羽，凤亭乡 3.58 万羽；二是发展黑山羊养殖 1204 只，其中：边阳镇 764 只，逢亭镇 440 只。修建圈舍 2040 平方米，在逢亭镇罗江村、纳闹村、翁传村、拱里村完成 3.5 米宽的硬化通组公路 20 公里；三是在边阳镇董油村、巴沙村新建茶园面积 8400 亩，逢亭镇、木引镇、上隆茶果场交界处新建茶叶基地 2600 亩；四是中药材项目，兴建艾纳香 · 米稿套种建设任务 5750 亩，其中：凤亭乡 2000 亩，茂井镇 1250 亩，红水河镇 2000 亩。红水河镇罗暮社区兴建三叶青产业基地 500 亩，边阳镇新场村发展何首乌种植 100 亩。至年末，除茶叶基地建设由于苗木种植后受到持续干旱天气的影响，造成死苗、存活率达不到要求而导致项目无法验收外，其余项目均全部完成。

扶贫成效　2014—2015 年完成减少贫困人口 2.89 万人，其中：2014 年完成 1.53 万人，2015 年完成 1.36 万人，贫困人口下降至 8.3 万人，贫困人口发生率下降至 26.03%；2014 年行政区划前的原板庚乡实现“减贫摘帽”。

2015 年初，罗甸被列为全省 10 个扶贫攻坚示范县，原被列为“减贫摘帽”县，董架、罗沙、董当、交砚和木引 5 个（原乡）被列为“减贫摘帽”乡。州下达罗甸县减贫任务 2.5 万人（人均收入在 2968 元以下）。年底，“减贫摘帽”县、“减贫摘帽”乡和减贫人口任务三项减贫指标已如期完成，实现贫困县“减贫摘帽”，董架、罗沙、董当、交砚和木引等 5 个贫困乡镇通过省扶贫专家组的评估认定实现“减贫摘帽”乡，减少贫困人口 1.36 万人。

全县完成减少贫困人口 1.36 万人，贫困人口下降至 8.3 万人，贫困发生率 26.03%，贫困发生率下降 14.63 个百分点，比考核指标数 4.3 高 10.33 个百分点。人均可支配收入达 7933 元，比省下达贫困县“减贫摘帽”人均可支配收入 6600 元指标高 1333 元，高出 24.7%。农村居民人均可支配收入为 7933 元，比 2014 年增加 1767 元，同比增长 28.66%。

董当乡农民人均可支配收入完成 7682 元，比 2014 年增长 823 元，增长 12.00%，比省定考核标准 6600 元高 1082 元。实现脱贫 1580 人，全乡贫困人口将下降至 3752 人，贫困发生率为 23.3%，比 2014 年下降了 9.81 个百分点，比省定考核标准 4.3 个百分点高 5.51 个百分点，

董架乡农民人均可支配收入完成 8158 元，比 2014 年增长 874 元，增长 12.00%，比省定考核标准

6600元高1558元。实现脱贫1060人，全乡贫困人口下降至2346人，贫困发生率为23.65%，比2014年下降了10.69个百分点，比省定考核标准4.3个百分点高6.39个百分点。

罗沙乡农民人均可支配收入完成8244元，比2014年增长883元，增长12.00%，比省定考核标准6600元高1644元。实现脱贫1480人，全乡贫困人口将下降至3705人，贫困发生率为24.11%，比2014年下降了9.63个百分点，比省定考核标准4.3个百分点高5.33个百分点。

交砚乡农民人均可支配收入完成7506元，比2014年增长804元，增长12.00%，比省定考核标准6600元高906元。实现脱贫1739人，全乡贫困人口将下降至3539人，贫困发生率为33.65%，比2014年下降了16.54个百分点，比省定考核标准4.3个百分点高12.24个百分点。

木引乡农民人均可支配收入完成7623元，比2014年增长817元，增长12.00%，比省定考核标准6600元高1023元。实现脱贫2465人，全乡贫困人口将下降至5749人，贫困发生率为26.35%，比2014年下降了11.3个百分点，比省定考核标准4.3个百分点高7个百分点。

2015年，完成地区生产总值57.01亿元，比2014年的40.38亿元增加了16.63亿元；固定资产投资81.40亿元，比2014年的48.80亿元增加了32.6亿元；财政总收入6.98亿元，比2014年的4.65亿元增加了2.33亿元；农村居民人均可支配收入达7933元，比2014年的6166元增加1767元。

罗甸县贫困村及贫困人口分布统计表

表7-1

乡　镇	行政村个数	贫困村指标				贫困人口数（人）		
		合计	一类	二类	三类	2014年初识别	2014年底	2015年底
龙坪镇	27	16	8	4	4	20225	17379	15877
边阳镇	35	18	9	5	4	24537	20637	17559
沫阳镇	12	7	4	2	1	15636	12668	10160
罗悃镇	12	7	4	2	1	10885	9737	8668
逢亭镇	30	14	8	3	3	7136	6524	5571
木引镇	16	9	5	2	2	8875	7651	5689
红水河镇	10	8	7	1	0	8610	7638	6658
茂井镇	20	12	6	3	3	9731	8889	7862
凤亭乡	15	9	5	2	2	6265	5477	4956
合　计	177	100	56	24	20	111900	96600	83000

第三节　生态移民

搬迁安置　2012年开始启动扶贫生态移民工程，至2015年年底总搬迁安置规模1326户5901人，投资11764.77万元，其中：中央、省、州投资9146.55万元，群众自筹2218.22万元，涉及茂井、木引、边阳、龙坪、沫阳5个镇9个安置点，其中：茂井镇搬迁安置166户721人；木引镇搬迁安置195户869人；边阳镇搬迁安置535户2398人；龙坪搬迁安置195户900人；沫阳镇董架500米口径大射电望远镜（FAST）5公里范围群众搬迁涉及董架、白龙、董细等3个行政村6个村民组移民搬迁安置235户1013人。按照人均15—20平方米、户均80—120平方米，进入小城镇（集镇）安置的扶贫生态移民住房，执行户均建房占地面积不超过60平方米。资金来源于中央财政专项扶贫发展资金、中央易地扶贫搬迁资金、省级财政专项资金、地方配套资金等。投资补助标准是住房人均1.2万元，配套基础设施人均补助0.7万元（地方自筹），土地征收人均0.1万元，资金不足由安置户自筹。

2012—2015 年扶贫生态移民安置工程表

表 7-2

序　号	年　代	乡　镇	安置地点	户　数	人　口	集中安置或分散安置
1	2012	茂井镇	茂井镇红屯村安置点	166	721	集中安置
2	2013	木引镇	木引安置点	169	731	集中安置
3	2013	边阳镇	边阳安置点	334	1506	集中安置
4	2014	龙坪镇	龙坪集镇安置点	195	900	集中安置
5	2015	边阳镇	边阳集镇安置点	170	738	集中安置
6	2015	木引镇	木引镇摆落村安置点	226	138	集中安置（分散安置 12 户）
7	2015	边阳镇	边阳镇油烟村安置点	31	154	分散安置
8	2015	沫阳镇	沫阳集镇安置点	172	768	集中安置
9	2015	沫阳镇	沫阳镇董架社区安置点	63	245	集中安置
合　计			–	1226	5901	–

环境移民　1996 年民政局根据罗甸县麻山地区生存条件极为恶劣，历年靠民政救济维持生活贫困地区，经县委、县政府研究，将不具备生存条件的麻山地区极贫农户实行异地移民搬迁，得到国家民政部、省、州民政部门和台湾慈济会以及香港中国星火基金会的大力关心和支持。1996—2007 年，将 16 处环境极为恶劣农户极为贫困作移民搬迁。

麻山极贫困农户移民搬迁工作一览表

表 7-3

地　名	户数	总人数（人）	总投资（万元）	资金来源	迁出原因	修建时间
羊里平堡村	50	235	151.1	上级民政部门补助、香港中国星火基金援助	自然条件恶劣、生产生活困难	1996.09
边阳茅草坪	37	165	56.16	民政部门补助、群众自筹	自然条件恶劣、生产生活困难	1997.10
板庚芭叶砣	14	48	45	乡政府协调、民政部门补助、群众自筹	自然条件恶劣、生产生活困难	1999.01
沫阳纳刮	28	126	60.48	上级民政部门补助、政府协调、群众自筹	山体滑坡、灾民建房	2001.03
云干水涡凼	13	49	10.8	群众自筹、民政及社会各界补助	自然条件恶劣、生产生活困难	2001.03
八总上儒	50	227	100	群众自筹、政府协调、上级民政部门补助并组织修建	自然条件恶劣、生产生活困难	2001.08
罗沙水淹塘	13	48	19.5	台湾慈济会援助、政府协调、民政部门补助并组织修建	自然条件恶劣、生产生活困难	2002.02
董架抹尖	32	133	50	台湾慈济会援助、乡政府协调、民政部门补助并组织修建	自然条件恶劣、生产生活困难	2002.05
董王灰洞	32	149	200	民政部门补助、社会各界援助	自然条件恶劣、生产生活困难	2002.09
八总里厦	32	164	50	群众自筹、乡政府协调、民政部门补助并组织修建	自然条件恶劣、生产生活困难	2002.12

续表

地　名	户数	总人数（人）	总投资（万元）	资金来源	迁出原因	修建时间
董架金家坨	6	30	25	群众自筹、民政局补助并修建	灾民建房	2004.07
平岩湾心	64	268	274.8	台湾慈济会援助、乡政府协调、民政组织修建	自然条件恶劣、生产生活困难	2005.06
罗妥俄村	34	158	39.1	民政补助、农户自筹、太平洋保险捐赠援助	自然条件恶劣、生产生活困难	2006.04
董架对门寨	52	238	234	乡政府协调、台湾慈济会援助、民政局修建	自然条件恶劣、生产生活困难	2006.09
董架上翁井	50	231	235	台湾慈济会援助、乡政府协调、群众自筹、民政部门组织修建	自然条件恶劣、生产生活困难	2006.12
高兰新村	82	410	320	台湾慈济会援助、乡政府协调、群众自筹、民政部门组织修建	自然条件恶劣、生产生活困难	2007.6

羊里平堡移民新村　平堡移民新村人员来自平岩乡、董王乡的灰洞、罗暮等不同民族，新村移民 50 户 235 人。全村占地面积 1059 亩，造田 200 亩，造土 75 亩，年产粮 10 万多公斤，人均食粮 400 公斤。经费投入基础设施建设计 151.1 万元，其中：居民住房 20 栋 150 间，占地 4000 平方米，投资 34 万元；1997 年兴建完小 1 所，1—5 年级教学楼一栋，占地面积 180 平方米，建筑面积 335 平方米，投资 18 万元，可容纳 270 名学生；学校公厕、运动场各 1 个，面积 1920 平方米，投资 5 万元；教师宿舍一栋 12 间，占地面积 120 平方米，建筑面积 288 平方米，投资 8 万元；修路长 1.1 公里、宽 5 米的进村公路，投资 3 万元；自来水从 3 公里以外引进村，投资 20 万元；50 千伏安的变压器 1 台，380—220 伏的低架空电线路 487.5 米接通新村，投资 15 万元。

平堡移民新村建设方式采用“先治坡、后治窝”的办法，先开垦荒地造田种庄稼，后建房造屋；先抓好水、电、路“三通”的基础设施建设，后实行有偿投入，滚动使用，长期发展。

龙滩水电站建设，2004 年平堡移民新村被全部淹没，电站已对各农户作移民进行赔偿，由政府分散安置。

第四节　大关精神

大关村原属罗甸县猴场乡，1990 年 12 月撤区并乡建镇划归罗甸县云干乡。地处县城东北部，距县城 21 公里，属喀斯特地区地貌，自然条件恶劣，曾被认为不具备人类生存条件的地方。

在反贫困事业中，大关人举起反贫困的旗帜，自力更生、艰苦创业，苦战 12 个寒暑，在乱石丛中劈石造田 1038 亩，甩掉贫困帽子，给全县、全省农村反贫困走上脱贫致富树立了榜样。

大关概况　大关村居住在海拔 900 多米高的崇山峻岭中，辖大关、猴场、石板井、上湾、高杠、重阳湾、屯上、长冲、上奈、转堡、嘎聋、冗江 12 个村民组。1980 年全村 253 户 1320 人。耕地面积 1332 亩，除冗江、重阳湾、高杠、屯上四个组有 62 亩旱田外，其余 1270 亩土地分布在 180 多个山垭、窝凼、陡坡、石旮旯里，90% 的山坡超过 25 度。山高谷深，怪石林立，耕地破碎，水源奇缺，属喀斯特地区地貌。1935 年，10 多个躲兵的年轻人从几十里外的边阳逃到无人烟的莽林大山里安家，在这里繁衍生息，开拓大关，发展大关。

新中国成立后，大关人在中国共产党领导下，发展生产、发展经济，生活安定，人口逐步增长。1956 年森林覆盖率达 85%。1958 年“大跃进”时期乱砍滥伐山林烧木炭大炼钢铁。再则，人口的增长，开荒毁林种植粮食，烧砖瓦盖房，对山林对土地危害极大，生态环境进一步恶化。20 世纪 80 年代初，大关村植被几乎被破坏殆尽，成喀斯特石漠化地区。导致“三天无雨苗发黄，下点急雨土冲走”，“种一坡，收一筐，一年辛苦半年粮”的局面。1980 年，全村人均占有粮 130 公斤，人均纯收入 50 元。而大关组当时一亩田都没有，全组 34 户 179 人，只有 134 亩耕地分散在 24 个石旮旯里的山窝里。是年收玉米 1.9 万公斤，人均占有粮 109 公斤，人均纯收入 40 元。村民生活困难，是全县闻名的“三缺、三靠”村，即缺粮、缺水、缺钱，食粮靠供应、用钱靠贷款、穿衣靠救济，无钱供孩子上学。小伙子难找媳妇，本地姑娘往外走，外地姑娘不愿来。村里流传一首民谣：“有女不嫁山里头，苞谷地下守老猴。想回娘家走一趟，除非苞谷收上楼。”

大关人在环境恶劣的情况下，仍是要求生存，谋发展，找出路。20 世纪 70 年代末，大关人听说平塘的西关军垦农场要下马，本县的荒田要接收人。时任村主任何元亮把自家房子上的瓦揭下来，卖掉得 60 元钱作盘缠邀几个人一起三下荒田，六上西关，想找一块“风水宝地”举家外迁谋生。终因故土难离，仍是留在大关穷山沟里，开拓、发展、谋生。

1980 年，党的农村政策改革，在农村实行家庭联产承包责任制 50 年不变；经济体制由集体经济走向市场经济，农民在承包的田土开拓发展。大关人沿袭旧的生产方式，大面积开荒扩种粮食，基本解决人们的食粮问题，但又造成土地石漠化。

1983 年大关村民李必先、李必兴、何光伦 3 户，通过参加修建云干—猴场公路，在悬崖峭壁上修出平坦的公路，从中受到启发，是年各自在家门前造出 2 分多田，到云干路边、田边捡人家栽剩的秧苗来栽，经过护理，秋收时每家得稻谷 200 多斤，大家非常高兴而受到启发。

1984 年年初，何元亮被选为村党支部书记。春节期间，召开大关组劈石造田动员会，多数群众赞同，少部分群众认为在岩石上造田实在困难办不到是梦想；有的说：老祖宗都搞不起，我们能搞吗？有的说：吃饭穿衣都困难，哪有钱去开田？祖宗八代都没有米吃，不也照样过，非要开田。何元亮以李必先 3 户造田成功获得丰收的事例说服大家，鼓励大家。经过几天会议讨论，统一了思想，统一了认识，明确了“当槽开田，两山栽树，以粮安家，多种经营发展致富”的发展思路，并制订了五年计划：依靠自己的力量，团结互助，奋战 5 个冬春，人均造田半亩。将任务分解到户，落实到地块，明确由村党支部和村民小组负责督促检查。并指出：不愿开田的户把土地让出来给别人开，或者出钱由组组织人开或请人帮开。

规划制订后，何元亮在自家门前当槽放响劈石造田第一炮。同时召开村党员、干部、群众会议，动员全村群众劈石、抠土造田。何元亮在石板井组抓点，以点带面，在大关村全面铺开。王明学在下湾、李必中在杨家湾、何光伦在大关坡、安作品在红岩圈、安作荣在安家窝、王明华在岩垭口拉开劈石造田序幕。

劈石造田群众积极发动起来了，但困难很多，没有雷管炸药供应，到广西矿山买黑市炸药雷管。没有钱，杀年猪卖、砍椿树卖、连靠下蛋换盐的老母鸡都卖掉筹钱买炸药雷管。后来连买硝铵来和锯木面制造土炸药都没钱买了。王明华实在没有办法，就用柴火堆积在石头上把石烧红用冷水淋的办法炸石；张正文等先在石头上打洞，然后加进铁楔子震动破石头的办法，大关人克服种种困难，坚持劈石造田。

在劈石造田中，一开始就要求高标准、高质量，以稳产高产为目标，在岩上造田非常艰辛，先把石缝里中的岩窝窝间的泥土抠出来堆积在一起，再用炸药炸石，大石头用来填坑洼砌堡坎，细石和碎石用来铺面压平夯实，再将原抠出的泥土搬运来铺在面上有 60—70 厘米厚才能蓄水栽秧。造一块田就要做 4 层活路，第一层放块石，第二层放碎石，第三层放细石、黏土，第四层放肥泥。造一亩田，平均要翻（搬）石头 80 立方米，填土 150 立方米，投工 500 个以上，投入资金 600 元，有的高达 1000 元以上。

施工中，大关组王明光因过度疲劳，在放炮时被炸瞎一只眼，炸掉 4 根手指，坚持不肯休息继续开田。梁应明家，在大关垭口开的一块田，搭起架子在 3 个岩槽中抠取泥土 10 多米深，抠出泥土 200 多立方，造田 1.5 亩，投入劳力 879 个，投入资金 1418 元。安作品家在红岩圈造田，先用马车拉 45 立方石头把一个大坑填平，再在山坡上挖来180多立方泥土填在面上，一个多月时间才修造成2分多宽的田面积。张正文60多岁，没有儿子，只有一个女儿，他带领女儿、女婿、外孙坚持开田8年，在岩石上造成田4亩，有一次他被外孙打锤误伤，病了好久才恢复，他说：只要你们勤快开田，我很高兴，伤了也不怪你们，这是为了子孙造福啊。上湾组农民杨永明造田如绣花，砌的堡坎全部用细钻修理，非常工整。在他的带动下，全组开的40多亩高标准梯田。何元亮说：我家门前的这块田2.1亩，原来是3个四五米深的石槽，在大家的帮助下，先把岩槽里的泥土抠出来，再把岩石炸开，铺上石头，填上泥土，前后投工1000多个。翻（搬）石头2000多立方，抠土1000多立方，投入资金4000元，原来一年只收一挑苞谷，现在每年收500多公斤稻谷。

大关人靠自力更生、艰苦奋斗的苦干实干精神，从1984年冬到1990年，全村劈石造田200多亩，其中：大关组造了105亩，实现1984年春制订的5年内人均半亩田的计划。1991年国家实施以工代赈大搞基本农田建设，大关劈石造田正逢这个好机遇，劈石造田的积极性更高，全村每年以上百亩的速度递增。至1996年止，大关人劈石造田12年，总投工51.9万个，投入资金62.2万元，翻（搬）石头83万立方米，抠填泥土15.6万立方米，造成田1038亩，加上原有的62亩，共计1100亩，全村人均稻田0.83亩。在劈石造田中，大关还注重配套修建水池水窖255个，蓄水1.28万立方米，使60%的稻田有水灌溉，推广杂交水稻种植，实行科学管理，1995年全村粮食总产71.5万公斤，人均食粮540公斤，比1980年增长3.15倍。

致富脱贫 大关村解决温饱的同时，党支部书记和村委会发动群众开展多种经营，发展经济林发展畜牧业。1990年何元亮出钱买来杜仲苗，一户一户地动员大家栽，1996年全村栽种杜仲87万株，椿木60万株，黄柏30万株，泡桐1万株，接桃2.68万株，银杏5000株和其他果树，共计206.18万株，户均8173株，人均1561株，既发展了经济林又增加森林覆盖率，保持了水土，增加经济收入。有了粮食，畜牧业随之得到迅速发展，全村户均养猪5头，养鸡20只以上，年户均出栏猪2头，仔猪8头，全村养殖业总收入37万元。1996年全村人均年纯收入1008元，比1980年增长19.6倍。是年集资14.4万元架通输电线路。在国家扶持下，建起地面卫星接收站，开始看到电视，修通村组公路6公里，修建村委会办公室、卫生室，适龄儿童入学率达96%。实现照明加工电气化，电视机、电饭锅、电冰箱、洗衣机等家用电器已进入部分家庭。农民住房条件有所改善，物质文明建设和精神文明建设得到同步发展。

1991年12月江泽民总书记到贵州视察工作时，在遵义红星村接见罗甸县云干部乡大关村党支部书记何元亮，江总书记在听取何元亮劈石造田、退耕还林的情况后说："如果全国类似的地方都像你们这样干，吃饭就不成问题了。奔向小康，农民要富裕，农民富不起来，小康实现不了。你们回去好好干，一是搞好坡改梯发展农业，二是大力发展林业，三是把乡镇企业办好。"12月24日，何元亮回村后，认真落实总书记指示：从冬季到第二年春季带领全村12个组的干部群众千方百计完成402亩的劈石造田任务，第二年春季全部种杂交水稻，使全村粮食总产量由1991年的35万公斤上升到45万公斤；杜仲由50万株发展到70万株；户均养猪5头。使全村人均收入在1991年400元的基础上增长100元。1995年4月何元亮被评为全国劳动模范。5月1日到北京参加表彰会，受到党和国家领导人接见。1995年中共罗甸县委、县人民政府发出号召，在全县开展向大关村学习的活动。1996年11月1日，国务委员、国务院扶贫领导小组组长陈俊生在中共贵州省委副书记吴亦侠、副省长袁荣贵陪同下率国家机关有关部委领导到大关村视察工作。被大关精神和事迹所感动，欣然题词："向大关村学习，苦干实干致富"。12月9日贵州省委书记刘方仁率麻山、瑶山地区7县和三都、独山县委书记到大关考察。12月23日，中共贵州省委、贵州省人民政府关于广泛开展学习大关活动的决定。1997年12月16日《人民日报》头版头条报道了大关村连续苦干12年，率先解决温饱问题的消息，《人民日报》编者按：【大关村苦干12年挖掉穷根】一个村劈石造田的消息，还值得上《人民日报》的一版头条吗？——有些读者可能提出这样的疑问。确实，如果只看造田的规模、数量，比起有些典型来并不那么惊人。但是促使编者下决心把这条消息作如此破格处理的，是大关村人那种艰苦奋斗的新愚公精神。看到他们那种坚持12年与恶劣自然条件作顽强斗争的业绩，谁能不为之感动？谁能不为之落泪？这种艰苦奋斗精神，是中华民族的灵魂，是中华民族赖以生存和发展的支柱。这种精神，不仅战争年代需要，和平时期同样需要；不仅贫困地区需要，富裕地区同样需要；不仅农村需要，城市的各行各业同样需要。有了这样的精神，我们就一定能够有力量战胜一切艰难险阻，把建设有中国特色社会主义的伟大事业不断推向前进。从这个意义上说，大关村人所创造的一切，已经大大超过其本身的物质价值。国务院副总理姜春云在全国人大八届五次会议贵州代表团会上讲：《人民日报》登的大关村，就是强调苦干 12 年，挖掉了穷根，这是从根本上解决贫困。陈俊生在全国人大八届五次会议贵州代表团会上的讲话中特别强调要学大关精神。贵州人民广播电台 1997 年 3 月 19 日 –3 月 23 日《贵州新闻联播》节目连续报道。《贵州日报》1996 年《人民日报》和 1997 年多次报道大关村精神。

大关村在创业的大道上没有停步。2014 年大关村总人口 3927 人，其中：男 2356 人，女 1517 人，总人口中汉族 3575 人，苗族 353 人，布依族 37 人。耕地面积 4498 亩，其中：田 1863 亩，地 635 亩。村组公路 1996 年 4 条 6 公里增加至 28 条 41 公里。公路通村组后，私人购车逐步增长，全村现有货车 15 辆，货机三 28 辆，小车 16 辆，摩托车 800 余辆。家庭电话 60 部，移动电话 2000 余部。农田基本建设修水池水窖 953 个，蓄水 38120 立方米。发展经济林 1.2 万亩，砂仁 100 亩。劳务输出 1100 人，年收入 2000 余万元。工农业总产值 2430 万元。农民年人均纯收入 6208 元，年人均占有粮 550 公斤。

2015 大关村 881 户 4053 人，其中：男 2432 人、女 1621 人。耕地面积 4448 亩，其中：田面积 1863 亩、地面积 2585 亩。通村通组（户）公路 26 条 35 公里，村、组（户）通车后，全村现有货车 9 辆、小轿车 18 辆，摩托车 912 辆。至 2015 年全村水窖、水池 1123 个，蓄水 5.62 万立方米。经济林木 1247 亩、砂仁 22 亩、杜仲 1225 亩。劳务输出 1346 人，年劳务收入 2826.6 万元。工农业总产值 3100 万元，其中：农业总产值 3100 万元。年人均收入 3018 元，年人均占有粮 210 公斤。

第二章　帮　扶

第一节　对口帮扶

1994 年国家实施西部大开发，推动西部地区较快发展，并提出国家机关定点支援西部、东部支援西部并肩前进，让西部尽快富裕起来。在社会扶贫工作中，1995 年起国家开发投资公司作为国家机关定点帮扶罗甸县。1995—2012 年深圳市对口帮扶黔南州，深圳市龙岗区对口帮扶罗甸县。2013 年，国务院办公厅再次下发《关于开展对口帮扶贵州工作的指导意见》（国办发〔2013〕11 号），综合考虑原有东西协作扶贫关系、帮扶方财力状况、受帮扶地区困难程度以及双方合作基础等因素，确定调整深圳市对口帮扶毕节市，广州市对口帮扶黔南州，广州市明确天河区对口帮扶罗甸县。

国家开发投资公司定点帮扶　国家开发投资公司在帮扶罗甸工作中，1995 年贷款 150 万元用于县水泥厂技改。1996 年，向雷公滩电站贷款 500 万元作超概补缺资金，1 号机组于 1996 年 4 月 12 日并网发电。捐资 40 万元新建罗羊小学（现改名红水河小学）。1997 年贷款 370 万元实施信邦银杏浸膏生产线，贷款 300 万元实施信邦 GMP 生产线，贷款 260 万元安装雷公滩—龙坪 110 伏输电线路，贷款 330 万元实施辉绿岩矿山开采，贷款 50 万元给县铁厂实施技改。2001 年向县畜牧局贷款 110 万元建黑山羊选育场。2004 年向信邦公司贷款 300 万元建抗生素、口服液、滴剂三条生产线。2005 年无偿援建罗甸多功能活动中心 500 万元，面积 6428 平方米，2006 年竣工使用。2007 年投资 150 万元，实施董架水利项目 3 个。2008 年投资 150 万元，实施云干道角村人饮工程。2009 年投资 150 万元，实施栗木乡小水池 433 口，每口30平方米。2011年投资150万元，实施木引乡冗林村灌溉系列工程。2012年投资150万元实施罗苏乡平榜、过石村人饮工程3个。2013年投资200万元，实施板庚人饮工程等。2014年，投资200万元，实施木引镇饮水工程项目1处。2015年，投资200万元，实施边阳镇交砚社区实施30立方米蓄水池200口。

20年来，国家开发投资公司向罗甸援助扶贫资金计4418万元，其中：有偿资金2370万元，无偿资金2048万元，为罗甸经济建设，让农民尽快脱贫致富作出贡献。社会救助方面，2001年，公司资助罗甸贫困生及贫困农户慰问金64.3万元，使近60名贫困学生圆了大学梦，得到了深造的机会。2005年和2009年罗甸遭受特大洪灾和旱灾，公司闻讯后，及时捐105万元（公司捐资100万元，职工捐资5万元），帮助罗甸受灾群众恢复生产，重建家园。从2005年起，国投公司每年均向罗甸捐资5—10万元，累计85万元，作为贫困农户的春节慰问金，让罗甸2750户贫困农户度过了温暖祥和的春节。

深圳市对口帮扶 2003年，深圳市政府投入资金135万元，实施木引乡摆落村和平岩乡平岩村贫困村新农村建设推进工程。2005年，投资155万元，实施栗木乡摆贡村和平岩乡弯心村整村贫困村新农村建设工程。2006年，投资155万元，实施董当乡大井村贫困村新农村建设推进工程。2007年，投资100万元，实施八总乡另桃村贫困村新农村建设推进工程。2008年，投资120万元，实施云干乡道角村贫困村新农村建设推进工程。2009年，投资120万元，实施董架乡董细和田坝村的贫困村新农村建设推进工程。2010年，投资100万元，实施罗悃镇上饶和纳冗村自来水工程项目2个。2011年，投资150万元，实施项目罗悃镇玉里村饮水工程和云干乡干里村村级公路维修。2012年，投资200万元，实施沫阳镇纳翁和里改村人饮工程。

10余年来，深圳市共投入帮扶资金1235万元，为推动罗甸县贫困村经济社会发展作出卓越贡献。

深圳市龙岗政府及企业团体、个人对口帮扶 中央实施西部大开发，让西部地区尽快脱贫致富起来。深圳市龙岗区政府响应中央号召积极组织企业团体和个人对罗甸实施对口帮扶。1996年，深圳市龙岗区捐资40万元实施木引、八总两乡卫生院业务用房建设。1997年捐资400万元，实施龙坪、红水河两镇农田改造，平岩、董架、云干小水池建设，八总大桥和沫阳—董当公路建设。1998年捐资200万元，实施董当、栗木、云干三个乡小水池1000口和沫阳中学教学楼240平方米及附属设施建设。1999年捐资200万元实施董王、纳坪、木引小水池2000口建设。2000年捐资300万元，实施云干、董王、栗木建小水池324口，逢亭—板庚公路15.77公里，班仁、板庚、平岩3乡小学教学楼建设各240平方米。2001年捐资345万元，实施罗暮、沟亭学校教学楼建设各240平方米，沫阳中学教学楼2幢1850平方米；董架、董当、凤亭、交砚、罗暮、纳坪6幢卫生院建设各240平方米；董王、董架、云干小水池建设300口；沫阳—董当公路建设5公里。2002年捐资179.2万元，实施大亭乡卫生院和边阳、栗木、罗悃、龙坪、大亭、木引、董王、沫阳等乡镇小学教学楼各950平方米及图书、教学仪器。2003年捐资299.5万元，（其中：平湖、新木、新南、横岗、陆约村捐资64.5万元），实施木引乡摆落村，平岩乡平岩村扶贫工程，县医院综合楼1500平方米建设和配套设施，实施县民中教学楼3幢2000平方米配套设施；实施板庚公路、村委、村级小学校修缮，边阳105户贫困猪圈修建补助。2005年捐资帮扶资金355万元，实施大乐亭—烟山公路油路建设，实施栗木乡—摆贡村和平岩乡弯心村—独平公路建设及栗木乡摆贡小学，罗悃镇河西水渠工程，交砚乡联兴、交砚、交塘、罗沙乡油海村小水池80个和实施茂井、罗暮、罗悃脐橙种植1500亩。2006年捐资100万元实施云干乡干里公路4公里，板庚乡板庚村小河治理，董王乡油尖大白岩—长顺县敦操公路建设。2007年捐资80万元，实施栗木乡摆贡、深井优质猪种繁殖项目和董当大井村公路和农房改造。2008年捐资120万元，实施董架乡田坝村小水池104口和董当大小井危房改造20户，板庚乡危房改造20户。2009年捐资180万元实施边阳镇团田村小水池建设300口和茂井、逢亭、红水河、交砚、沟亭、罗暮脐橙种植1621.6亩。2010年捐资180万元实施边阳镇新联村取水工程、道路硬化和栗木乡深井村脐橙种植4000亩。

在扶贫工作中，深圳市龙岗区政府向罗甸捐资帮扶资金2773.7万元，为罗甸反贫困事业，作出了巨大的贡献。

广州市及其天河区对口帮扶　2013年，广州市和天河区分别与黔南州分别签署了《2013—2020年对口帮扶合作框架协议》，对帮扶的目标、方式、内容以及帮扶合作的政策与保障等方面都作了全面的部署。2013年，广州市及天河区投入对口帮扶资金391.72万元，实施红水河镇罗暮村河道治理及路灯建设、沫阳镇翁保村通村公路硬化及开展玉石加工培训。2014年，投资375万元，实施大关村农贸市场建设5045.35平方米、罗甸县稀有蔬菜引种度验示范、沫阳镇访里村工厂化蔬菜育苗中心催芽室建设、木引镇纳猛村和边阳镇明星村串户路建设、逢亭镇纳坪村路灯亮化工程建设以及沫阳镇方里村便民桥建设项目7个。2015年，投资170万元，实施沫阳镇平岩村通村主干道水泥路及开展玉石培训。总援助扶贫资金36.72万元。2013年开展对口帮扶以来，罗甸先后派出93名干部赴天河区参加培训，并选派8名干部挂职锻炼。参训、挂职锻炼干部更新理念、增长知识、提升素质、拓宽视野。2015年获广州市对口帮扶资金150万元，帮扶沫阳镇平岩村新建0.18米厚、宽4.5米通村3.7公里主干道水泥路，11月底通车。获广州市天河区培训费20万元。开展玉石培训四期培训300人次。获国家开发投资公司投资200万元定点帮扶边阳镇交砚社区实施30立方米蓄水池200口，解决3个村1715户7280人的人畜饮水安全的问题。

第二节　县部门及企业帮扶

县直部门帮扶　1994年中央实施西部大开发事业后，县属机关每年抽调100名以上干部组成党建工作队，深入100多个村开展党建扶贫工作。20余年来累计投入复合肥309吨，折合资金30.9万元；学校体育用品1023件，折合资金16万元；捐资115万元，修建或修缮村委会办公楼23幢，购置办公桌椅276套；1997年3月，县委、县人民政府抽调县直机关干部100名组成温饱越线驻村特派员，派驻全县26个乡镇贫困村实施（1年时间）温饱越线快贫工作，至2015年帮助引进项目145个，引进资金3990万元，解决了帮扶村的饮水难、行路难等问题；捐送慰问品及慰问金折现78万元，发放给贫困农户5663户，使贫困农户感念党的温暖；开办培训班380期，培训群众3.8万人次。让贫困农户掌握了杂交玉米种植、经果林栽培技术、生猪、黑山羊繁殖等实用技能。

扶贫资金　2015年县级财政配套财政扶贫资金3000万元（本级财政预算收入2%），专项工作经费600万元（按中央省安排资金3%配套），中央、省扶贫资金8亿元。向各乡镇下达扶贫示范县项目管理费121万元。

民营企业帮扶　2015年，县工商联认真组织开展理想信念教育与光彩事业实践活动，引导县内各民营企业自觉履行社会责任，弘扬中华美德，致富思源、富而思进，热心公益事业，投身光彩事业的活动。民营企业开展帮扶村级建设、困难家庭、贫困学生、特殊学生等公益活动，捐款赠物共折计人民币100.95万元。

县内企业帮扶

信邦公司　1月16日为沫阳镇董架社区联合村送去水泥60吨，用于修建长38米，宽28米，1064平方米的村民活动休息场地。6月1日，慰问红水河镇罗暮小学、沫阳镇董细小学，并捐赠1.6万元。分别在“六一”儿童节、春节慰问联合村儿童和老人，捐款共计10万元。

湖南商会　1月26日为罗悃镇中、小学部分贫困学生及家庭和困难大学生送去大米、食用油及过冬的衣物、棉被和助学金，折合人民币8.8万余元；1月30日，慰问特殊学校学生，送去慰问金2.28万元；4月27日，罗甸县湖南商会在际恒五金建材城举办名为“共襄义举大爱际恒”的大型慈善公益活动，慰问了罗甸环卫工人及特殊学校的学生款物共计5.8万元。12月18日，帮助沫阳镇联合村抹相组（村委会所在地）娱乐活动场所，送去水泥35吨。

明盛矿业公司　2月，明盛矿业公司注入10万元给罗甸县草根助学基金会，用于平台运作，解决罗甸贫困山区学生入学困难。

川渝商会　9月7日，逢亭遭遇特大暴雨后的救灾，为逢亭灾区困难群众送去帮扶资金2.37万元；12月18日，帮扶沫阳镇董细村水泥30吨，用于修建饮水池2个300立方。

罗斛商会　9月7日，为边阳镇大寨村修建冗吕通组公路，送去帮扶资金6万元。

双阳公司　12月17日为联合村送去水泥20吨，用于修建通组公路。2015年在县教育局的倡议下帮助边远贫困山区儿童入学，捐资3万元，支助红水河镇上妥村大学生王小瑞、下妥黄小妹、董架李仁珂学费。

县农发行　1997年3月—2014年12月，先后派出35人次到栗木乡下冲村、董王乡打改村、罗暮乡保上村、红水河镇云里村、木引乡宜龙村、纳坪乡翁传村、打金村和龙坪镇开展帮扶工作。1997年抽调本行干部参加县温饱越线驻村特派员进驻栗木乡下冲村开展助农扶贫工作。1997年3月挤出办公经费1.2万元，帮助重建村委会，全行职工捐款0.5万元，用于村小学支教。同时，协调农业、水利等部门，支援水泥、砂石等物资，建水窖20口，协调物资，帮助和引导村民以投工投劳形式兴修通村组公路3.2公里。

1998年4月，支行投放栗木乡10万元扶贫资金，其中：5万元解决群众购买种子、化肥、农药等急需的生产资料，3万元用于补助修缮民办小学用房（学校为土木结构），2万元解决极贫户购买耕牛12头，仔猪40头。

2004年，抽调扶贫工作队员进驻董王乡，购置物资赠送村委和3户村民，其中：电视机4台、棉被36床、毛毯50床、床单50床，折合资金4.8万元。配合乡人民政府协调相关部门帮助兴修进村公路2.6公里，兴建水窖29口，扶贫工作队员梁世明个人捐款1500元，购水泥5吨，助村修复因洪水损毁的公路桥梁。

2005—2014年，投入物资（水泥、化肥、种子、书籍、体育器具等物资）折合人民币3.5万元，同时筹集现金4.2万元，帮扶5个乡镇的村民解决人畜饮水、生产、道路难的问题。全行员工捐款840元，系统内捐款1860元。2015年慰问龙坪镇2户扎户1万元，慰问老党员3000元。

2009年1月，县农发行获农发总行颁发的“学习型银行标兵单位”称号。

专记：龙坪镇道角村扶贫简况

龙坪镇道角村地处县城东北部，距县城9公里，辖21个村民组，715户3080人，辖区面积16.41平方公里，耕地4613亩，其中：田2040亩、地2573亩；林地面积2000亩，平均海拔550米，年平均气温18.7℃，全村有国家公益林1228亩，地方公益林757亩。

1991年人均纯收入500元，人均占有粮50公斤；1995年人均纯收入800元，人均占有粮80公斤；2000年人均纯收入1000元，人均占有粮120公斤；2005年人均纯收入2600元，人均占有粮160公斤；2010年人均纯收入4823元，人均占有粮180公斤；2015年人均纯收入5860元，人均占有粮200公斤。人均收入逐渐提高，生活得到逐步改善。

经果林　2010年全村有几户发展种植业，种植脐橙500亩，2015年全村种植脐橙4600亩，达到盛果期2000亩，珍珠李450亩，早春菜1200亩，夏菜200亩，秋菜90亩，冬菜150亩，砂仁种植300亩，核桃种植2856亩，年收入1600万元。2010年10户种植脐橙500亩，2015年120户种植脐橙3000亩。

外出务工　1995年20人首批外出务工，每人每月300元，经外出务工人员带动，外出务工人数逐渐增多，2000年外出务工50人，2005年达到80人，2005年出现外出务工热潮，全村外出务工人数150人，2010年务工热潮持续高涨，全村有500人，常年外出务工，2015年全村外出务工700人，2015年，月人均务工收入3000余元。

扶贫开发　2000年，道角村居住在喀斯特山区，大部分农户居住在土窖洞里面，饮水困难，交通不便，出行困难。2005 年人居环境逐步得到改善，2010 年，随着人民生活逐步提高，住房安全得到基本保证，2015 年住房基本得到全面改善，但还有 12 农户住房存在安全隐患，占总户数 1.7%。饮水安全基本解决，农村通组公路基本实现组租通硬化路。

交通方面　2005 年全村实现私人购有货车 3 辆、农用车 5 辆、小轿车 2 辆、摩托车有 20 辆，手机有 50 部。2010 年全村实现村、组、户通公路目标，私人购有货车 10 辆、农用车 30 辆、小轿车 18 辆、摩托车 50 辆，手机 200 部。2015 年私人购货车 30 辆、农用车 200 辆、小轿车 30 辆、摩托车 600 辆，手机 1200 部。

村寨人口文化构成状况　1991 年小学毕业 30 人、初中毕业 10 人，在家务农 500 人，其中：男 260 人、女 240 人。1995 年小学毕业 50 人、初中毕业 14 人，在家务农 730 人，其中男 380 人，女 350 人。2000 年小学毕业 210 人、初中毕业 120、高中（含职中）毕业 45 人，在家务农 980 人，其中：男 500 人、女 480 人。2005 年小学毕业 300 人、初中毕业 130 人、高中（含职中）毕业 20 人，在家务农 1023 人，其中男 560 人、女 463 人，中专（含中师）、大专、本科、研究生毕业在外工作有 20 人。2010 年小学毕业 350 人、初中毕业 260、高中（含职中）毕业 23 人，在家务农 1248 人，其中：男 650 人，女 598 人，中专（含中师）、大专、本科、研究生毕业在外工作有 23 人、2015 年小学毕业 380 人、初中毕业 200 人、高中（含职中）毕业 250 人，在家务农 1386 人，其中男 756 人，女 630 人，中专（含中师）、大专、本科、研究生毕业在外工作 120 人。

2013 年，建档立卡贫困户 236 户 964 人，占全村总人口 31.3%。2014 年脱贫 60 户 268 人；2015 年脱贫 25 户 109 人；现有未脱贫户 151 户 587 人，

村容村貌　村容村貌逐步得到改善，人居环境进一步优化，群众出行条件得到改善。如今道角村旧面貌换新颜，果林满山，公路达家门，高楼点缀山间，一派新村气象。

第八篇　工　业

第一章　工业体制改革

第一节　管理体制改革

一、企业体制改革

县内国有企业产权改革，始于县造纸厂。1988 年 7 月，国营造纸厂和苎麻纤维厂产权，以 220 万元有偿转让给贵州私营华一纸厂经营，除厂区土地为国有外，其他使用权变更为乙方享有。

1991 年 9 月，县国家企业领导体制又一次发生了重大调整。厂长（经理）和党委书记由一人担任，企业权力更加集中。

1999 年，对全县国有企业领导人，按照公开、平等、竞争、择优原则。采取考核、选拔、任用管理办法。同时实行经理（厂长）年薪制和期权制试点。

2004 年 8 月，县国有企业改革面 100%，改制面 11.5%。2006 年，改革已延伸到国有中小企业。为了进一步搞好县国有企业改革工作，把“全面推进”工作方针转变为“成熟一个，改制一个”，改革目标不在“多”而在于“改一个，成功一个”。根据这一方针，推动县页岩砖厂、水泥厂、工业硅厂、印刷厂、康黔公司和县矿产公司、县农机公司改制，并加快县供销系统企业改制步伐。2013 年年底，县轻工公司的改制也进入改制制订方案阶段，

二、企业劳动用工制度改革

1978 年以前，全县国有企业实行固定工制，国家对社会用工实行统一分配。

1992 年，企业劳动、人事、分配改革，是年县油脂化工厂对中层干部和职工，全部实行聘任制。1995 年，推行由个体手工业劳动者，按“自愿结合、自筹资金、自主经营、自负盈亏、按劳分配、按股分红原则”，组织筹建企业，职工既是劳动者，也是资产所有者，既按劳分配，又按股分红。其中：个人股总额可达到或超过企业总额 70%。

是年，按《关于贵州省全面实行劳动合同制度的意见》要求，通过完善定员定额，以产定人，下岗分流、减员增效。全面推行全员劳动合同制，使职工和企业实行双向选择；在人事制度改革方面，打破企业干部、工人身份界线，坚持以德、能、勤、绩、廉来全面考核和选拔领导和管理人员，推行竞聘上岗、优胜劣汰。在资分配制度改革方面，坚持按岗位责任，劳动成果和企业经济效益来兑现工资，实行浮动工资制，建立有效的激励机制。

三、外贸体制改革

1980 年 1 月 1 日正式启动外贸体制改革。简政放权是这一时期外贸体制改革主旋律，9 月，外贸体制改革结束。

1985 年，罗甸县建立工业硅厂，一直采取间接出口方式。

1988 年，罗甸开始实行外贸承包责任制。改革方向是建立自负盈亏、放开经营、工贸结合和推行代理制外贸体制。当时，罗甸县只有一家外贸企业，在此阶段实行转换经营机制。1994—2002 年，汇率并轨，宏观调控。由于经营不善，2005 年，罗甸县外贸企业进行改制工作，是年结束。

四、机构

罗甸县工业和信息化局前身是罗甸县经济贸易局，2002 年根据县委、县人民政府（罗党发〔2001〕37 号）《关于罗甸县县级党政机关改革的实施意见》文件精神，将原县乡镇企业局、县轻工局、县商业局、县物资局合并到县经贸局。2011 年 10 月，根据《中共罗甸县委关于罗甸县人民政府机构改革方案的实施意见》精神，设县机构改革领导小组。县经贸局机构改革更名为县工业和信息化局，为财政全额预算管理，核定行政编制 10 名，其中：局长 1 名，副局长 3 名，纪检组长 1 名，股长（主任）5 名。2014 年根据《罗甸县人民政府办公室关于罗甸县工业和信息局主要职责内设人员编制规定的通知》精神，县工业和信息局对酒类流通和牲畜定点屠宰的监管职能分别划给县市监局和农工局。负责全县工业、商贸、粮油和信息化管理。2015 年机构没有变动。

经济委员会　负责全县工业发展规划，协调相关经济部门工作、国有企业的发展和管理、矿产资源开采等工作。

乡镇企业局　负责全县乡镇工业企业的发展规划和管理、煤炭资源的勘探和开采等工作。

轻工局　负责全县轻工业的发展与规划、管理城镇集体工业企业。

物资局　负责全县物资供应、调配经营，主要负责钢材、水泥、炸药等物资的进货与销售。

第二节　产权制度改革

县委、县政府遵照中央、省、州关于国有企业经营体制改革方针，在县境开展以下三项工作：一是落实《全民所有制工业企业转换经营机制条例》赋予企业 14 项经营自主权和 8 项责任；二是贯彻实施《企业财务通则》《企业会计准则》；三是全面开展清产核资和资产评估。以股份制改造为重点，采取拍卖、租赁、“一厂多制”、划小核算、国有民营等形式，实现经营机制转换，引进破产机制。对少数无销路、资不抵债、扭转无望的企业依法实施破产。

1992 年，县制药厂因资不抵债，根据黔府〔1992〕13 号文件精神，实行一厂多制，多种经营，各种管理体制并存的经营体制。首先是县制药厂出场地（包括厂房）与愿意出资（30 万元左右）和设备单位或个人联营。其次采用集资入股的办法成立一个综合车间，实行全厂经营承包责任制，包死基数，欠收自补原则。1995 年由县信邦公司收购罗甸县制药厂。

2003 年，县工业硅厂进行改制，实行公开承包租赁制度，深圳市海峡石化投资贸易有限公司收购，租赁期为 5 年。

2004 年，全县商业流通，六家企业改制，进行资本置换和资产变现，除百货公司和服务公司外，兴百贸易公司、宏发贸易公司、服务公司、五金公司 4 个国有商业企业完成改制预案和职工安置预案。同年县自来水厂改制开始，县电力公司改制由县政府与贵阳市南方供电局签订合同书。是年，县粮食系统，植物油厂、粮油加工厂、粮食饮料公司改制方案实施。2005 年 5 月 25 日，县水泥厂改制，郑金城以 720 万元向罗甸县国有资本运营有限专业公司购买罗甸县水泥厂，后因合同未兑现，于 2014 年经法院裁定，罗甸县资本营运责任有限公司收回县水泥厂。

2006 年 3 月，页岩砖厂、康黔公司、矿产公司、农机公司改制在全面推进。在完成基层供销社改制后，又转向农资公司、日杂公司几个直属企业。按黔南州府发〔2004〕33 号文件精神和州发〔2004〕12 号文件规定程序，2006 年全面完成改制。2013 年启动县轻工公司改制工作，2014 年 12 月完成改制，安置经费 136.7 万元，资产移交罗甸县红水河投资有限公司。

第三节 经营体制改革

20 世纪 80 年代，为适应外部经济环境和发展，国有和集体企业逐步实施租赁承包经营。实行“全民所有，能人承包，集体经营，自负盈亏，国家征税”政策，各企业效益逐步增长。

1998 年，由于市场经济的冲击，私营企业的不断增加，县纸厂破产。其他企业也面临新一轮改制，县制药厂由原来的承包经营，变为信邦公司一次性买断经营权。

2004 年，深入贯彻落实中共十六届三中全会精神，进一步规范全州国有企业改制工作，加快国有资本从竞争性领域退出，中共黔南州委、黔南州人民政府出台《关于进一步规范全州国有企业改制工作的意见》文件，县委、县人民政府按照文件精神，结合全县企业实际情况，实施企业改制。先后改制的企业有：县水泥厂、印刷厂、造纸厂、硅厂、油脂化工厂、页岩砖厂、农机厂、矿产公司和外贸公司等企业。通过采取购买、兼并、控股等形式，把国有企业改制与资本运营、资本置换和招商引资结合，2011 年，国有企业改制结束。

县人民政府出台《关于企业改制有关问题的处置办法》：1. 企业改制前理顺劳动关系，对各类人员进行清理。对停薪留职人员、挂名挂靠人员、长期病休人员、请（放）长假人员，应遵循对职工负责的原则，在改制时应以书面的形式直接送达职工本人；本人不在的交其同住成年亲属签收，直接送达。有困难的可以邮寄送去，以挂号查询回执上注明收件日期为送达日期。只有在送达职工下落不明，或者用上述方式无法送达的可在报刊上通知其三十日内返回企业参加改制，对限期内不返回的，按照有关法律规定处理。对已在其他单位就业或自谋职业的，要查明离开原企业的原因，分别予以处理。对属职工个人原因的，要依法及时与其解除劳动关系，按自动离职处理。工作按政策按程序做细，并记录存档。2. 企业改制时，各企业制定《企业改制方案》《职工安置方案》，一并交职工（代表）大会审议，其中：《职工安置方案》必须经职工（代表）大会审议通过形成决议。召开职工（代表）大会审议《企业改制方案》《职工安置方案》时，由企业工会根据需要邀请州或县（市）总工会派员到会监督指导。3. 企业改制时，须对职工劳动债权进行清偿。正常生产经营期间拖欠的职工工资，按企业当时实际发放工资计算；半停产期间拖欠的职工工资，按当时全州企业职工最低工资标准计算；停产期间职工生活费按同期低保标准计算。4. 企业改制为有限责任公司或股份有限公司的，在改制时要对职工进行一次性安置，一次性安置费提取标准为：根据职工本人实际工作年限，按照每满一年工龄发给上年度当地 2 个月社会平均工资，不再享受失业保险待遇。职工应得的安置费由企业与职工协商，可直接支付现金，也可作为股权参与重组或作为债权留在改制后企业。5. 企业改制时，对工龄满三十年以上、距法定退休年龄五年以内的在职职工，实行企业内部退养，并与新企业签订内部退养协议，退养基本生活费等费用从改制时计提的安置费中支出。退养期间，由新企业按照本人档案工资的 80% 发给退养基本生活费，低于每月 300 元按每月 300 元发放，并为其缴纳按政策规定应由企业参保应缴纳的各项社保费用；达到法定退休年龄，正式退休后，按政策规定应由企业缴纳的各项费用由新企业承担，其转换国有企业职工身份的一次性安置费归新企业所有。如果新企业愿意，也可将退养职工的各项费用一次性提取后交劳动和社会保单部门代为管理发放。6. 企业破产时，对职工进行分类安置，其中：固定安置费按国务院国发〔1994〕59 号文件执行；合同制工人经济补偿按原劳动部劳部发〔1994〕481 号文件执行。7. 改制后职工与原企业办理解除或终止劳动合同或劳动关系，被新企业录用的，企业应与职工重新签订劳动合同，并为职工接续社会保险关系。8. 解除或终止劳动合同或劳动关系的职工，要求退还原住房公积金的，凭解除或终止劳动合同或劳动关系协议全额退还职工本人。职工的住房存量补贴在核算土地收益后，节余部分从企业改制净资部列支。

国有企业改制后，形成产权清晰、权责明确、政企分开、管理科学，企业与政府不在属于隶属关系，政府在管理上只能进行宏观调控和指导服务，使企业真正成为自主经营、自负盈亏、自我约束、自我发展的法人实体和市场竞争主体。

按照企业改制有关问题八条意见的处理办法，2014 年，对全县改制的 9 个企业进行资产评估计 2318.96 万元。改制后需安置人员及费用支出：一次性安置 247 人，支出费用 960.2 万元；内退 52 人，支付医疗、高龄费等 104 万元；退休 153 人，支付一次性医疗费 310 万元；遗属人员 477 人，支出 1374.2 万元。

罗甸县国有企业改制职工安置情况表

表 8-1

改制企业名称	批准改制文件	改制时间	改制成本（万元）	改制时人员及费用支出情况								
				一次性安置情况		内退人员情况		退休人员及费用情况		遗属人员（人）	人员及费用合计	
				一次性安置人数（人）	支付费用（万元）	内退人员（人）	支付高龄/医疗/三费等费用（万元）	退休人员（人）	支付一次性医疗费等（万元）		人员数量合计	支出合计（万元）
罗甸县水泥厂	罗经贸呈〔2005〕39 号文件批复	2005.07	550.59	89	278.35	17	34	48	96	5	159	408.35
罗甸县工业硅厂	罗经贸呈〔2005〕75 号文件批复	2005.12	451.53	86	291.64	9	18	43	86	9	147	395.64
罗甸县矿产公司	罗党专议〔2006〕24 号	2006.03	80	3	32.41	6	12	4	8	0	13	52.41
罗甸县页岩砖厂	罗经贸呈〔2007〕17 号文件批复	2007.06	281.8	24	118.5	0	0	8	20	0	32	138.5
罗甸县外贸公司	罗经贸呈〔2007〕58 号文件批复	2007.11	81.12	4	23.62	1	2	2	4	0	7	29.62
罗甸县农机厂	罗府常议〔2009〕9 号十五届 27 次	2009.07	185	8	47.67	3	6	6	12	4	21	65.67
罗甸县造纸厂	罗经贸呈〔2009〕38 号文件批复	2009.07	254.11	7	35	5	10	22	44	4	38	89
罗甸县油脂化工厂	罗经贸呈〔2010〕69 号文件批复	2010.10	196	9	38.63	8	16	7	14	3	27	68.63
罗甸县人民印刷厂	罗经贸呈〔2010〕68 号文件批复	2010.10	238.81	17	94.38	3	6	13	26	0	33	126.38
合　计			2318.96	247	960.2	52	104	153	310	25	477	1374.2

第二章　工业园区建设

第一节　罗甸逢亭工业园区管理委员会

罗甸原无工业园区，随着时代的发展，县委、县人民政府以工业强县为目标，2011年6月，县委、县政府贯彻落实工业强省战略，成立罗甸县工业园区管委会。9月，根据黔南州编委《关于设立罗甸逢亭工业园区管理委员会的批复》精神，原罗甸工业园区管委会改设罗甸逢亭工业园区管理委员会（以下简称园区管委会），主管全县工业园区的建设、规划、发展、招商引资、企业服务等工作。园区管委会9月正式组建并挂牌工作，为副县级财政全额拨款事业单位，编制31人，其中：事业编制6人。园区管委会设主任1人，由县长兼任，常务副主任1人（副县级）、副主任2人（正科级），内设5个正科级机构：办公室、规划建设局、产业发展局、招商引资局和综合协调局。园区涉及的乡（镇）由乡（镇）党委书记或乡（镇）长兼任园区副主任（不占职数）。2012年12月，园区管委会主任离任，由县委常委、县长杨兴华兼任主任，县人大常委会副主任赵光龙兼任第一副主任。

第二节　园区建设

2011年，由省发改委研究员、省管专家吴晓军牵头，由北京蓝图工程设计有限公司和贵州江天规划设计院组建的规划团队于5月初进入罗甸，收集各种资料，实地调查罗甸资源情况，7月初完成边阳工业园区总体规划（征求意见稿）。12月底完成边阳工业园区示范区4.5平方公里控制性规划。2012年，根据县委、县政府有关文件精神，园区管委会委托有关单位对罗甸的逢亭园区、县城园区、边阳园区、红水河物流园区四个园区进行统一修编，形成“一园四区”的格局。2013年年初，红水河物流园区转为临港经济区单独作规划，园区管委会依托边阳工业园区，整合县城新邦医药产业园、逢亭硅系工业基地和董架石材园作修编工作，形成“一园四区”总体格局，2013年完成全部规划修编工作。2015年年底，启动罗甸石材产业园区及逢亭工业园区规划编制工作，把董架石材园与沫阳石材园进行修编，统称罗甸石材产业园区，启动规划工作。

2012年边阳工业园区征地拆迁完成征地1000余亩，拆迁房屋17户19栋，其中：栗木大道6户7栋，边阳大道11户12栋房屋全部签订征收补偿协议。完成栗木大道一期工程2.36公里的毛坯路，完成投资930万元。完成栗木大道进口路段城镇标准干道200米水稳层和人行道建设。

边阳大道总投资1883.25万元，建设规模一期工程长1.65公里，宽度为24米，沥青路面。2012年大道基本达到通行条件，投资1300万余元，2014年上半年工程竣工投入使用。2013年对边阳大道、栗木大道延伸线征地535.28亩，拆迁房屋74户71栋。2014年启动边阳大道延伸工程长301.64米，宽28米，沥青路面，投资773.5万元。

栗木大道一期工程总投资1647.01万元，全长2.22公里，从园区路口至孵化园区1公里，宽23米，其余1.22公里按照14米行车道建设。栗木大道延伸线工程总投资6052.91万元，2013年10月开工建设，2014年上半年工程竣工投入使用。

园区服务中心建设　440平方米展示厅建设工程已经全面完成并投入使用，10分钟的3D宣传片制作完成。

标准厂房建设　2013年1月启动建设一期1.5万平方米钢混结构标准厂房，是年6月竣工投入使用。

董架石材园区　罗甸茂钰石材开发有限公司2012年完成投资1亿元，建成2000平方米生产厂房，11月投产。

2013年12月，启动“一园四区”修编工作，启动城西园区设计工作。启动城西环城大道工程，建成边阳标准厂房3栋各3000平方米，启动建设5万平方米钢结构标准厂房，2014年初竣工。建成边阳园区保障性用房，投资300万元，园区面积2100平方米工程已经全部竣工；完成3500平方米的园区公租房完成主体工程。2015年竣工投入使用。

2014年2月，启动城西场平工程、城西大道、城西安置房建设设计和前期工作，2014年12月完成全部工程建设1063.48亩，总投资1.66亿元，建成城西环城大道一期工程3公里。建成边阳5万平方米钢结构标准厂房，园区铺设排水、排污管道、两条主干道供水管道铺设完毕和供电项目线路埋设工作。

2015年，完成县城园区道路7.2公里，实现2.3公里城西大道与惠罗高速同步通车，厂房建设8.45万平方米。启动城西二期4.5万平方米标准厂房建设，场平工程509亩，建成安置区6栋183户3.4万平方米，于8月28日举行县城拆迁户回迁入住仪式。

2012年，产业投资8.94亿元，固定资产投资7200万元，引进企业4户，招商引资到位资金9亿元。2013年，在建项目18个，建成投产的企业6个，投资10.11亿元，基础设施建设投资2.01亿元，实现产值30.21亿元；税收1.21亿元。2014年，园区基础设施建设投资3.08亿元，产业投资11.8亿元，工业总产值累计完成38.38亿元，规模以上工业产值（500万元以上）完成32.22亿元，解决就业2840人。2015年度工业园区在建项目15个，完成产业投资12.3亿元；基础设施投资3.51亿元，实现产值42.2亿元，规模以上总产值40.5万元；税收2.02亿元，引进企业8户，引进资金10亿元。是年，园区新增规模以上企业（工业产值500万元以上）5户，全年园区新增就业人数497人。2015年年底，园区共有企业124户，其中：规模以上企业27户（2000万以上24户，500—2000万3户）。

专记：边阳工业园区

边阳工业园区位于边阳镇东，紧靠S101公路和规划建设的贵阳—罗甸—广西百色高速公路；西起边阳镇野猫冲，东至原栗木乡政府东侧，包括边阳镇和原栗木乡、罗沙乡的部分区域，长6公里，宽3公里的带状区域，园区规划面积15.68平方公里（核心示范区4.5平方公里）。园区按“一轴一心五区”的规划布局，“一轴”：即沿边阳—栗木一带的小城镇聚集轴，“一心”：即围绕边阳工业园区的综合型管理服务中心，“五区”：即生物农业深加工产业集聚区、新型建材及石材产业集聚区、加工制造与创业集聚区、生物及高新技术产业集聚区、综合服务区。

2011年7月边阳工业区开始启动，以实施“5个100工程”和“镇园合一”为契机，积极争取多方支持，投资1.1亿元推进7.28公里两条园区大道建设；投资4509万元建设标准厂房4.1万平方米；先后引进18家企业发展家电生产、餐具制造、石材加工等产业，解决760人的就业问题。

园区基础设施建设　路网建设园区24米宽城镇主干道，总投资6000万元（其中：边阳大道一期1.68公里，栗木大道一期2.32公里），已完成建设。2013年9月启动栗木大道二期及边阳大道二期工程，长3.32公里，24米宽，投资4900万元，已完成建设。边阳镇大坡安置区道路工程（1号路）总投资488.4万元，已经完成建设。边阳大坡2—9号路投资2335.14万元，完成投资630万元。

园区引进项目　2014年引进项目总投资6.6亿元，累计完成投资1.05亿元；长安4s店投资2500万元，占地8亩，完成投资820万元，已完成场平工程、地勘；玉龙创业园，投资1.5亿元，占地33亩，完成投资1800万元，已完成场平工程的90%；贵州罗甸恒润饲料有限公司，投资8000万元，完成投资470万元，完成场平工程71%及设备购置；罗甸县重型机械投资2500万元，完成投资600万元，已完成场平工程50%以及设备购置；安泰酒店投资2000万元，已完工；庆成酒店投资3500万元，完成投资1800万元，正进行主体施工；乐亿酒店投资3000万元，完成投资3000万元。2015年引进项目总投资23亿元，累计完成投资5亿元；玉都北殿完成投资2.2亿元，占地1200亩；引进湖南邵阳市三建筑工程公司强力推进栗木大道两侧场平工程，优化园区招商引资环境；引进15家企业，新增注册资金5亿元；富士通天导航仪、黔松服饰、家家旺超市入驻园区一期标准厂房；豪仁轴承入驻园区二期标准厂房8栋；多旺植物油厂、欧迪包装各入驻一栋；贵阳高管材行业商会、贵州迪锐华科技有限公司（石塑）、贵州金邦达实业有限公司（木塑）开发园区1500余亩；罗甸鸿达液化气供应站项目投资10亩；四通加油站开发栗木大道交叉路口5亩；边阳污水处理厂及垃圾焚烧炉（站）。

城西生物医药产业园区

2014年启动建设，完成场平400亩、2.3公里园区主干道路基建设及园区安置区6栋安置房主体建设。

县城生物医药产业园区位于县城西面，园区东至迎滨大道与二级路交叉口，西至贵百高速公路，南至信邦大道，北至新苑村山脚，面积近2平方公里。规划区内可用地0.12万亩，民族医药高新产业园区占地800亩。工程建设有药材批发市场科技研发中心、商贸服务中心、物流配送、安置小区和住宅小区。城西大道建设分两期进行。2014年2月开工建设，8月完成大道一期工程建设。一期工程起点于县林场接S101线KO+320处与高速公路出站口连接线十字相交处向东北方向展线经交苑、一中至老城村口，全长2.34公里，投资6800万元；二期工程是年6月启动，投资8200万元，二期工程延伸经迎滨路口、油井村至城东新区2 #路终点相接，全长2.66公里。2015年完成园区道路7.2公里，实现2.3公里城西大道与惠罗高速路同步通车。启动城西二期4.5万平方米标准厂房建设。

2014年2月开始建设安置区，主要用于安置城西片区因项目建设被拆迁的居民，面积60亩，建筑面积11.03万平方米，可满足758户住房需求。配套设施建设有农贸市场、幼儿园、社区服务中心、大型超市等。完成土地场平工程509亩，建成安置区6栋183户共3.4平方米，8月28日拆迁户回迁居住。

2014年7月开工安装完毕水稳层和路灯，起点于第一中学接城西大道，全长425.26米，宽20米，项目投资795万元，12月完成投资300万元。

城东新区开发

罗甸县城东新区位于县城东面，占地面积6.23平方公里，其中：水域面积0.86平方公里，东至罗甸港码头，西至环城路，北至312省道。城东新区以“山水湖城·玉都罗甸”为总体发展目标。2012年开始兴建明珠广场商业综合体、河滨新区、斛滨园、安邦华城、东城国际、中国玉都、永龙玉石城、千岛湖文化旅游城镇综合体，入驻人口6.3万人。2015年建成路网4条主干路、8条次干路、17条支路，公路总长4.6公里，明珠广场面积8600平方米。一期工程建设全面完成。

逢亭硅系循环经济产业园区

逢亭硅系循环经济产业园区位于逢亭镇东面及西面，紧靠逢亭镇县城至逢亭公路（县道）及逢亭河，分为东西两个片区，包括逢亭村、下寨村、祥脚村（上隆农场）的部分区域。规划区下方为蒙江。该产业园规划面积为4.44平方公里，其中：东片区规划面积约0.72平方公里，西片区3.72平方公里。园区已经完成110KV变电站建设。

沫阳石材产业园区

沫阳石材产业园区是依托附近优质大理石资源，布置就地加工形成的产业区，紧靠沫阳乡镇区和县城至沫阳公路。由于该产业园处于山区，用地条件极为有限，规划区因地制宜布置在镇区周边及公路沿线，包括沫阳村、董架下坝村及下寨村的部分区域，分为坤达石材厂厂区、茂钰石材厂厂区和沫阳石材加工区等三个厂小区，规划面积1.3平方公里。罗甸茂钰石材有限公司2012年在董架建成2000平方米生产厂房，11月投产。欣益诚石材项目位于沫阳石材产业园区，总投资2.5亿元，占地20亩，2015年建成并投产。

第三节　招商融资

2012年7月成立贵州省罗甸县兴斛工业投资发展有限责任公司和贵州罗甸宏斛房地产开发有限公司，实现融资3000万元。2012年边阳园区签订投资协议的企业6户，分别落户的有：投资5000万元的深圳正盟电子公司和投资3000万元的微晶石材项目；签订协议的六盘水逢缘矿业股份有限公司投资6亿元的石材产业园；投资1亿元的米黄色大理石开采项目；投资2000万元的设备机电修理厂项目；投资1200万元的竹制品精加工项目；投资500万元的中草药研究项目。2013年引进欣益诚石材有限公司、茂钰石才等企业16户，引资到位5.2亿元。2014年引进企业5家，引进到位资金7000万元。2015年，引进贵州君之堂制药有限公司、艾力康中草药开发有限公司、贵州顶科食品等企业，签约资金达7.9亿元，到位资金3.4亿元。

为做好入驻企业的服务工作，园区管委会专门指派由一名副科级以上领导干部和一名现场协调人员组成的服务小组进行专人跟踪、定点服务，服务人员直接深入企业一线帮助企业解决入驻过程中的各种问题和实际困难，多渠道为企业融资，加大对园区企业的扶持。一是按照《贵州省“贵园信贷通”产业园区企业融资试点办法》有关融资要求，试点向园区企业融资。二是积极扶持企业，借资扶持边阳园区三家微型企业。三是积极协调金融部门、罗甸县担保公司向企业贷款。

第四节　硅矿冶炼

一、储藏量

罗甸县硅矿石平均品位大于97%，远景储量1.99亿吨以上。其中：品位大于99%，远景储量1990.7万吨，可作冶炼工业硅原料。2006年6月，罗甸县人民政府向省、州政府提交《罗甸县循环经济型硅系工业基地规划》，省、州人民政府关心支持下，省发改委于2007年9月批复，成为全省唯一获准建设的高载能循环经济示范基地。

二、冶炼

2003年8月，将1987年建成投产的罗甸工硅厂，由于管理不善承包给深圳市海峡石化投资贸易有限责任公司经营。罗甸县人民政府作出《罗甸县循环经济型硅系工业基地规划》《罗甸硅系循环经济工业区规划》。进驻罗甸的企业有贵州蒙江流域开发有限公司、贵州省罗甸县明盛矿业有限公司和贵州省罗甸县国鑫矿业有限公司。

贵州省罗甸县明盛矿业有限公司的前身是贵州蒙江流域开发有限公司罗甸冶金分公司下属的逢亭工业硅厂，始建于2004年年底，2006年第一台硅矿热炉建成，并点火成功，使蒙江公司在多元化发展的道路上迈出可喜的一步。2011年，由贵州省明盛矿业有限公司承包经营，设计为两台6300千伏安工业硅矿热炉，年产7000吨533号工业硅，产值达5000余万元。2014年由于产能落后，2015年由明盛矿业有限公司出资720万元收购，并对两台6300千伏安进行技改，升级改造为16500千伏安，并扩建厂规模占地50亩，总投资5000余万元，现有职工人数120人，年产量9000余吨，产品销售：每吨1—1.2万元、年产值9000万元以上，年纳税320万元。2015年明盛矿业公司和国鑫矿业公司技改投产，正鑫硅业公司在逢亭镇开工建设，推动罗甸冶炼企业的发展。

贵州省罗甸国鑫矿业发展有限公司的前身是贵州省罗甸县宏宇发展有限责任公司，位于贵州省罗甸县罗沙乡境内，创建于2003年7月。公司占地40余亩，是一家生产金属硅产品的民营股份制企业，现有固定资产4000万元以上。公司拥有6300千伏安金属硅冶炼炉3台，年产金属硅1万吨以上，职工180人，其中：大专以上学历10人。公司已取得出口经营权，产品主要是553金属硅，销往国内主要的金属硅贸易商和终端用户。公司通过不断地发展，在节能减排取得可喜的成绩，2014 年 10 月进行 12600 千伏安扩容技改，升级为 16500 千伏安。2015 年国鑫矿业有限公司在龙坪镇新艾村干送组投资 6000 万元，新建 2 台 16500 千伏安工业硅电热炉冶炼硅矿。

硅系工业基地获准建设后，罗甸县政府高度重视，成立逢亭硅系工业园区管委会，从资金、人员上给予全力支持。积极与业主贵州中水能源发展有限公司对接，推动电力、冶炼等项目建设。

为推进逢亭硅系工业基地“四个一体化”发展，省发改委于 2013 年 9 月，行文批准贵州国鑫光伏科技有限公司在罗甸县逢亭建设 2×13.5 万千瓦热电联产动力车间项目，解决工业基地电能供应不足、质量不稳定等困难。2014 年由于国家产业政策调整，火电厂装机容量达不到国家标准，该项目已放弃建设；同年 10 月份，罗甸 2 家冶炼企业进行升级改造。2015 年工业硅产值达到 1.65 亿元，规模工业增加值达到 2784 万元，创税 395 万元，解决就业 350 人。

第五节　建材生产经营

罗甸县大理石资源丰富，比较著名的有董架乡米黄色大理石，罗悃辉绿岩大理石。2010 年，引进福建客商入驻董架乡，投资 2.5 亿元，加工生产特有米黄色大理石。2013 年，引进贵州坤达石业有限公司、黔南州天力石材开发有限公司总投资 6 亿元；贵州罗甸森垚水泥有限公司投资 1.6 亿元建设年产 60 万吨水泥粉磨站和年产 30 万立方米商品混凝土项目；2014 年引进贵州坚达石业有限公司、贵州辉泰矿业有限公司开发罗甸石材产业；引进罗甸县宝隆石材有限公司到沫阳镇投资建厂，厂区占地面积 100 亩，2015 年 4 月初启动场平工程，11 月底基本完成场平工程。石材企业的入驻为罗甸打造贵州省最大精品石材交易中心奠定了良好的基础。

一、大理石矿源

罗甸县石材资源，具有储量大、品种多、分布广等特点。矿种主要有辉绿岩、碳酸质变大理石、沉积岩米黄灰岩；青色灰岩及浅海环境沉积岩，花斑玉石材和透闪石，珍珠玉石材等。其中：米黄大理石，主要集中县境董架乡的董主、拉奈、大窝当、田湾、甲哨、摆曹、镇东和斑竹 8 个矿段。各矿段交通方便，水电供应充足，地表覆盖少，剥离量小，平均剥离量约 15%，低于石材工业指标 25%。矿层多为顺层产出，开采作业面宽，有利于机械化大规模开采。构造简单，矿层稳定性好，以中厚层为主。矿山开采成荒低，开采条件良好，远景资源储量 3 亿立方米。

罗甸县石材开发加工，依托沫阳石材产业园，构建以米黄大理石为主，碳酸质变大理石、辉绿岩等开发加工为一体的石材开采加工体系。

2012 年 1 月，罗甸县邀请贵阳江天设计院，开展沫阳石材产业园编制规划前期工作，规划面积 7500 亩，2013 年年底，已开发面积 1500 亩。园区产业依托董架优质的米黄大理石资源，开展深加工，形成高端装饰材料。

沫阳石材产业园，代表的企业有贵州坤达石业有限公司、茂钰石材有限公司、黔南州欣益诚石材有限公司 3 家。坤达石业公司总投资 1.1 亿元，年产 200 万平方米黄色大理石板材深加工项目，厂房占地 133.6 亩，2013 年 1 月开工建设，同年 11 月，建成投产。2014 年有在职职工 83 人，年产 20 万平方米，年产值 3000 万元，创税 49 万元。

黔南州欣益诚石材有限公司是一家集矿山开采、石材加工、销售出口一体的大型石材企业，公司成立于 2013 年 11 月，注册资金 2000 万元。公司项目位于沫阳镇罗沟村，占地 220 亩，总投资 3 亿元，于 2014 年 5 月正式开工建设，建设内容为厂房建筑面积约 2.3 万平方米，办公楼建筑面积 4200 平方米，产品主要有米黄木纹、灰蓝木纹等大理石和玉化石材，主要用于住房、高档酒店、会所、写字楼及广场等地面和内外墙体装饰材料。目前，公司办公楼已修建完工，厂房建设已基本完成，9 台静压锯、3 台数控磨机、3台异型板材加工机等生产设备已全部到位，2015年10月底完成机械设备的安装并投入运营。年产200万平方米大理石，实现产值3亿元，创税3000万元，解决劳动就业300余人。2014年贵州省罗甸县宝隆石材有限公司由边阳迁建到沫阳，2015年因投资方存在投资纠纷而停建。

二、水泥

罗甸县水泥厂始建于1971年，位于龙坪镇环城北路71号，占地98亩，4套Φ1.83×7.0米磨机，1台Φ2.50×10.00米机立窑，年生产普通硅酸盐32.5等级水泥6万吨。根据国家产业政策调整，该厂2005年进行企业改制，2011年5月停产。

泰安建材公司（原龙坪水泥厂），始建于1984年，位于县城惠罗路线旁，占地7亩。直径2.5米的机立窑，1.83米直径的磨机生产线，年产6万吨普通硅酸盐水泥。2011年5月淘汰关停。

罗甸清阳水泥厂始建于1998年，落户边阳镇冷水沟，1999年建成投产。年产普通硅酸盐水泥6万吨，2台ф1.83米×7米磨机，1台ф2.5米×10米立窑。2014年1月淘汰关停。

森垚水泥公司，是罗甸县人民政府招商引资企业，2012年5月成立，注册资金1000万元。为云南森垚投资有限公司的子公司，公司经营范围：水泥熟料、成品生产及销售，商品混凝土生产及销售，沙石生产及销售。公司投资1.6亿元，年产水泥60万吨，2012年6月，由贵州省经济和信息化委员会批准开展前期工作，2013年7月建成投产，公司占地面积108亩，职工120人，年产值1.7亿元，创税320万元。2014年生产水泥22.18万吨，销售22.18万吨，创税89.45万元。2015年生产水泥26万吨，销售26万吨，创税215.68万元。

三、砖

罗甸县最早建成的是罗甸县页岩砖厂，1986年建成投产，年产1000万块，因县城规划建设，1999年关闭停产。

罗甸县砖生产经营企业20余家，多为小微型企业，产能偏低、污染偏大被淘汰关停。2013年，县政府招商引进贵州盛世永龙建材有限公司，该公司注册资金1500万元，主营新型节能墙体材料生产、预制构件生产和各类建筑材料销售。是年，永龙建材公司投资3500万元，启动罗甸马草村建材基地项目，该项目计划用地190亩，年产建筑用砂石料20万立方、新型节能墙体材料10万立方，年总产值4600万元，解决就业200余人。2015年县城东建湿地公园开发用地，马草村建材基地项目被撤销。

专记：董架大理石专题资料

罗甸石材资源丰富，主要有米黄大理石、灰绿岩大理石、辉绿岩大理石、木纹大理石、玉石等。米黄大理石（又名金色米罗）主要分布在董架社区的董主、拉奈、大窝当、田湾、甲哨、摆曹、镇东和斑竹8个矿段，各矿段交通方便，水电供应充足，地表覆盖少，剥离量小，平均剥离量约为15%，低于石材工业指标≤25%，矿层多为顺层产出，开采作业面宽，有利于机械化大规模开采，构造简单，矿层稳定性好，以中厚层为主，矿山开采成荒低，开采条件良好，米黄大理石远景储量3亿立方米。辉绿岩大理石主要分布在罗悃新艾一带，远景储量5亿立方米，具有巨大开发潜力。

2000年，罗甸县有石材企业10余户，年生产能力达5万平方米，主要为板材加工和石材雕刻，产值达400万元，税收1万元，带动就业600人。有的在董架开发米黄色大理石，有的客商在罗悃开发辉绿岩大理石，大多集中在龙坪镇五星村建厂生产，五星村形成辉绿岩大理石加工聚集区，但开采和加工过程中并未及时处理生产产生的污水和固体废弃物，造成林地被破坏，污水污染环境。2005年，由于经营不善县内的石材企业相继破产，仅剩闽黔石材，匀甸石材2家规模较小的石材企业，年产2万平方米，产值100万元，税收0.3万元，就业80人，企业在开采和加工过程中并未及时处理生产产生的污水和固体废弃物，造成林地被破坏，污水污染环境。2010年，罗甸县引进福建客商在罗甸县成立罗甸茂钰石材公司，公司厂址位于罗甸县沫阳镇董架社区，主要从事米黄色大理石加工销售。茂钰公司将罗甸县的“金色米罗”石材产品运送世界最大的石材交易市场福建水头镇展销，赢得了石材界一致好评，罗甸石材逐步为众人知晓，外地客商陆续到罗甸县建厂加工石材。是年，石材产量达4万平方米，产值480万元，税收2万元，就业200人，茂钰公司在开采和加工过程中增加污水处理池等设备及时处理生产产生的污水，以及将固体废弃物综合利用，但对开采造成林地破坏恢复仍然滞后。2012年年底引进贵州坤达石业有限公司、罗甸县天奇石材有限责任公司；2013年引进罗甸县昌润矿业投资开发有限公司、贵州高速矿业发展有限公司、罗甸县宝隆石材有限公司，并进行了董架石材产业园区规划；是年，石材产量达10万平方米，产值1500万元，税收10万元，就业400人。是年，县政府要求石材企业在开采和加工过程中必须使用环保设备及时处理生产产生的污水，以及将固体废弃物综合利用，但对开采造成林地破坏恢复仍然滞后。坤达公司采用了污水循环处理水池，污水处理设备，更有效地处理了废固废水。2014年引进了黔南州欣益诚石材有限公司，全县石材生产能力达1000万平方米，产品包括普通板材、异型板材、家居、雕刻、拼接等品种，是年将石材产业园区调整为沫阳石材产业园区，规划为罗沟村一带，并被列为全省十大石材产业园区之一。是年，石材产量达10万平方米，产值1500万元，税收22万元，就业400人。黔欣诚石材采用了污水循环处理水池，污水处理设备，更有效地处理了废固废水，全县石材开采过程中造成林地破坏恢复仍然滞后。

2015年3月罗甸茂钰石材开发有限公司由于管理不善，股东之间存在纠纷导致资金链断裂陷入停产。7月，天奇石材有限公司股东之间出现撤股走人拖欠工资而停产。8月，欣益诚石材有限公司遭受强降雨造成厂房堡坎垮塌影响生产。12月，宝源石材有限公司由于拖欠民工工资200余万元和负债而停产。

第六节　制　药

罗甸县有天然的中药材和人工种植的中草药50余万亩，主要有艾纳香、砂仁、米稿、三叶青、杜仲、何首乌、丹参、山豆根、通草、岩黄连等。其中：艾纳香已被批准为国家地理标志保护产品，被列为国家科技部重大攻关项目“贵州中药材GAP试验示范基地建设”品种之一，具有代表性的企业有贵州信邦制药股份有限公司。

一、信邦制药

贵州信邦制药股份有限公司，是一家集中药材GAP种植，新药研发，药品生产及销售为一体的高新技术制药企业。公司成立于1995年元月，注册地为贵州省罗甸县，管理总部设在贵阳市，注册资金5亿元、总资产53亿元、净资产23亿元、员工4300余人，下辖贵州科开医药有限公司、贵州省肿瘤医院有限公司、贵州信邦药业有限公司等19家控股公司。

2010年4月在深圳证券交易所挂牌上市，2014年3月经中国证监会批准，信邦公司与贵州科开医药有限公司进行了重大资产重组，打造了一个全新的集医药工业、医药流通、医疗健康服务为一体的医疗医药健康产业集团，正式成为黔南州第一家上市公司。

公司以中药材种植、制剂生产、中药饮片生产、新药研发和药品销售为基础。现有国药准字号品种71个，其中国家基本医疗保险品种38个，益心舒胶囊、脉血康胶囊、银杏叶片、六味安消胶囊、贞芪扶正胶囊等17个品种入选《国家基本药物目录》（2012年版）；同时，银杏叶片、护肝宁片、贞芪扶正胶囊为国家优质优价品种。在自主知识产权方面，公司共申请专利124项，已获专利授权35项。公司于2011年经国家发改委批准建设西南药物制剂国家地方联合工程研究中心。公司在建的三期扩建项目，总投资1.8亿元，2013年8月开工建设。2014年信邦公司在罗甸的产值达8亿元，为罗甸县创税收8000万元。2015年信邦公司医药工业产值突破10亿元，税收达9000万元。

1991—2015 年工业农业总产值表

表 8-2　　　　单位：万元

年　度	农业总产值	工业总产值	年　度	农业总产值	工业总产值
1991	15696	4277	2003	63918	69631
1992	20627	5942	2004	68987	75096
1993	23412	9141	2005	76126	65362
1994	38110	10164	2006	78200	74326
1995	48831	15555	2007	87560	113055
1996	52550	27026	2008	90178	124008
1997	64840	47001	2009	109790	142466
1998	77545	68140	2010	110253	144520
1999	64411	79234	2011	117970	247326
2000	59398	56395	2012	132026	243919
2001	51763	56164	2013	147493	327069
2002	51984	59777	2014	201259	336185
–	–	–	2015	202192	385353

专记：贵州信邦制药股份有限公司发展历程

1995 年 1 月，贵州信邦制药股份有限公司通过收购濒临倒闭的罗甸县制药厂在罗甸县注册成立，厂址：龙坪镇新莲村，占地面积 5.12 万平方米，绿地面积 0.75 万平方米。成立时有职工 20 余人，年产值 200 万元。2015 年全厂员工 1000 余人。

1997 年，公司在罗甸新建 GMP 生产基地开工建设，生产片剂、胶囊剂，颗粒剂三条生产线于 2000 年通过国家 GMP 认证。

2000 年，公司进行股份制改革，由“有限责任公司”改为“股份有限公司”。是年，公司产值达 4000 万元，上缴税收 400 万元。

为保证中药原材料来源的可靠与稳定，公司自 2002 年起开展中药材规范化种植技术研究、基地建设及试验示范推广工作，并在铜仁、黔南和毕节等地区建设中药材规范化种植基地，种植何首乌、太子参、丹参、银杏、半夏等 50 多个中药材品种。公司自建中药材种植基地近 2 万亩，通过企业带动，农户参与，“政府 + 公司 + 基地 + 合作社 + 农户”订单农业利益联结模式，带动民族地区 10 万户农户种植各类中药材累计 20 万余亩，实现企业发展有保障，群众增收奔小康。

2004 年，罗甸生产基地口服溶液剂、滴剂、头孢菌素类胶囊剂三条生产线建成并通过 GMP 认证。是年，公司产值达 8000 万元，上缴税收 800 万元。

2006 年，公司总部办公大楼及注射制剂生产基地在贵阳白云经济开发区正式落成。是年，公司产值达 1.4 亿元，上缴税收 1400 万元。

2010 年，公司在深圳证券交易所成功挂牌上市，股票代码 002390，是黔南州第一家上市公司，成为贵州省内第十八家上市公司。是年，信邦公司产值达 3 亿元，上缴税收 3000 万元。

2011 年，公司收购江苏常州具有 180 余年历史的江苏健民制药有限公司，并更名为江苏信邦制药有限公司，该子公司拥有 25 个国药准字号品种。为整合资产和各类资源，增加地方财税收入，公司把江苏信邦制药有限公司整体搬迁罗甸，为此，公司对罗甸生产基地进行 GMP 生产线扩建，正在进行所有品种的技术转入工作。公司自 2011 年开始已连续四年公开在省级平台发布《企业社会责任报告》，2013 年、2014 年在国家平台进行了发布。

2013 年，罗甸生产基地扩建的片剂、硬胶囊剂、颗粒剂生产线通过新版 GMP 认证。是年，信邦公司产值达 6 亿元，上缴税收 7000 万元。

2014 年，公司完成与贵州科开医药有限公司的重大资产重组注册资本 12.5 亿元，总资产 60.5 亿元，净资产 24.5 亿元，下属 21 家控股企业，员工 4300 余人，现已发展成为集医药工业、医药流通、医疗服务为一体的医药医疗大健康产业集团。罗甸生产基地现有员工 300 人，拥有中药材前处理、中药材提取、水蛭生产线等提取生产线，胶囊剂、颗粒剂、片剂、滴丸剂、丸剂等成品生产线，主要生产品种有益心舒胶囊、脉血康胶囊、六味安消胶囊、银杏叶片、小儿清热宁颗粒、尿感宁颗粒、维血宁颗粒、护肝宁片、肾骨胶囊、贞芪扶正胶囊、参苏胶囊等 67 个国药准字号品种 67 个，其中：国家基本医疗保险品种 38 个，益心舒胶囊、脉血康胶囊、银杏叶片、六味安消胶囊、贞芪扶正胶囊等 17 个品种入选《国家基本药物目录》（2012 年版）。

公司营销网络遍布全国，在各地设立办事处 69 个，营销人员 680 余人。此外，公司还采取招商、代理等多种营销模式将市场网络由省会城市、中心城市不断向地县级城市纵深拓展，扩大销售渠道，增强市场覆盖率。2014 年，信邦公司产值达 7 亿元，上缴税收 8000 万元。2015 年信邦公司医药工业产值 10 亿元，税收 9000 万元。

公司自成立以来，充分认识到环境保护的重要性，严格按照建设项目环境保护条例执行。环境保护设施与主体工程同时设计，同时施工，同时投产使用的原则，有效地保护了企业效益和环境保护。公司根据产品结构变化和产量的调整，对污水处理系统进行升级和改进，进一步完善和提升污水处理能力，确保污水合格排放。公司定期或不定期地开展环境保护知识方面的培训，有效增强员工的环境保护意识。

生产过程中产生的废水（主要是洗罐和生产设备所排出的高深度有机废水，以及厂区生活污水）。废渣、废气及厂区污水统一由污水站处理排放。为了加强污水的管理，2015 年 12 月信邦公司进行技术改造，2016 年改造结束投入使用，保证了污水站能长期稳定运行，污水达标排放。药渣主要用于火龙果及其他农作物肥料。废包装箱、废铝箱、废塑料袋等可回收利用物由个体户按市场价回收处置。生活垃圾、污泥由公司送垃圾填埋场处置。煤渣送砖厂综合利用。废气采用麻石除尘脱硫器 + 双碱旋流乳化塔双级除尘脱硫处理，经处理后主要污染物指标均低于国家排放标准，达标排放。

为保证厂区周围村民有良好的生活环境，公司严格管理环保措施，废水不外流，澡声不超标，同时确保公司各设备设施安全运行。积极参与周边村庄的基础设施投入，改善村民文化生活。信邦制药股份有限公司成立 20 多年，未发生安全生产事故和环境污染事故，先后被评为农业产业化国家重点龙头企业、国家扶贫龙头企业、国家创新型试点企业、国家中药现代化科技产业基地建设 10 周年优秀单位、民族特需商品定点生产企业、贵州省农业产业化经营优秀龙头企业、贵州省农行 AAA 信用企业、首批贵州省银行"信贷诚信企业"和首批贵州省纳税信用等级 A 级企业。

二、艾粉提炼

艾纳香（又名艾粉）是罗甸布依族在清朝 1888 年开始种植的药物植物，据《贵州古代史》载，艾纳香产于罗甸，清朝时期发明艾纳香提炼技术提炼冰片。清末民国初期罗甸冰片曾远销日本。民国时期，军阀混战，国无宁日。艾纳香生产发展受到影响，逼迫停止生产经营。新中国成立后，20 世纪 50 年代艾纳香生产得到复苏，建立罗甸制药厂（又称冰片厂），加工提炼生产冰片。70 年代期间，人工合成冰片取代自然冰片，导致艾纳香产业逼迫停止。

2010 年罗甸县鑫鹏硅业发展有限公司与罗甸外贸油厂合资组建贵州艾源生态药业有限责任公司，共同投资 260 万元，建设年产 50 吨天然冰片加工项目。是年 11 月开始动工，2012 年年底建成投产。是年，县委、县政府立项“罗甸艾纳香”申报国家地理标志产品保护工作，被列为国家科技部重大攻关项目，贵州中药材 GAP 试验示范基地建设产品之一。是年 3 月，成功获得国家质检总局批准成为地理标志保护产品。

2010—2013 年开发种植艾纳香基地 4 万亩，2014 年罗甸将城西工业园定为医药产业园。具有代表性的企业有贵州艾源生态药业开发有限公司、贵州君之堂中药饮片有限公司和贵州艾力康中草药开发有限公司从事艾纳香系统产品开发。

贵州艾源生态药业开发有限公司进驻贵州省黔南州罗甸县城。建于 1992 年，2014 年职工 68 人，是罗甸县农副产品种植、加工及销售一体化的农业产业支柱企业之一。公司 2002 年自筹资金在距离县城 14 公里的沟亭乡建设 1500 多亩土地发展种植中药材艾纳香。

2014 年，引进贵州艾力康中草药开发有限公司、贵州君之堂制药有限公司 2 家公司，主营产品：冰片、艾粉、艾纳香油、香皂、牙膏等系列产品。2015 年艾粉产量达 47.2 吨。

专记：艾纳香产业发展专题资料

艾纳香（又名艾粉），是罗甸布依族人民在清朝时期 1888 年开始种植的药物，据《贵州古代史》载：艾纳香产于罗甸，并发明艾纳香提炼冰片技术。冰片曾作贡品奉送清廷。据资料记载，清朝时期罗甸境内普遍种植艾纳香，发明艾纳香提炼冰片技术，是布依族人民重大贡献。清末民国初期罗甸冰片曾远销日本和东南亚各国。民国时期，军阀混战，国无宁日，艾纳香生产发展受到严重影响，产量急速下降，导致停产经营。

新中国成立后，罗甸县境到处还有艾纳香生长（习称野艾）。1952 年县人民政府号召恢复发展艾纳香生产，1958 年成立罗甸冰片厂。1959 年艾纳香种植面积 18180 亩，产量 4.45 万公斤，产值 27.72 万元。1968 年扩建为罗甸制药厂，70 年代重粮轻经济，艾纳香面积、产量逐年下降，面积仅有 2000 亩。1994 年高科技制造人工合成冰片取代自然冰片，艾纳香产业逼迫停产。1995 年罗甸制药厂破产由贵州信帮制药股份有限公司收购。

2002 年，贵州省人民政府根据国家《中药现代化发展纲要 2002—2010 年》出台《中共贵州委、贵州省人民政府关于推进中药现代化科技产业发展的若干意见》（黔党发〔2002〕13 号）精神，提出了《贵州省“十一五”中药现代化产业发展意见》，使艾纳香产业发展迎来新的春天。由于人工冰片的作用和药性不能与天然冰片相比，天然冰片的市场越来越大，天然冰片市场回暖。2003 年，贵州艾源生态药业开发有限公司成立，并与贵州宏宇药业、贵州省农科院在罗甸县沟亭乡合作建立 100 亩艾纳香中药材 GAP 试验示范基地，并带动广大农户进行大面积规范化种植。是年，全县艾纳香种植产值达 300 万元，艾纳香加工产值达 700 万元，税收 1.2 万元。2009 年，贵州艾源生态药业开发有限公司扩大冰片加工提取规模，对原生产线进行扩建，建成年产 30 吨冰片生产线，全县艾纳香种植面积达 2 万亩，产值 2000 万元，税收 2.3 万元。2010 年罗甸县鑫鹏硅业有限公司与罗甸外贸油厂合资组建贵州艾源生态药业有限公司，共同投资 260 万元，建成年产 50 吨天然冰片加工厂。是年 11 月开始施工，2012 年年底建成投产。是年，县委、县人民政府立项“罗甸艾纳香”申报国家地理标示产品保护工作，被列为国家科技部重大攻关项目，贵州中药材 CAP 试验示范基础建设产品之一。是年 3 月成功获得国家质检总局批准成为地理标示保护产品。2013 年，根据县政府“双带”政策，出现大量职工带资金、带技术种植艾纳香。2014 年，全县艾纳香种植面积 4 万亩，是年，罗甸县将城西工业园定为医药产业园。同年引进贵州艾力康中草药开发有限公司、贵州君之堂中药饮片有限公司，职工 68 人，建设 GMP 艾纳香提取生产线，综合产值 2 亿元。开发艾纳香系列产品有艾纳香精油、艾纳香面膜、艾纳行牙膏、艾纳香香皂、艾纳香空气清新剂等。是年，产值 5000 万元，税收 3 万元。

第三章 玉 石

第一节 罗甸玉

官固村村民发现透闪石 21世纪初，红水河镇官固村村民在进行农业劳作时，在山里发现通透的石头便拿回家中，被广西柳州观赏石商人以普通奇石价格批量购走。

送检确认优质软玉 2009年初，黑龙江地质专家、广西柳州宝玉石协会会员刘勤伟在原罗妥乡俄村村民四人带领下进山寻石，后送往中国地质大学进行检测。后广西天地人和彩玉石文化有限公司董事长莫雨翼送往北京大学、原满堂公司总经理聂睿送往安徽大学、贵州省科技厅、省地矿局地化所主任杨林等人送往贵州省地化所进行检测。经多方检测结果证实其化学成分、物理光学特征与新疆软玉相同，玉矿硬度达6.5以上，岩石中的透闪石含量在95%以上，属于优质透闪石软玉矿，从而填补了贵州没有优质软玉的空白。

2011年9月，省地质调查院陆续开展资料收集、野外踏勘、编制项目设计书等相关工作；2011年10月—2012年5月，全面投入野外调查工作，并在罗甸辖区16个矿业权内（其中采矿权10个、探矿权6个）对罗甸玉矿源进行勘查，预测罗甸软玉矿资源量达74.6万吨，按成材率20%计算，实际可直接利用资源量为14.9万吨，按当年当地一般品质的软玉原料市值500元计算，潜在经济价值约746.5亿元。

矿源分布 罗甸玉石资源主要分布地有三个：峨劳矿区（主要覆盖红水河镇红水河、罗妥片区，有官固、峨村矿区，属于近期开采工作重点区域）、罗暮矿区（主要覆盖红水河镇罗暮片区）、罗悃矿区（主要覆盖罗悃镇罗苏、罗悃、沟亭片区）。初步确定矿化较好、具有良好玉石矿产资源，面积100平方公里。2011年，初步探明官固龙井矿点彩玉石储量为2万吨，俄村玉石（含砂石）储量达到10余万吨。

成矿机理 罗甸玉产于岩床状基性辉绿岩与下二叠统灰岩接触带的大理岩化、硅化蚀变带中，主要为辉绿岩侵入体与二叠系四大寨组灰岩接触变质而形成，由于二氧化硅气液流体活动，在接触变质带外带蚀变交代形成透闪石岩（即罗甸玉）。由于围岩成分差异，会分别出现不同矿物组合，纯灰岩与辉绿岩接触带为软玉产出的最有利的部位，而与其他不纯碳酸盐岩接触则会出现一些其他蚀变矿物而改变玉石品质。这种直接产于基性岩（辉绿岩）与灰岩的接触带中的软玉矿，应为一种新类型的软玉矿体。

玉矿特征 罗甸玉石常见到的都为石料（山料产出）。颜色白中带灰，部分纯白色，少量淡绿色，少量似山流水，极少的黄色。

一为透闪石，粒度极细，具有毛毡状结构。世界上闪石玉有透闪石和阳起石两类。罗甸玉属透闪石类，矿物成分为透闪石。主要特点：一是透闪石含量极高，一般在95%以上，其中：白玉为99%、青白玉为98%、青玉为97%（95%—99%），在国内外同类透闪石玉中一是罗甸玉透闪石含量较高。二是杂质矿物极少，一般为1%—3%，多在1%左右，三是矿物粒度极细，为显微晶质和隐晶质。透闪石矿物在偏光显微镜下见为纤维状、针状、叶片状，在透射电子显微镜下为长柱状、短柱状纤维状。显微镜下显示粒度之细在国内外同类透闪石玉中也是少有的。四是结构以毛毡状为典型，粒度均匀，交织成毡毯一般，这是质地细腻致密的重要原因，而这种结构为其他类玉石很少有。

二为质地细腻、温润。质地是玉石质量的综合表现，包括形状、滋润程度、裂纹、杂质等等。罗甸玉由于其矿物组成和结构的特点，决定了其质地优良。表现在：一是由于其粒度极细，所以质地非常细腻，是古人所谓的“缜密而栗”，为其他玉石所不及。二是温润滋泽，即具有油脂（脂肪）光泽，给人以滋润柔和之感，是古人所谓的“温润而泽”，羊脂玉就是以玉滋润如羊脂一样而驰名天下。三是有适中的透明度，即是“水头好”，呈微透明，琢成的玉件显得水灵，有生气。四是杂质极少，有的达到无瑕的程度，而且里外一致，是古人所谓的“瑕不掩瑜，瑜不掩瑕”，或“角愚理自外，可以知中”。

三为硬度较大。硬度是玉石质量重要标准之一，硬度大，则玉器抛光性好，亮度好，且能长期保存。因此，工艺界以往在划分低、高档玉中，硬度是一个重要指标，一般说来，高档玉硬度较大，低档玉硬度较小。罗甸玉的硬度，经测定摩氏硬度为6–6.5，而比蛇纹石玉（硬度为2–6，一般为4左右）和叶腊石类石（硬度一般低，一般为2.5–4）为高，略低于翡翠。

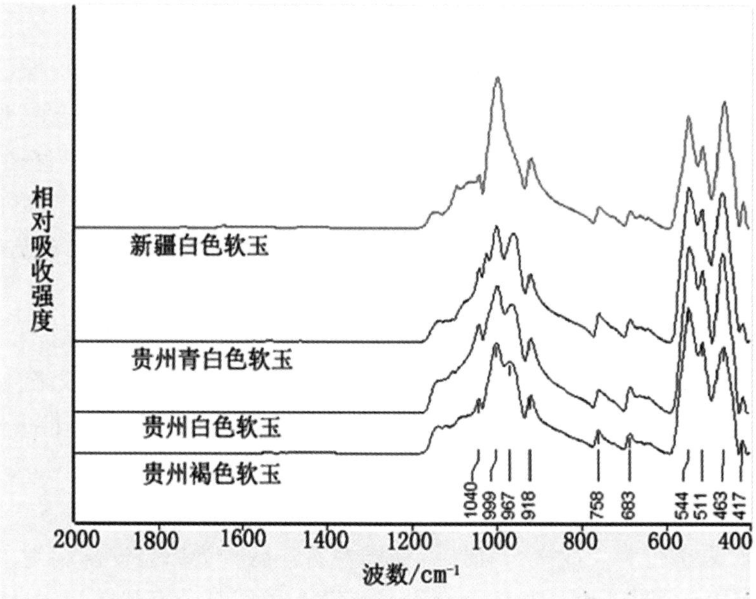

四为韧度极大。韧度对玉器极为重要，韧度大，则不易破碎，而且耐磨，对于玉器的艺术造型和精雕细刻有极大好处。韧是打击硬度，有的硬度很大，如金刚石摩氏硬度为10，水晶摩氏硬度为7，但是打击硬度低，一打即碎。而罗甸玉摩氏硬度虽不及金刚石和水晶高，但是打击硬度很高。据测定，罗甸玉的抗压强度高达6542公斤/平方厘米，罗甸玉属透闪石玉，韧度大是其特色。透闪石玉的韧度在玉石中是最大的，这是罗甸玉最重要的特色，是其他玉石不能比拟的。

第二节　文化积淀

早在3000年前，人们就已经使用玉凿、玉铲用于生产劳动。在当地的收藏家手里，能找到经过检验有3000年历史的玉凿、玉斧、玉制磨刀石等，且件数不少于100件。其中：玉制磨刀石能够清晰地看到磨刀痕迹。

罗甸玉名称的出现在历史上有记载，主要用于宗教活动，加工的产品主要用于讨好地方官员和给新出生的孩子镇邪。北宋时期，罗甸玉多次进贡北宋朝廷。乾德五年（967年），南宁州（今贵州惠水，据罗甸县80公里）蕃落使龙彦韬并顺化9部落入朝，其中：罗母珠部落（今罗甸县罗苏、罗暮一带）王子若母携米汤石（白玉）和青菜石（青玉）进贡方物不断，多次就有罗甸玉和罗甸奇石，乃至宋王朝知其地以石闻名。或以随从部落首领进贡方式，或以进献地方刺史等形式入朝纳贡。后至明朝，朝贡之风更盛，罗甸辖地归属广西布政司，罗甸玉多次被西隆州、右江道属官朝贡给明王朝，到了清朝年间改名罗斛后，罗甸玉经过当地士绅文人的渲染，就有了“罗斛布衣贡玉”之说。又说古代这一地区有八个藩国，玉是布依族贡献地方藩国首脑的主要物品，因此有罗斛布衣玉之说。

在万历年间的《贵州通志》上亦有记载，曰：“僚人，疾病，拜玉石以祀鬼神”，揭示了罗甸玉在原住民中神圣的地位。据清朝乾隆年间的《贵州通志》记载，“罗斛仲蛮家，正门适当巷陌桥道之冲，则立一小石将军或植一小石碑，以压禳之，石取于仲蛮谓之神山，白如玉”。当地布依族用的石头即为罗甸玉的山料。

罗甸玉的知名度一直都很高，据北京故宫博物院研究员周南泉于1983年所著《中国古玉产地初探》

一文中讲到，“广西陆川、云南宝山和腾冲、贵州罗甸；四川襄县、滇山（即岷山）都发现玉”。

第三节 开 采

群众开采 2009年再次发现罗甸玉以后，当地群众纷纷上山进行开采，价格从最初的5元每斤不断上涨至好的玉石上千元。这一时期大致持续一年半左右。至2011年，每天在山上非法开采的周边村民、县外人达3000人。

政府采取保护措施 罗甸玉经过了一段时间的无序开采，2011年7月，县政府发出《关于禁止非法开采矿产资源的通告》，要求群众立即停止非法开采活动。同时，县政府还拨付200万元专项经费用于对关固玉石矿山的保护，在狭窄的山路上，调集工程机械修通道路，架设通电线路，调集警力驻守矿山。

2012年7月，成立罗甸县玉石开发领导小组办公室，加强矿山管理、玉石市场运作等。

2013年11月，县政府出台《罗甸县玉石资源整合实施方案》，按照“一个矿区一个主体”的要求，全面整顿和规范玉石资源开发秩序。

2014年12月成立罗甸县玉石检测中心，加强品牌保护。同时，及时申报完成罗甸玉地理标志、申报完成中国观赏石之乡、与中国宝玉石首饰行业协会签订战略合作协议等，加强罗甸玉的品牌宣传与保护。

矿山保护 2011年7月1日，鉴于当时愈演愈烈的非法采矿情况，县政府采取由县公安局、县政法委、县法院、县国土局、县司法局、罗悃镇政府、红水河镇政府等上百人联合护矿行动，在通往矿山的3条主要道路设立官固、古屯、罗悃、县消防大队路口等5个卡点护矿，并派人员流动巡逻，迅速遏制偷矿采矿行为。此次行动持续一周左右，后转为以公安部门为主、各单位轮流值守，每天不少于20人，实行24小时值班。2012年年初，转为采取以县公安局防爆大队为主，罗悃镇政府、红水河镇政府工作人员及周边村村民参与形式进行值守。2013年年初，中航玉丰护矿队成立，开始护矿对与公安机关联合护矿。

2013年5月，俄村矿山开始开采，由县公安等部门联合，60余人进行矿山维稳行动；11月，官固矿山进入试开采阶段，派驻200余人进行矿山维稳行动。此类大型矿区维稳行动6次（含以上2次），人数在30—200人不等。此外，小型矿山维稳行动每月约3次，人数在3—10人之间。

自2012年开始，每年春节均派驻人员进行矿山值守行动，2012—2014年人员分别为80人、100人、10人左右。

环境保护 为加强矿区环境保护，县环保、县国土、县玉开办制定制定出台了《罗甸县矿山资源开采管理办法》《关于加快罗甸玉产业发展的意见》等，强调文明施工，采取清洗运输车辆、雨污分流、选用低噪音施工设备等措施加强施工期间环境污染防治；采用湿法凿岩、生活污水处理等加强营运期环境污染防治；加强绿化等生态保护、人体健康保护措施。

贵州中航玉丰股份有限公司针对俄村、官固矿区编制了《环境评价报告》《水土保持方案》等一系列环境保护措施，为防止水土流失，公司修筑了拦砂坝，加强了采面的恢复治理，总投资约100万元；贵州盛世玉业股份有限公司针对峨崂矿区进行植被修复等措施，投资约10万元。

第四节 引 资

产业概况 为立足优质资源作大好文章，2012年8月成立罗甸玉石开发办公室，建立玉石检测中心，引进中航玉丰、盛世玉业等业内顶尖大型企业，并通过校企合作方式，创办罗甸玉技工培训基地，建设完成“互联网+罗甸玉”体验中心。2015年从事罗甸玉产品加工、营销的个体商铺共40余家，从业人员500人以上，相关从业人员超过3000人，实现产值1.29亿元，完成税收1355万元。罗甸玉石城、中航玉丰玉石城、罗甸玉石文化中心、奇怪石交易中心相继建成后，将为罗甸玉搭建对外交流的展示、博览、贸易、加工工艺、信息传播、科研和人才培养平台。

企业入驻情况　2011 年和 2013 年共有 2 家国企公司进驻罗甸进行玉矿勘测、开采、开发（分别是贵州中航玉丰宝玉石有限公司和贵州盛世玉业股份有限公司）。

贵州中航玉丰宝玉石有限公司，2011 年年底入驻罗甸，至 2015 年年底，公司累计投入资金 2 亿元，用于罗甸玉开采、加工等工作。公司在官固、俄村矿点进行探矿、开采，在贵阳、北京等地机场开设门店。矿山年生产量 1000 吨，年产值 4000 万元，年上缴税金约 800 万元，随着罗甸玉的知名度不断提高，全国各地的玉石爱好者都纷纷到罗甸考察、参观，罗甸玉的加工工艺也逐步得到提高，公司在深圳设立专门的玉石解料中心，研发中心，具有较大规模的玉石加工中心；在罗甸县，公司与罗甸职校联合办学，为职校提供玉雕机械设备，免费供应玉石原料，引进扬州玉雕师傅，为罗甸当地培养玉雕技术人才，为罗甸玉石产业的发展做好铺垫。矿山生产解决就业岗位 100 多个，并为矿山生产工人及安保人员购置了社会保险，提供优越的工资待遇。

盛世玉业股份有限公司，由西南能矿集团股份有限公司、罗甸县国有资本营运有限责任公司共同组建，于 2013 年 2 月正式成立，目前公司主要进行玉石产业文化园建设和俄村峨崂等 4 个玉石矿点、平艾等 3 处米黄大理石辉绿岩开采工作。截至 2015 年年底，公司在建设玉石产业文化园中投入 3 亿元。对玉石产业市场进行整合，实行划行归市。园区预计于 2016 年建成开园，届时拟将罗甸玉石产业所有商铺搬迁进去，打造中国“玉都”。公司与贵州高速公路有限公司合作项目罗惘平艾辉绿岩项目已建成投产、俄村峨崂玉石矿点正在进行前期探矿工作。

园区建设　罗甸玉石产业文化园位于城东新区大十字东北侧，按照“政府搭台、划行归市、政策扶持”原则进行合理、有序的开发，规划建设玉石文化产业园、玉石文化中心、中航玉丰城，总规划占地 270 余亩，规划建筑面积 50 万平方米以上，总投资超 10 亿元。其中，玉石文化产业园及玉石文化中心预计 2016 年年底前建成并投入使用，中航玉丰城预计 2017 年建成并投入使用，内设罗甸县玉石检测中心、互联网 + 罗甸玉体验中心、玉石一条街、玉料加工区、玉石博物馆、会展中心、玉文化馆、奇石文化馆、玉石文化研究中心、图书馆、精品展示馆和露天活动区、公盘交易中心、原料仓库、综合办公区、职工宿舍等。2015 年，玉石文化产业园招商 40 家以上。该项目群建成后，形成集生产加工、销售展示、交易、拍卖、鉴赏、会展、物流为一体的产业链。同时通过开发商业、旅游、度假等配套项目，形成集旅游、休闲、赏玉、购玉的玉石文化旅游胜地。

中航玉丰玉石园　围绕“山水湖城、玉都罗甸”的城市功能定位，以玉文化产业园为中心，依托完备的软硬件条件，营建浓郁的玉雕文化艺术氛围，通过引入珠宝设计公司，设立大师工作室、开展艺术沙龙等，在园区内培育有利于产生玉雕上乘创意的优质环境，打造中高端罗甸玉石产品展览销售中心。建成后将是一个集玉石原料交易、产品原创研发设计、展示销售、检测鉴定、交流合作、配套服务、行业培训等为一体的行业平台，培育一个产业链完整、配套服务完备的全国性玉石行业龙头基地。最终使园区成为精品玉雕展示的平台；成为玉文化信息交流的平台；成为玉文化产品包装、宣传推介、销售平台；成为集旅游、休闲、赏玉、购玉的玉文化旅游胜地，公司产业园面积约 34 亩，建筑面积 2 万平方米，预计 2016 年完工。

第五节　产品宣传销售

教育科研　罗甸玉作为优质软玉，亦是科研工作者关注的对象。课题方面，2014 年，贵州省启动专项研究罗甸玉开发利用重大科技项目：《罗甸玉开发利用关键技术研究与产业化》，项目总投资 6405 万元，为罗甸玉技术指标、科技成果、经济效益的优质产出提供关键技术支撑。

论文方面，以罗甸玉为标题且有影响力的学术论文有 7 篇，如：杨林等发表在《矿物岩石》上的《贵州罗甸玉岩石化学特征及成因意义》、李凯旋等发表在《矿物学报》上的《贵州罗甸玉的矿物学及矿床学初步研究》、王宁发表在《科技创新导报》上的《罗甸玉与和田玉的比较研究》、朴庭贤等发表在《贵州地质》上的《贵州罗甸玉矿物学及成分特征》等文章引用和转载率较高，此外，还产生了以罗甸玉为研究对象的博士论文，如2013年成都理工大学杨林的博士论文：《贵州罗甸玉矿物岩石学特征及成因机理研究》。罗甸玉不仅在市场上知名度高，而且在学术界的知名度也得到肯定和认可。

人才培养 由罗甸县职校、中航玉丰宝玉石有限公司、扬州金生玉缘公司三方合作联办罗甸玉技工培训基地（罗甸工艺美术学校玉石专业），从扬州聘请老师，教授玉石雕刻课程，先后培育本地玉雕人才200余人。2015年实现产值1.29亿元，完成税收1355万元。

产品销售情况 为宣传推广罗甸玉，罗甸县先后多次参加国内大型珠宝玉石展销会，产品销往广东、江苏等全国各地。产品类型主要有大件玉雕、小件、手把件、玉镯等，年产量上百吨，件数超过100万件。其中：中航玉丰在北京、成都、深圳、贵阳等地开设直营销售店。2013年实现产值1.5亿元，完成税额800万元；2014年实现产值2.2亿元，完成税额1200万元。

2014年巴黎时装周期间，在法国的艺术经典与时尚中心——卢浮宫举办《Soul Mates—穿越时空玉见你》的玉文化主题展上，由首家进入中国外交部“国礼”名单的玉文化珠宝品牌—博玉东方携手国际新锐明星时装设计师万一方呈现，期间隆重首发超乎世人印象、独具国际时尚审美意蕴的《甦 sū》系列和田玉新贵——罗甸玉珠宝，在国际品牌云集的巴黎时装周，脱颖而出，惊艳全场，成为时尚界和文艺界瞩目的焦点和热议话题。

此外，罗甸玉获得许多国内大奖：贵和玉器罗涛的罗甸玉作品《观音摆件》荣获“2013百花·玉缘杯中国玉石雕精品博览会”优秀奖；“中国·南阳第十二届玉雕节暨国际玉文化博览会”，魏鹏举、魏鹏跃两位大师用罗甸玉所雕的《壶》荣获第三届玉华奖优秀作品奖；中航玉丰宝玉石有限公司设计制作的罗甸玉产品《薄胎玉碗》《三足炉》分别荣获“百花·玉缘杯中国玉石雕精品博览会”银奖、优秀奖；中航玉丰宝玉石有限公司设计制作的罗甸玉产品《天官炉》获得天工奖铜奖；此外，以罗甸玉为原料的作品在全国其他会展上获奖的有数十件。

第六节 猫眼宝石加工

猫眼石又称“东方猫眼”，是珠宝中稀有而名贵的品种。品种多达30种，市场上较常见的有“石英猫眼”“金绿猫眼”“辉石猫眼”“海蓝宝石猫眼”等，属于世界五大珍贵高档宝石之一。

罗甸石英猫眼石，是黄奇光1994年春在县境红水河沿岸罗羊乡（今红水河镇）龙井村发现一种蓝色纤维状的物质，这种物质非常坚硬，纤维排列密集，带回家，经打磨发现有条眼线，仔细观察分析其地质条件与宝石书上讲的很相似。“硅化石棉和蓝石棉整合地产于前寒武极含碱性变质岩，它年久与镁析出后，变成纯SO_2组成的石英猫眼石”。黄奇光将两颗打磨好的猫眼石送北京中科院贵阳地化所、贵州省地矿局、国家地矿部宝石监测中心、武汉大学等单位进行化验，证实那种蓝纤维块状的物质，首先在二叠纪辉绿岩接触蚀变带上发现蓝石棉，后在《宝石学》书中知道“当后期二氧化硅热液活动，闪石棉中镁和铁析出后变成纯的石英结合体（坚硬的蓝色石头）就是石英猫眼”。在县委、县政府的支持下，黄奇光迅速规范矿山建设，一边购置加工设备、一边派人到北京学习生产技术，很快办起了宝石加工厂。

石英猫眼宝石硬度摩氏7.3—7.5度，半透明，颜色有：深绿、浅绿、墨绿、密黄及蓝灰色五种。加工成各种款式，有椭圆形、半圆形、橄榄形的。该宝石具有双色性，对光面与背光面颜色显现不同，对光时，一颗宝石自然分成两半，两半各具不同色彩，十分奇妙。在阳光和钨丝灯光下，宝石内部反射出一条细小的聚集耀眼的光带，轻轻摇动宝石时，明亮的光带变成活光流动，变换位置时，形态与昼夜的猫眼相似，在光源下眼线还会张、合，张开时，宝石中间出现两条分开的光带，犹如上下眼皮张开；闭合时，又变成细小黄色的光带。若在阴天，猫眼则成为一片雾状，具有天生丽质和特殊的光学反映，活灵活现，令人叫绝。是镶嵌项链、戒指、耳环等的稀有、名贵、高雅之物。

1996 年 12 月，经香港国际新产品展览中心、香港科学院国际荣誉评选委员会、美国爱迪生发明中心联合举办的博览评审会上荣获“国际新产品奖”。1998 年又获中华人民共和国外形设计专利。

罗甸天然石英猫眼宝石，是中国首次发现，故称中国天然“石英猫眼宝石”，送泰国等地展销。1997 年中国爱迪生发明协会、北京市星炎技术研究年、北京企富源科技研究中心、北京万事利贸易公司隆重推出大奖精品技术（产品）成果汇编，罗甸生产石英猫眼宝石定价为 120 美元 /1 克拉。1998 年成立贵州省罗甸县奇光天然珠宝有限公司，是年 3 月 28 日举行挂牌典礼，前往参加挂牌活动的有贵州的省、州领导，广西南丹县政协及新华社贵州分社、贵州黔南报社、罗甸等 10 多个新闻单位，还有泰国、马来西亚等国家，以及我国香港地区的客商应邀出席典礼活动。2000 年后，由于开采、产品加工等技术因素，逐步退出市场。

第七节　奇石开发与销售

罗甸奇石的形体经巧千变万化见长。从石体造型和结构观赏：龙坪镇把坎、里冗、王汝一带的石形饱满圆润，体态简洁从容，线长柔畅，浑圆厚实，抽象夸张。

红水河流量大，险滩多，富含砂，两岸岩石质地坚韧，盛产奇石。红河石奇简洁浑朴，与兴盘江石同宗。红河石形以卵状居多，厚重、浑圆敦实。

边外河顶访、立亭及八茂、凤亭一带石形则以“怪”称奇，其石形硬朗明清瘦，参差变幻多端。这一带石头皱褶多、孔穴多、杈丫多，以怪异别致为特色。

罗妥乡一带的地理石造型堪称一绝，足令人间能工巧匠汗颜。其形嵌空宛转，纵横连绵，石窟佛洞，透风漏月，是通透多姿和浑厚饱满的结合体。

石色以黑色著称　“细皮黑”墨石多产于把坎、广里、里冗、王汝等地，红水河、边外河时有发现。这种石头深黑如漆，通体无一丝杂色。这种墨石又称“黑珍珠”，全国仅有罗甸一些乡镇及红水河一带产出。红河石中的色彩石和罗妥花斑玉，其色多老道苍古，幽深凝重，有一种历史积淀感，为众多石玩者尤其是艺术型人士所珍爱。

巧色石，即石头有两种颜色，两色比例悬殊，其中：比例小的颜色巧妙地“落笔”，石头的指定部位，该石便不同凡响，身价百倍。如有一石，灰褐色，形似鱼，普通象形石，并不稀罕。但鱼眼处竟凸起为黑色，灰色的鱼身，黑色的眼睛，得以高价售出。另一块取名为“婷婷玉立”的巧色石，石身灰绿色，头部为黑色，尚小件石品，在贵州奇石博览会上以五位数人民币出售。

红河石种类较多，有的富含硅质，质地致密，皮若彩釉，类似广西的彩陶石，有的绵中带硬，不易侵蚀，但质坚皮润。如李泽华收藏的一块形似飞行器的硅质墨石，石质细密，石皮通体如玻璃一样光滑，手感极佳，有人疑为人工研磨，经仔细鉴别后确认纯属天然石皮，感叹不已。

边外河顶访、立亭一带所产玛瑙石，含硅质和石英，玉化感强，质坚但硬中带脆。其石皮可比玉，似彩釉，若凝腊，加之石体表面多有麻坑，皱褶变化，显得品位不凡。

好的山石，也出精品。罗妥的土埋石细腻坚朗，近似水石；董王、木引、八茂、干送等地均产较好的石种，石质均属优良。罗妥的花斑玉石硅化程度极高，硬度当居罗甸奇石之首，这种石质富丽华贵，宝气十足，是奇石中的“贵族”。

石纹　县境八茂、凤亭、红水河、边外河、罗妥都产纹理石，有的由颜色因素形成，有的由蚀刻因素构成，风格各异。

奇石鉴赏 石界有“瘦、皱、漏、透”的说法。1998年10月，在北京天坛公园举办的第3届全国名人奇石文化艺术节上，罗甸奇石协会选送一块命名为“人与兽”的石头荣获金奖。1999年，在昆明世界园艺博览会上，一块命名为“母与子”的罗甸奇石获银奖。2001年，在山东淄博首届奇石博览会上，一块命名为“江山如此多娇”的罗甸奇石荣获金奖。2002年，在贵州首届奇石博览会上，“母与子”又获奖，罗甸奇石知名度越来越高，不仅轰动国内，还引起海外的关注。

2005年以来，罗甸县已经筹资建立宝石城，开通“奇石商业街”。2013年年底，全县从事奇石开发销售的企业有6家，个体工商户近200家，国内外销售总额4000万元左右，“罗甸奇石”将吸引更多的客商、更多的投资者。2015年奇石售销前景不乐观。

第四章　电力工业

第一节　机　构

罗甸县供电隶属中国南方电网有限责任公司贵州省电网有限责任公司。1991年3月，罗甸县被国务院国发〔1991〕17号批准列入国家“八五”期间第二批农村初级电气化建设县，经过5年规划建设，投入资金4132万元。1995年4月被水利部、国家计划委员会机电〔1996〕157号批准罗甸县为全国第二批农村初级电气化县。1995年10月通过省人民政府组织验收达到全国农村初级电气化达标县。2015年辖区有水电站7座，区域内电网变电总容量571.45兆伏安，其中：包括220千伏变电站1座，110千伏变电站5座，35千伏变电站12座；220千伏输电线路2条70公里，110千伏输电线路10条204.6公里，35千伏输电线路13条共456公里，10千伏配电线路59条共1784公里，配变1346台。电网覆盖率100%。用电总用户数98947户。

罗甸供电局前身是罗甸县水电公司，1982年成立，属地方小水电站及供水独立国有企业。1993年，水电分家，水厂分离出去，1999年，供电企业更名为罗甸县电力公司。1月，罗甸地方电网与贵阳电网实现联网。同年4月，地方小水电站从县电力公司分离出去，实现厂网分家。县电力公司由原贵阳市南供电局代管。2005年1月贵州省电网公司直管，隶属贵阳供电局管理。2010年11月，企业更名为罗甸供电局至今。

供电局设职能管理部门10个，生产车间4个，城区客户中心1个，下属7个供电所，职工321人，其中：全民职工150人，原农电工171人。2014年职工总数322人。2015年职工319人。

第二节　电力建设

县境蒙江流域建有石门坎电站、雷公滩电站、双河口电站、灰洞电站，在建有冗各和上尖坡电站；坝王河流域建有坝王河电站、柏林电站、沫阳关电站、小井电站，在建电站有槽渡河董坨水电站、拉纳水电站，电力工业已成为罗甸工业的重要组成部分。2012年起一直向省州争取小水电直供。2013年，罗甸小水电带动大网电，使国鑫公司、正鑫公司得以发展。至2015年，蒙江流域电站由贵州蒙江流域开发有限公司在蒙江流域已建成发电的电站6座（双河口电站、团坡电站、石门坎水电站、石门坎电站二厂、雷公滩电站、灰洞电站），在建电站2座（冗各电站、上尖坡电站），待建电站1座（雷公滩电站扩机项目），装机容量共48.76万千瓦，公司年均发电量8亿千瓦时。2015年，蒙江流域发电公司共发9亿千瓦时电量，总产值达2.41亿元，上缴税收共3611.7万元，电站税收占规模工业税收的25%以上。

一、蒙江流域

发源于贵州省贵阳市花溪区高坡乡田坝寨，全流域集雨面积为8650平方公里，河流全长162.2公里，总落差1246米，主河道比降0.62%。在罗甸县境内已建成水电站有石门坎水电站（扩建成一、二厂水电站）、雷公滩水电站、双河口水电站、灰洞水电站、冗各水电站；在建有上尖坡水电站和雷公滩电站扩机。

蒙江干流在县境水能资源蕴藏量43.7万千瓦，技术可开发量为43.22万千瓦，其中：已开发33.3万千瓦，正在开发建设6万千瓦，项目前期建设中有2万千瓦。

石门坎水电站 位于逢亭镇蒙江干流上，距县城32公里，该电站是蒙江梯级电站第七级，为隧洞引水式水电站。电站主要建筑由引水隧洞、压力前池、发电厂房、高压开关站等部分组成，引水坝以上流域面积4800平方公里，多年平均径流量97.2立方米，电站设计水头30.5米，总流量73.8立方米。

该电站第一期于1970年9月开始动工，1977年建成投产，第二期1986年建成投产，第三期1999年建成投产。2007年扩建二厂，2008年12月投产发电。电站三期建设已完成总装机容量6×3200千瓦=19200千瓦，二厂扩建装机容量2×2000千瓦，投资1.93亿元。2008年发电12515万千瓦时，2009年发电1.56亿千瓦时，2010年发电1.55亿千瓦时，2011年发电1.39亿千瓦时，2012年发电1.7亿千瓦时，2013年发电9021万千瓦时，2014年发电1.95亿千瓦时，2015年发电2.05亿千瓦时，共发电12.35亿千瓦时。电站现有职工39人。

雷公滩水电站 位于逢亭镇蒙江干流上，距县城26公里，距逢亭镇3公里，是蒙江梯级水电站第八级，为河床式水电站。电站主要建筑物由浆砌石重围力坝、压力前池、发电厂房、高压、开关站等部分组成，引水坝以上流域面积5385平方米，多年平均径流量105立方米/秒，电站属径流式电站。

该电站于1993年10月开工建设，1996年5月建成投产，总投资2亿元。总装机容量2×4200千瓦=8400千瓦，年发电量4200万瓦时，2008年发电4084万千瓦时，2009年发电4119万千瓦时，2010年发电4047万千瓦时，2011年发电4556万千瓦时，2012年发电624万千瓦时，2013年发电3441万千瓦时，2014年发电5291万千瓦时，2015年发电5225万千瓦时，共发电3.14亿千瓦时。电站现有职工29人，隶属贵州蒙江流域开发有限公司。电站现有职工29人，隶属贵州蒙江流域开发有限公司。

双河口水电站 工程位于蒙江干流交砚乡境内，由贵州蒙江流域开发有限公司投资建设。2004年5月开工，2008年2月建成投产发电。电站设计坝高99.5米，设计高程583米，总库容1.96亿立方米，装机容量3×40000千瓦=12万千瓦，年发电量4.22亿千瓦时，项目总投资8.52亿元。2008年发电2.89亿千瓦时，2009年发电3.75亿千瓦时，2010年发电3.73亿千瓦时，2011年发电3.36亿千瓦时，2012年发电4.16亿千瓦时，2013年发电1.98亿千瓦时，2014年发电4.66亿千瓦时，2015年发电4.82亿千瓦时，共发电29.34亿千瓦时。职工42人。

灰洞水电站 2008年开工建设，2013年12月建成投产发电，是蒙江支流格凸河规划开发的第六级水电站，大坝建于格凸河干流上，坝址以上流域集水面积2273平方公里，主河道河长128公里。坝址位于罗甸县董王乡，上衔已建成的摆东电站，下接已建成的双河口电站。主要任务是发电。装机：2×2.5万千瓦=5.0万千瓦，年均发电量2.11亿千瓦时，总投资4.5亿元。

工程的主体建筑物由混凝土砌毛石拱坝、左岸发电引水系统和地面厂房组成。水库调节库容45.1万立方米、死库容55.9万立方米，电站装机50兆瓦，多年平均发电量2.02亿千瓦时，年利用小时数4030千瓦时，保证出力11.48兆瓦。

坝顶高程659.5米、坝底高程610.5米、坝高51米（含垫层）、拱冠梁底厚11.0米、拱坝最大厚高比为0.216、拱坝最大顶厚4.0米，水库正常蓄水位648.5米、死水位644米。

发电引水系统由进水口、引水隧洞、调压井和压力钢管组成，发电洞进口高程632米，隧洞长2590米，断面形状为圆形，衬砌后直径为6.2米。调压井断面为圆形，直径为19米，井筒高度46.66米，压力钢管长274.085米，断面为圆形，直径5.5米。

2013年发电107万千瓦时，2014年发电1700万千瓦时，2015年发电1.8亿千瓦时，共计发电1.98亿千瓦时。职工37人。

冗各水电站 于2011年11月开工建设，2016年6月投产。位于贵州省罗甸县逢亭镇冗各寨，地处蒙江支流格凸河与涟江汇口下游22公里的干流河段上，上接双河口电站，下接石门坎水电站，工程以发电为主，投资8.4亿元，装机3×3万千瓦，电站装机容量3×30兆瓦，水库正常蓄水位为495米，相应库容为3290万立方米，死水位490米，调节库容1140万元立方米，属周调节水库，保证出力21.19兆瓦，年平均发电量3.36亿千瓦时，年利用小时数3730千瓦时。

工程枢纽建筑物由碾压砼重力坝、左岸发电引水隧洞、压力钢管、地下厂房及室内开关站等建筑物组成。拦河大坝为碾压砼重力坝，坝顶高程500.5米，最大坝高70米，最大底宽60米，坝顶总长215.9米。

引水发电系统由进水口、引水隧洞、压力钢管、地下厂房及尾水洞等组成。进水口采用岸坡塔式，进口底板高程473米，设拦污栅和4.5×4.5米的平板检修闸门、工作门各3扇。引水隧洞分别为132.65米、164.65米、196.65米，内径均为4.5米。隧洞末端设等直径的地下埋管，长12米，通过碟阀进入地下厂房。主厂房尺寸为69.7米×15.3米×37米（长×宽×高），安装3台30兆瓦的水轮发电机组，开关站布置在洞内。尾水洞9.108×4.016米（宽×高）城门洞型，长度153.04米、180.85米、210.87米，各尾水洞的轴线距离为16米。

导流洞布置右岸，总长393.09米，城门洞型，7.4米×9.5米。上游围堰堰顶高程456.5米，下游围堰堰顶高程447.5米。

上尖坡水电站（在建） 于2011年8月动工建设。位于蒙江的左源支流涟江下游，上游梯级为团坡电站，下游梯级为蒙江干流双河口电站。上尖坡水电站总投资5.15亿元，装机2×3万千瓦，计划2017年投产。坝址控制流域面积2341平方公里，年径流量14.85亿立方米。上尖坡拦河大坝为碾压混凝土重力坝，坝身表孔泄洪挑流消能，河床溢流坝段长为37米，共布置3孔开敞式溢洪道表孔，堰顶高程655米，最大下泄流量3720立方米/秒，水库总库容1600万立方米，水库正常蓄水位为670米，相应库容为1440万立方米，调节库容为410万立方米，死水位665米，死库容1030万立方米，调节库容为410万立方米，调节性能为周调节，电站装机容量6万千瓦。

二、坝王河流域

全流域集雨面积0.62%，水能资源理论蕴藏量为174.6兆瓦，天然落差1246米，已开发水能资源28.2千瓦，年发电量330千瓦。建有水电站：沫阳关、柏林、坝王河水电站。

坝王河水电站 1986年开工建设，装机容量2×1000千瓦。1988年6月建成投产发电，年发电量1200万千瓦时，总投资520万元。2008年发电785万千瓦时，2009年发电894万千瓦时，2010年发电876万千瓦时，2011年发电810万千瓦时，2012年发电781万千瓦时，2013年发电886万千瓦时，2014年发电865万千瓦时，2015年发电432万千瓦时，共计发电6329万千瓦时。职工25人。

柏林水电站 2005年1月开工建设，电站位于沫阳镇，坝型为石浆砌石重力坝，坝高26.45米，坝长97.45米，隶属罗甸县伟力水电开发有限责任公司。2006年10月建成投产发电，年发电量1560万千瓦时，总投资2200万元。2008年发电1101万千瓦时，2009年发电834万千瓦时，2010年发电994万千瓦时，2011年发电811万千瓦时，2012年发电908万千瓦时，2013年发电980万千瓦时，2014年发电960万千瓦时，2015年发电量1180万千瓦时，共计发电7768万千瓦时。职工12人。

沫阳关水电站 2002年1月开工建设，2004年5月建成投产发电，装机容量2×125千瓦，隶属罗甸县伟力水电开发有限责任公司。设计年均发电量132万千瓦时。总投资100万元。2008年发电91万千瓦时，2009年发电80万千瓦时，2010年发电105万千瓦时，2011年发电90万千瓦时，2012年发电85万千瓦时，2013年发电86万千瓦时，2014年发电113万千瓦时，2015年发电量120万千瓦时，共计发电 770 万千瓦时。是年职工 6 人。

第三节　电网建设

1996 年，罗甸电网只有 9 座 35 千伏变电站，10 台主变压器总容量 2.09 万千伏安，10 千伏配电变压器 689 台，35 千伏线路 177.55 公里，10 千伏及以下配电线路 1368.45 公里。

经 1999—2014 年实施水电建设，新建 220 千伏变电站 1 座（栗木变），主变 2 台，新增容量 360 兆伏安，220 千伏线路 1 条 55.37 公里；新建 110 千伏变电站 2 座（逢亭变、边阳变），主变 2 台，新增容量 100 兆伏安，110 千伏线路 4 条 118.9 公里；新建、改造 35 千伏变电站 9 座，主变 11 台，新增容量 56.9 兆伏安，新建、改造 35 千伏线路 11 条 157.82 公里；新建、改造 10 千伏及以下线路 3049.96 公里，新增、改造配变 998 台，新增容量 108.84 兆伏安。总投资 9.7 亿元。

2015 年新建 110 千伏变电站 1 座，新增容量 3.15 兆伏安，110 千伏线路 3 条 48.13 公里。改造 35 千伏线路 1 条 12 公里；改造 10 千伏及以下线路 82.13 公里，新增容量 2170 兆伏安。总投资 1928.86 万元。分年度建设情况如下表：

罗甸电网 1999—2014 年建设投资情况表

表 8-3

序号	项目名称	建设规模			项目总投资（万元）	建设年份
		线路长度（公里）	变电台数	变电容量（伏安）		
1	第一期农村电网改造工程（10 千伏及以下项目	1296.31	401	22.46	3387.52	1999-2001
2	板庚变 - 边阳输变电工程	15.2	1	3.15	251.42	2001
3	110 伏罗甸变 - 罗悃输变电工程	21.5	1	4	319.44	2001
4	110 伏罗甸变 - 沫阳变输变电工程	13.42	1	3.15	244.67	2001
5	35 伏罗龙输电线路工程	3.71	-	-	33.31	2001
6	35 伏罗茂输电线路改造工程	21.28	-	-	248.51	2001
7	第二期农村电网改造工程	381.57	80	3.02	952.2	2002-2003
8	第二期农村电网改造工程第六批	45.28	17	0.63	136.46	2004
9	县城电网改造工程一期项目	12.08	8	1.6	136.77	2005
10	农网结余资金项目	4.48	2	0.06	19.89	2006
11	县城电网改造工程二期项目	16.09	14	2.8	243.14	2007
12	无电地区通电工程第一批	19.41	4	0.12	137.94	2007
13	农网完善化工程第一批	62.07	8	0.24	179.03	2007
14	35 千伏板庚变改造	-	1	3.15	390.0	2007
15	无电地区通电工程第二批	19.3	4	0.12	152.26	2008
16	农网完善化工程第二批	71.64	13	0.65	306.49	2008
17	罗甸（栗木）220 千伏输变电工程	60.5	1	180	15132.00	2009
18	罗甸木引 35 千伏输变电工程	20.5	1	4	817.79	2009
19	罗甸龙坪 35 千伏输变电工程	15.2	2	20	1005.34	2009
20	220 千伏罗甸（栗木）变 110 千伏出线	43.4	-	-	2195.00	2009
21	2009 年农网完善化工程第五批（10 千伏及以下项目）	479.53	94	5.2	4422.38	2009
22	2009 年农网完善化工程第六批（10 千伏及以下项目）	64.67	-	-	548.23	2009

续表

序号	项目名称	建设规模			项目总投资（万元）	建设年份
		线路长度(公里)	变电台数	变电容量(伏安)		
23	2009年无电地区通电工程第三批	166.78	26	1.2	1593.28	2009
24	2009年无电地区通电工程第四批	23.27	7	0.1	203.31	2009
25	2009年县级电网其他项目（含一户一表、TTU等）	30.5	–	–	1025.18	2009
26	逢亭110千伏输变电工程	34.00	1	50	7171.00	2010
27	2009年农网完善化工程第七批（10千伏及以下项目）	77.95	13	0.7	972.94	2010
28	2010年县级电网其他项目（10千伏及以下项目）	961.57	347	35.6	12446.93	2010
29	罗甸栗木220千伏变电站2号主变扩建工程	–	1	180	2360.00	2011
30	罗甸县八总35千伏输变电新建工程	2	2	10	1344.23	2011
31	2011年县级电网其他项目（10千伏及以下项目）	166.46	106	21.31	3015.25	2011
32	2008—2009年中央预算内投资结余资金项目	274.79	222	23.77	4241.00	2011
33	灰洞水电站（2×27）兆瓦、上尖坡水电站（2×30）兆瓦送出输变电工程	19.5	–	–	2624.00	2012
34	罗甸信邦110千伏输变电工程	9.4	1	31.5	5042.00	2012
35	罗甸逢亭110千伏变电站35千伏送出线路工程	37.55	–	–	1433.00	2012
36	罗甸凤亭35千伏输变电工程	21.17	1	4	2070.00	2012
37	罗甸板庚35千伏变电站—35千伏石门坎变电站35千伏线路改造工程	12.9	–	–	514.00	2012
38	罗甸八总变35千伏新建二电源线路工程	12	–	–	594.93	2012
39	罗甸县35千伏龙坪变—石门坎电站35千伏线路工程	27	–	–	1336.00	2012
40	2012年县级电网其他项目（10千伏及以下项目）	495.18	114	9.5	6261.43	2012
41	罗甸冗格水电110千伏送出输变电工程	37.5	–	–	4888.00	2013
42	罗甸110千伏信邦变35千伏送出工程	9.5	–	–	476.00	2013
43	2013年农网改造升级工程（10千伏及以下项目）	215.46	47	8.075	4591.01	2013
44	2013年生态移民工程	3.49	–	–	44.30	2013
	合　计	–	–	–	95508	–

第四节　供电用电管理

随着多年发展建设，罗甸电网发生巨大的变化，装备水平逐年提高，断路器由原来的多油、少油断路器发展成为真空断路器、六氟化硫断路器，继电保护由无继电保护到机械式继电保护再到现在广泛使用的微机式继电保护。变电站由原来的简易变电站发展成为科技含量较高、综合管理能力较强的综合自动化、信息化变电站。在遥测、遥信、遥控、遥调、遥视等集控技术的广泛应用下，供电局建立南罗集控中心，多个变电站实现无人值守，无人值守率达到75%。110千伏变电站及线路，220千伏变电站及线路从无到有逐步建立，2015年罗甸所辖电网：220千伏变电站1座，110千伏变电站5座，35千伏变电站12座，主变压器19台，主变压器总容量57.15万千伏安，配电变压器1346台，220千伏线路70公里，110千伏线路204.16公里，35千伏线路456公里，10千伏配电线路59条1784公里。0.4千伏974.6公里，0.22千伏1012公里。随着电网装备水平和管理能力的提升，电网已初步建成结构合理，网架坚强，保障有力的县级电网。1991 年供电量 1.42 亿千瓦时，1996 年供电量 1.92 亿千瓦时，2000 年供电量 2.01 亿千瓦时，2005 年供电量 2.26 亿千瓦时，2010 年供电量 2.62 亿千瓦时，2014 年供电量 3.46 亿千瓦时。2015 年供电量 3.16 亿千瓦 / 小时。

1996 年，全县用电客户数 2.07 万户，实行台区总表制收费，全县供电量约 0.9600 万千瓦时，全年售电量 7600 万千瓦时，综合线损率 20.83%，全县用电负荷 0.97 兆瓦。经过历年电网建设及负荷拓展，至 2015 年，全县用电客户数已增至 9.8 万户，全部实现“一户一表”制，达到服务、抄表、收费全到户，全县用电负荷约 6.8 兆瓦，全年售电量 3.16 亿千瓦时，综合线损率 5.6%。

罗甸电站装机容量统计表

表 8-4

电站名称	装机容量（千瓦）	装机（万千瓦）	年发电量（万千瓦时）	年产值（万元）	年税收（万元）	投资额（万元）	备注
罗甸县雷公滩电站	2×4200	0.84	4000	1000	100	5880	1996 年 4 月并网
罗甸县石门坎电站（一厂）	6×3200	1.92	9900	2475	250	13860	2008 年 5 月并网
罗甸县石门坎电站（二厂）	2×20000	4	20000	5000	500	40000	2008 年 5 月并网
罗甸县坝王河电站	2×1000	0.2	1000	250	25	1400	–
罗甸县双河口电站	3×40000	12	45910	11477	1147	120000	2008 年 6 月并网
罗甸柏林电站	2×1600	0.32	1600	400	40	3200	–
罗甸县沫阳电站	2×125	0.025	125	31	3	250	–
	181050	19.305	82535	20633	2063	184590	–
罗甸县冗各水电站	3×30000	9	33500	8375	837	83690	在建
上尖坡水电站	2×30000	6	22000	5500	550	57341	在建
灰洞水电站	2×25000	5	20000	5000	500	35706	在建
合　计	–	58.61	240570	60141	6015	545917	–

第五章　电站建设移民安置补偿

第一节　机　构

罗甸县移民办公室于 1989 年 2 月成立，配合中南水利电力设计院做龙滩电站罗甸库区预可研前期工作。2001 年 11 月改称县移民开发局（含旅游工作），为县政府直属正科级事业机构，主要负责电站建设实物指标调查补偿、移民安置工作和旅游发展规划、监督检查旅游市场工作，内设机构有办公室、规划安置股、财务和物资股、工程质量与资金使用监察股、旅游管理股，编制 12 名。2005 年，设置罗甸县旅游事业局。将有关旅游开发职能划入县旅游事业局。主要负责电站建设实物指标调查补偿、移民安置工作，内设机构有办公室、规划安置股、财务和物资股、工程质量与资金使用股监察局，人员编制 20 名。是年，在有移民工作任务的乡镇设置龙坪镇、板庚乡站、凤亭乡、班仁乡、边阳镇、罗悃镇、沫阳镇、逢亭镇、逢亭镇、茂井镇、大亭乡、红水河镇、罗妥乡移民工作站，蒙江流域水电开发和移民建设工程管理站。2011 年，县移民开发局更名县水利水电工程移民局，主要负责电站建设实物指标调查补偿、移民安置工作，设有 5 个职能股（室）即办公室、规划安置管理、财务和物资股、政策法规股和后期扶持股，编制 20 人，工勤编制 2 名。2014 年罗甸县水利水电工程移民局更名为县水库和生态移民局，为县政府直属事业单位，将设在县发展和改革局的扶贫开发移民工程领导小组办公室职能整合到县水库和生态移民局。2015 年内设机构有：办公室、水库移民股、生态移民股、政策法规股、后期扶持股、计财股 6 个股室，同时在龙坪、茂井、凤亭、红水河、罗悃、沫阳、逢亭、边阳、木引 9 个乡镇设立移民工作站和 1 个移民建设工程管理站，编制 64 人。

第二节　龙滩水电站

工程概况　龙滩水电站是国家在广西壮族自治区天峨县境红水河开发的第四级大型水电工程，是国家实施西部大开发和西电东送战略决策的重点建设项目。具有发电、防洪、航运、水产等综合效益，工程 1958 年 10 月由广西水电勘测设计院开始勘察。1980 年由水电部中南勘测设计院进行全面规划设计，1985 年 5 月水电部受国家计委委托在北京召开龙滩电站开发可行性报告审查。1991 年 7 月 30 日在能源部的主持下，能源部副部长陆佑楣、国有能源投资公司总经理姚振炎，广西壮族自治区政府副主席王蓉贞、贵州省副省长刘玉林、广东省副省长匡吉分别代表本部本省共同签署《关于合资开发红水河电站的原则协议》。1999—2000 年年初，中南勘测设计院对库区淹没实物指标进行全面调查。2000 年 6 月，受国家经贸委委托，中国水电顾问集团水利规划设计总院在湖南长沙召开《红水河龙滩电站水库区淹没处理规划设计报告》审查会。电站位于广西壮族自治区天峨县境内的龙滩，电站建设按大坝高程 400 米设计 375 米施工。水库水域面积 377 平方公里，总库容 162.1 亿立方米，装机 420 万千瓦，年发电量 156.7 亿千瓦时，是红水河梯级开发规模最大，水库调节性能最好的骨干工程，为中国最大的水电工程之一。龙滩水电站 2001 年 7 月 1 日开工建设，2007 年 5 月首台机组试运行发电，2008 年 12 月，第一期 7 台机组全部建成投产发电。罗甸参与税收分配。

淹没范围　龙滩水电站水库淹没罗甸县国土面积 75.91 平方公里，涉及红水河、罗苏、罗暮、罗妥、沟亭、班仁、茂井、凤亭、大亭、龙坪、八总等 11 个乡（镇）69 个村 287 个村民组和茂井、红水河、八总三个乡（镇）政府驻地及 73 家企事业单位，淹没影响农户 2766 户 21000 人，房屋 51.19 万平方米（其中：公房 8.86 万平方米、私房 42.33 万平方米）总人口 2.1 万人；耕地 17664.7 亩，园地 3098.3 亩，林地 30144.7 亩。淹没的主要专项设施有：四级公路 108.5 公里，大中型公路桥总长 489.2 米 /11 座，汽车轮渡、货运码头各 1 处，35 千伏输电线路 10.7 公里，10 千伏输电线路 117 公里，小水电站 1.84 万千伏 /3 座。机耕道 86.6 公里，抽水站 1589 千瓦 /9 座，电站设施有：光缆 45.2 杆公里，架空明线 36.2 杆公里，电缆 15 杆公里，电视接收站 32 处等。淹没总投资 19.14 亿元。

淹没实物补偿标准　2006 年 2 月，国家发展和改革委员会、水电水利规划设计总院在北京主持召开龙滩水电工程建设征地移民安置补偿投资概算调整协调会，提高征地补偿和移民个人财产补偿补助标准，适当扩大补偿补助范围，并原则通过中南勘测设计研究院编制的《龙滩水电工程建设征地移民安置补偿投资概算调整报告》。概算调整以国家发展和改革委员会发改办能源〔2006〕172 号文件《国家发改委办公厅关于做好龙滩水电工程建设征地移民安置补偿投资概算调整工作有关要求的通知》为指导，以 2000 年 6 月国家审定的《龙滩水电工程可行性研究补充报告水库淹没处理规划设计专题报告（审定本）》为基础，广西以 2003 年 11 月、贵州以 2004 年 5 月审定的实物指标为主要依据，根据国家及广西、贵州两省（区）政策和物价因素的变化，参照四川省瀑布沟电站移民试点政策，结合龙滩水电工程移民工作实际，按照同一库区、同一标准的原则进行。

本次耕地补偿标准调整以国家 2000 年审定的各类农作物产量为基础，采用 2005 年第四季价格水平，按照土地补偿费、安置补助费之和 16 倍予以调整（其中：土地补偿费 10 倍，安置补助费 6 倍）。其他地类的补偿标准采用两省（区）有关政策的算术平均值。

移民搬迁　据水利部中南勘察设计院实地调查，搬迁建房人口为 17611 人。2002 年 6 月启动移民搬迁安置，至 2010 年年底涉及全县 24 个乡镇 134 个村，共搬迁安置 16524 人（直淹人口 15180 人，孤岛随迁 1001 人，淹地随迁 343 人），完成库区规划实施政府建设集中安置点 4 个，移民自发建设集中安置点 8 个。撤销原建制村 2 个，新建行政村 1 个。共建购房 528544 平方米，人均占有住户面积 32 平方米。

耕地长期补偿机制落实和执行情况　耕地长期补偿是对原规划的补充和完善。2010 年 3 月份启动实施耕地长期实偿，发放《龙滩水电站贵州库区无法落实生产安置移民耕地长期补偿宣传提纲》11336 本，开展动员培训 142 次 11545 人，召开座谈会 475 次 12856 人，发送移民短信 5 次，接收群众 3100 余人次，填写“长期补偿自愿书”1585 户（人均耕地不足 0.5 亩 1199 户），收回 538 户，审核合格 226 户，填写“长期补偿自愿书”的户数占应参加户数的 24.7%。

投资补偿兑现　从 2001 年 7 月龙滩电站开工建设至 2015 年底累计收到州移民局拨付资金 19.61 亿元（项目为农村移民补偿资金、拉喊滑坡处理资金、地质灾害影响龙坪四小迁建资金等），累计兑现补偿资金 19.55 亿元（支出项目为农村移民补偿、城市集镇部门补偿、专业项目复建补偿、库底清理费、其他费用等），资金余额 584.4 万元。经调整后的各类土地补偿补助标准详见表 8-5。

龙滩水电工程建设征地补偿单价对比表

表 8-5

序号	项　目	单位	可研审定单价	概算调整单价
1	耕　地	–	–	–
	水　田	元 / 亩	8406	19960
	罗甸城郊菜地	元 / 亩	18460	43811
	菜稻田	元 / 亩	11444	26325
	菜菜稻田	元 / 亩	–	43811
	甘蔗田	元 / 亩	8821	21504
	常年旱地	元 / 亩	4756	13608
	菜旱地	元 / 亩	7236	19192
	甘蔗地	元 / 亩	4904	13443
	1m 以下田坎	元 / 亩	4756	13608
	陡坡地	元 / 亩	2081	6804
2	园　地	–	–	–
	柑橘园	元 / 亩	8652	10416
	蕉类园	元 / 亩	7652	10196
	荔枝（桂圆）	元 / 亩	14152	14152
	其他园地	元 / 亩	8652	10416
3	林　地	–	–	–
	用材林	元 / 亩	3638	6723
	经济林	–	–	–
	板　栗	元 / 亩	5602	8831
	油　桐	元 / 亩	3827	8442
	其　他	元 / 亩	3692	8373
	疏灌林	元 / 亩	1081	3887
	防护林	元 / 亩	1081	3887
4	荒山草地	元 / 亩	442	1733
5	鱼　塘	元 / 亩	8406	19960

房屋补偿标准 按“同一库区、同一标准”的原则，本次概算调整对移民的各类房屋补偿标准作了适当提高。

龙滩水电工程房屋补偿单价对比表

表 8-6

序号	项目	单位	可研审定单价	概算调整单价
1	正房	–	–	–
	框架结构	元/平方米	–	637
	砖混结构	元/平方米	357	444
	砖木结构	元/平方米	289	352
	木瓦结构	元/平方米	210	264
	土瓦结构	元/平方米	168	223
2	杂房	元/平方米	–	–
	砖混结构	元/平方米	70	150
	–	元/平方米	70	120
	–	元/平方米	70	70

其他项目补偿补助标准 本次概算调整，根据实际情况，还对其他项目补偿标准作了部分调整。

龙滩水电工程其他项目补偿单价对比表

表 8-7

序号	项目	单位	可研审定单价	概算调整单价	备注
1	附属设施	–	–	–	–
	围墙	元/m^2	20	30	–
	门楼	元/个	200	200	–
	晒坪	元/m^2	20	32	–
	节柴灶	元/个	200	200	–
	粪池	元/个	100	1160	–
	沼气池	元/个	800	2000	–
	水池	元/m^3	100	100	–
2	农副业加工设施	–	–	–	–
	水碾、水磨	元/座	3000	3000	–
	砖窑、石灰窑	元/座	2000	2000	–
	打米机	元/台	100	100	–
	榨油机	元/台	100	100	–
	糖坊	元/座	200	200	–
3	小型水利电力设施	–	–	–	–
3.1	水利设施	–	–	–	–
	引水坝	元/处	10000	10000	–
	抽水机站	元/千瓦	2000	2000	–
	水轮泵站	元/千瓦	5000	5000	–
	渠道（三面光）	元/公里	20000	20000	–

续表

序　号	项　目	单　位	可研审定单价	概算调整单价	备　注
3.1	水　柜	m^3	60	100	–
	水　车	元 / 个	2000	2000	–
3.2	电力设施	–	–	–	–
	小电站	元 / 千瓦	4500	5000	–
	微型电站	元 / 千瓦	2000	2000	–
4	零星果木	–	–	–	–
	柑　橘	元 / 株	80	80	–
	香芭蕉	元 / 蔸	50	50	–
	荔枝、桂圆	元 / 株	160	160	–
	杂　果	元 / 株	80	80	–
	竹　子	元 / 蔸	120	120	–
	杂　树	元 / 棵	50	50	–
5	古大风景树	元 / 棵	500	–	–
6	其　他	–	–	–	–
	搬迁运输补助费	元 / 人	592	1500	–
	个体商业补助费	元 / 人	50	50	–
	农贸市场补助	元 / 处	20000	50000	–
	坟墓迁移及卫生清理	元 / 家	200	400	–

基础设施费补偿　基础设施补偿费包括宅基地场地平整费、道路建设费、供电恢复费、供水恢复费等。概算调整后的基础设施补偿费为：集镇集中安置 13500 元 / 人、农村集中安置 4500 元 / 人，集镇及农村分散安置 3891 元 / 人。

龙滩水电工程基础设施补偿单价对比表

表 8-8

序　号	项　目		单　位	可研审定单价	概算调整单价	备　注
1	农村居民点		–	–	–	–
	征　地		人		1408	–
	基础设施	分散安置	人	2604	3891	场平、水、电、路等
		集中安置	人	2604	4500	场平、水、电、路等
	入户低压线及设施		户	–	170	–
	外部水源工程		人	202	1800	–
	文教卫		人	300	500	–
	村庄广播电视		人	100	100	–
	农村杂记场地平整		平方米	–	27	–
2	集　镇		–	–	–	–
	征　地		人	–	1800	含公共、共用占地
	市政基础设施		人	–	13500	含市政及文教卫等
	外部水源工程		人	–	2400	–
3	搬迁道路修建费		人	200	400	含施工进场道路修建

关于新增项目 针对龙滩水电工程库区实际，充分考虑移民的实际困难和利益，本次移民投资概算调整参照瀑布沟试点政策的办法和标准，在2000年国家审定项目的基础上增列了以下7个项目的补偿补助。

不可搬迁附属设施补助：按房屋投资的5%计列；

移民建房补助：按总搬迁的农业人口人均1500元计列；

远迁移民线上零星果木补偿：按线内零星果木补偿的30%计列；

建房困难房建房补助：按总搬迁人口的30%乘以1600元/人计列；

房屋装修：按全库砖木结构以上投资的5%计列；

搬迁期间保险费：按搬迁人口每人30元计列；

建设期后期扶持基金，农村移民自搬迁次月起，至电站第一台机组发电，每人每月按50元计算。

第三节　双河口水电站

工程概况 双河口水电站是蒙江干流开发规划的第五级水电站，其上游两支流分别与上尖坡电站、灰洞电站相衔接，下游与冗各水电站衔接，为贵州省重点建设项目，是黔南州最大水电站。该电站1990—1995年由贵州省水利水电勘测设计院完成总体规划，2003年由贵州中水能源发展有限公司委托贵州省水利水电设计研究院编制完成蒙江双河口电站可行性研究报告，同时在2004年完成《蒙江双河口水电站淹没处理及移民安置规划大纲》。2004年8-11月，贵州省水利水电勘测设计研究院对库区淹没实物指标进行调查。2005年1月完成《蒙江双河口水电站初步设计建设征地和移民安置规划报告》。同年1月11日州移民局组织初审。是年省人民政府批准双河口水电站征占耕地长期补偿实施管理办法，2006年10月贵州省中水能源发展有限公司委托省水利水电勘测设计研究院编制完成《蒙江双河口水电站征占耕地移民安置长期补偿实施报告》，是年11月16日通过省移民办组织的专家审查，贵州省中水能源发展有限公司后改称为蒙江水电开发有限公司。双河口电站由蒙江水电开发有限公司建设，2004年5月25日开工建设。2008年2月28日竣工，2008年7月首台机组发电，8月初3台机组全部发电。坝址位于交砚乡与木引乡两岸河流上，在涟江河与格凸河交汇处双河口下游约4公里，距交砚乡政府和木引乡政府约12公里，距罗甸县城约68公里。该电站正常蓄水位580米，死水位560米，水库总库容1.96亿立方米，电站装机120兆瓦，保证出力28.71兆瓦，多年平均年发电量4.59亿千瓦时。

库区淹没实物 双河口水电站正常蓄水位为580米时，水库主河道（蒙江干流）回水长度约15.49公里，支流（格凸河）回水长度12.15公里。水库淹没总面积5.14平方公里，其中：陆地面积3.67平方公里，水域面积1.47平方公里。水库淹没涉及董王、交砚、木引、罗沙等4乡11个村31个村民组。直接淹没4户18人。水库淹没农用地5622.96亩，其中：耕地3676.76亩，耕地中水田627.83亩，旱地3048.93亩，淹没各类房屋874.16平方米，晒坝90平方米，坟墓60冢，各类零星果木、树木2809株（笼）。淹没专业项目主要有：小水电站1座，装机2.2千瓦；抽水站1座；四级公路0.42公里，等外级公路1.36公里，机耕道1.31公里；公路桥2座。

耕地长期补偿是对水电站库区无法落实生产安置的移民和涉淹农户的淹没耕地由一次性补偿调整为长期逐年补偿。参加长期补偿的对象是原规划进行有土安置，但搬迁后无法对接耕地或对接耕地达不到淹没前标准的移民；原规划进行产业安置但安置未落实，在退回领取的耕地补偿补助费自愿申请参加长期补偿的移民；居住在水库淹没线上的涉淹农户。长期补偿的范围是水库淹没的水田和旱地。在完成相关手续后每年可领取耕地长期补偿资金水田1247.50元/亩（折谷650公斤），旱地850.50元/亩（折谷440公斤）。已经对接落实耕地的移民、原有耕地被淹没但办理无土安置的移民均可参加耕地长期补偿。

各移民户参与长期补偿的指标：搬迁村寨移民参与长期补偿的耕地指标是所在组人均耕地面积。部分搬迁或淹地不搬迁村寨农户参与耕地长期补偿的耕地指标已分解到户，按兑现面积计算。耕地长期补偿资金兑现时间是每年的 4 月和 10 月。耕地长期补偿的资财可以继承。（注：2006 年后，罗甸县境内电站建设的实物淹没和移民搬迁的补偿补助都是参照龙滩电站实物淹没和移民搬迁标准实施）

双河口水电站水库是峡谷型水库，淹没面积小，搬迁人口为农业人口 869 人，2008 年 8 月本村内调剂耕地有土安置 742 人，127 人出村在邻村调剂耕地安置，其中：董王乡 375 人，交砚乡 282 人，罗沙乡 11 人，木引乡 201 人。双河口电站库区移民补偿标准参照龙滩电站库区移民补偿标准执行。根据《贵州省人民政府办公厅关于蒙江双河口水电站征占耕地长期补偿试点方案的复函》（黔府办〔2005〕71 号），明确蒙江双河口水电站作为贵州省第一个实施征占耕地长期补偿试点的中型水电站。

库区补偿及资金分配　双河口水电站水库淹没处理补偿静态投资 7284.68 万元，其中：农村移民补偿费 3964.22 万元，专业项目复建补偿费 759.5 万元，库底清理费 7.56 万元，环境保护工程费 168.45 万元，独立费用 497.65 万元，基本预备费 647.69 万元，其他税费 1239.61 万元。

第四节　灰洞水电站

工程概况　灰洞水电站位于格凸河下游河段，为蒙江水电梯级开发的第 6 级，上连长顺县摆东电站，下接双河口电站，行政区划属罗甸县。坝址距长顺县摆东电站约 2.79 公里，电站交通条件较好，工程区距县城 64 公里。水库正常蓄水位 648.5 米，水库总库容 256 万立方米，水库面积 0.109 平方公里，水库淹没涉及董王乡，水库回水末端位于长顺县摆东电站厂房尾水处。灰洞水电站装机容量 50 兆瓦，保证出力 11.48 兆瓦，多年平均发电量 2.02 亿千瓦时。灰洞电站 2010 年 4 月开工建设，2013 年 12 月竣工投入使用。

库区淹没实物指标　灰洞水电站水库淹没区涉及土地面积 0.11 平方公里，其中：陆地面积 0.06 平方公里，水域面积 0.05 平方公里。涉及董王乡 2 个村 4 个村民组。水库淹没土地面积 163.15 亩，其中：耕地 0.93 亩，均为旱地；林地 29.42 亩，均为灌木林；草地 1.09 亩；水域及水利设施用地 83.89 亩，其他土地 47.82 亩；水库淹没零星树木 52 棵，均为杂果。电站枢纽工程建设区涉及罗甸县土地面积 0.32 平方公里。涉及董王乡 1 个乡 4 个村 5 个村民组。涉及土地面积 477.40 亩，耕地 290.06 亩，其中：水田 10.42 亩，旱地 279.64 亩，林地 115.89 亩，其中：有林地 13.87 亩，灌木林 102.02 亩；草地 71.45 亩。涉及附属建筑物水池 38.00 立方米。涉及零星树木分别为：香芭蕉 1614 蔸、竹子 3 蔸、杂果 410 株、杂树 128 棵。涉及坟墓 6 座。

实物调查　灰洞电站库区移民补偿标准参照龙滩电站库区移民补偿标准执行。根据地方政府对远迁移民和扩迁人口的落实情况，工程需要搬迁安置人口为 42 人，其中：董王乡交足村交足组 21 人、油烟村拉然组 14 人、过高村一组 7 人。地方政府和项目业主共同对搬迁移民的个人实物指标进行详细调查，房屋面积 896.28 平方米（砖混结构 289.80 平方米、砖木结构 362.04 平方米、木结构 244.44 平方米），杂房 899.22 平方米（砖混结构 441.84 平方米、砖木结构 239.40 平方米、木结构 217.98 平方米）。

移民安置　根据实物调查成果和环境容量分析结果以及建设征地涉及村组情况进行安置：对征收耕地面积占原耕地面积比例较小的组考虑一次性调补偿安置。规划设计水平年水库淹没区生产安置 2 人，全部采取一次性调补偿安置。对征收耕地面积占原耕地面积比例较大的组，由本村和本乡内流转耕地安置。规划设计水平电站工程建设区生产安置 42 人，其中：组外本村流转耕地安置 35 人，村外本乡流转耕地安置 7 人。2012 年年底已全部安置完毕。

投资补偿　灰洞水电站建设征地移民补偿静态总投资为 1568.18 万元，其中：水库淹没区 342.52 万元，枢纽工程建设区永久占地 723.91 万元，临时用地 501.75 万元。

第五节　冗各水电站

工程概况　冗各水电站属在建电站，位于罗甸县逢亭镇纳闹村和板庚乡对门村冗各组交界处（亦称冗各水电站），地处蒙江流域双河口下游22公里处，枢纽工程区域行政区划隶属罗甸县逢亭镇，电站距贵阳市约187公里，距罗甸县城约33公里，距逢亭镇10公里，距上游在建的双河口电站约18公里，距下游石门坎电站约2公里。水库总库容4500万立方米，调节库容1100万立方米，水库正常蓄水位495米，校核洪水位499.24米，死水位490米。水库最大坝高70米，坝顶长度215.927米。电站装机容量90兆瓦，保证出力21.19兆瓦，年利用小时数3730小时，多年平均发电量3.36亿千瓦时，具有调节性能，主要功能为发电。电站于2012年10月8日正式开工建设，2013年10月29日围堰截流，2016年5月底第1台机组发电，2016年12月全部建成发电。

水库淹没实物　冗各水电站495米水位淹没罗甸县土地面积2.513平方公里，其中：陆地面积1.91平方公里，水域面积0.61平方公里，涉及罗甸县的4个乡（镇）、10个村、39个村民小组。水库淹没区人口941人，全部为农业人口。水库淹没区涉及土地面积3769.20亩。耕地1472.81亩，其中：水田975.05亩，旱地497.76亩（一般旱地415.33亩、25°以上旱地82.43亩）；园地1.12亩；林地794.65亩，其中：有林地101.43亩、竹林28.85亩、经济林36.27亩、用材林36.31亩，灌木林693.22亩；草地75.62亩；住宅用地71.01亩；交通运输用地7.50亩；水域及水利设施用地1135.91亩（河流水面907.71亩、内陆滩涂228.20亩）；其他土地210.58亩。淹没房屋总面积35517.45平方米，其中：私房面积35080.29平方米，公房437.16平方米。私房中正房面积25268.30平方米；偏房面积2190.27平方米；杂房面积7621.72平方米。公房中村集体房屋面积100.24平方米；速进小学房屋面积336.92平方米。水库淹没区涉及的附属建筑物有：围墙18.00平方米，钢管护栏51.00平方米，晒坝11123.97平方米（砼晒坝3759.07平方米、土晒坝7364.90平方米），未建房屋基1650.44平方米，水池2325.65平方米，垃圾池8.04平方米，花池3.02平方米，炉灶280个，厕所144个，堡坎1532.17平方米。水库淹没区涉及的农副业设施有：砖瓦窑15座，打米机135台，门面4间，沼气池2个，水碾3个，引水渠330米，微型水电站20千瓦，电力设施（集体或个人）6处，供水设施（4分胶管13.22千米、6分胶管20.09千米、8分胶管14.86米、1寸胶管22.64米、1.5寸胶管3.40千米、2寸胶管3.80千米）。水库淹没区涉及零星树木12342棵、株（笼），其中：经济树1058棵，用材树4122棵，果木树3051棵，砂仁806笼，竹子582笼，芭蕉3笼，香蕉101棵，葡萄26棵，古大树14棵，龙眼2521棵，龙眼苗58株，坟墓141座。水库淹没县交通设施（机耕道1.423公里、机耕道桥10米/1座、人行吊桥65米/1座），输变电设施（10kV线路0.40公里，50kVA变压器2台），水利水电设施1.38公里，教育设施（速进小学1所）。库区淹没涉及土地面积0.56平方公里，其中：陆地面积0.53平方公里，水域面积0.04平方公里。涉及2个乡（镇）、2个村、5个村民小组。涉及土地面积845.04亩。耕地640.69亩，其中：水田10.28亩，旱地630.41亩；园地2.33亩；林地117.70亩，其中：有林地27.16亩（经济林26.52亩、用材林0.64亩），灌木林90.54亩；水域及水利设施用地57.47亩；其他土地26.85亩。水池65.10立方米，干砌堡坎875.83立方米。砖瓦窑1座。涉及零星树木998棵、株（笼），其中经济树719棵，用材树5棵，砂仁1笼，竹子2笼，芭蕉4笼，板栗苗255株，杉、春木苗12株，坟墓16座。

移民搬迁　冗各电站库区直淹搬迁涉及木引镇的罗坪和速进2个村12个村民小组，核定移民搬迁232户（含2个村委，1个海事，1所学校），2016年3月27日止，完成移民搬迁228户，960人，其中：木引集镇集中安置86户375人，分散外迁安置52户207人，后靠安置90户378人；完成坟墓搬迁191冢。

移民安置　冗各电站库区全部耕地实施长期补偿方式。完成长期补偿耕地面积1190.26亩，其中，水田853.95亩，旱地336.31亩，签订“耕地长期补偿协议”481户，并填发“移民补偿手册”，年长补资金157.37万元，2013—2015年兑现长期补偿资金472.12亿元。

投资补偿 农村移民补偿费用支出7668.31万元：征用土地补偿和安置补助费支出3592.32万元（含移民耕地长补费用629.49万元），移民搬迁补偿补助费支出67.05万元，房屋及附属物补偿费支出3328.24万元，林木补偿费支出52.95万元，移民基础设施补偿费支出524.04万元，其他补偿（房屋装修费）支出103.71万元。专业项目复建工程费支出1301.97万元，公路工程支出1154.02万元，水利工程支出62.57万元，电力工程支出85.1万元，广播电视工程支出0.28万元。库底清理费支出17.64万元：建筑物清理费1.53万元，卫生清理16.11万元。

第六节 上尖坡水电站

工程概况 上尖坡水电站（属在建电站）是蒙江梯级开发的第四级水电站，位于董王乡与罗沙乡交界的蒙江河段上，坝址以上集水流域面积2341平方公里，多年平均流量47.1立方米/秒，年径流量14.85亿立方米。上尖坡水电站工程枢纽工程属罗甸县，坝址在蒙江河段上，离县城约69公里，距贵阳市约164公里。电站正常蓄水位670米，总库容1600万立方米，电站装机容量60兆瓦，保证出力14.4兆瓦，年发电量2.6亿千瓦时，由蒙江水电开发有限公司建设，开工时间2013年12月，竣工时间预计为2016年6月。

库区淹没实物 上尖坡水电站水库淹没区涉及土地面积1.2公里，其中：陆地面积0.79平方公里，水域面积0.43平方公里。涉及罗甸县董王乡、罗沙乡和惠水县的打引乡计8个村28个村民小组。水库淹没区涉及土地面积1832.04亩，耕地554.41亩，其中：水田31.69亩，旱地522.72亩，林地374.06亩，其中：林地11.58亩（经济林5.78亩、用材林5.80亩），灌木林362.48亩；草地51.61亩；水域及水利设施用地841.01亩；其他土地10.95亩。水库淹没区涉及零星树木4930棵、株（笼），其中：经济树703棵，用材树237棵，果木树35棵，竹子2笼，龙眼苗3488株，砂仁苗165笼，桐子苗300株。坟墓4座。水库淹没区影响的专业项目设施主要有：人行渡口2处、人行桥1座、人行便道4.98公里。

工程建设占地 上尖坡水电站工程建设占地面积0.77平方公里，其中：陆地面积0.76平方公里，水域面积0.01平方公里。涉及县内的3个乡（镇）8个村17个村民小组。建设占地面积1147.73亩，耕地927.86亩，其中：水田6.98亩，旱地920.88亩；林地189.05亩，其中：有林地43.51亩（经济林40.28亩、用材林3.23亩），灌木林145.54亩；草地22.22亩，其全部为荒草地；住宅用地0.37亩；水域及水利设施用地8.23亩。农业人口5人，房屋229.93平方米，其全部为私房。私房中正房面积165.20平方米，偏房面积17.20平方米，杂房面积47.53平方米。涉及的附属建筑物有：晒坝11.75平方米、炉灶1个、粪池1个。涉及零星树木6168棵、株（笼），其中：经济树2120棵，用材树157棵，果木树92棵。龙眼苗2893株，核桃苗61株，梨树苗4株，砂仁苗355笼，桐子苗472株、杉、椿木苗14株。坟墓1座。

工程建设区用地 上尖坡水电站建设临时用地面积0.13平方公里，其全部为陆地面积。涉及罗甸县和惠水县的2个乡（镇）、3个村、7个村民小组。涉及土地面积197.69亩，耕地169.93亩，其中：水田0.38亩，旱地169.55亩；林地14.68亩，其中：林0.41亩，灌木林14.27亩；草地4.79亩；住宅用地1.57亩；其他土地6.72亩。农业人口21人。房屋949.86平方米，均为私房。私房中正房面积818.20平方米，杂房面积131.66平方米。涉及的附属建筑物有：炉灶5个、水池143.12平方米、粪池5个。涉及零星树木403棵、株（笼），其中：经济树107棵，用材树110棵，果木树96棵，龙眼苗13株，核桃苗53株，桐子苗24株。坟墓2座。

移民安置 上尖坡电站库区移民补偿标准参照龙滩电站库区移民补偿标准执行。上尖坡水电站2012年生产安置总人口为866人，其中：水库淹没区生产安置319人，一次性调剂耕地补偿安置121人、组内调剂耕地安置114人、出组本村调剂耕地安置76人、出村本乡调剂耕地安置8人。枢纽工程建设区生产安置 547 人，其中：一次性调剂耕地补偿安置 64 人、组内调剂耕地安置 17 人、出组本村调剂耕地安置 306 人、出村本乡调剂耕地安置 160 人。枢纽工程建设区搬迁安置人口 26 人。移民安置完成时间预计 2016 年 12 月。

投资补偿 上尖坡水电站工程建设征地移民补偿总投资为 8308.06 万元，其中：水库淹没区 4766.43 万元；枢纽工程建设区永久占地 2900.38 万元；临时用地 641.25 万元。

专记：红水河镇云里村移民安置点情况

红水河镇云里村受龙滩库区淹没搬迁安置全村 3 个组，145 户 517 人，其中：男 294 人、女 223 人。移民安置点两个，分别为文打和高来移民安置点，文打安置有 26 户 112 人，高来安置点有 48 户 214 人。水陆两通，陆路从镇政府驻地至云里村长 17 公里，宽 6.5 米的水泥路，水路从羊里码头至安置点约 30 分钟路程。住房均为砖混结构，完成高来移民安置点 48 户农户房屋立面改造。

云里村田已全被淹没，线上仅有部分土地，约为 380 亩。2005 年人均纯收入 1345 元，2010 年人均纯收入 3386 元，2015 年 7535 元。村民主要以外出打工和钓鱼棚出租收入为生，外出务工 134 人，年人均收入约 2 万元。钓鱼棚共 57 个，其中：村集体 10 个，农户 47 个，每个钓鱼棚年收入约 5000 元。全村共有三轮车 17 辆，摩托车 98 辆，面包车 4 辆，小轿车 2 辆，平均每户持有手机 1 部。

2015 年移民局投资改造原云里村小学教室为红水河镇云里村旅游服务中心，占地面积 450 平方米，投资 98 万元，集餐饮、住宿、娱乐为一体，所得收入归集体所有。投资 179 万元，开发种植亚热带水果（香蕉、芒果）2000 余亩，结合旅游发展，打造亚热带精品水果，增加移民收入。

第九篇　商业 贸易 金融

第一章　商　业

第一节　商业体制改革

1991 年罗甸商业局内设机构有人秘股、储运股、业务股、财会股、纪检组、人保股等。主要职能是贯彻国家关于商品流通、饮食服务业发展方针、政策、制定行业规范、负责商业营销改革、县内物资配送等。1995 年成立罗甸县商业总公司，仍履行原商业局行政管理职能，内设机构没有变化。2001 年撤销罗甸县商业总公司，其职能合并到县经贸局（后更名为工信局），在经贸局下设商务流通股，主要是指导、规划、引导市场，做好协调服务和统计工作。

20 世纪 90 年代初，罗甸县商业局下属公司有：百货公司（后改兴百贸易公司）、民族贸易公司（后改宏发贸易公司）、五金公司、食品公司、盐业公司、糖酒公司、烟草公司（1992 年从商业局分离出来成立烟草专卖局）、饮食服务公司等，主要经营各种社会生产生活资料和生活用品。1991 年商业改革逐步推进，县商业局下属各公司开始推行“国有民营”、风险承包经营，承包经营者使用企业的营业证照，由公司发货、向承包者收取成本费、柜台费、房租费、企业税费、盈利归己、风险自行承担。1993 年随着改革开放的发展，个体经营者不断增加，市场竞争激烈，内部承包经营困难，门面逐渐由社会私人承包，公司内部人员开始分流、自谋发展。20 世纪 90 年代末，各公司相继出现亏损、债务沉重、濒临倒闭，被迫停止商业经营活动。此时，县商业企业劳动债务 107.57 万元，其中：欠发工资 18.58 万元，欠发医疗费 18.49 万元，应补职工三费 26.88 万元，补交社保费 28.39 万元，按合同应补偿门面承租人门面装修费和违约金 15.23 万元。上述债务由县资本运营公司一次性划拨给企业，支付职工及门面承包人。

商业企业停止经营后，各公司只保留 1 名经理、1 名会计、1 名出纳。公司业务由商品经营转变为管理资产、收取房租。企业职工安置方案是：保留各企业现有在册职工的国有企业职工身份、对符合条件（男年龄 50 周岁，女 45 周岁或工龄满 30 年以上）的在职职工，实行内部退养，每月领取基本生活费，企业按月为其交纳社保，直至达到退休条件，办理退休手续。对不符合内退条件的职工，除管理人员外，其余人员转入下岗待业，由县政府安排再就业。待业期间由企业发放待业救济金，并为其交纳应由企业承担的那部分保险金。

2009 年因县城人民路延伸路段建设需要，民贸（宏发）公司、食品公司、糖酒公司位于该路段建设范围内的房屋和土地被占用。经与开发商、县政府协商达成协议，房产被拆除后，拆迁补偿费每年为 56.9 万元，其中：食品公司 14.07 万元，糖酒公司 21.97 万元，宏发公司 20.86 万元，全额纳入县财政年度预算，由县资本营运公司每年定期向三家企业拨付拆迁“定补”费，用于安置企业职工。

企业资产被占用后，3 个公司正式停止经营，企业不再录入和调入职工，直至职工自然减员结束后，企业自行注销。每年发生的费用由县资本营运公司据实核拨，随着职工自然减员、定补费用将逐年调整。

第二节 商品经营

经营状况 1989年，随着商品经济的发展，商品销售网点扩大、品种增加，经营方式日趋多元化。1989—1990年，供应品种比1988年增加2210种。1991年品种增加至3021种，增加名、优、特、新品种715种，召开供货会28次，销售金额达740万元。送货下乡432次，销售金额达603万元，摆摊设点供应29次，销售金额20万元，送货上门985次，销售金额776万元。商业局建点收购蔬菜70吨，解决农民“卖菜难”问题。1992年，全县累计召开供货展销会10余次，销售金额342万元。1993年，商业企业不断变化经营方式，采取“三带”下乡，送货上门、薄利多销、摆摊设点、三优服务、增设网点、强化管理等措施，全年实现销售收入3543万元，实现利润37.45万元。县食品公司1993年下半年酱油销路好，产品供不应求，市场扩大到边阳，全年销售酱油2万件，计300多吨。县五交化批发部，1994年实现销售收入95万元，获纯利1万多元。县五交化公司从彩电生产厂家购进价值80余万元的“长虹”“康佳”“快乐”等彩电投入市场，满足群众需要。

1995年，国有商业企业转换经营机制，商业贸易走向市场化，罗甸县国有商业市场占有份额减少，私营商业和个体工商业的数量和规模不断壮大，是年初，全县个体工商户8914户，从业人员9776人，注册资金1.08亿元。2000年，全县个体工商户6000户，从业人员8098人。

2005年，完成社会消费品零售总额1.94亿元，实现商品总销售2800万元，完成商品总购进2090万元，各项指标均完成计划任务的100%。国有商业企业扭亏3万元，纳税2万元。2006年完成社会消费品零售总额2.3亿元，同比增长18.4%。2007年完成社会消费品零售总额2.45亿元，完成全年计划任务的100%。2008年完成社会消费品零售总额3.2亿元，完成全年计划任务的110.35%。2009年完成社会消费品零售总额3.2亿元，完成计划任务的100%。全年间接进出口300万元人民币。同时开始推进“家电下乡”和“万村千乡”惠民工程。完成审核通过备案销售企业49户，销售家电3474台，销售金额436万元，发放补助金27.95万元。2010年完成社会消费品零售总额5亿元，同比增长18.4%。完成“万村千乡”市场工程农家店改造60户。2011年，完成社会消费品零售总额6.16亿元，完成全年计划任务的100%。间接进出口600万元人民币，完成目标任务10万美元的946.8%。完成“万村千乡”市场工程农家店改造100户。累计销售家电10115台，销售金额1943.75万元，发放补助金184.44万元。2012年，全年完成社会消费品零售总额78700万元，完成计划任务的100.64%。间接进出口200万元人民币，超额完成目标任务10万美元。累计销售家电11857台，兑现补贴8612台，发放补助金214.2万元。2013年，培育限额以上企业14户，样本监测企业3户，完成社会消费品零售总额8.63亿元，间接进出口538万元人民币，“万村千乡”市场工程累计完成209户。2014年，新增商贸企业118户，完成社会消费品零售总额8.91亿元，实际完成8.78亿元，完成计划的98.5%，同比增长13.3%。2015年有限额（批发2000万元以上企业）21户，全县社会消费零售总额完成11.1亿元。

1991—2015年社会消费品零售统计表

表9-1 单位：万元

年份	社会消费品零售总额	增速（%）	年份	社会消费品零售总额	增速（%）
1991	6151	14.8	2004	17313	15.92
1992	6900	12.18	2005	19440	12.29
1993	6943	0.62	2006	22217	14.28
1994	6896	−0.68	2007	27012	21.58
1995	9436	36.83	2008	34463	27.58
1996	9725	3.06	2009	41054	19.12

续表

年份	社会消费品零售总额	增速（%）	年份	社会消费品零售总额	增速（%）
1997	10500	7.97	2010	49215	19.88
1998	10500	0.00	2011	59008.8	19.90
1999	10787	2.73	2012	68184.7	15.55
2000	11226	4.07	2013	77498.7	13.66
2001	11982	6.73	2014	99691.4	28.64
2002	13455	12.29	2015	110959.4	11.30
2003	14935	11.00	–	–	–

集市建设 20世纪80年代，县城农产品交易在民中广场和街道路边进行，各乡镇基本上是马路市场，没有固定台位摊点，城乡市场处于无序状态。1988年5月，成立罗甸县集贸市场建设领导小组，下设办公室，由工商局局长任办公室主任，结合罗甸实际，制定“八五”计划期间市场建设规划，经费来源主要是收取的市场管理费和银行贷款。

1989年投资2.49万元，在木引、羊里、沫阳等地建成市场1104平方米，平整场地830平方米，建水泥台360个。12月投资70万元在县城商业街建成简易农产品交易市场。1991年新增乡镇市场面积2614平方米，其中：八茂市场21平方米，沟亭乡市场1290平方米，平整逢亭镇水塘1303平方米。投资6050元在逢亭镇市场制木架摊495张。1992年投资157万元建成市场面积2.06万平方米，其中：羊里市场1.2万平方米、木引市场1000平方米、凤亭市场800平方米、县城农贸市场6000平方米，逢亭市场800平方米，投资22.42万元建成水泥货台80张，木制摊架1490张。1993—1996年，县工商局自筹300多万元，贷款379万元，建成木引市场1.5万平方米、边阳农贸市场1.5万平方米、红水河市场1.2万平方米、板庚市场1.2万平方米、董架市场1.5万平方米，打水泥地皮4.77万平方米。1996—1997年拆除老电影院，投资280万元建成县城城中菜市场，面积2800平方米，打水泥地皮1800平方米。在交警队对面建成城西菜市场。

随着市场经济的发展，商贸活动繁荣，县城商业网点增加，边阳镇、沫阳镇、红水河镇、茂井镇、逢亭镇、木引乡、先后建起钢架瓦棚式市场，原来的沿街市场和马路市场得到完善和规范。

2005年自筹资金在县城农贸市场建钢瓦商棚800平方米，300平方米用于小吃街，其余用于农产品交易。2006年为改善原有市场的基础设施，投入100多万资金，建设农贸市场、扩建城中菜市场、改造边阳市场，主要是建设大棚和场地硬化，将原来的城东马路市场迁入规范的城东菜市场。是年在老加油站旁建成牛马市场，改变过去这几个市场露天交易状况。2007年，由于建龙滩电站红水河镇被淹没，由龙滩公司投资复建红水河市场，大棚面积2280平方米，摊位196个。2008年，将城西菜市场迁至农贸市场。在果科所北面建成早菜交易市场。由于龙滩电站蓄水茂井镇搬迁，由龙滩公司投资复建茂井市场，建大棚1560平方米。2009年，投资124万元，改造木引乡农贸市场，新建大棚2502平方米，建固定摊位168个，地面硬化3150平方米，排水沟468米。是年县农产品批发市场列入商务部“双百市场”工程项目，投资403.14万元完成县农贸市场改造。建钢架大棚7162平方米，地面硬化1.13万平方米，排水沟658米，固定摊位680个，12月16日通过省商务厅、财政厅“双百市场”工程验收小组验收。同时自筹资金20万元新建县农产品批发市场公厕。自筹资金20万元对边阳集贸市场公厕进行改造。协助罗甸县斛龙公司启动鲜活农产品市场建设。2010年，对县农贸市场进行改造，投资46.8万元安装电动门2个，铁门2扇，改造摊位560个，新建门面27间，鱼池20个，排水沟200米，于10月15日投入使用。2011年，根据县人民政府规划，城中菜市场用于修建人民广场，7月底城中菜市场搬迁至龙兴商城门口处的临时过渡地点经营（2014年拆除），投资65万元，完成罗悃镇集贸市场建设，新建大棚1800平方米，建固定摊位

230个，地面硬化2500平方米，排水沟150米。协助罗甸县斛龙绿产公司建设鲜活农产品市场，年底建成投入使用。

2012年后，市场建设投资主体由政府转向民营，2013年，通过招商引资，由开发商投资建设逢亭集贸市场和边阳集贸市场。2015年逢亭集贸市场和边阳集贸市场建成投入使用。

活畜屠宰 改革开放，商品经济的发展，国家取消生猪收购政策，取消肉类凭票供应。1991—1998年由县食品公司收购生猪、活牛，屠宰后由公司派人到市场销售。农村农户饲养的生猪、牛宰杀后到市场出售，一些以销售肉类为业的个体商贩也发展起来。

1997年根据商务部生猪行业管理措施，县级商务部门负责本区域内生猪屠宰工作，推行生猪定点屠宰分级管理制度。1999年由县食品公司在县城幸福巷修建屠宰场，执行生猪屠宰定点管理，进入县城市场的猪肉由屠宰场供应。

2008年国务院下发《生猪屠宰管理条例》，县食品公司投入资金购买检疫设备，组织人员培训，对屠宰场进行规范化管理。2009—2011年平均每年屠宰生猪1.5万头，每年创税50万元。

由于屠宰场位置不符合县城发展规划，屠宰场的噪音，污水、废气等影响居民生活，加上国企改制公司执行民营化管理，县里没有资金投入。2012年通过招商引资，由黔龙食品有限公司在县林场修建屠宰场。新的屠宰场使用先进的技术设备，年生产能力20万头。公司每月出资2万元返聘原食品公司职工进行过渡性管理，3年后再进行调整。

2014年主管部门职能发生变化，生猪屠宰行业划归县农村工作局管理。

第三节 超市发展

罗甸县1999年以前无超市，2000年华信超市首家在邮政大楼开业。2002年大昌鸿超市在县城解放东路供销大楼开业，2008年供销社大楼被拆除，超市经营停业。华信超市在激烈的市场竞争中经营范围不断萎缩，于2014年停业。2005年富万家超市在县城跃进路中段开业。2011年福乐多超市、千惠超市、腾飞超市开业。2013年在腾龙新苑建成致利超市，2014年在解放路中段建成合力超市。在此期间一些由个人投资的规模不等的超市也纷纷开业。2000年以来先后在干河建成老百姓超市，心连心超市等20多个中小型超市。边阳镇、罗悃镇、沫阳镇、逢亭镇、木引镇、红水河镇、茂井镇等乡镇政府所在地办起了超市。县城大型超市与全省连锁经营，资金雄厚、进货渠道广、货源充足、种类繁多、商品涉及食品、粮食、蔬菜、肉类、酒类、服装、电子产品、家电等日用百货，基本满足群众生活需要。

第四节 物资购销

1990年以前，罗甸县物资局是政企合一的经营管理机构，执行“统一计划、分级管理”“保证重点、兼顾一般”的物资供应政策，有计划地开展物资购销供应工作。1991年根据政策调整，实行政企分家，县物资局分出7个行政人员，成立罗甸县物资供应公司，下设建材化轻和金属机电两个支公司。

县物资供应公司经营产品有：金属材料、机电产品、轻化建材等三大类，具体是钢材、生铁、电机、水泵、轴承、轮胎、水泥、玻璃、纯碱、电石、炸药、雷管、导火索等50多种商品。解决本县工农业生产、交通水利建设所需要的各种物资，确保县域经济顺利发展。20世纪90年代，随着改革开放的深入和市场经济的发展，物资公司经营范围不断萎缩，逐步从流通领域退出，公司只经营由国家管控的极少数商品。1994年县物资公司取消金属机电支公司业务，所属人员实行暂时待岗和逐步分流方式调入其他单位，将化轻建材支公司更名为“罗甸县民爆公司”，主要经营爆破和炸材业务。

2001年罗甸县物资局合并到经贸局（今工信局）。随着市场的进一步开放，经营的建材、化轻、机电等产品受市场经济的冲击，公司的业务被私企、个体户取代，工信局所属的物资公司继续经营由国家控制的雷管炸药、导火索等。

第五节 对外贸易

1991—1995年，罗甸县对外经济贸易公司隶属黔南州外贸局，实行计划经济管理体制。县外贸公司主要负责收购畜皮、木耳、药材、植物油等产品，由州外贸公司统一调度进出口，县外贸公司做好相关的收购数据、报表等工作。员工工资由州公司统一拨发。

1996年随着改革不断深化，计划经济向市场经济过渡，对外贸易实行自由进出口。年底县对外经济贸易公司划归地方政府管理，实行自负盈亏、自谋发展，所欠债务由公司自行偿还。

1997—2004年因公司经营困难而停业，单位名存实亡。2005年由公司申请，被纳入国企改革范畴。2007年公司进行体制改革，资产全部划拨县资本运营公司，将县外贸公司的办公用房、仓库、宿舍20间共750平方米，占地面积2000平方米等所有资产进行拍卖、所得资金用于安置职工和偿还债务。

2009年对职工进行安置，距离退休年龄在5年内的实行内退，内退人员每月基础工资416元，到退休年龄办理退休手续后纳入社保，领取社保工资；距退休年龄超过5年以上的，按照当时的社会平均工资乘以工龄一次性买断工龄。公司一次性安置5人，安置费31.04万元。

2009年以后对外贸易由私营企业组织开展，2014年外贸间接进出口完成94.4万美元。2015年全县有进出口备案企业15户，外贸企业2户，完成外贸间接进出口500万美元，实际利用外资100万美元。

第二章 供销合作

第一节 体制改革

1991年罗甸县供销合作社设主任1人，副主任2人，工作员4人，内设4股1室，辖3个公司6个基层社，51个分销社。2006年县供销社设主任1人，副主任2人，工作员4人。2014年根据《中共罗甸县委罗甸县人民政府关于县人民政府职能转变和机构改革的实施意见》保留县供销合作社，为县人民政府正科级其他机构，内设办公室、合作经济组织与产业发展股、农产品质量加工与市场管理股。为参公事业单位，编制10人，实际在岗9人。2015年成立县电商务中心，属县供销社管理股级公益一类事业单位，编制4人。

1996年，按照“积极、稳妥、配套、有序”的改革原则，围绕“保、包、租、卖”的精神，县供销社对所属企业实施目标管理，风险抵押责任制经营管理，把门面（销售点）承包给个人经营，规定承包方承担盈亏责任接受管理机构监督。对龙坪（原城关）、罗悃、沫阳、逢亭基层社承包给个人经营，承包期限从1996年11月21日—1999年11月21日。承包期满，根据罗供发〔1999〕11号文件精神，对承包经营期满进行审计：龙坪供销合作社，承包人尚欠单位资金6.2万元，罗悃供销合作社承包人尚欠单位资金40.75万元；沫阳供销合作社承包人尚欠单位资金54.56万元。对县土产公司，茂井（原八茂）供销社财务进行审计，经审查：茂井供销社违规支付1.97万元，隐瞒商品（香蕉）销售款0.98万元不入账。企业负责人指使实物负责人将单位化肥价值5625元赊给他人，货款未能收回。

土产公司违规支付10.8万元，付款7.51元无票据作账。问题出现后，县供销社加强财务管理与监督，对基层社经营盈亏情况进行长期清查。

2003年年底，县供销社有3个公司，6个基层社，51个点，职工314人，其中：在职职工164人，退休职工150人。2004按照中央、省、州改制文件精神，3-5月，县供销社组织人员对下属6个基层社和3个公司的固定资产进行详细评估，实地勘测，为改制打基础。9月8日，县供销社向县人民政府呈报《关于全县供销社改制重组方案》。10月9日县人民政府批复，同意县供销社《改制方案》，县供销社根据改制方案，对基层社和公司进行改制。

改制工作按照2003年末在册职工164人，按年安置标准1500元，安置补偿费521.4万元；退休职工150人，医药费一次性补偿按每人0.4万元标准（按10年计）共补偿60万元；遗属生活费50人，一次性补偿每月120元标准计72万元（按10年计）。改制成本共需653.4万元（不含清退股金，偿还债务）。

企业资产处置，对需保留以外的资产和土地使用权进行转让，公开拍卖，收入用于安置职工、偿还债务。2009年9月以农资公司股份为基础，组建罗甸县嘉丰农资商贸有限公司，设罗悃、逢亭2个直销点。公司利用农资公司仓库，每年购进部分化肥、种子、农药、农膜等农业生产资料，除直销部分外，均配送到各乡镇经营点销售。2010年修建跃进路、公司在商业街的仓库被拆除，县政府划拨大关路（龙坪三小背后）一片9734平方米的土地给公司建农资仓库。2011年、2012年先后建成2栋农资仓库，建筑面积2102平方米。2013年因城镇建设规划需要，刚建成的2栋仓库1栋被拆除，公司利用暂时保留的1栋继续开展农资经营活动。

第二节　供销网点

网点分布　在“发展经济，保障供给”方针指引下，供销社网点迅速发展。1985年县供销社管辖土产公司、日杂公司、农资公司3个公司和城关、边阳、逢亭、沫阳、八茂、罗悃6个基层社及51个分社和86个村级代销点，8个“庄稼医院”，职工421人。

全县供销系统还设有：县供销社工会，基层社有：农资、城关、边阳、逢亭、沫阳、八茂、罗悃7个工会。1986年有职工406人，1987年423人，2003年314人。因供销社在市场经济激烈竞争中，很难适应新形势发展而淘汰改制，按文件规定职工一次性安置。

销售与购进　党的十一届三中全会后，改革开放政策给罗甸县供销系统拓宽了思路，增添了活力，扩大了供销网点。1978年完成商品销售总额722万元，其中：农业生产资料85万元，生活资料555万元，完成商品购进总额179万元。

1979年黔南州供销社下达任务后，县供销社立即召开6个基层社和3个公司主任、经理会议，把任务落实到各基层社和各公司。全年商品销售任务540万元，实际完成579.8万元，占任务数的107.35%，与上年同期相比下降8.15%，农业生产资料销售任务55万元，实际完成60.6万元，占任务数的110.24%，与上年同期相比下降6.47%，利润实际完成225.78万元，占任数的201.58%，与上年同期相比增长78.99%。国内商品购进任务100万元，实际完成139.5万元，占任务数的116.29%，比上年增长3.2%。

1981—2006年，县供销系统未能适应时代潮流，州供销社下达的各项任务，多年来未能完成。28年来仅完成商品销售12631.34万元，农业生产资料完成1947万元，商品购进总额完成5179.3万元，社办工业产值1225.95万元，创利润2.3万元；税费上缴138万元；亏损1021.29万元。2015年《罗甸县加快推进电子商务发展实施方案》经县委、县政府同意印发，县供销社注册罗甸县湖城电子商务公司，在贵州电商云那家网上开设了罗甸馆，罗甸县互联网+农特产品电商馆（http://luodian.gogbuy.com）由边阳镇人民政府负责落实建设地点，县供销社具体承办，是年9月8日启动，10月18日正式开馆，主要销售县内生产的火龙果、脐橙等农特产品，年底成交86单289件货，成交额2.6万元。

1993—2006年罗甸县供销社销售购进及亏损表

表9-2　　　　单位：万元

年度	商品销售		农业生产资料		商品购进		社办工业			企业年亏损
	计划数	实际完成数	计划数	实际完成数	计划数	实际完成数	产值	完成利润数	税费上缴	
1993	–	1518	–	160	–	470.3	12.6	–	–	450.4
1995	985	1315	–	787	–	1209	160	–	23	–
1996	–	1882	–	1000	–	1550	400.15	–	59.4	93.9
1997	–	2110.74	1131	–	1925.5	–	239	–	54.48	179.6
1998	2221.8	–	1240	–	1712.5	–	225.2	–	–	143.79
2000	–	1698	526	–	1398	–	106	–	0.52	86
2001	–	1689	513	–	1363	–	83	–	0.6	67.6
2006	–	1956	–	–	–	1950	–	2.3	–	–
合计	3936.8	12631.34	3410	1947	6499.00	5179.3	1225.95	2.3	138	1021.29

第三节　农副产品经营

农副产品收购　罗甸县境内野生动物：狐狸、水獭、豹子、猸子、野猫、羚羊等100多种；野生植物：构皮、木姜、蝴蝶果、何首乌、细子龙、杜仲、千张纸等几十种；农副产品：油桐籽、油茶子、木棉、棕片、天麻、桃、李子、梨、板栗、柑橘、葵花、花生、青麻等100多种。社会贸易繁荣，但竞争激烈，县供销社收购逐年下降，1992年后基本停止收购业务。从1978—2006年收购木耳34.75吨，红黄麻395.5吨，葵花51.28吨，木姜油3.7吨，花生20.78吨，蜂蜜0.53吨，黄瓜80.45吨，桑蚕茧7.13吨，油桐籽1897吨，废钢铁2.5吨。为拓宽财源增收，在农村与农户签订合同，由县供销社系统投资投种，扶持农村多种经营，但收获甚微。1979年投放木耳菌2.08万瓶，1980年投放7200瓶，1981年投放500瓶，计2.85万瓶，收木耳34.75吨；1980—1981年黄红麻、萱麻种子发放52公斤，播种面积7400亩，收黄红麻萱麻395.5吨，花生、芝麻、葵花等品种获得部分效益，而投放的柑橘、芭蕉、漆树、板栗等苗木基本无收获。

第四节　农业生产资料经营

1992年化肥销售8756吨，农药销售28.02吨，农机械销售1168架，中小农具销售29415件。1998年化肥销售10841吨，农机械销售525架，薄膜销售6681吨。2010年调进化肥10890吨，销售化肥9000吨；调进农膜320吨，销售320吨；调进农药180吨，销售180吨；调进种子25.8吨，销售24吨。2011年销售农业生产资料5700吨。2012年购进种子、化肥、农肥、农药、农膜7150吨，销售7033屯。2014年购进各种种子、化肥、农药、农膜10090吨，销售8280吨。2015年购进种子、化肥、农药8300吨，销售8200吨。

农业生产资料经营销售情况表

表 9-3　　　　单位：万元

年度	经营方式	经营种类										经营改革	备注
		种子（吨）		农药（吨）		化肥（吨）		农膜（吨）		农业机械及农具（件）			
		购进	销售	购进	销售	购进	销售	购进	销售	购进	销售		
1992	统购统销	–	–	28	28	8756	8756	–	–	30583	30583	统购统销	–
1998	市场化经营	–	–	–	–	–	–	6681	6681	525	525	农业生产资料经营市场化	1998—2009年供销社处于体制改革
2010	市场化	25.8	24	180	180	10890	9000	320	320	–	–	农业生产资料经营市场化	–
2011	市场化	–	–	–	–	3810	5700	–	–	–	–		–
2012	市场化	300	300	50	50	6700	6583	100	80	–	–		–
2014	市场化	285	280	65	65	9440	7655	300	280	–	–		–
2015	市场化	270	270	45	45	7805	7705	180	180	–	–		–

第五节　生活资料经营

改革开放初期，县内广大农村的生活用品供应仍由基层供销社和各个分销店及代销点承担，为满足群众生活需要，每逢场天，县供销社组织“货郎担”下乡，挑一些日用百货到乡场销售，同时还收购部分农产品和废旧物资回来。县供销社直属门面和6个基层社（包括分销店）经营的生活用品主要有：棉布、棉花、各种棉织品及各类服装，还有煤油、柴油、汽油、食盐、食糖、卷烟、白酒、肥皂、洗衣粉、铁丝、铁钉、手表、自行车、缝纫机、收音机、电视机、电灯泡、胶鞋、各种塑料制品等。日杂公司销售的品种主要有铁锅，日用陶瓷器、土纸、机制卫生纸、烟花爆竹等。1985年以前，由于物资紧缺，棉布、棉花、卷烟、白酒、肥皂、自行车、缝纫机等商品凭票供应。随着改革的逐步深入，商品增加，市场开放，个体经济迅速发展，化纤纺织品进入市场，棉布销量减少。1983年，棉布库存量不断增加，为减少库存，县供销社实行棉布赊销，对象主要是农村贫困户，每户一次赊销15.7尺布和一床棉絮。虽有协议和户主签名，但资金一直没有收回，县供销社为此损失几十万元。

1985年，实行30多年的布票首先退出市场，随后各种票证也逐步取消。进入20世纪90年代，县供销社及基层社的生活用品销量逐年萎缩，乡村网点销量减少。1991—1992年，县供销社组织各基层社到县城展销，以减少商品库存量，促进资金回笼。1995年供销大楼建成，一楼部分门面承包给单位职工，有的柜台向外承包。1996年，日杂公司、龙坪供销社、逢亭供销社、沫阳供销社、罗悃供销社实行风险抵押承包。在此期间经营的生活用品种类虽有增加，但经营仍不景气。1999年下半年第一轮承包期满后，县供销社所属9个企业（3个直属公司和6个基层社）处于停业半停业状态。2000年以后除县供销社的日杂公司和个别门面继续艰难维持经营外、6个基层社的门面都向外承包。2004年改制后，县供销社只管房产，收取房租，不再直接经营日用百货商品。日杂公司经营的品种仅剩烟花爆竹，经营方式由原来的批零售兼营变为每年购进一点数量的烟花爆竹，然后配送到全县各个体经营户销售。

第三章　粮油贸易

第一节　体制改革

机构　1991年罗甸县粮食局体制改革，内设机构有人秘股、纪保股、业务股、会统股、储运股和基加股，职工23人。1994年3月，设罗甸县粮油贸易总公司，实行县粮食局、县粮油贸易总公司两块牌子一套人员，办事机构设办公室、保卫科、业务科、会统科、储运科和基加科。1999年组建县粮食购销有限公司，粮油购销业务与粮食局独立分设，实现政企分离。粮食局内设机构为综合与市场流通股、计划财务与储备管理股。2011年10月，粮食局合并到县发展和改革局，下设粮油管理股，负责管理全县粮油流通工作，编制3人，其中：局分管领导1人，工作人员2人。2015年12月，粮油职能划转县工信局管理。

管理体制改革　1986年1月以前罗甸县粮食局执行国家粮油统购统销政策，组织全县粮油流通，1986年2月粮食统购统销改为粮食合同定购，1991年执行“国家粮食计划定购”政策。定购任务品种为小麦、稻谷（晚粘稻）、玉米等。1999年4月县粮食局执行合同定购、计划定购和价格双轨制政策。

是年5月，根据《国务院关于印发当前推进粮食流通体制改革意见的通知》（国发〔1998〕35号）文件，撤销县粮油贸易总公司，成立罗甸县粮食购销有限公司，9月将罗甸县粮食局直管的城关粮管所、边阳粮管所、逢亭粮管所、罗悃粮管所、八茂粮管所、沫阳粮管所6个单位的人、财、物、业务等全部移交县国有粮食购销有限责任公司（收储公司）管理，与罗甸县粮食局彻底脱钩，所有粮食企业成为独立核算、自主经营、自负盈亏的经济实体。6个粮管所改为6个分公司，为报账制单位。

体制改革后，县粮食局不再参与粮油经营，主要是对粮食企业和其他民营企业、个体商户等粮油经营行为依法实行监督，做好粮油流通数据的收集和编报工作。2004年粮食购销市场全面放开经营。

企业经营体制改革　根据国家、省、州、县粮油流通体制改革文件精神，2003年开始，先后对县粮食购销企业、粮油加工厂、饲料公司、植物油厂4个国有粮食企业进行体制改革。

2003年罗甸县政府出台《关于国有粮食购销企业改革和发展的实施意见》（罗府发〔2003〕25号）文件，要求通过改革达到减员增效，职工安置方式：对距法定退休年龄不足5年或工龄已满30年的职工，实行企业内部退养，保留劳动关系，内退期间由企业按每人每月发放290元生活费，并按规定续为其缴纳各项社会保险费，达到法定退休年龄按规定办理退休手续，享受基本养老保险待遇；对不能实行内部退养的职工，解除劳动关系后，根据业务量，合理定编、定岗、定员，采取公平、公开方式竞争上岗，对重新竞聘上岗的职工，通过签订劳动合同，建立新型劳动关系。

2003年罗甸国有粮食购销企业第一轮改革，当年省财政以罗甸县国有粮食购销企业2001年年末在册职工166人为基数，每人匹配改革补助资金4000元，拨付66.4万元；州财政拨付49.8万元，县财政按人均2000元资金补助，拨付33.2万元，省、州、县实际匹配粮改到位补助资金149.4万元，罗甸县国有粮食购销企业改革实际需补助资金388.89万元，缺口239.49万元。应解除劳动合同一次性安置补偿166人，但因改革资金不足，解除劳动合同一次性安置补偿84人，安置补偿金139.99万元（人均16665.14元），其余82人中内退34人，竞聘上岗48人。

2005年罗甸县国有粮食购销企业第二轮改革，新组建罗甸县国有粮食购销有限责任公司，有资产1324万元，在职职工12人。改革后公司主要任务是开展承储县级储备粮、粮油应急加工、救灾救济粮油供应、军粮供应、市场粮油购销、农户科学储粮、全县城乡粮食企业固定资产管理、内退职工的生活费、缴纳养老保险金、配合上级管理部门、农业发展银行等单位消化、解决全县原国有粮食购销企业银行债务等遗留问题。

企业产权制度改革 2005年经过改革，罗甸粮食购销企业资产、账务进行重组，重组企业为县国有粮食购销有限责任公司。2008年12月罗甸农发行核销多年来历史不良贷款挂账债务，减轻罗甸县粮食购销企业负担。2014年公司职工7人，主要是代管县级储备粮，同时开展部分粮油购销业务。

罗甸县饲料公司组建于1985年，有库房、车间、厂房和饲料加工设备一套，占地面积1157平方米。当时是全县唯一生产饲料企业，饲料供不应求，效益可观。后来由于设备陈旧老化，经济效益下滑，1999年因缺资金而倒闭。2004年根据县城建设规划需要，饲料公司的厂房、车间、库房等设施均被拆除，土地被占用，赔偿金额39.12万元。公司用拆迁补偿金对职工进行一次性安置补偿，全员买断工龄。安置职工11人，其中：一次性补偿解除劳动合同关系10人，内退1人，一次性安置职工补助标准每年工龄按1572元补助，共支付安置职工一次性补偿费33.04万元，2004年改制后罗甸县饲料公司已不存在。

罗甸县粮油加工厂于1956年建立，在册职工12人，有车间、库房、晒场，面粉（条）加工设备一套，占地面积2465平方米，固定资产72万元，1956—1998年一直加工面粉、面条供应罗甸县城乡市场。1999年以后因缺资金运转倒闭。2004年根据县城建设规划需要，粮油加工厂的车间、库房、晒场等土建设施均被占用拆除，赔偿金额53.2万元。当年利用拆迁补偿金对职工进行一次性安置补偿，全员买断工龄。一次性安置职工补助标准每年工龄按1572元补助，安置补偿费48.95万元，改制后罗甸县粮油加工厂不再存在。

罗甸县植物油厂组建于1993年，在册职工9人，有车间、厂房、库房等设施，占地面积901平方米，账面固定资产393.08万元。是年竣工投入使用，1997年因经营亏损严重，没有资金运转倒闭。2004年根据县城建设规划需要，植物油厂的车间、厂房、库房等设施被占用，赔偿47.82万元。植物油厂职工的安置，参照罗甸县国有粮食购销企业的改革模式，安置职工9人，一次性安置补助标准每年工龄按1572元补助，共支付安置补偿费22.5万元，改制后植物油厂不再存在。

第二节 粮食定购

1991—1997年，罗甸粮食部门执行“国家粮食计划定购”政策。1998年国务院发布《粮食收购条例》《粮食购销违法行为处罚办法》，其主要内容是农民完成国家粮食定购任务、留足自用和自储粮食后出售的余粮，由国有粮食购销企业敞开收购。2004年国家出台《粮食流通管理条例》，明确取得当地粮食行政主管部门授予粮食收购资格的企业或个人，就可以在当地收购粮食，从此不再是粮食部门独家经营粮食，而是同时存在国有粮食企业、民营、个体粮食收购户等多种经营主体。2014年罗甸粮食购销公司和县阳光粮油配送公司，达成合作经营协议，每年可为粮食购销公司实现利润30万元。

罗甸县1991—2013年粮食收购统计表

表9-4　　单位：吨

时间	计划收购	实际完成	超额完成	备注
1991	2000	2000	–	–
1992	2000	4872	2872	–
1993	2000	3855	1855	–
1994	2000	5592	3592	–
1995	4370	7566	3196	–
1996	4000	6184	2184	–
1997	2000	3731	1731	–
1998	2000	5869	3869	–

续表

时　间	计划收购	实际完成	超额完成	备　注
1999	2000	4911	2911	–
2000	2000	3900	1900	–
2001	2000	4541	2541	玉米 2717、稻谷 1231、大米 593
2002	–	621	–	当年停止定购任务收购
2003	–	5574	–	市场放开，不再收购定购粮每两年到期轮换 2000 吨储备粮
2004	–	2697	–	
2005–2013	–	14961	–	–

第三节　粮油供应

1953—1990 年罗甸县城镇非农业人口实行口粮定量供应，区分对象采取不同供应标准，初期居民月人均定量 12 公斤，脑力劳动者月定量 14.5 公斤，职工 13—14 公斤，轻体力劳动 15.5—17.5 公斤，重体力劳动 15—20 公斤，特重体力劳动 25 公斤；后期执行居民 12.5 公斤，机关干部 13.5 公斤，区乡干部 15 公斤，8 岁以上 10 岁以下 11 公斤，最低 1 岁以下 3.5 公斤。

1991 年粮食购销逐步放开，粮食不再是独家经营，粮油市场出现国家供应价和市场价，标二大米供应价 0.44 元 / 公斤，市场价 0.49 元 / 公斤，粮食由国家定购逐步过渡到粮油购销市场化。1993 年 7 月粮价放开，为了做好粮价全面放开的过渡，1994 年 10 月仍实行粮油凭证定量供应，非农户口每人每月供应粮食 7.5 公斤（1.86 元 / 公斤）、食用油 0.5 公斤 / 月（7.46 元 / 公斤），1995 年 9 月粮油凭票定量供应停止。但在城镇粮油供应中，仍执行县政府定价，发购粮券供应至 1996 年。同时做好“三缺户”即吊锅户、挂牌救济对象户和边穷地区社救对象粮食供应工作。1998 年停止办理录取大中专毕业生和考入初中、高中生粮食迁移手续。

1996—1998 年，粮食连年丰收，粮食部门库存粮食积压，粮食顺价销售困难，市场粮价低落。粮食部门千方百计开展促销工作，2001 年实现顺价（销售价大于成本价加适当费用的销售）还是艰难。2006 年粮食库存继续积压，粮食购销企业收支缺口大，入不敷出，企业每月只发少数管理人员和保管员 450–850 元的生活费。粮食加工企业多年未开展生产经营，未发工资，仅靠房租维持管理人员生活费用，企业处于瘫痪状态。1998 年国家开始处理陈化粮，由于罗甸县陈化粮品质较差，销售缓慢，2004 年对陈化粮公开拍卖，共销售陈化粮 1099 吨。

2002—2003 年，县粮食部门以收购粮，确保退耕还林还草粮食补贴。2003 年 7 月国家对退耕还林户由补粮改为直接补钱，至 2006 年 12 月兑现粮（钱）的退耕户共 15824 户，验收面积 6.78 万亩，兑现粮食 11250 吨。

2005 年县粮食企业改制，重组“罗甸县国有粮食购销有限责任公司”，改制中由于安置补偿资金缺口较大，经县人民政府同意，将大部分固定资产处置。是年，粮食企业改制结束。由于没有仓库，国有粮食购销有限责任公司只有采取“购得进、销得出”的经营方式，2005—2013 年销售粮食 14358 吨。2015 年完成供应县武警中队和县消防大队的军供粮油任务，完成上级下达县内 38 户农户粮油供需平衡调整任务。

第四节　储运加工

粮食调运　罗甸粮食长期不能自足，每年都要从外地调进部分粮食，1991—1992 年调入粮食 2159 吨。1993 年粮市放开，粮食部门不再统一调入粮食，主要是由粮食经营户根据市场需求购进部分粮食到县内销售。2000年超市开始进驻罗甸，以后由各超市经营者自行从外地购进大米和面粉到县内销售。粮食部门主要是管好储备粮，其他粮食的进出由市场调节。2015年县粮食购销企业向国家商标局申请注册罗甸“斛寿米”牌商标成功。“斛寿米”除在本县销售外还销往贵阳、都匀等地。

粮油储存 分国家、省、州、县（市）等不同层次的粮油储存。

中央储备粮 1986—1996年，罗甸县代中央储备“甲字粮”500吨，为国家备战、备荒等用途储藏的稻谷。1996年秋粮收购后，由城关、逢亭、罗悃、沫阳各粮管所按计划调入边阳粮管所储备，国家补贴储备费用80元/吨。由于国家要集中储备等原因，是年所有中央储备粮调到都匀国家粮食储备库储备。

县级储备粮油 罗甸县国有粮食购销公司于2004年收购县级储备粮2000吨，按期进行轮换，县级储备粮的贷款利息、保管费用列入县财政预算，按月拨付。轮换产生的损失损耗价差、轮换费用由县财政支付。2014年完成500吨玉米的轮换出库工作。2015年完成储备粮入库900吨，轮换储备粮2000吨，库存储备2400吨，储备食用菜籽油200吨。

储备粮管理 全县有粮油管理人员7人，专业保管员3人。有储备粮仓库容量1.5万吨，食用油罐容量0.03万吨。储备粮保管完全实现环境熏蒸，粮情测控设施设备实现科学管理。县储备粮按照《罗甸县储备粮管理办法》《粮油仓储管理办法》等规章制度实行专人管理到期轮换，做到“一符、四无、三专、四落实”（账实相符，无害虫、无霉变、无鼠雀、无事故，专人管理、专仓储存、专账记载、数量落实、质量落实、品种落实），储存安全，质量可靠，用时调得动，用得上。

其他企业、民营、个体粮油储存 全县其他企业、民营、个体等粮油储存有6户，分为三个层次，一层是较大粮油经营户储存粮食30–50吨、食用油10–20吨；二层储存粮食10–20吨、食用油5–10吨；三层是储存粮食2–10吨、食用油1吨。

农户科学储粮 2013年“农户科学储粮”在茂井镇、沫阳镇、董当乡推广，非常实用，深受广大农户欢迎。“农户科学储粮粮仓”为圆筒式，使用优质彩钢板制成，每个仓装粮1000公斤。制作每个“粮仓”成本450元，由黔南州商务和粮食局在都匀公开招标统一定制。是年，州下达罗甸县“农户科学储粮粮仓”1000套建设任务，按中央、地方、农户3∶3∶4比例匹配补助资金，投资45万元，其中：中央匹配13.50万元、省匹配3万元、县匹配10.50万元、农户自筹18万元；县“农户科学储粮粮仓”建设，由罗甸县发展和改革局组织实施，分别在沫阳镇、茂井镇和董当乡完成549个、300个和151个粮仓建设任务。

2014年完善2013年度科学储粮1000户建档工作，推进2014年科学储粮仓项目1000户，完成逢亭、沫阳、罗悃三个片区的科学储粮仓的检查验收工作。

粮油经营 1963年在国家计划经济指导下，粮食议购议销，在粮食征购任务完成后，由粮食部门议价购入粮食，再议价销售给城乡缺粮户、受灾户以及集体单位。1982年成立“罗甸县粮油议购议销公司”。公司除批零兼营粮油外，还委托各区粮食管理所及站、店代购代销，公司付给手续费。议价公司成立后，全力开展粮油议购议销工作，是年议购贸易粮2089吨，议销粮食1933吨。1991—2003年县粮食部门共议购粮油6.1万吨，议销粮油5.72万吨。2004—2013年议购粮油1.57万吨，议销粮油1.36万吨。1991年以后国家允许粮食多渠道经营，罗甸市场上出现国有粮食企业、集体个体户等多种粮食经营主体，议购议销公司组织粮油参与市场调节，稳定市场粮价。为保证储备粮不变质，2000吨储备粮每两年轮换一次，经过拍卖进入粮食市场交易。2014年完成县312吨救灾救济粮的采购竞价工作。

粮油加工 1963年建粮油加工厂，1991—1998年加工面条1936吨，加工桐油3201吨，菜籽油229吨。1998年以后由于粮油加工企业没有资金运转，银行不予贷款，所有国营粮油加工企业全部停产，粮油加工厂承包给职工个人经营，承包费用于支付职工养老保险金。2003年粮油企业全部撤销，职工实行一次性安置补偿。国有粮食购销企业职工由国家进行补偿，粮油加工企业职工安置补偿资金由企业自行处置资产收入来解决。2005年粮油加工企业职工全员买断工龄，实行一次性安置补偿，粮食部门无粮油加工企业。取而代之的是民间使用小型电动机加工粮油，主要加工大米、菜籽油、面粉、面条、玉米等，开始加工稻谷每50公斤收取0.5元加工费，后来逐步提高到1–5元不等。较大型电力加工设备，以加工本地生产的稻谷为主，少的1吨，多则3吨，加工成品大米部分出售给加工厂，部分直接进入市场销售。2015全县有小型粮食加工厂3户（县城2户，边阳1户），日加工粮食几吨至十几吨不等，同时不少农户置有打米机和粉碎机，除自用外，还开展对外粮食加工。

市场监督管理 1991—1998年，罗甸县粮食局是政企合一体制单位，组织全县粮油流通。1999年县粮食部门实行政企分开，粮食局为县政府职能部门，不再参与粮食企业生产经营活动，对粮食企业和其他粮食经营单位、个体等实行监督，2011年县行政机构改革，县粮食局行政职责划入县发展和改革局，设粮食股。主要负责全县国有粮食企业、民营、个体粮油收购、加工、储存、运输、销售等经营活动实行监管。是年核发“粮食收购许可证”6户。

第四章 专 卖 品

第一节 烟 草

罗甸县烟草专卖局（分公司）属国有企业，主要任务是按照《中华人民共和国烟草专卖法》及其《实施条例》的规定，实行烟草专卖管理，有计划地组织烟草专卖品的生产和经营，维护消费者利益，保证国家财政收入。

体制改革 1984年3月16日，根据黔南经〔1984〕04号文件《关于各县烟草专卖局、烟草公司机构设置的通知》，成立罗甸县烟草专卖局、罗甸县烟草公司正式挂牌营业，县烟草专卖局与县烟草公司一套机构两块牌子，从原糖业烟酒公司分设组建的烟草公司为黔南州烟草公司直属企业。2005年，根据贵州省烟草专卖局（公司）文件精神，更名为贵州省罗甸县烟草专卖局、黔南州烟草公司罗甸县分公司，内设五个股室。即综合办公室、财务股、专卖监督管理股、卷烟营销部、内管派驻组。

烟草种植 1988年3月，省、州有关烟草方面的专家及罗甸县科委对罗甸县马耳烟产区八茂区大亭乡牛棚村的马耳寨、更台上寨、更台下寨、井郎、兴和村、亭西村进行实地考察，马耳烟因始种于“马耳寨”而名传各地并以形似马耳故而得名。是年9月6日和1990年6月4日，经省烟科所两次取样化验其内在品质，1989年2月20日，经中国烟草标准化省、州质量检测中心站评吸鉴定结论“香气有偏浓、杂气稍重、刺激性小、劲头中偏小、余味尚纯净、燃烧性强、灰白色、属半香料型烟”，1990年经贵阳卷烟厂配制成“90牌”号甲级卷烟产品，参加广交会展销，当即博得美、德烟商和各方人士的好评，并被列为全国亚运会指定产品。1991年春，经英国伦敦交易会单独鉴定马耳烟制品，确实具有“半香料性特点、味清香而爽口”的优良品质。同年，罗甸县政府与贵阳卷烟厂签订合同，建立基地，加快开发，当年种植马耳烟约1000多亩。1988—1992年，在罗甸县木引乡摆落村、平岩乡、大亭乡布告村、边阳区、栗木乡、达上乡、大文乡、罗沙乡、交砚乡种植“K326和红花大青叶”烟，1988年种植1000亩、1989—1992年每年种植6000亩。由于气候条件、计划调整和技术管理落后等因素于1993年停种。2004年在省烟科所的安排下，在栗木乡下冲村试种名晾晒烟“白捏烟”，后因气候及技术管理原因试种失败，2014年县政府下达800亩烤烟种植计划给平岩乡、董架乡进行试种，由平塘县烟草公司进行技术指导，科学管理，烟叶长势良好、试种成功。

经营管理 罗甸县烟草公司从事卷烟、雪茄烟、烟叶批零兼营业务。1991年以来，公司根据市场需求适时组织货源，为零售户提供卷烟批发，公司设卷烟直营店一个，从事卷烟零售。多年来，本县销售的卷烟以省产“贵烟”系列品牌为主，省外知名品牌烟为辅，公司以批发为主，直营零售为辅，卷烟销量从 1991 年的 6151 箱增加至 2014 年的 8483.47 箱，纳税从 16.8 万元增加至 1965 万元。

2001 年以后，卷烟零售户逐渐增多，对这些小型分散客户，公司采取访销配送的方式进行服务。每逢销售旺季，公司采用延长营业时间等办法来方便客户，扩大销售。

2005 年采取访送分离模式开展卷烟营销，通过《卷烟送货台账》建立与客户之间沟通渠道。根据零售户经营规模、守法状况等按照 1、2、3、4、5 星的标准对卷烟零售户进行星级评定管理，按照星级情况提供经营指导和服务。

2011 年认真落实省、州局（公司）提出年度卷烟零售终端建设标准，采取由烟草局（公司）投入资金、客户投入店面的方式推进终端能力建设，至 2014 年已建成卷烟零售终端 235 户，其中：具有现代特征的卷烟零售终端 3 户。从 2011 年开始积极推行“网上订货、网上结算、网上配货、网上营销”四网建设，实施卷烟现代营销，已发展网上订货 1176 户，电子结算 1176 户，网上结算 136 户，网上配货 65 户。

2015 年年底，县烟草公司销售卷烟 8946.39 箱，销售金额 2.49 亿元，实现税利 6000 万余元。

1991—2015 年罗甸县烟草分公司经营情况统计表

表 9-5　　　　单位：万元

时　间	销量（箱）	类值（万元）	创税（万元）	备　注
1991	6165	477	16.84	–
1992	4685	469.32	17.48	–
1993	5467	855.05	13.76	–
1994	8666	1032.12	17.51	–
1995	8411	1782.39	16.41	–
1996	11691	3733.31	50.07	–
1997	14292	4931.63	85.67	–
1998	12767	4466.23	27.58	–
1999	7218.20	2946.21	20.08	–
2000	7003.78	2218.31	38.72	–
2001	6424.44	2198.75	50.01	–
2002	6689.52	2626.05	80.6	–
2003	6429.18	3038.96	154.76	–
2004	5445.13	2899.39	222.05	–
2005	6289.43	3795.13	没有单独数据	上划州公司
2006	6370.38	5217.8	没有单独数据	上划州公司
2007	6929.20	6385.78	没有单独数据	上划州公司
2008	7314.28	7354.2	没有单独数据	上划州公司
2009	7841.94	8040.27	569.57	–
2010	8555.03	10539.91	945.55	–
2011	8256.41	11813.53	1019.38	–
2012	8211.23	14196.08	1175.78	–
2013	8308.59	17605.28	1466.36	–
2014	8483.48	21169	1965.49	–
2015	8946.39	24910.02	2923.32	–

管理监督　根据《中华人民共和国烟草专卖法实施条例》的规定，对卷烟零售户发放许可证前，县烟草专卖局（分公司）组织他们进行法律法规和卷烟经营政策的培训，对卷烟零售实行一户一档建卡和根据卷烟零售户的守法经营情况，实行 A、B、C 动态分类管理。2010 年罗甸县烟草专卖局根据《中华人民共和国烟草专卖法》《烟草专卖法实施条例》制订《罗甸县卷烟零售点合理布局暂行规定》，县城主要街道卷烟销售点相距 20 米以上，乡镇政府所在地相距 25 米以上，村寨、宾馆、车站候车室都设卷烟销售点。2012 年对《罗甸县卷烟零售点合理布局暂行规定》作进一步修订，严格按照合理布局规定实施行政许可，通过合理布局有效增加卷烟零售户的盈利空间，至 2014 年底，全县卷烟零售户 1176 户，其中：龙评镇 427 户，边阳镇 330 户，沫阳镇 114 户，逢亭镇 66 户，罗悃镇 72 户，茂井镇 45 户，红水河镇 42 户，木引镇 54 户，凤亭乡 26 户。年均盈利 2 万元左右。2015 年全县卷烟零售户 1269 户。其中：龙坪镇 458 户、边阳镇 119 户、逢亭镇 74 户、罗悃镇 76 户、茂井镇 47 户、红水河镇 65 户、凤亭乡 26 户，每年户均盈利 3.59 万元左右。

根据《罗甸县卷烟零售点合理布局暂行规定》，零售烟草制品必须取得烟草专卖零售许可证。在市场管理方面，公司对卷烟销售提供市场指导价，违者由物价部门进行处罚。开展经常性的检查，凡发现经销户中有无证经营、无证批发、倒买倒卖、无证运输、销售冒牌假烟、乱渠道进货者，都根据情节轻重分别予以警告、罚款、没收违法烟草制品或停业整顿等处罚。2000—2005 年查处无证经营 24 户，无证运输 40 次，销售假烟 1549 条，乱渠道进货 64 次，罚款 4.27 万元。2006—2010 年查处无证经营 27 户，无证运输 2 次，销售假烟 1250 条，乱渠道进货 12 次，罚款 4.81 万元。2011—2014 年查处无证经营 20 户，无证运输 6 次，销售假烟 104 条，乱渠道进货 23 次，警告 7 次，罚款 5.53 万元。2012 年查办 5 万元以上大要案 1 起，移送公安案件 1 起，查获卷烟 73 条。依法判处 1 人有期徒刑 2 年缓刑 2 年，罚款 1 万元。2015 年查获无照经营 3 户、无证运输 1 起、销售假烟 78.3 条，乱渠道进货 39 起，警告 4 起，罚款 1.94 万元。

2000—2015 年罗甸县烟草专卖局查获违规经营行为统计表

表 9-6

时间	无证经营（户）	无证批发（次）	倒买倒卖（次）	无证运输（次）	售假烟（条）	乱渠道进货（次）	警告（次）	罚款（元）
2000	–	–	–	7	650	14	–	–
2001	–	–	–	5	590	13	–	–
2002	–	–	–	11	146	8	–	1001
2003	–	–	–	6	6	14	–	40837
2004	–	–	–	4	5	1	–	9
2005	24	–	–	7	152	14	–	813
2006	15	–	1	–	150	3	–	1209
2007	11	–	–	2	242	3	–	8659
2008	–	–	–	–	628	1	–	5820
2009	–	–	–	–	44	3	–	10092
2010	1	–	–	–	186	2	–	22289
2011	–	–	–	2	–	–	–	5600
2012	–	–	–	1	392	–	–	–
2013	3	–	–	–	1.8	11	–	1586
2014	17	–	–	3	29	21	7	38103
2015	3	–	–	1	78.3	39	4	19.4

第二节 盐 业

盐业公司原属县商业局的一个国有企业，负责全县食用盐供给。1990年成立盐务支局，与盐业公司合署办公，1997年盐业公司实行独资、合资等体制改革，下设财会、运销、盐改、仓储、行政后勤等5个小组和边阳批发店一个。2000年盐业公司从县商业局分离出来，划归贵州盐业集团管理，成为独立经营、独立核算的国有企业。2001年罗甸盐业公司更名为贵州盐业（集团）罗甸有限责任公司，职工6人，其中：经理1人，副经理1人，员工4人。2005年被省集团公司评为县级A级企业。

网点建设 1993年，规范食盐经营，公司对辖区各零售网点核发碘盐经营许可证。1996年，随着市场经济体系的进一步健全，社会和人口的发展，单靠供销社的网点零售食盐已不能满足社会需要，公司调整经营方式，增设批发点，核发碘盐经营许可证350户。2002年，贯彻落实食盐专营政策，巩固合格碘盐市场覆盖率和食盐市场占有率，县盐业公司直接为上级公司批发点，换发由省盐务局统一印制的食盐零售许可证，盐业流通秩序进一步规范。辖区设零售网点305个，公司对所设网点实行食盐配送制。2010年，支局对辖区零售网点实行访销制度和严格审批登记制度。监督盐品专盐专用，同时在辖区内开展多品种盐的宣传和销售工作。2011年，县盐务支局坚持维护食盐专营、保证食盐安全，进一步整顿和规范食盐市场秩序，保证合格碘盐供应，巩固碘缺乏病防治成果。

购销 盐业公司经营食盐以川盐、湖北盐为主，由独山调入。1982年，财政体制下放，公司财务计划由县商业局制定，只计金额不计食盐购销数量，公司完成销售总额24.68万元。为保证食盐库存安全，1987年建物资仓库1024平方米。同时建职工宿舍738平方米。1993年，为规范食盐管理，对所属辖区食盐零售网点核发碘盐经营许可证。1997年购进食盐1430吨，销售1410吨。2000年，县盐业公司围绕增进两个效益为中心和食盐专营购销两手抓工作，购进食盐1500吨，销售1230吨。2005年购进1587.60吨，销售1476.25吨。2006年购进1500吨，销售1432吨。2007购进1400吨，销售1344.49吨。2010年购进食盐1200吨，销售1130。2011年购进1112吨，销售962.41吨。2013年购进1224吨，销售845吨。2014年购进食盐1230吨，其中：绿标盐230吨，海藻典盐725吨，多种盐150吨，绿色低钠盐125吨。销售食盐1220吨，其中：绿标盐228吨，海藻典盐723吨，品种盐147吨，绿色低钠盐122吨。2015年食盐购进1067吨，其中：绿标盐245吨，海藻典盐627，低钠盐75吨，品种盐40吨，食品加工盐20吨，工业盐60吨，销售食盐1057吨，其中：海藻盐610吨，绿标盐292吨，低钠盐66吨，品种盐35吨，食品加工盐19吨，工业盐35吨。

行业管理 1983年，公司贯彻“整顿经济和搞活经营”的各项政策，辖区内食盐市场稳定。随着改革的深入，盐业生产的发展，1993年6月正式取消食盐凭票供应制度。2003年，部分地区发生非典型肺炎疫情，引发抢购食盐现象。省、州盐业公司高度重视，罗甸盐业公司成立由公司法人为第一负责人的防控“非典”工作领导小组，采取多项措施，投入人力物力，制定应急措施，保障食盐供应。2008年1月，全县遭遇罕见的雪凝灾害，为保障全县26个乡镇食用盐和工业用盐的正常供应，公司实行全天24小时值班制，与相关部门共同完成抗凝救灾任务。2010年，为提高企业管理水平和工作效率，实行吨盐工资制，明确各岗位的责任和义务。

2011年3月17日，县内突发食盐抢购风，县城各超市及销售点食盐脱销，部分乡镇食盐告急，为平息抢购食盐风波，县食盐公司打开盐库敞开供应，3天售出食盐300多吨。同时县政府发出通知，说明库存食盐充足，完全能满足广大群众需要，正确引到群众不信谣、不传谣。经过盐业公司全体员工及政府相关部门共同努力，为期3天的食盐抢购风波成功平息。

盐业执法 1990年，成立贵州盐务管理局罗甸支局，6月设盐政室，支局工作人员依据国务院《食盐专营办法》《盐业管理条例》《贵州省实施盐业管理条例办法》行使盐政执法和盐业市场管理职能。是年，建立案件分析制度，完善盐政执法守则和考核标准。

1997 年，县盐务支局围绕“抓管促销”这个中心，加强食盐管理，防止劣质盐流入市场，查处两起涉盐违法案件，查获私盐 125 公斤。2000 年，开展碘缺乏病宣传活动，县盐务支局对“5・15”碘缺乏病宣传日提前布置，深入到乡镇、学校、村寨发放资料、张贴标语等形式进行宣传。根据国家轻工业局盐业管理办公室《关于开展全国严厉打击涉盐违法行为的通知》精神，罗甸盐务支局在当地相关部门的配合下，5 月出动车辆 15 次，查处 6 起倾销盐近 70 公斤。2005 年，县盐务支局在逢亭镇、红水河镇、云干乡猴场村开展“第十二届防治碘缺乏病宣传”“盐政执法”宣传活动。为净化辖区食盐市场，县盐务支局开展为期 3 个月的打击贩运私盐违法活动，堵住私盐资源、严查非食盐、非碘盐及不合格碘盐流入市场、取缔无证经营 4 起、查获违法经营食盐 20 公斤。2008 年，在“3・15”“5・15”碘缺乏病宣传日活动中，县盐务支局遵循“政府领导、部门协助、社会参与”的工作机制，切实做到访销到位、宣传到位、稽查到位、服务到位。2009 年，为加强盐政执法队伍，罗甸盐务支局积极参与学习相关法规，3 名盐政工作人员顺利通过考核，取得贵州省行政执法证。2010 年，县盐务支局利用“5・15”碘缺乏病宣传日活动，在辖区各乡镇举行“科学补碘、持续消除碘缺乏病”宣传活动，增强消费者补碘防病盐的意识。2011 年，县盐务支局结合《贵州盐务管理局黔南分局“5・15”碘缺乏病宣传日宣传活动方案》文件精神，在边阳、红水河、逢亭、云干等乡镇开展第 18 届“防治碘缺乏病日”的宣传活动，正确引导广大消费者科学补碘、自觉抵制非碘盐、劣质盐，确保广大群众用盐安全。2015 年检查食盐零售 156 户，饭店和宾馆 149 家、中小学集体食堂 17 家、腌制企业 1 家，经营饲料、养殖业 33 家，走访农户 196 户，查获案件 1 起，各类盐产品 70 公斤。

第三节　石　油

中国石油化工股份有限公司贵州黔南罗甸石油支公司是中国石油化工股份有限公司下属分（子）公司，是罗甸县最大的成品油供应商，主要从事石油成品油、润滑油（脂）销售以及非油品业务。

罗甸石油公司原属罗甸县商业局下属企业，1980 年从商业局分离成立罗甸县石油公司，1985 年，上划贵州省石油总公司黔南石油分公司，更名为罗甸县石油支公司，1998 年 6 月划入中国石化集团公司，1999 上半年根据《中国石化资字〔1999〕518 号》文件精神对企业的组织管理结构、人员、资产进行整体重组改制，罗甸石油支公司划归贵州省石油总公司贵阳石油分公司管辖。更名为中国石油化工股份有限公司贵州贵阳罗甸石油支公司，1999 年 4 月 22 日在龙坪镇商业街注册成立，主要经营汽油、柴油、煤油、润滑油（脂）、石化产品，注册员工 11 人。2010 年 3 月中国石油化工股份有限公司贵州贵阳罗甸石油支公司划回中国石油化工股份有限公司贵州黔南石油分公司管辖。更名为中国石油化工股份有限公司贵州黔南罗甸石油支公司。2014 年 7 月更名为中国石化销售有限公司贵州黔南罗甸石油分公司。下辖城关加油站、沙井加油站、边阳加油站、羊里加油站、沫阳加油站、非油品门市部。

体制改革　随着企业改革的不断深入，罗甸石油公司从管理体制、经营方式等方面进行一系列改革，企业由一个计划指导下的国有企业转变为一个自主经营、自负盈亏的股份制企业。

1991 年以前，汽油、柴油实行计划供运，县内所有机动车和过境车辆凭票购买。1992 年汽、柴油市场放开，取消凭票供运制度，凡机动车拥有者均可购买。按文件规定携散装汽、柴油出境须持县公安局证明。

2000 年罗甸石油支公司将羊里加油站、沫阳加油站承包给私人管理，由支公司统一进货、统一价格、统一管理，承包人只包劳动薪酬和劳动用工。2007 年羊里加油站、沫阳加油站为托管站，由中国石油化工有限公司贵州贵阳分公司委托贵州元驰公司代管。2010 年 3 月，沫阳加油站划转给黔南兴化公司代管，11 月罗甸石油管理岗位设 ME、财务代表、综合管理员。2008 年贵阳石油分公司将各片区党支部上划垂直管理、成立分公司系统党委。是年中石化推出非油品服务，2010 年罗甸石油公司非油品业务正式营业。

基础设施建设 随着罗甸经济的发展，社会对成品油需求不断增加，罗甸石油公司实行“网络先行”发展战略，先后在边阳、沫阳、羊里建成加油站，对县城旧站进行扩建改造。

1980年，罗甸石油公司在县城建成一座油库投入使用。1993年3月1日起，贵州石油系统各加油站以“升”为计量单位作价、开票、发油。是年，边阳加油站、羊里加油站建成投入使用。1996年在龙坪镇沙井村建成沙井加油站投入使用。1998年为适应市场发展需要，罗甸石油公司对边阳加油站重新进行选点建站，当年11月竣工投入运营。1999年在沫阳镇柏林村建沫阳加油站，12月竣工投入运营。2000年年初停止油库运营，在原址改造建设城关加油站，11月竣工投入运营。2003年销售公司推广新账表册在罗甸公司投入运行。2004年8月沙井加油站、城关加油站IC卡管控系统改造完成，10月用户加油卡发卡系统开始投入运行，用户加油不找零，不限车号、不限加油次数，外出不带现金等，实现“一卡在手、各地加油”。2004年12月零售管理电子账表系统上线使用。2007年4月16日，办公自动化OA系统正式上线运行。11月1日，SAP系统在罗甸石油分公司正式上线运行。2009年由于龙滩水电站库区蓄水，羊里加油站停止营业，开始选址迁建工作。2010年罗甸石油公司非油品业务在罗甸开始营业。11月按照最新标准对沙井加油站进行改造，2011年11月羊里加油站迁建竣工开业投入运营。12月25日罗甸非油门市部开业投入运营。2012年4月罗甸沙井加油站改造完成投入运营，6月城南加油站开工建设，后被高速公路出口建设占用，2013年6月停工，2014年县政府同意另选新址建站。同年各站视频监控全面建设完成投入使用，4月开展加油卡网上营业厅充值业务，同时开展银行卡刷卡消费业务，8月开展自助圈存服务。2015年，完成城关、沙井、边阳、沫阳、羊里加油站油气回收改造，降低油气污染。是年启用液位仪并普及使用。

石油经营 罗甸石油公司是县内最大的一家油品供给单位，主要承担境内机动车辆、农业机具和过境车辆用油供运。2002年为农户办理农业机具用油卡、凭证优先保证农业生产用油。2012年社会传言油品供运紧张，部分车主囤油，出现客、货车辆昼夜排队加油现象。针对人为造成油品紧张现象，县政府发出通告，要求车主不要信谣。石油公司及时与上级公司联系，加大油品配送，保证各加油站供运充足，同时对加油车辆实行车号登记，防止囤油。不久油品供运恢复正常。2008年1月12日–2月6日，黔南发生50年以来最为严重的冰雪凝冻天气，时逢年底，油品需求量大，油品资源紧张，油料购进困难，公司积极与上级公司沟通，确保资源供应。2015年轻油零售完成2.72万吨、轻油直销3548吨。

2009—2015年罗甸石油公司轻油销售情况表

表9-7　　单位：吨

年份	购进				销售				库存			
	汽油	柴油	润滑油（脂）	合计	汽油	柴油	润滑油（脂）	合计	汽油	柴油	润滑油（脂）	合计
2009	5618	9012	–	14630	5575	8950	–	14525	43	62	–	105
2010	6330	9106	6	15442	6293	9050	1	15344	37	56	5	98
2011	7025	10349	14	17388	6971	10262	11	17244	54	87	3	144
2012	7243	11657	3	18903	7190	11593	3	18786	53	64	–	117
2013	9537	13763	–	23300	9509	13715	–	23224	28	48	–	76
2014	10455	21790	–	32245	10289	21747	–	32036	166	43	–	209
2015	12125	15262	–	27387	12086	15143	–	27229	39	119	–	158

非油品业务 中国石化自2008年起推行非油品业务，是年罗甸石油公司开始非油品业务准备工作，逐步完成便利店系统的选点、试点、上线等工作，统一采购货架、冰柜等设备，统一品牌、统一标准、推出中国石化“易捷”非油品品牌。2010年非油品业务在罗甸正式运营。经过四年努力，便利店销售范

围不断扩大，便利店从 1 个发展至 6 个，主要有罗甸沙井加油站便利店、城关加油站便利店、罗甸石油公司非油品易捷门市部、边阳加油站便利店、沫阳加油站便利店、羊里加油站便利店。便利店经营润滑油、预包装食品，散装食品、乳制品（含婴幼儿配方乳粉）、酒、卷烟、日用百货、粮油、农产品销售、食盐、汽车用品、体育用品销售，代收电话费、水费、电费等。2010—2014 年罗甸石油公司非油品业务经营呈逐年上升趋势：2010 年销售额 23.84 万元，2011 年销售 37.03 万元，2012 年销售额 151.19 万元，2013 年销售额 222.83 万元，2014 年销售额 307.57 万元，2015 年非油品销售完成 395.8 万元。

第五章　金融业

第一节　金融制度改革

1986 年 7 月，县人行和县工行正式分设，8 月，成立中国工商银行罗甸县支行，人行履行央行职责，重点是货币政策调控和金融监管。

1992 年 9 月，农村信用社体制改革，建立罗甸县农村信用合作联社，隶属县农业银行。1996 年农村信用合作联社与县农业银行独立分设。1997 年，县内农行、建行、工行几家专业银行基本实现国有专业银行向国有商业银行过渡。银行信贷业务扩至固定资产投资和个人消费领域。

1999 年后，上级机构将贷款权限、贷款额度逐年上收，缩减和调整内设机构，并对成本大、效益差的基层网点，经业绩考核后乡镇一级的基层网点机构基本撤销。1999 年 11 月，撤销建设银行罗甸支行。2000 年 8 月撤销工商银行罗甸支行。2000 年，县内各金融机构逐步实现办公和业务电脑化、网络化，推广使用银行卡、安装 ATM 取款机等。

2011 年，邮政储蓄银行由二级支行升为一级支行，邮政储蓄银行罗甸县支行正式对外营业。是年 12 月，工商银行罗甸县支行恢复成立。2013 年年底，辖区形成以人行银监为指导，国有商业银行、股份制银行为主体，保险、农村信用合作社并存的金融体系。

第二节　人民银行

一、机构

1986 年 7 月，中国人民银行罗甸县支行与工商银行分设，从工商银行抽调 7 人到人民银行罗甸支行工作，内设机构为计划统计股、货币发行股和综合业务股。年底人员增至 14 人。

1988 年 12 月，建立罗甸县金融系统监察室（正科级机构）。支行设置综合计划股、稽核金管股、会计国库股、货币发行股、人秘股及保卫股 6 个内设机构。1990 年人行办公楼竣工投入使用。1991 年有干部职工 20 人。1994 年 1 月，明确人民银行分支行是央行的派出机构，职能是贯彻实施国家货币政策，按照授权负责金融行政管理和金融业务监管。1995 年 12 月，人行罗甸支行机构改革，撤销会计股、国库股、货币发行股，组建营业部；撤销稽核股、计划统计股，组建金融监管办公室（正股级）；撤销人事秘书股、工会办公室，组建办公室（正股级）；保留保卫股。随着银行管理体制改革和机构变化，1999 年，人行罗甸县支行增设农合股对农村信用合作联社进行监管。2003 年 4 月，将支行营业部更名为国库会计发行股。11 月，县支行进行封闭式发行库改造，2004 年竣工。

2004 年年初，县人行成立罗甸县银监办事处，是年人民银行罗甸县支行与罗甸县银监办事处分设办公。2006 年，支行再次进行内设机构调整，撤销国库会计股，设立基础业务股；撤销办公室、综合业务股，设立综合管理股。2008年，撤销综合管理股，保留基础业务股，设立综合业务股（履行原综合管理股职责），加挂纪检监察办公室牌子合署办公。2010年年初，撤销综合业务股，成立支行办公室，履行原综合业务股工作职责。2014年12月，支行内设机构调整为三股一室，即办公室（监察室）、综合业务股、基础业务股、保卫股，干部员工15人。

二、业务

新币投放旧币回笼 1987年4月27日，开始发行第四套人民币，与第二、第三套人民币等值混合流通。四套新币有主币1元、2元、5元、10元、50元、100元等六种。有辅币1角、2角、5角三种。但只公布发行50元券和5角券两种。1988年5月10日起陆续发行100元、2元、1元、2角等券别。

发行新币、部分原票券退出流通领域。银行采取只收不付的办法，让1953年版1角券、1962年版1角券、1953年版1元券、1960年版1角券、1956年版1元券、1953年版2元券等先后退出流通领域。

中国人民银行1992年6月1日起发行1元、5角、1角三种金属人民币。1999年10月1日，在庆祝中华人民共和国建国50周年之际，中国人民银行陆续发行第五套人民币，共八种面额：100元、50元、20元、10元、5元、1元、5角、1角。第五套人民币增加20元面额，取消2元面额。第五套人民币采取“一次公布，分次发行”的方式。1999年10月1日起首先发行第五套人民币的100元券，10月为加强货币发行管理，全面准确地反映新旧版人民币流通情况，将第四套和第五套人民币进行分版管理。第3套人民币2000年1月1日—6月30日进行兑换回收，7月1日起停止流通。2000年10月16日发行20元纸币、1元和1角硬币；2001年9月1日，发行50元、10元纸币；2002年11月18日，发行5元纸币、5角硬币；2004年7月30日，发行1元纸币。

经国务院批准，中国人民银行于2005年8月31日发行第五套人民币2005年版100元、50元、20元、10元、5元纸币和不锈钢材质1角硬币。

货币与流通 辖区各行各业现金收入与支出，经营者商品销售收入，现金存入银行，形成银行货币回笼；从银行提取现金采购物资，形成货币流通。1999年以后各行现金收支比较，每年均为支大于收，形成银行货币发行。

2000年3月，人民银行罗甸县支行建立货币发行管理信息系统，从4月1日起启用信息系统会计核算凭证。2005年回笼的人民币残损券统一上调到中支行进行复点后销毁。2006—2014年，加强内控管理，部门负责人按月按季查库，保障发行基金安全。2014年完成发行基金投放10亿元，实现发行基金回笼3.9亿元，2015年完成发行基金投放10.08亿元，实现发行基金回笼4.11亿元。

现金管理 1988年10月初人行贵州省分行下发《关于开展现金管理大检查》的紧急通知，县人民银行开展现金大检查，检查的重点是各开户单位超出规定范围使用现金的；超出规定现金库存保留现金的；未经银行同意坐支现金的；出租银行账户为其他单位套取现金的；收入现金不按规定交存银行的；违反规定滥发奖金、实物的等六个方面。对查出的问题，分别提出整改意见和措施，遏制了辖区现金使用中不合规行为。

1996年，为加强控制现金投放，抑制通货膨胀，县人民银行两次组织辖区各金融机构领导及县政府有关领导参加的联席会议，研究布置严格控制现金投放工作。1997年1月，人行罗甸县支行根据上级文件，要求各金融机构认真编报年度现金计划，并按计划提取现金，不得突破。3月，人行罗甸县支行向辖区金融机构发出《关于金融机构支付大额现金实行向人民银行报告审批》的通知，4月1日起，对同一开户单位一月内累计支付现金超过2万元，一次支付现金达5000元，于每月5日内向人民银行上报大额现金支付报告表；各商业银行对同一开户单位一次支付现金5万元，农信社联社2万元（不含工资及农副产品收购资金）须报人民银行审批；现金支付一律在基本结算户办理，非结算户一律不得支付现金，对违反或不认真执行的按现金管理有关规定处罚。2002年4月，人行罗甸县支行要求辖区各行（社）明确现金管理专职或兼职工作人员，按照现金管理有关规定，对现金支取5万元以上要登记，对一日一次或数次对同一付款人取现达50万元以上的（现金银行汇票和现金银行本票相同），在次日前要向本行（社）和人民银行备案。

2005—2015年年底，人民银行罗甸县支行投放发行基金71.19亿元，货币回笼28.42亿元，货币净投放42.77亿元，其中：残损券回笼12.13亿元。

人民银行罗甸县支行于2014年6月10-13日对辖内农村信用合作联社营业部、斛兴分社、龙坪信用社等3个网点及邮政储蓄银行罗甸县支行实施人民币现金收付业务及反假币综合执法检查，发现检查单位未制定人民币收付业务管理内部考核制度和学习培训制度、假币印章不统一、假币收缴未建立登记簿、未按规定在公众可视位置张贴《中国人民银行残缺、污损人民币兑换办法》《不宜流通人民币挑剔标准》等制度法规；零钞配备不符合规定，没有配备1元券和5角券小面额人民币等问题，对检查出问题的，人民银行向被检查单位下发整改通知书，令其限期整改。

反假币工作　2001年以来，人民银行罗甸支行多次在辖区组织金融系统及县相关部门参加反假币宣传周活动，建立反假联席会议制度，提高公民反假币和爱护人民币的意识，有效遏制辖区假币案件的发生。

2007年10月9日，经县人民政府研究，建立罗甸县反假货币工作联席会议。2005—2014年，人民银行罗甸县支行共收缴到假币3348张，金额29.87万元，面值为1—100元不等，收缴的假币按规定及时上交到州中支行。2015年组织反假宣传9场次，建立反假宣传站358个，共收缴到假币496张，金额43795.00元。

信贷业务　2008年，为应对国际金融危机，县人行执行从紧的货币政策。2009—2010年，为有效解决经济发展问题，执行适度宽松的货币政策，确保经济健康、稳定发展。2011—2014年，重点支持交通、水利、城镇化建设、产业园区建设、特色优势产业、旅游基础设施建设、高新技术和新兴产业发展，进一步提高县内实体经济的信贷覆盖面，使存贷比、贷款增量和总量与罗甸县经济发展的实际需要相适应。2014年12月末，各项存款稳步增长，增长结构变化明显，各项贷款合理增加，各项存款余额45.2亿元，同比增长7.39%，各项贷款余额31.48亿元，同比增长20.55%。2015年12月末，各项存款稳步增长，增长结构变化明显，各项存款余额56.36亿元，同比增长24.7%，各项贷款合理增加，各项贷款余额39.16亿元，同比增长24.4%。

发放贷款　1985—1988年委托县农行、建行共发放6笔支边贷款76万元给县农牧局用于柑橘基地建设。支边贷款由于管理经营不善，技术条件差及自然灾害等原因，形成损失贷款76万元，至1997年形成应收未收利息29.26万元。人民银行罗甸县支行于是年3月4日向州支行申报对以上贷款的核销，1998年4月30日将以上形成损失及未形成损失的贷款本息全额划转农行。

1990年县人行委托县农行发放给县上隆脐橙基地开发贷款128万元，1992年委托县建行发放贷款95万元给上隆茶果场用于保鲜库建设。

1997年县人行向州人行申请支农再贷款，发放给县农村信用联社用于支持“三农”发展，1997—2013年，向县农村信用联社累计发放支农再贷款183笔、金额11亿元。主要发放对象为农户，贷款用途为种植、养殖、经商、建房、购买农用物资和种子等。

2014年，县人行向农村信用联社发放支农再贷款6笔1.41亿元。是年，人民银行黔南州中心支行深入推进扶贫惠农工作，出台支农再贷款“双加”运作模式。罗甸人行立足地方实际，推出支农再贷款“双加”运作模式，贷款利率低于同类贷款利率2个百分点，是年12月31日，罗甸县“双加”惠农定向贷款余额5095万元，受惠企业11户，为企业节省利息支出62.89万元。截至2015年，县人行向农村信用联社发放支农再贷款2笔1.4亿元，支农再贷款罗甸县“双加”惠农定向贷款余额6250万元，受惠企业12户，累计为企业节省利息支出264.83万元。

辖区存贷款　辖区各金融机构1987—2015年各项存贷款如下：

1987—2015 年全县金融机构各项存贷款余额表

表 9-8　　　　单位：万元

年　度	金融机构存款余额	企业存款	财政存款	居民储蓄存款	金融机构贷款余额	短期贷款	中长贷款	金融机构现金收入	金融机构现金支出	工资性支出
1987	2175.3	735.9	-109.1	860.6	4125.6	-	-	5192.3	5010.5	-
1988	2359.5	896.1	-31.9	1036.6	4847.1	-	-	6890	65351	-
1989	2716.7	992.2	-61.6	1183.7	5498.2	-	-	6850	6451.2	-
1990	3609	1232.6	-64.2	1512.1	6165.7	-	-	7488.4	7889	-
1991	4807.9	1676.4	-73.1	1929.4	7514.2	-	-	8870.9	9548.2	-
1992	7583.6	3354.2	-74.6	2554.8	10003.1	-	-	11066	12794.5	-
1993	6859.9	2688.6	-190.5	2689.5	11061.9	-	-	1176.4	1307.8	-
1994	6779.9	5382.4	-33.9	2689.4	11063.6	-	10033.3	1028.9	-	-
1995	9802.1	4679.5	4355.4	15295.5	6892.3	-	-	7838.2	-	-
1996	12604.9	6184.2	192.2	1963.7	21005	9191.1	11339.4	32584.4	36945.6	-
1997	18321	10454	724.3	6759.3	30911	12863.1	17884.7	47886.3	53868.6	-
1998	19910	8501	0	10128	35248	14746	20502	56870	6637	38
1999	23056	10275	0	11353	42323	16226	26097	53629	53629	-
2000	23104	8441	87	12108	45397	11647	33723	50588	61150	34
2001	26157	7455	6001	14310	49157	11836	37321	64510	71717	-
2002	30975	8697	384	16596	51198	14544	36654	83946	93884	-
2003	37128	8442	1692	20847	39079	23503	15576	109082	118390	-
2004	52809	14436	2925	26489	43697	30089	13708	130485	144107	-
2005	67412	18718	1959	33972	68441	35123	33318	152449	169574	-
2006	114547	24804	4370	56303	112551	43552	68999	221323	244347	760
2007	129632	20680	4898	70392	111558	42746	68801	263810	296566	915
2008	146607	42915	13044	74537	122185	48183	74003	270453	300552	4136
2009	171547	23371	29759	82534	128199	56783	71471	-	-	-
2010	258657	54678	52696	98453	148711	21172	127539	-	-	-
2011	309332	138336	39673	131290	171435	25987	145447	-	-	-
2012	346845	162097	20699	163988	209379	35939	173440	-	-	-
2013	420868	176736	16370	227108	261155	58579	202576	-	-	-
2014	451982	162322	30425	259131	314833	91923	222910	-	-	-
2015	563604	254923	27358	281239	391627	104803	286824	-	-	-

说明：1. 由于各年度的报表格式及统计口径不一致，则有的数据为空

2. 由于统计口径变化，金融机构现金收入，现金支出，工资性支出为以前的统计指标，2014 年未统计该类数值

支付与结算　2001—2014 年，按照多层次、广覆盖、防风险、可持续的工作思路，人民银行罗甸县支行深入推进县内农村支付环境建设，全县安装 ATM 机 56 台，其中：有 23 台存取款一体机，33 台取款机。安装 POS 机 674 台，涉及超市、酒店、美容、服装等行业，减少现金交易；各金融机构与行业客户合作，开展电信、手机、水、电等与群众生活相关的缴费服务。2015 年新增存取款一体机 1 台，新增 POS 机 133 台。全县 177 个行政村安装助农取款服务点，为农户办理小额取现、转账结算、刷卡消费等提供便捷服务。

账户管理　1990 年 11 月 8 日，罗甸县人行、工行、农行、建行，对辖区企业开户情况进行清理，划分业务性质，确定开户银行，清理多头开户，对违反本办法进行处罚。1991 年 7 月 1 日，人民银行罗甸

县支行按黔南支行要求，统一制作开户许可证。此后，人民银行对账户实行年审、年检制度。2000 年 4 月 1 日起，县内金融系统根据国务院第 285 号令《个人存款账户实行实名制度规定》，对所有个人存款账户实行实名制，并严格遵守为储户保密的规定。

1995—2013 年全县金融机构开立人民币账户 1477 户。其中：工商银行基本账户 74、一般账户 41、专用账户 31、临时账户 14，合计 160 户。农业银行基本账户 330、一般账户 8、专用账户 200、临时账户 10，合计 548 户。农村信用联社基本账户 516、一般账户 3、专用账户 143。邮政银行基本账户 14、一般账户 0、专用账户 17、临时账户 1，合计 32。农发行基本账户 15、一般账户 2、专用账户 57、临时账户 1，合计 75 户。2014 年对县辖内部分金融机构开展人民币银行结算账户执法检查工作。查出金融机构在人民币银行结算账户管理上存在的一些问题，要求限期整改，规范人民币银行结算账户管理。是年，办理人民币账户核准业务 752 户，其中办理开户 466 户，变更 72 户，销户 214 户。2015 年，办理人民币账户核准业务 1459 户，其中办理开户 609 户，变更 96 户，销户 754 户。

经理国库　1985 年后，为适应县人民银行独立行使中央银行职能的需要，人民银行单设国库机构，执行国家金库业务。

代理国家金库业务　1985 年，州内各县（市）由工行办理经收库款业务，1986 年下半年交人行办理。库款的支付权属同级财政机关，国家的一切预算支出，一律凭各级财政机关拨款凭证办理，在同级财政存款余额内，由国库统一拨付，只转账，不付现金。按照“一级财政、一级国库”的要求，境内设立县支库一个，支库主任由人行行长兼任。

2001—2005 年罗甸支库经理国库预算收入 28337.69 万元，预算支出 86434.64 万元，预算收入退库 1948.6 万元，2006—2010 年经理国库预算收入 56799.1 万元，预算支出 257079.91 万元，预算收入退库 540.8 万元，2011—2014 年经理国库预算收入 110569.82 万元，预算支出 727244.06 万元，2011—2013 年预算收入退库 2344.21 万元。2012—2013 年预算收入更正业务 14140.22 万元。

2015 年，全辖实现预算收入 42081 笔，金额 101610.83 万元；预算支出 8025 笔，金额 323519.45 万元；预算收入退库 55 笔，金额 1685.86 万元；预算收入更正 112 笔，金额 9718.07 万元。

2001—2015 年全县支库经理国库业务统计表

表 9-9　　　　　　　　　　　　　　　　　　　　　　　　单位：万元

年　份	预算收入	预算支出	预算收入退库	预算收入更正业务
2001	3437.62	11057.87	1.23	–
2002	3484.16	13066.11	4.3	–
2003	7447.04	15115.27	137.13	–
2004	7616.3	19523.06	113.79	–
2005	6352.57	276772.33	1692.15	–
2006	8018.04	28098.51	46.7	–
2007	8996.4	38363.99	185.77	–
2008	7560.99	47561.31	197.61	–
2009	9914.25	60450.56	108.37	–
2010	15956.85	82605.54	199.96	–
2011	18474.8	129245.62	948.97	–
2012	22033.66	172258.29	1342.69	6449.93
2013	49173.58	221917.53	52.55	7690.29
2014	20887.78	203822.62	–	–
2015	101610.83	323519.45	1685.86	9718.07

国库支付 1994年人民银行罗甸县支行国库工作实现计算机联网。2005年8月以前一直沿用财政预算单位需用款项，由财政开出拨款通知书，送人民银行在财政账户内下账，划转专（商）业银行，用款单位在专业银行支取款项。

改革后财政在人民银行开设国库存款账户，通过计算机网络与县（市）支库和财政局清算。2010年，完成对农村信用社开办国库经收处业务的培训指导工作，农村信用联社取得国库经收处资格，开办国库经收处业务。完成非税收入代理银行资格认定工作，做好新系统统计分析上线工作。2014年全年实现电子扣税17829笔，扣税率达58.87%，全年未出现重大业务差错事故。2015年实现电子扣税32214笔，扣税率达76.55%，增长了17.68个百分点。

代理发行债券 国务院决定从1981年开始，对城乡国营集体企业、事业单位、机关、团体、部队发行国库券。

1990年县人民银行配合财政部门，采取多种形式在县城宣传国债发行和兑付工作。1992年是国库券兑付高峰年，县人行根据上级文件精神，积极做好宣传和兑付工作。1994年起发行凭证式国债，1997年停发无记名券别式国库券。2000年无记名券别式国库券全部到期兑付。2012年11月，人民银行罗甸支行对国库券收款单进行清理，对国库券进行催兑，罗甸辖区共兑付单位国库券27笔，最大本金2000元，最小本金50元，总金额9830元，国债发行时间为1982—1988年，最早的是罗甸县纸厂1982年国库券收款单。2001年3月1日面向社会开始发行凭证式（一期）国债，其中：三年期利率为2.89%、五年期利率为3.14%。是年，国库券发行由原来的计划分配，改为商业银行承购包销，国债在境内发行走俏，各商业银行网点机构出现群众争相购买景象。2001—2006年国库券一直处于热销状态。

三、征信管理

信贷卡管理 2000年，县内金融机构建立银行信贷登记咨询系统，对辖区贷款单位发放贷款卡，并实行贷款卡年审制度。2001年发放贷款卡7张，2002年发放贷款卡18张，2003年发放贷款卡38张，2004年发放4张，2005年发放3张，2006年发放12张，2007年发放3张，2008年发放1张，2009年发放3张，2011年发放3张，2012年发放11张，2013年发放贷款卡215张。2015年，为进一步推进征信工作，罗甸支行以央行青年志愿者活动、“信用记录关爱日”、金融知识普及月、“3·15”消费者权益日、春节期间农民工返乡等活动为契机，多次上街头向民众宣传征信知识，联合县金融机构开办“送征信知识进校园”讲座。让更多的民众了解征信知识，维护自身权益，提高支行履职水平。

中小企业信用体系建设 2006年，企业信用信息基础数据库开始在全国推广。2007年，人民银行罗甸县支行对辖区中小企业信用信息进行收集、录入和上报工作。是年录入企业信息10户，2008年录入企业信息40户，更新企业信息34户，销户企业信息2户，2009年录入企业信息41户，更新企业信息34户，销户2户，2010年录入企业信息41户，更新24户，销户12户，2011年录入企业信息41户，更新19户，销户12户，2012年录入企业信息41户，销户13户。2013年底，共录入中小企业信用信息数据41户、更新13户、销户15户。2014年12月末，已正确录入系统中小企业信用档案41户，其中：农业银行22户，农村信用合作联社19户。是年应更新10户，其中：信用社4户，农行6户。

企业信用评级工作 2008年，2010年，罗甸辖区开始企业第三方信用评级工作，每年组织召开信用评级推介会，动员企业参与信用评级。2011年罗甸6户企业参加第三方信用评级，2012年2户企业参加第三方信用评级，2013年12户企业参加第三方信用评级，2014年1户企业参加第三方信用评级，2015年4户企业参加第三方信用评级。

个人信用建设 2004年个人信用信息基础数据库开始在全国试运行。2010—2015年县支行办理个人信用报告查询业务2383笔，并逐一进行登记。其中：2010年查询53人次、2011年45人次、2012年59人次、2013年239人次，2014年884人次，2015年1103人次。2014年人民银行征信中心做出规定：个人查询本人信用报告每年前 2 次免费，3 次以上的，按照《国家发展改革委关于中国人民银行征信服务中心收费等有关问题的批复》发改价格〔2014〕135 号，每次收取查询服务费 25 元。2015 年 12 月末，罗甸县农村信用联社已对 62422 户农户建立经济档案，占 69503 户农户的 89.81%，评定信用农户 55528 户，评级面占建档数的 88.96%，创建 1 个信用乡镇、73 个信用村、729 个信用组。

反洗钱　2003 年根据人总行《中国人民银行关于加强银行反洗钱工作的通知》要求，2004 年县人行督促辖区金融机构建立健全反洗钱工作制度和操作规程，明确专人负责，制定反洗钱工作实施细则，加强对银行账户开立、大额和可疑资金交易的监测。2005 年 12 月 31 日，为有效防范和打击洗钱犯罪，《黔南州人民政府办公室关于反洗钱联席会议的通知》要求，建立罗甸县反洗钱联席会议制度，成立反洗钱联席会议领导小组，研究金融业反洗钱工作重大疑难问题，提出解决方案等。2006—2009 年，认真贯彻《中华人民共和国反洗钱法》，建立反洗钱工作联席会议制度。

2010 年以来，人民银行罗甸县支行开始对各金融机构反洗钱工作开展评估。2014 年人民银行罗甸县支行制订了《反洗钱岗位职责》等内控制度，落实岗位职责，对 10 家金融保险机构开展反洗钱现场评估工作和现场走访指导，组织 10 家金融保险机构开展反洗钱监管信息系统培训和上线准备工作，实现反洗钱评估电子化、档案管理电子化、资料报送电子化，反洗钱工作信息化。

2015 年人民罗甸县支行认真执行反洗钱工作要求，落实岗位职责，对辖区内法人机构罗甸县农村信用合作联社开展了现场走访工作，组织 10 家金融保险机构开展反洗钱培训和反洗钱宣传工作，落实风险为本和法人监管原则，提升反洗钱工作水平。

第三节　农业银行

一、机构

中国农业银行罗甸支行 1979 年 12 月 8 日恢复成立后，1980 年各区办事处改名为营业所，营业所和农村信用合作社均划归县农业银行领导。县农行设行长、副行长、人事秘书股、计划会计股、社队信贷股、信用合作股、企业拨款股。基层营业机构为城关流动组、边阳营业所、逢亭营业所、沫阳营业所、八茂营业所、罗悃营业所，并领导全县 51 个农村信用社。1991 年有干部职工 126 人。

根据《国务院关于农村金融体制改革的决定》（国发〔1996〕33 号）文件精神，1996 年 12 月，县农村信用社与县农业银行脱离行政隶属关系。县农行干部职工 40 人。1997 年 1 月，从县农业银行划走 20 人分设县农业发展银行。县农业银行经历“一分一脱”（与农发行分家与信用社脱钩）后，正式向国家商业银行转轨。1996 年 10 月，沫阳营业所搬迁到县城商业街，更名为中国农业银行罗甸县支行罗斛营业所，1997 年 1 月 1 日正式营业。是年 10 月 8 日，八茂营业所并入城关营业所，其存款由城关营业所办理，贷款由支行信贷部管理。1998 年 6 月，罗甸农行罗悃营业所降格搬迁到边阳镇，更名为中国农业银行罗甸县支行边阳汽车站储蓄所，10 月 6 日正式对外营业。

2000 年 7 月 6 日撤销中国农业银行罗甸县支行逢亭营业所，其存款转入当地农村信用社，贷款转县支行管理清收。2001 年 4 月 5 日撤销罗甸县农行边阳汽车站储蓄所，业务并入边阳营业所。2002 年 7 月 16 日，黔南州人行批复，同意撤销中国农业银行罗甸县支行边阳营业所。于当年 10 月 1 日正式撤出，658 万元存款全部划入当地农村信用社，贷款由县农行继续经营管理，人员由支行安排。2006 年 8 月 4 日，黔南州银监局批复同意撤销罗甸支行罗斛营业所。

2009 年 1 月 15 日，中国农业银行整体改制为股份有限公司，完成从国有独资银行向现代化股份制商业银行的历史性转变。中国农业银行罗甸县支行更名为中国农业银行股份有限公司罗甸县支行。按照股份制公司运作模式，设行长、副行长、综合管理部、客户部、营业部、城关支行。2013 年 9 月，罗甸县农业银行存取款业务实现全国联网。2014 年有员工 44 人。2015 年有员工 43 人。

二、存贷款业务

1991 年以来，农行罗甸县支行始终把吸收公众存款作为工作重心，积极组织存款，适时发放贷款，支持地方经济建设。各项存款余额由 1991 年 2603 万元增加到 2015 年的 10.72 亿元，各项贷款余额由 1991 年 5146 万元增加到 2015 年的 9.72 亿元。24 年间，存款和贷款分别翻了 41 倍和 19 倍。

中国农业银行罗甸县支行 1991—2015 业务发展情况一览表

表 9-10　　单位：万元

年份	各项存款余额（万元）			各项贷款余额（万元）			经营利润（万元）	中间业务收入（万元）
	年初	年末	年增长	年初	年末	年增长		
1991	1876	2603	727	4058	5146	1088	53	0
1992	2603	4339	1736	5146	7437	2291	76	0
1993	4339	4017	-322	7437	8343	906	73	0
1994	4017	3143	-874	8343	2969	-5374	54	0
1995	3143	3971	828	2969	3610	641	-354	0
1996	3971	9163	5192	3610	6960	3350	-76	0
1997	9163	12381	3218	6960	8316	1356	-177	0
1998	12381	16653	4272	8316	27283	18967	-518	0
1999	16653	14055	-2598	27283	34818	7537	-428	0
2000	14055	15206	1151	34818	35644	826	-424	3.2
2001	15206	17911	2705	35644	38618	2974	-232	5.5
2002	17911	17693	-218	38618	33112	-5506	-95	8
2003	17693	33496	15803	33112	26847	-6265	1308	10
2004	33496	38971	5475	26847	30070	3223	687	24
2005	38971	32111	-6860	30070	47113	17043	1479	83
2006	32111	47519	15408	47113	79794	32681	3119	107
2007	47519	44877	-2642	79794	75914	-3880	3537	165
2008	44877	42286	-2591	75914	70891	-5024	3148	161
2009	42286	49562	4685	70891	73298	2401	1633	183
2010	49562	85793	36231	73298	73115	-183	2234	205
2011	85793	110611	24818	73115	79469	6354	2324	271
2012	110611	105158	-5453	79469	83460	991	2929	325
2013	105158	95218	-9940	83460	82107	-1353	3835	451
2014	95218	93913	-1305	82107	92374	10240	3348	598
2015	93923	107214	13291	92347	97224	4877	2958	422

三、中间业务

1998 年 10 月，县农行从单一存贷款业务向多元化银行业务扩展。1998 年 10 月开始办理代发工资业务，2013 年年底，为县城 25 个行政、企事业单位开办代发工资业务，月均代发工资 850 万元，既为广大干部职工提供方便，也减轻行政、企事业单位财务人员负担。为客户办理异地存取款、转账等业务，同时发行具有支付结算特色的金穗借记卡。1998—2014 年，累计向客户发放金穗借记卡 40388 张。2015 年发放金穗借记卡 8245 张。1999 年 2 月开始向客户发放金穗信用卡，2013 年年底，累计发放金穗砧石卡 1 张，金穗准贷记卡 633 张，金穗贷记卡 1582 张，金穗通宝银卡 9 张，金穗通宝金卡 233 张，金穗通宝白金卡 12 张，金穗通宝单位卡 1 张。

2004 年 3 月县农行安装首台自助取款机，方便客户办理银行卡支付结算及存取款业务。2014 年 12 月罗甸支行在营业网点安装自动取款机 4 台、存取款一体机 5 台、自助设备 2 台。2011 年 9 月为适应“三农”业务发展需要，开始向农户发放金穗惠农卡，至 2014 年年底累计发放金穗惠农卡 45368 张，社保卡 54148 张。2015 年发放金穗惠农卡 3397 张，社保卡 5180 张。2012—2014 年 3 月为方便农村客户办理小额支付业务，在全县八镇一乡建立金穗“惠农通”服务点 140 个，安装助农取款机 140 个，完成万村千乡市场工程信息化改造 80 个。2015 年设置 32 个新农保服务点，安装 103 台“金穗惠农通”机具，解决群众养老金取现问题。

1991 年 2 月为扩大中间业务收入来源，农业银行罗甸支行开始代理债券发行，至 2014 年，累计代理发行苏茂债券 1 亿余元；2010 年 1 月与太平洋保险公司合作，为该公司代办车辆保险、为人寿保险公司代办人身保险等业务，至 2013 年末，累计实现代理保险手续费收入 82 万元；2015 年代理保险手续费收入 20 万元。2001 年 3 月，开始为客户办理理财业务，至 2014 年末累计代销各类理财产品金额 5.8 亿元。2015 年代销各种理财产品 7000 万元。

通过开办新兴业务，罗甸支行的中间业务收入由 2000 年 3.2 万元增至 2015 年的 422 万元，15 年翻了 131 倍。其中：公司中间业务收入 15 万元，机构中间业务收入 35 万元，个人中间业务收入 102 万元，信用卡业务收入 35 万元，电子银行业务收入 120 万元，自助银行业务收入 89 万元，其他中间业务收入 26 万元。2015 年个人贵宾客户 2213 户，特约商户 15 户，电子银行个人客户 6850 户。

四、重点项目信贷

县农业银行 1979 年恢复成立，根据国家信贷政策和信贷投向，结合罗甸县经济发展特点，积极组织资金，大力投放信贷资金、支持全县农、林、牧、副、渔产业发展，支持抗旱救灾，支持矿产资源开发加工、农网改造、教育、城市基础建设等，信贷投向基本涵盖全县经济建设各个领域。

1995—2001 年，发放 1150 万元贷款支持罗甸县果业开发有限责任公司柑橘基地建设；1997—2000 年，发放 757 万元贷款支持贵州越洋油脂开发有限责任公司的麻竹、荔枝、龙眼种植基地建设；1998—1999 年，发放 490 万元贷款支持贵州金色制药有限责任公司冰片加工和艾纳香种植；2000 年，发放 150 万元贷款支持罗甸县龙滩湖实业有限责任公司砂仁基地建设；发放 140 万元贷款支持罗甸县罗沙油桐生产公司经果林种植基地建设；发放 140 万元贷款支持罗甸县绿色科技开发有限责任公司金秋梨基地建设；发放 280 万元贷款支持罗甸县星河农业开发有限责任公司石榴基地建设；1999—2001 年，发放 294 万元贷款支持黔南州林业运销公司麻竹基地建设；为完成国家“八七”扶贫攻坚任务，县农行共发放小额扶贫贷款 2646.47 万元；支持农户 21185 户，遍及全县 26 个乡镇 271 个村，1726 个组，惠及 8.5 万人。发放 90 万元贷款支持罗甸县麻山绿色开发有限责任公司核桃基地建设；发放 150 万元贷款，支持罗甸县桃园芦荟发展有限责任公司芦荟基地建设；2000—2011 年，发放 200 万元贷款支持罗甸县有线电视技术服务中心 CATV 系统改造；发放贷款 500 万元支持罗甸县自来水有限责任公司自来水技改工程；发放 120 万元贷款支持罗甸县地龙农业开发有限责任公司种植麻竹；2001 年发放 80 万元贷款支持罗甸县全兴药业开发有限责任公司种植中药材；发放 200 万元贷款支持罗甸县祥兴绿色食品有限责任公司竹笋加工项目；发放 144 万元贷款支持罗甸县星辉绿产有限责任公司麻竹基地建设；发放 200 万元贷款支持罗甸县三兴碳化硅有限责任公司硅石加工流动资金；2003 年发放 180 万元贷款支持罗甸县大安碳化硅有限责任公司硅石加工流动资金。2003—2013 年，发放 1140 万元贷款支持罗甸县中医院技改项目建设。2004 年发放 1500 万元贷款支持罗甸县兴教服务中心普九项目。2005—2006 年，共发放 5 亿元贷款支持蒙江双河口电站项目建设。2005—2008 年，共发放 580 万元贷款支持贵州省罗甸民族中学校园建设。2006 年发放 1390 万元贷款支持罗甸县电力公司技改项目。2007 年发放 95 万元贷款支持罗甸县人民医院购置医疗设备。2008—2013 年，共发放 13.52 亿元贷款支持贵州信邦制药股份有限公司生产、市场开发流动资金项目。2009—2010 年，共发放一般固定资产贷款6433.7万元支持贵州高速与公路集团有限公司高速公路建设项目；发放流动资金贷款140万元支持贵州黔龙食品有限公司深加工项目；发放中期流动资金贷款1290万元支持罗甸县供电局技改项目。2013年发放1000万元小企业简式快速贷款，支持黔南州三利建设工程有限公司项目建设。2014年发放1500万元项目流动资金贷款，支持贵州坤达石材有限公司项目建设，发放450万元流动资金支持罗甸天辰贸易有限公司发展业务。2015年发放780万元项目流动资金贷款支持贵州坤达石材有限公司项目建设；发放"四在农家·美丽乡村"基础设施建设贷款5871.6万元；投放3.23亿元流动资金贷款支持贵州信邦制药有限公司扩大生产规模；发放小额农户贷款农户生产经营贷款，个人薪资保障贷款信用卡汽车分期贷款9267万元；代理发放住房公积金贷款3624万元。

不良贷款清收情况 罗甸县农业银行在贷款使用过程中，受部分客户信用意识淡薄和诸多因素的影响，不能按时归还贷款，形成大量的不良贷款。1999年，罗甸县农业银行向财政部门剥离1.11亿元不良资产后，县农行采取诉讼、公告、上门催缴等方式，清收不良贷款。2013年年底，仍有505万元不良贷款未收回，不良率为0.62%，2014年累计清收不良贷款455万元，不良贷款余额1476万元。2015年清收不良贷款668万元，不良贷款余额140万元。

罗甸农行历年贷款收回情况表

表9-11　　　　单位：万元

年　度	贷款收回	年　度	贷款收回	年　度	贷款收回
1991	166	2000	13378	2009	13647
1992	2763	2001	21559	2010	16920
1993	3191	2002	2098	2011	19005
1994	4436	2003	14281	2012	26844
1995	2836	2004	2646	2013	18065
1996	6660	2005	4783	2014	37199
1997	3585	2006	10369	2015	29836
1998	1466	2007	12447	–	–
1999	3530	2008	9833	–	–

第四节　工商银行

1986年县工商银行与人民银行分设，1999年撤销县建设银行，员工并入县工商银行，2000年县工商银行被撤销，2011年重建罗甸县工商银行。

一、机构

1986年县工商行分设后成为国有专业银行，设会计股、出纳股、信贷股、储蓄股、稽核股、储蓄所，职工44人。1988年开始实行内部管理考核奖惩制度。1991年有干部职工43人。1992年5月实行全员劳动合同制，管理上实行股级干部聘任制和一般员工聘用制。1993年县工商行由国有专业银行转为国有商业银行。1994年实行竞争上岗，中层干部与员工实行双向选择，落聘人员待岗。1995年实行支行一级法人体制，对内设机构实行目标考核制度。1996年精简机构，内设机构为2部一室，职工16人。1999年11月罗甸建设银行并入县工商银行，全行员工33人。2000年3月开始人员分流，是年起实行绩效为主的劳动工资分配制度。2000年8月因经营情况恶化，连续亏损，上级行决定撤销罗甸工商银行，业务移交到县信合社，人员一部分内退，一部分买断工龄，一部分调到州内其他县工商行分配工作。

2011年12月中国工商银行罗甸支行重新成立，设行长1名，副行长1名，全行员工9人。设行长室、办公室、营业部3个机构，2014年员工增至12人。

2000 年罗甸工商银行被撤销，办公楼等房产被拍卖，2011 年重新成立时在县农贸市场东进口租用一家民房作为办公地点和存贷款营业部，设有营业厅、VIP 室、非现金业务、综合业务区，附行式自助设备区，离行式自助服务区。2014 年在解放路中段福乐多超市旁设存取款业务网点，安装自动存取款一体机 4 台。

新设立的罗甸工商银行开展业务主要有：个人活期存款、个人定期存款、单位活期存款、单位定期存款、转账汇款、个人住房贷款、个人商用房贷款、经营贷款、住房公积金委托贷款、家居消费贷款、住房装修贷款、期次理财产品销售、基金销售、实物贵金属销售等业务。

二、业务开展情况

1986 年工商银行分设后，开展拨款、贷款、储蓄和金融信托业务。拨款是对财政资金的划拨，贷款是按国家计划指标控制。

存款 1986—2000 年各项存款主要来自企业存款、居民储蓄存款和其他存款。后来开始办理中间业务，通过开展银行理财，代收保险、代发工资、代理收费等金融服务增加收入。2012 年县支行抓住县城新区改造，新建第一中学的机遇，分别投入流动资金贷款和项目贷款支持地方建设，经济效益和市场占有率明显提高，全行企业存款超亿元。年末全部存款余额 1.65 亿元，其中：储蓄存款余额 3185 万元，对公（公司 + 机构）存款 1.27 亿元，同业存款余额 600 万元。2013 年年末存款余额 4.28 亿元，其中：储蓄存款余额 7403 万元，较上年增加 4218 万元，对公存款余额 3.54 亿元，较上年新增 2.26 亿元。

2014 各项存款余额 3.23 亿元，其中：公司存款 1.56 亿元，机构存款 4962.44 万元、储蓄存款 1.18 亿元。2015 年各项存款余额 3.07 亿元。

贷款 1988 年大力吸收企业存款和储蓄存款，抵制通货膨胀，紧缩银根，压贷抓存、贷款指标严格控制。1993 年上级行只下达指导性贷款指标，县支行根据县域经济发展需求，适当调整贷款规模，贷款明显增长。1999 年开始办理房地产信贷业务（住房按揭贷款）。2012 年是县工行重新设立后的第一年，各项贷款余额 2401 万元，其中：个人贷款余额 2301 万元，小微企业贷款 100 万元。2013 年各项贷款余额 2.12 亿元，较上年增加 1.88 亿元。其中：个人贷款增加 1361 万元，公司贷款增加 1.74 亿元。2014 年各项贷款余额 2.13 亿元，其中：公司贷款余额 1.47 亿元，个人贷款余额 6633.67 万元。2015 年各项贷款余额 4.8 亿元。

贷款回收及利润 2012 年收回贷款 288 万元，2013 年收回贷款 529 万元，2014 年收回贷款 1.11 亿元。2012 年创利润 288 万元，2013 年利润 529 万元，2014 年创利润 1051 万元。2015 年收回贷款 7050 万元，贷款利润 2545.49 万元。

中间业务 2012 年开始代发部分行政、事业、企业单位职工工资业务，代发工资的单位有：县教育局、县市场监督管理局、公路管理局、罗甸第一中学、第二中学、龙坪一、二、三、四小、落脚河小学、莲花幼儿园、东盟营造工程有限公司第十合同段、惠罗高速公路第七、第九、第十三合同段。2013 年开始发放住房贷款，是年发放住房贷款 919.23 万元，中间业务收入 170.32 万元。2014 年发放住房贷款 7179.88 万元，收入 445.59 万元。2015 年发放银团贷款 1 亿元用于惠罗高速公路建设，投入 1 亿元支持医疗、教育、中小企业生产经营，投放 9300 万元个人住房贷款保障个人住房。

新兴业务 2013 年新发信用卡 581 张，其中：公务员卡 225 张，交通卡和多币种卡 356 张。新增 POS 特约商户 20 户，办理 POS 机 23 台，信用卡分期付款 532.4 万元，“红色记忆”实物贵金属销售 147 克，企业网银净增 36 户，手机银行净增 2826 户，工银 e 支付净增 698 户，个人网银净增 2175 户。

2014 年发信用卡 1750 张，其中：公务员卡 1675 张、交通卡和多币卡 75 张。POS 特约商户新增 11 户，办理 POS 机 12 台，信用卡分期付款 752.5 万元。企业网银净增 30 户，手机银行净增 2013 户，工银 e 支付净增 701 户，个人网银净增 1961 户。2015 年信用卡新卡 1109 张，其中：公务员卡 758 张、交通卡、多币种卡 349 张，白金卡 2 张。POS 特约商户新增 12 户，办理 DOS 机构 14 台。

三、电子化建设

1993 开始安装微机、培训员工，1995 年进行职工微机操作技术考核。1996 年安装储蓄微机，率先在罗甸金融系统实现储蓄微机通存通兑，随后安装对公微机，统计微机，可通电子联行，前台业务处理实现电子化。1997年在县内实现对公存款大型计算机的延伸工作，相继开发中间业务，完成代收税、代发工资程序的开发运用和住房公积金计算机管理工作。1998年废除手工记账，改为电脑记账。1999年开通实时汇款业务，汇款从原来的24小时内到达指定账户缩短到2小时内到达。8月实现储蓄微机大机延伸联网运转。10月开通全国储蓄异地通存通汇。2014年末，办理企业网上银行93户，个人网上银行4941户，手机银行7427户。2015年个人网银新增1187户，个人电话银行新增450户，个人手机银行新增1300户，企业网银行增28户，财智账卡新增110户，工银e支付净增800户。

第五节　建设银行

1979年3月成立罗甸县建设银行，1988年先后建立支行储蓄专柜、解放路储蓄代办所和客车站（老客车站）储蓄所。1991年有干部职工19人。1995年县建行开始由专业银行向商业银行转轨，1997年县建行基本实现国有专业银行向国有商业银行过渡，银行信贷业务扩大到固定资产和个人消费领域。1999年11月撤销中国建设银行罗甸支行，除行长调州建行外，其余17名员工调入县工商银行。

基本建设拨款　1988年完成19个基本建设项目拨款238.8万元，1989年基本建设拨款93.4万元，1990年县财政困难，国家控制基建规模，安排自筹基建资金减少，计划拨款26个项目，投资128.3万元，实际完成124.8万元，占计划的97.2%，预算内拨款2户65万元，占计划100%。1991年继续贯彻国家治理整顿、深化改革方针、控制信贷总量，当年计划拨款项目16个153万元，完成拨款83万元，有70万元没有到位。1993年经办基建项目13个，资金309.2万元，其中：拨款项目10个，拨款89.2万元，其他3个属于贷款项目。1995年基本确立社会主义市场经济体制，县建行由专业银行向商业银行转变，主要职责转向储蓄存款和贷款。

存款　1988年，罗甸县建设银行贯彻国家金融政策，治理金融环境，整顿金融秩序，增设储蓄网点，但存款仍处于下降趋势，仅236.8万元。1989年储蓄存款101.44万元，发行国库券3.6万元。1990年完成存款397.17万元，其中：企业存款197.72万元，储蓄存款199.45万元。1991年完成存款606.97万元，其中：企业存款281.13万元，储蓄存款325.84万元，新增存款余额126.35万元。1992年完成存款873.1万元，其中：企业存款388.9万元，储蓄存款484.2万元，发行国库券8万元。1993年加强同建设单位的联系，吸收自筹基建资金的存入，完成存款1208万元，其中：企业存款688万元，储蓄存款520万元。1994年完成存款1923.6万元，其中：企业存款795万元，储蓄存款1128.6万元。是年县机关事业、企业单位职工住房制度改革，代收房改资金399万元，其中：行政事业单位263万元，企业136万元。1995年开始实施万元存款工资含量包干的储蓄承包，当年完成存款1864万元，其中：企业存款735万元，储蓄存款1129万元。1996年继续推行储蓄存款万元工资含量承包和企业存款任务与行部人员的“活工资及工改节余奖”挂钩的制度，把储蓄人员的责权利有机结合起来，是年完成存款2025万元，其中：企业存款743万元，储蓄存款1282万元，比1995年增加161万元。1997年面对企业效益不佳，建行认真分析形势，制定储蓄筹资攻坚计划，广泛吸收社会资金，上半年完成存款2076万元，其中：企业存款498万元，负增长246万元，储蓄存款1578万元，增加296万元。解放路储蓄所上半年突破存款千万元大关，提前半年完成中支行下达的存款任务。1998年县内企业效益下滑，当年发行国库券100万元。1999年11月根据县建行经营业务逐年萎缩，成本不断增加，效益逐年下降的严峻形势，中国建设银行黔南州中心支行决定撤销罗甸建设银行。

贷款及回收　1988年加强信贷管理，在贷款发放中坚持贷前审查，贷后检查，参与项目可行性论证，确保贷款的安全性。收回贷款47万元，拨改贷回收25万元，完成利润17.23万元。1989年计划收回贷款55万元，实际完成46万元占计划收回数的83.64%。1990年完成州支行下达的贷款回收任务，其中：

收回企业更新设备改造贷款 7 万元，占计划 100%，完成利润 5.633 万元，占计划的 61%，没有完成利润的原因是县工业硅厂产品积压，欠息 14.48 万元。1991 年完成贷款 270 万元，其中：人行委托贷款 150 万元，中央部门基金贷款 120 万元。收回企业更新改造贷款 30 万元。县工业硅厂资金紧张，无力偿还贷款。当年实现利润 11.67 万元。1992 年完成贷款 120.45 万元。

1993 年贷款项目 3 个，贷款 220 万元。住房按揭贷款 24 万元，动用房改资金 24 万元贷款支持 82 户困难职工购房，50 万元支持企业收购桐籽。收回技改逾期贷款 10 万元，完成计划的 16.67%。完不成的原因是县工业硅厂年初进行股份制转让，上半年受电力调度影响，6 月下旬才点火生产，硅厂历年欠电费和税款 100 多万元，当年收入全部用于抵债后所剩无几，严重影响收贷工作。1994 年贷款 100 万元，营业收入 203.4 万元，实现利润 31.2 万元。1995 年建行信贷资产 100 万元，基本贷给工业硅厂，由于企业亏损，债台高筑，虽经努力仍收不到一点本金，只收回全部利息。1996 年由于部分企业多年连续拖欠贷款，形成逾期贷款 132 万元，回收贷款 30 万元，占全部逾期贷款的 22.7%，贷款利息全部收回。年底利润账面体现 25.3 万元。1997 年建行 150 万信贷资产中有 100 万元是固定资产贷款，已逾期 3 年以上，属呆滞贷款之列。由于企业实行一年一承包制，承包合同无还贷条款，贷款本金没有收到，只收回部分利息。1998 年中国建设银行黔南州中心支行将贷款权限、额度上收，县建行主要办理储蓄存款业务。

审查基建项目　加强对国家基建项目的审查监督，1989 年审查工程建设项目 4 个，总造价 55.96 万元，核减 7.46 万元，占造价的 13.33%，完成对硅厂 1、2 号炉的决算审查。1990 年遵循“四按”的拨款原则，严格付款审查，加强概算、预算、决算审查，审查预算 17 份，造价 136.94 万元，核减 14.25 万元。1991 年实行审贷分离联合会审制度，由经办人对项目申请人进行调查，提出意见，由行务会审查通过，确保贷款安全。1993 年认真履行财政职能，与计委、财政、城建等部门密切配合，严格项目资金审查，把好项目资金使用关。

电子化建设　1992 年首台电子计算机投入使用，1994 年与上级行网络联通，应用于统计报表。1995—1999 年扩大计算机服务范围，基本实现电子计算机网络对外服务。

第六节　农业发展银行

1996 年中国农业发展银行罗甸县支行成立，开展农业产业化、农业科技、农村基础设施、农业综合开发、农业生产资料贷款，形成以粮棉油收购资金为主、以支持农副产品生产和加工，支持农业农村发展中长期贷款业务，形成多方位、宽领域信贷支农格局。2004 年，经中国银监会批准，农发行可吸收企事业单位存款，同时开办新农村建设、水利建设贷款等业务。

一、机构

1996 年从中国农业银行罗甸县支行分出 20 人，设立中国农业发展银行罗甸县支行（以下简称“农发行”），划出位于罗甸县龙坪镇解放路中段的中国农业银行罗甸县支行城关营业所 158 平方米作为县农发行办公区。1997 年 1 月，正式开展工作。

1997 年农发行罗甸支行内设计划信贷部、会计出纳部、办公室（含保卫工作）。为适应业务发展需要，根据总行“三定方案”要求，罗甸农发行 2001 年 3 月实行部室合一，会计出纳部和办公室合并办公统称综合会计部，保留信贷部。县农发行成立初期，职工 20 人、由 1 名副行长主持工作。1997 年底增加 1 名副行长，1999 年设行长助理 1 名。根据农发行工作变化情况，人员编制不断减少，2015 年 12 月 31 日职工 10 人，其中：保留农发行成立时由农行划转 5 人，招收大学生 4 人，交流干部 1 人。职工队伍中有经济师 2 人，会计师 1 人，其余都是助理经济师、助理会计师和会计员。

1998 年将农发行办理的农业开发贷款、扶贫专项贷款、粮食企业附营业务贷款及其他有关业务划转商业银行。2004 年农发行信贷业务从单纯的粮棉油收储贷款逐步向粮棉油深加工企业、农业产业化龙头企业、农业小微企业、农村基础设施建设等扩展，不断强化支农功能，形成多方位、宽领域的信贷支农格局。

支行成立之初，配备电脑1台，经过几年的建设，2013年已配备电脑21台，同时支行电脑与农发行上级行联网，各种经济、业务信息可瞬间上传下达，支行对外会计、结算业务实现100%的电脑化处理，信贷业务CM2006系统得到广泛运用。公文收发、档案管理已实现全面电子化。2015年增加2台电脑、增加计算机中心机房和监控机房，与公安“110”报警系统联网，实现办公大楼监控全覆盖。

二、业务

资产业务变更 县农发行初建时主在业务：开展办理粮油收购、储备、加工和调销贷款，办理扶贫贴息贷款，农业综合开发贷款，林业治沙贷款。1997年1月1日，农发行从农行罗甸县支行接收信贷资产总规模1.11亿元，其中：粮油收购贷款1571万元，地方粮油储备贷款415万元，加工企业流动资金贷款5万元，扶贫贴息贷款6050万元，扶贫贷款2773万元，农业综合开发贷款98万元，林业治沙贷款45万元，其他贷款160万元。同时开办康复扶贫贷款和世行配套扶贫贷款等新的业务种类，形成较为完备的政策性信贷支农体系。

第一次业务变更：1997年7月，中国人民银行和农业发展银行总行联合下发通知，将人民银行办理的地方经济开发贷款划转农发行。经过清理，县农发行从县人民银行接收地方经济开发贷款167万元，顺利完成交接任务。

第二次业务变更：1998年初国务院决定，从农发行划出开发贷款、扶贫贷款和人行政策性专项贷款到商业银行。是年5月底县农发行向县农行划转贷款16848万元，其中：扶贫贴息贷款4344万元，扶贫贴息逾期贷款216万元，扶贫贴息呆滞、呆账贷款2359万元，扶贫贷款4877万元，康复扶贫贷款50万元，世行配套扶贫贷款653万元，扶贫逾期贷款187万元，扶贫呆滞、呆账贷款175万元，农业综合开发贷款438万元，绿色产业贷款2800万元，林业贷款82万元，南亚热带贷款500万元。人行划转地方经济开发贷款167万元。粮食加工企业及附营业务占用贷款暂时搁置，留待处理。

第三次业务变更：划出粮食加工企业及附营业务占用贷款。根据中国人民银行、农发总行、中国农业银行、工商总行《关于粮棉油附营企业占用信贷资金划转及清算的通知》精神，县农发行1998年12月向县农行划转相关信贷资产1388万元，其中：粮油加工企业流动资金贷款636万元，粮油加工企业流动资金呆滞、呆账贷款5万元，待划转粮油附营业务贷款747万元。至此，农发行完成信贷业务调整，成为专营粮油收购资金和相应的建仓贷款，对收购资金实施封闭运行管理的农业政策性银行。县农发行业务进入萎缩期。

第四次业务变更：2005年，经中国银监会批准，农发行贷款业务服务范围涉及粮棉油收购和储备贷款、农村水利贷款、涉农小微企业贷款、农业龙头企业贷款、农业基础设施建设（包括农村路网、电网、水网、信息网建设和农村能源、环境设施建设）贷款等广泛领域。是年各项贷款余额1628万元。2014年12月，各项贷款余额2.76亿元，比2005年初增加2.6亿元。2015年各项贷款余额4.9亿元。

资金管理 1998年4月，县农发行对收购资金实施封闭运行管理。根据收购资金管理的具体情况和粮食流通体制改革要求，制定出台《中国农业发展银行罗甸县支行粮油政策性收购资金暂行管理办法》，严格监测企业收购资金使用情况，促进收购资金的有效运转。是年底发放粮油收购贷款63笔597万元，粮油费用贷款18笔60万元，收购粮食5089吨，油菜籽826吨。年末各项贷款余额2213万元，其中：粮油收购贷款1696万元，粮油收购费用贷款60万元，地方储备粮贷款231万元，建仓储贷款30万元，未划转附营业务贷款196万元。多年来，县农发行新增库存值与新增贷款比例、粮油销售贷款回笼率、回笼货款归行率、收贷率等多项指标均达到100%。

2000年8月底前处理陈化粮占贷252万元；仓储设施逾期贷款36万元。2004年下半年，退耕还林实行资金直补、陈化粮拍卖出库以及国有粮食企业经营萎缩，县农发行贷款呈下降趋势，当年贷款为1397

万元，其中：中央和地方共同贴息挂账贷款 594 万元；附营业务停息挂账 315 万元；粮油企业亏损挂账占用贷款 49 万元；是年处理陈化粮占用贷款 41 万元；流转粮食收购贷款 378 万元；流转粮食调销贷款 20 万元。是年末贷款减少的主要原因是：财政拨入 2003 年退耕还林款 1228 万元，收回实际兑付的记账款 916 万元。农发行面临前所未有的困境，2005 年贷款余额仅为 1628 万元，存款余额 203 万元，亏损 94 万元。由于业务规模小，长期亏损，支行将降格为客户服务组，大部分职工面临分流到其他支行的局面。

面对发展中的困难和压力，农发行抓住银监办批准农发行业务扩张的有利时机，主动上门营销农发行金融产品。严格筛选经营有效益、企业有信誉、贷款有保障、发展有前景的农业产业化龙头企业和粮油企业为合作伙伴。2006 年发放贷款 6370 万元。同时，根据银监会批准的贷款范围，做好中长期贷款工作，当年，农发行发放各种中长期贷款 4300 万元，用于引水灌溉和中低产田改造，修建人畜饮水工程。

2007 年罗甸农发行与政府、财政等涉农部门联系，到相关企业专访，县政府将部分财政资金、移民调节补助资金和农村医疗保险资金转入农发行专户存储。县财政局、移民局、卫生局、部分乡政府及财政资金管理所在农发行开设存款账户，2008 年末存款余额 1.57 亿元，比 2005 年增加 1.56 亿元，其中：单位活期存款 1.42 亿元（移民调节补偿资金 4759 万元，县财政资金 6438 万元。资本营运公司等企业存款 2980 万元），专项存款余额 1522 万元。2013 年综合筹资成本率达全省农发行系统最低，经验在全省系统推广。2014 年各项存款余额 2.74 亿元，贷款余额 2.76 亿元。2015 年各项存款余额 5.23 亿元素，贷款余额 4.9 亿元。

中国农业发展银行罗甸县支行 1997—2015 年存贷款变化情况表

表 9-12　　　　单位：万元

项目年度	存款余额	存款新增额	贷款余额	贷款新增额	增量存贷比	累计收加贷款	利息收回情况
1996 年 12 月末农行划转	968	–	11117	–	–	–	–
1997	4766	3798	18917	7800	2.05	4723	606
1998	191	–4575	2213	–16704	3.65	329	586
1999	120	–71	2172	–41	0.58	41	153
200	126	6	2309	137	22.83	575	107
2001	78	–48	2458	149	–3.10	78	113
2002	452	374	2009	–499	–1.20	562	99
2003	103	–349	2508	499	–1.43	66	93
2004	413	310	1685	–823	–2.65	1155	93
2005	103	–310	1628	–57	0.18	353	77
2006	8304	8201	6951	5323	0.65	47	178
2007	9394	1090	6596	–355	–0.33	5906	580
2008	15699	6305	17552	10956	1.74	197	987
2009	10758	–4911	7346	–10206	2.07	10206	668
2010	8956	–1802	6356	–990	0.55	1200	380
2011	15436	6480	6567	211	0.03	2800	404
2012	23002	7566	13007	6440	0.85	3560	789
2013	23791	789	16881	3874	4.91	4400	1208
2014	27413	3622	27593	10712	2.96	5553	1500
2015	52319	24906	48992	21399	0.86	8673	1793

注：增量存贷比 = 当年新增贷款 / 当年新增存款，精确到小数后第二位

会计管理 会计工作严格依照收购资金封闭管理要求办事，做到合法合规。除了做好银行常规的对外记账、现金出纳、联行结算以外，还根据政策性银行特点和收购资金封闭管理实际，形成对企业存款的“一基三专”账户管理。“一基”即：“企业基本存款账户”，粮食企业调销回笼款、企业向银行的贷款、偿还贷款本息、财政对企业各种补贴、上级拨入经费等均先经过本专户核算。“三专”即：“收购资金存款专户”“利息存款专户”“企业财务资金专户”对企业收购资金的贷款、存款、企业从销售收入中所扣付利息、财政拨付的利息补贴及上级主管部门拨入的费用补贴，专用于垫付工资等费用实行专户管理。

1998年贷款利息收入586万元，亏损336万元。2000年贷款利息收入108万元，亏52万元。2005年贷款利息收入73万元，亏31万元。2010年贷款利息收入380万元，利润219万元。2013年各项贷款收回利息1058万元，全年实现利润629万元，人均利润52.42万元。2014年贷款利息收入1436万元，利润925万元。2015年贷款利息收入1793万元，利润1594万元。

结算管理 1998年按照上级要求，在5月11日前完成业务划转工作，划转信贷资产16847万元，其中：开发性贷款16180万元，占贷款总额96%；其他贷款500万元，占贷款总额3%；人民银行专项贷款167万元，占贷款总额1%左右。划转负债16847万元，其中：开户企业存款3359万元，占划转负债19.94%；农发行存放农行款项13488万元，占划转负债80.06%。至年末尚有粮食企业各类贷款余额2213万元。

2000年，继续执行资金管理监督，实现粮食收购资金良性循环和封闭运行，召开3次专题会议，部署全年的信贷工作。县农发行按国家关于保护价粮食，实行“收多少粮，贷多少款”，退出保护价粮食、油料实行“以销定贷，以效定贷”的原则，积极筹措资金，支持粮食企业经营管理，促进顺价销售，实现收贷收息。

2005年，县农发行在退耕还林补贴粮食信贷、救济粮军供粮信贷、扩展优质粮食品种订单、农业和特色农业信贷、水库淹没区补贴粮食信贷和县级储备粮信贷等，年末各项贷款余额1628万元，其中：县级储备粮贷款292万元，流转粮食收购贷款47万元，挂账及不合理占用贷款1289万元。

2010年主抓三项工作，一是加强信贷“两大”系统的运行管理。完成“两系统”的信息录入和测试，12月两个系统运行正常，无差错。二是加强财政利息补贴管理。是月累计财政拨入补贴资金31笔，金额1218.48万元，其中：1998年6月以前新财务挂账利息中央财政补贴5笔，金额9.91万元；新财务挂账利息地方财政补贴4笔，金额10.08万元；是年6月以后地方负担新增财务挂账利息补贴4笔，金额18.59万元；县级储备粮利费补贴16笔，金额40万元；退耕还林资金1笔，金额789.9万元，农民种粮直补1笔，金额350万元。三是加强贷款收回、展期及贷后管理。2010年末收回到期贷款3笔、金额1200万元，其中：罗甸县粮油基地公司2笔金额1000万元，罗甸县国资公司1笔金额200万元。贷款展期，按贷款到期，向罗甸县粮油基地公司、罗甸县国有资本营运公司、罗甸县粮食购销公司，发出贷款到期提示通知书3份金额6239万元。同时，按要求办理罗甸县粮食购销公司县级储备贷款展期1笔金额439万元。县农发行与县政府、银监部门、平台公司对罗甸县政府融资平台公司贷款余额进行清理核实，经四方对账认可，截至2010年12月31日，县政府融资平台公司2家，贷款余额4600万元，其中：罗甸县粮油基地公司贷款余额3000万元，罗甸县国有资本营运公司贷款余额1600万元。

2014年开展对账风险评估4次，根据对账计划合理划分重点账户、普通账户、异常账户及不对账账户。支行存款客户42户，重点对账客户20户，普通对账客户5户，不对账客户17户，无异常账户客户。重点账户按月对账，普通账户按月或按季对账，重点账户及普通账户对账单收回率达100%。根据《省分行上门对账管理实施细则》要求，上门对账小组对重点账户按季开展上门对账，一般账户一年组织一次上门对账。2015年开展风险评估4次，县支行存款客户40户，重点对账客户18户，普通对账客户7户，不对账客户15户，无异常账户客户。

三、反假币和反洗钱工作

反洗钱和反假币成为包括农发行在内的所有金融机构的重要职责。

反假币　从1996年农发行成立后，每年组织一次反假币宣传活动，由职能部门共同参与，走上街头，向过往行人散发宣传资料、宣传手册、宣传折页、征信宣传资料等1000余份，向群众讲解识别假钞的知识和方法，解答群众提出的问题。1997年收到假币210元，1998年收到100元面额假币1张，50元假币2张，10元面额1张，全部交县人民银行处理。2014年农发行3名员工持有人民银行颁发的“反假币上岗资格证书”，做到收缴假币须有2名以上人员的规定。

反洗钱　2003年县农发行成立由行长任组长反洗钱工作领导小组，指定会计出纳部、信贷部等部门负责反洗钱有关工作。建立健全反洗钱内部控制体系；建立信贷审核审批中对不同风险等级客户的贷款准入及退出机制；会计结算部主要负责柜面大额与可疑交易信息的采集、登记和报告，对客户基本资料和交易记录进行统一保管，协助客户部门识别客户身份、判断大额可疑资金交易等。

第七节　邮政储蓄银行

一、机构

1986年国家恢复邮政办理储蓄业务，是年县邮电局开始办理个人储蓄。1996年，开通全国异地通存通取网点一个。1998年邮电分家，县邮政局正式成立，管理全县邮政储蓄业务。2004年邮政储蓄统一版本成功上线，通过升级改造，所有城乡网点均可办理。2007年3月中国邮政储蓄银行成立，同年12月中国邮政储蓄银行贵州省分行成立，2008年3月中国邮政储蓄银行黔南州分行成立，是年罗甸县邮政局在原来的解放西路支局、解放中路支局和沫阳镇支局分别设立3个二类支行。2009年，解放中路支行成立信贷营业部，2010年2月正式开始发放贷款。

2011年10月18日，中国邮政储蓄银行罗甸县支行正式成立，地点位于龙坪镇新华路龙兴商城。邮储银行罗甸县支行隶属中国邮政储蓄银行黔南州分行，负责监督全县邮政金融业务操作及办理工作。邮政储蓄银行罗甸支行为一类支行，设营业部、信贷部和综合管理部。原来的3个二类支行，即解放中路支行、解放西路支行和沫阳支行改称为邮政营业所。储蓄银行有干部职工10人，2014年增至12人。原县邮政局各储蓄网点为邮政储蓄银行部分业务的代理网点，具体的人、财、物及管理权仍隶属于罗甸县邮政局。2015年全县邮政金融储蓄网点8个，其中：县邮政公司经营的代理网点7个，银行自营网点1个，主要开展对公存款和信贷业务。

二、业务情况

从2010年2月起，邮政储蓄银行罗甸县支行的前身解放中路支行成立信贷部开始发放个人小额贷款，至年底，共发放贷款265笔，合计2529.5万元；还款42笔，414.82万元；贷款结余223笔，2114万元。

2011年12月个人储蓄余额2345.9万元，发放贷款324笔，金额3850.5万元，收回贷款1640.12万元，各项贷款结余4324.38万元。

2012年个人储蓄存款3139.4万元，对公储蓄存款结余2585万元；全年发放贷款565笔，金额5197万元，回收贷款3194.91万元，各项贷款结余6326.47万元。

2013年末，个人储蓄存款4146.1万元，对公储蓄存款结余2378.97万元；全年发放贷款567笔，金额8762.70万元，收回贷款7253.49万元，各项贷款结余7835.68万元。

2014年末，个人储蓄存款3996.3万元，对公储蓄存款结余952.26万元；全年发放贷款88笔，金额2144.9万元，收回贷款4810.74万元，各项贷款结余5169.84万元。2015年底获上级新增授权开办家庭农场贷款，促进就业小额担保贷款；农民专业合作社贷款、烟草贷款、个人消费信贷（一手房按揭、二手房、信用消费、汽车消费）等新业务。是年个人储蓄存款余额8.29亿元，累计新增余额482.69万元。各项贷款结余3778.3万元，自营网点新增储蓄余额186万元，累计达4182.3万元。对公存款余额3809.76万元，回收贷款3272.98万元，清收不良贷款168万元。

第八节　农村信用合作社

农村信用合作社是以吸收存款为主要负债、以发放贷款为主要资产、以办理转账结算为中间业务，服务“三农”（农村、农业、农民）、服务社区、服务中小微企业，支持农村产业结构调整，促进地方经济发展的金融机构。

一、机构

1978年体制改革，信用社普遍建立理事会、监事会、社员代表大会。1996年罗甸县农村信用合作社脱离农业银行罗甸县支行，受罗甸县人民银行代管，并开始按合作性原则运作。是年有干部职工107人。2003年10月开始进行产权制度改革。2005年12月，罗甸县农村信用合作社经贵州银监局批准取得法人资格开业，同时更名为罗甸县农村信用合作联社，逐步建立股份合作制，步入自主经营、自我发展、自求平衡、自担风险、自负盈亏的发展之路。2014年12月底，联社设九部二室，下辖33个营业网点（其中：18个固定网点和15个便民服务点），有干部职工192人。主要经营存款、贷款及国内结算等业务。2015年内设11个部室，辖30个营业网点，其中营业部1个、信用社14个、分社2个、便民服务点13个。在岗职工198人。

二、体制改革

1984年罗甸县农行成立信用社体制改革领导小组，制订《信用社体制改革初步方案》，明确信用社体制改革的关键是恢复组织上的群众性、管理上的民主性和经营上的灵活性，恢复“三性”是信用社改革的重点。

1992年9月，县农行组织召开罗甸县农村信用合作社联合社第一次社员代表大会，成立县信用合作联社，民主选举产生合作联社第一届领导班子，汤太忠任主任，李作彩任副主任。51个信用社合并为26个信用社。

1996年12月27日，按照贵州省农村金融体制改革领导小组制订的《贵州省农村信用社与农行脱离行政隶属关系实施方案》，罗甸县信用合作联合社与县农行正式脱离行政隶属关系。从此，县联社独立经营，金融业务接受县人行的监管和上级联社的领导。

1998年9月，县联社召开第二届社员代表大会，民主选举产生第二届县联社领导班子，王惠铁任理事长兼主任，汤元龙任监事长，罗应星、廖友成任副理事长兼副主任。2000年8月，撤销罗甸县工商银行，县联社接收其大部分资产和负债业务。2001年6月，撤销栗木农村信用合作社。是年9月，县联社召开第三届社员代表大会，民主选举产生第三届领导班子，王惠铁任理事长兼主任，罗应星任监事长，张建、周海洋任副理事长兼副主任，建立健全信用社的民主监督机制。

2003年，根据贵州省农村信用社改革试点工作领导小组办公室《关于在农村信用社进行以县为单位统一法人和筹建农村合作银行的工作安排意见》，县联社制定“三会一层”的议事规则，并在理事会下设“薪酬及提名委员会”“财务管理委员会”“风险管理委员会”等专门委员会。从此，信用社交由地方管理，成为“自主经营、自我约束、自我发展、自担风险”的地方性股份合作制金融机构。

2005年8月召开罗甸县联社统一法人暨首届社员代表大会第一次会议。大会选举产生县联社首届理事会、监事会，选出新的班子成员，王惠铁当选联社理事长、法定代表人。县农村信用社结束了两级法人的管理体制，完成以县为单位统一法人的改革目标。12月经贵州银监局批复，核准罗甸县信用联社实行一级法人，统一核算，分级管理，授权经营的管理体制。为适应统一法人代表体制、县联社建立人才考试、录用、培训制度，优化队伍素质。制定财务、人事、信贷、风险、案防、安全保卫、合规、科技等146项经营管理规定和内控制度。2007年完成专项央行票据兑付资金1000万元，后续监测指标达到规范要求。

2012 年 3 月，新一届领导班子成立，袁愈飞任党委书记、理事长（法定代表人），杨远燕任监事长，张建任主任，彭定昌任副主任。形成以社员代表大会、理事会、监事会、经营管理层为主体的“三会一层”组织架构。

2015 年联社班子调整，免去袁愈飞党委书记、理事长职务，罗廷军任党委书记、理事长，李友能任纪委书记监事长、黄爱东、张建、周应安任副主任。

三、储蓄存款

存款主要有企业存款、机关团体存款、农村社员存款、集体生产周转存款和储蓄存款等项目。储蓄存款主要分活期储蓄、定期储蓄、定活两便储蓄、保值定期储蓄等种类。

1990 年，县联社贯彻省政府办公厅转发省农行《关于进一步加强农村信用社工作的意见》，成立综合治理办公室，强化信用社的综合治理整顿，充实储蓄力量，年末存款余额达 617 万元。是年，存款年利率在人民银行规定 10.08% 的基础上适当上浮，上浮幅度不得超过 50%。1997 年县联社贯彻国务院《关于农村金融体制改革的决定》，进一步深化农村信用社体制改革，在职工内部普遍实行存款保证金制度，年终考核完不成任务者，所交保证金不退还，超额完成任务者，按比例进行奖励。年底，各项存款余额 1941 万元。

2005 年贵州银监局批复，核准具有统一法人的罗甸县联社正式开业。2006 年不断深化农村信用合作社改革，完善法人治理结构，建立起决策、管理、监督、激励和约束相结合的经营机制。年末存款余额达到 3.62 亿元。

2010 年 11 月底，各项存款余额 7.75 亿元，其中：单位存款余额 2.2 亿元，储蓄存款余额 5.56 亿元。

2014 年各项存款余额 19.27 亿元，较 2013 年末增加 2.47 亿元，增长 14.74%，存款市场份额 42.64%，较 2013 年末增长 2.73 个百分点。2015 年各项存款余额 26.46 亿元。2015 年贷款 19.36 亿元。

1991—2015 年农信社存款情况表

表 9-13　　　　单位：万元

年度	存款	年度	存款	年度	存款
1991	671	2000	6252	2008	48746
1992	736	2001	6538	2009	54526
1993	793	2002	9513	2010	77526
1994	814	2003	11711	2011	95949
1995	937	2004	16696	2012	120705
1996	1070	2005	23500	2013	167975
1997	1941	2006	36161	2014	192700
1998	2791	2007	42966	2015	2645780
1999	4713	-	-	-	-

贷款发放　1991—1995 年信用社大力扶持“两户”（专业户、承包户）发展生产，支持发展乡镇企业、贷款数额逐年增加，5 年贷款 3950 万元。1996—2000 年，加强信贷资金管理，坚持贷前调查，贷时审批，贷后检查的“三查”制度，实行贷款担保抵押，同时对利率进行调整，贷款工作有序开展，5 年累计贷款 1.68 亿元。2005 年坚持信贷工作为“三农”服务，采取送贷下乡，送贷上门，农户优先，社员贷款优先，农户贷款优先和小额信用贷款放宽等政策，切实解决农民贷款难问题。对农户资信进行年审，放宽贷款授信额度，优秀户放款 2—3 万元，较好户放款 1 万元，一般户放款 0.3—0.5 万元。对农村工商户、农村经济组织、农民养殖户、种植业，其他需求（如建房、治病、婚丧等）5 类，25 项投放贷款，多方满足“三农”贷款需求，当年贷款 2.35 亿元，比 2004 年增加 6804 万元。2006—2010 年

加大信贷支持地方建设力度，坚持以农户，个体经营户，小企业为重点，积极推进评级授信工作，配合地方政府做好农业基础设施，民生工程、危房改造、家电下乡及单位职工按揭信贷业务，贷款大幅度增加，5年贷款25.99亿元。2011—2014年全力支持地方发展，提出“又快又好”“更快更好”的发展思路，正确处理速度、规模、效益之间的关系，顺利实现规划目标，4年贷款57.73亿元。

1991—2015年全县农村信用社贷款情况表

表9-14　　单位：万元

年　度	贷　款	涉农贷款	年　度	贷　款	涉农贷款
1991	876	832	2004	13168	12878
1992	967	909	2005	19700	19265
1993	1158	1108	2006	25806	24138
1994	1294	1227	2007	28878	27860
1995	1409	1324	2008	33689	29689
1996	1627	1583	2009	47427	44000
1997	2220	2149	2010	68835	64597
1998	3061	2724	2011	84484	75726
1999	6276	5964	2012	103572	92870
2000	8467	5579	2013	129900	0
2001	9104	5718	2014	162500	0
2002	11412	11036	2015	193586	182360
2003	12788	12488	-	-	-

贷款收回　信用合作社发放的贷款，有短期、有中长期，有小额的也有大额的，有的贷款不按期归还，信用部门即组织清收。无力收回时，借助行政、法律手段追收。

1985年，实行贷款按期限管理、按期偿还。对100元以上的贷款实行期限管理，分别按未到期、到期、逾期三类建立“一据一簿”登记管理，一据是把贷款借据作为按期限管理的原始依据，一薄是建立“大额贷款管理登记簿”。

1991年信用社继续实行贷款包放、包收、包效益的管理责任制，进一步完善贷款审批权限和审批程序，防止贷款发生新的沉淀。是年收回贷款143万元。

1996年，县信用社贯彻国务院《关于农村金融体制改革的决定》，进一步深化农村金融体制改革，严格实行审贷分离制度和贷款“三查”制度，减少贷款风险，提高信贷资产质量，收回贷款716万元。

1997年县联社制订《贷款管理规定》，成立贷款审批领导小组，对巨额贷款实行跟踪服务和检查，建立清收不良贷款责任制，把清收任务落实到社，具体到人，实行奖惩挂钩，收回贷款826万元。

2002年加强小额贷款管理，把清收盘活不良贷款作为化解风险的重要手段。设立“收贷专项奖”，促进社会清收、全员清收，千方百计盘活沉淀贷款。当年收回贷款3064万元。

2003—2007年收回各项贷款3.19亿元；2008—2012年收回各项贷款8.57亿元，2013年，省联社下发“百日清零”重要文件，全县各社进行覆盖式核查，对假、借、冒名贷款进行清理。2014年收回贷款4.94亿元。2015年收回贷款6.51亿元。

1991—2015年罗甸农村信用合社贷款回收统计表

表9-15　　单位：万元

年　度	回收贷款	年　度	回收贷款	年　度	回收贷款
1991	143	2000	2079	2008	10458
1992	299	2001	2252	2009	12071
1993	415	2002	3064	2010	15305
1994	540	2003	4122	2011	16733
1995	621	2004	5081	2012	31125
1996	716	2 005	6132	2013	–
1997	826	2006	7626	2014	49406
1998	987	2007	8924	2015	65104
1999	1278	–	–	–	–

第九节　金融监督

1987年5月，中国人民银行罗甸县支行成立金管稽核股，1996年成立农村合作金融管理股，对辖区内金融机构进行监督管理和开展稽核工作。一直履行到2004年初罗甸县银监办事处成立。

1996年10月3日组建农村金融体制改革领导小组，对农村信用联社人员、财产、财务、资金以及其他情况进行清理。11月，国务院批转中国人民银行关于进一步整顿金融秩序严格控制货币投放报告的紧急通知。1997年6月，根据上级行要求，制定“罗甸县金融机构大额现金管理暂行规定”，规定全县金融机构支付大额现金必须向人民银行报告备案和审批。9月指定县农行、工行、农发行、建行、农村信用联社及邮政储蓄所强化现金监管力度，严格控制现金投放。

1998年9月，县支行开展对各金融机构建立账外账、高息吸收存款，高息发放贷款、违规拆借资金、买空卖空证券，乱用会计科目、违规开具银行承兑汇票、违规开具信用证、违规担保等违规经营行为进行清理整顿。1999年7月，县人行对县内乱集资、乱办金融业务、乱办金融机构情况进行清理，经过清理，罗甸辖区未发现“三乱”现象。是年对辖区的测评结果表明，罗甸达B级金融安全区标准。2000年，县人民银行拟定金融安全区创建目标，制定创建规划和措施，着手开始创建工作，防范和化解金融风险。2001年，重点抓好不良贷款比例双降工作、严把金融机构市场准入、准出关，制止金融“三乱”、严肃查处金融机构违法违规经营行为等。2002年进一步明确监管职责，落实监管责任，分别与农行、农发行、农村信用社签订“不良贷款目标考核责任书”、与高风险社签订“防范化解风险责任书”，注重对高风险指标的测算和监控。2003年，进一步全面落实金融监管责任制，继续层层签订目标责任书，配合当地政法机关打击逃避金融机构债务的行为，维护金融债权。2004年，认真贯彻人总行农村信用社改革试点资金支持实施方案。开展货币信贷、调查统计、征信管理、银行账户开立、大额和可疑资金交易、反洗钱、反假币、国库业务和支农再贷款等业务的监测预警和检查工作。

2006年，加强对农村信用社兑付央行专项票据的监测考核。经上级人民银行、银监部门审核，2007年9月为县联社兑付1000万元的央行专项票据。2009—2015年，每年抽样对辖区内银行金融机构开展统计、征信、人民币现金收付业务、反洗钱、人民币结算账户等检查。

第十节 保 险

一、财产保险

中国人民保险公司罗甸营业部1986年1月成立，是经营保险业务的一家国有金融机构。1996年10月根据总公司要求，将财产保险与人寿保险业务分业经营，成为2家独立核算的公司，即中国人保罗甸支公司和中国人寿罗甸支公司。2003年6月经中国保险监督管理委员会审批通过，将中国人民保险公司罗甸营业部更名为中国人民财产保险股份有限公司罗甸县支公司，简称：人保财险罗甸支公司。2008年3月经保监委审批通过，在罗甸县边阳镇设立中国人民财产保险股份有限公司罗甸县支公司边阳营销服务部。2014年内设办公室、业务部、理赔部，职工12人，设经理1人、经理助理1人。

保险业务 公司主要业务为机动车辆保险、责任保险、财产保险等。1991—1992年在全县范围内开展农村房屋长效还本保险，简称“农房险”，承保面达到80%。2005年起开办学生、幼儿意外伤害保险，年保费由开办初的1万多元到2014年的200多万元。2013年、2014年承保全县各中、小学和幼儿园的校方责任保险。2008年县人保财险公司启动政策性的“能繁母猪保险”，每头猪的保额为1000元，保险费为60元，养殖户交12元，政府补贴48元，承保15153头，承保率达100%，当年支付赔款和理赔费用126.82万元。2014年由人保财险公司首席承包与其他财险公司共同承包全县政策性水稻保险和全县的森林保险。

理赔 中国人保财险率先在国内开通全天24小时服务专线95518和e-picc电站商务平台，向客户提供咨询、投诉、回访、救援、预约投保等服务。公司承诺：赔款在1万元以下，1个工作日内结案；赔款在1—5万元以下，2个工作日内结案；赔款在5—50万元，3个工作日内结案；赔款在50万元以上的5个工作日内结案。

人保财险罗甸支公司开展的险种有：机动车辆保险、意外险、责任险、财产险、农险。2001年参保费205.88万元，赔款86.65万元。2005年参保费363.63万元，赔款218.21万元。2010年参保费747.96万元，赔款379.72万元。2015年参保费2206.06万元，赔付支出886.57万元，3月至4月罗甸支公司与县交警合作，下乡办理摩托车行驶证、驾照、保险等活动，摩托车交强险参保费160万元，意外险40万元。

2001—2015年财产保险理赔情况表

表9-16　　单位：万元

年 度	收参保费	理赔数	年 度	收参保费	理赔数
2001	205.88	86.65	2009	666.71	543.14
2002	260.66	120.29	2010	747.96	379.72
2003	306.35	251.65	2011	820.52	341.84
2004	406.44	157.84	2012	915.77	560.41
2005	363.63	218.21	2013	1258.14	718.79
2006	459.09	287.78	2014	2035.27	1030.49
2007	702.20	354.57	2015	2206.06	886.57
2008	657.73	518.76	–	–	–

二、人寿保险

1996年6月中国人寿保险股份有限公司罗甸支公司从中国人民保险公司罗甸支公司分离出来，成为独立的保险金融企业。人寿保险公司承接原中国人民保险公司罗甸支公司所有人身保险业务，设办公室、人险科、计财办公室，在编员工2人，聘用兼职代办员3人，其中：经理1人，办公室1人，营业厅3人。1997年4月，增设个人代理营销部，聘用专业个人代理营销员10人。1999年3月，更名为中国人寿保险公司罗甸支公司，2002年设中介代理业务部。2003年6月，更名中国人寿保险股份有限公司罗甸支公司。2006年，增设农村边阳网点。2011—2014年，设办公室、团险销售部、个人代理销售部（简称营销部）、银行保险部、综合部、客户服务部，设经理1人、综合部1人、团险部1人，客户服务部3人。

保险业务　1996年6月，主要经营原中国人民保险公司罗甸支公司经办的长期性人寿人身保险业务如养老金保险、义务兵养老保险、健身保险、子女教育婚嫁保险、夕阳红养老保险B型、团体人身还本保险、个人养老保险、福寿安康保险等险种及短期性人身意外伤害保险。

1997年开办险种：88鸿利、99鸿福、英才少儿、66鸿运A和B型、子女教育AB型、如意两金、养老还本、康宁定期、康宁终身（简称重大疾病保险）、祥和定期、松鹤养老、金色夕阳红养老A和B型等多种长期、定期性人寿生、老、病、死、残保险及短期性人身意外伤害保险，并开办学生疾病住院医疗保险，执法人员人身意外伤害保险等20多个短期性险种。1998年，逐渐停办97版以前老险种业务，保险责任继续有效，更新保险新型险种，长期性及定期性利差返还型产品：98版鸿寿养老、88鸿利终身、99鸿福终身、66鸿运A和B型、重大疾病终身、定期简易人身、子女教育婚嫁备用金、养老还本、义务兵养老、个人养老A和B型，另设福寿安康、全家福卡拆式、个人购房贷款定期性险种条款。1999年，更新98版以前短期性人身意外伤害保险品种29个项目，如学生幼儿平安保险、附加意外伤害、疾病住院、国寿团体人身保险、国寿团体人身意外伤害、国寿执法人员团体人身意外伤害、国寿机动车驾乘人员意外伤害、国寿乘客人身意外伤害、国寿家庭幸福、国寿全家福A和B型、国寿计划生育安康、国寿病员安康、附加疾病住院、人身意外综合性保险。2002年，停办利差返还型98版以前业务，由中国人寿保险股份有限公司继续承担以前老业务外，开办理财分红型产品，如国寿千禧理财、鸿祥两全、鸿运少儿、鸿丰两金、鸿盛终身、鸿福相伴两金等10多个新型分红型险种。同年，与农行、邮政储蓄、农村信用合作社合作开办中介代理销售业务，经营鸿星少儿、鸿丰、鸿泰两全、安享一生、美满一生、鸿富、鸿盈分红型险种产品及农村小额信贷保险，与县行政及各单位、团体联系开办《团体职工补充医疗保险》（简称高额医疗保险）。

2012年县人寿保险公司开办个险险种有：国寿个人养老年金保险（分红型）、国寿福禄双喜两全保险（分红型）、国寿福禄尊享两全保险（分红型）、福星少儿两全保险（分红型）、国寿康宁终身重大疾病保险、国寿康宁定期重大疾病保险、国寿英才少儿两全保险、国寿子女教育两全保险A款、国寿子女教育两全保险B款、国寿鸿运少儿两全保险（分红型）；团体险种有：国寿学生儿童定期寿险（A款）、国寿附加学生儿童残疾和烧伤意外伤害保险、国寿附加学生儿童意外伤害费用补偿医疗保险（A款）、国寿附加学生儿童住院费用补偿医疗保险A款、国寿小额信贷保险、国寿病员安康保险、全家福卡A和卡B、英才C卡、吉祥卡B和卡C、假日乐行卡、惠农卡A和卡B。中介代理险种有：国寿鸿盈两全保险（分红型）、国寿鸿富两全保险（分红型）、国寿美满一生年金保险（分红型）、国寿鸿泰两全保险（分红型）、国寿鸿星少儿两全保险（分红型）、国寿安享一生两全保险（分红型）。2013—2014年新开办的险种有：国寿瑞鑫两全保险（分红型2013年版）、国寿附加瑞鑫长期意外伤害保险（2013年版）、国寿附加瑞鑫提前给付重大疾病保险（2013年版）、国寿金账户年金保险（万能型）、国寿康宁定期重大疾病保险（2013年版）、国寿金如意年金保险（分红型）、国寿保险金转换年金保险（2014年版）、国寿金账户年金保险（万能型豪华版）。2015年沿用2014年保险业务不变。

理赔 公司按照保险合同条款，及时处理各项人身、人寿保险赔案，1996年理赔只有数万元，随着业务的扩大，客户不断增加，2014年各项赔款支出达到251万元。2015年保费支出380万元。

2003—2015年人寿公司保费及理赔情况表

表9-17 单位：万元

年　度	保费收入	赔款支出	综合赔付率%	年　度	保费收入	赔款支出	综合赔付率%
2003	140.24	32.15	22.92	2010	781.51	171.48	21.94
2004	431.60	87.54	20.28	2011	1165.14	123.83	10.62
2005	457.70	100.00	21.84	2012	891.44	254.00	28.49
2006	424.58	85.11	20.04	2013	718.93	246.41	34.27
2007	605.00	387.34	64.02	2014	892.13	251.21	28.15
2008	603.96	275.01	45.53	2015	852	380	44.6
2009	602.97	167.93	27.85	-	-	-	-

三、太平洋保险

中国太平洋财产保险股份有限公司罗甸支公司于2007年12月成立，隶属于中国太平洋财产保险（集团）公司，是一家经营财产保险业务的国有保险机构。内设经理室、综合部、理赔部、设经理1人，员工9人，由田儒波主持工作。

险种 中国太平洋保险公司罗甸支公司经营的业务有：机动车保险、团体人身保险、雇主责任保险、企业财产保险、家庭财产保险、农村房屋保险等。

2008年开始办理机动车保险业务，是年参保机动车1606辆，2012年达到2740辆，2013年摩托车参加保险，参保机动车增加至4342辆，2014年达到5811辆。2010年扩大与县农行合作办理机动车辆保险和人身保险业务。2011年为公安干警办理团体人身保险；为信邦公司办理企业财产保险；2012年与罗甸客运站合作办理旅客人身意外伤害保险；为龙坪一小办理学幼险；为农户办理农村房屋保险。2013年为罗甸民中、二中、董架一小等学校学生办理学幼险，为38人办理雇主责任保险。2014年为公安、司法干警办理团体人身保险，为第一中学等学校学生办理学幼险。

保费和理赔 机动车辆保险 2008年参保机动车1606辆，保费241.18万元，赔款158.31万元。2009年参保车1781辆，保费285.85万元，赔款187.42万元。2010年参保1788辆，保费322.98万元，赔款217.06万元。2011年参保车2243辆，保费359.15万元，赔款235.27万元。2012年参保车2740辆，保费441.43万元，赔款289.68万元。2013年参保车4342辆，保费608.38万元，赔款426.28万元。2014年参保车5811辆，保费988.6万元，赔款455.2万元。

2008—2014年机动车参保累计达20311辆次，保费3247.57万元，赔款1969.22万元，利润354.4万元。

团体人身保险 2011年为罗甸县483名公安干警办理团体人身保险，保费9.66万元。2012年继续为公安干警办理团体人身保险，参保482人，保费9.64万元，赔款0.97万元。2013年公安干警参保487人，保费9.74万元，赔款20万元。2014年县公安司法系统干警参加人身保险550人，保费11万元。

企业财产保险 2011年为信邦公司办理企业财产保险，保费60.5万元，赔款8万元。2012年1户企业参加财产保险，保费68.6万元。2013年办理企业财产保险1户，保费68.8万元，赔款13.79万元。

2014 年为 1 户企业办理财产保险，保费 68.8 万元，赔款 12.16 万元。

学幼险　2012 年开始办理学幼险，保险范围是从幼儿园至中小学在校学生，是年龙坪一小 1260 名学生办理学幼险，保费 3.78 万元，赔款 2.6 万元。2013 年为县民中、二中、董架一小等学校 2667 名学生办理学幼险，保费 8 万元，赔款 7 万元。2014 年为县第一中学、二中、龙坪一小办理学幼险，参保学生 2600 人，保费 7.8 万元，赔款 5.5 万元。

农村房屋保险　2012 年办理农村房屋保险 1113 户，保费 6.68 万元，赔款 5.96 万元。2013 年参加农村房屋保险 1113 户，保费 6.68 万元，赔款 7.43 万元。

雇主责任保险　2013 年办理雇主责任保险 38 人，保费 3.19 万元，2014 年雇主责任保险增至 47 人，保费 3.95 万元，赔款 60 万元。

2015 年承保经营业务人身意外、农企业和各类机动车保险，是年，各类车辆保险 1500 辆，非车险业务签单 1627658 笔，实现保费收入 1520 万元，处理赔案 1160 余件，支付赔款 915.95 万元。是年公司首家开办罗甸特色农产品火龙果种植保费，承保挂果园地 790 亩，对 1 月下旬低温灾害损失及时赔款 20.05 万元。

四、平安财产保险

中国平安财产保险股份有限公司罗甸支公司成立于 2010 年 8 月，隶属中国平安保险（集团）公司，行政总部设在深圳，运营中心设在上海，是一家集保险、银行、投资为一体的综合性金融企业。内设 6 个部门：车商业务部、代理业务部、直销业务部、新渠道业务部、客服理赔部、综合管理部。公司有正式员工 9 人，设总经理 1 人，部门经理 4 人，客服理赔人员 4 人，各乡镇代理 42 人。

险种　2010 年经营业务：车险、企财险、工程险、货运险、责任险、信用险、家财险、意外及健康险等一切法定产险业务及国际再保险业务。2014 年开发出了电话营销专用车险、环境污染责任险、食品安全责任险、安全支付责任险、董事及高级职员责任险、光伏组件能效损失补偿责任险、诉讼财产保全责任险、国内贸易信用保险、移动通信费用信用险、运动员失能保险、境外旅行意外伤害保险、个人账户资金损失险、非机动车综合险、宠物保险、装修类保险、租房类保险、奶粉保险等新险种。

保费及理赔　2010 年保费收入 34.08 万元，赔款支出 0.39 万元。2011 年保费收入 246.88 万元，赔款支出 34.49 万元。2012 年保费收入 387.19 万元，赔款支出 166.53 万元。2013 年保费收入 510.57 万元，赔款支出 153.83 万元。2014 年保费收入 583.40 万元，赔款支出 241.77 万元。2015 年保费收入 932 万元，承保 10018 件，赔款 745 件，赔款支出 330 万元，赔付率 35.4%。

公司成立后，业务发展较快，年保费从成立之初 34 万元，2015 年增至 932 万元。2015 年 5 月获中国质量万里行促进会颁发 AAA 级达标单位。

第十篇　城乡建设与环境保护

第一章　城乡建设

第一节　县城建设

一、机构

罗甸县城乡建设环境保护局，1994 年将罗甸县城乡建设环境保护局改为罗甸县建设局，将原来下属机构罗甸县环境监测站划入国土局。2011 年将罗甸县建设局改为罗甸县住房和城乡建设局，新增内设股级机构有罗甸县住房保障中心（合并原来的罗甸县住房制度改革办公室），罗甸县住房和城乡建设资金管理中心。

县住建局下设办公室、房地产管理股、建筑业管理办公室、城乡建设管理股 4 个股室；事业编制机构有住房保障中心、资金管理中心、规划设计局（副科级事业单位）、施工管理站、工程质量监督站（两块牌子一套人员）、建筑工程安全生产监督管理站、房地产管理局（2015 年 6 月整合到国土局不动产登记中心）、县村镇规划管理站、规划执法监察大队、县大小井省级风景名胜管理处等 9 个站室。职工 62 人，其中：行政事业管理人员 29 人，专业技术人员 33 人（二级注册建筑师 1 人，二级注册结构工程师 1 人，工程师 5 人，其余为初级专业技术人员）。

二、建设规划

规划期限 1998—2010 年，规划确定县城区东抵纸厂、西至新寨、北抵县水泥厂、南到烟山，总面积 11.83 平方公里，其中：城市建设用地 9998.55 亩。规划分近期 1998—2002 年，远期 2003—2010 年，规划确定县城人口近期 5 万人，其中：常住流动人口 5000 人，远期人口 8.5 万人，其中：常住流动人口 8000 人。本次规划城市建设用地是指种类建设用地（包括居住、工业、仓储、对外交通、道路、绿化和市政设施等用地）。规划区内城市各类建设用地均应控制在城市建设用地范围之内，划定城市水源地保护区，城市发展备用地，城市远景发展方向将依托惠罗二级公路和 307 省道向县城西南面林场、新苑方向发展，其他控制用地；城镇周围的林场、山头绿地，可适用开发部份为城镇公共绿地。

各类发展备用地和控制用地，除所述用途外，不得修建永久性建筑或构筑物。本次规划于 2001 年经贵州省人民政府批准实施，到 2010 年，城镇化水平进一步提高，城区面积 6.67 平方公里。2012 年县城建设总体规划全面实施，2014 年县城面积 8 平方公里，城镇化率达 32.65%。2015 年县城面积近 9 平方公里，城镇化率达 34.68%。

三、市政建设

城东新区　城东新区位于县城东面，面积 6.23 平方公里，其中：水域面积 0.86 平方公里，东至罗甸港，西至环城路，南抵解放东路，北至 312 省道。城东新区以疏解老城功能、完善城市职能、提升城市形象为目标，建成后将成为一个集商贸、文化娱乐、休闲度假、生态居住等多种功能于一体的、彰显地域文化特色，具有时代感的湖滨新城。

2012年8月启动城东新区建设，2013年建成1号大道和2号大道，全长3公里。

1号大道命名为湖滨大道，工程起点接东环路，终点至罗甸港码头，全长1910.35米，道路红线宽度为45米，采用三幅路形式，道路横断面布置为：5米（人行道）+6.5米（车行道）+3.5米（绿化带）+2×7.5米（车行道）+3.5米（绿化带）+6.5米（车行道）+5米（人行道）。

2号大道起点接解放东路，终点至幸福巷，全长1067.71米，南段道路红线宽度为36米，采用一块板形式，道路横断面布置为5米（人行道）+2米（绿化带）+2×11米（车行道）+2米（绿化带）+5米（人行道）；北段道路红线宽度为45米，采用两幅路形式，道路横断面布置为5米（人行道）+14.5米（车行道）+6米（绿化带）+14.5米（车行道）+5米（人行道）。

两条大道建设历经13个月，2013年8月建成通车。2005年起，新区征收土地1576亩、征收房屋98户2.45万平方米。2014年底建成罗甸港、罗甸客运站、城东新区湖滨大道、玉都大道、千岛湖酒店、山水华庭小区、千岛城一期工程等，总投资约9.8亿元。2015年开发城西医药园区东到迎宾大道与二级路交叉口，西至贵百高速公路罗甸互通，南至信邦大道，北至新苑村山脚，面积2平方公里，城西大道2300米。城东建成河滨路延伸段759米，宽28.85米，2呈大道延伸段136米、宽17.4米，明珠路775米、宽22米。

在建项目 五路一广场，2013年动工建设玉都大道延伸段、河滨路延伸段、明珠路、明强路、大关路和明珠广场即五路一广场。其中：五条道路总长4.6公里，广场面积约1万平方米，总投资预算2.2亿元。2014年12月底明珠路完成工程量的70%，完成投资140万元；河滨北路完成工程量的65%，完成投资1320万元；河滨南路完成工程量的65%，完成投资1320万元；民强路完成工程量的20%，大关路完成工程量的15%，完成投资220万元；广场完成工程量的30%，完成投资160万元；完成桥梁工程的70%，2号路延伸段完成75%，完成投资5120万元。2015年完成明珠路、河滨北路、河滨南路，2号路延伸段及广场建设。

玉石文化产业园城市综合体 玉石文化产业园城市综合体项目位于城东新区湖滨大道和玉都大道交叉处东北面，由西南能矿集团开发建设，项目建设用地500亩，建筑面积67万平方米，总投资13亿元。园区分两期建设：一期工程建筑用地面积154亩，主要建设玉石博物馆（公盘交易中心）、玉石街、配套住宅、商业、公寓等，总建筑面积31.46万平方米，建设周期1年，投资约8亿元。二期工程已取消，土地已收回。

2014年园区一期工程已完成土地挂牌工作，正在进行基础施工。

安邦华城小区 安邦华城项目由湖南安邦房地产开发有限公司开发建设，小区位于城东新区湖滨大道和玉都大道交叉路口西北侧。安邦华城占地面积150亩，建筑面积41万平方米，投资6.5亿元。分两期开发建设，一期工程（A区）建设周期为3年，用地面积5.33万平方米，建筑面积20.12万平方米，住宅1316套，停车位1320个；工程于2014年3月16日动工建设，正在进行1号楼12层主体、3号楼11层主体、5号楼15层主体、7号楼18层主体施工。实现销售13.13万平方米。2015年1、3、5、7号楼俊工入住，2、4、6、8号楼主体完工，9、10号楼主体施工。二期工程（B期）用地面积4.66万平方米，建筑面积20.51万平方米，户数1413户，停车位1420个。建筑规划方案2014年3月经县城规划委员会审查通过。

千岛湖旅游文化综合体 千岛湖文化旅游综合体位于城东新区湖滨大道北侧、玉石文化产业园东面，由贵州省七冶佳禾旅游文化发展有限公司实施，占地201.3亩（含已建成千岛湖大酒店用地40.3亩）、总建筑面积25.43万平方米，户数896户，停车位1050个，总投资4.6亿元。规划设计方案已于2013年12月1日经县城规划委员会审查通过，2014年进行场平、地勘和基础施工，2015年完成花园试大楼及电梯房高层主体。

永龙玉石城 永龙玉石城位于城东新区一号大道西北侧，由贵州盛世永龙置业有限公司开发建设，用地面积 81 亩，总建筑面积 24.47 万平方米，总投资 5.3 亿元，项目分三期建设。

一期工程：用地面积 2.23 万平方米，建筑面积 6.86 万平方米，公寓 406 套，停车位 200 个（机械停车），投资 1.5 亿元，2013 年 3 月开工建设，2014 年底建成。

二期工程：用地面积 2.38 万平方米，建筑面积 11.82 万平方米，公寓 760 套，停车位 760 个（机械停车），投资 1.8 亿元，2015 年正在进行主体施工。

三期工程：用地面积 0.79 万平方米，建筑面积 5.78 万平方米，公寓 282 套，停车位 200（机械停车），投资 2 亿元，因征地拆迁没有结束，未动工。

新恒基·东城国际项目 位于城东新区湖滨大道和玉都大道交叉路口东南面，由贵州新恒基房地产开发有限公司罗甸分公司实施，用地面积 120 亩（8 万平方米），总建筑面积 38 万平方米，投资 6.3 亿元。2013 年 7 月 22 日开工，计划 2016 年 12 月完成。2014 年底 A 区 1 号楼完成基础建设，A 区商铺完成主体工程，B 区商铺完成基础工程。

一期工程：用地面积 4.26 万平方米，建筑面积 21.16 万平方米，户数 12480 户，停车位 1248 个，投资概算 4 亿元，2013 年 7 月动工，2014 年底完成商铺主体工程；住宅部分 1、2 号楼正在进行 5 层主体施工；3、4 号楼正在进行基础建设，5、6 号楼正在进行 13 层主体施工。主干道旁的商业工程正在进行亮化，2015 年在继续施工中。二期工程取消，土地已收回。

明珠商业城市综合体 城市综合体位于贵州省果树科研所片区，由贵州罗甸明强房地产开发有限公司开发建设，规划用地面积 245 亩，建筑面积 57 万平方米，户数 2872 户，停车位 2466 个，投资 12 亿元，2014 年 5 月动工，预计 2016 年 12 月底前建成。

道路建设 1983—1989 年县城市政基础设施落后，县城只有解放路一条主街道，总长 2000 米，另有和平路、文化路、前进路、生产路、民族路、新区路等几条街巷，县城建设缺少规划，城市化水平低。

1992 年县政府采取“资本置换”，引进房开商等多渠道筹集资金，通过市场运作发展城镇建设。1994 年建成商业街，1998 年建成河滨路。结合街道建设，先后在城区河道上新建桥梁 4 座，改造旧桥 5 座。至 2013 年新修街道 21 条长 30 公里，改造街道 22 条长 18 公里，县城面积 7 平方公里。在建的有安邦市政道路、永龙玉石城市政道路、城东国际市场道路、城西大道。2013 年完成解放西路、斛兴路、信邦大道、环城路、迎宾路、商业街、解放东路、罗斛大道、兴华中路、香洲巷、莲花街、二小等 12 条街道水泥路改沥青路，长 12 公里。是年还完成信邦大道至麒麟宾馆入城大道改造，完成联城桥、河滨路人行道改造。2014 年完成 1 号路、2 号路绿化，启动城西大道 1 期建设。2015 年完成河滨路延伸线，2 号路延伸线明珠路和城西大道建设；大关路、明强路受拆迁影响进展较慢，完成投资的 30%。

1992—2014 年城区道路建设统计表

表 10-1

项目序号	道路名称	道路长度（米）	道路宽度（米）	建成时间（年）	备注
1	商业街	500	30	1992	新建
2	斛兴街	600	26	1997	新建
3	人民街	650	26	1998	新建
4	明珠街	350	26	2008	新建
5	迎宾路	850	20–24	1999	前段 24 米后段 20 米
6	和平路	800	6	1973	–
7	河滨南路	750	14	1998	新建
8	河滨北路	750	14	1998	新建
9	罗斛东路	450	24	1995	新建
10	罗斛西路	1000	24	1995	新建

续表

项目序号	道路名称	道路长度（米）	道路宽度（米）	建成时间（年）	备注
11	信邦路	900	24	1999	新建
12	大关路	1300	7.5	2002	新建
13	东环路	800	20	1993	新建
14	联城路	700	6	2003	改造
15	莲花路	400	12	1991	后来改造
16	生产路	600	6	1977 年前	–
17	文化路	800	8	1977 年前	–
18	民族路	300	6	1977 年前	2005 改造
19	烟山路	1400	6	1977 年前	–
20	解放西路	700	16	1977 年前	1996 改造
21	解放中路	600	16	1977 年前	1996 改造
22	解放东路	1500	16	1977 年前	1996 改造
23	兴华路	500	20	1998 中段 2005 后段	新建
24	民主路	200	8	1977 年前	后来改建
25	和平路南巷	400	6	1980	后来改建
26	和平路北巷	200	4	1980	后来改建
27	望月巷	400	6	1997	新建
34	上沙沟巷	200	6	1977 年前	–
35	下沙沟巷	300	10	1998	–
36	惠民巷	220	8	1997	新建
37	和谐巷	220	10	2009	新建
38	斛滨巷	260	8	2002	新建
39	盘龙巷	300	6	2004	新建
40	沙井巷	200	6	2003	新建
41	幸福巷	400	10	1977 年前	后来改造
42	龙溪巷	400	8	2006	后来改造
43	朝阳巷	200	8	2004	后来改造
44	龙岗巷	300	6	1997	后来改造
45	香洲巷	400	8	1997	后来改造
46	创新巷	200	12	2005	后来改造
47	拥军巷	200	8	1977 年前	后来改造
48	农具巷	300	8	1977 年前	后来改造
49	药材巷	300	6	1977 年前	后来改造
50	知天巷	400	6	1977 年前	后来改造
51	外贸巷	500	8	1977 年前	后来改造
52	园丁路	210	6	2013	新建
53	城东新区 1 号大道	1900	45	2013	新建
54	城东新区 2 号大道	1006	36–45	2013	新建
55	安邦市政道路	1200	16	2014	新建
56	永龙玉石城市政道路	1000	16	2014	新建
57	东城国际市政道路	1200	16	2014	新建
58	城西大道	3200	36	2014	新建

县城桥梁统计表

表 10-2

项目序号	桥梁名称	桥梁　类型	道路长度（米）	道路宽度（米）	桥梁最大承重量（吨）	桥梁设防烈度(度)	建成时间（年）	备注
1	新寨桥	石拱桥	10	24	20	6	1997	后来改造
2	联城桥	混凝土拱桥	12	12	20	6	1977 年前	后来改造
3	莲花桥	铪板桥	6	6	20	6	1993	后来改造
4	斛兴桥	石拱桥	11	26	20	6	1996	新建
5	政府桥	石拱桥	11	26	20	6	1998	新建
6	河滨路人行桥	石拱桥	11	3.4	–	–	2002	新建
7	环城桥	铪板桥	5	7	15	6	1993	后来改造
8	医院桥	石拱桥	5	12	15	6	1970	后来改造
9	干河桥	平板桥	5	7	15	6	1993	–
10	兴华路人行天桥 2 坐	人行	10	2	–	–	2010	新建 2 座

城市公共交通　1994 年前罗甸只有一条解放路，当时没有公共汽车，后来县城扩大，新修罗斛大道、商业街、河滨大道等道路后，人力三轮车进入县城营运。1997 年机动三轮车进入县城客运市场，2007 年达 514 辆，2008 年增加到近 800 辆。机动三轮车不断增加，安全事故时有发生，2009 年经县委、县政府同意逐步取消机动三轮车。是年取消 110 辆，2010 年取消 87 辆，2011 年取消 67 辆，2012 年取消 311 辆，2013 年机动三轮车全部被取消。

1997 年引进贵阳市夏利出租车 30 辆，成立罗甸县汽车出租公司，由建设局管理。在经营过程中因机动三轮车较多，出租车车况等原因倒闭。2007 年成立罗甸县义友出租汽车有限公司，2008 年出租车行业划归市政公用事业管理中心管理。45 辆出租车正式投入营运，城区 4 辆公交车由林场至码头对开，走向：林场—新寨路口—运管所—老客车站—斛兴路口—县农行—文化路口—干河—二中—气象站—码头。回向：原路返回。

2013 年罗甸黔运有限公司投入出租车 50 辆，公交车 6 辆，年底全县出租车 95 辆，公交车 10 辆。增加 2 路、3 路两条公交线。2 路公交线从新苑村—码头（对开），线路长 5.1 公里，走向新苑村—新寨巷—罗斛西路—罗斛东路—东环路—解放东路—码头，回向：原路返回。3 路为迎滨大转盘—县医院（双向环行）线路长 5.5 公里，走向：迎滨大道转盘—迎滨大道—商业街—解放中路—东环路—罗斛东路—迎滨大道—迎滨大道转盘。每条线路各投放 3 辆公交车。出租车行业主营部门于 2012 年划归交通局管理，2013 年 5 月开通县城—云干、县城—八总、县城—沟亭 3 条公交线。2014 年组建罗甸县城乡公交公司，新增公交车 4 辆，出租车 30 辆参与城乡客运。2015 年开通县城—云干、县城—八总、县城—沟亭临时公交线路。

供水设施建设　1982 年以霸王河为水源，新建抽水站 1 座。在县民中处设立第二提水站。征用新城村 100 平方米的土地修建蓄水池和泵房，水站由水电公司管理，没有水处理设备，县城居民饮用的是没有处理过的大河水。

1996 年为了让县城居民用上洁净水，建设龙坪镇水厂一期工程（供水总规模为 5000 吨 / 日），建成泵房混合楼房 166 平方米，循环池 100 立方米 4 个，清水池 400 立方米 1 座，净水设备两套（日处理能力 5000 吨），机电设备 4 台（套），调节池 1000 立方米 1 座，新增管网 1891 米，维修引水渠道 3.3 公里，对新旧管网割接并投入使用。

2000年，自来水公司贷款500万元，对龙坪镇水厂进行二期扩建，建设规模为1万吨/日。建设项目为：取水输水渠道维修及加设砼盖板2.5公里、水厂内两套净水设备（日处理能力1万吨），安装两套机电设备，建2000立方米调节池1座，供水管网改造约2万米，营业收费所1287平方米。

2013年建成龙坪镇和莲花塘两座水厂，龙坪镇水厂主要负责县城及周边村寨4.5万人的生产生活用水，供水规模为1.5万立方米/天，供水普及率达98%；莲花塘水厂为县城供水备用水厂，供水规模为0.24万立方米/日，建有1227平方米办公楼，一座提水泵站及2180米DN400配套输水管道，DN63口径供水管道长度75公里。边阳、逢亭、沫阳、罗悃、茂井、红水河、板庚等乡镇政府所在地建有自来水厂，当地居民均用上自来水，总供水能力为11121立方米/日。

2014年建成边阳水厂2000立方米/日净化设备，完成县城解放西路（老车站—审计局路口）管网改造，县城珠宝街管网改造，县城解放东路（职中—四小—码头）管网改造，龙坪水厂新增水处理设备5000立方米/年安装工程。2015年改造DN110毫米以上供水主管1235米，新铺708米，解决明珠路、解放东路管道频繁爆漏问题。建成龙坪镇水厂3000立方米高位调节池上水管，铺设DN200毫米球墨铸铁管120米，砌筑混凝土支墩40立方米，配套320立方米/小时/台水泵及盘柜机组2套，增设500千伏安变压器一台，解决龙坪镇水厂制水和供水不平衡问题，保障县城日益增长的用水需求。

供水管理　1997年成立罗甸县自来水公司，属水利局下属国有企业，2010年成立子公司清源乡镇供水有限责任公司，属自收自支企业单位。公司总人数114人，负责县城和乡镇水厂及管网的维修、入户审批及安装等工作，按照国家及物价部门核定的收费标准收取水费及污水处理费。

2014年供水380万吨，售水288万吨、售水平均单价2.88元/吨，全年收入1053.5万元，上缴税金86.3万元，实现利润18.2万元。2015年完成供水438万立方米，售水335万立方米，查处私拉乱接违章用水2处，移表出户、改造表井5处，更换水表320块，配合拆迁拆表282块。完成一户一表安装1185户。委托都匀水司做两次42项水质分析，所分析项目全部达标。

排污工程　1987年前县城排水处于无序状态，是年开始从老法院门口—县民中道路两边修排水沟，每年雨季来临前都要清理一次，老工会门口经老电力公司收费室—五金公司建有一条排水沟，解放路两侧修有排水沟。1990—2013年县城改、扩建、新建道路都设计有排水设施，在主要道路两边修排污沟或安装排污管，设有支管、检查井、水篦等设施。2009年投资1687.6万元安装收集管网22.32公里（包括截污改造、管道采购及设施等）。2014年完成第一中学路口临时排洪管道74.7米，污水处理厂内排污管道131米，临时排污管道560米，县城北出口清理排水沟843米，修复围墙79平方米，新建围墙130.35平方米，县城北新建排水沟43米，明珠路安装排水管道910米。2015年清理疏通县城区地下排水管（沟）20处491米，清理排污检查井45个，更换破损井盖160块，水篦子35块，水泥盖板10块。9月30日完成莲花河排污治理工程，新建主河道排污管138米，安装DN500纲筋砼管415米，维修C15砼管1150.5米。10月1日建成县城污水处理厂二期工程，完成清理新建主河道淤泥1798米，步道两侧排污沟475米，梯步9座，干河菜市场排污沟137米，处理淤泥15吨。并投入试运行。

防洪排洪设施　县政府成立防洪指挥部，编制有防洪应急预案，县城莲花河道南北两岸建有防洪堤。1996年对莲花河道进行治理，延伸修建河滨大道及河床。2009年对莲花河道至河滨大道河床再治理，加固提高河堤，扩大河床。2012年修建从河滨大道延伸到马草寨的河床及防护堤，加强县城的防洪能力。

环卫设施建设　1981年前，县城环境卫生管理站隶属爱卫会。1982年成立罗甸县市容环境卫生管理站，隶属建设局，后来两次划给龙坪镇管理，2006年划给市政公用事业管理中心，主要负责县城大街小巷的清扫保洁、垃圾清运、街道洒水等。2006年有环卫工人76人，其中：清洁工52人。2010年环卫站管理人员8人，一线环卫工人108人（包括环卫驾驶员）。1979年以前建有土木结构公厕旱厕所5座，1990—2012年新建改扩建水冲式公厕13座，分别是县老客车站公厕（1989年建），运管所公厕（2007年建），干河公厕（2006年建），老法院公厕（2004年建），民中对面公厕（2003年建），商业街公厕（1994年建），龙岗巷公厕（2006年建），老电力公司收费室公厕（1996年建），农贸市场公厕（2008年建），武装部公厕、卫生局公厕、信邦大道公厕（2012年建）、码头公厕（2012年建）。2014年建成河滨休闲广场公厕1所。免费开放罗甸码头、干河、商业街、信邦大道等5所公厕，安排专人管理。2015年在罗八路口（龙坪四小）建成376平方米公厕，并投入使用。在河滨路延伸段污水处理厂旁建成公厕1所。

垃圾转运站 1978年前县城有露天简易垃圾池10个，用马车运垃圾，1982年后改用手扶式拖拉机，1990年使用环卫专用垃圾车；2010年后配有多功能垃圾车2辆、钩臂式小型垃圾清运车3辆、大型压缩车3辆、洒水车2辆、吸尘车1辆、人行道清扫车2辆、洗扫车2辆、翻斗垃圾清运车1辆、铲车1台、垃圾清运货机三1辆、清运垃圾手推车100余辆；大型垃圾斗25个，小型垃圾箱42个，固定垃圾池45个，垃圾中转站5个，大小果皮箱1000个。2012年建垃圾转运站12座。2014年先后投入73万元购买大型洗扫车1辆，10.4万元购买驾驶式扫地车2辆，22万元购买垃圾收集箱20个和摆臂垃圾斗10个。2015年投资200余万元购置城管执法皮卡车2台、日常巡视敞篷车2台、大型垃圾压缩车1台、封闭式翻斗垃圾收运车1台、轮式小型挖掘机1台、垃圾填埋挖掘机1台、自卸式运输车1台。

街道照明 2006年9月以前街道照明属罗甸电力公司的路灯管理所负责，全城共安装电灯338盏，用于县直机关和街道照明。2007年5月，第一届高原千岛湖旅游文化节期间，安装河滨路、斛兴路路灯电缆线1100米，修复路灯21盏。2008维修大圆盘景观灯4盏和喷泉。2010年县城区主要干道和街巷安装路灯344盏。2011年干河至码头安装路灯120盏，12月对河滨南北路景观进行改造，新安装led路灯42盏，景观灯8盏，泛光灯480盏，灯带1500米。2012年安装解放路老车站—人民路口LED灯19盏，安装河滨南北路LED灯48盏。2013年维修恢复街巷路灯76盏，更换县委门口节能路灯238只，安装路灯时控器6只、触发器16只、断路器5个、镇流器9只、交流接触器7只。组织实施解放东路和莲花街路灯改造：解放东路19盏，莲花街27盏，环城路路灯48盏，春节期间安装流星雨灯带42处。2014年维修街灯108盏，安装路灯时控器8只，触发器15只，断路器8个，镇流器12只，交流接触器20只。更换电缆线7处120米，更换电线350米。新安装罗甸港码头沿湖路灯24盏、射灯6盏。安装检察院住宅小区路灯2盏，帮助大关村安装太阳能路灯4盏，为沫阳镇、董架社区服务中心、平岩社区服务中心更换安装路灯56盏。2015年安装水果巷、惠民巷、解放东路LED路灯28盏，节能灯12盏。安装河滨南北路延伸段、明珠路2号大道延伸段路灯高低臂93盏，城西大道路灯变电箱160千瓦1台，城区照明率达98%以上。

景观照明 2006年后，在县城河滨南北路、商业街、斛兴路、人民街、环城路等主街道安装中杆灯7盏，大圆盘安装高杆灯5盏、大型电视彩屏1块。2012年在河滨路安装景观灯64套，景观灯配套投光灯128盏；莲花河套壁灯及投光灯各440盏，完成人民街、商业街、斛兴路、都市丽景天桥景观灯50盏。在新客车站门口、县体育中心广场、城东新区安装大型电视彩屏，在斛兴路安装彩虹时光隧道。2014年安装射电灯49盏，景观灯60盏。2015年安装景观灯500盏点光源500个，华灯105套。

城镇绿化 1985—1992年引进小叶女贞、银杏、夹竹桃、银桦树、油梨树等品种植于在县政府门口、老工会门口、解放路等街道路旁。1993年引进小叶榕树植于商业街路旁，1994—2002年引进小叶榕、桂花、油棕、丛生鱼尾槐、植于罗斛大道、斛兴路等路段两旁。2003—2011年引进小叶榕、假槟榔、丛生鱼尾槐等品种植于信邦大道、罗斛大道、政府路、河宾大道、跃进路、迎滨路等路段，2012—2013年引进小叶榕、假槟榔、四季桂、黄葛榕、雪松桂花、海枣、铁树、三角梅、金叶女贞、红花继木球、红花召南、四季桂球植于建设局—码头，腾龙欣苑—龙坪一小后门、独立高中、罗斛大道、政府广场等地段路旁。2013年在河滨广场、植马拉草坪0.08万平方米。

县林业局2013年编制《罗甸县2013年城区绿化、美化实施方案》。绿化城东新区1号干道，植行道树橡皮榕420株，道路两侧绿化带植老人葵178株，三角梅球216株，金叶女贞球256株，红花继木球291株，红叶石楠球261株，混播草坪420平方米，金叶女贞和红花继木绿篱9084平方米，桂花100

株，罗汉松218株，紫薇100株，一品红1500株，铁树105株。2013年县城绿化覆盖率达36%，各主干道、小街小巷都栽有行道树，大街建有绿化隔离带和花盘。2014年完成城东新区2号道1公里路段绿化，种植各类树886株，主要有黄角兰、榕树、香樟、桂花红枫、三角梅、紫薇、海桐、大叶黄杨、龙须树、银杏等。

2015年2号大道延伸段植狐尾椢80珠、芒果94株、蓝花楹40珠，河滨路延伸段植小叶榕266株，城西大道植大叶榕，明珠路植桂花树120株。

公园陵园建设　大乐亭公园位于县城东南面，1958年建成水库，水面0.3万平方米，1989年公园内人行道修成水泥路面，对景区进行绿化。1990年在大乐亭水库南面半山腰建一座凉亭，从湖边到凉亭建登亭台阶，是年出台《龙坪镇市政管理条例》，规定不准在大乐亭公园开垦及葬坟。

1998年在王乃山脚下修烈士陵园。2006年在望月楼旁新建烈士陵园1个，占地面积0.5万平方米。烈士陵园连接望月楼亭，修有人行道雕塑、烈士墓碑、纪念塔、英雄群雕、古诗石碑、《论语》碑文、孔子雕像、路灯等基础设施，清晨傍晚游人不绝。

广场　1997年以前县城只有一个民中广场，1998年建设政府路被占用。2005年拆除县工会、检察院、司法局等单位办公楼和县委老宿舍，改建成政府广场，占地约0.2万平方米，2013年对县政府广场进行二期扩建改造，面积0.74万平方米。2006年拆除民中的大礼堂及食堂，征用老肉行和农科所部分田土建成2.6万平方米的体育中心广场，内有篮球场4个，足球场1个，田径场4个。是年由国家开发银行投资公司捐资500万元，县自筹200万元在体育广场内建青少年活动中心，内设多功能厅、棋艺室、科技教室、体操训练房、摄影室、乒乓球馆、羽毛球馆、航模室、健身房等，占地面积0.38万平方米，建设面积0.64万平方米。2012年对县人民广场重新扩建。是年在烈士陵园建成拥军广场，面积0.22万平方米。2013年新建“五一路广场”，是年结合道路人行道改造建河滨广场（龙坪派出所旁），占地面积0.22万平方米。2014年建成明珠广场占地面积8.16万平方米，建成千岛湖未来城广场2.8万平方米。

城市雕塑　县城主要路口，如迎宾路三岔路口（贵阳、罗甸、都匀、红水河方向）；2015年县城东出口、园盘（电力公司门口）安有奇石；河滨路两侧用县自产大理石板材做成雕刻有图文花案及古诗词的文化长廊，千岛湖大酒店等各大酒店均安放有奇石及大理石雕塑，县城龙坪一小、龙坪二小、龙坪三小、民族中学、二中等学校建有校园文化雕塑。

宾馆酒店　1990年前县城只有一个县委招待所（后来改为望月宾馆），一家国营旅社及一些个体小旅馆。1998年建成罗斛大酒店，2000—2012年修建三星级神泉大酒店、玉源宾馆、豪廷酒店、青松宾馆、龙滩宾馆、黔桂宾馆、千岛湖大酒店、金志大酒店、麒麟酒店、红河大酒店、大众宾馆等共42个宾馆、旅馆、酒店，有单间228间，标间465间、客房690个，床位2301个；2013年新增黔美快捷宾馆，朋聚宾馆、玫瑰商务酒店等共12家，单间146间，标间248间，客房数394个，床位数641个；2014年建成边阳安泰大酒店、乐艺酒店。在建的有边阳大酒店，红水河泽林雅阁酒店。2015年建成0305酒店和锦程尚家酒店。

小区建设　1999年前县城只有百货公司小区、盐业公司小区及机关、事业、企业单位建的职工宿舍，而且都是一层盖小青瓦房，2000年后修建电力小区、发电小区、水厂小区、交警队小区、教师新村小区、建材小区、水利局、电信、国税、地税等小区。2003年引进龙顺、嘉和两家房地产开发公司修建金斛家园、龙兴商城小区；2005年完成金斛家园3栋75套0.89万平方米的住宅建设；2009年完成龙兴商城一期工程385套住宅及门面建设，共计6.2万平方米。2011年建成都市丽景小区350套，山水华庭一、二期，人民广场A、B区106套，千岛城一期、城东安置小区404套。2014年建成永龙石城商贸城、润福花园、河滨商贸城一期、山水华庭三期和幸福巷、外贸巷、城北廉租房小区。2015年建成城西商贸城、龙城新望角、千岛城（电梯高层楼房）。

四、市政管理

1987年成立罗甸县环境保护监测站，1991年成立罗甸县城乡（镇）建设管理站，罗甸县城镇建设管理监察大队，1994年将罗甸县环境监测站划入国土局，1997年成立罗甸县城街道路灯管理所。1996年成立罗甸县城镇管理监察大队，1997年城镇管理监察大队升格为副科级单位，2002年成立罗甸县园林站。2006年成立罗甸县公用事业管理中心（县政府办管理的正科级事业单位），将原来住建局管理的园林站、市容环境卫生管理站、城管监察大队划入市政中心管理，2008年成立罗甸县规划执法监察大队，2012年9月又将公用事业管理中心划入住建局管理，负责全县市政工程发展规划、环境卫生管理、市政基础设施管理、城市容貌和环境卫生执法、城市规划执法监察等。

2007—2013年县城城管大队纠正各种违法违章4193起，清理广告条幅、广告、公告744幅（处）。取缔乱设摊点，占道经营1535起，流动摊点530起。查处车辆带泥上街88起，暂扣摩托车303辆次，引到规范车辆停放5025辆次。查处破坏公共设施26起，清理“五脏五乱”1290条，综合治理21次，处罚违规燃放鞭炮5起。规范莲花街夜市和县城打碑场搬迁治理工作。2014年查处违章占道经营、占道堆放建筑物80余起，依法取缔流动摊点160个，清理不规范户外横标、广告200余条，教育引道规范停车1600车次，暂扣违章停放摩托车800辆次，查处占道修理作业23起，建成老客运站规范早夜市摊点1处。4月中旬将龙兴商城菜市场搬迁至都市丽景（龙港巷），还路于民。8月30日将老加油站旁的中心市场迁到罗悃方向新建的畜禽市场内交易。将原来的牛马市场升级改造为新莲菜市场。2015年制止打击“两违”抢建户232户250余次，依法拆除违建建筑55户65余次，处理无证运砂车29起。对城区所有建筑工地，严格执行文明施工规定，对施工场地实行封闭作业，及时清理工地内渣土和废弃物，硬化进出工地道路，做到无扬尘污染，无噪声扰民。是年开展市政管理向社会购买服务试点工作。

2007—2013年，安装各单位责任区路牌、指示牌、标志牌441块。清理莲花河、街道淤泥306立方米，清运废料90吨。清理、检查街道井盖605个、排水沟盖板120块、清理街道下水道2054米，完成污水管网收集管道安装及沟槽回填1.71万立方米，污水处理厂区内完成所有设备安装。修补、硬化、改造路面1.18万平方米。人行道改造2.58万平方米，完成河滨路地板砖铺设。规划交通标线0.21万平方米、规划停车位775个。建成河滨路文化长廊680米，围栏补漏42平方米。2015年拆除和安装城区标示牌22块，完成明珠街、和谐巷改造工程，罗甸码头建设，完成人民街、解放路、信邦大道人行道护栏安装工作。

第二节　房地产管理

一、住房制度改革

1992年成立罗甸县住房制度改革办公室，隶属建设局，为股级机构，2011年机构改革撤销房改办，成立罗甸县住房保障中心，隶属县住建局，为股级事业机构，负责房改及住房保障的相关管理工作。2004年成立黔南州住房公积金管理中心罗甸县住房公积金管理部，将原来房改办管理的住房公积金业务划归住房公积金管理部。

1992年前机关事业单位、国有企业职工住房是国家修建，职工交纳房租，取得住房使用权。1993年机关事业、国有企业实行住房制度改革，干部职工以规定价格取得住房所有权，同时允许干部职工自筹资金建房。至2005年12月全县出售公房2051套，面积10.45万平方米，售房收入253万元；集资建房834套，面积8.31万平方米。

2000年进一步深化住房制度改革，干部职工原有国家计划房和集资房产权的可以进入市场自由买卖。2000—2009年，审核房改房上市424套，面积3.16万平方米，收缴土地收益金30.19万元；审批集资建房（含经济适用房）1121套，面积12.38万平方米。

2004年成立罗甸县住房公积金管理部，隶属于黔南州住房公积金管理中心，从县房改办接管住房公积金360万元，有职工3名（含1名负责人）。是年行政事业单位部分职工按基础工资的3%开始缴存住房公积金，财政配套基础工资的3%；2006—2007年全县80%以上职工缴存住房公积金，财政配套比例也由基础工资的3%提高到总工资的5%；2008—2009年全县行政事业单位职工100%缴存住房公积金，财政配套资金提高到9%；2012年以后，财政配套资金提高到12%，职工个人交12%。全县7900多职工（含直管单位）缴存住房公积金，缴存余额1.6亿元，贷款余额1.85亿元，1927户获得住房公积金贷款。

罗甸县2001年起根据《贵州省人民政府关于进一步推进全省住房分配货币化改革的补充意见》精神，停止实物分房、实行住房分配货币化。职工自己购买住房，实行新的公有住房租、售价的同时，在财政允许的情况下，或有条件的单位，可以为职工建立住房增量补贴和发放存量补贴。

2008年罗甸开始启动住房保障性安居工程。2009年建成幸福巷（第一期）廉租房24套，建筑面积0.13万平方米，总投资137万元，已全部分配入住。2009年投资492万元，建成外贸巷（第二期）廉租房96套，建筑面积0.48万平方米，已全部竣工入住。2010年投资492万元，在外贸巷建成（第三期）廉租房108套，建筑面积0.56万平方米，竣工入住。2011年投资871万元，完成外贸巷（第四期）廉租房168套建筑面积0.83万平方米，棚户区改造80户，全部竣工入住。2011年投资459万元，建公共租赁住房72套，0.46万平方米，全部竣工入住。2012年在二级路城北安置小区建廉租房144套，建筑面积0.71万平方米，分1、2、3号楼施工。投资1098万元，建公共租赁房132套，面积0.67万平方米，建设地点：城北72套，面积0.46万平方米，在边阳工业园区路口建教师公共租赁房60套，面积0.21万平方米。棚户区改造74户，已全部竣工入住。2013年投资4464万元，建成保障性住房720套，建筑面积2.79万平方米，其中：廉租房144套，乡镇教师公租房148套，乡镇卫生公租房240套，普通公租房108套，乡镇计生公租房80套。2014年建成保障性住房1608套，面积6.86万平方米。

2007年开始实施保障性住房及租赁补贴，是年保障户312户950人，发放租赁补贴41.472万元；2008年保障户316户978人，发放租赁补贴42.25万元；2009年保障户347户1038人，发放租赁补贴56.1万元；2010年保障户387户1098人，发放租赁补贴59.3万元，2011年保障户424户1172人，发放租赁补贴71万元；2012年保障户412户1150人，发租赁补贴53万元；2013年保障户379户1038人，发放租赁补贴60万元。2014年保障户264户752人，发放租赁补贴40万元。2015年住房租赁补贴按季度发放，共发放补贴40.4万元。

二、房地产开发

2003年县政府采取资本置换引进黔南州龙顺房地产公司和嘉和房地产公司在县城进行房地产开发，开发项目有龙兴商城、嘉禾小区，2009年龙兴商城完成第一期总投资5500万元，建筑面积6.2万平方米，住宅386套；完成城西商贸城“L”栋6套0.08万平方米的建设。2008—2009年引进都匀华盛房地产开发有限公司、贵州罗甸县汇通房地产开发有限公司，贵州天炎房地产开发有限公司、罗甸县天友房地产公司，共4家房开商对县城进行开发建设。

都匀华盛房地产开发有限公司开发的项目是在解放路开发人民广场（A区）–5单元锦绣家园和人民广场B、C、D区工程，总用地面积1.9万平方米，规划设计建筑面积5.29万平方米，其中：商业面积1.4万平方米，其他面积3.89万平方米。2013年已完成A、B区建设面积3.25万平方米（其中：106套住宅、面积1.44万平方米，商业门面109间，面积1.81万平方米），完成投资6800万元。

罗甸县汇通房地产公司在新华西路开发城西商贸城都市丽景，建设用地1.88万平方米，建筑面积6.15万平方米，其中：住房350套，面积5.2万平方米，门面60间面积0.95万平方米，总投资1.5亿元，2011年已全交付使用。

罗甸县天友房地产公司在环城路创新巷开发山水华庭第一期工程4栋，建筑面积1.9万平方米，住房155套；二期用地面积0.46万平方米，建筑面积1.87万平方米，住房148套。

2008年在环城路口建设新河巷小区，规划用地面积0.26万平方米，新建商品房2栋共60套，面积1.1万平方米。

2010年引进贵州腾龙房地产开发公司开发县医院对门的腾龙新苑项目，用地面积0.37万平方米，建筑面积1.3万平方米，其中：商业面积0.1万平方米，住宅104套，面积1.2万平方米。引进江海房地产公司在解放路开发城东商贸城，用地面积0.61万平方米，建筑面积2万平方米，其中：住宅128套；面积1.27万平方米，商业门面32间面积0.73万平方米，总投资3500万元。

2013年引进贵州盛世永龙置业公司在解放路南段开发龙城新旺角A—B栋旧城改造项目，建设用地1.95万平方米，建筑面积4.14万平方米，住宅207套，面积2.84万平方米，商业面积1.3万平方米，总投资2800万元。同时开发位于大关路（果科所园区）的罗甸县农副产品综合开发及配套住宅项目，总面积21.66万平方米，其中：住宅17.36万平方米，商业面积4.3万平方米，总投资3.7亿元。

罗甸县天友房地产公司在环城路创新巷1号开发山水华庭第三期工程，该项目用地面积0.38万平方米，建筑面积1.37万平方米，住宅108套，总投资1896万元。

2014年罗甸润福房地产公司在莲花街农具社巷开发“润福花园小区”建设用地面积0.32万平方米，建筑面积1.01万平方米，住宅90套，总投资1000万元。完成河滨商贸城一期587套住宅，面积7.77万平方米，商铺面积0.9万平方米。2015年贵州天炎房地产开发公司“千岛城1-2期”建设全面完成。建成2栋步梯房和1栋高层电梯房，住宅564套，面积7.46万平方米，商业面积0.89万平方米。

三、房产管理

1991年成立罗甸县房地产管理所，属住建局下属股级事业单位，主要负责房地产的初始登记、变更、交易、抵押、转移登记及核房屋产权证工作。

2002年建设局增设住宅与房地产管理股，对全县房地产开发进行审查、备案、登记、监督管理、办理商品房预售许可证等工作。

1992—2013年办理初始登记4931户，面积155.8万平方米，变更登记958户，面积29.5万平方米，转移登记4154户，面积54.82万平方米，交易购买4214户，面积59.17万平方米。

1996年对房地产实行抵押登记管理，贷款人需通过房产评估，与金融部门签订贷款合同，到房地产管理部门办理房产抵押登记备案，并由房产部门收押房产证，然后发放他项权利证，贷款人凭他项权利证交金融部门收押。从2005—2013年房地产管理部门共办理抵押登记3638户，面积88.58万平方米。

2014年办理抵押登记1280户，面积24.72万平方米。2015年办理抵押登记5025户，面积123.29万平方米。

第三节　建筑业管理

1983年成立罗甸县建筑施工管理站和罗甸县建筑工程质量监督站，隶属县城建设环境保护局（现在的住建局），对全县建筑工程及质量安全生产进行监督管理。

1997年罗甸县建设局增设罗甸县建筑工程招投标管理办公室，限数以上建筑工程，经县招标办审查进入黔南州工程交易中心进行招投标，并到县招标办备案和项目登记。

2001—2010年办理招投标登记备案建筑工程等项目215个，建筑面积58.4万平方米，投资约6亿元。2011—2013年办理招投标登记备案建筑工程项目52个，建筑面积28.2万平方米，投资42247万元。2014年办理招投标登记备案建筑工程项目36个，建筑面积129.95万平方米，投资12.94亿元。2015年办理招投标登记备案登记57个，全程监督建设工程公开招投标项目45个。

2011年成立建筑工程安全生产监督管理站，属建设局内设股级事业单位，对建筑工程安全生产实行监督指导。施工质监站对施工队伍进行备案审查，核发施工许可证，建筑工程质量合格证等，对违反建筑市场的进行查处。2001—2013年监督工程项目354个，建筑面积142.43万平方米。2014年共监督工程项目32个，建筑面积5.04万平方米。2015年监督工程项目25个，建筑面积88.57万平方米，审查施工合同备案25个，发放施工许可证31本。

第四节　乡镇建设

一、乡镇建设规划

建设规划（总体规划和详细规划）　1987年编制边阳、交砚、董王、油捞、深井、板庚、猴场、罗化、逢亭、木引、摆落、沫阳、董当、羊里、罗翁、老沫阳、董架、翁保、田坝、平岩、沫阳（自然）村、茂井、高圩、凤亭、罗悃、罗苏、罗暮、羊里、罗翁等集镇（村）规划。1993—1994年编制罗暮乡、沫阳镇、逢亭镇集镇规划，1999年中南设计院编制茂井和红水河镇、八总乡移民新址规划。2001—2013年编制25个乡镇的总体规划。2011年编制25个村庄整治规划，对101、312省道及县道的董架乡125栋124户、板庚乡174栋199户、云干乡大关村37栋43户及3个政府乡所在地的街景外墙门面及基础设施进行改造，其中：大关村是省州共建示范村。乡镇总体规划（见附表）。

罗甸县乡镇总体规划编制情况表（2001—2013年）

表10-3

县（市、区）镇（乡）名称	镇（乡）驻地规划区面积（平方公里）	2010年底前编制完成的总规划（个）	具体编制时间	2011年编制的总规划（个）	已编制控制性详细规划数（个）	编制控规时间	行政区域内行政村数量(个)	2011年已编制的行政村村庄规划（个）	2012年编制村的行政村村庄规划数（个）	民族村寨建设
罗甸县交砚乡	–	–	–	1	–	–	9（含集镇区1个）	–	–	–
罗甸县凤亭乡	1.13	–	–	1	–	–	8（含集镇区1个）	–	–	–
罗甸县沟亭乡	8.3	1	2009.10	–	–	–	10（含集镇区1个）	1	1	–
罗甸县董当乡	2.74	1	2008.07	–	–	–	11（含集镇区1个）	2	–	–
罗甸县板庚乡	12.26	1	2008.09	–	–	–	14（含集镇区1个）	2	1	–
罗甸县红水河镇	1.43	–	–	–	–	–	5（含集镇区1个）	1	2	–
罗甸县班仁乡	2.24	–	–	–	–	–	4（含集镇区1个）	–	–	–
罗甸县平岩乡	1.6	1	2009.05	–	–	–	8（含集镇区1个）	1	2	–
罗甸县木引乡	6.7	1	2008.08	–	–	–	17（含集镇区1个）	1	10	木引乡冗林村布依族村寨
罗甸县罗苏乡	0.66	1	2009.10	–	–	–	7（含集镇区1个）	1	–	–
罗甸县云干乡	1.9	1	2009.05	–	–	–	10（含集镇区1个）	2	–	–

续表

县（市、区）镇（乡）名称	镇（乡）驻地规划区面积（平方公里）	2010 年底前编制完成的总规划（个）	具体编制时间	2011 年编制的总规划（个）	已编制控制性详细规划数（个）	编制控规时间	行政区域内行政村数量（个）	2011 年已编制的行政村村庄规划（个）	2012 年编制村的行政村村庄规划数（个）	民族村寨建设
罗甸县罗暮乡	–	–	–	–	–	–	7（含集镇区 1 个）	1	–	–
罗甸县罗妥乡	3.2	–	–	–	–	–	6（含集镇区 1 个）	–	–	–
罗甸县边阳镇	13.63	1	2002.07	–	–	–	17（含集镇区 1 个）	2	5	边阳镇新庄村
罗甸县罗悃镇	2.82	1	2004.08	–	–	–	14（含集镇区 1 个）	1	1	–
罗甸县茂井镇	11.2	–	2010	1	–	–	12（含集镇区 1 个）	1	–	–
罗甸县董王乡	2.4	–	–	1	–	–	10（含集镇区 1 个）	–	–	–
罗甸县沫阳镇	13.62	1	2001.11	–	1	2010.06	13（含集镇区 1 个）	3	2	–
罗甸县大亭乡	1.01	–	–	1	–	–	8（含集镇区 1 个）	–	–	–
罗甸县八总乡	–		2010	1	–	–	10（含集镇区 1 个）	–	–	–
罗甸县董架乡	1.25	1	2008.07	–	–	–	9（含集镇区 1 个）	2	2	–
罗甸县罗沙乡	14.28	1	2008.10	–	–	–	9（含集镇区 1 个）	2	1	纳坪乡翁传村苗族村寨
罗甸县纳坪乡	1.45	1	2009.10	–	–	–	5（含集镇区 1 个）	–	1	纳坪乡翁传村苗族村寨
罗甸县栗木乡	2.37	1	2009.10	–	–	–	10（含集镇区 1 个）	–	2	栗木乡新场村拉来寨
罗甸县逢亭镇	17	1	2001.11	–	–	–	18（含集镇区 1 个）	1	–	逢亭镇逢亭村北家坡苗族村寨
合　计	–	–	–	10	3	–	251	24	30	–

二、重点集镇简介

边阳镇　边阳镇位于罗甸县北部，距省城贵阳 118 公里，罗甸县城 42 公里。全镇东西宽 16.3 公里，南北长 15.8 公里，土地面积 128.9 平方公里，地处平塘、长顺、惠水、紫云四县交界处，集镇约 2 万人，是边阳片区政治、经济、文化中心和物资集散地。2013 年启动贵百高速公路建设途经边阳镇。边阳镇原为全省四大村寨之一。抗日战争时期，全国有 10 个省市的人员流入定居经商、建街成集，市面日趋繁盛，逐渐成为黔南地区商品云集的大集镇，建有文昌阁，解放初期已成为贵州八大集镇之一，俗称“旱码头”。1987 年后边阳镇发生较大变化，镇区市政基础设施得到进一步改善，2012 年建边阳工业园区，2014 年道路、场平、路灯等基础设施已完成，部分企业已入驻开业。

1990—2000 年修建改造边中路、交通路、文化路、新街路、商业路、米行路等道路约 7 公里。建成集贸市场一个，面积 0.82 万平方米，修建下水道约 6 公里、简易垃圾池 5 个、安装果皮箱、路灯等设施。新建教学楼约 0.5 万平方米。1990 年前边阳镇民房基本都是盖小青瓦的土木结构一层房子，1991 年后逐步建成砖混结构的多层楼房。新建水厂 1 个，饮用水源主要是地下水和边阳水库储水，经卫生消毒处理，规模为 2950 立方米 / 日，修建 110 千伏变电站一个，环境卫生有专人清扫保洁，垃圾采用填埋处理。

2001—2013 年修建边阳镇河滨路长 600 米，宽 14 米，改造边中路 480 米，完成 3200 米人行道改造，修建边阳大道 1.26 公里，完成边阳工业园区安置小区 34 万平方米，对老农贸市场进行改造，新建人民广场 0.42 万平方米、综合停车场 1 个，面积 0.67 万平方米，新农贸市场 1 个。贵州中信房地产开发公司开发边阳河滨路生态文化园小区，建设用地 3.13 万平方米，建筑面积 3.2 万平方米，商业面积 0.79 万平方米，住宅 151 套，面积 1.78 万平方米。贵州皇封房地产公司开发边阳农贸市场（新都江），建设用地 1.53 万平方米，建筑面积 5.3 万平方米，商业面积 1.27 万平方米，住宅 144 套，面积 2.4 万平方米。2015 年基本建成亨元酒店、鹏程旅社、恒放酒店、安泰大酒店、景轩酒店、君麟酒店、江源宾馆等 10 多家酒店、宾馆。

沫阳镇 沫阳镇位于罗甸县东部，距县城 15 公里。城镇呈现长条形分布，南北长 3 公里、东西宽 1 公里，面积 3 平方公里。城镇建设用地主要沿 307 省道路段两侧发展。307 省道从西南向北贯穿罗沟村、柏林村、访里村、林情村，2000 年以来基础设施不断完善，至 2015 年新建和改造解放东、西路、通村公路 6.7 公里。建成早菜交易批发市场一个，0.68 万平方米。修建下水道 4 公里、简易垃圾池 2 个、临时垃圾桶 40 个。新建 7 幢教学楼及学生食堂、宿舍楼 0.74 万平方米。建两处移民新村，面积 0.6 万平方米。建水厂 1 座，规模为 3600 立方米 / 日，改造各村自来水设施，饮用水经卫生消毒处理。修建变电站 2×2500 千伏安 1 座。服务行业有 4 家旅社和 10 个饮食店。建有客车站 1 个。环境卫生有专人清扫保洁，垃圾采用填埋处理。

逢亭镇 逢亭镇位于罗甸县西部，距罗甸县城 29 公里。逢亭镇境内矿产资源丰富、种类繁多、分布广、储量大、品质高。镇区处于逢亭河两岸，东西长 3 公里，南北宽 1 公里，面积 3 平方公里。南北两侧山势陡峭，植被较好。至 2015 年已建成和改造纳闹公路、罗江公路、新光公路、瓮牛公路、纳上公路、祥脚赵家坪公路，共 61 公里。建成市场 1 个，长 120 米，宽 74 米，面积 0.89 万平方米。街道硬化 1.5 公里。中学建有完善的教学楼 0.28 万平方米，学生宿舍 0.40 万平方米，食堂 0.1 万平方米，教师宿舍 0.06 万平方米。小学建有教学楼 0.23 万平方米，学生宿舍 0.11 万平方米，食堂 0.02 万平方米。经过农网改造，实现村村通电，城镇范围内居民用上清洁的自来水。建有客车站 1 个。环境卫生都有专人清扫保洁，建有简易垃圾池 4 个，垃圾采用填埋处理。在建项目有逢亭南部新区，占地面积 391.5 亩，主要用于公租房建设和易地移民安置，工程于 2014 年开工建设，属在建工程。

罗悃镇 罗悃镇位于罗甸县西南部，距县城 26 公里，册山公路贯穿境内。镇内朗顶、新坡两村交界处有着闻名中外的猫眼矿石，2000 年以来罗悃镇充分利用各种优势，加快城镇建设步伐，硬化河东村水泥路面 1300 米。修通洞甲村、纳闹村、各化村、上绕村的村级公路共计 11.5 公里。建成市场 1 个。街道硬化 0.8 公里，街道安装了路灯。中学建有教学楼 0.4 万平方米，学生宿舍 0.38 万平方米、食堂 0.07 万平方米及教师宿舍 0.17 万平方米。小学教学楼 0.17 万平方米，学生宿舍 0.1 万平方米，食堂 0.03 万平方米。实施农网改造 147.3 米。城镇范围内居民用清洁的自来水。服务行业有 2 家旅社和 4 个饮食店。建有客车站 1 个。2011 年建成市场面积 0.3 万平方米，水泥硬化率 80%，建有钢架棚 0.1 万平方米，设有 200 个摊位。环境卫生有专人清扫保洁，垃圾采用填埋处理。

红水河镇 红水河镇位于罗甸县西南部红水河边，距县城75公里，由于龙滩电站建设，红水河镇被淹没，2006年新建红水河集镇，用地面积191.85亩，该镇规划为东西两个片区。

西片区是全镇的中心区，包括公共服务、居住、对外交通、生产设施、仓储、公用工程设施以及中心绿地等功能组团。

东片区主要是以移民安置为主的居住区，除居住功能外，还有相应的服务功能。

2006年建成市场1个，长80米，宽50米，面积0.4万平方米，水泥硬化率100%。建有明珠旅馆、胜博佳宾馆。

环境卫生都有专人清扫保洁，垃圾采用填埋处理。

茂井镇 2007年由于龙滩电站建成蓄水发电，茂井镇政府迁至新址，新建茂井镇集镇，位于罗甸县东南部，蒙江支流黄饶河口右岸的茂井镇红屯村，距罗甸县城56公里。占地面积259.8亩。新址按竖向设计，镇区分为三个新居区。

东部居区：主要布置居住建筑用地，行政、汽车站用地、办公用地、教育机构用地。

中部居区：商业金融用地、农贸市场用地、仓储用地为主。

西部居区：居住建筑用地、公用绿地、工业用地、变电站。

环境卫生有专人清扫保洁，垃圾采用填埋处理。

三、村寨建设

罗甸县村寨建设从1990年开始，部分边远山区村寨移民到交通沿线，建有易地移民点的有逢亭镇的上隆村、罗暮乡平保新村、董架乡移民新村、平岩乡移民新村等。龙滩电站淹没部分村庄后，移民搬迁到沫阳镇柏林村罗沟移民点、罗悃移民点、逢亭移民点、板庚移民点等11个移民安置点，安置移民2671人。这些移民点建在公路沿线、交通方便，基础设施完善。民族村寨有龙坪镇新苑村、五星村、马草村、板庚乡板庚村、董当乡大井村、逢亭镇祥脚村、上隆移民新村。董当乡大井村是全省新农村建设试点村之一。

2011年完成25个村庄整治规划编制，其中：大关村属省州共建项目。在101国道、312国道、省道以及县道公路沿线的罗沙乡、板庚乡、董架乡、云干乡等乡的政府所在地进行街景外墙立面改造，其中：董架乡125栋124户，板庚乡174栋199户，大关村37栋43户；2012年对董架乡、罗悃镇、边阳镇等乡镇有10个村1501户进行立面改造。2013年在罗沙乡的罗路村，边阳镇打讲村、沫阳镇的访里村、罗悃镇的河西村进行街景立面改造。四在农家美丽乡村示范点建设有板庚乡板庚村、董当乡的大井村、罗沙乡油海村。2014年四在农家美丽乡村建设重点打造板庚村，编制板庚村生态旅游区详细规划，对板庚村13户房屋外墙进行试点改造。

2015年编制龙坪镇八木村，边阳镇油海村、达上村，沫阳镇白龙村、纳翁村；茂井镇大亭村、兰西村、茂井村；木引镇木引村、丛里村；红水河镇罗妥村，逢亭镇纳坪村、翁传村；凤亭乡凤亭村；罗悃镇河东村共15个村的整治规划。是年投资398.58万元对龙坪镇龙坪四小至新中胜火龙果基地150户房屋外墙立面改造。

四、农村危房改造

罗甸县农村危房改造2008年由民政局普查登记上报，是年，批复全县农村危房改造16869户，分别为低保户、五保户、困难户、一般户。其中：一级危房10961户、二级危房4604户、三级危房1304户。中央、省、州、县共投入资金6.33亿元，其中：县财政投入2511.1万元。由县建设局组织实施，2008年完成农村危房改造试点416户，2009年第一轮农村危房改造完成危房改造2035户，2010年完成4069户，2011年完成3721户，2012年完成3557户，2013年完成3102户，超计划完成31户。2014年开始实施第二轮农村危房改造，是年完成农村危房改造1799户。建成小康房238套，年底全部入住。2015年完成农村危房改造1788户。

2008 年罗甸县农村危房调查情况汇总表

表 10-4

统计乡镇	危房总户数	按等级分类			按家庭类型分类											
		其中			低保户			五保户			困难户			一般户		
		一级危房	二级危房	三级危房	一级危房	二级危房	三级危房	一级危房	二级危房	三级危房	一级危房	二级危房	三级危房	一级危房	二级危房	三级危房
龙坪镇	678	287	348	43	63	66	5	2	2	–	187	226	15	35	54	23
八总乡	538	365	142	31	99	19	4	5	–	–	250	65	8	11	58	19
云干乡	961	634	213	114	164	39	7	8	–	–	427	125	16	35	49	91
板庚乡	221	182	34	5	49	9	1	1	–	–	125	23	1	7	2	3
栗木乡	676	635	28	13	172	14	6	9	2	–	427	10	7	27	2	–
边阳镇	283	168	106	9	44	23	2	3	–	–	110	74	6	11	9	1
交砚乡	364	99	129	136	24	22	3	2	1	–	67	74	7	6	32	126
罗沙乡	472	173	298	1	48	72	–	–	–	–	125	226	1	–	–	–
董王乡	524	382	134	8	106	33	2	2	–	–	274	101	6	–	–	–
沫阳镇	506	353	124	29	83	28	3	4	1	–	216	83	6	50	12	20
董当乡	573	556	17	–	124	2	–	11	–	–	326	10	0	95	5	–
董架乡	797	274	429	94	76	94	7	5	1	–	187	286	17	7	48	70
平岩乡	965	428	389	148	106	88	40	18	–	–	278	272	94	26	29	14
茂井镇	433	292	131	10	53	26	2	6	1	–	139	83	4	94	21	4
班仁乡	757	629	128	–	177	31	–	1	–	–	451	97	–	–	–	–
大亭乡	1130	675	287	168	170	59	13	–	–	–	432	176	31	73	52	124
凤亭乡	831	703	128	–	190	29	–	4	–	–	495	88	–	14	11	–
逢亭镇	1175	914	227	34	248	46	3	2	–	–	634	139	10	30	42	21
纳坪乡	477	187	250	40	53	61	12	–	–	–	134	189	28	–	–	–
木引乡	1338	802	454	82	211	90	10	2	–	–	543	268	24	46	96	48
罗悃镇	1022	661	261	100	166	38	13	–	–	–	423	125	33	72	98	54
罗苏乡	433	268	95	70	73	15	21	3	1	–	192	51	48	–	28	1
罗暮乡	691	432	125	134	112	28	34	–	–	–	298	83	81	22	14	19
罗妥乡	310	273	36	1	64	8	–	–	–	–	168	18	–	41	10	1
红水河镇	199	122	55	22	31	11	5	–	–	–	82	28	11	9	16	6
沟亭乡	515	467	36	12	128	5	3	–	10	–	311	18	6	8	3	3
合计	16869	10961	4604	1304	2834	956	196	88	19	–	7321	2938	460	719	691	648

第五节 投资公司

贵州省罗甸县红水河投资有限责任公司 公司为黔南州投资公司出资组建的国有独资企业，2014 年 12 月经罗甸县人民政府、黔南州投资有限公司批准由原罗甸县国有资本营运有限责任公司更名罗甸县红水河投资有限责任公司，并在县工商行政管理部门登记备案。公司注册资本金3亿元整；经营范围：城镇开发项目投资、房地产开发、城市公交及场站建设、市政建设、乡村公路建设、土地开发、整治、建材装饰材料销售等。公司旗下所管理的公司有：罗甸县兴龙城镇投资开发有限责任公司、罗甸县兴甸城镇建设投资有限责任公司、罗甸县斛源土地收购储备开发中心三家公司。四家公司均为一套人员、合署办公的经营模式。内设机构有行政部、财务部、投资开发部、资产管理部、殡仪馆。公司设总经理1名、副总经理1名、各部经理1名，职工35人，其中：公司16人、殡仪馆10人、公交车驾驶员9名。2015年公司除为罗甸重大项目融资筹集资金及实施殡仪馆、土地开发项目外，主要经营的实体有殡仪殡葬服务、公交车、出租车租赁业务。

管理机制　制定一套完善的管理制度，含：经理会会议制度、员工会议制度、学习制度、财务管理制度、业务接待制度、资产管理制度、员工考勤制度、党风廉政建设制度、公文处理制度、安全保卫制度。每月开展出租车、公交车安全生产例会；不定期组织召开董事会研究议定公司重大事项；组织召开经理办公会议研究议定公司一般事项；主持召开全体干部职工学习中央、省、州、县相关文件及领导讲话精神。

项目实施　一是利用所属公司精准谋划融资项目12个，融资规模40亿元。实施项目申报3个，申报规模12亿元。与银行深度对接项目3个（小城镇建设、农业综合开发、人居环境改造），规模6亿元。申请参与州投资公司融资项目2个，规模20亿元。全年到位资金7.28亿元，其中：殡仪馆建设项目0.59亿元，城西基础设施建设项目1.39亿元，企业债券3亿元，“河滨安置区”0.3亿元，易地扶贫搬迁项目2亿元。二是实施易地扶贫搬迁项目（一期），投资规模16亿元，完成投资4.2亿元，其中：产业投资0.39亿元，基础设施项目投资2.68亿元，社会民生事业投资0.45亿元，土地收储投资0.68亿元。三是完成罗甸县殡仪馆项目，总投资6000万元，建设内容主要有场平、边坡支护、进场道路、河道治理、污水处理、房屋及市政、火化区建设、绿化亮化、附属设施等工程内容。四是实施土地开发项目6个，投资1385.64万元，其中配套火龙果项目5个，艾纳香项目1个。五是实施公司（含旗下管理公司）为业主单位的项目：启动实施五桥二路项目，并完成勘察设计招投标工作。项目桥梁规模为844.5米，其中：罗甸1号桥178米、3号桥108.5米、4号桥155.5米、5号桥205.5米、6号桥197米；市政道路1280米，其中：16号路320米、17号路960米。2、实施完成罗甸县龙坪镇城东休闲文化广场和社区服务中心建设项目场平工程。项目平整面积77亩，开挖土方4.93万立方米，石方10.03万立方米，围墙347米。

罗甸县民生发展投资有限责任公司　公司位于罗甸县龙坪镇河滨北路（县财政局办公大楼7楼），于2014年8月注册成立，注册资本1亿元，公司目前拥有3家子公司，主要是开展罗甸县政府性融资项目工作，并逐步迈向实体化经营，公司现有固定资产21亿元，由罗甸县人民政府授权罗甸县国资委履行出资人职责，属县管国有独资一类公司。是具有投资性质的投融资主体和国有资产经营主体，公司作为独立的法人实体和竞争主体，按照现代企业制度要求规范运作，自主经营，自负盈亏。公司内设6个部门，即综合部、财务部、融资部、资产管理部、规划投资部、项目管理部公司现有干部员工12名，其中：领导班子3名（董事长兼总经理1名、副总经理1名、总经理助理1名），普通员工9名。

公司承担省、州、县下达的重大民生工程和重点项目建设投融资、土地开发、国有资产经营管理、金融股权投资、基金管理与资产管理、房地产投资建设与开发、能源开发、地产置业、交通建设、环保产业、水务投资开发建设，县人民政府决定的其他投融资业务。

项目实施　罗甸县2015年棚户区改造河滨新区安置房及公租房建设项目于2015年3月正式启动。该项目为罗甸县2015年重大民生工程，位于罗甸县龙坪镇城东新区，总投资约2.9亿元，占地面积77.3亩，拟建设安置房、公租房、商铺、综合市场（含农贸市场、夜市小吃及地下车库）及附属绿化和道路设施。项目完成投资约0.8亿元，综合市场主体基本完成；3–7号楼正在进行主体施工。

第二章　环境保护

第一节　环境污染

一、机构

罗甸县城乡建设环境保护局，1991 年内设环境监理站、环境监测站。1992 年从城乡建设环境保护局分离出来，归属县国土局，在国土局内设环境监理站、环境监测站。1998 年 3 月，成立罗甸县环境保护局（以下简称环保局）。2002 年机构改革，保留 3 个职能股（室）：办公室、开发与环境管理股、环境污染控制股。增设 2 个直属事业单位：环境监测站和环境监理站，同年 9 月环境监理站更名为环境监察大队。2014 年环境污染控制股更名为生态文明建设股，开发与环境管理股更名为环境保护管理股，在岗干部职工 26 人。2015 年机构内设 2 股 1 室 1 队 1 站（即生态文明建设股、环境保护管理股、办公室、环境监察大队、环境监测站），干部职工 26 人，其中：行政 8 人、事业 16 人，工勤 2 人，干部学历：研究生 2 人、本科 14 人、大专 7 人、中专 3 人。

根据 1999 年 9 月省委组织部通知，县环保局领导班子及领导干部实行双重管理体制，以地方党委管理为主、上级环境保护部门党组协调管理。

二、污染源

罗甸县环境污染主要是大气污染、水污染、固体废弃物污染和噪声污染。

大气污染主要来自能源的燃烧和矿石的消耗、碾磨等，按其污染源主要分三类：一类是工业污染，建材、冶炼企业所排出的烟尘、粉尘、二氧化碳、氮氧化物。工业污染源以水泥、铁合金、制砖、矿山开采、桐油加工为主。从第一次污染源普查数据得知，2007 年年底，全县工业污染源 113 个，其中水泥企业 3 个、铁合金企业 3 个、制药企业 1 个、食品加工企业 1 个、制砖企业 19 个、桐油加工企业 13 个，硅矿开采企业 3 个，铁矿开采企业 3 个，石灰石开采企业 64 个，农副产品加工企业 2 个，钢铁冶炼企业 1 个。二类是生活污染源，是指居民、机关和服务行业由于餐饮取暖等生活需要，燃烧矿物燃料排放烟尘造成的低空大气污染，2013 年全县二氧化硫排放量 1530 吨，氮氧化物排放 924 吨，氨氮排放 181 吨，化学需氧排放 1306 吨。2015 年二氧化硫排放量 1400 吨，氮氧化物排放 900 吨，氨氮排放 128 吨，化学需氧排放 1000 吨。三类是各类机动车辆和轮船等交通工具尾气排放含一氧化碳、氮氧化合物、铅等造成的大气污染。

水污染来自城镇居民生活废水和工业废水污染，染污的区域在县城主要是以莲花塘经河滨路至马草寨的河道，龙滩库区形成后，原县水泥厂、工业硅厂至马草寨一带形成的水面污染严重。边阳镇、逢亭镇、沫阳镇、罗悃镇和原板庚乡的河水都受到严重污染。工业废水主要来自铁合金行业的间接冷却和洗矿废水，水泥行业磨机冷却水，制药企业生产废水。据统计 2014 城镇产生废水 305 万吨，其中：生活废水年排放量占废水排放的 85%，工业废水排放占 15%。2007 年龙滩水电站下闸蓄水，八总临时码头形成长 700 米，宽 70 米，平均厚度达 0.1 米以上的漂浮物。此后，每年雨季过后都会在码头留下大量漂浮物，影响过往船只安全行驶，影响库区水质。

固体废弃物污染主要是工业固体废弃物，修建道路弃渣和生活垃圾。工业固废主要是矿山开采产生的尾矿弃土废渣，燃煤锅炉产生的煤渣、粉、煤灰；石材加工产生的污泥、废料；铁合金行业的炉渣及微硅粉，以及制药行业的药渣、煤渣等。年产生 5 万吨左右，修建道路弃渣是县内固废污染的主要来源，道路弃渣排放每年在 10 万吨以上。城乡居民生活垃圾，是废固污染的重要来源。2014 年产生垃圾 7.5 万吨，平均每天产生垃圾居民生活 205.47 吨。2015 年产生居民生活垃圾 8.3 万吨，城乡生活垃圾无害化处理率为 77%。

县城噪声污染较为严重，尤其是夜间，造成噪声超标的主要来源是交通汽车和机动三轮车、摩托车。部分露天广场舞的声乐造成县民族中学周边噪声污染严重。

第二节 环境监测

2005年，黔南州环境保护监测站对罗甸县进行2次城市环境背景值监测，监测结果，县环境质量得到逐步改善，环境质量总体情况为：

空气环境质量低于《环境空气质量标准》（GB3095-1996）的三级标准，空气污染综合指数大于3小于4，空气质量为较好，属轻度污染，空气中的首要污染物为二氧化硫（SO_2）总悬浮颗粒物（TSP）。地表水环境质量仅达到《地表水环境质量标准》（GB3838-2002）IV类水质，石油类超标；县城集中式饮用水源水质达到《地表水环境质量标准》（GB3838-2002）III类标准。声环境质量：城区昼间平均等效声级为64.9分贝，达到《城市区域环境噪声标准》（GB3095-93）III类标准；夜间平均等效声级为60.3分贝（dB），超过IV级标准5.3分贝。夜间噪声超标的主要声源是交通噪声和机动三轮车。

2006年，空气环境质量稳定保持在《环境空气质量标准》（GB3095-1996）二级以上标准，空气污染综合指数大于1小于2，空气质量为良；地表水环境质量稳定保持在（GB3838-2002）III类以上标准，达到I、II类水质情况。县城集中式饮用水源水质达到（GB3838-2002）I类标准。声环境质量为重度污染，城区昼间平均等效声级为65.9分贝，夜间平均等效声级为55.3分贝，污染的主要声源为交通噪声。

“十一五”（2006—2010年）期间，县委、县政府通过强化农村环境综合治理，对饮用水源、城区油烟、噪声、扬尘的污染防治，医疗废水有效处理，取缔县城区经营性燃煤炉灶，推广清洁能源，绿化、硬化、净化街道等措施。辖区环境空气质量、地表水水质、出境断面水质等均达到或优于国家规定的功能区相关标准：辖区环境空气质量稳定保持在《环境空气质量标准》（GB3095-1996）二级标准；县境内地表水总体良好，出境断面水质达到水环境功能区要求；县城集中式饮用水源地水质稳定保持《地表水环境质量标准》GB3838-2002II类标准；城镇区域环境噪声得到有效治理；污染物排放总量得到控制，工业“三废”排放量有不同程度的削减。2010年环境统计数据，烟尘排放总量为0.38万吨，与“十五”期末相比，下降74%；工业粉尘排放总量为0.44万吨，下降57%；工业废水排放总量为27.84万吨，下降96%；工业固体废物综合利用及处置率达到99%。

2013年，县城空气环境质量稳定保持在国家环境空气质量二级标准以上，地表水县出境断面水质稳定保持在《地表水环境质量标准》(GB3838-2002)Ⅲ类标准以上，县城集中式饮用水源水质稳定保持在《地表水环境质量标准》（GB3838-2002）Ⅱ类以上，水质达标率为100%。二氧化硫（SO_2）排放0.15万吨、化学需氧量（COD）排放0.13万吨、氮气化物（NOx）排放0.09万吨（含机动车）、氨氮排位0.18万吨，各项主要污染物排放总量控制在省、州下达的指标内；2013年环境统计数据，烟尘排放总量为0.2万吨，与2010年相比，下降47%；工业粉尘排放总量为0.55万吨，增加26%；工业废水排放总量为4.82万吨，增加21.44%；工业固体废物综合利用及处置率达到98.02%。

2014年开展县城背景值（县城空气质量）和每月饮用水水质（含7个乡镇）监测工作，1-12月背景质监测结果：本县空气质量为优（$p<1$），地表水质量达到国家Ⅲ类水质标准，县城集中式饮用水源水质达标率100%。2015年县城区空气质量达标率及集中式饮用水源水质达标率均为100%。

第三节 环境治理

1998年罗甸县开始执行排污许可证制度，对污染企业实行收费管理，依法对污染企业及源头进行治理，2015年全县治理工业污染企业29个，制砖企业19人、制药业1个，食品加工业1人，工矿开采业 3 个，农副产品加工业 2 个，建材生产加工业 2 个、铁合金企业 2 个。

一、污染物总量控制

2000 年黔南州政府将 12 种主要污染物（烟尘、工业粉尘、二氧化硫、工业固废、石油类、氢化物、砷、汞、铅、铬）计划排放量下达 12 个县市，其中：下达到罗甸县的有 5 种污染物，即烟尘 0.08 万吨、工业粉尘 0.23 万吨、二氧化硫 0.11 万吨、化学需氧量 0.04 万吨、工业固废 0.04 万吨。2010 年末，全县二氧化硫排放总量控制在 0.16 万吨以内，化学需氧量排放总量控制在 0.11 吨以内，出境断面水质达到功能区要求。县内二氧化硫、氮氧化物、化学需氧量，氨氮等四项主要污染排放量都在省州下达的总量控制指标范围内，县内排放四项主要污染物的企业有信邦制药股份有限公司、贵州省罗甸县明盛矿业有限公司、贵州省罗甸县国鑫矿业有限公司等。通过改造完善污染防治设施，上述企业都实现污染物达标排放。2015 年，二氧化硫、氮氧化物排放总量控制在 0.14 万吨、0.06 万吨以内，化学需氧量、氨氮排放总量控制在 0.1 万吨、0.0128 万吨以内。

二、排污许可证和排污收费

1999 年 5 月，按省环保局 1998 年 11 月通知，各地、州、市、县全面推行排污许可证制度，罗甸对工矿企业、饮食、娱乐、服务行业等“三产”行业颁发排污注册登记证，严禁无证排污行为。是年，县环保局共核发排污许可证 568 个，排污注册登记证 550 个，占应核发企业数的 85%。2014 年严格执行排污许可制度，加强排污许可证的核发管理，严查无证排污和超标排污，到年底，共换发排污证 25 件。2015 年新环保法实施后核发排污许可证 9 件。

1998 年环保局开始向排污企业收取环境损失补偿费即排污费。2003 年 7 月前，征收的排污费按照“收支两条线”全额上缴县级财政管理，其中：30% 可用于县环保机构自身能力建设，70% 用于补助污染源治理。是年 7 月，《排污费征收使用管理条例》施行后，其征收、使用严格实行“收支两条线”上缴中央财政 10%、省财政 10%、州财政 20%、县财政 60%，作为环境保护专项资金管理。1998 年收取排污费 15.7 万元，2015 年依法收取排污费 51.92 万元。各年度收费情况如下：

1998—2015 年排污收费表

表 10-5　　　　　　　　　　　　　　单位：万元

年度	排污费	年度	排污费	年度	排污费	年度	排污费
1998	15.7	2003	60	2007	36.8	2011	28
1999	18	2004	42.2	2008	38.92	2012	48.5
2000	20	2005	44.6	2009	31.45	2014	112.916
2001	16	2006	36	2010	41.35	2015	51.92
2002	35	–	–	–	–	–	–

三、工业污染源废气治理

2001 年，通过对水泥、铁合金、制药、食品加工等重点企业、重点行业实施限期治理，促使企业废气稳定达标排放，减少二氧化碳、烟尘、粉尘等污染物的排放，对工艺落后，污染严重，治理无望的企业实行依法淘汰。2007 年 5 月，县内的水泥、铁合金、制药、食品加工等企业均得到有效治理，其中：罗甸县鑫鹏公司（原工业硅厂）、宏宇公司（原楚犀公司）、中水蒙江公司罗甸冶金分公司共投入 930 万元，对生产废气实施治理，安装布袋收尘装置，通过州环保局达标验收。对罗甸县宏发铁合金厂、水电铁合金厂、宏发碳化硅厂、三兴碳化硅厂等重点工艺落后企业实行依法淘汰。2007 年年底，完成信邦公司、黔龙食品公司燃煤锅炉治理，两个企业安装全石质狭缝水喷冲式碱法脱硫除尘器，燃煤锅炉实现稳定达标。2008 年县人民政府对县水泥厂、泰安水泥厂、清阳水泥厂 3 个企业下达限期整改通知。是年 6 月底，罗甸县水泥厂完成治理任务，通过州环保局监测验收达标。

2013 年年底，淘汰关停罗甸县水泥厂、泰安水泥厂和清阳水泥等 3 个水泥厂和罗甸县鑫鹏公司（原工业硅厂）。2015 年国鑫矿业（宏宇公司）、明盛矿业（中水蒙江公司罗甸冶金分公司）投入巨资进行设备升级改造，将 5 台 6300 千伏安矿热炉升级为 16500 千伏安金属硅冶炼电阻炉，升级改造烟尘排放减少、上隆茶果场将燃煤锅炉升级为燃油锅炉，减少大气污染排放。2001 年全国推行使用清洁能源，至 2014 年建成沼气池 9155 口，城镇居民使用电、液化气等清洁能源达到 98%。

四、水污染防治

工业废水治理 县内工业废水主要来自铁合金行业的间接冷却水和洗矿废水，水泥行业磨机冷却水，制药企业生产废水。2001 年年底，县内的水泥生产企业都修建循环利用水池，对磨机冷却水进行回收利用，实现生产废水零排放。2002 年信邦制药公司完成生产废水治理，通过省环保局监测验收，实现稳定达标。2007 年年底，铁合金企业配套修建废水循环利用池和沉淀池，对矿热电冶炉冷却水全部回收利用，对洗矿废水进行沉淀分离，大部分回收利用，极少外排。2014—2015 年坤达石材、茂玉石材等辖区较大石材厂都配套建设标准多级沉淀池，污水处理后实现循环利用；2015 年，信邦公司完成日处理 300 吨污水处理站改造并通过州环保局验收。

2013 年年底，关停所有铁合金厂和水泥厂，对县内 2 家铁矿采选企业（贵阳金昌精密铸造有限公司和贵州省罗甸县湘黔矿业有限责任公司）及相关石材加工企业修建废水沉淀分离池，大部分废水回收利用；县内金属硅冶炼企业炉冷却水全部回收利用；县内信邦制药公司废水通过处理后，达标排放。2014 年安排专人进驻县城污水处理厂开展日常监督，11 月 30 日关停页岩专厂 4 个，石材加工厂 1 个，完成节能减排技改项目 1 个，实现 SO_2 削减量 120.1 吨，NOX 削减 16.1 吨。2015 年，信邦公司完成 10 蒸吨燃煤锅炉烟气治理设施升级改造，安装了双碱法脱硫除尘设施及在线监控设备；辖区 12 家火砖企业完成烟气治理设施安装调试，进一步削减辖区 SO_2、烟粉尘及 NOX 排放量。

医疗废水治理 2005 年前县内医疗废水未经严格处理直接排放。2006 年年底，通过分批次下达限期治理，县城区医疗机构（县人民医院、中医院、血站、计生服务中心）2012 年都建有污水处理站或采取污水处理措施，医疗废水实现有效处理，达标排放，占县城区医疗废水排放量的 90% 以上。2015 年罗甸县第二人民医院、边阳济安医院按照要求新建污水处理站投入使用。

饮用水源治理 2004—2007 年，投入 30 多万元，对县城集中式饮用水源综合治理，拆除违章简易棚及畜禽圈舍 23 个，厕所 4 个，修建沼气池 23 个，化粪池 37 个，多级沉淀池 2 个，垃圾中转站 3 个，河道隔墙 74.76 平方米。2006 年，对县城饮用水源水质每月取样监测一次，及时掌握饮用水质情况，饮用水源水质达到国家饮用水质标准。2007 年完成对八总临时码头的湖面漂浮物的打捞工作，打捞漂浮物约 3 吨。2014 年对罗甸港码头漂浮物进行打捞，出动船只 60 艘次，人员 220 人次，投入资金 3.6 万元。

县污水处理厂于 2010 年 6 月建成投入使用，城镇生活污水处理率为 80%，2014 年关停禁养区内规模化畜禽养殖场（小区）5 家，实现 COD 削减 415 吨，NH3-N 削减 47.25 吨。投资 30 万元完成边阳镇饮用水水源地保护区标志设置及相关设施建设。2015 年罗甸县污水处理厂二期工程建成投入运行，日处理污水能力达到 1 万吨，管网约 28 公里，覆盖县城区 4.2 万人。污水处理率为 86%。

固体废弃物治理 工业固废主要是矿山开采的剥离弃土，为妥善处置这些废渣，对矿山环评审批时，环保部门要求各矿山都要修建渣场或挡土墙，集中堆放固废，防止水土流失。制砖、水泥、铁合金等企业基本实现无渣滓生产，固废排放极少。2014 年起，加强工业企业固废综合利用服务指导和监督，要求企业将煤渣、粉煤灰等用于道路建设或制砖原料，将工业硅固废统一外销，制药行业药渣用于农业生产。2015 年固废综合利用率达到 100%。

生活垃圾处理 2009 年前建成 2 处垃圾填埋场，采用简易填埋和焚烧处理，2010 年投资 3240 万元在所也方向距县城 5 公里建垃圾处理厂 1 个，占地 128.55 亩，总库容量 43.12 万立方米，日处理垃圾 65 吨，日处理渗滤液 40 吨。县生活垃圾卫生填埋场于 2013 年 8 月建成投入使用，县城生活垃圾实现卫生填埋。

2015 年，利用移民专项资金建成茂井镇垃圾填埋场、红水河镇垃圾填埋场，2 个垃圾处理场日处理垃圾 5.2 吨。同时依法开展危险物规范化管理，是年县内 10 家医疗机构与黔南州危险废物处置中心签订相关合同。

噪声污染治理　治理噪声污染主要是引进出租车，开通公交车逐步取代机动三轮车，同时对县城街道水泥路面进行油路改造，在重要时段对噪声源地进行管制。

1997 年引进贵阳夏利出租车 30 辆，2008 年 4 辆公交车投入使用，2013 年罗甸路运公司 50 辆出租车，6 辆公交车投入运营。从 2010 年开始减少机动三轮车运营，至 2013 年县城机动三轮车全部取消。

2003 年开始 1 月 1 日禁止在县城区内燃放烟花爆竹。2013 年以后禁放范围扩大至县城规划区内（含马草村、五星村和交苑村）。

2008 年对县城和边阳镇建筑工地、娱乐场所、居民区和“三产”经营户下达《罗甸县环保局关于在高、中考期间加强环境噪声污染监测管理的通知》，从 2008 年开始每年在高、中考期间，关闭县体育中心、明珠广场，各娱乐场所暂停活动，考点周边的建筑工地暂停施工，组织环境执法人员巡查，确保 2 个考点周围环境安静。要求县城各建筑工地都建围墙和挡板，减少施工噪声对居民生活的影响。

2013—2014 年完成县城 12 条街道“白改黑”工程，县城主要街道路面全部由水泥路面改为沥青路面，2014 年建成明珠广场，分流了县体育中心跳广场舞人群，减少噪声对民中校园的影响。

2015 年 10 月进行殡葬制度改革，县城机关企事业单位职工和周边村寨所有公民死亡后，遗体送到云干方向距县城 6 公里处的鹤归园殡仪馆集中治丧，禁止在县城街道或居民聚居区开展治丧活动。

第四节　生态保护

生态环境保护和建设：一是保护、恢复植被，二是控制农村面源污染，三是建立森林公园。在植被的保护和恢复方面，主要通过退耕还林，荒山造林，封山育林，提高森林覆盖率，2003—2007 年，全县完成还林、造林、育林面积 17.8 万亩，森林覆盖率由 2003 年的 35.84% 上升到 2007 年的 41.6%。全县共建成沼气池 9155 口，建立生态农业示范村 9 个。2008—2014 年共完成还林、造林、育林面积 35.37 万亩，森林覆盖率由 2007 年的 41.6% 上升到 2014 年的 48.6%。2015 年森林覆盖率达到 52.6%。在控制农村面源污染方面，2011—2015 年县投入上级专项资金 500 万元，在油海村、屯脚村、过高村、凤亭村、董架村、木引村、沫阳村、访里村等 15 个村开展农村环境治理，建成潜水、垃圾设施改善农村生活环境。通过改厕、改圈，大力推广使用沼气，建立农村生态示范点，农村环境卫生明显改观。2008—2014 年，全县共建成沼气池 4830 口。2011—2015 年共创建省级生态示范村 5 个（大井村、油海村、板庚村、董当村、董当村、五星村）生态示范乡镇 2 个（龙坪镇、沫阳镇）。

第五节　环保宣传

每年“六五”世界环境日期间，县举行一系列专项宣传活动，通过罗甸电视台报道、宣传罗甸环保；在全县范围内举行环境有奖征文、获奖文章 39 篇，组织环保演讲比赛；每年召开 1—2 次规模约 30 人的工矿企业、县直部门负责人座谈会，为环保工作建言献策；以“六・五”世界环境日为重点，结合科技日、安全生产月等活动，环保相关部门上街开展咨询宣传活动，印发宣传资料 2 万余份，接待咨询服务对象 400 余人次，展现宣传图片等。同时，配合县教育局，在 2002—2005 年期间，每年各自筹集 5000 元作为县宣传教育基金，在全县中小学开展创建绿色学校活动。2013 年底，全县共创建绿色学校 14 所，其中：省级绿色学校 8 所（罗甸县民族中学、龙坪一小、龙坪二小、龙坪三小、边阳中学、沫阳中学、罗甸二中、龙坪四小），州级绿色学校 6 所（罗悃小学、罗悃中学、龙坪落脚河小学、边阳兴隆小学、罗甸县职业中等学校、罗沙中学）。2014 年县环保局组织人员到沫阳镇开展入户宣传保护水源的重要性，并利用场天进行集中宣传，发放环境保护知识手册，倡导群众在生活中规范排放生活污水、倾倒垃圾行为，防止饮用水源污染。

第六节　环保执法

2006年罗甸县环保局根据贵州省和黔南州对环境污染源监察的安排部署，开展环境监察执法工作。2006年监察冶炼行业7家，水泥行业3家，板材行业2家、硅厂4家、制药厂1家、医疗机构3家、7个移民复建工程点，3个水电站建设项目。现场发监察县城饮食业，锅炉等204户，下达违法行为改正通知书15份，现场监督监察执法通知书8份。对省桥梁公司中铁十四局在修建移民复建公路时，将大量废弃物排入河道，严重违反《中华人民共和国水污染防治法》，下达限期整改通知书，省桥梁公司未整改，继续向河道排渣，对该公司处1000元罚款。是年开通“12369”环保举报热线电话，设立环境新举报箱1个。2006—2010年接信访案件66件，2011—2014年接信访案件82件，环保局接到投诉后即组织人员到现场核实，对违规企业进行警告或责令业主进行整改。

2007年现场监察排污企业33家，饮用水源1个，3个水电站建设项目。对罗甸码头硅厂、县干江河硅厂、县祥华矿山未办理环保审批手续，接整改通知后仍不补办手续继续开工生产，分别给予7000元、3000元、3000元罚款。县锦翠石材厂拒绝缴纳排污费，被处1500元罚款。

2008年对偷排污水企业下发整改通知书18份，环境保护监督监察执法通知书29份，违法行为改正通知书7份，对4家偷排企业在罗甸新闻上曝光。根据风亭乡海里组村民举报贵州金阳公司在矿开采中造成生态环境严重破坏。接报后环保局五次深入矿山调查，发现金阳公司固废处置不规范问题，于8月29日对凤亭乡仁矿铁矿开采的金阳公司下达行业整顿通知，要求金阳公司完成海里组河道排洪沟清理，经环境评估合格后才能开工生产。该公司未按要求进行整改，被罚款3万元，由县政府建议省国土厅对仁矿矿山不再办理延续开采手续，矿山关停。

2009年出动环境监察执法人员1300人次，现场监察企业730户次，下达环境保护监督监察执法通知书21份，环境违法限期改正通知书9份。对泰安公司环保设施运行不正常和县水泥厂超标排污行为，依法作出停业整顿5天和15天的行政处罚。

2010年出动环境监察执法人员900余人次，现场监察企业340户次，下达环境保护监督监察执法通知书8份，限期整改通知书2份，坚持每月对县城集中式饮用水源现场监察1次。

2011年出动环境监督执法人员400余人次，现场监督企业160户次，下达环保监察执法通知书18份，环境违法限改通知书2份，处理群众环境信访投诉20件，承办并答复县人大代表建议2件。

2012年现场监察企事业单位200余户次，下达违法限改通知书7份，受理群众环境投诉9件，答复县政协委员提案2件。

2013年加强水源点监测工作，坚持对县城取水点，边阳水库、木引取水点每月一次监测工作。现场监察企事业单位100余户次，下达违法限改通知书27份，严格执行排污许可证制度，严查无证排污和超标排污违法行为，办理群众环境投诉22件。

2014年出动环境监察执法人员628人次，现场监察厂矿企事业单位108次，下达违法限改通知书30份，环境执法通知书28份，对10户水晶加工点进行检查，协同公安、工商、文化稽查对酒吧进行检查并下发限期整改通知书，2家酒吧按要求完成整改。2015年出动环境监察执法518余人次，现场监察厂矿企事业167余家次，处罚环境违法行为21起，罚款31.83万元。

第十一篇　交通运输 邮电

第一章　交　通

第一节　机　构

罗甸县交通局 1991—2011 年下辖事业单位有：公路养护段、县乡公路管理所、公路运输管理所、公路养护费用征收所、公路测设站、客管局、测量队等 7 个副科级事业单位。2002 年成立海事处（正科级事业单位）属县交通局管理。

2001 年撤销公路养护费用征收所。2005 年测量队更名为公路测设站，2011 年 10 月县交通局更名交通运输局。2012 年又更名为公路勘察设计站。2013 年客管局与公路运输管理所合并设罗甸道路运输管理局。2014 年县乡公路管理所更名为农村公路管理局。

县交通运输局内设办公室，规划建设股、技术管理股。设局长 1 人、副局长 3 人，另外海事处、道路运输管理局，农村公路管理局 3 个单位的负责人由县交通运输局副局长兼任。1991 年在职干部职工 10 人，2014 年 32 人，2015 年人员没有变动。

第二节　公路建设与管护

省道　全县管养的 S312 线，原名册三公路（贵州册亨—广西三江），罗甸县境内 92 公里。2003 年独山—罗甸路段改造为四级柏油路（境内 48 公里）。贵罗公路（贵阳—罗甸）全长 166 公里，罗甸境内 57 公里。贵罗公路原规划为国道 G210 线，2003 年更名为省道 S101 线，2002 年惠水—罗甸路段改造为四级柏油路（境内 57 公里），2010 年，罗甸—红水河 66 公里二级路及干江河—望谟交界 7 公里三级路竣工验收。完成通乡油路：罗甸县城—八总 22 公里，母王贤—交砚 7 公里，平榜—罗暮 9 公里，罗悃—罗妥 21 公里，独坡—平岩 19 公里；完成通乡镇油路 8 个 77 条 581.76 公里，其中：合格 41 条 305.33 公里，优良 6 条 28.17 公里。总投资 8541.17 万元。2013 年，罗甸县 170 公里干线公路全部实现沥青路面，S312 线公路等级提升为 G552 国道，部分路段属二级公路。省道 S101 线提升为 G212 国道。2015 年县境县道通车 376 公里，乡道 525 公里，投资 49525.36 万元。

经过多次技术改造，S101 线、S312 线罗甸县境内最大纵坡降为 9%，最小转弯半径大于 15 米，路面最窄处大于 7 米，大桥 6 座，中桥 8 座，小桥 9 座，大小涵洞 348 道，二级公路 71 公里。波形梁 58890 米，防撞墙 15430 米、示警柱 2126 棵，示警墩 4790 墩，各种交通标志牌 720 块。

惠罗高速公路（罗甸段）工程，于 2012 年 11 月 15 日开始施工，截至 2014 年 10 月，79 座桥梁建成桥墩 57 座，完成 T 梁架设安装 21 座，正在架设 T 梁 36 座，完成桥面铺装 9 座。桥面正在施工 12 座，22 座隧道已贯通 10 座，半幅贯通 12 座，完成隧道衬砌 8 座。路基工程完成土石方 2325 万立方米，基本完成路基的25.55公里，年底完成总工程量的60%，2015年8月28日惠罗高速公路（断杉至罗妥段）竣工通车。平罗高速公路2015年底完成施工设计、征地拆迁及招标工作，12月19日罗望高速公路开工建设。

县道、乡道 1978—2015年建成县道、乡道里程417.98公里，其中：县道156.98公里，乡道261.02公里。2000年，三岔河－大关17公里油路改造完成，结束了罗甸农村公路无沥青路面的历史。此后的6年时间，边外河—打郎、边阳—董王、边阳—大关3条县乡公路相继完成油路改造，2012年，罗甸—茂井—大亭、高栏—红屯—黎子坳—班仁、梨子坳—凤亭3条通乡油路建设完成，实现乡乡通油路目标。2014年续建县乡道改造项目：深井—塘边（罗甸段）1.12公里，边阳至三岔河13.08公里，边阳—栗木段5.3公里用于栗木大道整合实施，年底全部竣工。完成上隆—花桥三级路（起于县道X961逢亭至纳坪公路K11+800处），改造施工图纸设计，2014年12月20日前完成招投标，2015年1月20日正式进场施工，年底完成路基工程，完成路面填隙碎石及级配层铺装9.87公里，交安工程1.03公里，工程形象进度85%。

全县县乡道现状表

表11-1

路线编码	路线名称（县乡道）	最后建设改造年份	起讫点桩号（公里）	资金（万元）	路面类型
-	四级道	-	-	418	-
X954522728	罗甸至八茂（县道）	2009	K0+000—K49+611	49.61	沥青表处
X956522728	边外河至上隆村（县道）	2005	K0+000—K28+631	28.63	沥青表处
X958522728	边阳至三岔河（县道）	2004	K0+000—K39.818	39.82	沥青表处
X961522728	木引至打郎（县道）	2004	K0+000—K12+004	12	沥青表处
X960522728	干江河至羊里（县道）	2006	K0+000—K26+913	26.91	-
-	县道	-	-	156.98	-
Y002522728	逢亭至木引（乡道）	2004	K0+000—K23+690	23.69	沥青表处
Y003522728	八茂至凤亭（乡道）	2011	K0+000—K25+244	25.24	沥青表处
Y004522728	边阳至交砚（乡道）	2006	K0+000—K13+495	13.5	沥青表处
Y005522728	平榜至罗暮（乡道）	2009	K0+000—K8+316	8.32	沥青表处
Y008522728	沫阳至大亭（乡道）	2011	K0+000—K56+159	56.16	沥青表处
Y009522728	罗悃至罗妥（乡道）	2009	K0+000—K20+795	20.8	沥青表处
Y010522728	独坡至平岩（乡道）	2010	K0+000—K18+431	18.43	沥青表处
Y011522728	梨子坳至班仁（乡道）	2011	K0+000—K18+218	18.22	沥青表处
Y013522728	上隆至纳平（乡道）	2007	K0+000—K17+761	17.76	沥青表处
Y014522728	母王贤至董王（乡道）	2004	K0+000—K15+266	15.27	沥青表处
Y012522728	沫阳至董当（乡道）	2006	K0+000—K8+396	8.4	沥青表处
Y105522728	塘边至深井（乡道）	2007	K8+133—K9+360	1.23	沥青表处
Y001522728	边阳至大文（乡道）	1998	K0+000—K12+000	12	混凝土
Y007522728	跃进桥至翁堡（乡道）	2000	K0+000—K8+000	8	混凝土
Y017522728	纳平至百花（乡道）	2006	K0+000—K4+000	4	混凝土
Y006522728	八吝桥至交广（乡道）	1998	K0+000—K10+000	10	混凝土
-	乡道	-	-	261.02	-

村道 罗甸县2003年开始修建通村公路，路面为泥结碎石路，属于等外公路，路基宽3.5—4米，每公里投资5—10万元，每公里县级配套0.5—1万元，由黔南州公路处下达计划，县交通局组织实施。2003年完成9条48.8公里，2004年完成11条120.52公里，2005年完成8条88.32公里，2006年建成通

村公路3条21.8公里，其中罗悃镇纳闹林场—架良7.3公里、逢亭镇翁牛—罗江6公里、平岩乡下朝—联丰8.5公里。沟亭桥、里改桥已完工并通过州级验收。2007年完成通村公路11条81公里，至2013年年底共完成通村公路148条1162.46公里，沟通273个行政村及居委会，实现了村村通公路。2011年开始建设通村油路（水泥路），当年完成边阳三小—简耐、云盘—八木、克麻井—董当、板庚—逢亭4条43.5公里通村油路（水泥）路建设。2013年完成罗苏—塘山、册山路—力毛平、甲哨—麻怀、抹尖—青坡、大平—堡上、打街—冗林、板庚—纳田7条64公里通村油路（水泥路）建设。2014年改造37个通村油路（水泥路）301公里，年底已完成工程量的80%。2015年实施通村水泥（油）路建设项目60个493公里，其中：乡镇实施项目33个275公里，农村公路管理局组织实施项目10个97公里，交通局实施17个121公里，总投资3.3亿元，完成1.51亿元。

2003—2015年全县通村公路表

表11-2　　单位：公里

所在乡镇	路线编码	项目名称	里程	备注
龙坪镇	–	–	55.84	–
龙坪镇	C112	林场—八一	2.68	已硬化村道
龙坪镇	C116	紫罗路—卡祥	4.9	已硬化村道
龙坪镇	C113	林场—八二	19.01	已硬化村道
龙坪镇	C111	惠罗路—七一	4.27	–
龙坪镇	C109	林场—金星	2.93	–
龙坪镇	C115	紫罗路—兴末	5.57	已硬化村道
龙坪镇	C108	纸厂—交谷	5.894	–
龙坪镇	C023	罗八路—五星	0.36	已硬化村道
龙坪镇	C205	八吝—新民	5.43	–
龙坪镇	C0245	铁合金厂—马草村	2.49	已硬化村道
龙坪镇	C018	边上线—顶访	0.79	–
龙坪镇	C022	罗斛大道—老城	0.66	已硬化村道
龙坪镇	C021	册三线—林霞	0.86	已硬化村道
板庚乡	–	–	69.43	–
板庚乡	C035	板庚—纳田	2.5	已硬化村道
板庚乡	C036	板庚—逢亭大桥	18.9	已硬化村道
板庚乡	C171	大坪—保上	10.27	已硬化村道
板庚乡	C169	五星—里免	8.18	已硬化村道
板庚乡	C172	对门—兴龙	8.31	–
板庚乡	C168	惠罗路—泽汉	14.38	–
板庚乡	C170	大平—林园	6.91	–
八总乡	–	–	38.36	–
八总乡	C186	交广—另桃	5.7	已硬化村道
八总乡	C028	移民新村—下儒	6.74	–
八总乡	C184	康达尔大桥—里矮	5.91	–
八总乡	C026	移民新村—里厦	4.63	–
八总乡、沫阳镇	C183	三叉路—交友	15.38	–
云干乡	–	–	39.67	–

续表

所在乡镇	路线编码	项目名称	里程	备注
云干乡	C174	云盘—八木	8.69	已硬化村道
云干乡	C175	云干—道角	5.33	已硬化村道
云干乡	C177	幸福桥—中心	5.19	
云干乡	C283	猴场—永进	6.32	已硬化村道
云干乡	C031	人家湾—云盘	3.29	–
云干乡	C178	幸福—干里	10.86	已硬化村道
边阳镇	–	–	25.36	–
边阳镇	C332	翁纳—明星	2.69	已硬化村道
边阳镇	C123	惠罗路—罗木	8.28	–
边阳镇	C005	边阳—前进	1.9	已硬化村道
边阳镇、云干乡	C125	大文—猴场	12.49	已硬化村道
罗沙乡	–	–	45.1	–
罗沙乡	C003	边阳三小—简耐	9.56	已硬化村道
罗沙乡	C159	边阳水库—里博沟	11.26	已硬化村道
罗沙乡	C199	母王贤—巴沙	8.81	已硬化村道
罗沙乡	C198	罗沙—平寨	4.77	已硬化村道
罗沙乡	C196	油海学校—翁选	8.28	–
罗沙乡	C195	蛮遥—翁定	2.42	–
栗木乡	–	–	54.77	–
栗木乡	C007	水淹坝—打号	9.86	已硬化村道
栗木乡	C521	深井—干洞	4.53	–
栗木乡	C190	栗木—拉昂村	19.38	已硬化村道
栗木乡	C189	拉昂学校—达上	5.87	已硬化村道
栗木乡	C523	田湾石场—新场	7.65	已硬化村道
栗木乡	C505	摆果—摆贡	2.82	已硬化村道
栗木乡	C522	韩平庙—深井	4.66	–
交砚乡	–	–	54.95	–
交砚乡	C275	交砚—告牙	13.6	已硬化村道
交砚乡	C017	告牙—大寨	9.64	已硬化村道
交砚乡	C203	交砚—和平	8.87	–
交砚乡	C200	交砚—交塘	5.98	已硬化村道
交砚乡	C202	交砚—播饶	5.39	–
交砚乡	C201	交砚—石兴	11.49	已硬化村道
董王乡	–	–	47.5	–
董王乡	C206	董王—油尖	3.81	–
董王乡	C208	董王—交足	5.03	已硬化村道
董王乡	C054	董王—油闹	3.5	已硬化村道
董王乡	C060	皮桶—打窖	6.63	–
董王乡	C546	董王—油烟	3.51	–
董王乡	C056	董王—打改	4.54	–

续表

所在乡镇	路线编码	项目名称	里程	备注
董王乡、木引乡	C058	董王—皮桶—摆落	19.6	已硬化村道
董王乡	C057	打改—尖坡	0.88	–
逢亭镇	–	–	70.11	–
逢亭镇	C080	逢亭—翁牛	4.41	已硬化村道
逢亭镇	C133	翁牛—罗江	3.92	已硬化村道
逢亭镇	C081	逢亭—公里	6.02	已硬化村道
逢亭镇	C134	小桥—布忙	3.87	–
逢亭镇	C277	纳闹—雷公滩	13.13	–
逢亭镇	C015	纳见—新光	5.41	已硬化村道
逢亭镇	C131	腮里—拱里	8.54	已硬化村道
逢亭镇、罗苏乡	C006	逢亭—花果山	20.17	已硬化村道
逢亭镇	C520	盐寨—纳上	2.49	–
逢亭镇	C506	盐寨—布吉	2.17	–
纳坪乡	–	–	14.87	–
纳坪乡	C228	扁怪—打金	3.42	已硬化村道
纳坪乡	C229	新坪—打金	11.46	–
木引乡	–	–	88.22	–
木引乡	C213	老奶坟—双河口	16.71	已硬化村道
木引乡	C220	木引—兴隆	11.46	已硬化村道
木引乡	C211	板当—高山	2.52	已硬化村道
木引乡	C218	长生—速进	6.46	–
木引乡	C08	纳猛—纳汝	16.97	–
木引乡	C223	把坝—罗平	7.5	–
木引乡	C001	从里—冗林	7.66	已硬化村道
木引乡	C160	木引—窖里	18.94	–
罗悃镇	–	–	63.05	–
罗悃镇	C086	纳闹—架良	2.74	–
罗悃镇	C153	石场—洞甲	4.03	–
罗悃镇	C157	冗瓦—朗顶	9.86	–
罗悃镇	C158	平艾—新坡	7.57	已硬化村道
罗悃镇	C089	双洞桥—平艾	3.38	已硬化村道
罗悃镇	C156	大理石场—上饶	8.04	–
罗悃镇	C087	罗纳路—玉里	6.16	–
罗悃镇	C155	纳闹—干村	2.6	–
罗悃镇	C154	岔河桥—各化	6.6	–
罗悃镇	C085	董王桥—纳冗	12.08	–
罗苏乡	–	–	22.81	–
罗苏乡	C096	罗苏—塘山	11.22	已硬化村道
罗苏乡	C129	上隆—花桥	9.88	已硬化村道
罗苏乡	C094	罗苏—龙井	1.71	–

续表

所在乡镇	路线编码	项目名称	里程	备注
罗暮乡	–	–	32.93	–
罗暮乡	C234	罗暮—冗袍	18.29	已硬化村道
罗暮乡	C264	保上垭口—白羊	9.11	
罗暮乡	C263	古屯—沫村	5.52	已硬化村道
罗妥乡	–	–	41.99	–
罗妥乡	C011	下妥—俄村	3.47	–
罗妥乡	C533	牙村—交算	18.51	–
罗妥乡	C224	相亭—牙村	14.62	–
罗妥乡	C269	罗翁—交算	5.38	–
沟亭乡	–	–	30.09	–
沟亭乡	C274	沟亭—响水	5.15	已硬化村道
沟亭乡	C091	林场—布法	3.08	–
沟亭乡	C009	杨里湾—拉招	3.68	已硬化村道
沟亭乡	C266	布乃—冗响	1.39	–
沟亭乡	C334	果园场—平坡	3.31	已硬化村道
沟亭乡	C267	县林场—拉喊	7	–
沟亭乡	C013	上沟亭—雷坡	6.48	已硬化村道
红水河镇	–	–	41.29	–
红水河镇	C549	红水河—罗祥	18.94	–
红水河镇	C548	红水河镇新址—红河	22.34	–
沫阳镇	–	–	32.83	–
沫阳镇	C139	纳翁—里落大桥	3.92	已硬化村道
沫阳镇	C063	老沫阳—纳刮	6.56	已硬化村道
沫阳镇	C141	里改—里怀	15.68	–
沫阳镇、董当乡	C137	沫阳—江亭—先丰	6.68	已硬化村道
董当乡	–	–	35.41	–
董当乡	C067	克麻井—董当	6.71	已硬化村道
董当乡	C348	董当—拉良	1.4	–
董当乡	C065	董当—梅坡	1.67	已硬化村道
董当乡	C509	勇进—高峰	3.98	已硬化村道
董当乡、云干乡	C235	董当—幸福桥	21.65	已硬化村道
董架乡	–	–	29.76	–
董架乡	C236	董架—鼠场	12.91	已硬化村道
董架乡	C073	白龙—董细	12.54	–
董架乡	C564	瑶山—凉水井	4.31	–
平岩乡	–	–	32.01	–
平岩乡	C278	木林口—联丰	10.19	已硬化村道
平岩乡	C002	平岩—火龙	2.72	已硬化村道
平岩乡	C241	冗好—安阳	3.62	已硬化村道
平岩乡	C565	余家坳—青坡	9.24	–

续表

所在乡镇	路线编码	项目名称	里程	备注
平岩乡	C070	平岩路—下朝	6.25	已硬化村道
茂井镇	–	–	66.94	–
茂井镇	C145	兰西—康里	3.64	已硬化村道
茂井镇	C102	交上—东山	9.52	已硬化村道
茂井镇	C150	茂井—新茂	31.53	–
茂井镇、大亭乡	C148	丰井—高田	18.39	–
茂井镇	C147	小学—红屯	3.86	已硬化村道
班仁乡	–	–	25.99	–
班仁乡	C257	班仁—班台	3.1	已硬化村道
班仁乡	C339	班仁—仁兴	11.47	已硬化村道
班仁乡	C256	杀人坳—金祥	11.41	已硬化村道
凤亭乡	–	–	76.36	–
凤亭乡	C246	红光—高山	5.98	已硬化村道
凤亭乡	C106	梨子坳—国光	8.05	已硬化村道
凤亭乡	C244	凤亭—良坪	5.11	–
凤亭乡	C341	拉招—交吾	7.93	–
凤亭乡	C105	凤亭—勤丰	12.31	–
凤亭乡	C337	黎子坳—联明	6.72	–
凤亭乡、沟亭乡	C335	沟亭—凤亭	30.26	已硬化村道
大亭乡	–	–	26.9	–
大亭乡	C252	布江—布苏	4.25	已硬化村道
大亭乡	C248	停车场—北亭	4.07	已硬化村道
大亭乡	C249	九十九个保—牛棚	6.55	已硬化村道
大亭乡	C253	大亭路—布良	0.58	–
大亭乡	C250	亭西—田坝	11.44	已硬化村道

省道养护　公路养护管理，省道罗甸段由罗甸县养护段负责养护，公路养护管理从最初的人工养护，逐步实现半机械化施工养护。2000年后，逐步使用机械化施工和向公路管理网络化迈进。技术力量和人力资源不断增强，罗甸段有中级养护工32人，高级养护工3人，公路养护专业技术干部8人（中级职称3人，初级职称5人）、行政干部4人。机械设备有：工程车10辆、压路机2台、装载机1台、洒水车2辆、洒油车2辆，50T固定式热沥青储罐1个，沥青拌和机2台，切割机6台，摊铺机1台，碎石机8台，其他各类机械设备40余台，为公路建设及养护管理提供物资保障。1988—2009年没有设正式工、临时工搞道路维修。

省道路小修保养表

表11-3

年　份	路面类型	养护里程（公里）	年　份	路面类型	养护里程（公里）
1988	泥结碎石	150	1999	泥结碎石	150
1989	泥结碎石	150	2000	泥结碎石	150
1990	泥结碎石	150	2001	泥结碎石	150
1991	泥结碎石	150	2002	–	–

续表

年　份	路面类型	养护里程（公里）	年　份	路面类型	养护里程（公里）
1992	泥结碎石	150	2003	沥青路面	油 105 泥 45
1993	泥结碎石	150	2004	沥青路面	油 105 泥 45
1994	泥结碎石	150	2005	沥青路面	油 105 泥 45
1995	泥结碎石	150	2006	沥青路面	油 105 泥 45
1996	泥结碎石	150	2007	沥青路面	油 105 泥 45
1997	泥结碎石	150	2008	沥青路面	油 105 泥 45
1998	泥结碎石	150	2009	沥青路面	油 105 泥 45

大、中修工程表

表 11-4

时　间	工程项目	工程数量	投资金额（万元）
2005 年	油路中修	2	18
2008 年	油路中修	2	36
2009 年	油路中修	2	200

改建工程表

表 11-5

改造时间	改造里程（千瓦）	路面形式	资金来源	投资金额（万元）	位置（桩号）
2002 年	57	柏油路	国债	–	K100–K157
2002 年	40	柏油路	国债	–	K192–K231
2008 年	1	柏油路	公路局	88	K116–K117
2009 年	0.9	柏油路	公路局及地方政府	90	K108+650–K109+550
2009 年	0.4	柏油路	公路局及地方政府	40	K135+700–K136+150
2009 年	0.35	柏油路	公路局及地方政府	35	K193+210–K193+560
2009 年	1.3	柏油路	公路局及地方政府	130	K216+700–K218+000

桥梁养护表

表 11-6

桥　名	桩　号	桥长（米）	桥　型	修建时间	养护状况
边阳大桥	K116+300	60	板　梁	2002	良好
边阳小桥	K116+400	16	双曲拱桥	1972	良好
沙沟桥	K117+300	12	砼板桥	1965	良好
老猫坡桥	K123+850	15	石拱桥	1964	良好
龙潭桥	K139+600	10	砼板桥	1965	良好
落脚河桥	K151+340	20	石拱桥	1958	良好
跃进桥	K210+220	16	石拱桥	1958	良好
沫阳大桥	K217+390	95	石拱桥	1958	良好
红　桥	K219+120	20	砼板桥	1965	良好
莲花桥	K234+250	9	简支板桥	1963	良好

灾害防治表

表 11-7

时间	工程项目	工程地点	工程数量	金额（万元）
2008	雪凝恢复	K100–K105	5	12
2008	雪凝恢复	K193–K197	4	10

交通战备　2009 年成立交通战备领导小组，制定了值班制度，工作制度和相关的工作职责，每年不定期组织战备演练并进行战备总结。

安全生产与安保工程表

表 11-8

时间	线路	里程	投资（万元）	效果
2005	S101 线	57	–	良好

公路绿化表

表 11-9

时间	绿化线路	里程	投入资金	成效
2003 年	S101	57	–	–
2005 年	S101	57	–	良好

道班建设表

表 11-10

道班名称	道班基本情况
边阳道班	基地面积 2152 平方米，使用面积 845 平方米，老道房修建于 1986 年，新道房修建于 1997 年。
板庚道班	基地面积 6735 平方米，使用面积 351 平方米，老道房修建于 1980 年，新道房修建于 1991 年。
落脚河道班	基地面积 3356 平方米，使用面积 315 平方米，老道房修建于 1972 年，新道房修建于 1991 年。
董架道班	基地面积 5736 平方米，使用面积 328 平方米，道房修建于 1987 年。
沫阳道班	基地面积 5284 平方米，使用面积 321 平方米，道房修建于 1991 年。2009 年建成 1000 平方米的新型职工综合用房。
城关道班	基地面积 5370 平方米，使用面积 129 平方米，道房修建于 1973 年。
罗悃道班	基地面积 1325 平方米，使用面积 965 平方米，道房修建于 1986 年，
罗苏道班	基地面积 8298 平方米，使用面积 621 方米，老道房修建于 1973 年，新道房修建于 1988 年。
边外河班	基地面积 4832 平方米，使用面积 450 平方米，道房修建于 1972 年，因龙滩电站小淹被拆除。
综合库房	总面积 2000 平方米，使用面积 500 平方米，库房修建于 1972 年，因复建工程已全部被征用。

县、乡、村道养护　1991—1998 年，农村公路经过几年的建设发展，交付管养的总里程 285.34 公里，其中：县公路 121.6 公里，乡公路 163.74 公里，通达全县 26 个乡（镇）中的 24 个乡（镇）。

1999 年建成上隆—纳坪、母王贤—董王公路，乡乡通公路目标实现。列入管养的县乡公路 319.16 公里，均为凝结碎石路面，其中：县公路 121.6 公里、乡公路 197.56 公里。

2000 年完成三岔河—大关 17 公里油路改造，结束罗甸农村公路无沥青路面的历史。此后，相继完成边外河—打郎、边阳—董王、边阳—大关 3 条县乡公路油路改造，完成罗甸—八茂、八茂—红屯、八茂—黎子坳 3 条龙滩电站库区淹没公路复建工程，2013 年底，全县管养的县乡公路 381.78 公里，其中：县公路 156.98 公里（油路 80.45 公里）、乡公路 224.8 公里（油路 53.35 公里）；1329.46 公里村级公路列入乡级人民政府管养范围。

1991—2013 年，罗甸管养的农村公路由最初不足 300 公里增长到 1711.24 公里。

2014 年使用小修保养资金 431 万元，完成修复面挡墙 8500 平方米，清理边沟 380 公里，修复毁坏镶边 5000 米。是年争取到罗甸—八茂公路安保项目，总投资 332 万元，由州公路处组织实施，于 9 月 15 日进场施工，年底完成。是年县乡道大修项目为边外河—逢亭公路的边外河大渡河段 4 公里，总投资 315.51 万元，年底已完成级配碎石层铺装，2015 年 3 月完成。2015 年使用小修保养资金 455 万元，完成修补路面 87.65 万平方米，修复毁坏镶边 0.14 万立方米 /278 处；争取到八茂—大亭公路安保项目，投资 274 万元，11 月 15 日进场施工，12 月 15 日完工。争取到边外河—上隆公路大修项目，投资 335 万元，于 8 月 25 日进场施工，11 月 25 日完成。

第三节　公路运输

客运　罗甸客运企业主要有罗甸客运站和黔南交运公司罗甸分公司。

1988 年贵阳汽车客运公司投资 500 万元对罗甸客运站进行改扩建和设备更新改造。站场面积 6289.9 平方米，建筑面积 1609 平方米，设有候车厅、售票厅、办公用房、招待所、例检点等设施，分为长途站和短途站两个发车场，排发班线有省内长途、省际长途、县内短途等；每日排发客车 100 班次，日均运输旅客 1300 人次，年客运量 50 多万人次，属二级客运站。

21 世纪初期，现有客车站严重滞后于县域经济发展需要，2002 年 11 月经省州交通运输部门和罗甸县人民政府批准，对罗甸客运站进行易地新建，地址位于县城东出口大关路与环城路交汇处果科所园区，占地 25 亩，2012 年 4 月开工建设，由贵阳汽车客运有限公司投资 3000 万元，占地 16.67 万平方米，建筑面积 7793.2 平方米，停发车位 100 个，设计规模日发客车 300 班次，日旅客运输量 5000 人次。11 月通过验收，2013 年 1 月中旬正式投入运营。

边阳客运站 2006 年 10 月建成，2008 正式投入使用，站房面积 300 平方米，停车场面积 2776 平方米，日均发送旅客 800 人次，属于四级客运站。

2009—2013 年先后建成逢亭、沫阳、罗悃、红水河、罗暮、平岩、木引等乡镇客运站。2014 年建成板庚客运站和凤亭客运站，开通大亭客运班线，增加乡镇客运车 2 辆。2015 年建成班仁、交砚、董架、董王、大亭 6 个客运站。开通沫阳、罗悃 2 个镇农村客运，投入客运车 8 辆。在边阳镇、沫阳镇、罗悃镇 3 个镇客运站内安装视频监控。

黔南交运罗甸分公司有客车 96 辆，其中：高级客车 18 辆、中级客车 78 辆，开通客运班线 37 条。管理 7 个乡镇的客运站，安装有 GPS 监控。

货运　罗甸县有 3 家货运公司：新亚运输公司、大运丰货运公司、万天运输公司。2014 年有货车 570 辆，其中：重型货车 33 辆、大型货车 14 辆、中型货车 51 辆、小型货车 472 辆。2015 年全县有货车 461 辆、客车 82 辆，其中：高级车 18 辆、中级车 61 辆、普通车 3 辆，客运专线 46 条。

第四节　运输管理

省道管理　1991 年罗甸公路养护段，按照《贵州省公路路政管理暂行办法》等文件实施路政管理工作。路政执法人员每月上路巡查不少于 16 天，每次巡查不少于 50 公里，做到及时发现问题及时纠正处理。2003 年在龙坪镇 S101 线与 S312 线交叉点设立超限运输稽查站，采取定点检查与流动稽查相结合开展超限运输稽查工作。1991—2013 年，先后购置三轮摩托车、雅安车、白泉车、桑塔纳车、帕拉丁车作为路政执法车；办公设备有电脑3台、数码相机2台、录音笔1支、惠普打印机1台。

县、乡道管理 1991年县路政管理办公室（简称“路政办”），专门对县境内省道和县乡道实施路政管理，完成县境内2条省道、5条县道、13条乡道公路地界划定及界牌设置，路政办随之撤销，路政管理业务分别回归县养护段和养护工区办理。

1998年养护工区更名为县乡公路管理所，2001年2月，县乡公路管理所设立路政股，农村公路路政管理中队，依照《中华人民共和国公路法》等法律法规开展路产路权保护及超限运输治理工作。2004年处理路产路权13起，2005—2009年处理路产路权14起，2010—2014年处理路产路权28起。2015年查处乱堆乱放、乱搭接破坏公路等违法案件124起。

2004年在龙坪水泥厂设超限运输检查站，当年查处超限运输3起，2005—2009年查处超限运输12起，2010—2014年查处超限运输46起，2015年检查运输车5623辆（次），发现恶性超限运输车78车（次）。

2004—2015年路产路权超限运输案件查处统计表

表11-11　单位：起

年份	路产路权	超限运输	年份	路产路权	超限运输
2004	13	3	2011	7	8
2005	3	4	2012	5	6
2006	2	1	2013	7	16
2008	4	2	2014	6	12
2009	3	2	2015	124	78
2010	3	4	合计	179	139

运政管理 交通运输管理站，1991年职工9人，主要抓规费征收，行政审批和行业监督工作。统管牛马板车，汽车统派、客货运输、调配、货源货票、价格管理、搬运装卸、汽车维修、交通安全宣传教育、协助有关部门处理违章、肇事事故等业务。1998年将交通运输管理站易名为公路运输管理所，设立稽查中队和行政审批窗口。1991—1995年协助处理违章肇事事故111起，2001—2005年协助交警处理交通违章肇事事故266起，2006—2010年协助交警处理交通肇事事故124起，2011—2013年协助交警处理交通违章肇事事故93起。2013年协助交警处理交通事故155起，其中：财损交通事故124起，财产损失17.36万元，伤亡事故31起，死亡24人。2015年协助交警处理交通事故165起，其中：交通事故122起，财产损失15.6万无，伤亡交通事故43起，伤60人，死亡16人。

规费征收 包括管理费和客货运附加费征收，所征规费全额逐级上缴，规费征收从1996年开始至2008年止。

1996—2008年罗甸运管规费征收情况表

表11-12　单位：万元

年　份	管理费	客货运附加费	年　份	管理费	客货运附加费
1996年	40.2，23	63.42	2003年	68.15	125.04
1997年	46.8，2	72.72	2004年	75.10	123.03
1998年	48.78	85.53	2005年	70.58	139.07
1999年	63.11	98.24	2006年	83.24	148.60
2000年	71.02	1，06.53	2007年	92.20	161.15
2001年	72.75	104.81	2008年	96.53	171.93
2002年	68.00	112.46	–	–	–

行政审批 行政审批内容：道路旅客运输经营许可、道路货物运输经营许可、道路运输站（场）经营、机动车维修经营许可、公路路政行政许可和机动车驾驶员培训许可。

旅客运输许可客运企业5家，分别是黔南交运罗甸分公司、高原旅行社罗甸分公司、都匀汽运公司罗甸分公司、贵州罗甸黔运汽车客运有限公司、罗甸县诚安出租车有限责任公司。

货物运输许可企业2家，即：罗甸县大运丰货运公司、新亚货运公司。

运输站（场）许可客运站5个，其中：二级客运站1个（罗甸县客运站），乡镇客运站4个（边阳、罗悃、沫阳、逢亭）。

维修许可机动车维修企业89家，其中：二类维修企业3家，客货车辆二级维修企业1家。其余均为三级维修企业。

培训许可驾驶员培训学校两家，分别是罗甸吉兴驾校和罗甸县康泰驾驶培训学校。

行业监督 行政执法以市场稽查为基础，严厉查处中途甩客、乱收费等问题；严厉打击“黑车”非法营运，规范运输市场秩序。2014年8月15日在木引镇云堡村路口查获JI16272号车无证载客，对驾驶员经济处罚。2015年9月在县城往沫阳方向三岔河路口，查获前往江苏省南通市的贵J22221号牌大型客运车无包车客运标志牌，对当事人处3000元罚款。

1996—2015年查处道路运输违法营运车辆情况表

表11-13　　单位：车次

年　份	查处道路运输车辆	年　份	查处道路运输车辆	年　份	查处道路运输车辆
1996	173	2003	295	2010	216
1997	165	2004	273	2011	291
1998	198	2005	236	2012	282
1999	182	2006	267	2013	359
2000	232	2007	292	2014	136
2001	215	2008	326	2015	174
2002	262	2009	285	–	–

第五节　水　路

一、水路建设

2001年7月1日龙滩电站正式开工建设，2006年9月30日下闸蓄水，回水高程375米，县境内被渠化航道有曹渡河、油拉河、坝王河、濛江河、凤亭河、罗妥河、干江河与红水河航道相连。县辖区水域涉及龙滩库区、双河口库区、蒙江河、槽渡河、坝王河等，水域面积80平方公里，辖区通航里程达242.6公里。

羊里港口 位于红水河镇红水河左岸罗天乐大桥下游，距县城65公里。2008年开工建设，2009年竣工投入使用。港口建设规模为：新建500吨级客货综合泊位1个及港口管理站房等配套设施。泊位长度为65米，年吞吐量29万吨。堆场及道路面积3653.6平方米，码头结构型式为三级实体斜坡式码头，投资1541.75万元。同时投资500余万元建成茂井、凤亭、罗妥3个客货综合码头。2013年投资250万元建成红水河镇云里码头、凤亭乡勤丰码头、八总乡八总码头、罗妥乡白果码头、大亭乡交龙码头等5个便民码头，2014年已投入使用。

罗甸港口（分第一、第二作业区） 第一作业区，位于龙坪镇五星村（原龙坪镇铁厂处）。港口建设为500吨级货运客运泊位各1个及码头管理站房等配套设施，泊位长度分别为86米和55米，年吞吐量 73 万吨，堆场及道路面积 8000 平方米，码头结构型式为实体斜坡式码头，总投资 4414.51 万元。资金筹措方式为合资，工程于 2009 年开工建设，2011 年底完工投入使用。

罗妥港口（在建工程） 2013 年通过整治蒙江罗甸港进港航道、坝王河——双江口航道 38 公里为四级航道，提升航道通 500 吨船舶能力。县辖区内 242.6 公里航道中达四级航道 100 公里，其余为五、六、七级航道。

投资 1000 万余元安装罗甸港、羊里港远程视频监控系统，实现重点港口动态监控。

二、客货运输

辖区水域 2009 年有各类船舶 464 艘，其中：货船 14 艘，客船 31 艘，公务船 11 艘，渡口船 2 艘，自用船 158 艘，渔船 248 艘，注册船员 482 人。辖区营运船舶 852 客位，货船总吨位 583 吨。2010 年完成客运量 13.4 万人次，客运周转量 1430 万人公里，货运量 30.5 万吨，货运周转量 3575 万吨公里。2011 年完成客运量 11.8 万人次，客运周转量 1240 万人公里，货运量 40.6 万吨，货运周转量 2450 万吨。2012 年完成客运量 26.23 万人次，客运周转量 1704.5 万人公里，货运量 46.37 万吨，货运周转量 3746.52 万吨公里。2013 年完成客运量 28.16 万人次，客运周转量 1515.67 万人公里，货运量 58.1 万吨，货运周转量 2338.31 万吨公里。2014 年完成客运量 32.3 万人次，客运周转量 1580.73 万人公里，货运量 66.82 万吨，货运周转量 5377.77 万吨公里。2015 年完成客运 42 万人次，客运周转量 2265.93 万人公里；货运量 86.87 万吨，货运周转量 6991.1 万吨公里。

三、航运管理

2002 年 8 月成立罗甸县地方海事处、2009 年 5 月航务管理所成立，两个机构实行一套人员两块牌子，正科级事业单位。海事处下设龙坪、红水河、茂井、凤亭 4 个海事所。

罗甸县地方海事处对重点船舶、重点时段、重点水域监督检查和巡查，每年与黔桂两省（区）的望谟海事处、天峨海事处、乐业海事处、册亨海事处开展共管水域联合执法工作。2006—2015 年，出动 26357 人次，检查船舶 9214 艘次，查处船舶违法行为 865 艘次，2006—2015 年，对辖区船舶安检 1965 艘次，安检率达 100%，累计巡航里程 21589 公里，此期间县辖区水域无水上交通安全事故发生。每年定期对辖区船舶进行安全检查，每年组织船员开展 2 次安全培训，期间举办船员安全知识培训 18 期，培训人员 1946 人次。

2014 年开展对辖区乡镇自用船舶初步检验和登记，完成辖区乡镇船舶检验登记 158 艘，完成乡镇自用船舶所有权证书的打印、发证工作。是年建成罗甸港区经双江口—红水河码头主航道航标，先后把蒙江罗甸港进港航道、坝王河—双江口航道共 38 公里提升为四级航道，通航能力达 500 吨以上，县辖区内 242.6 公里航道中达四级通航标准的有 100 公里。

罗甸海事处于 2004 年开始规费征收，征收的种类有船舶检验费、港务费、运输管理费，航道养护费。2009 年以后取消运输管理费和航道养护费。

罗甸县地方海事处规费征收统计表

表 11-14　　单位：元

年　度	船舶检验费	港务费	运输管理费	航道养护费	合　计	备　注
2004	2000	400	12550	16562	31512	–
2005	29950	2968	4362	15591	52871	–
2006	6766	2676	4722	15670	29834	–
2007	16626	3247	3134	28724	51731	–
2008	30041	43236	8336	107549	189162	–

续表

年　度	船舶检验费	港务费	运输管理费	航道养护费	合　计	备　注
2009	21365	26701	–	–	48066	取消运输管理费和航道养护费
2010	18309	9442	–	–	27751	
2011	4377	7021	–	–	11398	
2012	12895	18695	–	–	31590	
2013	8544	1215	–	–	9759	
2014	10986	15841	–	–	26827	
2015	6765	13717	–	–	20482	

第二章　邮电　通信

第一节　邮　政

一、机构

邮政属国有企业，主要开展县内报刊征订、信件、物件传递、汇款、电报、电话、邮政储蓄等业务。1991年邮政与电信合称邮电局，下设6个乡镇邮政所，3个邮政储蓄所、1个报刊发行点、1个集邮点。1995年12月29日，经中国银监会黔南监管分局批准，成立罗甸县边阳镇营业所和罗悃镇营业所。1996年7月17日县城解放中路支行及沫阳、逢亭两镇营业所成立。

1998年10月29日，邮政和电信分开，成立罗甸县邮政局，下辖6个邮政支局，3个城市网点。2007年5月14日县邮政局设速递物流营业部。2008年5月，中国储蓄银行罗甸支行成立（二类银行）。自此，罗甸县邮政局邮务、速递、金融三大板块经营新格局形成。2011年10月中国邮政银行罗甸支行升格一类银行。2015年4月罗甸县邮政局正式更名为中国邮政集团公司贵州省罗甸县分公司，下属7个自办分支机构为：中国邮政集团公司贵州省罗甸县解放中路支行、河滨路营业所、解放西路营业所、沫阳镇营业所、边阳镇营业所、逢亭镇营业所、罗悃镇营业所。县公司设有1部1室（市场经营部和办公室），2个生产班组，7个自办网点，3个邮政定时定点服务点。从业人员52人，其中：A类合同用工岗17人、B类合同用工19人、劳务工16人。

二、城乡邮路

1991年，县城—贵阳由省邮政局专车运输。县城内由邮递员自行车投递。乡镇农村邮路由自行车、摩托车（私车公油）或委办汽车承运。

1993年，全县邮路总里程713公里，其中：农村邮路176公里，农村投递路线537公里。按运输工具分，汽车运输54公里，自行车运输320公里，步班339公里。

县城投递：

一段：烟山路（大乐亭）、和平路、新区路、望月巷、解放中路（邮政局至县医院）、民族路（老鸡行）、生产路（城东社区）、新河巷（腾龙欣苑）、新华书店。

二段：政府路（人民街）、民主路、文化路（一小后门）、东环路（龙坪派出所至斛东信用社）、解放东路（干河城建局至码头）、知天巷、乐亭巷、幸福巷。

八一村、八二村、七一村、金星村、林霞村、马草村、交谷村、五星村、新艾村、新未村、六一村。

三段：斛兴路、龙岗巷、香州路、商业街、河滨路、兴华路（都市丽景至龙兴商城）、惠民巷。明珠街（龙兴商城后门）。

四段：上沙沟（审计局）、老工行宿舍、解放西路（林业局—运管所）、农具巷（人行）、莲花街（武装部—二小）、育小路、罗斛西路（沙井加油站—新寨路口）、罗斛东路（公安局、工商局—电力公司、盘龙巷）、信邦路、迎宾路、大关路（电力公司—三小）、东环路（政协—河滨桥布依餐馆旁）。农家书屋：新苑村、沙井村、老城村、莲花村。

乡镇邮路：罗甸—逢亭 28 公里委办汽车间日班，罗甸—罗悃 26 公里委办汽车间日班，罗甸—八茂 24 公里自行车间日班，罗甸—沫阳 15 公里自行车间日班，边阳—交砚 24 公里间日步班，罗悃—罗暮 34 公里自行车间日班，逢亭—木引 25 公里自行车间日班。

1997 年农村投递路线有 36 条，537 公里。2013 年农村邮路，农村投递路线有 25 条，全长 690 公里。随着乡乡通油路和村村通公路目标的实现，2015 年单程邮路达到 910 公里，农村投递路线 710 公里。

三、设施建设

1994 年起，罗甸县邮电局各网点使用多功能电子秤。1997 年，邮件封发、转运处理系统投入使用，实现邮件抄登微机化。2001 年，建成“185”客户服务中心，提供电话订报、集邮、购物、代售机票、火车票业务查询等业务。开通全国电子汇兑业务，用户在 24 小时内即可收到汇款。2004 年计算机用于日常办公，实现与州局联网。2005 年，根据邮政营业窗口形象规范服务要求，对全县邮政网点进行改造装修，安装电子监控系统。2008 年建成边阳和逢亭支局房，同年起使用邮资机，9 月，实现与州邮政网点联网。2012 年重新装修行政办公大楼，2013 年，办公电脑 8 台。自动柜员机 12 台（取款机 10 台，存取款一体机 2 台），分布在城中营业厅 2 台，河滨路支局 2 台，城西支局 2 台，沫阳支局 2 台，边阳支局 2 台，逢亭、罗悃两支局各 1 台。行政用车 1 辆，押款车 2 辆，营销面包车 1 辆，投递摩托车 1 辆，邮政网络四通八达覆盖全县，联通全国及世界各地，为大众提供多层次、立体化、开放式的邮政服务。2015 年县城设 4 个报刊零售亭，4 台 ATM 取款机，4 台 CRS 存取款一体机，农村 4 个自办网点，边阳有 2 台 ATM 取款机、1 台 CRS 存取款一体机；沫阳有 1 台 ATM 取款机、1 台 CRS 存取款一体机；逢亭、罗悃分别有 1 台 ATM 取款机。是年投入 7 万元改善支局生产生活条件，解决基层员工吃饭、洗澡、休息等困难。

四、邮政业务

国家工商行政管理局、信息产业部对邮政通信企业的经营范围确定为：邮政基础服务、邮政增值业务、邮政储蓄业务、邮政附属业务。1992 年经过调整，县邮政局函件业务有信函、明信片、印刷品和盲人读物等 4 种。1995 年 11 月 1 日开办“中国邮政回音卡”业务。1999 年 5 月取消“邮电公事业务”种类，改称“邮政公事业务”种类。2000 年 7 月 17 日，部分信函协议客户试办约投挂号业务，对函件实行挂号寄递，全网优先处理，短信通知、电话预约，按址上门投递签收的投递服务。是年开展代发工资业务，代发单位有教育局（含学校）、供电局、社保局、卫生局、水利公司等单位职工工资。2015 年开办预存代扣电费业务，是年代扣成功 300 余户。2015 年中国邮政集团公司贵州省罗甸县分公司经营的业务种类有：

邮政邮务类业务　办理国内国际普通信函、印刷品、普通包裹寄递、报刊发行、集邮等业务。同时，充分利用邮政网络和名址数据库资源，为社会各界提供用于传递信息，宣传企业（单位）形象的邮政贺卡、明信片、邮资封、商业信函（DM）等邮政广告业务。

代理金融类业务　代理个人储蓄、国内国际汇兑（国际汇兑只在县城中心网点办理）、代发工资、代扣电费、全国通存通兑、1 分钟实时到账特快汇款等业务。邮政银行发行的绿卡为银联卡，有跨行 ATM 取款、POS 刷卡消费、网上银行功能等。同时开办了代理保险、代销基金、个人理财、“商易通”“EPOS”转账结算业务。

电子商务类业务　利用邮政营业网、投递配送网、金融网等网络资源，开办了邮政储蓄短信；代收电信、移动、联通话费业务；代收交通违章罚款、代收闭路电视费、代售国内火车票和飞机票，提供免费上门送票的“航空票务”业务。

代理速递物流类业务 代理各类文件、物品的国内国际特快专递业务；各类证件、票据等同城速递业务；代理代收货款业务；代理“思乡月”月饼寄递、生日礼仪、邮购等业务。

机要报刊投递 2011年完成报纸投递11.8万份、杂志9.11万份、机要83件。2013年完成报纸投递14.84万份、杂志投递11.75万份、机要49件。是年，全县邮政生产、经营等各个岗位实现现代化管理，提高工作效率，业务量增加，完成投递函件37.18万件、包裹188件、机要616件、报纸205.77万份、杂志12.94万份、集邮5.31万枚/册，邮政储蓄余额6.82亿元、代理汇兑2.15万张、分销与配送67件，各项业务收入总计达到1710.29万元。2014年完成投递函件41.38万件、挂号0.95件、小包1.22万件、包裹0.31万件、快包0.26万件、机要0.13万件、报纸208.2万份、杂志12.37万份、邮政储蓄余额7.79亿元、代理汇总0.61万张，分销与配送98件。各项业务总收入1778万元。2015年完成业务总量1492.88万元，其中：报刊流转额249.54万元、投递报纸23.64万份、杂志10.97万份、机要971件。

1998—2015年机要报纸杂志投递情况表

表11-15

年　度	机要（件）	报纸（份）	杂志（份）	年　度	机要（件）	报纸（份）	杂志（份）
1998	-	-	-	2007	300	-	-
1999	166	-	-	2008	316	-	-
2000	101	-	-	2009	909	-	-
2001	115	-	-	2010	400	-	-
2002	102	-	-	2011	83	118152	91139
2003	109	-	-	2012	49	148411	117538
2004	133	-	-	2013	616	2057693	129398
2005	283	-	-	2014	1333	2082069	123748
2006	350	-	-	2015	971	2366452	109760

2015年完成业务收入2119.2万元，比去年同期增长绝对值130万元，收入规模排全州第六位。劳产率为40.75万元/人。2015年的经营管理获州公司“2015年度经营创优先进县城网点”二等奖、省公司“增比进位优胜单位”三等奖。

五、邮政储蓄

根据中国人民银行、邮电部联合发布的文件精神，1991年1月1日起，邮政储蓄由邮电部门自办，储蓄存款存入人民银行，人民银行对邮电部门支付转存款利息。业务种类有：活期储蓄、整存整取定期储蓄、零存整取定期储蓄、存本取息定期储蓄、定活两便储蓄、定期定额储蓄、储转汇、汇转储蓄、有奖储蓄等。

1999年5月1日起，对跨地区异地存、取款收取手续费，8月1日起，停止收取省内异地存取款手续费，9月28日起，对储蓄存款开展代扣代缴利息所得税。2001年5月1日，使用邮政储蓄“ATM”柜员机，扩充服务功能。2004年1月20日，全州邮政银联绿卡发行，29日开通邮政银保通业务，9月23日，邮政储蓄统一版本切换上线。2006年7月1日起，省内异地存款按金额的0.5%收取手续费，最低标准2元，最高20元；省内异地取款按金额的0.5%收取手续费，最低标准2元，最高50元。8月31日，黔南银监分局批准罗甸县河滨路营业所成立。2010年10月，正式收取小额账户管理费，季度统计期内日均存款余额小于100元的活期人民币存款账户，同一账户每季度收费3元。2011年1月7日，政府路营业所更名为“中国邮政储蓄银行有限公司罗甸县河滨路营业所”。9月9日，黔南银监分局批准成立罗甸县解放西路营业所。10月中国邮政储蓄银行罗甸支行正式挂牌成立。1998年代理储蓄收入37万元，2015年储蓄收入1651.9万元。

罗甸县邮政局 1998—2015 年各项业务收入统计表

表 11-16　　　　　　　　　　　　　　　　　　　　单位：万元

年份	函件	包裹	机要	报刊	集邮	代理储蓄	代理汇兑	代理速递	分销配送	电子商务等	商品销售	其他	年收入
1998	0.4	3.4	0.04	12	2	37	5.5	5.2	0	0	0.1	0	65.64
1999	0.8	3.6	0.1	13.7	1.2	39.7	4.7	6.9	1	0	0.4	0	72.1
2000	1.1	2.9	0.06	14.9	3	51	6	4.1	0	0	2.1	0	85.16
2001	1.9	4.4	0.07	16.2	2.8	57	6.8	1.4	0.7	0	1.3	0	92.57
2002	3.3	6.7	0.09	18.9	1.7	69	2.7	2.3	0.6	0	2.6	0.5	108.39
2003	4.9	7.1	0.05	22.8	3.4	88.8	4.1	3.5	1.4	0	3.1	0.8	139.95
2004	6.5	8.2	0.08	26.1	4.1	103	11	1.2	3.7	0.9	4.9	0.8	170.48
2005	10.2	13.1	0.17	31	8.9	145	13.7	2.8	6.7	1.7	5.1	0.8	239.17
2006	21.7	6.2	0.21	30.1	13.7	217	8.2	9.7	3.7	10.3	0.97	0	321.78
2007	32.8	1.5	0.18	30.4	16.8	359	7.3	24.1	2.3	26.3	0.41	0	501.09
2008	39.30	6.44	0.19	32.30	18.89	727.12	7.73	50.51	2.65	38.68	0	8.73	932.54
2009	50.00	9.11	0.62	35.31	26.02	641.92	10.09	82.17	14.04	71.54	0.85	17.40	959.07
2010	26.01	3.55	0.24	35.70	26.67	709.82	13.21	30.08	0.82	99.19	0.43	3.28	949
2011	20.21	4.61	0.05	47.05	23.85	912.05	12.45	30.60	2.29	116.64	0.28	8.80	1178.88
2012	30.07	2.36	0.04	53.94	42.60	1084.59	10.57	43.62	8.04	164.05	1.01	8.80	1449.69
2013	21.85	0.61	0.37	57.76	26.44	1317.30	11.32	61.11	8.28	195.24	1.58	8.80	1710.66
2014	31.6	1.90	1.20	50.16	22.10	1569.8	8.90	70.14	9.7	206.9	4	15.1	1991.5
2015	23.7	4	0.68	71	32.7	1651.9	2.9	55.1	4.02	273	3.1	0	2119.2
合计	326.34	89.68	4.44	599.32	276.87	9781	147.17	484.53	67.08	1204.4	32.23	73.81	13086.87

六、快递物流

罗甸邮政局 1998 年代理快递业务，投递员 3 人，营业收入 5.2 万元。2002 年快递业务量减少，营业收入 2.7 万元。2007 年设速递物流营业部，当年营业收入 24.1 万元。2009 年增至 82.17 万元。2010 年以后由于私营快递公司进入罗甸，投递业务逐年下降。当年投递 5.32 万件，2011 年投递 4.35 万件，2012 年投递 4.3 万件，2013 年投递 1.7 万件，2014 年投递 11.16 万件。投递员工资收入从 2010 年的月均 800 元上升至 2014 年的 1250 元。2015 年收件 331 万件，发件 2.05 万件，速递物流收入 55.1 万元。

罗甸县私营快递物流企业经营　2005 年成立黔南交运公司罗甸县分公司，承担汽车客运运输及其辅助业务，2009 年成立贵州省罗甸县韵达快递服务公司，年投递 1.2 万件，2010 年投递 2.4 万件，2011 年快递物流企业增至 3 家，年投递 10 万件，2012 年有快递物流企业 4 家，年投递 25 万件，2013 年快递物流企业增至 7 家，年投递 40 万件，2014 年快递物流企业 16 家，年投递 60 万件，2015 年全县共有私营快递物流企业 22 家，网点 56 个、快递物流业务函盖社会生活的各个方面，覆盖率达 90% 以上，快递业收件 300 万件以上，发件 80 万件以上，货运里程达到 733.87 万吨，货运周转里 11.21 亿吨公里，从业人员 1350 余人，全县社会物流总费用 11.6 亿元。

2005—2015 年罗甸县物流企业名单表

表 11-17

企业名称	企业类型	经营范围	法人	办理日期
罗甸县福达危险货物运输有限公司	有限责任公司（自然人独资）	爆炸品、压缩气体和液化气体、易燃液体运输。	韦贤武	2015.3.4
黔南州圆通速递有限公司罗甸县分公司	有限责任公司分公司	除邮政专营外的快件收寄和派发	刘　涛	2015.7.3
贵州新亚运输有限公司	有限责任公司（自然人投资或控股）	道路普通货物运输。（依法须经批准的项目，经相关部门批准后方可开展经营活动。）	付仁政	2014.7.29
贵阳天天快递有限公司罗甸营业部	有限责任公司分公司(自然人投资或控股）	国内快递（邮政企业专营业务除外）	邵　媚	2013.5.2
黔南州成优中通快递有限公司罗甸县分公司	有限责任公司分公司（自然人投资或控股）	国内快递（邮政企业专营业务除外）（经营范围中涉及前置审批的按许可证有效期限经营）	钟红霞	2013.12.30
黔南州三联百世物流有限公司罗甸县分公司	有限责任公司分公司（自然人投资或控股）	国内快递（邮政企业专营业务除外）。（依法须经批准的项目，经相关部门批准后方可开展经营活动。）	刘崇辉	2014.10.13
贵州省罗甸县韵达快递服务有限责任公司	有限责任公司（自然人投资或控股）	快递服务（邮政专营除外）	罗　阳	2009.7.30
罗甸县新申通快递服务有限公司	有限责任公司（自然人投资或控股）	快递咨询服务。	朱钦文	2015.4.13
贵州省安道仓储物流有限公司	有限责任公司（自然人投资或控股）	普通道路货物运输；货运信息咨询服务。	黄　林	2015.3.16
贵州省罗甸县万天运输有限责任公司	有限责任公司（自然人投资或控股）	普通货物运输。	罗灵灵	2014.12.5
罗甸县宏顺源物流有限公司	有限责任公司（自然人独资）	普通货物运输。	陈玉礼	2014.12.9
罗甸县东盟物流有限公司	有限责任公司（自然人独资）	普通货物运输。	陈玉华	2014.12.9
罗甸县新丰运输有限公司	有限责任公司（自然人投资或控股）	普通货物运输。	罗朝俊	2014.12.11
罗甸县大运丰运输有限公司	有限责任公司（自然人投资或控股）	普通货物运输。（按有效许可证经营）	徐开伟	2013.12.18
贵州罗甸西南龙商贸发展有限公司	有限责任公司（自然人独资）	普通货物运输；冷库仓储；果树、林木种植；水产品加工销售；建材、五金交电、农副产品销售；农家乐开发。	罗贤龙	2014.12.04
新津县飞亚出租汽车有限公司罗甸分公司	有限责任公司分公司（自然人投资或控股）	汽车出租客运项目的筹建（筹建期内不得开展经营活动）。	徐　红	2011.08.18
黔南交运有限责任公司罗甸县分公司	有限责任公司分公司	汽车客、货运输及其辅助业	蔡惠谊	2005.03.15
贵州省都匀汽车运输公司罗甸分公司	全民所有制分支机构（非法人）	汽车客运、汽车保养及汽车配件零售。	王　琦	2012.10.09
贵州省兴黔交汽车运输（集团）黔南有限责任公司罗甸分公司	其他有限责任公司分公司	省、市际班车客运；省、市际包车客运；省、市际旅游客运。	犹晓世	2015.06.23
贵州兴兴达物流有限公司罗甸分公司	有限责任公司分公司（自然人投资或控股）	章程、协议、申请书记载的经营范围：道路普通货物运输。	刘方成	2015.09.25

续表

企业名称	企业类型	经营范围	法人	办理日期
贵州宅急送快运有限公司罗甸营业部	有限责任公司分公司（自然人独资）	章程、协议、申请书记载的经营范围：国内快运（邮政企业专营业务除外）。	张　凌	2015.8.17
罗甸黔鄂商贸有限公司	有限责任公司（自然人独资）	装卸、搬运、仓储、货运代理。	冉　庆	2015.5.21

1993 年起执行普通包裹资费表

表 11-18

一、邮件专运费			二、逾期保管费		
名称	单价	资费	名称	单价	资费
1. 民用包裹	件 / 公里	0.50	1. 5000 克以下	件 / 天	0.30
2. 商品包裹	件 / 公里	1.00	2. 5000 克以上	件 / 天	0.30
3. 大宗印刷品	件 / 公里	0.30	–w	–	–
4. 大宗纸质品包裹	件 / 公里	0.30	–	–	–

贵州省内普通包裹资费表（2006 年 11 月 15 日起执行）

表 11-19

区域名称	包裹计费区每公斤资费（元）									
	贵阳	遵义	安顺	都匀	凯里	铜仁	思南	毕节	兴义	六盘水
贵　阳	0.6	0.6	0.8	0.6	0.6	0.9	0.9	0.8	0.9	0.8
遵　义	0.6	0.6	0.9	0.8	0.8	1.2	0.6	0.9	1.2	0.9
安　顺	0.8	0.9	0.6	0.9	0.9	1.4	1.2	0.9	0.9	0.8
都　匀	0.6	0.8	0.9	0.6	0.6	0.9	1.2	0.9	1.2	0.9
凯　里	0.6	0.8	0.9	0.6	0.6	0.8	1.2	0.9	1.2	0.9
铜　仁	0.9	1.2	1.4	0.9	0.8	0.6	0.6	1.4	1.5	1.4
思　南	0.9	0.6	1.2	1.2	1.2	0.6	0.6	1.2	1.4	1.2
毕　节	0.8	0.9	0.9	0.9	0.9	1.4	1.2	0.6	1.2	1.2
兴　义	0.9	1.2	0.9	1.2	1.2	1.5	1.5	1.2	0.6	1.2
六盘水	0.8	0.9	0.8	0.9	0.9	1.4	1.4	1.2	0.9	0.6

2001 年 8 月 1 日起执行国内快递包裹资费表

表 10-20　　单位：元

计费区间综合里程数	资　费		
	首重 1000 克	5000 克以内续重每 500 克	5001 克以上续重每 500 克
500 公里及 500 公里以内	5	2	1
500 公里以上至 1000 公里	6	2.5	1.3
1000 公里以上至 1500 公里	7	3	1.6
1500 公里以上至 2000 公里	8	3.5	1.9
2000 公里以上至 2500 公里	9	4	2.2
2500 公里以上至 3000 公里	10	4.5	2.5
3000 公里以上至 4000 公里	12	5.5	3.1

续表

计费区间综合里程数	资费		
	首重 1000 克	5000 克以内续重每 500 克	5001 克以上续重每 500 克
4000 公里以上至 5000 公里	14	6.5	3.7
5000 公里以上至 6000 公里	16	7.5	4.3
6000 公里以上	20	9	6
本表所列资费标准不含保价费和挂号费			

国内邮政汇兑业务资费表

表 11-21

项目			计费单位	资费标准	备注
汇款业务	按址汇款		每笔	交易金额的 1%，最低 2 元，最高 50 元，汇款尾数不足一元的按一元计算	每笔汇款最高限额 5 万元，超过 5 万元分笔办理
汇款业务	密码汇款		每笔	交易金额的 1%，最低 2 元，最高 50 元，汇款尾数不足一元的按一元计算	每笔汇款最高限额 20 万元，超过 20 万元分笔办理
汇款业务	入账汇款（个人、对公）		每笔	交易金额的 5‰，最低 2 元，最高 50 元，汇款尾数不足一元的按一元计算	1. 个人入账汇款每笔汇款最高限额 5 万元，超过 5 万元分笔办理 2. 对公入账汇款每笔汇款最高限额 20 万元，超过 20 万元分笔办理
汇款业务	网汇通	普通卡	每笔	暂不收费	每笔汇款最高限额 2000 元，超过 2000 元分笔办理
汇款业务	网汇通	礼仪卡	每笔	交易金额的 1%，最低 2 元	每笔汇款最高限额 5000 元，超过 5000 元分笔办理
汇款业务	网汇通	网汇通汇款	每笔	暂不收费	每笔汇款最高限额 2000 元，超过 2000 元分笔办理
汇款业务	网汇通	取现汇费	每笔	交易金额的 1%，最低 2 元	每笔汇款最高限额 2000 元，超过 2000 元分笔办理
汇款业务	网汇 e		每笔	交易金额的 1%，最低 2 元，最高 50 元。（目前推广期实行优惠资费）	每笔汇款最高限额 5000 元，超过 5000 元分笔办理
特殊业务	挂失	取款通知单	每笔	10 元	–
特殊业务	挂失	密码	每笔	10 元	–
特殊业务	退汇申请费		每笔	2 元	–
特殊业务	改汇申请费		每笔	2 元	–
附加业务费	附言	普通附言	每字	0.1 元	6 个汉字（12 个字节）内免收附言费，每超过 1 字收取 0.10 元。每个标点或字母，视为 1 个字节；不足 2 个字节的，不足部分免收附言费
附加业务费	附言	固定附言	每笔	1 元	–
附加业务费	回执	短信回执	每笔	1 元	用户窗口加办
附加业务费	回执	投单回执	每笔	3 元	–
附加业务费	入账通知	投单通知	每笔	1 元	–
附加业务费	入账通知	短信通知	每笔	1 元	–
附加业务费	汇款兑付通知		每笔	1 元	用户窗口加办
附加业务费	汇款寄出通知		每笔	1 元	用户窗口加办

国内邮政汇兑资费表

表 11-22

资费种类	计费标准	1990 年 7 月 31 日起执行	2001 年 7 月 1 日起执行	限　额	说　明
投单汇款和自行通知汇款	每汇款一元或其零数	0.01	0.01	每笔汇款最高限额 5 万元，超过 5 万元分笔办理	投单汇款和自行通知汇款都照此标准计收汇费，汇款尾数不足一元的按一元计算
	每笔汇款最低汇费	0.03	2		
	每笔汇款最高汇费		50		
电汇　电报费	每件	1	–	–	–
电汇　附言电报费	每字	0.07	–	–	–
航空费	每件	0.05	–	–	–
入账汇款	每汇款一元或其零数	–	0.005	每笔汇款最高限额 20 万元，超过 20 万元分笔办理	现金到账户汇款和账户到账户汇款都照此标准计收汇费，汇款尾数不足一元的按一元计算
	每笔汇款最低汇费	–	2		
	每笔汇款最高汇费	–	50	–	
2 小时自行通知汇款手续费	每笔	–	5	–	–
实时自行通知汇款手续费	每笔	–	10	–	–
投递入账通知单手续费	每笔	–	1	–	–
撤回汇款手续费	每件	0.3	–	–	–
改汇、退汇	每笔	0.5	2	–	–
挂　失	每笔		2	–	–
查询费	每件	0.5		–	–
快件费	每件	0.5	–	–	–
回　执	投单回执笔		3	–	–
附　言	每字	–	0.1	–	附言字数不超过 6 个汉字（12 个字节）的免收附言费，从第 7 个汉字（第 14 个字节）始每超 1 字收取 0.10 元。附言中每个标点或每个字母，视为 1 个字节统计；不足 2 个字节的，不足部分免收附言费
短信业务 汇款寄出通知 汇款兑付通知 汇款状态查询	汇款短信回音	–	1	–	–
	–	1	–	–	–
	–	1	–	–	–
	–	免费加办	–	发送短信查询时每条 0.3 元	–

第二节　电　信

1991 年，罗甸通信使用 500 门磁石交换机和明线传输的载波通信。1995 年建成县城 2000 门程控电话。1998 年全县开通 26 个乡的程控电话，建成边阳、逢亭、罗悃、沫阳、八茂五镇和县城无线寻呼直放站；建成县城、边阳数字移动通信、县城可视电话系统和因特网。2012 年全县开通 26 个乡镇 3G 网络覆盖。2009—2013 年建成 CDMA 移动基站 73 个，基本实现全县 26 个乡镇移动信号覆盖。2014 年进行光纤线路改造，2015 年程控电话交换机 S1240 和中兴 TDM 电话交换机退网。

一、机构

1998年4月邮电分营，分别成立罗甸邮政局和罗甸电信局。1999年7月移动从电信局中分离组建罗甸移动公司。2000年政企分开，成立贵州省电信公司罗甸分公司，内设经服部和综合部，下辖边阳、沫阳、逢亭、罗悃、茂井5个电信支局。电信支局下设4个电信所：交砚、董王、板庚、木引。2004年6月成立中国电信股份有限公司罗甸分公司，设市场部、建维部和综合部，下辖边阳、沫阳、逢亭、罗悃、茂井、罗沙、交砚、董王、板庚、栗木、云干、罗苏、红水河、罗暮、董架、木引、沟亭等17个电信支局。2013年内设销售服务部、网络服务部，2014年实行划小承包，下辖边阳、沫阳、逢亭、红水河、茂井、板庚、罗悃7个电信支局，2015年继续实行划小承包：辖边阳、沫阳、罗悃、逢亭、板庚、5个电信支局。

二、电信业务

1999年8月移动业务从电信中分离出来独立运营，分别成立贵州电信分公司罗甸分公司（2003年改为中国电信有限公司罗甸分公司）和中国移动通信集团有限公司罗甸分公司。罗甸电信快速发展，主要是改造电信基础设施，加强网络建设，扩大电话装机容量，开通移动通信。电话、宽带覆盖全县城乡各地。

网络建设 1990年10月完成边阳—大文架空明线杆路改造建设，木杆改为水泥电杆，线路全长10公里。1993年2月完成以工代赈建设工程逢亭—纳平，全长12.5公里。1996年4月，建设惠水—罗甸长途光缆线路，全长96公里。新安装二干南环SDH2.5GB/S环网传输系统。完成县电信大楼900MTDMA模拟蜂窝移动通信建设。是年建成罗甸经板庚、兴隆、边阳—罗沙；罗甸经云干—大关光缆线路。1997年开通罗甸—逢亭，罗甸—沫阳，罗甸—罗悃、罗甸—八茂，边阳—栗木农话光缆。建设二干环网通州—罗甸直埋光缆。1998年3月开通农话本地网PDH传输设备，2002年退网。1998年建设逢亭—木引、逢亭—上隆、罗悃—罗妥、沫阳—董架农话光缆。1999年建设上隆经罗苏—罗暮、罗苏—羊里、沫阳—董当、沫阳—平岩农话光缆，是年2月建成罗甸卫星通信地面站1个，容量8路。4月建设林场—水泥厂管道，全长2.96公里。5月对全县26个乡镇农话传输设备SDH网络进行改造。2000年5月开通县城小灵通基站10个。2001年4月建成县城小灵通基站15个。2002年3月建成县城小巡灵通基站21个。2003年5月建成县城城建局—二中管道0.35公里。4月建成县城小灵通基站2个，边阳9个，沫阳5个，板庚4个。12月完成交砚集镇电缆线路建设，出局电缆300对局。2004年5月完成全县26个乡镇农话传输网络SDH设备改造扩容，6月建成县城小巡灵通基站5个。10月完成武警中队三级网光缆建设。2005年4月开通县城小灵通基站8个，板庚4个。5月完成开通县城王乃山无线程控电话450M基站，完成县局—王乃山光缆线路建设3.97公里。2006年5月开通小灵通基站7个，6月开通边阳老哇坡、沫阳底绩山无线程控电话450M基站。2007年5月开通罗悃冗瓦、木引乡勤民无线程控电话450M基站建设。6月开通县城小灵通基站4个。2008年5月完成板庚红岩大坡无线程控电话450M基站建设。6月建设开通县城小灵通基站4个。2009年电信重组，小灵通网络建设减少，2010年小灵通退网。

2009年5月开通CDMA移动基站红岩大坡、罗悃、冗瓦、董当、先峰、羊场、东跃、两天窝、板庚、县城移民局、看守所共11个点，光缆全长42.75公里。建成县城轻工局—城建局管道2孔2.8公里。8月CDMA微波传输改造光缆线路交砚、八茂、罗暮、木引、大亭、班仁、风亭共7个点，新建光缆线路10.98公里。10月收购联通CDMA基站24个。

2010年3月建设开通CDMA移动基站电信大楼、码头新民村、红屯、双河口、木引勤民、移民局、看守所、电信大楼、电信新宿舍、二中9个点。5月建成县城平安城市监控视频35个。9月电信公司收购罗甸联通CDMA移动通信网络基站24个。

是年3月开通省南环干线网320G波纷环网系统。4月，建成边阳平安城市视频摄像头监控点15个，扩增县城平安城市视频摄像头监控点4个。5月建设开通CDMA移动基站董王、罗化、从里、床井、腮里、先锋、勇进、里落、东跃、边外河、八总10个点，光缆全长42.75公里。建成CDMA移动基站开通老城、木引、顶访、逢亭、从里、摆落、勤民、八总、大关等11个点，光缆全长42.75公里。2011年5月建设开通 CDMA 基站旧寨、仰天窝、云干、板庚堡上、简坪坳、平坡、洞甲、沿河、信邦、独坡、凉水井 12 个点。2012 年 4 月全县 26 个乡镇开通 3G 网络，5 月开通 CDMA 移动基站各化、底绩山、红岩大坡、冗瓦、勤民、七道拐、古屯、石门坎、龙坪水泥厂、龙兴商城、油海、简桑。2013 年 5 月开通 CDMA 移动基站县医院、龙坪水泥厂对面、边阳、大文、翁纳、里改，光缆线路全长 40.85 公里。2014 年 5 月投资建设城东新道电信通信管道，全长 2.75 公里。完成县城光网一期建设，摄像监控点 475 个，电缆路线陆续退出，12 月完成部分小区改造，宽带用户由 4M 提升到 20M。2015 年 4-6 月完成县城和 26 个乡镇 CDMA4C 网络建设，4 月完成县城域网主干光缆扩容改造，完成光交箱改造 9 个，新建光交箱和主干光缆扩容 9 条 4.3 公里，主干光缆由原 288 芯提升到 572 芯，工程总投资 30 万元。

移支网络建设　2015 年 3-6 月完成全县 52 个 CDMA 基站 FDD-LTE4G 网络建设，工程设备投资 83 万元。

电报　1991 根据邮电部 1987 年 5 月 21 日发布的《公众电信业务使用规则》，扩大业务范围，包括：国内电报、国际电报、用户电报、传真电报、船舶电报。在 1994—2005 年期间开办鲜花礼仪电报。

1990 年 12 月都匀—罗甸载波电路取消，全州进入贵阳自动转报系统。1999 年底电报退网。

电话　1991 年 5 月安装扩容县城磁石电话交换机容量 100 门，安装沫阳、八茂、逢亭、罗悃、边阳 12 路载波设备。1994 年 10 月开通县城纵横制交换机 800 门。1995 年 5 月投资 600 万元开通县城程控电话 2000 门，1996—1998 年，先后投资 700 万元建设开通全县 26 个乡镇程控电话，开通大关、上隆、土坝、上立亭、罗化乡村程控电话。开通县城、边阳、沫阳、八茂、罗悃五个乡镇无线寻呼。1995 年底开通县城和边阳镇数字模拟移动通信，端口容量 2568 线。1999 年 4 月—2010 年 5 月开通程控电话：有土坝村、沟亭乡、罗妥乡、上立亭村、雷公滩电站、石门坎电站、董当乡等。2000 年 5 月—2013 年开通乡镇程控电话：有纳坪乡、平岩乡、交砚乡、董王乡、风亭乡。2009 年 4 月开通乡镇程控电话：有班仁乡、大亭乡、罗化。2010 年 5 月开通通村电话：有八总乡里厦村；董当乡大井村、红星村、拉良村、罗牙村、坡木村、先丰村、跃进村；逢亭镇床井村、纳见村、腮里村、祥脚村、祥林村；龙坪镇顶访村、老城村、林霞村；沫阳镇沫阳村、纳翁村；木引乡把坝村、从里村、摆落村、纳猛村、勤民村；边阳镇黄泥坳村、前进村、下坝村、交砚乡、播饶村、和平村、石兴村；栗木乡、摆贡村、达上村、拉昂村、深井村、新场村；罗沙乡罗路村；茂井镇边圩村、高里村、五家坟村、兰西村共 39 个村通电话。2015 年 3 月对县城和 26 个乡镇实行光网线路改造，11 月底完成县城部分小区光网改造。是年 11 月 15 日电信分公司程控电话交换机宝尔 S1240 和中兴 TDM 电话交换机程控电话全部退网。

宽带　1991 年前开通惠水—罗甸 DDN 数字数据通信、可视会议电话、计算机互联网。2002 年 2 月开通县城宽带设备 ADSL480 线、4960 线，实际用户 3180 户。2003 年开通宽带设备：有逢亭镇、罗悃镇、沫阳镇、茂井镇、罗沙乡、兴隆村、董架乡、上隆村、木引乡、板庚乡。2004 年 4 月开通的有：罗暮乡、大关村、平岩乡、茂井镇、雷公滩电站、栗木乡。2005 年开通乡镇宽带设备有：木引乡、红水河镇、罗妥乡、沟亭乡、罗苏乡、凤亭乡、董王乡、交砚乡、纳坪乡。2009 年开通乡镇宽带设备有：大亭乡、班仁乡、风亭乡。

2010 年 5 月开通宽带设备的村有八总乡里厦村；董当乡大井村、红星村、拉良村、罗牙村、坡木村、先丰村、跃进村；逢亭镇床井村、纳见村、腮里村、祥脚村、祥林村；龙坪镇顶访村、老城村、林霞村；沫阳镇沫阳村、纳翁村；木引乡把坝村、从里村、摆落村、纳猛村、勤民村；边阳镇黄泥坳村、前进村、下坝村、交砚乡播饶村、和平村、石兴村；栗木乡摆贡村、达上村、拉昂村、深井村、新场村；罗沙乡罗路村；茂井镇边圩村、高里村、五家坟村、兰西村 39 个村。2014 年对县城莲花街片区、惠民巷片区、湖滨巷片区进行宽带光网改造，一期改造光网用户 1200 户，平移宽带用户 560 户。2015 年完成全县 8 镇 1 乡光网线路改造，对县城所有宽带 ADSL 用户进行光纤改造，11 月底完成县城城东、城西、城中、龙坪一小、五星村、湖滨片区盘龙巷、老城交通局、安置房等片区线路改造，建设县城 FTTH 用户端口 9440 线，平移光网用户 5020 户，改造乡镇 FTTH 端口，平移光网用户 4328 户，宽带网速由 4M 提升到 20M。

第三节 移动通信

机构 中国移动通信集团贵州有限公司罗甸分公司（原名贵州省移动通信公司黔南州分公司罗甸县公司）于1999年8月1日与电信分设独立营运。分营之初罗甸公司隶属于中国移动通信集团公司，工作人员8名，移动基站4座，其中：数字基站2座、模拟基站2座，用户600余户。2004年7月1日，贵州移动通信罗甸公司更名为中国移动通信集团贵州有限公司罗甸分公司（以下简称分公司）。分公司设有：综合部、营销服务部、运行维护部、政企客户部、片区办公室等业务部门，自办经营移动通信终端销售、交费、数据业务、互联网接入等服务，业务营业厅网点遍布全县各乡、镇，网络覆盖全县乡镇、行政村及主要风景旅游区。

网络建设 2000年，分营初期，罗甸县移动公司开展基站选址工作，为基站建设作准备。2001年传输资源缺乏，公司采用微波方式，基本解决城区信号覆盖。2002年开始启动移动“乡乡通”工程，当年完成沫阳、罗悃等11个乡镇的移动基站建设，达到50%的预定覆盖目标。2003年，持续开展移动“乡乡通”建设工程建成，基站28个，对没有光缆到达的乡镇，采用微波传输方式，解决大亭、罗妥、木引等13个乡镇通信问题。移动信号覆盖乡镇100%。2004年对全县行政村全面普查，包括人口、村民组、人均产值等，为“村村通”工程做准备。同时，实现双河口、雷公滩两个电站信号覆盖。2005年开通床井、尖坡、立亭等14个村通基站，实现30个行政村移动信号覆盖。2006年，进一步推进“村村通”工程建设，按1个站覆盖2–3个以上行政村的目标，当年完成61个村通基站建设，覆盖100%的行政村目标（以村委会所在地接收到移动基站发射信号为准，当年基站总数105个）。2007年，在对前期“村村通”工程检查中，发现有的村信号较弱，覆盖面积不宽，采取补充建站的方式解决，基站总数达到108个。2008年，对经过县境内交通干线如：省道、航道、风景区等进行覆盖，当年基站总数116个。2009年，TD–SCDMA（3G）建设正式启动（贵阳试点），罗甸重点工作是做好3G基站建设规划。

2010年新建村通基站7个，基站总数增至152个。是年10月，分公司在城区开展小规模个人宽带建设工作。2011年上半年，TD–SCDMA（3G）建设正式启动，是年开通电信局及粮食局大楼两个基站，城区、乡镇深度覆盖项目“自然村通”工程，新建基站12个，基站总数164个，自然村覆盖率达75%左右。同时，开通山水华庭、千岛城等小区宽带，端口接入达400余户。

2012年，TD–SCDMA（3G）建设6个，3G基站总数8个，“自然村通”工程新建8个站，基站总数达到172个，自然村覆盖率达78%左右。新增边阳镇沿街个人宽带接入服务，截至年底个人宽带端口接入达600余户。2013年TD–SCDMA（3G）建设26个，3G基站总数34个，“自然村通”工程新建7个站，基站总数达到179个，自然村覆盖率达80%左右。是年新增都市丽景、腾龙新苑、沫阳镇沿街等个人宽带接入服务，个人宽带端口接入达1200户。年底，董架乡麻怀、边阳镇打讲、黄泥坳等10个行政村宽带开通使用。2014年新建4G宏站72个，室分站11个，基本实现4G“乡乡通”，新建宽带小区52个，全县端口接入量达到5800户，新开通逢亭镇拱里、八总乡交广等29个行政村宽带，通宽带达39个村。2015年完成全县37个未通电话的自然村电话覆盖和深度覆盖，完成48个行政村宽带接入。

设施建设 2004年，位于龙坪镇人民街与河滨路交叉口新建办公楼竣工投入使用，建成标准化营业厅。2005年，在边阳镇新增营业网点一个，实体营业网点达到3家。2006年10月，共青团贵州省委和贵州移动通信有限责任公司为配合全省新农村建设战略，由贵州移动公司出资在全省范围内建设乡镇营业厅。根据安排，分公司在边阳镇、木引乡、罗悃镇、沫阳镇、逢亭镇等5个乡镇新建第一批“青年励业营业厅”，年底，实体服务网点达到8家，基本覆盖县域内重要乡镇。2007年3月，第二批“青年励业营业厅”正式启动，新建罗沙乡、栗木乡、董王乡、交砚乡、云干乡、董当乡、董架乡、平岩乡、罗暮乡、凤亭乡、板庚乡等11个“青年励业营业厅”，实体服务网点达到19家，基本覆盖县内所有乡镇。在有条件的行政村及规模较大的自然寨新建空中营业厅便民服务网点 86 家。2008 年，建成纳坪、罗妥、班仁、红水河等 4 个“青年励业营业厅”，实体服务网点达到 23 家。2009 年，分别在斛兴路、解放东路各增一家营业厅，建成实体服务网点 25 家。2010 年，随着拥有自主知识产权的中国移动 TD-SCDMA（3G）网在罗甸全面铺开建设，是年在县城、边阳镇等人群密集地共建 4 家营业厅，实体服务网点建成 29 家，乡镇营业网点实现全覆盖。2011 年，在县城解放中路、边阳镇各建 1 家营业厅，实体营业网点建成 31 家，用户突破 10 万户。2012 年，分别在县城解放中路、罗斛路各建一家营业厅，实体营业网点建成 33 家。2013 年，在城区新增 2 家营业厅，实体营业网点建成 35 家，用户达到 13 万余户。2015 年建成 4G 基站 318 个，覆盖全县所有乡镇、社区及部分大行政村区域，实现 4G 网络在城区、乡镇主要街道的连续覆盖和部分室内区域、交通干线、旅游景点和部分乡村的有效覆盖，新增 2G 机站 27 个，宽带端口 4000 个，覆盖小区 27 个，新建管道 7 公里。

业务开展情况　2001 年 2 月，中国移动对原有的国内、国际及港澳台长途电话资费进行结构性调整。3 月在全国陆续退出“全球通”移动电话“套餐”资费，贵州公司罗甸分公司推出“黔中游”套餐。6 月停止模拟移动电话网客户的国际、国内长话和漫游业务，取消移动电话入网费和附加费。7 月 GPRS 投入试商用。12 月中国移动关闭模拟移动电话网，停止模拟移动电话业务。2002 年 3 月实现 GSM-CDMA 两种制式之间的自动漫游。7 月 1 日，推出“计费月改自然月”和“天天能交费”两项客户服务措施。10 月彩信（毫米 S）业务正式商用。2003 年 3 月，中国移动全新的客户品牌—M-ZONE（动感地带）在全国范围内成功上市，4 月在全网范围开始实施开通彩信信息费 SP 计费业务的信息费计费，彩信 SP 业务仍然沿用移动梦网创业计划所制定的商务模式。7 月 1 日，中国移动基于无线 JAVA 技术的“百宝箱”业务正式使用。2004 年 10 月底，罗甸分公司开通彩铃业务。2005 年 5 月，推出“手机电视”流媒体业务。12 月起，中国移动每年均开展“绿箱子环保计划”活动。2006 年 5 月推出“满意 100”“沟通从心开始”等系列客户互动和服务提升活动。同时手机邮箱和 Black Berry 产品商用。2007 年 9 月，中国移动“爱心图书馆”在罗甸龙坪二小正式挂牌。12 月调整后的新短消息类服务代码正式使用。开展以节能减排工作为核心的“绿色行动计划”。2010 年 9 月，拥有自主知识产权的中国移动 TD-SCDMA（3G）网在罗甸全面铺开建设。同时手机报、手机阅读等业务商用，推出 5 款手机阅读终端产品。2011 年 1 月，中国移动在国内率先推出业务扣费主动提醒和增值业务 0000 统一查询退订两项“透明消费”服务举措，逐步建立起全面的“透明消费”服务体系。11 月退出国际 / 港澳台漫游数据流量日套餐。2013 年 6 月，罗甸公司 4G 网开始建设，同时 4G 手机、移动大猫等 4G 终端上市销售。2014 年 6 月 1 日起，中国移动执行新的 4G 资费方案，流量共享，月底不清零，同时开展宽带提速不加价优惠活动。2015 年新增 4G 客户 5 万户，新增宽带用户 3399 户，新增实体委托代办网点 68 家，核心商圈代办网点实现全覆盖，销售终端 2.6 万台。

第四节　联通通信

2004 年 9 月 14 日，中国联合网络通信有限公司罗甸县分公司成立（简称中国联通罗甸县分公司），负责中国联通在罗甸县区域内公众通信网的建设和运营。罗甸联通拥有 GSM、WCDMA 两个移动通信网络的建设和经营权，主要经营业务有：移动通信、国内国际长途电话、本地电话、数据通信、互联网、IP 电话、电信增值以及与主营业务有关的其他业务。2015 年，有移动通信用户 3.2 万户，宽带用户 3500 户。

机构　2004 年 9 月成立中国联合网络通信有限公司罗甸县分公司（简称中国联通罗甸县分公司）。担负罗甸区域通信网络建设和营运，设有综合部、市场部、集团部、运维部，职工 18 人。

网络建设　2008 年 10 月启动建设 WCDMA 制式 3G 网络，2009 年 10 月 30 日，罗甸县 3G（WCDMA）网络全面建成，并正式对外放号 3G 移动通信系统，能够提供包括可视电话、无线上网，手机上网、手机电视、手机音乐等多种信息服务。WCDMA 上网速度理论值为：下行峰值数据速率 14.4Mbps，上行峰值数据速率 5.76Mbps。2012 年新建 32 个 WCDMA 基站，WCDMA 移动通信网络实现“乡乡通”，完成罗甸县 26 个乡镇 3G 网络开通。是年，配合州政府、通信管理局提出关于“农村信息化工程”要求，建成罗甸—红水河广西方向、罗甸—紫云方向、罗甸—贵阳方向共 26 个 2G 基站，新建光缆 192.69 公里，网络覆盖公路沿线及周边村寨。至 2013 年末，建成 WCDMA 基站 59 个、GSM 基站 56 个，建设通信光缆 1269.23 杆公里、通信管道 68.3 孔公里。与 284 个国家和地区的 489 个运营商开通 GSM/WCDMA 话间漫游业务；与 161 个国家和地区的 321 个运营商开通 GPRS/WCDMA 数据漫游业务。2014 年投资移动网络建设 4600 万元，开通 3G 基站 43 个，实现网络村村通，投资宽带建设 1200 万元，完成木引、逢亭、沫阳、罗苏、罗悃等乡镇互联网开通。2015 年投资 2350 万元建成 94 个基站，强化乡村网络建设，实现龙坪、边阳、逢亭、沫阳、罗悃全覆盖。

通信业务 2004 年联通公司成立后开始办理移动通信业务，是年办理移动手机用户 200 户，2009 年达到 6000 户，2015 年增至 3.2 万户。2008 年开始办理宽带业务，当年开通宽带 40 户，2015 年发展至 3500 户。

2004—2015 年移动、宽带业务开展情况统计表

表 11-23

年份业务	2004	2005	2006	2007	2008	2009	2010	2011	2012	2013	2014	2015
移动（户）	200	800	1600	3000	5000	6000	7000	12000	13000	16000	18000	3200
宽带（户）	–	–	–	–	40	80	400	700	1400	2000	2800	3500

市场服务 2012 年开展用户“账单清晰、查询清晰、话费清晰、余额清晰”消费服务。创新推出视频客服、微博客服、服务经理 QQ 群、短信客服、俱乐部 iPhone 讲堂等新型服务。开展外延性服务渠道建设，除部署自助服务终端外，精耕自有服务平台和 3G 网络销售前沿阵地，包括网上营业厅 www.10010.com、手机营业厅 wap.10010.com、短信营业厅、mini 营业厅等，推出选靓号、自助缴费、自助查询、业务办理、网上商城等电子服务。

企业经营 2012 年 3G 网络开通后开展业务：“10010”服务，它涵盖通信类、非通信类、联盟类等三大类服务，为客户解决在使用联通业务中遇到的问题，协助联通业务为客户服务。

2008 年开通新势力，新势力是中国联通公司针对 15—26 岁的青少年群体推出的客户品牌，是中国联通的第一个客户品牌。开通“世界风”（是中国联通为满足用户多样化的通信需求独家推出的一项移动通信服务），借助这项服务，能够使用一部双模手机就可在 GSM、CDMA 两种移动网之间自由切换，享受双网服务。为客户提供基于 114/116114 语音查询、手机 WAP、互联网及黄页等多媒体渠道的综合信息服务。

2010 年开通移动增值业务 提供手机短信、手机报、联通在信、炫铃、丽音、手机邮箱、彩信、上网流量，以及来电显示、呼叫转移、呼叫等待、呼叫保持、多方通话、语音信箱、联通秘书、漏话提醒等多种增值业务。是年开通无线 WLAN，可在公共热点覆盖区域搜索并连“ChinaUnicom”无线网络，再在浏览器中输入任意网址将能打开中国联通 WLAN 业务门户页面，依据提示输入手机号码和登录密码即可完成登录。还可为客户提供 ADSL+WLAN、LAN+WLAN 等组合宽带接入方式。

2013 年开通手机电视 中国联通提供的在手机上观看视频节目的业务。可以通过手机电视客户端或联通 3G 门户，点播、下载、上传视频，还可以实时收看多个电视直播频道。

2014 年开通如意通 “如意通”是中国联通面向普通大众提供的实惠方便的移动通信服务。

服务号段 2015 年已经放号的号段有 130、131、132、155、156、185、186、145 号段，其中：145 号段为中国联通 3GWCDMA 无线上网卡专属号段。

第十二篇　经济综合管理

第一章　经济综述

第一节　经济发展概况

1991 年全县地区生产总值为 1.49 亿元，1995 年达到 4 亿元，2000 年上升到 7.82 亿元，2005 年跨越 10 亿元，为 11.1 亿元，2010 年翻番到 23.30 万，2014 年实现 50.82 亿元，2015 年 57.01 亿元。

1991 年全县规模工业总产值为 800 万元，1995 年为 7489 万元，2000 年达到 3.43 亿元，2005 年上升到 5.02 亿元，2010 年呈现翻番增长，达到 17.37 亿元，2014 年为 32.18 亿元。2015 年达到 36.9 亿元。

1991 年全县农业总产值为 1.57 亿元，1995 年达到 4.88 亿元，2000 年上升到 5.94 亿元，2005 年增长到 7.21 亿元，2010 年达到 11.29 亿元，2014 年实现四年翻近一番，达到 20.13 亿元，2015 年达 20.22 亿元，农民人均纯收入达到 7933 元。

1991 年全县社会消费品零售总额为 6200 万元，1995 年为 9436 万元，2000 年达到 1.12 亿元，2005 年增长到 1.94 亿元，2010 年实现五年翻番，达到 4.92 亿元，2014 年上升到 10 亿元。2015 年达到 11.1 亿元。

1991 年全县财政总收入 708 万元，1995 年增长到 1904 万元，2000 年达到 5188 万元，2005 年上升到 8686 万元，2010 年跨越 3 亿元，达到 3.24 亿元，2014 年跃上新台阶超过 5 个亿提升到 5.59 亿元，2015 年达到 6.99 亿元。

第二节　所有制结构

公有制经济　20 世纪 90 年代以后，全县公有制经济虽仍占主体地位，但比重呈逐年下降趋势，1998 年，公有制经济增加值为 2.93 亿元，占地区生产总值的 71%，比“七五”期末的 1990 年下降了 19 个百分点。

2000 年以后，全县国有制经济和集体经济经历重大改革，所有制发生巨大变化。随着资产的流动和重组，出现混合所有制经济、股份公司、跨所有制组建的企业或企业集团，已在国民经济中占有一定比重，成为社会主义市场经济的重要组成部分。2015 年全县公有制经济增加值为 31.5 亿元，占地区生产总值的 55.25%。

2014 年全县公有制经济增加值为 29.84 亿元，占地区生产总值的 58.72%。

非公经济　改革开放，使非公有制经济迅速发展，1990 年，全县有个体工商户 1116 户，从业人员 1628 人，每户资本在 1—10 万元之间。1995 年发展到 2000 多户，从业人员 5210 人。私营企业从无到有，其中：信邦制药有限公司注册资金达到 100 万元。2007 年，全县私营企业不断增多，注册资金突破亿元，个体工商户发展到5000多户，规模以上工业非公经济是2003年的4.6倍，年均增长率达41.38%，非公企业总产值占全县工业总产值的比重从2002年的20.1%提高到44%。非公商业占全县社会消费品零售总额的比重由7%上升到57.2%，非公经济提供的税收占全县财政收入总量的三分之一。2011年，非公经济增加值为1292.69万元，比上年增长18.31%，增幅高于全县GDP2.1个百分点。非公有制经济固定资产投资2067.46万元，比上年增长13.6%。非公社会消费品零售总额980.51万元，比上年增长14.9%，非公经济税收5600万元，同比增长11.1%。非公企业395户，从业人员1975人。个体工商户4000余户，注册资金7060万元（不含信邦公司），比上年增长13.9%。2012年，新增非公企业8家，从业人员2000余人，非公经济增加值13.3亿元，增速为上年的10倍，增幅占全县GDP增加值的39.13%。2013年，非公企业较上年增加16家，从业人员3000人。非公经济增加值为16.35亿元，比上年增多3.05亿元，占全县GDP增加值的40.65%。2014年，全县非公企业8261户，从业人员2.5万人，非公经济增加值达到20.98亿元，比上年增加16.35%。2015年全县非公企业1080户，从业人员1.1万人，非公经济增加值达到25.51亿元，比上年增加21.53%

第三节　产业结构

产业结构的调整变化，促进了全县经济的快速发展。1978年，全县第一产业、第二产业和第三产业的结构比例为74.65 ∶ 8.03 ∶ 17.32，呈“一三二”型，农业经济的比重最大。实行农村经济体制改革和国家开始实施西部开发战略后，全县二、三产业得到大幅提升，经济快速发展，产业结构向“二三一”转型。1991年“三产”结构比重为74 ∶ 9 ∶ 17，1995年三产结构比重为74 ∶ 14 ∶ 12，2000年第一产业比重下降，第二产业上升，“三产”结构比重为44 ∶ 40 ∶ 16，2005年“三产”结构比重为40 ∶ 30 ∶ 30，2010年第一产业比重继续下降，第三产业大幅上升，三产结构比重是30 ∶ 36 ∶ 34，逐步实现工业化带动城镇化和农业现代化。2013年第三产业进一步发展，三产结构比重为21.8 ∶ 37.8 ∶ 40.4，结构呈“三二一”型，其中第三产业中的旅游业从无到有，收入达2亿多元。2014年，围绕“加速发展，加快转型，推动跨越”主基调，“三产”结构比重为25 ∶ 35 ∶ 40，结构继续呈“三二一”型，形成工业反哺农业格局。2015年坚持转方式、调结构、促增收，推动产业协调发展，“三产”比重为22 ∶ 36 ∶ 42，产业结构进一步优化。

第四节　产品结构

改革开放以来，县委、县政府从实际出发，以市场为导向，不断调整产业结构，引进新技术，开发新品种，产品结构发生深刻变化。

农业种植业以粮为主，菜、果、药、茶全面发展。粮食作物主要有水稻、玉米、小麦、高粱、荞子、小米等。年产粮食10.4万吨。油料作物有油菜籽、花生、油桐、油茶、火麻子、芝麻等，其中：年产桐油0.22万吨，油菜籽0.27万吨，花生490吨。蔬菜类有早菜、秋冬菜、竹笋、食用菌等，其中：早菜年产量达42.3万吨。水果类有柑橘、柚子、红橙、香蕉、石榴、杨梅、桃子、李子、梨子、葡萄、樱桃、西瓜、火龙果等，其中：柑橘年产量1.25万吨，香蕉20吨，杨梅0.4万吨，西瓜0.4万吨，火龙果0.48万吨。干果有板栗、核桃、葵花籽、南瓜子等，年产板栗0.33万吨。香料有砂仁、花椒、小木姜等。年产茶叶0.073万吨，上隆茶果场生产的茶叶经过加工后销往全国各地。

罗甸县山高林密，地形地貌复杂，环境的多样性，有利于各种药材生长。出产的中药材主要有：艾纳香、何首乌、杜仲、黄连、大木姜、太子参、陈香、山苍子、灵芝、石斛等。艾纳香产于本县南部，杜仲主要产于本县北部，过去两种药材以野生为主，经过人工种植，形成批量生产，2014年艾纳香产量达到 0.37 万吨。20 世纪 90 年代中期，信邦药业公司进驻罗甸，为满足信邦公司对原料的需求，罗甸开始种植银杏，主要分布在龙坪镇的云干、八总等地。

养殖业以牛、马、猪、羊为主，多为老品种，后来进行品种改良，形成杂交牛，杂交猪，杂交鸡等。20 世纪 80 年代引进黑山羊，2014 年年末黑山羊存栏 5.03 万只，牛 6.6 万头，马 2.28 万匹，猪 13.98 万头。野猪、野鸡、竹鼠、甲鱼过去为野生，经过人工饲养，形成小批量生产。2007 年 5 月，龙滩电站、双河口电站建成蓄水，形成库区，网箱养鱼，栏河养鱼逐步发展，年产渔产品 1.9 万吨。

工业方面有金属冶炼、电、煤、造纸，玉石和水晶等。早期以铁矿冶炼为主，20 世纪 80 年代以后建起工业硅厂和铁合金厂，2014 年生产硅 1.2 万吨。20 世纪 60 年代建成东风电站，70 年代建成石门坎电站，90 年代建成雷公滩电站。21 世纪初建成双河口电站、灰洞电站等，年生产电 11.19 亿千瓦时。煤主要产于边阳、董王等地。20 世纪 70 年代曾经办过小煤厂进行开采。20 世纪 70 年代先后建起水泥厂、火砖厂、造纸厂，年产水泥 22.18 万吨，年生产火砖 7128 万块。2011 年 3 月，根据国家产业结构调整指导目录，停止火砖生产。60 年代开采水晶，90 年代开采猫眼石，但产量较小。2009 年在罗甸发现玉石，2011 年 10 月，贵州中航玉丰有限公司入驻罗甸，2013 年 2 月，由西南能矿集团、罗甸县政府、盘江集团共同组建贵州盛世玉业股份有限公司，是年有 20 余家玉石加工小作坊进驻罗甸进行玉石开采、加工、销售、检测。2015 年创办罗甸玉技工培训中心，从事罗甸玉产品加工、工营销的个体户商铺 41 家，参加玉石产业人员近千人。同时启动玉石产业园及玉石文化中心建设项目。

第五节　固定资产投资

“七五”期末的 1990 年，全县全社会固定资产投资为 494 万元，“八五”期末的 1995 年，全社会固定资产投资完成 3497 万元，比“七五”期末增长 607.9%。2000 年，全社会固定资产投资完成 1.95 亿元，比“八五”期末增长 457.2%。2005 年，全社会固定资产投资完成 3.9 亿元，比“九五”期末增长 100.4%。2010 年，全社会固定资产投资围绕扩大内需、加大基础设施建设、招商引资和实施中央新增项目，重点放在农田水利、交通、城镇基础设施、电力建设上，完成投资 18.9 亿元，比“十五”期末增长 384.1%。2011 年，全社会固定资产投资完成 26.11 亿元，比上年增长 38.15%，其中：固定资产投资完成 25.5 亿元，小额固定资产投资 6100 万元，同比增长 51.8%；房地产开发投资完成 1.13 亿元，同比增长 38.5%，工业项目投资 7.23 亿元；在固定资产投资中，一产业投资 9.68 亿元，二产业投资 7.23 亿元，三产业投资 8600 万元。2012 年，全县大力加快城东新区建设，开工建设边阳工业园区，为固定投资带来了新的经济增长点，全社会固定资产投资共完成 39.17 亿元，比上年增长 50%，固定资产投资完成 37.31 亿元，比上年增长 46.3%；房地产开发投资完成 7086 万元，比上年增长 62.98%；在固定资产投资中，一产投资 8.52 亿元，二次投资 15.71 亿元，三产投资 13.08 亿元。2013 年，全社会固定资产投资完成 57 亿元，同比增长 45.52%。其中：固定资产投资完成 50.11 亿元，同比增长 34.3%，农村私人投资完成 1.77 亿元。工业固定资产投资完成 16.54 亿元，惠罗高速公路州投资 14.1 亿元。2014 年全社会固定资产投资完成 78 亿元，同比增长 36.84%，其中：固定资产投资完成 65.23 亿元，同比增长 30.19%，农村私人投资完成 1.96 亿元，工业固定资产投资完成 22.89 亿元，惠罗高速公路州投资 23.41 亿元。2015 年固定资产投资完成 81.4 亿元（50 万元以上口径），同比增长 24.79%，工业固定资产投资完成 27.99 亿元，惠罗高速公路州投资 30.57 亿元。

第二章　计划管理

第一节　计划管理体制改革

机构　罗甸县发展和改革局1991年称罗甸县计划委员会（含农业区划办公室），属县政府下辖机构，办公地点在县政府大楼。1992年办公地点迁至解放东路（干河），1994年3月县级机构改革，县计划委员会与县统计局合并为县计统局。1995年5月，县成立项目办公室，与县计委合署办公，实行一套人员两块牌子，内设计划股、基建股、综合股、项目股。1996年，恢复县计委党组，卢双彦任党组书记、主任。2002年7月县计划委员会更名为罗甸县发展计划局，内设机构有办公室、国民经济综合股、基本建设投资股、以工代赈办公室、西部开发办公室。2004年，罗甸县发展计划局改名为罗甸县发展和改革局。撤销西部开发办公室，其他内设机构不变。2011年县级机构调整改革，将原县发展和改革局、县科学技术局、县粮食局、县物价局行政职能整合，建立新的县发展和改革局，办公地点由干河移到河滨北路。设党组书记、局长，内设办公室、科学技术办公室、国民经济与社会发展综合股（加挂县国防委员会经济动员办公室牌子）、基础产业与产业发展股、固定资产投资与项目管理股、农村经济股（加挂县以工代赈办公室牌子）、粮油管理股、物价管理股、价格监督检查股、纪检监察室。2013年3月，设县扶贫生态移民工程领导小组办公室，为县发展和改革局管理的正科级单位，2014年12月扶贫开发生态移民工程领导小组办公室职责划入县水库和生态移民局。2015年11月县发展和改革局储备粮油职能划入县工业和信息化局内设“粮油管理股”。

2015年，县发展和改革局共有干部职工45名，党组书记1名，局长1名，副局长3名，股级以上干部9名，一般干部23名。

体制改革　改革开放，全县坚持以经济建设为中心，改革计划管理模式，进一步落实农业生产责任制，深化企业改革、积极招商引资、发展民营经济、各项改革有序推进。

“八五”期间（1991—1995年），全县认真落实中共十一届三中全会精神和党中央一系列关于农村工作的意见，进一步完善家庭联产承包责任制，明确土地承包期再延长50年不变。2003年中央文件规定，对农民承包的土地责任制70年不变。扩大农民生产自主权，政府除少数品种实行指令性计划外，对其他品种实行指导性计划和市场调节。1996—2000年，政府不再对农民下达指令性计划，只对少数品种下达指导性计划，绝大多数品种由农民根据市场需求自主决定。政府通过价格等经济杠杆对农业生产进行调控，对那些关系国计民生的产业和品种如粮食、油料、生猪等，政府通过信贷资金扶持、补贴、奖励化肥等措施进行保护或调节，确保社会基本要求。

进一步放宽土地使用政策，通过有偿转让，部分土地用于城镇建设和商业用地。同时抓好非耕地资源开发。1994年县城商业街路面建成后，对沿街两旁的宅基地进行公开拍卖。之后先后拍卖联城桥—林场，罗甸造纸厂—县气象站沿路的部分土地作为商业用地，1998—2000年继续推进土地制度改革，拍卖县农贸市场—果科所河滨路两侧的宅基地，各乡镇也对部分荒地、滩涂进行开发，用于市场建设和街道建设。2004年拍卖县粮油加工企业厂区—民中操场的土地作为房地产开发用地，房地产市场初步形成。

“八五”期间，县商业企业（商业局和供销社所属企业、粮食企业、建材企业）普遍推行承包经营责任制商业（流通）企业体制改革，落实企业经营自主权，从经营品种，进货渠道，商品价格等不再作统一规定，由承包人根据市场需求和物流成本自主决定，主管部门只负责收取承包费。承包人自主经营，自担风险，自负盈亏。随着市场经济的发展，长期实行计划管理的单车、缝纫机、彩电、录像机、冰箱等大型耐用消费品取消计划供运，钢材、水泥、木材、化肥、拖拉机等重要生产资料全部放开。进一步降低市场准入，有条件的个人均可从事商品经营活动。1995 年全县取消粮油计划供应，允许个人从事粮食长途贩运。1997 年国家不再发放粮油票券，使用 40 多年的购粮本、粮票被废止。

20 世纪 80 年代中期，汽车、住房进入商品市场，罗甸开始出现由个人购买汽车从事货物运输，90 年代初期个人开始购买客车从事旅客运输。1996 年罗甸发往都匀、贵阳及乡镇的客车多数是私车，国有交通运输企业的客运车只占少数，小轿车开始进入家庭。

2014 年县内有货运私车 722 辆，客运私车 120 辆，小轿车（含小型车）8759 辆，其中：除少数是机关和事业单位公务车外，其余属私人家庭用车。2015 年县内拥有货运私车 551 辆，客运私车 125 辆，小轿车（含小型车）9436 辆。1994 年县机关、事业、企业单位进行住房制度改革，干部职工通过购买取得住房所有权，沿袭 30 多年的国家计划分房制度宣告结束。1996—2004 年部分单位干部职工通过集资建房，取得住房产权，由公房的实物福利分配制度逐步转变为货币工资分配制度、住房商品化的转换。2004 年首家房地产开发商进入罗甸建设龙兴商城，城镇住房实现商品化、市场化。

县国有生产企业改革从扩大生产自主权开始，通过集团承包，风险抵押承包、租赁承包、拍卖成为股份制企业。生产企业体制改革，鼓励个人投资办企业、制定优惠政策吸引境外资金到县投资办厂。20 世纪 80 年代初期由个人集资办起龙坪（莫方）水泥厂。90 年代末，由个人投资在龙坪、边阳、罗悃、八茂等地办起桐油加工厂、水晶加工厂、猫眼石加工厂、石材加工厂。2013 年又办起了玉石加工厂、艾纳香加工厂等一批民营企业。1995 年县制药厂由信邦公司租用，从事药品生产。1998 年信邦公司买断制药厂产权，组建信邦制药厂，实现县内首家国有企业向民营企业转变。1996—2005 年县水泥厂通过集团承包、租赁、拍卖成为股份制民营企业，蒙江电力有限责任公司购买罗甸电站产权，实现资产重组。2006—2015 年继续推进以产权改制为核心的企业改制工作，坚持“成熟一个发展一个”的方针，完成罗甸国有粮油收购企业，粮油加工企业，县工业硅厂、县页岩砖厂、县农机公司、康黔公司等企业改制和职工安置工作。

第二节　计划编制

县计划部门编制的国民经济和社会发展计划，有年度计划、五年计（规）划，长期远景规划，以及行业发展规划。1991 年“八五”计划起，政府的经济发展计划为指导性计划，只有控制人口增长等少数指标实行指令性计划。根据国家发展战略，实施宏观调控与市场调节的方针，结合县情，对各部门行业规划进行综合平衡。计（规）划编制完成后，向县委、县政府报告，由县人大审议通过后下达执行。年中、年末向县人大、县委、县政府报告计（规）划执行情况。

“八五”计划（1991—1995 年）编制，是在总结“七五”计划（1986—1990 年）执行情况的基础上，要求大力提高经济效益和经济素质，争取在“八五”期间实现全县经济翻番；基本解决温饱问题、生活质量、生活环境、居住条件以及人民健康状况有明显的改善和提高；加快科技步伐，发展教育事业；加强重点建设，增强发展后劲，为 21 世纪的发展奠定基础；初步建立以公有制为基础的社会主义计划经济与市场经济体制和运行机制；社会主义精神文明建设达到新水平，社会主义民主和法制建设进一步健全。

1994 年 8 月，县计委编制《罗甸县 1994—2000 年以工代赈规划》，目标是：通过以工代赈规划、配合农业综合开发规划、扶贫总体规划、电气化规划的逐步实施，2000 年，全县工农业总产值达到 4.02 亿元，财政收入达到 2300 万元，综合开发项目区人均纯收入达到 664 元，人均 700 元以下的人口低于 33%。

“九五”规划（1996—2000 年）期间，国民经济和社会发展要以稳定解决温饱奔小康为目标，努力加快经济发展，2000年，实现人均国民生产总值在1980年的基础上翻两番，初步建立起社会主义市场经济体制，使2/3的农户生活接近小康，1/3的农户基本解决温饱。

1996年3月，编制《罗甸县社会事业发展“九五”计划》，提出全县人口自然增长率控制目标，教育、卫生、广播电视、文化、体育发展目标。

是年9月编制《罗甸县1997—2000年以工代赈综合开发规划》，要求实行山、水、林、田、路综合治理，实现片区稳定脱贫。

“十五”规划（2001—2005年）目标是：2005年，全县地区生产总值达到11亿元，年均增7.5%以上，财政总收入8000万元，年均增10%；农民人均年收入达到1580元，年均增速10%；社会消费品零售总额1.8亿元，年均增10.5%；全县固定资产投资总额完成13亿元；人口自然增长率控制在9‰以内。

2002年7月，编制《罗甸县生态环境建设规划（2002—2050年）》，总体目标是：用大约50年的时间，举全县之力，依靠科学技术，建立起比较完善的生态环境预防监测和保护体系，使全县生态环境明显改善，基本实现山川秀美。同时明确了近、中、远三个阶段生态环境建设目标。

2005年10月，县发展和改革局邀请贵州大学林学院专家学者指导编制《罗甸县喀斯特石漠化综合防治规划（2005—2050年）》，指出：全县土地面积中有56.5%为喀斯特地貌，约合1701.82平方公里，发展农村生态能源、修建小型水利设施、解决道路交通、生态移民等工程的实施，把产业结构调整和促进县域经济发展等结合起来，进行综合治理，提高森林覆盖率。明确了近、中、远三个阶段的目标。

“十一五”规划（2006—2010年）要求，2010年全县地区生产总值达到22亿元，人均GDP达到6500元，比2005年翻一番，“三产”结构比例调整为30∶36∶34左右；五年全社会固定资产投资累计完成50亿元以上；财政总收入实现3亿元；比2005年翻一番以上；农民人均纯收入达2400元，比2000年翻一番以上。主要调控指标为：地区生产总值年均递增12%左右；财政总收入年均递增28%左右，全社会固投总额年均递增22%以上；农民人均年收入年均递增7.8%左右；人口自然增长率控制在8‰以内；城镇化水平提高到32%以上；物价总水平控制在全省平均水平以内；城镇登记失业率控制在5%以内；全社会亿元生产总值死亡率下降控制到1以下；万车死亡率下降到15人以下，工矿商贸从业人员10万死亡率下降控制到10人以下。

2007年编制《罗甸县大中型水库库区及移民安置区基本设施建设规划》，按省核定龙滩库区、双河口库区21945人，2006—2010年，每年投资350—400元/人的标准规划五年投资规模，总投资4014万元，项目涉及人畜饮水、交通、供电、文化教育、医疗卫生、劳动力培训等6大类项目，181个子项目。

“十二五”规划（2011—2015年）发展定位为：建立起贵州硅系循环经济工业基地；贵州生态（绿色）经济示范区和贵州特色农副产品生产基地；贵州南部物流集散基地；中国野钓休闲度假基地。

经济增长速度：全县生产总值年均增长18%以上，工业总产值和增加值年均增长30%以上，农业总产值年均增长10%以上，财政总收入年均增长20%以上，全社会固定资产投资年均增长35%以上，社会消费品零售总额年均增长20%以上，农民纯收入年均增长17%以上。

经济结构：“十二五”末期，“三产”结构比由2010年的29.1∶36.6∶34.3调整为23∶40∶37。

城乡区域：城镇登记失业率控制在4.5%以内，到2015年全县城镇化水平达到36%。非公经济总量占地方生产总值的比重达到50%以上。

环境保护：到2015年，森林覆盖率达到52.6%。主要污染物排放控制在国家下达的指标范围内。

民生工程：人口自然增长率控制在7‰以内，到2015年末，全县总人口控制在35.4万人以内。适龄儿童入学率达到98%以上，小学六年巩固率达90%以上，初中三年巩固率达80%以上，义务教育完成率达90%以上，高中阶段入学率提高到65%左右，残疾儿童、少年入学率达85%以上。县医院达到二级甲等水平，乡镇、村级卫生机构基础设施得到改善。

第三节　计划实施

“八五”计划期间（1991—1995 年）　立足重点建设，促进国民经济持续、稳定、协调发展。1995 年，全县地区生产总值达到 4 亿元，比“七五”期末的 1990 年增长 185.1%，工农业总产值达到 3.4 亿元，比 1990 年增长 56.03%，财政收入达到 1600 万元，比 1990 年增长 1.6 倍，收支自给率由 1990 年的 34.8% 提高到 57.14%。农民人均纯收入达到 825 元，人均占有粮食 279 公斤，处于温饱线以下的人口由 1990 年的 241564 人减少为 140188 人，有 101376 人解决了温饱问题。基本实现了“八五”计划确定的目标。

“九五”规划期间（1996—2000 年）　全县深化农村改革，推动科教兴农、增加农业投入、大力扶持贫困地区经济发展，继续实施温饱工程，发展支柱产业。2000 年，全县地区生产总值达到 7.82 亿元，全社会固定资产投资达到 1.95 亿元，工业规模总产值达到 3.43 亿元，社会消费品零售总额达到 1.12 亿元，农业总产值达到 5.94 亿元，农民人均纯收入达到 1168 元，财政总收入达到 5200 万元。实现人均国民生产总值在 1980 年的基础上翻两番的计划目标。

“十五”规划期间（2001—2005 年）　全县深化经济体制改革，加快经济结构调整，扩大对外开放，狠抓扶贫攻坚，扎实推进移民搬迁安置，大力发展各项社会事业。2005 年全县地区生产总值 11 亿元，比 2000 年增长 53.85%，财政收入 8700 万元，比 2000 年增长 67.42%，年均递增 10.78%。五年间，通往省城贵阳、州府都匀、邻县紫云三条干道实现油路改造，新建和改造通乡公路 210 公里，新建通村公路 143 公里，全县公路通车里程达 1313.8 公里。建成上隆引灌、兴交引灌等骨干水利工程，完成了边阳、洛央、洞甲 3 个病险水库的治理，建成小水池（窖）17079 个，解决 5.67 万人和 3.1 万头（匹）大牲畜的饮水困难，新增和改善灌面 1.95 万亩，完成坡改梯 7.22 万亩（其中：经果林 1.43 万亩）。建成沼气池 6500 口。造林 33 万亩，森林覆盖率提高到 41.03%，比 2000 年增加 16.15 个百分点。治理水土流失 220 平方公里，部分地区石漠化趋势得到初步遏制。新建和改造城市道路 23.6 公里，对大部分乡镇街道进行拓宽和改造。完成边阳、沫阳、罗悃、逢亭镇的城镇规划，城镇化水平达 23.68%。人民生活进一步改善。2005 年，农民人均纯收入达到 1648 元，比 2000 年增加 480 元，社会消费品零售总额完成 1.94 亿元，年均递增 11.61%，城乡居民储蓄余额 3.39 亿元，比 2000 年增加 2.18 亿元，城镇、农村人均住房面积分别达 23.35 平方米和 30.73 平方米，比 2000 年分别增加 13.7 平方米和 17.62 平方米。五年间，“两基”工作顺利通过省政府评估和教育部审批，县职校申报国家级重点职校通过省政府评估验收和教育部审批，计生工作，人口自然增长率控制在 4.47‰。

“十一五”规划期间（2006—2010 年）　坚持“希望在山、前景在水、致富在路、关键在人”的发展理念，克服金融危机、冰雪凝冻、旱涝灾害等困难。2010 年，全县地区生产总值达到 23.35 亿元，人均突破 7000 元，比“十五”期末翻一番，年均增长 16.21%，超“十一五”规划目标值 1.5 亿元。社会固定资产投资 18.9 亿元，比“十五”期末翻了一番，年均增长 37.32%，超“十一五”规划目标值 3 亿元，财政总收入达 3.24 亿元，比“十五”期末翻了近两番，年均增长 30.14%，超“十一”规划目标值 2400 万元。各项存款余额 25.87 亿元。农民人均纯收入 3687 元，比“十五”期末翻一番以上，年增 17.47%，超“十一五”规划目标值 1287 元。农业总产值达 11.29 亿元，比“十五”期末增长 56.6%，年均增长 9.38%，超“十一五”规划目标值 1.28 亿元，规模以上工业总产值 14 亿元，比“十五”期末增长 180%。五年间，农业产业化围绕气候优势，大力发展现代农业，以蔬菜、水果、茶叶、畜牧水产为代表的优势农业产业，完成蔬菜种植 20.11 万亩，果树种植 19.69 万亩，茶叶种植 3.28 万亩，大牲畜存栏 10.2 万头（匹），水产品产量 1.03 万吨，油桐种植改造 26 万亩，艾纳香种植 1.1 万亩，完成“185”（即 1 亩田产值分别为 1 万元、8000 元、5000 元指标）工程面积 10.35 万亩。

工业　立足县内资源优势，发展新型工业和非公经济，以医药制造、电力、冶炼、食品加工、农牧产品加工。灰洞电站全面开工建设；信邦公司于2010年4月成为黔南州第一家上市企业，投资20000万元的药物中试生产基地、固体制剂、植物提取生产线三个项目竣工投产；黔龙食品厂鱼产品香熏生产线、冷库设备投入使用，实现产值4700万元；鑫鹏公司与艾源公司合作的年产50吨冰片加工项目已开工建设；2010年完成工业硅生产1.4万吨，完成发电量8.8000万度，药业实现产值65000万元。

交通水利建设得到较大改善　五年间，建成通乡油路12条239公里，通村公路110条926公里，实施边阳等7个集镇过境公路改造，硬化村级道路、串户路102公里，全县公路通车里程达2792公里，比“十五”期末增加951公里。

港口建设　建成红水河港口，完成罗甸港第一作业区工程建设，建成码头3个，全县通航里程达243公里，比“十五”期末增加153公里。

农田水利建设，建成中暮、红屯水库，治理病险水库3座，整修山塘80个，修建小水池8500口，建成11个乡镇自来水厂，解决13.16万人饮水安全；实施逢亭等5个乡镇农田水利工程，恢复灌面2.31万亩，改善灌面4600亩，完成土地开发5754亩。

创新工作，破解“移民难题”，围绕“搬得出、稳得住，逐步能致富”的要求，采取多种安置方式，全面完成龙滩库区、双河口库区2万余人的移民搬迁安置，并将龙滩库区3427户15795人纳入长期补偿，使其长远生计得到有效保障。

大力推进生态文明建设，实施农村集体林权制度改革，抓好退耕还林、封山育林，累计完成造林25万亩，治理石漠化20平方公里。加强林业资源保护，森林覆盖率达44.67%。

建成县城污水处理厂，关停淘汰一批落后产能企业；加强集中式饮用水源地的保护，水质达标率达100%。

教育　“两基”“普实”顺利通过省政府复查验收，边阳中学恢复高中招生，县职校升级为国家级重点职业学校，完成第一高级中学场地平整，校安工程顺利推进。

卫生　建成县医院门诊大楼和县中医院综合大楼，新建、扩建基层卫生院26个，村级卫生室150个。人口自然增长率控制在7.10‰以内。

文化　建成47个农家书屋，11个基层文化站，8个村级文化场所，全县实现广播电视、电影、图书进村入户。

扶贫工作　积极实施产业扶贫、智力扶贫，共投入扶贫资金8591万元，完成78个贫困村的整村推进，全县3.45万贫困人口实现脱贫。

“十二五”规划期间（2011—2014年）　011年，全县生产总值完成27.8亿元，比上年增长15.3%；全社会固定资产投资完成26.11万元，比上年增长38.2%；规模以上工业总产值完成25.1亿元，比上年增长72.8%；财政总收入完成3.6亿元，比上年增长11.1%，社会消费品零售总额完成5.9亿元，比上年增长19.9%，农民人均纯收入达4576元，比上年净增889元，增长24.1%，实现0.84万人脱贫。

2012年，以加速发展，加快转型，全力实施工业化、城镇化和农业产业化三大战略，全年地区生产总值完成34.4亿元，同比增长16.9%，全年全社会固定资产投资完成39.17亿元，同比增长50%，固定资产投资完成37.3亿元，同比增长46.3%，规模以上工业增加值完成3.96亿元，同比增长21.59%；由于诸多因素影响，财政收入完成3.49亿元，同比增长0.13%，其中：地方财政收入完成1.91亿元，同比增长3.57%，全年社会消费品零售总额完成682亿元，同比增长15.55%，招商引资完成27.66亿元，全年农民人均纯收入5371元，同比增长17.37%。

2013年，“十二五”中期，罗甸县融入黔南州“一圈两翼”区域发展规划，红水河临港经济区、罗甸县列入国家左右江革命区域发展、国家生态补偿示范区3个规划资料收集已基本完成；将逢亭工业园区纳入贵州省“四个一体化”规划，经对接省州发改委，已同意开展园区2×13.5千瓦时热电联产动力车间项目前期工作。全年完成全社会固定资产投资57亿元，同比增长45.52%，其中：完成固定资产投资

50.1 亿元，同比增长 34.3%。完成规模工业增加值 6.3 亿元，同比增长 16.5%；完成财政总收入 4.65 亿元，同比增长 21.15%。全社会消费品零售总额完成 7.75 亿元，同比增长 13.7%。招商引资到位资金 42.66 万元，同比增长 54.23%。农民人均纯收入 6166 元，同比增长 14.8%，旅游业总收入 2.9400 万元，同比增长 32.1%。2013 年实施生态移民边阳镇、木引乡两个安置点共 503 户 2237 人，总投资 6938.19 万元，两个安置点的房屋主体工程已完工。石漠化综合治理工程总投资 660 万元，治理面积 12.17 平方公里。组织实施 2012 年以工代赈项目乡村道路 14 条，片区综合开发项目一个，总投资 778 万元，年底全部完工。

2014 年，全力实施工业化、城镇化和农业产业化三大战略，全县经济社会呈现良好发展态势。地区生产总值完成 50.82 亿元，同比增长 15.6%；规模以上工业增加值完成 8.11 亿元，同比增长 19.2%；全社会固定资产投资完成 78 亿元，同比增长 36.84%，其中：固定资产投资完成 70 亿元，同比增长 39.73%；地方财政总收入完成 5.58 亿元，同比增长 20%，其中：公共财政预算收入完成 2.09 亿元，同比下降 10.07%；社会消费品零售总额完成 8.78 亿元，同比增长 13.3%；农民人均纯收入完成 7160 元，同比增长 12%。2014 年，全县饮水安全、公租房、廉租房配套基础设施，易地扶贫搬迁、周转宿舍等 102 个项目已开工建设。董当狮子洞至打岱河天坑乡村道路工程、规模化节水灌溉增效示范项目全部开工建设。边阳、木引生态移民安置点住房工程已建成，160 户已入住。启动 2014 年扶贫生态移民安置点龙坪镇 214 户 900 人，由园区办统一安排与县安置房统筹施工建设，已完成主体工程 72 套，主体工程在建 72 套，基础在建 70 套。完成上年以工代赈项目 11 个。当年以工代赈项目 10 个，已竣工验收 1 个，其他 9 个项目均已开工。完成 2012 年石漠化治理工程并通过州级验收，达合格标准；完成 2013 年石漠化治理项目工程经州验收。2014 年，对 55 个固定资产投资项目进行节能登记和审查。全县 23 家规模以上工业企业中 3 家属高耗能行业，安排 230 万元节能资金，淘汰了罗甸县清阳水泥厂，督促蒙江冶金、宏宇 2 个硅厂进行节能技改。

2015 年地区生产总值完成 57.01 亿元，规模工业增加值完成 9.22 亿元，50 万元口径固定资产投资完成 81.4 亿元，500 万元口径固定资产投资完成 62.02 亿元，社会消费品零售总额完成 11.1 亿元，城镇居民人均可支配收入完成 22593 元，农村居民人均可支配收入完成 7933 元，农业方面，完成"火龙果""罗甸脐橙"国家地理标志保护认证，荣获"中国火龙果之乡"誉名。工业经济方面，信邦三期工程基本完工，永龙建材、欣益诚石材建成投产，完成逢亭硅系循环基地 2 台 16500 千伏安电热炉技改投产，董托、拉纳电站实现全面投产，成功引进汉能集团实施分布式光伏发电试点。基础设施建设：惠罗高速公路建成通车、罗望高速公路启动建设，龙坪镇莲花河排污治理工程、县城污水处理（二期）工程完工，罗甸县殡仪馆、火化场完工并投入使用。

罗甸县"七五"期末至"十二五"期末社会经济发展情况对照表

表 12-1

序号	指标名称	七五期末（1990 年）	八五期末（1995 年）	九五期末（2000 年）	十五期末（2005 年）	十一五期末（2010 年）	十二五期末（2015 年）
1	地区生产总值（万元）	14000	40000	78200	110900	233500	570100
2	全社会固定资产投资（万元）	400	3500	19500	39000	189000	814000
3	工业规模总产值（万元）	2500	7500	34300	50200	144500	369000
4	社会消费品零售总额（万元）	5400	9400	11200	19400	492	111100
5	财政总收入（万元）	600	1600	5200	8700	32400	69800
6	农业总产值（万元）	13200	48800	59400	72100	112800	202200
7	农民人均纯收入（元）	438	825	1168	1648	3687	7933
8	人口自然增长率（‰）	9.6	12.66	9.88	4.47	7.10	5.4
9	森林覆盖率（%）	–	–	24.88	41.03	44.67	52.6

注：表中"2015 年"列中数据"81.4"指的是 50 万元以上口径固定资产投资

第四节 项目管理

1991—1995年，国家对贫困县实行重点扶持，罗甸县累计落实到位扶贫资金3941.58万元，通过扶贫项目的实施，五年间，全县有101376人的温饱问题得到解决，占贫困人口的42%。惠罗公路柏油路改造完成路面施工，雷公滩电站设备安装进展较快，龙坪镇罗斛大道建成使用，县城2000门程控电话开通，康黔公司辉绿岩板材生产线正式投产，乡镇企业超常发展。1995年总产值达到1300万元，比1990年增长6倍，年均增速48.18%，占全县工业总产值的66%以上。

1997年，围绕农业“六大基地”和工业“六大系列”建立项目库，为州项目办输送资料卡32个。加大“三引三跑”力度，扩大招商引资范围，全年共批准投资项目18个，总投资851.92万元。争取到以工代赈项目12个，资金1042万元，为改善县内基地设施，加快脱贫致富步伐，起到重大的推动作用。

2001—2005年，引进项目98个，利用资金7亿多元，是“九五”期间的4倍。蒙江流域梯级电站启动建设。实现县房地产开发零的突破。成功拍卖凤亭矿山，盘活矿产资源，促进了资源的合理开发利用。

2006年，省发改系统下达罗甸基础设施项目85个，补助投资2914.58万元，落实交通项目17个，农村项目17个，社会事业26项，公检法司12项，城镇基础设施项目6个，电力设施项目1个及办公楼房建设补助投资。

2010年，全县列入省州重大工程和重点项目13个。石漠化治理工程投资882万元，治理面积13.05平方公里，完成投资715.5万元，占计划的81.13%，灰洞水电站投资3.35亿元，年度目标任务4000万元，完成3500万元；尖坡水电站总投资4.17亿元，年度完成2285万元；冗各水电站总投资6.2亿元，前期工作基本完成；农村饮水安全工程总投资1337.79万元，当年完成676.95万元；巩固退耕还林成果工程总投资709万元，年度完成60万元，开展采购种苗工作；异地移民搬迁试点项目总投资920万元，年度完成450万元；小学校舍安全工程总投资2702万元，年度完成2172万元；县人民医院建设项目总投资3200万元，年度完成287万元；硅系循环经济工业基地总投资20亿元，完成500亩征地和基地饮水工程，完成投资350万元；罗甸—羊里公路总投资7.73亿元，项目已完工（州管）；县污水处理工程，总投资2878万元，年度完成2334万元；县垃圾处理工程，总投资3236万元，年度已开工建设。

2011年，实施“十二五”规划，制定《罗甸县开展项目建设年实施方案》，重新编制《罗甸县项目工作管理条例》，根据上级下达的重大工程和重点建设项目，提出项目推进计划，明确各季度目标，制定工作措施。全年总项目266个（打捆），投资380.02亿元。其中：交通项目80个，水利项目42个，城镇基本设施项目9个，重大产业项目12个，农业发展项目27个，生态建设与环境保护工程40个，社会发展项目30个，民生工程8个，其他项目18个。是年，中央及省州投资罗甸县项目155个，投资9579万元，其中：保障性安居工程7个，农业发展项目1个，环境保护与生态建设项目4个，城镇基础设施项目2个，水利工程项目10个，交通项目14个，文化、卫生、教育等社会事业项目116个、工业产业项目1个。年底，廉租房建设项目、垃圾卫生填埋场、饮水安全工程等项目已开工，完成投资1113.03万元，村卫生室项目已落实乡镇政府组织实施。年末4批新增中央投资项目全部竣工，完成投资1.45亿元，完成县级综合验收项目89个，项目和投资完成率均为100%。8个省、州重大工程和重点项目计划总投资51.27亿元，其中：逢亭硅系循环经济工业基地项目投资20亿元，蒙江流域灰洞水电站投资3.57亿元，上尖坡水电站投资5.73亿元，冗各水电站投资8.15亿元，罗甸第一高级中学投资2.12亿元，罗甸鲜活农产品市场投资5000万元，中药材艾纳香产业化及艾片加工厂建设项目投资1.2亿元，罗甸县城东新区建设总投资10亿元。

结合“十二五”规划实施，根据国家投资项目基本建设程序，2011年重新编制了《罗甸县项目工作管理条例》，建立项目联席会议制度，研究、协调、解决项目建设中遇到的困难和问题。牵头组织抓好项目策划、申报、实施及验收等活动。严格执行项目法人责任制度、项目招标投标制度、项目建设监理制度、项目合同管理制度，认真执行旬报、半月报、月报制度。对项目进行定期、不定期督促检查，分析问题，解决困难，切实抓好项目管理工作，促进全县固定资产投资较快增长。

2012 年重点工作情况，1. 项目储备情况：根据国发〔2002〕2 号文件指示精神，结合“十二五”规划和县情，策划项目 303 个，总投资 1024.62 亿元，涉及交通、农业、水利、林业、城乡建设、社会发展等基础设施、产业发展、政策扶持等方面，并有针对性地提出近年拟争取或对接的项目 155 个，总投资 532.47 亿万元。2. 重大项目完成情况：列入省重大工程和重点建设项目 4 个，州重大工程和重点项目 6 个，完成投资 6.02 亿元，为年度目标任务的 103.62%。3. 中央及省预算内项目完成情况：中央及省预算内投资项目 71 个，总投资 3.43 亿元，其中：中央预算内投资 1.36 亿元，中央补助投资 2358.55 万元，地方配套 7289.86 万元，银行贷款 1122 万元，自筹 9690 万元，其他 229 万元。项目已全部开工，开工率为 100%；完成投资 3.43 亿元，占总投资的 100%；竣工项目 71 个。

2013 年重点工作情况。1. 项目储备情况。围绕黔南州“一圈两翼”、国家生态补偿示范区、红水河临港经济区、左右江革命区域发展规划战略，谋划一批事关全县经济社会发展项目，提出涉及产业发展、能源、城市建设、交通运输、农业水利、社会发展、商贸物流等方面的大项目 112 个，总投资 707.5 亿元。2. 省、州重大工程和重点建设项目 16 个，完成投资 7.3 亿元，占年度计划投资的 130.45%。3. 2013 年中央及省预算内项目共 47 个，投资 2.55 亿元。2013 年中央及省州下达投资资金 2.21 亿元，其中：中央预算内投资 1.06 亿元，中央专项资金 1430 万元，省州配套 1627 万元，州配套 528 万元，县配套 1416 万元，自筹 997 万元，其他 5491 万元。开工项目 47 个，开工率为 100%。

2014 年重点工作情况，1. 项目储备情况：抢抓国家新一轮微刺激政策，围绕环境保护、生态建设、民生改善以及交通、水利等重大基础设施建设，更新和完善项目库建设，谋划项目 315 个，总投资 595.14 亿元。其中：处于规划阶段的项目 224 个，处于可行性研究阶段的项目 67 个，基本完成前期工作的项目 24 个，亿元以上的项目 52 个。永州—兴义铁路（罗甸段）、罗甸机场、矿电冶一体化（电力直供）、八总物流、蒙江灌区节水灌溉、平寨水库、劳动力转移创业孵化园等项目拟争取列入国家、省“十三五”规划内容；北盘江—红水河航道提等升级、银百高速乐业—罗甸段等项目进入广东、广西、贵州区域合作框架协议初稿。2. 重大项目情况：2014 年，县列入重大工程和重点项目 32 个，其中：省重大工程和重点项目 6 个，州重大工程和重点项目 26 个；是年投资目标为 34.15 亿元。全年完成投资 36.16 亿元，占年度投资目标的 105.87%。3. 中央及省预算内投资项目 104 个，总投资 1.68 亿元，其中：中央预算内投资 1.26 亿元，中央补助投资 40 万元，地方配套 3182.97 万元，自筹 985.17 万元。开工项目 104 个，开工率为 100%；2015 年全部完工。

2015 年储备项目 169 个，总投资 750 亿元。其中：5000 万元以上项目 109 个，计划投资 744 亿元；10 亿元以上重大产业项目 21 个，计划投资 421.5 亿元，建成后预计年产值 824 亿元。21 个重大产业项目中硅系循环经济工业基地项目、艾纳香综合开发项目、信邦三期等 6 个项目已开工建设；罗甸港物流园建设项目正在进行总体规划，局部完成工程可行性研究报告，完成行业审查及相关专项报告；玉都北殿现代高效农业休闲园项目完成土地流转及规划；大亭风力发电项目正在进行项目评估、茂井西南生态农业观光园项目、太阳能光伏发电站项目、大小井养生文化中心项目、FAST 旅游配套综合开发项目、中国 · 罗甸大数据与大健康产业园——智慧罗甸云项目、红水河旅游综合开发项目等 13 个项目正在进行规划。艾纳香综合开发项目、信邦三期、罗妥港区工程、贵州绿城 · 罗甸桃花园养生度假小镇等 12 个项目进入州级重大产业项目库，计划总投资 230.5 亿元，建成后预计年产值 429 亿元。2015 年，县列入重大工程和重点项目 52 个，其中：省重大工程和重点项目 12 个，州重大工程和重点项目 40 个；年度投资目标为 45.75 亿元。全年完成投资 47.39 亿元，占年度投资目标的 103.57%。中央及省预算内项目 107 个，总投资 2.5 亿元，其中：中央预算内投资 1.58 亿元，中央专项资金 1939.00 万元，省配套 3020.15 万元，州配套 307.63 万元，其他资金 3925.46 万元。开工项目 107 个，开工率 100%。

第三章 统 计

第一节 机 构

1991 年统计局有干部职工 7 名，其中：局长 1 名，副局长 1 名，正副股长 2 名。科员、办事员各 1 名。工勤人员 1 名。

1994 年县计划委员会和县统计局合并为“县计划统计局”，虽然合并，但统计工作仍然是独立的，人员不变，经费独立。1996 年计划统计分家，重新成立县统计局。2002 年机构改革，保留县统计局，内设办公室、乡镇统计管理办公室、经济社会调查统计股、产业发展调查统计股。主管统计和国民经济核算工作。2003 年经县人民政府批准在县统计局内增设普查中心（股级），增加事业编制 4 人。

2010 年，罗甸县农村社会经济调查队划归县统计局管理，更名为罗甸县统计抽样调查中心（2013 年又更名为罗甸县乡镇统计管理办公室，为县统计局管理的正科级事业单位，编制 32 名，内设综合股和监测股）、执法大队（2011 年 5 月成立，事业编制 3 名），县局内设办公室、经济社会调查统计股、产业发展调查统计股。

2015 年有干部职工 48 名（含事业编制人员），其中：局长 1 名，副局长 3 名（一名副局长由县乡镇统计管理办公室主任兼任），纪检组长 1 名、乡镇统计管理办公室主任副主任各 1 名，执法大队队长 1 名，工作员 41 名。

第二节 普 查

1991 年在部分乡镇建立粮食产量抽样调查点，1997—2014 年，全县进行过 3 次经济普查，2 次农业普查，2 次人口普查。

一、经济普查

1997 年以来，罗甸县分别进行过 3 次经济普查、2 次农业普查，普查内容涵盖第一产（农业）第二产业和第三产业。普查采用先进的数据采集和数据处理技术手段，数据客观真实，是县域经济发展的重要依据。

2004 年，在第一次经济普查中，罗甸县从事第二、三产业的法人单位 504 个，其中：企业法人单位 86 个、机关法人单位 73 个、事业法人单位 59 个、社会团体法人单位 6 个、其他法人单位 280 个（其中：社区居委会 5 个、村委会 268 个、其他法人 7 个）。在全部法人单位中：单产业法人活动单位 441 个、多产业法人活动单位 63 个。全部产业活动单位 986 个，其中：企业产业活动单位 138 个、事业产业活动单位 396 个、机关产业活动单位 159 个、社会团体产业活动单位 11 个、其他产业活动单位 282 个。个体经营户 4726 户，其中：工业 1055 户、建筑业 39 户、第三产业 3632 户。

在法人单位中，从事制造业的单位 52 个、批发和零售业 14 个、教育 41 个、公共管理和社会组织 365 个、其他法人单位 32 个。按注册类型划分，国有企业 165 个、集体企业 5 个、股份合作企业 1 个、有限责任公司共 8 个、股份有限公司 2 个、私营企业 36 个、其他企业 287 个。在产业活动单位中，从事农林牧渔业 37 个、从事制造业的单位 55 个、批发和零售业 33 个、教育 142 个、公共管理和社会组织 544 个、其他行业 175 个。

2008 年第二次经济普查，罗甸县法人单位 527 个，其中：企业法人 99 个、机关法人 75 个、事业单位法人 67 个、社会团体法人 6 个、民办非企业法人 6 个、其他法人 274 个（其中，社区居委会 5 个、村委会 267 个、其他法人单位 2 个）。在全部法人单位中：单产业法人 425 个、多产业法人 102 个、全部产业单位 1179 个，其中：企业产业单位 186 个、事业产业单位 539 个、机关产业单位 126 个、社会团体产业单位 46 个、其他产业单位 282 个。个体经营户 4916 户。

在法人单位中：从事制造业 45 个、批发和零售业 19 个、教育 46 个、公共管理和社会组织 372 个、其他法人单位 45 个。

在全部产业单位中：从事农、林、牧、渔业的单位 64 个，制造业的单位 48 个，批发和零售业 33 个，教育 148 个，公共管理和社会组织 576 个，其他行业 310 个。按注册类型划分，国有企业 171 个、集体企业 2 个、股份合作企业 3 个、其他股份联营企业 1 个、有限责任公司 11 个、股份有限公司 4 个、私营企业 58 个、其他企业 277 个。

在单位就业、全年营业收入及资产统计中，制造业 2182 人，全年营业收入 6.11 亿元，总资产 7.23 亿元；建筑业 609 人，全年营业收入 2391 万元，资产总计 3354.9 万元；教育 3098 人，营业收入 100 万元，资产总计 100 万元；卫生、社会保障与社会福利业 368 人，营业收入 695 万元，资产总计 749 万元。

第三次经济普查从 2013—2014 年结束。按法人单位和产业单位分，全县法人单位 1009 个，其中：单产业法人 884 个、多产业法人 125 个。产业单位 1910 个，多产业法人单位所属的产业单位 1026 个。按机构类型分，企业法人 403 个、事业法人 65 个、机关法人 71 个、社会法人 32 个、民办非企业单位 4 个、居委会 5 个、村委会 268 个、其他组织机构 161 个。按机构类型分，企业产业单位 567 个、事业产业单位 696 个、机关产业活动单位 141 个、社会团体产业单位 63 个、其他产业单位 443 个。按机构类型分的单位从业人员 24075 人、企业从业人员 8963 人、事业单位从业人员 5408 人、机关从业人员 5517 人、社会团体从业人员 907 人、民办非企业从业人员 57 人、居委会从业人员 46 人、村委会从业人员 1169 人、其他组织从业人员 2008 人。法人单位主要经济指标，企业法人营业收入 24.89 亿元，资产总计 85.21 亿元。事业法人费用支出 4.71 亿元，年末资产 6.66 亿元；机关法人费用支出 14.61 亿元，年末资产 5.75 亿元；社会团体法人费用支出 1600 万元，年末资产 2400 万元；民办非企业费用支出 200 万元，年末资产 600 万元；其他法人费用支出 1800 万元，年末资产 3300 万元。高技术产业（制造业）工业总产值 7.38 亿元，主营业务收入 6.19 亿元，资产总计 15.81 亿元，从业人员平均人数 1373 人，实现利税 1.12 亿元，全部 R&D 项目经费内部支出 600 万元，新产品开发经费支出 600 万元，技术改造经费支出 400 万元。规模以上工业法人从业人员 3191 人，工业总产值 19.75 亿元，主营业务收入 16.22 亿元，利税总额 1600 万元，资产总计 35.43 亿元，全部 R&D 项目经费内部支出 600 万元，新产品开发经费支出 900 万元，新技术改造经费 400 万元。

2015 年全县法人单位 1710 个，其中：单产业法人单位 1604 个，多产业法人单位 106 个。

法人单位及产业活动单位情况表

表 12-2

指标名称	代码	法人单位数（个）	其中		产业活动单位数（个）多产业法人所属的产业活动单位	其中
			单产业法人	多产业法人		
甲	乙	1	2	3	4	5
总　计	–	1009	884	125	1910	1026
一、按国民经济行业分组	–	–	–	–	–	–
农、林、牧、渔业	A	181	181	–	191	10

续表

指标名称	代码	法人单位数（个）	其中		产业活动单位数（个）多产业法人所属的产业活动单位	其中
			单产业法人	多产业法人		
采矿业	B	55	54	1	55	1
制造业	C	104	104	–	107	3
电力、热力、燃气及水生产和供应业	D	9	6	3	26	20
建筑业	E	11	10	1	15	5
批发和零售业	F	123	121	2	162	41
交通运输、仓储和邮政业	G	7	6	1	29	23
住宿和餐饮业	H	8	8	–	8	–
信息传输、软件和信息技术服务业	I	–	–	–	29	29
金融业	J	3	2	1	39	37
房地产业	K	18	18	–	21	3
租赁和商务服务业	L	16	16	–	29	13
科学研究和技术服务业	M	13	12	1	35	23
水利、环境和公共设施管理业	N	3	2	1	16	14
居民服务、修理和其他服务业	O	2	2	–	3	1
教育	P	45	20	25	151	131
卫生和社会工作	Q	9	9	–	49	40
文化、体育和娱乐业	R	18	18	–	58	40
公共管理、社会保障和社会组织	S	384	295	89	887	592
国际组织	T	–	–	–	–	–
二、按登记注册类型分组		–	–	–	–	–
内资企业	100	1009	884	125	1909	1025
国有企业	110	155	57	98	887	830
集体企业	120	5	4	1	8	4
股份合作企业	130	–	–	–	1	1
联营企业	140	1	1	–	5	4
国有联营企业	141	–	–	–	2	2
集体联营企业	142	1	1	–	2	1
国有与集体联营企业	143	–	–	–	1	1
其他联营企业	149	–	–	–	–	–
有限责任公司	150	92	87	5	122	35
国有独资公司	151	3	2	1	2	–
其他有限责任公司	159	89	85	4	120	35
股份有限公司	160	4	4	–	25	21
私营企业	170	240	240	–	263	23
私营独资企业	171	129	129	–	140	11
私营合伙企业	172	10	10	–	10	–
私营有限责任公司	173	99	99	–	111	12
私营股份有限公司	174	2	2	–	2	–
其他企业	190	512	491	21	598	107
三、外资企业（港、澳、台商投资企业）	200	–	–	–	1	1

续表

指标名称	代码	法人单位数（个）	其中		产业活动单位数（个）多产业法人所属的产业活动单位	其中
			单产业法人	多产业法人		
合资经营企业（港或澳、台资）	210	–	–	–	1	1
合作经营企业（港或澳、台资）	220	–	–	–	–	–
港、澳、台商独资经营企业	230	–	–	–	–	–
港、澳、台商投资股份有限公司	240	–	–	–	–	–
其他港澳台投资企业	290	–	–	–	–	–
外商投资企业	300	–	–	–	–	–

注：代码140含141、142、143、149栏内数字，代码150含151、159栏内数字，代码171含代码172、173、174栏内数字，代码200含代码210、220、230、240、290栏内数字。代码2000港、澳、台独资企业不列入内资企业，但列入总计数

1978年前，罗甸县工业以“五小”（小铁矿、小化肥、小机械、小水电和小水泥）企业为主。改革开放后，罗甸县实施“兴工强县”“强工富县”战略，加强工业基础设施建设，调整产业结构。1991年全县工业总产值4277万元。20世纪90年代，县属国有工业企业通过改造、改组和产权拍卖等形式，完成企业产权制度改革，罗甸依托资源优势，开展招商引资，加快项目建设，推进工业发展。至2000年工业生产总值达到5.64亿元，比1991年增加13倍。2013年全县实现工业增加值6亿元，比1978年的95万元增长631倍，规模工业21家，比1989年增加17家，工业总产值32.71亿元，工业增加值占GDP比重由1978年的4%上升到14.6%，主要产品从原来的几种发展到几十种。2015年工业总产值38.54亿元，城镇居民工资水平大幅度提高，收入持续增长，社会消费品零售总额11.1亿元。

1991—2015年工业及农业总产值表

表12-3　　单位：万元

年　度	农业总产值	工业总产值	年　度	农业总产值	工业总产值
1991	15696	4277	2003	63918	69631
1992	20627	5942	2004	68987	75096
1993	23412	9141	2005	76126	65362
1994	38110	10164	2006	78200	74326
1995	48831	15555	2007	87560	113055
1996	52550	27026	2008	90178	124008
1997	64840	47001	2009	109790	142466
1998	77545	68140	2010	110253	144520
1999	64411	79234	2011	117970	247326
2000	59398	56395	2012	132026	243919
2001	51763	56164	2013	147493	327069
2002	51984	59777	2014	201259	336185
–	–	–	2015	202192	385353

二、农业普查

1997年进行第一次全县农业普查，1991年以来，随着农村改革不断深入，农业机械和农业生产技术的推广使用，农业生产不断发展，农民收入不断提高。1997年农业生产总值达到6.48亿元，比1991年

的2亿元增加3.3倍。粮食总产量9.35万吨，比1991年的7.36万吨增加1.99万吨，增长27%。人均占有粮食310公斤，比1991年的260公斤增加50公斤。农民人均纯收入1095元，比1991年的401元增加694元，增长1.7倍。2006年进行第二次农业普查，全县农业生产经营户59671户，农业从业人员15.43万人，农村劳动力资源总量155797人，全县外出务工人数14816人；猪年末存栏数142481头，牛年末存栏数58641头，羊年末存栏数55047只；大中型拖拉机5台，排灌动力机械550台，机动脱粒机3931台，农用运输车262辆，内陆渔用机动船5只，机动剪毛机7台；经营耕地面积23.46万亩（田9.61万亩、土13.85万亩），农作物播种面积32.1万亩（含复种面积）。2006年农业生产总值7.82亿元，粮食总产量11.55万吨，人均占有粮食320公斤，农民人均纯收入1778元，农民人均生活费支出1420元。2015年农业生产总值20022亿元，人均年占有粮410公斤。

改革开放后，农村土地实行家庭联产承包责任制，国家加大对“三农”的投入，农业生产条件不断改善，农村经济迅速发展。至2013年末，全县农林牧渔业总产值达到14.75亿元，比1978年的2206万元增长了66.8倍，年均增长12.76%；粮食总产量达9.94万吨，是1978年的1.99倍。2014年农民人均纯收入7160元，比1978年的96元增加74倍。2015年人均纯收入7933元。

随着城乡居民收入的提高，消费结构也发生质的变化，农村居民的衣食住行得到改善。1997年全县农民人均生活消费支出817元，比1991年的401元增加1倍。2006年农民人均生活消费支出1420元，比1997年增加603元。2014年农民人均消费支出6457元，是2006年的4.5倍。2015年农民人均消费支出7243元。

普查显示，改革开放后，县域经济发生巨大变化，经济总量不断发展，农村经济平稳增长，工业经济不断壮大，人民生活显著提高。

全县地区生产总值由1991年的1.49亿元增加到2015年的57.01亿元。经济增长方式逐步由粗放型经济向集约型经济转变，经济结构不断优化。1978年一、二、三产业结构比重为：75 ∶ 8 ∶ 17。1991年一、二、三产业比重为74 ∶ 9 ∶ 17。1997年一、二、三产业比重为：55 ∶ 32 ∶ 13。此后，第一产业比重逐年下降，第二、三产业比重上升。2006年一、二、三产业比重为：38 ∶ 30 ∶ 32。2014年底，一、二、三产业结构比重为：25 ∶ 35 ∶ 40，第一产业比1991年下降了49个百分点，第二产业上升26个百分点，第三产业上升23个百分点，产业结构趋于合理。2015年地区生产总值57.01亿元，其中：第一产业13.15亿元，第二产业20.16亿元，第三产业23.7亿元。

第三节　统计服务与执法

通过调查统计、汇编县情统计资料，建立统计发布制度，为县域经济发展搞好咨询服务。1980—1990年编制统计历史资料《罗甸县国民经济统计资料》11期，1990年以前每年编印有罗甸县统计年鉴，1990年以后因缺少经费等诸多因素没有编印，为州统计局编印的《黔南统计年鉴》提供数据和服务，2010—2013年编制有电子版罗甸统计年鉴，每年4月公布罗甸县统计公报。从2000年起至2014年，每年5月编印《罗甸县领导干部手册》1300余册，2011年起每月发行《罗甸经济要情》，至2014年共发行30余本，提供小康监测、经济发展综合测评增比进位等统计分析预警报告13篇，向基层单位收集、整理、审核、汇总的数据及统计指标、报表、分析由省州审核认定，“企业一套表”数据直接上报国家统计局联网平台，每年定期或不定期召开4次有关部门和乡镇参加的统计数据评估会。撰写的统计文章《赞人口普查》被《中国统计》刊用，《浅谈强制力的统计法特征》在《贵州统计》发表，《自豪吧！经普人》被《中国统计信息报》刊登，《对罗甸县推行“企业一套表”工作的思考》被《中国经济日报》采用，利用因特网创建罗甸统计网站，为大众提供电子文档共享服务。

1991年后，统计局多次组织全局干部职工学习《中华人民共和国统计法》《贵州省统计管理条例》

《全国经济普查条例》《全国人口普查条例》等，派专业干部参加贵州省统计局举办的法规培训班。到2012年底，全局有8人持有“统计执法证”。2014年全局有10人参加统计师考试。1人取得统计师、3人取得助理统计师，4人取得统计员资格证书。2015年全局有13人持有“统计执法检查证”。

1991年以来，统计局采取多种形式组织统计法律法规学习，开展执法培训30期，1500多人次。按照上级要求依法开展统计执法检查。2012年8月成立罗甸县统计执法大队，执法人员利用简报、电视等方式进行统计法制宣传，依法对县内行政机关和企事业单位及乡镇进行统计执法检查。是年检查54个单位，涉及各行各业，对迟报、缺报各类统计年报的13个乡镇进行通报批评。2013年成立统计执法检查工作领导小组，分别对工业、农业、商业、投资、建筑业、房地产、劳资等60个单位进行统计检查，没有发现统计违法现象。2014年对工业、商业、投资等重点领域开展统计执法检查，涉及工业增加值、固定资产投资完成额，社会消费品零售总额，农业产值等主体指标，调查单位70个，对16个漏报、迟报统计报表的单位进行通报批评。2015年开展集中执法检查5场次，不定期执法9场次，共检查企事业单位102家次，发现统计违法行为9起，其中8起部分虚报和迟报，对违法行为进行口头警告并责令整改；立案查处1件。

第四章　工商行政管理

第一节　管理体制改革

罗甸县工商行政管理局（以下简称工商局），1990年将6个区工商所全部收回县工商局管理。

1994年6月县工商行政管理机构改革，工商、质监、物价三局合并为新的工商行政管理局。内设机构办公室、工商企业登记股、商标广告管理股、消费者权益保护股、市场管理股等，增设：物价检查所、经济检查所、技监股，木引工商所、罗羊工商所、板庚工商所。

1996年3月增设罗甸县市场服务中心，下设6镇2乡市场服务站，人员编制50人，属罗甸县工商行政管理局，为事业编制，企业管理。1998年县工商局设9个工商所、2个专业所（物价所和经济监察所）6个股室。6月，取消工商部门市场培育建设、市场布局规划发展等职能。

1999年7月，县工商行政管理机关实行省以下垂直管理，原物价局、质量技术监督管理局合并人员分离，划归罗甸县人民政府管理，工商行政管理局人员上划省工商局管理。2000年9个工商所减为7个工商所，9个股室减为4个。12月县工商局设纪律检查机构，设纪检组长1人，监察室主任1人。2001年7个工商所改为5个工商所，8月将原来由质监部门承担的流通领域商品质量监管职能划归工商部门。

2002年县工商局内设4个股室，3个工商所。撤销边阳、罗悃、茂井、木引、板庚、沫阳、罗羊工商所，设龙坪、逢亭、红水河等3个工商所。是年认真落实企业年检和个体工商户验照工作。同时以“12315”（消费者投诉平台）为基础的工商行政管理行政执法综合建设和个体工商户分层分类登记管理两项改革。

2010年全省工商系统机构改革，按经济区域划分，全县设6个工商行政管理分局，分别是：龙坪分局、边阳分局、沫阳分局、逢亭分局、罗悃分局和红水河水上分局。为县工商局副科级派出机构；同时设立经济检查大队，为副科级；成立县工商行政管理局机关党委，设机关党委书记1名、纪检组长1名（监察室主任1名）、经检大队大队长1名。

2014年1月1日县工商局由省以下垂直管理调整为县政府管理的工作部门。9月，罗甸县工商行政管理局、罗甸县质量技术监督管理局、罗甸县食品药品监督管理局三局合一，成立罗甸县市场监督管理局。内设机构：办公室、政策法规股、行政审批股、药品化妆品医疗器械管理股、市场规范管理股、企业个体监督管理股、质量计量标准化股、特种设备安全管理股、食品生产流通监督管理股、餐饮服务监督管理股、纪检组（监督室），行政编制 18 人。设局长 1 名、常务副局长 1 名，副局长 3 名、纪检组长 1 名、机关党委书记 1 名。下设事业单位：市场监督管理信息中心、县市场监管稽查队、质量技术监督股。基层单位有：龙坪、边阳、逢亭、沫阳、茂井、红水河、风亭等 9 个市场监督管理分局，2015 年延续不变。

第二节　市场管理

县工商局依据国家法律、政策和经济措施对市场交易活动进行管理。维护市场秩序，保障消费者权益。内容包括粮食、农贸、卷烟、饲料、文化、建材、食品安全、房地产等。

一、粮食市场管理

1994 年县工商局加强粮食市场调查摸底工作，1995 年查处无证贩运粮食 21 户。1998 年查获违法经营人数 54 人，查处案件 8 件，结案 5 件，没收货款 13904 元，没收粮食 41980 公斤，送交粮食部门。1999 年对全县粮食市场进行清理整顿，至 2000 年查处粮食案件 30 件，依法没收粮食 11.66 万公斤，上缴粮食部门。2001 年，粮食市场放开，自由经营。工商部门对粮食市场的管理，主要是对入市粮食的质量和计量器具进行监督管理，通过经常性的监督检查，防止过期变质的粮食流入市场，防止短斤少两，坑害消费者行为发生。

二、农资市场专项治理

1982 年 1 月 18 日，中共贵州省委办公厅《关于杜绝流通中不正之风和非法活动的通知》指出："重申各种化肥产品，除经批准由生产厂自销和计划调拨给工业使用的部分外，均由供销社统一经营，实行计划分配、调拨和销售，其他任何单位和个人都不得擅自扩大自销。"1988—1989 年市场检查中查获非法交易化肥 131.43 吨。1992 年查获非法农药 3 吨，查获违反规定倒卖化肥 14.81 吨，对违法经营者罚款 310 元。1993 年在全县开展"打假保春耕"专项治理活动，重点查处假化肥、假农药、假种子，检查集贸市场 45 次，检查农资经营 118 次，查获假化肥 7 包，罚款 50 元。1995—1998 年查收销毁过期失效农药 4571 瓶，价值 47228 元，过期失效磷肥 49 包，查收假冒杂交稻谷种 657 公斤，查处无照经营农资 23 户，其中：化肥经营 2 户，收缴各种劣质化肥 107.27 吨，劣质肥料 122.3 吨，取缔非法经营生产资料 28 户，查处无证经营农药 1209 瓶，查处违法经营化肥 113.27 吨。

2006 年查获无照经营农资案 2 件，罚款 2000 元。2007 年对全县 126 户农资经营户进行信用等级分类监管，其中：A 级 3 户，B 级 67 户，C 级 51 户，D 级 5 户。查获违法经营"两杂"种子 842.5 公斤，高毒农药 3.5 公斤，没收过期饲料 355 公斤、假劣兽药 37.2 公斤、过期兽药 93 瓶。没收过期遵糯 1 号玉米种子 325 公斤。

2008 年收缴过期农药 117 包，查扣过期"中单 321"玉米种子 100 公斤。2009 年对农资种子经营户实行备案管理，与 178 户农资经营户签订农资经营责任书，举办种子经销商法规培训会 1 期。取缔无照经营种子 6 户，查办经营假种子案件 3 件，吊销 2 个涉案当事人营业执照，查获过期稻谷种子 144 公斤，没收假玉米种子 1221 公斤，赔偿 10 户农民损失 15190 元。

2012 年对农资市场进行规范管理，查处不按规定建立进销货台账 2 户。全县 478 户农资经营户建立两票两账一卡一书，即进货发票和销货发票、进货台账和销货台账、"农资产品质量信誉卡"、《农资产品质量责任书》。2013—2014 年继续落实农资市场规范管理措施，全县 625 户农资经营户均办理了"两票两账一书一卡"。2015 年农资市场监管实行定人定岗定责制度，增加巡查频率，做好市场巡查记录，与农资经营户签订责任状，明确责任和义务；落实经营户进货查验、索证索票、进销台账、销售凭证等制度，对农作物常规种子进行提样留样，实行网上备案，建立农资经营户书式档案。

三、卷烟市场管理

1985年县工商局配合+县烟草专卖局管理卷烟市场。1992—1994年开展两次打击制售假冒名优卷烟违法犯罪活动，查获变质香烟259条。1995年查处销毁霉变香烟147条、查获红塔山、阿诗玛等假冒、走私香烟2530条，其他违法香烟9000条。1996—2010年查处无烟草专卖零售许可证经营8户，罚款2150元。2011—2014年，销毁霉变、假冒卷烟26个品种、1262条，销毁烟丝3.86吨、烟叶4.48吨。2015年工商局与烟草专卖局检查卷烟市场326人次，查处无照经营1件，案值10867元，罚款3000元。

四、饮料市场管理

随着经济体制改革的不断深入，消费结构发生变化，市场饮料品种多，价格悬殊，广大消费者对饮料质量问题反映强烈。

1988—1993年查获变质啤酒600瓶、香槟酒150瓶、可乐120瓶、奶粉87包、饼干88包、不合格冰棍500根、糕点54公斤、罐头300瓶、果汁1900瓶、麦乳精1900瓶、变质啤酒汽酒等饮料1222瓶。1995年6月—1996年7月，对全县饮料市场进行全面整治，查收变质饮料1100瓶。2000年夏季饮料市场专项治理工作中，捣毁制售饮料窝点1个，收缴价值1.26万元原材料以及制假工具；2001—2013年查处销售不合格饮料6件，罚款8000元，查处侵权商标，罚款1.25万元。2015年对市场、超市乳制品、桶装水等进行检查，查出爽极泉饮用山泉水和冰玉山泉饮用纯净水为不合格饮用水。

五、文化市场管理

1991年县工商局配合文化部门对文化市场进行检查，没收非法出版图书67本、录音带32盒，非法印制品1442张，2004—2013年县工商局在“扫黄打非”工作中查处音像经营户147户次，收缴盗版游戏碟44盒，取缔无照经营出租光碟1家。没收非法录像带55盒，查扣不健康录像带23盒。检查文化娱乐场所89户次，检查书刊经营户49户次，没收封建迷信书籍55本，收缴非法书刊252册。2014年对文化娱乐场所、出版物市场开展多次检查，检查图书经营146户，检查印刷企业5户次，打字复印店15户，图书游商6户次。2015年“扫黄打非”行动，切实履行文化市场的监管职能。开展网络与网吧专项整治，县市场监督管理局出台下发了《罗甸县市场监督管理局打击“黑网吧”、规范合法网吧专项整治行动方案》，针对黑网吧早上关门、傍晚开门、晚上通宵、节假日营业的经营规律采取“错时巡查”方法，在晚上、双休日、节假日等关键时段进行检查。全年出动执法人员18人次，执法车辆4车次。检查网吧、游戏（乐）场所经营户25户次，张贴消费维权警示20条次，进行行政约谈2户次，下发责令改正通知书4份，取缔无证照经营1户。检查音像市场和出版物市场7次，检查经营场所20余家。

六、建材市场管理

1989年9月25日，县工商局对县物资公司违反规定购进计划外钢材27.85吨，依法查处交易资金2.2万元。2004—2005年查获各类过期油漆485桶、小件过期油漆312瓶、玻璃胶35瓶、乳胶73瓶（桶）；查扣“三无”圆钉7件零108盒、各类闸阀163把、各类门锁拉手204个、皮线145米、不锈钢合页90副、钢锯片40块。2006年查收过期油漆、防水涂料485瓶（桶）价值5000余元，查处无照经营建筑材料4户、假冒伪劣建材9件。2007—2013年查处销售不合格铝制品2户，罚款3.25万元。没收假冒玉蝶线7卷。

2014年对全县5家钢材经营户进行抽检，未发现不合格钢筋出售。2015年对建村市场进行监督，未发现不合格建设材料。

七、食品安全监管

1991年县工商局查处劣质奶粉87包、糕点54公斤、饼干88包、罐头300瓶、麦乳精1900瓶。1997年没收、销毁过期保健食品212瓶（盒），饮料、罐头5137瓶。1999年在节日市场治理中清理无照加工月饼点7个，收缴罐头、香油610瓶、变质鸡脚16公斤。

2007年对全县452户食品经营户实行信用等级分类监管，其中：B级450户，C级2户。建立进销货台账405户，开展索证索票30户，建立示范店14户。辖区工商干部与452户食品经营户全部签订食品安全责任书。查获各类不合格食品 527 种，没收过期、无标识食品 530 公斤。

2008 年对县内 157 户食品经营户建立了台账，下架不合格奶粉 668 公斤，制定《关于食肉经营管理办法》，规范食肉经营户主体资格，实行挂牌经营，重点加强食肉是否检疫合格、是否哄抬物价、短斤少两等违法行为的监督管理。

2009 年 2 月第十一届全国人民代表大会常务委员会第七次会议通过《食品安全法》，当年县工商局制订《罗甸县工商局流通环节食品安全监督管理工作规范》文件，对食品批发商、商场、超市、食杂店的台账建立、索证索票作统一规定。开展食肉市场专项整治，与经营户签订食品安全监管目标责任书 87 份。检查食品经营户 480 户，发现经营不符合安全食品户 144 户，当场收缴和扣押不符合安全标准食品 984 公斤，查获不符合安全食品价值 1.7 万元，无证无照 7 户，超范围经营 7 户。2010 年办理《食品流通许可证》265 份，检查食品经营户 789 户次，收缴和扣押不符合安全标准食品 984 公斤，查处食品安全案件 12 件，罚款 3.24 万元。

2011 年继续抓食品安全监管工作，推行有责先行赔偿制度，开展《食品流通许可证》经营户培训 15 期，培训食品批发零售户 452 户。

2012 年成立龙坪、逢亭、沫阳、边阳、罗悃 5 个食品行业片区分会。以食品行业片区分会为中心，按照十户联保制度建立食品安全自律小组。开展食品快速检测 760 次，食品检测车深入乡镇检测 20 批次，抽样送检 40 批次。

2013 年在食品经营户中继续落实“易票通”（“易票通”是指工商机关在食品安全监管中，食品经营者保证按照规定全面履行进货台账和索证索票义务）。全县 1148 户食品经营户均建立食品台账。全年检查食品经营户 3675 户次，没收假冒伪劣食品 118 公斤，过期食品 10 公斤，办理食品相关案件 33 件，罚款 96715 元。

2014 年加强食品安全监管，要求食品经营户信息公示上墙，有 414 户食品经营户完成了信息公示，进货查验、不合格食品下架退市等相关制度上墙公开；开展食品快速检测筛查，全年开展食品快速检测 270 个批次；在开展日常巡查的同时，加大对元旦、春节、“五一”等节日期间食品市场检查力度，预防节假日食品安全事故发生。办理流通环节食品违法案件 20 件，罚款 46570 元，没收过期食品 61 个品种 104 包（瓶、袋）60.7 公斤。全年共检查食品、餐饮经营户 2767 户次，发放食品流通许可证 342 户。推进餐饮服务食品安全量化分级管理，发放“餐饮服务许可证”265 户，食品流通和餐饮服务单位持证率达到 99% 以上。加强重大节日食品安全监管。在“两会”、中高考期间，“贵州罗甸红水河野钓大赛”“火龙成果研讨会”“韩红义诊”“红水河旅游文化周”等大型活动中，提前介入接待宾馆、考点学校食堂、食品生产企业、活动就餐人数集中的服务单位、考点食堂以及考点周边食品经营单位的食品安全保障能力进行现场评估、全方位监督检查并签订《重大活动餐饮服务食品安全承诺书》，抽检食品生产企业 24 家 53 批次。在元旦、春节、五一、中秋、国庆等重点时段，在城乡接合部、校园周边等重点区域，严厉打击生产经营假冒伪劣肉及肉制品、婴幼儿配方乳粉、乳制品、水产品、月饼、茶叶、桶装饮水、散装白酒等重点品种的违法行为。全年共出动执法车辆 106 台次，执法人员 527 人次，检查集贸市场 35 个次，检查食品生产经营户 1236 户，共抽检食品 60 样次，下达责令整改书 45 份，查办食品类案件 27 件，罚没金额 10.67 万元，收缴“过期”“三无”食品 300 余公斤。

2015 年组织开展“小作坊专项整治”“学校食堂及敬老院专项整治”“大桶水专项整治”等专项整治活动，查处一批制售假劣食品药品的违法案件。配合省、州食品检测机构对县域集贸市场、大型超市、食品生产企业等 24 家共计 53 批次食品进行抽样送检，产品涉及桶装饮用水、挂面、膨化食品、卤肉制品等，对县 4 家屠宰场（点）进行专项整顿，严格落实生猪进场（厂）查验登记、生猪产品流向登记、病害猪（肉）无害化处理登记、生猪货主和肉商备案登记等监管制度，确保上市生猪肉品质量安全。完成全县 512 家持证餐饮单位量化分级管理评定工作，公示牌安装完毕；重点对学校食堂食品安全全面实施监管，全县学校共 142 所（中小学校 112 所、幼儿园 30 所），参加学生营养餐改善计划的有 110 所，惠及学生 33522 人，出动执法人员 132 人次，出动车辆 46 车次，检查学校食堂 290 户次。立案 8 件，结案 7 件，罚款 1.8 万元。会同教育部门对学校食品安全管理人，从业人员进行 1 期食品安全卫生知识培训，培训管理人员、从业人员 316 人。

八、企业合同文本收集管理

2010 年按照省工商局制定的《贵州省工商行政管理机关合同格式条款监督工作办法（试行）》的规定，县工商局完成对电信公司、移动公司、供水、供电、广电网络公司、中国旅行社罗甸分公司等企业合同文本的收集工作。是年完成合同条款格式备案工作 1 份。2010—2013 年商品房合同备案 15 份。收集到的罗甸汇通房地产公司“都市丽景”《商品房买卖合同》条款格式备案材料，得到州工商局肯定，作为样本供全州工商系统在房地产合同条款格式备案工作中借鉴参考。2014 年对商品房买卖合同进行审查备案 4 件；办理动产抵押登记 3 户，抵押物价值 6436.43 万元，主债权金额 2559 万元，按照省工商局动产抵押登记卷宗评查要求，建立新的动产抵押登记簿、规范档案卷宗封面。2015 年服务以“三农”为着力点，开展合同帮农工作，指导农民签订合同 380 份。

九、成品油市场专项市场检查

工商行政执法监管工作中涉及的主要是汽油和柴油。2004—2009 年立案查处无照经营成品油 2 户，没收成品油货款 1256 元，查处边阳加油站搭售机油的不正当竞争案 1 件，罚款 3 万元。

2010—2014 年开展对辖区成品油市场检查，出动执法人员 36 人次，执法车 8 台次，检查市场 5 个，检查加油站 4 个。2015 年对市场成品油检查 16 次，未发现不合格汽油和柴油。

十、卫星地面接收市场管理

2004—2006 年，查扣数字降频器 6 个，数字接收天线 7 个，小天锅 3 个。2007 年以后卫星地面接收器材市场放开。

十一、汽车报废市场管理

2004 年查处 4 户非法回收报废汽车五大总成，即：发动机、方向盘、变速器，前、后桥，车架。2005—2009 年开展打击非法回收拆解和倒卖报废汽车、拼装车等违法行为，检查报废汽车回收拆解经营店 19 户次，督促 1 户企业和 1 户个体经营户对不规范经营行为进行整改。同时，对报废汽车回收拆解各环节加强监管，检查废旧物资公司和废旧物资回收个体经营户 12 户次。查处非法回收汽车“五大总成”案件 4 件。

2010—2014 年开展对各类经营性质的金属（废品）回收、汽车维修、汽车零配件销售商进行清理整顿检查，未发现非法回收汽车“五大总成”现象。2015 年对汽车报废市场检查，与上年一样未发现非法回收洗车“五大总成”情况。

第三节　工商企业管理

一、个体经济

恢复发展段（1979—1987 年）　1979 年，全县个体工商户 27 户。1980 年，国家提出发展国营、集体、个体“三扇门一齐开”的方针。1982 年开始出现农村个体工商户，主要经营饮食业、修理业、服务业，同年开放小商品市场。1987 年个体工商户发展到 2179 户，提供工商税收 107.6 万元。

起伏发展阶段（1988—1992 年）　这一时期，党和国家加强对个体经济的引导，先后出台一系列帮扶政策，为个体经济发展提供有利条件。

1988—1990 年由于市场疲软，个体工商业受到一定影响，经济出现较大滑坡。1988 年全县在册个体工商户 1029 户，从业人员 1503 人，注册资金 98.9 万元。1989 年，为制止个体经济滑坡，工商局筹集资金 56 万元，解决部分个体工商户资金周转困难。是年个体户发展到 1657 户，从业人员 2226 人。

1990 年为工商户解决资金 112 万元，举办个体工商户培训班 6 期，培训人员 856 人次，年底个体工商户发展到 1818 户，从业人员 2400 人，提供税收 181.6 万元。

1991 年，对个体经济实行“三帮”即：帮技术、帮资金、帮购销。全年组织联购分销 21 次，购销金额 123 万元。是年全县个体工商户 2139 户，其中：1311 户为农村个体工商户，占全县个体户的 61.2%。

1992 年对边、少、穷村采取优惠政策，简化办照手续，适当减收管理费，鼓励个体经济发展，年底个体工商户 2208 户，从业人员 2749 人，新增个体工商户 69 户。

持续稳定发展阶段（1993—2015 年） 1993 年 1 月 28 日，省政府转发省工商局《关于加强个体私营经济发展的意见》（黔府发〔1993〕3 号文件），进一步放宽个体私营经济的经营范围，除国家禁止和限制的金融等 10 种行业和商品外，均可经营。允许开展批发业务，允许综合经营和长途贩运。支持离退休人员、停薪留职人员、辞职退职人员及待业人员、复员退伍军人、大中专毕业生从事个体经营或发展私营企业。年底全县个体工商户 1587 户，从业人员 2004 人，注册资金 1522.4 万元，上缴税金占全县税收 34.86%。

受市场因素影响，1994 年全县个体工商户降到 1459 户，注册资金 477 万元。1995 年全县在册个体工商户 1623 户，从业人员 2072 人，注册资金 1693.9 万元，个体工商户增加 164 户。1999 年个体工商户 2358 户，注册资金 2553.3 万元。从业人员 2641 人。

2000 年，按照国家工商行政管理局《关于启用〈个体工商业执照〉及做好换照工作的通知》，工商系统对个体工商户登记数据进行清理，共清理出查无下落、名存实亡的 379 户，全县个体工商户从 1999 年登记的 2358 户，2000 年降到 1979 户。经过几年调整，个体经济迅速发展，至 2005 年个体工商户达到 2450 户，2006 年以后个体经济保持迅速发展势头。

2010 年个体工商户发展至 3967 户、注册资金 5965 万元、从业人员 4528 人。2014 年个体工商户 7298 户，从业人员 7334 人，注册资金 2.9 亿元。2015 年全县个体工商户 826 户，从业人员 8344 人，注册资金 4.85 亿元。

1987—2015 年罗甸县个体工商户统计表

表 12-4

时　间	工商在册数户	从业在册人数	验照户	注册资金（万元）	时　间	工商在册数户	从业在册人数	验照户	注册资金（万元）
1987	2179	2251	–	1622	2002	2214	3108	–	1944.2
1988	1029	1503	–	98.9	2003	2246	2154	–	2191.96
1989	1657	2226	–	1451.3	2004	2187	2001	–	2770
1990	1818	2400	1497	1711	2005	2450	2450	1700	3208
1991	2139	2720	1987	2585.3	2006	2624	2601	2011	3309
1992	2208	2749	–	2644.1	2007	2901	3047	2325	3960
1993	1587	2004	–	1522.4	2008	3125	3313	2765	5715
1994	1459	1979	–	1477	2009	2900	3004	2412	4883
1995	1623	2072	–	1693.9	2010	3967	4528	2654	5965
1996	1826	2231	–	1713	2011	4134	4110	3460	6589
1997	1920	2033	1726	1940.9	2012	4579	5009	4019	7662
1998	2208	2368	–	2047.3	2013	5765	7258	4428	8224
1999	2358	2641	–	2553.3	2014	7216	14233	5600	28950.88
2000	1979	2101	–	1838	2015	826	8344	–	48500
2001	1975	2988	–	1833.3	–	–	–	–	–

二、个体工商户管理

1990 年以后国家强化对个体工商户监督管理工作。1995 年县工商局印发《经营行为守则》发到个体工商户手中，并在全县开展个体经营行为相关法律法规教育。2003 年 3 月《无照经营查处取缔办法》正式施行。2005 年根据国家工商局关于《个体工商户分层分类登记管理办法》的通知，县工商局对 2450 户个体工商户进行分层分类监管，其中：A 级个体户 1256 户，B 级个体户 1022 户，C 级个体户 172 户。2007 年 2901 户工商户中 A 级 1399 户、B 级 1497 户、C 级 5 户。2008 年 9 月 1 日起，停止征收个体工商户管理费和集贸市场管理费。

2010 年在验照过程中，对 60 户不亮照经营的个体工商户进行警告，对 76 户进行变更登记，查处违章违法案件 22 件，其中：无照经营 10 件，超经营范围 12 件，罚款 1150 元。

2011 年 9 月 30 日国家工商行政管理总局令第 56 号公布《个体工商户登记管理办法》，1987 年 9 月 5 日国家工商行政管理局发布、1998 年 12 月 3 日修订的《城乡个体工商户管理暂行条例实施细则》同时废止。

2014 年有工商户 7298 户，新增 1606 户，注销 73 户。2015 年新增个体工商户 1076 户注销 195 户。

三、企业登记管理

1987 年县工商局执行《贵州省企业法人登记分级管理规定》。

1988 年，开始法人登记，授予法人资格企业 138 户，公司 26 家，分支机构 265 个，新增企业 12 户，注销 26 户。在 73 户企业内部建立联络员，并进行登记管理。1989 年县工商局清理出名不相符企业 5 户，是年共有企业 133 户，分支机构 256 户，从业人员 3073 人，注册资金 4074 万元。1990 年清除部分名存实亡企业，在册企业 103 户，其中：法人企业 64 户、私营企业 12 户、独立核算企业 27 户。1991 年依照《中华人民共和国企业法人登记管理条例》进行登记，全县共有企业 114 户，（含新发展企业 12 户）其中：法人企业 67 户，非法人企业 47 户，分支机构 236 个。依照《中华人民共和国企业法人登记管理条例》及其《施行细则》规定，完善 25 户公司建制工作。1985—1991 年，对各类公司进行四次清理，共清理出皮包公司 25 户。

1995 年 6 月 30 日，国家工商行政管理局下发《关于印发〈企业法人登记主管机关对新建立企业的定期检查制度〉的通知》，建立对新办企业的定期检查制度。是年全县注册企业 217 户，从业人员 4947 人，注册资金 8989.8 万元，其中：国有企业 54 户、从业人员 1938 人、注册资金 5920 万元，年产值 636.25 万元，创税 286.34 万元，利润 444.98 万元。亏损企业 11 户，亏损 220.52 万元。集体企业 93 户、从业人员 1476 人、注册资金 1292.62 万元，年产值 3328.56 万元，创税 149.28 万元，利润 50.14 万元。亏损企业 20 户，亏损 366.14 成万元。联营企业 14 户、从业人员 488 人、注册资金 825 万元。私营企业 56 户，从业人员 1045 人。注销企业 46 户，新发展企业 34 户，其中：股份合作企业 5 户、集体企业 6 户、私营企业 23 户，年产值 962.74 万元，创税 78.96 万元。私营企业中盈利企业 53 户盈利 56.99 万元。亏损企业 3 户亏损 23.95 万元。每年为国家创税 10 万元以上企业 3 户，分别是边阳再光油脂厂 26 万元，老城油脂厂 13 万元，福平油脂厂 11 万元。

2000 年全县企业 418 户，注册资金 1.94 亿元，其中：国有企业 85 户，注册资金 1.09 亿元；集体企业 124 户，注册资金 405 万元；法人企业 90 户，有限责任公司 71 户，注册资金 7186.98 万元；私营企业 48 户，注册资金 886 万元，从业人员 2430 人。注销企业 149 户。新发展企业 145 户，其中：新增法人企业 90 户，集体企业 6 户，有限公司 49 户。

2005 年全县在册企业 349 户，分类企业有 307 户，其中：A 级 88 户；B 级 209 户；C 级 10 户；其余户未进行分类。

2010 年全县开展“三个建设年”活动，当年共有企业 397 户，其中农民专业合作社 73 户，全民所有制企业 58 户，集体企业 42 户，有限公司 146 户，私营企业 78 户，注销企业 49 户，新增企业 59 户。在年检中，查处一起提供虚假材料骗取公司登记案件，罚款2万元；查处超期年检6件，罚款6000元。

2013年发展各类企业64户，注销企业157户。是年罗甸县网上年检工作全面推行。参检企业381户，对逾期未年检企业进行处罚，罚款2.5万元。

2014年有企业1200户，其中：农民专业合作社249户，私营企业338户，全民所有制企业69户，集体企业126户，有限责任公司416户，从业人员5674人，注册资金14.69亿元。合伙企业2户。新增企业505户，新增企业中：集体企业6户，农民专业合作社49户，有限公司316户，私营企业134户。注销全民所有制企业31户。同时加大对注册登记管理工作的监管，查处违反登记管理案件2件。2015年底有各类主体9555户，注册资金22.66亿元。其中：企业1196户、农民专业合作社385户、个体工商户7974户。新增微型企业150户，其中：加工制造业31户、科技创新1户、种养植业89衣、餐饮17户、零售8户、民族手工艺制品1户、创新设施1户，其他行业2户。

1987—2014年罗甸县工商企业统计表

表12-5

时间	企业数								就业在册人数	年检企业
	全民	集体	合伙	法人企业	非法人企业	有限公司	私营企业	注册资金（万元）		
1987	63	55	–	–	–	–	20	3511	3317	–
1988	66	60	–	–	–	26	–	3724	3873	–
1989	80	24	–	–	–	10	20	4074	3073	–
1990	64	27	–	–	–	–	12	2899	2620	–
1991	67	47	–	–	–	–	–	4674.13	3648	–
1992	51	66	11		–	–	18	4327.85	3140	–
1993	97	57	–	–	–	–	39	6638.41	4891	–
1994	97	85	–	–	–	–	33	6688.41	4900	–
1995	54	93	14	–	–	–	56	8989.8	4947	–
1996	156	193	15	14	–	15	76	7989.8	5317	–
1997	136	210	48	–	–	–	83	8179	5411	–
1998	52	47	–	–	–	–	–	617	207	–
1999	165	118	16	–	–	22	101	2650.3	3655	–
2000	85	124	–	90	–	71	48	19371.75	2430	–
2001	89	121	5	100	–	71	48	26573	7022	398
2002	90	112	5	153	–	80	16	29579	7257	–
2003	50	85	–	72	–	35	54	17958.4	3345	389
2004	106	83	–	–	4	106	61	18824	3921	222
2005	106	112	–	–	–	75	56	16841	3753	310
2006	106	83	–	–	–	113	57	18992	3521	315
2007	86	53	–	–	–	112	86	23627	2657	250
2008	77	41	4	–	–	149	87	26423.2	3577	285
2009	80	54	4	–	14	146	99	27052	3753	345
2010	58	42	–	–	73	146	78	37128	3785	280
2011	68	34	2	–	131	132	137	48985	4705	222
2012	70	40	2	–	171	139	191	72461	5737	330
2013	100	120	2	–	201	100	203	68690	9822	381
2014	69	126	2	–	249	416	338	146868	5674	452

第四节　商标广告管理

一、商标管理

1986 年县工商局开展商标使用情况清理整顿，两次对 9 个集市、75 个门市部商标、广告清理检查，纠正夸张广告 15 起。1987 年查处假冒商标 1 起，罚款 690 元。1988 年成功注册“上隆”茶叶商标和“罗斛”水泥商标。

1991 年举办商标宣传法规培训 13 期，培训 110 人。1996 年帮助 5 户使用商标企业建立档案，完善卡、薄，做到档案、卡、薄三统一。1997 年参与县粮食局植物油厂商标图案征集评选活动，最后选用“斛特牌”图案为植物油厂商标图案，有 3 个商标送省商标事务所审核，2 个获得通过。2000 年受理注册商标 5 件，分别为：冰洲王纯净水、利甲席食品加工、绿原食品菌加工、万穗大豆加工、猫眼加工。2001 年查获侵犯“三角牌”注册商标专用权案件 1 起，捣毁侵犯商标专用权窝点一个，收缴制假原料 1000 公斤，制假工具 2 台。2004 年责令县水泥厂纠正擅自改变商标图案行为，指导满眼春茶叶有限公司申请注册商标。2005 年对注册商标的 13 户企业进行培训，培训内容为《商标法》《商标注册须知》《商标使用与管理》，发放商标宣传资料 150 册。2010 年有 3 件商标成功注册，分别是“黔甸”蔬菜，“董当”酒类，“时光”珠宝 3 个商标，引导办理商标注册 4 件。

2013 年实施商标兴企战略。协助罗甸玉石开发研究所成功申报“罗甸玉”地理标志证明商标；指导上隆茶果场与罗甸华丰茶果营销专业合作社签订“上隆”牌著名商标许可使用合同；全年完成注册商标 20 件，其中：地理标志商标“罗甸玉”1 件；涉农商标 6 件；其他商标 13 件。查办商标案件 2 件，罚款 7000 元。

2014 年贵州信邦制药有限公司的“信邦”、上隆茶果场的“上隆”、贵州黔龙食品公司的“宏牛”等 3 个商标继续评为“贵州省著名商标”。是年立案调查侵犯“劲霸”注册商标专用权案 1 件，涉案金额 98 万元，已移交公安机关刑事侦查。2015 年县市场监督管理局联合广州宝洁有限公司打假人员，对县域内市场上的“宝洁”系列海飞丝、飘柔、潘婷、沙宣、舒肤佳、汰渍等品牌商品开展执法检查，出动执法人员 150 余人次，检查市场 110 余家次，立案查处 13 起，涉案货品 9120 瓶（袋 / 盒），涉案产品货值 10.12 万元；责令商品下架 40 家次，下架货品 1600 余瓶（袋 / 盒），下架产品货值 5 万余元。立案查处 13 起，结案 13 起，罚没收入 8.35 万元。组织 30 余家日化用品经营者召开商标知识产权保护约谈会，对进货渠道、索票索证、产品辨别进行了培训。开展商标战略行政指导工作，对 4 户著名商标企业进行走访，建立企业商标档案 6 户，规范企业商标使用 5 户次，发放各类指导文书 41 份，指导微型企业注册商标 5 户，新申请商标注册 25 件，查处违法商标案件 26 件。

二、广告管理

1989 年查处广西玉林梁福裕刊登培训班虚假广告从事诈骗活动一案，罚款 1000 元。

1991 年 12 月，对辖区内广告经营进行检查，取消 1 家不具备条件的广告商经营权；给 2 家经营单位发新的许可证。查处虚假广告 15 起，违章广告 43 起，清除擅自张贴或设置的户外广告 274 张（块），没收未张贴虚假广告 3 起，罚款 260 元。举办广告培训 2 期，参训人员 70 人次，开展广告法规宣传 13 期，发放宣传资料 120 份。

1995 年 5 月，对广告行为进行监督检查，查处虚假广告 3 起，清除乱张贴广告 56 张。1997—1999 年查处未经审查广告 1024 份、拆除不符合规定广告 2 户。

2000 年开展户外广告专项治理，检查户外张贴医疗广告、药品广告、招生招工广告、酒类广告以及维修服务广告等 1215 条，当场处罚 7 条，限期整改 63 条，责令停止发布 1 条，收缴各类广告印刷品 451 份，销毁 242 份。

2004—2005 年，清除各类户外广告 1044 条，办理广告案 61 件，办理广告登记 33 户，其中：户外广告 28 户，印刷 5 户，并建立一户一档，监测户外广告 87 条。

2013 年制定《罗甸县工商行政管理局广告整治行动方案》，检查户外显示屏广告 3 户、楼宇广告 3 户，清理监测各类广告 389 条，下达改正通知书 3 份，查处违法违章广告 6 件，罚款 3450 元。网上年检广告企业 1 户。办理广告登记 137 户。

2014 年开展“明礼知耻、崇德向善”公益广告征集和宣传活动，有 3 户广告经营者提交参赛作品，有 3 户大型超市利用 LED 电子显示屏滚动播放“讲文明、树新风、争做文明礼仪罗甸人”、社会主义核心价值观内容的公益广告 100 多条，清理监测广告牌 460 块，对广告经营单位集体约谈 1 次，约谈 42 人。办理户外广告登记和备案登记 25 户，查办广告违法案件 9 件。2015 年开展户外广告、虚假违法广告、投资理财广告专项整治行动，规范广告发布行政指导 15 件，下达行政劝告书 8 份，监测各类广告 556 条次，办理户外广告登记 45 件，检查户外广告 287 条次，责令整改 76 幅，对 35 家广告经营者及房地产开发商进行法规宣传，对全县房开商企业进行了行政约谈，规范房地产企业户外广告发布行为。

1991—2014 年罗甸县工商行政管理局治理广告工作统计表

表 12-6

时　间	清理广告（张块）	监测广告（条）	年检广告（户）	广告案件	预警通知	罚款金额（元）	法规宣传（期）	建广告栏（期）	广告宣传资料(份)	广告培训（期）	广告登记（期）
1991	–	–	–	43	–	260	13	–	120	2	–
1992	278	–	–	2	–	112	29	14	150	–	–
1993	416	–	–	2	–	–	23	15	100	–	–
1994	202	–	–	–	–	–	15	10	180	–	–
1995	56	–	–	3	–	–	–	–	–	–	–
1996	102	–	–	–	–	–	–	–	–	–	–
1997	256	–	–	–	–	–	–	–	–	–	–
1998	316	–	–	–	–	–	–	–	–	–	–
1999	452	–	–	–	–	–	–	–	–	–	–
2000	451	1215	–	–	–	–	–	–	–	–	–
2001	2100	–	–	3	–	–	–	–	–	–	30
2002	–	11	–	10	–	–	–	–	–	–	81
2003	–	9	–	27	–	–	–	–	–	–	339
2004	531	23	–	51	–	10870	–	–	–	–	–
2005	513	64	–	10	–	–	–	–	–	–	33
2006	–	44	–	3	36	–	–	–	–	–	–
2007	1000	77	–	2	5	1000	–	–	–	–	–
2008	180	136	–	–	–	–	–	–	–	–	–
2009	119	169	–	7	–	4900	–	–	–	–	25
2010	250	194	–	6	–	6200	–	–	–	–	66
2011	220	33	–	1	–	1500	–	–	–	–	120
2012	151	58	–	2	–	6000	–	–	–	–	233
2013	11	378	1	6	3	3450	–	–	–	–	137
2014	10	450	1	9	–	48500	–	–	–	–	25

第五节　消费者权益保护

1990 年 7 月 30 日罗甸消费者协会成立，1993 年 4—9 月，罗甸消费者协会在全县开展首届省级消费者信得过商业企业评选活动。1997 年 10 月—1998 年 9 月，罗甸县消费者协会在全县企业中开展争创、评选“诚信单位”“诚信市场”活动，罗甸百货公司和罗甸五金公司 2 家企业获“诚信单位”“诚信市场”称号。

1991—2000 年，全县消费者协会受理消费者投诉 480 件，调解 460 件，为消费者挽回经济损失 256144 元。全县各消协分会通过报纸、电视、广播等媒介揭露批评损害消费者权益案件 562 件，参与、技术监督、卫生、物价等部门对商品和服务监督、检查 1322 次。1998 年启动发布消费警示制度，至 2000 年共发布消费警示信息 320 条，举办各类消费知识讲座 42 场次，参加人数 1260 人，组织知识竞赛 8 场次，参赛 120 人，各消协分会在“3·15”活动中，接待消费者咨询 10251 人次，发放宣传资料 23 万余份。

2005 年，在全县 271 个行政村设 12315 联系点，并将已建消费投诉站负责人、联络员的姓名、地址、联系方式等记录在册，对负责人进行 4 期培训，培训 558 人，完善举报网络。2006 年在 4 家超市建立投诉点。2007 年举办“一会两站”人员培训班 26 期，受训人数 935 人次。2009 年在全县 26 个乡镇 271 个行政村 3 个社区建立消费者 12315 投诉站。

2001—2010 年，全县各消协分会举办消费知识讲座 51 次，参加 2240 人，组织知识竞赛 16 次，参赛 240 人。在每年举办的“3·15”活动（1984 年 12 月中国消费者协会成立，从 1987 年开始每年的 3 月 15 日，中国消费者协会及地方各级协会都要联合有关部门共同举行大规模宣传活动，介绍消费知识和有关法律知识，宣传消费者的权利，提高消费者的自我保护意识。）中共接待消费者来信、来电、来访咨询达 7520 人次，发放宣传资料 22.6 万余份，受理消费者投诉 516 件，调解 510 件，为消费者挽回经济损失 20.54 万元。

在 2011—2014 年举办的“3·15”活动中，受理各类咨询 26115 人次，发放宣传资料 25 万余份，发布消费警示 125 期。接待消费者来信、来电、来访咨询 38750 人次，受理消费者投诉 112 件，调解 110 件，为消费者挽回经济损失 18.62 万元。“3·15”活动期间销毁霉变、假冒卷烟 26 个品种，1262.2 条，销毁烟丝 3.86 吨，烟叶 4.48 吨，销毁过期种子 279 包、过期食品 20 个品种 500 袋，计 300 公斤，销毁假冒伪劣商品总价值 45 万元。2015 年受理各类、举报、投诉 22 件，成功调解 21 件，为消费者挽回经济损失 7.5 万元。

第六节　执法监督

1987 年，县工商局增设经济监督检查所。是年《投机倒把行政处罚暂行条例》出台，为经济检查工作提供执法依据，做到依法行政。

1995 年增设法制办公室，重点是检查企业注册登记和收费规费情况，是年举办工商干部培训班 3 期，培训内容有：《中华人民共和国反不正当竞争法》《中华人民共和国消费者权益保护法》《中华人民共和国经济合同法》《中华人民共和国公司法》《中华人民共和国赔偿法》及相关法律法规，参训人员 180 人次。

1999 年对基层 9 个工商所负责人和办案人员进行《中华人民共和国行政处罚法》《中华人民共和国行政复议法》《中华人民共和国行政诉讼法》《中华人民共和国国家赔偿法》知识培训。制定了《建立粮食市场管理机制》《执法责任追究责任制》等行政法规。

2005 年制定了《罗甸县工商局学法培训计划》，规范行政执法责任制、过错追究责任制和评议考核制。

核审各类案件 827 件，无复议案件。10 月下旬开展“案件五评”（即评选优秀行政执法案件、优秀行政处罚文书、优秀执法干部、优秀法制员、不合格案件）工作，对 2005 年 1 月 –9 月所办案件进行评审。

2009 年全面推行行政指导工作，制定《行政工作实施方案》《行政指导工作制度》等相关制度，下达《行政指导建议书》27 份，纠正轻微违法行为 12 件。

2010 年县工商局组织人员对案件进行评查，查出行政处罚方面存在问题 8 个，行政许可方面存在问题 8 个，动产抵押方面存在问题 2 个，户外广告登记方面存在问题 5 个、行政指导方面存在问题 2 个。县局成立行政效能督查组，各工商所配备 1 名兼职纪检监察员，对本局（所）依法行政和执法情况进行监督检查。

2013 年评查各类行政执法案件 61 件，其中：一般程序行政处罚 17 件、注册登记 20 件、食品流通许可 15 件、户外广告登记 5 件、动产抵押登记 4 件。依法督查 12 次。2014 年配合县政府法制办做好“立、改、废”工作。清理行政许可事项 4 项，非行政许可事项 5 项、行政服务事项 5 项、行政处罚事项 566 项。落实工商执法主体资格制度和执法人员持证上岗、亮证执法制度，确保执法主体合法有效。全年核审案件 38 件，召开案件评审会 3 次，集体评审案件 4 件，开展行政指导 44 次。

2015 年清理行政许可 16 项、行政处罚 1113 项、行政强制措施 25 项、行政检查 33 项、行政确认 4 项、行政裁决 1 项、其他权力 19 项。全年开展案件评查 3 次，检查卷宗 25 卷。办理行政处罚案件 55 件，其中：食品类 22 件，罚款 60729 元；商品侵权 26 件，罚款 16.85 万元；产品质量 1 件，罚款 9805 元；经营案件 2 件，罚款 8000 元；药品器械 4 件，罚款 34316 元。

第五章　质量技术监督

第一节　管理机构

1986 年 8 月罗甸县标准计量管理所成立，1987 年 9 月改设标准计量管理局，下设计量检定测试所。1989 年更名技术监督局，人员 6 人。1994 年 1 月技术监督局、物价局与工商局合并为工商行政管理局，下设技术监督股，配备专职人员 3 人。1999 年 6 月技术监督局从工商局分离出来，成立质量技术监督局，同月实行省以下垂直管理。11 月原由人事劳动部门监管的锅炉、压力容器等特种设备监察职能移交到质量技术监督局。质量技术监督局内设办公室、业务股、安监股三个股室，设事业机构质量技术监督检测所。2014 年县质量技术监督局与食品药品监督局、工商行政管理局合并，组建市场管理局。2015 年机构延续不变。

第二节　计量管理

计量单位　1984 年 2 月 27 日，国务院发布《中华人民共和国法定计量单位》命令，以国际单位为基础，同时根据中国的情况，逐步增加一些其他单位，如：时间（分、[小] 时、天 [日]）、平面角（[角] 分、[角] 秒 . 度），旋转速度（每转分），长度（海里），质量（吨），体积（升）等。县质监局按照《中华人民共和国法定计量单位》命令，根据罗甸情况，制订实施办法。

计量监督　1985 年 9 月 6 日，第六届全国人民代表大会常务委员会第 12 次会议通过《中华人民共和国计量法》，1986 年 7 月 1 日起实施。1990 年，国家质检总局相继发布《计量违法行为处罚细则》《零售商品称重计量监督规定》《定量包装商品计量监督规定》等，法规计量工作进入法制管理轨道。

1986年《计量法》实施以后，县标准计量部门每年组织计量执法大检查，至1990年共检查生产、流通企业500个（次），集贸市场300个（次），检查计量器3000余台（件），依法查处计量违法案件30起，没收计量器具2000余台（件），罚款5万余元。1991—1993年检查生产、流通企业100个（次），集贸市场50个（次），计量器1000余台，查处计量违法10起，没收计量器具700余台（件），罚款1万余元。

1994年，国家技术监督局、国家工商行政管理局发布关于在公众贸易限制使用杆秤的通知，罗甸县技术监督局积极传达贯彻执行，至2006年年底，城区各商店已全部淘汰杆秤，集贸市场固定摊位淘汰杆秤达70%以上。2014年，集贸市场固定摊位淘汰杆秤达96%以上。2015年开展计量监督检查2次，重点检查民生领域定量包装商品未发现短斤少两现象。

企业计量　根据国家计量局、省标准计量管理局关于对工业企业进行计量定级、升级的要求和部署。罗甸县工业企业计量定级工作于1986年开始进行。工业企业计量定级合格证书分为三级：一级由国家技术监督局颁发，二级由省标准计量局颁发，三级由州级计量管理部门颁发。新建、扩建企业至少要取得三级计量合格证书后才允许开工生产。1992年，全县2家企业获得二级计量合格证书。分别为：罗甸水泥厂，黔南州上隆农场。1992年计量技术定级工作停止。

计量器具检定　自1986年成立县标准计量所以来，量质传递工作按照经济合理，就地就近原则进行，建立6个社会公用计量标准器具，检测项目有压力表、血压计、天平、衡器、砝码、加油机等。2013年在全县继续开展“计量惠民生、诚信促和谐”双十工程，与县城16家餐馆（店）签订诚信计量承诺书，对46台计量具进行检定。2014年在县城4家超市、2家医院、1家配镜店、6个加油站、2个农贸市场，开展诚信计量自我承诺。开展与老百姓生活密切相关的重点民生计量器具的监督管理，对加油机、出租车计价器开展计量专项监督检查，检定加油机47台（件），配合州检测所检定出租车计价器93台（件），其他强检计量器具208台（件）。2015年检查计量器具490件（次），其中：用于市场贸易结算器具148件，用于安全防护器具315件，用于卫生计量器具27件。

认证认可　《中华人民共和国计量法》明确规定：为社会提供公正数据的产品质量检验机构必须经省级以上人民政府计量行政部门对其计量检定、测试的能力和可靠考核合格。2006年根据罗甸县疾控中心检验机构的申请和监督检验工作的需要，省、州质量技术监督局完成对其检验机构计量认证技术考核。2014年底，县检验检测机构获得资质认证认可的有3家企事业单位：罗甸县疾控中心实验室，贵州鑫达建设工程质量检测有限公司建材实验室获资质认证，罗甸县中兴机动车检测有限公司机动车获资质认可。

2009年，根据国家质检总局第117号令公布《强制性产品认证管理规定》，自2009年9月1日起国家规定的相关产品必须经过认证（以下简称强制性产品认证），并标注认证标志后，方可出厂、销售、进口或者在其他经营活动中使用。2014年底县内2家企业生产的产品获强制性产品认证证书，即贵州富豪家用电器厂获2个证书，罗甸好花红电器厂获得1个证书。2015年对2家3G认证产品生产企业开展日常监督检查，对市场销售的儿童玩具开展3C专项检查，对获资质认证的2家实验室、1家机动车检测站开展日常检查。

第三节　标准化管理

1988年12月29日，第七届全国人民代表大会常务委员会通过《中华人民共和国标准化法》，1990年4月6日，国务院第53号令发布《中华人民共和国标准化法实施条例》。罗甸县从1993年起，开始配备专职人员抓标准化工作。

人员培训　罗甸标准化的宣传贯彻工作是从1986年2月举办的“标准化研讨会”和在“七五”期间工农业产品采用国际标准开始的。1988年8月，罗甸县标准计量管理局对《食品标签通用标准》进行宣传贯彻，参加人员30人。1992年3月，罗甸县标准计量管理局组织企业有关人员参加第7期全国企业标准化函授培训，为罗甸县水泥厂、罗甸县龙坪水泥厂、罗甸糖烟酒公司培训3名企业标准化专业人才。2015年参加省州标准化培训2人次。

采用国际标准 1984年4月，国务院批转国家经济委员会《关于加快采用国际标准工作的报告》，各部门和地方加快了采用国际标准的步伐。罗甸县1989年采用国际标准和国外先进标准，至2010年，全县3家企业采用国际标准。分别是罗甸水泥厂，罗甸泰安建材公司，罗甸清阳水泥厂生产的普通硅酸水泥产品。2014年年底，根据国家产能政策要求，3家水泥厂全部关闭拆除。2015年罗甸无采用国际标准化企业。

标准制订与修订 1992年县技术监督部门标准化工作人员深入到厂矿企业，采取“一管、两帮、三促”的办法，对企业生产状况和产品标准执行情况进行全面调查，无标准生产的比例占60%以上，2006年年底，县技术监督部门帮助、指导企业制订企业标准6项，修订标准3次，受理企业标准备案45项，全县企业标准化覆盖率达到95%以上，2011年通过省级“消灭无标准生产县”验收。

农业标准化工作 1996年，全省质监系统启动农业标准化工作，县质量技术监督局2002年向国家标准委申报罗甸县无公害蔬菜农业标准化示范项目，2003年经国家标准委批准立项，争取得项目资金16万元。农业标准化示范项目建设历时3年，2006年通过考核验收，成为黔南州第一个获国家级标准化示范区项目县。2011年，罗甸县无公害秋冬蔬菜标准化示范项目被省质监局批准，成为省级标准化示范项目，2014年年底通过验收。2012年，罗甸火龙果被批准为省级标准化示范区项目，2013年被国家质监局批准为国家级示范项目。通过标准化示范区建设，罗甸县蔬菜、水果基地实现标准化、规模化生产。2015年1月省级第三批农业标准化示范项目—罗甸秋冬蔬菜标准示范区通过省级验收合格。11月，罗甸森垚水泥有限公司被国空生产许可证办公室批准，获工业产品生产企业许可证。

商品条码管理 1998年7月，国家质量技术监督局发布《商品条码管理办法》，当年正式实施。2005年5月国家质量监督检验检疫总局通过修改过的《商品条码管理办法》，当年10月起施行。至2014年全县有条码系统成员4家，分别是：贵州黔龙食品有限公司，黔南上隆茶果场，贵州黔腊坊生态农业有限公司，贵州信邦制药厂。2015年全县条码系统没有变化。

第四节 质量管理与监督

质量抽检 1987年，县标准计量管理局对辖区内生产的水泥、白酒等产品进行抽样检验，针对检验结果对生产者采取“管、帮、促”措施，逐步提高产品质量。1993年，产品质量监督工作由“管、帮、促”转变到依法抽查、依法管理阶段。2003年起，每年向县政府报告产品质量监督抽查情况2次，产品质量监督抽查合格率从1998年的40.8%，2006年上升到73.3%，2013年上升到90.5%，产品质量稳定提高率达121%。2014年产品合格率达90%，产品质量稳定提高率达122%。对产品质量监督抽查中发现存在质量问题的产品生产者、经销者进行依法查处；对不合格产品，责令生产企业限期改正。

2004年，县质量技术监督局按照行政区划和地域管辖将全县划成3个片区，每个片区由1–3人负责重点监管和服务，如在负责片区内发现有生产假冒伪劣产品违法行为未被责任人发现的，片区负责人承担相应责任。此后每年县质监局都按责任区域层层签订打假责任书，落实打假责任。2014年，围绕特种设备安全，农资产品、重点消费品、民生产品等产品质量安全，组织开展执法检查，查处特种设备违法案件2件，产品质量不合格案件7件。2015年帮助3家企业检验样品4批次合格4批次。配合省州质监机构抽检企业生产烧结普通用砖12批次合格10批次。全年检查工业产品22批次合格20批次。

名牌产品评比 2001年，根据国家质检总局制定名牌产品管理办法。中国名牌产品每年评审1次，省、自治区、直辖市名牌产品，每两年评选一次，打破名牌产品终身制。罗甸县部分产品参加名牌评比，通过层层推荐、考核、申报，2003年县信邦制药股份公司生产的邦消安六味安消胶囊，信邦银杏叶片（银杏天宝）2 个产品被评为贵州省名牌产品。2008 年，县内黔南州上隆绿茶，贵州信邦股份公司益心舒胶囊获贵州名牌产品，2012 年为推进品牌建设，罗甸县人民政府分别给予品牌生产企业 30 万、20 万、10 万元的奖励。2013 年，县内贵州信邦制药股份有限公司生产的“邦消安”牌银杏叶片，“邦消安”牌脉血康胶囊，“邦消安”牌益心舒胶囊 3 个产品获得贵州名牌产品称号。2014 年 5 月县人民政府给贵州信邦股份有限公司 10 万元奖金。2015 年贵州信邦制药股份有责公司的邦消安牌六味安消胶囊、信邦牌护肝宁片 2 个产品获贵州名牌产品。

地理标志产品保护　2010 年，县质监局、县科技局联合向县政府请示，要求将艾纳香申请地理标志保护，同年制定《罗甸县地理标志产品保护实施方案》，县政府常务会议纪要划定罗甸艾纳香地理标志产品保护范围。根据罗甸气候，土壤等地理条件，将县内海拔在 700 米以下适宜种植艾纳香区域定为罗甸艾纳香地理标志产品地保护范围，该范围涉及红水河镇、茂井镇、罗悃镇、逢亭镇、沫阳镇、凤亭乡、大亭乡、八总乡、罗苏乡、罗妥乡、罗暮乡、沟亭乡、班仁乡、董当乡、板庚乡等 16 个乡镇。2012 年 4 月，国家质监总局批准对“罗甸艾纳香”实施地理标志产品保护。2012 年 5 月，县人民政府向国家有关部门申报将火龙果纳入地理标志保护，2013 年 12 月国家质监总局批准对“罗甸火龙果”实施地理标志保护。2015 年 8 月 4 日罗甸玉获国家质检总局保护。9 月 11 日，市场监督管理局联合县果业办、中药办、玉石开发办举办地理标志产品保护培训班，县内火龙果种植户、艾纳香生产加工企业、玉石加工企业和销售企业负责人及行业主管部门管理人员 70 余人参加培训。

生产许可证制度　1984 年，国务院发布《工业产品生产许可证试行条例》，公布实施工业产品生产许可证产品目录。1989 年，国家技术监督局、财政部发布《查处无生产许可证产品的实施细则》，2002 年国家质量监督检验检疫总局发布《工业产品生产许可证管理办法》。2003 年，国家质量监督检验检疫总局发布《食品生产加工企业质量安全管理办法》，将食品纳入生产许可证管理产品。罗甸县 1998 年开始启动生产许可证工作，县质量技术监督局加大对实行生产许可证管理产品企业帮扶力度，帮助企业建立和完善产品质量检测室，按照生产许可证发证要求建立质量管理和质量保证制度，做好生产许可证工作。2003—2007 年，全县获得工业生产许可证企业 3 家：罗甸县水泥厂、罗甸县泰安建材有限责任公司、罗甸县清阳水泥厂；获得食品生产许可证 3 家：罗甸县黔龙食品有限责任公司、罗甸县冰洲王纯净水有限责任公司、黔南州上隆茶果场。2008—2013 年，罗甸冰玉山泉饮料厂、罗甸县乐百姓山泉水有限责任公司、罗甸爽极泉山泉水厂、贵州黔腊坊有限责任公司获生产许可证。2014 年，由于国家产能政策的要求，3 家水泥厂全部拆除、关闭，工业产品生产获许可企业为 0 家，获食品生产许可证企业 8 家。

产品质量认证　2003 年启动罗甸县产品质量认证工作，2005 年县质量技术监督局派员参加监管员培训，帮助企业建立健全标准化管理、计量检测、质量保证体系，完善质量管理制度，全县认证工作整体推进，截至 2006 年，全县通过 ISO9000 系列企业质量体系认证和产品质量认证的企业 1 家。2014 年县通过此项认证的企业 2 家，即贵州黔龙食品有限责任公司，黔南州上隆茶果场。2015 年全县认证获证的检测机构有：罗甸县疾病预防控制中心、罗甸县中兴机动车检测有限责任公司、贵州鑫达建设工程质量检测有限责任公司。撤销原有 3G 认证产品：贵州省罗甸县富豪家用电器厂生产灶台和室内加热组合器具（多功能取暖桌）、室内加热器（取暖器）2 个证书。撤销贵州殴派电器制造有限公司生产饮水机过期证书。

第五节　特种设备管理

1998 年，国务院决定将劳动部负责的特种设备安全监察职能移交质量技术监督部门。2002—2014 年，罗甸质量技术监督局将特种设备安全监察工作列为各项工作的重点来抓。对锅炉、压力容器、压力管道、电梯、游乐设施、起重机械、气瓶等特种设备进行普查登记，实施动态监管，2006 年年底，全县在用锅炉 15 台，电梯 4 台，气瓶 3500 只。2013 年全县有特种设备 134 台，其中：锅炉 13 台，压力容器 55 台，电梯48台，起重机18台。2014年，全县有在用设备192台（根），其中：锅炉11台，电梯80台，压力容器61台，起重机35台，压力管道5根。登记设备187台，登记率100%，检验设备150台，设备检验率100%（部分设备3年一检）。加强对特种设备质量的定期监督检验，受检率达100%。开展专项治理，集中力量整治“土锅炉”，销毁、取缔“土锅炉”3台，报废气瓶205只。强化特种设备作业人员培训，举办特种设备作业人员培训班24期，培训168人次。2015年检查特种设备956台次，发现电梯安全隐患28台次，发出整改通知书28份，拆除报废锅炉8台，3台使用新型燃料锅炉节能减排完成3.81蒸吨。立案查处无人操作锅炉案1件、无人操作电梯案4件、电梯脱保案1件。

第六节　组织机构代码管理

1991年，全国组织机构代码工作正式启动，罗甸县1993年9月开始办理组织机构代码证。是年，160个单位办理了组织机构代码证，多数为县城的机关事业单位和国有企业，随着社会经济的发展，组织机构代码证成为组织机构的身份证和社会经济活动的通行证。1998年全县有195个单位持证。2000年11月县质监局与省中心联网办证，过去收集资料到省中心制证，联网后，在县局质监局即可办理机构代码证。为保证代码信息的真实可靠，对办证未满4年的组织机构开展年审，对名称、地址、法人有变更的要求变更换证。2005年，全县有526个单位持证，2010年有805个单位持证。2013年办理组织机构代码单位1257家，2014年全县累计有1527个单位办理了组织机构代码证，其中：机关单位90户，事业206户，企业677户，社团24户，个体233户，其他295户，工会法人2户。2015年办理组织机构代码证526户。10月1日起不再向企业、农民专业合作社和个体工商户发放和更换组织机构代码证书，完成企业、农民专业合作社和个体户由三证三码（号）向一证一码（号）过渡。

第七节　行政执法

1989年，国务院办公厅批准国家技术监督局《关于贯彻严厉惩处经销伪劣商品责任者的意见》。同年，国务院又发布《关于严厉打击在商品中掺杂使假的通知》。1992年，国务院发布《关于严厉打击生产和经销假冒伪劣商品违法行为的通知》，2001年县质量技术监督局按照国家、省技术监督部门的部署，开展“质监利剑”“四查四保”（即查市场，保两节；查农资，保春耕；查建材，保建设；查特种设备，保平安）把涉及人体健康、人身财产安全的产品、关系国计民生的重要工业产品、消费品存在严重质量问题的产品和制售假冒名优产品作为执法打假的重点，依法整治食品、农业生产资料、建筑材料、汽车配件、家用电器等市场，至2006年底，查获假冒伪劣产品货值300万余元。2014年，县质监系统共查获假冒伪劣产品货值500万元。查办制假案件70多件，依法取缔制假售假窝点3个，依法取缔“地条钢”生产企业1家，移交司法机关追究制假刑事责任案件2件。

2001—2003年，县质量技术监督局。开展“计量诚信”“计量信得过”“百城万店无假货”“购物放心示范商场（店）”“放心购物示范街”等活动，2家商业企业获得“放心购物示范店”称号。县电力公司、自来水公司、石油公司等12家企业获得“计量信得过单位”。2012年起，国家取消相关评优授牌工作。

根据《国务院关于进一步加强食品安全工作的决定》，从2005年起，质监部门负责食品生产环节的监管。2010年质监局完成动态监管调试运行，对纳入动态监管的企业和小作坊共46家进行建档。加强对小作坊监管，并制定小作坊改造名单，2010年年底，完成小作坊改造工作。加大对滥用食品添加剂和非食品原料加工食品的监督检查，全县绝大多数食品生产企业和作坊未使用食品添加剂和非食品原料，查出按标准使用食品添加剂企业1家，报质监局备案。2013年年底食品生产领域安全监管职能划归食品药品监督管理局，2014年年底，全县未发生食品质量安全事故。2015年查处特种设备案件6件，罚款7.16万元。

第六章　物价管理

第一节　机　构

1980年9月，成立罗甸县物价局。为适应市场的物价监督、检查管理，1984年，成立罗甸县物价检查所，为股级事业编制，隶属县物价局。1990年物价干部由组建时的2人增至10人。

1994年机构改革，县物价局与县工商局合并，内设物价股和物价检查所。1999年恢复罗甸县物价局，物价检查所仍隶属县物价局。2002年县物价局内设两个职能股：综合与价格管理股和收费管理股，物价检查所性质不变。2008年经编制部门批准，全省物价检查所由事业编制改为行政编制，更名为县价格监督检查局，为县物价局正股级内设机构。

2011年机构改革，物价局合并到县发展和改革局，延续到2015年没有变化。

第二节　物价体制改革

改革开放前国家实行计划经济管理体制，县内重要的生产资料和生活资料由国家统一定价、定量供应。随着改革开放逐步深入，经济管理体制由计划经济向市场经济过渡，这一时期，物价管理有国家定价、规定范围的浮动价、企业定价、议价、集市贸易价等多种价格形式。2003年《贵州省定价目录》出台，原由国家和省级政府管理的价格种类由89种（类）减少为16种（类），由省级授权县级制定价格和收费的种类有：天然气、林木种苗、乡镇供水、县及县以下公共客运交通（含出租车）票价、县内客运票价、停车场和洗车场收费、社会力量办学、幼儿园收费等几种。

一、农产品价格

粮食价格　1985年2月，全省取消粮食统购，实行计划定购、收购价格由原来的统购价改为按比例购价，具体价格如下表：

1991—1994年粮食统购价格表

表12-7

商品购价　商品种类	原统购价　元/公斤	比例购价　元/公斤	备注
中籼稻标准等	0.80	0.70	-
晚籼稻标准等	0.90	0.80	-
玉米中等	0.70	0.60	-
小麦标准等	0.80	0.70	-
中籼米标准等	1.50	1.40	-
晚籼米标准等	1.60	1.50	-

销售价格是按供应对象作价：城镇定量供应的人口（包括离退休到农村落户的国家职工口粮）、复员退伍军人、菜农、国营林牧场职工（包括在场家属口粮）、国家召开有农民参加的各种会议口粮（包括民兵训练补助粮）、国营奶场奶牛的饲料粮，大米每公斤0.28元，面粉每公斤0.28元。供应农村缺粮人口口粮、救济粮、种子粮、饲料粮、农田水利建设用粮、在校住宿的中学生、各种半脱产人员的补助粮，

一律实行购销同价即按比例购价供应：大米每公斤 1.4 元，面粉每公斤 1.45 元。其余供应的按比例购价加费用作价；大米每公斤 1.5 元；面粉每公斤 1.55 元。1994—1998 年国家先后两次提高定购粮收购价格。

1995—1999 年罗甸定购粮收购价：

中籼稻 标准等 1.00 提高幅度 36% 1.4 标准提高幅度 44%

晚籼稻 标准等 1.08 提高幅度 36% 1.58 标准提高幅度 56%

小 麦 标准等 1.02 提高幅度 36% 1.46 标准提高幅度 45%

玉 米 中 等 0.92 提高幅度 36% 1.32 标准提高幅度 48%

2001—2006 年粮食市场全部放开，购销价格随行就市。

农副土特产品价格。全县较大宗的农副土特产品有油桐、黑木耳、脐橙、板栗、核桃、香蕉、火龙果等。改革开放前至 80 年代初黑木耳由供销社收购，油桐籽由粮食部门收购，价格由国家制定。90 年代以后这 2 种产品进入市场自由交易，价格由市场决定。油桐籽在 90 年代初每公斤 0.8 元，1994 年每公斤升至 1.4 元，2002 年每公斤 3.6 元，2009 年每公斤升至 5 元，价格浮动变化大。

农产品衔接价格。为减少流通成本，促进商品交易。罗甸县与广西的天峨、乐业、南丹等毗邻县接壤点的农产品收购价格做到衔接，1974 年 10 月西南价格衔接片区第一次会议决定：从 1975 年开始，各个衔接片区（罗甸属第三片区）每年召开一次价格衔接会议。1975 年 5 月在广西桂林召开第三片区价格衔接会议，罗甸县人民政府（当时是革委会）派两位同志前往参加。会上与广西天峨、乐业、南丹三县八个接壤点进行价格衔接，衔接 32 个品种 106 个价格。随着经济体制改革的深入，计划经济体制向市场经济体制转变，1985 年价格衔接工作自然终止。

1991—2015 年部分土特产品价格表

表 12-8 单位：元 / 公斤

年 份	品 名					
	脐 橙	板 栗	核 桃	香 蕉	火龙果	木 耳
1991	6	2	5	0	0	12
1992	6	2	5	0	0	12
1993	6	2	6	0	0	12
1994	6	2	6	0	0	12
1995	8	3	8	0	0	14
1996	10	3	8	0	0	14
1997	10	3	10	3	0	14
1998	12	4	10	3	0	14
1999	15	4	12	4	0	14
2000	15	4	12	4	0	17
2001	14	4	13	6	0	17
2002	14	4	13	6	0	17
2003	12	4	13	6	0	17
2004	12	4	14	7	0	20
2005	10	4	14	7	0	20
2006	10	5	16	6	18	20
2007	10	5	16	6	18	20
2008	8	5	16	6	18	20
2009	8	4	16	6	15	24
2010	12	4	18	5	15	25

续表

年份	品名					
	脐橙	板栗	核桃	香蕉	火龙果	木耳
2011	12	4	18	5	15	25
2012	10	5	16	5	14	24
2013	10	5	16	5	14	24
2014	10	4	16	5	12	24
2015	12	5	18	6	12	24

二、工业品价格

1985年以前，县工业品价格管理沿用20世纪60–70年代的管理体制，仍然实行集中统一，分级管理。1986年放开部分省工业消费品价格。对中央及省管的其他一、二类工业消费品和重要生产资料以及耐用消费品价格，仍然实行分级管理。1990年食盐零售价格由每500克0.5元调为0.7元，2006年5月每500克调整为1.3元，250克调为0.8元，2007年以后除食盐、煤油等重要消费品价格仍由国家管理外，其他商品实行指导价或由市场调节。

1991—2015年工业品价格表

表12-9

品名	规格	单位	零售价格					
			1991年	1995年	2000年	2005年	2010年	2015年
食盐	精制包装	元/包	0.7	0.7	0.7	0.8	1	1.5
白糖	散装	元/公斤	0.6	0.8	1	1.5	2	7
米酒	45度	元/公斤	0.8	1	1.2	1.5	3	16
毛巾	30×70cm面巾	元/张	1	1	1.2	3.5	8	10
肥皂	普通	元/条	0.8	1	1.2	1.5	2.5	3.5
电池	普通	元/对	1	1.2	1.5	2	4	4
煤油	普通	元/公斤	0.5	0.7	2	3	5	5
手表	申产全钢	元/块	150	150	150	200	–	–
缝纫机	蝴蝶	元/架	220	220	250	280	–	–
缝纫机	蜜蜂	元/架	210	230	250	250	–	–
缝纫机	飞人	元/架	200	210	210	–	–	–
电视机	国产黑白14寸	元/台	480	450	420	350	–	–
自行车	永久	元/辆	360	310	270	250	–	–
自行车	凤凰	元/辆	380	360	280	270	–	–
自行车	飞鸽	元/辆	350	350	250	250	500	700
水泥	525包装	元/吨	147	180	220	230	260	350
水泥	425包装	元/吨	135	150	210	210	230	310
水泥	325包装	元/吨	123	135	150	180	210	280
钢材	昆钢	元/吨	2800	3300	3800	4200	4800	无
钢材	螺纹	元/吨	2700	3200	3700	4000	4700	2800
钢材	线材	元/吨	2800	3200	3700	4000	4700	2800

三、交通运输价格及邮电资费

汽车客货运输价格 根据省物价局交通厅文件，县物价局只管理县城以下乡村短途客车运输价格，1991年县内运输价格：货运吨公里：一等线路由0.15元调为0.18元，二等线由0.17元调为0.20元，三等线由0.20元调为0.23元。客运人公里：一等线路由0.02元调为0.022元，二等线由0.024元调为0.027元，三等线由0.03元调为0.033元。

1992年根据贵州省物价局、贵州省交通厅关于颁发《贵州省汽车运价规则实施细则》的通知，对汽车客货运输价格进行调整，县内普通车货物运价：（整车长途运价）货运吨公里，一等线路由0.18元调整为0.30元，二等线路由0.20元调整为0.33元，三等线路由0.23元调整为0.36元。客运人公里（大型客车），一等线由0.022元调整为0.038元，二等线由0.024元调整为0.043元，三等线由0.03元调整为0.048元。1997年贵州省物价局、贵州省交通厅颁发《关于整顿公路汽车运输价格的通知》规定：公路汽车运输价格一般不再实行分路等、货等计价，而是按车型定价。公路汽车货运价格：军事、抢险、救灾、化肥运输及农药、农用地膜、粮食、食盐、课本等重点物资整车运价，实行中准价为每吨公里0.5元，上浮幅度不得超过10%。其他物资运输实行市场调节。汽车客运价格：省城—地州（市）县，客运价格实行中准运价，普通大型客车人公里0.10元，普通中型客车人公里0.15元。县与乡，乡与乡，夜班客车票允许在中准价的基础上上浮，一般不得超过20%。2002年贵州省交通厅、贵州省物价局颁发《贵州省〈汽车运价规则〉实施细则》规定：全省汽车旅客运价以国家指导价为主，贵州省汽车客运基本运价人公里0.12元（不含公路客运附加费）。汽车货物运价为市场调节价，汽车货物运输基本运价，吨公里为0.80元。实施细则2002年12月1日起执行，黔交财〔1992〕58号、黔交财〔1997〕17号同时废止。

2014年1月，县物价部门根据《贵州省物价局、贵州省交通运输厅关于加强农村道路客运价格及客运管理有关问题的通知》文件精神及县政府领导批示要求，调整核定云干等乡镇公交专线运营票价。

线路及标准 龙坪镇至沟亭乡专线：消防队站（起点站）—所也路口—把敢路口—凉水井—逢亭路口（中间站7.4公里）—边外河组—布法—交们—沟亭（终点站）共9个站点14.5公里。其中消防队站为换乘站。该线路为两段收费，其中：起点站至中间站票价为2.00元，中间站至终点站票价为2.00元，全程总票价为4.00元。

龙坪镇至云干乡专线：二级路迎宾路口（起点站）—城北停车场—水泥厂—白龙—三岔河—中交—中兴—纳床湾—云干（终点站）共9个站点10.6公里，其中迎宾路口站为换乘站。该路线执行一票制，票价为3.00元。

龙坪镇至八总乡专线：干河（起点站）—祝家庄—四小—交谷—信邦农场—里勒—里嘞移民组—新民/大沟—里厦—交广（中间站14.2公里）—里统—上儒—八总—新大桥（终点站）共14个站点24.0公里，其中干河站为换乘站。该路线分为两段收费，其中：起点站至中间站票价为4.00元；中间站至终点站票价为3.00元，全程总票价为7.00元。

优惠政策：凡70岁以上持“老年人优待证”的老年人可免费乘坐公交车；凡持“残疾证”的盲人，可免费乘坐公交车、免费随身携带特殊辅助用品用具。

2014年6月，县发改局根据贵州省物价局、贵州省交通运输厅《关于加强农村道路客运价格及客运管理有关问题的通知》和交通运输部、国家发展和改革委员会《关于印发〈汽车运价规则〉和〈道路运输价格管理规定〉的通知》文件规定。调整县内客运班线票价标准。

2009年罗甸营运班线里程及票价收费标准表

表 12-10

营运班线	班线途径地及票价（未含微机售票费）
罗甸—边阳	罗甸—板庚（里程：23 公里、票价：6.5 元）—新寨（里程：40 公里、票价：11 元）—边阳（里程：43 公里、票价：12 元）
罗甸—边阳	罗甸—云干（里程：11 公里、票价：3 元）—猴场（里程：21 公里、票价：5.5 元）—栗木（里程：39 公里、票价：10.5 元）—边阳（里程：45 公里、票价：12.5 元）
罗甸—栗木	罗甸—云干（里程：11 公里、票价：3 元）—猴场（里程：21 公里、票价：5.5 元）—栗木（里程：39 公里、票价：10.5 元）
罗甸—董王	罗甸—云干（里程：11 公里、票价：3 元）—栗木（里程：39 公里、票价：10.5 元）—边阳（里程：45 公里、票价：12.5 元）—母王贤（里程：52 公里、票价：14.5 元）—董王（里程：67 公里、票价：18.5 元）
罗甸—交砚	罗甸—云干（里程：11 公里、票价：3 元）—栗木（里程：39 公里、票价：10.5 元）—边阳（里程：45 公里、票价：12.5 元）—交砚（里程：59 公里、票价：16 元）
罗甸—罗化	罗甸—板庚（里程：23 公里、票价：6.5 元）—罗化（里程：32 公里、票价：9.0 元）
罗甸—沫阳	罗甸—沫阳（里程：17 公里、票价：4.5 元）
罗甸—大井	罗甸—沫阳（里程：17 公里、票价：4.5 元）—董当（里程：22 公里、票价：6 元）—大井（里程：25 公里、票价：7 元）
罗甸—平岩	罗甸—沫阳（里程：17 公里、票价：4.5 元）—跃进桥（里程：24 公里、票价：6.5 元）—平岩（里程：41 公里、票价：11.5 元）
罗甸—董架	罗甸—沫阳（里程：17 公里、票价：4.5 元）—跃进桥（里程：24 公里、票价：6.5 元）—董架（里程：40 公里、票价：11 元）
罗甸—罗悃	罗甸—沟亭（里程：20 公里、票价：5.5 元）—罗悃（里程：25 公里、票价：7 元）
罗甸—罗苏	罗甸—沟亭（里程：20 公里、票价：5.5 元）—罗悃（里程：25 公里、票价：7 元）—罗苏（里程：39 公里、票价：10.5 元）
罗甸—红水河	罗甸—沟亭（里程：20 公里、票价：5.5 元）—罗悃（里程：25 公里、票价：7 元）—罗苏（里程：39 公里、票价：10.5 元）—红水河镇（里程：68 公里、票价：18.5 元）
罗甸—罗暮	罗甸—沟亭（里程：20 公里、票价：5.5 元）—罗悃（里程：25 公里、票价：7 元）—罗苏（里程：29 公里、票价：10.5 元）—罗暮（里程：55 公里、票价：15 元）
罗甸—罗妥	罗甸—沟亭（里程：20 公里、票价：5.5 元）—罗悃（里程：25 公里、票价：7 元）—罗妥（里程：46 公里、票价：12.5 元）
罗甸 - 逢亭	罗甸—逢亭（里程：31 公里、票价：8.5 元）
罗甸—上隆	罗甸—逢亭（里程：31 公里、票价：8.5 元）—上隆（里程：42 公里、票价：11.5 元）
罗甸—纳坪	罗甸—逢亭（里程：31 公里、票价：8.5 元）—上隆（里程：42 公里、票价：11.5 元）—纳坪（里程：60 公里、票价：16.5 元）
罗甸—木引	罗甸—逢亭（里程：31 公里、票价：8.5 元）—木引（里程：55 公里、票价：15 元）
罗甸—摆落	罗甸—逢亭（里程：31 公里、票价：8.5 元）—木引（里程：55 公里、票价：15 元）—纳钵（里程：61 公里、票价：17 元）—摆落（里程：63 公里、票价：17.5 元）
罗甸—宜龙	罗甸—逢亭（里程：31 公里、票价：8.5 元）—木引（里程：55 公里、票价：15 元）—纳钵（里程：61 公里、票价：17 元）—宜龙（里程：70 公里、票价：19.5 元）
罗甸—班仁	罗甸—八总（里程：23 公里、票价：6.5 元）—八茂大桥（里程：41 公里、票价：11.5 元）—梨子坳（里程：61 公里、票价：17 元）—班仁（里程：79 公里、票价：22 元）
罗甸—风亭	罗甸—八总（里程：23 公里、票价：6.5 元）—八茂大桥（里程：41 公里、票价：11.5 元）—梨子坳（里程：61 公里、票价：17 元）—凤亭（里程：66 公里、票价：18 元）

续表

营运班线	班线途径地及票价（未含微机售票费）
罗甸—高圩	罗甸—沫阳（里程：17 公里、票价：4.5 元）—高圩（里程：44 公里、票价：12 元）
罗甸—高圩	罗甸—八总（里程：23 公里、票价：6.5 元）—八茂大桥（里程：41 公里、票价：11.5 元）—茂井（里程：52 公里、票价：14.5 元）—高圩（里程：57 公里、票价：15.5 元）
罗甸—大亭	罗甸—八总（里程：23 公里、票价：6.5 元）—八茂大桥（里程：41 公里、票价：11.5 元）—茂井（里程：52 公里、票价：14.5 元）—高圩（里程：57 公里、票价：15.5 元）—大亭（里程：76 公里、票价：21 元）
罗甸—大亭	罗甸—沫阳（里程：17 公里、票价：4.5 元）—高圩（里程：44 公里、票价：12 元）—大亭（里程：63 公里、票价：17.5 元）
罗甸—茂井	罗甸—沫阳（里程：17 公里、票价：4.5 元）—高圩（里程：44 公里、票价：12 元）—茂井（里程：49 公里、票价：13.5 元）
罗甸—茂井	罗甸—八总（里程：23 公里、票价：6.5 元）—八茂大桥（里程：41 公里、票价：11.5 元）—茂井（里程：52 公里、票价：14.5 元）

全票、儿童票及优待票：成人及身高超过 1.5 米的儿童乘车购买全票；身高 1.2 米以下（含 1.2 米），不单独占用座位的儿童乘车免票；身高 1.2—1.5 米（含 1.5 米）的儿童乘车购买儿童票；革命伤残军人、因公致残的人民警察，分别凭相关证件购买优待票，儿童票和优待票按照具体执行票价的 50% 计算，2015 年延续实行 2014 年制订的价格。

邮电资费 1990 年 7 月国家物价局、邮电部提高国内邮政资费标准，县内主要是提高平信资费、印刷品资费、函件挂号费、邮政包裹费。平信（20 克）本埠由 0.04 元调为 0.10 元，外埠由 0.08 元调为 0.20 元。民用包裹在现行收费标准基础上加收 150%，商品包裹在调整后的民用包裹收费标准的基础上加收 50%，纸质品包裹按民用包裹调整后的价格收费。包裹处理费，每件由 0.20 元调为 0.50 元。邮政快件查询费，每件由 0.80 元调为 1.00 元，挂号费每件由 0.12 元调为 0.30 元，邮政快件，重量在 100 克以内，每重 20 克由 0.50 调为 0.80 元，100—500 克以内，每续重 100 克由 0.80 元调为 1.00 元，函件航空费，每重 10 克由 0.02 元调为 0.06 元。1990 年 8 月县内电话初装费，由原来每部 12 元调整为 18 元。

1999 年 2 月，贵州省物价局和贵州省邮政局联合发出《关于调整邮资费的通知》价邮联字〔1999〕第 1 号，对全省范围内邮资费进行调整。内容是将国内平信、印刷品和机要邮件计费方法由过去的递重等额累进计费改为区分首、续重分别计费。新计费方式以 100 克为首重，100 克以上至限重为续重。国内平信、印刷品和机要邮件资费实行分本埠（县），外埠资费按不同标准计费。外埠平信首重 100 内每 20 克资费由 0.50 元提高到 0.80 元，续重资费由原 100 克累计资费 2.50 元降为 2.00 元。本埠（县）信函首重 100 克内每 20 克资费调整为 0.60 元，续重每 100 克资费调整为 1.20 元；明信片由每件 0.40 元提高为不分本外埠 0.60 元；外埠印刷品首重 100 克资费由原 0.30 元提高为 0.60 元，续重资费维持原标准不变；本埠（县）印刷品首重 100 克维持原标准不变，续重每 100 克调低为 0.15 元；挂号费由每件 1.00 元提高为 2.00 元。汇款的最低汇费，撤回邮件应更改收件人址手续费，撤回汇款手续费和退改汇费比照新定挂号费标准计收。国际与港澳台信件和印刷品恢复 20 克以上至 20 克一级计费档次，调整后，这一档次函件的资费水平约降低 20—40%。降低 5000 元以上高额汇款汇费，规定汇费最高标准为 50 元，原分笔汇款汇费超过 50 元的一律按 50 元计收。

根据国家发改委、国家邮政局《关于适当调整邮政基本资费的通知》，发改价格〔2006〕2305 号文件规定：从 2006 年 11 月 5 日起，信函资费首重 100 克以内每重 20 克本埠由 0.6 元调整为 0.8 元，外埠由 0.8 元调整为 1.2 元；100 克以上的续重资费维持每重 100 克本埠 1.2 元，外埠 2.0 元不变。明信片资费由每件 0.6 元提高到 0.8 元。2015 年持续沿用上述价格。

第三节　价格监督检查

一、行政事业收费管理

根据《贵州省行政事业性收费管理条例》的有关规定，各有关收费单位，到县物价局办理“行政事业性收费许可证”，按照“收费许可证”核定的项目、标准进行收费。“收费许可证”实行年度审验，每三年换一次证。

2006—2013 年物价“收费许可证”审验情况表

表 12-11

年份	验　证			换　证			办理新证		
	行政事业性	经营服务性	合计	行政事业性	经营服务性	合计	行政事业性	经营服务性	合计
2006	74 本	32 本	106 本	17 本	17 本	34 本	3 本	9 本	12 本
2007	49 本	34 本	73 本	20 本	53 本	73 本	–	3 本	3 本
2008	49 本	24 本	73 本	–	–	–	–	3 本	3 本
2009	115 本	41 本	156 本	7 本	1 本	8 本	1 本	4 本	5 本
2010	104 本	–	104 本	88 本	–	88 本	1 本	–	1 本
2011	48 本	25 本	73 本	–	–	2 本	–	–	2 本
2012	110 本	48 本	158 本	–	–	–	–	–	5 本
2013	–	23 本	53 本	–	–	–	3 本	1 本	4 本

根据省发改委文件精神，开放已经形成竞争的商品和服务价格，取消经营性收费许可证制度，从 2014 年起不再办理“经营性服务性收费许可证”和年度审验。2015 年 1 月 1 日起，暂停收费许可年度审验工作，2015 年 7 月 1 日起，全省统一暂停收费许可证核发工作。强化收费目录清单制度和收费公示制度，每年行政事业单位只填报年度收费情况和收支状况报告。

二、价格评估

县价格评估工作从 20 世纪 90 年代初开始，主要从事涉案物品的价格鉴定业务，为司法、行政执法部门行使审判、量刑、处罚提供依据。2003 年 5 月成立罗甸县价格认证中心，其宗旨是：为保护公民合法权益提供价格认证服务。价格评估机构成立后，开展涉案物品、非涉案物品、交通肇事车物损失，资产抵押贷款业务评估工作。2003—2006 年期间，承办涉案评估 124 件，评估金额 38.34 万元；非涉案评估 3 件，评估金额 4.42 万元；交通肇事车物损失评估 16 件，评估金额 5.16 万元；资产抵押贷款评估 33 件，评估金额 3649.76 万元。2007 年，承办涉案评估 46 件，评估金额 29.60 万元；非涉案评估 13 件，评估金额 1664.73 万元；交通肇事车物损失评估 6 件，评估金额 12.42 万元；2008 年，承办涉案评估 51 件，评估金额 7.12 万元；非涉案评估 6 件，评估金额 1112.87 万元；交通肇事车物损失评估 3 件，评估金额 0.87 万元；2009 年，承办涉案评估 51 件，评估金额 15.39 万元；非涉案评估 12 件，评估金额 2373.43 万元；车物损失评估 2 件，评估金额 1.87 万元。2010 年，承办涉案评估 55 件，评估金额 41，51 万元；非涉案评估 5 件，评估金额 2658.14 万元；车物损失评估 1 件，评估金额 0.87 万元。2011 年，承办涉案评估 44 件，评估金额 116.92 万元；非涉案评估 1 件，评估金额 681.04 万元；2012 年，承办涉案评估 61 件，评估金额 87.92 万元；非涉案评估 3 件，评估金额 1403.04 万元。2013 年省财政厅、省物价局《关于取消部分行政性收费的通知》黔财非税（2013）14 号文件规定：取消“道路交通事故车物损失价格认证收费”。2013 年承办涉案评估 68 件，评估金额 233 万元；非涉案评估 11 件，评估金额 1507.17 万元，2014 年承办评估 71 件，涉及金额 1004.64 万元，其中：非涉案评估 8 件，涉案评估 63 件。2015 年承办涉案评估 106 件，评估金额 234 万元；非涉案评估 6 件，评估金额 2272.9 万元。

三、价格监督检查及行政执法

随着价格改革的逐步实施，价格管理权限陆续下放，违反物价政策规定行为屡有发生，1984 年成立罗甸县物价检查所，1986—1994 年，每年在全县范围内开展一次大规模的财政、税务、物价大检查（即“三大检查”），认真查处各种价格违纪行为。2000 年以来，根据省物价局文件精神，每年开展 2—3 次收费专项检查，查处各种价格违法行为。2002 年罚没款 10.4 万元，2003 年 2.5 万元，2004 年 5.6 万元，2005 年 4.5 万元，2006 年 2.3 万元。2007 年 1.33 万元，2008 年 0.6 万元，2009 年 2.11 万元，2010 年 5.67 万元，2011 年 4.07 万元，2012 年 1.7 万元，2013 年 5.11 万元。2014 年对 5 个医疗服务机构价格进行专案检查，共清退资金 12.544 万元，没收违法金额 2.62 万元，罚款 5.2 万元，罚没款全部上缴县财政。2015 年，完成价格鉴定 118 件，涉及鉴定金额 2290.34 万元，其中：涉案鉴定 112 件，鉴定金额 17.41 万元；非涉案鉴定 6 件，鉴定金额 2272.96 万元。完成居民阶梯水价听证会；对县城出租车和城区内临时停车价格进行“成本监审”，调整县公办幼儿园（学前班）的收费标准；开展市场价格监管巡查 44 次，节日期间专项检查 13 次；完成市场价格监测 45 次，兑现价格调节基金 11.04 万元，处理举报和咨询案件 22 件。配合县纪委 2 月对 2 个县级医院、1 个镇级医院和 1 个民营医院，开展新型农村合作医疗督察，抽查病例 400 例次，追缴违规报销新农合资金 9.16 万元。开展涉农涉企价格与收费检查，检查涉农涉企收费单位 5 个和行业协会 2 个。

第七章　国土矿产管理

第一节　国土资源管理

罗甸县地处黔南南部，北纬 25° 04′ —25° 45′，东经 106° 23′ —107° 03′ 之间。属云贵高原南缘，向桂西北呈山地与丘陵过渡的梯级坡状。2015 年全县辖 9 个乡镇，土地总面积为 3015.76 平方公里。

地类　2006 年地类农用地 349.64 万亩，其中：耕地 84.54 万亩、园地 2.4 万亩、林地 190.47 万亩、牧草地 56.95 万亩、其他农用地 15.29 万亩。建设用地 7.54 万亩，其中：城镇村及工矿用地 6.82 万亩、交通运输用地 7130.40 亩、水利设施用地 1760.6 亩。未利用地 94.13 万亩。

2006—2015 年罗甸县土地利用情况表

表 12-12　　单位：亩

年度	耕　地	园　地	林　地	草　地	城镇村及工矿用地	交通运输用地	水域及水利设施用地	其他土地
2006	845369.60	23957.90	1904665.10	569525.10	68188.95	7130.40	50166.15	48730.95
2007	819009.10	23236.60	1869980.00	551048.60	66540.15	7130.40	140645.25	139066.95
2008	819075.90	23214.30	1868903.70	550637.25	66484.95	8827.50	142405.80	139066.20
2009	856716.00	44323.80	2305872.60	849654.00	64228.95	19830.15	152694.90	226248.15
2010	856633.65	99962.25	2561766.45	849628.65	64465.65	19830.15	15278.20	226235.70
2011	856394.70	99952.35	2561305.80	84960.75	65232.90	19828.50	152724.45	226209.90

续表

年度	耕　地	园　地	林　地	草　地	城镇村及工矿用地	交通运输用地	水域及水利设施用地	其他土地
2012	857956.95	999700.50	2559536.40	848422.20	66195	19875.75	152724.45	226521.60
2013	858208.80	99678.30	2559391.65	848411.10	66956.25	19891.65	152690.25	226460.55
2014	859972.35	99469.35	2551642.95	845046.00	67498.05	23665.65	152501.25	225981.75
2015	870405.75	99121.65	2550341.25	838619.55	69015.15	24583.95	152405.85	225753.45

罗甸县2007—2015年项目用地申报情况表

表12-13　　单位：亩

年　度	申报用地面积	获批用地面积	其中耕地面积
2007-2010	12308.77	12308.77	4518.21
2011-2013	10794.22	10261.80	2528.70
2014	1379.71	951.20	314.46
2015	4547.17	4547.17	1476.15

耕地总量变化原因　2010年因龙滩电站、双河口电站被水淹没和水库移民等项目的建设，用地8.45万亩。2007—2015年供应项目用地面积14.05万亩，其中：惠罗高速公路项目用地10.36万亩、平罗高速公路用地3476.69亩，罗甸—红水河公路3万亩、罗甸垃圾填埋场1957.50亩。

地籍管理　土地登记是理清产权关系，保障土地权利人的合法权益。1991—1992年开展土地详查，1995—1996年开展初始土地登记等工作，基本建立初始地籍管理制度。2015年12月止，全县国有土地使用权应发证3656本，已发证3656本，占应发证数100%；在土地详查的基础上2005年完成全县271个村的集体土地所有权发证工作，发证率100%；村民宅基地集体土地使用权应发证59146本，已发证54254本，占应发证数的91.72%。国有土地使用权变更累计发证363本；集体土地使用权（宅基地）变更累计发证115本。

土地监察与执法　2001—2005年罗甸县范围内巡查发现违法用地189宗，涉及土地面积37800平方米。其中责令停止和纠正152宗，立案查处37宗，涉及土地面积7456.9平方米；结案31宗，涉及土地面积3720平方米，罚没款收入6.4万元。

2006—2009年动态巡查发现违法用地238宗，涉及面积78180.57平方米，其中责令停止国土违法行为225宗，面积46773.46平方米；拆除基础、墙体共11宗，涉及面积1108平方米；立案45宗，结案40宗，罚没款收入3.66万元。

2010—2015年动态巡查发现违法用地507宗，涉及面积119949.72平方米，责令停止273宗，立案查处132宗，涉及面积67750.54平方米，申请法院强制执行45宗，共结案123宗，结案率93.1%，土地罚没款收入62.47万元。

土地权属争议调处　2000—2015年，土地权属争议累计受理486件，处理445件，处理率达90.74%，其中：国有土地与集体土地使用权之间累计受理14件，处理12件；集体土地所有权之间累计受理281件，处理264件；集体土地使用权之间累计受理187件，处理165件；国有土地使用权之间累计受理4件，处理4件。

资料成果永久性保存作法律依据：1999—2015年国有土地共发证3656宗、集体土地（农村宅基地）共发证8639宗、土地资源祥要139幅图、土地权属争议结案441宗。

第二节　矿产资源管理

一、矿产种类

罗甸县矿产资源金属矿产有金、锑、铜、铅锌、铁、锰。

非金属矿产辉绿岩，贵州地质勘探大队（303 队）探明储量 274 万立方米，远景储量 3000 万立方米；硅石，贵州省地矿局 105 地质队 2006 年 7 月至 8 月勘查估算储量近 2 亿吨；水晶总储量 129.5 万吨；冰洲石板庚地区有矿点多处，可望成为中型规模的产区；铁矿，1971 年 3 月，贵州省地矿局 115 地质队预算罗甸储量 160.5 万吨；锑矿储量少。

猫眼石　1994 年，罗甸税务退休干部黄奇光在羊里一带发现储量可观的蓝色纤维块状物中夹生有坚硬的蓝色石头，经中科院贵阳地化所、地矿部北京检测中心化验是天然石英猫眼。硬度为摩氏 7.3—7.5 度，半透明有深绿、浅绿、墨绿、米黄、蓝色等 5 种，达到西方猫眼品质。1996 年荣获香港国际新产品金奖。

罗甸玉　罗甸玉是官固村民最早发现于 2009 年并送贵州省科技厅、省地矿局组织专家科考，证实其化学成分、物理光学特征与新疆软玉相同，属于优质透闪石软玉矿。

2011 年 8 月，根据贵州省科技厅要求，成立以省地矿局周琦总工程师为组长，省科技厅、省地矿局、省国土资源厅、中科院地球化学研究所、贵州大学等单位相关人员组成专家组，赴野外实地考察，采样测试，证实为透闪石玉，质量好，是贵州新发现的高档软玉。软玉矿透闪石含量高达 95% 以上，矿石的主元素含量均与新疆软玉一致，属于优质软玉。2014 年荣获中华人民共和国国家地理标志。

照 1　1—②层中矿层 1 特征（官固矿点）

照 2　1—③层团块状矿石特征（官固矿点）

照 3　矿层 2 特征（官固矿点）

照 4　矿层 3 特征（官固矿点）

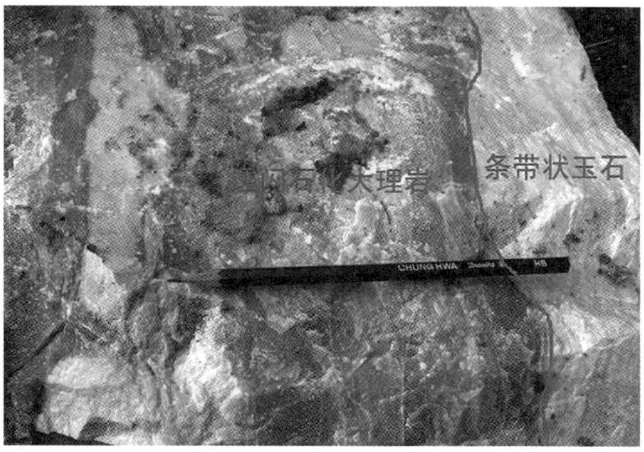

照 5　条带状玉石（峨村矿点）

照 6　团块状玉石（峨村矿点）

照 7　条带状玉石（峨村矿点）

照 8　条带状与透镜状玉石（峨村矿点）

照 9　不规则状玉石（罗捆矿点）

照 10　不规则状玉石（罗捆矿点）

二、矿产管理

罗甸县矿产资源管理主要对县境内矿业权人的管理。禁止无证开采、有证乱开采或越权开采。

县国土资源局每年 1–3 月份开展采矿权年检工作。年检对象、年检机构、年检内容按照《黔南州矿产资源开发利用年度检查暂行办法》要求执行。

采矿权新立、转让、变更、延续，均按《中华人民共和国矿产资源法（1996 年）》《中华人民共和国矿产资源法实施细则》《中华人民共和国矿产资源开采登记管理办法》的规定执行。

1999—2015 年，罗甸县矿产违法案件发生 91 宗，制止 37 宗，立案查处 27 宗，结案 24 宗，结案率 89%，罚款 246.82 万元。有效矿山发证 52 个，其中：省级发证 3 宗：即凤亭乡交贯—中苏多金属矿、冗决金矿、凤亭乡仁矿铁矿山。州级发证 6 个：即罗苏乡里如永发硅矿山、逢亭镇赖村雄黄矿、罗妥乡大理石矿山、董架乡董架村灰岩矿、董架乡白龙村底榜组石灰岩、凤亭乡破屋高岭土矿。县级发证 45 宗，其中：砂石矿山 36 个，砖用页岩矿山 9 个。

第三节 测绘管理

县国土资源局涉及土地测绘、企业、厂矿、园区开发、国土丈量、拘画宗地草图，CAD 绘图软件绘制等业务。1991—1998 年发证 1035 宗、1999—2000 年发证 506 宗、2001—2005 年发证 1334 宗、2006—2015 年 1979 宗；农村宅基地 1991—2002 年发证 2652 宗、2003—2005 年发证 817 宗、2006—2010 年发证 1452 宗、2011—2015 年发证 650 宗；土地纠纷测绘，一是以证据说话，要求双方提供土地承包证或山林证，然后进行核实定界。二是双方无相关证件，由当地政府组织村民调解，多以现状地物如水沟、山脊为界，用 1.1 万地形图拘画作图。三是涉面大的测绘工程，如土地资源详查，采取对外（省、州）具有测绘资质的单位承包，资料成果和国有土地 1991—2015 年共 4854 宗；农村宅基地 1991—2015 年共 8519 宗存入局资料室作永久性保存。

第四节 地质环境保护

罗甸地形地貌复杂多样，切割强烈，山峦起伏，沟壑纵横，地面破碎，共如遇大雨或阴雨连绵天气，容易发生滑坡、塌陷、泥石流等自然灾害。据统计，1994—2015 年发生滑坡 39 次，地面塌陷 5 次，崩塌 26 次，泥石流 1 次，地震 2 次，沉降 1 次。2000—2015 年对地质灾害治理投入 2857.30 万元，其中：省级 2003 万元，州级 136 万元，县级 718.30 万元。对 113 个地质灾害隐患点进行搬迁治理，受益群众 1128 户 4975 人（含罗甸四小师生 1124 人）。为保护地质环境，1996 年县人民政府实施退耕还林，严禁开荒，严禁放火烧山。2002—2015 年通过实施天然林保护、珠江防护林体系建设、退耕还林、植被恢复等系列工程，累计造林 31.23 万亩，其中：退耕还林 6.78 万亩，封山育林 5.6 亩，宜林荒山造林 18.85 万亩。改善石漠化地区地质生态环境，减少山体滑坡、泥石流自然灾害的发生。

1994—2015 年全县发生地质灾害情况表

表 12-14

乡 镇	村 组	发生时间		灾害类型	威胁对象			备 注
		年份	月		户数	人口	资金（万元）	
沫阳镇	里改村	1994	–	滑坡	19	90	–	–
班仁乡	布苏村林勤组	1996	–	崩塌	25	113	45.00	–
边阳镇	新联村磨岩	1998	–	地面塌陷	8	34	12.00	已治理
边阳镇	新庄村小湾组	1998	–	滑坡	2	9	8.00	已治理
董王乡	打窖村	1999	–	崩塌	102	520	102.00	已治理
大亭乡	农贸市场	2001	–	滑坡	7	30	120.00	–
凤亭乡	交吾村	2004	–	滑坡	27	120	13.50	–
董当乡	跃井村三组	2005	5	滑坡	5	28	32.00	–
董架乡	麻怀村小田坝组	2005	5	崩塌	7	43	65.00	–
罗沙乡	里博村里博沟	2005	5	滑坡	3	12	23.00	已搬迁
木引乡	纳汝村	2006	–	滑坡	84	420	42.00	–

续表

乡 镇	村 组	发生时间		灾害类型	威胁对象			备 注
		年份	月		户数	人口	资金（万元）	
罗妥乡	交算村借里组	2007	–	滑坡	10	35	40.00	–
罗苏乡	龙井村	2007	–	泥石流	27	110	13.50	–
纳坪乡	新坪村一二组	2007	–	滑坡	65	260	32.50	–
茂井镇	八达村	2007	–	滑坡	34	146	17.00	–
罗妥乡	交算村借里组	2007	3	地震	21	105	126.00	17日05分；发生3.8级地震，震源5.8千米，震时6秒，07至08分又发生一次小余震。
栗木乡	深井村干坝组	2007	5	崩塌	6	32	36.00	–
红水河镇	云里村高来组	2008	7	滑坡	49	205	24.50	–
纳坪乡	打金村坪地组	2008	8	崩塌	10	38	45.00	已搬迁
董架乡	东跃村金家砣	2008	8	崩塌	8	32	9.00	–
茂井镇	丰井村四组	2008	9	滑坡	8	41	35.00	–
茂井镇	丰井村一二组	2008	9	滑坡	23	123	100.00	–
交广村	交广二组	2008	9	滑坡	16	80	520.00	含小学283师生
茂井镇	新茂村六组	2008	9	滑坡	7	47	30.00	–
边阳镇	团田村	2008	12	地震	28	85	97.00	26日晚8时05分，发生ML4.0级地震。
龙坪镇	新民村三四组	2009	5	滑坡	26	126	400.00	已搬迁
云干乡	八木村老鹰岩组	2009	7	崩塌	13	46	30.00	已搬迁
董架乡	民井村下牛栏组	2010	–	崩塌	18	85	26.00	–
董架乡	联合村备往组	2010	–	崩塌	3	17	18.00	–
平岩乡	安阳村穿洞组	2010	–	崩塌	13	58	43.00	已搬迁
茂井镇	康里村七组	2010	6	滑坡	2	11	10.00	–
大亭乡	田坝村三组	2010	6	崩塌	22	88	96.00	–
云干乡	八木村小学	2010	7	滑坡	–	104	400.00	学校师生
边阳镇	平洋村丹坪组	2011	3	崩塌	5	16	35.00	已治理
班仁乡	金祥村磨练组	2011	5	滑坡	10	39	20.00	–
班仁乡	金祥村房吗组	2011	5	滑坡	15	71	50.00	–
板庚乡	堡上村堡上组	2011	5	滑坡	12	20	26.00	–
龙坪镇	马草村七组	2011	5	崩塌	9	50	60.00	已治理
班仁乡	金祥村三组油落寨	2011	7	滑坡	96	219	200.00	已搬迁
罗沙乡	乡政府办公楼后山	2011	9	崩塌	6	65	96.00	含政府工作员30人
平岩乡	火龙村火龙组村委	2012	5	崩塌	–	–	5.00	办公楼
栗木乡	打号村上光组	2012	5	地面塌陷	2	7	6.00	–
纳坪乡	打金村水井砣组	2012	5	崩塌	1	4	6.00	–
茂井镇	高田村三组	2012	6	滑坡	1	3	30.00	–
云干乡	大关村屯上组	2012	7	崩塌	1	3	4.00	–
云干乡	大关村冗江组	2012	7	崩塌	1	4	8.00	–
大亭乡	田坝村下大湾组	2012	11	崩塌	1	5	35.00	–
纳坪乡	打金村平桥组	2013	3	崩塌	1	4	8.00	–
沫阳镇	翁堡村纳逢组	2013	5	滑坡	110	460	850.00	–

续表

乡　镇	村　组	发生时间		灾害类型	威胁对象			备　注
		年份	月		户数	人口	资金（万元）	
大亭乡	布良村达良组	2013	6	滑坡	1	3	14.00	–
边阳镇	前进村坡文组	2013	6	地面塌陷	2	14	52.00	–
大亭乡	牛棚村一组	2013	6	崩塌	6	31	46.00	
边阳镇	岩脚村九组	2013	7	崩塌	7	26	12.00	–
边阳镇	岩脚村十四组	2013	7	崩塌	3	17	7.00	–
罗妥乡	相亭村一三组	2013	8	滑坡	6	26	34.00	–
板庚乡	泽汉村泽汉组	2013	8	滑坡	8	39	57.00	已搬迁
大亭乡	兴合村小苗组	2013	12	滑坡	27	102	126.00	–
大亭乡	布江村隆纳组	2014	3	滑坡	5	26	62.00	已搬迁
边阳镇	工业园区	2014	4	地面塌陷	–	–	40.00	行人、车辆
八总乡	交广村另桃小学后坡	2014	5	滑坡	–	120	430.00	学校师生
凤亭乡	交吾村四组	2014	5	滑坡	19	95	350.00	–
板庚乡	罗化村油麻组	2014	6	滑坡	23	56	284.00	–
龙坪镇	交谷村里列组	2014	6	滑坡	1	5	12.00	–
沫阳镇	江亭组一组	2014	6	滑坡	1	2	6.00	–
沫阳镇	里怀村八刀组	2014	6	滑坡	5	24	3.00	–
大亭乡	北亭村母撒组	2014	8	滑坡	1	4	42.00	–
沫阳镇	柏林村一组	2014	8	滑坡	2	4	10.00	已治理
罗悃镇	干村村小干组	2014	10	滑坡	19	91	46.00	–
罗悃镇	河西村六组	2014	10	滑坡	3	16	36.00	–
沫阳镇	跃进桥	2015	4	沉降	3	15	69.00	–
沫阳镇	跃进村冗布 5 组	2015	7	崩塌	24	125	120.00	–
木引镇	云堡村布牙组	2015	7	崩塌	23	104	100.00	–
木引镇	木引村窖里一组	2015	8	滑坡	15	59	160.00	–
木引镇	从里村下从组	2015	8	崩塌	37	171	134.00	已搬迁
逢亭镇	纳坪新坪二组	2015	8	塌陷	11	49	80.00	–

第八章　审计监督

第一节　机　构

1984 年 2 月成立罗甸县审计局，设局长、副局长各 1 人，3 月从县财政局调入 2 名工作人员，10 月，县编制委员会罗编字〔1984〕20 号文件《关于下达党政群机关人员编制的通知》，审计局行政编制 8 名。1994 年 1 月 25 日，县编制委员会罗编字（1994）13 号文件《罗甸县编制委员会关于确定县审计局主要职能、内设机构、人员编制和领导职数的通知》，明确审计局内设行政、事业金融审计股和基建、企业审计股；人员编制 10 名；领导职数 2 名，局长 1 名，副局长 1 名。1998 年 8 月 10 日，县编制委员会文件《关于罗甸县审计局增设机构的批复》（罗编〔1998〕12 号），同意审计局成立综合股。2002 年

4月20日，成立罗甸县固定资产投资项目审计技术服务中心。2014年县人民政府办公室关于印发《罗甸县审计局主要内设机构和人员编制的通知》，明确审计局设6个职能股室：办公室、财政金融审计股、行政事业审计股、经贸社会保障审计股、固定资产投资审计股，设立纪检监查机构。

第二节　政府审计

罗甸县审计局成立后，对本县各级各部门和企事业单位的财政财务收支活动进行审计监督。对违规违纪重大问题，移送纪检、司法、税务等机关办理。

一、财政审计

部门预算执行情况审计　1990年，对县财政上半年预算执行、县农行、逢亭区、八茂区财务收支情况进行审计，查出违规金额3.65万元，应交财政1.07万元。1991年，对原边阳区财政所、税务所1990年财务收支审计，查出应解未解历年罚没收入0.07万元，已催缴入库。2003年，对县计划生育局2002年计生经费收支审计，查出存在挪用专项经费用于办公开支、收入不入账、设置账外资金、支出票据违规等问题，查出违规金额93万元。2012年，对县工信局、县林业局、县环保局、县计生局、县卫生局、县安监局2010—2011年度部门预算执行和其他财政收支进行审计。2013年，对县农村工作局2012年部门预算执行和其他财政收支审计，查出管理不规范资金211万元，针对滞留农机具补贴款、支出票据违规、固定资产未登记账等问题作出处理。

2014年，对原班仁乡、交砚乡和大亭乡2012—2013年度预算执行情况及其他财政收支进行审计。查出班仁乡滞留专项资金12.42万元，交砚乡未纳入固定资产账务处理1.52万元，应缴未缴财政款0.21万元，大亭乡滞留专项资金20.39万元，超范围和限额使用现金117.55万元等问题。2015年，对机构改革前的县计生局、县卫生局、县质监局、县工商局2013—2014年度预算执行情况及其他财政收支审计和凤亭乡2014年预算执行情况及其他财政收支审计。查出原工商局主要问题金额134.71万元，其中：违规金额2.6万元，管理不规范金额132.11万元；原计生局管理不规范金额195.56万元；原质监局管理不规范3.15万元；原卫生局管理不规范576.93万元；凤亭乡公款私存29.83万元，滞留应下拨财政补助资金95.5万元、滞留应上缴财政收入0.91万元等问题。

本级财政预算执行和其他财政收支审计　1995年《中华人民共和国审计法》实施后，开始实施一年一次的本级财政预算执行和其他财政收支情况审计，实行“两个报告”制度，即审计机关要向本级政府提出对本级预算执行情况的审计结果报告，向本级人大常委会提出审计机关对预算执行和其他财政收支的审计工作报告。

1995年，对县财政1—9月预算执行情况和其他财政收支审计，查出财政部门多头开户、资金管理分散、预算内转预算外、未按规定冲转支出等12个问题，查出违规金额86.10万元。1996年对1995年县财政预算执行情况和其他财政收支审计，延伸审计县财政局、农业局、林业局、文化局、广播电视局、逢亭镇财政所等6个单位预算外资金管理情况，查出违规金额106万元，处理罚金0.3万元。1997年对1996年县财政预算执行情况和其他财政收支审计（含地税局），延伸审计县农机局1996年10月—1997年5月预算外资金、龙坪镇财政所1996年财政决算，查出存在银行多头开户现象，查出违规金额39.4万元，应上缴财政1.2万元，已上缴财政1.2万元，处罚金0.07万元。1998年对1997年县财政预算执行情况和其他财政收支（含地税局）审计，查出违规金额158.2万元。1999年对1998年县财政预算执行情况和其他财政收支（含地税局）审计，延伸审计国土局和林业局财务收支，查出违规金额974万元，应上缴财政8万元，处罚金0.12万元。2000年对1999年县财政预算执行情况和其他财政收支（含地税局）审计，延伸审计县经贸局（矿产公司）、县农机公司、县文化局财务收支，查出违规金额326万元，应归还原渠道资金155万元，应交已交财政4万元，处罚金3.13万元。

2001年对2000年本级财政预算执行和其他财政收支（含地税局）审计，延伸审计工商市场服务中心、龙坪一小2个单位，查出违规金额619万元，应归还原渠道资金62万元，应交已交财政6万元，处理罚金1.39万元。2002年对2001年本级财政预算执行和其他财政收支（含地税局、国家金库罗甸支库）审计，查出违规金额519万元，应归还原渠道资金30万元，应交已缴财政1万元，处罚金1.3万元。2003年对2002年本级财政预算执行和其他财政收支（含地税局、国家金库罗甸支库）审计，查出存在预算执行单位违反规定使用专款、预算收入未及时缴库、设置账外资金、支出票据不合规等问题，查出违规金额203万元，应归还原渠道资金6万元，应调账处理4万元，应缴已缴财政1万元。2004年对2003年本级财政预算执行和其他财政收支（含地税局）审计，延伸审计县乡财政收支状况，主要审查账外资金、是否严格执行国家税收政策、其他包括基建款、以工代赈资金、粮食风险基金等14项财政资金，查出问题金额57.21万元。2005年对2004年本级财政预算执行和其他财政收支（含地税局、国家金库罗甸支库）审计，延伸审计县文体广播电视局和县国土资源局2004年预算执行情况，查出违规金额52万元，应调账处理48.6万元。

2006年对2005年本级财政预算执行和其他财政收支（含地税局、国家金库罗甸支库）审计，延伸审计县中等职业技术学校预算执行情况，查出违规金额7.58万元，管理不规范金额2513万元，应调账处理19万元。2007年对2006年本级财政预算执行和其他财政收支（含地税局、国家金库罗甸支库）审计，查出管理不规范金额35.05万元，应调账处理20万元。2008年对2007年本级财政预算执行和其他财政收支（含地税局、国家金库罗甸支库）审计，延伸审计县林业局和县建设局财务收支情况，查出管理不规范金额2676.10万元，应调账处理7.87万元。2009年对2008年本级财政预算执行和其他财政收支（含地税局、国家金库罗甸支库）审计，延伸审计县环保局和县国土局的财务收支情况，共查出违规金额57.76万元，管理不规范金额50.44万元，应归还原渠道资金47.69万元，应调账处理41.07万元，应上缴财政6.39万元，处理罚金0.3万元。2010年对2009年本级财政预算执行和其他财政收支（含地税局、国家金库罗甸支库）审计，查出管理不规范资金213万元，违规金额3580.58万元，其中：应上缴财政2054.58万元，应调账处理金额1739万元。2011年对2010年本级财政预算执行和其他财政收支（含地税局、国家金库罗甸支库）审计，查出违规金额36万元，管理不规范资金10232万元，应上缴财政12万元。2012年对2011年本级财政预算执行和其他财政收支（含地税局、国家金库罗甸支库）审计，查出违规金额1797.63万元。2013年对2012年本级财政预算执行和其他财政收支（含地税局、国家金库罗甸支库）审计，当年将特困医疗救助资金、村级办公经费、公益林管护费、公路养护费、年终（春节）一次性困难补助资金、学校义务教育生均公用经费等纳入审计视野，延伸审计调查9个乡镇10所学校，查出违规金额571万元，管理不规范资金1748万元，应上缴财政571万元，应调账处理16万元，应减少财政拨款或补贴666万元，应缴纳其他资金70万。2014年对2013年本级财政预算执行和其他财政收支（含地税局）审计，查出违规金额1561.99万元，管理不规范资金366.07万元，应上缴财政1561.99万元。2015年对2014年本级财政预算执行及其他财政收支审计（含2014年度县地税局税收征收管理情况和国家金库罗甸支库预算资金收纳、化解情况审计）。共查出违规金额1627.04万元，管理不规范资金29573.19万元，应上缴财政1627.04万元。

二、行政事业审计

1988年对全县67个行政事业单位财务收支实行达标记分制，查出违规金额0.32万元，账目差错金额0.11万元。1989年对全县67个行政事业单位财务收支实行审计查出违规金额0.22万元。1990年对15个行政事业单位定期审计，查出违规金额1.53万元，应上缴财政0.06万元，已上缴财政0.06万元。1991年对14个行政事业单位定期审计、查出县交警队、县科委财务收支违规金额0.37万元，应缴财政206元，已缴财政206元，账目差错金额0.10万元；县交警队职工长期欠款1.04万元；县科委挪用科技经费15.45万元，处罚金0.2万元。1992年对县工商局、县外事办、县经委、县水电局、县畜牧局、县交通局、县农机站、沫阳镇和罗悃镇财政所、税务所等12个单位财务收支审计，查出违规金额22.33万元，应上缴财政 7.67 万元，已上缴财政 1.8 万元，处罚金 0.39 万元。1993 年对边阳镇财政所、县人事局“待业”“养老”基金，县运管所、县交通局财务收支审计，查出违规金额 1.62 万元，应上缴财政 0.43 万元，已上缴财政 0.43 万元。1994 年对粮食局新增财务挂账、沟亭乡财政所、县人事局“两项基金”、县民政局财务收支审计，查出违规金额 14.22 万元，应上缴财政 1.9 万元，已上缴财政 1.9 万元，对民政局处罚金 0.27 万元，移送司法机关处理 1 人。

1995 年对县法院、县国土局、县民政局、边阳镇财政所等 4 个单位财务收支审计，查出违规金额 57.6 万元，应上缴财政 2.35 万元，已上缴财政 2.35 万元，边阳财政所应归还原渠道资金 8.5 万元，处罚金 0.26 万元。

1996 年对县科委 1990—1996 年 4 月、县教育局 1995 年财政收支、教育经费拨付及教育事业费附加收入管理、使用等情况审计，并延伸审计龙坪二小财务收支，查出违规金额 6 万元，应上缴财政 0.14 万元，已上缴财政 0.14 万元。1997 年对县单采血浆站、县团委 1996 年希望工程、罗悃镇政府财务收支审计，查出违规金额 29.1 万元，应上缴财政 2.8 万元，处理罚金 1.77 万元。1998 年对县政府驻都匀办事处、民政事业费、移民资金审计，查出违规金额 16.12 万元，应归还原渠道资金 11.33 万元，应上缴财政 2.35 万元，已上缴财政 2.35 万元。1999 年对 1998 年民政事业费、对县法院 1997—1998 年财务收支、罗苏乡人民政府 1998—1999 年财务收支、凤亭乡人民政府 1996—1999 年 7 月财务收支审计，查出违规金额 123 万元，应归还原渠道资金 12 万元，应上缴财政 5 万元，处理罚金 2.72 万元。2002 年对县社保局养老保险金审计，查出违规金额 290 万元，应归还原渠道资金 30 万元。2004 年对 2003 年县公路运输管理所、云干乡人民政府、县单采血浆站 2002—2004 年 5 月财务收支审计，查出存在无发票列支、以领代报、往来款项长期挂账、无证收费、设置账外账、挤占项目资金、隐瞒收入、偷漏税款等问题，查出违规金额 4099.26 万元，管理不规范金额 558.19 万元，应上缴财政 245.48 万元，处罚金 44.02 万元。

2006 年对县中医院 2003 年 1 月—2006 年 3 月财务收支审计，查出管理不规范金额 262.11 万元。2012 年对县市场服务中心、县水利水电工程移民局 2010—2011 年度财务收支审计，查出虚列支出、往来款项长期挂账等问题。查出违规金额 298.43 万元，处罚金 2 万元。2014 年对边阳镇中心卫生院财务收支审计，查出超发奖金 391.73 万元，超发、乱发防疫津贴 45.36 万元，随意发放各项补助 118.27 万元，乱收费、多收费 21.53 万元，未纳入账务核算，重复报账 0.78 万元。2015 年未开展对行政事业单位审计工作。

三、专项资金审计

1987 年对扶贫资金、中小学危房资金调查审计，查出违规金额 18.20 万元。1990 年对水电局 1989 年水利经费、上隆茶果场 1987—1989 年 140 万元扶贫资金使用情况、1988—1990 年 6 月国家专项贴息贷款情况、1989 年扶贫资金物资情况和制种指挥部 1989 年扶贫资金制种财务收支情况审计，查出违规金额 2.10 万元。1991 年对 1989—1990 年黑荆树基地和铁合金厂扶贫资金、物资审计，经查实所有扶贫资金都投入基地建设、财务制度建全取得良好效益。1992 年对海光皮鞋厂、水泥厂扶贫资金审计，扶贫基金使用基本符合省州规定，未发现违纪违规现象。1994 年对上隆农场、县工商局扶贫资金审计，1993 年扶贫资金、第二期农业综合开发资金、金融系统拆办经济实体脱钩情况审计调查。1995 年对 1993—1994 年农业资金投入审计，查出违规金额 4.5 万元，应归还原渠道资金 3.1 万元。1996 年对第二期农业综合开发项目资金、粮食补贴资金到位及使用情况、茂井镇农民承担费用中村提留乡统筹费审计，查出违规金额 3.7 万元。1998 年对农业综合开发和以工代赈坡改梯财务收支审计、1998 年救灾捐赠款审计调查，审计金额 604 万元；赴长顺县开展粮食财务挂账清查审计，查出违规金额 84.94 万元。1999 年对 1996—1998 年农业综合开发资金、1999 年扶贫资金、县民政局 1999 年赈灾福利彩票资金、县社保局养老保险资金审计，查出违规金额 190 万元，应归还原渠道资金 164 万元。2000 年对 1999 年农业综合开发资金、1998—1999 年环保资金审计，查出违规金额 52 万元，应归还原渠道资金 15 万元，处理罚金 0.12 万元。

2001 年对县民政局救灾资金、县教育局普教经费进行审计，查出违规金额 142 万元，应归还原渠道资金49万元，应上缴财政3万元，已上缴财政3万元，处理罚金1.38万元。2002年对退耕还林还草资金、1999—2001年县农发资金审计，在农发资金审计中共审计9个单位，查出未及时回收到期有偿资金、缓拨项目资金、付款依据不足等问题。查出违规金额331万元，应归还原渠道资金126万元。2003年对“非典”专项资金和捐赠款物、世行贷款教育国债审计，查出受赠资金未及时上缴财政专户、多计工程款等问题，查出违规资金66万元。2004年对县计划局2001—2003年以工代赈和易地移民等国债资金、县扶贫办2001—2003年财政扶贫财务收支及项目执行情况、县民政局2003年救灾资金使用情况、建筑领域拖欠农民工工资审计，查出违规金额222.43万元，应上缴财政5.88万元，处理罚金1万元。2005年对2003—2004年度水利建设资金和重点项目、2003年7月—2005年6月排污费征收管理和使用情况、2002—2004年移民专项资金、2004年度义务教育经费、2002—2004年农业综合开发项目资金审计，查出违规金额708.04万元，管理不规范21.85万元，应调账处理337.67万元，已调账处理337.67万元。

2006年对2004—2005年扶贫资金、2005年龙滩水电站罗甸库区移民专项资金管理使用情况审计，查出存在扩大调控费开支范围、虚挂往来等问题，查出违规金额13.10万元，管理不规范资金223万元。荔波县煤炭价格调节基金审计为州审计局指令性异地交叉审计项目，查出存在多计提代征手续费、少缴省级州级基金、违反基金支出规定扩大基金使用范围、原征收过渡专户少缴基金利息收入、未按规定编制基金年度收支预算等问题，查出违规金额954.97万元，应上缴财政34.88万元，已提交州审计局处理。2007年对2006年度社会保障基金收支和管理情况审计，审查基本养老保险基金、医疗保险基金、基本失业保险基金、工伤保险基金及生育保险基金的收支情况，查出违规金额10.24万元，管理不规范金额150.66万元。2008年对2005—2007年度农业综合开发项目资金、2006—2007年度扶贫资金、农低保资金、2007年度新型农村合作医疗基金审计，查出违规金额150.02万元，管理不规范金额883.81万元，应调账处理53.93万元，应归还原渠道资金0.92万元。2009年底对2009年农村危房改造工程情况项目资金管理使用情况审计，查出平岩乡、大亭乡不按申报的补助类别标准发放补助款，县民政局、县建设局资金拨付和报账进度缓慢，大亭乡、栗木乡、木引乡资金未及时兑现，董王乡、栗木乡、木引乡项目执行程序及档案资料审核把关不严等问题，查出管理不规范金额1719.36万元；对2008年末县政府外债进行专项审计调查，通过对县财政局、县卫生局、县农业局、县交通局、县林业局、县水利局、县教育局、县畜牧局、县疾控中心、县果业公司的审计调查，查出违规金额42.43万元，管理不规范金额316.02万元。2010年对新型农村合作医疗基金专项审计调查，对2010年抗旱救灾资金物资跟踪审计，中小学校舍安全工程项目执行情况跟踪审计。此外，完成了治理和规范企业收费减轻企业负担审计调查，共查出违规金额85万元，管理不规范金额7836万元，应上缴财政金额1万元，已上缴财政1万元。

2011年对中小学校校舍安全工程跟踪审计，国家级贫困县2008—2010年度扶贫资金、2010年度农村危房改造资金、2011年抗旱救灾资金物资跟踪审计、农村党员现代远程教育基础设施建设项目财务收支审计。查出违规金额35万元，管理不规范金额102万元，应归还原渠道资金12万元，已归还原渠道资金12万元，应上缴财政15万元，已上缴财政15万元。2012年对中小学校舍安全工程、社会保障资金等专项资金进行审计或审计调查。查出有问题金额76.33万元。此外，根据黔南州审计局的统一部署，9—11月安排3名审计人员赴贵定县开展保障性安居工程跟踪审计。2013年对农村义务教育学生营养改善计划专项资金审计。审计抽查15所乡镇管理学校，占管理学校总量的44%，调查走访管理学校学生45人，查出管理不规范资金306万元，对违规拨付资金、账务不规范、挪用营养餐资金等问题提出整改意见和建议。2014年对2013年城镇保障性安居工程跟踪审计，查出违规享受实物配租（补贴）、改变公租房用途、应收未收廉租房租金、廉租房转租、项目建设管理不规范等问题。对电视“户户通”工程进行跟踪审计，查出资金配套不足、后续服务工作不到位、项目效益不理想等问题。2015年对2014年城镇保障性安居工程、2013年以来乡镇建设征地拆迁资金使用情况跟踪审计，保障性住房工程查出挪用资金购买理财产品1800万元、扩大分配资格5户和骗取住房租赁补贴0.63万元、改变用途12套；乡镇征拆资金查出挤占挪用补偿资金 23.68 万元等问题。对稳增长等政策措施落实情况开展了 7 期的跟踪审计，查出资金落实不到位、工程进度缓慢、管理措施不到位等方面问题，已按要求落实了责任整改。

四、金融审计

1989 年对龙坪镇财政所、龙坪镇税务所、县人民银行和县农业银行扶贫（贴息）贷款审计，查出违规金额 2.6 万元，已收缴财政金额 0.18 万元，扶贫贷款 482.65 万元（实际投放金额 332.64 万元）。1991 年对县建设银行 1985—1990 年财务收支及拨改贷投放使用收回审计，查出违规金额 4.58 万元。1992 年对县人民银行、县工商银行财务收支审计，查出违规金额 4.67 万元，处理罚金 0.07 万元。1994 年对县农业银行乡镇企业贷款财务收支审计，查出违规金额 23 万元，应上缴财政 0.46 万元，已上缴财政 0.46 万元，处理罚金 0.46 万元。1995 年对 1994 年县建设银行资产、负债、损益审计和建设银行房信部房改资金审计，查出违规金额 24.1 万元，应上缴财政 0.38 万元，已上缴财政 0.38 万元，处理罚金 0.38 万元。1996 年对 1995 年农业银行、保险公司资产、负债、损益审计，查出违规金额 10 万元，处理罚金 2 万元。1998 年对县财产保险公司 1997 年资产、负债、损益审计，查出违规金额 2.42 万元。2002 年对县农发行、县人保公司资产、负债、损益审计，查出违规金额 336 万元，应归还原渠道资金 126 万元。2006 年对县农村信用合作联社 2005 年末资产质量状况审计调查，查出存在以新贷还旧贷、部分贷款程序不合规、借款人转移贷款等问题，查出管理不规范资金 2986 万元。2007 年对县农村信用合作联社 2006 年度资产、负债、损益审计，存在多提折旧费增大成本、虚增成本损益不实、超标准列支招待费等问题，查出管理不规范金额 94.66 万元，处理罚金 2 万元。2008 年以后该社属垂直管理不属地方审计。

五、经贸审计

1989 年对县水泥厂、县盐业公司、县粮油议价公司审计，查出违规违纪金额 7.96 万元，应收缴财政金额 2.19 万元。1990 年对县供销社所属日杂贸易公司、饲料公司、工商企业、农机公司承包经营情况和制药厂终止租赁合同情况审计，查出违规金额 5.98 万元，应缴财政 1.44 万元，已缴财政 1.44 万元。1991 年对县水泥厂、县五金公司、县盐业公司第一轮承包经营期中审计及物资公司财务收支审计，查出违规金额 6.5 万元，应上缴财政 0.81 万元，已上缴财政 0.81 万元，处罚金 0.572 万元。1992 年对盐业公司、印刷厂承包经营，油脂厂、沫阳镇粮管所财务收支，粮油加工厂目标责任审计，查出违规金额 22.8 万元，应上缴财政 2.02 万元，已上缴财政 2.02 万元，处罚金 0.17 万元。1993 年对县水泥厂第二轮承包经营、石油公司财务收支审计，查出违规金额 37.29 万元，应上缴财政 0.32 万元，已上缴财政 0.32 万元，处罚金 0.94 万元。1994 年对康黔公司、种子公司财务收支，工业硅厂、农资公司资产、负债、损益审计，查出违规金额 69.55 万元，应上缴财政 4.86 万元，已上缴财政 4.86 万元，处罚金 4.41 万元。1995 年对县页岩砖厂、县印刷厂、县饮食服务公司资产、负债、损益审计，查出违规金额 12.2 万元，应上缴财政 1.02 万元，已上缴财政 1.02 万元，处罚金 1.01 万元。

1996 年对县水电公司 1988—1995 年财务收支、县水泥厂资产、负债、损益审计，查出违规金额 1.6 万元，处罚金 0.32 万元。1997 年对雷公滩电站、农机公司财务收支、康黔公司 1995—1996 年 1-10 月资产、负债、损益审计，查出违规金额 50.4 万元，应上缴财政 2.8 万元，处罚金 0.9 万元。1998 年对 1996 年页岩砖厂经营审计，查出违规金额 9.26 万元，应上缴财政 1.5 万元。2000 年对县粮食购销公司资产、负债、损益审计，查出违规金额 731 万元，应归还原渠道资金 17 万元，应上缴财政 11 万元。2001 年对宏发贸易公司、页岩砖厂、盐业公司资产、负债、损益审计，查出违规金额 177 万元，应上缴财政 7 万元，已上缴财政 4 万元。查出盐业公司领取促销奖 13 万元、回扣 9 万元不入账，资金去向不明，购手机有弄虚作假行为移送县检察院查处。2011 年对上隆茶果场 2010 年度资产负债损益情况审计，查出违规金额 239 万元，管理不规范金额 1460 万元，应调账处理 292 万元。2012 年对县水利公司、县物资公司开展 2010—2011 年度资产负债损益审计，查出违规金额 313.46 万元，管理不规范资金 229.47 万元。2014 年对县国有资本营运有限责任公司 2012—2013 年度资产、负债、损益审计，查出违规金额 67.79 万元，管理不规范资金 44.62 万元。

六、外资审计

1993年对县教育局世行贷款财务收支审计，当年各项资金实际到位113.14万元，支出67.83万元，余额35.31万元。1996年对2339贫困教育项目、2539第四个卫生项目、2744西南扶贫项目、希望工程财务收支审计，审计资金金额681.53万元，查出存在国内配套资金不及时、物资设备发放保管内控制度不完善、个别项目财务核算未完全独立、世行办招待费过高等问题。1997年对2339贫困教育项目、2539第四个卫生项目、2744西南扶贫项目、2794疾病预防项目外资运用审计，主要存在有些项目单位对运用外资认识不足，管理松弛，未能做到账证独立，财务人员兼职过多，招投标手续尚未齐全等问题，审计资金总额2268.57万元。1999年对2339贫困教育项目、2539第四个卫生项目、2744西南扶贫项目、2794疾病预防项目、3075基本卫生服务项目外资运用审计，查出存在项目回补资金不能及时到位、滞留、挤占项目资金、支出未按期入账等问题，查出违规金额8万元。2000年查出存在滞留项目资金、违规出借资金、不合规提款报账、配套资金未及时足额到位等问题，查出违规金额4万元。2001年对2744西南扶贫项目，2539农村卫生人力开发项目，2794疾病预防项目，3075基本卫生服务项目财务收支审计，查出滞留项目资金、财务核算不规范、物资积压，查出违规金额840万元，应追回侵占挪用资金45万元。2002年继续对2001年审计的4个项目使用情况进行审计，查出违纪违规金额146万元，应追回侵占挪用资金63万元。2003年对2744西南扶贫项目、2794疾病预防项目、3075基本卫生服务项目外资运用审计，查出违规金额174万元，应归还原渠道资金32万元，应自行纠正金额17万元。

2004—2007年，对3075基本卫生服务项目、7107结核病控制项目外资运用审计。2004年查出存在项目物资（资金）外借、物资（资金）管理不规范等问题，查出违规金额31.55万元，管理不规范资金9.57万元；2005年查出管理不规范金额14万元，要求自行纠正金额10万元；2006年查出违规金额2万元，管理不规范金额10万元；2007年查出违规金额4.08万元，管理不规范金额9.57万元。2008年后上级没有安排外资审计。

七、经济责任审计

1988年对县制约药厂厂长开展离任审计，查出经济损失4.23万元，欠税0.61万元，以推销费、信息费为名计发给职工个人资金2.71万元等问题，追回发给个人的不合理资金0.30万元上缴财政。1996年完成县教育局、县农机局、县人事局、种子公司、县工会、县第二中学、县团委等单位领导干部离任审计，查出违纪违规金额22.5万元，应上缴财政2.43万元，已上缴财政2.39万元，处罚金1.18万元。1997年分别对县民族宗教事务局长、原县广播局局长、原县供销社主任、县中医院院长、边阳镇镇长开展离任审计，查出违规金额61.7万元，应上缴财政1.8万元，处罚金2.17万元。1998年，对县水泥厂厂长、边阳镇人民政府镇长、县城建局局长、县招待所所长、县畜牧局局长、县电力公司经理、董架乡党委书记开展离任审计，查出违规金额202万元，主要问题有会计资料失真、隐瞒亏损、虚报利润、白条付款、违反规定预提费用等问题。1999年对上隆茶果场场长、县人事局局长、边阳镇党委书记、板庚乡党委书记、沟亭乡党委书记、县民族事务局局长进行离任审计，查出账务管理混乱、偷漏税金、造假报账、挤占、用专项资金等问题，违规金额201万元，其中：移送检察机关事项1项。2000年对县服务公司经理、县商业总公司经理、县物资总公司经理、罗悃镇党委书记、县计生局局长、县城管大队队长、县民政局局长进行审计，查出部分单位财务管理混乱，严重违规违纪，涉及金额331万元。2001年对县中医院院长、边阳镇党委书记及镇长、县轻工局局长、县民中校长、县农业局局长进行审计，查出购入固定资产未作固定资产账务处理、报销票据违规、超标准收费、行政事业性收费未全额执行收支两条线管理、漏缴税金等问题，涉及金额400.17万元。2002年对县城管委、县教育局、县水电局、县国土局、逢亭镇、县环保局、县总工会、县移民办、县卫生局、县物资局、县公安局等单位领导干部开展离任审计，查出报销票据不合规、超标准收费和乱收费、挪用专项资金、滥发津贴、补贴、设置账外资金、虚列项目工程支出等问题，涉及金额929.12万元。2003年完成领导干部经济责任审计29项，查出违规金额874万元，上缴财政 31 万元，要求归还原资金渠道 82 万元。2004 年完成红水河镇党委书记任职期间经济责任审计，查出设置账外账、购置固定资产未作固定资产账等问题，查出违规金额 15 万元，上缴财政 0.31 万元。2005 年对罗妥乡乡长、董当乡乡长、县人口和计划生育局局长、县发展和改革局局长开展离任经济责任审计，查出虚列支出、以拨作支、挤占挪用专项资金、账务处理不规范等问题，违规金额 61.92 万元，管理不规范金额 8.91 万元，应调账处理 24.25 万元，已调账处理 24.25 万元，自行纠正金额 8.91 万元，处罚金 1.5 万元。

2006 年分别对县林业局、县民族中学、县农业局、县经济贸易局、县建设局、董架乡、八总乡、沟亭乡、董王乡、栗木乡、罗沙乡、平岩乡、纳坪乡、罗暮乡等单位领导干部开展经济责任审计，查出应缴未缴预算收入、隐瞒截留收入、违规改变资金用途等问题，查出违规金额 55.66 万元，管理不规范金额 577.12 万元，应归还原渠道资金 26.9 万元，应调账处理金额 29.14 万元。2007 年对龙坪镇、逢亭镇、边阳镇、凤亭乡、交砚乡、云干乡等 6 乡镇党委书记及县交通局、县环保局、县农办、县建设局、县移民局、县物价局、县司法局、县人事局、县农机服务中心、罗甸血站等 10 个部门主要领导进行审计，存在挪用、坐收坐支、漏作固定资产账务等问题，查出违规金额 94.31 万元，管理不规范金额 883.48 万元，应调账处理金额 118.88 万元，应归还渠道资金 86.61 万元，应上缴财政 2.9 万元，处罚金 2.9 万元。2008 年对县疾病控制中心、县文体广电局、县卫生局、县畜牧中心、罗悃镇、木引乡、董架乡、纳坪乡等单位领导开展经济责任审计，查出截留、挪用、坐收坐支、违规收取费用、应作未作固定资产账务等问题，查出违规金额 256 万元，管理不规范金额 436 万元，应调账处理金额 234 万元，应上缴财政金额 25 万元，处罚金 1.5 万元。2009 年对县总工会、县市政中心、罗暮乡、罗苏乡、红水河镇、茂井镇等单位领导干部进行审计，查出滞留涉农资金、坐收坐支、超范围超限额使用现金、收款未入账、报销不合规票据、未经批准擅自处置固定资产、查出违规金额 106.36 万元，管理不规范资金 758.29 万元，应调账处理金额 448.53 万元，应上缴财政 8.33 万元。2010 年对县人事劳动和社会保障局、林业局、云干乡、八总乡、栗木乡和县中西药材公司等单位领导任期经济责任审计，共查出违规金额 71 万元，管理不规范金额 94 万元，应调账处理金额 14 万元，应归还原渠道资金 63 万元，应上缴财政 2 万元。2011 年对供销社、县医院、边阳镇、班仁乡、董当乡等单位领导干部进行经济责任审计，查出违规金额 887 万元，管理不规范金额 705 万元，应上缴财政 2 万元，已上缴财政 2 万元，移送纪律监察机关查处一件。2012 年对县交通局、县自来水公司、沫阳镇、纳坪乡、茂井镇等单位领导干部进行经济责任审计，查出违规金额 648.53 万元，管理不规范金额 2284.26 万元，明确领导责任 2932.79 万元。2013 年分别对县公路管理所、罗妥乡、罗悃镇、县文体广电旅游局 4 个单位领导干部进行离任审计，查出违规金额 25 万元，管理不规范金额 93 万元。2014 年对县民政局、县民族中学进行审计，查出违规金额 469 万元，管理不规范金额 2863 万元，明确领导责任 2817 万元。2015 年分别对县中等职业技术学校、县水务局等单位领导干部进行经济责任审计。通过审计，查出县中等职业技术学校存在违规使用不合规票据 159.04 万元，违反廉洁自律规定 1.04 万元，将项目工程款支付到施工承包人个人储蓄账户 163.6 万元，对其任期内审批单位职工长期借款未归还 44.39 万元，未严格按“三重一大”规定研究决策事项 506.43 万元等问题，已移送县纪委进行处理；县水务局违反收支两条线管理规定资金 22.44 万元。

八、固定资产投资审计

审计局成立之初，对国家投入的基本建设项目审计主要是核实投资额，开展财务决算审计。1994 年审计局设立基建企业股，2002 年设立固定资产投资与经济责任审计股，2011 年 9 月，固定资产投资项目审计技术服务中心人员编制从 5 名增加到 10 名，10 月设立固定资产投资审计股。从 2009 年起，对县校安工程、保障性住房和 BT 模式建设的重点项目开展跟踪审计。1989—2014 年，完成固定资产投资审计 613 个，核减工程投资金额 25130.67 万元。

1989 年对罗悃区供销社榨油加工厂进行跟踪审计，审定投资金额 4.12 万元，欠农业银行贷款 3 万元。

1990 年对县烟草公司自筹基建资金审计，查出违纪金额 11.39 万元，应上缴财政 1.13 万元，已交财政 1.13 万元。1991 年对坝王河电站基建工程、上隆茶果场自筹基建资金工程、盐业公司综合楼工程审计，查出盐业公司挪用生产发展基金 13.95 万元，鉴于该公司实力薄弱及认错态度较好，未给予处罚，提出必须将挪用基金如数冲回。1993—1994 年完成对坝王河引水灌溉工程和配套电站竣工决算审计、雷公滩电站兴建工程开工前审计，公安局基建竣工决算审计，审计金额 2315.88 万元，未出现违纪违规现象。1995 年对国土局职工宿舍基建决算审计，审计金额 24.47 万元，审减金额 2.03 万元。

1996 年对县粮食局职工宿舍楼竣工决算审计，审计投资金额 52.5 万元，漏缴税金 0.9 万元。1997 年对龙坪镇人饮工程、种子公司职工宿舍竣工决算审计，核减金额 1.7 万元。1999 年对县国土局综合大楼、河滨路、石门坎水电站工程竣工决算审计，核减 27.37 万元。2000 年对糖烟酒公司综合楼、县农工委新建综合楼、县地税局综合楼竣工决算审计，送审金额 436 万元，审定金额 216 万元，核减 222 万元。2001 年对县自来水公司新建综合楼竣工决算审计，送审金额 58.13 万元，审定金额 51.84 万元，核减 6.29 万元。2002 年对县民族事务局新建综合楼竣工决算审计，核减 2.41 万元。2003 年对县粮食局综合楼、民族体育中心、县职中实训楼、饮食服务公司综合楼和红水河集镇新址施工用水等 5 个工程竣工决算及上立亭水电站工程阶段性决算审计，送审金额 2448 万元，核减 172 万元。2004 年对县中医院综合楼、县政府办会议室、县政府大院环境工程、边阳和沫阳两镇卫生院改造工程、城中菜市场及水上娱乐中心公共设施项目、县公安消防大队营房营区工程及板庚乡、沫阳镇柏林移民安置点供水工程等 7 个工程竣工决算审计，送审金额 253 万元，核减 26 万元。2005 年完成固定资产投资审计 20 个，其中：工程竣工决算审计 14 个，送审金额 1118 万元，审定金额 1066 万元，核减 52 万元；工程预算审查 6 个，送审金额 213 万元，审定金额 184 万元，核减 29 万元。2006 年完成固定资产投资审计 9 个，其中：工程竣工决算审计 7 个，送审金额 793 万元，审定金额 708 万元，核减 85 万元；工程预算审查 2 个，送审金额 255 万元，审定金额 198 万元，核减 57 万元 2007 年，完成青少年活动中心及装修、文化馆、公安局办公楼维修及改造工程审计，送审金额 1191.09 万元，审定金额 1189.79 万元，核减 125.12 万元。2008 年完成板庚—逢亭大桥公路，板庚—罗化段工程、班仁乡砂仁坳—金祥公路工程、沟亭乡杨柳湾—布乃段移民机耕道工程竣工决算审计、茂井大桥工程阶段结算审计，送审金额 1060 万元，审定金额 1048 万元，核减 12 万元。2009 年完成固定资产投资审计 13 个，送审金额 2753 万元，审定金额 2616 万元，核减 143 万元。2010 年完成固定资产投资审计 18 个，送审金额 5356 万元，审定金额 5070 万元，核减 286 万元。2011 年完成固定资产投资审计（审查）57 个。其中：工程决算 37 个，送审金额 14173.3 万元，审定金额 1.38 亿元，核减 378.33 万元；工程预算审查 20 个，送审 2.89 亿元，审定 2.75 亿元，核减 1385.3 万元。2012 年完成固定资产投资审计（审查）112 个。其中：竣工决算审计项目 60 个，送审金额 1.86 亿元，审减 772.9 万元；预算审查 52 个，送审金额 5.06 亿元，审减 5855.6 万元。2013 年完成固定资产投资审计（审查）项目 155 个。其中：竣工决（结）算审计 89 个，核减 1261 万元；预算审查 66 个，核减 5674 万元。2014 年完成固定资产投资审计（审查）项目 195 个。其中：工程竣工决（结）算审计 88 个，核减 562.27 万元；工程预算审查 107 个，核减 7898.07 万元。2015 年完成固定资产投资审计（审查）项目 200 个。其中：工程竣工决（结）算审计 133 个，送审投资总额 6.59 亿元，审定投资金额 6 亿元，审减投资金额 6039.06 万元；工程预算审查 67 个，送审投资总额 9.1 亿元，审定投资金额 8.24 亿元，核减投资金额 8640.38 万元。

第三节　内部审计

1985 年 2 月，经县政府同意在县部分企事业单位设立内部审计机构。1990 年，县粮食局、商业局、经委 3 个部门设立内部审计机构。1993 年，全县有内审机构 2 个，内审人员 2 人；1999 年，全县内审机构 8 个，内审人员 14 人，其中：专职人员 8 人。随着政府机构改革及企业改制工作的不断推进，部分单位内部审计机构被撤销减并，内部审计人员转岗。2014 年，全县有内部审计机构 3 个，其中：金融行业 1 个，行政部门 2 个。2015 年内部审计机构不变。

第四节　社会审计

1988 年 12 月 5 日，罗甸县编制委员会同意建立罗甸县审计事务所，为县审计局下属事业单位，定编 5 人。1990 年 5 月审计事务所在县工商局登记注册，取得营业执照，工作人员 5 名。1998 年 11 月更名为罗甸县斛兴审计事务所。1999 年 6 月，因事务所在注册会计师职龄，注册会计师人数、注册资金等三方面均达不到办所条件，罗甸县斛兴审计事务所撤销。

1988—1999 年审计事务所独立承办审计查证和咨询服务，为国营企业、集体企业、联合企业和个人进行财务收支审计、承包经营期中审计以及开展清理债权债务、验资年检、资产评估等业务工作，财务上实行自收自支，独立核算。1988—1999 年，审计事务所完成社会审计项目 238 项，其中：验资 160 项，审计查证 32 项，咨询服务 13 项，建账 5 项，其他 28 项。

第九章　安全监督

第一节　机　构

20 世纪 80 年代，县劳动部门设安全监察站，县建立安全生产委员会，乡镇成立安全生产领导小组。生产主管部门、企业单位建立安全生产网络，实行岗位责任制，制定安全生产措施，2002 年，安全监察站划归县经贸局。

2004 年 8 月，县安委办和县经贸局分离，成立县安全生产监督管理局（加挂县安全生产委员会办公室），核定事业编制 9 人，实有人员 3 人。内设办公室、安全生产协调与应急救援股、安全生产监督管理股、危险化学品安全监督管理股。2005 年 11 月，增设法制股，核定事业编制 9 人，实有人员 3 人。2007 年，经县人民政府批准，组建龙坪、边阳、逢亭、沫阳、茂井、罗悃 6 个片区安全生产监督站。通过面向乡镇各事业单位选调和安置 7 人充实安监站。

2011 年 10 月，安监局内部机构调整，设置办公室（应急救援指挥中心）、职业安全健康监督管理股、安全生产监督管理股、危险化学品安全监督管理股、政策法规股。核定行政编制 9 人。增设县安全生产执法监察大队，核定事业编制 6 人，均为管理人员。2012 年 9 月，增加县安全生产执法监察大队事业编制 3 名，由原来核定的 6 名增加到 9 名，人员编制结构：管理人员 8 名，工勤人员 1 名。2015 年机构人员没有变动。

第二节　安全管理

2004 年县安监局配合公安、交通、交警、运管等部门，开展道路交通安全督促检查 5 次，配合消防部门开展消防安全检查 6 次，开展建筑施工检查 2 次，组织培训 6 次，开展非煤矿山大检查 4 次，加油站、烟花爆竹生产单位和储存点 10 次，下达意见书及整改指令书 10 份。

2005 年进行安全生产执法检查和督查 126 次，提出安全隐患意见 512 条，下达强制措书 12 份、整改指令书 114 份，复查意见书 83 份。2006 年全县有非煤矿山企业 36 家、烟花爆竹企业 2 家。全年进行安全生产检查112次，提出安全隐患意见456条，下达强措书9份、整改指令书75份、复查意见书48份。配合州安监局等部门开展联合执法检查11次，开展非煤矿山安全监察46次，下达强措书4份、整改指令书18份、复查意见书20份，提出整改意见60条，整改事故隐患3处。开展农药危险化学品清理，对全县38家农药化学品销售点进行登记造册。开展农村消防安全检查4次，县城防火重点单位商场、市场等消防安全检查1次，以学校、医院、人员密集场所为重点的消防安全检查1次。配合县交通局开展道路交通建设工程检查，重点检查桥梁5座，施工安全检查3次。

2007年排查矿山企业52家，查出隐患452条；下达强措书5份、整改指令书16份、复查意见书28份，提出整改意见47条，整改事故隐患3处。排查交通运输企业和单位5家，提出一般隐患16条。

2008年县安监局监督检查非煤矿山企业131家次，提出各种隐患448条，已责令现场整改440条，限期整改8条，下达限期整改指令书50份；查出非法盗采小煤窑窝点7个，联合县相关部门对涉点乡镇政府的非法盗采窝点进行炸封，共炸封非法小煤窑7个，销毁煤窑工棚7个，查扣煤炭19吨，依法没收非法采矿设施、设备及钢铁约6.59吨，并暂扣运输车辆1辆，收缴罚款2万余元；送达《安全生产监察建议书》12份。

2009年加强非煤矿山安全整治。对全县71余家非煤矿山和20余家工矿商贸企业开展现场执法检查150余次，提出各种隐患172条，均属于一般隐患，已责令现场整改152条，下达限期责令改正指令书38份，下达停产停业整改通知书1份，已责令非煤矿山“三非”企业13家停产停业，并将停产停业通知书送达相关的行业监管部门依法打击。对危险化学品、烟花爆竹督促检查236次，查处隐患384条，停业整改5家，经济处罚1万元。

2010年全县有非煤矿山57家，危险化学品加油站5家，氧气1家，烟花爆竹经营（批发）2家，零售经营248家。全年共检查矿山、企业、经营户375家次，提出隐患整改554条，复查意见书48份。

2011年检查烟花爆竹零售经营户248户，整改隐患73条。对非煤矿山进行现场检查，共查出隐患582条。其中：要求立即整改312条，限期整改270条。对整改不力和拒不执行停产整改指令，阻碍执法检查的2家，非煤矿山企业给予经济处罚1.6万元。严查非法生产、销售、储存、运输危险化学品及烟花爆竹非法经营30余户、违规经营70余户。没收爆竹10万余响，烟花1000余发，各种小烟花100余件。

2012年坚持季度检查和专项相结合，全年召开“打非治违”专题会议，部署中秋、国庆两节期间、“十八大”期间“打非治违”活动等专项行动，专项督查以及自查自纠工作。监督监察生产经营单位425个，监督监察覆盖率98%；实际监督监察生产经营单位次数620次；共查处事故隐患519条，已完成事故隐患整改512条，正在整改7条，整改率为99.5%。

2013年按照“全覆盖、零容忍、严执法、重实效”的总要求，检查非煤矿山企业258家次，查出隐患151条，责令当场整改49条，限期整改102条，停产（业）整顿9家，打击非法砖厂2家。检查烟花爆竹零售经营店230家，检查加油站7次，农药、油漆经营户176家次。检查冷库4个，建筑工地55家。检查全县机关事业单位250家，检查覆盖率100%。

2014年开展重点时段安全生产综合监管检查督查45次，专项督查5次，打击非法违法行为45起。非煤矿山检查坚持“三个必查”原则。1–9月，排查事故隐患257条，烟花爆竹排查35家，危险化学品对6个加油站及2个烟花爆竹批发企业排查事故隐患15条，职业健康检查47家。

2015年加强对重点时段、重点行业领域、重点部位，以非煤矿山、烟花爆竹、危险化学品、职业卫生等为重点，组织安全检查和专项整治，严厉打击非法违法行为，减少一般事故，杜绝重特大事故。非煤矿山：现有各类非煤矿山企业51家。全年共检查非煤矿山企业150家次，下达《现场检查记录》126份，《责令限期整改指令》26份，《整改复查意见书》11份，《强制措施决定书》9份，《现场处理措施决定书》4份；烟花爆竹、危险化学品、易燃易爆、人员密集场所，通过组织公安、消防、市政、工信、市监和各乡镇安监站对全县危险化学品、易燃易爆物品进行专项大检查，查出隐患920条，责令立即整改847条，责令限期整改73条。其中：共检查加油站9家，查出隐患16条，责令立即整改11条，限期整改5条，查封无证非法加油站2家，处以罚款10万元。检查液化气充装站1家，储存销售站4家，查出隐患15条，责令立即整改10条，责令限期整改5条。检查剧毒品使用企业（信邦公司）1家，查出隐患5条，责令立即整改3条，限期整改2条。检查农药经营店89家，查出隐患201条，责令立即整改189条，责令限期整改12条。检查涉爆单位5家，查出隐患7条，责令立即整改7条。检查烟花爆竹批发企业2家，查出隐患11条，责令立即整改4条，限期整改7条，责令1家（日杂公司烟花爆竹批发部）停业整顿；检查烟花爆竹零售专卖店234家，查出隐患391条，责令立即整改379条，限期整改22条。

第三节　安全培训

2005年与黔南职业技术学院联合举办非煤矿山矿长、安全员培训班和复训班各1期，培训50人。邀请县职校教师对178名烟花爆竹销售从业人员进行培训。

2006年开展安全生产教育培训，举办非煤矿山从业人员安全技术教育培训四期，培训人员463人。同时组织矿山矿长、安全员50人参加州的培（复）训。举办烟花爆竹零售从业人员安全技术教育培训班3期，培训200人。

2007年强化矿山安全教育培训50人次，选派管理人员参加省、州教育培训30人次。对烟花爆竹零售经营业主进行安全培训300人。

2008年开展非煤矿山从业人员培训2期，培训149人。联系州安全技术培训中心到罗甸对非煤矿山矿长、安全员培（复）训2期，培训88人。企业内运输车辆驾驶培训1期，培训30人。

2010年全年开展非煤矿山培训12期450人。配合州安全技术培训中心，开展两期非煤矿山矿长、安全管理员新训、复训工作，培训60人。

2012年把教育培训作为加强促进安全生产，持续稳定好转的重要举措。全年共举办各类企业负责人培训、复训班12期，培训企业负责人、安全员1530人次。举办高危行业从业人员培训3期，培训、复训从业人员103人次。

2013年举办安全技术培训班11次，培训从业人员1450余人。2014年省局取消县级培训机构，企业负责人、安全员由州级以上培训机构培训，从业人员由企业进行培训。2015年开展安全生产培训5次，参加培训人员800余人。

第四节　宣传教育

2004—2005年，开展以《中华人民共和国安全生产法》为主要内容的宣传教育活动，媒体播放、悬挂、书写宣传标语780条。深入乡镇、企业开展安全生产咨询服务50次，参加开展“3·18”科技三下乡和送烟花爆竹科技安全下乡活动，发放安全生产宣传资料4300份。利用“安全生产月”（6月）开展“遵章守法，关爱生命”活动，与县文体广播局、县总工会、团县委等单位配合，组织县城中小学师生、单位及县安委会成员3000人，开展“遵章守法，关爱生命”万人签名活动，发放安全生产宣传资料约1万份（册）。

2006年开展安全宣传21次，悬挂安全生产标语80幅，发放宣传资料6000份，组织编写《安全生产简报》17期。2007年，成立县“安全生产月”活动领导小组，组织安委会成员单位职工参加“安康杯”竞赛和“安全生产月”活动，参赛职工95%。2008年，开展以《中华人民共和国安全生产法》《贵州省安全生产条例》为主要内容的法律法规和突出“治理隐患，防范事故”为主题，展出安全生产宣传栏1块，悬挂安全生产标语6幅，发放资料2500份。

2009 年开展以“关爱生命、安全生产”为主题的安全生产月活动，一是充分利用电视媒体进行宣传。县政府分管安全生产的副县长于 6 月 1 日在县电视台进行安全生产专题电视讲话。二是充分利用通信工具进行宣传。县移动、联通和电信公司于 6 月 1 日和 25 日向全县手机或小灵通用户发送安全生产公益性短信 1.3 万余条。三是采取问卷式加强教育。6 月中旬开展安全生产“三项行动”“三项建设”“两个主体责任规定”问卷知识竞赛活动。由县安委会办公室出题，印制 1000 份试卷发到各乡镇人民政府、县安委会成员单位干部和企业职工答赛。四是组织开展“安全生产咨询日”活动。6 月 15 日，由县安委办组织安监、公安、教育、国土、交通、电力、气象、质监、建设、环保、药监、消防等 36 家成员单位在县城斛兴路口举办安全生产大型宣传咨询日暨万人签名活动。参加宣传活动人数 500 余人，悬挂彩色宣传画 200 余张，摆设宣传教育展板 60 块，发放宣传资料 300 余份和法律法规手册 400 余册，接待咨询群众 200 人次。

2010 年扩大安全生产宣传，张贴安全生产宣传标语 9 幅，组织企业悬挂安全标语 20 余幅，展出安全生产宣传专栏 48 块，开展宣传咨询 4000 人次，发放各类宣传资料 4000 份。2011 年 6 月 16 日组织安委会成员、单位及企业在县城广场开展安全生产咨询活动，现场张贴悬挂安全生产宣传标语 6 幅，发放各类宣传资料 800 份（册、袋），咨询 400 人（次）。6 月 29 日，组织安委会成员、各单位及全县 26 个乡镇，在县青少年活动中心举办“安康杯”安全生产知识竞赛。安全生产月活动期间，全县 26 个乡镇张贴悬挂安全生产标语，营造安全生产氛围，各自利用当地赶场天开展安全生产咨询活动，发放安全生产宣传资料，计 5000 余份（册）。

2012 年，组织开展好全国第九个“安全生产月”活动。6 月 9 日开展安全生产活动，参加单位在现场摆展板，发放安全生产资料 500 余份。

2013 年以“强化安全基础、推动安全发展”为主题的第 10 个“全国安全生产月”活动，共举办咨询日活动 2 场，悬挂彩色画 50 张，摆设教育展板 40 块，发放资料 3000 万份，接待咨询群众 200 人次，举办“安康杯”知识竞答赛 1 场，编发工作简报 115 条，工作动态被省安全生产信息网采稿 34 条，县人民政府网站采稿 80 条。

2014 年围绕“强化红线意识，促进安全发展”这一主题，全县开展了一系列宣传活动。散发各种安全宣传资料 2 万余份，制作宣传标语 65 条，展板 70 块。

2015 年开展安全生产宣传教育 3 次，发放宣传资料 3000 余份，悬挂标语 40 幅。

第五节　安全事故

在生产中，强调以安全生产为主要内容，要求高层建筑、交通、矿山开采、烟花爆竹等行业，制定生产安全管理制度和举办生产安全培训班和安全生产宣传。然而，在生产中，有些人往往忽视安全生产观念，导致各种安全事故发生，给人的生命和财产造成严重损失。

2004—2015 年重大安全事故统计表

表 12-15　　　　单位：人、万元、起

年度	事故起数	和上年比		死亡数	和上年比		受伤数	和上年比		经济损失	和上年比		占州控标比例（%）
		增%	降%		增%	降%		增%	降%		增%	降%	
2004	79	–	–	24	–	–	46	–	–	–	–	–	–
2005	35	–	55.7	12		50	–	–	–	–	–	–	70.6
2006	34	–	2.85	20	66.6	–	47	–	7.85	34.36	–	11.64	80
2007	16	–	112.5	8	–	60	–	–	–	–	–	–	50

续表

年度	事故起数	和上年比		死亡数	和上年比		受伤数	和上年比		经济损失	和上年比		占州控标比例（%）
		增%	降%		增%	降%		增%	降%		增%	降%	
2008	27	56.25	–	14	75	–	–	–	–	59.5	35.34	–	93.3
2009	56	107.4	–	15	7.1	–	36	–	10	198.1	–	–	76.9
2010	56	–	1.7	10	–	33.3	–	–	–	2.2	–	62.9	70
2011	18	–	67.8	7	–	30	3	–	35	53	–	10.4	53
2012	5	–	72.2	4	–	42.9	–	–	–	–	–	–	57.14
2013	5	–	–	4	–	–	4	–	–	–	–	–	57.1
2014	5	–	–	3	–	25	2	50	–	–	–	–	50
2015	5	–	–	3	–	–	2	–	–	–	–	–	75
合计	336	–	–	124	–	–	140	–	–	344.96	–	–	–

第十章　财　政

第一节　管理机构

1991 年罗甸县财政局有干部职工 15 人。1992 年设企财国资股，管理全县国有资产。1994 年，县财政局设公安执行室。1995 年，设财税稽查队。1996 年，农财股分为农税股和农财股，设退休干部管理股，1997 年设财政纪检组与监察合署办公，编制 3 人，2 人专职，设纪检组长 1 人。1998 年设会计股。2002 年县级机构改革结束，县财政局内设机构调整为 6 个职能股室：办公室、预算行财股、国库股、农税股（对外称“罗甸县农业税征收管理局”）、农财股、企财国资股，局机关行政编制 14 人。2008 年，在原有 6 个职能股室基础上增加 1 个股室，共 7 个股室：综合股、经济建设股、社会保障股、监督检查股、政府采购股、基层财政管理股、会计核算中心。2011 年，将原来的 13 个股室重组为 9 个股室。机关行政编制 14 人（含县纪委派驻县财政局纪检组，县监察局派驻县财政局监察室行政编制），设局长 1 名，副局长 3 名。县会计核算中心更名为县国库支付中心，加挂县会计核算中心，县非税收入管理局牌子，实行一套人员 3 块牌子的管理体制。

2014 年，财政局内设股（室）10 个：办公室、预算编审股、国库金融债务股、行财社保股、农业股、农业股合开展股（挂县人民政府采购办公室牌子）、经建股、国有资产监督管理办公室、综合股、监督检查与绩效管理股，行政编制 16 名（含后勤 2 名）；设副科级事业单位 2 个：县财政监督检查执法大队（事业编制 10 名）、县国库支付中心（事业编制 22 名）；设股级事业单位 5 个：县基层财政管理局（事业编制 13 名）、县财政信息网络管理中心（事业编制 6 名）、县财源建设办公室（挂县综合治税领导小组办公室牌子）（事业编制 13 名）、县社会保障办公室（事业编制 8 名）、县农业综合开发中心（事业编制 10 名）；财政局核定总编制 98 人。

基层管理　1990 年撤区并乡建镇，乡镇财政所撤并为 26 个，财政干部 112 人，其中：正式干部 25 人，以工代干 5 人，招聘人员 82 人。1995 年，经考察（考核、考试），正式聘用 75 人。1998 年，通过参加全省统一考试，26 名乡镇财政招聘人员正式聘为国家干部。2002 年，县编委核定乡镇财政系统事业编制 157 人。2006 年通过考核、考试，审查批准，26 个乡镇财政所干部 132 人。机构规格为股级，经费由财政开支。2007 年，全县基层财政所编制 134 人，在编人员 76 人。

2013年，全县基层财政所编制134人，在编人员97人。11月乡镇机构改革全县26个乡镇调整为8镇1乡，26个乡镇财政所调整为9个，同时更名为财政分局，升格为副科级单位，设分局局长，划归所在镇（乡）人民政府管理。

第二节　财政体制改革

财政体制改革，主要是财政管理体制改革、财务制度改革和农村税费制度改革。

一、管理体制改革

1991年撤区并乡建镇，乡镇财政所撤并为26个，仍由乡镇党委政府和县财政局双重领导。1997年将乡镇财政所人权、事权、乡财权划归乡镇党委、政府直接管理，财政所各项工作由当地党委、政府统一领导、统一安排、统一考核。县财政局负责对各乡镇财政所进行业务指导。

“乡财县管”改革　2007年3月，启动“乡财县管”改革试点，7月正式运行，实行“取消乡镇财政所总预算会计，以乡镇为核算主体，实行预算共编，账户统设，集中收付，采购统办，票据统管，县乡联网”的财政管理方式，由县财政直接监督管理乡镇财政收支。改革后预算管理资金、财务审批权不变，独立核算主体不变，债权债务关系不变。资金实行网上申报、网上审批、网上查询。统一规范债务管理，清理政府性债务，不得随意举债。

国库集中支付改革　2008年初罗甸县国库集中支付改革启动以来，经过近一年的运行，完成财政性资金的事前、事中、事后全过程监督，提高资金使用效率。截至12月8日，完成集中支付7456笔，支付资金2.65亿元，其中：直接支付3039笔，支付资金2.39亿元，授权支付4417笔，支付资金2613.3万元。2009年深化国库支付改革，支付资金9578笔，支付资金5.4亿元。2015年，完成集中支付14882笔，支付资金23.43亿元，其中：直接支付10735笔，支付资金22.48亿元，占比95.94%；授权支付4147笔，支付资金9500万元，占比4.06%。

非税收入管理改革　2010年启动非税收入管理改革，全县92个县级预算管理单位全面纳入系统管理并上线运行，实现“单位开票（单），银行代收，财政统管”的管理模式。2011年进一步深化非税收管理工作，将县级预算单位缩至88个。2012年，非税网络已达全覆盖，上线的一级单位72个，二级单位93个。2013年非税收入管理与改革工作稳步推进。全县基本实现非税收入执收单位全覆盖，非税收入收支管理进一步归范。

二、财务制度改革

1991—2000年，县属各部门和各乡镇都是独立核算单位，自有会计、出纳和银行账户。2001年，将原由县属部门单位发放干部职工工资改由县财政统一发放，即为干部职工开设个人银行账户，财政直接划拨工资到个人账户上。乡镇实行“零户统管”财务管理新制度，即在保持乡镇各行政事业单位资金使用权和财务自主权不变的前提下，取消各单位银行账户，由财政统一开设银行账户、统一会计核算、统一资金管理、统一管理会计人员。2003年，实行“一取消”，即取消单位所有银行存款账户，建立统管账户；“两直达”，即收入直达国库，支出直达收款人；“三集中”，即集中办理资金结算、集中会计核算、集中会计档案；“四设立”，即设总会计、统管会计、资金会计、单位报账员；“五建制”，即综合财政预算管理制度、收支审批制度、会计凭证审核制度、备用金管理制度、票证管理制度。

三、农村税费制度改革

1978年，由县财政部门直接征收的税费有农业税和农业税附加。1988年开征农业特产税、耕地占用税和契税。1990年开征“农村教育事业费附加”，至1996年，向农民征收的税费除农业四税外，其他费用达到“七费”，即：农村教育费附加、畜禽防疫费、农田基本建设费、计划生育统筹费、民兵训练费、乡村道路维护费、民政优抚救济费。并从当年起，“七费粮”一定三年。1998年“七费粮”试行折征代金，即折算为现金缴纳，也可以交粮食。

1999年，根据中央和省州有关农村税费改革的政策精神，制定《罗甸县农村税费制度改革实施方案》，先在龙坪、板庚、罗苏三个乡镇试点，然后全面铺开。“七费”改为“三提”“五统”，取消畜禽防疫费和农田基本建设费。“三提”即公积金、公益金和村组管理费；“五统”称为农业税附加加征，包括农村教育费附加、计划生育统筹费、民兵训练费、乡村道路维护费和民政优抚救济费。县政府颁发“农民义务负担卡”，三年内不作变动，明令任何单位不得再向农民摊派任何费用。是年全县“农业税附加加征”任务为261.2万元，比1997年减少24.4万元，人均减少0.9元。是年，国家对农业税下调一个百分点，全县调减118.3万元，全县农业人口人均减轻负担4.5元。

2003年，国家对农村税费改革实行财政转移支付政策，不再向农民收取“三提五统”。2004年，国家取消烟叶以外的农业特产税，农业税继续下调一个百分点，上级财政下拨农业税灾欠减免款，全县农业人口减轻负担226万元，人均减负8元。2005年，国家免征贫困县农业税。2006年，国家废除《农业税条例》，取消农业税。至此，从公元前594年春秋时期的“初税亩”算起，向农民征收的“皇粮国税”宣告结束。农民种粮不仅不纳税，而且国家对农业和农民大力扶持，每年还要发放各种涉农补贴。

2007—2015年全县共发放的补贴资金达46480.82万元，各年度发放补贴的情况表如下：

2007—2015年全县发放各种涉农补贴统计表

表12-16　　　　单位：万元

时间	总计	种粮直补	农资综合补贴	退耕还林补贴	后期移民补贴	水稻良种补贴	玉米良补贴种	小麦良种补贴	棉花良种补贴	油菜良种补贴	农村低保补助	能繁母猪补贴	生态公益补贴（含造林补贴）	冬小麦“一喷三防”补贴
2007	2236.95	42.34	410.48	1618.82	110.33	–	–	–	–	–	–	54.98	–	–
2008	5029.93	42.37	1184.76	1607.8	954.36	150	130	–	–	40	–	920.64	–	–
2009	5824.2	47.06	1184.76	1607.8	–	150.9	135	30	1.8	–	2369.28	–	297.6	–
2010	4482.63	47.06	1184.76	1607.8	933.92	150.9	134	–	1.65	17.16	–	107.78	297.6	–
2011	4569.16	48.23	1350.01	1319.88	1151.44	–	–	30	–	–	–	–	669.6	–
2012	6240.31	60	2088.96	1917.92	689	302.25	274	30	3.74	63	–	87.18	724.26	–
2013	4239.36	61.18	2089.04	917.2	–	152.43	176.5	35	2.09	40	–	71.32	669.6	25
2014	8071.6	61.77	2089.06	1813.08	901.95	153	203.1	77.5	2.1	86	–	2664.04	–	20
2015	5786.68	62.36	2089.07	900.08	950.22	153	203.1	42	2.1	45	–	–	1339.75	–
合计	46480.82	472.37	13670.9	13310.38	5691.22	1212.48	1255.7	244.5	13.48	291.16	2369.28	3905.94	3998.41	45

第三节　财政收入

县级财政收入主要有工商税收、农业四税（契税、农业税、特产税、耕地占用税）、规费及罚没收入、上级补助收入、企业收入和其他收入。1978年县级财政得到上级财政补助收入414.6万元，此后逐年增加，1995年达到852.5万元。1996年省委、省政府决定对人均财力不足的贫困县实行“以奖代补”政策，完成当年收入任务，省、州补助资金作为奖励。1999年，对农村税费制度实行改革，农民税费负担逐渐减轻，2006年国家取消农业税费，地方收入减少后由国家财政转移支付。

1991年县级财政收入708万元。1994年实施划片包干，建立税收任务责任制和奖惩激励机制，是年财政收入1302.8万元。1996年县委、县政府鼓励机关单位办经济实体搞创收，把创收任务分配到部门，当年全县财政收入2257万元。1998年和1999年，全县财税收入任务实行集团承包，县四大班子领导按工作分工切块承包，按部门、乡镇划定征收范围，分为四个组，落实任务，安排承包经费，制定奖励办法，完成预算收入任务，1998年为4008万元，1999年为4819万元。2000年县四家班子领导由集团承包征税改为集团承包扶持税源。财政、国税、地税按各自征管范围定目标、定奖惩，落实责任制，分别与县政府签订征收目标责任状，清收历年欠税629万元，财政总收入5188万元。

2002年实行“加强征管，堵塞漏洞，惩治腐败、清缴欠税”，打击偷、漏、逃、欠税行为，清收企业历年欠税364.6万元，完成财政总收入5968万元。2005年以后县财政主来源于工商企业、冶炼、地方电力等行业，信邦公同成为县内纳税大户，2006年全县财政收入1亿元，突破亿元大关。2008年龙滩电站建成发电，成为财政收入的重要来源。2015年财政总收入7亿元。

1991—2015年全县财政收入决算表

表12-17　　　　单位：万元

年度	财政总收入	一般预算收入	其中							
			县级公共财政收入	其中				上级补助收入	上年结余	年终决算其他收入
				企业收入	工商税收	农业四税	其他收入			
1991	708	1805.3	688	12	447	204	25	1041.4	55.9	20
1992	908.7	2204.6	828.7	13.3	556.8	223.5	35.3	1278.3	97.6	–
1993	1152.3	2397.9	1065.1	12.4	704.2	279.9	68.6	1241.5	–87.5	178.8
1994	1302.8	2747.8	792.8	66.2	262.9	389.9	73.8	1787.2	71.6	96.2
1995	1904.23	3398.7	1077.9	142.9	401.7	468.8	64.5	1738.3	489.4	93.1
1996	2257	3457.4	1519.2	224.6	531.1	697.6	65.9	1938.2	–	–
1997	3012.3	6285.1	1940	114.5	891.7	837.8	217.4	3892.6	169	162.1
1998	4008	7400.9	2665	640	552	995	478	4071.5	580.4	84
1999	4819	9391.4	3029.1	1199	383	1007	440	6030.1	248.3	84
2000	5188	10846.3	3273	713	1117	582	861	6025.3	1501	47
2001	5466	14375.1	3438	829	1059	540	1010	9067.8	1869.3	–
2002	5968	15654	3428	391.6	1105.4	931	1000	9280.2	2945.8	–
2003	6826.15	18144.4	4007	227	1141	1693	946	12941	1196.4	–
2004	7616	23516	4362	475	1749	1232	906	16360	2794	–
2005	8686	28375.8	4762	357	1934	1372	1099	21127.9	2485.9	–
2006	10007	32767	6107	607	2345	1901	1254	23856	2804	–
2007	12072	41439	6770	1165	2620	1784	1201	33491	1178	–
2008	20969	63890	6975	2572	3194	97	1112	52960	3955	–
2009	26789	92930.65	9088	4108	2710	126	2144	74008.65	8786	1048
2010	32426	128320	14334	3629	4357	182	6066	93029	20098	859
2011	36020	151613	18475	4093	5460	1349	7573	107175	25265	698
2012	36067	174925	19135	2236	6997	990	7832	132071	22671	1048
2013	46489	178057	23229	3539	6905	3532	9253	133812	19157	1859
2014	55859	183685	20888	3787	5100	2458	9543	151285	10814	698
2015	69859	269057	28314	16058	1763	4696	5797	173839	2778	64126

第四节　财政支出

罗甸经济发展滞后，地方财力薄弱，财政支出主要用于农业、经济建设、科技、文教卫生事业支出和保工资、保民生、保运转。随着县级经济的发展，对基础设施建设的投入不断增加。

1991年，县级公共财政支出1772.1万元。1992—1996年公共财政支出1.44亿元。1997—2001年公共财政支出4.04亿元。2002—2006年公共财政支出10.7亿元。2007年是全面实施政府收支分类改革的第一年，预算编制坚持“一要吃饭、二要建设”的原则，进一步细化支出项目，优化支出结构，使财力更多地向重点领域、薄弱环节、困难弱势群体倾斜，特别是教育、卫生、计生等，分别增长24.04%、41.22%、14.61%、250%，同时保证重大活动和政策性新支出，主要是农村合作医疗、农村低保、能繁母猪补贴、血站、砖厂改制等配套支出及旅游文化支出。是年县级公共财政支出3.72亿元。2008年公共支出5.47亿元，比上年增加支出1.74亿元，增加支出项目主要有：规范机关（参公）单位公务员津补贴，补发机关事业单位干部职工住房增量补贴和2004年10月1日后死亡人员的各种补贴，零星增人增资支出、重点项目建设配套支出、年底缓解乡镇及部门困难安排的支出等。2013年为加快城镇化建设，财政资金支出增加，开始出现资金短缺。2014—2015年，县财政在保工资、保民生、保运转的情况下，加大社会融资，发行银杏债券，用于发展县域经济、道路、交通、环保和新城区开发建设。

1991—2015全县年财政支出表

表12-18　　单位：万元

年份	公共预算支出	其　中											
		一般公共预算支出	其　中								上解支出	债务还本支出	年终决算其他支出
			一般公共服务支出	公共安全支出	教育支出	科学技术支出	社会保障和就业支出	医疗卫生和计划生育支出	节能环保支出	城乡社区支出			
1991	1844.8	1772.1	406.5	108.4	476.8	10.2	87.5	156.4	3.3	17.5	72.7	–	–
1992	2204.6	2352.7	538.8	133.2	652.7	8.9	77.3	195.1	1.7	19.1	61	–	209.1
1993	2320.1	2190.2	565	133.8	662.6	2.1	72.1	185.9	5.5	15.6	57.7	–	72.2
1994	2627.3	2485.6	688.6	151.2	895.4	4.5	64.9	225.3	1.5	34.1	56.9	–	84.8
1995	3459.8	3211.7	809.4	165.4	1100.2	3.6	53.4	271.9	0	25.1	133.7	–	114.4
1996	4146.7	4146.7	1225.5	252.7	1318.7	2	122.2	314.5	0	57.4	–	–	–
1997	5673.5	5587.1	1314.8	305.7	1445.3	6	151.3	386.9	0	99.4	–	–	86.4
1998	7152	7062	1738	413	1792	74	115	405	11	188	6	84	–
1999	7890.3	7768.2	1581	384	2016	126	228	522	12	280	38.1	84	–
2000	8977	8765	1617	420	2129	121	193	651	6	98	165	47	–
2001	11328.8	11249.9	2215	586	3091	133	288	753	30	290	78.9	–	–
2002	14157.6	13836.8	2978	702	3789	118	863	626	0	271	320.8	–	–
2003	15604.9	15558.9	3481	809	4203	121	1008	747	0	0	46	–	–
2004	21030.1	20920	4093	1117	6180	170	871	799	15	74	110.1	–	–
2005	25571.6	25444	4289	1417	9503	257	1378	1014	0	175	123.6	–	4
2006	31589	31266	5347	1626	8843	29	1732	1550	0	464	323	–	–
2007	37484	37227	7270	1950	9651	241	2680	2378	262	790	257	–	–
2008	55104	54650	11260	2482	16395	284	5072	4171	1043	889	454	–	–
2009	72832.5	72436	12179	4658	18688	761	8120	4701	2577	2239	396.5	–	–

续表

年份	公共预算支出	其　中											
		一般公共预算支出	其　中								上解支出	债务还本支出	年终决算其他支出
			一般公共服务支出	公共安全支出	教育支出	科学技术支出	社会保障和就业支出	医疗卫生和计划生育支出	节能环保支出	城乡社区支出			
2010	103055	102183	15433	5178	22506	1118	8296	10516	2751	3829	872	–	–
2011	128941	127923	22460	5261	27820	1147	14275	12595	3780	4155	1018	–	–
2012	155769	153681	23713	5083	34283	1469	19687	13948	4766	4304	733	1048	307
2013	167243	164717	24612	7534	38500	1535	19808	17806	4699	2264	1667	859	–
2014	180907	179372	26811	8159	43526	1564	21049	20267	4870	1764	837	698	–
2015	268184	209963	27325	9559	52800	3481	21838	23349	5166	3216	2252	55405	564

第五节　财政管理

财政管理，包括对县属机关各行政事业单位和各乡镇财政收支预算、财务、会计事务管理。

一、预算管理

1990 年，预算管理调整为：“定收定支、收支包干、收入上缴、支出下拨，年终决算，收入超基数部分按比例分成，欠基数部分全部扣赔，一年一定”。并对公费医疗实行“基数包干、超支不补、结余留用”的管理办法。

1991 年 8 月建镇并乡撤区（简称“建并撤”）后，对 26 个乡镇实行“定收定支、收入上缴、超收分成（或全留）、短收抵支、支出下拨、超支不补、节余留用”的管理办法。1992—1994 年，仍沿用“建并撤”后的预算管理办法。

1995 年，对县属机关则视其有无预算外收入，采取“划分档次、分类拨款、超支不补”的管理办法，分为差额拨款和全额拨款两种类型。1996 年对行政事业单位的预算管理办法是：“核定基数，一次包干，增人增税增创收，减人减税减创收，一定三年”。1999 年将上级下达的财政预算收入任务层层分解，国税、地税、财政三家分别与县政府签订目标管理责任状，组成集团承包。全县预算外收入 449 万元。

2001 年，制定《罗甸县行政事业性收费和预算外收入实行“收支两条线”管理实施办法》。2002 年实行预算内外资金统管的财政综合预算。乡镇财政预算管理实行“划分级次，核定收支，定额上解或补助，超收返还，超支不补、结余留用”的管理办法。2004 年建立财政、国税、地税三部门协调配合机制，制定完成预算任务的措施，完善征管体系，落实税收优惠政策，保证主体税源稳定增长。

2005 年，根据“统一领导，分级管理，合理划分财权和事权”的原则，对乡镇实行“划分收入级次和税种，核定收支，收入全缴，支出下拨，超收分成，自求平衡”的财政预算管理体制，制定《罗甸县乡镇财政管理体制实施办法（试行）》。2006 年推行部门综合预算，先后制定《公用经费定额管理办法》《政府非税收入管理办法》。

2007 年以后，组织收入由县级财政、国税、地税三部门承担，乡镇只有招商引资及组织项目落地责任。乡镇财政收入全部县级国库，乡镇支出实行“乡财县管”模式，通过县级国库集中支付系统统一办理。26 个乡镇行政运转、工资待遇全部由县级包干结算。是年预算编制按照“保工资、保运转、保稳定”的原则，进一步细化支出项目，优化支出结构，财力更多地向重点领域、薄弱环节、困难弱势群体倾斜，特别是教育、卫生、计生、科学等支出增长分别达 9.15%、42.57%、46.38%、731.03%。同时保证了重大活动和政策性新增支出，主要是农村合作医疗、农村低保、能繁母猪补贴、血站、砖厂改制等配套支出及旅游文化节活动支出等。2008 年，保工资正常发放、机构正常运转和重点支出需要。

2009 年 6 月 1 日起，罗甸县预算指标管理系统正式启用，实现预算指标管理的“统一软件平台、统一数据平台、指标一体化管理、数据资源共享”，能全面、动态地反映预算收支及结余情况，提升财政管理水平。

2012 年，县财政局制定《罗甸县财政支出绩效评价工作实施方案》。2013 年，对沟亭河河道治理进行财政绩效评价，从项目组织实施、前期工作、建设管理、资金使用、工程质量和安全及效益等方面进行全面的绩效考评。

2014 年，积极推进财政预（决）算和“三公经费”信息公开。根据（黔府办发电〔2014〕59 号）、（黔财预〔2011〕211 号）文件精神，结合实际，组织拟写《罗甸县财政预决算及“三公”经费信息公开工作实施方案》，加大预决算和“三公经费”信息公开力度，发挥信息公开的正面效应，努力打造透明政府。

2015 年对存量资金进行清理，按规定收回 2012 年以前的年度存量资金 9210 万元由政府统筹使用，将各预算单位截至 2015 年 12 月 30 日未使用的本级安排的经费进行核减，共核减 4.583 万元

二、财务管理

县财政局对行政事业单位财务管理采取“统一领导，分级管理”原则，实行县区乡三级管理。根据单位性质采取全额拨款和差额拨款两种管理形式。1985 年各区乡建立财政所，1991 年乡镇财政所撤并为 26 个。对各乡镇工资发放、费用开支、各项流动资金和专项资金采取“报表制”管理。1993 年加强行政性收费和自筹资金管理。

1995 年，在贯彻执行国有企业转换经营机制条例中，县财政局参与企业财务通则和企业会计准则实施，当年，国有工业企业销售收入达到 2181 万元，比上年增长 22.32%，利润达到 318 万元，比上年增长 113.42%，实现税金 314 万元，比上年增长 54.68%。1996 年，利润达到 372 万元，实现税金（不含所得税）170 万元。1998 年，县财政会同县法院进行企业破产清理，对县油脂化工厂破产还债进行账务清查、财产清算拍卖等工作。参与县审计小组对上隆茶果场 1989—1993 年的财务进行审计汇总。对县制药厂、东风电站等企业的财务进行清理及财产价值重估，为国有企业体制改革提供决策依据。1999 年，制定《关于加强乡镇财务管理实施意见》，2000 年，对乡镇财务进行全面清理，建立健全各项管理制度，落实行政性收费和罚没收入财政专户管理工作。

2001 年，制定《县本级预算内资金拨款内部管理暂行办法》《县本级预算外资金财政专户拨款管理暂行办法》，加大内控管理力度。当年，县级纳入财政预算外专户管理单位 50 个，资金和基金 1069 万元。2003 年，实行票据领购制度，共审核缴销各种票据近 500 本。2004 年，加强对财政性资金管理，制定《财政性资金拨款程序暂行办法》。以工代赈资金实行财政集中报账制。对财政扶贫资金项目主管部门实行会计委派制。2005 年，制定《罗甸县财源建设资金管理暂行办法》。同时制定《罗甸县乡镇专项资金管理暂行办法》，将财政性专项资金管理细化到乡镇，制定《罗甸县非税收入票据管理暂行办法》，进一步规范行政性收费、政府性基金等相关票据的管理。是年，对龙坪、边阳、云干等 10 个乡镇财务实行会计电算化管理，2006 年，出台《罗甸县农村税费改革村级转移支付资金管理办法》使“村财乡管村用”落到实处。是年启动“乡财县管”改革试点，完成实施方案报批工作。2007 年，制定《罗甸县乡财县管改革试点财政财务监督管理暂行办法》。2008 年，将红水河镇、罗悃镇、纳坪乡、木引乡、罗暮乡等 5 个乡镇财政所的会计核算纳入县财政局试行统一核算，制定《罗甸县乡镇财务集中核算管理暂行办法》，明确乡镇财务活动由乡镇报账员统一办理，乡镇财务受县财政局指导和监管。

2009 年 7 月 1 日起对全县 26 个乡镇财务实施片区集中管理，制定《罗甸县乡镇财务片区集中核算管理办法（试行）》，将全县 26 个乡镇划分为七个片区进行集中管理：龙坪片区：龙坪镇、云干乡、板庚乡、八总乡；边阳片区：边阳镇、罗沙乡、栗木乡、交砚乡、董王乡；沫阳片区：沫阳镇、董当乡、董架乡、平岩乡；逢亭片区：逢亭镇、木引乡、纳坪乡；罗悃片区：罗悃镇、红水河镇、罗暮乡、罗苏乡、罗妥乡、沟亭乡；茂井片区：茂井镇、大亭乡；凤亭片区：凤亭乡、班仁乡。在七个片区各设财政所和统管会计 1 名，

统管会计直接受县财政局管理，其工资关系、编制和人事权归属县财政局，其办公费用由所在乡镇管理，统管会计人员由县财政局予以明确。各片区统管会计按照会计法律法规和有关政策要求对本片区各乡镇经济活动进行会计核算，并报送有关财务报表。同时，自行明确资金报账员1名，负责本乡镇的报账和工资调资等日常工作。

2010年，县财政局定期检查乡镇会计基础工作和执行财经纪律、财务制度的情况，对各乡镇会计人员实行量化考核，分等次实行物质奖励，有条件的可调到县级单位。对乡镇的财政违法行为，由县财政、审计、监察等部门依照《财政违法行为处罚处分条例》等法律法规进行处理。

2011年，对基层医疗卫生机构实行财务集中核算，坚持“三权”不变，即：预算管理权不变、资金所有权和使用权不变、财务审批权不变、“四责”不变，即：资产管理责任不变、债权债务管理责任不变、财务收支平衡责任不变、会计主体责任不变。2012年，财政资金坚持按“谁主管、谁负责、大额资金集体研究”预算审批原则，明确审批权限和范围，加强对财政资金的管理，由财政、审计、监察部门对财政资金的使用、效益情况进行事前、事中、事后的检查监督。2013年，严格按照财政扶贫资金实行“县设专户、乡建专账、封闭运行、专款专用、县级报账、专项审计”的管理要求，严格资金管理，加强对涉农资金的管理，明确专人负责，做到资料规范，一事一档，发现问题及时纠正。2014年，全县进行乡镇行政区划调整，账务合并，专门开展建账、做账等业务培训，解决乡镇村财务方面出现的新问题。2015年继续推进乡镇财政管理体制改革，实行“划分级次，核定收支，定额上解或补助超收返还，超支不补，结余留用”的原则，县乡财政收支实行统一的国库集中支付制度。

三、会计培训及会计考核管理

1982年9月，成立罗甸县会计学会，1989年9月，成立罗甸县会计事务所。为国营、集体、个体兴办企业验资、开展会计业务培训、配合有关部门进行财务检查等项工作。

1991年6月，经各主管部门及县财政局审核，报州财政局复核、省财政厅批准，对符合《会计证管理办法（试行）》条件的219名会计（含出纳）颁发了“会计证”，并从第二年起实行持证上岗。1996年，对全县会计人员基本情况进行一次全面调查登记。根据会计法要求，县财政局设立会计事务股。是年对405名会计人员进行《会计事务管理》《收付记账核算方法》业务培训。1999年，对全县会计人员建立档案。

2001年，按照会计财务管理办法县属单位干部职工工资首次由财政部门统一发放。2002年培训435名会计人员，培训内容《零户统管核算办法》《会计事务管理》。2003年推行零户统管工作，实施会计电算化，加强监督强化乡镇财务管理工作，培训411人。2006年，推行乡财县管改革，实行机构统管、预算共制、账户统设，集中收付、采购统办的管理方式，县财政局管理并监督乡镇财政收支。培训会计人员412人。

2012年，按照县机构改革三定方案，会计核算中心和国库集中支付中心合并更名为国库支付中心，为副科级编制，实行一套人员两块牌子管理体制。培训人数412人。会计业务培训412人。2013年全县取得会计“从业资格证”447名，其中：初级助理会计师25名，会计师11名，高级会计师1名。会计业务培训412人。2014年2月，全县26个乡镇行政区划调整为8镇1乡后，账务合并，县财政局集中会计人员412人进行业务培训，解决乡镇村财务出现的新问题。6月代理记账机构的审批权限下放到县级进行办理。集中会计人员进行业务培训，培训内容有《国库集中支付管理办法》《小金库治理办法》《预算法》《政府采购法融资资金管理办法》，培训人数412人。

2015年7月实行公务卡改革，全县74个县级预算单位，共办理915张，其中工商行有34个单位办理615张，农业银行有40个单位办理300张。全县会计从业资格证有510名，会计专业技术职称有42名，其中：初级助理会计师有27名，中级会计师有14名，高级会计师有1名。财政局集中会计人员进行《国库集中支付管理办法》《预算法》《政府采购法》《债务资金管理办法》《融资资金管理办法》培训，培训人数412人。

第六节　财政监督

县级财政既要履行财政监督检查、控制社会集团购买力、政府采购、“小金库”等，又要接受上级财政部门、县人大和县审计等部门的监督，同时还要对县属各单位、各乡镇的财务进行监督检查。

执法监督　1990年，对各种罚没收入进行清理，对职工欠款进行清收，查出违纪金额32.3万元，应入库26.67万元，已入库19.83万元。1991年对农林特产税税票进行专项检查，查出违纪人员29人，其中：乡镇干部8人，财政人员18人，其他人员3人，违纪金额4.92万元。1992年全县查出违纪金额35.8万元，应入库29.4万元，已入库27.2万元。1993年抽调12名财务人员对60个单位进行检查，查出违纪金额89.2万元，应入库37.3万元，已入库34.88万元。1994年，在县财政局成立公安执行室，强化依法治税，深入集贸市场检查，现场解决纳税中出现的具体问题，打击偷漏税行为。

1995年，成立财税稽查队，对纳税环节进行稽查监督。1996年对全县40个单位进行重点检查，查出违纪金额91万元，应入库91万元，入库65万元。

1997年，县财政局建立纪检监察机构，对预算内外资金进行清查，重点抽查33个单位，查出应缴财政预算内资金24万元，预算外资金151万元，分别上缴县财政和存入财政专户。1998年，对使用行政性收费收据的37个单位进行稽查清理，审查历年票据2135本，金额1445.8万元，存入财政专户资金273.58万元。当年，财税稽查队查补征收税款35.5万元。2000年对县直机关46个单位和7个乡镇行政性收费和预算外收入进行全面检查，全县纳入预算管理的预算外资金116万元，纳入专户储存管理的资金1398万元，比上年增加992万元。对在银行开户的101个行政事业单位账户进行全面清查，将原有的376个账户核销132个。

2001年，县财政、监察、计生等部门共同配合，对26个乡镇的所、站1999—2000年财务全面检查，对县机关44个行政事业单位账户设置情况再次进行清查，检查208个单位，查出全县财政专户管理的预算外资金1122万元。2002年财政、监察、人民银行共同配合，再次对行政事业单位313个银行账户进行清理，审查后保留203个，归并和撤销110个。

2003年，对农村税费改革转移支付资金的监督检查，对以工代赈、义教工程、移民工程、基本建设等专项资金实行项目进度与资金拨付进行监督。对长期拖欠公款的单位和个人，通过法院依法强制清收和采取抵扣专款或其他财政拨款等方式，全年共清收财政预算内欠款149万元，财源建设资金181万元。2004年对国库集中支付和乡镇零户统管财务进行监督检查，全年共收回334万元。2005年重点对社保、扶贫、税改转移支付资金等专项资金检查，确保专款专用，提高效益。2006年，调整县农业税征收管理局工作职能，由过去主抓农业税征收管理向抓农村综合改革、涉农补贴资金发放和监督管理等职能转变。

2007年，根据《罗甸县财政局内部监督检查管理办法》，组织人员对龙坪镇、交砚乡和农办等8个乡镇和部门的财政扶贫资金进行检查，核对指标、查看账目、实地调查、核实工程项目，对有问题的项目责令整改，并停拨资金。对验收合格的，及时按进度拨付到位。如云干乡大关村2006年度花椒及头花蓼项目因未达到项目实施方案要求，是年扶贫项目验收时，对该项目暂缓验收。2007年该项目经整改通过验收后，按要求及时兑现项目资金，1—11月，拨付各类专项资金2877万元，未发现截留、挤占、挪用现象。2008年，出台《罗甸县财政局内部管理办法》，在县农业局、林业局、发改局、水利局等办公相对集中的地点设置绩效廉洁举报箱，接受各单位及社会各界的监督。

2012年，开展内部监督检查，重点检查账户资金安全性、拨款手续完备性、账务处理及时性和制度执行等情况。2月重点抽取县教育局、县农村工作局、县水利局、沫阳镇人民政府、龙坪镇人民政府、县水利有限责任公司六个单位进行“小金库”专项治理评价验收。通过调查核实，“小金库”治理工作达到上级各治理办要求，6月开始选择6个县直机关、企事业单位进行会计监督检查，未发现违反中央八项规定情况。对县客运交通管理局、林业局、农村工作局、地方海事处发放成品油价格补贴情况进行专项检查。检查结果：县客管局全年发放财政拨付的成品油价格补贴资金 44.91 万元，其中：4 辆公交车发放补贴资金 9.82 万元，45 辆出租车发放补贴资金 35.09 万元；县财政下拨农村工作局成品油价格补贴资金 277.78 万元通过农村信用社“一折通”全部发放给渔船户主；县地方海事处全年财政拨入补贴资金 14.2 万元，发放财政拨付补贴资金 12.95 万元，还有 1.25 万元未发放，原因是个别船只已办理注销手续；县林业局发放县财政拨付的石油价格补贴资金 41 万元，全部用于开展林业工作，其中：国有林场 25 万元、羊里林场 13 万元、林工商公司 3 万元。

2013 年成立 3 个专项检查工作组，对 26 个乡镇开展为期一个月的专项检查，重点检查账户资金安全性、拨款手续完备性、账务处理及时性和对危房改造、农低保、新农合、种粮补贴等涉农资金发放执行等情况；对县海事处、逢亭中学、县市政中心等 6 个单位进行会计信息质量检查和专项检查，对精品水果（火龙果）、沟亭乡河道治理等项目资金开展财政绩效评价。检查发现 10 个乡镇未做涉农专户账和农低保专户账，有的乡未上缴处置旧车收入，有的乡对村干部违规处理不及时。责令大亭乡政府配备配齐财务人员，加强财务管理；责令茂井镇、凤亭乡和大亭乡 3 个乡镇实行会计电算化管理，实现会计管理规范化；责令董王乡政府上缴旧车处置收入 6.08 万元；责令红水河镇、罗悃镇做好 2012 年的账务管理工作。向罗暮乡党委、政府作出：罗暮乡沫村群众反映的农村低保资金发放和管理中出现的违规、违纪问题的限期整改建议。沟亭乡河道治理工程无项目管理制度资料，扣 1 分；项目组织检查、监控等管理措施无检查记录资料扣 2 分；项目效率性未按进度完成扣 2 分，效果性无每年经济损失统计资料扣两分；可持续发展扣 1 分。审核最终得分为 91 分，绩效等级为优。

2014—2015 年对董王卫生院、黔南交运罗甸分公司、罗甸县第二小学、县林业局、县人力资源和社会保障局、县环保局、县农村工作局、县文化旅游局等 8 个单位开展会计信息质量检查，检查结果董王卫生院、县林业局、县社保局等单位会计处理核算基本规范，未发现私设“小金库”和违反中央八项规定的现象。

采购监督 1994 年完成采购资金 127 万元，占全年指数的 105.83%，其中：指令性 26 万元，指导性 101 万元，主要采购劳动防护用品、非生产性机动车用油、药品和医疗器械、其他一般商品等。1995 年州人民政府控购办黔南控购〔1995〕1 号文件，下达给罗甸县指导性计划 100 万元、指令性计划 50 万元，计 150 万元。完成支出 138.98 万元，其中：指导性计划 90.88 万元、指令性计划 48.1 万元。购买各类公务用车 13 辆，财政拨款 38.1 万元，单位自筹以及上级补助 87.85 万元；购买摩托车 2 辆，采购资金 3 万元；购买除湿机、电源保护器各 1 台，资金 3.18 万元；办公设备、办公家具 6.85 万元。

1996 年，县控购办审查申报控购商品 37 件（辆、台）总金额 223.51 万元，其中：生产性 31 件商品（辆、台），金额为 180.61 万元，占总金额的 80.8%；非生产性商品 6 件（辆、台），金额为 42.9 万元，占总金额的 19.2%。在审查申报总金额中，单位自筹资金 144.5 万元，占 64.7%；省州配套及业务费 79 万元，占 35.9%。办理审查申报控购商品 47 件（辆、台），金额 211.3 万元，上级批准购置 29 件（辆、台），金额 158.38 万元，压缩非生产性购置 18 件（辆、台），压缩金额 52.9 万元，批准购置金额支出比上年减少 65.13 万元。

2002 年 10 月，罗甸县正式成立政府采购办公室，并制定《罗甸县政府采购制度实施暂行办法》等相关工作制度和监督管理措施，2003 年 3 月县政府采购中心成立，是年开展政府采购 17 次，预算采购资金 160.5 万元，实际采购资金 143.2 万元，减少资金支出 17.3 万元。2004 年实施政府采购 36 次，采购金额 466 万元，与同期市场价相比，减少支出资金 104.3 万元，减少支出率达 18.95%。2005 年实施政府采购 31 次，采购预算资金 548.77 万元，完成政府采购合同资金 493.39 万元，减少支出资金 55.38 万元。2006 年全年实施政府采购 31 次，采购预算资金 1109.37 万元，实际采购资金 1002.59 万元，减少支出 106.78 万元，减少支出率为 9.63%。

2007 年，政府采购监管机制进一步健全。全年实施政府采购 22 次，采预算购资金 1064.79 万元，实际采购资金 945.63 万元，减少资金支出 119.16 万元。2008 年政府采购的货物新增了果树苗、蔬菜种子、鱼苗、钢材、水泥、成批图书资料、实验室用品等设备。全年政府采购32次，预算采购资金1534.83万元，实际支出采购资金1260.97万元，节约资金273.86万元。2009年实施政府采购28次，预算采购资金2031万元，支出采购资金1799万元，减少资金支出232万元。2010年11月底，全县政府采购预算资金3323万元，合同资金2925万元，减少支出资金398万元。分别比上年增长63.61%和62.59%。2011年预算采购资金3328万元，实际采购资金3075万元，减少资金支出253万元。2012年预算采购资金5313.12万元，实际采购资金4723.52万元，减少支出资金589.6万元。2013年预算采购资金8798.13万元，实际资金8215.98万元，减少资金支出582.15万元。

2014年进一步完善政府采购日常管理，加强了审批权限机制建设，规范采购程序。全年纳入政府采购的预算资金8855.87万元，实际完成采购资金8316.30万元，减少支出资金539.57万元，资金节约率6.09%。2015年纳入政府采购的预算资金7034.01万元，实际完成采购资金6647.33万元，减少支出资金386.68万元。

“小金库”专项治理　2009年开展“小金库”清理。制定《罗甸县党政机关和事业单位开展“小金库”专项治理工作方案》。对全县108个党政机关和事业单位开展“小金库”专项治理及本单位自查自纠工作。从各单位自查上报材料上看，没有发现“小金库”现象。重点检查18户，也未发现“小金库”现象。

2010年制定《罗甸县国有及国有控股企业“小金库”专项治理工作实施方案》。根据县“小金库”治理工作领导小组安排部署，将全县44个社会团体、14个国有及国有控股企业纳入治理范围。从各单位上报自查自纠材料，未存在“小金库”现象。重点对3个社会团体和3个国有及国有控股企业进行检查，发现一个国有企业存在“小金库”现象。在落实整改中，对相关责任人进行处理。

2011年全县108个行政机关和事业单位，12个企业、44个社会团体以及全县18个乡镇和县直单位进行复查及抽查，未发现“小金库”现象。是年，小金库专项治理工作结束，2012年以后实行常态化治理。

第七节　国有资产管理

1992年，成立罗甸县国有资产管理办公室，与财政局企财国资股合署办公。

清产核资　1992年，对全县行政企事业单位国有资产进行清查登记。1995年完成清产核资35户，资产总额为7871万元，负债6100万元，所有者权益1771万元，资产负债率77.5%，资产损失589万元，损失率7.48%，通过价值重估和资金核实，最后核定资产总额为1.04亿元，比原清产时上升32.37%，核定所有者权益4323万元，上升144.1%，资产负债率降为58.3%。1996年，对31户国有企业进行产权登记，资产总额为1.27亿元，其中：国有资产为6304万元。国有资产保值增值考核31户，其中盈利23户，亏损8户。盈利企业国家所有者权益为5471万元；亏损企业国家所有者权益为833万元。经审定，企业国有资产增值额114万元，保值增值率110%。1999年对全县行政事业单位国有资产进行清查登记，着重督促单位建账建卡，对报损、报废、转让、出售资产进行处置审批。清查结果：全县固定资产总额为1.14亿元。其中：占用空地面积45.53万平方米，支付征用费1314.8万元；房屋建筑物面积37.6万平方米，价值8170万元；汽车127辆，价值981.3万元；专用仪器设备102568件，价值954.6万元。至2006年，全县固定资产总额为2.56亿元，其中：房屋建筑面积40.4万平方米，价值1.88亿元；专用设备2895万元；一般设备2703.6万元（其中：车辆253辆，价值2369.3万元）；图书819.6万元；其他固定资产338.99万元。2007年全县行政单位固定资产为2.65亿元，事业单位固定资产为5200.7万元。先后投入各类资金518万元，支持县域城乡基本建设，加快投资环境创新步伐，通过公开竞拍，成功处置县影剧院和植物油厂两宗国有闲置土地，确保国有资产保值增值。至2010年底，全县219家行政事业单位向资产公司上划房屋和土地产权，涉及资产4.6亿元，通过资产盘活与经营，共拍卖行政事业单位办公楼1793平方米，取得拍卖收入450万元；整理10个地块，出让土地面积54万平方米，收入2亿元；以公司有效资产为担保，为东水源扩建等政府项目融资2.09亿元；2011年固定资产年末数9519.3万元，2012年为4.33亿元。

2013 年对县直 26 个单位进行清理，通过清理，涉及有闲置楼房的单位 1 个，有门面单位 11 个；清理有门面 93 个，面积 3506 平方米，闲置楼房 749.89 平方米，固定资产 5.33 亿元。2014 年继续抓好房产、门面、土地等国有资产的清理统计，全县行政单位资产总额 1.33 亿元，流动资产 1238.4 万元，固定资产 1.18 亿元，无形资产 251 万元。2015 年继续抓好房产、门面、土地等国有资产的清理统计，全县行政单位总资产 1 亿元，流动资产 1298.37 万元，固定资产 8700.88 万元，无形资产 42.24 万元。

改革改制 2000 年，县国有资产管理部门到粮食、供销、商业系统进行调研，搞好体制改革，保护国有资产不受损失。2001 年出台《罗甸县国有资产处置管理办法》。要求行政企事业单位处置国有资产，必须严格执行申报审批程序，按规定办理。

2003 年，组建罗甸县国有资本营运有限责任公司，2004 年，县国有资本营运公司将县发电公司作为国有企业改革改制重点，经州政府批准，将该公司资产划转到县资本营运公司。县资本营运公司又将县发电公司 100% 的产权以 1.5 亿元转让给中水蒙江公司，县资本营运公司作为蒙江公司股东之一，参与股份制经营。当年，蒙江公司支付原发电公司职工安置补偿费 1007.45 万元，缴纳所欠税金及土地出让金 1655.24 万元，兑现所欠费用 2182.09 万元，偿还债务 9509.93 万元。蒙江公司又以 300 万元注册资本成立罗甸县发电管理有限责任公司，与原发电公司 171 名职工签订新的劳动合同关系。

2004 年，县资本营运公司将龙坪镇旧城区两宗地出让给黔南龙顺房地产开发公司和都匀嘉和房地产开发公司。龙顺公司以总资本 3628 万元购置土地 86894 平方米，完成置换标的工程总造价 2442.69 万元。嘉和公司以总资本 1242.95 万元购置土地 33779 平方米，按照资本置换原则，完成工程造价 1242.95 万元，开发建设龙兴商城和城西商城。是年县国有资本营运公司完成对县粮油购销公司、粮油加工厂、饲料公司、植物油厂 4 家国有企业的改制工作，安置职工 341 人，支付安置费 1300 万元。

2005 年，县资本营运公司对县水泥厂进行改制，转让价格 720 万元，买方首期支付转让金 250 万元，89 名职工和 17 名退休人员全部领取安置费，大部分职工被聘回上班，下半年该厂全面恢复生产。当年，县国有资本营运公司将原发电公司下属所有电站和冶金企业整体转让给蒙江公司，上缴营业税 22.5 万元。

2006 年，县国有资本营运公司对罗斛大酒店资产清查核实，将其转让给县公安局。县资本营运公司采取多种渠道筹措资金，参与蒙江流域开发使公司入股注册资金由 2000 万元增加到 3000 万元。

2007 年针对楚犀工业公司因无周转资金，两台 8000 千伏安炉子无法启动运行，5 月底投入 100 万元财源建设资金作为该企业的流动资金，启动 2 台 8000 千伏安炉生产，该公司不仅给财政带来税收，按期偿还财源建设资金 60 万元，同时拉动电力行业的销售和税收增长；扶持黔龙食品厂流动资金 80 万元，有效解决原料储备问题；挤出 20 多万元资金为信邦公司安装用水专线，解决对信邦公司的生产用水困难问题。2007 年投入信邦公司、工业硅厂、渝阳电冶公司、蒙江公司等企业技改贴息资金 659.73 万元。是年，县人民政府拍卖县影剧院和粮食局植物油厂，国资公司协调，配合文体广电局和粮食局、落实搬迁补助费；借款 95 万元给文体广电局归还以原影剧院土地进行抵押的银行借款，使腾龙公司能够顺利地的办理土地手续。协调电力公司为县信用联社施工迁移变压器等，保证腾龙公司和县信用联社拆迁工作顺利进行。

2008 年，国资公司整体接收县种子公司并对其完成改制，垫付改制费用 55 万元，开展种子试营业务。转让原种子公司所属的满眼春酒楼给县环保局作办公用房；协调城东、城西、河滨居委会为下岗职工和处于停业状态的国有、集体企业职工协理医疗保险；配合经贸局对原商业局下属的民贸、糖酒、食品三个公司资产进行审核，对改造人民街南段需要改制的三个公司进行成本核算。由国资公司借资 33 万元给县工商联组建中小企业担保公司，促进中小企业发展。

2009 年，完成对种子公司改制职工的安置，种子公司在停业两年后，开展试经营业务。是年完成春种种子供应 10600 公斤，10 月参加县农业局秋种种子招标，向各乡镇供应种子 1100 公斤。

2010 年，完成县药材公司、县印刷厂、油脂化工厂改制和职工安置工作。清收国有债权，降低坏账风险，收回改制企业应收款 11.37 万元，清理改制企业、定补企业重复缴纳养老保险、失业保险、生活补助资金 24.71 万元，履行资金管理与监督职责。

2011 年，完成县农机公司、农机修理厂的企业改制和职工安置工作。全年共拨付企业改制资金 1022.8 万元，核减资金 32.5 万元。公司注册资本金由 1000 万元增加到 3 亿元，扩大了公司的经营范围。

2011 年人民政府审定了国资公司转型方案，县国资公司转型为实体企业，成为一个投资融资公司。

2012 年，县国资公司出资 1000 万元组建子公司罗甸县兴龙城镇投资开发有限责任公司，主要负责城镇投资开发和建设。为城东新区建设贷款 1.8 亿元、为土地整治项目贷款 1600 万元、协商县城道路改造和市政基础设施建设 6000 万元、土地整治项目贷款 4000 万元。

2013 年，罗甸县国有资本营运有限责任公司注册资金 3 亿元，是国有独资企业，县编委办明确为不定级别企业管理的事业单位，编制 10 人，现有员工 18 人，（其中：向财政系统借用 7 人，临时工 11 人）内设行政部、投资开发部、财务部、土地开发部、资产管理部，下设子公司—罗甸县兴龙城镇投资开发有限责任公司、罗甸县斛源土地收购储备中心。

2014 年罗甸县国有资本营运有限责任公司以资本金 3 亿元注册为国有独资企业。编制职工 4 人，现有职工共 24 人，临时工 20 人，公司内设机构有行政部、财务部、投资开发部、资产管理部、殡仪馆 5 个部门。属下子公司有罗甸县兴龙城镇投资开发有限责任公司，所管理的公司有罗甸县兴甸城镇建设投资有限责任公司、罗甸县斛源土地收购储备开发中心

2015 年罗甸县国有资本营运有限责任公司注册资本金 3 亿元，编制职工 5 人，职工共 35 人，临时工 30 人，公司内设机构有行政部、财务部、投资开发部、资产管理部、殡仪馆 5 个部门。2015 年罗甸县兴龙城镇投资开发有限责任公司变更为一类企业。是年，为加快融资平台公司实体化经营步伐，实现国有资产保值增值，将县住建局所属兴甸城镇建设投资有限责任公司及县工业园区管理委员会所属兴斛工业投资发展有限责任公司、宏斛房地产开发有限责任公司划归国有资本营运有限责任公司统一管理。

公务用车核编情况　2011 年对全县党政机关、事业单位公务用车进行清理，共清理出公务用车 127 台，价值 1536.4 万元。

2012 年，核定全县党政机关、群团组织公务用车编制 232 辆，报省州公务用车问题专项治理领导小组办公室审核批复，罗甸县党政机关公务用车编制总数控制在 194 辆，四家班子接待用车 4 辆，老干部用车 3 辆。对公务用车配备标准有严格的规定，一般公务用车配备排气量 1.8 升（含）以下，价格在 18 万元以内的轿车，其中：机要通信用车配备排气量 1.6 升（含）以下，价格 12 万元以内的轿车。党政机关、事业单位确因工作需要，高于标准配备更新公务用车和 18 万元以上越野车，由省委办公厅、省政府办公厅审批，县财政局根据批复文件办理相关手续。

2013 年，根据上级财政部门的安排部署，对全县事业单位的公务用车进行清理，主要核查每辆车的牌号等信息，应查单位 592 个，已查 592 个，查出全县事业单位共有车 155 辆，是年全县党政机关、事业单位共有各类车辆 442 辆。

2014 年制订罗甸县《规范公务用车管理实施方案》，将公务用车交到机关事务局进行统一管理，收缴公务用车 34 辆，拍卖 12 辆，报废 18 辆。

2015 年保留公务用车 282 辆，其中：实物保障有车 2 辆、机要通信就急用车 153 辆，调研接待车 15 辆、一般执法执勤用车 52 辆，特种专业技术用车 59 辆，老干用车 1 辆。

第八节　财政民生工程

农业综合开发工程　罗甸县农业综合开发办公室于 1993 年成立，1993—2001 年在罗甸县扶贫开发办公室办公；机构改革后，2002—2010 年在罗甸县农业办公室办公，2011 年机构改革至今为罗甸县财政局农业综合开发股。

1993—2010年罗甸县农业综合开发累计投入农业综合开发土地治理中低产田改造项目资金9230万元，其中：财政资金7122万元，自筹资金2108万元（含群众投劳折资）。

2011年农业综合开发土地治理项目经黔南财农发〔2011〕10号文件批复下达总投资478.6万元，其中：财政资金446.6万元（中央财政资金319万元，省级配套114.84万元，州级12.76万元），群众自筹32万元（投劳折资）。建设改造中低产田0.4万亩，完成的主要建设内容为：罗路防洪渠1337米，罗路灌排渠1150米，罗路引水渠2832米，者任灌排渠485米，交通桥2座，人行桥11座，便民梯步10座，渡槽1座，排洪支渠10条396米；技术培训500人（次），蔬菜示范推广种植500亩，购置安装杀虫灯8盏，完成投资478.6万元。

2012年农业综合开发土地治理项目经黔南财农发〔2012〕1号文件批复下达总投资491万元，其中：财政资金458万元（中央财政资金327万元，省级配套118万元，州级13万元），群众自筹33万元（投劳折资）。建设改造中低产田0.42万亩，完成修复拦水堰1座，灌溉渠道13.33千米，机耕道3条7.17千米，技术培训789人（次），蔬菜示范推广种植500亩，购置安装杀虫灯16盏，完成投资491万元。

2013年度农业综合开发土地治理项目计划总投资390万元，其中：财政资金364万元（中央260万元，省94万元，州10万元），群众投工投劳折资26万元。改造中低产田土0.3万亩，完成修建拦水堰2座，灌溉渠道6条3.85千米，排洪渠2条1.8千米，便民梯步12座，机耕道0.667千米，机耕桥4座，完成投资390.0万元。

2014年度农业综合开发土地治理项目总投资450万元，其中：财政资金420万元（中央300万元，省108万元，州12万元），群众投工投劳折资30万元。项目实施地点：逢亭镇床井村和纳上村。开发任务为：改造中低产田0.32万亩。完成修建拦水堰4座，灌溉渠道6条8.3913千米，田间渠10条5.242千米，倒虹管3座0.333千米，沉砂池及便民池17个，机耕道3条1.0116千米，下田墩位2座，太阳能杀虫灯8台套，完成投资450.0万元。

2015年度农业综合开发土地治理项目总投资420万元，其中：财政资金392万元（中央280万元，省101万元，州11万元），群众投工投劳折资28万元。开发任务为：改造中低产田土0.30万亩。维修山塘一座，新建引水渠4条3.547千米，新建排洪（灌）沟3条2.7081千米，田间机耕道1.582千米，沉砂池4口；技术培训506人次，示范推广种植旱玉米200亩，购置安装太阳能杀虫灯5台套，完成投资420万元。

“一事一议”项目工程 2006年调整县农业税征收管理局工作职能，更名为县财政基层管理局。由过去主抓农业税征收管理向抓农村综合改革、涉农补贴资金发放和监督管理职能转变。

2009年投入“一事一议”财政奖补资金814.5万元，道路硬化47条97.6公里。

2010年投入“一事一议”财政奖补资金1415.96万元，道路硬化80条135.62公里。建村级活动所1个，水渠1000米。

2011年投入“一事一议”财政奖补资金1402万元，道路硬化63条106.67公里。建村级活动所8个。修建水渠1600米，安装自来水管道3783米。投入“一事一议”奖补资金210万元，建边阳镇前进村示范村寨1个，道路硬化2条4.94公里，安装太阳能路灯83盏，建垃圾池1个，建寨门1个，建排污沟650米，公厕2个。

2012年投入“一事一议”财政奖补资金1424万元，道路硬化62条86.54公里，安装垃圾箱（桶）200个，建设村级活动所2个，花池200个。投入“一事一议”奖补资金588万元，建设董当乡大井村、板庚乡板庚村、罗沙乡油海村、罗沙乡者任村4个示范村寨，修路6条10.98公里，安装太阳能路灯420盏，安装垃圾桶50个，建设村级活动场所2个，公厕4个，建设排污沟3000米，维修吊桥1座。

2013年投入“一事一议”财政奖补资金1420万元，道路硬化47条62.5公里，建设村级活动场所3个，建设排污沟9.66公里。

2014年投入“一事一议”财政奖补资金1489.42万元，道路硬化49条58.48公里；安装垃圾箱（桶）

169个，安装太阳能路灯458盏，建设村级活动所5个，寨门1个。投入“一事一议”奖补资金209.10万元，建设逢亭镇祥脚村示范村寨一个，修路1条5.46公里，安装太阳能路灯120盏，建设垃圾池1个，安装垃圾桶100个，建设寨门1个。

2015年投入“一事一议”财政奖补资金1489.84万元，道路硬化45条63.31公里。安装垃圾箱（桶）358个，安装太阳能路灯516盏，建设村级活动所3个。庭院硬化228户，建设村级公厕2个。投入“一事一议”奖补资金362.84万元，建设沫阳镇大井村、木引镇从里村2个示范村寨，道路硬化4条3.17公里，安装太阳能路灯90盏，安装垃圾集装箱2个，公厕1个，便桥2座。村级活动场所1个，休闲亭5个，寨门1个。投入“一事一议”财政奖补资金280万元，建设“十县百乡千村”示范村寨2个。

第十一章　税　务

第一节　机　构

国税　1991年罗甸县税务局下设龙坪、城关、沫阳、八茂、边阳、逢亭、罗悃税务所等7个派出机构，内设秘书股、人事股、征收股、税政股、监察室、计会股、票管所、征管股、稽查队等9个内设机构，在职税务干部68人。

1994年，罗甸实行分税制改革，原罗甸县税务局分设为县国家税务局和县地方税务局。县国家税务局内设办公室、人事股、征收股、税政股、监察室、票管所、稽查队。下设龙坪、城关、沫阳、八茂、边阳、逢亭、罗悃7个税务所。在高兰、罗暮、羊里、木引、董架等偏远集贸市场设国税征收组。在职税务干部58人。

1995年3月，撤销城关税务所，征收股改为罗甸县国家税务局直属一分局，龙坪税务所改为罗甸县国家税务局直属二分局，边阳税务所改为罗甸县国家税务局直属三分局。是年7月机构改革，按照省、州国税部门撤所建分局的要求，撤销沫阳、八茂、逢亭、罗悃4个税务所，票管所并入征管股，稽查队改为稽查分局，直属一、二分局合并称龙坪征收管理分局，直属三分局改为边阳征收管理分局。税务所撤销后，原辖区内的税收征收管理工作划归龙坪分局和边阳分局征收管理。

1998年，县国税局由解放中路迁至龙坪镇斛兴路45号国税大楼办公。

2005年1月，县国税局内设机构调整为：办公室、监察室、人事教育股、计划征收股、征收管理股、综合业务股、税源管理股；事业单位有：信息中心；直属单位有：稽查局；派出单位有：龙坪、边阳两个征收管理分局。

2009年10月，根据州国税局机构改革要求，县国税局改为七个内设机构（正股级），股改为科，一个直属机构（副科级）：两个派出机构（副科级），一个事业单位。

2014年，县国税局职工56人，其中：局长1人，副局长3人，纪检组长1人。内设机构重组为九个职能科室，即：办公室、监察室、人事教育科、信息中心、征收管理科、收入核算科、税源管理科、办税服务厅、财务科；一个直属机构：稽查局；两个派出机构：龙坪分局和边阳分局。

2015年，全局干部职工54人，内设机构设九个职能科室，即：办公室、监察室、人事教育科、信息中心、征收管理科、收入核算科、税源管理科、办税服务厅、财务科。1个直属机构：稽查局。2个派出机构：龙坪、边阳税务分局。

地税　1994年9月分设国家和地方税务征收机构，县地方税务局成立，内设办公室、征管股、税政股、计财股、人事股、税务稽查大队，派出机构设龙坪、边阳、罗悃、茂井、沫阳、逢亭等6个税务所。2012年，县地方税务局内设机构调整为：办公室、税政法规股、计划财务股、征管和科技发展股、人事股，机关行政编制15人，其中：局长1人，副局长1人，股长、办公室主任等5人；纪检监察机构分纪检组和监察室，行政编制2人，其中：纪检组长1人，监察室主任1人；派出机构3个，分别为罗甸县地方税务局一、二、三分局，行政编制13人，其中：分局长3人，分局副局长1人；电子税务中心为正股级事业机构，编制3人。2014年地税局干部职工36人，其中：正科级干部（含主任科员）4人，副科级干部（含副主任科员）7人，科员22人，办事员1人，高级工1人，普工1人。

第二节 税制改革

国税 1993年12月，县税务局按照国务院和省、州税务部门关于新一轮税收制度改革要求，为统一税法、公平税负、保障财政收入，对税制体系进行改革。流转税由原产品税、增值税、营业税改为增值税、消费税和营业税。在工业生产领域和批发零售商业领域征收增值税，对少量消费品征收消费税，对不实行增值税的劳务和销售不动产征收营业税。新的流转税亦适用外资企业，同时，取消工商统一税。原来征收产品税的农、林、牧、水产品，改为征收农业特产税、屠宰税。增值税是流转税改革的核心，初步实现单一税制向复合税制的转变，基本税率为17%，低税率为13%。统一内外资企业所得税，实行33%的比例税率。个人所得税的改革，把原来征收的个人所得税、个人收入调节税和城乡个体工商户所得税统一起来，建立统一的个人所得税，将“月工资、薪金所得”扣除额定为800元，实行超额累进税率和比例税率。同时，改革资源税，扩大征税范围，适当调整税负。开征土地增值税、证券交易税和遗产税、改革城市建设维护税、扩大土地使用税征收范围。取消市场交易税、牲畜交易税、筵席税、燃油特别税、奖金税和工资调节税。将特别消费税并入消费税，盐税并入资源税。取消对外资企业、外籍人员征收的城市房地产税和车船使用牌照税，统一实行房产税和车船使用税；将屠宰税下放给地方，改革后工商税制中的税种为18个。

1994年1月1日起，在工业、商业等领域全面进行税制改革，推行新的增值税。将纳税人划分为一般纳税人和小规模纳税人。对一般纳税人按17%和13%的税率征税，并按规定抵扣进项税额；对小规模纳税人按征收率6%征税。同年，根据国务院消费税暂行条例和财政部实施细则开征消费税，征收范围有烟、酒及酒精、化妆品、护肤护发品、贵重首饰及珠宝玉石、鞭炮焰火、汽油、柴油、汽车轮胎、摩托车、小汽车等11种。实行从价定率或从量定额的办法计算应纳税额，最高比例税率为45%，最低为3%；定额税率为：黄酒240元/吨、啤酒220元/吨、汽油0.2元/升、柴油0.1元/升。纳税人生产的应税消费品，于销售时纳税。

1997年1月1日起，对建筑安装企业制销铝合金门窗征收增值税。1999年1月，为减少机动车辆排气污染，对含铅汽油和无铅汽油消费税的征收率分别调整为0.28元/升和0.20元/升。同年11月起，开征个人储蓄存款利息所得税，税率为20%。2001年1月1日起征收车辆购置税，范围是：汽车、摩托车、电车、挂车、农用运输车等，实行从价定率办法计算应纳税额，税率为10%。2000年1月—2001年6月，对低污染排放小汽车减征30%的消费税。2004年起，调高卷烟、白酒计税价格。2005年1月1日起，原由运管部门征收的车船购置税划归国税部门征收。2008年，对中石油、中石化两公司在罗甸的加油站增值税预征率调整为1.25%，比原先减少0.05个百分点。次年，统一核定为1.1%。2008年8月15日起，将储蓄存款利息所得个人所得税的适用税率调减为5%。2009年，将供电部门电力产品增值税的预征率统一调整为2%。是年1月20日–12月31日购置1.6升及以下排量乘用车，按财政部、国家税务总局规定按5%税率征收车辆购置税。

2010年10月1日起，征收价格调节基金，缴纳标准为：销售收入或营业收入的1‰；月销售收入或营业收入少于5000元的按5元缴纳。2011年10月1日起，缴纳增值税、消费税的纳税人在国税局申报缴纳增值税、消费税时一并缴纳附征的3%的教育费附加和2%的地方教育附加。

2013年，国家进行重大税制改革，将原由地税部门征收的营业税改为增值税（简称“营改增”下同），由国税部门统一组织征收。交通运输业税率为11%，有形动产租赁为17%，其他现代服务业6%，国际运输、向境外单位提供研发和设计服务为零。“营改增”后小规模纳税人的征收率为3%。

经过多次税制改革，县国税部门组织征收的税种有：增值税、消费税、企业所得税、个人储蓄存款利息所得税和车辆购置税。主要税源为：电力行业、制药行业、冶炼行业和房地产行业。2013年度，有纳税人2213户，其中：一般纳税人66户，小规模（企业）纳税人87户，个体工商户2060户。

2014年完成交通运输业、服务业、邮政、电信营业税改增值税工作，纳入“营改增”72户，累计申报缴纳增值税214.52万元。有纳税人3385户，其中：一般纳税人151户，小规模纳税人3234户。

2015年县国税局共办理“营改增”试点纳税人税务登记113户，其中：一般纳税人3户，小规模纳税人110户，入库增值税993.75万元（注：2013年度入库33.69万元、2014年度入库316.06万元），涉及16个征收品目。

地税 1994年9月，机构分设前，在全国税收管理体制上，税收立法权全部集中在中央。行业性减免税范围较大的某种产品减免税集中在中央，地方有一定减免税审批权限；税收管理权限集中在中央和省两级。按照事权和财权相结合的原则，将各税种统一划分为中央税、地方税和中央、地方共享税。中央与地方共享收入包括增值税和证件交易税，增值税中央分享75%，地方分享25%，证件交易税中央与地方各分享50%。

根据1999年12月，财政部、国家税务总局、国家发改委《关于暂停征收固定资产投资方向调节税的通知》，2000年1月1日起新发生的投资额，暂停征收固定资产投资方向调节税。2004年2月12日贵州省人民政府令第74号公布，废止《贵州省屠宰税征收办法》，罗甸屠宰税停征。2008年12月31日前，罗甸县耕地占用税由财政部门征收。2009年1月1日起，按照《贵州省人民政府关于调整全省耕地占用税征管工作职能的通知》，将原由县财政系统征收的耕地占用税征收职能划转由县地方税务局征收，2009—2014年征收入库耕地占用税6823万元。

2013年8月1日起，交通运输业、部分现代服务业开始“营改增”试点，县地税局向县国税局移交41户纳税人；2014年1月1日起，铁路运输和邮政服务业纳入“营改增”试点，向国税移交4户纳税人；2014年6月1日起，电信业纳入“营改增”试点。每年减少地税收入近300万元。2015年8月1日起根据国家税务总局营改增试点要求，把交通运输业、邮政业和部分现代服务业移交给县国家税务局管理。

第三节 税种 税源征收

一、国税

税种与税源 1991年，县税务部门征收的工商业各税有6个类型、32个税种。流转税类有：产品税、增值税和营业税；资源税类有：资源税、城镇土地使用税和盐税；所得税类有：国营企业所得税、集体企业所得税、私营企业所得税、城乡个体工商户所得税、个人收入调节税；特定税类有：国营企业奖金税、事业单位奖金税、烧油特别税、筵席税、城市维护建设税和特别消费税；财产和行为税类有：房产税、车船使用税、印花税、屠宰税、市场交易税和牲畜交易税；涉外税类有：外商投资企业与外国企业所得税、个人所得税、工商统一税、城市房地产税和车船使用牌照税。

2013年全县纳税人2396户，其中：一般纳税人249户，个体工商户2147户，达到起征点156户，未达到起征点1991户。全县国税主要税源分布在制药行业和电力行业，两个行业纳税占国税收入的60%—80%，另外冶炼行业、油桐加工行业、建材行业、商业批发零售和其他加工业也是国税收入的重要来源。2015年全县国税主要税源分布在制药行业、电力行业、冶炼行业、建材行业、商业批发零售业、其他加工业。

税款征收 1991—1993年，县税务局分别入库工商税收468.9万元、581.1万元和760.8万元，同比增长分别为18.77%、23.93%和30.92%，为县域经济社会发展提供坚实的资金保障。

1994—2013年，县国税局20年组织征收税款149400万元。其中：1998—2007年税款及时足额入库，创连续10年“零欠税”，2007年突破5000万元，2008年跃上1亿元新台阶，2009年迈过两亿元大关。2014年完成各项税收2.17亿元。2015年，完成各项税收2.91亿元。

1991—2015年国税税款征收统计表

表12-19 单位：万元

年度	“增消”两税	企业所得税	个人所得税	车辆购置税	合计
1991	–	–	–	–	468.9
1992	–	–	–	–	581.1
1993	–	–	–	–	760.8
1994	–	–	–	–	774.9
1995	–	–	–	–	708
1996	–	–	–	–	906
1997	–	–	–	–	1189.9
1998	–	–	–	–	1550
1999	–	–	–	–	2108
2000	–	–	–	–	2311.3
2001	–	–	–	–	2445.4
2002	–	–	–	–	2681.5
2003	2745	51	40	–	2836
2004	3342.39	98.61	49.31	–	3490.31
2005	3750.7	27	59	54.89	3891.59
2006	4009.66	4.15	83.97	100.29	4198.07
2007	5067.36	14.97	117.91	80.81	5281.05
2008	16187.68	119.89	64.81	65.14	16437.52
2009	19528.63	1461.34	24.11	78.56	21092.64
2010	18754	752.73	9.48	141.41	19657.62
2011	16246.52	2709.51	3.39	263.94	19223.36
2012	17428.48	641.47	1.96	539.57	18611.48
2013	16246.52	1583.44	0.44	885.39	18715.79
2014	19369.47	965.95	0.05	1320.87	21656.34
2015	18513	8752	0	1790	29055
总计	161189.41	17182.06	454.43	5320.87	200632.57

说明：1991年至2002年只有总数16485.8万元，故分栏数加1991年至2002年数才等于累计数

二、地税

税种与税源 1994年9月国、地税机构分设后，县地方税务局负责辖区内12个税种的征收管理，即：营业税、企业所得税、个人所得税、土地增值税、城市维护建设税、车船使用税、房产税、屠宰税、资源税、城镇土地使用税、固定资产投资方向调节税（2001年1月1日停征）、印花税。此外，对流转环节增值税、消费税和营业税附征的教育费附加，也由县地方税务局负责征收。

2011年，县地方税务局负责征收辖区内的营业税、企业所得税、个人所得税、资源税、城镇土地使用税、城市维护建设税、印花税、土地增值税、房产税、车船税、烟叶税、契税、耕地占用税和教育费附加（含地方教育费附加）、文化事业建设费、煤炭价格调节基金、残疾人就业保障金、工会经费等政府性基金

的征收管理工作，负责普通发票和其他税收票证的管理工作。

2015 年全县纳税单位：企业及非企业单位 1451 个、个体纳税户 4069 户。

税款征收　县地方税务局征收的营业税来自劳务、转让无形资产或销售不动产的单位和个人，包括：交通运输业、建筑业、金融保险业、邮政通信业、文化体育业、娱乐业、服务业、转让无形资产、销售不动产。1993 年营业税起征点的幅度为月营业额 200—800 元，1994 年营业税完成 64 万元，1996—2000 年征收营业税 1632 万元，2001—2005 年征收营业税 3276 万元，2006—2008 年征收营业税 5777 万元。2009 年营业税起征点幅度调整为 1000—5000 元，当年征收营业税 1730 万元。2011 年调整为月营业额 5000—20000 元，当年征收营业税 3477 万元，2012—2014 年增收营业税 2.86 亿元。现行收入次级为：金融保险业营业税入库级次为中央金融保险营业税 100%，省内重点交通设施建设项目营业税为省级 100%，其他营业税为省州各占 20%，县级 60%，从 2013 年开始，随着“营改增”改革的推进，营业税征收范围逐步调整，当年征收营业税 8552 万元。2015 征收营业税 1.59 亿元。

企业所得税　1994 年开始征收企业所得税，罗甸地方税重点税源企业有：贵州信邦制药股份有限公司、罗甸县供电局、蒙江流域开发有限公司罗甸分公司。重点行业有：制药业、电力的生产企业与供应企业。股份制企业是企业所得税的主要来源。企业所得税收入中央占 60%，省州各占 8%，县级占 24%。1994 年征收企业所得税 27 万元，1995—1999 年征收企业所得税 1173 万元，2000—2004 年征收企业所得税 2845 万元，2005—2009 年征收所得税 3839 万元，2010—2014 年征收企业所得税 1.04 亿元，2015 年征收企业所得税 5787 万元。

个人所得税　县境内应缴纳个人所得税有：工资薪金所得、个体工商户的生产经营所得、企事业单位的承包经营、承租经营所得、劳务报酬所得、稿酬所得、特许权使用费所得、利息、股息、红利所得、财产租赁所得、财产转让所得、偶然所得、经国务院财政部门确定征税的其他所得。罗甸个人所得税主要来源于工资薪金所得和个体工商户的生产经营所得。个人所得税收入中央占 60%，省、州各占 8%，县级占 24%。1980 年个人所得税起征点为 800 元，1994 年全县个人所得税完成 2 万元，1995—1999 年征收个人所得税 628 万元，2000—2004 年征收个人所得税 1000 万元。2005 年个人所得税起征点调整为 1600 元，当年征收个人所得税 334 万元。2007 年个人所得税起征点调整为 2000 元，当年征收个人所得税 644 万元。2011 年个人所得税起征点调整为 3500 元。当年征收个人所得税 1756 万元。2014 年征收个人所得税 1658 万元。2015 年征收个人所得税 2118 万元。

资源税　罗甸县境内资源税主要来源于铁矿、石灰石、玉石、大理石、石英石等自然资源。纳税单位主要有罗甸森垚水泥有限公司、边阳镇砂石厂、边阳镇应国采石场、龙坪镇沙井村姊妹井石灰厂等。资源税收入省州各占 20%，县级占 60%。罗甸县 1995 年开始征收资源税，当年征收资源税 1 万元。1996—2000 年征收资源税 43 万元，2001—2005 年征收资源税 76 万元，2006—2010 年征收资源税 142 万元，2011—2014 年征收资源税 332 万元。2015 年征收资源税 165 万元。

城镇土地使用税　罗甸县城镇土地使用税从 1988 年 11 月 1 日起征收。县城镇土地使用税税额标准为 3 元 / 平方米。1994 年 9 月国、地税机构分设后，城镇土地使用税由地方税务机关征收。罗甸县城镇土地使用税征税范围和税额标准：一级土地为：解放中路西段（文化路口—斛兴路口）、解放西路（斛兴路口—林工商公司）、斛兴路、河滨南路、河滨北路、兴华路、人民街，税额标准为：8 元 / 平方米。二级土地为：解放中路东段（文化路口—建设局）、解放西路（中医院—联城桥）、商业街、罗斛西路上段（大圆盘—老加油站）、农贸市场、城中市场、城西市场，税额标准为：6 元 / 平方米。三级土地为：解放东路（建设局—纸厂）、信邦路、迎宾路、罗斛西路下段（老加油站—新寨路口）、大关路、东环路、莲花路、和平路、民主路、生产路、民族路、联城路、香洲路、烟山路等及其他巷道，税额标准为：4 元 / 平方米。四级土地为：建制镇、观光农业、休闲山庄、度假村等，税额标准为：4 元 / 平方米。

纳税单位主要有贵州省罗甸县汇通房地产开发实业有限公司、贵州盛世永龙置业有限公司、贵州信邦制药股份有限公司、罗甸县供电局等。按照税种分享体制规定，城镇土地使用税收入省州各占20%，县级占60%。1994年征收城镇土地使用税1万元，1995—1999年征收城镇土地使用税80万元，2000—2004年征收城镇土地使用税122万元，2005—2009年征收城镇土地使用税330万元，2010—2014年征收城镇土地使用税774万元，2015年征收城镇土地使用税560万元。

房产税 1986年10月1日起开征，1994年9月国、地税机构分设后，罗甸县房产税由罗甸地方税务机关征收。房产税的税率，依照房产余值计算缴纳，税率为1.2%；依照房产租金收入计算缴纳的，税率为12%。

纳税企业主要有贵州省信邦制药股份有限公司、罗甸县供电局、贵州盐业集团罗甸有限责任公司、贵阳汽车客运有限公司罗甸客运站、贵州蒙江流域开发有限责任公司罗甸分公司等。房产税收入县级占100%。1994年征收房产税3万元，1995—1999年征收房产税157万元，2000—2004年征收房产税398万元，2005—2009年征收房产税519万元，2010—2014年征收房产税917万元，2015年征收房产税319万元。

城市维护建设税 为加强城市的维护建设，扩大和稳定城市维护建设资金来源而征收的一个税种。城市维护建设税按照纳税人所在地区实行差别税率：在县城、镇的税率为5%，不在县城或镇的税率为1%。城市维护建设税1985年1月1日起开征，1994年机构分设后由地方税务机关征收。

纳税企业主要有：龙滩水电开发有限公司、贵州信邦制药股份有限公司、罗甸烟草公司、贵州蒙江流域开发有限公司罗甸分公司、罗甸县供电局等。城市维护建设税收入省占20%，县级占80%。1994年征收城市维护建设税1万元，1995—1999年征收城市维护建设税416万元，2000—2004年征收城市维护建设税701万元，2005—2009年征收城市维护建设税2693万元，2010—2014年征收城市维护建设税5994万元，2015年征收城市维护建设税2222万元。

固定资产投资方向调节税 1991年4月开征固定资产投资方向调节税。1994年9月，国、地税机构分设后由地方税务机关征收，当年征收固定资产调节税4万元，1995—2000年征收固定资产调节税295万元。2001年1月1日起，暂停征收固定资产投资方向调节税。

土地增值税 1994年1月1日起开征。由于房地产开发与转让周期较长，造成土地增值税征管难度大，一些地区对土地增值税征收管理产生畏难情绪，还有一些地区误传土地增值税要停征，而放松征管工作，造成应收税款流失。2006年起，县地方税务局土地增值税征管措施逐步完善，征收税款逐年增加，土地增值税收入县级占100%。2006—2010年征收土地增值税475万元，2011—2014年征收土地增值税3338万元，2015年征收土地增值税712万元。

印花税 1988年10月1日起开征。纳税单位主要有：贵州信邦制药有限责任公司、县资本营运有限责任公司、福建省第一公路工程公司、中交第二公路工程有限公司等。按照税种分享体制规定，印花税收入县级占100%。1995—1999年征收印花税23万元，2000—2004年征收印花税28万元，2005—2009年征收印花税122万元，2010—2014年征收印花税687万元，2015年征收印花税282万元。

车船税 2007年前称车船使用税，是对在中国境内车辆、船舶（以下简称车船）的所有人或者管理人征收的税种。1986年9月15日，国务院发布《中华人民共和国车船使用税暂行条例》，同年，贵州省人民政府制定实施细则，并开征车船使用税。1994年机构分设后，车船使用税由地方税务局征收。纳税企业主要有中国人民财产保险股份有限公司罗甸支公司、中国太平洋财产保险有限公司罗甸支公司、中国平安财产保险有限公司罗甸支公司、中国人寿保险有限公司罗甸支公司等。2011年2月25日第十一届全国人民代表大会常务委员会第十九次会议通过《中华人民共和国车船税法》，2012年1月1日起，车船使用税改为车船税，车船税收入县级占100%。1995—1999年征收车船税21万元，2000—2004年征收车船税22万元，2005—2009年征收车船税157万元，2010—2014年征收车船税668万元，2015年征收车船税298万元。

耕地占用税 2008年12月31日前，罗甸县耕地占用税由财政部门征收。2009年1月1日耕地占用税征收职能划转由地方税务机构征收。根据《贵州省人民政府关于耕地占用税征收管理有关问题的通知》，罗甸县耕地占用税税额标准为18元/平方米。

纳税单位主要有：县资本营运有限公司、龙坪镇人民政府、边阳镇人民政府、贵州高速矿业发展有限责任公司、贵州罗甸盛世置业有限责任公司等。耕地占用税收入省级占20%，县级占80%。2009年征收耕地占用税64万元，2010—2014年征收耕地占用税6759万元，2015年征收耕地占用税3558万元。

契税　2008年12月31日前，罗甸县契税由财政部门征收。2009年1月1日起，按照《贵州省人民政府关于调整我省耕地占用税契税征管工作职能的通知》，将原由财政系统征收的耕地占用税征收职能划转地方税务局，契税由县地税局征收，税率标准为3%。

纳税企业主要有：贵州罗甸盛世置业有限责任公司、罗甸安邦华城、贵州新恒基房地产开发有限公司罗甸分公司、罗甸县土地收购储备交易中心、贵州罗甸汇通房地产开发有限责任公司等。契税收入省级占20%，县级占80%。2009年征收契税62万元，2010—2014年征收契税3251万元，2015年征收契税2308万元。

1994年县地税税款完成102万元，2014年完成2.85亿元，20年间征收税款增加279倍。2015年完成3.42亿元税款征收任务。

1994—2015年地税税款征收情况统计表

表12-20　　　　单位：万元

年度	完成总数	各种税款完成情况												
		固定资产投向调节税	营业税	企业所得税	个人所得税	资源税	城镇土地使用税	房产税	城市维护建设税	土地增值税	印花税	车船税	耕地占用税	契税
1994	102	4	64	27	2	–	1	3	1	–	–	–	–	–
1995	377	8	171	142	23	1	7	14	7	–	1	3	–	–
1996	640	41	178	224	70	7	20	24	67	–	5	4	–	–
1997	841	74	282	114	179	6	21	31	125	–	4	5	–	–
1998	1063	136	392	139	189	7	15	44	125	–	9	7	–	–
1999	1289	35	366	554	167	8	17	44	92	–	4	2	–	–
2000	1416	1	414	597	186	15	20	52	126	–	3	2	–	–
2001	1627	–	450	829	141	7	10	65	113	–	6	6	–	–
2002	1478	–	503	412	257	15	38	107	135	–	7	4	–	–
2003	1477	–	420	568	166	22	34	110	150	–	2	5	–	–
2004	1929	–	949	439	250	15	20	64	177	–	10	5	–	–
2005	2579	–	954	889	334	17	38	90	242	–	11	4	–	–
2006	3134	–	1943	429	386	24	32	76	220	2	16	6	–	–
2007	4205	–	1757	998	644	28	45	90	323	279	26	15	–	–
2008	4423	–	2077	437	574	34	130	141	922	15	33	60	–	–
2009	5323	–	1730	1086	996	24	85	122	986	60	36	72	64	62
2010	7283	–	3076	1146	1286	32	93	133	1050	119	86	80	49	133
2011	9947	–	3477	1626	1756	31	128	174	898	341	69	98	948	401
2012	12272	–	4712	1865	2825	37	119	181	1017	322	77	127	651	339
2013	19051		8552	2606	1077	52	193	177	1198	440	185	156	3659	756
2014	28515	–	15377	3158	1658	212	241	252	1831	2235	270	207	1452	1622
2015	34220	–	15891	5787	2118	165	560	319	2222	712	282	298	3558	2308

政府性基金及非税收入　政府性基金及非税收入包括教育费附加、文化事业建设费、残疾人就业保障金和工会经费。

教育费附加　自1986年7月1日起施行，1993年12月31日前随产品税、消费税、营业税一起征收，教育费附加率为2%。1994年1月1日起按照《国务院关于教育附加费征收问题的紧急通知》，教育费附加以各单位和个人实际缴纳的增值税、营业税、消费税的税额为计征依据，附加率为3%，分别与增值税、营业税、消费税同时缴纳。1994年机构分设后由国家税务局和地方税务局按各自征管范围内所属税种分别附征。1994年罗甸地税局征收教育费附加1万元，1995—1999年征收教育费附加123万元，2000—2004年征收教育费附加412万元，2005—2009年征收教育费附加1651万元，2010—2014年征收教育费附加1946万元，2015年征收教育费附加491万元。

地方教育费附加　1996年5月16日，贵州省人民政府令第20号发布《贵州省教育经费筹措管理办法》，明确从1996年7月1日起，在全省范围内征收教育费附加，按增值税、消费税和营业税税额的1%计算一并缴纳。1996年征收地方教育费附加8万元。先后经2004年、2008年和2011年三次修订后，2011年4月24日，贵州省人民政府令第125号公布施行。是年征收地方教育费附加147万元。现行《贵州省教育经费筹措管理办法》为2011年修订本，按增值税、消费税和营业税税额2%计算一并缴纳。2015年征收地方教育费附加322万元。

文化事业建设费　1997年7月7日起对娱乐业、广告业征收文化事业建设费，以娱乐业、广告业的营业额为计算依据，按3%缴费率计算，与娱乐业、广告业营业税一并由地方税务机关征收。2013年8月1日起施行的《财政部、国家税务总局关于对部分营业纳税人免征文化事业建设费的通知》，对从事娱乐业的营业税纳税人中，月营业额不超过2万元的单位和个人，免征文化事业建设费。2015年征收文化事业建设费6万元。

残疾人就业保障金　1996年4月1日起实施的《贵州省分散按比例安排残疾人就业办法》规定：本省行政区域内的机关、团体、企业事业单位（含外商、港澳台商投资企业和私营企业）和其他经济组织，按不低于本单位在职职工人数1.5%的比例安排残疾人就业，并为其选择适当的工种和岗位。未达到该比例的，必须按照《办法》缴纳残疾人保障金。是年征收残疾人就业保障金7万元，2015年征收残疾人就业保障金45万元。

残疾人就业保障金最初由各级残疾人组织自行征收，2007年后，委托地方税务机关代收。

工会经费　2007年之前，工会经费一直由各级工会组织自行收缴，2007年1月1日起经州委州政府同意（黔南工总发〔2007〕14号），在黔南州范围内由地方税务机关代收工会经费。是年征收工会经费7万元，2015年征收工会经费34万元。

政府性基金及非税收入统计表

表12-21　　单位：万元

年　度	完成总数	政府性基金及非税收入完成情况					附注
		教育费附加	地方教育费附加	文件事业建设费	残疾人就业保障金	工会经费	
1994	1	1	–	–	–	–	–
1995	3	3	–	–	–	–	–
1996	13	5	8	–	–	–	–
1997	41	30	11	–	–	–	–
1998	51	39	12	–	–	–	–
1999	62	46	16	–	–	–	–
2000	84	66	18	–	–	–	–
2001	92	70	22	–	–	–	–
2002	47	80	39	–	–	–	–
2003	137	89	48	–	–	–	–

续表

年　度	完成总数	政府性基金及非税收入完成情况					附注
		教育费附加	地方教育费附加	文件事业建设费	残疾人就业保障金	工会经费	
2004	161	107	54	–	–	–	–
2005	204	149	55	–	–	–	–
2006	208	150	58	–	–	–	–
2007	284	205	61	4	7	7	–
2008	662	555	77	2	14	14	–
2009	748	592	95	7	27	27	–
2010	820	629	127	8	28	28	–
2011	667	452	147	10	29	29	–
2012	313	142	96	17	29	29	–
2013	479	256	172	17	17	17	–
2014	853	467	312	10	42	22	–
2015	898	491	322	6	45	34	–

注：文化事业建设费2007年以前由县文化局征收

第四节　税务管理

一、税务管理

国税　1991年县税务局抽调秘书股、征管股、税政股等部门5人成立税法宣传工作组，利用赶集天，组织税法宣传车到各个乡（镇）集市，开展税法咨询服务、发放宣传资料等。1992年第一个税收宣传月起，县税务局把税法宣传列入税收工作的重要议事日程，作为主要工作来抓。

1994年，县国税局成立后，每年4月均与县财政局、县地税局联合举办“税收宣传月”活动，深入乡镇集贸市场、宣传税法，接待群众咨询，在县电视台播放税收征管法，在宣传栏张贴税法实施细则。

2004年，开展以“依法诚信纳税，共建小康社会”为主题的第13个税法宣传月活动，在县电视台开辟“财税广角”专栏。2006年，组织实施“税法宣传一条街”“布依山歌唱税法”两个宣传项目，让税法知识普及千家万户。2011年，集中精力开展第20个税法宣传月活动，运用办宣传栏、文化墙、税法宣传一条街，向纳税人赠送税法书籍等多种形式，使税法更加深入人心。2012年，开展涉农税收宣传，将涉农税收优惠政策汇编成通俗易懂的资料在集市上发给群众，税务人员现场具体讲解，帮助群众了解、运用税收法律。

2013年开展“微话税收”宣传，进园区发放税收宣传资料，组织50名个体纳税人和50名企业老总先后召开两次税企座谈会，开展互动式税收宣传。2014年在县城各社区建税收宣传服务站，为县四家班子领导和各乡镇负责人讲授税收知识一次，为纳税人开展4次税收知识专题讨论，为职校学生开展税收知识讲座1次，制作税收宣传展板4块。

2015年利用税企QQ群、办税厅公告栏等平台进行宣传；利用下户辅导、发放资料的方式送政策、送服务；充分发挥税收宣传月功效，采取搭台设点、局领导带队入企等形式宣传税收政策。

国税办公设施建设　1991年县税务局实施“征、管、查”三分离和征管、稽查两分离征管模式改革，将监督制约机制引入税收征管，改变税务人员集“征收、管理、检查”于一身和“一人进户各税统管”的种种弊端。1996年县国税局购进第一台计算机，作为税务登记办理和公文处理。1998年8月，各股室配备计算机。1999年使用税收计会软件，开始脱离原始的手工记账。2000年县国税局采用光缆将分局和机关局域网连接，实行征管软件、公文处理软件直接运行及信息共享，实现数据网上传递。2001年县局网络与州局网络实行联网，办公自动化系统开通，实现公文网上传输。2002年城市综合版征管软件顺利运行，整个税务工作纳入网络管理。2003年完成认证、报税、协查子系统软件的升级和辅导工作。发票存根联的采集、抵扣认证、协查回复，网络畅通率达100%。增值税一般纳税人防伪税控系统推广工作达到省州国税部门要求。2004年对所有业户的征管数据进行全面采集，清理防伪税控各类数据、货物运输发票数据、出口退税数据，使其录入真实、准确、合法。2005年1月1日税收征管网络与全国联网。2006年推广使用“通用数据采集软件”，全县47户一般纳税人有45户纳入该软件，推广使用率达96%。2015年4月，按州国税局的统一部署和要求，统筹协调，全力推进“金三期”运行工作落实，确保金税三期应用系统9月平稳顺利上线。

2003年，县国税局制定纳税首问责任制度、延时服务制度、预约服务制度、纳税导向服务制度、个体定额公示制度、服务承诺制度、纳税辅导制度、纳税人例会制度、纳税提醒制度、税务公开制度、“一站式”服务制度、征收期分局长值班制度等。

2004年10月，投入10多万元资金装修办税服务大厅，完善服务设施，为纳税人提供宽敞、明亮、优雅舒适的办税服务环境。2006年9月，在罗甸召开全州国税系统纳税服务现场会，县国税局进行典型经验介绍。2007年，办税服务厅被黔南州文明委评为“文明窗口”单位。

2011年，县国税局和县地税局在全县范围内推行联合办税工作，10月8日将县国税局办税服务厅搬迁到县行政服务中心办公，实现“进一个厅，办两家事”，有效解决纳税人在国、地税间办税两头跑问题，得到纳税人好评。2012年推行办税服务厅标准化建设，强化纳税咨询服务体系，规范办税服务厅功能区域、指引标识、服务设施、窗口设置，推行综合服务。2013年试点运用州国税局研发的《纳税服务实体工作平台》软件，使纳税服务工作实现标准化、科学化。抓好免填表单服务工作，解决纳税人在办理涉税业务中“填表难、填表繁”的问题。2014年深入推进“便民春风行动”，走访纳税人105户次，现场为纳税人解决具体问题23个，带回意见建议3条，结合实际进行整改。对155个企业、261户个体户进行问卷调查，收回调查表411份，满意率为96.68%。2015年始终以“始于纳税人需求、基于纳税人满意、终于纳税人遵从”为服务目标，持续深入开展“便民办税春风行动”，着力为纳税人提供更为高效便捷的纳税服务。与地税联合对小规模纳税人开展增值税按季申报；与地税、工商、质监等部门成功推行“三证合一”营业执照，顺利实行“一照一码”，全年共办理“一照一码”证件164户。

发票管理　1991年县税务局成立票管所，为局内设机构，编制2人。1993年12月23日，国家财政部发布新的发票管理法和实施细则，把发票分为普通发票和增值税专用发票两大类，同时对发票的印制、领购、开具、取得、保管、缴销作严格的规定。

1995年县国税局把发票管理、审核、检查纳入经济责任制考核，以票控税，防止偷税漏税，保证财政收入的目的。1996年7月1日起，凡在全县使用电子计算机开具普通发票的单位，必须使用税务机关监制的普通机外发票。1997年1月1日起，更换使用具有统一防伪措施的新版普通发票。1999年1月1日起，启用全州统一式样的“机动车销售统一发票”，对具备条件的纳税人按规定统一使用由省国税局监制的电脑版机动车销售统一发票。2004年5月1日起，全县统一使用《剪贴式货物销售发票》，并在发票联左上角加盖类别条章。10月，旧机动车交易使用由国税部门监制的《贵州省旧机动车销售专用发票》。当年，对货物运输发票进行检查，查补税款23.56万元，加收滞纳金0.04万元；对医药行业发票进行检查，查补增值税0.8万元，罚款0.4万元；对建材行业发票进行检查，查发票1475份，未发现违规行为；对“一窗式”管理前纳入防伪税控系统的32户增值税一般纳税人缴纳情况检查，进项税款各项数据相符。2006年7月，将机动车销售统一发票纳入税控装置管理。至年底，发票用票户314户，对不使用发票的业户由征收单位代开。当年，全县征管处罚率、欠税增减率、滞纳金加收率、登记率达100%。2008年8月，在医药、超市、加油站等行业推广使用卷筒式发票。2009年，逐步扩大到18户小规模纳税人。是年全县普通发票用票户从上年的314户上升到599户。2010年12月对全县628户个体工商户使用的旧版发票进行收缴，收缴旧发票 11400 份。2011 年 1 月 1 日启用统一式样的新版普通发票。2012 年县国税局初步实行发票从领购、开具、缴销、查询循环式管理。2014 年千元版发票，小规模纳税人 737 户，一般纳税人 9 户。百元版发票小规模纳税人 597 户、卷筒式 2 户。农产品发票一般纳税人 6 户，机动车辆销售发票一般纳税人 10 户，小规模纳税人 54 户，普通发票 5 户，代开通用发票 435 户。代开货物运输增值税专用发票 1 户。对 37 户纳税人未按规定开具发票等违法行为罚款 2.93 万元。

1994 年实行分税制改革后，县国税局负责增值税专用发票管理。1996 年，根据国家税务总局关于增值税专用发票管理要求，纳入增值税防伪税控开票系统管理的纳税人，应按有关规定安装使用税控系统，并向税务机关申请领购“税控 IC 金税卡”，凭 IC 卡领购专用发票，必须通过该系统开具专用发票。1999 年 5 月 1 日，停止发售使用手写 10 万元版增值税专用发票。一般纳税人开具每笔销售额在 10 万元（含）以上的专用发票，须申请纳入增值税专用发票防伪税控系统，并一律通过防伪税控系统自行开具。2001 年 7 月 1 日，金税二期开通运行，增值税防伪税控系统、认证报税系统、稽查系统、协查系统正式投入使用。2006 年 12 月，完成一机多票系统的加载、升级、安装、调试，正式启用一机多票系统。2008 年 10 月 1 日起，县内开具红字增值税专用发票，必须通过红字增值税专用发票管理系统。2009 年，县国税局信息中心根据州国税局要求，为发票发售岗位在增值税专用发票稽核系统中赋予机动车销售统一发票的发售功能权限，并于 2 月 23 日起投入运行。2013 年 8 月 1 日起，对全县所有增值税一般纳税人停止开具手写版增值税专用发票。对企业所剩余的手写版增值税专用发票按规定进行缴销，对 123 份空白发票进行剪角销毁。同年 8 月，推行“一四六小”管理。即：增值税申报纳税“一窗式”，对海关完税凭证、货物运输发票、废旧物资发票、农副产品发票抵扣的管理实行清单申报、强化稽核比对，切实防止抵扣税款，实现增值税管理中防伪税控系统、认证系统、交叉稽核系统、协查系统、申报纳税系统和发票统计、会计评估系统等六个信息系统之间的工作联系和信息共享。2014 年增值税发票 26 户，代开增值税专用发票 18 户，对 2 起虚开增值税发票案件进行查处，查补入库税收 39.98 万元，同时将案件移交公安机关处理。2015 年，自印发票（普票）5.9 万份，销售增专发票 11686 份，个体用票户 1100 户，企业用票户 285 户，全年处理个体用票户普通发票违法行为 33 户次，罚款 1500 元。

征管办法　2007 年，通过加强对电力、制药、冶炼、桐油加工等行业管理，同时对偏远辖区漏征漏管纳税人进行清理检查，从而有效遏制企业零负申报率从年初的 50.46% 降至 11.36%，下降 39.1 个百分点。2008 年，对县级重点企业实行监控，运用企业原材料采购、产品库存、能耗、物耗等相关指标开展税收分析，制定分类管理办法，对桐油、水泥、砖瓦三个行业进行税收评估整治，税负率均有不同程度上升，税收大幅度增长。当年，全县国税总收入首次突破亿元大关。2009 年，县国税局对 189 户个体工商户进行定额调整，月税额由 2.97 万元上升到 4.5 万元，增长 52.07%。年底，全县国税收入超过两亿元。2010 年，县国税局将税源管理岗位人员和其他科室业务人员整合为两个管理团队，一个团队负责税源管理催报催缴等常规性工作；一个团队负责税收分析、纳税评估等复杂性工作，形成两层架构管理体系，评估入库税款 333 万元。由县人民政府牵头，县经贸局、县林业局、县药监局、县国土局等 10 余部门为成员单位，按月实行涉税信息交换制度，构建社会综合治税大格局，使本县国税收入稳步增长。2011 年和 2012 年，虽然受旱情和节能减排等因素影响，国税征管工作严峻，县国税局采取有力措施，坚持“有税尽收，无税禁收”的原则，积极组织收入，实现当年工作目标。2013 年，县国税局注重挖掘税源潜力，顺利完成“营改增”试点行业纳税人员信息交接、实地调查核实、数据审核录入、发票开具领购、纳税申报等项工作。2014 年加强增值税一般纳税人认定工作，清算注销企业 39 户，清理跨地区建筑企业 7 户，征收建筑安装所得税 7.39 万元。加大企业所得税清缴力度，对 144 个企业进行汇算清缴，汇算清缴面达 100%。清缴企业所得税 22.79 万元。是年落实各项税收优惠政策，对 645 户符合减免税的小微企业，农林牧渔业给予减免税款 1160 万元，对 60 户符合享受所得税的企业减免税款 714 万元，对龙滩电站退税 4801 万元。2015 年，贯彻落实稳增长、促改革、调结构、惠民生的税收优惠政策，共计减免税款 1.26 亿元。其中：对符合享受企业所得税优惠政策的企业，给予减免税款 531.82 万元；对符合减免增值税政策的农林牧渔业、供水等，给予减免税款 1732.40 万元；对符合国家税收政策规定的龙滩电站，全年退增值税 1.04 亿元。

地税 税务登记是税务机关依照《中华人民共和国税收征收管理法》对纳税人进行管理的法定制度，是税收征管基础建设最重要的环节之一。

1994 年 9 月，国、地税机构分设后，鉴于 1994 年上半年刚换发税务登记证件，为减轻纳税人负担，年内不再重新换证，地方税务机关也不再制作新证，由省国家税务局一次性划拨 10000 个税务登记证件及其副本，供各级地方税务局使用。对已办证户，县国税局、县地税局仍使用原登记代码，不得随意更改。凡缴纳增值税（包括既缴纳增值税又缴纳营业税）的纳税人、个体工商户，其税务登记管理由国税局负责。只缴纳营业税及地方各税的其他纳税人，税务登记由地税局负责。对征管范围交叉的管户，办理登记的税务机关将登记证复印件送对方税务机关存档。

1995 年 6 月 1 日起，对负有缴纳营业税及地方各税义务的单位和个人进行税务登记，采取“边宣传、边申报、边办证”的方法，做到边登记、边清理、边补税、边建档，是年完成 987 户税务登记，其中：营业税纳税人 433 户，其他纳税人 544 户。1996 年 1 月在全国范围内实施税务登记办证、换证工作。罗甸县地方税务局从 1996 年 6 月 1 日起，9 月 30 日完成 1127 户办证、换证工作达到“分别登记、分别管理”的目的。1997 年按照省地税局《关于开展 1997 年度税务登记证年检验证的通知》要求，罗甸地税局采取“边宣传、边审核、边清理、边处理、边建档”的方法开展验证。1998 年根据贵州省国税局、贵州省地方税务局《关于开展漏征漏管工作的通知》，在全县开展漏征漏管户清理工作，清理漏证漏管 125 户，补交税款 1.36 万元。1999 年、2006 年，地方税务系统两次开展换发税务登记证工作。2000 年，罗甸地税局按照黔南州地方税务局《关于开展“征管质量年”活动的通知》，明确“登记率、申报率、入库率”的操作方法和达标期限，初步建立征管质量考核体系。

2007—2008 年，连续两年开展“五清五查”（清理漏管户，查户籍管理；清理漏征户，查税款征收；清理定期定额户，查定额核定；清理发票，查申报缴税情况；清理纳税人档案，查资料是否真实准确完整）工作，两年清理漏征漏管 137 户，补交税款 1.56 万元。建立纳税信息采集、户籍管理三级巡查制度（基层征收单位对税源实行定期普查和不定期抽查，对管户实行定期巡查和不定期抽查，县地税局征管部门对税源和管户实行不定期巡查和抽查，州地税局征管部门对税源和管户实行不定期巡查和抽查），征管质量考核体系进一步完善，绩效管理目标考核有序推进。

1994 年按照《贵州省国家税务局贵州省地方税务局关于国家税务局、地方税务局划分税收征收管理暂行规定的通知》：县地税局负责 10 个种类的发票管理：建筑安装业统一发票，搬运装卸统一发票，服务业统一发票，文化体育业统一发票，娱乐业统一发票，职工技协专用发票，广告业专用发票，公路（水路）运输发票，销售不动产统一发票，转让无形资产统一发票。

发票和税票管理严格按照《中华人民共和国发票管理办法》执行，县地税局设立专门档案室，实行专库保管、专人管理、专账记载、专柜存放。发票和税票按照规范管理、以票管税、堵塞征管漏洞、应收尽收的原则，实行按月限量发放、交旧领新，严格实行“双签双限”制度。对地税机关代开发票实行发票、税票“双套号”制度，对纳税人使用发票实行专柜存放、专人开具、验旧购新、征管员初审、票管员复审制度，确保发票税票安全。

1999 年，对全县地税系统，按照登记率 98%、申报率 98%、入库率 100%、滞纳金加收率 100%、欠税增减率 0.3%、申报准确率 97%、立案率 100%、结案率 100%、处罚率 100%、复议变更撤销率“十率”指标进行考核。2000 年考核指标取消立案率、结案率、复议变更撤销率，减少为“七率”。2003 年将“七率”减少为登记率、申报率、入库率、滞纳金加收率、欠税增减率、处罚率“六率。”2007 年起，贵州地税系统推行税收业务综合信息管理系统（简称 MIS 系统）后，全省地税系统进入信息化管税时代，黔南州地方税务局制定《绩效工作目标考核标准》，每年对各县（市）地税局进行绩效考核。至 2014 年罗甸地税局每年考核都在合格等次以上。

2002 年全州地税系统着手“银税一体化”探索，2003 年全面铺开。2004 年推行《全州税收业务操作规程》，2007 年 MIS 系统上线运行，2012 年后相继推行财税库银联网、网络申报纳税、网络发票、税企信息互换平台、第三方信息交换平台、税源专业管理平台、税务综合办公信息系统。2015 年在罗甸县地方税务局登记管户 4815 户，其中：企业 1115 户、个体工商户 3700 户。

二、税务稽查

国税　1991 年县税务局成立稽查队，规范税收秩序，严厉打击偷、漏、骗、抗税等税收违法行为。1994 年，县国税局成立，税务稽查由稽查队负责。1997 年稽查队升格为稽查分局后，每年对重点企业、税源行业和税收征管难点、热点行业开展税收专项检查。2003 年认真落实税收执法责任制和过错追究制，严格考核、规范执法行为。通过征、管、查各个环节，检查纳税企业 33 户，查补税款 48 万元，罚款 6.5 万元。2006 年稽查税务案件 24 件，查补税款 9.85 万元，罚款 4.76 万元，加收滞纳金 3 万元，有效治理税收秩序。2007 年对机动车销售、食品、制砖、超市等行业进行专项检查和日常稽查，查补税款 15.45 万元。2008 年按照税务稽查“外查偷、骗，内促征管”的要求，共查案件 24 件，查结 21 户，在查结案件中，4 户按规定纳税，17 户均存在不同程度的偷税问题，共查补税款 3.7 万元，罚款 1.6 万元，收滞纳金 0.23 万元。2009 年查结税收案件 19 件，查补总额 21.8 万元，其中：税款 15.3 万元，罚款 3.8 万元，滞纳金 2.7 万元，查补总额比上年增长 129.2%。2010 年共查纳税人 11 户，查补入库税款 101 万元，其中：增值税 58 万元，企业所得税 11 万元，滞纳金 29 万元，罚款 3 万元，打击不法行为，净化税收环境。2011 年稽查税收案件 7 起，查补入库税款 138 万元。2012 年检查纳税户 15 户，查结稽查案件 7 起，查补入库税款 14.57 万元。2013 年评估企业 35 户，入库税款及滞纳金共 735 万元；查结稽查案件 6 件，查补入库税款 33.4 万元。2014 年以查处税收违法案件为重点，对皮革制品销售企业，广告业的专项检查，共检查企业 8 户，查补入库税收 165.32 万元。其中：增值税 99.53 万元，企业所得税 24.44 万元，滞纳金 13.57 万元，罚款 22.17 万，其他税种 5.61 万元。对 46 户企业实施纳税评估，其中：有问题企业 44 户，评估入库增值税 10.54 万元，企业所得税 294.72 万元，加收滞纳金 15.85 万元，调增应纳所得税 536.45 万元。2015 年共查结 3 户，查补入库 300 余万元，超稽查任务 100 余万元；强化纳税评估，全年评估企业 17 户次，有问题 17 户次，评估税款 234.15 万元，评估入库 229.36 万元。其中企业所得税 188.9 万元；增值税 28.52 万元；滞纳金 11.94 万元；冲抵税款 4.79 万元；调增应纳税所得额 1438.76 万元。

地税　1994 年 9 月税务机构分设，1995 年罗甸县地方税务局稽查分局成立。1998 年 8 月，更名为罗甸县地方税务局稽查局，从事地方税务稽查管理工作和独立行使税务稽查执法权。2004 年 11 月，按照《黔南州地方税务局“一级稽查”实施方案（试行）》提出，只在州地税局设稽查局，负责指导各县（市）地方税务局稽查工作。2012 年机构改革后，各县（市）地税局不再设稽查局。

1999 年 9 月，省地税局汇同州地税局到罗甸县就贵州信邦制药股份有限公司未按税法规定进行纳税申报等涉税问题进行调查处理，对罗甸县人民政府罗府纪〔1997〕30 号会议纪要中有关地方税收的减免税规定予以纠正，责成罗甸县地方税务局成立专案组，专门处理相关涉税问题，责成贵州信邦制药股份有限公司限期报送相关纳税资料、补缴所欠税款及滞纳金 9.85 万元。

2010 年 10 月，县地方税务局稽查局对黔南龙顺房地产开发有限公司罗甸分公司进行税务专项检查，发现该企业在 2005—2009 年期间，采取少报、瞒报、账外账等手段，少缴营业税、城建税、企业所得税等各项税费 300.97 万元，已经构成犯罪，于 2011 年 7 月移送司法机关依法追究刑事责任，2012 年 8 月，经罗甸县人民法院审理，对 4 嫌疑人分别判处 9 个月至 3 年零 6 个月有期徒刑。

第十三篇　人力资源和社会事务管理

第一章　人力资源

第一节　人事制度改革

罗甸县人力资源和社会保障局，原称罗甸县人事劳动局，2002年更名县人事劳动和社会保障局。2011年10月将县人事劳动和社会保障局更名为县人力资源和社会保障局。2015年12月底局机关内设机构有4个职能股室和8个下属事业单位。4个职能股室即办公室、人事管理股（专业技术人员管理股）、工资福利股、劳动保障监察仲裁股、纪检监察室。8个下属事业单位，即社会保险事业局、就业局、劳动人事争议仲裁院、劳动保障执法监察大队、人事档案管理室、干部教育培训中心、人才交流管理中心、劳动保障事务所。编制66名，实有人数49名，其中：行政人员15人，事业人员34人。

制度改革　1991—1995年对国家计划内招生的大中专毕业生进行分配安排，对自费生进行考试择优录取安排。1996—2000年对大中专毕业生进行考试择优安排。1999年县人事劳动和社会保障局制定《罗甸县为非公有制经济组织提供人才人事服务工作（暂行）办法》《罗甸县关于大中专毕业生进入非公有经济就业的暂行规定》《关于对大中专毕业生指导性就业实施意见》等，为人事工作正常开展，拓宽服务渠道，提供政策依据。2001年，县人事劳动和社会保障局根据省、州文件精神，制定《关于贯彻落实〈深化干部人事制度改革纲要〉的实施意见》。2001—2015年，大中专毕业生对事业单位实行招聘，由县组织考试，择优录取；同时，乡镇机关事业单位调进县直机关单位，采取遴选择优试用，试用期满办理调动手续。

第二节　公务员管理

1991—2015年，县内公务员管理实行分级管理和分类管理，副科级以上干部由县委组织部管理。2010年，副科级以上（含副主任科员）公务员由县委组织部考核，一般公务员由人事局管理。

1991—1995年，调配干部85人，其中：县内调整51人，调出县外30人，外县调入4人。办理乡镇聘用干部转为国家正式干部27人；配合公安部门招聘驻乡民警、巡警29人，办理“以工代干”转干手续257人；办理干部职工离、退休手续72人，其中：职工25人。1995年11月，根据省、州部署，制定全县党、政、群团组织执行国家公务员制度和党政机关干部过渡为公务员方案，并将方案上报省人事厅。

1996—2000年，1996年6月省人事厅批复《罗甸县执行公务员制度的实施方案》。全县党、政群团组织实施公务员制度，开展岗位交流，实施公务员、专业技术人员岗位交流129人。通过考试考核，79名大中专毕业生正式录用为乡镇干部。办理党政机关退休干部36人。

2001—2005年办理干部岗位交流21人，办理停薪留职期满手续回单位上班3人。经考试录用大中专毕业生49人，办理干部退休手续174人，办理高龄补贴59人，办理辞退手续14人。

2006—2010年经向社会公开招考公务员，录用公安干警6人，检察院干警4人。办理各类人事调动手续191人次。

2011—2014年招录公务员165人。按省州要求，上报11家事业单位批准为参照公务员管理单位。调出县外的机关事业单位人数227人。

全面完成2014年度考核工作，同时完成2014年全县股级及以下公务员和事业单位人员考核，应参加考核6634人（含工勤人员），实际参加考核为6623人，未参加考核为11人。其中：全县公务员（参公单位人员）应参加考核为821人，实际参加考核为818人，未参加考核3人；事业单位管理人员应参加考核为1045人，实际参加考核为1043人，未参加考核为2人；事业专业技术人员应参加考核为4190人，实际参加考核为4185人，未参加考核为5人。工勤应考核179人，实际考核178人，1人未参加考核，试用期不定等次399人。开展职业培训，高校毕业生就业及干部职工工资福利等工作，专业技术人员继续教育培训4658人，其中：2014年度新进事业单位人员培训238人，继续教育4420人。引导大学毕业生见习工作88人，一村一大4人，到村任职2人。

2015年招聘事业单位工作人员323人，其中：面向社会公开招聘104人，高校本科学历以上招聘录用193人，通过考试录用公务员46人。公安政法系统下属事业单位面向社会公开招聘40人，定向招录免费医学2人，特岗教师转聘69人；引进高层次人才9名硕士研究生到县内各相关单位工作；根据省、州要求，对选聘到村任职和进村工作服务期满且连续两年考核优秀的大学生村干部直接转聘到乡镇事业单位岗位，全县符合条件的大学生村干部1名聘用到乡镇事业单位工作。

2001—2015年罗甸县公务员（事业单位）考核情况统计表

表13-1

年度	党政群	事业	合计	优秀	称职	基本称职	不称职	不定等次	辞退	未参加
2001	1777	3452	5229	557	4216	–	17	130	13	296
2002	1609	3345	4954	585	4352	4	11	1	1	–
2003	982	3902	4884	624	4242	8	6	4	–	–
2004	967	4303	5270	708	4541	–	2	19	–	–
2005	953	4215	5168	609	4542	–	2	12	–	3
2006	948	4202	5150	613	4526	–	6	5	–	
2007	1097	4505	5602	691	4800	–	2	4	–	105
2008	1381	4580	5961	810	4983	–	–	168	–	–
2009	1350	4716	6066	822	4662	268	9	305	–	–
2010	1535	4713	6248	696	5418	1	–	125	–	8
2011	1571	5138	6709	837	5458	–	7	391	–	16
2012	1609	5134	6743	849	5473	8	2	411	–	–
2013	1682	5281	6963	1028	5444	1	2	482	–	6
2014	1735	5813	7548	1107	5969	–	6	455	–	11
2015	719	5832	6551	989	5155	–	3	393	–	11

第三节 专业技术人员管理

专业技术职称评聘、晋升与管理 专业技术职称评定按行业实行三级评定，县级评定初级专业技术职称，个别行业委托州级评定初级职称；州级评定中级专业技术职称，省级评定高级专业技术职称，除教育系统及有关特殊专业外，其他事业单位评定中、高级职称要参加外语考试，外语考试过关，才有资格评定中、高级职称。根据国家职称评定的规定，在本专业本行业领域内有重大特殊贡献或获得省、部级、国家级科技奖者，可以直接晋升中、高级职务。

1991 年，全县有专业技术职称 2199 人，其中：高级职称 9 人，中级职称 325 人、初级职称 1865 人。

1996 年，全县取得专业技术职称 2193 人，其中：高级职称 17 人，中级职称 381 人，初级职称 1795 人。与 1991 年比，高级职称增加 8 人；中级职称增加 56 人；初级职称人数减少 70 人。

2001 年，全县有专业技术职称 2937 人，其中：高级职称 39 人，中级职称 591 人，初级职称 2307 人。与 1996 年比，高级职称增加 22 人；中级职称增加 210 人；初级职称增加 512 人。2005 年起，在全县事业单位全面推行评、聘分离职改制度。

2006 年，全县有专业技术职称 3668 人，其中：高级职称 70 人，中级职称 923 人，初级职称 2675 人。与 2001 年比，高级职称增加 31 人；中级职称增加 332 人；初级职称增加 368 人。

2010 年全县 524 家事业单位（除县区划办外），完成 5791 个岗位设置工作，并经州“事改办”核准批复，按岗设编。

2011 年，全县有专业技术职称 3913 人，其中：高级职称 103 人，中级职称 1211 人，初级职称 2599 人。与 2006 年比，高级职称增加 33 人；中级职称增加 288 人；初级职称少 76 人。

2015 年，全县有专业技术职称 4697 人，其中：高级职称 313 人，中级职称 1897 人，初级职称 2487 人。与 2011 年比，高级职称增加 210 人；中级职称增加 686 人；初级职称减少 112 人。

1991—2015 年全县专业技术人员情况统计表

表 13-2

年度	总人数	高级职称				中级职称人数				初级职称			
		总人数	其中			总人数	其中			总人数	其中		
			汉族	布依族	苗族		汉族	布依族	苗族		汉族	布依族	苗族
1991	2199	9	2	6	1	325	91	211	23	1865	522	1212	131
1992	2182	11	3	7	1	331	93	215	23	1840	515	1196	129
1993	2151	12	3	8	1	335	94	218	23	1804	505	1173	126
1994	2125	13	4	8	1	339	95	220	24	1773	497	1152	124
1995	2101	14	4	9	1	342	96	222	24	1745	489	1134	122
1996	2193	17	5	11	1	381	206	148	27	1795	502	1167	126
1997	2326	22	10	14	2	421	118	274	29	1883	527	1224	132
1998	2425	29	8	19	2	475	180	309	33	1921	538	1249	134
1999	2608	31	9	20	2	522	146	339	37	2055	525	1336	144
2000	2759	37	10	24	3	578	162	376	40	2144	600	1394	150
2001	2937	39	11	25	3	591	166	384	41	2307	646	1500	161
2002	3066	44	12	29	3	627	175	408	44	2395	670	1557	168
2003	3219	51	14	33	4	702	197	456	49	2466	690	1603	173
2004	3364	55	15	36	4	750	209	488	53	2559	717	1663	179
2005	3499	57	16	37	4	841	235	547	59	2601	728	1691	182
2006	3668	70	19	46	5	923	258	600	65	2675	749	1739	187
2007	3809	75	21	49	5	1014	284	659	71	2720	761	1769	190
2008	3788	83	23	54	6	1046	293	680	73	2659	745	1728	186
2009	3714	89	25	58	6	1080	302	702	76	2545	713	1654	178

续表

年　度	总人数	高级职称				中级职称人数				初级职称			
		总人数	其　中			总人数	其　中			总人数	其　中		
			汉族	布依族	苗族		汉族	布依族	苗族		汉族	布依族	苗族
2010	3829	95	26	62	7	1103	309	717	77	2631	737	1710	184
2011	3913	103	29	67	7	1211	436	787	85	2599	728	1689	182
2012	4028	108	30	70	8	1308	356	850	92	2612	731	1698	183
2013	4317	135	38	88	9	1535	426	998	107	2647	741	1721	185
2014	4664	206	56	134	14	1748	490	1136	122	2710	758	1762	190
2015	4697	313	74	220	19	1897	515	1248	134	2487	679	1654	154

说明：其他少数民族科技人员较少，就将其统计人数列入汉族统计数内，不再单列

第四节　工资　福利

工资　1991年，将在区乡从事农技推广工作连续15年以上的42名农业科技人员将其浮动工资转为固定工资，并从当月在固定工资的基础上向上浮动一级工资作为岗位浮动工资。对集体所有制卫生事业单位211名工作人员调整工资。对全县604名民办教师增加工资，每人增资6元。按照省组通字〔1991〕3号文件精神，对符合享受退休金标准提高10%的19名退休人员，给予提高退休金标准。对233名符合增发退休费5%的退休人员增发退休金。对全县国家机关、事业单位4691名人员（含离、退休552人）发放或增发书报、洗理、交通“三费”。是年6月起，对50名离退休人员离退休时享受浮动工资满5年的将其浮动工资列入计算退离休费比例规定。1992年对全县企业职工1342人工资标准进行调整。对13个机关、事业单位的4002名在职职工的工龄津贴进行了调整。给行政、事业单位行政管理人员职务变动550名办理增资手续。给1864名行政事业单位（行政647名，事业1217名）增加工资。将772名大中专毕业生浮动工资转为固定工资，将符合条件的14名老同志增加工资。调整国家机关干部部分事业单位共4088人的奖励工资。1994年全县工资调整，1993年9月30日在册职工（含离退休人员）计5564人。工改前，人均224.91元；工改后，人均294.96元。机关、事业单位离退休人员713人，其中：离休人员42人，月人均增资180.51元；退休人员671人，月人均增退休费92.96元，退职1人，月增40元。全县企业单位49个，1994年1月1日在册职工1774人，其中：国有企业35个，职工1437人，集体企业14个，职工337人。企业离退休人员541人，其中：离休13人，退休522人，退职6人。企业单位调资49个，职工1774人，人均71.31元。1994年结合企业完成利润情况，人均月增资46元，其中：国有企业人均增资48.27元，集体企业人均增资38元。企业离退休人员工资调整，人均月增资56元，同时审批1994年增加工龄津贴5人，教、护龄津贴136人，岗位津贴45人，知识分子生活补贴98人，浮动工资125人。1995年对行政、事业单位35个109人升级调资。6月为行政、事业单位1993年9月30日前退休人员471人进行工资套改。套改后人均月增资276.43元。1996—2000年办理正常晋升工资档次和增加离退休费5316人。审批有关晋升手续257人，审定浮动工资、生活补贴、浮转固、提高学历工资726人。

2001年，审批办理全县4127名干部职工连续两年考核称职以上晋升一档职务工资；审核批准机关事业单位在职职工连续5年考核称职晋升级别工资201人；连续考核3年优秀晋升职级工资67人；审批机改期间提前退休人员晋升工资103人；严格审批2002年年终一次性奖金5019人，实发金额139681元；办理提高警衔津贴标准146人，政法干部津贴52人，浮动工资37人，浮动转固定532人，

知识分子生活补贴 119 人。2003 年审核办理全县干部职工连续两年正常晋升职务工资手续 5771 人，其中：行政 1207 人，事业 4564 人；审批行政、事业单位在职职工连续 5 年考核称职晋升级别工资 89 人；审批 2000 年度年终一次性奖金 5210 人。办理政法干部警衔津贴审批手续 18 人，办理浮动及知补工资 458 人，浮动转固定 598 人，工资转移手续 155 人，办理机关、事业单位在职职工及离退休人员岗位津贴审批手续 7969 人，办理职务晋升工资手续 245 人，教龄津贴审批手续 243 人，审批增加离退休干部退休费 273 人。

2006 年，审批办理全县 2480 名干部职工连续两年考核晋升职务工资，行政机关 744 人，事业单位 1736 人。办理机关、事业单位在职职工连续 5 年考核称职以上晋升级别工资 134 人。办理党政群机关、事业单位连续 3 年考核优秀晋升职级工资 59 人，审批离退休人员增加离退休费 1150 人，办理职务晋升 165 人，警衔变动 8 人，办理浮动工资及知识分子补贴 182 人，浮动转固定工资 312 人。2007 年机关、事业单位工资改革，参加调资全县干部职工 7224 人，其中：机关工作人员（含机关工勤人员）1642 人，月人均增资 312 元。涉及基本工资调整的事业单位（含事业工勤人员）4209 人，月人均增资 183 元，涉及离退休人员 1373 人，月人均增加离退休费 226 元，是年办理 2006 年 7 月以来的浮动工资转固定工资 1460 人和职务晋升工资 523 人。办理浮动工资及知识分子补贴 493 人，办理高龄补贴 87 人，办理新录用工作人员转正定级 377 人，办理机关工作人员滚动晋级 144 人。审批 2006 年考核晋升薪级工资 4399 人，办理机关事业单位死亡人员一次性抚恤及遗属困难补助费 82 人，办理遗属生活困难补助调标 684 人，办理退休手续 65 人。2009 年从 2008 年 1 月 1 日起执行罗甸县“关于规范公务员津贴补贴实施方案”，规范全县公务员津贴补贴，主要内容为：离退休人员的津贴补贴项目统一设置为离退休人员生活补贴，离休人员按同职级在职人员标准的 100% 计算，退休人员按同职级在职人员标准的 70% 计算，归并后的津贴、补贴统一执行批准水平。规范后执行的年人均水平为 13848 元。2009 年 1 月 1 日起，实施义务教育绩效工资。全县在职的教职工 2849 人年人均工资 29032 元。2010 年，根据黔南州机关事业单位工资制度改革办公室《关于对罗甸县公共卫生与基层医疗卫生事业单位绩效工资实施办法的批复》，从 2009 年 10 月 1 日起实施绩效工资。全县公共卫生与基层医疗事业单位在职职工 526 人，退休人员 70 人，改革后，全县公共卫生与基层医疗卫生事业单位职工的平均绩效工资月比改革前津贴补贴水平有所增长。

2011 年，从 2010 年 1 月 1 日起对其他事业单位实施绩效工资。全县其他事业单位在职职工为 1101 人，退休职工 165 人，绩效工资改革后，其他事业单位职工平均绩效工资每年 13673 元。2013 年根据省委、省政府规范公务员津贴补贴的总体部署，从 2013 年 1 月 1 日起将全县 2008 年制订并实施的第一步规范公务员津贴补贴人均 13848 元提高到 24236 元。退休人员按同职级在职人员津贴补贴标准的 85% 计发，统筹考虑事业单位义务教育学校及公共卫生等其他事业单位人员绩效工资待遇，从年人均 20824 元水平上参照进一步规范公务员津贴补贴标准进行调整，并从 2013 年 1 月 1 日起同步执行。实际上罗甸是从 2014 年 1 月 1 日起执行。

2015 年机关单位（含参公事业单位）工作人员正常档次晋升 1516 人，审批全县事业单位晋升薪级工资 5398 人。办理新录用工作人员转正定级 142 人，审批退休 63 人。

福利 国家机关和企（事）业单位干部职工（含离退休人员）均享受劳动保护用品、公费医疗补助、住房公积金补助，同时参加劳动保险。国家机关和事业单位干部职工，每年按工资比率缴纳公费医疗保障经费、住房公积金和保险费。国家按照比率补助国家机关干部、事业单位干部职工相应比例的公费医疗补助经费和住房公积金补助经费。国家机关和企（事）业单位职工，均享受（男 60 岁，女 55 岁）退休，退休后国家发给退休费。国家机关和企（事）业单位干部职工死亡后，发给抚恤费、丧葬费；其失去劳动力的直系亲属、未成年子女及在大中专院校、高中、技工学校读书的，享受遗属生活困难补助。国家干部和事业单位职工退休后退休费随国家政策规定的调升而提高。

第五节 大中专毕业分配 军转安置

大中专毕业分配 1991—1995年，接收统配大中专毕业生195人参加工作，择优选派68人中专、技校毕业生安排到9个乡镇24个村工作。各类自费的大中专毕业生注册登记有239人，根据“双向选择”的原则，企业接收安置61人，其余经考试择优录取安排进入缺编的事业单位，到边远的贫困村任职；部分由劳务办输出，干部身份不变，打工期满，回来参加考试，择优录用。

1996—2000年，经过考试考核择优录取118人大中专毕业生安排进入乡镇，财政、计生、医院等单位工作。

2001—2005年，随着国家各项人事制度改革不断深入，大中专毕业生不再统分统配，直接进入人才市场，实行“双向选择”，变过去的统招统分为现在的机关新进公务员“公开招考”和事业单位新增人员“公开招聘”。

2006—2010年，组织县教育局、县农业局、县卫生局、县林业局等有关单位到贵阳参加各高校的应届毕业生就业洽谈会，招聘录用1430人大学毕业生到本县从事教育、农、林、牧、水、医等工作，公务员考试招录13人，面向社会招聘录用181人进入县事业单位工作。从选聘生及到村任职的高校毕业生中招聘16人到事业编制岗位工作。经过考试考核招聘机关事业单位工勤人员7名，对县人民医院等事业单位长期临时聘用人员进行定岗考试，聘用事业单位工勤人员23人。

2011—2014年，通过考试录取公务员165人进入党群、政府机关及参公单位工作。组织有关单位到贵阳、重庆、长沙、武汉等高校密集地方招聘高校毕业生，录用1454人，直接引进硕士研究生毕业47人，对选聘到村任职和进村工作服务期满三年且连续三年考核优秀的14名高校毕业生，安排进入原服务单位事业编制工作。通过向社会招考事业单位266人，安排进入教育、卫生等部门工作，协助市政中心、公安局招聘12名事业单位工勤人员。按规定办理各种手续调出外县227人，辞职13人，解除劳动合同关系20人。

军转安置 指复员退伍军人和军队转业干部的安置，1991—1995年安置军队转业干部2人，其中：1人为县团级。安置城镇退伍军人81人。1996—2000年安置城镇退伍军人26人。2001—2005年，安置城镇退伍军人26人，其中：经过考试考核合格，有12名退伍士兵安置到乡镇工勤岗位工作，有14名退伍士兵安置到企、事业单位工作。2006—2010年根据规定安排2名随军家属到县直事业单位工作。通过考试考核择优安置城镇退伍军人18人，对未录用的14人发放一次性经济补偿自谋职业安置。2011—2015年城镇退伍军人31人，经过考试考核择优安置14人到县、乡人民政府工勤岗位工作，其他17名按自谋职业，发给一次性经济补偿安置。

第六节 退职退休离休管理

退职 公务员或国有企业职工，达不到退休年龄，又不愿继续从事工作，经申请批准，可以退职或辞职。

退休 1949年10月1日以后参加工作退休的干部称为退休干部。根据《中华人民共和国公务员法》规定，退休年龄为：男年满60周岁、女年满55周岁（副县级以上60岁）。同时，因身体等因素不能继续工作后，经组织人事部门批准，可以提前退休或病退。

工人退休。从事重工业或高空作业、井下作业、野外作业工人，男55周岁、女50周岁可以退休；轻工业、服务行业的男60岁、女55岁退休。

离休 是指1949年9月30日前（含9月30日）参加革命工作的干部（职工），享受离职休养待遇（简称离休）。离休干部（职工）离休后，由原所在单位及县离退休干部工作局组织参加县内外活动。

第二章　劳动就业

第一节　劳动培训与就业

1991—1995年，培训劳动力1448人，安置待业青年189人，安排劳务输出1750人，其中：安排农村转移就业劳务输出713人。

1996—2000年，培训待业人员和农村劳动力3710人，求职登记528人，安排农村转移就业劳务输出7044人，办理“失业证”129人。

2001—2005年，培训劳动力3235人，劳务输出农村转移就业6773人，办理求职登记2430人，办理“失业证”1140人，办理“再就业优惠证”507人，持有“再就业优惠证”工商管理户344人（户），减免工商管理费17.02万元，地税164人（户），减免地税24.4万元，国税37人（户），减税费金额0.33万元。

2006—2010年，培训农村劳动力9505人，安排劳务输出12013人，实现下岗再就业和其他失业人员再就业2704人，持“再就业优惠证”享受税务部门减免税费优惠政策525人（户），享受免费职业介绍服务就业579人，享受小额贷款45户，安置持证下岗失业人员再就业1381人，享受社会养老、失业保险补贴106.9万元，岗位补贴198.5万元，落实“4050”（4050指的是下岗失业人员女40岁以上，男50岁以上）下岗失业灵活就业享受社保补贴41人，补贴金额6.4万元，开发公益性岗位安置就业困难671人。

2011—2014年，城镇新增就业人员12140人，其中：进入民营经济就业3891人。培训劳动力7084人，解决就业困难人员2446人，城镇登记失业人员1229人，发放小额担保贷款放贷4743万元，扶持创业人员723人（户），劳动就业人员3146人。

2015年，全县完成促进城镇新增就业7544人，占县计划目标数的100.5%。其中：省级就业信息系统录入3368人，占州下达年度3300人目标数的102%，同比增速38.3%。促进城镇失业人员实现再就业463人，占州下达年度450人目标任务数的102.3%；促进城镇就业困难人员实现再就业376人，占州下达年度350人目标任务数的107.4%。控制城镇登记失业率为3.9%。完成劳动者职业技能培训4135人，占州下达年度4000人目标任务数的103.3%；完成创业培训900人，占州下达900人年度目标任务数的100%。完成农村劳动力转移就业13566人，占州下达8500人目标数的159.6%。发放小额担保贷款2230万元，引导扶持创业326人，其中：妇女102人，返乡农民工269人，高校毕业生9人，复退军人17人，创业带动就业1022人。落实小额担保贷款利息补贴56人，共兑现补贴金额61.3万元；享受一次性补贴创业13人，兑现补贴金额4.55万元。为加强对公益性岗位人员的管理，防止“挂岗吃空饷”现象，由各乡镇及单位进行自查清理整治，对“挂岗吃空饷”人员进行查处。全县现有公益性岗位安置人员716人，就业困难人员灵活就业，申请2014年社会保险补贴98人，经审核符合享受灵活就业社会保险补贴94人，落实兑现21.51万元。

2015年完成劳动者职业技能培训4135人，完成创业培训900人，完成农村劳动力转移就业13566人。发放小额担保贷款2230万元，引导扶持创业326人，其中：妇女102人，返乡农民工269人，高校毕业生9人，复退军人17人。创业带动就业1022人。落实小额担保贷款利息补贴56人，兑现补贴金额61.3万元；享受一次性补贴创业13人，兑现补贴金额4.55万元。

第二节　劳动监察与劳动保护

1991—1995 年发生事故 111 起，死亡人数 32 人，轻重伤 40 人，直接经济损失 93.06 万元，对厂矿企业进行 4 次大检查，查出隐患 30 余处，责令进行整改、消除阻患。组织 20 户用工单位 300 余人开展学习《劳动法》，发放宣传资料 200 余份。

1996—2000 年，对全县各类企业实行劳动用工检查 148 户（次），涉及劳动者 5367 人（次），其中：国有企业 39 家 1872 人，集体企业 20 家 674 人，私营企业和个体工商户 89 家 1452 人，督查用人单位补签合同 1369 人 . 纠正违规处罚职工 26 起，查处违法案件 27 起，取缔非法劳动用工场所 4 个，纠正违法合同 164 份，处理安全事故 18 起。建立调解组织 31 个，审查劳动规章制度 38 份，纠正不符合《劳动法》规定制度 9 条，帮助新建制度 17 套，接待来信来访 59 人（次），法律咨询 165 人（次），开展《劳动法》宣传 3 次，发放宣传资料 770 余份和劳动政策法规 100 多册。

2001—2005 年，对 266 户用人单位开展劳动用工检查，涉及职工 15085 人（次），查出违反规定使用童工 1 户，招用童工 1 人，对使用童工的企业作了处理。发放《贵州省劳动用工年检合格证》166 份。开展生产事故调查，发生各类事故 83 起，死亡 17 人，受伤 21 人，直接经济损失 36 万元。

2006—2010 年，开展对 49 户劳动用工单位年度检查，涉及职工人数 21556 人（次）。清理各类企事业单位用工 13 户，涉及职工 827 人，补签、续签劳动合同 1341 份，维护劳动者合法权益。对全县建筑、交通工程等行业农民工工资支付情况大检查，为农民工追回被克扣工资 28.9 万元，涉及农民工 110 余人。到用人单位巡查用工情况 233 户（次），查处违法案件 8 起。对 41 个企业劳动用工工资报酬、劳动关系、职业中介机构等进行整顿，纠正违法合同 164 份。接待来信来访 67 次 92 人，法律咨询 165 人（次），发放《劳动法》宣传资料 500 余份，劳动政策法规 100 多册。

2011—2014 年，开展劳动用工年度检查 370 户（次），企业用工单位涉及职工（含农民工）9399 人（次），巡查各类用工单位 270 户（次），补签劳动合同 699 份。从 2013 年起，对用工 5 人以上的企业实施备案，备案企业为 11 户（家），涉及劳动者 4255 人。督促 70 户用人单位为 3456 名劳动者缴纳 2 份保险费 68 万元，收取 137 户企业工资保障金 538.45 万元。加大案件处理力度，立案 65 件，结案 64 件，移交公安 1 件。处理群体性突发事件 5 件，涉及劳动者 400 余人，为农民工 3374 人追讨被克扣被拖欠工资 3405.8 万元，责令用人单位清退童工 2 人。发放“贵州省劳动保障年检合格证”87 份，发放劳动保障宣传资料 1200 余份，接待来信来访群众 8 次 33 人。全县用工人数在 25 人以上的企业 23 家，已签订集体合同（包括工资集体协商合同、女职工权益保护合同）722 份，集体合同签订率为 95%。

2015 年开展劳动用工检查审查用人单位 75 户，涉及劳动者 3272 人。开展劳动保障专项检查 6 次，检查用人单位 420 余户，涉及 500 余人。开展劳动监察立案 45 起，结案 45 起，结案率 100%，其中：移交公安 1 起。协调责令企业为 2112 名农民工支付工资 2684.52 万元。是年，巡回检查企业用工单位劳动合同签订 67 份（含工资集体协商合同、女职工特殊权益保护合同、安全生产合同等）达 95% 以上。全年收缴企业 51 户工资保障金 207.16 万元。

第三节　劳动争议仲裁

1989 年启动劳动争议仲裁工作，重点主要是石矿企业单位。

1991—1996 年，组织 30 家企业学习《劳动合同法》，组织全县各机关企事业单位调解员 150 余人学习《劳动仲裁调解法》接待来信来访 64 人（次），调解成功因经济补偿金引起的争议 1 件，接办仲裁案件 1 起，在时效内结案。调解成功工伤保险争议案 3 起，涉及金额 10 万元。督促县内各企事业单位签订劳动合同126份，集体企业劳动合同21份，促进30家企业续签劳动合同513份。发放农民工维权手册755册，签订劳动合同47份，对合同双方履行情况进行不定期监督。

1996—2000年，受理劳动争议案15件，结案率100%，其中：仲裁调解13件，庭前调解1件，开放结案1件。组织企业、单位举办调解人员培训班3期182人。办理劳动能力签订7次22人，伤残鉴定4人，报州鉴定委员会鉴定9人。制止8家企业招用童工36人。调处劳动纠纷3件，督促66个企业签订劳动合同3479份；纠正违法制度41个，纠正违法合同301份，接待来信来访35次167人，法律咨询70人（次）。为企业建立调解制度38个，督促30家企业建立调解组织。

2011—2014年，全面清理48个企业劳动争议调解组织，建立备案制度。举办县内仲裁调解员培训5期360人。督促支付劳动伤残补助53万元。仲裁调解1件，补缴养老保险3万元，处理劳动争议案17件，其中：确认劳动关系1件，案外调解16件。为农民工追回工资500万元，纠正不规范制度解除劳动合同行为2起。为事业单位鉴定聘用合同168份，涉及12个用人单位。经开庭调解县公路管理段补偿工伤伤残范明斌抚恤金13.5万元。清退收取劳动者抵押金5万元，补发劳动者抚恤金2.4万元，用人单位劳动者补交养老保险费3.3万元。调处工亡案件2起，工伤案件8件，促使双方当事人达成协议，用人单位支付7件工伤伤亡案件一次性抚恤，补抚养人生活费共计人民币121.4万元。案外调解惠罗高速公路建设工亡案件4件，用人单位支付各项资金185万元。仲裁裁决1件，涉及金额15万元。处理来信来访16件26人次，涉及伤亡补偿、社会保险、劳动关系、企业改制转制问题，都作了答（回）复。

2015年，依法受理处理工伤保险待遇劳动争议案件38件，涉及劳动者38人，其中：仲裁裁决1件，涉案金额13万元，仲裁调解37件，涉案金额448万元，调解占仲裁受案率97%，时限内结案率100%。立案处理拖欠农民工工资案件41起，结案40起，办结率97%，其中移送公安机关1起，协调和责令企业为2555名民工支付工资3018.99万元。贯彻落实贵州省《建设工程务工人员工资支付保障金实施办法》（贵州省人民政府第151号政府令）的规定，执行在施工单位缴纳务工人员保证金后才办理施工许可证的原则，全年收取56个建设工程农民工工资保障金207万元，有效预防了拖欠农民工工资情况的发生。

第四节　劳动执法

1991年对全县厂矿企业进行3次大检查，检查20余处，查出隐患13处。

1992年对厂矿企业进行4次大检查，检查40余处，查出隐患30余处，尤其是民用电，查出隐患14处。

1993年宣传贯彻“安全第一，预防为主”的方针，开展安全生产进企业活动，发放宣传手册200余份，督促用人单位依法用工，加大安全检查，强化生产和操作规范，有效预防和最大限度减少生产安全事故发生和职业病危害

1994年对70余家单位进行检查，检查55余处，查出隐患18余处。

1997年对全县各类企业实行整顿劳动用工检查，检查用人单位31户，合格26户，整改治理5户，补签合同1000余人，纠正违规处罚职工6起，发放宣传资料500余份，劳动政策法规100多册。取缔非法劳动中介所4个，纠正违法合同164份，查处劳动违法案件8起。全年接待来信来访59人（次），法律咨询165人（次）。

1998年对全县105户企业劳动用工进行检查，查处19件违反《劳动法》案件，进行劳动合同鉴定195份。

1999年对148户用人单位进行劳动用工年检，涉及职工3998人。督促用人单位签订劳动合同174份，审查劳动规章制度38份，纠正不符合规定制度9条，帮助新建规章制度17套。

2000年对160户用人单位进行劳动年审，督促用人单位签订劳动合同200份，同时，积极引导企业经营者积极履行社会责任，引导他们关心爱护职工，努力改善职工的工作条件，自觉保障职工合法权益。

2001年依法开展劳动用工检查，89户用人单位接受用工年检，涉及职工2954人。是年，开展《禁

止使用童工规定》执法检查，查用人单位 53 户，查出违反规定使用童工 1 户，招用童工 1 人，对使用童工的企业作了处理。

2002 年开展清理整顿劳动市场专业检查，对 14 个企业劳动用工、工资报酬、劳动关系、职业中介机构等进行整顿。8 月与县政府法制办等单位对全县厂矿、企业及个体工商户进行突击大检查，涉及用人单位 13 个，用工 276 人。

2003 年定期对用人单位进行监督检查，全县受检企业 91 户，涉及职工（含农民工）2183 人，发放“贵州省劳动用工年检合检证”91 份。

2004 年 4 月，对用人企业进行劳动用工（保障）年检，截至 12 月，接受劳动用工年检企业 75 户，涉及职工 4368 人，发放“贵州省劳动用工年检合格证”75 份。

2005 年完成劳动保障年检任务 75 户，涉及职工 4010 人，到用人单位巡查用工情况 105 户（次）。

2006 年开展劳动用工年度检查，审查 70 户劳动用工涉及职工（含农民工）4578 人。巡查各类用工单位 78 户（次）。清理各类企业事业单位用工 13 户，涉及职工 827 人，补签、续签劳动合同 153 份，维护劳动者合法权益。

2007 年开展对企事业单位劳动用工年度检查，年检用人单位 70 户，涉及职工 4010 人，发放《贵州省劳动保障年检合格证》70 份。巡查各类用人单位 105 户（次），清理各类用人单位 43 户，涉及职工 2272 人，督促用人单位与劳动者签订或续签劳动合同 188 份。在专项执法大检查中全年检查各类用人单位 163 户，涉及职工 5117 人（次）。对全县建筑、交通工程等行业进行农民工工资支付情况大检查，为农民工追回被克扣工资共计 28.9 万元，涉及农民工 110 余人。全年共接待来信来访群众 8 次 33 人。

2008 年对全县各类企业实行整顿劳动用工检查，在抽查的用人单位 31 户中，合格 26 户，整改 5 户，补签合同 1000 余人，帮助 8 户企业完善内部规章制度，整顿建立工会组织 2 个，纠正违规处罚职工 6 起，违法合同 164 份，查处劳动违法案件 8 起。全年接待来信来访 59 人（次），法律咨询 165 人（次）。发放宣传资料 500 余份，劳动政策法规 100 多册。

2009 年开展清理整顿劳动市场专业检查，对 41 个企业劳动用工、工资报酬、劳动关系、职业中介机构等进行整顿。8 月会同县政府法制办等单位对全县厂矿、企业及个体工商户进行突击大检查，涉及用人单位 41 个，用工 1391 人。

2010 年完成劳动保障年检 45 户，涉及劳动者 1861 人，到用人单位巡查用工情况 50 户（次）。

2011 年开展劳动用工情况年度检查 67 户劳动用工情况，涉及职工（含农民工）2183 人。巡查各类用工单位 78 户（次）。清理整顿劳动市场，对全民所有制企业劳动用工等情况进行检查，补签、续签劳动合同 153 份，维护劳动者合法权益。

2012 年开展对企事业单位劳动用工年度检查用人单位 87 户，涉及职工 2432 人，发放“贵州省劳动保障年检合格证”87 份。开展劳动市场检查工作巡查各类用人单位 105 户（次），清理各类用人单位 43 户，涉及职工 2272 人，督促用人单位与职工签订或续签劳动合同 188 份。督促 70 户用人单位为 3456 名职工缴纳工伤保险费 68 万元。认真执行（黔府办发〔2006〕10 号）文件的通知，对县内所有使用农民工的企业审查后，按一定比例收取农民工工资保障金。当年收取 25 户企业农民工工资保障金 124.13 万元。在专项执法大检查中共计检查企业 60 户，涉及职工 938 人。责令用人单位补签劳动合同 70 份。对全县建筑、交通工程等行业进行农民工工资支付情况大检查，为农民工 110 余人追回被克扣工资共计 28.9 万元，接待来信来访群众 8 次 33 人。2012 年底，10 余名农民工到县人力资源和社会保障局投诉称：在新客运站建设工地施工，工程已经结束尚未拿到工资，涉及工人人数 70 人，拖欠金额达 70 余万元。为防止矛盾激化，劳动监察股立即向他们宣讲政策法规，并承诺依法迅速处理，提议由工人推选代表一起与建筑公司进行协商解决，提出先用部分未支付工程款支付民工工资，剩余部分待工程验收合格再支付的方案。经过协商，双方同意先支付 50 万工程款解决民工工资的提议，并当场兑现民工工资。通过跟踪回访，所欠工人工资全部兑现完毕，事情得到圆满解决。

2013年劳动监察执法大队成功处理28件拖欠工资案件，为920位农民工追回工资待遇820万元。检查用人单位96户次，同时依托全省劳动就业网络平台，对辖区内62家用人单位实现用工备案网络化，督促企业与劳动者补签劳动合同88份，配合相关部门处理各种突发事件5起。如：县城畅响休闲会所装修工程中，承建方贵州省野狼装饰工程有限责任公司法人王延朝招29名工人为其工作。5月23日—7月23日29名工人负责的工程完工，但该公司未按照合同约定及时足额支付工人工资，计拖欠29人工资10.8万元整。在县局下发责令改正通知书后，贵州省野狼装饰工程有限责任公司拒不履行兑付责任，县局根据《最高人民法院关于审理拒不支付劳动报酬刑事案就适用法律若干问题的解释》的规定移送公安机关处理。经县公安局出警抓捕，该公司法人王延朝落网归案，所欠工人工资全部追回兑现完毕。

2014年开展劳动保障监察工作严格按照相关规定，对用工5人以上的企业实施备案。通过对备案企业进行年审，各用工企业劳动合同签订率达到95%以上。全年为2117名农民工追讨工资2476.99万元。落实务工人员工资保障金制度，全年收缴56户企业工资保障金207.16万元。落实率为85%。如：2014年1月初，边阳工业园区一期标准厂房由于工程款不到位，导致该工程11个班组167名农民工被拖欠工资510余万元。1月7日，工程款筹措到位，为预防出现包工头卷款潜逃导致工资不能发放到工人手中，县局监察、仲裁股的工作人员前往边阳镇，全程监督工资发放。2014年1月8日中午12时，所有工人工资兑现完毕。

2015年对用工5人以上的企业实施备案，审查75户用人单位报送的书面材料，涉及劳动者3272人；通过对备案企业进行年审，各用工企业劳动合同签订率达到95%以上；通过集体协商签订集体合同67份（含工资集体协商合同，女职工特殊权益保护合同、安全生产合同等），其中：区域性集体合同2份，涉及企业137户，覆盖率为97%。是年，全年劳动监察立案45起，结案44起，结案率为97%，其中：移交公安机关一起。针对劳动者不符合立案条件的投诉，力争将矛盾化解在萌芽阶段，最大限度地保证劳动者的权益。全年共协调和责令企业为2112名农民工支付工资2684.52万元，全年无一起劳动监察案件被行政复议或行政诉讼。

第五节　劳务输出

劳务输出　主要从事职业有：生产制造业、产品加工业，家私生产加工；主要技能有：初级生产制造操作工、初级电子产品生产工、加工工、焊接工、装卸工等。1991年从原平岩乡、罗沙乡、栗木乡分批组织劳务输出开始，当年共输出三批399人，其中：平岩乡43人、罗沙乡87人、栗木乡131人，劳务经济收入120万元，人均年劳务收入增加3000元。1992年起，组织劳务输出遍及26个乡镇，规模越做越大，从开始的每年几百人，上升到现在每年数万人。1995年，全县有组织开展劳务输出工作，为城镇待业青年和农村剩余劳动力开辟新的就业渠道。组织100名待业青年到贵阳南明烟叶复烤厂务工，输出8341名劳动力外出广东、福建、江苏、浙江等省沿海一带务工，其中：农民工为7989人。1991—1995年劳务收入2.89亿元。

1996—2000年，全县有组织的劳务输出和自发性劳务输出76897人（次），到江苏、浙江、广东、福建等省市务工，其中：输出应届大中专毕业生627人，在职干部323人。外出务工收入4.81亿元。

2001—2005年，全县劳务输出72566人（次），到沿海地区打工。其中：有组织的输出11134人（次），组织260名村干部（后备干部）到沿海打工锻炼学技术、学管理。外出劳工收入6.22亿元。

2006—2010年，全县劳务输出64944人（次），到沿海经济发达地区务工，其中：有组织的输出4383人（次），劳务收入24.02亿元。

2011—2014年，全县劳务输出74485人（次），其中：有组织的劳务输出1268人。至2015年稳定在外流动务工人员达8.5万人，年劳务经济总收入15亿元，年人均劳务收入1.8万元。

第六节　返乡创业

2012年，贵州省人民政府出台《关于大力扶持微型企业的意见》，采取“3个15万元”的扶持措施大力扶持微型企业的发展。即投资者出资达到10万元后，政府给予5万元补助，15万元的税收奖励，15万元额度的银行贷款支持。在此基础上罗甸实现“3免2减半”的政策，即在全县返乡的创业者，在标准厂房内实行前3年免费，4—5年内厂房房租减半。2013年，返乡创业的农民工达163户，具有代表的有罗甸县治忠竹制品有限公司等企业。

罗甸县治忠竹制品有限公司落户罗甸县边阳工业园区，公司前身为罗甸县治忠竹制品厂，根据发展需要，于2014年8月更名为罗甸县治忠竹制品有限公司，是省内一家主要从事方筷、双生筷、天削筷、圆竹筷、工艺筷、碳化筷、竹碗、竹菜板等竹制品加工生产销售为一体的多元化企业，公司注册资金50万元，固定资产500万元，是年销售收入达523万元，年利润实现51.5万元。公司现有管理人员和员工30余人，技术骨干2人，高级管理人员1人。2014年投入80万元进行技改生产线，同时带动罗甸县木引镇发展楠竹种植300余亩，逐步带动周边乡镇农户增收。2015年销售收入760万元，创税22万元。对促进罗甸山地农业结构调整，加快农业产业化进程具有积极、重要的作用，为罗甸的农业产业化发展起到示范和带头作用。

第三章　社会保障

第一节　社会保障制度

一、养老保险

1988年6月开始实施离退休人员离退休基金社会统筹工作，1991年参加退休费社会统筹的全民所有制国营企业单位33个，职工692人，其中：州属单位2个，职工27人，县属单位31个，职工665人。参加退休费社会统筹的单位有退休人员265人，其中：州管单位4人，县管单位261人。1992年8月始建立职工个人缴纳基本养老保险费制度，建立个人储蓄型养老保险制度和建立企业补充养老保险制度。1992年参加退休费社会统筹的全民所有制国营企业单位47个（州属7个，县属40个），在职职工1209人（州属单位155人，县属单位1054人），退休职工477人。1993年参加退休费社会统筹的全民所有制国营企业单位47个（州属7个，县属40个），在职职工1445人（合同制工人395人，固定工1050人），退休职工491人。1994年参加退休费社会统筹的全民所有制国有企业单位44个（州属5个，县属39个），在职职工1401人（合同制工人430人，固定工971人），退休职工465人。1995年全县实收统筹金和个人储蓄养老金27.28万元，其中：统筹金：参加单位37个（含州属3个），在职职工1151人，离退休377人；固定养老金：参加单位37个企业，固定职工746人；企业合同制工人养老金：企业合同制工人318人，行政事业单位合同制工人87人，共计405人；个人储蓄养老金：应收44人（县水泥厂40人，县招待所4人），金额0.95万元，实收0.95万元。

1996年参加退休费社会统筹的全民所有制国有企业单位37个（含州属3个），在职职工1226人，退休职工398人。1997年，参加单位有35个，收缴养老金85.1万元。完成收取个人储蓄养老金1.2万元。1999年开始启动行政、事业单位参加社会养老保险，全县有132个单位，参保人员4041人。按照《关于从1999年1月起提高企业职工个人缴纳基本养老保险费的比例的通知》，单位按在职职工工资总额的

24.5% 为职工缴纳养老金，全县实收 134 万元，为应收数的 95.3%；职工个人按个人工资总额的 5% 缴纳养老金，实收 28 万元，占应收数 96.6%。按照有关政策补交 1992 年以来养老金 19.67 万元。2000 年完成收取机关事业单位基本养老金（个人部分）58.5 万元，企业养老金 226.4 万元，划拨企业养老金 281.9 万元，转移支出 0.3 万元。催收历年欠缴养老保险金 3 万元。

2001 年，全县机关事业单位参加养老保险 148 个单位，职工 5101 人，年缴金额 216 万元。审核养老保险手册 4532 本。社会统筹养老保险，参加单位 31 个，国有企业全部参保，集体企业参保 11 个，职工 1360 人，参保人数 1360 人。个人储蓄养老保险 38 户，职工 1324 人，实收 3 万元。2002 年，全县机关事业单位参加养老保险 138 个单位，参保职工 4908 人。参加养老保险企业 44 户，参保人员 1430 人（含个体参保人员 19 人）。是年机关事业单位养老保险基金个人部分应收 98 万元，实收 98 万元。异地转移支付 1598.65 元，支付死亡职工养老金（个人缴费部分）233 万元，追缴历年欠缴 24 万元，拨付 632 人离退休养老金 327 万元。2003 年收到机关事业单位养老保险费征缴 101 万元。追缴历年欠费 24 万元。企业应实缴 252 万元，占应缴数 96.92%，追缴历年欠缴养老费 30 万元。2004 年全县参保机关事业单位征缴养老保险费 86.74 万元，企业参加养老保险职工 1668 人，实征缴养老保险费 308 万元，发放企业离退休人员基本养老金 353.6 万元。2005 年征缴养老保险费 427.5 万元，其中：本期征缴 334.4 万元，补缴历年欠费 93 万元（含参保补缴 35 万元），发放企业离退休养老金 459.4 万元。

2006 年参加养老保险企业 50 个，职工 1990 人，征缴养老保险费 494 万元，清理历年欠缴养老保险费 78 万元，发放企业离退休人员养老保险金 519.2 万元。2007 年企业参加养老保险单位 50 户，参保职工 2243 人，新增人数 300 人，征缴养老保险费 574 万元，发放 718 名企业离退休人员养老金。2008 年参保单位 130 户，参保职工 3176 人，新增人数 933 人，征缴养老保险费 1147.17 万元。发放 746 名企业离退休人员养老金 772.93 万元。2009 年，城镇职工基本养老保险，参保单位 170 户，参保职工 3360 人，新增人数 184 人，征缴养老保险费 1226.71 万元，发放 780 名企业离退休人员养老金 954.16 万元。2010 年，城镇职工基本养老保险，参保单位 210 户，参保职工 3540 人，新增人数 180 人，征缴养老保险费 1772.81 万元，发放 810 名企业离退休人员养老金 1170.82 万元。

2011 年城镇职工基本养老保险，参保单位 260 户，参保职工 3702 人，新增人数 162 人，征缴养老保险费 2291.52 万元。发放 878 名企业离退休人员养老金 1400.17 万元。2012 年城镇职工基本养老保险，参保单位 290 户，参保职工 3932 人，新增人数 230 人，征缴养老保险费 2368.39 万元。发放 943 名企业离退休人员养老金 1720.50 万元。2013 年城镇职工基本养老保险，参保单位 317 户，参保职工 4223 人，新增人数 291 人，征缴养老保险费 2847.51 万元，发放 1082 名企业离退休人员养老金 2045.86 万元。2014 年城镇职工养老保险征收 3213.7 万元，参保人数 4723 人。2015 年城镇职工基本养老保险征收 2638 万元，参保人数 4771 人。2014 年 10 月 1 日正式启动机关事业单位养老保险制度改革。

城乡居民基本养老保险 2011 年 7 月 1 日起，启动新型农村社会养老保险和城镇居民社会养老保险工作。是年全县参保群众 63215 人，征缴养老保险费 282.55 万元，领取待遇人员 35569 人，发放基础养老金 1172.9 万元。2012 年全县参保群众 84739 人，征缴养老保险费 437.74 万元，领取待遇人员 36835 人，发放基础养老金 2361.6 万元。2013 年全县参保群众 111435 人，征缴养老保险费 731.8 万元，领取待遇人员 39772 人，发放基础养老金 2438.7 万元。2014 年 1 月 1 日城乡居民社会养老保险更名为城乡居民基本养老保险。2014 年 7 月 1 日新型农村社会养老保险和城镇居民社会养老保险统称的城乡居民社会养老保险更名为城乡居民基本养老保险，同时，农村居民养老保险与城镇居民养老保险实施并轨，是年城乡居民参加社会养老保险 128000 人，征缴城乡居民养老保险基金 770 万元。2015 年城乡居民社会养老保险参保人数 134352 人，征缴城乡居民养老保险基金 810 万元。

2015 年城镇职工养老保险征收 3213.7 万元，占州下达任务数的 147%，参保人数 4771 人，占州下达任务数的 157.4%；失业保险征收 753.7 万元，占州下达任务数 630 万元的 119.6%，参保人数 7310 人，占州下达任务数的 100%；医疗保险征收 3230.5 万元，占州下达任务数的 112.5%，参保人数 23350 人，占州下达任务数的 100.9%；工伤保险征收 334.8 万元，占州下达任务数的 104.6%，参保人数 11498 人，占州下达任务数的 103.2%；生育保险征收 206.07 万元，占州下达任务数的 118.4%，参保人数 7171 人，占州下达任务数的 130.4%；城乡居民社会养老保险基金征缴 829 万元，占州下达任务数 102.3%，参保 138512 人，占州下达任务数 119400 人的 106%。

全县社会保险待遇支出共计 10097 万元，其中：城镇职工养老保险待遇支出 3354 万元，基本医疗保险待遇支出 2581 万元，离休伤残人员医疗待遇支出 95.7 万元，失业保险待遇支出 27.7 万元，工伤保险待遇支出 238.2 万元，生育保险待遇支出 44.3 万元，城乡居民基本养老保险待遇支出 3755.9 万元。

二、失业保险

失业保险是指国家通过立法强制实行的，由用人单位、职工个人缴费及国家财政补贴等渠道集资建立失业保险基金，对因失业而暂时中断生活来源的劳动者提供物质帮助以保障其基本生活，促进其再就业制度。

1992 年，全县参加待业保险单位 55 个，职工 1404 人，工资总额 32.22 万元，按 1% 提取总数 0.32 万元，占应收金额的 88.35%。1993 年 4 月开展待业保险金的统筹管理。1995 年实收失业保险单位 60 个，实收缴金额 4.75 万元，占应收数的 88.35%。

1999 年，全县参加失业保险企事业单位 139 家，参保人数 4797 人，应缴失业保险费 74.3 万元，其中：事业单位 101 家，职工 3422 人，实收 37.4 万元，欠缴 33 家，19.3 万元；企业单位 38 家，职工 1375 人，实收 12.1 万元，欠缴 13 家，5.5 万元。2000 年收取失业保险金 70 万元，参保人数 4818 人，发放失业金 2 万元。2000 年 6 月省人民政府印发《贵州省失业保险办法》（省人民政府令第 49 号）将待业保险更名为失业保险。

2001 年，全县参加失业保险的企事业单位 134 家，职工 4807 人，实收 66 万元。发放失业保险金 7.4 万元，人数 52 人，审核失业保险手册 3680 本。2002 年参加失业保险企事业单位 119 个，参保人员 4956 人，实收失业保险费 63 万元。发放失业保险金 5 人，计 0.69 万元，失业保险金滚动结余 218 万元。2003 年全县企业实收 28.1 万元，为征缴数的 97.2%。事业单位应缴失业保险个人部分 36 万元，实收 32.5 万元，占应缴数的 90.28%。2004 年全县参加失业保险职工 5231 人，征缴企事业单位失业保险费 51.29 万元。支付失业全保险费 20 人（次）金额 4260 元，支付下岗失业人员职业培训及职业介绍补贴 5 万元。2005 年全县参加失业保险企事业单位 169 户，参保人数 5611 人，实收失业保险费 85.40 万元，清理欠缴 12 万元。

2006 年，全县参加失业保险企事业单位 170 户，参保人数 5596 人，其中：企业 49 户 1569 人；事业单位 121 户，4027 人。收缴失业保险费 107 万元。2007 年，全县参加失业保险企事业单位 167 户，参保人数 5561 人，其中：企业单位 46 户，1465 人，事业单位 121 户，4096 人。全年征缴失业保险费 123 万元，支出 14 人失业金共 1.6 万元。2008 年，全县参保人数 5596 人。征缴保险费 177.59 万元，支出 22 人失业金 6.97 万元。2009 年，全县参保人数 5557 人，是年征缴失业保险费 208.60 万元，支出 12 人失业金 2.96 万元。2010 年，全县参保人数 5623 人，征缴失业保险费 178.94 万元，支出 60 人失业金 16.44 万元。

2011 年，全县参保人数 5807 人，征缴失业保险费 290.85 万元，支出 70 人失业金共 5.86 万元。2012 年，全县参保人数 5959 人，征缴失业保险费 545.68 万元，支出 78 人失业金共 20.72 万元。2013 年，全县参保人数 7007 人，征缴失业保险费 637.21 万元，支出 53 人失业金共 16.51 万元。2014 年参保人数 7100 人，征收失业保险费 753.7 万元。2015 年参保人数 7221 人，征收失业保险金 780 万元。

三、遗属抚恤

遗属抚恤是党和政府对干部职工死亡后的干部职工遗属提供生活保障，体现党和政府对干部职工死后遗属的关心和照顾。从 1991 年 7 月起，对全县 249 名遗属生活困难费作适当调整，共计月净增遗属生活困难补助费 1608 元，办理“遗属生活困难补助费发放证”55 个。同时在企业单位传达黔劳险字（1991）17 号文件的通知，是年 10 月起，对企业死亡职工抚恤和死亡遗属定期生活困难补助标准进行了调整。

1994年办理干部职工死亡遗属补助，一次性抚恤24人。1995年办理干部职工死亡后一次性抚恤金37个单位47人，金额15.15万元。遗属生活困难补助48人，月支金额2.2万元。

1997年办理各种津贴补贴、浮动工资转固定工资、退休建房费、异地安家费，职工死亡一次性抚恤、遗属生活困难补助等2837人，共计月增金额17.54万元。2000年办理各种津贴、抚恤金、遗属困难补贴、建房费等355人。

2001年拨付离退休人员养老金、丧葬费、一次性抚恤费和遗属补助费累计332.4万元。2002年发放企业，遗属补助和丧葬抚恤费36万元。2003年办理57人一次性抚恤金和遗属生活困难补助费。2004年发放丧葬费、一次性抚恤费和遗属生活困难补助42.2万元。2005年发放丧葬费、一次性抚恤补助费、遗属生活困难补助费56.3万元。

2006年发放丧葬费、一次性抚恤费和遗属生活困难补助费57.6万元。2007年发放718名企业离退休人员基本养老金和199名遗属生活困难补助费，离退休人员死亡丧葬费及一次性补助费共计630万元。2008年发放219名遗属生活困难补助费，离退休人员死亡丧葬费及一次性补助费共计122.08万元。2009年发放223名遗属生活困难补助费，离退休人员死亡丧葬费及一次性补助费共计124.78万元。2010年发放218名遗属生活困难补助费、离退休人员死亡丧葬费及一次性补助费共计114.07万元。

2011年发放225名遗属生活困难补助费、离退休人员死亡丧葬费及一次性补助费计124.26万元。2012年发放223名遗属生活困难补助费、离退休人员死亡丧葬费及一次性补助费计148.44万元。2013年发放225名遗属生活困难补助费、退休人员死亡丧葬费及一次性补助费计137.12万元。2014年退休92人，死亡73人，一次性抚恤金502.55元；2015年退休109人，死亡59人，一次性抚恤金415.08万元；2015年安置退伍军人1人。

四、工伤保险

罗甸县工伤保险业务起步较晚，2004年12月黔南州人民政府印发《黔南州工伤暂行办法》后于2005年1月1日启动工伤保险工作。

2005年参加工伤保险企业19户，参保人数912人，全年征缴工伤保险费7.5万元。2006年参加工伤保险企业38户，参保人数1503人，征缴工伤保险费11.2万元。2007年参加工伤保险单位61户，参保人数2056人，新增人数553人，全年征缴工伤保险费17万元，支付遗属生活费0.08万元。2008年参加工伤保险单位68户，参保人数2213人，新增人数157人，征缴工伤保险费30.79万元，支付工伤保险待遇24.17万元。2009年参加工伤保险单位68户，参保人数2301人，新增人数88人，缴工伤保险费43.05万元，支付工伤保险待遇59.80万元。2010年参加工伤保险单位72户，参保人数2930人，新增扩面人数629人，征缴工伤保险费80.15万元，支付工伤保险待遇57.42万元。2011年参加工伤保险单位196户，参保人数9492人，新增人数6562人，征缴工伤保险费140.72万元，支付工伤保险待遇33.76万元。2012年参加工伤保险单位384户，参保人数10655人，新增人数1163人，征缴工伤保险费187.99万元，支付工伤保险待遇284.21万元。2013年参加工伤保险单位384户，参保人数10931人，新增人数276人，征缴工伤保险费295.87万元，支付工伤保险待遇325.25万元。2014年参加工伤保险人数11100人，征缴工伤保险费332万元，支付404万元。2015年参加工伤保险人数11498人，征缴工伤保险费336万元。

五、生育保险

2004年筹措资金为农村独生子女、两女结扎户办理养老保险，完成6户2400元的“两户”养老保险工作。2007年3月1日州人民政府印发《黔南州职工生育保险暂行办法》（黔南州政府令第10号），是年3月起动施行生育保险。

2007年参加生育保险的企事业单位13户，养保职工465人，其中：企业单位12户，参保职工417人；机关、事业单位1户，参保职工48人，征缴生育保险费1.3万元。2008年全县参加生育保险职工1386人，征缴生育保险费18.09万元，待遇支付12人生育保险金3.73万元。2009年参加生育保险职工1400人，征缴生育保险费 13.60 万元，待遇支付 33 人生育保险金 9.45 万元。2010 年参加生育保险职工 1950 人，征缴生育保险费 25.77 万元，待遇支付 45 人生育保险金 15.15 万元。2011 年参加生育保险职工 4443 人，征缴生育保险费 62.31 万元，待遇支付 76 人生育保险金 30.64 元。2012 年参加生育保险职工 5120 人，征缴生育保险费 101.14 万元，待遇支付 150 人生育保险金 59.88 万元。2013 年参加生育保险参保职工 5450 人，征缴生育保险费 170.14 万元。待遇支付 271 人 81.60 万元。2014 年参加生育保险职工 5470 人，征缴生育保险费 206.07 万元。2015 年参加生育保险职工 7171 人，征缴生育保险费 231 万元。

第二节　医疗保险

一、职工医疗保险

1999 年启动全县职工医疗保险工作，2002 年开始实施，参加职工医疗保险的单位 146 个（行政 65 个，事业 77 个，企业 4 个），参保干部职工 6582 人（其中：在职职工 5128 人，退休职工 1402 人，离休人员 45 人，二等乙级残废军人 7 人。省、州直管单位 4 个，职工 514 人）。全年征缴医疗保险费 244.72 万元，总支出 152.21 万元（其中：门诊支出 53.86 万元，住院支出 98.35 万元），个人账结余 33.39 万元，统筹结余 59.11 万元。

2003 年征缴职工医疗保险基金 274 万元（其中：统筹 150 万元，个人账户 124 万元），全年支出医疗保险费用 245 万元，统筹结余 29 万元。

2004 年征缴职工医疗保险费 259.06 万元，（其中：统筹 125.91 万元，个人账户 122.54 万元，待转保险费收入 10.61 万元）。支付基本医疗保险基金 204.52 万元，（其中：个人账户支出 82.04 万元，统筹账户支出 56.68 万元，离退休人员、二等乙级残废军人医疗支出 65.8 万元），年度结余 54.54 万元。

2005 年全县参加职工医疗保险行政、事业单位 251 个，参保职工 7155 人，比上年末净增 354 人，其中：在职干部职工 5671 人，退休人员 1484 人，离休人员 36 人，二等乙方残废军人 7 人。全年共收职工医疗保险费 369.70 万元（其中：财政划入拨 200 万元），企业、自收自支事业单位、省、州直管单位 13.1 万元。总支付职工医疗保险基金 302.30 万元，其中：个人账户支出 137 万元，统筹支出 165.30 万元，年度结余 67.40 万元。

2006 年全县行政、事业、企业单位 162 个，参保人数 7568 人，其中：在职职工 6060 人，退休 1508 人，比上年参加职工医疗保险净增 413 人，共收职工医疗保险费 395 万元。全年支付职工医疗保险费用 302 万元，年度实结余 93 万元。

2007 年全县参加职工医疗保险单位共 169 户，参保职工 8153 人，新增人数 585 人，征缴职工医疗保险费 423 万元。

2008 年全县参加职工医疗保险单位 197 户，参保职工 9677 人、新增人数 1524 人，征缴职工医疗保险费 943.34 万元。全年支付职工医疗费用 621.29 万元。

2009 年全县参加职工医疗保险单位共 201 户，参保职工 9836 人、新增人数 159 人，征缴职工医疗保险费 1112.61 万元，全年支付职工医疗费用 857.79 万元。

2010 年全县参加职工医疗保险单位共 201 户，参保职工 9912 人、新增人数 76 人，征缴职工医疗保险费 1734.24 万元，全年支付职工医疗费用 895.60 万元。

2011 年全县参加职工医疗保险单位共 213 户，参保职工 10330 人、新增人数 418 人，征缴医疗保险费 1980.99 万元，全年支付职工医疗费用 1083.67 万元。

2012 年全县参加职工医疗保险单位共 228 户，参保职工 10330 人，征缴职工医疗保险费 2323.47 万元，全年支付职工医疗费用 1372.94 万元。

2013 年全县参加职工医疗保险单位 241 户，参保职工 10696 人、新增人数 366 人，征缴医疗保险费

2683.78 万元，全年支付职工医疗费用 1782.93 万元。

2014 年全县参加职工医疗保险单位 307 个，参保职工人数 10726 人，新增人数 46 人，征缴职工医疗保险费 3135 万元，支付职工医疗费用 2086 万元。

2015 年城镇职工征缴医疗保险费 4204 万元，参保人数 10750 人。

二、城镇居民基本医疗保险

2008 年 9 月启动实施全县城镇居民基本医疗保险工作。是年城镇居民基本医疗保险参保 6 人，征缴 0.11 万元。

2009 年城镇居民基本医疗保险参保 87 人，征缴 0.84 万元，待遇支付 6 人 0.45 万元。

2010 年城镇居民基本医疗保险参保 3 人，征缴 0.01 万元，待遇支付 6 人 1.48 万元。

2011 年城镇居民基本医疗保险参保 8059 人，征缴 90.33 万元，待遇支付 664 人 102.75 万元。

2012 年城镇居民基本医疗保险参保 12360 人。征缴 27.16 万元，待遇支付 651 人 148.97 万元。

2013 年城镇居民基本医疗保险参保 12520 人。征缴 77.14 万元，待遇支付 521 人 122.99 万元。是年 1 月 1 日启动城镇居民大病医疗保险工作。

2014 年城镇居民基本医疗保险参保 12540 人，征缴 47 万元，待遇支出 1628 人 195 万元。

2015 年城镇居民基本医疗保险参保 12600 人，征缴 34 万元。

第四章　社会事务管理

第一节　机　构

罗甸县民政局是县人民政府组成机构，职能是开展基层政权建设、专项社会事务、救灾救济、优抚安置和社会福利等工作。1984 年内设办公室、救济股、优抚股、婚姻登记股、基政股、财务室。2001 年增设勘界、地名股。2002 年增设低保股。2008 年增设社团管理办、医保股、救助办、社救股、彩票发行中心。2009 年增设殡葬管理办、罗甸慈善总会。

2014 年机构设置：救灾救济股、优抚安置股、基政和社区建设股、勘界地名股、低保办、办公室、福利彩票发行中心、婚姻登记股、资金管理服务中心、医疗救助站、流浪乞讨人员救助管理站、殡葬管理服务中心（烈士陵园管理所）、民政综合执法监察大队、社会福利院、社团组织登记管理办、编制 56 人。全县 8 镇 1 乡各设社会事务办公室。

2015 年县民政局机关及下属单位人员 49 人（其中行政人员 15 人，事业人员 34 人），内设办公室、救灾股、基层政权和社会事务股、优抚安置股（加挂县双拥工作领导小组办公室牌子）、纪检组、民政事业资金管理中心、慈善总会办公室、婚姻登记处、革命烈士陵园管理所（加挂县殡葬管理服务中心牌子）、社会救助局。6 个职能室：医疗救助股、农村低保股、城市低保股、城乡特困人员供养服务办公室（综合社会福利院）、麻风村医院、流浪乞讨人员救助管理站（加挂流动儿童救助保护中心）。县老龄工作委员会办公室挂靠县民政局（为正科级事业单位）。

第二节　救灾救济

罗甸地处贵州南部，总面积 3015.76 平方公里，山高坡陡、沟壑纵横，土质贫瘠，气候差异大，生产条件差。自然灾害频繁，主要有旱灾、水灾、风雹灾、地震、滑坡、泥石流等时有发生，给人民群众的生命财产造成巨大损失。

灾情发生后，县民政局立即上报县、州、省，并由县领导带队深入灾区，察看灾情，安抚灾民，组织调运粮食、衣物、帐篷等救灾物资，妥善解决灾民的生活及住房困难，帮助灾民渡过难关。

随时关注冬春、旱灾、突发灾害应急救助和灾后恢复重建工作规程，严格救灾款（物）下拨、发放管理。2015 年下拨救灾资金 300 万元、发放棉被 4300 床、大米 750 吨、单衣 6000 套、棉衣 4000 件、救灾帐篷 138 顶。同时做好救灾物资储备工作，救灾物资储备采取救灾物资仓库与物资储备点相结合的方法，以县救灾物资仓库为中心，按照合理分布、便于使用的原则，在全县建立 1 个物资储备点，储备单衣 8000 套、棉衣 7000 件、救灾帐篷 295 顶，确保重大灾情及时上报、有灾报灾、无灾报平安。

2014 年，县人民政府出台《罗甸县优抚医疗救助管理办法》，完善大病医疗救助办法，合理制定救助标准、简化救助程序，建立分类救助台账，扩大救助对象覆盖面。2015 年大病医疗救助 3614 人次，救助金额 863.45 万元，其中：资助民政对象农村低保、“五保”、孤儿、优抚对象等 53791 人，缴纳新型农村合作医疗 161.37 万元，城市低保等 2457 人缴纳城镇居民医疗保险 2.46 万元，共支出医疗保险 168.83 万元，人均救助 2389.18 元。缓解了困难群众看病难、看病贵问题和因病致贫因病返贫问题。

1991—2015 年全县灾情和国家救济统计表

表 13-3

年份	旱灾（亩）	水灾（亩）	风雹灾（亩）	病虫灾（亩）	死亡人（人）	死亡大牲畜（头、匹）	死亡羊（只）	房屋倒塌（间）	房屋损坏（间）	粮食减产（吨）	经济损失折款（万元）	受灾人口（人）	缺粮（吨）	救济粮食（吨）	救济资金（万元）	临时救济（万元）
1991	2800	6960	1200	940	–	13	49	87	156	170	380	19700	68	40	38	10
1992	1700	5200	–	1400	–	5	–	22	42	116	276	9880	42	20	23	9
1993	2200	4870	–	2300	–	–	–	–	86	139	305	13600	51	30	28	5
1994	1860	5700	1100	1070	–	–	22	–	105	114	276	11980	46	25	20	7
1995	2080	6610	–	1580	–	29	47	66	87	159	324	15670	54	33	25	7
1996	2440	7800	–	1097	–	10	64	52	106	185	368	17200	61	42	40	5
1997	3200	7300	1700	1050	–	–	–	–	210	178	352	16600	50	31	29	10
1998	1070	13870	16700	2100	1	182	141	43	9966	205	3592.5	145462	110	105	46	15
1999	–	11760	3240	1170	–	–	–	–	56	180	306	14500	45	20	30	13
2000	1250	7860	1550	–	–	7	25	18	69	176	285	12760	41	24	35	8
2001	1170	5480	2250	–	–	21	33	15	82	160	257	11600	42	28	30	6
2002	–	8950	5123	–	–	272	432	4	1160	215	560	13900	52	35	40	12
2003	1300	5960	3760	1560	–	18	45	38	126	369	315	16780	68	48	45	8
2004	1060	8640	2510	–	–	8	22	12	44	286	302	15700	51	38	50	6
2005	2800	4560	1080	2200	–	5	38	25	69	340	313	18601	60	45	52	12
2006	1150	5250	1360	910	–	12	19	8	56	306	280	14960	53	40	45	10
2007	12000	57000	5000	21000	–	32	62	102	378	4100	3760	105700	2670	307	410	52
2008	–	197400	–	84600	3	454	48	1862	4014	10150	15067	232200	4580	337.6	560	48
2009	139000	83400	36140	19460	–	–	158	246	987	12510	5356	258000	4760	420	303	70
2010	215000	–	–	35500	–	743	–	120	926	11390	29187	285680	4697	1380	1200	89
2011	25000	82000	21000	30700	1	82	–	387	1262	5640	5189	157400	4780	1027	480	32

续表

年份	旱灾（亩）	水灾（亩）	风雹灾（亩）	病虫灾（亩）	死亡人（人）	死亡大牲畜（头、匹）	死亡羊（只）	房屋倒塌（间）	房屋损坏（间）	粮食减产（吨）	经济损失折款（万元）	受灾人口（人）	缺粮（吨）	救济粮食（吨）	救济资金（万元）	临时救济（万元）
2012	2380	6100	14500	1200	–	–	–	–	7866	1080	3009	59500	2380	1372.5	586	43.4
2013	35600	47500	23700	12000	–	–	–	44	8206	4630	6976.2	144000	2970	875	547	27
2014	6145	20583	3432	4145	–	15	–	5	4951	1372	4871	75232	1320	1059	626	90
2015	23100	48570	–	–	3	7	–	60	560	12330	11239	176900	2560	1100	500	80

专记：重灾实录

1987年1月23日上午9时，罗甸云里发生4.9级地震，波及范围达10公里。震区60户群众住房遭到不同程度的损失，其中：3户住房倒塌，1名妇女被压死，造成经济损失30余万元。

1992年4月7日，罗悃镇降冰雹最大的有3–4厘米，且密度集，遭受不仅庄稼、房屋被打坏，连树皮叶被打精光，雀鸟也不能幸免。早菜损失面积300多亩，造成经济损失150余万元。

1998年4月7日、5月1日，罗甸境内大部分地区相继遭受不同程度的暴风雨、冰雹袭击，风力达8–10级，局部地区雨夹雹时间长达16分钟，冰雹最大颗粒直径为5–6厘米，一般直径为2.5厘米，地面积冰雹厚度达6–7厘米，造成农房、电杆倒塌、人畜伤亡、农作物受损，损失惨重。据统计，全县26个乡镇179个村1074个村民组32340户145462人受灾，成灾3.18万人。房屋受损9966间，其中：倒塌43间，造成57人无家可归，重伤13人，死亡1人，死亡大牲畜182头，黑山羊141只；农作物受灾12.6万亩，成灾7.22万亩，绝收1.67万亩；经济林受灾0.5万亩，造成直接经济损失3592.5万元。冰雹灾最为严重的罗沙乡，全乡有9个村85个村民组2752户1.12万人遭受冰雹袭击，农房受损1411间，农作物受灾0.82万亩，果树林被冰雹砸坏2.14万株，直接经济损失620万元。

2002年5月2日，罗暮乡遭受百年一遇的狂风暴雨夹冰雹严重袭击，降雨量达165毫米，降雹时间28分钟，最大雹粒直径5厘米，地面积雹1米多高，农作物受灾0.5万多亩，损坏房屋464户1160间，死亡大牲畜121头（匹），猪251头，黑山羊432只，造成12户54人无家可归，直接经济损失543万元。

2007年3月17日7时05分，罗甸以罗妥乡交算村为中心的周围地域发生ML3.8级地震，震时为6秒。震中经纬度/北纬24° 56’，东经106° 43’。震波波及罗甸县罗妥乡的交算村、上妥村、下妥村、俄村村、牙村村、相亭村，凤亭乡的抗村村、勤丰村、凤亭村，红水河镇、大亭乡、罗悃镇、罗苏乡、罗暮乡、罗甸县城。截至3月23日中午，共发生余震11次。造成125户620人的房屋750间、交算小学教学楼6间教室、2间办公室不同程度受损，直接经济损失55万元。

2008年1–2月，罗甸境内持续一个多月的低温凝冻灾害天气，导致全县工农业生产、电力保障、交通运输、通信等方面受损十分严重。全县26个乡镇267个村、5个社区居委会、1315个组、51637户23.22万人受灾；农作物受灾2万亩，其中：成灾1.1万亩，绝收9000亩；房屋倒塌422户1480间、损坏1052户1621间；大牲畜冻死440头（匹）；交通、电力、水利、通信及工矿企业等不同程度受损。造成直接经济损失1.18亿元，其中：农业损失1亿元，工矿企业损失1126万元，交通损失124万元，电力损失44万元，水利损失21万元，通信损失60万元，家庭财产损失398万元

第三节　优抚安置

优抚是优待和抚恤的简称。根据国家有关政策、法规规定，对军人及其家属实行优待、抚恤。

优抚军烈属　1988—1991 年全县军烈属 567 户，政府给予劳动日照顾获现金补助，累计支付金额 39.7 万元；1992—1996 年全县军烈属 588 户，累计支付金额 51.45 万元；1997—2000 年，全县军烈属 1250 户，累计支付金额 91 万元；2001—2006 全县军烈属 1676 户，累计支付金额 193.1 万元；2007—2013 年，全县军烈属 945 户，累计支付金额 268.5 万元；2014 年全县军烈属 235 户，累计支付金额 64.3 万元。2015 年全县军烈属 241 户，累计支付金额 70.74 万元。

在乡老复员军人　1980—1985 年全县在乡老复员军人 499 人，累计发放定期定量补助 14.97 万元；1986—1990 年全县在乡老复员军人 480 人，累计发放定期定量补助 28.8 万元；1991—1995 年全县在乡老复员军人 460 人，累计发放定期定量补助 55.2 万元；1996—2000 年全县在乡老复员军人 420 人，累计发放定期定量补助 102.3 万元；2001—2005 年全县在乡老复员军人 385 人，累计发放定期定量补助 231 万元；2006—2010 年全县在乡老复员军人 343 人，累计发放定期定量补助 411.6 万元；2011—2015 年全县在乡老复员军人 217 人，累计发放定期定量补助 567.22 万元。

优待伤残人员　1978—1985 年全县伤残人员 68 人，其中：一等残废 2 人，二等甲级 2 人，二等乙级 7 人，三等甲级 31 人，三等乙级 26 人。2005 年开始，伤残军人等级重新划分，全国伤残等级统一分为因战、因公或因病致残 1-10 级。2013 年全县有伤残人员 58 人，其中：三级因公致残 3 人，四级因病致残 1 人，五级因公致残 1 人，六级因战致残 3 人，因公致残 1 人，七级因战致残 5 人，因公致残 24 人，八级因公致残 12 人，因战致残 8 人。1986—2013 年发放优待金 138 万元。2014 年发放优待金 63.5 万元。2014 年发放伤残抚恤金 91.5 万元。2015 年全县伤残人员 49 人，共计发放伤残抚恤金 83.3 万元。

节日慰问　每年春节期间县政府组织有关单位领导对军烈属、伤残军人开展慰问活动。1978—1985 年发放慰问金 7.8 万元；1986—2006 年发放慰问金 38.5 万元。2007—2013 年发放慰问金 32.4 万元。2014 年对军烈属伤残发放慰问金 13.6 万元。2015 年对军烈属伤残发放慰问金 22.3 万元。2015 年对军烈属伤残发放慰问金 22.4 万元。

退伍安置　按照民政部有关文件规定，对城镇退役军人进行安置、择优录用和自谋职业等。

2001—2015 年城镇退役士兵安置统计表

表 13-4

安置时间	安置方式	安置人数	安置金额（元）	安置时间	安置方式	安置人数	安置金额（元）
2001 年	安排工作	6（公勤岗位）	–	2009 年	择优录用	5	–
2002 年	安排工作	7（公勤岗位）	–		自谋职业	3	66300
2003 年	安排工作	5（公勤岗位）	–	2010 年	择优录用	0	–
2004 年	择优录用	4	–		自谋职业	8	212000
	自谋职业	8	92080	2011 年	择优录用	4	–
2005 年	择优录用	3	–		自谋职业	5	144000
	自谋职业	5	66640	2012 年	择优录用	5	–
2006 年	择优录用	3	–		自谋职业	8	230400
	自谋职业	7	108010	2013 年	择优录用	4	–
2007 年	择优录用	3	–		自谋职业	9	326065
	自谋职业	6	112500	2014 年	择优录用	0	–
2008 年	择优录用	3	–		自谋职业	4	205016
	自谋职业	7	143780	2015 年	择优录用	0	–
–	–	–	–		自谋职业	4	164116

注：2011 年 11 月 1 日之后入伍的按照《退役士兵安置》新条例执行

传统教育基地 1975年在县城北郊修建革命烈士公墓，每年上山瞻仰悼念人数达千人次，由于年久失修，公墓大门及纪念牌倒塌损毁。2006年，县政府无偿划拨土地，县民政局多方筹集资金，在县城南歧山新建革命烈士陵园，占地面积300余亩，建设面积5000多平方米，投资400多万元。2007年4月竣工，园内刻录罗甸各个时期为革命事业牺牲的烈士名录，修建墓碑50块，建成12.4米高的纪念塔一座，座椅40个，仿古公厕40平方米，仿古管理房35平方米，单檐六角亭2个，烈士诗抄石碑，花岗岩诗画栏杆600米，凭吊广场1800平方米，梯步石阶400级；围墙1200米。还有数十块碑文刻录罗甸革命老区的基本情况等。县委、县政府当年命名为“爱国主义教育基地”。2008年4月被成都军区授予“军民共建革命历史红色文化旅游景点”称号。2015年1月被民政部评为“全国文明优抚事业单位”，2015年4月被贵州省委、省人民政府评为“爱国主义教育基地”。之后，投资400万元，续建老区纪念馆、环山路、休闲亭等附属设施。革命烈士陵园开放以来，已接纳进园瞻仰参观群众10余万人次，陵园成为中小学生进行革命传统教育的基地，又是县驻军及人民群众凭吊烈士的场所，同时成为县城一个观光、休闲晨练的景点。

第四节 社会福利

社会编制主要以无经济收入和生活无人照顾的老年人、残疾人和孤儿等特殊社会群体为对象，通过集中收养和分散供养相结合，为他们提供生活供养、疾病医治和文化教育等福利服务。

福利彩票销售 1985—1990年，罗甸福利彩票销售规模小，销量少。截至1985年，共销售50万元，省、州下拨福利公益金8万元。1986年罗甸举行100万元福利彩票销售活动，省、州下拨福彩公益金20.7万元。1997年初举行160万元大额福利彩票销售，省、州下拨福彩公益金33.6万元。1998年销售福利彩票200万元，省、州下拨福彩公益金40.1万元。1999年销售福利彩票60万元，省、州下拨福彩公益金10.3万元。2001年省、州下拨福利彩票公益金27万元。2002年台湾慈济会向罗甸捐款167万元。2003年销售福利彩票48.96万元，省、州下拨福彩公益金9万元。2004年销售福利彩票232万元，省、州下拨福彩公益金11.6万元。2005年销福利彩票370万元，省、州下拨“福彩”公益金18.5万元。2006年销售福利彩票400万元，省、州下拨福彩公益金20万元。2007年销售彩票261.07万元，2008年销售327万元，2009年销售500万元，2010年销售943万元，2011年销售760万元，2012年销售659.1万元，2013年销售982万元。2014年完成州对县的销售任务1000万元，2015年完成州对县的销售任务871.4万元。

福利公益金使用 1996年创办辉绿岩板材厂福利项目1个，厂址与玻球码头相近。投入福彩公益金28万元，用于征地、简易厂房建设、购置切机、磨机、航车等板材加工设备等。项目建成后，因产品滞销、流动资金周转不济等原因而停止运转（之后兴建龙滩电站，该厂地处淹没区，获得赔偿96.3万元）。1997年投入福彩公益金20万元用于麻山易地移民，移民137户652人。1998年建罗甸县综合福利院，使用福彩公益金40.1万元。2000年建红水河镇平堡移民新村、羊里移民新村，使用福彩收益金96.3万元。2001年援建罗沙乡水淹塘村、沫阳纳上新村，使用福彩公益金27万元。2003年建社区星光老年之家、改造县综合福利院使用福彩公益金10万元。2004—2006年对社会福利院、敬老院进行改造，使用福彩公益金50.1万元。

社会救助 救助福利对象，主要对全县“五保”、孤儿进行救济。1986—1991年全县供养孤儿、五保250人，累计支付金额5.4万元。2011—2015年全县共发放特困供养人员7357户7706人，供养金1606.441万元，缴纳新型农村合作医疗保险和城镇居民医疗保险15万余元。福彩公益为罗甸社会福利事业注入新的活力。2001—2015年，共资助流浪乞讨人员5000余人次，支付金额140万元。

敬老院建设 1992—1996年，全县供养孤儿、五保老人396人，累计支付金额11.9万元。其中：边阳敬老院集中收养“五保”老人5户5人。1991年前，边阳敬老院原瓦房3间，面积130平方米。1992年向州民政局争取到专项资金8000元，将原来的瓦房改造成钢筋水泥平房。

截至2015年，全县修建敬老院10栋，占地面积14.32万平方米，建筑3.21万平方米，投资7320万元。

集中收养“五保”老人、孤儿 353 人，年支出生活费 261.53 万元。

1999—2014 年修建敬老院统计表

表 13-5

名　称	时　间	投资（万元）	占地面积（平方米）	建筑面积（平方米）	集中收养（人）	分散供养（人）	年支付（万元）	表　彰
罗甸综合社会福利院	2005-2006	360	3500	3340	57	-	66.36	-
逢亭敬老院	2014	800	18000	2393.5	-	-	-	-
董当敬老院	2013-2014	1200	18000	6300	-	-	-	-
罗悃敬老院	2013-2014	850	17000	2393.5	-	-	-	-
栗木中心敬老院	2008-2009	400	18000	2360.62	97	-	69.84	2012 年获省民政厅授予五星级
兴隆敬老院	2010	600	14000	2855.25	46	-	33.12	2013 年获省民政厅授予五星级
沫阳敬老院	2011-2012	760	8000	2393.5	83	-	56.22	2014 年获省民政厅授予五星级
儿童福利院（地址莲花）	2013	1000	10700	5048	-	-	-	-
茂井敬老院	2012-2013	750	18000	2855.25	24	-	13.91	-
木引敬老院	2012-2013	600	18000	2200	46	-	22.08	-

县栗木中心敬老院建于 2009 年，占地面积 18000 平方米，建筑面积 2360.62 平方米，共有床位 150 张，总投资 480 万元。2011 年 10 月在第二届“温暖贵州·福利彩票”敬老爱老助老楷模表彰大会上被评为“贵州省十佳敬老院”；2012 年 6 月获全国民政系统“群众满意窗口”称号，同时被命名为“全国民政系统行风建设示范单位”；2012 年 12 月被贵州省民政厅评为“五星级敬老院”；2014 年 9 月获民政部表彰为“全国农村‘五保’供养工作先进单位”。

逢亭区大连冲麻风病院，建于 1958 年，有田 21 亩，土 50 亩，病房 15 间，宿舍授课管理用房 5 间。1978—1985 年，入院病人 111 人，经治疗出院 53 人，死亡 15 人，社会医治 12 人，累计支付医药 11.7 万元。1986 年，麻风医院更名为麻风村。1991 年，有麻风病人 7 人。1992—2015 年有麻风病人 2 人。

第五节　城乡低保

改革开放后，罗甸城镇人口生活水平有较大的提高，但仍有少数城镇人口存在贫困线下。根据国家民政部有关规定，2002 年开始罗甸县对非农业人口贫困人员实行最低生活保障，做到困难群众应保尽保。在城乡低保审批工作中，严格按照“三环节十步骤”的程序。

2002 年城镇低保人数 1629 人，月发放 140 元 / 人，发放最低生活保障金 90.83 万元。2007 年对农业人口贫困人员实行最低生活保障，农村低保对象 30298 人，发放金额 241 万元

2015 城年乡低保对象 19785 户 55139 人，发放最低生活保障资金 8742.01 万元，较 2014 年下降 23427 人。其中：发放农低保（18159 户 52301 人）保障资金 7872.8 万元，发放城市低保（1626 户 2838 人）保障资金 869.21 万元，是年，县人民政府出台政策再次提高全县城乡居民最低生活保障线标准：城市居民最低生活保障线为 440 元 / 人 / 月，增发补助为 88 元 / 月，较去年提高 27.5%；农村居民最低生活保障线为 2580 元 / 人 / 年，增发补助为 43 元 / 月，较去年提高 31.6%。

2002—2006 年城镇低保补助表

表 13-6

年　份	城镇低保月标准（元）	低保人数（人）	年支付金额（万元）
2002 年	104	1629	90.83
2003 年	104	2253	144.53
2004 年	130	2732	218.00
2005 年	130	1445	131.50
2006 年	160	889	66.00

2007—2015 年城乡低保情况统计表

表 13-7

年　份	保障类别	年末保障人数（人）	年发放金额（万元）	合计（万元）
2007	城市低保	2244	245.8	486.80
	农村低保	30298	241	
2008	城市低保	2534	440	2410.90
	农村低保	44000	1970.8993	
2009	城市低保	2741	520	3329.27
	农村低保	44000	2809.272	
2010	城市低保	2536	415.86	4214.76
	农村低保	78849	3798.9	
2011	城市低保	2623	598.905	8679.15
	农村低保	79865	8080.2459	
2012	城市低保	2457	444.20	8144.00
	农村低保	81458	7699.8	
2013	城市低保	2831	802.2	7424.23
	农村低保	79532	6622.0344	
2014	城市低保	2964	821.96	7483.56
	农村低保	75592	6661.5971	
2015	城市低保	2838	869.21	8742.01
	农村低保	52301	7872.7927	

注：2007 年罗甸开始实行农村最低生活保障工作

第六节　婚姻登记

一、婚姻登记

1980 年第二部《中华人民共和国婚姻法》颁布，罗甸县各乡镇刚开始婚姻登记工作仍有部分不依法登记，违反婚姻法、和未达法定年龄的早婚青年，存在一些属于直系血亲和三代以内旁系血亲以及未经治愈的麻风病、精神病患者结婚，给下一代带来先天性的病残。1997 年 4 月 12 日，罗甸县人民政府转发 1996 年省人民政府令第 27 号〔关于认真贯彻执行《贵州省婚姻登记管理办法》的通知〕，1999 年 4 月，罗甸县民政局再次下发《罗甸县关于认真开展婚姻登记管理行政执法检查的通知》，对早婚和不登记就以夫妻关系同居的现象进行清理和妥善处理，使婚姻登记进一步走上法治轨道。

1978—2015 年罗甸县婚姻登记情况表

表 13-8

内容 年份	民政部门准予登记结婚数（对）	初婚数（对）	再婚数（对）	出具婚姻状况证明书（张）	申请离婚数（对）	民政部门准予登记离婚数（对）	涉外、华侨、港澳台同胞准予登记结婚数（对）	达结婚数 %
1978—1988	3694	3548	146	407	152	112	4	95%
1989—1999	16413	15148	1265	795	271	200	11	100%
2000—2006	10663	10282	381	424	539	500	由省民政厅办理	100%
2007—2013	17408	15994	1414	1326	969	934	贵阳市小河民政局	100%
2014	3528	3517	11	820	346	346	贵阳市小河民政局	100%
2015	3804	3767	37	857	463	463	贵阳市小河民政局	100%

收养登记　根据民政部收养条件有关规定，1978—1990 年，全县办理孤儿分散收养 184 人；其中：涉外收养 27 人。1991 年 7 月在龙坪镇建成县福利院，设专职服务员 5 人。全县开始实行集中在福利院收养，至 2013 年共集中收养 147 人。2007—2014 年国内送养 13 人，涉外送养 5 人。2015 年国内送养 2 人。

第七节　殡葬管理

2008 年开始启动殡葬管理制度，制定《罗甸县经营性公墓和殡仪馆建设实施方案》，完成公墓选址、项目材料编写和上报工作。公墓占地 200 亩，总投资 590 万元，完成征地 253.23 亩，兑现征地费 209.7 万元。

2009 年，制定《罗甸县经营性公墓和殡仪馆建设实施方案》，集中丧葬和文明祭祀基本得到落实。

2011 年根据省、州民政部门安排，罗甸县将经营性公墓及殡仪馆建设由罗甸县国有资本运营公司来运作。

2012 年县殡仪馆和公墓建设。县城鹤归园殡仪馆修建在原云干乡道角村拉磨。

2015 年县委、县人民政府印发《罗甸殡葬管理办法》《罗甸县国家公职人员违反殡葬管理有关规定问责办法》《罗甸县惠民殡葬实施办法》《罗甸县党员干部带头推动殡葬改革的实施方案》《集中治丧火化范围和禁止葬坟区域》的规定。是年 8 月 31 日罗甸县鹤归园殡仪馆启动立行。

罗甸县鹤归园公墓建设　该项工程面积 380 亩，投资 6050 万元，墓穴用地 255 亩，规划墓穴 18586 个，其中：土葬墓穴 3020 个，火葬墓穴 13786 个，公益墓穴 1780 个。第一期工程用地 13 亩，建成墓穴 551 个并投入使用。

殡仪馆建设　2015 年完成县殡仪馆建设，共建有 8 个悼念厅，一栋办公楼，一栋餐饮楼，一栋住房楼，建成火化用房和设施、骨灰堂、公安解剖室，以及道路、路灯、绿化等设施，总建筑面积 3770 平方米，总投资 9920 万元。配备运尸车 2 台、火化捡灰炉 2 台、冰棺 8 个及冷藏尸体等设备的采购。

惠民殡葬政策　出台《罗甸县农村公益性公墓建设管理实施方案》《罗甸县殡葬管理办法（暂行）》《罗甸县惠民殡葬实施办法（暂行）》《罗甸县殡葬改革实施方案》《罗甸县殡葬管理问责办法（试行）》《党员干部带头推动殡葬改革实施方案》《罗甸县禁止葬坟公告》《罗甸县殡葬改革相关事宜的公告》等制度。2015 年集中治丧 40 例，实现火化 1 例。

规范殡葬服务管理　2015 年 5 月成立罗甸县殡葬管理服务中心。加强墓区规划建设，严格规范墓葬标准，严禁乱葬滥埋。

公益性公墓建设　2015 年启动农村公益性公墓的建设，首先解决人口超过 2000 人的村或自然寨公墓集中安葬问题，龙坪、沫阳开始选址。

第八节 基层政权建设

村级政权建设 村级政权是国家政权的一个重要组成部分。国家基层政权包括农村基层政权和城市基层政权两部分。农村基层政权是指乡、民族乡、镇一级；城市基层政权不设区的市、市辖区一级。建立乡（镇）人民政府是由若干个生产大队即现在的村民委员会为基础建立起来的。

1978年前，全县有271个生产大队1722个生产小队。人民公社下辖大队，大队下辖生产队。1979年1月各区革命委员会改称区公所，年底各公社革命委员会改称公社管理委员会。1980年恢复罗甸县人民政府，撤销罗甸县革命委员会；1984年4月撤销城关公社，建立龙坪镇；撤销边阳公社，建立边阳镇，实行党政分开，建立乡政府。全县调整为城关、沫阳、边阳、逢亭、八茂、罗悃6个区公所，1个区级镇（龙坪镇），1个乡级镇（边阳镇）49个乡。

1990年年底，罗甸县撤区并乡建镇，全县调整为26个乡镇，即：龙坪、边阳、沫阳、茂井、逢亭、罗悃、红水河7个镇，八总、云干、板庚、栗木、交砚、罗沙、董王、董当、董架、平岩、凤亭、大亭、班仁、纳坪、木引、罗妥、沟亭、罗苏、罗暮共19个乡，5个居委会，271个村委会，1712个村民小组。1996年根据1989年7月26日贵州省第七届人大常委会第8次会议审议通过《贵州省实施〈中华人民共和国村民委员会组织法（试行）〉办法》，撤销生产大队称谓，建立村民委员会。村民委员会由3–7人组成，设主任、副主任、委员。村委会内设人民调解、治安保卫、公共卫生、会计等，每届任期3年、届满举行换届选举，村民委员会可连选连任。

在县委的统一部署下，县民政局派员到各乡镇进行村级换届选举业务指导：抓好以乡镇为单位的村级骨干培训，主要学习《中华人民共和国村民委员会组织法》《贵州省实施〈中华人民共和国村民委员会组织法〉办法》及有关政策；多种形式宣传；做好选民登记和选民资格审查；提名推荐候选人，广泛听取意见，最后确定候选人名单；组织村民选举、张榜公布选举结果；做好新老班子交换工作，保持工作的连续性。在整个村级换届选举过程中，实行民主选举、民主决策、民主管理、民主监督、把思想好、作风正、有文化、有创新、身体健康、年轻有为、村民拥护、愿为村民办事的人选进村民委员会领导班子。

2007年第6届村民委员会换届选举，全县271个村，5个居委员会选举村（居）委员858人，其中：党员占39%，平均年龄37岁，最大53岁，最小21岁，高中以上文化24%，初中63%，妇女占12%，大专以上文化占1%。

2014年区划调整后设村委会177个，委员426人；居民委员会5个，委员16人。

2007—2014年罗甸县村（居）委会统计表

表13-9

乡（镇）	居民委员会（个）	委员个数（人）	村民委员会（个）	委员人数（人）
龙坪镇	3	14	18	59
边阳镇	1	3	16	60
沫阳镇	1	3	12	37
罗悃镇	–	–	14	43
逢亭镇	–	–	18	55
茂井镇	–	–	12	44
红水河镇	–	–	5	15
板庚乡	–	–	14	42
八总乡	–	–	10	35

续表

乡（镇）	居民委员会（个）	委员个数（人）	村民委员会（个）	委员人数（人）
云干乡	–	–	10	30
平岩乡	–	–	8	28
董架乡	–	–	9	26
董当乡	–	–	11	40
交砚乡	–	–	9	25
栗木乡	–	–	10	30
董王乡	–	–	10	29
罗沙乡	–	–	9	31
罗苏乡	–	–	7	20
罗妥乡	–	–	6	17
罗暮乡	–	–	7	24
大亭乡	–	–	8	28
凤亭乡	–	–	8	24
班仁乡	–	–	4	16
木引乡	–	–	18	54
沟亭乡	–	–	10	31
纳坪乡	–	–	5	15
2013 年合计	5	20	268	858
2014 年区划调整后	5	16	177	426

村委会建立后，创建村民自治示范村，示范村的条件：一是有村委会办公室、办公桌椅；二是有固定永久性公开宣传栏；三是有科技书刊；四是有村规民约，五是定期实行村务公开。内容：低保、计生、优抚、救济对象等公布。2010 年经省、州业务主管部门验收达标 219 个村，占示范村总数 84%，基本达标 49 个村，各示范村结合自己的村情普遍制定“村规民约”“村民会议制度”“村务政务公开”。涌现出许多先进村党支部、有的荣获全国、省、州县劳动模范称号。2015 年村委会没有变动。

社团管理 1989 年 10 月，国务院发布《社会团体登记管理条例》规定：“社会团体的登记管理机关是中华人民共和国民政部和县以上地方各级民政部门”。1990—2015 年，全县共有 72 个社会团体登记并发证。经县民政局核实登记的社会团体组织有：消费者协会、私营企业协会、个体劳动者协会等 72 个协会和县学会、研究会。

第九节 地名勘界

地名 1987 年以前地名工作由县城乡建设局负责，1998 年划归县民政局管理。1995 年以前罗甸县城只有解放西路至东路和文化路、生产路、前进路、民主路、民族路、莲花街。

2005 年，为落实国务院《地名管理条例》和 2000 年民政部、交通部、国家工商局、国家质量技术监督局《关于在全国城市设置地名标志的通知》和 2000 年《省人民政府办公厅转发省民政厅等部门关于在全省城市设置地名标志实施意见的通知》（黔府发〔2000〕64 号）文件精神，是年 10 月，成立罗甸县城镇标准地名标志设置工作领导小组，制定《罗甸县城镇标准地名标志设置工作实施方案》《罗甸县城镇标准地名标志设置工作领导小组成员单位职责》。是月，由县政府办主持，县民政局、公安局（含龙坪派出所）、国土局、建设局、龙坪镇政府及城东、城西、河滨3个社区等有关部门参加县地名设置专题会议：一是对街、路、巷进行排查摸底，注明原有的名称；二是查缺补漏，对新增的街、路、巷进行命名；三是部分街、巷的命名作修改和补充。

县城内共有4条街、20条路、28条巷并做好地名标志的制作和设置。

勘界划定 根据1996年《国务院关于开展勘定省、县两行政区域界线工作有关问题的通知》和省人民政府《关于勘定省内行政区域界线有关问题的通知》以及1996年《贵州省县级行政区域界线勘界测绘画技术规定》文件。1997年8月，罗甸县人民政府批准成立勘界领导小组。

1997年8月—1999年12月，历时两年多时间，在双方的共同努力下，完成罗甸长顺线、罗甸惠水线、罗甸平塘线、罗甸望谟线、罗甸紫云线的协商定界，具体勘定情况：

县级行政区域界线勘界 罗甸长顺线：代号为27282731，罗甸长顺线北起罗甸、惠水、长顺三县边界线交会点，南至紫云、罗甸、长顺三县边界线交会点，呈北南走向，全长约7公里。

罗甸惠水线：代号为27282729，罗甸惠水线西起罗甸、惠水、长顺三县边界线交会点，东至平塘、罗甸、惠水三县边界线交会点，呈西东走向，全长约42公里。

平塘罗甸线：代号为27272728，平塘罗甸线西起平塘、罗甸、惠水三县边界线交会点，东至广西天峨、平塘、罗甸、三县边界线交会点，呈西东走向，全长约71公里。

罗甸望谟线：代号23262728，罗甸望谟北起望谟、紫云、罗甸三县边界线交会点，南至广西乐业、望谟、罗甸三县边线交会点，呈北南走向，全长约59.3公里，应埋界桩4棵，实埋设界桩3棵，另一棵三交叉点在河中未设界桩。涉及7个乡（镇）18个村。

罗甸紫云线：代号为25302728，罗甸县、紫云县接边线1条、埋设界桩4棵，涉及5个乡（镇）20个村，全长57.13公里。起点于253027282729号界点，为紫云、罗甸、长顺三县边界线的三交点，鉴于该点位于格必河道中心线，未埋界桩。止点232625302728号界桩，为单位三面石质界桩。位于望谟县、紫云县、罗甸县三县边界线交会点（实际埋设界桩三棵）。

黔、桂两省级行政区域界线勘界 自2003年以来黔、桂两省行政区域界线共联检四次，两省四县、乡镇人民政府、人民群众自觉执行联检协议，遵守边界纪律。双方一致认为，两省（区）人民唇齿相依、山水相连、和睦相处、友好往来，在经济建设中相互支持，从第一次联检至2014年，没有发生新的争议，没有出现更改边界线的现象。

贵州省罗甸县与广西壮族自治区天峨县相邻。罗甸县接壤的乡村是：红水河镇的羊里村；沫阳镇的里落村；茂井镇的康里村、兰西村；凤亭乡的勤丰村、凤亭村；班仁乡的金祥村、红光村、仁兴村；大亭乡的布苏村、牛棚村、田坝村、亭西村等3镇3乡14个村。广西天峨县接壤乡镇村是：下老乡的圭里、百塘、下老、雅房、毫明；向阳镇的海洲、林潭、牛场；坡结乡的河口、龙茶；三堡乡的甲板、塘袍、顶换、顶茂等4个乡镇14个村。边界线全长107.88公里，边界以红水河、曹渡河、八里河、摆金河中心线为界，有界桩一颗（同号双立3A、3B），位于红水河码头附近，现已被水淹没。

贵州省罗甸县与广西壮族自治区乐业县接壤的乡镇是：红水河镇原红河村的洒亭组、小马场组、昂者组和云里村的云里组；广西乐业县接壤乡镇村是：幼平乡渡口村渡口屯、百寒屯。边界线全长6.1公里，无界桩（因龙滩水电站建成，红水河镇原红水河村整村和云里村大部分自然寨被淹没）。

贵州省罗甸县与广西壮族自治区南丹县相邻。罗甸县接壤的乡村是：平岩乡平岩村、火龙村、安羊村。广西南丹县接壤乡镇村是：中保乡的大水井、拉纳、董托、东井等四村。界线全长18.47公里，无界桩。

行政区划 2014年完成罗甸县乡（镇）、村级行政区划调整，将原26个乡（镇）调整为8镇1乡，原268个行政村调整为177个行政村。

第十节　老龄工作

机构　1988年4月成立县老龄问题委员会，下设办公室，专职干部2名。1990年10月22日《中共罗甸县委关于老龄委的归属及有关问题的通知》规定：将县老龄问题委员会更名为罗甸县老龄委员会；罗甸县老龄委员会办公室为县政府下属事业参公局级机构，归党群系统管理，人员编制3人。1994年3月9日罗编字〔1994〕38号确定县老龄委主要职责，内设机构，人员编制和领导职数3人，其中：领导1人，干部2人。2002年1月罗府发〔2002〕34号文件明确：将罗甸县老龄委员会更名为罗甸县老龄工作委员会。办公室为局级机构，事业编制6人（领导1正1副，占民政局编制），2003年11月罗编字〔2003〕54号文件，明确县老龄办列入参照试行国家公务员制度范围。

2015年罗甸县老龄工作委员会设办公室、宣调股，职工8人，其中：主任1人。

老年人年龄结构　2015年12月，60—100岁以上人计46125人，60岁以上老年人口占全县35万人的13.18%。其中：60—69岁23692人（男11748人、女11944人），80—89岁5725人（男2259人、女3466人），90—99岁753人（男245人、女499人），100岁以上36人（男4人、女32人）。

专记：罗甸·中国长寿之乡

罗甸县于北纬25° 04″—257° 45″，东经160° 23″—107° 03″之间，最高海拔1400.6米，最低海拔242米，属亚热带季风湿润气候，无霜期335天，年平均气温19.8℃，年均降雨量1124.8毫米，年日照时数1294.5小时。具有春早、夏长、秋迟、冬短的气候特点，素有“贵州西双版纳”“天然温室”之称。夏无酷暑，冬无严寒，是少有的宜居环境。地形地貌为喀斯特山区，大小河流24条、纵横交错，水资源丰富，森林覆盖率52.6%。

粮食作物生产水稻、玉米、小麦，黄豆、红薯及蔬菜瓜果类。

2015年全县8镇1乡，177个村民委员会，1703个村民组，总人口35.31万人，其中：少数民族人口24.64万人，占总人口69.78%，汉族人口10.67万人，占总人口30.22%。

1991—2015年，罗甸以经济建设为中心，抓住西部大开发机遇，紧紧围绕贵州省委、省政府“两加一推”主基调和黔南州委、州政府“一圈两翼”区域经济发展格局，全力实施工业化、城镇化和农业现代化三大战略，努力突破交通、水利、人才三大瓶颈，大力发展文化教育、医疗卫生、就业和社会保障三大民生，力争把罗甸打造成贵州南部经济增长区，推进经济社会发展的历史新跨越，树立罗甸中国长寿之乡精神风貌。

2014年调查统计，全县健在百岁老人45人，其中：男8人、女37人，最大年龄110岁。90-99岁老年人753人，其中：99岁9人。80岁以上高龄老人7075人。在全国第六次人口普查时，全国人口平均寿命76.8岁，罗甸县人口平均寿命为77.16岁，高于全国同期年龄0.36岁。

在区域上，罗甸地处红水河流域，与“世界长寿之乡”“中国长寿之乡”的广西巴马县、东兰县、凤山县处在同一条寿带上，四县地形地貌基本相似，属典型的南方喀斯特地形地貌，水源均从岩洞内流出，无污染，水质含有大量有益人体健康的微量元素。气候宜人，医疗条件完善，老人坚持锻炼，饮食以本地自产的大米、玉米、小麦、黄豆、红薯和瓜果蔬菜类为主，膳食合理、生活有规律。家庭和谐，关爱老人，生活有保障，给老人身体健康、延年益寿奠定了物质基础。

2013年，罗甸荣获“贵州长寿之乡”荣誉称号。2015年罗甸荣获“中国长寿之乡”称号。

2006年，中共罗甸县委、罗甸县政府作出《关于罗甸县老年人优待试行办法》的规定，2010年在贵州省率先建立80岁及以上老年人高龄津贴制度，发放高龄补贴标准：80-89岁每人每月60元、90-99岁每人每月100元、100岁以上每人每月200元。2014年百岁老人补贴标准提高到每人每月300元，2015年提高到每人每月500元。60岁以上老年人全部享受城乡社会养老保障。如今的老年人享受幸福的生活。

第十四篇　教育 科技 卫生

第一章　教　育

第一节　机　构

罗甸县教育局是县政府直属机构，担负着全县教师培训、理论再教育及小学、初中、高中学校管理。

县教育局　1991 年称为罗甸县教育局；1994 年 11 月，县教育局与科技局合并，称罗甸县教育科学技术局；1996 年 1 月教育局与科技局分开，称罗甸县教育局。

2002 年，县教育局内设招生委员会办公室、教育工会、教育研究室为股级事业单位；县人民政府教育督导室挂靠县教育局为正科级机构，使用教育行政编制。2003 年，设人事档案室；2004 年 10 月，设兴教服务中心；2005 年 3 月，设图书仪器电教站；12 月，成立教育纪检组；2006 年 3 月，设中小学现代远程教育技术服务站；2007 年 11 月，在招生委员会办公室增设学生资助管理中心；2009 年教育研究室增设县教师培训中心。

2011 年 10 月，县教育局设办公室、人事股、教育股 3 个职能股（室）。12 月，保留事业单位 11 个。即：县教育研究室、县教育工会、县教育人事档案室、县考试指导中心、县图书仪器电教中心、县中小学现代远程教育技术服务站、县兴教服务中心、县人民政府教育督导室、县青少年活动管理中心、县教育安全监督管理中心、教育计财管理中心。2014 年，撤销兴教服务中心。

2015 年，罗甸县教育局内设机构有办公室、人事股、教育股 3 个股室；有直属事业单位 10 个，即：县政府教育督导室、县教育工会、县教育研究室、县招生考试管理中心、县教育系统人事档案管理室、学生资助管理中心、教研室、县青少年活动管理中心、县图书仪器电教中心、县计划财务管理中心。纪检监察派驻机构 1 个，行政在编人员 9 人，其中：局长 1 人、副局长 3 人、教育工委书记 1 人、纪检组长 1 人、股室长 3 人、事业在编人员 70 名、工勤人员 2 名。

1992 年，罗甸教育得到世界银行、西南扶贫、国家危房、国家西部、“普九”、农村义务教育、中小学校舍安全工程等项目。县教育局成立相应项目工程领导小组及项目工程办（临时机构）。

乡（镇）教育管理机构　1990 年 12 月“建镇并乡撤区”前，全县 6 个区设教育办公室（简称“区教办”），内设视导员、普教专干、农教专干、工会主席、会计、出纳等职位，编制为 4—6 人。1991 年 8 月建并撤后撤“区教办”建 26 个乡（镇）教育教辅站，编制为 3—5 人。2000 年，罗甸县通过省人民政府“普六”验收以后，开始实施“两基”攻坚；2002 年，原来的乡（镇）教育辅导站改称“两基办”，继续履行原教育辅导站的职责。2004 年 3 月，撤乡（镇）教育教辅站，成立 26 个“两基”攻坚工作协调办公室（简称“两基”办），编制不变。2011 年 11 月撤销乡（镇）“两基”办，人员编制下到学校，由乡（镇）独立中学或中心学校代行职责，称为“管理校”，负责本乡（镇）教育教学管理，推动教育“9+3”工作。2013 年 11 月，根据新一轮区划调整，成立 8 镇 1 乡教育管理办公室，2014 年正式开展工作，负责本乡（镇）教育教学管理及教育综合协调工作。区划调整后，原乡中心校改为社区学校。

1991—2015 年，全县各级各类学校，实行校（园）长负责制。

第二节 教育体制改革

学校概况 1991 年，罗甸县开始实施新一轮教学改革和素质教育，幼教、普教、高中教育、职业教育、成人继续教育，衔接互促、协调发展。1996 年起，全面实施“普六”和“双教”（普教和农教），启动学校计算机教育、教师继续教育工程和中小学进行办学评估。2000 年，启动“两基”（基本普及九年义务教育和基本扫除青壮年文盲）攻坚，实施“4321”（县级、科局级、股室干部、普工干部各帮扶 4 个 3 个 2 个 1 个贫困生）寒窗助学工程，中小学逐步实施“一费制”，实行“两免一补”（免书学费，免住宿费；给予寄宿生生活补助费）保障入学巩固率；改革学校领导选拔任用与培训。2005 年，全面完成普及九年义务教育（简称普九），完善设施，充实师资，调整布局，集合资源；全面实施农村教育综合改革，实施中小学远程教育“校校通工程”和“远程教育”工程；城乡兴起“银发教育”、传统民族民间文化艺术教育和国学教育。

2014 年秋季学期，全县有幼儿园、小学、初中、高中、职校计 171 所，其中：幼儿园 42 所 158 班（私立 19 所 56 班），在园幼儿 9627 人；完小学校 76 所，教学点 29 个，在校小学生 27591 人；初中 21 所，其中：独立初中 11 所，在校初中生 15116 人；普通高中 2 所，在校高中生 6334 人；职业学校 1 所，在校生 3590 人，中短期培训 350 人；全县中小学幼儿园在岗教师 3273 人。

2015 年全县各级各类学校有 164 所（点）。其中：中等职业学校 1 所，高级中学 1 所，完全中学 1 所，初级中学 9 所，九年一贯制学校 8 所，完全小学 73 所，特殊学校 1 所，育新学校 1 所，教学点 19 个，幼儿园 50 所（公办 30 所，民办 20 所）。全县在校学生 64590 人，其中：小学 26907 人，初中 15842 人，普通高中 6422 人，中职生 4469 人，在园幼儿 10865 人（公办 5619、民办 3511 人），特殊教育学校学生 85 人。全县有教职工 3766 人。

1991 年以前，全县学校是政府办学为主，偏远乡村学校由于公办教师师资力量不足，由原通过教育部门认定的民办教师担任教学任务。到 2000 年，通过采取逐年“转、招、辞、退”等方式，基本消除“民办教师”这一称谓。1993 年，中共中央、国务院颁布《中国教育改革和发展纲要》，改变政府包揽办学的格局，逐步建立以政府办学为主体、社会各界共同办学的体制，简政放权、分级办学、分级管理，扩大学校办学自主权，实行校长负责制，社会参与办学的积极性得到提高。1995 年，罗甸第一所私立金华幼儿园成立，随后吉兴驾校、宏远中学、苗苗幼儿园、爱乐琴行和其他美术舞蹈班应运而生。到 2015 年，全县各类校外艺术专业技能培训辅导机构 43 个，注册私立幼儿园 20 所。

1994—2000 年，全县乡级小学办学前班，同时实行县、乡、村三级办学体制，倡导“人民教育人民办，办好教育为人民”，国家投资，集体、家长群众投工投劳、出资聘请代课教师，村组校点 160 所（个）。

2000—2015 年，根据《国家中长期教育改革与发展规划纲要（2010—2020）》，按照“统筹规划、合理布局、相对集中、扩大规模、确保入学、提高效益”的原则，进行学校规划布局调整，县城及乡镇中心小学不再举办学前教育，实施农村大中型小学寄宿制工程。2015 年，全县村级完小从 138 所调整为 50 所，教学点 19 个，全部是公办教师。

行政体制 1991 年，对中小学校实行校长负责制、教师聘任制、岗位责任制和教育教学目标管理（简称“三制一管”）。非中共党员也可以任大型中小学校长，校长的任命由组织考察和群众推荐相结合，校务会由学校行政、党支部、工会以及教师代表组成，商讨决策学校重大事项，各中小学相应成立家长委员会。2007 年 7 月在县城一小、二中学校试行校长公推直选，学校中层干部竞聘上岗，随后，在全县乡镇中心校以上学校全面推开。随着教育改革的不断深入，对公推直选学校校长的工作进一步完善，到

2015年基本形成了比较规范、科学的学校行政班子选人用人制度。

人事体制 1995年以前，教师人事权由县教育局统管，区、乡（镇）教辅站和大型中小学协调。1995—2014年，乡镇教师正式调入县城学校和县教育局机关需通过县组织人事部门研究同意，县城学校紧缺的教学岗位，通过将乡镇学校优秀骨干教师以上挂县城学校学习的方式，解决既对乡镇教师的业务水平进行提升，又补充县城学校师资的不足。从2014年8月开始，实行教师遴选制度，即：在师德师风考核合格的前提下，以教师学年所任学科学生测试成绩为主要依据，成绩优秀的可以直接遴选进入县城学校任教；县城学校教师所任学科成绩低下的，予以交流到乡镇学校或村级学校任教。打通教师能进能出、能上能下的流动渠道，为下一步教育人事制度的改革奠定基础。

学制与课程 1990—2003年，中小学学制：小学6年，初中3年，高中3年，初中学制称“七年级、八年级、九年级”。高中称“高一、高二、高三”。农村中学曾试行“2+1”（两年基础课程教育，一年职业教育）、“3+1”（三年基础课程教育，一年职业教育）模式，兼设农业实用常识，与职业教育接轨。中小学实行统一的国家课程计划和课程标准，农村初级小学（1—3年级）开设思想品德、语文、数学、常识、体育、音乐、美术7门课，民族地区实行（汉语、民族语教学）。小学（4—5年级）开设：语文、数学、思想品德、社会、历史、地理、自然、常识、体育、音乐、美术、劳动技术。初中开设：语文、数学、外语、思想品德、物理、化学、生物、历史、地理、体育、音乐、美术、劳动技术。高中开设：思想政治、语文、数学、外语（英语）、物理、生物、历史、地理、信息技术、体育与保健、美术以及综合实践活动、选修课设数学、物理、化学、生物、历史、地理、信息技术。

1991—1993年，各中小学使用的是1987年、1990年、1993年修订的《课程方案》《课程计划》《教学大纲》及配套教材。2003年启动基础教育课程改革；2004年秋季学期，县城及镇级中小学开始使用新课程标准和一纲多版的新教材，其他中小学推迟到2005年使用。新课程标准小学不设地理、历史、自然、常识，增设英语、科学、综合实践、信息教育；以及地方课程和校本课程。中学政治改称思想品德，增设综合实践、信息教育，农村中学增设农村实用科技。

2014年，高中就高考改革实施新一轮课程改革，2015年高中全部使用改版的新课程配套教材。高中阶段各科会考测试由州教育局统一安排。

初中、小学学制学籍由县教育局管理，2015年实行中小学跨区域转学网上电子资料印证认定。高中学籍由州教育局管理。

学前教育 1991年后，罗甸幼儿教育和学前班行政及业务管理由县教育局的教育股与教研室负责。2005年实行私立幼儿教育申报评估准入制度。2010年开展对公办、民办幼儿园进行办园情况评估。2013年试行以第一幼儿园、莲花幼儿园为中心的集团化办园模式。2014年筹备启动公建民营办园模式。

幼儿学前教育课程设置按国家制定的三年学制，按年龄段依次设置小班、中班、大班。幼儿入园、班年龄定为4–6周岁，教学使用上级统一审定的教材，按照《全国幼儿教育纲要》设语言、常识（社会、科学）、数学（计算）、艺术（音乐、美术）、健康（体育）、游戏等课程。同时，通过上课、运动、娱乐、卫生和日常生活知识等，对幼儿实施德、智、体、美、劳“五育”并举的基本素质教育，县城红果果幼儿园还开设幼儿英语。

第三节 基础设施建设

1991年，随着国家对西部教育扶持投入，是年初，全县原校舍总面积11.5万平方米，危房面积2.9万平方米。到1995年，新建校舍总面积为13.4万平方米，危房面积下降为1.6万平方米。2000年，完小学校建成钢筋水泥结构教学楼。2005年，基本实现校校无危房，校校有围墙、有厕所。2010年，农村学校有学生宿舍和教师周转房，还对学校建筑进行防震减灾加固，乡镇幼儿园按国家标准建设规范园舍。

2013—2014 年，全县二类以上学校逐渐普及实验教学、电化教学，罗甸一中、罗甸三小、罗沙中学等 30 所中小学幼儿园建成塑胶运动场，班仁小学、罗甸三小、罗甸四小、罗甸一中等 43 所中小学 854 个班级教室安装“班班通”，以手触摸书写白板代替粉笔书写黑板，通过网络实现教育信息技术远程互动。有 9 所中小学建成多媒体教育教学录播室，全县八镇一乡所在地中心学校建成视频会议系统。

2015 年实施学前教育、校园建设、寄宿制攻坚、教师周转宿舍及边阳中学新校区等 29 个教育工程项目，竣工 14 个项目投资 5623 万元。学前教育项目工程预算投资 930 万元，建成红水河中心幼儿园、罗苏中心幼儿园、莲花幼儿园附属工程、罗妥中心幼儿园、罗悃镇规划区幼儿园、边阳镇工业园区幼儿园和沫阳镇幼儿园等 6 所 7280 平方米及附属工程。校园建设投入 2950 万元，建成罗甸县民族中学运动场，八总民族小学校舍、运动场及工程附属、罗甸县第二中学运动场、浴室及厕所、沫阳民族小学浴室及运动场、罗苏小学、达上小学运动场、罗甸县第二小学综合楼主体、木引中学综合楼基础施工、边阳镇深井小学、红水河中心校、边阳镇第一小学、沫阳中学等共 13 所学校校舍及生活用房 1.47 万平方米，运动场 6.98 万平方米、附属工程及设备购置等。农村寄宿制学校攻坚工程投入 865 万元，建成逢亭和木引中学学生宿舍及食堂 5770 平方米。教师周转宿舍工程投入 520 万元，建成罗苏小学、沫阳民小、罗悃民小、逢亭中学主体 6 所教师周转宿舍 5250 平方米。边阳中学新校区建筑面积 5.56 万平方米，投入完成 350 万元。投入 8 万元，完成留守儿童教学及生活用房 3000 平方米及运动场、围墙等附属工程建设方案编制和征地 75 亩。

2001—2015 年全县教育基础建设统计表

表 14-1

年　度	总投入（万元）	建设总面积（平方米）	其　中（平方米）		备注
			教学用房	其他生活用房	
合计	8436.21	730295	490218	249477	–
2001	341.61	7110	7110	–	–
2002	779.17	16098	14696	1402	–
2003	221.65	22179	16382	5797	–
2004	669.77	8946	7123	1823	–
2005	3649.3	60044	35126	24918	–
2006	1071.25	16266	10593	5673	–
2007	971.12	15346	15226	120	–
2008	330.71	2580	790	1790	–
2009	3755.54	36151	21664	14487	–
2010	9605.27	150666	110437	40229	–
2011	11641.9	121981	83423	38558	–
2012	17921.32	113663	90992	22671	–
2013	11357.6	60230	20850	39380	–
2014	9814	87223	20713	32510	运动场 34000 平方米
2015	3880	91772	7280	14692	运动场 69800 平方米

第四节 教育经费

经费来源 罗甸县教育经费来源主要有四大块，一是政府财政预算拨付，二是上级各种项目扶持，三是社会各界援助，四是收取学生书费和学杂费，有条件的学校实施勤工俭学创收。1991—1994 年，政府规定准予收取的中小学收费项目有学费、杂费和书本费；1995—2000 年，只收杂费和书费；

2001 年开始实行一费制；2002 年开始征收教育附加；2005 年开始减免 1-6 年级书费；2006 年开始减免 1-9 年级学杂费；2007 年开始在农村中小学地区实施“两免一补”（免书费、免住宿费；给予寄宿生生活补助费）。2009 年全面实施小学、初中免费入学。

支出项目 财政拨付的教育经费主要用于人员开支和公用开支。人员开支包括：工资、补助、福利、工会、协会经费、奖教助学等；公用开支主要有：公务费、设备设施购置费、建设修缮费，以及其他业务费用。资助与援扶经费主要用于基础设施建设、设备购置和奖教助学等。

管理支配 在 2005 年以前人员经费由县财政划拨到县教育局，然后由教育局下拨到各个区乡（镇）教育管理机构，再分到各个学校。各乡（镇）以及学校都设专（兼）职会计和出纳。2006 年开始，罗甸县民族中学、罗甸县二中等 5 所学校经费陆续由县财政直接拨付到学校，不再经过县教育局。2012 年起，全面实行校财局管，各中小学校所有收入和支出均通过相应的统一账户运行。

1990—2015 年罗甸县教育经费投入情况统计表

表 14-2　　　　单位：万元

年度	教育经费总计	其中								
		地方财政拨入	人员经费投入					捐款		
			小计	在职人员经费	退休人员经费	民办人员经费	奖励资金	小计	国际捐款	外省县捐款
1990	1048	465	583	476	78	29	–	–	–	–
1991	1133	491	642	532	80	30	–	–	–	–
1992	1163.5	523	640.5	556	53	31.5	–	–	–	–
1993	1400	635	725	610	83	32	–	40	–	40
1994	1758.5	895	776.5	650	99	27.5	–	87	–	87
1995	1968	1100	868	662	178	28	–	–	–	–
1996	2369	1213	1156	839	289	28	–	–	–	–
1997	2910	1445	1345	933	386	26	–	120	–	120
1998	3484	1792	1541	1113	401	27	–	150	–	150
1999	3997	2026	1851	1368	456	27	–	120	–	120
2000	4541	2129	2412	1895	490	27	–	–	–	–
2001	5720	3091	2604	2035	542	27	–	25	–	25
2002	7348.8	3789	3493.1	2928	556	9.1	–	66.7	–	66.7
2003	7835.1	4203	3607.1	3012	586	9.1	–	25	–	25
2004	10081.5	6180	3816.5	3175	632	9.5	–	85	30	55
2005	13340.7	8503	4642.6	3937	697	8.6	–	195.1	35.13	160
2006	14792	8843	5825.3	4926	891	8.3	–	123.7	50	73.7
2007	16676	8651	7761	6478	1273	10	–	264	165	99
2008	24885	16369	8141	6858	1273	10	–	375	270	105
2009	28359.5	18668	9667.5	8093	1563	11.5	–	24	–	24
2010	32796	22506	10290	8411	1838	11	30	–	–	–
2011	39433	27820	11613	9459	2111	13	30	–	–	–
2012	47118	34283	12493	10220	2181	22	70	342	210	132
2013	55422	38499	16345	12895	3376	22	52	578	480	98
2014	58625	40922	17703	14116	3463	24	100	–	–	–
2015	59728	41801	27948	23354	4444	20	130	54.54	54.54	–
合计	447931.63	266842	158490.1	129531	28019	528.1	412	2675.07	1294.67	1380.4

学生营养　2012年春季学期，罗甸启动实施义务教育阶段学生营养改善计划。2014年秋季，全县营养餐由县营养办统一制定“一周食谱”。2015年，罗甸春季学有121所农村义务教育学校36788名学生享受营养改善计划膳食补助，秋季学期有110所学校37127名学生享受营养改善计划膳食补助。专项资金累计9453.88万元。每学期营养餐专项资金分配到“校财局管”资金管理平台，各校按“校财局管”逐月报账，逐月申请拨付。

第五节　素质教育

1994年，罗甸和全国同步开始实施素质教育，在中小学把地方历史、民间音乐、舞蹈和文体活动作为素质教育的内容。1996年各中小学普遍开展素质教育。1997—1999年，罗甸县人民政府组织首次对乡级以上学校进行办学评估，逐步实施素质教育。同时出台《罗甸县普通中小学学科教育常规要求》，明确规定：各学科课堂教育必须渗透素质教育，寓素质教育于各项课外活动之中，将“学生成绩通知单”换成“学生素质发展报告单”，学校班级对学生的评语要体现激励、全面和多元。县教育局对学校进行督导评估及对教师的考核都把“素质教育”列为量化范畴。

2000—2003年，县教育局提出“教师素质是素质教育的关键”，并举办一系列教师基本功和才艺技能与素质培训，民中、二中等中学每年都要对新生进校学习前军训，中小学校开设每周一节《心理健康》课程。学校、乡镇、片区开展一列教师基本功和学生才艺技能方面的赛事活动，以赛促学。

2004—2005年，县教育局出台《罗甸县学校常规管理评比方案》中，将“素质教育”作为办学方向分值，举办全县教师基本功和才艺技能综合大赛，将钢笔、毛笔、粉笔字书写、绘画和普通话演讲作为必选项目，乐器、演唱和舞蹈任选一项。随着新课程改革的实施，各学校兴起读书角、科技园等兴趣小组，开展手抄报、黑板报、宣传栏评比等活动。

2007—2008年，结合《贵州省普通中小学实施素质教育评估方案》，各中小学开展音乐、美术、体育、舞蹈等民族民间传统文化艺术进校园活动，罗甸二中诗联学会、逢亭中学芦笙歌舞，以及罗甸民中文化艺术节的课本剧展演，都很具特色。

2009—2010年，全县中小学开展防震减灾、消防安全自救演练活动；县教育局选派10余名中小学校长赴北京参加养成教育观摩培训，将沫阳中学、罗甸二小等10所学校作为教育示范校。青少年活动中心的校外兴趣辅导开设声乐、器乐、舞蹈、表演、绘画、体育等活动项目。罗甸三小“珠心算”小选手代表罗甸参加全州竞赛。

2011—2012年，根据教育部《关于深化基础教育课程改革，进一步推进素质教育的意见》，全县中小学开展环保低碳、文明礼让、尊老爱幼、拥军爱民、感恩回报、义工服务、“三爱三节”（爱学习、爱劳动、爱祖国，节水、节电、节粮）等各种形式的社会实践活动；以“创意、操作、合作”为主题，开展系列小发明和制作具器赛事活动。

2013—2015年，县城中小学组织到县青少年活动中心参观北京天文馆科普巡展。各中学开展科普知识进校园、参加全省中学生诗词、文体、书法、绘画竞赛活动；中小学开展以“祖国好·家乡美”为主题的书画、演讲、征文等系列活动；县城小学及大型镇级小学开展大课间活动和第二课堂活动。《黔南日报》多次刊登罗甸中小学大课间展演报道。2011—2015年为艺术院校输送861名艺体专业学生。（2011年198人，录取率全州第一；2012年193人，录取率全州第一；2013年220人，录取率全州第一；2014年146人，录取率全州第二；2015年104人，录取率全州第五）

第六节 民族教育

罗甸是少数民族聚居县，主要有布依族、汉族、苗族、壮族、侗族、瑶族、水族等。

1991年，全县中小学在校生33160人，少数民族学生25678人，其中：少数民族女生12656人。

1995年，全县中小在校学生42136人，少数民族学生33437人，其中：少数民族女生15951人。

2000年，全县小学在校生43400人，少数民族生26678人，其中：少数民族女生12858人；初中在校生7930人，少数民族生6048人，其中：少数民族女生2769人；普通高中在校生936人，少数民族生702人，其中：少数民族女生297人；中职在校生110人，少数民族生79人，其中：少数民族女生36人。

2013年，全县小学在校生29217人，少数民族生21388人，其中：少数民族女生10169人；初中在校生13722人，少数民族生9585人，其中：少数民族女生4660人；普通高中在校生6311人，少数民族生4260人，其中：少数民族女生2177人；中职在校生3479人，少数民族生2646人，其中：少数民族女生1224人。

2014年，全县有县级民族中学1所，乡镇级民族小学3所，社区民族小学1所，村级民族小学1所。民族中学和民族小学开设课程与普通学校一样，所不同的是在民族小学和民族初中班使用少数民族语言辅助教学，低年级的班主任和科任教师尽量由少数民族担任，开展“双语”教学。民族地区的非民族学校，如逢亭中小学、平岩中小学、栗木中小学、罗悃中学等都开展民族民间传统文化艺术进校园活动，传统艺术节目参加省州赛事获奖。此外，布依族聚居小学发放布依语汉语对照课本，苗族聚居小学发放苗语汉语对照课本。1991—1993年，黔南州民族事务委员会共拨款10万元补助办小学布依语汉语双语文教学班点15个，60个班，布依语教师45人。

2015年，全县有县级民族中学1所，乡镇级民族小学4所，村级民族小学2所。小学少数民族生21486人，其中：少数民族女生10185人；初中少数民族生9625人，其中：少数民族女生4720人；普通高中少数民族生4293人，其中：少数民族女生2198人；中职少数民族生2661人，其中：少数民族生1241人。2015年，县教育局与县民宗局联合下发《关于申报贵州省第五批民族民间文化教育项目学校的通知》（罗教通〔2015〕80号）文件。加强对民族文化进行挖掘和保护，《织布舞》《粑槽舞》《花棍舞》《芦笙舞》《夜乐舞》《竹竿舞》等一批优秀舞蹈作品得到传承和创新。9月，栗木中学的夜乐舞荣获“贵青杯”大赛金奖。栗木中学获省民族民间文化项目先进学校称号。

1993—2015年罗甸命名为民族中小学校统计表

表14-3

学校名称	学校所在地	建校时间	定为民族校时间	学校类别
罗甸民族中学	龙坪镇城中	1939年	1981年	县级中学
八茂民族小学	原址八达村 现址红屯村	1951年	1952年	镇级小学
罗悃民族小学	罗悃镇河东村	1929年	1980年	镇级小学
沫阳（柏林）民族小学	沫阳镇柏林村	1933年	1964年 1986年 1999年	镇级小学
纳坪民族小学	纳坪村一组	1956年9月	1980年	社区小学
纳闹民族小学	罗悃镇纳闹村	1918年	1952年	村级小学
巴沙苗民小学	罗沙乡巴沙裸岜	1938年	1938年	村级小学（2014年撤并到新民小学）

1991—2013 年县民宗局拨教育经费表

表 14-4　　单位：元

年　度	金　额	年　度	金　额
1991	50000	2004	30000
1992	52000	2005	40000
1996	184000	2006	109500
1997	20000	2007	117000
1998	50000	2008	104000
1999	20000	2009	150000
2000	20000	2010	210000
2001	35000	2011	180000
2002	40000	2012	230000
2003	50000	2013	220000
–	–	合计	1911500

注：2014—2015 年县民宗局未拨民宗教育经费

第七节　招生考试

1994 年，县招生办公室改为县考试指导中心，2014 年更名为“罗甸县招生考试管理中心”。

小学阶段逐步取消升留级考试，改为学生素质水平测试，六年级基本上按就近入学升入初中。县招生委员会准予条件好的几所中学划定分数线，面向全县招收部分民族生和优等生。

初中由州教研室统一命题和制卷并组织考试，毕业班升学，罗甸考点设在龙坪镇，由县教育局组织安排实施，学校按州下达任务计划进行招生录取。2003 年、2004 年“两基”攻坚期间，各镇均设立考点。2005 年以后，只设龙坪镇和边阳镇考点。

高中会考由州教研室统一安排，高考和录取工作，按照国家统一部署，县招生考试中心会同县教育局组织实施。

2011—2015 年，县招生考试管理中心组织普通高校招生报名、体检工作，协调招生委员会成员单位，进行资格审查，指导考生填报志愿。按照省招委、省委宣传部、省公安厅、省国家保密局、省武警总队联合下发的《关于贵州省国家教育统一考试考务安全保密工作的意见》，制定试卷安全保密工作预案。2015 年全县高考报名 2184 人，其中：中职推优 25 人，中职单报高职 7 人，普高报名 2152 人（理工类 749 人，文史类 753 人，体育类考生 187 人，艺术类考生 463 人）。录取考生 1880 人，其中：录取大学本科 674 人（提前批本科 21 人，第一批本科 67 人，第二批本科 501 人，第三批本科 85 人），本科录取率 31.3%，录取专科 1206 人。本、专科录取率 87.3%。中考报名 3269 人，录取 2285 名。

第八节　教育督导

罗甸县人民政府教育督导室于 1996 年 12 月成立，其前身为罗甸县教育局督导股。1998 年，教育督导室组织对全县乡级中小学校进行办学水平评估。2003—2004 年学年度，全县中小学由片区组织进行办学水平自行评估，督导室抽检复查评估。2007 年，对全县 10 所小学和 5 所初中进行素质教育评价。2009 年，全面指导、配合县教育局完成“两基”国检。2010 年起，督导室全面督查指导全县教育发展“十二五”规划、教育均衡发展、突破高中阶段教育、学前教育三年行动计划、校安工程实施等。2013 年末，县政府教育督导室在 8 镇 1 乡设立教育督导管理办公室，2014 年人员调配到位。2015 年，督导室设督政股、督学股及综合股，各乡镇教育管理办配有兼职督学，县乡镇教育督导机构依法督促指导和评估中小学、幼儿园规范办学，督促各乡镇推进教育协调均衡发展。

县教育局制定《罗甸县学校（幼儿园）督导工作方案》，修订《罗甸县教育督导评估细则》，制定中小学生辍学流失报告制度和通报制度，督促各乡镇有力措施做好辍学生返校工作。深入全县中小学校开展教学管理专项督查和常规工作督导，督查完小 85 所、教学点 10 个、九年一贯制学校 8 所、初级中学 9 所、完中 1 所、职校 1 所、幼儿园 15 所，清点学生 10000 余人（次），抽查教案 800 余本，抽查作业 2000 余本，听课 120 节（次），与教师座谈 35 人（次），走访学生 500 人（次）。对各级各类学校发出整改督办通知书 163 份。对在督查中发现的问题汇总，形成《督查通报》《督查简报》9 期，通报全县各中小学。

创建示范学校 罗甸深入学校开展各类示范学校创建督导，2000 年来建成“四在学校 . 幸福校园”省级示范学校 1 所（罗甸四小）；建成“双有”活动基地创建学校 1 所（罗甸二小）；建成节水型学校 1 所（罗甸民族中学）。建成“三生四爱五心五好”示范学校 8 所（板庚中学、边阳中学、八茂中学、罗妥中心校、栗木中学、罗沙小学、罗甸一小、沫阳中学）；建成“中小学减负增效提质”示范校 8 所（罗甸二小、边阳中学、沫阳中学、逢亭小学、罗甸三小、罗甸民中、罗悃中学、罗甸二中）；建成“学科教学渗透法制教育”示范校 14 所（罗甸一小、罗沙中学、沫阳中学、罗妥中心校、罗甸四小、逢亭中学、罗妥中心校、罗甸二小、边阳一小、茂井小学、凤亭中心校、罗悃中学、木引小学、逢亭小学）；建成“农村寄宿制管理”示范校 6 所（罗甸四小、罗沙中学、沫阳中学、逢亭中学、木引小学、董当中心校）；建成“乡村少年宫”学校 10 所（罗甸四小、罗甸三小、罗甸二小、边阳一小、沫阳一小、红水河中心校、凤亭中心校、逢亭小学、罗悃中学、木引小学）。

第九节 基础教育

一、幼儿教育

幼儿园 1991 年罗甸幼儿教育（含学前）26 个班，在园（班）人数 1060 名，教职工 47 人。1995 年，全县在园幼儿人数 1717 名（含学前班），教职工 79 人。2000 年底，全县幼儿园、托儿所 4 所，共 18 个教学班（不含小学学前班），在园幼儿 305 名，教师及保育员 42 人。其中：私立幼儿园 3 所，6 个教学班 120 名，教师及保育员 10 人。2013 年，全县有 25 所幼儿园，其中：民办幼儿园 11 所，在园人数 8519 人，幼儿教师 138 人。2014 年，全县幼儿园增加到 42 所，其中：民办幼儿园 19 所。2015 年，全县幼儿园增加到 50 所，其中：民办幼儿园 20 所。2015 年，莲花幼儿园被黔南州教育局认定为“贵州省州级示范幼儿园”。对边阳幼儿园、木引幼儿园、罗悃幼儿园进行县级示范幼儿园评估，边阳幼儿园被罗甸县教育局认定为“贵州省县级示范幼儿园”。

学前班 1995 年，结合“普六”进程，村级完小学校相继开设学前班。1996 年，全县学前班 37 个，在班学前儿童 651 名。2000—2004 年，全县学前班 61 个，学前班儿童 2551 名。2006 年，根据黔府办发〔2000〕80 号文件精神，全县 23 所小学学前班单独设立，改称“幼儿教育部”。是年，全县 54 所乡村级小学开设学前班 69 个班，入学幼儿 1621 名。2011 年开始实施学前教育三年行动计划，县教育局成立学前教育办，各学校的学前班从学校里脱离出来，开办乡镇幼儿园，小学不再开设学前教育班。

二、小学教育

1991 年全县公民办小学 302 所，其中：中心小学及村级完小 168 所，公办民助教学点 124 个，民办公助教学点 10 个，在校生 34084 人。2000 年，学校布局继续再调整，将规模小、条件差的小学进行撤并。2006 年全县小学调整为 209 所，其中：中心小学及村级完小 112 所，教学点 97 个，在校生 34527 名，其中：女生 16634 名。2013 年，全县小学 124 所（其中：完小 85 所，九年一贯制学校小学部 10 所，公办教学点29个）。2014年，全县小学114所（其中：完小76所，九年一贯制学校小学部9所，公办教学点29个）。

2000年以来，为了解决“打工潮”带来的留守儿童就学问题，各乡镇九年一贯制学校，乡中心小学以及大型村级完小，陆续相继实施寄宿制。2013年，镇级小学和县城小学都实行寄宿制学生。2015年全县小学94所，其中：完小73所、教学点19个、特殊学校1所、育新学校1所。

三、初中教育

1990年前，罗甸51个公社时期，区、乡镇（公社）都办有初中，甚至有的大队或村也办有戴帽初中。1995年后，逐渐完善中学布局调整。

2000年，全县有完中1所，独立初中6所，附中16所，学生7930名，教师624人。2006年，全县有完中3所（含鸿远私立中学），独立初中10所，戴帽初中11所，初中在校生16365名，教职工1086人。2013全县有完中2所，独立初中10所，九年一贯制10所，学生13772名。2014年，全县有完中1所，独立初中11所，九年一贯制9所，学生15113名。

2015年，全县有完中1所，独立初中9所，九年一贯制8所，学生15842名。

1991—2014年初中每周上课五天半到六天（毕业班），大部分学校执行晚自习，远处学生实行免费寄宿制并获生活补助。

专记：“两基”工作

在普及初等教育和九年义务教育进程中，主要实施了普及“双教”和“两基”。“双教”是指“小学六年教育和扫除青壮年文盲教育”；“两基”是指“基本普及九年义务教育和基本扫除青壮年文盲教育”，这两大教育普及工程，在整个实施过程中，都是作为县委县政府的重中之重工作来抓，并实行一票否决制，举全县之力投入了巨大的人力、财力。政府层面，县、乡、村、组上下一条心，教育系统内部，校长、班主任、科任教师拧成一股绳，行政干部实行“一岗双责”，教师队伍实行“一师两教”。以抓开展控辍保学工作为重点，实施“4321”工程，即县级干部帮扶4名、科级干部帮扶3名、股级干部帮扶2名、一般干部帮扶1名贫困学生，确保初中、小学入学率达标，同时，利用晚上或农闲时间，轰轰烈烈开展青壮年扫盲和农业实用技术培训工作，全面提升农村村民素质。

1995年，开始启动普及小学六年教育、农村青壮年扫盲教育和农业实用技术培训教育。

根据《国务院关于基础教育改革与发展的决定》和《关于“十五”期间扫除文盲工作的意见》，普及九年义务教育和扫除青壮年文盲作为“十五”期间教育工作的“重中之重”。省、州教育部门在2002年初部署基本普及九年义务教育和基本扫除青壮年文盲（简称“两期”）工作。主要内容是“到2005年，全县实现‘两基’目标，小学适龄儿童入学率达到98%以上，初中入学率达到95%以上，青壮年非文盲率达到95%以上，小学、初中在校生辍学率控制在2%和3%以内，15周岁人口教育完成率分别达到95%和85%以上，中小学校危校率控制在1%以下。”开展‘两基’工作安排：经县委、县政府研究，决定成立县“两基”工作领导小组，由县长任组长，县四家班子分管教育领导任副组长，涉教部门责任人为成员。罗党发〔2002〕102号明确县四家班子领导及县直部门联系学校名单，标注联系学校的职责。为进一步抓好“两基”工作的开展，（罗府发〔2002〕33号）明确全县“两基”工作路线图和工作方案。《中共罗甸县委罗甸县人民政府关于进一步加快“两基”攻坚步伐的决定》提出总的指导思想和目标任务，按照“先易后难、全面实施、突出重点、整体推进”的原则，分阶段有计划实施，到2005年全县“普九”人口覆盖率达到85%。

2000年全县高中1所，独立中学6所，完小113所，教学点113个，幼儿园6所，学生总人数52266人，其中：高中936人、初中7930人、小学43400人、幼儿园1608人。其中：少数民族生高中599人、初中5075人、小学2777人、幼儿园1029人。2000年幼儿园升学率100%，小学升初中99%、初中升高中65%。2000年参加高考学生296人，录取大专155人、本科46人，中专22人。“两基”工作历经5年于2005年11月顺利通过省政府教育督导室验收。2009年11月通过国家复查验收。

2013—2015年，全县基本实现“最好的建筑是学校”，“最美的环境是校园”，实施“两免一补”和“营养餐”以及推进教育“9+3”计划（高标准实施九年义务教育，逐步普及高中和中职教育）后，解决许多农村贫困家庭子女就读中学住宿难，吃饭难的问题，农村中学发展规模空前。

四、高中教育

1959年罗甸中学始办高中部，为全县第一所完全中学。1972年边阳中学设高中部。1975年全县各区相继开办高中有：沫阳、逢亭、八茂、罗悃等中学和罗甸二中及羊里中学（后迁并更名边外河农业中学），边阳区的新丰母王贤小学除开办初中外还办起戴帽高中班。1989年全县高中学校布局进行调整，各区高中先后停办，仅有边阳中学高中部暂时保留。1991年撤区并乡后，边阳高中部随即停办。全县高中教育只有罗甸民族中学开办高中部。2003年，新增罗甸第一所私立中学校——鸿远中学，招收高中一年级新生，累计学生240人，2006年9月停办。2005年9月，边阳中学高中部恢复开办，高中部开始招生，成为全县第二所完全中学。罗甸民中、边阳中学2所中学高中部在校生3303人，教职工246名。

为适应新形势教育事业的发展，解决制约高中教育发展瓶颈。2005年，县委、县政府开始筹划新建罗甸县第一中学，地址选在县城西面老城村与新苑村交界处仰山脚下，占地面积387亩，2013年底罗甸第一中学投入使用。2014年春季学期，原罗甸县民族中学初中部与高中部正式分设，高中部迁入新址并命名为“罗甸县第一中学”。

2015年，全县有高级中学1所（罗甸县第一中学），完全中学一所（边阳中学），在校高中生6422名，高中教师409人。

专记：罗甸县第一中学建校概况

罗甸县第一高级中学创建于2006年初，学校位于罗甸县城西的莲花、新苑、老城三村交汇处的仰山脚下信邦大道与城西大道之间，地域海拔高度412.2—414.3米之间，学校占地387亩，其中：校园占地267亩，其他用地120亩。项目土建部分分两期实施，总投资2.5亿元。第一期工程由贵州中建建筑科研设计院负责设计，广西建工集团第三建筑工程有限责任公司负责承建，贵州三维工程建设监理咨询有限公司负责监理，贵州正合建设项目管理咨询有限公司负责跟踪审计，2011年10月动工修建，2013年10月建成，投资1.5亿元，完成教学楼（内设56个普通教室、16个教师办公室、8个公共卫生间）、教学兼实验楼（内设36个普通教室、12个专用教室、8个器材保管室、8个公共卫生间）、图书楼、科技艺术楼、行政办公楼、学生食堂（容纳3000人同时就餐）、学生宿舍A、B（容纳3000人住宿）共8栋校舍及校门值班室、室外厕所、垃圾池，建筑面积63478.66平方米，体育场馆2.5万平方米（可容纳两万余人聚会），校园围墙3600米，校园绿化42825平方米（绿化率40%），2013年12月31日正式交付使用。

第十节　中等专业教育

一、师范教育

罗甸解放后，尤其是改革开放后，县委、县政府重视关心教育事业，抓住西部大开发机遇，发展中等专业学校。

1987年秋季，罗甸师范送走最后一届师范毕业班后停办，改称罗甸县教师进修学校。1988—1990年举办两年制教师函授班，每班学员35-40人；1991—1992年举办三年制民办教师培训班，每班学员40-45人，提高民办转公办教师学历和教学能力。

1992年罗甸县人民政府行文，将罗甸县教师进修学校并归罗甸县民族职业技术学校。

二、职业技术学校

罗甸县中等职业学校，1990年经县人民政府批准更名罗甸县民族职业技术学校。1992年，县人民政府将原边外河农中（约 100 亩）、原罗甸县师范校园校产移交给学校管理使用。2000 年经州教育局批准更名为贵州省罗甸中等职业学校，2013 年经省教育厅批准更名为罗甸县中等职业学校。2006 年 2 月国家教育部行文确定为重点中等职业学校。同年，招生时间由原来的秋季招生改为春、秋两季招生。2006 年底学校总占地面积达 114.67 亩，建筑面积 7127.08 平方米，实习基地 100 余亩，教职工 84 名，年招收、培训学员 3165 人次。2013 年，学校占地面积 116.57 亩，建筑面积 5.96 万平方米，招生 2466 人。

2014—2015 年，县职校招生就业坚持以市场为导向，通过市场对人才的需求，根据产业结构调整开设相应专业，实施“联盟办学”（即校企联盟、校际联盟、乡校联盟、校校联盟），订单培养，形成“上挂、横联、下辐射”的招生格局。学校在苏州、深圳等地建立学生就业办事处，就业面由县内逐步迈向深圳、苏州、上海、厦门、北京等城市。

2015 年学校占地面积 128 亩，建有教学楼、图书楼、办公楼、实训楼、科技楼、学生公寓、学生食堂及塑胶体育运动场等教学辅助用房，建筑面积 3.19 万平方米，在岗教职员工 182 人，专任教师 152 人，其中高级职称教师 16 人，中级职称教师 45 人；双师型教师 69 人；外聘兼职教师 30 人；开设中职学历教育电子电器应用与维修（含计算机应用、电子技术、数控技术等）、汽车运用与维修、旅游服务与管理、学前教育、珠宝玉石加工与营销、现代农艺技术（含农村经济综合管理、畜牧兽医、水产养殖、种植技术等）以及服装制作与生产管理等专业，各专业均建有实习实训基地。在校生 4533 人（中职生 3590 人、成人教育在校生 943 人）。短期培训年均培训量达 4000 人以上。开展仿野生种植组培实验室铁皮石斛的播种、转接、练苗等工作，培育出铁皮石斛成苗 8670 瓶，已经转接和待转接的幼苗有 3.6 万多瓶。

第十一节　成人教育

成人教育也称业余教育、工农教育，分为初、中、高三个等级。初等，是针对成人文盲或半文盲的业余学校、文化夜校；中等是对成人进行中、初等职业技术教育、岗位培训以及普通文化基础知识教育；高等，主要通过成人高等学校、普通高等院校的函授和夜大学、广播电视媒介以及自学等多种途径实施，学员可获得相应的毕业证书。

电大教育、函授、自学考试、成人高考　1991 年，罗甸县开始设成人考区考点，1995—2000 年，先后与省州高校联办中文班、行管班和政治经济班。2003 年成立电大工作站，2005—2010 年，电大涵盖党政干部职工学历教育，开设专科、本科学历教育，有党政干部专修班、汉语言文学、数学、英语班等。电大学历教育开设的课程，分必修课程、限选课程和选修课程。实行学分制，累计学分达到规定毕业学分。2013 年，全县有 343 人参加成人高考，2014 年为 149 人。2015 年为 269 人，另有 297 人参加各种学历提升函授学习。

卫生学校　罗甸卫生学校主要对乡村卫生员非学历培训，1999—2002 年举办两期学历培训班。2006 年招收农村卫生保健专业函授班，学制三年。学校在岗人员为校长 1 名，管理人员 4 人，老师是聘请县医院、中医院和疾控中心有关业务技术人员担任。2009 年停办。

农广校　1984 年经县人民政府批准成立，1991 年 8 月经省教委、省农业厅黔教成复〔1991〕42 号文件评估，罗甸农广校是农业部门主管国家承认学历的成人中等专业学校。运用广播、电视等现代传播手段，方便广大农村基层干部和农民学习，弥补农村成人教育和职业教育资源的不足。采取函授形式，以自学为主，集中辅导与面授教学为辅，按照中央及省校统一制定的教学计划和考试日程实施教学。1991—2015 年，先后开设农经、农学、果树等 7 个专业 33 个教学班，招收中专学历生 806 人，毕业学员 626 人。1996 年与贵州大学联合举办农学专业大专班，招收学员 20 人，毕业 13 人；2000 年招收学员 58 人，毕业 36 人。2002 年与贵州财经学院联合举办财会专业大专班，招收学员 33 人，毕业学员 27 人。举办农村劳动力转移示范性职业技能培训、新型农民科技培训、巩固退耕还林培训、新型职业农民培育等培训 116 期，培训、培育职业农民 5527 人。

罗甸县农广校 1985—2015 年中专学历生招生情况表

表 14-5

年　度	招生人数（人）	专　业	毕业人数（人）
1985	55	农学、农经	41
1987	11	农学	11
1989	17	农学	17
1990	62	果树、农学	45
1991	110	农学、财会	110
1992	48	财会	48
1993	26	农学	26
1995	65	会统审、农学	46
1996	21	会统审、农学	15
1997	77	会统审、农学	37
1998	23	会统审、农学	18
1999	46	农学	35
2002	17	种植	16
2003	16	种植	12
2005	20	现代乡村综合管理	18
2008	22	现代种植技术	17
2009	41	农学（茶叶）	30
2010	39	农学（蔬菜）	29
2011	25	现代种植技术	18
2013	25	现代种植技术	19
2014	24	现代种植技术	18
2015	16	现代种植技术	–
合计	806	–	626

罗甸县农广校 2005—2015 年项目培训情况表

表 14-6

年　度	项目培训名称	培训期数	培训人数（人）
2005	阳光工程培训	3	120
2007	阳光工程培训	3	150
2008	新型农民科技培训	60	2400
2009	阳光工程培训	4	300
2010	阳光工程培训	3	200
2011	阳光工程培训	7	400
2012	阳光工程培训	7	400
2013	阳光工程培训	5	250
2014	巩固退耕还林培训	13	757
2014	新型职业农民培育	4	200
2015	新型职业农民培育	3	150

农村扫盲与农技培训　1991年罗甸实施普及初等教育和扫盲工作。根据“一堵二扫三提高”（堵住新文盲，扫除文盲，做好脱盲后的巩固提高）方针。针对县内剩余文盲“三多一散”（女性文盲多，壮年文盲多，偏僻山区文盲多和文盲分散）的特点，开展扫盲活动。尤其对居住分散、家庭拖累大的壮年文盲则实行送教上门、包教保学。2005年“两基”检查验收，全县非盲率99.54%。

党政干部教育　罗甸县委党校是培养本县党政干部的教育基地，实施学历教育和非学历培训。通过自办、与省委党校联合办本科、专科函授班、电大班等，1989—1994年开办党政、文秘、农电中专班学期2–3年，学员99人；1995—2010年开设专科班，学员360人。2000—2010年开设本科11个班717人，2007—2009年开设“一村一名”大学生函授班，学员119人。经为省党校、省电大发给毕业证书。党校还对全县政工组织干部、农村党支部书记、国家公务员等教育培训。2013年，罗甸县委党校加挂罗甸县行政学院和罗甸县社会主义学院牌子。2015年迁到八总码头新校址。

特殊教育　1998年之前，罗甸县对轻度智障、“三残”儿童少年入学各乡镇学校都是插入普通班就读。

1999年初，县教育局安排龙坪一小派员前往安顺地区和贵定师范学校参加特教工作培训。是年“普六”自查验收统计，全县智障、“三残”儿童少年入学率为62.8%，2005年上升为77.51%。随着对普及标准的提高，县教育局依据《中国教育事业发展“十一五”规划纲要》《“十一五”期间中西部地区特殊教育学校建设规划（2008—2010年）》以及国家和省州有关特殊教育文件精神，2008年12月18日向县人民政府作出《关于县特殊教育学校建设在林霞小学的请示》，当月获县长办公会通过立项兴建。因选址和新县城发展规划布局需要，2012年4月18日，县教育局向县国土资源局作出特殊教育学校选址罗甸二小旁边的申请，并于7月17日重新办理用地规划许可证（罗甸2012—2027）和工程规划许可证（罗甸2012—2029）。8月14日，罗甸特殊学校宿舍楼、综合楼正式开工建设，2013年3月初，综合楼、宿舍楼和食堂工程竣工，12月围墙、校门、场地硬化绿化等附属设施全部完工，住宿、康复设备配置到位。学校建成后，占地面积5亩多，校舍建筑面积3106.55平方米，教学楼1幢（办公室3间，教室15间），宿舍楼1幢（宿舍38间，值班室2间），标准球场1个，总投资580余万元。

2014年6月，县教育局选派罗甸二小何大春老师参加特殊教育管理培训，组织特校招生启动等系列工作，9月初县教育局行文何大春为特殊教育学校首任校长，10月14日，县编制委员会行文明确罗甸县特殊教育学校事业机构，编制教职工9名。12月15日，特殊学校举行揭牌仪式，罗甸县相关领导、企业代表以及黔南州、都匀市、福泉市、瓮安县、三都县、独山县、惠水县特校领导前来参加，县人民政府分管教育的马素芬副县长为特殊教育学校揭牌。根据国家中长期教育发展规划、残疾人教育事业发展纲要，罗甸特殊教育学校办学本着“使每个残疾儿童最大限度地融入社会”为宗旨，培养学生成为自食其力的劳动者。是年秋季学校开始招生38名，开设四个班，其中：启智班级3个，学生33名；启音班级1个，学生5名。教职工6人，其中：校长1人，专任教师5人；本科学历3人，大专学历2人，均为特殊教育专业。参照黔南州特校课程设置，开有生活语文、生活数学、康复训练、技能美工4门学科。每周室内外课时共30节，室内课30–40分钟。

2015年特殊教育学校在校生85人，教职工18人。

育新工程　为顺应新时期社会、政治、经济、文化发展需要，落实贵州省“育新工程”建设，罗甸县政府依据国家《预防未成年人犯罪法》，结合县情实际，将龙坪镇林霞小学改扩建成“育新学校”，对违法未构成犯罪的未成年学生实施品德行为的专门教育。学校由教育和政法部门协调配合管理，配有教师11人，公安干警1人，特巡协警3人，2015年11月开课，首期学生40名。

第十二节　教育科研

教研组织　1991年县教育局从机构、人员、制度、经费等各方面加强教研工作。1995年，教研室教研员从 2 名增加到 6 名，设中学组和小学组，配有语文、数学、物化、自然等学科教研员，2003 年充实调整教研人员，配备中小学教研员 15 名。逐步健全“县—乡—校”三级教研网络。2010 年，县教研室人员编制增加至 21 人，聘齐聘全三级教研网络各学科专职教研员。

教学改革 1991 年，县教育局组织实施以提高中小学生能力水平和促进教育整体改革“联合革新计划”。该项目是联合国儿童基金会教科文组织和中国教育部（教委）教科文委会实施的一项中小学联合革新实验项目。罗甸有龙坪三小、板庚小学、边阳三小、八茂民小、高兰小学、沫阳民小、罗悃民小、达上小学、逢亭小学、木引小学等 10 所小学实施该项目。

1992 年开始宣传“三教统筹”，促使农村中小学“基础教育、职业教育、成人教育”互相渗透、协调发展。农村中学尝试“2+1”“3+1”模式，2004 年正式开设农村实用科技课。

1996 年，结合贯彻《中国教育改革和发展纲要》，落实“应试教育”向“素质教育”转轨，县教育局出台《罗甸县普通中小学学科教学常规要求》，加强对学校学科教学的管理，教师优质课评选增加“说课”项目，学生“成绩通知单”改称“学生素质发展报告单”。

1998 年春季学期，部分学校开始实施学校计算机教育工程，共享网络教学资源，利用多媒体、课件辅助教学、远程教育等现代教育技术开始走进中小学课堂。

2001 年 9 月全国开始进行第八次基础教育课程改革。罗甸于 2003 年正式启动基础教育课程改革工作，2005 年全县铺开，建立健全包括家长、学生代表参与的新课程改革实施机构；强化教师综合素质，倡导师生在教与学过程中成长；关注课堂教学“三维目标”（知识与技能、过程和方法、情感态度与价值观）的体现；重视多媒体、课件、网络等教育新技术在教学过程中的应用；互动、合作、反思和研究性学习以及多元评价贯穿教与学的过程。

2009—2010 年，教研室组织部分中小学参加魏书生教学法培训学习，并在学校班级推行“目标定向、预习自学、互相讨论、合作答题、检查测试、小结反馈”六部教学法。

2012—2014 年，罗悃中学、交砚中心校等开展赴荔波、深圳等地观摩学习山东杜郎口模式，县教育局组织 24 所中学赴山东杜郎口中学学习“三三六”课堂教学模式。即：三大特点（立体式、大容量、快节奏）；三种模块课型（预习、展示、反馈）；六个展示课环节（预习交流、明确目标、分组合作、展现提升、穿插巩固、达标训练）。县教育局组织教研员和中小学校长主任赴贵州威宁考察学习，选定罗甸一中，罗甸二中，边阳中学，罗甸四小，罗悃中学等 10 余所学校进行试点。将新的学生观、发展观、评价观等教育思想和理念逐渐渗透进课堂。

2015 年全县完小学校全面推进教育教学综合改革，开展大课间活动、学校少年宫第二课堂才艺培养，推行“四环导学”课堂改革模式，即：自主学习（3–5 分钟）→合作探究（15 分钟）→成果交流（20 分钟）→巩固提升（5 分钟以内）

除有校际之间进行交流外，2015 年 1 月，罗甸民中与惠水二中在罗甸四小开展封闭式集体备课、教学交流活动。5 月，木引中学数学组全体教师赴紫云县猴场中学开展教研交流活动。同月，罗甸三小语文组、数学组、美术组赴惠水县摆茏小学开展教研交流活动。6 月，江西金太阳教育集团到罗甸二中开展暑期培训。7 月，北京八十中组织骨干教师到罗甸一中开展支教活动，并在罗甸一小、罗甸二小、罗甸民中、罗甸二中对全县七至九年级各学科教师进行专题讲座。同月，上海“真爱梦想公益基金会”到边阳一小、班仁小学开展暑期教育交流活动，以上“梦想课”为主旨，将“课改”理念与“梦想课”理念相结合，探索“课改”新途径。9 月，瓮安三小、惠水一小到罗甸四小开展教学交流活动，长顺教育局组织全县小学校长到罗甸四小开展校园文化与课改交流活动。同月，望谟民族小学到罗甸一小开展语文、数学、英语公开课教研交流活动。

教研活动 结合教师继续教育、素质教育以及课堂教学改革，1990 年县教研室、各中小学组织开展各学科教学研讨评荐活动。

1991—1992 年，县机关幼儿园开展规范教学与管理水平达标强化活动。

1993—1996 年，全县小学全面开展“三字一画一话”（钢笔字、毛笔字、粉笔字，简笔画、普通话）教师技能训练及竞赛活动。

2004 年，开展全县中学语文教师现场教学作文竞赛活动。

2005 年，开展全县中小学教师说课竞赛活动，罗甸民中许尔学老师被推荐参加州级竞赛并获奖。

2006 年，开展全县小学音乐、体育、美术学科教学竞赛活动。

2006 年以来，罗甸职校开展“校际联盟、按需施训、岗位实践”的“订单式”学研创活动，自成体系，成为省州职业教育典型。

2007 年，县教育局组织开展全县首次中小学校长优质课竞赛活动和教研教改视导调研活动，深入全县 26 个乡镇 100 多所中小学校进行调研。对各学科教学情况，继续教育学习情况，新课程改革情况，以及推进素质教育情况进行全面深入了解。

2010 年，开展全县中小学青年教师优质课竞赛活动，同时推荐选手参加州级竞赛。

2012 年，开展全县的省、州级骨干教师、学科带头人送课下乡活动。同时，开展全县初、高中教师优质课、中小学教师教学技能评比活动。

2013 年，县教育局开展全县教学情况普查调研、中小学教师“课堂教学过关”考核、中小学各学科教学技能大赛活动。

2014 年，开展全县素质教育减负提质和教学管理评价、课改和教育教学科研，开展 14 所课改试点校导学案学习和培训，汇编各学科中考备考复习资料。

2015 年，分别以第一幼儿园和莲花幼儿园为样板的 2 个幼教集团，以罗甸一小、二小、三小、四小为引领的 4 个小学集团，以罗甸民中、罗甸二中为龙头的三个初中集团，开展以送教、支教和上挂跟班学习的互联互动以及培训活动。

教育成果 1991 年，罗甸实施兴教振县战略。到 2014 年，各中小学校教育设施更新完备，逐步普及多媒体、远程视频等教育教学新技术设备，大型中小学建有塑胶运动场。全县师资力量不断增强，全面取消民办老师和代课老师，各学段师生比逐步达到国家要求，实现小学、幼教中师化，初中教师大专化，高中教师本科化，而且中小学各学科都有省州考核认定的骨干教师。

1991 年全县青壮年文盲率为 10.5%，1995 年为 3%，2013 年为 0；各学段入学率及中高考升学率不断攀升。

各学段部分年度入学统计表

表 14-7

年　度	1995 年	2000 年	2006 年	2014 年	2015 年
小学入学率	87.20%	95.00%	95.12%	99.07%	99.16%
初中入学率	27.00%	33.80%	65.22%	98.00%	99.01%
高中在校生	880 人	986 人	2426 人	6334 人	6422 人
幼儿入园数	1619 人	1948 人	3083 人	9627 人	10865 人

1990—2015 年部分年段年中高考情况对照表

表 14-8

年　度	中考参考	普通高考参考	本科上线	专科上线	备　注
1990	1215	135	6	19	16（中专）
1995	1613	116	12	48	13（中专）

续表

年 度	中考参考	普通高考参考	本科上线	专科上线	备 注
2000	1782	296	46	155	22（中专）
2006	2861	688	167	201（专科高职）	
2010	2691	1303	426	286（专科高职）	
2013	3694	1441	650	515（专科高职）	
2015	2603	1824	374	专科高职未统计	

第十三节 教 师

20世纪80-90年代中期，政府、教育部门通过实施师范专业招生计划，民办教师转公办，选派老师进修，倡导村组群众聘请民办或代课教师（财政给予一定补助）等形式不断扩充教师队伍。同时，通过开展寒暑假培训，提高教师队伍教学水平和职业修养。1990年全县教职工总数2175人（公办教师1629人）。

师源 主要通过招录大中专师范院校毕业学生充实教师队伍。1991年录用中专毕业生124人，大专毕业生17名，大学本科毕业生4名，计145名；1995年录用中专毕业生142名，大专毕业生27名，大学本科毕业生2名，计171名；2000年录用中专毕业生134名，大专毕业生32名，大学本科毕业生6名，计172名；2005年录用中专毕业生42名，大专毕业生106名，大学本科毕业生80名，计228名；2010年录用中专毕业生2名，大专毕业生25名，大学本科毕业生60名，计87名；2014年录用中专毕业生15名，大专毕业生72名，大学本科毕业生144名，硕士研究生2名，计233名。2015年全县教育系统录用和招考教师166名。

1990年，全县教职工2175人（少数民族1373人，占63%；公办教师1629人，民办教师546人），其中：大专以上学历188人，中师、中专、高中学历1193人，初中及以下学历794人。1995年，全县中小学教师2245人（含民办教师328人），其中本科38人，专科241人，中师、中专、高中、初中学历1966人。1999年底，全县教职工2702人（公办教师2412人，民办教师290人），其中本科学历101人，大专学历570人，中师（专）学历1585人，初中及以下学历446人。获得专业技术职称：高级职称12人、中级职称398人、初级职称1963人。

2006年，全县教职工2927人（少数民族2054人，占71.17%），其中：中学教师1086人，师生比达1∶18人；小学教师1805人，师生比达1∶19人；幼儿教师36人。中学教师本科学历463人，占总数的42.64%，大专学历609人，占总数的56.08%。小学教师大专以上学历1015人，占总数的56.23%，中师（专）及相当学历729人，占总数的40.39%。幼儿教师36人，其中：本科学历3人，大专学历22人，中师学历11人。是年全县享有中学特级教师荣誉2人，取得高级职称72人，中级职称1130人，初级职称1690人，未评28人。

2013年，全县教职工3208人（少数民族2387人，占72.37%），其中：高中教师635人，师生比达1∶15.4人；初中教师863人，师生比达1∶16人；小学教师1505人，师生比达1∶19.4人；幼儿教师205人，师生比达1∶16.7人；教育局机关专业技术人员21人。高中教师本科以上（研究生5人）学历613人，占总数的96.7%，大专学历21人，占总数的3.3%；初中教师本科学历473人，占总数的54.8%，大专学历384人，占总数的44.5%，中专学历6人，占总数的0.7%。小学教师本科学历284人，占总数的18.8%，大专以上学历842人，占总数的56%，中师（专）以下学历379人，占总数的25.2%。幼儿教师本科学历22人，占总数的10.7%，大专学历124人，占总数的60.5%，中师学历59人，占总数的28.8%。中学特级教师3人，小学特级教师1人，高级职称103人，中级职称1327人，初级职称1760人，未评39人。

2014年，全县教职工总数3273人，大专以上学历比例略有提高，其他结构比例大致与2013年相同。增加高级职称43人，中级职称397人，初级职称206人，不评51人。2015年全县教职工3453人，获得高级职称247人，中级职称1542人，初级职称1448人，未评216人。

教师待遇 分政治待遇和经济待遇。

政治待遇 1991年全县党员教师312人，2000年增加到603人，2013年全县党员教师1180人。教师作为知识分子和专业技术人员，参与国家党、政生活日渐频繁，许多教师被选为乡、县、州等人民代表大会、党代会代表和政协委员。在历届县人大代表会、党代会中，教师代表比例分别在6%左右，县政协委员中教师委员占15%左右。每逢教师节，元旦春节、劳动节，各级政府、单位部门到学校开展慰问活动。1995年起，每年为教龄满30年和一直在乡（不含乡）以下从教满25年的教师颁发荣誉证书，为三代从教的教师家庭授予“教育世家”称号。

经济待遇 改革开放后，随着国民经济的逐渐好转，教师经济待遇逐步提高。1991年实行职级制工资，中教一级314元，小教一级209元。1993年教师工资改革，中教一级提升到342元，小教一级提升到234元。1995年对中小学教师专业技术职务等级工资进行调整。中教一级工资为526元，小教一级为321元。从1997年10月1日起晋升1档职务工资，自此后每2年正常晋升。1995年，考核连续3年获优秀的教师晋升1级工资（2006年工改后取消）。1999年，再次对中小学教师工资作调整。2001年“三费”由52元/月增至70元/月，并发放年终奖金。2006年7月1日，施行岗位工资（高级、中级、初级教师岗位工资分别为930元、680元、590元）、薪级工资（分1–65级，标准在80—2600元之间），2008年，中小学实行绩效工资和津贴补贴制。2013年，根据教师专业技术职称，普遍调高工资标准，中学高级教师与县级公务员工资持衡，小学高级老师与科局级公务员工资持衡。2014年，根据罗人社发〔2014〕14号文件，启动农村小学中级职称以上教师享受“小中高”职称待遇认定。2015年实施乡村生活补助，长期在农村学校任教的最高每月补贴380元。

民办教师待遇 1978年民办教师通过文化基础测试和行业能力考核，逐步将民办教师转为公办教师。1991年全县有民办教师538人，1996年根据《贵州省统筹解决民办教师问题五年规划的通知》，采取“关、招、转、辞、退”五字方针，逐年解决民办教师问题。1999年全县中小学民办教师工资由1982年的每月20—30元增加到141元。2000年，学校自聘代课教师报酬月薪150—500元不等。2006年，经进修学习、考试，全县民办转公办及辞退民办老师结束。2013年，国家出台给予曾经担任民办老师补偿政策，交纳一定的养老金后，国家按月给予500—800元不等的补助费，去世后给予丧葬补助和家属抚恤金。

师资培训 1991年，根据教育形势的需要，采取教师过教材关等措施全面强化全县师资队伍专业素养和教学水平。1996年起实施第一轮教师继续教育，以“三字一画一话”（粉笔、钢笔、毛笔字、简笔画和普通话）、师德修养、教育法律法规等为内容，重点培养教师五项基本功等教学基本技能。

2000年，县教育局根据国发《面向21世纪教育振兴行动计划》和教育部《中小学教师继续教育工程方案（1999—2002年）及其实施意见的通知》等文件精神，启动第二轮教师继续教育工程。以“一德三新”（教师职业道德修养，新理念、新课程、新技术）、教育法律法规、“WTO”知识、计算机应用等现代教育技术知识培训。

2007—2013年，教师的培训呈多元化，新课改培训、教育管理队伍培训、学科骨干培训以及食品安全培训等；培训方式有走出去、请进来、远程教育培训以及本土专家培训等；教师考察学习培训涉及北京、大连、武汉、南京、上海、宁波、广州等地的众多高校和中小学名校，培训人数超过5000人次。

2014年，选派各级各类学校校长、教学业务领导、教研员、学科骨干到山东杜郎口、贵州威宁进行实地课堂教学观摩培训；邀请北京八十中等省外教育教学专家对一线老师进行专业培训和课堂示范培训，受训人数达1500人次，全县班主任，学科教师都注册参加网络远程培训。2015年，不断提高老师政治思想水平和业务素质，组织和推荐各级各类老师培训1283人。其中：参加国家级骨干教师培训7人、省级教师业务培训 15 人。短期培训普通话技能测试 2858 人。公开发表论文 42 篇。

1991 年起，根据《国家教育委员会关于“九五”期间全国中小学校长培训指导意见》及省、州相关文件精神，县教育局按计划、分期分批组织开展中小学校长岗位培训 34 人，实行“持证上岗制度”。1995 年，选派县城中小学、镇级中小学校长、主任 57 人参加省级教育管理培训，回来后对乡村校长主任进行二级培训。2000 年，选送部分乡村学校校长 69 人参加州级培训。2005 年，选派大型中小学校长 75 人赴深圳龙岗培训。2010 年，选派部分中小学校长 91 人赴华东五省市考察学习培训。2014 年选派 128 人中小学校长赴北京、山东等地学习考察培训。2014—2015 年，为适应新时期课改，县教育局加大对学校领导的培训力度，组织村一级学校和二类以上学校校长参加州级以上培训学习。培训方式为集中培训和网络培训。

第十四节　社会办学

一、民办幼儿学前教育

1991 年，国家体制改革不断深入，单位、企业也不再举办托儿所，同时鼓励私人办学。县机关幼儿园李金华老师创办罗甸第一所私立金华幼儿园，租用县人武部空房作教室，聘请两名老师及保育员。每学期入园幼童约 50-90 名，1995 年因病停办。

2000 年，随着县域经济的快速发展和人们对孩子教育的意识不断提高，罗甸县机关幼儿园远不能满足县城内幼儿入托入园的需求，经县教育局批准，私立苗苗幼儿园正式开办。2006 年，县城及部分乡镇陆续相继开办私立幼儿园有：城西、荷冰蓝天、青青、新兴、春晨、亲亲宝贝、育才等 7 所。

2013 年，9 个乡镇所在地都有私立幼儿园，2014 年，全县通过注册评估的私立幼儿园 19 所。2015 年，全县通过注册评估的私立幼儿园 20 所。

2015 年全县私立幼儿园统计表

表 14-9

名　称	举办者	地　址	举办时间（年）	园占地面积（平方米）	建筑面积（平方米）	班级数（个）	核定规模	在园人数（人）	教职工数（人）
春田花花幼儿园	罗明婵	龙坪镇	2011	150	300	4	120	87	6
龙兴小精灵幼托园	阳辅青	龙坪镇	2012	133	133	2	50	30	3
智慧树幼儿园	黄肖云	龙坪镇	2014	807	361	4	120	153	12
干河幼儿园	黄祖秀	龙坪镇	2010	500	350	4	140	140	6
春晨艺术幼儿园	王定娟	龙坪镇	2008	750	350	4	150	96	5
育才幼儿园	杨　艳	龙坪镇	2011	420	928	3	90	76	5
金太阳幼儿园	王丽春	龙坪镇	2011	460	660	4	90	142	6
蓝天幼儿园	王世琼	河滨路旁	2002	1200	1200	7	300	264	8
苗苗幼儿园	罗明凤	龙坪镇	2000	333	400	3	60	98	4
城西幼儿园	罗　献	龙坪镇	2000	800	800	5	200	135	7
边阳 1+1 幼儿园	罗家燕	边阳纸厂	2008	300	600	2	–	111	2
边阳喜洋洋幼儿园	莫元芬	边阳镇	2010	318	218	3	50	106	3
边阳启点幼儿园	张成立	边阳大道	2010	570	443	3	90	40	3
边阳玲玲幼儿园	袁国球	边阳文化路	2010	171	130	3	60	70	3
星祝幼儿园	黄廷艳	龙坪镇	2013	120	360	2	60	60	3
板庚红苹果幼儿园	王昌娇	板庚乡	2011	450	300	3	90	90	3

续表

名 称	举办者	地 址	举办时间（年）	园占地面积（平方米）	建筑面积（平方米）	班级数（个）	核定规模	在园人数（人）	教职工数（人）
大亭爱苗幼儿园	罗 鸿	大亭乡	2011	570	370	2	–	40	2
沫阳星星幼儿园	黄 洁	沫阳镇	2011	500	340	3	180	110	5
馨贝贝幼儿园	甘红梅	龙坪镇	2013	350	150	2	75	25	7
蓝天幼儿园一分园	王世琼	龙坪镇	2015	2205	1418	10	300	450	17

二、民办中小学

根据国家“两条腿”走路的办学方针，罗甸县几乎每个乡镇都有民办学校。以国家公办教师为主自聘民办教师，大队生产队集体聘请部分民办代课老师，协助公办民助学校。此外还有黔南州上隆农场创办的子弟学校、边阳新丰民办学校、所也公社的林安民办学校、云干公社八木民办学校、前进民办学校以及上隆子校还办起初中戴帽班。1991—1995 年，公办民助逐步转为完全公办学校，民办公助学校逐步转为公办民助学校。

1991 年以后，国家对教育投入逐步加大，并且逐步调整学校布局，民办学校逐年减少，撤掉民办学校中学戴帽班。2003 年由吉林籍的崔永林发起，联合其他省区的 10 多位老师，创办罗甸鸿远私立中学。

茶果场子弟学校 1964 年 9 月创建，属企业办学性质。农场知青任教师，农场领导直接分管学校工作。学生为农场子弟、上隆村和祥林村适龄儿童。20 世纪 80 年代后期，上隆农场改称“黔南州上隆茶果场”，学校随之更名为“黔南州上隆茶果场子弟学校”。1991—1993 年，三分场和四分场设教学点，各教学点学生 25–40 名，总校设初中班，在校生 400 名，1994 年停办初中班。1997 年，由罗甸县接管上隆茶果场，学校由罗甸县教育局接管。2013 年，学校占地面积 6000 平方米，校舍面积 1422.7 平方米。有小学生 339 人，11 个教学班；学前幼儿部有学生 110 人。

鸿远中学 2003 年初由吉林籍的崔永林发起，联合其他省区的 10 多位老师商量筹办鸿远私立中学，2003 年 4 月，经罗甸县教育局行文批准，罗甸县鸿远中学正式成立。2003 年 9 月招生 229 人，并正式上课。设初一、初二、高一共 5 个班，教师 30 人。校舍先是租用罗甸县农工部大楼，2004 年 9 月租用罗甸县纸厂厂房。教师由学校面向社会招聘，经费主要是靠学生的学杂费收入。学校实行封闭式管理，所开设课程与当时公立学校开设的课程相同。经历四年办学历程，于 2006 年 9 月停办。

三、捐集资办学

罗甸是国家级贫困县，办学历程中得到各类援助资金。1997—2013 年，燃灯基金会、小平基金会、慈恩基金会、台湾慈济会、中南控股集团等上百家单位和社会团体，捐助罗甸教育资金和物资 1720.32 万元，补助修建校舍面积达 4.07 万平方米，捐资项目除校舍建设外，还包括教学设备设施、师资培训、贫困生救助等众多领域，罗甸几乎所有学校从中受益。2011—2013 年，来自对口帮扶省区、港澳台、华人华侨以及省内外知名企业捐资专项用于资助贫困学生的资金和物资达 444.45 万元，1 万余名学生受益。2014 年接受用于贫困生捐助资金物资共计 32 万元。

四、资助学生

2015 年办理 1748 名贫困大学生助学贷款，贷款金额 1026.35 万元。资助中职学生 2033 人，资助金额 382.39 万元。国家资助助学金普通高中受助人数 2238 人，资助金额 281.99 万元。资助享受农村义务教育阶段家庭经济困难寄宿生生活费补助 14067 人，金额 1619 万元。学前教育资助经费 49 万元，受助学生 980 人。办理精准扶贫资助 2975 人，资助金额 205.7814 万元。全年接受社会资助 83.24 万元。

罗甸县 2015 年各镇校点及学生数情况表

表 14-10

镇乡	完全小校（73 所）及学生数	特殊学校、教学点及学生数	完全中学及学生数 公办 31 个		幼儿园	
					民办 19 个	
龙坪镇	龙坪一小 3156 名、龙坪二小 1545 名、龙坪三小 1226 名、龙坪四小 1664 名、所也 97 名、立亭 206 名、里况 96 名、落脚河 118 名、坡头 73 名、板庚 243 名、罗化 204 名、大坪 241 名、龙潭 167 名、云干 182 名、大关 110 名、八总 204 名、另桃 72 名	罗甸特校 1 所 85 人； 育新学校 1 所 40 人。	全县职业高中 1 所：罗甸职中 4469 名； 高级中学 1 所：第一中学（高中生 4626 名）； 边阳中学（高中部 1796 名、初中部 2284 名）。 全县独立中学 9 所： 罗甸民中 2422 名、罗甸二中 2986 名、罗沙中学 379 名、栗木中学 689 名、逢亭中学 1108 名、木引中学 968 名、沫阳中学 1191 名、茂井中学 205 名、罗悃中学 1066 名。	一贯制学校 8 所： 交砚（初中 175 名、小学 186 名）、 董王（初中 446 名、小学 382 名） 董当（初中 184 名、小学 261 名） 大亭（初中 367 名、小学 343 名） 红水河（初中 184 名、小学 347 名）、 罗暮（初中 336 名、小学 490 名）、 罗妥（初中 202 名、小学 144 名）、 凤亭（初中 499 名、小学 333 名）	龙坪镇 5 所： 罗甸县第一幼儿园 676 名、 罗甸县莲花幼儿园 1035 名、 云干中心幼儿园 57 名、 板庚中心幼儿园 136 名、 立亭幼儿园 46 名。 边阳镇 4 所： 边阳镇中心幼儿园 422 名、罗沙中心幼儿园 112 名、 交砚中心幼儿园 48 名、 栗木中心幼儿园 196 名、 董王中心幼儿园 92 名、 逢亭镇 4 所： 逢亭中心幼儿园 355 名、 纳坪中心幼儿园 122 名、 逢亭镇床井幼儿园 140 名、逢亭镇上隆幼儿园 118 名、 木引镇 1 所： 木引镇中心幼儿园 380 名	龙坪镇： 红果果幼儿园 208 名、 星祝幼儿园 162 名、 桂星幼儿园 183 名、 新苗幼儿园 98 名、 馨贝贝幼儿园 149 名、 智慧树幼儿园 153 名、 苗苗幼儿园 64 名、 城西幼儿园 96 名、 荷冰蓝天幼儿园 589 名、 干河幼儿园 191 名、 春晨艺术幼儿园 123 名、 育才幼儿园 246 名、 春田花花幼儿园 138 名
边阳镇	边阳一小 2050 名、边阳三小 540 名、边阳四小 173 名、栗木小学 459 名、下冲 160 名、新庄 56 名、新丰 119 名、兴隆 119 名、大文 195 名、达上 131 名、深井 318 名、罗沙 273 名、罗路 217 名、油海 68 名、新民 115 名、油尖 404 名、皮桶 182 名、新场 124 名	交足 81 名、翁定 7 名、银子石 56 名、打改 37 名				

续表

镇乡	完全小校（73 所）及学生数	特殊学校、教学点及学生数	完全中学及学生数 公办 31 个		幼儿园	
					民办 19 个	
逢亭镇	逢亭 661 名、祥脚 65 名、纳闹 121 名、上隆 258 名、床井 229 名、纳坪 314 名	–			沐阳镇 5 所： 沐阳镇中心幼儿园 234 名、董当乡心幼儿园 123 名、 平岩中心幼儿园 120 名、 董架中心幼儿园 76 名、 沐阳村幼儿园 29 名 茂井镇 3 所： 八茂中心幼儿园 60 名、 大亭中心幼儿园 48 名、 茂井镇高兰幼儿园 60 名、 罗悃镇 3 所： 沟亭中心幼儿园 85 名、 罗悃镇中心幼儿园 231 名、罗苏幼儿园 139 名、 红水河镇 3 所： 罗妥幼儿园 57 名、 罗暮中心幼儿园 180 名、 红水河镇幼儿园 162 名、 凤亭乡 2 所： 班仁中心幼儿园 37 名、 凤亭中心幼儿园 43 名	边阳镇 4 所： 边阳星天地幼儿园 235 名、 边阳镇玲玲幼儿园 76 名、 边阳镇喜洋洋幼儿园 189 名、 边阳镇启点双语幼儿园 131 名 沐阳镇 1 所： 沐阳镇星星幼儿园 151 名
木引镇	木引 765 名、摆龙 184 名、云里 321 名、摆落 286 名、团结 168 名、打京 90 名	冗林 18 名				
沐阳镇	沐阳民小 847 名、沐阳二小 112 名、平岩 440 名、纳翁 69 名、坡共 136 名、田坝 136 名、东跃 65 名、董架 158 名	–				
茂井镇	茂井民小 212 名、高兰 151 名、油韶 46 名、布告 136 名	五家坟 10 名、郎桃 9 名				
罗悃镇	民小 212 名、纳闹 227 名、冗瓦 145 名、罗苏 305 名、沿河 208 名、沟亭 139 名、冗响 155 名、布沙 89 名	各里 7 名、新坡 19 名、洞甲 60 名				
红水河镇	相亭 43 名、牙村 80 名	上妥 7 名、俄村 25 名、平亭 32 名、交算 24 名				
凤亭乡	班仁 292 名	国光 37 名、勤丰 50 名				

备注：2015 年撤销的学校：板庚中学、云干中学、董架中学、林霞小学、八木小学、干里小学、云盘小学、双儒小学、利民小学、速进小学、白龙小学、独坡小学、大亭田坝小学、纳建小学、罗里小学、八总民小、洛阳小学、大寨小学、把坝小学、纳汝小学、董细小学。

全县：幼儿人数 10865 人、小学生 26907 人、初中生 15842 人、高中生 6422 人、职高生 4469 人、特校生 85 人、育新学校生数 40 人，小计 64630 人；各校学前班 1735 人。总计 66365 人

第二章　科学技术

第一节　机　构

1991 年 1 月 11 日罗甸县科学技术委员会编制为 6 人，干部 5 名，工人 1 名，其中：中级职称 1 人，初级 3 人。1994 年 3 月，罗甸县科学技术委员会与县教育局合并称罗甸县教育科学技术局。1996 年，县教育科学技术局机构调整单独设置罗甸县科学技术局。2002 年 1 月，内设机构两个：综合与发展计划股、科技成果管理与技术市场股。行政编制 4 名，局长 1 名、副局长 1 名，股长 2 名。2003 年 5 月，增设县防震减灾工作站，为股级事业单位，核定编制 2 人。2007 年 3 月，恢复科技信息中心，为股级事业单位，定编 2 人。10 月县编委办行文增加防震减灾工作站事业编制 1 人。2011 年，县科学技术局行政职责划入县发展和改革局，不设科学技术局。县发展和改革局、县信息中心和科学技术局，所属的信息中心，整合为县信息中心，核定编制 16 人。县防震减灾工作站，由原来的 3 名调整为 4 名。领导 1 人，机构规格股级。2012 年 9 月 18 日设置县科学技术局（以下简称县科技局），内设机构：办公室、发展计划股、科技综合管理股（行政审批股、知识产权管理股）和地震管理股，编制 10 名（含工勤人员编制 1 名），其中：局长 1 名，副局长 2 名，股长 4 名，办事员 3 人。

2013 年 7 月 5 日，县编委办行文，在县科学技术局增设县生产力促进中心。

2014 年 2 月 25 日，县科学技术局更名为罗甸县科学技术和知识产权局，内设机构：综合股、天文和科技综合管理股、知识产权管理股、地震管理股。编制 10 名，均为管理人员，其中：局长 1 名，副局长 2 名，股长 4 名。县防震减灾工作站为县科学技术和知识产权局管理的股级事业单位，编制 4 名（管理人员 1 名，专业技术人员 3 名），其中：设站长 1 名。

2015 年 4 月 28 日，县编委办行文县科学技术和知识产权局加挂县防震减灾局牌子，实行两块牌子一套人员的管理体制，设局长 1 名（兼），副局长 1 名（副科级）。

2015 年 12 月 1 日，县编委办行文县科学技术和知识产权局内设的综合股挂行政审批服务股的牌子。县防震减灾工作站之工程项目审批和建设划转到行政审批服务股。

第二节　科普宣传与培训

1991 年 8 月县科技局和县科协在龙坪、沫阳、云干举办 300 余人参加的冬果菜栽培培训班。9 月 24–27 日县科技局与县科协配合团县委、县科委、县农业局联合举办为期 4 天的罗甸县青年星火带头人菠萝种植培训班培训青年 52 名。培训内容为菠萝的发源地、种苗、栽植、培芽、管理、病虫害防治、采收直到贮藏等有关菠萝的基本知识，参加培训的 52 名农村青年中有 50 名学员获得团县委和县科技局颁发结业证书。

1995 年 4 月 11–13 日，县科委、县职业技术学校、共青团县委等单位，在县“星火科技培训总部”举办首期蘑菇种植技术培训班。由省科学院退休高级工程师胡宁拙授课。参加培训的“青年星火带头人”近 100 人；4 月 17–18 日，中国科学院扶贫办一行 5 人在省科委领导的陪同下到罗甸考察科技扶贫情况。黔南州常务副州长胡品荣及县有关领导陪同考察罗甸早熟蔬菜、杜仲、辉绿岩板材加工等开发项目。11 月下旬 –12 月上旬，由县科委、县林业局共同组织开展沼气池培训班，培训技术人员 10 余名由省农业厅、林业厅、贵阳能源办的有关专家作现场技术指导。

2000 年 3 月 30 日，县科技局、县科协、知工办牵头，县农业局、县林业局、县畜牧局、县医院、县防疫站、县蔬菜办、县教育局、县司法局、县农委 9 个部门参与，在龙坪开展“3・28”科技活动日，利用龙坪场天进行法律、科技宣传、咨询活动，接待群众 821 人次，发放科技、法律书籍 85 本，资料 900 余份。

2001 年 3 月 25 日，县委组织部知工办、县科技局、团县委、县科协联合组织，县农口部门、水电系统、政法系统等 29 个单位和部门参加，开展新世纪第一个科技活动日活动，发放各种科普资料 800 余份。4 月 18 日，省科技厅厅长李正辉带领省科技厅农村与社会发展处处长何刚等到县信邦制药厂考察调研。7 月 27 日，由县妇联牵头、科技局、畜牧局、农业局、民政局、团县委、保健站等单位联合在董当乡开展农业科技适应技术培训，参训农民科技积极分子和致富带头人 100 余人。培训会上，县农业局、保健站、畜牧局等单位领导及技术分别向农民群众计讲授水稻主要病虫害的识别与防治知识、养牛、养猪和养鱼知识，并播放养猪、养鱼科教片。

2003 年 12 月 8 日，县科技局与罗妥乡政府联合组织开展乡、村、组三级干部参与的农村适用技术培训，培训人员 90 余人。培训内容为农村税费改革、农业生产和无公害蔬菜栽培、卫生健康等 14 个方面知识。

2004 年 3 月 6 日，由县妇联、县科技局牵头，团县委、县卫生局、妇幼保健站等部门联合在逢亭镇祥脚村举行“美德在农家——文化、卫生、科技三下乡活动”。宣传科技政策、科技法规、科技知识，开展科技咨询服务，发放适用科技资料 425 份。3 月 30 日，县科协牵头，县科技局与县委组织部共同组织，农林水系统、文教卫系统、交通系统、政法系统共 41 个单位参加在县城举行“科技咨询一条街”活动，开展科技咨询、义诊、农业机械展示、法律法规、消防知识展板展示、防治禽流感知识宣传等，为群众解答有关科教、卫生、计生、法律法规及科学种养殖技术和病害防治等技术咨询。活动中，发放各种科技宣传资料 600 份（本）、药具 150 份，接待咨询 200 人次，展出科普挂图 47 幅；科技活动周期间，分别在龙坪镇、逢亭镇、罗悃镇、沫阳镇、茂井镇等乡镇开展宣传活动，向群众发放书籍和资料 834 本，发放药具 1830 份，接待咨询群众 729 人次，展出科普挂图 53 幅。

2005 年，县科技局和县委组织部知工办、县科协、县气象局、县卫生局等部门在县城斛兴路举行科普知识宣传咨询、义诊活动，全年展出科普图片 60 幅，接受咨询群众 900 余人（次），发放宣传资料 700 余份（册）。

2010 年，县科技局参加县委宣传部、县科协、县旅游局等在县城河滨大道、沫阳镇等乡镇开展宣传防震减灾、科普、科技、时讯培训班，同时开展“文化、科技、卫生”三下乡活动，发放资料 3400 余份（册），参与人数达 3400 余人（次）。

2014 年，县妇联牵头组织、科技局参与，在逢亭镇祥脚村、龙坪镇斛兴路等举行“美在农家”“文化、卫生、科技”三下乡、科技咨询一条街宣传活动，发放药具、资料 800 余份（册），咨询和参加活动人数 570 人（次）。

2015 年，充分利用“3・28 科技活动日”2015 年全国节能宣传周和全国低碳活动日”“全国科普日”“4・26 世界知识产权日”“5・12 防灾减灾日”等活动时机，针对与百姓生活密切相关的热点问题，向社区居民发放各类宣传资料 4530 余份，展出展板 60 余块，接受群众咨询 1108 余人次。

第三节　科技人才

罗甸科技队伍在经济、工业、农业、文化、科技、教育、卫生事业建设和扶贫攻坚、全面实现小康社会中释放出自己的能量。

1991 年，全县科技人才 2199 人，其中：高级职称 9 人，中级职称 325 人，初级职称 1865 人。

2015 年，全县科技人才 4358 人，其中：高级职称 227 人，中级职称 1872 人，初级职称 1890 人。

罗甸县 2004—2015 年科技人员职称统计表

表 14-11

时　间	科技人员	高级职称	中级职称	初级职称	备　注
1991 年	2199	9	325	1865	–
2004 年	3364	55	750	2559	–
2007 年	3921	75	1014	2720	未评 112 人
2012 年	4181	108	1308	2765	–
2013 年	4639	124	1535	2980	–
2014 年	4486	206	1748	2532	–
2015 年	4358	227	1872	1890	未评 369 人

第四节　科技示范推广

1992 年，黔南州科委投资 3 万余元实施“菠萝栽培示范推广”项目，罗甸县菠萝栽培总面积 117 亩，达到州科委签订的合同要求。

1993 年，马耳烟种植列为罗甸县重点开发项目，全县发展 2000 亩。马耳烟生产工作队成立技术攻关组，重点研究马耳烟熟土栽培和“黑胫病”防治技术。县科委验收了“马耳烟熟土栽培技术及黑胫病等病害防治研究”项目，效果显著在罗甸实属首次。

1994 年，从广西引进水果型菠萝品种 3000 株试验栽培，栽培菠萝 15 亩，在全县推广 130 亩。是年科委示范基地有 5 亩进入投产期，产量 3000 公斤。

1995 年，成立罗甸县第一家民营科研机构贵州省罗甸县活力科学研究所，研究所研制出罗甸辉绿岩废渣综合利用和新型凿钻头等项目。县科委在贵州省林业厅、省农业厅等有关部门的具体指导下，在龙坪镇马草寨村建立生物化学转换技术沼气池示范点。

1996 年，县科技局投入 2 万元帮助茂井镇香蕉开发公司建立“香蕉基地建设”项目示范面积 50 亩，并带动发展数百亩，为整个优质水果开发起星火带头作用。

1998 年，实施“千里公路沿线农业科技示范带”秋粮工程项目 1.94 万亩，投入资金 17.95 万元，其中：财政投入 14 万元。推广杂交水稻保温育秧、旱育浅植配套高产栽培适用技术示范 1.33 万亩，杂交玉米推广 6179 亩，其中：育苗移栽 2500 亩。扩大罗甸农业科技的辐射面，玉米总产量增加 66.7 吨，比上年示范点增产 10.8 公斤，增加产值 8 万元，稻谷总产量增加 430.1 吨，平均亩增产 32.5 公斤，增加产值 48.17 万元。

2000 年，县科技局与县农业局配合，超额完成州下达罗甸县高蛋白玉米（农大 108）种植任务，全县种植面积 5803 亩，平均亩产 413.32 公斤。

2002—2003 年，中草药科技种植示范园金佛手基地和何首乌规范化种植示范基地项目获州扶贫办、省计委审批立项。2002 年 8 月在云干乡中交村拉毛坡实施，2003 年 2 月竣工，开垦荒山 48 亩，定植佛手 4000 株、何首乌 7.1 万株，总投资 10 万元，其中：财政扶贫资金 8 万元，自筹资金 2 万元。2003 年 8 月项目通过县扶贫办验收。

2004 年，县科技局建设 0.5 亩火龙果引种试验示范种植基地，火龙果长势良好，起到科技先导作用。依托省柑研所和县果业公司的技术力量建设康里脐橙苗圃基地 2 亩，年出圃苗木 1.8 万株，扩大康里脐橙基地 300 亩；协助罗甸职业技术学校抓好藤稔葡萄示范推广种植项目，采取“学校 + 学员（农户）”的种植推广模式，25 户农户种植创 50 余万元经济收入，起到科技致富带动作用。

2005 年，县科技局与贵州万顺堂药业公司在云干乡大关村联合种植石斛科技试验种植，2000 株石斛苗成活率 98% 以上。在罗悃镇纳闹村茱萸米槁种苗基地，出苗率达 85% 以上。

2007 年，罗甸县火龙果荣获首届中国成都国际农博会金奖。

2010 年，县科技局组织实施国家科技富民强县行动计划项目《罗甸县“早春果菜—水稻—秋冬果菜”一年三熟高效综合生产技术推广应用与示范基地建设》，投入经费 176 万元，完成 1.5 万亩“早春果菜—水稻—秋冬果菜”种植示范基地建设，覆盖 13 个乡（镇）66 个村，其中：项目核心示范区 3000 亩分别在沫阳镇、董当乡、逢亭镇、罗沙乡、栗木乡 5 个乡（镇），示范区辐射带动 1.2 万亩，带动全县蔬菜发展 20 万亩，5 万户农户受益。

2014 年，贵州一合生物技术有限公司承担的艾纳香快速繁殖与移栽方法、艾纳香的种子育苗方法课题研究获得国家发明专利，实现艾纳香工厂化育苗种植。

2015 年，由广州市对口帮扶资金投资建设，科技局组织在沫阳镇飞龙桥实施 30 亩黄秋葵试验示范种植基地项目获得成功。罗甸低海拔地区可以种植黄秋葵。

第三章　卫　生

第一节　管理体制改革

在医疗卫生管理体制改革中，把“勤俭办院、树立全心全意为人民服务的医疗态度”贯穿于医疗卫生单位改革的始终。将职业道德教育列入目标管理、定期考核，并将考核结果与个人奖金、劳务提成、技术职称晋升挂钩。健全财务管理制度，严格财经纪律，一切业务收入一律纳入单位财务核算，杜绝科室、个人避开财务自收、自付。在医政药政管理方面，规定医疗卫生单位和个体行医户进购药品规定在国营医药公司批发部进购。严格审查开业医药人员资格，合格后发放开业许可证，取缔无证行医。县级医疗卫生单位担负支援基层卫生单位业务技术指导，接纳乡镇医院进修人员。

机构设置分行政机构和事业机构。1991 年 1 月，县卫生局内设综合股、计划财务股、人员编制 7 人；1994 年 1 月，县卫生局内设综合股、计划财务股、人员编制 11 人。2002 年 1 月机构改革，保留县卫生局，内设综合与计划财务股、业务股、医政与卫生法制监督股、爱国卫生运动委员会办公室等四个职能股（室），机构行政编制 7 名。其中：局长 1 名、副局长 3 名、正副股（室）长（主任）4 名（其中：一个职位由局长兼任）。2007 年，县卫生局辖县人民医院、县中医院、县疾控中心、县卫生监督所、县卫校、县合医办、县单采血浆站、乡镇卫生院 26 所。

2011 年 10 月 24 日，县卫生局、县食品药品监督管理局组建为县卫生和食品药品监督管理局，直属医疗卫生单位有县人民医院、县中医院、县疾控中心、县卫生监督所、县卫校、县合医办、乡镇卫生院 26 所。

2015 年有各级各类医疗机构 274 家，其中：县医院、县中医院有 2 家、专业公共卫生机构 3 家、乡镇卫生院 26 家、民营医疗机构 5 家、村卫生室 238 个。

第二节　医疗机构

一、县人民医院

1991 年 12 月，县医院职工 124 人，床位 100 张，1992 年，在县城解放中路街上增设第二门诊部。2010 年全院职工 172 人，其中：专业技术人员 138 人。2011 年 11 月 30 日，顺利通过国家“二级甲等”

县级综合医院评审验收。

2015 年医院床位编制 300 张，实际开放床位 462 张。全院人员编制 450 人，在岗人员 389 人（编制人员 211 人，临聘人员 178 人），其中：专业技术人员 346 人，高级职称 15 人，中级职称 52 人，初级及以下职称 279 人。

县人民医院设院长室、副院长室、党支部办公室、院长助理办公室、院办公室、行政后勤职能科室。

临床业务科设：内一科、内二科、内三科（感染科）、外一科、外二科（骨伤科）、妇科、产科、儿科、ICU、急诊科、中医科、口腔科、五官科、针灸理疗科、碎石中心、检验科（含生化、临检、细菌免疫、血液、骨髓等检查）、输血科、医学影像科（放射、CT、CR、B 超室）、药剂科、纤维胃镜、肠镜室、心电图室、透析科、肿瘤科、眼科中心、健康管理中心等；其他科室：120 急诊急救、门诊收费室、住院结账室等。

设施建设 2001 年 12 月 20 日，县医院自筹资金 8.2 万元修建业务用房输液室，面积为 342 平方米，2002 年 10 月竣工投入使用。

2002 年 6 月 24 日，县医院修建中心血库，面积为 177.24 平方米，是年 12 月建成投入使用。

2003 年 11 月 12 日，县医院修建传染病区业务用房 800 平方米，其中：新建 700 平方米，改造 100 平方米，总投资 176 万元。

2010 年 3 月—2013 年 8 月新建县医院住院部综合大楼，占地面积 2.72 万平方米，建筑面积 2.4 万平方米，总投资 3200 万元，2013 年 8 月竣工投入使用。

2013 年 3 月—2014 年，建设急救中心建设项目，总投资 290 万元，建设面积 350 平方米，2015 年竣工投入使用。

二、县中医院

罗甸县中医院始建于 1984 年，位于龙坪镇解放西路，是集医疗、急救、预防保健、教学、科研、康复为一体的县级综合性医院。1991 年医院业务用房面积 1000 平方米，2002 年业务用房面积 2200 多平方米，2007 年业务用房面积 4200 平方米。

2012 年 10 月 9 日新建业务用房位于龙坪镇信邦大道林场路口，占地面积 3.1 万平方米，建筑面积 2.6 万平方米，总投资 6950 万元。2015 年 12 月 31 日竣工投入使用。

科室设置 2007 年，医院科室设置有：内儿科、外科、妇产科三个病区；门诊设：内科、外科、儿科、针灸科、五官科及医技辅助科室和行政职能科室等。

2015 年，行政职能科室设有院办公室、人事科、医教科、护理部、医保科、院感科、财务科、行政后勤科、信息科、社会服务部等。临床科室设有内一科、内二科、儿科、外一科、骨伤科、妇产科、针灸理疗科、眼耳鼻喉科、口腔科、麻醉科、治未病科、手术室等。

床位 2010 年，医院床位编制 120 张，实际开放床位 200 张。2015 年，医院床位编制 143 张，实际开放床位 270 张。

医疗设备 美国 GE 公司生产螺旋 CT 机、数字化设备 CR、800MAX 光机全数字化 X 线摄影、四维彩色超声诊断系统、电子胃镜、腹腔镜、宫腔镜、多功能麻醉机、体外碎石机、钬激光、全自动生化分析仪、五分类全自动血球仪等高中档医疗设备。中医院医疗设备固定资产总值为 1175 万元，较 2007 年增长 3.9 倍。

人员编制 2007 年，医院人员编制 156 人，其中在岗职工 132 人，离退休人员 10 人。2013 年，全院在岗 243 人，其中卫生技术人员 196 人。2015 年全医院在岗在职 286 人，其中：在编在职 164 人，借调 2 人，临聘 120 人，卫生技术人员 238 人。技术人员中有正高级职称 1 人、副高级职称 4 人、硕士研究生 1 人、在读硕士研究生 1 人、中级职称 40 人、初级职称 192 人。

三、县疾病预防控制中心

机构 1991 年卫生防疫机构为罗甸县卫生防疫站，2002 年 8 月撤销，组建罗甸县疾病预防控制中心。

为科级事业单位，编制 40 人。

2015 年人员编制 45 人，内设办公室、流行病股、免疫规划股、慢性病股、结核病防治股、公共卫生股、健康教育股和监测检验股等 8 个股室。在编 36 人，其中：高级 4 人，中级 9 人，初级及以下 23 人。本科 10 人，大专 20 人，中专 6 人。

县疾控中心占地面积 3780 平方米，建筑面积 2447.5 平方米，

四、乡镇卫生院

1989 年，全县共设 6 个区卫生院和 51 个乡（镇）卫生院，1992 年 8 月撤区并乡，设 26 个乡（镇）卫生院。2013 年乡（镇）卫生院仍为 26 个（即：龙坪镇、逢亭镇、沫阳镇、边阳镇、茂井镇、罗悃镇等 6 个中心卫生院和红水河镇、凤亭乡、木引乡、八总乡、板庚乡、云干乡、栗木乡、罗沙乡、交砚乡、董王乡、纳坪乡、董当乡、董架乡、平岩乡、大亭乡、班仁乡、罗苏乡、罗暮乡、罗妥乡、沟亭乡等 20 个卫生院）。

2006 年全县乡镇卫生院共有人员 228 人，其中：卫技人员 220 人。2007 年 230 人，其中：专业技术人员 217 人。2010 年 275 人，其中：专业技术人员 272 人。2013 年 319 人，其中：专业技术人员 303 人。2014 年 320 人，其中：专业技术人员 318 人。2015 年 380 人，其中：专业技术人员 376 人。1991—2013 年，26 个乡镇卫生院医务用房为 3.63 万平方米。2007 年 26 个乡镇卫生院床位数 168 张，年门诊人数 13.01 万人，住院 5483 人，门诊收入 299 万元，住院收入 183.4 万元。2009 年床位数 233 张，门诊 20.95 万人（次），年住院 1.16 万人（次），门诊收入 909.2 万元，住院收入 687 万元。2010 年 26 个乡镇卫生院床位数 234 张，门诊 22.37 万人（次），住院 7024 人（次），门诊收入 1035 万元，住院收入 549.1 万元。2013 年 26 个乡镇卫生院床位数 299 张，门诊人 26.34 万（次），住院人 1.52 万（次），门诊收入 1888.3 万元，住院收入 1525.1 万元。2014 年，乡镇行政区划调整，将 26 个乡镇调整为 8 镇 1 乡卫生院，即龙坪镇、沫阳镇、边阳镇、逢亭镇、罗悃镇、红水河镇、茂井镇、木引镇、凤亭乡卫生院。乡镇卫生院床位数 299 张，门诊人数 27.07 万人，住院 1.44 万人（次），门诊收入 970.30 万元。

村卫生室　2014 年全县建立有村级卫生室 238 个，卫生员 247 人。2015 年村级卫生室 238 个，村卫生员 244 人。全县 26 个乡镇卫生院配备有数字化 DR5 台，CT 机 3 台，X 光机 20 台，B 超机 26 台，全自动生化分析仪 18 台，血细胞分析仪 11 台，电解质分析仪 5 台，阴道镜 1 台，心电图 7 台。

民营医院　2015 年民营医院 12 家，业务用房 5480 平方米，执业人员 113 人，开设床位 160 张，设有内、外、妇、耳鼻喉等科室。

五、爱国卫生运动委员会（以下简称县爱卫会）

1981 年恢复县爱卫会建置，1990 年设副主任 1 人，工作人员 3 人。1998 年 6 月 10 日，县政府调整县爱国卫生运动委员会成员，设主任 1 人、副主任 1 人，委员由各职能部门主要负责人担任。2006 年机改后并入县公用事业管理中心，机构编制人员 1 人。2012 年，机构改革后县爱卫办并入县卫生和食品药品监督管理局，机构编制人员 3 人。

业务　负责爱国卫生工作的组织、宣传、协调、指导监督和信息交流；农村改水改厕；开展除害防病活动。

2007 年完成省、州下达改厕任务 1500 户；2008 年完成 400 户；2009 年完成 2000 户；2010 年完成 1300 户；2011 年完成 4000 户；2012 年完成 5100 户；2013 年完成 7000 户，2015 年完成 1 万户。

第三节　公共卫生

环境与饮用水质检测　2006 年始，卫生监督所主要负责本辖区内生活饮用水卫生监督。2008 年检测项目：色度、浑浊度、臭和味、肉眼可见物、pH、铁、锰、氯化物、硫酸盐、溶解性总固体、总硬度、

耗氧量、氨氮、氟化物、砷、硝酸盐、细菌总数、总大肠菌群、耐热大肠菌群，共19项15个点。2012年检测项目：总大肠菌群、耐热大肠菌群、细菌总数、溶解性总固体、总硬度、耗氧量、氨氮、二氧化氯等24项25个点。2013年检测项目：总大肠菌群、耐热大肠菌群、大肠埃希氏菌、细菌总数、砷、镉、铬、铅、汞、硒、氰化物、氟化物、硝酸盐、三氯甲烷、四氯化碳、色度、浑浊度、臭和味、肉眼可见物、pH、铝、铁、锰、铜、锌、氯化物、硫酸盐、溶解性总固体、总硬度、耗氧量、氨氮、挥发酚类、阴离子合成洗涤剂、二氧化氯，共34项5个点。2015年检测项目：总大肠菌群、耐热大肠菌群、大肠埃希氏菌、细菌总数、砷、镉、铬、铅、汞、硒、氰化物、氟化物、硝酸盐、三氯甲烷、四氯化碳、亚氯酸盐、色度、浑浊度、臭和味、肉眼可见物、pH、铝、铁、锰、铜、锌、氯化物、硫酸盐、溶解性总固体、总硬度、耗氧量、氨氮、挥发酚类、阴离子合成洗涤剂、二氧化氯，共35项。负责对龙坪、边阳、逢亭、沫阳、茂井、罗悃、红水河镇等23个农村水厂饮水安全进行监测。

公共食品卫生 1991年，县卫生防疫站卫生科对县城所在地511名食品从业人员进行健康体检，507人全项合格。巡回监督6231户次，处理105户次，没收销毁禁止生产经营的食品（8户）1205.6公斤，罚款1户750元。1998年对龙坪、沫阳、罗悃、茂井镇食品生产经营户505户监督监测，审发卫生许可证497个，办证率98.40%；从业人员体检817人，查出乙肝传染病人19例，全部调离工作岗位，责令停业改进6户。全年发生食物中毒事件1起，发病7例。2009年出动监督员120余人次，完成“两基”校园周边餐饮单位专项整治，中考、高考学生就餐点卫生监督。受理办结餐饮服务许可161件。2015年对从业人员检验、办健康证3076人次，其中：饮食（含加工厂）2216人（次），公共场所〔美容美发、娱乐服务、宾馆845人（次）〕。

职业卫生 2001年10月27日，第九届全国人民代表大会常务委员会第二十四次会议通过《中华人民共和国职业病防治法》。2004年对辖区内12家厂矿企业进行监督检查，完成职业病危害申报8家，落实职业病专项经费7家13500元，落实防护手套740双、工作服1040件、口罩670个、防护镜98付，同时对上述企业发放警示牌19种316块。2010年出动监督人员48人次，检查厂矿企业6家（冶炼2家、建材3家、制药1家），发现在岗职工均未作岗前、岗上、离岗时的职业健康检查，均未建立劳动者健康监护档案260人（职工总数546人）。对存在的问题，下达卫生整改意见书，并责令改正。2015年出动执法人员36人（次），检查放射诊疗机构11个，重点检查《放射诊疗许可证》持证情况，放射工作人员和受检者个人防护用品配备及使用情况、核医学放射性同位素的储存安全、防护安全、废物处置情况等。下发监督意见书11份，责令改正11家，立案检查5家，给予警告5家，罚款34.2万元。

第四节 卫生防疫

疾病防治 麻疹1991—1995年发病886例，治愈873例，死亡13例；1996—2000年发病511例，治愈501例，死亡10例；2001—2006年每年发病在10例以下，2007—2013年均无病例发生。脊灰1991—2000年发病2例，2001—2015年均无病例发生；百日咳1991—2000年发病12例，2001—2015年均无病例发生；白喉无病例报告。

结核病防治 结核病为全县传染病年发病率最高，属于治愈与管理较难的疾病，2013年报告898例，报告发病率345.52/10万；2014年报告671例，发病率257.44/10万。通过严格按《结核病规范化管理办法》，初治涂阳病人治愈率达86%以上，达到国家疫情的有关规定指标。

2015年全县肺结核治疗登记628例（其中，初治涂阳146例，复治涂阳36例，涂阴病人446例），非结防机构报转病人411例，通过转诊、追踪等措施使病人管理总体到位379例，总体到位率达92.2%；治疗上年初涂阳病人157例，治愈143例，治愈率为91.08%，初治涂阴349人，完成疗程318人、治疗率达91.11%。完成六轮次原26乡镇的业务督导，对初涂阳肺结核患者访视158人次。

鼠疫防治 广西龙滩库电站建成后，2001 年 6 月县疾控中心组织防疫人员对全县 10 个乡镇 28 个村淹没区进行首期疫源性疾病调查，为预防移民搬迁后疫源性疾病发生打下基础。

炭疽病防治 炭疽是罗甸较为严重的人畜共患传染病，时有病例发生。县疾控中心组织人员采取人防、畜防协同防治，有关部门密切配合齐抓共管的综合防治措施，炭疽流行得到有效控制。2000—2005 年发病 57 例，2006—2010 年发病 24 例，2011—2014 年发病在 6 例。

艾滋病病防治 2006 年，艾滋病初筛实验室通过省级验收，为疾病预防控制与研究打下很好的基础。截至 2014 年 12 月 30 日，全县累计报告艾滋病病毒感染者和病人共 64 例（艾滋病病人 15 例、艾滋病病毒感染者 49 例），死亡 18 例，存活 46 例，男性 29 例、女性 17 例；累计抗病毒治疗人数 22 人。病例分布在 19 个乡镇或社区服务。

2015 年累计发现报告艾滋病病毒感染者及艾滋病病人 83 例（艾滋病病人 23 例、艾滋病病毒感染者 60 例），其中存活 64 例，死亡 19 例。在存活病例中经注射毒品传播 2 例、异性传播 55 例、同性传播 5 例、不详 2 例。青壮年仍是艾滋病感染的主要人群。CD4 细胞检测 42 例，检测率 61.54%；首次随访 64 人，随访率 100%。累计应接受抗病毒治疗 35 人，正在接受治疗的成年艾滋病病人 33 例，因其他原因终止治疗 2 例，抗病毒率 94.29%。全年完成 HIV 抗体咨询检测 25451 人，占本年咨询检测任务量的 9.76%（25451/260640）。

“非典”防控 2003 年年初，全国多个省（市）发生“非典型肺炎”（简称“非典”）暴发流行，造成重大人员生命财产损失。是年 4–6 月，县委、县政府先后安排部署非典防控工作，县乡（镇）投入非典防控经费 100 万余元。在罗沙、栗木、红水河、董架、木引等主要交通要道和码头渡口设立 11 个县级检疫站，16 个乡镇检疫点，抽调 74 名县机关干部、173 名乡镇干部、99 名村组干部在站、点开展防控工作。完成检疫入境车辆 12956 辆次，检测入境人员 53328 人，乡镇开展拦网式排查工作，共排查出在外务工人员 33643 人，非典防控期间返乡 4491 人。其中：从疫区返回 2867 人，先后对 53 例发热病人作医学留观处理。卫生防疫人员定期对 2887 个公共场所进行消杀，累计消毒面积 84298 万平方米。堵住非典疫情传染渠道，确保全县人民身体健康和生命安全。

第五节 卫生保健

罗甸县妇幼保健所 2004 年机构改革，县妇幼保健所与县计划生育服务站合并称县计划生育妇幼保健服务中心。

初级卫生保健 1990 年，国家制定第一个农村初级卫生保健发展 10 年规划（1991—2001 年），1994 年 3 月，县政府批转县卫生局《关于在全县实施初级卫生保健的报告》，同时成立县初级卫生保健委员会，以确保广大农村居民 2000 年人人享有最基本的医疗卫生保健目标。

妇幼保健 县妇幼保健站以开展门诊诊治妇科病为主。1995 年新法接生 2549 例，新法接生率 65.34%。2006 年新法接生数 3437 例，新法接生率 91.41%。孕产妇建卡 3035 人，建卡率 80.98%。孕产妇死亡 6 例，死亡率 1.59‰。2010 年全县出生活产数为 3929 人，其中：住院分娩数 3287 人，非住院新法接生数 642 人。2014 年全县产妇 3355 人，住院分娩数 3248 人，住院分娩率 96.81%（任务数为 95%）。2015 年完成孕前优生健康检查夫妇 1742 对，占任务数 101.22%，其中：农村夫妇 1648 对、城镇夫妇 94 对。全县产妇 3057 人，住院分娩数 2973 人，住院分娩率 97.04%（任务数 95%）；产检人数 2957 人，产检率 96.7%；建卡人数 2890 人，建卡率 94.53%；系统管理人数 2730 人，系统管理率 88.67%（任务数 80%）。

儿童保健 1991 年全县 7 岁以下儿童 31210 人，参加保健服务 1486 人，保健率 4.76%。1995 年，全县 7 岁以下儿童 31122 人，参加保健服务 2942 人，保健率 9.45%。2000 年，全县 7 岁以下儿童 30910 人，参加保健服务 6772 人，保健率 21.91%。2006 年，全县 7 岁以下儿童 31616 人，参加保健服务 3394 人，保健率 22.67%。2009 年，全县 7 岁以下儿童数 29614 人，参加保健服务 7916 人，保健率 26.73%。2010 年，全县 7 岁以下儿童 30096 人，参加保健服务 15069 人，保健率 50.07%。2015 年全县 7 岁以下儿童 27920 人，参加保健服务 23834 人，保健率 85.37%；5 岁以下儿童数 20067 人，参加保健 17263 人，保健率 86.03%；3 岁以下儿童 12568 人，系统管理 10826 人，系统管理率（任务数 85% 以上）86.13%。

第六节　卫生管理

医政管理　1994 年县卫生局设立医疗机构管理办公室，对全县城镇 27 家个体医疗清理整顿，对不具备条件诊室强行取缔 3 家，改行 7 家。1998 年，对个体申请开业行医 42 家进行审查，批准发证 12 家。2004 年查出非法行医 23 家，取缔 23 家，没收药品器械价值约 2.1 万元，罚款 1.18 万元，限期整改 2 家。2010 年出动监督人员 65 人次、检查个体医疗、诊所等 45 家，查处聘用非卫生技术人员立案 1 起，罚款 2000 元。2013 年出动卫生执法人员 120 人次，对全县 106 家医疗机构检查，已检查 83 家。对 3 家卫生院医疗废物管理不规范进行立案查处罚款 0.7 万元；对 2 个非法行医点立案 1 起，罚款 0.6 万元，取缔赶场天摆摊游动牙医 6 人（次）。

2014 年出动卫生执法人员 620 人次，检查县医院、中医院，疾病预防控制中心、乡镇卫生院，计生、民营医院、个体诊所等 120 家医疗服务单位，监督检查覆盖率 100%。对发现问题的单位警告 15 家次，责令整改 51 家次，立案查处 51 件，罚款金额 11.46 万元，已全部结案，

2015 年开展医疗秩序专项整治行动 9 次，严厉整治无证行医、“黑诊所”、利用 B 超非法鉴定胎儿性别及非医学需要选择性别终止妊娠手术等违法行为，立案查处 926 起，罚款 93.98 万元，医疗秩序得到了进一步的规范。

药政管理　1990 年 12 月，县人民政府印发《关于进一步做好治理整顿医药市场工作的意见》，1996 年对县级 5 个卫生单位检查 15 次，乡镇及个体诊所检查 84 次，查出假冒伪劣药品、过期、失效、霉变、潮解、虫蛀药品，取缔无证无照游医（经营药品）5 户。2008 年加强市场监督检查，扩大监督覆盖面，对全县 47 家药品（县属医疗机构 5 家，乡镇卫生院 26 家，村卫生室 7 家，个体诊所、医务室 9 家），药品生产企业 1 家，药品经营单位 46 家（药品中转库 1 家，药品零售企业 23 家，乙类非处方药经营企业 22 家）进行监督检查，出动执法人员 319 人次，监督 204 家次，监督覆盖率 100%，取缔无证经营 4 家。2010 年对全县涉药单位进行日常市场监督检查，共检查 119 个单位，药品 67 家（其中：县属医疗机构 4 家，县城其他医疗机构 9 家，乡镇卫生院 26 家，村卫生室 28 家）。出动执法人员 341 人次，监督户次 238 家次，监督覆盖率 100%。受理案件 1 件，立案 1 件，结案 1 件，涉案货值金额 0.03 万元，处罚金额 0.53 万元。全县通过 GSP 认证药品零售企业 31 家，跟踪检查药品零售企业 12 家，均符合《药品经营质量管理规范》要求。

根据州食药监局《关于印发黔南州中药生产经营质量专项整治工作方案的通知》文件精神，2013 年 4 月，出动执法人员 34 人次，检查药品生产企业 1 个，中药经营单位 6 个，检查中药材、中药饮片 160 余种，下达责令改正通知书 2 份。对药品、医疗器械、保健食品、化妆品稽查工作，出动执法人员 451 人次，检查食品药品经营单位 207 个，其中：保健食品查办案件 3 件，结案 3 件，涉案金额 0.772 万元，处罚金额 15 万元。

按照《国务院关于印发国家药品安全“十二五”规划的通知》和《药品经营质量管理规范（2012 年修订）》文件精神，2015 年受理药品零售企业新开办 3 户，受理药品零售企业换证 / 变更 31 户，受理医疗器械零售企业新开办资料初审及现场验收 2 户；药品零售企业 GSP 申请资料初审 41 家，受理二类医疗器械备案申请资料初审 45 家，受理保健食品备案 19 家。出动执法人员 217 家（次），检查药器械、保健食品、化妆品经营企业 132 户（次），检查药品生产企业 2 家（次），下达责令改正通知书 17 份，

排查安全隐患 20 个，检查体外诊断试剂经营使用单位 30 家（次）、体外诊断试剂品种 31 个批次，下达责令改正通知书 11 份，跟踪复查企业 11 家（次），整改 11 家（次），整改率 100%。立案查处药品医疗器械案件 4 起，结案 4 起，罚没款 3.4 万元。查获含松香酸药品 1 批次，责令其停止销售、下架封存，并配合药品召回工作，全年未发生药品安全事故。

血液管理　1995 年 10 月 9 日，县中医院与深圳蛇口怡博生物电子有限公司联合建立单采血浆站，1996 年 8 月 5 日，县公证处行文撤销“协议”合作公证，1997 年 1 月由县中医院独立单采。1997 年 5 月 26 日罗编字〔1997〕6 号文件同意成立县单采血浆站，为卫生事业单位企业管理的独立法人单位。7 月 3 日，单采血浆站与县中医院分开独立。同年取得卫生部《单采血浆站许可证》，完成采浆 16 吨，创利 50 余万元。1998 年 1 月 1 日起全面实行机器采浆，确保血液质量和献血员的生命安全。献血员建卡人数由 1997 年年底的 2492 人发展到 3600 人。2003 年 7 月经省卫生厅批准建立县中心血库。2005 年，采集血浆 39496 人份，约 23.68 吨原料血浆。2006 年采集血浆 31532 人份，约 18.9 吨原料血浆。

2007 年 3 月 30 日，根据国家九部委联合下发的卫医发〔2006〕118 号及黔卫发〔2006〕169 号文件精神，根据 2011 年 7 月 20 日全省召开的调整和关闭单采血浆站后续工作会议，华兰生物（罗甸）单采血浆有限公司于 2011 年 7 月 31 日关闭，8 月 1 日停止采浆。

第七节　合作医疗管理

合作医疗　1998 年，县政府批转县卫生局《关于开展农村合作医疗试点工作的意见》。6 月选择平岩乡和纳坪乡为合作医疗试点。平岩乡参加合作医疗 3578 人，占总人口 6974 的 51.87%，交纳合医基金 21468 元，医疗补偿报销 2841 人次，金额 31751.99 元；纳坪乡参加合医 1190 人，占全乡总人口 4192 人的 28.4%。1999 年 6 月 17 日，全州农村合作医疗现场研讨会在罗甸县召开。2001—2006 年由于筹资难，缺乏支撑和行之有效的管理机制，合作医疗停止开展。

2007 年 3 月县新型农村合作医疗办公室正式成立，为县卫生局所属的副科级事业单位。内设网络与信息股、业务与督查股和财务股三个股室。人员编制 11 人，实际在编 6 人，在岗 8 人（1 人借调卫生局，1 人发展双带创业，借调进 4 人）。2015 年人员编制 18 人，实际在编 15 人，其中：本科生 3 人，大专生 12 人。

2015 年，全县参合农民 300891 人，实际参合 299084 人，参合率 99.40%。基金总额为 1.35 亿元。其中：农民个人筹资 2093.59 万元（70 元 / 人），各级财政配套 1.14 亿元（380 元 / 人），其中：中央 8015.45 万元（268 元 / 人），省级 2847.28 万元（95.2 元 / 人），州级 154.93 万元（5.18 元 / 人），县级 347.53 万元（11.62 元 / 人）。2015 年报销补偿 64.68 万人次，基金支出 1.15 亿元。大病商业补偿 574 人次 225.64 万元。

2007—2015 年全县新农合参合与筹资情况表

表 14-12

年度	参合情况			资金配套情况						
	应参合人数	实际参合人数	参合率（100%）	中央财政配套资金（元）	省财政配套资金（元）	州财政配套资金（元）	县财政配套资金（元）	个人自筹（元）	每人每年筹资总额（元）	基金总额（元）
2007	291829	241679	82.82	20.00	14.00	3.00	3.00	10.00	50.00	12083950
2008	292109	269454	92.24	40.00	34.00	3.00	3.00	10.00	90.00	24250860
2009	292118	278863	95.46	40.00	34.00	3.00	3.00	20.00	100.00	27886300

续表

年度	参合情况			资金配套情况						
	应参合人数	实际参合人数	参合率（100%）	中央财政配套资金（元）	省财政配套资金（元）	州财政配套资金（元）	县财政配套资金（元）	个人自筹(元）	每人每年筹资总额(元）	基金总额（元）
2010	293233	287028	97.88	60.00	51.00	3.23	5.77	20.00	140.00	40183920
2011	293720	285568	97.22	124.00	64.60	3.42	7.98	30.00	230.00	65680640
2012	293720	287867	98.01	156.00	71.40	3.50	9.10	50.00	290.00	83481430
2013	298791	294654	98.62	188.00	78.20	3.98	9.82	50.00	330.00	97235820
2014	299275	296161	98.96	220	85	4.46	10.54	70	390	115502790
2015	300891	299084	99.4	268	95.2	6.72	10.08	70	450	134587800
合计	–	–	–	–	–	–	–	–	–	600893510

2007—2015 年全县新农合报销情况表

表 14–13

年　度	门诊支出情况		住院支出情况		小　计	
	人次（万人）	报销补偿金额(万元）	人次（万人）	基金支出（万元）	人数（万人）	基金支出金额（万元）
2007	3.47	125.85	0.92	377.62	4.39	503.47
2008	10.56	232.88	1.83	1082.12	12.40	1314.99
2009	20.00	868.52	2.28	1894.31	22.28	2762.83
2010	33.26	1515.72	1.88	2422.09	35.15	3937.81
2011	37.85	1507.51	1.91	3057.23	39.76	4564.73
2012	46.43	2160.55	2.76	6113.13	49.19	8273.67
2013	44.55	3076.55	3.95	8206.73	48.50	11283.28
2014	43.68	2830.02	4.24	8047.77	47.91	10877.79
2015	60.2	3030.85	4.48	8433.84	64.68	11465.10
合　计	300	15348.45	24.25	39634.84	324.26	54983.67

第十五篇　文化 广播电视 体育

第一章　文　化

第一节　机　构

1991 年，县广播电视局内设有办公室、电视台。办公室下设：财务室、龙坪镇广播站、边阳广播站、沫阳广播站、罗悃广播站、逢亭广播站、平艾广播站、茂井广播站、罗沙广播站、王乃山广播电视调频差转台、木引冗林电视差转台；电视台下设：新闻制作部、发射机房。全局职工 35 人。1995 年行政体制改革将广播电视局、文化局、体委合并组建县文体广播电视局。下设：办公室、广电股、文化股、体育股。2004 年 6 月，县文体广播电视局增设新闻出版局（副科级机构）。2009 年贵州省广电网络罗甸分公司成立；是年建成边阳、板庚、罗悃、沫阳、逢亭、茂井、红水河、罗沙等 11 个有线电视站。2011 年 10 月，撤销县旅游局，与县文体广播电视局合并称罗甸县文体广电旅游局。辖图书馆、文化馆、新华书店、电影公司。内设：电视台、文化股、广电股、体育股、文工队、老体协、少体校、文物管理所、文化市场综合执法大队、新闻出版（版权）局、旅游开发股。2015 年行政编制 15 人，设局长 1 人、副局长 2 人、纪检组长 1 人，全局职工 88 人。

第二节　文化活动及获奖

文化馆　2005 年新建文化馆大楼，占地面积 400 平方米，建筑面积 1500 平方米。2010—2015 年文化馆每周一至周五全天免费开放声乐、钢琴、美术、舞蹈、书法等设施及场地，各科目有专业教师长期无偿辅导，免费提供茶水和存包。

文化馆设有馆办团队，下属团队为业余团队：夕阳红艺术团、夕阳俏佳艺术团、联新团、九九文艺队、罗苏姐妹。

文化活动　2000—2005 年，罗甸县开展春节大型综合文艺活动 5 次。2006 年春节罗甸组织文艺队参加黔南自治州建州 50 周年踩街庆典。2007 年 5 月 19-21 日由县委、县政府组织在县体育中心举办“中国・贵州・罗甸第一届高原千岛湖旅游文化艺术节”，全县 26 个乡镇包括机关单位进行踩街庆典和文艺演出，参加人员 2000 多人，声势浩大，受到好评。2009 年罗甸县组织参加由州委、州政府举办每县一台戏文艺调演比赛获铜奖。2010 年 10 月 16-18 日由县委、县政府组织“中国・贵州・罗甸第二届高原千岛湖旅游文化艺术节”在县体育中心举办文艺演出。2012 年 10 月 26 日晚罗甸在都匀举办“2012 年‘高原水乡・魅力罗甸’文艺汇演专场晚会”。2013 年 1 月 10 日罗甸举行首届民族民间文化进校园文艺晚会。2014—2015 年开展“幸福进万家・文化精品乡村行”宣传美丽罗甸、长寿罗甸活动 60 余场次和开展广场文艺演出 28 场次，每场观众达 5 万余人。

获奖 1999年参加黔南州首届好花红艺术节，罗甸参赛节目《唢呐声声》获“三等奖”。县文化馆创作节目《绣手绢》参加全州文艺调演获“三等奖”。罗甸苗族原生态舞蹈《花棍舞》参加第一届、第二届多彩贵州舞蹈大赛黔南赛区分别获“三等奖”“一等奖”；第二届多彩贵州舞蹈大赛总决赛，罗甸参赛节目《花棍舞》获“优秀奖”。

2000年《夜乐舞》参加由国家文化部举办的全国第十届群星杯舞蹈大赛获铜奖和优秀编导铜奖。

2011年参加多彩贵州合唱大赛获优秀奖；是年参加贵州省第十一届杜鹃曲艺节《亮灯谣》获全省二等奖；参加张家界国际乡村音乐周罗甸县蚂蚱调民谣组合队获最佳台风奖。

2013年4月参加多彩贵州歌唱大赛《黄果树大瀑布》获美声组优秀奖。是年，9月参加全省“群文之星”声乐大赛获优秀奖

2015年县广场舞《闹春》荣获全州三等奖。创作广场舞《情暖一家》参加全州广场舞大赛获得三等奖。

文化活动及节目获奖统计表

表15-1

主办单位	级　别	获奖名称	奖　项
国家文化部	省部级	2001年《夜乐舞》参加全国群星杯广场舞蹈大赛	铜　奖
文化部、湖南省政府	省部级	2011年张家界国际乡村音乐周《罗甸县蚂蚱》调民谣组合	最佳台风奖
贵州省人民政府	省　级	2007年贵州省音乐创作大赛《美美大小井》	二等奖
贵州省人民政府	省　级	2009年《美美的大小井》获第四届贵州省政府文艺奖	二等奖

第三节　民族民间文艺

苗族夜乐舞 在栗木乡拉来寨流传约300多年，音乐伴奏不用旋律，只用鼓、锣、镲打击伴奏，演员不化妆，只穿朴实素净的民族服装，舞步多变，场面宏大，堪称苗族民间舞蹈的孤本。1957年3月《夜乐舞》赴北京参加全国第二次工农业余汇演获得好评，受周恩来、朱德、邓小平等中央领导的接见。2000年由文物管理所挖掘、整理，编排创作苗族《夜乐舞》，参加全国广场舞蹈大赛，获文化部颁发铜奖，当年入选第一批省级非物质文化遗产名录。苗族《芦笙舞》《花棍舞》，布依族《织布舞》《相诺舞》《粑糟舞》等被列入县级名录。

民间音乐 《苗歌》《布依情歌》、布依长号、唢呐、四弦胡等列入县级名录。

民间技艺 土布制作、苗族服饰制作，土布小缸青染布工艺是罗甸少数民族世代流传下来的传统技艺，2005年被列入第二批省级非物质文化遗产名录。手工造纸、荞灰豆腐、酿酒、素剪粉、黄豆鸡、荷叶粑和狗硼肠等民间技艺，广泛流传全县各乡镇少数民族地区。

民间文学（民间故事传说） 《汗皇和祖皇》《王岗与项龙》《七个神孩》《神龟》《黄克麻要死了》《会旅行的指路碑》《麻窝凼里奇遇》《抹乱传说》《南越文化部落—八达传说》《千古奇缘姊妹峰》《石头寨》《颜公的故事》《罗甸九十九个潭》等。这些民间文学，都具有一定的研究价值和历史价值。

传统戏剧 1978年6-7月，省、州文化戏剧普查，境内有《花灯戏》《阳戏》《傩愿戏》和《上灯戏》等。《阳戏》主要流传罗甸县董架乡和栗木乡，已被列为第二批省级非物质文化遗产。《花灯戏》流传于板庚乡、木引镇、龙坪镇等乡镇，还有逢亭布依族戏剧《小幺妹》，用布依语译演汉剧《乾隆下江南》《梁山伯与祝英台》等。

民间乐器 民间常用乐器：唢呐、大号、皮鼓、二弦胡、四弦胡、箫、笛、芦笙、锣、铙、铰、钹、铃、木鱼、铓锣、铜鼓、铜锣、镲等，以及木叶也用来吹奏作为乐器使用。

第四节　图书馆与书刊销售

图书馆　1990 年 2 月，县图书馆更名为县民族图书馆。内设 7 个室：科技借阅室、社科借书处、特藏图书室、少儿阅览室、成人阅览室、图书采编室、财务室。2014 年内设：电子、图书、儿童综合阅览室、采编室、报刊室。2015 年馆藏各类图书 30407 册（含图书、光盘及电子文献），报刊 37 种，杂志 82 种，内设电脑 30 台，座位 80 个。

农家书屋　1997—2015 年总投资 1305 万元，在全县 267 个行政村、4 个居委会建成农家书屋。每个农家书屋藏书 2000 余册，完成 28 个数字农家书屋。

书店　罗甸新华书店（属国有企业），开展业务：图书、教材、教辅资料、年画销售等，年销售金额 18.95 元。1991 年罗甸新华书店人、财、物划归贵州省新华书店管理至今。设农村区书店网点 5 个。课本由新华书店发行，1991 年销售课本册数 2 万册，年销售额 86 万元；1995 年销售册数 3 万册，年销售额 117 万元；2000 年销售册数 6 万册，年销售额 210 万元；2005 年销售册数 103 万册，年销售额 402 万元；2010 年销售册数 96 万册，年销售额 617 万元；2015 年售图书 63780 册，各种教材、教辅书 95370 册，年画 21340 册，年销售金额 857 万元。

出版物：报纸：《今日罗甸》《罗甸报》；刊物：《红水河》；志书：《罗甸县志》《罗甸县志·民族志》《罗甸县政协志》等。

第五节　电影放映

1991 年国营电影院 1 个，电影队 4 个，企事业单位电影队 7 个，集体 20 个，个体 12 个，共 44 个放映单位。1991—2000 年，由于无片源、无放映设备，没有开展放映活动。2005—2007 年，职工自筹资金购买放映设备到各乡镇村寨无偿放映电影，并配合文化、卫生、教育、公安、司法等开展文化“三下乡”活动宣传。1991—2005 年期间仅放映 486 场，年平均放映 32 场。

2008 年县电影公司重组放映人员 9 人。2011 年公司获得国家广电总局资助购买数字电影放映设备 8 套。2014 年追加 4 套，是年成立黔南州农村数字电影院有限公司罗甸工作站，隶属县文化和旅游局管理，招聘农村电影放映员 12 名，其中：聘乡镇个体放映员 11 人。片源均由州文化广播电视局下属黔南州农村数字电影院有限公司通过卫星基站从国家广电总局片源管理中心付费下载放映。采取定人、定时、定点，自购买或出租交通工具分赴全县 9 个乡镇 177 个行政村开展农村公益电影放映活动，确保农村“每一年、每个村、每个月一场电影”共享公共文化服务。片源以历史战争和娱乐故事片为主，科教片为辅，配合卫生、文化、公安、扶贫等部门开展惠民工程宣传工作，2014—2015 年，免费放映 4000 场次，观众达 12.01 万人。

第六节　文　物

县文物管理所成立于 2000 年 4 月，编制 3 人，在编人员 3 人。

文物古迹保护　2003 年维修边阳文昌阁。2004 年 4 月维修中共蛮瓦党支部旧址。2011 年县政府拨款 35 万元第二次维修中共蛮瓦党支部旧址。

“三普”工作　2007—2013 年，根据全国第三次文物普查工作要求，罗甸通过普查，全县有 76 处文物点。其中：仁里桥、边阳文昌阁、拉来寨崖棺等 21 处被列入保护单位（省保 1 处拉来寨崖棺，县保 20 处）。

文物保护 2015年完成全国第一次可移动文物信息登录平台数据登录工作，调查走访全县各乡镇、县机关、事业单位、国有企业及农户222家。10月初，聘请专家组对其进行评定审核，最终确定52件疑似文物为一般文物，其中：罗甸县档案馆24件，凤亭乡人民政府28件。11月2日，聘请州级专家组对罗甸申报的州级文物保护单位2个点（边阳文昌阁、凤亭乡蛮瓦支部）进行审查评估，边阳文昌阁建议评为州级文物保护单位，中共蛮瓦支部作为爱国主义教育基地来使用。

全县文物统计表

表15-2

文物单位名称	详细地址	估计年代	保存状况	列保情况	是否复查	备注
老城古井	龙坪镇老城村一组	清代	一般	–	–	–
石门坎电站	逢亭镇布忙村冗王组	现代	一般	–	–	–
打朵桥	龙坪镇顶访村顶访寨	现代	一般	–	–	–
玉石矿遗址	罗妥乡俄村村俄牢组	待定	一般	–	–	–
布忙桥	逢亭镇布忙村一组	现代	一般	–	–	–
沟亭古井	沟亭乡沟亭村下沟亭组	待定	一般	–	–	–
访里洞躲匪遗址	沫阳镇访里村访里寨	待定	一般	–	–	–
续善桥	龙坪镇老城村二组	清代	一般	–	–	–
罗敬和墓	董当乡大小井村二组	明代万历	一般	县保	–	–
十里桥	木引乡丛里村一组	清代	一般	–	–	–
仁里桥	木引乡丛里村下丛里组	清代	一般	县保	复查	–
屯头山营盘遗址	木引乡兴龙村四组	清同治六年（1868）	一般	县保	–	–
岑明贤墓	木引乡水井村大寨组	民国35年（1949）	一般	–	–	修改时间不详
李胡继德政碑	纳坪乡纳坪村一组	清光绪十九年（1894）	一般	–	–	–
板庚驿道遗址	板庚乡板庚村葫芦寨	待定	一般	–	–	–
观音洞躲匪洞遗址	板庚乡板庚村葫芦寨	清代	一般	–	–	–
拱里水晶矿开采遗址	逢亭镇拱里村一组	1958年	一般	–	–	–
小井河跳墩桥	董当乡大井村小井组	清光绪七年（1881）	一般	县保	–	–
太和桥	茂井镇兰西村一组	清道光二十九年(1849）	一般	县保	–	–
方小海住宅	木引乡木引村下街组	民国	一般	–	–	–
龙滩桥	木引乡云保村龙滩组	清代	一般	县保	–	–
青龙山岩洞葬	木引乡摆落村街上组	清代	一般	–	复查	–
摆落汞矿矿井遗址	木引乡摆落村街上组	清代始开采	一般	–	–	–
为善最乐碑	逢亭镇床井村二组	清道光二十五年(1846）	一般	–	–	–
青云山石板墓	木引乡木引村下寨	清咸丰元年（1851）	一般	–	–	–
长生小石桥	木引乡长生村长生寨	清代	一般	–	–	–
罗家祠堂	边阳镇新街村上街一组	清代	一般	–	–	–
罗锦堂墓	边阳镇下坝村一组	清道光二十九年(1849）	一般	县保	–	–
胡朝文宅	栗木乡拉昂村拉昂寨	现代	一般	–	–	–
边外河渡口遗址	沟亭乡布法村边外河组	待定	一般	–	–	–
唐凸弯龙氏墓群	栗木乡达上村仓库组	清同治元年（1862）	一般	–	–	–
凤亭铁矿遗址	凤亭乡良坪村海里组	民国	一般	–	–	–
仙人洞躲匪洞遗址	云干乡道角村仙人洞组	清道光六年（1826）	较差	–	–	–

续表

文物单位名称	详细地址	估计年代	保存状况	列保情况	是否复查	备注
大坟嘴龙氏墓群	栗木乡达上村仓库组	清光绪五年（1879）	一般	县保	–	–
逢亭屯堡遗址	逢亭镇逢亭村一组撒里	明代	一般	–	–	–
木引观音山屯堡遗址	木引乡兴隆村摆戎山	清代	较好	–	–	–
板庚营盘遗址	罗甸县板庚乡板庚村葫芦寨	清代	较差	–	–	不详
杨开春墓	边阳镇下坝村一组芭毛冲坡	清光绪二十八年（1902）	一般	–	–	–
鬼冲弯墓群	边阳镇下坝村一组鬼冲弯	清嘉庆七年（1802）	一般	–	–	–
观音洞古庙遗址	交砚乡播饶村上寨大龙山	清代	一般	县保	–	–
播饶炼硝遗址	交砚乡播饶村上寨大龙山	清代	一般	县保	–	–
罗家墓群	边阳镇新街村下街组	清嘉庆元年（1796）	一般	–	–	–
大井石幢	董当乡大井村大井组	民国三十七年（1949）	一般	–	–	–
科象墓群	红水河镇科象村	清代	一般	–	–	–
月亮洞摩崖石刻	龙坪镇老城村二组	清光绪三十三年（1907）	一般	县保	复查	–
广仁堂慈善碑	龙坪镇老城村一组	清道光年间	一般	县保	复查	–
总州安山摩崖石刻	董当乡大井村大井组	明万历三年（1575）	一般	县保	复查	–
拉来寨崖棺	栗木乡新场村拉来寨组	清代	一般	省保	复查	–
边阳文昌阁	边阳镇岩脚村一组	清代	一般	县保	复查	民国（1929）维修
爱吾庐记碑	龙坪镇新寨村林场	清道光二十二年（1842）	一般	县保	复查	–
福星桥	龙坪镇五星村把柄组	清道光二十三年（1843）	一般	县保	复查	–
中共蛮瓦支部旧址	凤亭乡凤亭村街上	民国21年（1932）	损坏	县保	复查	房屋建于1926年，支部建于1932年
偏洞营盘遗址	栗木乡干洞村坳口组	清宣统二年（1910）	较差	–	–	–
下立亭渡口遗址	龙坪镇下立亭村一组	待定	一般	–	–	–
望月山烈士陵园	龙坪镇城东社区	现代	一般	–	–	50年代初建于王乃山脚，2006迁于新址
霸王河水渠	龙坪镇林霞村五组	60年代	一般	–	–	–
边阳水库	边阳镇新丰村	1956年	一般	–	–	1981、1987维修过
王应珍墓	罗妥乡下妥村一组	清咸丰三年（1853）	一般	–	–	–
西霞洞营盘遗址	栗木乡拉昂村拉昂寨	清代	一般	县保	复查	碑文不清
熊朝勇宅	边阳镇前进村一组	现代	一般	–	–	–
前进造纸作坊遗址	边阳镇前进村二组	清代	一般	–	–	–
上隆碉楼	逢亭镇上隆村上隆农场	现代	一般	–	–	–
任仕贵墓	栗木乡干洞村干洞组	清嘉庆二十一年（1816）	一般	–	–	–
罗坪渡口遗址	木引乡罗坪村罗赖下组	待定	一般	–	–	–
简良辅墓	平岩乡安羊村冗薅组	清道光十八年（1839）	一般	–	–	–
陈魁士墓	罗沙乡者任村六组	清道光十七年（1838）	一般	–	–	–
丛里水碾遗址	木引乡丛里村下丛里组	清代	一般	–	–	–
罗妥石拱桥	罗妥乡下妥村一组	待定	一般	–	–	–
陶万伦墓	董架乡东跃村金家坨苏敞坳	清道光二十七年（1847）	一般	–	–	–

续表

文物单位名称	详细地址	估计年代	保存状况	列保情况	是否复查	备注
长生水井	木引乡长生村长生寨	待定	一般	–	–	–
摆贡躲匪遗址	栗木乡摆贡村摆贡组	待定	一般	–	–	–
深井水井	栗木乡深井村深井寨	待定	一般	–	–	–
栗木水渠	栗木乡新丰村、岩脚村、下坝村、跃进村	70 年代	一般	–	–	–
罗悃峰火台遗址	罗悃镇河西村一组	民国	一般	–	–	–
江信安墓	栗木乡栗木村新寨组	清道光三年（1823）	一般	–	–	–
罗才贵合葬墓	平岩乡联丰村冗燕组	清道光十七年（1837）	一般	县保	–	–
冗燕营盘遗址	平岩乡联丰村冗燕组	待定	一般	县保	–	–
简玉喜合葬墓	平岩乡下朝村羊坨组	清光绪二十二年（1896）	一般	–	–	–

第七节　非物质文化遗产

罗甸县列入省级非物质文化遗产代表名录 4 个，即：《布依族土布制作扎染工艺》2005 年 12 月申报为第一批省级非物质文化遗产代表名录；《苗族夜乐舞》2007 年 5 月被评为第二批省级非物质文化遗产代表名录；《苗族芦笙舞》2009 年 9 月被评为第三批省级非物质文化遗产代表名录；《阳戏》2009 年 9 月被评为第三批省级非物质文化遗产代表名录。

2015 年完成第四批省级、州级非物质文化遗产项目代表性传承人的申报工作（申报逢亭镇苗族芦笙舞传承人熊少斌），开展省级名录《布依族土布制作扎染工艺》《阳戏》数字化建设前期采集工作。

文化传承人　2010 年 6 月，夜乐舞代表性传承人林昌元（已故）被评为第二批黔南州非物质文化遗产名录项目代表性传承人；2012 年 12 月，芦笙舞代表性传承人熊少斌和阳戏代表性传承人被评为第三批州级非物质文化遗产名录项目代表性传承人。

2015 年 12 月，芦笙舞代表性传承人熊少斌被评为第四批贵州省非物质文化遗产代表性传承人。

1991—2015 年罗甸县现有非物质文化遗产名录表

表 15-3

类别及序号	项目名称	主要分布地区	备　注
一、民间文学 5 项			
1	洪水潮天	逢亭镇、罗悃镇	–
2	伏哥羲妹造人烟	逢亭镇、罗悃镇	–
3	王刚的故事	县城境内、沟亭镇	–
4	大力士保双拉姆	红水河镇、罗妥	–
5	亚鲁王	逢亭镇新坡村、董王社区	–
二、民间音乐 3 项			
6	汉山歌	边阳镇	–
7	布依歌	罗悃镇、逢亭镇	–
8	苗歌	红水河镇、罗悃镇、木引镇、边阳镇董王、沫阳油尖	–
三、民间舞蹈 7 项			
9	苗族芦笙舞	逢亭镇、红水河镇	省级名录
10	苗族夜乐舞	边阳镇栗木	省级名录

续表

类别及序号	项目名称	主要分布地区	备　注
11	苗族铜鼓舞	沫阳镇联合村	–
12	苗族花棍舞	木引镇摆落村	–
13	布依族织布舞	罗悃镇	–
14	苗族猴鼓舞	沫阳镇	–
15	杷槽舞	凤亭国光村	–
四、传统戏剧 2 项			
16	阳戏	沫阳镇董架、边阳镇栗木	省级名录
17	花灯戏	龙坪镇板庚、木引镇	–
五、曲艺 1 项			
18	布依相诺	沫阳镇、红水河镇、凤亭乡	–
六、传统体育与游艺 1 项			
19	陀螺	木引镇、平岩镇	–
七、传统手工技艺（共计 10 项）			
20	布依族土布制作、扎染技艺	罗悃镇、沫阳镇、逢亭镇、龙坪镇	省级名录
21	布依族服饰制作技艺	罗悃镇、沫阳镇、逢亭镇、龙坪镇	–
22	苗族服饰制作技艺	逢亭镇白家坡、木引镇、沫阳镇平岩村	–
23	苗族刺绣	逢亭镇	–
24	古法榨糖制作技艺	逢亭镇	–
25	黄豆鸡制作技艺	沫阳镇、罗悃镇	–
26	狗蹦肠制作技艺	罗悃镇、红水河镇、沫阳镇	–
27	荞灰豆腐制作技艺	边阳镇	–
28	荷叶粑制作技艺	龙坪镇、逢亭镇	–
29	古法造纸	边阳镇	–
30	古法酿酒	沫阳镇翁保村	–
八、传统医药 1 项			
31	苗药	逢亭镇、木引镇	–
九、民俗 8 项			
32	三月三	龙坪镇八茂村、逢亭镇、红水河镇、罗悃镇、沫阳镇	–
33	七月半	县城境内	–
34	苗族鼠节	沫阳镇平岩村	–
35	布依族婚礼	罗悃镇、逢亭镇	–
36	苗族婚礼	逢亭镇、木引镇、沫阳镇平岩村	–
37	布依族完年	罗悃镇、沫阳镇	–
38	苗族丧礼	木引镇	–

第八节　文化市场管理

2002 年 12 月县文化稽查队成立，2010 年 9 月改称县文化综合执法大队，为正股级全额财政拨款事业单位，编制 9 名，由县文化广播电视局管理；2015 年 2 月升格为县文化与旅游局下属副科级事业单位，编制 9 名。

主要职责是对文化市场安全隐患定期和不定期进行排查和清理、打击破坏和盗卖文物行为稽查。

1991年罗甸录像放映场46家、台球室8家、摄影12家、出租书摊5家、营业性歌舞厅5家，开展“扫黄打非”12次，其中：联合执法3次，收缴各类非法出版物300余册。1992年罗甸县文化市场综合执法大队审批全县登记文化经营户48家，其中：歌舞厅3家、电子游戏室2家、台球室15家、旱冰场1家、娱乐室8家、录像室15家、图书零售店4家。1995年录像放映场60家、台球室25家摄影16家、出租书摊7家、营业性歌舞厅7家。开展“扫黄打非”15次，联合执法4次，收缴各类非法出版物450册。2000年录像放映场50家、台球室20家、摄影10家、出租书摊5家、营业性歌舞厅9家，开展“扫黄打非”12次，其中：联合执法3次，收缴各类非法出版物400余册。2005年录像放映场45家、台球室15家、摄影8家、出租书摊3家、营业性歌舞厅11家。2010年录像放映场5家、台球室11家、摄影6家、出租书摊2家、营业性歌舞厅10家，开展“扫黄打非”16次，联合执法5次，收缴各类非法出版物460册。2015年录像放映场全部停止、台球室10家、摄影6家、出租书摊0家、营业性歌舞厅1 4家、电子游戏2家、个体图书13家、茶室4家、影碟出租9家、网吧13家、刷业1家，开展“扫黄打非”14次，其中：联合执法4次，收缴各类非法出版物200余册。

第九节　革命老区

中共蛮瓦支部的建立　罗甸县位于贵州南部，与广西壮族自治区的乐业、天峨隔红水河相望。20世纪初的罗甸，由于剥削阶级统治和民族压迫，加之贵州军阀内部连年混战，抓兵、派款、征粮及各种苛捐杂税，民不聊生，流离失所，阶级矛盾日趋尖锐。

1923年7月至1926年秋，广西韦拔群领导的东兰、凤山农民革命运动影响扩散到罗甸山区。1929年11月，时任广西那地吾益区武装队长蓝志仁、朱哲三（中共党员）、唐定邦（中共党员）受时任河池县长陈伯民（中共党员）的指派，深入罗甸蛮瓦进行革命活动。罗甸很多穷苦出生青壮年投奔“拔哥”（广西人称韦拔群为拔哥），到东兰参加农民革命军。1929年初，沫阳镇的黄景堂（布依族，生卒年不详），带40多人枪投奔东兰韦拔群参加东兰农民革命军。12月参加百色起义。红军北上后，黄景堂任红七军21师61团独立营3连连长，驻防在天峨更新。

1929年12月11日和1930年2月1日，由邓小平、张云逸、李明瑞、韦拔群等人领导的百色起义和龙州起义，建立中国工农红军红七军，成立左右江苏维埃政权，创立左右江革命根据地。1930年11月，根据党中央指示，邓小平率领红军主力北上，留下韦拔群、陈洪涛及工农革命政权的部分人员在左右江流域、红水河两岸滇黔桂边区继续坚持革命斗争。1931年9月，右江独立师63团1营指导员韦明三率部到罗甸游击，进驻蛮瓦陈绣卿家，受到蛮瓦人民群众热烈欢迎、拥护并自愿报名参加红军，并得到陈绣卿的大力支持和保护。是年10月，右江独立师政委、右江特委书记陈洪涛等人渡过红水河，经望谟到罗甸，考察了解和寻找工农武装革命据点。1932年3月，右江独立师和右江特委派凤山县金牙乡党支部书记、独立师63团2营2连连长黄衡球率部40多人枪，转战黔桂边，向贵州方向发展，在党组织的安排下到达蛮瓦，进入布依族上层人士陈绣卿部。

从1930年2月—1932年8月，特别是红军主力北上后，国民党反动派桂系军阀先后对右江革命根据地连续进行了三次大规模的军事围剿，一次比一次残酷，革命斗争形势越来越严峻。在严峻残酷斗争形势下，右江独立师党委和右江特委根据邓小平“上贵州发展”的指导方针，右江革命委员会主席、东兰县委书记黄举平于1932年4月带着右江革命委员会的部分干部和右江独立师63团的部分干部战士15人，冲出包围圈，转战进入黔桂边区红水河罗甸一带，与先期进入这一地区进行革命斗争活动的红军干部战士汇合，进行革命斗争活动。1932年5月，凤山县委书记、红七军21师63团3营指导员黄伯尧等到达蛮瓦，进行革命活动。1932年6月下旬，黄举平在天峨的林佑召开开辟黔桂边区根据地党员代表会议。决定以黔桂边区的天峨林佑屯和罗甸的蛮瓦为发展基础，领导和开辟黔桂边区革命斗争根据地。

1932 年 9 月，黄衡球在蛮瓦陈绣卿部做统战工作很有成效，黄衡球取得陈绣卿的信任并任陈部“师爷”，为进一步开创罗甸革命斗争新局面，1932 年 9 月初黄衡球派红军干部廖庆月前往天峨林佑屯寻找黄举平汇报工作，并将黄举平等接来罗甸蛮瓦。黄举平等来到蛮瓦，受到陈绣卿的接待。1932 年 9 月下旬，为进一步充分掌握和运用陈绣卿的武装力量，领导黔桂边各族人民进行斗争，开辟根据地，中共黔桂边委在蛮瓦成立中共蛮瓦支部。支部书记黄举平（兼），委员为黄伯尧、黄衡球，中共蛮瓦支部属中共黔桂边委领导，也是中共黔桂边委进入黔桂边区进行革命斗争活动所建立的第一个党支部。

支部活动 1932 年 9 月，中共蛮瓦支部建立后，黔桂边委工作的重心就转移到罗甸，在罗甸开展统战、兵运、农运和政权建设工作。

统战工作 首先是加大对少数民族地方实力陈绣卿的工作。陈绣卿是罗甸布依族地方实力派人物，其部有 400 余兵力。1929 年 6 月，陈绣卿率部攻打罗甸县政府及周西成 25 军驻罗甸县城的令狐龙营，失败后退回广西。令狐龙营追击至蛮瓦等地，在稿里、蛮瓦烧毁王玉山、陈绣卿等其他民众民房 40 余栋。从此，陈绣卿等一些地方实力派人物就走上了与国民党地方政府进行不合作的道路。中共蛮瓦支部运用陈绣卿等反国民党县政府、反贵州军阀的情绪，与陈绣卿交朋友，在右江革命遇到困难的条件下，得到陈绣卿的支持和帮助。把冲出敌人围剿的工农红军和革命战士，逐步安排进入陈绣卿部，保存和发展红军革命力量。黔桂边委委员、边革委副主席牙美元指示陈部易帜为“贵州抗日义勇军游击大队”，成为受黔桂边委指导和调遣的抗日队伍。1937 年“七七事变”抗日战争全面爆发，中共蛮瓦支部将在罗甸的红军干部和战士逐步转移广西参加抗日救亡革命斗争，1937—1950 年不断派人深入罗甸开展革命斗争活动，直至罗甸解放前夕。

兵运工作 1932 年中共黔桂边委黄衡球等人得到陈绣卿的支持和帮助，将随黄衡球、黄举平进入蛮瓦的红军战士编入陈绣卿部。是年 9 月，广西天峨岜暮反围剿失利，一些在右江苏区反围剿过程中，冲出敌人包围圈的红军战士，为寻找部队到蛮瓦，全部编入陈绣卿部。时陈绣卿部“广兵”最多，战斗力最强。陈绣卿的武装力量逐步为党组织掌握运用与合作。1933 年 3 月，黄举平派随黄鸿腾、韦寿昌等人到贵阳贵州军阀王家烈部当兵，目的是从事兵运工作。1934 年春，黄举平回东兰西山领导革命斗争。1935 年，红军长征过贵州，贵州军阀王家烈阻击红军不力，被蒋介石剥夺军政职务，王家烈军阀部队解体。黄鸿腾、韦寿昌从贵阳回蛮瓦进行革命活动。1937 年“七七”事变即抗日战争全面爆发，国内主要矛盾发生重大变化，黄鸿腾、韦寿昌等返回广西，投入到抗日救国的洪流。

农运工作 中共蛮瓦支部建立后，部分红军战士就以游商的身份卖针线、卖丝烟、卖小杂货、卖灯草等，深入县境龙坪镇、凤亭、茂井、罗羊（红水河镇）、罗妥、罗悃、逢亭、纳坪、木引、八总、沟亭、板庚、边阳、董当、董架、罗苏、罗妥、栗木等 18 个乡镇，开展革命斗争活动，同姓的就以家门相认，结拜兄弟；外姓以打“老庚”或以民族传统的形式喝鸡血酒进行结盟。宣传红军革命思想，组织发动农民抗捐、抗税、抗粮、抗兵、抗款，组织穷苦青年参加革命，与国民党政府和军阀统治作斗争。

1935 年 7 月，国民党贵州省政府派周光斌到罗甸接替阮幼铭任县长，在边阳受到陈绣卿、穆守先的阻击。国民党省政府派中央军第 59 师韩汉英部前来清剿，陈绣卿等败退广西。当时，广西南丹、六寨、董硷云集了一大批反蒋革命力量，蒋桂双方都在调兵遣将战事一触即发。陈绣卿穆守先进入董硷，编入“桂州抗日救国军”。1936 年陈绣卿、穆守先等率 500 多人从渡邑经桑郎西渡攻打罗甸县城，赶走国民党县长周光斌，在罗甸县城发表“告全国同胞书”，通电反蒋。周光斌败逃贵阳，向国民党省政府请兵。国民党省政府又派中央军93师一个团的兵力前来清剿，并派有一架侦察机飞至罗甸县城上空侦察，散发传单，配合围剿。陈绣卿、穆守先部寡不敌众退回蛮瓦下广西。

革命老区申报工作 1932 年 9 月建立的中共蛮瓦党支部，是贵州省成立最早的党组织，成为黔桂边委在黔桂边区开辟革命根据地的领导核心。1997 年 9 月，成立县划定革命老区工作领导小组（罗办发〔1997〕44 号文件），领导小组下设办公室，领导小组在原有材料基础上在县内外展开深入调查，走访黔桂边尚健在的老同志，搜集大量的史料和文献。1998年1月完成关于划定罗甸县为革命老区的调查报告。2月县委、县政府完成向州委、州政府提交关于请求将罗甸县凤亭等18个乡镇划定为革命老区的报告。1998年6月18日，中共贵州省委办公厅、贵州省人民政府办公厅（省办发〔1998〕16号文件）批转省划定革命老区领导小组《关于划定遵义等县（市）为革命老区的请示》，贵州省共31个县列为革命老区，罗甸县被列为31个革命老区县之一。

第二章　广播电视 体育

第一节　广电事业

1991年，县电视台下设新闻制作部和发射机房。辖龙坪镇、边阳、沫阳、罗悃、逢亭、平支、茂井、罗沙广播站和王乃山广播电视调频差转台、木引冗林电视差转台。1995年广播电视局内设有新闻部、有线电视技术服务中心。2000年全县广播电视站7座、广播电视差转发射台2座、地面卫星电视接收站（小片网、共用天线系统等）40座，广播电视覆盖率90%。2003年县政府投入88万元，铺设光纤线路9公里，完成与县城联网的罗悃、板庚、边阳、罗沙、栗木、沫阳6个站网络550兆升级改造，实施网改用户2300户。2008年开始建设农村广播电视“村村通”安装工程，2009年贵州省广电网络罗甸分公司成立，将原有广播站改建成边阳、板庚、罗悃、沫阳、逢亭、茂井、红水河、罗沙等11个有线电视站。2015年完成全县9个乡镇、177个行政村47555户广播电视“村村通”安装工程，电视覆盖率100%。

网络建设　1994年建立有线电视网络，均转播央视1、2、3套等电视节目、贵州台及北京卫视、天津卫视、湖南卫视、江西卫视、辽宁卫视等30套省外节目。2005年县广播电视台自办频道转播中央1台和贵州卫视。

2008年，罗甸有线电视以县城为中心向外传输包括中央四套加密电视共36套电视节目，租用移动通信光缆将县城信号传输给边阳镇、沫阳镇、罗悃镇、逢亭镇、红水河镇、茂井镇、板庚乡、罗沙乡、栗木乡9个乡镇。2009年10月，罗甸有线电视开始与省、州联网传输，并实施数字电视整体转换。2010年完成南环二干光缆有线数字电视网络建设。2011年罗甸十大民生工程投资广电项目586万元，铺设三干光缆431.6公里，全县有线广播电视网络全面完成。2012年实施自然村寨延伸工程项目7个，敷设三干光缆9.95公里。2015年实施王乃山广播电视无线发射台改造，全县安装电视174269户，其中：单收站村村通55326户、有线电视118733户、电视网络覆盖率100%。是年营业收入879.72万元，占年度指标任务的106.98%。其中：主机用户新增293户，主机基本包收入388.45万元，高清互动权责收入情况82.25万元，标清付费完成收入83.19万元，高清用户1303台，新增宽带用户1005户，经营性商品收入114.72万元。数字电视新装用户安装工程及管道建设费累计收入190.39万元。维修96789派工单3938户（次）。完成边阳镇河滨生态园小区用户新装工程、边阳镇新都汇商贸城小区第一期用户新装工程、信合小区用户新装工程、逢亭镇冗各电站职工宿舍新装工程、玉石城小区用户新装工程、安邦华城小区（一期）用户新装工程等有线电视线路建设，以及边阳镇有线电视双向网络改造建设。完成“十二五”第三批4836套直播卫星广播电视“村村通”工程建设，罗甸广播电视“村村通”工程通过州“村村通”工作领导小组检查验收。

《罗甸新闻》　1994年开设每周自办《罗甸新闻》节目，同时开设点歌台和广告。1995年每周播出《罗甸新闻》三期（周1、周3、周5），全年播出新闻780条156期。2000年全年播出新闻820条164期，制作专题片10多个，向央视、省、州投稿50条，央视采用稿件1条，省台采用稿件8条，州台采用稿件 30 条。2005 年每周播出《罗甸新闻》5 期（周 1 至周 5），全年播出新闻 1320 条 264 期。制作专题片 20 个，向央视、省、州投稿 80 条，央视采用稿件 2 条，省台采用稿件 11 条，州台采用稿件 60 条。2010 年全年播出新闻 1350 条 267 期，制作专题片 20 个，向央视、省、州投稿 100 条，央视采用稿件 3 条，省台采用稿件 12 条，州台采用稿件 80 条。2015 年全年播出新闻 1820 条 270 期。制作专题片 30 个，向央视、省、州投稿 180 条，央视采用稿件 3 条，省台采用稿件 38 条，州台采用稿件 128 条。

第二节　体　育

县体育运动委员会　1990 年设有主任、副主任各 1 人，职工 4 人。1993 年撤销县体委与县广播电视局、县文化局合并组建县文体广播电视局。

1991 年全县有篮球场 188 个，其中：灯光球场 3 个，田径场 6 个，足球场 2 个、农村篮球场 24 块个

1998 年在县城建篮球场、田径运动场（含足球场）、门球场、网球场、游泳池为一体的体育活动中心，投入资金 1137 万余元，2005 年投入使用。为使全民参与健身活动，国家投入近 100 万元购置安装健身设备。2010 年罗甸民族中学、罗甸二小、罗甸职校、罗甸一小、罗甸三小、罗甸电力公司、罗甸农科所建有篮球场。2015 年各中学、完全小学均有篮球场。

1998—2015 年安装健身路径

表 15-4

时　间	安装地点	器材名称	总投资（万元）
1998 年	罗甸民中校门	健身路径一套	3
2000 年	县体育活动中心	健身路径一套	3
2007 年	云干乡大关村、幸福村	健身路径二套	6
2008 年	龙坪镇五星村、八总乡另桃村、罗沙乡油海村、栗木乡达上村、红水河镇关故村、茂井镇五家坟	健身路径六套	18
2009 年	板庚乡、罗化村	健身路径二套	6
2011 年	罗甸县龙兴商城、凤亭乡凤亭村	健身路径二套	6
2011 年	纳坪乡纳坪村、沫阳镇林情村	健身路径二套	6
2012 年	茂井镇政府驻地、罗悃镇河西村	健身路径二套	6
2012 年	罗悃镇河西村、董当乡大井村、董王村、勇进村	健身路径四套	12
2013 年	罗沙乡者任村、逢亭村耐村、纳坪乡新坪村、罗妥乡交算村、八总乡八总村、董当乡梅坡村、平岩乡安阳村、火龙村、边阳镇打讲村、董王乡油捞村、皮桶村	健身路径 11 套	33
2014 年	边阳、木引、红水河、罗悃	健身路径 4 套	16
2015 年	凤亭、板庚、董当、平岩、打井	健身路径 5 套	20

注：健身路径一套器材包括秋千、单杠、双杠、漫步机、棋盘、三位泰击转盘、跷跷板、扭腰器、标石台、四位座登器、起座器等健身器材

2013 年建 200 米塑胶田径场 8 个。即县体育活动中心、罗甸第一中学、县城第二中学、第一小学、第二小学、第三小学、第四小学、罗甸县职业中等学校。

2015 年全县建有篮球场 143 个，田径场 5 个、网球场 1 个，门球场 2 个，羽毛球场 3 个，游泳池 3 个。体育场地总面积 128696 平方米，人均占有体育用地 0.38 平方米。县体育活动中心、文化广场全覆盖成塑胶场地，成为中老年人、青少年人共同享受的健身活动场所。

群众体育 全县群众体育以篮球、足球、游泳、网球、门球、健身操、登山、气排球、羽毛球等项目为主要健身活动方式。1991年始，每年举办春节民族运动会、一年一度的全县职工运动会、黔桂两省（区）球类邀请赛、全县“迎春杯”“希望杯”中学生篮球运动会和全县中小学生田径运动会，参赛运动员人数均在700人以上，观众人数10万人次以上。

老年体育活动 1983年成立老年体育协会，老年体育经费投入逐年增加，2001年5000余元，2013年增加到7万多元。老年人体育活动项目有：门球、象棋、竞趣麻将、乒乓球、气排球、网球等。2005年被省老体协评为省级老年体育工作先进集体。2006年获全省中老年人健身球操比赛规定动作和自编动作两项第二名，被大会授予最佳组织奖和完成质量奖。2010—2015年每年年出代表队参加州省门球、气排球、柔力球等竞赛。

竞技体育 竞技体育以青少年为主要对象，以举重、田径、篮球、足球、台球、跆拳道、武术、游泳等项目为主。1996—2014年，青少年举重在每年全省比赛中保持团体总分第二名，多次打破全省纪录。举重队代表黔南州出席省比赛获金牌62枚，银牌62枚、铜牌53枚，60多次打破和创造省少年组纪录。2014年9人代表贵州省出席全国青少年举重比赛获得15金、1银、19铜，其中：一人打破全国少年组纪录，8人达国家二级运动员。是年被省体工队录取训练2人，省体校录取训练12人，篮球、足球、跆拳道、田径、游泳等项目在全省各级比赛中均获得好成绩。2004年在罗甸成功举办贵州省青少年举重锦标赛。2015年7月在江西新余举办全国青少年举重锦标赛，郭林鸿获77公斤抓举第一名，挺举第一名，总成绩第一名。是年8月2—4日在贵阳举办贵州省第九届运动会，王治刚获甲组69公斤总成绩第一名；罗利获甲组+69公斤总成绩第一名；黄家曦获乙组+62公斤总成绩第二名；黄启兵获乙组48公斤总成绩第二名；刘忠伟获甲组56公斤总成绩第二名；罗朝辉获乙组48公斤总成绩第三名；黄磊获甲组+69公斤总成绩第三名；韦小腾获甲组69公斤总成绩第三名。是年8月13-18日在山东淄博举办全国少年男女（13—16岁）举重锦标赛，刘忠伟获56公斤抓举第二名，挺举第三名，总成绩第二名。黄启兵获48公斤抓举第三名，挺举第三名，总成绩第三名。

民族民间体育活动 传承发展下来古老的体育活动有打格螺、踢毽子、丢花包、赛跑、游泳、爬山、扳手劲、摔跤、手毽、斗鸡、花棍舞等。

体育彩票销售 2000年9月开始销售体育彩票，发行和销售发展前景良好，每年销售金额65万元（含即开型彩票）。2013年全县共有13台彩票机销售总量112万元。2014年体育彩票销售额1555.58万元，其中：15台彩票机销售1316万元，即开型彩票销售239.58万元。

第十六篇　旅游业

第一章　旅游资源

第一节　机　构

2006年3月成立县旅游局，行政编制10人，事业编制3人，设局长1名，副局长2名，内设办公室、旅游质量监督股、旅游开发建设股。2011年5月撤销旅游局，与文体广播电视局合并为县文体广电旅游局。2011年10月14日水利部水利风景区建设与管理领导小组会议在北京召开，会议审议并表决通过第十一批国家水利风景区，罗甸县高原千岛湖水利风景区名列其中。是年11月，县人民政府成立罗甸县高原千岛湖水利风景区管理处。2013年3月，黔南州编委批准罗甸县原千岛湖水利风景区管理处为县人民政府管理的副县级公益一类事业单位，核定事业编制6人，由财政全额预算管理。内设机构有办公室、项目规划科、旅游行业管理科。2015年核定事业编制为14人，设处长1人（副县级），副处长1人（正科级），科长3人（正科级）。风景区管理处挂靠县文化和旅游局，管理处风景区管理景区为龙滩库区、三叠纪板庚滩、贵州蒙江流域湿地公园、天坑、大射电辐射规划范围等罗甸风景名胜区的规划、建设、开发管理，负责全县其他风景区的资源普查、指导风景区资源的开发与保护工作。

罗甸县高原千岛湖水利风景区位于贵州省罗甸县境内，依托全国大型水电站龙滩水电站而建，属于水库型水利风景区，面积422.3平方公里，其中：罗甸水域面积80平方公里。景区因建设龙滩水电站库区形成，区内有被誉为“中国的伏克留兹泉”“东方洞穴博物馆”的大小井，岩溶千姿百态，洞穴暗流优美如画，独特的喀斯特地形地貌，形成中国最年轻的高原湖泊—高原千岛湖，为动植物繁衍生息，旅游开发提供有利条件。

第二节　资　源

一、风景资源

董当大小井风景区　董当大小井省级风景名胜区，位于县城东25公里处。有三股清澈的暗河分别从洞中涌出，蜿蜒于田间，汇成一条优美如画的河流。水文地质学家调查发现，大小井暗流域面积约2000平方公里，平均流量每秒30—40立方米。大小井周围有明代的“总州安山碑记”，古榕参天，翠竹繁茂，百多户布依族栏杆楼房依山傍水，山峦叠翠，孤峰挺拔，峭壁高耸，有高70米跨度约百米的自然“天桥”。溶洞星罗棋布，洞内巨大罕见的钟乳石千姿百态，大的洞厅可容万余人，一般可容1000人左右，暗河出口水浪翻涌，波光粼粼，从洞口进入“地下世界”，可见三个虹吸管状的洞穴相连，长近5公里。其间有喷珠吐玉的清泉，平静幽深的地下湖泊，绚丽多姿的洞厅。1985年中国和法国洞穴专家在考察中发现大小井风景区，两国专家称之为“东方洞穴博物馆”，可与世界著名的浏览胜地法国南部的伏克留兹泉相媲美。《人民日报》《文汇报》《贵州日报》《黔南报》分别以《涌泉喷珠山峦叠翠暗湖幽深－罗甸县发现洞穴奇观》《罗甸发现—奇特风景区》《罗甸发现“地下世界”》为题报道，先后有法国、美国、印尼、英国和加拿大等5个国家的专家和学者到大小井风景区考察和游览。考察中还发现洞内有罕见奇特的“跑马石”，此石放在含酸性水里会自然游动。

高原千岛湖风景区 浩浩荡荡的红水河发源于云南省沾益县马雄山，从云南流入贵州，流经罗甸境内65公里，它是黔桂两省布依族、壮族儿女赖以生存的母亲河。沿岸不仅风光秀丽，而且物产丰富，现已开发出中国五大名石之一的“红河石”，享誉海内外；猫眼石和玉石的发现与开发，填补了中国地质的空白，成为国内唯一猫眼宝石和与新疆和田玉相媲美的罗甸玉产地。

高原千岛湖的形成得益于红水河下游龙滩水电工程的下闸蓄水，龙滩电站坝址虽不在罗甸境内，但电站蓄水后所形成的库区水域，近80平方公里的水库资源。

红水河两岸布依族、壮族儿女勤劳智慧、淳朴善良，能歌善舞，热情好客，他们用勤劳的双手绘就了沿河两岸更加光彩秀丽的风光。春夏雨季，河水猛涨，惊涛骇浪，声震霄汉；秋冬时节，水波平静，碧水如蓝，清澈甘洌。一年四季，山山香蕉林硕果累累，片片甘蔗林宛如绿色绸缎。江边，水柳摇曳，古榕树盘根错节，凤尾竹随风起舞，婀娜多姿。江面，渔舟轻曳，山歌悠悠，风光秀丽迷人。

“高峡出平湖”千帆远影碧空尽，唯见湖面天际流的壮景，让距离湖面仅半公里之遥的罗甸县城成了名符其实的亚热带湖滨旅游城市，成为“高原千岛湖”旅游的龙头和始发站。届时罗甸县将成为中国西部“高原泽国”中一颗璀璨夺目的“水上明珠”。

“三叠纪”板庚滩景区 “大贵州滩”位于距罗甸县城西北部23公里处的板庚乡境内，东起烂田湾，北至兴隆村，方圆数十平方公里范围的高山峻岭、田园、小溪、地上及地下溶洞都属“大贵州滩”，由地下湖泊和地上的喀斯特地貌组成，以板庚为中心，沿惠罗公路，呈三角形约8平方公里的范围最具代表性。1988—1991年，中、美地质专家经过三年多联合考察发现，“大贵州滩”是距今二亿多年前的古代环境沉积。几亿年前，板庚一带是一片汪洋，后来，由于地壳运动，海水消退，于是海底的山峦得以露出水面。从“大贵州滩”可以观察到二亿多年前古代环境沉积，研究地壳地层运动是如何发生、如何侧向扩展、如何垂向增生、收缩和最终被淹没消亡的过程。比北美洲墨西哥湾号称研究现代碳酸盐岩，“经典圣地”的二叠纪巴哈马海滩规模更大、更为理想。国际著名沉积地质学家保罗·伊诺斯教授认为，“大贵州滩”是当今世界绝无仅有的，具有十分重要的科研价值。1992年3月16日《人民日报》以贵州发现世界罕见三叠纪“大贵州滩”为题向世人报道。

“大贵州滩”的核心构成要素主要有板庚滩、葫芦寨、观音洞、金钟山、美女山、马脑山、斧头山、鳄鱼山、卧龙石、马灵桥－古驿道－马槽洞等。这里恬然宁静，景色宜人，每一座山丘都有一个动人的传说。

蒙江国家湿地公园 2013年12月31日，罗甸蒙江湿地公园列为国家级湿地公园的131个试点之一（林湿发〔2013〕243号文件）。公园地处北纬25° 15′ 4″—25° 25′ 34″，东经106° 34′ 29″—106° 55′ 33″之间。湿地公园涉及逢亭镇、龙坪镇、罗悃镇、茂井镇、凤亭乡等5个乡镇和国有林场，湿地总面积为52035亩，湿地率48.01%，其中：库塘型人工湿地面积46454亩，永久性河流湿地916亩，洪泛平原湿地（滩涂）1087亩，稻田人工湿地面积3578亩。公园独特的亚热带河谷季雨林气候，众多的库湾、库汊、消落区等生境，为野生的陆生和水生动植物提供良好的生存环境。据调查，公园内浮游植物共29科65属77种，维管束植物共146科389属635种（蕨类植物12科12属12种，裸子植物8科11属15种，双子叶植物107科296属512种，单子叶植物19科70属96种）。有国家保护珍稀植物13种，其中：掌叶木为国家Ⅰ级保护野生植物，贵州特有的贵州金花茶为濒临灭绝的珍稀植物。项目区内浮游动物计6目19科59种，水生节肢动物、环节动物、软体动物计3目10科19种，鱼类、两栖类动物、爬行动物类、鸟类和兽类31目105科411种，国家Ⅰ级保护野生动物2种，包括蟒、林麝；国家Ⅱ级保护野生动物26种，包括大鲵、猕猴、红腹锦鸡等。斑鳠、倒刺鲃、白甲鱼、鳗鲡等25种水生动物列于国家重点保护经济水生动植物资源名录。

2015 年完成河岸生态恢复工程 230 亩，生态浮床 100 平方米，湿地植物培育试验基地 2 亩，枯木（废弃物）清理 100 亩，界碑设置 5 块，界桩 360 个，固定监测样地 20 个，设置大型宣传牌 6 块，制作各类宣传资料 1 套。

打黛河天坑景点 罗甸东北数平方公里群山中，数百个天坑峰丛簇拥，打岱河天坑与五行天坑为之翘楚。

打黛河天坑由九座险峰合围而成，从天坑底部环视，其形状像非常规则的巨桶；周围悬崖峭壁的群山编排，错落有致。在天坑的西南有瑶人坨天坑，东南面有天落天坑，三座天坑连成一体，宛如金鱼的脑袋一般。打黛河天坑与瑶人坨天坑和天落天坑相连，形成天坑群。两道清泉在天坑里，蜿蜒流出，蜿蜒东去，穿行于一片翠绿之中，消失在天坑东面巨峰脚下消水洞中。整个天坑景色在蓝天、薄雾、青岩、绿树的映衬下，可谓鬼斧神工。在距离打黛河天坑东面约 5 公里处，还有两个以中厂洞为间界遥相呼应的大天坑和小天坑。世人因其形状相似且毗邻而居，故又称“姊妹天坑”。

五行天坑景点 位于罗甸县董架乡白龙村力毛坪组境内，由落魂洞与半边洞两个大小约等的天坑组成，两个天坑分别坐落于毛坪组的左右两侧，其深度和宽度均分别为 300 米左右，坑底面积约为 7 万平方米。落魂洞天坑与半边洞天坑四周悬崖绝壁，犹如神功石器；坑顶紧密相连，犹如一对鸳鸯情侣；坑底呈圆周形状，犹如两只直桶，属罕见的地质遗址。天坑四面雄奇险峻，青藤翠蔓，古树参天，浓荫蔽日，奇花异草，鸟语花香，坑底原始森林茂盛，树木品种繁多，生态保护完好，森林覆盖率达 80% 以上，萦绕着清新的泥土气息，置身其中，让人感受大自然惬意之美，享受世外桃源闲适之乐。

大关景点 大关，自然景观和人文景观水乳交融，组合性强，观赏价值、科考价值极高。大关是喀斯特岩溶地貌王国里的绿色长廊，也是一片未被污染、很少破坏的旅游净土，景区内风光秀丽，岩层走向及坍塌千姿百态，珍稀植物物种较为丰富，田园风光秀美如画，充分体现了宏、险、峻、奇、美、幽的特点。

二、特色饮食

地方民族特色食品主要有：粽粑、荷叶粑、狗崩肠、猪香肠、黄豆鸡、牛干巴、草鞋虫、蜂蛹、狗肉稀饭、五色糯米饭、枕头粑、三角粑、荞灰豆腐、血豆腐、醞酒等。

粽粑 以糯米为主原料，胡椒、茴香、八角、砂仁为香料，配有猪肉、猪油和食盐。用糯谷稻草或黑芝麻秆、颖子秆烧为灰，将其细沫和糯米搅拌均匀，用粽粑叶包，谷草捆成节形，放在锅里煮熟即可。

荷叶粑 把筛选好的糯米在清水里浸泡 12—24 小时后，用磨子推成米浆，用布袋吊干。把芝麻、红糖、花生、核桃等舂成粉捏馅子。在芭蕉叶上涂上熟菜油，把米浆捏成椭圆状，馅子包在中间，置于芭蕉叶两端，中间留条缝，折叠起成荷叶形，在蒸锅里蒸熟。

狗弸肠 主要分布在罗悃镇、红水河镇的布依族较喜欢制作的美食。用狗的脊梁骨为主原料，附加血、肺、网油、连贴。制作时首先把狗肠洗干净，然后把狗的脊梁骨放在砧板上用斧头或刀背捶打成碎骨细末，加上料酒、花椒、胡椒粉、葱花、鱼香菜（又称磨板叶）、姜末、食盐，将加工好的狗脊肉末灌进肠子里，以灌完原料为宜。灌成的生绷肠用线或稻草捆为“甘蔗”节状，放入锅中煮熟，捞出来略等水干盘成圆形后用炭火炙烤，或放入锅中油煎。不管是炭火炙烤或放在锅里油煎，只要呈现金黄色即可。最后将绷肠切成片放入盘中进行食用，此品含钙量高，营养丰富。

猪弸肠 制作方法：先把糯米或糯小米煮成半生半熟状和鲜猪血、胡椒、花椒粉、葱、蒜、姜、鱼香菜、食盐搅拌均匀，才把搅拌好的原料灌进猪小肠内，把灌好的猪绷肠放进锅里煮熟。再放进油锅煎成深黄色捞出，色泽油亮，斜切寸节，软糯悠绵，味道香醇，营养丰富。

黄豆鸡 布依族家庭都会做，以董当大井的黄豆鸡最为有名。首先把鸡打整干净，切好，再把黄豆放进锅里炒熟，捞出来用冷水泡，泡的时间不宜过长，要掌握好适度。泡的时间过长，豆软就无味。后将油放在锅里，放切好的鸡肉，翻炒几下，放适量食盐、辣椒、葱，再把炒好的黄豆倒进锅里和鸡肉翻炒均匀，放少许水，辣椒、鸡肉和黄豆互相浸透即成。食用时，挟到鸡肉，它带有炒黄豆的醇香味，撮起黄豆，它带有鸡肉的美味。

牛干巴 罗甸各餐馆均有销售，各民族都喜欢的食物。将鲜牛肉切成一至两斤一块，用食盐、花椒撒在牛肉上，用手搓匀，然后装进坛子或锅里，表面洒点料酒盖好，浸泡3—5天，捞出晾干表面水分，拿到火炕上炕干。要做菜时，切成小薄片，置于油锅爆炒，加姜、葱、蒜等香料，食用味美可口。

草鞋虫 县境内各条小河沟都有，习惯躲藏在水下扁平的石块下爬行，容易捕捉。得到草鞋虫，先把它放进水桶里1—2天（要经常换水），等草鞋虫吐出肚里的脏物。要食用时，先取出虫内脏用植物油煎炒至水分干透，加食盐即可（不须添加任何香料），其味香脆可口。是布依族喜爱的食谱，近年来已出现在宾馆酒店的餐桌上。

蜂蛹 把蜂蛹拿来取出肠内脏物，用油煎炒，放青辣椒，加适当食盐。含蛋白质高，是布依族群众喜爱的菜肴，近年来宾馆用以招待贵宾。

狗肉稀饭 红水河沿岸的布依族喜欢食用的稀饭。每次杀狗，除了把狗肉整好，用黄焖或清炖的方法处理食用外，就把剔下来的骨头熬成骨头汤，把骨头捞出，将米放进汤里熬，加入食盐、花椒、胡椒等辅料即成。此稀饭味道可口，营养丰富，可攻汗排毒，能治好感冒。

酿酒 有糯米及糯苞谷酿制的甜酒，其味香甜，适合于妇女饮用；苞谷或大米酿制的低度白酒，度数低、口感好，常以此酒待客。每到布依村寨做客，主人家都会招亲朋好友前来作陪，殷勤劝饮，以劝客人多饮几杯为表示主人敬意。

三、住宿

2000—2012年修建三星级神泉大酒店、玉源宾馆、麒麟酒店、青松宾馆、龙滩宾馆、黔桂宾馆、千岛湖大酒店、金志大酒店、红河大酒店、大众宾馆等42个宾馆、旅馆、酒店，有单间228间、标间465间、客房690个，床位2301张。

2013—2015年增建黔美快捷宾馆、朋聚宾馆、玫瑰商务酒店和边阳镇安泰大酒店、乐亿酒店、边阳大酒店、红水河林雅阁酒店、锦城尚家酒店等30多家酒店，酒店单间146间、标间248间、客房394个，床位641张，为旅游开展奠定基础。

第二章　建设与开发

第一节　景区建设与保护

罗甸港文化旅游综合体 立足于城市发展战略和县城城东新区总体规划，将该项目定位为罗甸县湖滨城市文化旅游创新区的龙头项目。2013年一期工程（千岛湖大酒店）投资1.6亿元，已完成酒店接待大楼建设并投入营业。二期工程投资3.4亿元，主要由主题旅游发展大厦、直播厅、创业园、展览馆、购物中心、主题公园、风情商业街、产权式度假区等产品组合而成。玉石文化产业园；该项目是由西南能矿集团股份有限公司投资开发，集玉石博物馆、玉石设计加工区，玉石商贸中心、玉石精品街、玉石大厦、玉文化主题公园以及相关居住配套设施于一体的玉石文化旅游综合体项目。项目面积500亩，总投资10亿元，一期投资1.5亿元，为续建工程。新恒基东城国际旅游综合体；该项目由贵州新恒基地产开发责任有限公司投资开发，是一个集住宅、旅游、购物、餐饮、休闲、文化、娱乐为一体的城市旅游综合体。项目用地面积120亩，总投资8亿元，2013年启动建设，为续建工程。高原千岛湖城市湖滨景观大道：

该项目是县政府投入约1亿元资金建设的湖滨城市基础交通设施，其中：一号大道宽46米，长1.9千米，二号大道宽36米，长2.6公里，2014年底已修建完毕。

其他配套设施建设情况：为完善景区基础设施，2013年投资建设改善红水河镇饮水安全工程、公厕、汽车客运站、羊里码头、董当大井村颐养园、一事一议工程和民族发展资金项目。2013年底，红水河镇饮水安全工程已完成，新建集镇供水工程水源拦水堰一座，安装输水管4000米，新建水泵站一座，300立方米蓄水池一座；新建和维修乡镇公厕5座，每座约40平方米；建成红水河镇汽车客运站，建设面积为400平方米，完成羊里码头路面硬化并投入使用，投入运营客车4辆。大井村颐养园项目已完成第五层主体建筑，2014年完成第六层的修建；大井景区一事一议示范工程已完成，其中：人行道改造120米、护栏400米，建造一座六角亭、一座水车，维修一座吊桥，一座公厕，安装生态节能路灯200盏；民族资金项目完成竹苗栽种、陈列室室内装修和实物收集、民居改造35户。

高原千岛湖景区建设　2013年，高原千岛湖休闲度假园区列入全省“5个100工程”，进入“省100个旅游景区”发展平台。

2014年，高原千岛湖休闲度假园区完成县城—红水河镇、云里—羊里村旅游公路建设；红水河镇货运码头、客车站、停车场、景区简易公厕和饮水工程的建设；下宜村民居外立面改造工程。2014年完成建设项目投入使用有：泽林·雅阁度假酒店项目投资2.5亿元，建设地点为红水河镇罗天乐大桥头，占地约66亩，建设一个集五星级酒店（澳大利亚雅阁酒店管理公司挂牌）、大型停车场、风情一条街、餐饮、垂钓、水上娱乐等为一体的大型高档旅游综合体。是年完成投资额6053.5万元。红水河镇羊里村毛把笔—加油站路面硬化工程项目总投资37.8万元，完成投资37.8万元。垃圾填埋场项目总投资485万元，完成投资350万元。水质监测站项目总投资195万元，完成投资195万元，完成水质监测设备的安装和站房的修建。文化广场项目总投资36万元，完成投资36万元，新建文化广场一个。水上加油站项目总投资1100万元，完成投资343万元，进行主体工程施工。旅游食品商品一条街总投资92万元，完成投资83万元，建设布依族特色建筑风格商铺食品商品一条街，共20间临街商铺。红水河镇红河寨路灯项目总投资21万元，完成投资11万元，已投入使用。红水河镇红河村垃圾桶项目总投资1.8万元，安装垃圾桶60个，完成投资1.8万元，项目完工投入使用。红水河集镇移民安置点和下宜村翁供组供水工程项目总投资36万元，完成投资36万元，项目已完工投入使用。红水河中心校教师周转宿舍建设工程项目总投资111.9万元，完成投资61万元，完成18套宿舍的修建。惠罗高速公路红水河片区项目总投资4000万元，2014年完成征地拆迁完成投资782.3万元。2015年10月1日路段建成全线通车。在建项目有：贵州罗甸港文化旅游综合体项目总投资4.5亿元，2014年场平工作完成，完成投资6800万元，到位资金为9500万元；玉石文化产业园项目总投资8亿元，分三期建设，一号楼工地孔桩填芯已完成并开始修建一号楼，二号楼塔吊安装完成，孔桩施工已完成，三号楼孔桩施工已完成，完成投资1.12亿元，到位资金为1.54亿元。红水河镇罗妥港经济开发区项目总投资2亿元，在建设施工中。

2015年，高原千岛湖景区累计完成投资1.04亿元，一是红水河接待区游客接待服务中心建设项目由政府完成征地拆迁和部分场坪工作，将游客接待服务中心项目更换为红水河度假酒店项目，酒店建成后承担红水河游客接待服务中心职能。项目预计总投资1.5亿元（一期），是年以来完成810万元，项目主体工程已经完工，正在进行修酒店主体顶部斜层面及内墙抹灰隔断等工程工序；二是景区绿化项目总投资为723.5万元，建设内容为在红水河镇种植9100亩果林、景观用材兼用林、景观林，完成投资723.5万元，项目已完工；三是旅游停车场项目预计总投资为100万元，建旅游停车场面积3000平方米，完成投资100万元，项目完工并投入使用；四是旅游码头（广场）项目总投资为270万元，建设内容包括码头、公厕、文化长廊、观光亭和部分绿化工作，完成投资270万元，项目完工并投入使用；五是环卫基础设施建设（垃圾填埋场）项目预计总投资485万元，完成投资485万元，垃圾填埋场已验收完成，垃圾车已配套到位，项目完工并投入使用；六是钓鱼台项目总投资100万元，完成投资100万元，项目完工并投入使用；七是罗甸县千岛湖旅游道路改造项目总投资1500万元，完成投资1500万元，项目完工并投入使用；八是水上加油站项目总投资1100万元，完成投资1100万元，项目完工并投入使用；九是红水河镇红河村太阳能路灯安装建设工程总投资37.81万元，安装数量78盏，工程完工并投入使用；十是红水河镇红河村文化活动广场附属设施配套工程总投资20.87万元，完工并投入使用；十一是红水河镇红河村公厕项目总投资18.38万元，项目完工并投入使用；十二是八总浮动码头建设工程项目总投资36.7万元，项目完工并投入使用；十三是八达停车场工程项目总投资10万元，项目完工并投入使用；十四是下宜停车场建设工程项目预计总投资18.51万元，项目完工并投入使用。

大小井景区开发建设 大小井景区已完成景区大门、停车场、旅游公厕、步道及护栏、观景亭、水车、景区标识标牌、道路照明设施、农家乐等设施建设。一是旅游步道项目（340米）总投资15万元，项目已经完工并投入使用。二是三江屯堡项目总投资86万元，完工并投入使用。三是大井村颐养园项目总投资1300万元，完工并投入使用；四是旅游观光步道项目（2000米）总投资150万元，项目完工并投入使用；五是县城河滨河道治理项目总投资1300万元，完工并投入使用；六是美丽乡村·小康寨项目总投资200万元，项目完工并投入使用；七是客车站项目总投资70万元，建设一栋200平方米的两层房屋和5000平方米的停车场，完工并投入使用；八是停车场休闲亭项目停车场30万元、休憩亭28万元，项目完工并投入使用。

“三叠纪”大贵州滩开发建设 板庚葫芦寨景区已建成景区大门、停车场、凉亭、长廊、游步道、景区标识、标牌、民居立面改造。

玉都北殿区开发建设 罗甸·玉都北殿现代高效农业休闲园区项目建在边阳镇，由罗甸西南生态农业发展有限公司投资建设，占地面积1280亩，总投资1.3亿元，2015年投资3000万元。该项目由旅游集散区、茶马古道商业区、现代农业观光休闲区三大块组成。现已建成生态会议馆、花卉创意馆、热带雨林馆、梦幻般的水幕电影等项目。玉都北殿是集天文体验、农业观光、民俗文化、生态博览、休闲度假、特色美食等“吃、住、游、娱、乐、购”为一体的复合型生态旅游产业。

木引镇寿仙宫的开发与旅游 寿仙宫位于木引镇摆落村大洞组，距县城54公里，距紫云县城60公里，距紫云县格凸河风景区36公里，位于罗甸—紫云公路傍1公里处，是一个天然的喀斯特地貌溶洞，洞内岩溶发育成熟，钟乳石千姿百态。2014年由木引镇引进外商投资开发，收益与摆落村8 ∶ 2分成，景区投入200余万元，完成第一期工程灯盏布景和游客游览道路，完成停车场平整和游客休憩、饮食房区。2014—2015年接待游客8万人（次）。为罗甸紫云等县游客乡村旅游的去处。

第二节 旅游开发

旅游纪念品开发 罗甸享有“水晶之乡”和“辉绿岩之都”的美称，与新疆和田玉相媲美的罗甸玉。丰富的资源让罗甸拥有独特的旅游商品——罗甸玉、天然水晶、红水河奇石、天然猫眼、奇彩玉、布依棉纺小缸青染布和民族系列刺绣等。

罗甸玉 罗甸玉于21世纪初发现，2012年开采，其产品的玉质与中国新疆和田地区和青海昆仑山脉一带所产软玉相近，属于优质软玉矿。罗甸玉分为纯白、灰白和青白三类，产品开发有玉镯手圈、玉麒麟、玉佛、玉十二生肖图案等数百样产品，具有极高的收藏和经济价值。2014年5月罗甸玉荣获中华人民共和国地理标志商标。

奇彩玉 奇彩玉属于硅酸岩类的一种新奇玉石。它的色彩多变，天然成图，如山水、花鸟等，无一雷同；在灯光的透射下，玉体透红、图纹清晰。罗甸奇彩玉制成茶具、酒具、花瓶、健身球及一些佩带的小饰品等，是馈赠亲友的上乘礼品。

红水河奇石 罗甸奇石具有形奇、色深、质坚、纹理清晰等特点。1998年在北京天坛公园举办的第三届全国名人奇石文化艺术节上，罗甸奇石协会选送一块名为“人与兽”的奇石获金奖；1999 年在昆明世博会上，一块命名为“母与子”的罗甸奇石获银奖；2001 年在山东淄博首届奇石博览会上一块命名为“江山如此多娇”的罗甸奇石获得金奖；2002 年在贵州首届奇石博览会上“母与子”获得金奖；2003 年贵阳奇石博览会设 10 个金奖，罗甸奇石获 6 件金奖。

天然猫眼宝石　罗甸猫眼宝石硬厚度为摩氏 7.5 度，色泽多样，光彩迷人。猫眼宝石 1996 年荣获“香港国际新产品博览会金奖”；1998 年获国家专利局二项外形设计专利；1999 年被选送北京参加新中国成立 50 周年国庆，改革开放 20 年辉煌成果展；2006 年被评为多彩贵州“黔南赛区能工巧匠”。

天然水晶　罗甸是中国水晶之乡，总储量为 129.5 万吨，优质天然水晶产地，品种主要有晶簇、单晶、紫晶、茶晶、烟晶、绿晶等。产品加工有水晶项链、纽扣、水晶眼镜等，深受游客喜爱。

布依刺绣及小缸青染布　属千丝纺系列产品，是罗甸布依族妇女全靠手工制作而成。产品为土布床单、小缸青染床单、刺绣床单、服饰面料、花鞋、花鞋垫等。产品花纹新颖，色彩鲜艳，所用的染料都是采用纯天然绿色草本植物加工而成，是自用或馈赠的首选佳品。

民族手工艺品　罗甸民族服饰主要有布依族服饰和苗族服饰两种，布依族的花围腰、花背扇、花鞋、女蓝杆衣裤，图案繁多，表现了布依族同胞高超的技艺和对幸福生活的向往，具有丰富的文化内涵。

苗族服饰，男子包头巾，对襟矮领衣，青黑布腰带；女装为裙装，裙以百褶裙、花裙为主，裙上刺绣有各种花色图案，穿着时配上各种银饰物，色彩鲜艳。

第三节　旅游管理

罗甸旅游局根据《中华人民共和国旅游法》和国家旅游局，省州旅游局有关文件要求制定罗甸旅游管理办法，加强对大小井景区和葫芦寨景点管理。

罗甸旅游景区大小井和板庚景点葫芦寨实行属地管理，由县旅游局和乡政府协商签订责任状，再由乡政府协助指导大井村、板庚村制定村规民约。对景区两岸的竹林、风景树、河流进行保护，发现破坏景区内基础设施、花草树木、污染河流等行为，严格按照《村规民约》处罚；对游客乘坐的竹筏、流动摊点实行排班轮流经营，严禁抢客拉客，无序经营；凡进入景区车辆每辆每次按 10 元统一收费，补助环卫人员工资的开支；每逢节假日和每月开展 2 次景区安全卫生检查，规范农家乐，乡村旅社经营，做到文明礼貌待客。

千岛湖景区，罗甸高原千岛湖风景区。由村委会成立旅游发展公司，科学管理钓鱼棚、钓鱼船，实行属地申报建设原则，由涉水乡镇审批建设经营管理；旅游局联合海事、安监等部门定期和不定期每月开展水上安全检查 1—2 次，及时排查安全隐患及湖面卫生状况。

旅游开发管理　县内开发农村旅游资源，对生态环境、非物质文化遗产和民俗文化必须保护，避免盲目发展造成环境污染和资源破坏。为加强城乡公共文化体育设施建设，大力发展山地户外体育旅游休闲运动。2015 年 9 月，“中国·贵州·罗甸全国野钓大赛”在罗甸县成功举办，吸引来自全国各地的 200 支队伍 800 名钓友前来参与。

第十七篇　社会生活

第一章　民情习俗

第一节　生　产

耕种习俗　境内农耕、随季节变化、适时播种栽插收获。农民就掌握按季节播种栽秧，习惯是春节一过，就上坡下田备耕。清明节前后撒秧，称清明秧。具有独特的习俗是：农历正月十五季节鸟就开始叫，表示春天的到来，要村民抓紧时间备耕生产，播种栽秧。

“朵稼朵谷”（又称布谷鸟）这种季节鸟是清明这天才开始叫。它一叫，村民就说撒秧播种时间到了，鸟都催我们快撒秧、快播种，延误撒秧播种时间就不能保证丰收。清明节过后人们才听到百鸟争鸣，秧鸡、野鸡、光骨头咔咔开始满山遍野地叫。

农作物　农村栽种农作物主要有：水稻，水稻品种分粘稻、糯稻；玉米，分为黏玉米、糯玉米；小米，分为黏小米，糯小米；旱谷，分黏旱谷、糯旱谷；小麦，红稗、高粱、荞子、籼米、黄豆、饭豆、红薯等。

开秧门　以前在农村，村民寨老议定首家第一天栽秧就举行简单的仪式叫“开秧门”。集体筹资或首家栽秧户自己出钱买公鸡1只，猪肉2—3斤，以及其他菜、油等。大家聚在一起。首先在中堂八仙桌上燃烛点香，堂摆上鸡、肉等供品，由寨老斟酒后请老祖宗入席，说今天某户某家“开秧门”请老祖宗保佑全村全寨大丰收等吉祥语，酒斟三巡收桌。来帮栽秧的男女入席聚餐，后面栽秧的农户就不举行“开秧门”的仪式了。

关秧门　全村全寨满坝栽完秧，寨老议定在何时举行“关秧门”时间。由寨老筹资，时间一到，休息一天，各家各户男主人聚会在某家举行“关秧门”仪式。礼品有公鸡1只，猪肉2-3斤，酒其他供品。在主人家中堂八仙桌上燃烛点香，摆上供品，请老祖宗入席，请神保佑，说今年风调雨顺，满坝栽完秧，保佑无虫灾旱灾，让村民获得丰收等语。同时寨老要全村全寨管理好田间秧苗，不误农时保证丰收。

耕作变迁　耕作习俗变迁，随着时代科学技术普及农村，20世纪50年代，农业耕作技术仍沿袭以前刀耕火种的古老生产方式。60年代末至70年代中期，县境开始种植双季稻，引进水稻、玉米新品种试种推广，同时开始使用化肥。80年代栽秧推广宽窄行。90年代水稻、玉米品种已普及农村。农田逐步采用机耕，收割季节实现机械化。省力、速度快，农业已迈进机耕、收割机械化时代。

粮食储存具今昔对比　在农村，以前粮食储存一般玉米收来堆放在楼上，稻谷装在屯萝里，有的在房侧建粮仓。粮仓的形式是单柱上开眼成十字架，用木板铺平扣紧，在板上建仓，高2.5米，直径3-4米圆仓，顶为伞状形，开有一小门安有楼梯进出，老鼠不易进仓，可储存粮2000-3000公斤。而今在农村有用木板建仓，市场上有活动铁皮圆仓销售，很受群众欢迎。

畜禽饲养　在农村农民常饲养的畜禽有：牛、马、猪、羊、兔、狗、猫、鸡、鸭、鹅等。

购牛　在农村购牛往往有几种选法：一是看牛的高度，二是四肢粗壮伸直，三是膘力好，四是牵牛转弯走快而平稳，这牛健壮无病。

买马　一是高度，二是四肢健壮蹄子圆，三是膘力好，四是转弯行走快平稳。牵出马厩，一叫二跳三打滚，定是匹良驹好马。

买猪　小猪一般装在笼子里卖，好猪病猪不易分辨，村民经验是：一看皮毛油光滑润，二是四肢粗壮，三摇猪笼猪惊叫，四是鼻子湿润，用力对猪鼻一吹猪又叫又跳，这头猪无病肯吃料。

植树　罗甸村民都喜欢在房前屋后以及坟山栽树的习俗。但在房前忌栽桑树、柳树、榕树、竹、芭蕉树，说是栽这些树对主人家不利；而爱栽桃、李、梨等果树。坟山周围栽柏、杉、松，对后人发达兴旺之传说。

手工业　解放前农村手工业发展较为滞后，大部分手工业作坊未脱离农业而独立生产。在城镇也有发展成为手工业作坊（铺）的，其行业有：打铁、铸铧、铸三脚、纺织、渍染、榨糖、榨油、木工、造纸、碾磨、修磨、酿酒、编织、熬硝、艾粉加工、铸铁锅、木匠、银匠、石匠、铜匠、弹花匠、补锅匠、割猪匠等行业。打铁业发展较早，遍布全县山村。在农闲或春耕生产前进行，有流动和固定作坊。在城镇业主要有固定作坊，带有徒弟或帮手，形成业主与雇主关系。

当今的手工业与以前相比发生翻天覆地的变化，但在农村还有酿酒、纺织、打铁、渍染、榨糖、造纸、木匠、榨油、石匠、艾粉加工、面粉面条、桐子加工、米粉加工、缝纫等，有的手工作坊已走上机械加工半自动和全自动化的时代。

商业　随着农业的发展，农副产品的增多，人们对生活物资需求发生了变化。清朝初期，罗甸就开始形成农副产品和工业产品进入市场贸易。而市场按甲子的十二生肖鼠、牛、虎、兔、龙、蛇、马、羊、猴、鸡、狗、猪。场次是七天赶一场，如此循环。如罗甸县城逢兔是赶场日，下一场就是逢鸡是赶场日，20世纪60年代仍沿袭下来。全县有：县城、边阳、逢亭、沫阳、八茂、罗悃为较大的市场，乡村有罗暮、罗苏、羊里、小马场、罗翁、纳闹、高圩、凤亭、董架、董当、木引、摆落、董王、猴场，直延续到今天仍是赶场地点。

新中国成立前市场物资交易，工业品有：棉布、棉纱、火柴、电筒、丝烟、香烟、盐巴、小五金等。农副产品有：药材、红糖、芝麻、土布、棉花、桐油、冰片、麻等。今天，城乡市场繁荣，有超市、有门市部、工业产品千种以上入市，城乡集市赶场日有猪肉、牛肉、鸡、鸭、鹅及鱼类销售。1991—2015年市场变化很大，尤其走上市场经济后发展迅速，赶场肉类上百，鸡、鸭、鹅宰杀销售，以及鱼类应有尽有，市场工业品上千种，从2000年超市在城镇出现后，普及全县乡村角落，生活充满阳光，走上富裕道路。

店铺开业仪式　店铺开业，主人家首先请人择吉日，吉日这天主人家宴请亲朋好友，亲友的到来有的送境屏、字画、有的送礼金。主人在中堂八仙桌点香燃烛摆祭品敬供老祖宗保佑开业大吉、财源旺盛。并请德高望重老人来帮开财门，之后鸣放爆竹，宴请亲朋好友，感谢他们的支持帮助。

计量　计量内容包括：尺、寸、分米、米、公里等；面积：平方厘米、平方分米、平方米、亩、公顷、平方公里；体积：立方厘米、立方分米、立方米等；液体固体容量：升、盒、斗、桶等；重量：两、市斤、公斤、担、吨等。

秤　以前老秤有16两为1斤，称码秤；20两为1斤老秤。20世纪60年代初在市场城镇和农村都还在使用。20世纪50年代中期使用新秤，16两为1斤。60年代开始使用10两为1斤，统称新秤。以10两为1市斤，2市斤为1公斤，担为100斤，吨为1000公斤。直到21世纪，市场上仍有老计量论价延续传承至今。

第二节　生活习俗

吃泡汤　每年进腊月，农村开始杀年猪，杀年猪家家户户都要做泡汤。杀猪后取猪的五花肉、瘦肉、血、大肠、粉肠等大锅混合菜，称吃泡汤。

吃“活血”平时杀猪或杀年猪，城镇农村都喜欢做活血吃。制作简单，烧一锅开水，一般为4–5公斤水，一大钵猪血。先用猪的网油剁细煎出油，再用猪的胰腺（俗称宁帖）剁茸，待网油煎成，将剁茸的宁帖放进锅里和网油一起炒，炒成加盐，舀出来在钵子里，切细姜、葱、蒜。待锅里开水冷却到40℃—50℃时将猪血倒进锅里用筷子搅几下就停止，血在锅里自动转几下就凝固不动，说明这锅活血已成功，就在血上撒放做好的脆哨、姜、葱、蒜倒在凝固的血上就可用碗舀吃了，其味独特可口。

吃汤锅 罗甸城乡市场赶场日有爱吃汤锅的习惯。汤锅分狗肉汤锅和猪肉汤锅，其配料与吃法基本相同。街上一般有3-10家经营汤锅户，设在场坝边上，他们用三颗石头立起为灶架锅，也有自带三脚用石头围为灶架锅的。20世纪80年代前以狗肉为主，后开始出现有用猪肉做汤锅的，且多为小猪肉，90年代后又开始用市场上出售的猪肉做。配料有姜、葱、蒜、狗肉香、磨板菜（野生香料）、“五香”粉、芫荽、蕚菜、豆腐、土酒、蒸饭等，并且备有小凳子和长条凳子给客人坐。汤锅价钱便宜、美味、实惠。一般1人3-5元，农村来赶场的人都喜欢光顾。以前在县城、边阳、逢亭、沫阳、茂井、罗悃、羊里、罗暮、木引（习称马场）等各个场坝赶场日都有做汤锅户。做汤锅的历史文化延续至今。不仅罗甸城乡场坝有，在望谟县城、广西的乐业、天峨县城和下老、逻西场坝赶场日也有做汤锅的，面之广历史之悠久。

山歌 山歌有布依族、汉族、苗族山歌，据史料记载，布依山歌在西汉时期就正式形成，在赶场路上、节假日、办喜事，形式有集体合唱、两人合唱、单人独唱，抒发个人感情。布依山歌、汉歌、苗歌，在路上邀请客人唱时都按山歌的程序唱。布依山歌大概可分为：古歌、叙事歌、酒歌、盘歌、礼俗歌、年歌、造房歌、劳动歌、结婚歌、诉苦歌、孝歌。情歌，内容广泛，活跃，大概可分为试探歌、相会歌、相爱歌、决心歌、定情歌、光棍歌、送别歌、相思歌、嫌弃歌、十二部对歌、春天歌等。汉山歌，汉歌以四句为一首，布依歌和苗歌分为长短句，山歌的特点不讲究平仄，只讲究押韵。现在在城镇和农村，由于人们都追求读书，抓经济发展，走小康富裕生活，对民族山歌逐步被淡化。只有年老的60岁以上的人还知道唱山歌，现代的年轻人对山歌已不感兴趣。

第三节　礼仪习俗

生育礼仪 媳妇生育第一胎要向外公外婆报喜，但女婿又不明说，女婿就抱鸡去，如生男孩就抱只公鸡，如生女孩就抱只雌鸡，如是生双胞胎一男一女就抱一公一雌鸡去外婆家报喜，外公外婆见了就知道其意。小孩满月办月米酒，外婆家邀请家族婶娘、姨妈、姊妹前来祝贺，礼品有背扇、衣服、鞋、袜，也有送甜酒、鸡、蛋等礼品。主家办宴席请客人，主人家家族也办酒席宴请客人，二至三天才散。

按习俗，生孩子的坐月婆，不能到别家去走门串户，连自己的外婆家都不能去。满月后，吃过的鸡蛋壳倒在三岔河路口，表明媳妇坐月已满。孩子满月后择日子剃头，剃头后才能走访外婆家。

寿诞礼仪 寿诞，一般是年满60、70、80、90周岁的男女老人才做寿。做寿诞前，大女儿要为老人准备寿服及鞋、袜、帽子。做寿诞这天，主人家设寿诞席，主桌后挂有寿诞仙桃、画幅、寿联，桌上摆有寿糕、仙桃、苹果、梨、葡萄、糖果等各种礼品，大女儿做的寿服等礼品也摆在桌上，亲朋好友有的送字画对联，祝老人寿比南山、福如东海、与天齐寿等内容，有的送礼金等。主人家宴请所来的客人，席上赠送客人每人一个碗，碗上印有寿字或寿比南山等字样以及糖果、红鸡蛋等。有的户还请来戏班唱祝寿歌跳祝寿舞等，场面热闹非常。

人的称谓 人生出世都起名字，也等于给人的一个符号。有乳名和学名（书名）之分。起名字，一般不能与本家、家族、舅父、姑爷等老一辈的名字相同，连字音相同都不行，是对老一辈的尊重。结婚生小孩后其父母的辈分也提升变化，如小孩起名为建华，家庭的丈夫和妻子都改变了称呼，妻子称丈夫为甫建华或建华家爸，丈夫称妻子为米建华或建华家妈，夫妻间也有呼书名到老的。称呼公辈也带孙子名，如称建华家公、建华家奶。

小孩到读书年龄，以前常请学校老师帮起名，称学名或书名。但老师都要了解学生家的长辈的名字后才帮起名。现在文化水平提高，一般是家中父母给小孩起书名，少有请老师起名了。

婚姻 “男大当婚，女大当嫁”，是自古以来人们对婚姻问题理性看法，是男女组合建立家庭关系的第一步。

罗甸布依族婚姻，总体看是一夫一妻制（解放前，剥削阶级有权有势之富户，也有三妻四妾），又因为只有男孩方能顶替香火，继承祖业，传宗接代的思想，女孩只能出嫁，入赘的也要三代转祖（转姓氏）。在这种重男轻女的封建思想支配下，个别户只生女孩不生男孩的也娶小妾。

婚姻缔结，随着历史的发展，也发生一些变化。从求婚到结婚各个环节，都有细致、具体的不成文的规定，久而久之，成为婚姻的习俗。

罗甸县布依族的婚姻习俗，同宗同姓不能通婚，同姓而不同宗的可以通婚。婚姻是媒妁之言，父母包办。有的年幼时就订婚的曰“背带亲”，也有的指腹为婚的。除父母为子女择偶外，也有的男女双方恋爱成婚的。布依族的婚嫁，现以从简许多，然而在很大程度上仍保留古老的习俗。

新中国成立前，布依族妇女深受三从四德的束缚。在社会活动中，女子没有发言权，白天上山劳动，回来就围着锅台转，很少能参加社会活动。

新中国成立前，人丁兴旺最为人们所关注，多子多福、子孙满堂，四代同堂是布依族所追求的理想生活。夫妻双双白头偕老尤为人们所期盼。所以，在大部分地区都盛行包办婚姻，幼年订婚，由家长作主，更有甚者是强迫性婚姻。

选择媳妇条件：其一，由于联姻重在“门当户对”，“高门攀高门，柴户对柴户；官家与官家相配，民与民结缘”。其二，“亲上加亲”，民间有“表兄妹结婚亲上加亲，白头到老心连心”之说。但须严格按照辈分，否则就是乱伦，遭受谴责。布依族联姻都遵守同姓同宗不能通婚，但是同姓不同宗可以开亲。其三，看这个姑娘容貌美丑，任何人都想娶到一个美貌的媳妇。其四，了解这个姑娘是否勤快，会不会纺花织布，挑花绣朵，做鞋缝衣。女方家也要了解调查女婿的人才品质，长相身材，家庭条件，勤快耕耘，是否有文化等。

上述条件感到基本满意后，还要了解姑娘的“生辰八字”。由于长期受到封建思想的影响，部分人（尤以老年妇女）认为“良缘由凤缔，佳偶自天成，由命不由人”。在选择媳妇时，暗中请算命先生帮推算，算命先生按五行相生相克之说。属相相冲相克之分，如一样不合，这门婚事便没有成功的希望。

布依族婚姻，解放前遵循父母之命，媒妁之言外，部分父母给孩子带来婚后家庭不和睦，造成终身遗憾。

自由婚姻 罗甸布依族男女一般到17–18岁就开始参加社交活动。开始选择配偶，配偶选择好不好，直接关系到终身大事，这婚姻是否成功，家庭是否和睦美满，以及将来事业能否顺利发展，夫妻是否白头偕老等一系列问题。因此，双方都慎重对待。

布依族青年为达到今后过上幸福美满、和睦家庭的生活，很早以前，罗甸就有恋爱的习惯，布依语称“挽造”，女方称“挽葆”（望谟、册亨一带女方称“浪貌”）。是通过赶场、玩年、甩花包或喜庆节日等公开场合来进行。男女青年通过这些正当的社交活动形式达到互相认识，谈情说爱，对唱山歌，互表爱慕之心。男女双方通过多次了解，情投意合之后，互相赠送信物，罗甸布依族称放“把凭”。如果双方相爱愿意结为终身伴侣，双方就主动将情况告知父母，男方请媒人去女方家求婚。自由婚姻和父母包办婚姻，都要经过媒人说合，才不受他人非议。

请媒 由于长期受封建思想的影响，“父母之命，媒妁之言”的习俗依然存在，虽然提倡自由恋爱，自由婚姻虽提倡了几十年，但包办婚姻仍占有一席之地，要彻底废除这种现象仍然需要一定的时间。

媒人第一次走访女方家称“提亲”，带手礼较简单，红糖两块，包好的红糖用红纸条贴在面上，酒两斤，酒壶或酒瓶上也贴上红纸条，意味着向女方家父母报喜，有人上门求亲。媒人根据所定吉日到女方家。说某家某姓、某村、某寨请上门求亲。女方父母当即不会说什么，也不作任何表态。请媒人吃便饭，媒人告辞，临出门时，如果女方家把媒人带去的手礼当即退回，说明这门亲事就联不成，没有什么希望，也就不能再走第二次了。如主人家把媒人带去的手礼不退回，这门亲事就有希望。那么，隔十天半月后，男方家择定吉日，媒人又带上男方家准备的手礼，登门拜访，手礼和上次同样。就这样来往女方家五六次，姑娘的母亲仍是不肯直接许亲，只是推说姑娘是我们生的，但教育、抚养长大是叔伯弟兄，以及外公外婆、舅爷舅妈们，让我们征求他们的意见。通过多次交往，女方家才答应这门亲事。如果媒人走访女方家两三次女方家就许婚，答应这门亲事，就要怕别人说女方家太随便，怕自己的姑娘嫁不出去等议论。

订婚 布依族有这么一句话，一家养女百家求，一家养子千家择。经媒人撮合成亲后就要订亲，订亲形式较简单。男方家择定吉日，族中两位老人和一青年与媒人共 4 人，带上酒 4 斤、猪肉 4 斤、公鸡两只、红糖 4–6 块、香 3 柱，一行人到女方家去。年轻的点香插在女方家中堂八仙桌上，敬供女方家祖宗，接着主动杀鸡做饭做菜，女方家请族中老人 2 人或 4 人来作陪，交谈成亲之喜。得到女方家许婚之后，双方老人就要议定“要红鸡蛋”之事。要“红鸡蛋”布依语称“要阶令”（意译）或“庚干勒”（意译）。女方主人家要讲家族中有多少个叔伯和已成家的兄弟多少家，舅父、姑爷多少家，按户每家红糖、糯米粑、米花、米叶各 2 块，每户公鸡 1 只；猪肉 30–40 公斤，酒 10 公斤，姑娘衣服布料 2 套，包头帕一张、礼金 120 元，主要是报答父母的养育之恩。大家高高兴兴进餐，称吃订亲饭，后回到男方家报喜，男方家筹备“要红鸡蛋”等一切礼品礼金。

要红鸡蛋 根据订亲时双方老人议定的财礼和礼品准备后，择定吉日，媒人就通知女方家“要红鸡蛋”的具体时间。吉日一到，男方家请族中老一辈的 2 人，舅父 2 人及家族中青年 2–4 人（这次要红鸡蛋也可由家族中伯妈、叔娘、舅妈等人去）和媒人共 8–10 人前往女方家。客人到女方家，由一德高望重老人首先点香燃烛，将礼仪各样礼品摆在八仙桌上，由女方家族中一老人点清各样礼品。女方家请族中老人、舅父、姑爷、外公等前来作陪。女方家族宴请男方家去的客人。

通过“要红鸡蛋”这个仪式后，双方父母，兄弟姊妹确认这门亲事，男方的父亲称女方父亲为“亲家”，男方的母亲为“雅弄”，对方双老也如此称呼男方父母亲。女婿称女方父母为“亲爹”“亲妈”，同辈的称哥、弟、姐、妹。时逢春节，男方家备办礼品向女方家拜年。

订婚后，因双方未达婚龄就拖延结婚时间，有的 1–2 年，有的则要等 3–5 年，而有的因年龄未达婚龄或经济困难也延长结婚时间。若无一事发生，这门亲事顺利成功，男女双方已达结婚年龄，就要举办“要八字”的仪式。

要八字 就是要女方的生辰八字到男方家。“要八字”，布依语“庚干劳”（意译）、“要书命”（意译）或“要交改”（意译），这个仪式比较隆重，相当于现今男女青年到民政部门登记拿到结婚证一样，男女双方承认结为夫妻。

男女双方达到结婚年龄，布依族要举行“要八字”仪式，这个习俗流传至今。这次仪式比“要红鸡蛋”更隆重。男方家首先择定吉日，请族中两位老人和一年轻人与媒人共4人，带上手礼，猪肉 1 公斤，公鸡1只，红糖 4 块，香三柱，酒 1 公斤，前往女方家报“要八字”日期。女方家热情接待，并请族中两位老人前来作陪，年轻人杀鸡做菜。男方家去的老人和女方家来作陪的老人互相交谈，男方家去的老人首先讲明男方家来女方家“要八字”的具体时间，看女方家亲戚有多少，财礼要多少？在一般情况下，女方父母都不亲自讲，而是要大伯或大叔作主，双方议定后，到“要八字”这天就全部拿来。男方家经过一番准备，吉日一到，这天请族中德高望重的两位老人、舅父和家族的青年人，写生辰八字先生 1 人，共 10–12 人，要双不要单，带礼物礼品，女方家把男方家带去的礼物礼品一一分送家族、姑爷、姑妈、舅父、舅母，以及表兄姐妹。女方家族各户轮流宴请男方家所去客人。有的地方女方家族大的留两天或三天，有的当天返程，最后一天主人家设宴请所有族中、所来亲戚。席间，写生辰八字的先生在红纸上端端正正写“乾造坤顺”，另一支笔写“天长地久”，男女双方的八字。主人家将一只未生蛋的小雌鸡陪着八字书带回男方家。客人吃完饭返程前，女方家主人在堂屋八仙桌上放 12 碗酒，其中：一碗是装大公鸡头的，每个酒碗用碗盖着严严实实。举行要鸡头仪式，男方家去的人推选一人去揭酒碗要鸡头，并规定，如第一次揭碗时就得鸡头，就主动喝两碗就算结束了。如揭得是酒就得无条件地喝下去，如第二次揭得的仍是酒，可拿给同去要八字的人喝。之后就接着揭碗得鸡头为止，鸡头到手就鸣放鞭炮以致祝贺。返程前，女方家赠送礼品有：布料一段做一套衣服、土布花垫单 2 床、布鞋两双、鞋垫若干双、枕巾 4–8 张、枕套 2–4 对，并用红纸包鸡头和写好的八字放在一提篮里，让背或挑八字的男童抬走，这男孩背或抬八字，一路上不许掉头回来望，这时客人全部返程。

女方生辰八字来到男方家后，一般是当年就结婚。

结婚　罗甸布依语称“速牌”（意译），首先要用男女八字去择定结婚吉日。择定吉日后，要请族中两位老人和媒人去女方家报结婚日期。一般要提前 3–4 个月通知女方家，女方家得到结婚日期，要为女儿办理嫁妆，在缝制嫁妆时，女方家要择定吉日开剪缝制。男方家也择定吉日请木匠来装修新房、打床等家具。结婚时期一到，男方家头一天要打红糯米粑，少则要几十个，多则要 100–200 个不等。结婚这天，男方家族中的两位老人，其余的是寨上青年 10 多人，还有押礼先生；2 人吹唢呐、敲锣打鼓的 8 人，接亲妹（未婚的小姑娘）2–4 人，抬花轿的 4 人。罗甸布依族以前结婚，新娘是打伞步行至男方家。据考证，从清朝中期罗甸结婚就开始兴坐花轿，直至解放后的 20 世纪 60 年代初。“文化大革命”时期视结婚新娘坐花轿为“四旧”被废止，改革开放后，人民群众生活逐渐富裕，随着交通的便利，现都改坐车。

接亲队伍 20–30 人，带去礼品有：大红糯米粑 2 个，小糯米粑 100 多个不等（要双不要单，一家送 2 个），衣服 1 套、内衣 1 件、新鞋 1 双、毛巾 1 张、红伞 1 把、香 6 柱、红烛 2 对、梳子 1 把、红毛线 1 根（长 6 尺）、银手镯 1 对、耳环 1 双、项链 1 根，还有先前议定的六礼：恩仪 120 元、羊仪 120 元、轿仪 1.20 元、厨仪 1.20 元、梳仪 1.20 元、媒仪 1.20 元，这是解放前至解放后 60 年代的事。改革开放后农村群众从贫穷走向富裕，结婚彩礼 10000–20000 元，六礼：恩仪 1200–2400 元，羊仪 1200–2400 元，车仪 120–240 元，厨仪 120—240 元，梳仪 12–120 元，煤仪 120–240 元不等。另外，舅父、姑爷、族中大伯、大叔据女方家有多少房，这些老一辈的送大礼小猪 1 头，其他同辈兄弟姐妹鸡 1 只和两块红糖。结婚之日，一并带去女方家，如猪、鸡可提前拿去女方家。唢呐吹起在前引路，接亲队伍从男方家出发。

接亲客人到达女方家后，由押礼先生将带去的各种礼金、礼品摆在八仙桌上，用 1.20 元的红封去请女方家族老人来点彩礼及各种礼品，点香燃烛向主人家老祖宗叩头，并说今日接亲之事，主人家年长者点清所有物品礼仪，即使礼物齐全了，也要发牢骚，说几句还不合原议定的等理由，表示主人家还不够满意。清点财礼老人发话说可以开饭，所去接亲客人才得饭吃。女方家族中帮主人家安排住宿，安排宵夜。次日天刚蒙蒙亮，吹唢呐的吹起请新娘快快起床梳妆。新娘要离家之前，哭嫁，在家事事有父母关心，有兄弟姐妹帮助，无法报答父母养育之恩，今日与双老、兄弟姐妹分别难舍难分之情。这时婶娘、姐妹们给新娘梳妆打扮。唢呐不停地吹，吉时已到，新娘准备坐轿出发。解放前，由于贫富不一，结婚嫁妆一般有柜子两个、箱子 2 个、八仙桌 1 张、椅子 4–8 张、火盆架 1 个（由男方家配火盆，是布依族风俗），洗脸盆架 1 个、被子 4 床（含垫被 1 床），卧单 4–6 床、枕头 2 对、枕巾 4–8 张、棉毯 2 床、布鞋 10–20 双、鞋垫 10–20 双，较富有家庭陪送耕牛 1 头，个别富裕大富家给新娘陪送丫鬟。

新中国成立后，人民群众生活普遍提高，尤其是 20 世纪 90 年代罗甸布依族在陪嫁姑娘时，床上用品基本为化纤纺织品，衣着也改为现代服饰、毛料等，陪送的物品也与解放前完全不一样，床是席梦思床，进入 21 世纪初，一般的陪送有摩托车，个别的有小车、套房，电冰箱、电视机等更为普遍。

在唢呐声声催促下，亲朋好友将姑娘家陪送的礼物礼品捆好后，新娘的大哥将新娘背到大门口，换新鞋后，接亲妹接着把新娘背到花轿门口，新娘上轿坐好，抬轿的先将新娘抬走。随着是抬东西的，唢呐边走边吹，送亲客男的 2 人骑马，女送亲客 2 人坐滑竿，这个习俗直延续到解放后的 1957 年，1958 年“大跃进”后才改为步行。改革开放后，公路交通便利改为坐车。接亲队伍来到新郎家院坝，将花轿放下，做“退车马神”。

退车马神 新郎家院坝摆放八仙桌，桌上安放用升子装上1升米，米上插上3炷点燃的香、几张纸钱、刀头肉1块、1碗酒、1碗饭。作退车马神先生一手持令牌、一手抱公鸡，先生站在桌旁，接亲妹将新娘从轿中扶出后打开红伞盖住新娘站在院坝中，所去接亲的人也停着，由先生作“退车马神”。先生念道：福兮，吉日良辰，天地开张。新人到此，车马还乡。一张桌子四角方，张郎采木鲁班装。四方修起银子板，中间增设一炉香。天煞、地煞、阴煞、阳煞、年煞、月煞、日煞、时煞、披麻煞、披六郎席煞、月宴煞、请登宝座，祭祀虔诚。酒巡初献，初献已毕。酒巡二献，二献已毕，酒巡三献，圆满，礼不重申。念完，双手抱着一只大公鸡，咬鸡冠出血点在花轿杠上，念道：此鸡、此鸡，不是非凡鸡，头戴红冠子，身披六色羽毛衣，别人拿你无用处，我拿你作奉退车马神鸡。送去千里不回头，送去万里不回转。念完，又念咒语后，将鸡抛过花轿顶上而过，完毕。

这时，两位儿女双全的婶娘将新娘扶着向大门走去。跨过大门槛马鞍、门槛内七星菜油灯。新郎在门外待新娘跨过马鞍，跨过七星灯，表示驱走车马煞。新郎手牵新娘走到中堂准备举行拜堂仪式。

拜堂仪式 由德高望重的寨老主持拜堂仪式，新郎父母坐在中堂神龛前座椅上，押礼先生首先唱拜堂词：新人来到，三星高照。新人拜堂，喜气洋洋。一愿夫妻合好，二愿百年偕老，三愿儿女满堂，四愿科甲齐登。天无忌、地无忌、年无忌、月无忌、日无忌、时无忌、百无禁忌，姜公在此，诸邪回避，大吉大利。郎才女貌两堂堂，银烛辉煌彻夜光，新婚夫妇齐下拜，喜气洋洋入洞房。一拜天地，二拜祖宗，三拜爹娘、四拜叔伯（新郎新娘随唱声跪拜）。

主持拜堂先生接着唱道：今日鸾凤和谐之喜，永传百世之昌，跪拜嘉宾，夫妻对拜，退回香阁。唱毕，老人祝新郎新娘吉祥语后，揭开新娘遮面红纱及新郎披的红缎纱挂在神龛或大门两侧，才双进洞房（如果是过婚嫂，迎亲婆要引其绕“火堂”三转才进入洞房）。斯时，洞房内客人满座，有说有笑，人人喜笑颜开。但洞房内特别忌讳一是孕妇，俗称“四眼人”，二是寡妇，三是穿白衣戴孝帕的人进洞房。

新娘进洞房后，是日的酒席叫正婚酒。杀猪杀鸡热情宴请来自各方宾客。如是新郎姑父姑母、表兄弟、舅父舅妈、表兄弟的则送大礼，吹着八仙、牵猪或羊、一坛酒、大红布缎前来祝贺送礼。

在农村结婚这天，设流水席宴请客人，8人一桌，随到随吃，并有年轻姑娘添饭，年轻小伙斟酒端菜、装烟。尤其是小姑娘给老人们添饭，不用老人们走动。

这天，对老舅家来的客人特别盛情接待，俗话说：“天上有天公，地上有舅公”，意思是天上是玉皇大帝最大，地上舅公为最大。婚礼一般举行2-3天，称二朝三朝。吹唢呐八仙的、抬轿的，他们很辛苦，第一桌菜吃快完时，主人家就叫厨师给他们添第二桌菜，两桌菜快吃完后才撤席。

洞房内，由新郎家儿女双全的伯妈、婶娘，或大嫂、舅妈、姑妈陪送亲客和新娘。新郎不得和新娘同宿，而由新娘家来的女送亲客陪睡。

三朝酒 亦称“发脚酒”，这一席酒是送亲客返程和新娘回门，酬谢前来帮忙的乡邻亲友。在罗悃、罗暮、平亭、凤亭、八茂、高圩、沫阳一带，三朝的这天，天刚蒙蒙亮，新娘在姐妹或妯娌陪同下，去井边挑水送给新郎家家族，一家一挑，新郎家家族多达20—30家，那么，一家只舀两瓢水表示意思，但每家都要送到，新娘就要记住家族中有多少家，名曰“认家族”。

办三朝酒这天早上，新郎家特别忙，杀猪宰鸡招待客人。酒席散后，送亲客起程回家，新娘随送亲客回娘家，称回门。出门前，新娘把出嫁穿的新衣、新鞋脱下放在床前，表示改日就来。

新娘回家时由新郎家妯娌、姐妹陪着回去，在新娘家吃饭后，新郎家的妯娌、姐妹便返回家，新娘在娘家住，不回来。

新娘回门在家住10天半月，新郎家派妯娌或姐妹去接新娘回男方家，这一次新娘不便推脱，就与去接的妯娌、姐妹，有说有笑地来了。

旧社会新娘回娘家，有的一住就是2-3年，有的3-5年才来男方家常住，称为坐家。原因：一是早婚，未达到婚龄就结婚，二是父母包办婚姻，三是男女不般配，女的比男的强。20世纪70年代后，这种习俗逐步改掉，新娘与送亲客回门后，10天半月新郎家婶娘或姐妹去接，新娘就来男方家住，但仍是断断续续，一年左右就到男方家常住。有的男方家接回来后就坐家，不去娘家了。

家庭　布依族的家庭是一夫一妻制，多是父系家长制的小家庭。父亲是一家之主，占绝对统治地位，主管全家的财产、生产、生活、经济收支等权力。

罗甸布依族家庭，有两代人组成的小家庭，也有三四代同堂的大家庭。

父亲是一家之主，为一家生计而奔波劳碌，既要关心孩子，又要谋划经济发展、修房建屋、社会应酬、接待亲友、儿女结婚出嫁，为子孙后代创造一个良好的家庭物质基础费尽苦心。

父亲一旦逝世，儿子尚幼，才由母亲执家，母亲年迈，儿子长大，把权力交给长子，长子也就成为当然的家主。哥、嫂就承担弟、妹婚、嫁的责任，扶持弟妹各自成家立业。

家庭分工　布依族家庭分工，一般是男耕女织。男的犁田打耙，干重活，女的纺纱织布做针线，做饭做菜。而在实际工作中，妇女除担负家务外，还要插秧、挞谷、种小季、种玉米、打柴、割草等繁重农活。做针线活都是利用空闲时候做。在家庭中，还要服侍公婆、管理小孩，还要处理好婆媳、姑嫂关系。

分居　在家庭中，兄弟分家是常事，“树大分桠，人大分家”，儿女完全结婚后才分家。一般老大很懂礼讲谦让，讲道德、讲气量、肯吃亏。老大不会与老二老三争要房子，老二也不和老三分要房子，一般都让给小弟住。但房子要评价（最低价），然后平均分配，没有分得房子而另起房子时大家都来帮忙，有钱出钱，无钱出力，直到落成为止。如小弟另做房子，大家也同样来帮忙。各自另立门户后，若遇天灾人祸，婚丧嫁喜，互相支持，互相帮助，兄弟间心心相印，关系融洽，过着团结和睦愉快的生活。

分家时，请族中长辈前来相商，家中所有人员都来旁听，特别请舅父到场共同决定家产分配作证。舅父在家庭中权力较大，有关儿女的大事，母舅均可参与议定协商办理。在旧社会，兄弟多的人家，分家时先留“养老田”作父母年老的赡养，然后按子均分。有女无儿或全无儿女的，可以招赘或抱养儿，房族无权干涉。绝户按有房归房，无房归族，无族归众处理。另外，一个大家族或一个家族分支，还有留“上坟田”作为每年三月十三扫墓的经费开支。女孩没有财产继承权，但是未出嫁的女儿要留一份给她作生活开支，称为“姑娘田”，由其同住父母或兄弟掌管。姑娘出嫁，由负责办理嫁妆者享受“姑娘田”。

“皇帝爱长子，百姓爱幺儿”，父母在分家时都跟随最小的儿子住，以便帮助料理家务，有的也乐意和自己喜欢的儿子住在一起。

分家时要写出分家契约，布依语称分家为“扮然”（意译），处理分配财产称“扮家当”（意译），意为分家分财产，田地的分配，牛马农具的处置，尤其是对老人生养死葬的安排问题都要一一写明，谁违反规定，则被视为大逆不孝，受家族和社会指责。当然，也有一些忤逆不孝之子，不赡养老人，甚至对老人进行虐待，这是极为少数。

赘婿有财产继承权，寡妇若不外嫁，可以继承亡夫家产，如果填房，由原夫儿子继承。抱养儿也有财产继承权，如是此种情况都平等对待。

禁忌习俗　在日常生活中县境各族人民有很多禁忌，这些禁忌有它的哲理性，是约束人们放荡行为的文明教育，而有些禁忌内容至今人们仍难理解其意。

一、大年初一忌扫地，特别是从里面到外面打扫，视扫财气出门。大年初一为岁首之日，故这年财气不顺。

二、忌出行，所谓“出行”，大年初一这天，要根据是东西方利或是南北方利，初一早晨第一步出门必须朝吉利的方向走，就会遇到“福神”，给你带来福气和好的幸运。

三、大年初一忌杀生，大年初一不扯新鲜菜进家。杀生当年养牲口不顺，扯新鲜菜来家，当年会遭虫灾。

四、大年初一忌动土，以前有这样说，大年初一动土会侵犯神灵，一年百事不顺。

五、忌雷，正月或二月，第一次打雷，为粮食叫魂，农村忌耕7日；第二次春雷忌3日不动土；第三次春雷忌1日不动土，否则五谷不丰之传说。

六、正月初一，不小心打碎具物，要说吉祥语岁岁平安，岁岁发财等。

七、正月初一，忌给人钱财，否则年内钱则白流不顺。

八、正月初一，忌坐大门槛，坐之为封财，特别是女孩，如坐在别人家大门槛，主人家很不高兴，今年财运被封了。

九、正月初一，任何人用手拦住大门，视封了他家的财运。

十、正月初一，忌挑空水桶进屋，挑空水桶进屋，视为财运不顺。

十一、外来夫妇不准在家同宿（包括女婿），认为“野花进屋，家运遭殃”。

十二、正月外家妇女遇有伤心事，不得在主人家哭啼流泪。如有，今年家运事业遭殃。

十三、忌吃饭时喂狗，是对老人的不尊敬。

十四、老人在家或在家门前坐，忌直接横走过老人面前，是对老人的不尊敬。

十五、忌坐月婆坐月未满到别人家串家走访。主人家视为倒霉。当你离开他家时，主人家在其后撒灰，你自己也一辈子倒霉。

十六、忌妇女在家门口或院坝梳头，别人见了不吉利。

十七、身体欠佳时，忌走亡人丧家，否则病会加重，甚至被亡人勾魂。

礼仪 随着社会的进步，生活节奏的加快，县内各民族的生活礼仪略有变化，同时也增加一些新的礼仪内容。归纳起来体现出人在社会的交往中有几个方面：诚信、孝道、谦虚、谦让、纯朴、好客、勤学，讲究礼仪是一个人的美德文明的释放。

礼仪内容广泛，在社会生活中常常表现出一个人的文化素质，有的也有物资方面的礼仪。一般小辈不直呼老辈其名，称呼叔、伯、公公、奶奶、老祖等，而语气和蔼，表现对老辈的尊重。自己家吃饭，由老一辈说：“开始吃饭啦”，老人先动筷其他人才能动手搛菜吃饭。小的要给长辈添饭，每家吃饭都请老人坐上席，这已成习俗。小一辈在老一辈面前坐不能跷二郎腿，这是对老人的不尊。

物资礼仪 在走亲访友时，以前是带一两斤酒，一两包茶叶孝敬老人。而今走亲访友，有的带一两瓶好酒，香烟一两条还有糖果、水果等，表示对老人的敬意。

以前，走亲访友或久别重逢是不会握手的，当今时代握手是一个普通的礼仪。这些优良的传统礼仪得到传承和创新，是社会进步文明的表现。

迁居新房 迁居新房是新房建成庆贺后要请魔公帮“扫家”，驱除邪恶魔怪。又请算命先生按男主人的生辰八字择吉日进新房。吉日这天，鸡叫头遍，男主人抬柴进房生火，女主人去井里挑水进家，进新房时不能让外人看见和知道。第一天生火不断，表示兴旺发达。天亮后，做饭做菜，宴请族中老人和寨中父老及亲友，表示今天搬进新房，感谢乡亲父老的支持帮助。

丧葬礼俗 罗甸布依族老人或成年逝世后，认为“灵魂不灭，灵魂脱离躯体而存在”。所以，后人为亡者举行各种宗教、祭奠活动，就是为亡者举行葬礼。其程序是报丧、沐浴洗身、移床下席、装殓入棺、设灵堂、做道场、择期祭奠（放客）、砍牛、择墓地、发丧、出殡安葬、安家神、圆坟、解斋、除服、立碑等。按习俗仪式进行，这些习俗仪式中悼念方式各有不同，但从中可看出布依族人民对老前辈逝世的悼念方式，是对死者的安慰，寄托自己的哀思。

报丧 当父或母病危弥留之际，掀开蚊帐，由子女扶坐床上，烧落气钱纸守着落气（死）之后，家人当时不能哭，以前用牛角吹三声，现今改为放鞭炮。向天神示意，送亡灵归仙。即派人去请算命先生推算何时可入殓，何时盖棺。又向四邻传送老人去世噩耗，示意某家当大事。闻讯后均主动前来帮忙做事，商议治丧事宜。与此同时派人通知远处族人。若死者是女性，即由孝子带白布孝帕若干张，不分昼夜奔告舅舅，告知某某老人已离世，见到外祖父母时，跪下叩首哭诉，舅家随同孝子到丧家商议丧事的规模及其葬礼的形式，并同时派人向已出嫁的女儿报丧。女儿得知，蒸糯米饭称落气饭供奉亡灵，丧家主人及全家人及在场众亲友均食之，意在跟逝世者共吃最后一餐饭。

沐浴洗身　老人落气后，要帮逝者沐浴洗身整容，丧家主人前往水井乞水，先投硬币两个或几个都不定（解放前投铜钱）为买水之意。用香檀树皮或根捶茸，用乞来的水煮沸。水凉后，脱去死者所穿衣裤帮死者洗身，男的剃头，女的梳妆，整容着装穿戴完毕，给死者穿寿衣、裤、鞋、袜（这些寿服死者还在世时家人都帮准备有的），穿的衣裤穿单不穿双、以三五件为宜。男的戴帽或包青布帕，女的包青布帕，也有给戴帽的，男女帽各不相同（若死者的父母还健在，死者戴的帽或包头帕，加上戴一条白布带，用白皮纸剪扎成两朵白花，给死者两手各捏一朵白纸花，表示戴孝入棺）。穿戴结束后，大媳用新白布给死者从肩包至脚如船形单层包好，用白线缝为三节，在中堂摆好门板或板子，将死者仰卧于门板或板子上，谓之中堂停尸，给死者脸上罩白纸，择吉入殓。

装棺入殓　死者入棺前，先将棺木洗刷干净，水干后，将烧熔成液体的松香石蜡倒入棺内，左右上下摇动均匀，使其封住棺木缝穴小眼，凝固冷后，用两张高脚凳置于中堂，将棺木安放好。然后在棺木内垫草木灰约10厘米厚，撒铺木炭；木炭上盖草纸和白皮纸，盖一层白布，白布上面铺垫灯草或薄棉絮，棉絮长4尺6寸，宽2尺6寸，重3两6钱，被面绣有花草麒麟等图案，放单不放双，棺木四周用白皮纸密叠三圈，并将死者原做好的寿枕放置摆好，按算命先生择定的吉日装棺入殓，吉时已到如果在外，不能及时赶到的女儿，亡者的儿子及舅舅的兄弟姐妹及族中兄弟、寨上左邻右舍及亲戚都在，将死者放入棺内摆正，将四周叠放的白皮纸翻进卷成圆条塞在死者四周，固定尸体，如是四周有松的地方就用白皮纸包草木灰塞紧，以防抬上山时尸体移动，并将原包尸体的白布缝的线拆开也把布翻折到尸体两边。不然，当后人梦见死者时，死者仍是穿一身白布衣，很不吉祥。

死者装棺后，无特殊装束，除给亡人嘴里放少许碎银（一粒谷子大左右），不准放任何金属，衣服裤子、帽子都全是布纽扣，死者嘴里放银，一为死者灵魂回故土"路费"，二为用钱压嘴，死者亡灵不随意喊阳间人。封棺时抬盖板的人影子不能对着棺内，按光线站在两头抬盖盖上，忌人影随死者而去。最后是盖棺，因远在外不能及时到家观看死者遗容，盖棺时不封棺，待亲人到观看遗容后向死者告别封棺，棺木不能用钉子或铁具之类钉扣。在棺材上下各横置一根小木棒，用麻并左手搓成线连接捆住木棒，扭紧箍住，做成小节，不让棺盖移动。

棺木按姓氏与习俗有的顺梁，头朝东脚朝西，有的姓放置棺木与房梁成十字架，头朝南脚朝北。棺木放置好后，在其棺木头点一盏菜油灯，摆一碗饭，饭上交叉立扎一双筷子，一切停当，孝家发孝帕白布一张，长5尺6寸给亲人，开始吃素，有的姓氏不吃素。

设灵堂　罗甸布依族老人逝世，装棺入殓完毕置棺木于中堂，棺木前用一幅白布作孝幛挂着，孝幛前摆一张供桌，用一竹筒或升子装米放在桌上插灵牌。桌上置放香炉、遗像、果品之类。灵牌前香烟不断，灯烛长明，显得肃穆庄重。

大门上用白纸写孝联贴上，门楣上贴"当大事"三个大字，表示家里有大事。又用白皮纸做"望山钱"，按亡人寿数计，一年一张，若是古稀之年七十岁的，加天地、爹、娘各一张，共74张，打成南极星、北极星眼吊于竹竿立于门外，在吊钱上按十岁箍一圈红纸，如若亡人岁数为71岁以上未到80岁可箍为8圈红纸，外人看之亡者已80岁去世，看见"望山钱"，便知某家在办丧事。

中堂神龛的祖宗牌位用白纸或黄纸覆盖，告知祖宗家有丧事，诸祖宗保佑，事事顺利。转动火坑三脚，告知灶神护佑，人人平安。孝家弟子统统忌荤不吃油、不吃肉，可吃菜油，不然认为吃亡人的肉，全家全族吃素食、粗粮，以表示对老人的哀悼。

守灵　布依族老人逝世后，全家族24小时都有人守灵，早晚按时给亡人供膳食。孝子进餐都在灵前地上吃饭。死者亲属男的脱下华服，脱掉皮鞋，披发跣足，以敬孝道，待送老人上山安葬后才能穿鞋。女的脱下装饰品，脱下艳服。孝子禁理发，夫妻不能同房，禁令宾客赴宴等。头包白布孝帕（有的姓氏不戴孝帕戴黑布），孝男孝女包的白布孝帕，将孝帕折成相等两半，用麻片一捆其上戴在头上，两端麻片披拖于背后，用麻片捆系腰间，其他孝男孝女为普孝，孝帕要短些，能在头上包扎即可。晚上守灵睡草席地铺，不准高声喧哗。从设死者灵堂牌位那天起，孝男孝女不准坐高凳子，违者视为不孝之子。

孝衣孝鞋 亡者的晚辈亲属都穿白布孝衣（有的姓氏不穿孝衣），孝衣不缝边脚，不做衣扁，不钉纽扣，只做布带捆系。孝鞋用白布做成，白底白帮，有的穿草鞋麻鞋。孝男孝女头戴白布帕，身穿白布孝衣，脚穿孝鞋，腰系麻线，称为披麻戴孝。丧家不准扫地，火不能熄，是对亡人的敬孝。

哭灵 亡者装棺入殓停棺中堂，亡者的儿女和亲属前来哭灵，亡者生前好友也来哭灵，尤其亡者女儿出嫁后，听其父病逝后，带来糯米饭，香烛素菜前来敬供，敬供后哭灵最为感人肺腑，听者泪滴衣襟。女儿回顾父亲养育之恩未报点滴，不觉父已逝去，哭诉道：呜呼我父，邃然而去，享年 ×× 岁，生我兄弟，三女二男，各已成家，父历艰辛，劬劳成疾，医治无效，乘鹤西归，未享清福，丢下儿女，亲恩未报，冥归天堂。惊闻噩讯，举步难移。呜呼，从此聆听教诲已无音，想见音容望白云。仰望长空盼父父不归，父灵如云渺渺魂飞苦，女儿恸哭父不知。眼望高山山常在，我父一去永不回。仰问苍天父何在？苍天回我你父乘鹤上天庭，千呼百唤父不归。呜呼！今已言长，时刻苦短，惟挚大端，置一碗饭，摆一素碟，此时祭奠，敬父一觞，望我父九泉之下长安息，护佑我兄弟姊妹永安康。亡者挚友，惊闻噩耗也前来悼念，哭诉在世时的深情厚谊，情同手足，今日遽去，往事情谊长存。家族儿女也前来叩拜哭灵，诉说老人在世时扶困济贫，恩重如山，永世难忘，在世无以报答点滴之恩，今日西归，永世难忘。

做道场 老人逝世后入殓装棺，做道场祭奠老人以寄托对老人的哀思和进孝道。罗甸布依族做道场超度死者归仙界。请道士先生做道场，道场一般设在自家中堂。但茂井一些村寨老人死后，道场设在别家；凤亭有的村寨老人死后把棺材放在自家房挡头外面设道场。做道场视自家经济条件而定。以前有的家老人死后没有棺材装，用几块木板加工就装老人，有的当天或第二天就安埋老人，有的请道士做一晚道场，称“开路”，第二天就把老人抬上山安葬，做“开路”，设坛念“开路经”，简单为死者祭奠，在黄泉路上不受野鬼拦路阻截，平安归地府，这是古人传说，无法考证。经济条件较好家庭有做 3 天、5 天、7 天、9 天的不等。据传，以前做得最多的为 49 天，道士先生按丧家做的天数带上经书，给死者念经超度。来做道场的道士人数 6–10 人不等。做完道场，以前是不收丧家的任何报酬，名曰“做功德”。进入 20 世纪 70 年代后才开始收一点微薄酬金，到 90 年代后受市场经济的影响按人每天给报酬 50–100 元左右。

丧家为死者扎祭品有：纸人、纸马、纸白鹤、纸轿、纸殿阁、纸龙、纸凤、纸伞、纸幡，在超度（度亡）那天将所扎纸祭品、祭文焚烧给死者。

布依族孝歌 罗甸布依族老人逝世，在做道场时请会唱布依族孝歌的人前来为丧家唱孝歌。唱孝歌，农村自由组合成一支队伍。他们一人吹箫、一人吹笛、一人吹木叶、一人拉四弦胡、一人吹唢呐、一人敲小板、一人敲小鼓、一人领唱。鼓声先敲鼓点，乐器吹奏声起，长孝男执亡人灵幡，孝男孝女执香随唱孝歌队伍绕棺。音调低沉、委婉、悲哀，旁观者数百人无不垂泪抽泣、泪湿衣襟。活动持续两个多小时。

奠祭（又称放客） 丧家为死者做几天道场后，安葬的前一天要举行奠祭（又称放客），奠祭之日，一清早亲戚、朋友、故旧、乡邻前来，视其亲疏有送杀的祭猪、活祭牛，有送祭幛的，有送干礼的，有送祭菜果品、糯米饭的，唢呐吹起，鞭炮齐鸣汇集而来。

主客是女婿、侄女婿、孙女婿、舅舅、姨妈、姑妈等。大女婿送的祭品较多，祭牛或祭猪，如是带来祭牛就不送祭猪。二女婿以下的送祭猪，族中女婿有的送祭猪有的只送祭幛和用白纸扎的纸旗、纸马、纸白鹤、纸伞等龙凤幡伞。大女婿除祭牛外，还有红祭幛一张，长与棺材一样，用以覆盖棺材上山安葬；纸伞、纸马、纸白鹤、纸麒麟、纸灵殿（又称纸灵房）、纸龙、纸凤、纸鱼、纸虾、纸旗、纸幡、糯米饭一筐，酒一坛，道士先生 6–8 人，唢呐 8 仙，还有礼金等，由死者大女儿背灵殿，引魂幡在前引路，边走边哭，族中伯母叔娘及叔伯兄弟一行人 50–60 人前来，接近丧家寨中海角声吹响，道士先生及弟子敲道具鸣锣而来，到丧家院坝爆竹响彻四野。次女婿也同样前来，但次女儿不做纸灵殿（纸灵房），不要祭牛而是祭猪，其的纸龙幡伞等同样做。来的祭猪礼品都摆在死者灵牌前，除大女婿做红祭幛外，其的女婿用白布做祭幛，有所区别，习俗规定。唢呐队吹奏哀歌调送行，孝家孝男孝女跪着每人手执三炷香于路旁迎接。

凡是客人拿来的各种祭品，都要拿到灵前祭供。由道士先生作法进行仪式交给亡人。祭幛之类全新摆在门边，以祀亡灵。

砍牛　丧葬砍牛是罗甸布依族隆重的仪式。砍的牛有的地方是丧家自备，有的是由女婿送来。砍牛仪式设在村旁寨脚大田里或宽敞的坪子上设祭坛。竖起一根1丈2尺高的大牛桩钉稳钉牢，顶上挂五彩纸钱吊花，每朵吊花挂一串鞭炮。距木桩约10米并排两张间距约3米的桌子，桌面各摆三个碗，碗里装糯米饭，三个酒杯，酒杯底垫纸钱各3–5张，酒杯前各放斋粑1个，文牒1封，爆竹1封，香3柱，烛1支，香烛司专司斟酒点香点烛；公鸡1只，刀头肉各1块，筷子各3双，两桌间用竹片搭成竹桥，桥孔上悬挂五彩纸花，高丈余，人牛可从桥下进出。仪式由道士先生主持，参加仪式的主要人是道士先生其弟子，孝家的孝眷、女儿、女婿和前来祭奠的亲友，其他是邻近村寨的人都来看热闹的达几千人。

仪式开始，从孝家出发，道士先生率队走在前，孝眷、女儿、女婿等扛着纸龙、纸马、纸凤、纸麒麟、引吊、纸幡、纸旗、纸伞、纸白鹤、祭幛等，还有要砍的牛（有黄牛、水牛）。一路铁炮、土枪、爆竹、大号、小号、海角、道具敲起，场面庄严肃穆，声震环野。进入砍牛场，一人牵牛从彩桥下穿过，依次围着牛桩绕行数十圈，道士先生念经，念唱完毕，女婿将牛拴在牛桩底部，道士先生扛着砍牛刀，站在凳子上，刀柄系着谷穗和彩带，大声念咒语，才把砍牛刀交给砍牛的女婿，道士先生念文牒，××家××姓今日超度××亡人，砍牛祭奠。把文牒烧后，就要砍牛（如女婿不敢砍牛可请别人代行帮忙砍），砍牛者肩系两米多长红布，腰系腰带，手执砍牛刀，威风凛凛听道士先生念唱下令砍牛咒语。腰肥体健的牛要先喂饱酒糟，牛处在狂蹦的状态。爆竹声和竹鞭打牛受惊，砍牛人久久不能下刀。因为第一刀砍不中规定的要害处，就要被围观众哄笑，又要被小伙子们用竹鞭抽打。胆子大又有经验的女婿，瞄准牛脖颈要害处两三刀就把牛砍倒，就成功，达到目的。牛肉丧家不能吃，而是分给各女婿亲友回家招待和一起去祭奠的人，答谢他们的支持帮助。

出殡安葬　出殡安葬老人，罗甸布依族人民要请道士先生择定吉日吉时出殡，按死者的出生年月日和逝世时间来推算决定，出殡时有何禁忌等，一般为上午6–7点钟居多，有的凌晨鸡叫头遍，有的在凌晨3–4点钟出殡。抬棺材起步时必须把原来垫棺材的凳子踢倒、泼洒一两瓢水，意在一切顺利。棺材上覆盖大女婿送来的红祭幛，祭幛边点燃一把香，一只大公鸡站在棺材上直抬到墓地称“站龙鸡”，布依语称“改都銮”（意译）。一人手执火把走在前，一人扛着“望山钱”，一人丢纸钱，称“买路钱”。棺木前端捆一匹白布和一根绳索，称“拉孝”，长孝男挑着饭包（内装糯米饭），酒1壶及空葫芦1个，另一孝子手端遗像走在“拉孝”队伍前，寨上前来帮扛着旗龙幡伞，纸人纸马等祭物，所有孝子扶着棺材，女婿在前抬棺材，孝女匍匐于后恸哭。唢呐、锣鼓、大号、小号、鸣放鞭炮，哀乐阵阵，哭声惊野，气氛肃穆凄凉，催人泪下。由8人抬棺木，走一段路程转换抬，遇到路窄或上坡，孝子跪下迎侍。过河水深过不去，非过桥不可，孝子躺于桥上，抬棺者从其孝子身上过，抬棺的就喊“脚下有人”，意在为亡者后继有人。抬棺一般不过桥，要踏水而过，用这种办法来解救。送丧队伍送到坟地，唯有孝女送出门后送到过桥过河，恸哭而归，不直接送到坟山。

棺材抬到坟山后，孝子清理墓穴，道士先生用朱砂在墓穴画八卦图，以示镇邪。用公鸡从东放进墓穴，从西边跳出称滚井，道士先生往井里烧纸钱称暖井或热井后撒一把糯米，以期五谷丰登，子孙发达的征象。然后由道士先生念葬词，鼓锣道具齐鸣，才移棺下井。孝子在棺侧绕三圈，长孝男将原挖的第一锄泥土放于背后用衣兜着顺着棺材头向下跪着俯伏撒泥土，为孝子背土葬父或葬母，众声高喊发、发、发三声，大家开始动锄挖土埋死者，盖土完毕在坟尾埋一罐“阴阳酒”，以便死者随时饮用，安葬结束。并将大女婿送的红祭幛烧去一角或一小段给死者，拿一段回家，留到除服天烧给死者。

老年人在农历腊月二十九、三十逝世　在以前，不论年龄多大，习俗规定当天安埋。因第二天是春节初一，新的一年的第一天。如把死者留在家就变成家有“两年鬼”，日后家业不顺，不吉利的说法。

现在，时代在前进，社会在发展，改革开放，思想进步，家中老人在大年前腊月二十九、三十去世是家中的不幸，子孙不忍立即安埋逝者。顾请道士先生临时念经，告知仙界，后用一撮箕泥土置于棺材上，表示已上山安葬。新年过后丧家择吉日做道场，一切丧事按老人去世仪式举行。

第四节　娱乐活动

节日活动　民间重大节日有除夕（大年三十天），正月初一（春节）、正月十五（元宵节）、完年、清明、三月三（有的过三月十三）节、端午节、七月半、中秋节、重阳节，还有国家法定节日："三八"妇女节、"五一"国际劳动节、"五四"青年节、"六一"儿童节、"七一"建党节、"八一"建军节、"十一"国庆节等节日。

民间重大节日都举行敬祖活动和娱乐活动，除夕之夜灯火通宵达旦，凌晨12点一到，放土炮燃放礼花爆竹，热烈庆祝新年的到来。大年初一（春节），城镇乡村儿童换上新装，以前男孩结帮打格螺（坨螺），女孩结队踢毽活动。初二初三拜年，走访亲友和开展丢花苞、唱山歌等娱乐活动。完年，有的过正月二十九日，有的过正月三十日，是地方习俗所定。以前正月二十九日过完年，祭祖、打糍粑、红稗粑、籼米粑、小米粑、高粱粑、糯玉米粑等，上坡干活作午餐吃。在农村表示大年春节已过，开始投入春耕生产了。

罗甸布依族过清明节或过三月三（有些过三月十三），与汉族一样做五色糯米饭祭祖，上山清坟挂青，表示对祖宗的哀思。端午节包三角粑，七月半做合叶粑祭祖。重阳节打糯米粑，庆祝丰收。

20世纪80年代，在城镇农村秋收完后，利用天然气候发展种植秋果菜，早熟蔬菜。90年代，开始走上外出务工道路，正月初二过后就结帮成队到沿海的江苏、浙江、广东、广西、北京、上海、河南、河北等地务工增加收入，走上富裕小康生活。

国家法定节日，在城镇农村学校，机关团体都举行庆祝活动。

打格螺（又称打坨螺）　在农村以前文体活动单调，儿童时代和少年时代男孩以打格螺为主要文体活动。每年的秋收后，男孩就开始做格螺，一直玩到过春节，父母开始上山干活才停止。打格螺分绳绕打法，绳捆格螺脚甩打法、干打法，有一对一打、三对三分帮打、甚至五人为一队等打法。观众多为赢方鼓掌加油，场面非常热闹。

踢毽　踢毽是女孩们最喜欢常见的一种活动，有鸡毛毽、笋壳毽、树叶毽。树叶毽是女孩们在山坡或院坝折几张树叶捆起来就可以打做玩。鸡毛毽是用公鸡脖子上的毛来做，颜色鲜艳。笋壳毽是用笋子壳来做成小圆形，扎缝鹅毛管，扎上母鸡翅膀毛，拍起来在空中旋转飞舞，用公鸡翅膀毛做毽，拍起来不会旋转飞舞。踢鸡毛毽有手翻转拍的，有用脚踢的。笋壳毽是两人各站在一方相距5-10米，用手拍来打去，笋壳毽在空中飞舞，有的站成十字形成对打。

顶锅盖　顶锅盖和躲迷猫是连在一起的活动。躲迷猫之前先做顶锅盖。大家聚在一起，由一人举手手心向下，大家举食指在手心下，举手者唱道："点子点巴罗，羊子唱凯歌，千童百数，红红二数，当家宝满，小狗出路。一拗二拗，捉得哪家是强盗。一颗米，舂到底，不他就是你。"举手者迅速往下一抓，抓到是哪个后，被抓人两手蒙眼睛，其的就躲起来，被蒙眼睛者去找所有躲藏的人。就这样又开始循环做，用这样游戏来玩过童年生活，也是童年的乐趣，在农村现仍有这种活动。

老鹰抓小鸡　童年的生活很有乐趣，回味无穷。老鹰抓小鸡活动在农村常见，由年龄稍大的为头，后面10人8人牵住后面的衣服。活动开始，为头的用双手拦住前方要去抓后面的人，大家跑来跑去，尽量避开最尾的人被抓住。农村的童年生活与城里孩童各有乐趣，传承至今。

跳步步高　跳步步高一般由3-5人为一组，大小搭配，先是一个组由小的睡在地上，相对平伸脚让另一组的人跳过去，后一只脚搭在另一只脚背上尽量抬高，让人跳过去，之后由另一个人睡在地上再用脚搭上去，尽量提高到所能抬高的限度，再让人跳过去，第四个又睡在地上用脚叠在原来的脚上，也同样尽量抬高，这一组的人如有其中一个跳过时被脚挂住衣裤或跳不过去视为输了。输的一组就要睡在地上，轮换到另一组跳，直到过不去或挂衣裤为输才换跳，固有跳步步高的儿童游戏。

第二章　人民生活

第一节　饮　食

罗甸食粮品种有水稻加工成的大米：分黏米、糯米；玉米：分黏玉米、糯玉米；小米：分黏小米、糯小米。其次有小麦、高粱、红稗、籼米、荞子。主食为大米、玉米，副食有黄豆、饭豆、红薯等。

大米　20 世纪 50-60 年代大米加工都是用水碾碾或用碓舂加工而成，70 年代后逐步用机械加工，省力方便。吃法，用甑子蒸或鼎罐煮。80 年代后，家庭煮饭用电饭锅煮。大米当今年代仍是作酿酒的原料。

玉米　以前用石磨磨成碎粒，筛簸麸壳，用细粒和大米鼎罐混合煮吃，少部分居住在山上无田的净吃玉米。另一种吃法是用玉米磨成粉粒，与大米混合用甑子蒸吃。进入 20 世纪 90 年代后，玉米主要是用来酿酒、家禽牲畜饲料使用。

小麦　在农村以前是加工面粉后和大米煮或用甑子蒸吃。60 年代中期国营饭店才开始加工成面粉做面条、馒头、包子卖。80 年代初街上才开始有油条、馄饨、饺子卖。

20 世纪 50-70 年代，粮食和经济发展缓慢，人们的饮食一般一天两餐较多，三餐较少。改革开放后，粮食和经济迅速发展，改变人的生活方式，从脱贫走上致富，一日三餐普及城乡居民。据资料显示：1991 年农民人均食粮 260 公斤，人均纯收入 427 元；2000 年农民人均食粮 310 公斤，人均纯收入 952 元；2005 年农民人均食粮 320 公斤，人均纯收入 1648 元；2010 年农民人均食粮 330 公斤，人均纯收入 3687 元；2015 年农民人均食粮 410 公斤，人均纯收入 7933 元；人民群众逐步走上小康生活之路。

城镇农村饭店、粉店，以及各种小食店遍布各个街道。一个饭店菜谱几十种，仅一个粉店早餐点，供给人们有：粉、面条，粉分细粉、粗粉、馄粉、剪粉；面食分细面、宽面、粗面、干面、湿面，还有馄饨、饺子、肠旺面、油条等；配料有：肉末、脆哨、油渣、油辣、鸡丁、卤豆腐、红烧肉、辣鸡、黄豆、牛肉、牛骨汤、猪骨汤、芫荽、姜、葱、蒜、酱油、醋、卤猪皮、卤鸡蛋、盐煮鸡蛋等，吃时分油粉、素粉、油面、肠旺面、素面，数不胜数，任你选择，任你享受。

在 20 世纪 50 年代至 70 年代，市场上到赶场日才有猪肉卖，这天父母亲能买 1—2 斤肉来家，哪怕是买得一两块豆腐来家，孩子们也感到很高兴，今天改善生活了。90 年代后，城乡市场街道每天都有鸡、鸭、鹅、鸽子、猪肉、羊肉、牛肉、狗肉、鲜鱼，甚至有烤鸭、烤鸡、卤肉，应有尽有。菜类，市场上有青菜、白菜、萝卜、苦瓜、南瓜、黄瓜、豆米、冬瓜等十几种，丰富多彩。

水果（干果）　以前只有赶场日市场上才有卖，并且是季节性的，品种有桃、李、梨、板栗、枇杷、核桃、香蕉、芭蕉、甘蔗、香瓜、西瓜等。从 20 世纪 90 年代后，县城、乡村市场，还有各种水果专卖店、超市，除上述的品种外，还引进荔枝、龙眼、杧果、苹果、哈密瓜、葡萄等各种干果及糖类，满足居民需求，21 世纪是居民生活充满阳光幸福的时代。

第二节　节　日

罗甸布依族一年之中节日有：春节、正月十五（元宵节）、了年节、三月三（三月十三）、七月半、吃青节。春节、三月十三、七月半尤为隆重，分述如下：

春节 罗甸布依族地区，在以前秋收后到农历九月，村寨儿童少年上山砍柴，并用砍来的青冈、椰木等坚硬木质来家砍格螺（又称陀螺），并开始打格螺；女孩子开始制作鸡毛毽、笋壳毽。家庭主妇们开始紧张的纺花织布，男主人们修补翻盖房屋，修整农具，以备来年春耕生产打基础。

腊月一到，各家各户忙碌起来，妇女将自己做好浆好的布，为公婆、丈夫、儿女裁制新衣、裤、鞋、袜，小孩的帽子等，在一个大家庭里，小姑也主动帮助嫂子完成这些针线活。男人上山砍柴，家庭妇女做米花、米叶、煮豆豉、烤酒等。腊月二十后，备办年货，购置布料，同时购置香烛、纸钱、年画、糖果、水果、爆竹等。腊月二十一后择吉日杀猪（布依族忌老人去世之日，逢这天就不能杀猪），推豆腐、腌制腊肉、灌香肠、做血豆腐等。妇女们开始筛簸糯米，将糯米泡在水缸里或水桶里准备打糯米粑。腊月二十四，家家户户打扫环境和房屋卫生，这次打扫卫生很不寻常，可说是完全彻底。用青竹枝连叶作扫把，先从房梁、瓦下、楼桴、柱头、穿枋、楼板、房前屋后、旮旮角角、箱柜、衣物、碗柜、锅灶全面彻底清洗打扫干净，唯有火坑的铁三脚不洗。打扫的垃圾不随意丢倒，而要选择在寨外三岔路口旁。据说，这样做是为了避风灾、火灾。整个村寨干干净净，户户清洁卫生，一派过年迎新春的新气象，

在外从政、经商、求学的亲人陆续返乡与家人团聚。腊月二十九、三十日两天，家庭主妇一般要检查给全家大小孩做的新衣新裤、新鞋新袜新帽（帕）是否完毕，没有完成的抓紧完成。同时要包粽粑（枕头粑），给女儿做鸡毛毽、笋壳毽、花包等。男主人为孩子砍格螺，搓麻绳并用品红染成红色，绳的尾部拴两个铜钱，方便打格螺时好用力。又请本村寨有文化会书法的人到家写春联、神榜，三十这天贴在大门、窗户、中柱、神龛，以及猪牛圈门栏上，一一安排就绪。

除夕（又称大年三十） 罗甸布依族人民各家各户在除夕这天打糯米粑（有的姓氏于腊月二十九就打糯米粑），备办丰盛宴席敬供祖宗，下午5–6点钟寨老先鸣放枪或放土炮三声，由此，各村寨除打糯米粑和放爆竹外，任何人不得随意捶打发出声音的物件，从除夕天下午5–6点钟后称关响。由于千古遗风承传，各家各户都自觉遵守。据传，这样在来年可避风灾、旱灾、避邪，老虎不敢来吃牲畜，风调雨顺，人畜平安，事业发达。

下午，各家各户开始祭祀祖宗，请逝世的老祖宗回家入座过春节。供桌上按姓氏的不同，摆设各有差异。中堂八仙桌上杯盘菜碟及水果、糖果摆好，主人烧香，向老祖宗叩首三次，将香三炷插在桌上香炉里，边斟酒边请逝去的老祖宗来过春节，望老祖宗保佑子孙后代健康成长，事业发达，人丁兴旺，人寿安康，保佑子孙求学上进，长大成国家栋梁之材，保佑粮食大丰收，万事如意等吉祥语。又将一炷香插放在供桌下，各房门口也插一炷香，大门两侧各插一炷香，火坑、灶头也各插一炷香、猪牛圈门口也插一炷香，敬请各神保佑一年四季平安。

王氏家族在除夕之夜零时一过，年轻姑娘手拿3炷香，几张纸钱，争先恐后到井边先点香后烧纸钱有的同时将硬币丢进井里敬水神，后挑水称要“勤水”回家，用“勤水”蒸糯米饭敬供祖宗。第二天（正月初一）下午4–5点钟收席，只留碗筷、酒杯不收。正月初二早上做成饭菜敬老祖宗，点香烧纸，放爆竹收席，送老祖宗回原来地方。

陈氏家族与王氏家族不一样，陈氏从大年三十除夕这天下午开始设宴敬供祖宗，直到正月初三下午4–6点钟换新鲜饭，热菜，上香燃烛，酒斟三巡鸣放爆竹送老祖宗出门回原来地方。之前在堂屋摆一张小桌或椅子，置碗、筷、酒杯、糯米粑地堆（5个）、菜碟各一，还有糖果、水果、纸钱（冥钱），请土地菩萨就座饮酒吃饭，酒斟三巡，烧纸钱，请土地菩萨帮抬礼品，一路护送老祖宗回原来地方。大年三十这天晚饭后，全家老小围炕叙家常，守旧岁（守三十夜），通宵达旦，孩子们睡前，先洗脸洗脚，洗脚都要翻过膝盖。据传，这样你到任何很远的地方都能赶上人家吃早饭。守旧岁的长辈们，天刚破晓，就到门外静听鸟声，是什么鸟先叫，如是喜鹊先叫，预示着今年大吉大利，人寿安康，风调雨顺，五谷丰登。

正月初一 就是我们常说的春节，布依族人民与普天同庆的日子，罗甸布依族习俗是天刚刚亮就由男性先开门，各家主妇把新衣、新裤、新帽、新鞋袜给小孩穿上，给小孩编蛋网，将煮熟的红鸡蛋装在

蛋网里，女孩拿鸡毛毽，男孩拿格螺出门邀约朋友们去玩，这天一大早若是男童到任何家，哪家都很高兴，特别喜欢，表示着他家财运好，事业发达，万事如意，就送给小孩两个鸡蛋和压岁钱。

正月初一早上，孩子们出去玩耍，女孩子打鸡毛毽，打笋壳毽，大的姑娘们去甩花包，男孩们打格螺。吃过中午饭，这天各家各户吃饭一般在上午 9 点钟，吃完饭青年人闲游。在罗悃镇的河东河西两寨男女青年们隔河打小石头仗作乐。而逢亭镇逢亭村则开展迎接“青蛙王奶奶过春节”活动〔布依语称俗雅蝈跨向（意译）〕。他们是由一寨老组织，4 人组成，其中：一名年长者，一名中年男子，两名 14–15 岁少年。

正月初一上午 9 点钟左右，由一长者领队，长者手执 1 根约 1.5 米长的金竹竿，竿上留有枝叶，竹枝顶端挂着白纸钱，纸钱上箍一圈红纸，手执几吊谷穗，一只老鼠，几串野香果；中年男子肩挑一头是空水桶、一头是箩筐（备装甜酒和糯米粑、肉等），两个少年抬着装有小狗的竹笼。领队长者鸣锣开道进寨。各家各户听到锣声快接近自己家时，大门打开，在门槛内设一小张桌子或一条长凳，放上刀头肉 1 块、粽粑一个、糯米粑 2 个、血豆腐 1 个、香肠一节、爆竹一封，点上三炷香和放有几张纸钱。他们每到一家，主人家在门内背后站着，待领队长者到门口敲一声锣响后，方才从门后出来大声喊：“嗨！你是哪里来的人？”领队长者答道：“我是天上来的人，大年初一来为主人开财门！恭贺主人家四季发财、人丁兴旺、五子登科、禄位高升；喂得牛来牛成对，喂得马来马成双，鸡鸭成群，猪牛满圈；举眼望屋堆满银，抬头望楼谷满仓。祝你主人家四季平安、五谷丰登、六畜兴旺、事业发达、全家幸福、万事如意；祝你主人家千年发达，万年富贵！”念完，便摘几粒谷子和野香果放在主人家供桌上，扯下几根鼠毛贴在主人家大门边，以表示消除鼠灾、虫灾，来年获大丰收。随之主人家将祭品送给他们，鸣放爆竹。当领队长者进行这些活动时，抬小狗的两个少年把狗笼放在主人家院坝中，村寨男女老幼都争着跨跳狗笼，年幼的由父母或哥嫂兄弟抱着在狗笼上来回跳三次。相传，跳越过狗笼后，人会减少疾病，更不会生天花成麻脸。爆竹响完，这队人又转到下一家进行。做完整个逢亭 4 个寨，就集中到逢亭平寨土地庙去清扫整理庙房。敬土地菩萨，祈求菩萨保佑人畜平安、风调雨顺、五谷丰登、六畜兴旺、四季发财、人寿年丰，活动结束。

初二，各家各户备办礼品拜年，走亲访友，女婿按外婆家有多少人已当家的兄弟和叔伯，就准备多少礼品，一家一份礼品有猪肉 3—4 斤 1 块，红糖 1 块，鸡 1 只，糯米粑 1 个。如已订婚而未结婚和已婚的第一年者拜年礼品每家猪肉一块 5—6 斤，红糖 2 块，公鸡 2 只，糯米粑 2 个，称双份。结婚的前三年也是送双份，有的还送糖果、水果、香烟、酒等礼品。如是嫁出去的姑娘已生小孩，女儿女婿和小外孙来拜年，外公外婆非常高兴，女儿住上 2–3 天便要求和丈夫回家，外公外婆，家族叔伯哥弟赠送礼品有枕头粑每家 2 个和压岁钱，外公外婆和亲舅舅赠给小外孙新衣新裤新帽新鞋袜等和压岁钱。

在拜年时如姑娘带来三五个年轻姑娘，意为要来与该寨（嫁出的姑娘后家）青年男子对唱山歌，开展甩花包活动等。

本寨寨老出面安排，不管哪家客人来了，有无礼品不计较，一家客人便是全寨客人，一日三餐，要客人住 7–8 天对歌，丢花包打笋壳毽等安排，并规定在开展活动中做到文明礼貌待客。

除了开展丢花包活动外，晚上有的是白天请姑娘们唱布依歌，在春节期间，一般唱年歌、酒歌、晚上唱习俗歌。

正月十五　正月十五，罗甸布依族一般都不去上山给祖坟“上亮”（又称上灯）。下午备办丰盛宴席祭祀祖宗，有鸡、腊肉、香肠、血豆腐等各种菜，燃香点烛，三叩首后请老祖宗回来过正月十五，酒过三巡，燃放爆竹即收席。这天晚上灯火不熄，一夜通宵达旦，故有“三十夜的火，十五夜的灯”之说。

次日下午，全村寨每家每户去一男性，带上刀头肉一块，血豆腐一个，香肠一节，三炷香，纸钱和锄头镰刀到土地庙去“开响”。一部分人清扫整理土地庙，整修完毕，由一德高望重长者，摆上祭品，点香燃烛，敬供土地菩萨，保佑各村寨风调雨顺、人畜平安、财源茂盛、五谷丰登、万事如意。一部分青年上山砍来野棕叶，编成辫子形长绳，并用五倍子木削成刀形，每根绳上挂上三把木刀，绳上木刀用鸡血点贴上几根鸡毛。大家聚餐后，鸣放爆竹各寨带上野棕绳在进出寨口栏路挂上，表示封寨，一切野鬼邪恶都不敢进寨作乱，保护村寨人畜平安。这天敬供菩萨后称“开响”，与平常一样随意敲打发出声音的物件了。

了年节 罗甸布依族过了年节是传统节日，由于布依族居住地区广，过了年节时间不统一，有的地区是正月二十八九日过，有的地区是正月三十日这天过。由于以前对发展经济认识有限，从栽秧到收谷子，玉米收进家后，一般都闲着，不去抓经济，一直到过春节完了才投入春耕生产。过了年节这天，家家户户备办丰盛宴席，下午设宴祭祖，给祖宗摆上丰盛的菜肴，酒过三巡，鸣放爆竹，烧纸钱，送祖宗回去。家家户户打了年粑，有糯米粑、红稗粑、糯玉米粑、薏米粑、小米粑等。这些粑粑主要是上山干活时吃和作早餐吃用。在布依族山村以前习惯是了年节过后就开始投入春耕生产劳动。

三月十三节 三月十三（又称枫香叶节），罗甸布依族山村过三月十三（有的过三月三），家家户户都做五色糯米饭，远在他乡工作的都回家过节。三月十三日一早家家户户杀鸡、买肉和腊肉等做丰盛菜肴敬供祖宗。嫁出去的姑娘提着鸡 1 只和挂青纸，糯米饭来后家敬供祖宗。布依族人民不过清明节，而以三月十三为本民族的节日。节日这天，各家各户忙着做五色糯米饭，原料为糯米、染料。染料为枫香叶，将春茸的枫香叶放在 60–70 度的热水中泡，待水温降低用手揉搓枫香叶半个小时左右，这样才能保证枫香叶的水汁是黑的，用它泡糯米才染得黑油油的，蒸熟的糯米颗粒亮晶晶的。反之，蒸熟的糯米饭是灰黑色的，味淡而不香。枫香叶水制成，同时分别把苏木、染饭花、紫叶用水煮，滤去渣质，待水温降至 20 度左右才将糯米分别倒入水中泡，第二天一早，再把水滤干，将各种糯米分层置于甑子内蒸，蒸成倒出便是黑、红、黄、紫、白五种颜色，故称五色糯米饭。这五种颜色共有五种香味同时喷出，闻之馨香，吃了清香可口。每年农历三月十三变成枫香叶节日，这天家家户户做五色糯米饭、杀鸡、猪（或买猪肉）祭祖宗，清坟挂青，成为布依族传统节日。

牛王节（亦称招牛魂） 罗甸布依族过牛王节，这个节日并不普遍，只有沫阳、逢亭、茂井、罗悃等片区举行。节日时间也不固定，一般是栽秧结束，由一德高望重的寨老提议，以一寨或多个村寨寨老协商议定，择定日子，杀猪或买肉共同聚餐，借此机会制定“乡规民约”，要求各家各户管理好耕牛，田间管理，防火防盗，自觉遵守，不得违犯，违者按“乡规民约”处治。如罚款、修桥补路，严重者出资供全村各寨人吃饭和赔礼道歉认错。此节不供奉祖宗，不搞其他活动。这种形式，年年如此，代代相传，成了布依族的传统节日。

七月半节 罗甸布依族过七月半很隆重，除春节外，为第二大节日。历史悠久，每年农历七月十四日过节，休息 3 天，快到七月半的前几天家家户户忙碌起来，摘芭蕉叶，加工好糯米准备做合叶粑。将糯米和籼米放在紫叶水里泡，第二天上午把米淘净滤水干后重新加水用石磨磨浆，磨完后将米浆装入布袋里吊起来，让水滴干。准备哨子，哨子一般用芝麻、颖子、黄豆、花生炒熟加工成粉末，加红糖或白糖；有的用瘦肉加工成肉末与花生、芝麻、颖子粉混合一起，加白糖或红糖。把吊浆好的糯米面捏成每个稍比鸡蛋大一点的圆个，内放馅子，用芭蕉叶铺开，一头放一个包起来，放在甑子里或竹编的箦子上，烧火蒸熟。蒸熟后的荷叶粑搭在准备好的竹竿上晾，故称搭梁粑和荷叶粑。

当你拨开芭蕉叶，紫色、绛紫色或殷红色的荷叶粑，散发出一股诱人的香味扑鼻，吃起来糯而甜而香，不粘牙，味美可口，独具特色。

改革开放后，省内外客商和国际友人来到罗甸，第一次品尝到荷叶粑，赞不绝口说：味香可口，糯得适度，甜得适中，不粘牙。罗甸布依族做的荷叶粑成为赠送客人的珍品。

七月十四日一早各家各户蒸好荷叶粑、杀鸡买肉、推豆腐，有的拿腊肉等清理干净，做成丰盛菜肴，敬供老祖公，请老祖公回家过节。嫁出门的姑娘回娘家看望父母吃团圆饭。中午饭后各家父母给孩子包鸡腿、荷叶粑、鸡蛋、水果、糖，孩子们相邀到河边洗澡，吃野餐，是孩子们感到最快乐的一天。晚上各家各户在中堂或大门口为老祖宗焚烧香纸，烧“银锞包”。

七月十五日这天，各村寨孩童不准下河洗澡，据传说，十五日这天是野鬼在河里洗澡，人去洗澡身上要生疮，所以严禁大人、小孩下河洗澡。晚上各家在院坝插香，一路插到寨边，俗称“路香”，有的人家用嫩瓜、橙子来用香插在南瓜或橙子上，如开花一样，将南瓜或橙子插在家门前或路上，同时在门外摆净茶，传说是供给游看路香彩景的野鬼用。

尝新节　罗甸布依族过尝新节时间不统一，一般是水稻刚成熟，有的将水稻收进家完毕，选择适当时间，以一寨或几个寨子同时进行。沫阳、八茂、罗悃片区一般在水稻刚成熟就到田间摘几把谷穗回家加工，买肉、杀鸡，用新米煮成的饭和菜肴敬供祖宗和打新糯米粑。

城关、逢亭片区一般是秋收把谷子收进家后，与重阳节一起过。休息 1 天，买肉、杀鸡做佳肴，打糯米粑敬供老祖宗。

第三节　住　房

房屋结构楼房或杆栏房。传统的分两面倒水的木质结构或砖木结构，屋面盖草或小青瓦。房屋的大小、柱头的多少是经济基础表现，也是贫富的差异。不管柱头的多少都用单数不用双数。3 个头的房子称杈杈房，一般是 5 个头、7 个头、9 个头、11 个头、13 个头、15 个头、17 个头、19 个头。13 个头和 15 个头的较普遍。13 个头的是 7 柱落脚 6 个瓜，15 个头的是 7 柱落脚 8 个瓜。房屋的高度尾数离不开 8，以中柱为准有 1 丈 7 尺 8 寸，1 丈 8 尺 8 寸，1 丈 9 尺 8 寸，古人云：“要得发，不离八”。房子多为 4 列柱头三开间，少部分有厢房。

在城镇和农村，从 20 世纪 70 年代中期至 80 年代将草房换成瓦房。90 年代后农村逐渐把瓦房改建钢筋水泥结构楼房。21 世纪初后，城镇农村基本是村村寨寨建楼房达 100%。乡镇农民进入 20 世纪中期后逐步在县城购楼房居住，县城机关干部有的到省城、州府所在地购房居住，改变生活方式和住房条件。

第四节　出　行

罗甸县境，解放前有驿道 6 条，乡村一般为便道。

陆路　由县城北行经边阳—惠水—贵阳，全长 166 公里。

县城西南行经沟亭—羊里过红水河—广西乐业—凌云（原称泗城府）—百色，全程 350 公里。

县城西行经边外河—逢亭—木引—紫云县城，全程 150 公里。

县城东行往沫阳—平塘县通州—平塘县城，全长 119 公里。

县城西行经边外河—罗悃—望谟桑朗—望谟县城，全长 136 公里。

县城往北行经边阳—断杉—长顺县城，全程 100 公里。

此外，县城—边阳 40 公里，县城—逢亭 29 公里，县城—沫阳 15 公里，县城—八茂 24 公里，县城—罗悃—羊里 74 公里。

1952 年 8 月贵阳—罗甸公路 166 公里通车，1959 年 12 月册三公路罗甸段 92 公里通车。2002 年罗甸—惠水公路改造为四级柏油路，2010 年国、省道通罗甸公路全部实现沥青路面，2015 年 10 月 1 日罗甸—贵阳通高速公路。

2003 年全县 271 个（含 3 个居委会）村，实现村村通公路。2013 年全县乡级公路 418 公里，26 个乡镇实现乡乡镇镇通油路。2015 年全县 80% 的村通油路（含水泥路）。2014 年全县客货运输车 722 辆，其中：客车 120 辆，小轿车（含小型车）8759 辆，摩托车 16412 辆。2015 年货车 461 辆，客车 82 辆，小轿车 10213 辆（含小型车），摩托车 18216 辆。

水路　2009 年建成羊里 500 吨码头港口。同时建成红水河镇云里码头、凤亭乡勤丰码头、八总乡码头、罗妥乡白果码头、大亭乡码头。2015 年全县各种船 462 艘，其中：货船 14 艘、客船 31 艘、公务船 11 艘、渡口船 2 艘、自用船 158 艘、渔船 248 艘、注册船员 482 人，总吨位 593 吨。

第五节　服　饰

境内布依族的服装都是自种棉花，自纺、自织、自染、自裁缝制而成。进入 20 世纪 90 年代，苗族服饰保留完好，布依族服饰趋于汉化、简化。随着社会的进步，各民族大杂居、小聚居，服饰基本无差异，只有在边远经济发展较缓慢的农村还保持着纺纱、织布、绣花，做花垫单等传统工艺及自制男女服装。

随着民族间通婚，外出打工和受汉文化的影响。大多数男女青年不再穿过去传统的民族服饰，而被西装、夹克、西裤、衬衣裙等取代。农村 60 岁以上的老人在平时生活中仍然穿着民族服饰，50 岁以上的女性 20% 还穿着民族服饰，30 岁以下的农村女性在隆重的场合（如三月十三、六月六、婚丧等）才穿着。

在饰品方面，布依族、苗族传统的饰品大同小异，布依族妇女爱佩戴玉石手镯，苗族妇女爱佩戴银手镯和银项圈。

第六节　电器使用

家用电器　1978 年黑白电视机开始进入部分单位和少部分职工家庭。电饭锅、电冰箱、电风扇开始进入部分职工家庭。1982 年市场开始销售彩色电视机。80 年代中期电饭锅、电风扇、电冰箱、电视机开始进入部分农村农民家庭。20 世纪末至 21 世纪初电冰箱、自来水、洗衣机、电磁炉、洗浴器、电热毯、烤火器、电视机、电饭锅、电炒锅、电风扇普及农村，在农村生活上还有粉碎机、面粉加工机、稻谷加工机。2015 年城镇农村生活电器使用率 100%。

燃料　20 世纪 80 年前城镇农村用柴火煮饭，只有机关单位职工用电、用液化气煮饭，90 年代后，使用液化气和电煮饭覆盖率达 60% 以上，只有农村部分地区还用柴火煮饭。21 世纪后，农村外出务工，增加收入，减轻在家老人负担，大部分也用电煮饭，只有年末在烧腊肉时用柴火。2015 年用电、用液化气煮饭、炒菜，全县覆盖率占 95% 以上。

第七节　流行用语变化

经济在发展，时代在前进，文化知识逐步提高，在少数民族地区为方便小孩上学，家庭父母与小孩语言交流都用汉语，使小孩从小就会讲汉语，所以在社会在少数民族地区语言交流时都用新名词贯穿其中，如：收音机、洗衣机、电磁炉、烤火器、电冰箱、电视机、苹果、荔枝、龙眼、杨梅、火车、飞机、汽车、电视台、卫生院、学校、医生、老师等。

方言谚语　方言谚语与地区的自然环境、社会生活、风俗习惯有着密切的关系。内容具有经验性、哲理性、时代性，可分为：

时政类：①米不包就散，民不治则乱。②树长再高，落叶归根。

事理类：①鸟三顾而后飞，人三思而后行。②人怕道理亏，木怕墨线弹。

修养类：①好人能管三村事，好狗能守三家门。②打铁要火旺，交友要心诚。

社会类：①一片竹条编不成箩，一匹茅草搓不成绳。②家庭心不齐，金银烂如泥。

生活类：①鸟飞林高处，人奔幸福路。②上山勤弯腰，回家有柴烧。

自然类：①银河跨屋脊，儿孙吃新米。②蚂蚁搬家，大雨将下。

其他类：①君子报仇，十年不晚。②狼在明处吃羊，贼在暗处扛箱。

人 物

一、人物传

王国民 （1925.12—1995.7）男，布依族，1925年农历十二月四日生，罗甸县木引乡速进村布乃组人，中共党员。1934年至1944年7月在宜龙村纳稍私塾、冗完私塾、纳矮私塾、木引小学、边阳小学读书，1944年8月考入罗甸县简易师范学习。1947年7月师范毕业后在家务农。1948年1月在罗央保国民学校当教员，是年9月到布绕小学任教、代教导主任。1949年7月参加熊亮臣麻山农民自卫团任联络员，曾到冗翁坪等地活动。1950年1月任罗甸县治安支前委员会木引三保助理干事。

罗甸解放后。1951年3月—1952年12月调盘石乡任工作员、乡长。1953年1月—1956年12月任城关区文教助理员、区长。1957年1月任罗甸县人民政府县长。1966年1月参加“农业学大寨”工作组成员。1966年8月任荔波县农水局局长。1968年8月—1971年12月“文化大革命”期间停职。1972年1月任边阳煤矿厂厂长。1973年8月任上隆农场场长。1978年11月任县工交办副主任、主任、县革委副主任。1980年1月—1989年2月任罗甸县人民代表大会常务委员会主任。

1954年6月王国民当选为罗甸县第一届人民政府委员，1956年12月—1987年9月当选罗甸县第一届至第十届人民代表大会代表。中共罗甸县委第一届、第二届县委委员，第三届、第四届中共罗甸县委常委，第五届为中共罗甸县委委员。黔南州第三届、第四届、第七届人民代表大会代表。1983年3月当选为贵州省第六届人民代表大会代表。1989年3月退休，1995年7月27日逝世，享年70岁。王国民在几十年的工作中，为党为人民、为罗甸经济建设发展作出应有的贡献。

黄光举 （1929.3—2012.3.5）女，布依族，1929年3月生，罗甸县八茂区高圩乡红屯村人。1953年6月加入中国共产党，1951年任青年委员在八茂区红屯村参加清匪反霸、土改。1954年1月参加工作，是年1月参加贵定文化班学习，同年1月任八茂区妇联主任。1957年任县妇联主任，期间1960至1963年西南民族学院文化班学习，继任罗甸县妇联主任。1980年1月任县人大常委会副主任兼任县妇联主任。1983年12月任县妇联调研员，1989年1月退休。其间，1971年3月为罗甸县第三次党代表大会委员，1981年2月罗甸县第四次党代表大会委员；第二届、第三届、第四届、第五届、第六届、第八届罗甸县人民代表大会委员，2012年3月5日病逝，享年83岁。

黄光耀 （1929.11—2007.1）男，苗族，1929年11月生，罗甸县木引乡把坝村人。1951年参加工作，1952年12月加入中国共产党。历任罗甸县委宣传部副部长、部长、县委委员、县委常委、县委办公室主任，中共通州区委书记、县委副书记、政协罗甸县委员会第一、二、三届主席、党组书记。罗甸县一届至十四届人大代表以及中共罗甸县第一次至第九次代表大会党代表，政协黔南州第六届委员。在担任县委副书记分管农业工作期间，常深入基层调查研究，勇于探索创新，结合罗甸自然资源优势，提出

“切实可行的罗甸农业发展思路”，1984年获省人民政府授予“农业区划科技研成果”四等奖。2004年12月退休。2007年1月病逝，享年79岁。

史光振　（1930.5—2004.2）男，汉族，1930年5月生，山东省莘县大张公社后史楼大队人，1947年8月参加工作，1950年7月加入中国共产党。1938年在本村读书，1945年在观城第二高小读书，1947年8月为河南内黄县公安队队员，1949年3月随军南下到贵州，为南下支队通信员，1949年6月为江西省鄱阳县人民政府收发员，8月为西进支队通信员。1950年1月为修文县人民政府收发员，同年5月为修文县人民政府管理员，8月为修文县工商科科员。1951年3月随军解放罗甸，3月任城关区副区长，1952年1月为沫阳区长，1952年10月为中共罗甸县委会秘书。1953年3月任中共罗甸县边阳区委书记。1954年11月任中共罗甸县委宣传部副部长，1956年9月为中共罗甸县委办公室主任，1959年5月为边阳公社党委书记。1960年4月任中共罗甸县委农工部部长，12月任克度公社党委书记。1961年11月任中共罗甸县委办公室主任、县委常委，1967年3月参加“文化大革命”，1968年7月任云里公社革委会主任，1968年11月为罗甸县“五七”干校炊事员。1969年4月任沟亭公社革委会主任，1970年6月罗甸县水利科负责人，1973年3月任罗甸县委农办主任、县委常委。1979年5月任罗甸县革委副主任、县委常委，1980年1月任罗甸县政府副县长、县委常委，1984年2月为罗甸县人民政府顾问。1986年7月1日被中共贵州省委评为优秀共产党员，1987年10月任罗甸县人大常委会主任。1994年12月28日离休，2004年2月病故，享年74岁。

朱正华　（1931.3—1994.12）男，汉族，初中文化，1931年3月生于贵州省清镇市卫城镇，1938年贵州省师范附小毕业，1945年9年后在清镇县联合中学、贵阳中学、贵阳导文中学就读，1951年10月参加工作，1958年5月加入中国共产党。1951年10月在清镇地委干校学习，是年12月到罗甸县八茂区搞土改工作为工作队员，1952年8月为罗甸县委办公室工作员，1956年7月为罗甸县委农工部干部，1960年7月任罗甸县农工部副部长，1963年12月任罗甸县委办公室副主任，1964年1月任罗甸县委农工部副部长，1972年7月为罗甸县农业局负责人，1973年3月任罗甸县农林办公室主任，1979年4月任农林办公室主任，1980年3月任罗甸县人民政府副县长，1984年4月任罗甸县人大常委会副主任职；1986年11月任罗甸农工部部长，农经委主任、县委常委，1990年10月被国家民族事务委员会授予全国民族团结进步先进个人称号。曾为中共罗甸县委第四次、第五次、第六次代表大会代表，县委委员；罗甸县第九届、第十届、第十一届人民代表大会代表。1994年11月18日退休，1994年12月13日病逝，享年63岁。

班凤泉　（1931.3—2006.3）男，布依族，罗甸县罗悃镇河西村人。1951年3月23日罗甸县解放，1951年5月参加工作，1953年6月加入中国共产党，历任罗甸县罗悃乡干部、区干事、副区长。1953年9月省人民政府任命为罗甸县人民政府副县长。1954年7月通过选举当选罗甸布依族自治县第一届县长。1956年8月—1980年通过选举当选黔南州第一、二、三、四、五届人民委员会副州长（其间：1957年2月兼中共黔南州农林局党组书记，1961年1月兼任黔南州科学技术委员会主任）。1966年5月任中共黔南州人民委员会党组成员、中共独山县委第二书记、常委。1971年5月任中共长顺县县委第三届常委。1973年2月任中共黔南州革委农林办公室核心小组副组长。1973年4月任黔南州革委员会副主任。1976年10月黔南布依族自治州革委员会副主任。1980年4月任中共黔南州人民政府党组成员。1981年3月—1990年任黔南州第七、八届人大常委会副主任（1986年5月至1987年12月月兼任黔南州人大常委会法律委员会主任），州人大第九届人大代表，州人大常委会委员。1996年10月享受正地级待遇，1998年2月退休，2006年3月病逝，享年75岁。

黄景周 （1931.9—1995.3）男，布依族，1931年9月生，罗甸八茂区班仁乡红光村班台寨人，因家境贫寒只读完小学四年级，1952年加入青年团，1953年3月任班台乡干事，1954年9月加入中国共产党。1955年任班台乡党支部书记，1956年八茂区工作员，1958年1月任班仁公社党支部书记，1960年八茂区团委副书记，1962年任高圩公社党委书记，1966年10月任八茂区委副书记，1967年3月任凤亭公社革委主任，1970年任八茂区委副书记，区革委副主任。1977年5月任八茂区委书记，区革委主任。1979年12月任罗甸县政府县长，县委副书记。1983年12月任县政府副县长，县委常委，1984年11月任县政府副县长。1987年9月任县政府副县长，县委常委。1990年5月任县人大常委会主任。七届、九届州人大代表，八届至十二届县人大代表。1994年11月退休。1995年3月逝世，享年64岁。

罗德荣 （1931.12—2013.12）男，苗族，1931年12月生，罗甸边阳下坝村水淹坝组人。1953年6月加入中国共产党，1954年1月边阳区工作，1954年5月贵州民族学院政治轮训班学习，1955年1月任罗甸县人事科科长，1958年10任黔南州八茂航运站站长，1960年6月任县卫生科科长，1963年9月在西南民族学院农学科学习。1966年8月任县教卫办主任、县卫生局负责人，1973年3月任县教卫办副主任兼卫生局局长。1979年4月任县革委副主任，1980年3月任县人民政府副县长，1984年12月任县人大常委会副主任。1990年5月任县人大常委会委员，1994年11月退休，2013年12月15日病逝，享年82岁。

韦玉清 （1932.7—2003.6）男，布依族，1932年7月14日生，罗甸边阳交砚播绕村人。1951年5月参军，为贵州省军区侦察员，1952年任贵定军分区公安八营班长，是年入团，1953年12月加入中国共产党，1956年5月为贵州军区预备役军官司学校七连学员，1956年12月转入贵州罗甸兵役局，1960年8月任贵州罗甸县人武部助理员，1963年3月任县武装部政工科干事，1970年8月任县人武部副政委，1978年4月转业地方，是年9月任罗甸县委组织部副部长，1980年3月任罗甸县人民政府副县长，1984年11月任罗甸县人大常务委员会副主任。1990年9月退休，1993年11月享受正县级待遇，2003年6月逝世，享年71岁。

罗绍基 （1936.11—2009.5）男，布依族，1936年11月25日生，沫阳羊场跃进村人。先后在坡贡小学、沫阳小学、龙坪小学、罗甸中学读书。1954年11月在贵州省供销合作干部学校读书，1955年8月在沫阳供销社任出纳员，1956年7月为罗甸供销社会计，1958年任罗甸县商业局会计，1961年4月任罗甸县供销社供应经理部会计，1964年5月在贵州省财经干部学校学习会计专业。1964年11月任罗甸县供销社会计，1967年1月参加罗甸革委组织的惠水县雅水“四清”工作队在雅水搞“四清”工作。1968年3月下放沫阳区田坝公社劳动。1971年5月任罗甸县供销社会计，1971年5月罗甸县土产公司会计，1974年1月罗甸县供销社财会股股长，1983年8月获贵州省会计人员职称评定授予会计师职称。省人事厅颁发中级专业技术职务会计师资格证书。1989年6月任罗甸县供销社副主任，1991年1月任县工商联主任，1993年4月任县人大常委会副主任。在供销社担任会计多年，熟悉财会业务。2009年5月31日病逝，享年73岁。

罗家智 （1937.9—2005.2）男，布依族，1937年9月17日生，罗甸县沫阳镇纳刮村人。1952年9月沫阳小学读书，1955年9月罗甸中学读书，1958年9月贵阳城市建设专科建筑专业肄业，1966年9月贵州工学院机械制造及工艺设备专业毕业（助理工程师）。1967年分配到国防科委“九〇九”基地150工厂任技术员。1973年1月为罗甸县科技局技术员，1976年10月为罗甸县经委技术员，1983年4月荣获全县科学技术成果（机动脱料机试制技术改进成果）二等奖。

1985年7月任罗甸县乡镇企业局副局长，1993年4月任罗甸县政协副主席。1996年9月退休，2005年2月逝世，享年69岁。

何元亮 （1939.3—2014.6）男，汉族，1939年3月生，罗甸县栗木乡摆共村人，小学文化，1956年前在猴场乡务农，1958年11月加入中国共产党，1963年任城关区云干乡猴场公社畜牧场场长，武装干事。1965年任城关区云干乡猴场公社五一（现名大关）生产队小队长，1983年1月年任五一村党支部副书记，1992年4月任云干乡大关村支部书记，1998年参加工作，1998年4月任云干乡党委副书记、云干乡大关村支部书记，2003年12月中共贵州省罗甸县委第九届委员会委员、云干乡大关村支部书记。

大关村属“泥土贵如银、泉水贵如油，开门见山，出门爬山、劳动钻山”的喀斯特地貌贫困山区。从1984年到1997年，何元亮和村之两委班子一道、不等不靠，带领全村男女老少，一干就是13年，锤敲锄挖、肩挑背扛、流血流汗、在石旮旯里造出1000多亩保灌农田，让大关村人彻底摆脱了贫困，创造了“自力更生、艰苦奋斗、坚韧不拔、苦干实干”的大关精神，受到中央、省、州委关注，1991年12月21日，江泽民总书记视察贵州时在遵义接见何元亮，1996年11月国务委员陈俊生到大关村看望何元亮。1994—1995年，贵州省委、省人民政府，黔南州委、州人民政府分别作出“向大关学习”的号召。《人民日报》《贵州日报》等多家媒体相继报道大关精神，何元亮被誉为“当代活愚公”。1995年6月被评为“全国劳动模范”。2000年被评为“全省劳动模范”。1991年、1995年、1997年、2000年四次被评为黔南州“优秀共产党员”。中共罗甸县第六届代表大会代表，中共黔南州第七次代表大会代表，中共黔南州第八次代表大会代表，黔南州第十一届人大代表。2002年当选为中共贵州省第九次代表大会代表，1997年当选为中共十五大代表。2014年6月因病医治无效逝世。享年75岁。

刘正纪 （1940.12—2008.10）女，汉族，1940年12月生，贵阳市花溪人，1957年3月贵定中学高中部读书；1959年8月贵州铝业公司贵州有色金属工业学校工作；1972年1月加入中国共产党，1962年9月在龙里县税务局、妇女联合会工作，任龙里县妇女联合会主任；1977年9月罗甸县知青办工作，任知青办主任；1980年3月任计生办主任；1983年7月任县人大常委会办公室主任，1990年4月任县人大常委会副主任，1998年10月退休，2008年10月20日于罗甸逝世，享年69岁。

黄元秀 （1949.12—2010.4）女，布依族，1949年12月生，罗甸沫阳公社沫阳寨人1968年回村务农，参加大队“毛泽东思想业余宣传队”。1970年9月罗甸中学高中部读书，1972年7月加入中国共产党。1973年9月贵阳师范学院历史系读书，1976年10月都匀黔南“五七”师大任教，1978年5月调罗甸县中学任教。1984年1月任罗甸县人民政府副县长，1985年5月任中共罗甸县委常委、副县长，1987年9月任罗甸县人民政府副县长，1990年7月任罗甸县人大常委会办公室主任，1992年3月任罗甸县人大民族工作委员会主任，1993年3月任罗甸县人大文教科卫委员会主任，1998年3月任罗甸县人大常委会副主任。2006年2月退休。2010年4月病故。享年60岁。

安作成　（1958.6—2010.3）男，汉族，1966年9月罗甸县龙坪一小读书，1997年7月1日加入中国共产党。1972年8月在县电杆厂工作，1977年7月在罗甸县国有林场工人，负责林场护林防火兼治安工作。2010年3月县国有林场发生火灾扑火牺牲，2010年4月省总工会追授“贵州省五一劳动”奖章。享年53岁。

杨世杰　（农历1912.2.2—2000.1.16）男，汉族，生于贵州省紫云县大营乡打彩村大木寨。为避匪患，年幼时随父母举家迁居罗甸县木引乡木引村下寨，有兄弟姐妹6人，世杰排行第四。家境贫寒，小学毕业后，值逢本寨方有益考取贵阳师范到筑读书，方家需一个陪读生，逐邀杨世杰为陪读，世杰以陪读身份在贵阳师范完成学业。

1932年杨世杰从贵阳师范毕业返回木引，回乡后获知广东黄埔军校在广西南宁招生，在其兄杨世俊的陪同下，与边阳一姓袁的考生前往广西南宁报考。由于路途遥远，又无交通车辆，步行近半个月赶到南宁时已误了报名时间。黄埔军校招生实施预考、复试两阶段，当时预考已进行完毕。按规定，所有报考学生须通过预考，达到规定分数线后方取得复试资格。于是，杨、袁二人找到招生主考官向其说明情况，恳请允许参加复试。主考官破例让2人参加复试，复试成绩公布，杨世杰在150名考生中名列第15名录取黄埔军校第11期步兵科。1934年杨以优异成绩毕业，随即进入桂系国民革命军，从见习排长逐级升任上校团长，南宁警备司令部上校参谋长等职。

抗日战争时期，杨世杰所部曾参加过桂南昆仑关战役，经过月余苦战，中国军队歼敌数千，取得全胜，极大地鼓舞了全国军民的抗战勇气。由于杨世杰率部抗战成绩优异，被送到重庆军官教导团学习。

抗战胜利后，杨世杰调国民革命军47军军长韩练成部任中校机要参谋，随47军开赴海南接受日伪军投降。在海南，韩军长开始与中共党组织秘密接触，中共党组织琼崖纵队政委史丹曾几次到韩部秘密活动，安全均由杨世杰负责。47军调防上海，在上海韩练成军长又多次与中共党代表杨秀峰会晤，每次会晤杨秀峰的安全均由杨世杰全权负责。1947年，人民解放军在山东发起莱芜战役，47军奉命增援莱芜守军。47军到达莱芜后，第二天韩练成军长命令部队撤退，并与杨斯德化装离开部队，主动放弃指挥权，47军2万余人不战自溃，为人民解放军取得莱芜战役的胜利创造了条件。莱芜战役后，杨世杰到南京军官教导团学习，学习结束后杨世杰又返回第47军，升任上校团长。

1952年杨世杰在广西宾阳参加人民政府学习后，由当地公安机关出具相关证明，返回木引乡下寨定居，以务农为生。1957年罗甸县人民法院以历史反革命罪判刑8年，投入劳动改造，1965年刑满放回家务农，1975年按中央政策（国民党副团级以上）获特赦。1989年最高人民法院根据杨斯德、史丹等人提供资料证实“杨世杰在解放战争中为中国人民的解放作出过贡献”，指示贵州省高级人民法院对杨世杰一案进行平反。杨世杰与其子女在贵阳花溪生活，2000年农历正月十六日病逝于贵阳花溪，享年89岁。

二、人物名录

（一）获国家（部委）级表彰先进个人

1．获国家表彰劳动模范

姓　名	性别	工作单位	获奖称号	授奖单位	授奖时间
何元亮	男	云干乡大关村	全国劳动模范	国务院	1995–04
汪财发	男	董架乡东跃村	全国劳动模范	国务院	2005–04
罗　谋	男	贵州省罗甸信邦公司	全国劳动模范	国务院	2010–04
李兹喜	男	凤亭乡班仁小学	全国劳动模范	国务院	2010–05
马廷科	男	罗甸县边阳镇油海村	全国劳动模范	中共中央委员会、国务院	2015–04

2．获国家部委表彰先进个人

姓　名	性别	工作单位	获奖称号	授奖单位	授奖时间
陈建文	男	罗甸县龙坪一小	全国新长征突击手	共青团中央	1979–05
姚祖裕	男	罗甸二中	全国优秀教师	国家教委、人事部	1995–09
邓迎香	女	罗甸县董架乡麻怀村	全国三八红旗手	全国妇联	2014–02
邓迎香	女	罗甸县董架乡麻怀村	全国社会扶贫先进个人	国务院扶贫开发领导小组	2014–10
邓迎香	女	罗甸县董架乡麻怀村	中国消除贫困奖	中国消除贫困奖组委会	2014–10
莫显义	男	罗甸县农村工作局	全国畜牧渔业丰收：不投饵网箱生态养殖鲢鳙技术示范三等奖	农业部	2010–12
陈登尧	男	罗甸县农村工作局	全国农牧渔业丰收：都匀等本县（市）杂交稻再生稻优良组合配套栽培技术二等奖	农业部	1994–08
陈登尧	男	罗甸县农村工作局	全国农牧渔业丰收：贵州省罗甸、普定、溶江多熟综合增产技术三等奖	农业部	1997–08
周　瑜	男	罗甸县农村工作局	全国畜牧渔业丰收：不投饵网箱生态鲢鳙技术示范三等奖	农业部	2010–12
黄再华	男	罗甸县农村工作局	1994 年度全国农技推广先进工作者	农业部、水利部、人事部发改办、林业部、科委	1995–01
黄再华	男	罗甸县农村工作局	都匀等三县（市）杂交稻再生稻优良组合配套栽培技术二等奖	农业部	1994–08
周　齐	男	县人民政府	全国第二批农村水电初级电气化建设先进工作者	水利部、国家计划委员会、中国水利电力工会全国委员会	1996–05
史大伟	男	县水电局	全国第二批农村水电初级电气化建设先进工作者	水利部、国家计划委员会、中国水利电力工会全国委员会	1996–05

续表

姓　名	性别	工作单位	获奖称号	授奖单位	授奖时间
田儒斌	男	县财政局	全国第二批农村水电初级电气化建设先进工作者	水利部、国家计划委员会、中国水利电力工会全国委员会	1996–05
黄再华	男	罗甸县农村工作局	全国农牧渔业丰收：贵州省罗甸、普定、溶江等14个县市多熟综合增产技术三等奖	农业部	1997–12
黄大琼	男	罗甸民族中学	全国优秀教师	国家教委	1993–09
滕建文	男	罗甸县民族中学	全国模范教师	教育部、人事部	1998
吴万辉	男	罗甸县民族中学	全国五·一劳动奖	中华总工会	1999–05
黄周立	男	罗县县中等职业学校	全国职业教育先进个人	教育部、人事部、劳动和社会保障部、国家发改委	2005–11
吴人和	男	罗甸中等职业学校	全国优秀教师	教育部	2007–09
李滋喜	男	罗甸县班仁乡金祥小学	第十二届“中国青年五四奖章标兵”	中共团中央委员会	2008–05
岑承向	男	罗甸县罗悃镇河东村	全国科普惠农兴村带头人	中国科协、财政部	2012–06
田玲慧	男	罗甸县农工局	全国农业广播电视学校教学能手大赛二等奖	全国农业职业教育教学指导委员会，中央农业广播电视学校	2012–12
石朝友	男	罗甸县国土资源局	国土资源管理系统“六五”普法中期先进个人	国土资源部	2013–11
汪付珍	女	罗甸第四小学	全国民族团结进步模范	国务院	2014–09

（二）获省级表彰的先进个人

1. 获省级表彰劳动模范

姓　名	性别	工作单位	获奖称号	授奖单位	授奖时间
何元亮	男	云干乡大关村	贵州省劳动模范	贵州省人民政府	2000–04
李琼芬	女	罗甸县人民政府蔬菜办公室	贵州省劳动模范	贵州省人民政府	2005–04
罗　谋	男	贵州罗甸县信邦制药股份有限公司	贵州省劳动模范	贵州省人民政府	2001–05
马廷科	男	罗甸县罗沙乡油海村	贵州省劳动模范	贵州省人民政府	2010–04
汪付珍	女	罗甸第四小学	贵州省劳动模范	贵州省人民政府	2015–04

2. 获省级表彰先进个人

姓　名	性别	工作单位	获奖称号	授奖单位	授奖时间
魏祥云	男	罗甸县农村工作局	罗甸果蔬地膜覆盖栽培技术研究及推广三等奖	贵州省人民政府	1991-12
魏祥云	男	罗甸县农村工作局	科技进步：黔茄1、2、3号茄子新品种选育及示范推广三等奖	贵州省人民政府	1991-12
张　华	男	县法律援助中心	全省法律援助工作先进个人	贵州省人民政府	1996
陈盛先	男	罗甸县政协文史委	全省政协文史工作先进个人	政协贵州省委员会	2007-12
李兹喜	男	罗甸县班仁乡金祥小学	贵州省十大杰出青年	贵州省人民政府	2006
			全国十大助人为乐模范	贵州省人民政府	2007
汪荣斌	男	龙坪镇司法所	优秀人民调解员	贵州省人民政府	2009
马廷科	男	罗甸县罗沙乡油海村	全省优秀共产党员	中共贵州省委	2011
马廷科	男	罗甸县罗沙乡油海村	全省优秀村级党组织书记	中共贵州省委	2014-01
汪付珍	女	罗甸第四小学	特级教师	贵州省人民政府	2014-8
汪付珍	女	罗甸第四小学	贵州省先进工作者	中共贵州省委、贵州省人民政府	2015-4

（三）境内高级专业技术人员

1. 机关事业单位高级专业技术人员

姓　名	性别	出生地	民族	工作单位	学历	出生年月	专业技术任职资格名称	职称任职时间
颜亨权	男	贵州黔西	汉族	罗甸县人民医院	-	-	副主任医师	1988-8
田运良	男	广东大埔	汉族	罗甸县林业局	中专	1942.7	高级农艺师	1989-11
冉隆兴	男	广西乐业	壮族	罗甸县建设局	大专	1956.11	高级工程师	1992-11
赵福元	男	贵州瓮安	汉族	罗甸县人民医院	-	-	副主任医师	1993-12
王致宝	男	贵州罗甸	布依族	罗甸县中医院	本科	1954.3	副主任医师	1995-8
李应祥	男	贵州平塘	汉族	罗甸县上隆农场	本科	1971.1	高级农经师	1998-10.
姚秀明	男	贵州罗甸	汉族	罗甸县中医院	大专	1952.2	内科副主任医师	1999-12
杨光臻	男	贵州罗甸	布依族	罗甸县人民医院	本科	1956.10	内科副主任医师	1999-12.
丁朝明	男	贵州花溪	汉族	罗甸县中医院	本科	1949.9	副主任药剂师	2000-12
朱弋黔	男	浙江缙云	汉族	罗甸县中医院	本科	1964.7	中医副主任医师	2002-12
袁继光	男	贵州罗甸	汉族	中共罗甸县委党校	本科	1949.11	高级讲师	2002-12
陈志祯	男	贵州余庆	汉族	罗甸草原监理站	本科	1965.9	高级畜牧师	2003-12
王卓识	男	贵州罗甸	布依族	县疾病控制中心	大专	1967.10	副主任技师	2005-12.
舒成明	男	贵州桐子	汉族	县国土资源局	本科	1968.9	高级工程师	2007-12
周　毅	男	贵州遵义	仡佬族	罗甸县中医院	本科	1965.3	外科主任医师	2007-6
黄景荣	男	贵州罗甸	布依族	罗甸县农业局	大专	1956.11	高级农艺师	2007-12
欧国腾	男	贵州黎平	侗族	罗甸县林业局	本科	1974.12	副高级工程师	2008-12
张云先	男	贵州罗甸	汉族	罗甸县财政局	本科	1966.1	高级会计师	2008-9
张成宇	男	贵州瓮安	汉族	罗甸县疾病预防控制中心	大专	1965.8	副主任医师	2009-12
蒙　剑	男	贵州独山	布依族	罗甸县林业局	本科	1961.4	副高级工程师	2009-12
龚七一	男	贵州罗甸	汉族	罗甸县中医院	本科	1971.5	骨科副主任医师	2010-1

续表

姓　名	性别	出生地	民族	工作单位	学历	出生年月	专业技术任职资格名称	职称任职时间
晏江兰	女	贵州罗甸	汉族	中共罗甸县委党校	本科	1970.10	副高级	2011-12
王建卫	女	贵州罗甸	布依族	罗甸县中医院	大专	1969.1	妇产科副主任医师	2012-1
梁廷海	男	贵州罗甸	布依族	边阳卫镇生院	大专	1965.2	副主任医师	2012-12
王建霞	女	贵州罗甸	布依族	罗甸县人民医院	大专	1968.2	三级副主任护师	2013-12
王红霞	女	贵州罗甸	布依族	罗甸县人民医院	大专	1973.10	三级副主任医师	2013-12
张　英	女	贵州罗甸	布依族	罗甸县人民医院	大专	1975.10	三级副主任检验师	2013-12
涂忠敏	女	贵州修文	汉族	罗甸县人民医院	大专	1971.7	三级副主任医师	2013-12
孟东江	女	湖　南	汉族	罗甸县人民医院	大专	1972.3	三级副主任医师	2013-12
宋义光	男	贵州遵义	布依族	罗甸县人民医院	大专	1965.3	三级副主任医师	2013-12
罗仕亮	男	贵州毕节	汉族	罗甸县水利局	本科	1975.10	水利工程高级工程师	2013-12
张兴云	女	山东聊城	侗族	罗甸县人民医院	大专	1963.12	副主任护师	2014-6
罗振梅	女	贵州罗甸	布依族	罗甸县人民医院	大专	1965.2	副主任护师	2014-6
兰艳欢	女	广西都安	瑶族	罗甸县人民医院	本人	1975.11	副主任医师	2014-6
曾代英	女	贵州罗甸	布依族	罗甸县人民医院	大专	1973.12	副主任技师	2014-6
陈友魁	男	贵州毕节	汉族	罗甸县人民医院	大专	1973.12	副主任医师	2014-6
高崇鲜	女	贵州罗甸	布依族	罗甸县人民医院	大专	1970.10	妇科副主任医师	2014-12
崔　风	女	贵州罗甸	布依族	罗甸县人民医院	大专	1976.10	儿科副主任医师	2014-12
冯士勇	男	贵州罗甸	布依族	罗甸县人民医院	大专	1970.8	副主任检验师	2014-12
杜会礼	男	贵州贵定	汉族	罗甸疾病预防控制中心	大专	1974.1	副主任技师	2014-6
王世忠	男	贵州罗甸	布依族	罗甸疾病预防控制中心	大专	1970.5	副主任技师	2014-6
伍崇军	男	贵州罗甸	布依族	罗沙乡中心卫生院	大专	1971.8	副主任医师	2014-6
陈光兴	男	贵州罗甸	汉族	边阳镇卫生院	中专	1971.3	副主任医师	2014-6
魏祥云	男	贵州翁安	汉族	罗甸县区划办	中专	1963.11	高级农艺师	2014-6
王文艳	女	贵州罗甸	布依族	罗甸县农村工作局	中专	1975.8	高级农艺师	2015-10
陈晓萍	女	四川岳池	汉族	罗甸县森林病虫防治检疫站	本科	1967.5	林学工程高级工程师	2015-12
梁廷彪	男	贵州罗甸	布依族	罗甸中医院	本科	1969.6	副主任医师	2015-6
陈国瑛	女	贵州余庆	汉族	罗甸县审计局	本科	1977.10	水利水电工程建筑高级工程师	2015-12
张元斌	男	贵州罗甸	汉族	罗甸县能源环保工作站	大专	1971.4	农学高级农艺师	2015-12
田玲慧	男	山西太谷	汉族	罗甸县农广校	本科	1981.8	农艺教育高级农艺师	2015-12
张　霞	女	贵州罗甸	布依族	罗甸县动物疫病预防控制中心	本科	1969.8	高级兽医师	2015-12
王行智	男	贵州罗甸	布依族	罗甸县人民医院	本科	1974.12	骨外科副主任医师	2015-12
李明星	女	贵州罗甸	布依族	罗甸县计划生育妇幼保健服务中心	大专	1972.11	妇产科护理副主任护师	2015-12
黄元梅	女	贵州罗甸	布依族	罗甸县人民医院	本科	1972.11	妇产科护理副主任护师	2015-12
黄兴杰	男	贵州罗甸	布依族	罗甸县委党校	大专	1975.10	行政管理高级讲师	2015-12
欧国腾	男	贵州黎平	侗族	罗甸县林业局	本科	1974.12	林学应用研究员	2015-12
李　静	女	贵州罗甸边阳	布依族	逢亭镇农业服务中心	本科	1974.12	副高级农艺师	2015-12

2. 教育系统获高级专业技术职称人员

姓　名	性别	出生地	民族	工作单位	学历	出生年月	专业技术任职资格名称	职称任职时间
冉懋钟	男	贵州罗甸	布依族	罗甸中等职业学校	大专	1949.4	中学物理高级	1995–9
农开疆	男	贵州罗甸	汉族	边阳中学	本科	1949.4	中学语文高级	1995–9
罗玉仕	男	贵州罗甸	布依族	罗甸民族中学	本科	1951.11	中学政治高级	1995–9
刘晓荣	男	贵州罗甸	布依族	罗甸一中	本科	1958.8	中学特级	1995–9
王邦前	男	贵州罗甸	布依族	罗甸中等职业学校	大专	1947.12	中学语文高级	1996–1
陆庆光	男	贵州罗甸	布依族	罗甸民族中学	本科	1952.8	中学英语高级	1996–1
沈联方	男	贵阳市	汉族	罗甸二中	大专	1947.3	中学英语高级	1997–11
蒋仕军	男	湖南双牌	汉族	罗甸民族中学	本科	1949.12	中学英语高级	1997–11
杨昌立	男	贵州罗甸	汉族	罗甸二中	大专	1949.7	中学物理高级	1998–9
杨系明	男	贵州锦屏	侗族	罗甸一中	本科	1959.3	中学英语高级	1998–9
杨　平	男	云南建川	白族	罗甸县教育局	本科	1949.12	中学语文高级	1999–12
邓德洋	男	贵州罗甸	布依族	罗甸一中	本科	1954.6	中学英语高级	1999–12
任五四	男	贵州罗甸	汉族	罗甸二中	大专	1959.5	中学数学高级	2000–11
吴丹丹	女	贵州遵义	汉族	罗甸一中	本科	1962.12	中学数学高级	2000–11
黄周立	男	贵州罗甸	布依族	罗甸中等职业学校	本科	1955.4	中学特级	2001–1
陆　政	男	贵州罗甸	汉族	罗甸民族中学	本科	1949.6	中学特级	2001–1
胡兴华	男	贵州罗甸	汉族	罗甸民族中学	本科	1956.6	中学语文高级	2001–12
罗振开	男	贵州罗甸	布依族	罗甸二中	大专	1954.11	中学化学高级	2002–3
卢全贵	女	四川	汉族	罗甸一中	本科	1962.9	中学化学高级	2002–3
王小毛	男	湖北秭归	汉族	罗甸二中	大专	1962.9	中学数学高级	2002–3
姚祖麟	男	辽宁沈阳	汉族	罗甸教育督导室	本科	1957.11	中学物理高级	2002–3
龚益光	男	贵州罗甸	汉族	罗甸龙坪一小	本科	1963.9	中学物理高级	2002–3
郭仕亮	男	贵州罗甸	汉族	逢亭中学	大专	1957.11	中学数学高级	2002–11
罗家林	男	贵州罗甸	布依族	罗甸二中	本科	1958.4	中学语文高级	2002–3
冉丛芬	女	贵州罗甸	汉族	罗甸二中	大专	1952.8	中学生物高级	2002–3
赵乐交	男	贵州罗甸	汉族	罗甸二中	本科	1967.1	中学历史高级	2002–12
罗世雍	男	贵州罗甸	布依族	罗甸二中	本科	1962.9	中学数学高级	2002–12
杨德刚	男	贵州修文	汉族	罗甸二中	本科	1954.9	中学英语高级	2002–12
岑勋和	男	贵州罗甸	布依族	罗甸中等职业学校	本科	1960.5	中学数学高级	2002–12
罗如亮	男	贵州罗甸	布依族	罗甸中等职业学校	本科	1957.6	中学物理高级	2002–12
赵亿选	男	贵州罗甸	汉族	罗甸民族中学	本科	1963.11	中学英语高级	2002–12
曾兴文	女	四川南充	汉族	罗甸民族中学	本科	1958.9	中学英语高级	2002–3
陈志坚	男	贵州罗甸	汉族	边阳中学	大专	1957.1	中学语文高级	2002–12
龙绪成	男	贵州罗甸	土家族	栗木中学	本科	1958.5	中学语文高级	2002–12
陈祖明	男	贵州罗甸	汉族	边阳中学	本科	1962.12	中学政治高级	2002–12
赵永超	男	贵州罗甸	布依族	罗甸一中	本科	1964.3	中学数学高级	2002–12
吴人和	男	贵州罗甸	布依族	罗甸中等职业学校	本科	1963.9	中学政治高级	2002–12
罗立新	男	贵州罗甸	布依族	沫阳中学	本科	1949.9	中学政治高级	2002–12
罗应富	男	贵州罗甸	布依族	板庚中学	大专	1947.11	中学语文高级	2002–12
叶志雄	男	广东番禺	汉族	罗甸中等职业学校	本科	1966.3	中学数学高级	2003–11

续表

姓 名	性别	出生地	民族	工作单位	学历	出生年月	专业技术任职资格名称	职称任职时间
姚元军	男	贵州罗甸	侗族	罗甸中等职业学校	大专	1958.4	中学生物高级	2003-11
王延昌	男	贵州罗甸	布依族	罗甸中等职业学校	本科	1963.7	中学生物高级	2003-11
王行康	男	贵州罗甸	布依族	罗甸中等职业学校	本科	1966.9	中学生物高级	2003-11
黄光金	男	贵州罗甸	布依族	罗甸二中	本科	1964.3	中学数学高级	2003-11
李重光	男	贵州罗甸	汉族	罗甸二中	本科	1963.8	中学英语高级	2003-11
喻华祥	男	贵州罗甸	汉族	罗甸民族中学	大专	1962.7	中学生物高级	2003-11
彭玉凤	女	贵州罗甸	汉族	罗甸二中	本科	1964.12	中学英语高级	2003-6
吴立健	男	贵州罗甸	布依族	罗甸中等职业学校	本科	1969.7	中学地理高级	2003-11
罗家智	男	贵州罗甸	布依族	罗甸一中	本科	1962.11	中学英语高级	2003-11
沈正晖	男	贵州罗甸	汉族	罗甸一中	本科	1967.12	中学语文高级	2003-11
龙 凌	男	贵州罗甸	汉族	边阳中学	大专	1965.8	中学语文高级	2003-11
杨仕力	男	贵州罗甸	汉族	罗甸二中	本科	1967.1	中学语文高级	2003-11
卢康荣	男	贵州罗甸	布依族	沫阳中学	大专	1953.7	中学语文高级	2003-11
刘兴文	男	贵州罗甸	布依族	罗甸民族中学	本科	1963.12	中学语文高级	2003-11
黄光扬	男	贵州罗甸	布依族	罗甸民族中学	本科	1962.8	中学政治高级	2003-11
陈德政	男	贵州罗甸	布依族	罗甸一中	本科	1963.9	中学政治高级	2003-11
陈洪建	男	贵州罗甸	布依族	逢亭中学	大专	1955.6	中学语文高级	2003-11
陈旺兴	男	贵州罗甸	布依族	沫阳中学	大专	1951.4	中学政治高级	2003-11
罗家照	男	贵州罗甸	布依族	罗甸中等职业学校	本科	1957.12	中学语文高级	2003-11
杨胜刚	男	贵州罗甸	苗族	栗木中学	大专	1954.8	中学化学高级	2003-12
岑祖绩	男	贵州罗甸	汉族	罗甸县教育局	本科	1962.8	中学数学高级	2004-12
黄光源	男	贵州罗甸	汉族	边阳中学	大专	1962.9	中学物理高级	2004-12
王兴仕	男	贵州罗甸	汉族	边阳中学	本科	1963.11	中学物理高级	2004-12
龙永文	男	贵州罗甸	苗族	罗甸一中	本科	1962.12	中学英语高级	2004-12
岑运敏	女	贵州罗甸	布依族	罗甸民族中学	本科	1962.7	中学语文高级	2004-12
杨庆飞	男	贵州罗甸	布依族	沫阳中学	本科	1964.1	中学语文高级	2004-12
罗永锐	男	贵州罗甸	布依族	边阳中学	本科	1966.9	中学政治高级	2004-12
滕树国	男	贵州罗甸	汉族	罗沙中学	大专	1950.12	中学语文高级	2005-5
班积明	男	贵州罗甸	布依族	罗悃中学	大专	1962.9	中学数学高级	2005-12
谯 用	男	贵州罗甸	汉族	罗甸一中	本科	1965.6	中学数学高级	2005-12
崔 红	女	贵州罗甸	布依族	罗甸一中	本科	1970.1	中学语文高级	2005-12
蒙华元	男	贵州罗甸	布依族	罗甸一中	本科	1968.5	中学数学高级	2005-12
陆 翾	男	贵州罗甸	布依族	罗甸一中	本科	1966.7	中学化学高级	2005-12
曾仕美	男	贵州罗甸	汉族	沫阳中学	本科	1969.4	中学数学高级	2006-12
姚祖斌	男	贵州罗甸	汉族	罗甸中等职业学校	本科	1964.1	中学生物高级	2006-12
董泽玉	女	贵州罗甸	布依族	罗甸一中	本科	1967.11	中学生物高级	2007-11
张佑华	男	贵州罗甸	布依族	罗甸县教育局	本科	1968.11	中学语文高级	2007-12
覃志勇	男	贵州罗甸	布依族	罗甸一中	本科	1969.1	中学政治高级	2007-12
姜秀兰	女	贵州长顺	苗族	罗甸二中	本科	1969.6	中学政治高级	2007-12
谭清宏	男	贵州罗甸	苗族	沫阳中学	本科	1969.11	中学政治高级	2007-12
王朝宏	男	贵州罗甸	布依族	董当中心学校	本科	1970.12	中学物理高级	2008-12

续表

姓　名	性别	出生地	民族	工作单位	学历	出生年月	专业技术任职资格名称	职称任职时间
李忠芬	女	四川岳池	布依族	罗甸民族中学	本科	1969.5	中学语文高级	2008-12
刘万良	男	贵州罗甸	汉族族	罗甸一中	本科	1970.12	中学物理高级	2008-12
汤　剑	女	贵州罗甸	汉族族	罗甸一中	本科	1972.7	中学地理高级	2008-12
王凤兴	男	贵州罗甸	布依族	罗甸一中	本科	1970.4	中学语文高级	2008-12
黄素飞	女	贵州罗甸	布依族	罗甸一中	本科	1969.1	中学语文高级	2008-12
王朝宏	男	贵州罗甸	布依族	董当中心学校	本科	1970.12	中学物理高级	2008-12
潘有志	男	四川合江	汉族	罗甸一中	本科	1965.6	中学历史高级	2008-12
刘安国	男	贵州罗甸	汉族	罗甸县教育局	本科	1970.9	中学数学高级	2009-12
罗　隽	男	贵州罗甸	布依族	罗沙中学	本科	1970.8	中学语文高级	2009-12
孙华旭	男	湖南衡阳	汉族	罗甸一中	本科	1968.1	中学美术高级	2009-12
梁光华	男	贵州罗甸	苗族	边阳中学	本科	1967.2	中学语文高级	2009-12
冉加力	男	贵州罗甸	苗族	边阳中学	本科	1969.5	中学政治高级	2009-12
韦崇裕	男	广西武鸣	壮族	罗甸一中	本科	1971.6	中学数学高级	2010-12
罗兴刚	男	贵州罗甸	布依族	罗甸二中	大专	1968.3	中学语文高级	2010-12
何忠于	男	贵州罗甸	苗族	罗甸二中	本科	1969.9	中学化学高级	2010-12
王　磊	女	贵州罗甸	布依族	罗甸一中	本科	1972.11	中学英语高级	2010-12
王　艳	女	贵州罗甸	布依族	罗甸一中	本科	1970.3	中学物理高级	2010-12
岑　霞	女	贵州罗甸	苗族	罗甸一中	本科	1972.11	中学历史高级	2010-12
陈朝斌	男	贵州罗甸	布依族	罗甸一中	本科	1974.9	中学英语高级	2010-12
罗世琼	女	贵州罗甸	布依族	罗甸民族中学	本科	1969.3	中学政治高级	2010-12
孙华智	男	贵州罗甸	汉族	云干中学	大专	1962.8	中学物理高级	2010-12
杨正雄	男	贵州罗甸	布依族	沫阳中学	本科	1958.1	中学物理高级	2010-12
罗德卫	男	贵州罗甸	布依族	沫阳中学	本科	1958.11	中学语文高级	2010-12
陈　飞	男	贵州罗甸	汉族	边阳中学	本科	1972.11	中学语文高级	2010-12
罗惠玲	女	贵州罗甸	汉族	边阳中学	大专	1965.4	中学生物高级	2010-12
徐龙胜	男	贵州罗甸	布依族	罗甸中等职业学校	本科	1972.2	中学语文高级	2011-12
李光艳	女	贵州罗甸	布依族	罗甸中等职业学校	本科	1966.1	中学政治高级	2011-12
党海秋	女	广西北流	壮族	罗甸民族中学	本科	1974.3	中学英语高级	2011-12
罗道琪	男	贵州罗甸	布依族	罗甸二中	大专	1963.3	中学数学高级	2011-12
罗　龚	男	贵州罗甸	布依族	罗甸县教育局	本科	1971.6	中学语文高级	2011-12
方　艳	女	贵州罗甸	土家族	罗甸一中	本科	1969.12	中学化学高级	2011-12
王　莉	女	贵州罗甸	布依族	罗甸一中	本科	1970.9	中学物理高级	2011-12
刘光建	男	贵州罗甸	苗族	罗甸一中	本科	1970.4	中学数学高级	2011-12
王惠莉	女	贵州罗甸	布依族	罗甸二中	本科	1975.12	中学音乐高级	2011-12
王铁群	女	贵州罗甸	布依族	罗甸一中	本科	1969.11	中学音乐高级	2011-12
夏兴勇	男	贵州罗甸	布依族	逢亭小学	本科	1969.11	小学语文中高级	2011-12
尤英远	男	贵州罗甸	汉族	罗沙中学	本科	1969.3	中学数学高级	2011-11
韦　杰	男	贵州罗甸	布依族	边阳中学	本科	1972.9	中学化学高级	2011-12
王兴奇	男	贵州罗甸	布依族	边阳中学	本科	1970.12	中学数学高级	2012-12
韦定成	男	贵州罗甸	布依族	罗悃中学	本科	1969.6	中学生物高级	2012-12
唐春秀	女	贵州贵定	汉族	罗甸二中	本科	1975.8	中学语文高级	2012-12

续表

姓 名	性别	出生地	民族	工作单位	学历	出生年月	专业技术任职资格名称	职称任职时间
鄢静峰	男	贵州罗甸	汉族	罗甸二中	本科	1971.6	中学体育高级	2012-12
李祥明	男	贵州罗甸	汉族	罗甸县教育局	本科	1976.11	中学地理高级	2012-12
罗 媛	女	贵州翁安	汉族	罗甸一中	本科	1976.4	中学英语高级	2012-12
刘卫文	男	湖南娄底	土家族	罗甸一中	本科	1967.4	中学英语高级	2012-12
罗春莉	女	贵州罗甸	布依族	罗甸一中	本科	1975.9	中学语文高级	2012-12
罗德双	男	贵州罗甸	布依族	罗甸一中	本科	1963.11	中学生物高级	2012-12
杨晓玲	女	贵州锦屏	侗族	罗甸一中	本科	1974.12	中学数学高级	2012-12
张辞香	女	湖南祁东	瑶族	罗甸一中	本科	1977.11	中学政治高级	2012-12
苏才伦	男	贵州罗甸	汉族	罗甸一中	本科	1974.11	中学物理高级	2012-12
王里红	女	贵州罗甸	布依族	罗甸一中	本科	1968.11	中学地理高级	2012-12
刘 岚	女	贵州罗甸	布依族	罗甸一中	本科	1970.11	中学美术高级	2012-12
王正维	男	贵州罗甸	布依族	罗甸一中	本科	1967.1	中学音乐高级	2012-12
刘 华	男	贵州翁安	汉族	罗甸一中	本科	1976.7	中学语文高级	2012-12
龙大发	男	贵州罗甸	汉族	罗沙中学	本科	1970.1	中学语文高级	2012-12
陈 沁	男	贵州罗甸	布依族	板庚中学	本科	1970.1	中学历史高级	2012-12
田茂宏	男	贵州罗甸	土家族	栗木中学	本科	1972.9	中学政治高级	2012-12
王黎邦	男	贵州罗甸	布依族	罗甸中等职业学校	本科	1970.12	中学物理高级	2012-12
厉万珍	女	贵州惠水	布依族	罗甸中等职业学校	本科	1969.12	中学数学高级	2012-12
韦启亮	男	贵州罗甸	苗族	木引中学	本科	1968.8	中学数学高级	2012-12
杨 碧	女	贵州罗甸	布依族	沫阳中学	本科	1967.1	中学语文高级	2012-12
陆永文	男	贵州罗甸	布依族	罗甸民族中学	本科	1971.9	中学地理高级	2012-12
戴 慧	女	贵州福泉	侗族	罗甸民族中学	本科	1972.11	中学信息技术高级	2012-12
吴田瑛	女	贵州罗甸	布依族	罗甸民族中学	本科	1966.1	中学语高级	2012-12
蒙炳伟	男	贵州罗甸	布依族	罗悃中学	大专	1967.11	中学物理高级	2012-12
黄景战	男	贵州罗甸	布依族	凤亭中心学校	本科	1973.7	中学数学高级	2012-12
陈 明	男	湖南道县	汉族	边阳中学	本科	1967.1	中学语文高级	2012-12
何丽娟	女	湖南道县	汉族	边阳中学	本科	1968.12	中学英语高级	2012-12
马 妮	女	贵州罗甸	布依族	边阳中学	本科	1973.2	中学英语高级	2012-12
李飞林	男	湖南道县	汉族	边阳中学	本科	1970.12	中学英语高级	2012-12
赵光明	男	贵州罗甸	苗族	边阳中学	本科	1972.1	中学语文高级	2012-12
朱宇锦	女	贵州罗甸	布依族	边阳中学	本科	1970.11	中学英语高级	2012-12
花文明	男	贵州罗甸	布依族	边阳中学	本科	1967.12	中学政治高级	2012-12
徐庭钧	男	贵州罗甸	布依族	边阳中学	本科	1970.7	中学语文高级	2012-12
易恒红	男	贵州罗甸	布依族	罗悃中学	本科	1967.5	中学生物高级	2013-12
彭文超	男	贵州罗甸	汉族	罗甸二中	本科	1970.1	中学语文高级	2013-12
黄昌林	男	贵州罗甸	布依族	罗甸二中	本科	1969.1	中学语文高级	2013-12
陆义宏	男	贵州罗甸	布依族	沫阳中学	本科	1969.11	中学英语高级	2013-12
罗德荣	男	贵州罗甸	布依族	沫阳中学	本科	1971.11	中学数学高级	2013-12
罗 茂	男	贵州罗甸	布依族	沫阳中学	本科	1974.1	中学生物高级	2013-12
韦通祝	男	贵州罗甸	布依族	红水河中心校	大专	1967.1	中学政治高级	2013-12
徐 勇	男	贵州罗甸	苗族	木引中学	本科	1971.1	中学数学高级	2013-12

续表

姓　名	性别	出生地	民族	工作单位	学历	出生年月	专业技术任职资格名称	职称任职时间
施　红	女	贵州罗甸	布依族	罗甸中等职业学校	本科	1975.11	中学信息高级	2013-12
徐　健	男	贵州罗甸	布依族	罗甸中等职业学校	本科	1970.3	中学物理高级	2013-12
徐宗明	男	贵州罗甸	汉族	罗甸中等职业学校	本科	1978.12	中学语文高级	2013-12
甘贵香	女	贵州罗甸	布依族	边阳中学	本科	1971.11	中学语文高级	2013-12
郑万发	男	贵州罗甸	布依族	边阳中学	本科	1970.12	中学语文高级	2013-12
罗云超	男	贵州罗甸	布依族	边阳中学	本科	1972.9	中学语文高级	2013-12
常兴街	男	贵州罗甸	苗族	边阳中学	本科	1977.2	中学数学高级	2013-12
韦志成	男	贵州罗甸	布依族	边阳中学	本科	1973.8	中学数学高级	2013-12
敖五顺	男	贵州罗甸	布依族	边阳中学	本科	1976.11	中学数学高级	2013.-12
杨秀敏	男	贵州罗甸	布依族	边阳中学	本科	1969.8	中学英语高级	2013-12
邹乾钢	男	贵州罗甸	汉族	边阳中学	本科	1976.7	中学政治高级	2013-12
付　杰	男	贵州罗甸	布依族	边阳中学	本科	1970.2	中学地理高级	2013-12
夏顺武	男	贵州罗甸	汉族	逢亭中学	本科	1972.2	中学语文高级	2013-12
付仁斌	男	贵州罗甸	汉族	逢亭中学	本科	1972.8	中学英语高级	2013-12
龚春霞	女	湖南兹利	土家族	罗甸二中	本科	1965.12	中学英语高级	2013-12
王定力	男	贵州罗甸	布依族	罗甸二中	本科	1976.1	中学体育高级	2013-12
罗鹏飞	男	贵州罗甸	布依族	罗甸二中	本科	1968.4	中学地理高级	2013-12
刘江涛	男	贵州罗甸	布依族	罗甸民族中学	本科	1972.3	中学化学高级	2013-12
梁光武	男	贵州罗甸	苗族	罗甸民族中学	本科	1975.12	中学物理高级	2013-12
王文亚	女	贵州罗甸	苗族	罗甸民族中学	本科	1975.11	中学英语高级	2013-12
杨　祝	男	贵州罗甸	布依族	罗甸民族中学	本科	1995.12	中学英语高级	2013-12
肖念红	男	贵州罗甸	布依族	罗甸民族中学	本科	1973.5	中学体育高级	2013-12
罗新波	男	贵州罗甸	布依族	罗甸民族中学	本科	1972.11	中学数学高级	2013-12
莫　雄	男	贵州罗甸	苗族	罗甸一中	本科	1972.8	中学数学高级	2013-12
王昌林	男	贵州罗甸	布依族	罗甸一中	本科	1977.1	中学语文高级	2013-12
王海霞	女	贵州罗甸	布依族	罗甸一中	本科	1972.8	中学化学高级	2013-12
王智毅	男	贵州罗甸	布依族	罗甸一中	本科	1976.1	中学语文高级	2013-12
周应波	男	贵州罗甸	布依族	罗甸一中	本科	1977.4	中学语文高级	2013-12
罗　腾	男	贵州罗甸	布依族	罗甸一中	本科	1974.1	中学音乐高级	2013-12
王　俊	女	贵州罗甸	布依族	罗甸一中	本科	1969.6	中学英语高级	2003-12
王　青	女	贵州罗甸	布依族	罗甸一中	本科	1973.1	中学英语高级	2013-12
徐　芳	女	贵州罗甸	布依族	罗甸一中	本科	1976.1	中学语文高级	2013-12
黄吉庆	男	贵州罗甸	布依族	罗甸一中	本科	1974.1	中学英语高级	2013-12
黄昌伟	男	贵州罗甸	布依族	逢亭中学	本科	1975.1	中学数学高级	2014-6
黄兴杰	男	贵州罗甸	布依族	逢亭中学	本科	1975.1	中学语文高级	2014-6
莫　衍	男	贵州罗甸	苗族	罗甸民族中学	本科	1974.12	中学语文高级	2014-12
左国英	女	贵州罗甸	苗族	边阳中学	大专	1966.5	中学语文高级	2014-12
梁通俊	男	贵州罗甸	布依族	边阳中学	本科	1968.12	中学语文高级	2014-12
何　毅	男	贵州罗甸	汉族	边阳中学	本科	1971.9	中学语文高级	2014-12
张成江	男	贵州罗甸	苗族	边阳中学	本科	1977.2	中学英语高级	2014-12
陈克文	男	贵州罗甸	布依族	边阳中学	本科	1975.1	中学英语高级	2014-12

续表

姓　名	性别	出生地	民族	工作单位	学历	出生年月	专业技术任职资格名称	职称任职时间
陈治富	男	贵州罗甸	汉族	边阳中学	本科	1978.7	中学化学高级	2014-12
王文付	男	贵州罗甸	布依族	边阳中学	本科	1976.12	中学物理高级	2014-12
鄢登学	男	贵州罗甸	布依族	罗甸一中	本科	1979.1	中学美术高级	2014-12
王建珍	女	贵州罗甸	布依族	罗甸二中	大专	1966.9	中学语文高级	2014-12
孙　俊	男	贵州罗甸	布依族	罗甸二中	本科	1971.1	中学语文高级	2014-12
付仁军	男	贵州罗甸	布依族	罗甸二中	本科	1975.9	中学数学高级	2014-12
唐定兴	男	贵州罗甸	布依族	罗甸二中	本科	1965.12	中学政治高级	2014-12
王邦古	男	贵州罗甸	布依族	罗甸二中	本科	1975.9	中学化学高级	2014-12
毛成阳	男	贵州罗甸	汉族	八茂中学	本科	1970.12	中学物理高级	2014-12
杨秀莲	女	贵州罗甸	布依族	板庚中学	本科	1975.11	中学化学高级	2014-12
方贤珏	男	贵州罗甸	布依族	板庚中学	本科	1969.6	中学物理高级	2014-12
韦宗泽	男	贵州罗甸	布依族	董架中心校	本科	1973.9	中学体育高级	2014-12
王发跃	男	贵州罗甸	布依族	大亭中心校	本科	1976.1	中学化学高级	2014-12
王建议	男	贵州罗甸	苗族	逢亭中学	本科	1972.9	中学英语高级	2014-12
梁正科	男	贵州罗甸	苗族	逢亭中学	本科	1976.1	中学化学高级	2014-12
林　建	男	贵州罗甸	汉族	罗甸县教育局	本科	1971.6	中学政治高级	2014-12
谭　进	男	贵州罗甸	汉族	罗甸栗木中学	本科	1968.9	中学语文高级	2014-12
王启宏	男	贵州罗甸	侗族	罗甸栗木中学	本科	1979.6	中学数学高级	2014-12
杨胜会	男	贵州罗甸	布依族	罗甸中等职业学校	本科	1975.1	中学数学高级	2014-12
计正萍	女	贵州罗甸	布依族	罗悃中学	本科	1977.9	中学英语高级	2014-12
韦　惠	男	贵州罗甸	布依族	罗甸民族中学	本科	1979.8	中学音乐高级	2014-12
李世伦	男	贵州罗甸	苗族	罗沙中学	本科	1973.12	中学生物高级	2014-12
刘定军	男	贵州罗甸	布依族	罗妥中心校	本科	1976.5	中学语文高级	2014-12
邹廷宇	男	贵州罗甸	汉族	罗甸民族中学	本科	1977.8	中学生物高级	2014-12
黎家能	男	贵州罗甸	布依族	罗甸民族中学	本科	1974.12	中学数学高级	2014-12
王帮英	女	贵州罗甸	苗族	罗甸中等职业学校	本科	1969.9	中学语文高级	2014-12
黄光朋	女	贵州罗甸	布依族	罗甸中等职业学校	本科	1972.1	中学数学高级	2014-12
卢太芳	女	贵州罗甸	布依族	罗甸中等职业学校	本科	1977.8	中学英语高级	2014-12
王中学	男	贵州罗甸	布依族	罗甸中等职业学校	本科	1966.1	中学生物高级	2014-12
徐忠泽	男	贵州罗甸	布依族	罗甸中等职业学校	本科	1976.9	中学美术高级	2014-12
刘万胜	男	贵州罗甸	布依族	罗甸中等职业学校	本科	1972.8	中学信息技术高级	2014-12
罗祥丽	女	贵州罗甸	布依族	罗甸中等职业学校	本科	1970.9	中学信息技术高级	2014-12
岑恩忠	男	贵州罗甸	布依族	罗甸中等职业学校	本科	1972.2	中学信息技术高级	2014-12
陶　冶	男	贵州晴隆	苗族	罗甸中等职业学校	本科	1976.6	中学物理高级	2014-12
蒙　强	男	贵州罗甸	布依族	罗甸一中	本科	1965.2	中学语文高级	2014-12
罗　鹏	男	贵州罗甸	布依族	罗甸一中	本科	1973.8	中学英语高级	2014-12
王瑞寒	女	贵州罗甸	布依族	罗甸一中	本科	1975.12	中学生物高级	2014-12
陈秀芳	男	贵州罗甸	布依族	红水河中心校	大专	1970.8	中学语文高级	2014-12
陈洪声	男	贵州罗甸	布依族	罗悃中学	本科	1969.8	中学语文高级	2015-12
韩　丽	女	贵州罗甸	布依族	罗甸民族中学	本科	1977.1	中学化学高级	2015-12
李国庆	男	贵州罗甸	苗族	罗甸民族中学	本科	1972.1	中学数学高级	2015-12

续表

姓　名	性别	出生地	民族	工作单位	学历	出生年月	专业技术任职资格名称	职称任职时间
王泽芳	男	贵州罗甸	布依族	罗甸民族中学	本科	1966.7	中学政治高级	2015–12
姚　钰	女	贵州罗甸	布依族	罗甸民族中学	本科	1974.2	中学英语高级	2015–12
陈忠清	女	贵州罗甸	苗族	罗甸二中	本科	1977.3	中学生物高级	2015–12
陆大毛	男	贵州罗甸	汉族	罗甸二中	本科	1970.4	中学政治高级	2015–12
涂　敏	女	贵州罗甸	布依族	罗甸二中	本科	1974.9	中学语文高级	2015–12
王政常	男	贵州罗甸	布依族	罗甸二中	本科	1975.11	中学体育高级	2015–12
吴立荣	男	贵州罗甸	布依族	罗暮中心校	本科	1979.11	中学数学高级	2015–12

3. 1991—2015 年罗甸籍在县外工作获副高级职称以上人员名录

姓　名	性别	民族	原籍	工作单位	学历	职　称	职务	在岗或退休	逝世时间	备注
石清春	女	苗	木引镇	黔南州医学高等专科学院	大学	副教授	–	在岗	–	–
李正昌	男	汉	木引镇	黔南州人民医院	大学	副主任医师	–	退休	–	–
罗家俊	男	布依	沫阳镇	贵州民族报社	大学	高级记者	原总编辑	退休	–	–
白　洪	女	布依	罗悃镇	铜仁学院	大学	副教授	–	在岗	–	–
黄元高	男	布依	罗悃镇	贵州大学	大学	教授	–	退休	–	–
郑府城	男	汉	边阳镇	都匀一中	大学	中学语文特级教师	–	退休	–	2009.9
郑府相	男	汉	边阳镇	黔南州委党校	大学	副教授	–	退休	–	
王建杰	男	布依	茂井镇	武汉地质大学	副博士	教授	–	–	病故	留学苏联
陈盛刚	男	布依	逢亭镇	贵阳医学院	大学	教授	纪委书记	退休	–	–
王洪燕	女	布依	逢亭镇	北京大学	博士	教授	–	–	–	中美互派人员博导
李泽辉	男	苗	龙坪镇	贵州省建设厅	大学	–	处长	在岗	–	–
黄昌全	男	布依	龙坪镇	南方医科大学	大学	副教授	–	退休	–	–
黄友余	男	汉	龙坪镇	贵州省机械工业厅山地研究所	大学	高级工程师	总工程师	退休	–	–
罗洪贵	男	汉	龙坪镇	昆明市气象局	大学	高级工程师	–	退休	–	–
黄元碧	女	布依	龙坪镇	贵州民族大学图书馆	大学	副研究员	–	在岗	–	–
黄　蓉	女	布依	龙坪镇	镇宁师范学校	大学	高级讲师	–	在岗	–	–
刘远明	男	布依	龙坪镇	广州医学院	博士	教授	–	在职	–	硕士生导师（社会学）
王　伟	男	布依	龙坪镇	中央民族大学	–	教授	–	–	病故	硕士生导师（民族语言文字布依文）
曹　辉	男	苗	龙坪镇	黔南州歌舞团	中专	二级舞蹈演员	–	在职	–	–
吴万辉	男	汉	龙坪镇	北京市第 88 中学	大学	中学数学高级教师	–	在岗	–	–
王丽娟	女	布依	龙坪镇	广东省人民医院	博士	教授	–	在岗	–	博士生导师，享受国务院津贴，国管专家
黄　凯	女	布依	龙坪镇	中共黔南州委党校	大学	高级讲师	–	在岗	–	–

续表

姓　名	性别	民族	原籍	工作单位	学历	职　称	职务	在岗或退休	逝世时间	备注
张维志	男	汉	边阳镇	国防科工委四川绵阳航空航天研究所	大学	二级教授	–	在职	–	博士生导师
刘隆华	男	汉	边阳镇	贵州省教育学院实验中学	大学	中学数学高级讲师	校长	在职	–	–
陈祖府	男	汉	边阳镇	黔南州疾病控制中心	大学	副教授	–	–	病故	–
吴　勇	男	布依	边阳镇	贵州民族大学民语系	大专	副教授	主任	–	–	–
左辅仁	男	布依	茂井镇	惠水县民族中学	大学	中学数学高级教师	–	退休	–	–

（四）罗甸籍在外工作副处级以上及硕士学位以上人员名录

1．1991—2015 年罗甸籍在外工作副处级以上人员名录

姓　名	性别	民族	原　籍	工作单位	学历	职　务	在职或退休	备　注
罗国荣	男	布依	龙坪镇	都匀军分区	初中	原副政委	退休	正师级（军队退休）
唐先奇	男	汉	沫阳镇	天津市水务局		常务副局长	在职	正厅级（转业前大校军衔）
罗德成	男	布依	沫阳镇	贵州省广电厅	中专	原常务副厅长	–	正厅级
王赤兵	男	布依	逢亭镇	贵州省国土资源厅	大学	副厅长、党组成员	在职	副厅级
王洪刚	男	布依	逢亭镇	中共贵州省社科院纪委	大学	书　记	–	副厅级
王　力	男	布依	龙坪镇	贵州省人大常委会	大学	副秘书长	在职	副厅级
陆庆廷	男	布依	龙坪镇	黔南州检察院	中专	原检察长	退休	副厅级
班凤泉	男	布依	罗悃镇	黔南州人大常委会	初中	原副主任	–	副厅级
王家先	女	布依	茂井镇	黔南州人大常委会	初中	原副主任	退休	副厅级
刘　清	男	汉	龙坪镇	黔西南州检察院	大学	检察长	在职	副厅级
袁其光	男	汉	木引镇	贵州省国税局	初中	原办公室主任	退休	正处级
彭先奎	男	汉	木引镇	云南省开远市住建局	初中	党委书记	在职	正处级
岑正华	男	苗	木引镇	贵阳市红旗木材加工厂	初中	党委书记	–	正处级（转业干部）
杨思忠	男	汉	木引镇	深圳市建筑总公司安检处	初中	原处长	退休	正处级（军转干部）
王惠良	男	布依	茂井镇	贵州省民委政法处	初中	处　长	–	正处级
罗家俊	男	布依	沫阳镇	贵州民族报社	大学	原总编辑	退休	正处级（主任记者）
余贤臣	男	汉	沫阳镇	中共黔南州委	研究生	副秘书长、主任	在职	正处级
黄健英	男	布依	沫阳镇	黔南州人大政策研究室	–	原主任	退休	正处级
黄吉勇	男	布依	龙坪镇	贵州省林业厅	大学	站　长	在职	正处级
黄光信	男	布依	龙坪镇	都匀市人大	高中	原副主任	退休	正处级
吴志平	男	布依	边阳镇	贵州民族大学民语系	大专	主　任	退休	正处级
王大宇	男	布依	龙坪镇	贵州民族大学办公室	中专	原主任	–	正处级
陆兴国	男	布依	龙坪镇	云南省昆明市百马庙干休所	–	–	–	正团级（军队退休）
陈明莉	女	苗	边阳镇	黔南州红十字会	大学	常务副会长	在职	正处级
欧天彪	男	汉	边阳镇	黔南州扶贫办	大学	主　任	在职	正处级

续表

姓　名	性别	民族	原　籍	工作单位	学历	职　务	在职或退休	备　注
谭必刚	男	布依	龙坪镇	瓮安县检察院	大学	检察长	在职	副县级
杨正木	男	布依	罗悃镇	贵州省公安厅	初中	原副处长	退休	副处级
刘仲森	男	汉	龙坪镇	黔南州人大常委会财经委		副主任	–	副处级
杨通祥	男	布依	罗悃镇	开阳县人大常委会	初中	原副主任	退休	副县级
杨正珍	男	布依	罗悃镇	清镇县人民政府	初中	原副县长	退休	副县级
岑延春	男	布依	茂井镇	黔南州审计局	初中	原副局长	退休	副处级
王永莲	男	布依	逢亭镇	贵州省民委人事处	–	原处长	–	–
丰邦颖	女	布依	逢亭镇	贵州省审计厅投资二处	硕士研究生	副处长	在职	副处级
黄海林	男	布依	红水河镇	安顺市史志办	大学	主　任	在职	正处级
王泽应	男	布依	龙坪镇	贵州民族大学行政科	中专	原科长	–	–
王　建	男	布依	龙坪镇	都匀市三中	中专	原党支部书记	–	副处级
黄　宇	女	布依	龙坪镇	紫云县公安局	大学	政　委	–	副处级
陆晓乐	男	布依	龙坪镇	黔南州科技局	大学	副局长	在职	副处级
胡　鸿	女	苗	龙坪镇	黔南州供销社	大学	纪检组长	–	副处级
韦　松	男	苗	龙坪镇	瓮安县政法委	大学	书　记	在职	副处级
晏江婷	女	苗	龙坪镇	黔南州科协	大学	副主席	在职	副处级
罗世云	男	布依	沫阳镇	中共黔南州委统战部对台办	研究生	主　任	在职	副处级
罗世斌	男	布依	沫阳镇	黔南州教育局	大学	副局长	在职	副处级
兰应修	男	布依	沫阳镇	云南省保山市工商局	初中	副局长	退休	副处级
黄莉玲	女	苗	木引镇	中共惠水县委	大学	副书记	在职	副县级
石清明	男	苗	木引镇	黔南州统计局调查队	大学	队　长	在职	副处级
王义才	男	布依	木引镇	黔南州电影公司	初中	原经理	退休	副处级（企业干部）
罗成泽	男	布依	木引镇	贵阳蔡冲煤矿	大学	原副矿长	退休	副处级（企业干部）
左忠云	男	布依	木引镇	贵州省水利厅电力设计院	中专	–	在职	副处级（军转干部）
卢双燕	男	汉	边阳镇	政协都匀市委员会	大学	副主席	在职	副县级
薛明耀	男	苗	木引镇	中共长顺县委员会	大学	县委常委、政法委书记、公安局长	在职	副县级
覃　怡	男	汉	边阳镇	中共荔波县委	大学	副书记	在职	副县级
陈义龙	男	苗	边阳镇	黔南州残联	大学	理事长	在职	副县级
聂　军	男	瑶	边阳镇	黔南州总工会	大学	副主席	在职	副县级
冷安辉	男	布依	边阳镇	黔南州生态移民办	大学	副主任	在职	副县级
冷安智	男	汉	边阳镇	黔南州军供站	大学	–	在职	副县级
罗登军	男	布依	茂井镇	黔南州农机中心	大学	副主任	在职	副县级

2. 1991—2015年罗甸籍在外获硕士、博士学位学历人员名录

姓　名	性别	民族	原　籍	毕业学校（专业）	学　历	工作单位	职称	备　注
石清荣	女	苗	木引镇	中科院研究生院	博　士	中科院研究生院	教授	取得加拿大移民绿卡
梁立嵩	男	苗	木引镇	南方医科大学（临床医学）	硕　士	贵州省人民医院	–	–
罗　旭	男	布依	沫阳镇	西北农林大学（园林）	博　士	江苏省淮安市农科院	–	–
罗绂文	男	布依	沫阳镇	西南大学文学院	博　士	贵州大学文学院	–	华中科技大学博士后流动站从事研究工作

续表

姓　名	性别	民族	原　籍	毕业学校（专业）	学　历	工作单位	职称	备　注
贲恩正	男	布依	罗悃镇	首都贸易大学（经济管理）	博　士	–	–	–
王建杰	男	布依	茂井镇	留学苏联	副博士	武汉地质大学	–	病故
陈　果	男	布依	逢亭镇	中南大学	硕　士	贵州省教委	–	–
丰邦颖	女	布依	逢亭镇	贵州财经大学	硕　士	贵州省审计厅	–	贵州省民革成员
刘远明	男	布依	龙坪镇	中国科技大学	博　士	广州医院	教授	硕士生导师（社会学）
王丽娟	女	布依	龙坪镇	中山大学医学院	博　士	广东省人民医院	教授	博士生导师，享受国务院津贴，国管专家

（五）罗甸县百岁老人统计表（45 人）

2015 年

姓　名	性别	出生时间	民　族	居住地	习　性
黄雅明	女	1905–05–30	布依族	罗悃镇河东村六组	食清淡食品及五谷杂粮，喜爱织布，唱山歌
冯旺英	女	1907–04–27	汉族	边阳镇博沟村里传组	勤劳朴实，食五谷杂粮喜喝酒
刘李智	女	1907–09–18	汉族	沫阳镇大井村	勤劳，乐于助人，爱吃瓜果蔬菜
罗雅月	女	1908–02–12	布依族	沫阳镇江亭村	勤劳朴实，性格开朗，常年饮用山泉水
杨老芬	女	1908–02–28	汉族	沫阳镇田坝村	性格开朗、友善，食用清淡食品及瓜果蔬菜
梁六妹	女	1910–04–20	苗族	边阳镇过高村	勤劳朴实，喜食五谷杂粮，特喜吃鱼
莫彭氏	女	1910–06–16	汉族	边阳镇翁定村	性格开朗、邻里和谐，勤劳，喜食瓜果蔬菜及五谷杂粮
刘小仪	女	1910–06–16	汉族	边阳镇摆贡村	勤劳朴实，食五谷杂粮，喜食瓜果蔬菜
罗雅乱	女	1910–07–10	布依族	罗悃镇沿河村	勤劳，心态乐观、性格开朗，不挑食
蒋金莲	女	1911–12–04	汉族	龙坪镇永进村	勤劳朴实，善待他人，不挑食，喜喝养生酒
杨胡氏	女	1912–02–17	苗族	沫阳镇跃进村	性格开朗豪放，勤劳好客，不挑食，生活规律
杨雅美桃	女	1912–03–01	布依族	罗悃镇冗瓦村	早起早睡，喜串门聊天，爱吃苦菜
王　娥	女	1912–03–07	布依族	茂井镇红屯村	性格开朗，喜食清淡食品，不挑食
罗米炜	女	1912–03–20	布依族	沫阳镇罗牙村	勤劳好客，喜食清淡食品及瓜果蔬菜，
王贵英	女	1912–05–04	布依族	茂井镇高里村	勤劳好动，食五谷杂粮，喜爱瓜果蔬菜
黄玉如	女	1912–06–09	布依族	沫阳镇罗牙村	勤劳好动，性格豪放友善，不挑食，
杨秀英	女	1912–07–05	汉族	龙坪镇跃进路	心态平和，爱运动，喜食水果蔬菜，
杨昌恒	男	1912–08–21	布依族	龙坪镇六一村	勤劳好客，食五谷杂粮野菜瓜果，喜竹编、爱好喝酒
任罗氏	女	1912–09–25	汉族	逢亭镇纳闹村	性格开朗，勤劳好客，友善
黄雅秀	女	1912–10–01	布依族	龙坪镇顶访村	勤劳好动，饮食规律清淡，喜爱野菜，
王姜氏	女	1913–01–15	布依族	茂井镇丰井村	食五谷杂粮、瓜果蔬菜、鱼，年轻时喜河边游泳
罗米乔余	女	1913–04–07	布依族	沫阳镇罗牙村	性格开朗，从不生气，饮用山泉水，不吃牛马羊鹅肉和蛋类
王小饶	女	1913–05–08	布依族	龙坪镇六一村	勤劳持家，性格温和，心灵手巧常纺织，饮食清淡，食五谷杂粮、瓜果蔬菜
蒙近妹	女	1913–05–08	布依放	沫阳镇沫阳村	勤劳好客，早起早睡，性格开朗，素食为主，善于纺织锦布
杨发先	男	1913–05–15	苗族	边阳镇打窑村	勤劳好客，喜喝酒
黄景春	男	1913–12–06	汉族	凤亭乡凤村三组	勤劳，喜唱山歌、游玩

续表

姓　名	性别	出生时间	民　族	居住地	习　性
黄牙卖	女	1914-01-01	布依族	龙坪镇干里村	勤劳，好运动，食五谷杂粮、瓜果蔬菜肉类食品
彭小芳	男	1914-02-03	汉族	罗悃镇各化村	勤劳好客，乐于助人，食五谷杂粮、瓜果蔬菜
罗春妹	女	1914-04-03	布依族	沫阳镇董望村	食五谷杂粮、瓜果蔬菜，爱喝酒，爱唱山歌
王冬妹	女	1914-05-04	苗族	逢亭镇翁传村	一生劳作，特爱吃红薯
王老路	男	1914-06-19	布依族	木引镇冗林村	勤劳，性情开朗，食五谷杂粮、瓜果蔬菜
罗　元	女	1914-07-03	布依族	边阳镇黄泥坳村	勤劳朴实，性情温和，饮食清淡，常食瓜果杂粮，喜爱锅巴饭
陆朝兰	女	1914-07-16	汉族	龙坪镇环城路	勤劳好客，乐于助人，饮食清淡，喜瓜果杂粮
姚祖成	男	1914-09-17	汉族	凤亭乡仁兴村	勤劳好客，喜瓜果野菜、五谷杂粮，爱喝酒
王老研	女	1914-10-10	布依族	茂井镇高里村三组	勤劳朴实，喜纺织，经常上山采药
邓长妹	女	1914-10-20	汉族	沫阳镇民进村	勤劳相实，性格开朗，喜瓜果蔬菜野菜及豆类食品
杨秀先	女	1914-10-27	布依族	木引镇冗林村	饮食清淡，喜瓜果野菜、五谷杂粮
何香妹	女	1914-11-20	汉族	木引镇把坝村	性情温和，饮食清淡，食用瓜果野菜肉类食品
陆金凤	女	1914-12-04	布依族	沫阳镇沫阳村	性格开朗，喜瓜果野菜、五谷杂粮，爱吃鱼
谢腊英	女	1915-02-07	汉族	沫阳镇安阳村安阳	饮食清淡
王雅铁	女	1915-02-18	布依族	龙坪镇五星村八令组	喜游玩，爱吃水果，会织布。
罗依货	女	1915-03-02	布依族	茂井镇兰西村	喜爱纺织，食用五谷杂粮
甘正禄	男	1915-04-01	汉族	逢亭镇床井村一组	一生勤劳，常年饮用山泉水，食用大米，瓜果蔬菜
蒙雅现	女	1915-07-05	布依族	红水河镇罗暮村一组	已双目失明，喜唱山歌
姚升学	男	1915-09-07	汉族	边阳镇罗沙社区油海村	吃苦耐劳，饭量大

前志补遗

一、革命烈士

姓　名	性别	籍贯	出生年月	牺牲时间	牺牲地点	生前部队	生前职务
莫德昭	男	罗甸八木	1903 年	1949-04	罗甸云干云盘牛老寨	桂西中国人民解放军峨乐游击队	战　士
杨茂忠	男	贵州凤岗土溪	1964 年	1990-12	罗甸中队	罗甸县武警中队	司务长

二、罗甸县参加抗日远征军将士表

姓　名	性别	参加时间	家庭住址
花正祥	男	1942	边阳镇石兴村播西组
廖承德	男	1942	茂井镇高里村三组
石景志	男	1938	木引镇木引村一组
黄少成	男	1938	木引镇把坝村把坝组
罗成清	男	1942	红水河镇交算村
王彩文	男	1938	凤亭乡联明村高山三组
邹庆笃	男	1938	木引镇木引村四组
刘显华	男	1942	边阳镇者任村赖窖三组（阵亡）

三、罗甸县参加解放战争将士表

姓　名	性别	参加时间	家庭住址
王朝贵	男	1948	边阳镇石兴村播西组
花江洲	男	1948	边阳镇交塘村交塘组
彭小芳	男	-	罗悃镇各化村一组
石景志	男	1945	木引村一组
韦兴国	男	1944	木引镇木引村窖里二组
周应亮	男	1949	逢亭镇纳闹村一组
吴胜安	男	-	逢亭镇新光村公里一组
毛廷安	男	-	逢亭镇新光村公里三组
毛廷才	男	-	逢亭镇新光村公里四组
毛成才	男	-	逢亭镇新光村公里三组
杨正福	男	1946	沫阳镇联合村油尖组
吴定帮	男	-	龙坪镇莲花街 1 号附 2 号
蒋学超（原名蒋学照）	男	-	罗悃镇河西村二组

四、罗甸县参加抗美援朝战争将士表

姓　名	性别	出生年月	参军时间	家庭住址
付文华	男	–	1953–03	边阳镇新街路大后园 31 号
刘文吉	男	–	1953–03	边阳镇文化路政府巷 38 号
严发明	男	–	1953–03	边阳镇新联村五组 31 号
陈发仲	男	–	1953–03	边阳镇大文村木报组 18 号
龙正明	男	–	1953–03	边阳镇大文村下坝组 16 号
胡大怀	男	–	1953–03	边阳镇团田村放牛坪组 21 号
王维益	男	–	1953–03	边阳镇团田村鸡笼冲组 5 号
韦佐前	男	–	1953–03	边阳镇前进村简坪二组 9 号
罗进贤	男	–	1953–03	边阳镇打讲村布吉二组 12 号
刘知伦	男	–	1953–03	边阳镇打讲村新寨组 29 号
周明全	男	–	1953–03	边阳镇新庄村四组 5 号
李成福	男	–	1953–03	边阳镇罗木村大花厂组 36 号
韦通理	男	–	1953–03	边阳镇新街路杨家院巷 34 号
欧阳为雄	男	–	1953–03	边阳镇边阳大道 115 号
欧文伦	男	–	1953–03	栗木乡栗木村石窝组
张少清	男	–	1953–03	栗木乡栗木村蛮摸组
李正伦	男	–	1953–03	栗木乡栗木村新寨组
陈国付	男	–	1953–03	栗木乡栗木村新寨组
刘汉清	男	–	1953–03	栗木乡新场村挡窖组
姚元乾	男	–	1953–03	栗木乡新场村挡窖组
祖兴国	男	–	1953–03	栗木乡栗木村拉窝塘组
王永章	男	–	1953–03	栗木乡深井村亮水砣组
陈再元	男	–	1953–03	栗木乡深井村塘坎组
廖仕贤	男	–	1953–03	栗木乡拉昂村高坡组
周金城	男	–	1953–03	栗木乡下冲村湾头组
张文学	男	–	1953–03	栗木乡拉昂村茶林组
何国顺	男	–	1953–03	栗木乡新场村润老组
李兴朝	男	–	1953–03	栗木乡拉昂村环岩组
王朝光	男	–	1953–03	沟亭乡沟亭村上沟亭组
王守法	男	–	1953–03	云干乡永进村花地组
陈胜发	男	–	1953–03	罗沙乡油海村五组 26 号
姚胜光	男	–	1953–03	罗沙乡董油村上寨组 10 号
姚胜明	男	–	1953–03	罗沙乡董油村岩脚组 19 号
李明洋	男	–	1953–03	罗沙乡巴沙村坡望组 1 号
黄井权	男	–	1953–03	罗沙乡者任村木江寨三组 11 号
陈　良	男	–	1953–03	罗沙乡油海村五组 38 号
鄢正华	男	–	1953–03	罗沙乡者任村董桃三组 6 号

续表

姓　名	性别	出生年月	参军时间	家庭住址
梁昌富	男	–	1953-03	罗沙乡罗路村下街组 17 号
刘金能	男	–	1953-03	罗沙乡翁选村五组 8 号
罗应华	男	–	1953-03	罗沙乡者任村耐窖一组 6 号
何付祥	男	–	1953-03	交砚乡石兴村石头寨组
林大学	男	–	1953-03	交砚乡和平村大花棚组
汪德坤	男	–	1953-03	交砚乡交砚村交博组
付光祥	男	–	1953-03	交砚乡大寨村下院组
熊云华	男	–	1953-03	交砚乡石兴村石头寨组
王廷尧	男	–	1953-03	交砚乡石兴村播西组
陆家成	男	–	1953-03	交砚乡石兴村纳巴组
黄大明	男	–	1953-03	交砚乡石兴村播西组
甘　林	男	–	1953-03	交砚乡石兴村巴禾组
罗来春	男	–	1953	罗甸县茂井镇油西村九组
王世忠	男	–	1953	罗甸县茂井镇边圩六组
黄景良	男	–	1953	罗甸县茂井镇边圩三组
王世俊	男	–	1953	罗甸县百货公司
王世顺	男	–	1953	罗甸县茂井镇红屯村二组
陆庆林	男	–	1953	罗甸县茂井镇五家坟一组
陆庆水	男	–	1953	罗甸县茂井镇五家坟一组
袁太忠	男	–	1950	罗甸县茂井镇八达村
王政洪	男	–	1952	茂井镇丰井村六组 31 号
黎明金	男	–	1953	茂井镇八达村三组
岑元树	男	–	1953	茂井镇八达村十二组
黄光兴	男	–	1953	茂井镇高里村三组
黄光裕	男	–	1953	茂井镇高里村二组
王怀智	男	–	1953	茂井镇高里村三组
陆应康	男	–	1953	茂井镇兰西村一组
王德春	男	–	1953	茂井镇兰西村三组
罗文胜	男	–	1953	茂井镇兰西村康里三组
黎占华	男	–	1953	茂井镇布江村降骂组
孟庭邦	男	–	1953	茂井镇布江村布怀组
韦甫河	男	–	1953	茂井镇布江村布怀组
卢文付	男	–	1953	茂井镇布江村下列组
岑家营	男	–	1953	茂井镇牛棚村四组
冉启华	男	–	1951	茂井镇东山村八组
岑家营	男	–	1953	茂井镇布苏村四组
杨茂先	男	–	1950	茂井镇北亭村六组

续表

姓　名	性别	出生年月	参军时间	家庭住址
杨祖力	男	–	1952	茂井镇北亭村六组
岑明礼	男	–	1950	茂井镇亭西村平田二组
韦忠明	男	–	1950	茂井镇亭西村平田二组
杨正秀	男	–	1950	罗悃镇冗瓦村三组
陈光益	男	–	1950	罗悃镇冗瓦村三组
王周云	男	–	1950	罗悃镇河西村三组
班登榜	男	–	1950	罗悃镇河西四组
班凤毛	男	–	1950	罗悃镇纳闹村三组
杨秀松	男	–	1950	罗悃镇各化村一组
郑德清	男	–	1950	罗悃镇各化村一组
潘忠静	男	–	1950	罗悃镇各化村二组
杨光维	男	–	1950	罗悃镇各化村三组
张秀文	男	–	1950	罗悃镇各化村三组
杨通才	男	–	1950	罗悃镇各化村四组
李前阳	男	–	1950	罗悃镇各化村五组
王德侦	男	–	1950	罗悃镇各化村五组
雷万云	男	–	1950	罗悃镇各化村五组
罗文祥	男	–	1950	罗悃镇布乃村下组
班凤友	男	–	1950	罗悃镇平艾村三组
陆朝云	男	–	1950	罗悃镇平艾村上饶五组
黄景发	男	–	1950	罗悃镇平艾村二组
罗世明	男	–	1950	沟亭乡冗响村冗响上组
白学进	男	–	1950	沟亭乡冗响村雷坡组
白学艾	男	–	1950	沟亭乡冗响村雷坡组
白永良	男	–	1950	沟亭村上沟亭组
王承进	男	–	1950	沟亭村上沟亭组
王朝光	男	–	1950	沟亭村上沟亭组
王周平	男	–	1950	沟亭村下沟亭组
王朝杰	男	–	1950	沟亭村下沟亭组
班世光	男	–	1950	沟亭村打然组
罗荣华	男	–	1950	沟亭村打然组
蒙锡玉	男	–	1951–03	沟亭乡响水村一组
杨昌学	男	–	1952	罗悃镇平榜村里列组
岑万才	男	–	1950	罗悃镇干村村小干组
罗文俊	男	–	1950	罗悃镇干村村小干组
王家文	男	–	1950–06	木引镇木引村四组
梁玉福	男	–	1951	木引镇水井村六组

续表

姓　名	性别	出生年月	参军时间	家庭住址
石祖华	男	–	1950–06	木引镇木引村一组
韦朝荣	男	–	1950–06	木引镇木引村一组
胡顺华	男	–	1950–06	木引镇木引村六组
杨老才	男	–	1953–03	木引镇打金村打科组
王小荣	男	–	1951	木引镇打金村大若组
王老云	男	–	1951	木引镇打金村打科组
任明智	男	–	1953–01	木引镇纳猛村勤民一组
岑正顺	男	–	1952	木引镇摆落村十一组
杨光荣	男	–	1952	木引镇摆落村十组
梁学文	男	–	1952	木引镇摆落村十一组
岑正信	男	–	1952	木引镇摆落村一组
岑王先	男	–	1953	木引镇丛里村上丛二组
王福期	男	–	1953	木引镇丛里村下丛一组
杨金和	男	–	1953	木引镇丛里村冗林三组
杨仲明	男	–	1953	木引镇丛里村冗林二组
蒙小荣	男	–	1952	红水河镇罗暮村一组
蒙恩国	男	–	1952	红水河镇罗暮村二组
蒙荣学	男	–	1953	红水河镇罗妥村上妥一组
王家升	男	–	1953	红水河镇罗妥村中妥组
农庆和	男	–	1952	红水河镇罗祥村一组
韦永章	男	–	1953	红水河镇沫村村沫村一组 14 号
杨通海	男	–	1952	红水河镇沫村村把等组
韦景章	男	–	1953	红水河镇沫村村沫村二组
岑要先	男	–	1952	红水河镇平亭村母羊组
何品请	男	–	1952	红水河镇平亭村平亭组
岑英周	男	–	1952	红水河镇平亭村平亭组
黄玉荣	男	–	1951	红水河镇平停村绕里组
王宝解	男	–	1951	红水河镇平停村白望组
王汉美	男	–	1952	红水河镇相亭村一组
黄光旗	男	–	1952	红水河镇相亭村一组
黄大怄	男	–	1952	红水河镇相亭村一组
黄光进	男	–	1953	红水河镇相亭村一组
王万强	男	–	1952	红水河镇云里三组
王万兴	男	–	1952	红水河镇云里交朝组
罗凤岗	男	–	1953	红水河镇俄村村俄劳组
黄立荣	男	–	1953	红水河镇俄村村二组
王珍重	男	–	1953	红水河镇牙村村一组

续表

姓　名	性别	出生年月	参军时间	家庭住址
黎光照	男	–	1953–03	凤亭乡红光村一组
罗文元	男	–	1951–03	凤亭乡抗村三组
王登开	男	–	1951–03	凤亭乡勤丰村一组
刘庆学	男	–	1953–03	凤亭乡仁兴村五组
莫德银	男	–	1953–03	凤亭乡仁兴村七组
姚本才	男	–	1953–03	凤亭乡仁兴村一组
王大庭	男	–	1953–03	凤亭乡交吾村五组
王世民	男	–	1953–03	凤亭乡交吾村四组
龚子华	男	–	1950	逢亭镇祥脚村祥林组
黄序华	男	–	1950	逢亭镇新光村一组
罗昌源	男	–	1950	逢亭镇逢亭村二组
王朝刚	男	–	1950	逢亭镇逢亭村二组
高洪新	男	–	1950	逢亭镇腮里村二组
田景秋	男	–	1950	逢亭镇纳闹村
周应华	男	–	1950	逢亭镇纳闹村
杨绍荣	男	–	1950	逢亭镇纳闹村
韦老贵	男	–	1950	逢亭镇床井村
龙成仙	男	–	1950	逢亭镇床井村
毛廷治	男	–	1951	逢亭镇新光村公里三组
吴胜忠	男	–	1951	逢亭镇新光村公里五组
王朝刚	男	–	1950	逢亭镇逢亭村
何再明	男	–	1950	逢亭镇床井村一组
马武忠	男	–	1950	逢亭镇床井村一组
李正禄	男	–	1950	逢亭镇床井村一组
韦唐明	男	–	1950	逢亭镇床井村瑶山组
黄序华	男	–	1953–03	逢亭镇新光村一组
黄昌兴	男	–	1953–03	逢亭镇新光村一组
任明坤	男	–	1953–03	逢亭镇新光村三组
田井荣	男	–	1950	翁牛村翁牛一组
张良能	男	–	1950	翁牛村翁牛三组
高洪元	男	–	1950	翁牛村翁牛三组
王仕荣	男	–	1950	翁牛村罗江一组
田孟福	男	–	1950	翁牛村罗江一组
王仕华	男	–	1950	翁牛村罗江一组
张正祥	男	–	1951–10	沫阳镇安阳村安阳组
宋昌龙	男	–	1951–06	沫阳镇安阳村安烧组
潘老岩	男	–	1951–06	沫阳镇安阳村油粪组
金兴正	男	–	1953–03	沫阳镇平岩村吊井组

续表

姓　名	性别	出生年月	参军时间	家庭住址
岑福祥	男	–	1951	沫阳镇平岩村场坝组
唐伏明	男	–	1953–03	沫阳镇独坡村坡凼组
杨昌贵	男	–	1953–03	沫阳镇独坡村下组
罗兴仁	男	–	1953–03	沫阳镇联丰村冗院组
罗乔芳	男	–	1953–03	沫阳镇联丰村干莽组
罗乔发	男	–	1952	沫阳镇高兰村弯心二组
王玉明	男	–	1952	沫阳镇高兰村弯心二组
黎正笔	男	–	1952	沫阳镇高兰村弯心三组
马玉光	男	–	1952	沫阳镇高兰村二组
李国光	男	–	1952	沫阳镇高兰村七组
罗克忠	男	–	1953–03	沫阳镇访里村四组
陆汝清	男	–	1953–03	沫阳镇访里村四组
吴允明	男	–	1952	沫阳镇柏林村五组
罗玉坤	男	–	1952	沫阳镇柏林村五组
罗绍真	男	–	1952–11	沫阳镇柏林村一组
湛道华	男	–	1952	沫阳镇田坝村冗院组
罗登明	男	–	1952	沫阳镇麻怀村屯上组
蒋治荣	男	–	1952	沫阳镇民进村花红组
黄光恒	男	–	1953	沫阳镇罗沟村五组
吴绍龙	男	–	1953–03	沫阳镇罗沟村五组
黄景云	男	–	1953	沫阳镇罗沟村五组
陆二	男	–	1953	沫阳镇罗沟村五组
罗金爱	男	–	1951	沫阳镇江亭村六组
黄元福	男	–	1951	沫阳镇沫阳村七组
蒙泽敏	男	–	1951	沫阳镇沫阳村七组
罗德明	男	–	1951	沫阳镇沫阳村纳上组
罗德彪	男	–	1951	沫阳镇沫阳村索亭组
唐顺	男	–	1951	沫阳镇沫阳村纳刮组
廖仕和	男	–	1953	沫阳镇沫阳村布吉组
陈胜刚	男	–	1953	沫阳镇沫阳村盐田组
陆老评	男	–	1950	翁保村纳逢四组
罗德明	男	–	–	龙坪镇惠罗路沙井巷 36 号
罗应周	男	–	–	龙坪镇七一村里况二组 45 号
黄井泰	男	–	–	龙坪镇六一村小寨组 27 号
罗昌辉	男	–	–	龙坪镇解放西路王家冲 7 号
罗光强	男	–	–	龙坪镇七一村纳善下组 5 号
黄光道	男	–	–	龙坪镇新艾村上组 12 号
付远忠	男	–	–	龙坪镇新艾村干送组 17 号

续表

姓　名	性别	出生年月	参军时间	家庭住址
叶兴林	男	–	–	云干乡八木村简桑组
罗成中	男	–	–	云干乡八木村内绕组
吴乔新	男	–	–	云干乡大关村干聋组
覃明华	男	–	–	云干乡道角村红星组
黄景云	男	–	–	云干乡干里村六组
罗永春	男	–	–	云干乡幸福村小学组
王美华	男	–	–	八总乡下儒村三组
黄光凡	男	–	–	八总乡平初村上组
陆正付	男	–	–	板庚乡林园村里翁组
黄元荣	男	–	–	板庚乡林园村里林组
王永祥	男	–	–	板庚乡旧寨村三岔河组
罗用华	男	–	–	板庚乡兴龙村下龙坪组
岑焕良	男	–	–	板庚乡纳田村半坡组
王仕英	男	–	–	板庚乡兴卫村沙卫组
罗少清	男	–	–	板庚乡板庚村上街组
王录周	男	–	1950	沫阳镇里怀村里改组
黄井应	男	–	–	罗悃镇河东村
杨光荣	男	1929–2	1947–11	一区五村（中国人民志愿军第 39 军）
刘大荣	男	1927–3	1953	一区云干一村（中国人民志愿军 32006461 部队）

注：罗甸入伍参加抗美援朝时间是 1953 年 3 月，有部分人员是 1950 年 11 月，当时罗甸未解放，但有中国人民解放军到罗甸接收部分青年入伍。1952 年参军的也到朝鲜去抗美援朝

五、罗甸县参加中越边界自卫反击战人员

姓名	工作单位	出生年月	民族	是否党员	入伍时间	参战时间	参战名称	所在部队	备注
罗德周	罗甸县地税局	1957–08	布依族	非党	1977–01	1979–02–17	中越边界自卫反击战	广州军区后勤部汽车 48 团	–
陈国文	罗甸县委办	1958–07	苗族	党员	1977–01	1979–02	中越边界自卫反击战	广州军区 54054 部队	–
杨再忠	罗甸县卫生局	1959–01	布依族	非党	1977–01	1979–02	中越边界自卫反击战	广州军区汽车连	–
梁晓建	罗甸县国税局	1956–09	布依族	党员	1976–11	1979–02	中越边界自卫反击战	广州军区后勤汽车 48 团（54054 部队）	–
岑祖荣	罗甸县委宣传部	1956–09	布依族	党员	1977–01	1979–02	中越边界自卫反击战	广州军区后勤汽车 48 团	–
罗朝富	罗甸县县医院	1957–11	布依族	党员	1977–01	1979–02	中越边界自卫反击战	广州军区汽车连	–
黄燕康	罗甸县城管局	1966–08	布依族	党员	1985–01	1986–03	对越防役作战	成都军区守备 102 师 6 团	–

续表

姓名	工作单位	出生年月	民族	是否党员	入伍时间	参战时间	参战名称	所在部队	备注
徐　斌	罗甸县公安局	1965-02	汉族	党员	1984-10	1986-03	对越防役作战	昆明军区边防连第14团、成都军区守备2师6团	–
彭大彬	罗甸县运管局	1966-06	汉族	党员	1984-10	1986-03	对越防役作战	昆明军区边防14团53分队（35549部队）	–
王成举	罗甸县国税局	1956-10	汉族	党员	1976-03	1979-02	中越边界自卫反击战	昆明军区第11军33师98团	–
王仕明	罗甸县看守所	1955-02	汉族	党员	1976-03	1979-02	中越边界自卫反击战	昆明军区独立师、成都军区守备3团1营	–
徐天禄	罗甸县总工会	1958-02	汉族	党员	1976-03	1979-02	中越边界自卫反击战	昆明军区独立师步兵2团2营	–
杨光仲	罗甸县农工局	1957-10	苗族	党员	1976-03	1979-02	中越边界自卫反击战	昆明军区独立师步兵2团2营14连	–
岑万福	罗甸县中医院	1957-12	苗族	党员	1976-02	1979-02	中越边界自卫反击战	昆明军区独立师2团2营9连	–
王文义	龙坪镇人民政府	1957-09	布依族	党员	1976-03	1979-02	中越边界自卫反击战	陆军第33师97团3营机枪连	–
崔中强	罗甸县工商局	1959-01	汉族	党员	1976-03	1979-02	中越边界自卫反击战	昆明军区第11军33师98团78分队	–
王家学	罗甸县移民局	1956-06	布依族	党员	1976-03	1979-02	中越边界自卫反击战	昆明军区35541部队72分队	1978.12受部嘉奖
谢兴国	董架乡人民政府	1957-01	汉族	党员	1976-03	1979-02	中越边界自卫反击战	昆明军区35116部队	–
金玉祥	董架乡人民政府	1956-08	汉族	党员	1978-02	1979-02	中越边界自卫反击战	昆明军区35506部队特务连	–
胡大国	罗甸县公安局	1956-07	汉族	党员	1976-02	1979-02	中越边界自卫反击战	昆明军区35502部队	–
黄光俊	沟亭乡财政所	1957-10	布依族	党员	1976-03	1979-02	中越边界自卫反击战	昆明军区35504部队	–
王永恒	罗甸县国土资源局	1958-01	布依族	党员	1976-01	1979-02	中越边界自卫反击战	昆明军区独立师35505部队	–
王仕锦	板庚乡财政所	1954-11	布依族	非党	1976-03	1979-02	中越边界自卫反击战	昆明军区边防12团12连	–
兰成华	罗甸县石油公司	1955-12	汉族	党员	1976-02	1979-02	中越边界自卫反击战	中国人民解放军35116部队（第11军33师98团）	–
姚茂成	边阳镇派出所	1956-10	汉族	党员	1976-03	1979-02	中越边界自卫反击战	昆明军区35506部队41分队	–
罗启开	罗甸县纪委	1954-01	布依族	党员	1972-12	1979-02	中越边界自卫反击战	陆军第14军40师118团3营8连、昆明军区边防第16团1营1连	二次入伍
刘年光	罗甸县地税局	1954-06	汉族	党员	1972-11	1979-02 1984	中越边界自卫反击战和84年老山战役	昆明军区第14军40师118团	–
杨光平	罗甸县信访局	1953-10	布依族	党员	1973-01	1979-02	中越边界自卫反击战	昆明军区40师步兵119团	–
金亦成	罗甸县职校	1959-04	布依族	非党	1978-12	1979-02	中越边界自卫反击战	广州军区第41军112师侦察边(53018部队62分队)	–

续表

姓名	工作单位	出生年月	民族	是否党员	入伍时间	参战时间	参战名称	所在部队	备注
罗绂俊	罗甸县公安局	1960-03	布依族	党员	1978-12	1979-02	中越边界自卫反击战	陆军第41军122师365团	–
廖正明	罗甸县疾控中心	1959-05	汉族	–	1978-12	1979-02	中越边界自卫反击战	广州军区5308部队	–
费伦华	罗甸县城管局	1960-02	汉族	–	1979-01	1979-02	中越边界自卫反击战	广州军区第41军122师364团特务连	–
罗承礼	罗甸县广电局	1956-11	布依族	–	1978-12	1979-02	中越边界自卫反击战	广州军区53022部队	–
李　钢	罗甸县水务局	1960-11	汉族	党员	1978-12	1979-03	中越边界自卫反击战	广州军区53022部83分队	–
周建明	罗甸县农行	1960-11	汉族	–	1978-12	1979-03	中越边界自卫反击战	广州军区53021部队	–
吴甸阳	罗甸县公安局	1959-12	汉族	–	1978-12	1979-03	中越边界自卫反击战	广州军区53020部队	–
陈国章	罗甸县民政局	1958-02	汉族	党员	1979-01	1979-04	中越边界自卫反击战	步兵第364团特务连	–
李金碧	罗甸县人民法院	1958-02	汉族	党员	1979-01	1979-02	中越边界自卫反击战	广州军区53022部队	–
杨文让	罗甸县人民法院	1959-06	布依族	党员	1978-12	1979-03	中越边界自卫反击战	广州军区53022部队	–
杨昌益	罗甸县人大办	1959-04	布依族	党员	1978-09	1979-03	中越边界自卫反击战	广州军区53047部队64分队	–
黄仕坚	罗甸县工商局	1959-05	布依族	党员	1979-01	1979-03	中越边界自卫反击战	广州军区53510部队79分队	–
谢明亮	边阳镇卫生院	1959-09	汉族	党员	1978-12	1979-02	中越边界自卫反击战	中国人民解放军54258部队	–
罗启才	董王社区	1956-03	苗族	党员	1978-12	1979-02	中越边界自卫反击战	广州军区53510部队	–
肖明华	董王社区	1960-05	汉族	党员	1979-01	1979-02	中越边界自卫反击战	广州军区53510部队特务连	–
王恩录	罗甸县沫阳镇政府	1959-10	布依族	党员	1978-12	1979-02	中越边界自卫反击战	广州军区53021部队	–
李及康	罗甸县城建局	1957-02	汉族	党员	1979-01	1979-02	中越边界自卫反击战	广州军区41军122师炮团	–
万再林	罗甸县工商局	1946-08	汉族	党员	1968-04	1979-03	中越边界自卫反击战	昆明军区35217部队124团3连	–
石金礼	罗甸县人大	1948-10	汉族	党员	1968-02	1979-03	中越边界自卫反击战及1975部队平叛	昆明军区42师124团2炮连	–
梁称秀	罗甸工商局	1950-01	苗族	党员	1968-01	1979-02	中越边界自卫反击战	昆明军区第41军42师步兵124团	–
王万恒	罗甸县科技局	1958-11	布依族	党员	1973-12	1979-02	中越边界自卫反击战	昆明军区第11军32师炮兵团汽车连	–
黄燕清	罗甸县监察局	1949-10	布依族	党员	1968-02	1979-02	中越边界自卫反击战	昆明军区42师124团	–
王世院	罗甸武装部	1946-06	布依族	党员	1968-02	1979-02	中越边界自卫反击战	昆明军区35217部队85分队	–
何建民	罗甸广电局	1963-09	苗族	党员	1981-10	1984-04	老山战役	昆明军区第14军41师125团1营机炮连（35213部队）	–

续表

姓名	工作单位	出生年月	民族	是否党员	入伍时间	参战时间	参战名称	所在部队	备注
陈盛忠	罗甸县人行	1954–10	布依族	党员	1973–11	1979–02 1984–06	中越边界自卫反击战及老山战斗	昆明军区第11军32师烤包子兵团1营机炮连	–
罗国智	罗甸县安监局	1955–02	汉族	党员	1973–01	1979–02 1984–04	中越边界自卫反击战及老山战斗	昆明军区40师烤包子团1营	–
张天明	罗甸县交通局	1962–10	汉族	党员	1981–10	1984–04	老山战役	中国人民解放军35216部队	–
柏文明	风亭乡财政所	1963–08	布依族	党员	1981–10	1984–04	老山战役	中国人民解放军35216部队	–
王世强	武装部	–	–	–	1981–10	1984–04	老山战役	昆明军区第14军41师125团（35213部队）	–
黄呈光	八茂财政	–	–	–	1981–10	1984–04	老山战役	昆明军区第14军41师125团（35213部队）	–
莫云刚	沟亭财政所	–	–	–	1981–10	1984–04	老山战役	昆明军区第14军41师125团（35213部队）	–
赵大成	州机关幼儿园	–	–	–	1981–10	1984–04	老山战役	昆明军区第14军41师125团（35213部队）	–
刘次华	董架财政局	–	–	–	1981–10	1984–04	老山战役	昆明军区第14军41师125团（35213部队）	–
陈世勇	罗悃镇人民政府	1963–10	布依族	党员	1981–10	1984–04	老山战役	昆明军区第14军41师125团（35213部队）	–
冯明康	–	–	–	–	1981–10	1984–04	老山战役	昆明军区第14军41师125团（35213部队）	–
蒋胜强	–	–	–	–	1981–10	1984–04	老山战役	中国人民解放军35207部队118团	–
彭定录	人民银行独山支行（原罗甸支行）	1963–07	苗族	党员	1981–10	1984–04	老山战役	中国人民解放军35207部队118团	–
罗景胜	龙坪镇新莲村交砚组	–	–	–	1981–10	1984–04	老山战役	昆明军区第14军41师125团（35213部队）	–
王正明	龙坪镇五星村	–	–	–	1981–10	1984–04	老山战役	昆明军区第14军41师125团（35213部队）	–
刘万成	罗甸县运管所	1962–09	汉族		1981–10	1984–04	老山战役	中国人民解放军35218部队125团	–
李章和	审计局保卫	–	–	–	1981–10	1984–04	老山战役	昆明军区第14军41师125团（35213部队）	–
廖永学	边阳镇新街路61号	1957–08	汉族	–	1976–03	1979–02	中越边境自卫反击战	昆明军区第11军33师98团机炮连	–
罗进贵	边阳镇打讲村新寨组12号	1960–01	布依族	党员	1980–12	1984–04	对越炮击作战	广西边防3师7团1营3连	–
黄道辉	边阳镇打讲村布吉一组54号	1957–09	布依族	–	1977–01	1979–02	对越自卫反击战	广州军区汽车第48团新1团上士	–

续表

姓名	工作单位	出生年月	民族	是否党员	入伍时间	参战时间	参战名称	所在部队	备注
黄国武	边阳镇打讲村布吉一组31号	1957-07	布依族	–	1979-01	1979-02	对越自卫反击战	步兵490团1营1连副班长	–
韦金荣	边阳镇新庄村三组28号	1959-10	布依族	团员	1979-01	1979-02	对越自卫反击战	广西53500部队特务连	–
陈朝清	边阳镇新庄村三组13号	1956-12	布依族	党员	1976-12	1979-02	对越自卫反击战	中国人民解放军53607部队	–
陈国华	边阳镇新丰村六组27号	1960-05	汉族	团员	1979-01	1979-02	中越边境自卫反击战	广西军区第55军164师490团二炮连	–
陈端忠	边阳镇新街路沙沟巷15号	1958-09	汉族	团员	1979-01	1979-02	中越边境自卫反击战	广西军区第55军164师490团3营8连	–
石思林	边阳镇团田村鸡笼冲组34号	1954-04	汉族	团员	1979-01	1979-02	中越边境自卫反击战	广州军区第55军164师步兵490特务连	–
夏顺忠	边阳镇前进村把摆组4号	1957-07	汉族	党员	1979-01	1979-02	中越边境自卫反击战	广东省总队第8支队1大队1中队冲锋枪手	–
唐登发	边阳镇平洋村酒号组34号	1953-10	汉族	党员	1976-03	1979-02	中越边境自卫反击战	昆明军区陆军33师98团2营	–
汤永华	边阳镇罗木村坪上组3号	1964-03	汉族	–	1984-01	1986-05	那发灯草山战役	昆明军区边防第14团	–
张兴国	边阳镇黄泥坳村龙井组70号	1958-09	–	–	1976-03	1979-02	中越边境自卫反击战	昆明军区独立师	–
黄国刚	边阳镇边阳大道64号	1967-06	汉族	团员	1984-10	1986	“老山、者阴山”防御作战	35549部队守备6团炮兵营2连	–
朱兴国	栗木乡干洞村坳口组	1954-01	汉族	党员	1976-12	1979-02	中越边境自卫反击战	昆明军区第11军33师98团2营4连	–
陈光辉	栗木乡干洞村冗王组	1966-03	苗族	团员	1978-12	1979-02	中越边境自卫反击战	广州军区步兵164师490团1营3连	–
连顺凯	栗木乡达上村大坡组	1960-04	汉族	团员	1978-12	1979-02	中越边境自卫反击战	广州军区步兵164师490团	–
杜家祥	栗木乡栗木村过然组	1957-05	汉族	–	1976-03	1979-02	中越边境自卫反击战	昆明军区边防13团3营文书	–
陈元荣	栗木乡下冲村摆细组	1957-03	汉族	–	1979-01	1979-02	中越边境自卫反击战	广州军区164师490团1营炮连	–
秦正明	栗木乡新场村挡窖组	1957-07	苗族	–	1978-12	1979-02	中越边境自卫反击战	53508部队490团高炮连高射机枪手	–
班永康	栗木乡新场村尖坡组	1957-06	苗族	团员	1978-12	1979-02	中越边境自卫反击战	广西边防8团1营炮连	–
姚元开	栗木乡新场村挡窖组	1956-03	汉族	–	1976-03	1979-02	中越边境自卫反击战	昆明军区边防14团2营7连	–
姚茂忠	栗木乡新场村挡窖组	1963-04	侗族	团员	1978-12	1979-02	中越边境自卫反击战	广州军区第55军164师490团通信连电话员	–
陈洪贤	栗木乡下冲村下冲组	1963-08	汉族	–	1985	1985-03	中越边境自卫反击战	昆明军区边防第6团1连	–
曹显明	栗木乡打号村上光组	1953-12	汉族	团员	1976-12	1979-02	中越边境自卫反击战	海南军区82分队	–
李友贤	罗沙乡里博沟村大山坳组17号	1960-06	汉族	–	1978-12	1979-02	中越边境自卫反击战	广州军区491团3营9连	–
吕祖明	罗沙乡翁选村三组26号	1958-09	汉族	–	1979-01	1979-02	中越边境自卫反击战	广州军区独立汽车3营炮手	–

续表

姓名	工作单位	出生年月	民族	是否党员	入伍时间	参战时间	参战名称	所在部队	备注
吴金伦	罗沙乡董油村蛮浪组 41 号	1951-07	汉族	–	1976-03	1979-02	中越边境自卫反击战	昆明军区第 11 军 33 师 98 团副班长	–
简家学	罗沙乡者任村耐窖一组 9 号	1956-10	汉族	–	1976-03	1979-02	中越边境自卫反击战	云南军独立师 2 团五连	–
姚秀林	罗沙乡董油村兰兰组 12 号	1959-11	汉族	–	1979-01	1979-02	中越边境自卫反击战	广州军区 491 团 2 营炮连	–
石道文	罗沙乡油海村四组 22 号	1959-12	汉族	–	1979-01	1979-02	中越边境自卫反击战	广州军区 491 团	–
李佐祥	罗沙乡者任村董桃四组 4 号	1958-07	汉族	–	1978-12	1979-02	中越边境自卫反击战	广州军步兵第 490 团 3 营 9 连	–
黄元福	罗沙乡罗路村抵麻组 27 号	1957-08	布依族	–	1979-01	1979-20	中越边境自卫反击战	广州军区 1 营 3 连	–
刘忠其	罗沙乡里博沟村里传组 14 号	1955-03	汉族	–	1976-03	1979-02	中越边境自卫反击战	昆明军区第 11 军 33 师 98 团	–
冯旺勋	罗沙乡平寨村猫冲组	1956-11	汉族	党员	1976-03	1979-02	中越边境自卫反击战	昆明军区独立第 2 团 2 营 6 连	–
宿贵成	罗沙乡董油村小坡组 29 号	1957-08	汉族	党员	1976-03	1979-02	中越边境自卫反击战	昆明军区独立第 2 团 2 营 7 连	–
彭福忠	罗沙乡平寨村干田坳组 30 号	1956-05	汉族	团员	1978-12	1979-02	中越边境自卫反击战	53510 部队 491 团 2 营 6 连	–
田景福	交砚乡新塘村岩脚组	1961-04	土家族	团员	1979-01	1979-02	中越边境自卫反击战	广州军区 492 团卫生队	–
张兴德	交砚乡联兴村银子石组	1950-10	汉族	–	1979-01	1979-02	中越边境自卫反击战	广州军区 493 团 2 机连	–
王益付	交砚乡联兴村王岗组	1957-07	布依族	–	1979-01	1979-02	中越边境自卫反击战	广州军区 491 团 2 营 5 连	–
林朝贵	交砚乡和平村大花棚组	1962-07	汉族	–	1979-01	1979-02	中越边境自卫反击战	广州军区 491 团 2 营 4 连	–
黄元凯	交砚乡播饶村上寨组	1958-07	布依族	–	1979-01	1979-02	中越边境自卫反击战	广州军区 492 团	–
王永进	交砚乡和平村简汉寨组	1955-04	布依族	–	1976-03	1979-02	中越边境自卫反击战	3558 部队机炮连	–
李敬奇	交砚乡石兴村巴禾组	1960-03	汉族	–	1979-01	1979-02	中越边境自卫反击战	广州军区 491 团通信连	–
徐胜荣	交砚乡告牙村长朝组	1957-05	汉族	–	1979-01	1979-02	中越边境自卫反击战	昆明军区边防 12 团机炮连	–
张时付	交砚乡交砚村交砚组	1964-02	汉族	–	1976-03	1979-02	中越边境自卫反击战	云南边区边防机炮连	–
常兴仁	交砚乡大寨村冗矮组	1954-05	汉族	–	1984-10	1986	中越边境自卫反击战	云南边区边防 14 团通信连	–
邹吉美	交砚乡和平村水库组	1954-08	汉族	–	1976-01	1979-02	中越边境自卫反击战	35541 部队	–
滕守金	交砚乡播饶村中寨组	1963-09	汉族	–	1984-11	1986-01	老山、者阴山地区对越作战	云南边区边防 14 团	–
陈福进	交砚乡交砚村播杀组	1966-07	汉族	–	1984-10	1986-01	老山、者阴山地区对越作战	云南边区边防 14 团炮 3 连	–
何大明	交砚乡交塘村拉化组	1965-08	汉族	–	1984-10	1986-01	老山、者阴山地区对越作战	昆明军区边防 14 团	–
韦明华	董王乡油捞村上油捞组	1956-03	苗族	团员	1979-01	1979-02	中越边境自卫反击战	广西边防 8 团	–
石大付	董王乡屯脚村沙沟组	1951-05	苗族	–	1979-01	1979-02	中越边境自卫反击战	广西边防 8 团	–

续表

姓名	工作单位	出生年月	民族	是否党员	入伍时间	参战时间	参战名称	所在部队	备注
杨光云	董王乡皮桶村破岩组	1953-05	苗族	–	1973-01	1979-02	中越边境自卫反击战	120 团 2 营	–
梁称华	董王乡皮桶村石板组	1955-07	苗族	–	1974-01	1979-02	中越边境自卫反击战	中国人民解放军 25559 部队	–
陈泽兵	董王乡过高村岩上组	1954-12	苗族	党员	1976-03	1979-02	中越边境自卫反击战	云南省军区独立第 2 团	–
罗文学	董王乡油烟村热改组	1955-08	苗族	团员	1976-03	1979-02	中越边境自卫反击战	云南省军区独立第 2 团	–
梁仕贵	董王乡油烟村热改组	1966-06	苗族	–	1984-10	1986-01	中越边境自卫反击战	中国人民解放军 35549 部队	–
何滕兵	董王乡过高村二组	1964-07	汉族	团员	1984-11	1986-01	中越边境自卫反击战	中国人民解放军 35549 部队	–
杨再云	逢亭镇逢亭村六组	1963-01	布依族	党员	1981-01	1983	法卡山作战	广州军区陆军第 14 军 52 师	–
蒙吉成	逢亭镇布吉村对门组	1957-10	布依族	–	1976-03	1979-02	中越边境自卫反击战	昆明军区第 11 军 33 师 98 团 2 连	–
杨胜付	逢亭镇纳上村纳上组	1954-09	汉族	–	1976-03	1979-02	中越边境自卫反击战	昆明军区第 11 军 33 师 98 团 823 炮连班长	–
黄吉明	逢亭镇逢亭村三组	1957-11	布依族	–	1979-01	1979-02	中越边境自卫反击战	广州军区 492 团 3 营 9 连战士	–
彭忠富	逢亭镇腮里村三组	1960-02	汉族	党员	1973-12	1979-02	中越边境自卫反击战	陆军第 32 师炮兵团 3 营副班长	–
周应亮	逢亭镇纳闹村一组	1939-06	汉族	党员	1960-03	1960-1966	中缅边境戡界警卫作战	昆明军区步兵 117 团 1 营 2 连班长	–
钟孟获	逢亭镇祥林村三组	1952-12	汉族	–	1973-01	1979-02	中越边境自卫反击战	陆军第 14 军 40 师通信营卫生员	–
石祖学	逢亭镇祥林村四组	1959-11	布依族	–	1979-01	1979-02	中越边境自卫反击战	广州军区独立汽车第 3 营高射机枪手	–
彭忠国	逢亭镇腮里村三组	1959-03	汉族	–	1978-12	1979-02	中越边境自卫反击战	广州军区独立汽车第 3 营战士	–
吴胜学	逢亭镇翁牛村二组	1958-02	汉族	–	1977-01	1979-02	中越边境自卫反击战	广州军区 393 团 9 连副班长	–
黄金明	逢亭镇祥林村一组	1956-09	布依族	–	1977-01	1979-02	中越边境自卫反击战	广州军区 393 团 9 连战士	–
杨秀国	逢亭镇上隆村	1966-08	苗族	团员	1979-01	1979-02	中越边境自卫反击战	广州军区第 55 军 164 师 492 团 2 营炮连	–
项光才	逢亭镇翁传村翁传组	1957-05	苗族	团员	1979-01	1979-02	中越边境自卫反击战	广州军区第 55 军 164 师 492 团 2 营炮连	–
杨秀荣	逢亭镇祥脚村二组 4 号	1963-02	汉族	–	1984-10	1986	“老山、者阴山”防御作战	成都军区守备 2 师守备 6 团 1 营 3 连战士	–
韦学鹏	逢亭镇腮里村四组 32 号	1968-05	布依族	团员	1984-10	1986	“老山、者阴山”防御作战	35549 部队炮 2 连战士	–
黄光义	凤亭乡凤亭村三组	1958-04	布依族	–	1978-12	1979-02	中越边境自卫反击战	53020 部队步兵 365 团 100 炮连战士	–
陈井利	凤亭乡凤亭村二组	1961-05	布依族	–	1978-12	1979-02	中越边境自卫反击战	广州军区第 41 军 121 师炮兵团	–
王国勤	凤亭乡联明村一组	1956-10	布依族		1976-03	1979-02	中越边境自卫反击战	35118 部队陆军 33 师防化连战士	–

续表

姓名	工作单位	出生年月	民族	是否党员	入伍时间	参战时间	参战名称	所在部队	备注
王卫荣	凤亭乡勤丰村七组	1966–04	–	–	1976–12	1979–02	中越边境自卫反击战	53617 部队副班长	–
黄元贵	罗暮乡平亭村一组	1956–12	布依族	团员	1977–01	1979–02	中越边境自卫反击战	广州军区汽车第 48 团 2 营(54073 部队)	–
马玉华	罗暮乡保上村交组 11 号	1959–02	苗族	–	1978–12	1979–02	中越边境自卫反击战	广州军区第 41 军 121 师炮兵团警卫排班长	–
黄文利	罗甸县罗暮乡平亭村一组 12 号	1958–10	布依族	团员	1978–01	1979–02	中越边境自卫反击战	广州军区 364 团 1 炝连	–
王建能	罗暮乡平亭村平亭组 43 号	1953–06	布依族	党员	1976–03	1979–02	中越边境自卫反击战	昆明军区第 11 军 33 师 98 团通信连	–
杨光兵	罗甸县罗暮乡沫村村一组 38 号	1957–01	布依族	–	1978–12	1979–02	中越边境自卫反击战	广州军区第 122 师炮兵团	–
黄元胜	罗暮乡罗暮村一组 115 号	1962–04	布依族	–	1978–12	1979–02	中越边境自卫反击战	广州军区 366 团 2 机连	–
王继术	罗暮乡罗暮村一组 95 号	1960–07	布依族	–	1978–12	1979–02	中越边境自卫反击战	广州军区第 122 师炮兵团	–
罗世茂	罗暮乡罗暮村二组	1961–12	布依族	–	1980–11	1984–03	中越边境自卫反击战	53702 部队 71 分队	–
杨昌祝	罗妥乡上妥村二组	1945–08	布依族	–	1976–03	1979–02	中越边境自卫反击战	35114 部队独立师 2 团 3 营 6 连	–
罗家荣	罗妥乡牙村村一组	1955–06	布依族	团员	1977–01	1979–02	中越边境自卫反击战	中国人民解放军 54054 部队	汽车修理
罗世先	罗妥乡交算村三组	1955–07	苗族	–	1978–12	1979–02	中越边境自卫反击战	53020 部队步兵 365 团三炮连	–
陶光祥	罗妥乡交算村三组	1947–03	苗族	–	1977–03	1979–02	中越边境自卫反击战	35549 部队独立师 2 团 2 营 2 连	–
杨光玉	罗妥乡俄村村公俄组	1950–08	布依族	党员	1976–03	1979–02	中越边境自卫反击战	中国人民解放军 35116 部队	纳闹公社人
赵加云	罗妥乡牙村村按抗组	1953–09	瑶族	–	1979–01	1979–02	中越边境自卫反击战	53020 部队	–
岑承启	红水河镇云里村一组	1956–08	布依族	–	1977–01	1979–02	中越边境自卫反击战	广州军区汽车第 21 团战士	–
韦国其	红水河镇关故村一组	1965–03	布依族	团员	1984–10	1986	对越作战	中国人民解放军 35549 部队	–
黄元学	红水河镇下宜村交打组	1960–12	布依族	–	1976–03	1979–02	中越边境自卫反击战	昆明军区炮兵第 4 师 823 炮连战士	–
罗文江	红水河镇羊里村三组	1958–03	布依族	–	1978–12	1979–02	中越边境自卫反击战	广州军区第 55 军 163 师 363 团 5 连战士	–
韦凤新	红水河镇羊里村三组	1955–08	布依族	–	1979–01	1979–02	中越边境自卫反击战	广州军区第 55 军 163 师战士	–
曾祥惠	龙坪镇和平路新区巷 2 号附 6 号	1960–04	汉族	党员	1979–01	1979–02	中越边境自卫反击战	广州军区第 41 军 122 师 364 团战士	–
黄益民	龙坪镇河滨南路建自巷 7 号附 1 号	1959–09	汉族	团员	1978–12	1979–02	中越边境自卫反击战	广州军区第 55 军 492 团战士	–
刘海和	龙坪镇解放东路 7 号附 7 号	1960–06	汉族	团员	1978–12	1979–02	中越边境自卫反击战	广州军区第 55 军 493 团战士	–
黄光炳	龙坪镇莲花村二组 53 号	1957–06	布依族	–	1976–12	1979–02	中越边境自卫反击战	广州军区后勤部运输 48 团四连驾驶员	–
岑如对	龙坪镇新苑村移民组 20 号	1958–03	布依族	党员	1976–12	1979–02	中越边境自卫反击战	广州军区后勤部运输 48 团驾驶员	–

续表

姓名	工作单位	出生年月	民族	是否党员	入伍时间	参战时间	参战名称	所在部队	备注
罗家汪	龙坪镇马草村一组20号	1957-06	布依族	–	1976-03	1979-02	中越边境自卫反击战	昆明军区边防14团2营6连班长	–
罗家行	龙坪镇马草村四组16号	1957-02	布依族	–	1977-01	1979-02	中越边境自卫反击战	广州军区后勤部队汽车48团驾驶	–
罗文根	龙坪镇新艾村亭丰组1号	1955-02	布依族	–	1976-03	1979-02	中越边境自卫反击战	昆明军区独立师1炮连战士	–
罗生杰	龙坪镇七一村林安二组9号	1955-11	布依族	–	1976-03	1979-02	中越边境自卫反击战	陆军第11军33师98团4营11连战士	–
罗家应	龙坪镇七一村林安一组4号	1958-03	布依族	团员	1977-01	1979-02	中越边境自卫反击战	广州军区汽车48团班长	–
罗井忠	龙坪镇七一村里况二组8号	1957-11	布依族	团员	1977-01	1979-02	中越边境自卫反击战	广州军区汽车48团2营5连驾驶员	–
王永祥	龙坪镇新民村四组	1956-03	布依族	–	1978-12	1979-02	中越边境自卫反击战	广州军区365团1营3连战士	–
吴兆杰	龙坪镇老城村二组1号	1956-11	汉族	团员	1977-01	1979-02	中越边境自卫反击战	广州军区汽车48团1营2连班长	–
尹道富	龙坪镇罗斛大道东段29号	1958-11	布依族	–	1978-12	1979-02	中越边境自卫反击战	广州军区第41军122师高炮营战士	–
黄元华	龙坪镇六一村天星下组3号	1960-07	布依族	–	1978-12	1979-02	中越边境自卫反击战	广州军区第41军122师366团战士	–
罗政炳	龙坪镇六一村交平组23号	1956-09	布依族	–	1978-12	1979-02	中越边境自卫反击战	广州军区第41军122师战士	–
岑足光	龙坪镇解放东路168号	1957-07	布依族	–	1976-03	1979-02	中越边境自卫反击战	昆明军区第11军33师98团副班长	–
李永贤	龙坪镇环城路龙溪巷13号	1958-10	汉族	–	1978-12	1979-02	中越边境自卫反击战	广州军区第41军122师副班长	–
李发群	龙坪镇解放东路151号附2号	1958-03	汉族	团员	1978-12	1979-02	中越边境自卫反击战	广州军区第41军123师驾驶员	–
黄元辉	龙坪镇文化路47号	1966-09	布依族	–	1984-10	1986	“老山、者阴山”防御作战	成都军区守备2师守备6团1营3连班长	–
陈正平	龙坪镇祝家庄2号	1966-10	汉族	–	1984-10	1986	“老山、者阴山”防御作战	昆明军区边防14团炮2连战士	–
李文凡	龙坪镇商业街27号附5号	1963-09	汉族	–	1984-10	1986	“老山、者阴山”防御作战	昆明军区边防14团2营报话员	–
马崇俊	龙坪镇罗斛大道西路106号	1955-10	汉族	党员	1977-03	1979-02	中越边境自卫反击战	广州军区汽车48团班长	–
杨永康	龙坪镇莲花村37号	1960-06	布依族	团员	1978-12	1979-02	中越边境自卫反击战	广州军区第41军122师364团三机连战士	–
朱家华	龙坪镇罗斛大道东路89号	1958-01	汉族	党员	1978-11	1979-02	中越边境自卫反击战	广州军区第55军164师490团战士	–
帅永明	龙坪镇罗斛大道东段111号	1956-12	汉族	团员	1977-01	1979-02	中越边境自卫反击战	广州军汽车第48团2连	–
曾祥富	龙坪镇和平路新区巷2号附6号	1956-05	汉族	团员	1977-01	1979-02	中越边境自卫反击战	广州军区汽车第48团战士	–
王昌良	龙坪镇文化路104号	1966-12	布依族	–	1984-01	1986	老山、者阴山地区中越边境自卫反击战	昆明军区边防第14团2连炮兵	–
罗仕荣	龙坪镇生产路2号附3号	1967-09	布依族	–	1984-11	1986	老山、者阴山地区中越边境自卫反击战	昆明军区边防14团班长	–

续表

姓名	工作单位	出生年月	民族	是否党员	入伍时间	参战时间	参战名称	所在部队	备注
杨家周	龙坪镇金星村林宿二组	1957–05	布依族	党员	1976–03	1979–02	中越边境自卫反击战	昆明军区第 11 军 33 师 98 团一营一连	–
敖应国	龙坪镇兴未村上兴组 28 号	1954–07	汉族	党员	1976–03	1979–02	中越边境自卫反击战	中国人民解放军队干部 5114 部队	–
胡朝忠	龙坪镇商业街 28 号附 12 号	1956–06	汉族	–	1976–02	1979–02	中越边境自卫反击战	陆军第 11 军 33 师炮兵团汽车连干事	–
付　阳	龙坪镇斛兴路 3 号附 44 号	1966–06	苗族	–	1984–10	1986	老山、者阴山地区中越边境自卫反击战	成都军区守备 2 师 6 团 7 连	–
罗时安	龙坪镇新苑村二组 8 号	1959–05	布依族	–	1978–12	1979–02	中越边境自卫反击战	广州军区第 122 师炮兵团报话员	–
范永强	龙坪镇商业街 4 号附 8 号	1958–12	汉族	–	1978–12	1979–2	中越边境自卫反击战	广州军区 122 师后勤部汽车驾驶员	–
符祥兵	龙坪镇香洲巷 24 号	1963–10	布依族	–	1984–10	1986	老山、者阴山地区中越边境自卫反击战	35549 部队 73 分队战士	–
苏高山	龙坪镇望月巷 4 号附 3 号	1959–10	汉族	–	1978–12	1979–02	中越边境自卫反击战	53022 部队副班长	–
谢振华	龙坪镇文化路 80 号附 4 号	1966–11	布依族		1984–10	1986	老山、者阴山地区中越边境自卫反击战	昆明军区边防 14 团战士	–
罗朝周	龙坪镇新艾村干送组 53 号	1964–05	布依族	团员	1984–10	1986–1	老山、者阴山地区中越边境自卫反击战	中国人民解放区 35549 部队	–
朱朝光	龙坪镇河滨北路斛滨巷 33 号（原猴场跃进生产队）	1955–01	汉族	党员	1974–01	1979–02	中越边境自卫反击战	中国人民解放军陆军第 32 师炮兵团	–
岑有生	龙坪镇信邦大道 85 号	1957–02	布依族	–	1976–03	1979–02	中越边境自卫反击战	昆明军区第 4 师 100 迫击炮连	–
黄多胜	龙坪镇罗斛大道西路 234 号	1956–07	布依族	–	1977–01	1979–02	中越边境自卫反击战	广州军区后勤独立汽车第 3 营 3 连	–
李应忠	云干乡八木村赶外组	1961–12	汉族	–	1984–10	1986	老山、者阴山地区中越边境自卫反击战	成都军区守备 2 师 6 团炮营 2 连班长	–
李应光	云干乡八木村赶外组	1962–03	汉族	–	1978–12	1979–02	中越边境自卫反击战	广州军区第 41 军 122 师 366 团战士	–
李必伦	云干乡大关村大关组	1957–10	汉族	团员	1978–04	1979–02	中越边境自卫反击战	53612 部队三营四辖区战士	–
严文奇	云干乡大关村猴场组	1953–08	汉族	团员	1977–01	1979–2	中越边境自卫反击战	广州军区汽车 48 团驾驶员	–
敖应发	云干乡大关村冗江组	1964–10	汉族	–	1984–10	1986	老山、者阴山地区中越边境自卫反击战	成都军区守备 2 师 6 团炮营 1 连	–
朱明康	云干乡大关村石板井组	1966–07	汉族	–	1984–10	1986	老山、者阴山地区中越边境自卫反击战	昆明军区边防第 14 团班长	–
罗国玉	云干乡干里村三组	1958–11	布依族	–	1978–12	1979–02	中越边境自卫反击战	53021 部队 366 团 3 营 9 连	–
吴万贵	云干乡干里村塘绕组	1957–07	汉族	–	1976–03	1979–02	中越边境自卫反击战	昆明军区独立师 2 团 1 营 2 炮连班长	–

续表

姓名	工作单位	出生年月	民族	是否党员	入伍时间	参战时间	参战名称	所在部队	备注
罗国忠	云干乡永进村摆细组	1956-06	汉族	-	1976-03	1979-02	中越边境自卫反击战	昆明军区第11军33师98团2营5连副班长	-
郭正权	云干乡永进村另七组	1963-01	汉族	团员	1976-03	1979-02	中越边境自卫反击战	昆明军区第11军33师98团特务连战士	-
李应堂	云干乡云盘村干房组	1963-02	汉族	-	1984-10	1986	老山、者阴山地区中越边境自卫反击战	35549部队53分队	-
罗兴伦	云干乡云盘村井边组	1959-03	苗族	团员	1977-01	1979-02	中越边境自卫反击战	广州军区汽车48团2连驾驶员	-
罗秀文	八总乡播也村二组	1955-12	布依族	-	1976-03	1979-02	中越边境自卫反击战	广州军区独立师炮兵团2营7连副班长	-
王世群	八总乡下儒村三组	1959-11	布依族	团员	1977-01	1979-02	中越边境自卫反击战	广州军区汽车第48团六连驾驶员	-
黄宝先	八总乡下儒村母亭组	1950-04	布依族	-	1978-12	1979-02	中越边境自卫反击战	广州军区炮兵第1师火箭炮手	-
王永欢	八总乡里矮村下组	1957-10	布依族	-	1978-12	1979-02	中越边境自卫反击战	广州军区第41军121师战士	-
王朝辉	八总乡交友村交友组	1962-07	布依族	团员	1978-12	1979-02	中越边境自卫反击战	广州军区第41军121师战士	-
黄光炳	板庚乡坪寨村九洞组	1955-06	布依族	团员	1976-12	1979-02	中越边境自卫反击战	广州军区第41军第122师炮兵团驾驶员	-
唐子平	板庚乡大坪村团田组	1958-09	汉族	-	1978-12	1979-02	中越边境自卫反击战	广州军区第41军第123师炮兵团1营4连	-
张忠献	板庚乡大坪村高坡组	1959-07	汉族	-	1978-12	1979-02	中越边境自卫反击战	广州军区第41军第124师炮兵团1营4连战士	-
舒付兵	板庚乡大坪村小坪组	1965-05	汉族	-	1984-10	1986	老山、者阴山地区中越边境自卫反击战	昆明军区边防14团战士	-
张国太	板庚乡保上村下林组	1953-07	汉族	团员	1977-01	1979-02	中越边境自卫反击战	广州军区汽车第48团9连驾驶员	-
张良明	板庚乡保上村米闹组	1958-12	汉族	-	1978-12	1979-02	中越边境自卫反击战	广州军区陆军第55军163师战士	-
龙通华	板庚乡对门村岩山组	1957-05	汉族	-	1976-12	1979-02	中越边境自卫反击战	昆明军区第11军33师98团战士	-
黄大贵	板庚乡对门村江内组	1964-10	布依族	-	1984-10	1986	老山、者阴山地区中越边境自卫反击战	昆明军区边防14团副班长	-
汤元华	板庚乡红岩村保上组	1956-04	汉族	-	1977-01	1979-02	中越边境自卫反击战	广州军区汽车48团1连副班长	-
汤元忠	板庚乡红岩村红岩组	1966-06	汉族	-	1984-11	1986	老山、者阴山地区中越边境自卫反击战	昆明军区边防14团副班长	-
高方国	板庚乡兴龙村下龙平组	1957-08	汉族	-	1976-03	1979-02	中越边境自卫反击战	广州军区独立师炮兵团1营1连	-
吴秀明	板庚乡兴龙村下龙平组	1955-09	汉族	团员	1976-12	1979-02	中越边境自卫反击战	广州军区汽车48团2连驾驶员	-

续表

姓名	工作单位	出生年月	民族	是否党员	入伍时间	参战时间	参战名称	所在部队	备注
岑焕能	板庚乡纳田村三角组	1957-07	布依族	团员	1977-01	1979-02	中越边境自卫反击战	广州军区汽车48团10连	-
王仕良	板庚乡纳田村中组	1961-10	布依族	-	1979-01	1979-02	中越边境自卫反击战	广州军区41军122师炮兵团1营3连战士	-
王兴仁	板庚乡林园村布舍组	1958-06	布依族	党员	1976-03	1979-02	中越边境自卫反击战	昆明军区第11军33师98团战士	-
黄林清	板庚乡兴卫村龙洞二组	1956-04	布依族	党员	1977-01	1979-02	中越边境自卫反击战	广州军区汽车48团3连驾驶员	-
蒋永平	板庚乡坪寨村翁岩二组	1958-04	汉族	-	1978-12	1979-02	中越边境自卫反击战	广州军区41军122师炮兵团战士	-
黄元进	板庚乡纳田村布防一组	1963-05	布依族	团员	1981-12	1984-05	老山地区对越作战	中国人民解放军35218部队	-
王仕炳	板庚乡旧寨村三岔河组	1955-06	布依族	团员	1976-03	1979-02	中越边境自卫反击战	中国人民解放军35116部队	-
陈锦德	罗悃镇纳冗村二组38号	1958-04	布依族	团员	1978-12	1979-02	中越边境自卫反击战	广州军区122师炮兵团3营指挥边	-
杨甫长春	罗悃镇冗瓦村四组27号	1953-02	布依族	-	1979-03	1979-02	老山、者阴山地区中越自卫反击战	云南省军区边防3营12连战士	-
蒙华林	罗悃镇纳闹村二组13号	1958.10	布依族	团员	1978-12	1979-02	中越边境自卫反击战	广州军区第41军122师警卫边战士	-
杨胜规	罗悃镇上饶村三组33号	1961-06	布依族	团员	1978-12	1979-02	中越边境自卫反击战	广州军区第41军122师炮兵团2营6连战士	-
黄光英	罗悃镇河东三组32-1号	1958-10	布依族	-	1978-12	1979-02	中越边境自卫反击战	广州军区第41军122师炮兵团给养员	-
贲克明	罗悃镇河西村一组41-1号	1969-09	布依族	-	1984-11	1987-08	老山、者阴山地区中越自卫反击战	昆明军区边防第14团服务员台长	-
秦洪明	罗悃镇各化村一组27号	1958-04	汉族	团员	1977-01	1979-02	中越边境自卫反击战	广州军区汽车第48团汽车连五班战士	-
岑龙海	罗悃镇河西村七组54号	1958-08	布依族	团员	1978-12	1979-02	中越边境自卫反击战	广州恽区第41军121师战士（53013部队）	-
白洪明	罗悃镇纳闹村6组47号	1955-03	布依族	-	1977-01	1979-02	中越边境自卫反击战	广州军区第55军3营2连2班（54073部队汽车连）	-
杨正先	罗悃镇纳闹村二组22号	1956-10	布依族	-	1976-03	1979-02	中越边境自卫还击战	昆明军区第11军33师98团2营72分队（35116部队）	-
杨光选	罗悃镇朗顶村二组27号	1956-08	布依族	团员	1979-03	1979-02	中越边境自卫还击战	中国人民解放军35507部队	-
杨正系	罗悃镇朗顶村二组6号	1956-09	布依族	团员	1978-12	1979-02	中越边境自卫还击战	广州军区第41军122师炮团2营8连	-
班凤传	罗悃镇河西村四组13号	1958-01	布依族	团员	1976-03	1979-02	中越边境自卫还击战	昆明军区边防第12团班长	-
杨光敏	罗悃镇新坡村三组23号	1962-05	布依族	团员	1985-01	1986-02	自卫反击战858阵地	中国人民解放军35549部队战士副班长	-

续表

姓名	工作单位	出生年月	民族	是否党员	入伍时间	参战时间	参战名称	所在部队	备注
梁先国	沟亭乡响水村纳艾组19号	1956-04	汉族	团员	1976-03	1979-02	中越边境自卫还击战	陆军第33师2排4班班长	-
陆庆忠	沟亭乡布乃村布乃上组20号	1957-08	布依族	-	1976-03	1979-02	中越边境自卫还击战	昆明军区第11军33师99团2营战士	-
王良富	沟亭乡冗响村杨柳湾组36号	1959-03	汉族	团员	1977-01	1979-02	中越边境自卫还击战	中国人民解放54054部队74分队汽车司机	-
白永兵	沟亭乡平坡村平坡下组22号	1959-04	布依族	团员	1977-01	1979-02	中越边境自卫还击战、法卡山战役	广州军区第55军第163师363团班长	-
谢友清	沟亭乡平坡村平坡下组5号	1954-06	布依族	党员	1976-03	1979-02	中越边境自卫还击战	中国人民解放军35116部队	-
莫云刚	沟亭乡平坡村平坡下组40号	1963-06	布依族	团员	1981-10	1984-05	老山地区自卫还击战	中国人民解放军35216部队	-
白洪斌	沟亭乡沟亭村上沟亭组84号	1963-09	布依族	团员	1980-11	1984-03	老山、者阴山战争	广州军区第35军第163师363团2营6连战士	-
王正学	沟亭乡沟亭村上沟亭组45号	1966-11	汉族	团员	1984-10	1985	对越炮击作战	中国人民解放军35549部队	-
刘文亮	罗苏乡罗苏村一组	1957-08	汉族	党员	1977-01	1979-02	中越边境自卫反击战、法卡山战役	广州军区汽车独立48团54054部队75分队	-
罗兰义	罗苏乡罗苏村五组	1944-01	布依族	团员	1976-03	1979-02	中越边境自卫反击战	昆明军区第11军33师98团45分队战士	-
岑承会	罗苏乡沿河村纳云组	1955-10	布依族	-	1977-01	1979-02	中越边境自卫还击战	广州军区汽车独立48团75分队	-
龙治文	罗苏乡塘山村然绕河组	1967-10	布依族	团员	1984-10	1985	对越炮击作战	中国人民解放军35549部队	-
罗登胜	茂井镇康里村七组	1958-05	布依族	-	1979-01	1979-02	中越边境自卫还击战	广东军区第41军	-
黄成光	茂井镇边圩村三组	1964-03	布依族	团员	1982-01	1984	老山、者阴山战争	昆明军区125团3营机炮连	-
罗茂兴	都匀市甘塘镇邦水村新达组1号	1966-05	布依族	-	1984-10	1984-12	“老山、者阴山”对越防御作战	昆明军区边防第14团	-
王邦奇	广西乐业县逻西乡民权村列里屯	1956-09	布依族	-	1979-01	1979-02	中越边境自卫还击战	广州军区步兵365团2营2连	-
王邦恩	茂井镇八达村十一组	1950-08	布依族	党员	1979-01	1979-02	中越边境自卫还击战	昆明军区边防第14团7连	-
王世邦	茂井镇高田村一组	1960-05	布依族	-	1979-01	1979-02	中越边境自卫还击战	广州军区步兵365团	-
王家亮	茂井镇红屯村四组	1961-08	布依族	-	1979-01	1979-02	中越边境自卫还击战	广州军区第122师炮兵团1营1连战士	-
罗绍红	茂井镇新茂村四组	1961-08	布依族	-	1979-01	1979-02	中越边境自卫还击战	中国人民解放54266部队	-
黎占奎	大亭乡布江村降骂组26号	1954-08	布依族	-	1979-03	1979-02	中越边境自卫还击战	昆明军区边防1团1营1连	-

续表

姓名	工作单位	出生年月	民族	是否党员	入伍时间	参战时间	参战名称	所在部队	备注
岑世文	亭西村平田组114号	1958–01	布依族	–	1973–01	1976–08	云南沙缅平叛战斗	陆军第14军40师119团	–
孟政凡	布江村降骂组28号	1955–09	布依族	团员	1979–01	1979–02	中越边境自卫还击战	广州军区第41军122师警卫连	–
王家善	北亭村告年组	1955–09	布依族	–	1976–03	1979–02	中越边境自卫还击战	昆明军区独立师98团高机连	–
蒙炳兴	大亭乡布良村交改组28号	1956–11	布依族	–	1979–01	1979–02	中越边境自卫还击战	广州军区第41军122师	–
杨永周	兴合村布劳组10号	1965–06	布依族	党员	1984–10	1986–05	对越炮击作战	中国人民解放军35549部队	–
陆朝云	广西天鹅县坡杰乡龙茶村豆芽屯	1958–10	布依族	–	1976–03	1979–02	中越边境自卫还击战	昆明军区独立师2团1连	–
陆腾胜	沫阳镇翁保村保上二组6号	1958–10	布依族	团员	1978–12	1979–02	中越边境自卫反击战	53046部队81分队班长	–
王昌荣	沫阳镇里改村里国组6号	1965–06	布依族	党员	1978–12	1979–02	中越边境自卫反击战	广州军区第41军122师后勤	–
韦明祥	沫阳镇罗沟村一组16号	1958–08	布依族	–	1978–12	1979–02	中越边境自卫反击战	中国人民解放军54266部队战士	–
袁国政	沫阳镇纳翁村一组4号	1959–02	布依族	–	1978–12	1979–02	中越边境自卫反击战	53046部队65分队通信连	–
黄元昌	沫阳镇林情村三组13号	1958.06	布依族	–	1978.12	1979–02	中越边境自卫反击战	广州军区第41军第122师	–
罗绂祖	沫阳镇柏林村一组52号	1958.07	布依族	–	1978–12	1979–02	中越边境自卫反击战	广州军区9连3排4班	–
黄喜荣	沫阳镇纳刮村盐田组1号	1958.07	汉族	团员	1976–03	1979–02	中越边境自卫反击战	中国人民解放军35117部队	–
罗绂权	沫阳镇沫阳村六组25号	1964.12	布依族	–	1984–01	1986.03	老山、者阴山对越防御作战	昆明军区边防第14团	–
陆龙能	沫阳镇江亭村五组26号	1962.07	布依族	团员	1984–10	1986.03	老山、者阴山对越防御作战	中国解放军队干部5549部队（成都军区守备第6团）	–
黄井智	沫阳镇里怀村马尾组13号	1961.04	布依族	–	1984–10	1986–03	老山、者阴山对越防御作战	昆明军区边防第14团炮1连炮兵班长	–
罗绂宇	沫阳镇访里村五组20号	1964.02	布依族	–	1984–10	1986–03	老山、者阴山对越防御作战	昆明军区边防第14团炮兵战士	–
王惠生	沫阳镇里落村一组22号	1964.10	布依族	党员	1984–10	1986–03	老山、者阴山对越防御作战	昆明军区边防第14守备6团2营8连	–
陆加庆	沫阳镇纳翁村一组18号	1957.10	布依族	团员	1976–12	1979–02	中越边境自卫反击战	中国人民解放军53606部队	–
罗东洋	董当乡红星村七组14号	1954.10	布依族	党员	1976–01	1979–02	中越边境自卫反击战	中国人民解放区第33师炮兵团	–
罗家文	董当乡红星村二组28号	1957.03	布依族	团员	1979–01	1979–02	中越边境自卫反击战	步兵366团3营9连	–
黄良光	董当乡董望村一组04号	1959.02	布依族	团员	1979–01	1979–02	中越边境自卫反击战	53046部队后勤	–
黄光荣	董当乡董望村红岩一组30号	1948.04	布依族	党员	1976–03	1979–02	中越边境自卫反击战	中国人民解放军35118部队	1956年生沫阳罗沟大队
罗仕勇	董当乡董望村三组07号	1955–12	布依族	团员	1976–03	1979–02	中越边境自卫反击战	中国人民解放军35114部队	–

续表

姓名	工作单位	出生年月	民族	是否党员	入伍时间	参战时间	参战名称	所在部队	备注
黄元春	董当乡大井村小井组 01 号	1965-04	布依族	–	1984-01	1986-03	老山、者阴山对越防御作战	成部军区守备 6 团 1 营 5 连	–
罗仕威	董当乡梅坡村四组 43 号	1957-09	布依族	–	1978-12	1979-02	中越边境自卫反击战	广州军区第 41 军 122 师炮兵团 2 营 6 连	–
罗应能	董当乡罗牙村河上二组 16 号	1955-03	布依族	团员	1977-01	1979-02	中越边境自卫反击战	广州军区第 131 师直属防化连	–
罗应环	董当乡罗牙村河上二组 09 号	1958-03	布依族	–	1976-03	1979-02	中越边境自卫反击战	昆明军区边防 12 团	–
罗家文	董当乡拉良村一组 07 号	1957-02	布依族	–	1978-12	1979-02	中越边境自卫反击战	广州军区陆军 122 师炮团通信员	–
罗德秀	董当乡拉良村二组	1958-12	布依族	党员	1976-03	1979-02	中越边境自卫反击战	昆明军区独立师 2 团 1 连	–
罗家亮	董当乡勇进村一组 30 号	1952-02	布依族	党员	1976-03	1979-02	中越边境自卫反击战	昆明军区第 11 军第 33 师 98 团炮连	–
吴东荣	董当乡勇进村五组 15 号	1957-12	布依族	团员	1978-12	1979-02	中越边境自卫反击战	广州军区步兵 365 团通信连	–
罗克智	董当乡先锋村六组 43 号	1957-10	布依族	党员	1976-03	1979-03	清水河口岸上战斗	中国人民解放军队 35547 部队	–
黄保应	董架乡甲哨村上坝组	1958-05	汉族	–	1979-01	1979-02	中越边境自卫反击战	广州军区第 41 军 122 师 366 团 3 营 8 连卫生员	–
王国明	董架乡董架村打多组	1961-11	–	–	1978-12	1979-02	中越边境自卫反击战	广州军区第 41 军 122 师 366 团 3 机连副班长	–
李天国	董架乡白龙村董相组	1955-02	–	–	1979-01	1979-02	中越边境自卫反击战	广州军区第 41 军 122 师 364 团 1 机连战士	–
何榜书	董架乡联合村抹相组	1956-02	汉族	团员	1976-12	1979-02	中越边境自卫反击战	中国人民解放军 53606 部队	–
赵乐飞	董架乡田坝村纳查组	1958-07	–	–	1978-12	1979-02	中越边境自卫反击战	54267 部队副班长	–
黎忠祥	平岩乡弯心村三组	1954-11	苗族	党员	1979-01	1979-02	中越边境自卫反击战	广州军区第 41 军 122 师 364 团一机连（53019 部队）	–
梁定学	木引乡水井村六组	1961-09	苗族	–	1978-12	1979-02	中越边境自卫反击战	广西第 58 军 20 师 53511 部队	–
任明益	木引乡勤民村一组	1957-05	汉族	–	1979-01	1979-02	中越边境自卫反击战	广州军区汽车第 21 团	–
陈崇军	木引乡兴隆村三组	1956-02	汉族	–	1976-03	1979-02	中越边境自卫反击战	昆明军区第 4 师（35116 部队）	–
黄吉顺	木引乡把坝村二组	1957-09	苗族	–	1976-03	1979-02	中越边境自卫反击战	陆军第 11 军 33 师 98 团 3 营 8 连	–
冯乾斌	木引乡速进村十组	1960-04	汉族	–	1978-12	1979-02	中越边境自卫反击战	广州军区 164 师 492 团 3 营炮连（53511 部队 87 分队）	–
杨光成	木引乡兴隆村二组	1961-12	苗族	–	1979-01	1979-02	中越边境自卫反击战	中国人民解放军 53511 部队	–
石祖亮	木引乡木引村一组	1950-05	布依族	–	1973-01	1979-02	中越边境自卫反击战	中国人民解放军 120 团连	–

续表

姓名	工作单位	出生年月	民族	是否党员	入伍时间	参战时间	参战名称	所在部队	备注
杨通光	木引乡高山村五组	1955-01	苗族	–	1977-01	1979-02	中越边境自卫反击战	中国人民解放军53605部队392团3营7连	–
杨光文	木引乡丛里村石里组	1958-11	汉族	–	1979-01	1979-02	中越边境自卫还击战	中国人民解放军54258部队	–
朱永光	纳坪乡打金村大若组	1960-07	苗族	–	1979-01	1979-02	中越边境自卫还击战	广州军区第55军164师492团2营6连副班长	–
吴朝明	纳坪乡打金村打科组	1955-05	苗族	–	1977-01	1979-02	中越边境自卫还击战	海军38901部队391团2营5连副班长	–
杨正光	–	1965-12	布依族	团员	1982-01	1984	老山、者阴山对越机动作战	昆明军区步兵125团3营机炮连战士	–
罗邦治	罗沙乡巴沙村巴沙组31号	1951-07	汉族	团员	1978-12	1979-02	中越边境自卫还击战	中国人民解放军54257部队	–
王昌先	交砚乡交塘村打东组	1956-05	布依族	–	1979-01	1979-02	中越边境自卫还击战	广州军491团八连	–
卢正前	栗木乡深井村龙井组70号	1953-08	苗族	团员	1976-03	1979-02	中越边境自卫还击战	昆明军区边防12团100炮连	–
罗廷荣	木引乡兴隆村七组	1958-10	苗族	团员	1976-12	1979-02	中越边境自卫还击战	中国人民解放军53606部队	–
龙远兵	罗暮乡白岩脚组16号	1957-03	汉族	团员	1978-12	1979-02	中越边境自卫还击战	广州军区第122师炮兵团79分队	–
潘德才	罗悃镇各化村二组	1959-04	布依族	--	1979-01	1979-02	中越边境自卫还击战	广州军区第41军122师364团2营炮连班长	–
韦永恒	罗苏乡罗苏村三组	1962-04	苗族	–	1978-12	1979-02	中越边境自卫还击战	广州军区112师96分队汽车教导员	–
黄元开	罗苏乡平榜村上坪组	1958-11	布依族	–	1976-03	1979-02	中越边境自卫还击战	昆明军区8团2营5连副班长	–
班熙东	罗苏乡沿河村纳云组	1967-12	布依族	–	1986-11	1989-07	老山对越防御作战	成都军区高炮旅1营2连6分队	–
罗家和	龙坪镇和平路	1958-07	布依族	–	1977-01	1979-02	中越边境自卫反击战	广州军区汽车第48团驾驶员（54054部队77分队）	–
杨胜福	龙坪镇六一村黄花二组35号	1957-06	布依族	–	1976-03	1979-02	中越边境自卫反击战	陆军第11军33师98团3营8连战士	–
罗贤周	龙坪镇莲花村	1955-09	布依族	团员	1977-01	1979-02	中越边境自卫反击战	广州军区汽车第48团一连	–
曾启学	逢亭镇腮里村三组	1959-10	汉族	–	1979-01	1979-02	中越边境自卫反击战	广州军区第42军124师54102部队战士	–
秦开林	龙坪镇解放东路69号	1960-12	布依族	–	1978-12	1979-02	中越边境自卫反击战	广州军区第41军122师366团战士	–
蒙玉林	罗暮乡罗暮村	1958-10	布依族	–	1979-01	1979-02	中越边境自卫反击战	湖南省岳阳军区365团3营	–
何祖光	龙坪镇解放东路	1949-12	汉族	–	1979-01	1979-02	中越边境自卫反击战	第14军41师第四补训团（35062部队）	–
陈玉忠	边阳镇黄泥坳村龙井组	1958-10	布依族	团员	1979-01	1979-02	中越边境自卫反击战	广州军区第55军164师1营炮兵连	–
石文伦	栗木乡深井村摆龙组	1968-06	汉族	–	1984-01	1986	中越边境自卫反击战	昆明军区边防6团1连	–

续表

姓名	工作单位	出生年月	民族	是否党员	入伍时间	参战时间	参战名称	所在部队	备注
罗世光	罗妥乡交算村交算组	1955-07	苗族	-	1978-12	1979-02	中越边境自卫反击战	53020 部队步兵365 团 3 炮连	-
陶光强	罗妥乡交算村一组	1947-03	苗族	-	1977-03	1979-02	中越边境自卫反击战	35549 部队独立师2 团 2 营 2 连	-
李正通	罗妥乡交算村冗共组	1957-12	苗族	-	1977-12	1979-02	中越边境自卫反击战	54054 部队汽车第 48 团	-
杨光政	红水河镇下宜村下宜组	1958-10	布依族	-	1976-03	1979-02	中越边境自卫反击战	昆明军区边防 12 团（35541 部队）	-
何廷华	逢亭镇翁牛村二组	1965-07	汉族	-	1976-03	1979-02	中越边境自卫反击战	昆明军区第 11 军33 师 98 团（35116 部队）	-
王金成	逢亭镇逢亭村一组	1959-10	布依族	-	1978-12	1979-02	中越边境自卫反击战	广州军区独立汽车第 3 营（53566 部队）	-
孟政宇	大亭乡布江村降纳组	—	布依族	-	1976-03	1979-02	中越边境自卫反击战	昆明军区独立师2 团 3 营机枪连	-
罗家文	董当乡红星村二组	1957-03	布依族	团员	1979-01	1979-02	中越边境自卫反击战	步兵团 366 团3 营 9 连	-
何守益	董王乡过高村二组	1961-09	苗族	-	1979-01	1981-01	法卡山作战	中国人民解放军54259 部队	-
陈祖国	交砚乡交塘村	1956-10	苗族	-	1976-12	1979-02	中越边境自卫反击战	海南省军区侦察连	-
王国忠	交砚乡职兴村王岗组	1966-04	布依族	-	1984-01	1986	老山者阴山对越作战	昆明军区边防 14 团	-
李光信	栗木摆贡村摆果组乡	1957-05	汉族	-	1979-01	1979-02	中越边境自卫反击战	广州军区第 55 军164 师 490 团	-
岑焕付	板庚乡纳田村中组	1955-09	布依族	团员	1977-01	1979-02	中越边境自卫反击战	广州军区汽车第 48 团 6 连	-
黄光炳	板庚乡坪寨村九洞组	1955-06	布依族	团员	1976-12	1979-02	中越边境自卫反击战	广州军区第 41 军第 122 师炮兵团	-
高云国	板庚乡兴隆村下龙坪组	1957-08	汉族	-	1976-03	1979-02	中越边境自卫反击战	广州军区独立师炮兵团 1 营 1 连班长	-
胡绪江	木引乡纳坪村一组	1958-06	汉族	-	1979-03	1979-10	老山者阴山对越作战	中国人民解放军35507 部队	-
严文棋	云干乡大关村猴场组	1953-08	汉族	-	1977-01	1979-02	中越边境自卫反击战	广州军区汽车第 48 团	-
敖应周	罗甸云干乡干里交累	1962-11	汉族	-	1981-01	1983-04	老山还击战	昆明军区 125 团3 营机枪连	-
丰安付	木引乡兴隆村七组	1954-09	汉族	-	1976-12	1979-02	中越边境自卫反击战	中国人民解放军38901 部队	-
郑明礼	木引乡纳猛村四组	1956-08	汉族	-	1977-01	1979-02	中越边境自卫反击战	中国人民解放军38901 部队	-
罗世茂	董当乡红星村六组	1962-05	布依族	-	1980-11	1984-03	中越边境自卫反击战	中国人民解放军53702 部队	-
石祖祥	木引乡从里村	1957-12	布依族	党员	1973-02	1979-02	中越边境自卫反击战	中国人民解放军35550 部队	-
罗世荣	罗悃镇纳见村三组	1956-05	布依族	-	1979-01	1979-02	中越边境自卫反击战	广州军区 41 军 122师 364 团后勤处	-
杨　伟	罗悃镇冗瓦村四组	1953-02	布依族	-	1979-03	1979-10	老山者阴山对越作战	昆明军区边防 1 团3 营 12 连	-
黄景谦	罗暮乡罗暮二组	1969-07	布依族	党员	1984-04	1986	老山、阴山防御	中国人民解放军35549 部队	-

附 录

一、获省（部）级以上表彰先进集体

1. 获省（部）级以上表彰先进集体

单位名称	授予称号	授奖单位	授予时间
罗甸县水电局	全国第二批农村水电初级电气化建设先进集体	水利部、国家计划委员会、中国水利电力工会全国委员会	1996-05
罗甸县教育局	中华扫盲奖	教育部	1998
罗甸县大关村	全国先进基层党组织	组织部	2001-08
罗甸县司法局	残疾人维权示范岗	司法部、中国残联	2003-05
罗甸县中等职业学校	国家级重点职业学校	教育部	2005
罗甸县科学技术局	2007 年度全国县级防震减灾工作先进单位	地震局	2008-05
罗甸县科学技术局	2008 年度全国地震应急救援工作先进集体	地震局	2009-05
罗甸县和学技术局	2008 年度全国县级防震减灾工作先进单位	地震局	2009-05
罗甸县财政局	全国民族团结进步模范集体	国务院	2009-09
罗甸县婚姻登记处	全国规范化单位	民政部	2010
罗甸县老龄工作委员会办公室	全国老龄系统先进集体	人力资源部和社会保障部、全国老龄工作委员会办公室	2011-10
罗甸县民政局	全国民政系统先进集体	人力资源和社会保障部、民政部	2012
罗甸栗木敬老院	“群众满意窗口”和“行风示范单位”	民政部	2013
罗甸栗木敬老院	全国农村五保供养工作先进单位	民政部	2014.
罗甸县科学技术与知识产权局	全国县级防震减灾工作先进单位	国家地震局	2014-12
罗甸县民政局	全国农村五保供养工作先进单位	民政部	2014
罗甸县民政局	全国文明优抚事业单位	民政部	2015
罗甸县司法局	贵州省“二五”（1991—1995 年）普法先进单位	贵州省人民政府	1995
罗甸县中等职业学校	贵州省级重点职业学校	贵州省人民政府	2001

续表

单位名称	授予称号	授奖单位	授予时间
罗甸县教育局	贵州省精神文明建设工作先进单位	中共贵州省委、省政府	2006
罗甸县老龄工作委员会办公室	全省老龄工作先进单位	贵州省人事厅、省老龄发办公室	2007–10
罗甸县人武部	扶贫工作先进单位	省政府、省军区	1998–09
罗甸县人武部	征兵工作先进单位	成都军区	2007.8
罗甸县人武部	民兵工作先进单位	成都军区	2012–04
罗甸县财政局	贵州省精神文明建设工作先进单位	中共贵州省委、贵州省政府	2008–12
罗甸县栗木敬老院	贵州省十佳敬老院	贵州省民政厅	2011
罗甸县蔬菜开发办公室	贵州“早果菜水稻－秋冬果菜”高效栽培技术研究及应用科学技术进步二等奖	贵州省人民政府	2012–12
罗甸县栗木敬老院	贵州省五星级敬老院	贵州省民政厅	2012
罗甸县云干乡大关村	全国第二批文明村镇	中央文明办公室	2008–12

2. 获省（部）级以上表彰社会团体（组织）

社团组织	授予称号	授奖单位	授予时间
罗甸县龙坪镇五星村蔬菜协会	全国科普惠农兴村先进集体	中国科协、中华人民共和国财政部	2011–06

二、文献辑录

贵州省人民政府关于罗甸县建镇并乡撤区行政区域变更的批复

黔府通（1991）100号

黔南布依族苗族自治州人民政府：

你州黔南政通〔1991〕50号文件附件收悉。根据省委、省政府省发〔1991〕6号、〔1991〕省通字第30号文件精神和国家有关法律、法规，现批复如下：

一、同意撤销城关区、边阳区、逢亭区、八茂区、罗悃区。

二、同意撤销龙坪镇、立亭乡、所也乡、合并建立龙坪镇（科局级）。龙坪镇人民政府驻地设在龙坪，辖原龙坪镇的2个居委会、11个村委会、原立亭乡的4个村委会，原所也乡的5个村委会；

撤销边阳镇、大文乡、兴隆乡，合并建立边阳镇（科局级）。边阳镇人民政府驻地设在边阳，辖原边阳镇的1个居委会、8个村委会、原大文乡的5个村委会，原兴隆乡的3个村委会；

撤销逢亭乡、罗里乡、床井乡、合并建立逢亭镇（科局级）。逢亭镇人民政府驻地设在逢亭，辖原逢亭乡的6个村委会，原罗里乡的6个村委会，原床井乡的5个村委会；

撤销沫阳乡、瓮保乡、合并建立沫阳镇（科局级）。沫阳镇人民政府驻地设在沫阳，辖原沫阳乡的9个村委会，原瓮保乡3的个村委会；

撤销茂井乡、高圩乡，合并建立茂井镇（科局级）。茂井镇人民政府驻地设在茂井，辖原茂井乡的6个村委会，原高圩乡的6个村委会；

撤销罗悃乡、平艾乡、纳闹乡、合并建立罗悃镇（科局级）。罗悃乡人民政府驻地设在罗悃，辖原罗悃乡的4个村委会，原平艾乡的5个村委会，原纳闹乡的5个村委会；

撤销八总乡、交广乡，合并建立八总乡（科局级）。八总乡人民政府驻地设在八总，辖原八总乡的5个村委会，原交广乡的5个村委会；

撤销云干乡、猴场乡、合并建立云干乡（科局级）。云干乡人民政府驻地设在云干，辖原云干乡的7个村委会，原猴场乡的3个村委会；

撤销板庚乡、罗化乡，合并建立板庚乡（科局级）。板庚乡人民政府驻地设在板庚，辖原板庚乡的9个村委会，原罗化乡的4个村委会；

撤销栗木乡、达上乡，深井乡，合并建立栗木乡（科局级）。栗木乡人民政府驻地设在栗木，辖原栗木乡的2个村委会，原达上乡的4个村委会，原深井乡的4个村委会；

撤销罗沙乡、巴沙乡，合并建立罗沙乡（科局级）。罗沙乡人民政府驻地设在罗沙，辖原罗沙乡的5个村委会，原巴沙乡的4个村委会；

撤销交砚乡、冗翁乡，合并建立交砚乡（科局级）。交砚乡人民政府驻地设在交砚，辖原交砚乡的6个村委会，原冗翁乡的3个村委会；

撤销董王乡、油闹乡，合并建立董王乡（科局级）。董王乡人民政府驻地设在董王，辖原董王乡的7个村委会，原油闹乡的3个村委会；

撤销木引乡、云里乡、摆龙乡，合并建立木引乡（科局级）。木引乡人民政府驻地设在木引，辖原木引乡的7个村委会，原云里乡的5个村委会，原摆龙乡的6个村委会；

撤销董架乡、田坝乡，合并建立董架乡（科局级）。董架乡人民政府驻地设在董架，辖原董架乡的5个村委会，原田坝乡的4个村委会；

撤销董当乡、坡共乡，合并建立董当乡（科局级）。董当乡人民政府驻地设在董当，辖原董当乡的7个村委会，原坡共乡的4个村委会；

撤销大亭乡、布告乡，合并建立大亭乡（科局级）。大亭乡人民政府驻地设在大亭，辖原大亭乡的5个村委会，原布告乡的3个村委会；

撤销罗暮乡、平亭乡，合并建立罗暮乡（科局级）。罗暮乡人民政府驻地设在罗暮，辖原罗暮乡的4个村委会，原平亭乡的3个村委会；

撤销沟亭乡、冗响乡，合并建立沟亭乡（科局级）。沟亭乡人民政府驻地设在沟亭，辖原沟亭乡的4个村委会，原冗响乡的6个村委会；

撤销罗苏乡、罗暮乡、合并建立罗苏乡（科局级）。罗苏乡人民政府驻地设在罗苏，辖原罗苏乡的6个村委会，原罗暮乡的1个村委会；

撤销罗羊乡、平亭乡，合并建立罗羊乡（科局级）。罗羊乡人民政府驻地设在罗羊，辖原罗羊乡的5个村委会，原平亭乡的1个村委会。

三、同意纳坪乡、平岩乡、凤亭乡、班仁乡、罗妥乡的规格升为科局级，其行政区域和乡人民政府驻地不变。

1991年8月9日

中共贵州省委办公厅　中共贵州省人民政府办公厅 关于批转省划定革命老区领导小组《关于划定遵义等县市为革命老区的请示》的通知

省办发〔1998〕16 号

各自治州、市、县（市、特区、区）党委和人民政府，各地区党委和行署，省委各部委，省级国家机关各部门，省军区党委，各人民团体：

省划定革命老区领导小组《关于划定等县市为革命老区的请示》已经省委、省政府同意，现批转你们。

中共贵州省委办公厅

贵州省人民政府办公厅

1998 年 6 月 17 日

关于划定遵义等县市为革命老区的请示

省委、省政府：

1930 年至 1936 年，中国共产党领导的工农红军第七军、第八军、第三军、中共红军及二、六军团在贵州开展了轰轰烈烈的革命斗争，创建了滇黔桂边区革命根据地、黔东革命根据地、黔北革命根据地和黔西北革命根据地。在中国革命处于最艰苦的斗争年代，贵州成为红军休养生息，发展壮大的重要之地，成为中国革命由挫折走向胜利的转折地。贵州各族人民为红军创建苏区，成功实施战略转移，做出了重要的贡献。

为了客观地、全面地反映红军在贵州活动期间我省各族人民革命斗争的历史，弘扬老区人民不怕艰难险阻、英勇奋斗、无私奉献的优良传统和作风，褒扬老区人民的历史功绩，树立老区意识，推动全省两个文明建设，我省转发了省委党史研究室《关于我省开展划定革命老区工作的意见》（省办发〔1997〕31 号）。（各地、州、市、县）党委、政府对划定革命老区工作高度重视，组织有关部门按照 31 号文件规定的划定老区标准，对当地历史情况进行广泛调查，核实整理有关材料，写出申报老区的请示。省划定革命老区领导小组办公室（省委党史研究室）对各地请示及有关附件进行了认真研究、综合整理，写出《关于我省划定革命老区工作的综合报告》。1998 年 5 月 15 日，省划定革命老区领导小组召开全体成员会议，对《综合报告》进行认真讨论、审核，确定我省可以划定为革命老区的县（市、区、特区）有 31 个，辖革命老区乡（镇、办事处）551 个（名单附后）。

请省委、省政府审批认定。

省划定革命老区领导小组

1998 年 5 月 18 日

贵州省 31 个革命老区县（市、区、特区）名单
（摘　录）

遵义市（略）。铜仁地区（略）。毕节地区（略）。黔西南州（略）。

黔南州

罗甸县、瓮安县。

六盘水市（略）。

贵州省 551 个革命老区乡（镇、办事处）名单
（摘录）

红花岗区（略）。遵义县（略）。绥阳县（略）。桐梓县（略）。仁怀市（略）。

赤水市（略）。习水县（略）。湄潭县（略）。凤岗县（略）。余庆县（略）。

沿河土家族自治县（略）。印江土家族苗族自治县（略）。德江县（略）。松桃苗族自治县（略）。石阡县（略）。江口县（略）。毕节市（略）。大方县（略）。

黔西县（略）。金沙县（略）。赫章县（略）。纳雍县（略）。威宁彝族回族苗族自治县（略）。望谟县（略）。贞丰县（略）。册亨县（略）。

罗甸县

凤亭乡、茂井乡、八总乡、龙坪镇、逢亭镇、纳坪乡、木引乡、董当乡、董架乡、沫阳镇、沟亭乡、罗悃镇、罗苏乡、罗妥乡、罗羊乡、板庚乡、栗木乡、边阳镇。

瓮安县（略）。水城县（略）。钟山区（略）。盘县特区（略）。

贵州省人民政府关于同意罗甸县行政区划调整的批复

黔府函〔2014〕32 号

黔南自治州人民政府：

你州《关于调整罗甸县行政区划的请示》黔南府呈〔2014〕1 号及附件收悉。现批复如下：

一、同意撤销罗甸县龙坪镇、沫阳镇、边阳镇、逢亭镇、罗悃镇、红水河镇、茂井镇、云干乡、板庚乡、八总乡、董当乡、沟亭乡、平岩乡、栗木乡、罗沙乡、交砚乡、董王乡、纳坪乡、沟亭乡、罗苏乡、罗暮乡、罗妥乡、大亭乡、凤亭乡、班仁乡等 25 个乡（镇）建制，设置新的龙坪镇、沫阳镇、边阳镇、逢亭镇、罗悃镇、红水河镇、茂井镇、凤亭乡。新设置的龙坪镇、沫阳镇、边阳镇、逢亭镇、罗悃镇、红水河镇、茂井镇、凤亭乡所辖地域如下：

（一）新设置的龙坪镇辖原龙坪镇、云干乡、板庚乡、八总乡，镇人民政府驻城东社区。

（二）新设置的沫阳镇辖原沫阳镇、董当乡、董架乡、平岩乡，镇人民政府驻罗沟村。

（三）新设置的边阳镇辖原边阳镇、栗木乡、罗沙乡、交砚乡、董王乡，镇人民政府驻下坝村。

（四）新设置的逢亭镇辖原逢亭镇、纳坪乡，镇人民政府驻逢亭村。

（五）新设置的罗悃镇辖原罗悃镇、沟亭乡、罗苏乡，镇人民政府驻河东村。

（六）新设置的红水河镇辖原红水河镇、罗暮乡、罗妥乡，镇人民政府驻羊里村。

（七）新设置的茂井镇辖原茂井镇、大亭乡，镇人民政府驻茂井村。

（八）新设置的凤亭乡辖原凤亭乡、班仁乡，镇人民政府驻凤亭村。

二、同意撤销罗甸县木引乡，设置木引镇，镇人民政府驻木引村，所辖行政区域不变。

三、请认真做好行政区划调整相关工作，促进当地经济社会全面发展。

2014 年 2 月 25 日

贵州省人民政府关于同意罗甸县龙坪镇行政区划调整的批复

黔府函〔2015〕5 号

黔南自治州人民政府：

你州《关于罗甸县人民政府驻地设置街道办事处的请示》（黔南府呈〔2014〕151 号）及附件收悉。现批复如下：

一、同意从罗甸县龙坪镇析置斛兴街道，析置后的龙坪镇、斛兴街道所辖地域分别如下：

（一）龙坪镇辖新莲村、老城村、马草村、五星村、八一村、顶访村、交谷村、金星村、六一村、七一村、新艾村、兴未村、交广村、八总村、下儒村、里矮村、云盘村、道角村、干里村、大关村、八木村、罗化村、大坪村、坪寨村、里免村，龙坪镇人民政府驻新莲村。

（二）斛兴街道辖城东社区居委会、城西社区居委会、河滨社区居委会，办事处驻城东社区居委会。

请认真做好行政区划调整工作，促进当地经济社会全面发展。

贵州省人民政府

2015 年 1 月 16 日

罗甸县人民政府转发黔南州房改领导小组关于罗甸县房改方案的批复的通知

罗府发〔1993〕9 号

各乡镇人民政府，县府各工作部门：

现将《黔南州房改领导小组关于罗甸县房改方案的批复》（黔南房改〔1993〕6 号）印发给你们，请认真贯彻执行。

附：罗甸县城镇住房制度改革实施方案

一九九三年八月二十七日

黔南州住房制度改革小组关于罗甸县房改方案的批复

黔南房改〔1993〕6号

罗甸县住房制度改革领导小组：

你县报来的房改方案收悉。根据省的委托，现作复如下：

一、经省审定批准，你县1992年砖混单元式套房每平方米建筑面积的公房售价为：1992年1月1日竣立分配使用的新房标准价180元，最低限价120元；1991年末前的旧房重置价168元，最低限价80元。

非砖混单元式套房的新、旧房售价，由你县比照上述价格自行决定。

出售上述住房有下列优扣：

1. 少数民族地区购买自住房给5%的优扣；

2. 购买按工龄优扣，即每年工龄为0.2%，可按购房户中最高工龄人员的工龄累加计算。

3. 一次付清购房款的给20%优扣。分期付款的在首次付款30%的基础上每多付10%给2%的优扣。

以上价格、优扣的规定，均执行到1993年3月31日止。从1993年4月1日起，应按省的新规定制定新的标准价、重置价和有关优惠政策，即1993年的售房价应在1992年的基础上上浮9%以上；优扣逐步递减，首先是工龄优扣应递减50%等等。请另报方案再审批。

二、新房（含腾空再分配的旧房）实行新制度，其租金应高于旧房提租幅度；租住新房认购的建房债券按建筑面积计算，每平方米新房基数不低于40元、腾空再分配的旧房不低于30元。

三、请按上述规定，结合本县实际情况，参照省批准的福泉县房改方案（已发各县、市），自行修改你县报来的房改方案。报同级政府认可后公布执行；并将公布的房改方案一式各五份分别直报省、州房改领导小组备案。

特此批复

黔南州住房制度改革领导小组

1993年3月18日

罗甸县城镇住房制度改革实施方案

住房制度改革是经济体制改革的重要组成部分。根据国发〔1988〕11号、〔1991〕30号、国办发〔1991〕73号和黔府发〔1992〕41号文件精神，结合我县的具体情况，在调查、测算的基础上，广泛听取群众意见，制定本方案。

一、目的和目标

住房制度改革的根本目的是多渠道筹集资金，加快住房建设速度，缓解和改善住房条件，逐步实现住房资金的良性循环和住房商品化，调节和引导消费，促进产业结构调整，抑制住房分配中的不正之风。通过国家、单位、个人的共同努力，实现住房的供需平衡和住房资金的良性循环。

改革的目的是“八五”期间实现我县城镇住房成套达到50%，人均居住面积8平方米，到2000年城镇居民住房成套率达到70%以上。人均居住面积10平方米。长期目标是在逐步建立起发展社会主义市场经济基础上的住房制度和运行机制。实现住房商品化。

二、住房制度改革的基本原则

（一）建立稳定的国家、集体、个人三结合的住房建设基金。改变由国家财政、单位包下的建房办法。

（二）要体现多住房、住好房多拿钱的原则。改变低租金、无偿分配的住房制度，逐步实现住房商品化。

（三）在全县范围内实行租金、售房价格统一的原则。

（四）坚持租、售、建并举的住房机制转换的原则。积极发展房地产业，发育房地产市场。

（五）实行新房新制度。对一九九二年元月一日起竣工分配的新房和腾空再分配的旧房。全面贯彻先售后租、新房新租有偿使用的原则。

三、住房制度改革的实施方案

（一）提租补贴

凡在我县城镇范围内所有公有住房，均属提租范围。统一计租标准，统一计量单位，统一计算办法。全县平均每平方米使用面积月租金为 0.30 元；各类住房的租金标准根据住房结构、等级、层次、设备、环境、地段、朝向等因素，进行增减，适当拉开租金档次。

1．补贴对象和补贴系数

凡租住公有住房的职工（含离退休职工），由所在单位根据其标准工资（基础工资、工龄工资、职务工资三项之和）或离退休费，按 2% 的比例一次核定金额，按月发给住房补贴。

提租补贴后，各单位原来所发放的各项住房补贴一律取消。

2．住房补贴资金来源

企业承担的部分进入成本；全额预算行政事业单位列入预算；差额预算事业单位分别比照全额预算单位和企业资金开支渠道列支；自收自支事业单位比照企业开支渠道列支。

企业根据自己的实际，经县房改办批准后，可以选择一步到位或分步到位，实行一步到位的（月租金达到五项因素，即 1.6%/ ㎡），房租补贴比例不得超过三项工资之和的 23.5%。

3．住房租金的使用

提租后，所有产权单位均须在县建行房地产信贷部建立租金专户，所收取租金只限用于住房维修和管理。

4．减免政策

（1）经民政部门确认的社会救济户，提租后新增租金部分，经县房改办批准，全额免交。

（2）享受离休待遇的职工和已故离休职工的配偶，特等、一等伤残军人、烈属（配偶或父母），住房面积在标准之内的，提租后新增加租金与家族成员所得住房补贴相抵，增支过多的，经县房改办批准，视其情况，给予适当减免。

5．超标加租

凡租住公有住房的职工，其住房面积超过国家标准的部分，要加收房租，租住住房超标建筑面积在 10 平方米（使用面积 8 平方米）以内的住户，仍按规定租金交纳房租；超过 10—20 平方米（使用面积 8—16 平方米）部分，加收规定租金的 2 倍；超过 20 平方米（使用面积 16 平方米）以上者，加收规定租金的 4 倍。

（二）租房买债券

1．认购的额度

（1）现已租住的旧公有住房住户，按建筑面积计算，每平方米 3—5 元。

（2）租住新房必须先购买建设债券。砖混结构单元式套房每平方米不低于 40 元，腾空房每平方米不低于 30 元（按建筑面积计算）。其他住房，可视其房屋结构和其他调节因素，另行决定。

（3）租住公房住户的住房建设债券应一次性购买。确有特殊困难的职工，经本人申请，报县房改办审批后可分期购买或者给予适当地减免。

（4）积极提倡社会各界人士、各单位职工踊跃购买住房债券。

2．债券发行

我县住房债券按上级分配额度由县人民政府担保，由住房资金管理委员会负责发售、管理、使用，具体发售和偿还业务，委托县建行房地产信贷部办理。

3. 发行对象和范围

自本方案实施之日起，凡我县城镇范围内所有租住公房的住户，除按规定缴交租金外，都是认购住房建设债券的对象。

4. 债券利息和偿还

住房建设债券的年利率为 3.6%，不计复利，五年后本息一次归还。住房建设债券允许进入国家规定的证券市场。

5. 债券资金的使用

住房建设债券资金专项用于住房建设和房地产开发，原则上单位可以有偿使用本单位职工认购的住房建设债券的资金，用于住房建设。

（三）出售公有住房

1. 公房出售原则

积极提倡职工购买自住公房。由县房改办报县人民政府批准可以出售的公有住房，以标准价出售。每户只能按职级最高的成员的住房控制标准享受一次；住房标准不能叠加计算；按市场价购买的住房面积不受限制。

2. 售房的价格

新房一九九二年砖混结构单元式标准套房每平方米建筑面积的标准价为 180 元；旧房重置价为每平方米 168 元成新折扣后作为标准价。在房改起步阶段，征地费、拆迁补偿费由单位负担，出售新旧住房在标准价的基础上按住房所处的地段、朝向、楼层、设施等因素进行增减。

严禁以过低的价格出售公有住房，一九九二年度新房（砖混结构单元式标准套房）每平方米建筑面积最低限价不得低于 120 元；旧房（砖混结构单元式标准套房）每平方米建筑面积最低限价，不得低于 80 元。两种不同售房价格，均指扣除各种优惠后的实际付款价格。

今后出售新旧公有住房的价格，由房屋评估小组统一评估，经县房改办会同有关部门审定，报上级房改领导小组批准，由县人民政府公布。

职工购买公有住房，一律按建筑面积计算，以标准价购房的面积标准为：一般职工 50 平方米；科局级 60 平方米；县处级 70 平方米；地师级 90 平方米。超过上述规定在 10—20 平方米以内的部分，按标准价购买，超过 20 平方米以上部分，按市场价购买。

凡在同一城镇有私房的职工，原则上不出售给公房。如房改前产权单位分配的住房，私房面积达不到规定住房标准，又确需住房的，其住房面积合并计算，超面积部分，按市场价购买。

3. 优惠政策

产权单位向职工出售自住住房。在房改起步阶段，免缴固定资产投资调节税、营业税，购房者免缴房产税、一次性契税和城镇土地使用税。向职工个人出售公有住房回收的住房资金，免缴预算外调节基金和能源交通重点建设基金。

房改起步阶段，给购房职工第一年 0.2% 的工龄优惠（以工龄长的一方计算，不得合并计算工龄）；购自住房给予 5% 的优惠。

4. 付款办法

在房改起步阶段，一次性付清房款给予 20% 的优惠折扣；分期付款的必须与产权单位订立交款合同，首付款不得低于售房价的 30%，在此基础上每多付 10%，可给予 2% 的优惠。新房付款不超过 15 年，旧房付款不超过 10 年；分期付款的另需规定支付利息，也可向县建行房地产信贷部申请抵押贷款。

5. 售后管理

按标准价购买的住房，购房者拥有部分产权，可以使用和依法继承，并发给房屋有限产权证。购房款付清居住满五年后，可以出售。在同等条件下，原产权单位有优先购买权。出售住房的增值部分，个人按购房款占市场比例与产权单位分成。

按市场价购买的住房，购房款付清后拥有全部产权。

凡购买自住公房者，不再认购住房建设债券。

（四）推行公积金

公积金是一项长期性的义务储蓄，通过长期的积累逐步提高职工家庭解决自住住房的能力。职工个人和单位按月分别缴交工资（标准工资）的5%公积金，存入个人专户，两者均归个人所有，公积金的缴交额每年公布一次。

1. 公积金的范围、利率及来源

凡正式职工、合同制工人，不分隶属关系，均实行公积金制度。离退休职工、临时工和三资企业中的外籍职工不实行公积金制度。

公积金的存储比照银行同期活期存款利率结算。

公积金个人缴交的部分由职工个人负担同，企业提交的部分在税前列支；全额预算行政事业单位提交的部分列入预算；差额预算事业单位提交的部分，按差额比照全额预算单位和企业的开支渠道列支；自收自支事业单位提交的部分，比照企业在税前列支。

2. 公积金的使用

（1）公积金只能用于支付职工家庭购建自住住房、私房翻修和大修等费用。其他费用包括住房内部装修、房屋养护、住房租金、认购住房建设债券等，不得用公积金支付。

（2）职工可以使用本户成员和经过同意的直系亲属的公积金。

（3）职工离退休时，其结余的公积金本息归还给职工；职工在职期间去世，其结余的公积金本息可由法定继承人或受赠人继承；职工调离本县，其结余的公积金本息转入新的工作地。

（4）单位购建和大修住房，原则上均可有偿使用本单位职工结余的公积金。

3. 公积金的管理

公积金由县住房资金管理委员会办公室负责归集、管理和使用，公积金的归集与存贷业务委托县建行房地产信贷部办理。

征收职工个人调节税时，可扣除个人缴交部分；公积金本息，受益人免交个人收入调节税。

（五）鼓励集资、合作建房

集资、合作建房，主要面向住房困难、居住危、破房的住户，采取先集资，后建房和按自愿原则，国家对集资建房、合作建房免征固定资产投资方向调节税和“两金”。

集资建房：在房改起步阶段，单位给予一定的补助（承担征地、拆迁补偿和小配套费）。个人集资额不得低于所在地向职工出售新建住房标准价的数额。集资建房的产权，个人只拥有集资比例的部分产权，可以转让、出售；出售办法比照标准价房办法处理。

合作建房：个人应承担征地、拆迁补偿费，合作建房由个人筹足建房资金，其产权属于各投资者。

国家免征的各项税费，视为国家对集资建房和合作建房的投资。

（六）建立住房基金

1. 住房基金的范围

（1）出售、出租公有住房回收的资金；

（2）职工和单位缴交的公积金和个人住房储蓄的资金；

（3）县财政每年用于住房建设的资金；

（4）企业和自收自支事业单位，用于住房建设的自筹资金；

（5）国家行政事业单位，按规定提取的住房折旧费和维修费；

（6）县财政提取的住房建设投资方向调节税。按规定提取的“两金”和房地产税的资金；

（7）单位提取的福利基金、节约奖励基金、预算外收入留利资金分离出来的自筹建房资金；

（8）购买住房建设债券的资金；

（9）住房基金流动增值的资金；

（10）其他渠道筹集的住房资金。

2. 住房基金的管理和使用

住房基金：汇集存入县建行房地产信贷部，专项用于住房建设，实行统一管理、统一使用、统一建房和房地产综合开发。

住房基金的管理和使用由县人民政府主管领导，县房改办、县财政局、计委、城建局、人民银行、建设银行等部门负责人组成住房资金管理委员会，代表政府实行管理。住房资金管理委员会下设办公室，与县房改办合署办公。

县建设银行房地产信贷部实行独立核算、自主经营、自负盈亏、自求平衡，单独就地完税。

四、健全售后维修和管理

（一）加强房屋的维修和保养，租房者要爱护房屋，出租单位应加强维修，出租房屋的维修资金主要从房租收入中开支。

（二）出售公房的管理，职工购买公房后，可以自费增加室内装饰和自己负担维修，但不得改变建筑物的主体结构，损害他人住宅利益，侵占公共设施和院坝、空地、搭棚、配造房屋，更不允许影响城镇容貌。违者，产权单位和城镇规划主管部门有权依法给予强制拆除和处罚。

（三）加强售房后的维修服务和管理，售房后的公共设施部分的维修、运行、管理等费用新房在两年内，旧房在一年内由原产权单位负责组织维修。住户的水、电线路、供排水设施，在新的管理办法实施前，仍按房改前的办法实行。

五、附则

（一）凡属我县范围内的所有单位，不论隶属关系，一律按本《方案》的统一政策和统一部署进行住房制度改革工作。

（二）在本《方案》实施过程中，凡《方案》及实施细则没有规定或难以解决的问题，由县住房制度改革办公室提交县房改领导小组研究解决。

（三）原有关批复与本《方案》有抵触的，以本方案为准。

（四）本《方案》呈报上级审批后，由县人民政府颁布实施。

（五）本《方案》解释权属县住房制度改革办公室。

罗甸县人民政府关于印发《罗甸县稳定和完善农村土地承包关系工作实施方案》的通知

罗府发〔1998〕33号

各乡（镇）人民政府、县府有关部门：

《罗甸县稳定和完善农村土地承包关系工作实施方案》已经县人民政府研究同意，现印发给你们，请认真贯彻执行。

罗甸县人民政府

1998年8月7日

罗甸县稳定和完善农村土地承包关系工作实施方案

为进一步贯彻落实中央、省、州关于稳定和完善农村土地承包关系的精神，使我县延长土地承包期工作有计划、有步骤顺利开展，按时保质保量完成任务，特提出本实施方案。

一、指导思想

根据中央、省、州委延长土地承包期的政策，本次工作是对第一轮土地承包关系的稳定和完善，中心是土地的续包合同的管理问题，不是把土地打乱重新发包。向农民颁发《土地承包经营权证书》实质上是对上轮土地家庭承包经营的换证和管理手段的完善，通过颁证，使农民吃上定心丸，放心放胆放手在承包期内开发经营，促进农村经济的发展。总的指导思想是：以政策为依据，以稳定为目的，逐步完善土地承包管理。

二、政策与原则

1. 农村土地除法律规定属于国家所有的以外，属集体所有。集体土地所有者的代表为村民委员会或村集体经济组织，明确土地所有发包方为村一级，承包户对其土地只有使用权。

2. 延长土地承包期，指的是在第一轮土地家庭关系经营的基础上承包土地使用期限的延长。在实际操作中，要注意保持原来土地承包关系的稳定性和连续性，不准打乱土地按现有人口重新发包，更不准随意打破村民组土地所有关系的界限在全村范围内重新平均承包。

3. 土地承包期从1994年起，耕地承包期再延长50年，非耕地资源开发使用期再延长60年。以拍卖、租赁等形式转让非耕地使用权，可根据协议达成的期限执行，但不得超过政策规定的最高年限，除国家征用外，承包户不能将土地使用权出让、转证、出租用于非农业建设。

4. 承包土地保持稳定，在承包期内，实行“增人不增地，减人不减地”的政策。第一轮承包期中出现的人少地多户和人多地少户不平衡调整，既不调出，也不调进。

5. 操作中，要保证大多数承包户能继续承包自己耕种多年的责任地和管理责任山林。国家出钱，农户治理的土地实行准出力，谁受益，不搞平均发包，对下列“四户一人”的承包地，原则上由集体收回，在村民组内实行招标发包给具有耕种能力和不违反计划生育政策的人多地少户：一是正式农转非的农户和人口；二是死绝户；三是全家外迁的农户；四是不按承包合同耕管致使耕地荒芜闲置的农户。

6. 承包者承包期内依法承担农业税、村提留、乡统筹和投入农村义务工、劳动积累工，完成国家合同定购农产品任务，自觉交纳国家规定收取的各种发展基金。

7. 在不改变土地所有权和规定用途的前提下，经发包方同意，承包者可将其承包的土地有偿转包、转让、互换、入股。土地流转要签订书面合同，并报发包方和乡级农业承包合同管理机关备案，方视为合法有效。

8. 严格加强土地承包使用费的管理。按照“取之于地，用之于地”的原则，收好、管好、用好土地承包使用费，土地承包使用费要纳入农民上交的提留统筹范围。

三、组织领导

为加强对稳定和完善农村土地承包关系工作的领导，确保此项工作的顺利进行，县已成立稳定和完善土地承包关系工作领导小组，各乡镇也要成立稳定和完善土地承包关系工作队。队长由乡（镇）党委或政府一把手担任，副队长由分管农业和财税的副职各一人担任，队员由乡驻村干部、村支书、村委会主任、村会计，抽调农技、土管、林业、财政等站所人员组成，工作职责主要是：负责政策宣传，组织召开村干部、群众会议，调查统计、登记各种表格，填发证书，主持签订合同，收取工本费等。

四、工作方法及步骤

分两步走，第一步先进行责任田、责任土延长承包期工作，从 8 月 15 日至 10 月 15 日，第二步完善非耕地管理工作，争取在年底以前完成。

责任田、责任地延长承包期工作分五个阶段进行：

第一阶段：筹备工作。拟订方案，整理宣传资料，印刷调查登记表，筹备培训会议。

第二阶段：宣传培训工作

1. 召开一次培训会议。学习内容：中办发〔1997〕16 号、省发〔1997〕24 号、《罗甸县稳定和完善土地承包关系应该坚持的原则》《罗甸县稳定和完善土地承包关系工作中若干问题的处理意见》、操作步骤、调查登记表格的使用。通过培训，统一思想认识。

2. 开好村组干部和党、团员会议及群众大会。每个村至少召开 2 欠以上的村组干部和党、团员会议及群众大会，主要宣传本次土地承包工作的有关政策。

第三阶段：调查登记、统计工作

1. 回收第一轮承包证（合同）按照合同上的土地进行登记，一份合同承包的土地已经分户管理使用的，要作好分户土地切块情况登记。

2. 登记好各种形式流转的土地情况。

3. 调查清楚文件规定收回“四户一人”土地情况及附着物。

4. 统计现有的农户、人口及劳力情况。

5. 确定应该收回土地的农户、人口、地块及面积，在村组公布。

第四阶段：签订合同、颁发证书

土地承包情况经核实无误，明确了应该发证户数，就向发证对象收取工本费到农业局购买由县政府统一印制的《土地承包经营权证书》，组织人员填写《证书》，召集承包户户主与发包方签订承包合同，合同签订后颁发证书。

第五阶段：验收总结。

由村组工作组向乡（镇）申报验收，乡镇组织验收，验收工作主要是查验手续是否完备，程度是否符合要求，有无与政策相冲突的情况，资料是否整理归档。验收合格后写出工作总结报县政府。

五、经费问题

1. 在调查登记阶段，由各乡镇向农户收取工本费（以工商局物价股核定的价格为准），全部交到稳定和完善农村土地承包领导小组财务室后领取《土地承包经营证书》。

2. 各乡镇不得随意提高收费标准，截留和坐支所收取的工本费。

3. 稳定和完善农村土地承包工作领导小组财务室在有关经费支付上，严格遵守财政纪律，管好、用好资金。

罗甸县稳定和完善农村土地承包关系工作领导小组。

1998 年 8 月 2 日

罗甸县人民政府批转《关于稳定和完善农村土地承包关系工作中若干问题的处理意见》的通知

罗府发〔1998〕34号

各乡（镇）人民政府，县府有关部门：

县稳定和完善土地延长承包期工作领导小组《关于稳定和完善农村土地承包关系工作中若干问题的处理意见》已经县人民政府研究同意。现印给你们，请认真贯彻落实。

1998年8月12日

根据中央、省、州有关文件精神。为使我县土地延长承包工作达到稳定和完善的目的，经研究，特提出工作中若干问题的处理意见：

一、对第一轮承包户的承包土地，现在已经分户管理的，承包户要求分户发证的给予分户发证，分户发证以公安部门户籍卡为依据。

二、承包户间相互交换土地，按原土地承包证登记。

三、改造原承包旱地为水田，自然因素水田变旱地，人为和自然因素毁坏承包土地，仍按原土地承包证登记。

四、核实耕地面积仍按第一轮承包登记的在册面积核实。

五、被国家建设征用有土地应该按实际征用的面积核减。承包户经政府批准占用耕地进行非农建设，完全改变了合同规定用途的土地，按实际占用面积核减，但该户承担的农业税费和国家合同内农产品定购任务不核减。未经政府批准改变规定用途的，仍按原承包土地证登记。

六、农转非户及农转非人口承包土地的处理。全户农转非的承包户，收回其承包的土地，由集何地重新发包，如果承包家庭成员只有部分人口农转非，收回农转非人口的承包土地，由集体重新发包。

七、“买户口”的农转非户及人口，原则上不收回承包土地。但在“买户口”后，被国家组织、人事劳动部门正式安排在行政事业单位工作的，应收回其承包耕地。“买户口”劳务输出打工的应保留其承包耕地。

八、外迁承包户，属于国家组织移民的，原有承包地由集体收回处理，移民户在移民区内耕管的土地按划定的田土面积填发证书。非组织形式外迁的，保留其承包土地。

九、承包户家庭成员全部死亡，由集体收回重新发包。

十、对明确收回的土地地面附着物的处理，生产周期在当年可以收获的由原承包户收获，生产周期长的附着物通过协商处理。

十一、农业人口参军和在校大中专统配生应保留其承包土地。

十二、承包户娶亲嫁女土地不变动。

十三、孤寡老人（五保户）等由亲属照顾，但不在一起生活的，其去世后，承包土地应予收回。

十四、承包土地丢荒一年以上的，原则上集体收回处理，并收取一定荒芜费。

十五、集体收回重新发包的土地，坚持有偿使用，招标承包的原则。承包年限不得低于5年。

十六、劳教服刑人员应保留其承包土地。

十七、属于“四户一人”对象以前的土地流转协议（合同）自然终止。

十八、第一轮承包土地证中承包人口、承包地块、四至界限不清的，在第二轮承包时必须核实清楚，方能填发证书。

十九、土地延长承包期有关法律，法规及政策由职能部门负责解释。

以上意见如无不妥，请批转执行。

罗甸县稳定和完善土地延长承包期工作领导小组

罗甸县人民政府关于印发罗甸县双河口水电站征占地补偿安置实施管理办法试行的通知

罗府发〔2006〕45号

各乡镇人民政府，县府各部门：

根据《黔南州人民政府办公室关于双河口水电站征占地补偿安置实施管理办法的复函》（黔南府办函〔2006〕93号）精神，经县政府研究，现将《罗甸县双河口水电站征占地补偿安置实施管理办法（试行）》印发你们，请认真组织实施。

2006年11月12日

罗甸县双河口水电站征占地补偿安置实施管理办法（试行）

第一章　总　则

第一条　根据《中华人民共和国土地管理法》《中华人民共和国农村土地承包法》《中华人民共和国村民委员会组织法》《大中型水利水电工程建设征地移民补偿和移民安置条例》（国务院第471号令）、《国务院关于深化改革严格土地管理的决定》（国发〔2004〕28号）、《国土资源部关于切实维护被征地农户合法权益的通知》（国土资发〔2002〕225号）、《国土资源部关于完善征地补偿安置制度的指导意见》（国土资发〔2004〕238号）、《中共贵州省委办公厅贵州省人民政府办公厅关于进一步加强全省大中型水电工程移民工作有关问题的通知》（黔党办发〔2001〕20号、《贵州省人民政府关于加强重点建设项目征地管理工作的通知》（黔府发）〔2004〕5号）、《贵州省人民政府办厅关于提取林地安置调控费等问题的批复》（黔府办函〔2003〕17号）、《贵州省移民办开发办公室关于罗甸县双河口水电站征占地补偿安置实施管理办法的批复》（黔移办函〔2006〕57号）等法律法规和政策的有关规定，结合罗甸县双河口水电站的实际情况，特制定本办法。

第二条　本办法仅适用于罗甸县双河口水电站征占地补偿安置实施管理工作。

第三条　国家保护被征地农户及移民的合法权益。被征地农户及移民享有对移民政策的知情权、个人补偿资金的合法使用权以及对征占地补偿资金的监督权。

第二章　补偿安置方式

第四条　双河口水电站征占耕地实行长期补偿，征占除耕地以外其他地类实行一次性补偿。

第五条　长期补偿安置方式是指在水电站营运期内，已被征占用耕地的农村集体经济组织或承包为对象，已被征占用耕地的地类为依据，按照政府公布的土地统一（片区）年产值计算土地补偿助费，逐年进行兑现的一种补偿安置方式。

第六条 双河口水电站征占耕地长期补偿年产值暂按龙滩水电站调概后的耕地年产值标准执行，即每年水田补偿 1247.5 元 / 亩，旱地补偿 850.5 元 / 亩。如今后政府公布的年产值低于龙滩水电站当前调概产值标准，则采用龙滩当前调概产值标准；如政府公布的年产值高于龙滩当前调概产值标准，则采用政府公布的产值标准。

第七条 长期补偿安置的对象，是被征占用耕地的农村集体经济组织或被征占用耕地的承包农户，不具体到个人。长期补偿的时限从耕地实际被征占用之日算起，电站运营一年，补偿一年。

第八条 长期补偿不因人口的增减而变化，补偿费的继承权问题，遵照《农村土地承包法》《继承法》等有关法律法规或协议约定处理。

第九条 具备以下条件之一者，承包耕地的农户可选择一次性补偿安置方式：

1、在城镇有自有住房，有比较固定的经营项目，有稳定收入来源，家庭成员中至少有一人月固定收入在 600 元以上的。

2、被征占用耕地按长期补偿安置方式参照龙滩水电站当前年产值标准计算，年补偿总额度在 1000 元以下的。

第十条 对不符合一次性补偿安置的农户只能实行长期补偿安置方式。对符合一次性安置的农户，可选择长期补偿安置方式。

第十一条 对一次性补偿安置的农户和一次性补偿项目，按政策提取土地补偿费的 10% 作为调控费。

第十二条 承包耕地的农户根据自身实际确定补偿安置方式后，拟出申请书，经户主和年满 18 周岁的家庭成员签字同意，组、村签署意见，报乡人民政府审定后报县移民工作机构备案。

第十三条 补偿安置方式一经选定后，不得变更。

第十四条 县级移民工作机构收到被征占地农户的申请书后，根据村委会及乡人民政府的意见，组织业主、乡镇政府与村、组农户签订补偿合同并经司法公证后，方可办理补偿安置手续。

第三章 实物指标

第十五条 电站征占用库区实物指标以贵州省水利水电勘测设计研究院与县人民政府 2004 年联合调查分解，张榜公布，经调查人员、农户或权属代表、乡人民政府、县人民政府逐级签章认可，施工区实物指标按县国土局征地相关手续，报经省审查批准的成果为准。

第十六条 符合一次性补偿安置并远迁（安置地与原来居住地直线距离 5 公里以上）的农户，线上零星果木补偿参照龙滩水电站的处理办法执行。

第十七条 根据《电力工业部关于水电站水库淹没实物指标有关问题的通知》（电计〔1995〕135 号）规定，实物指标一经审定，任何单位和个人不得随意复查和变更。

第十八条 电站征占用实物指标由县级移民工作机构会同业主共同制作补偿手册，按照审定的项目、数量、单价和金额分户或权属单位逐一填写后，发放到农户或权属单位，作为兑现补偿补助费的依据

第四章 补偿兑现

第十九条 属于村、组集体实物指标，按权属分解落实到村组，由村组召开村名大会或村民代表大会，讨论决定补偿资金的分配和使用。

第二十条 电站征占用耕地以外的其他实物指标，按照审定标准一次性补偿；复建工程项目征占土地、房屋及附属设施按照审定标准进行一次性补偿，不予安置。

符合第九条规定条件的农户，如选择一次性补偿安置，其耕地指标按照审定标准执行。

第二十一条 电站施工区征占用耕地已兑现了补偿补助费的农户，首先核减已兑现的补偿补助费，

并以兑现的补偿补助费扣抵相应的补偿年限，待扣抵结束后再实施长期补偿。

第二十二条 一次性兑现补偿的实物指标，兑现时须提交组、村、乡签署意见的权属无争议报告书。权属有争议的待权属处理结束后，再按处理意见办理兑现。

第二十三条 对已外出的补偿对象，所在乡镇、村组应采取措施通知其及时回来办理有关补偿安置手续。对还在服刑的劳改、劳教人员，可由本人出具委托书，经所在劳改、劳教单位签字盖章证明身份后，由其委托代理人代为办理补偿安置手续。

第二十四条 在电站施工区和库区抢栽抢种的经济作物，只兑现苗木费和生产成本。

第五章　资金管理

第二十五条 县级移民工作机构应根据《双河口电站水库淹没处理及移民安置规划设计专题报告》（审定本）编报资金使用计划。电站业主按照计划及时将征地和移民补偿安置资金和相关经费支付给县移民工作部门。

第二十六条 实行长期补偿的农户，由县级移民工作机构在农行或信用联社为其开设专户，每年9月底根据审定金额一次性将补偿资金汇入其账户。

第二十七条 土地调控费由县级移民工作机构专户存储，专款专用。严格用于解决电站征占地补偿安置过程中出现的特殊困难。使用必须经县级人民政府批准。

第二十八条 电站业主按法律规定向国家缴纳的耕地开垦费、预提的补偿风险金，分别由县国土部门和移民部门统一收取，专户存储，专款专用。

第六章　后期扶持

第二十九条 农户无论选择何种补偿安置方式，后期扶持按国家政策执行，由县人民政府编制后期扶持方案，按照程序报批后实施。

第三十条 电站达到设计使用年限终止运营，由县级人民政府用电站业主缴纳的耕地开垦费帮助实行长期补偿安置的农户复垦、整理或开垦和调剂耕地，复垦资金由电站缴纳的耕地开垦费列支，所涉农户的基本生活无保障和无法复垦的损失，由预提的补偿风险金解决。

第七章　法律责任

第三十一条 任何单位和个人不得贪污、挪用、挤占、转移、截留征占地补偿资金和移民安置资金、水库移民后期扶持资金等，违者将根据党纪政纪严肃处理，构成犯罪的依法追究刑事责任。

第三十二条 对在征占耕地补偿安置过程中违反国家法律法规，造谣惑众、扰乱公共秩序和干扰电站建设的，依照《中华人民共和国治安管理处罚法》等法律法规规定进行处罚。对无理取闹，拒绝安置，甚至以种种借口向农户非法集资、煽动群众上访、非法集会、煽动闹事、阻碍电站施工、偷盗破坏工地设备、严重干扰和影响补偿安置工作开展行为，依照国家有关法律、法规严肃处理，构成犯罪的，依法追究刑事责任。

第八章　附　则

第三十三条 本办法未尽事项或遇国家政策调整，由县级人民政府根据有关法律法规和政策补充完善，报请上级人民政府批准后，按批准的意见执行。

第三十四条 本办法由罗甸县移民开发局负责解释。

第三十五条 本办法自发布之日起施行。

罗甸县人民政府办公室
关于印发县新型农村合作医疗实施方案的通知

罗府办发〔2007〕23号

各乡镇人民政府，县府各工作部门：

《罗甸县新型农村合作医疗实施方案》已经2007年3月2日县人民政府第十五届三次常务会议研究同意，现印发你们，请认真遵照执行。

2007年3月6日

罗甸县新型农村合作医疗实施方案

按照省、州的安排，已确定我县为2007年新型农村合作医疗新增县之一。根据《国务院办公厅转发卫生部等部门关于建立新型农村合作医疗制度的意见》《贵州省新型农村合作医疗管理办法》精神，结合我县实际、制定本实施方案。

一、指导思想、工作目标和基本原则

（一）指导思想。

以邓小平理论和“三个代表”重要思想为指导，坚持“以人为本，统筹城乡发展”的工作方针，从我县实际出发，多渠道筹集资金，建立和完善新型农村合作医疗制度，切实解决农村群众看病难，就医难问题。

（二）工作目标。

从2007年开始，在全县范围全面铺开，确保在2007年全县80%以上的农村群众参加新型农村合作医疗；到2012年，全县90%以上的农村群众参加新型农村合作医疗，建立完善、规范的新型农村合作医疗制度。

（三）基本原则。

1. 坚持政府组织、引导、支持、农民自愿参加的原则。县、乡两级政府要充分发动农村群众，广泛动员农村群众积极参加新型农村合作医疗，不允许采取各种手段违背农村群众意愿，强迫农村群众参与。

2. 坚持各级财政补助为主，农村群众自愿缴纳，鼓励社会积极支持的筹资原则。各级财政补助资金必须按规定足额到位，参加新型农村合作医疗的农村群众应缴纳一定的资金，积极发动社会捐资支持新型农村合作医疗，确保新型农村合作医疗长期、平稳地开展。

3. 坚持结合实际，量力而行、保障适度的原则。按照以往院费用统筹为主、兼顾门诊小额费用补助的基本要求，合理确定就医补助标准，确保资金运行安全。

4. 坚持县办县管、全县统筹的原则。全县新型农村合作医疗由县级统筹管理、分级负责。

5. 坚持方便群众，公开、公平、公正的原则。在具体实施中，涉及群众的就医和补助应尽量简化程序，方便群众，体现公开、公平、公正。

二、参加新型农村合作医疗的对象

（一）在我县范围内常住且为我县农村户籍的农民，均可以户为单位参加新型农村合作医疗。

（二）属我县范围内的城镇开发建设征地农转非群众，没有安置就业或没有长期稳定职业的，可以户为单位参加新型农村合作医疗。

三、新型农村合作医疗资金的筹集、使用和管理监督

（一）新型农村合作医疗资金的筹集：新型农村合作医疗资金主要由国家财政资金、农民（或征地农转非）个人缴纳资金和社会捐助资金组成，建立新型农村合作医疗基金。其中国家财政资金为按每个参加对象核拨40元，农村群众每人缴纳10元。

1. 国家财政补助资金由各级财政按年初上报参加新型农村合作医疗人数，核拨资金，打入县级新型农村合作医疗基金财政专户。

2. 农民（或征地农转非）以户为单位的个人应缴资金，应自愿主动缴到村级新型合作医疗组织，再逐级上缴入县级新型农村合作医疗基金财政专户。乡镇和各村（居）民委员会、村（居）民组承担宣传、发动群众自愿缴纳资金的主体责任。

3. 社会捐助资金根据捐助者意愿可捐助到人。

4. 对持有《农村特困群众救助证》的农村特困户、五保户的个人缴纳资金由民政部门负责；对农村符合计生政策的二女结扎户、独生子女户的个人缴纳资金由计生部门从县级各部门计生帮扶资金中列支。

（二）新型农村合作医疗资金的使用

国家财政资金、农民（或征地农转非）个人缴纳资金和社会捐资共同组成县级新型农村合作医疗基金，主要用于下列三个方面：

1. 建立家庭账户基金：以农民（或征地农转非）个人缴纳的资金数据为基础，以户为单位从县级基金中提取建立家庭账户基金，主要用于农民在门诊治疗的医疗费用补助，可滚存使用、节约归己，但除全家搬出县外者不得提取现金。

2. 建立风险基金：从县级新型农村合作医疗基金中提取总额的10%，建立风险基金，主要用于对农民住院治疗发生的超出统筹基金补助范围的大额医疗费用的适当补助和弥补县级统筹基金的不足。

3. 建立基金医疗统筹基金：在县级新型农村合作医疗基金中除家庭账户基金、风险基金外的所有资金，全部用于建立基金医疗统筹基金，主要用于农民门诊治疗的医药费超出家庭账户资金总额后的适当补助、住院治疗医药费发生额在8000元以内的分段按比例补助。

（三）新型农村合作医疗资金的管理监督

全县新型农村合作医疗资金实行财政专户管理、转款专用，封闭运行，接受财政部门、审计部门的监督和审计。各级开展新型农村合作医疗的工作经费列入本级财政预算，不得截留、挪用新型农村合作医疗基金。

四、参加新型农村合作医疗者的就医和医药费用补助的方式、标准、程序

（一）就医方式和程序。

1. 参加新型农村合作医疗者持《罗甸县新型农村合作医疗证》可自由选择县、乡、村三级任何一家定点医疗机构就医。

2. 确需转到县外国家医疗机构住院治疗的，须经县级新型农村合作医疗管理机构审批。

（二）医药费用的补助方式、标准、程序。

1. 门诊医药费用。

（1）参加新型农村合作医疗者就医的门诊医药费先在其家庭账户中金额补助。超出部分在其家庭账户基金总额的50%范围内的，从县级统筹基金中全额补助。超出其家庭账户基金总额和其家庭账户基金总额50%的门诊医药费用由就医者自行承担。农民（或农转非）家庭账户基金实行家庭内参加新型合作医疗成员互助制度，其家庭账户基金仍有余额的，不能享受上述超出部分门诊医药费补助。

（2）门诊医疗费用的结算实行当场结算下账制。由定点医疗机构与就医者当场按新型农村合作医疗

报销补助有关范围和标准进行核算，在就医者的《罗甸县新型合作医疗证》上据实下账，再由定点医疗机构与相应新型合作医疗管理机构结算。

2．住院医药费用。

（1）参加新型农村合作医疗者住院治疗的医药费用实行封顶线内分段按比例按医疗机构级别报销补助和封顶线以上部分酌情补助相结合的办法，补助总额每年每人不超过8000元，结合我县实际，封顶线暂定为8000元。报销补助具体标准为：

报销比例就诊医院级别	全年累计发生医药费金额			
	1000元以下部分	1001元—2000元部分	2001元—5000元部分	5001—8000元部分
在乡镇级定点医院住院	45%	50%	65%	75%
在县级定点医院住院	40%	45%	60%	70%
转院到省州级定点医院（含省外）	30%	40%	50%	60%

（2）住院费用实行出院时一次性结算。患者先缴清住院医药费，在出院时与医院按新型农村合作医疗住院报销有关范围和标准进行一次性结算，由医院先予垫付后，再由医院与相应新型农村合作医疗管理机构结算。

五、服务于新型农村合作医疗的县内定点医疗机构的管理和监督

（一）县内定点医疗机构的资格条件和申请程序。

服务于新型农村合作医疗的医疗机构应为国家举办的非营利性的具有《执业许可证》的县、乡、村三级医疗机构和具备条件营利性医院。自愿参与新型农村合作医疗服务的医疗机构，向县级新型农村合作医疗管理机构申请并获得批准后，才能承担新型农村合作医疗服务。

（二）县级定点医疗机构的管理和监督。

定点医疗机构接受县级新型农村合作医疗管理机构的管理和各级新型农村合作医疗监督组织的监督。县级新型农村合作医疗管理机构对定点医疗机构实行年度审查与日常监管相结合的管理制度，对违反定点医疗机构管理规定的，应取消其定点医疗服务资格。各级新型农村合作医疗监督组织应加强对定点医疗机构的监督，对违反定点医疗机构管理规定的，应及时责成其纠正或责成县级新型合作医疗管理机构予以纠正。

六、新型农村合作医疗工作的组织领导

（一）建立领导协调机制。

县、乡两级政府要切实加强对新型农村合作医疗工作的领导，把实施工作列入重要议事日程，积极筹集合作医疗资金，及时解决实施工作中的困难和问题，特别是要把今年新型农村合作医疗的宣传发动和组织资金筹集工作作为事关全局重中之重的工作来抓。卫生、民政、财政、计生、教育等各有关部门要司其职、各负其责、积极配合，确保新型农村合作医疗工作顺利进行。

为加强对新型农村合作医疗工作的领导和监督，县成立以县政府县长为主任，县政府分管副县长为副主任，卫生、民政、财政、计生、教育等有关部门负责人为成员的县新型农村合作医疗管理委员会，各乡镇也要成立相应的管理委员会，负责实施工作的组织领导、指导协调和管理；成立县人大、政协分管领导和县纪兼监察、审计等部门负责人参加的县新型农村合作医疗监督委员会，负责新型农村合作医疗监督委员会、负责新型农村合作医疗工作的监督。各乡镇也要成立相应的监督委员会、负责本辖区新型农村合作医疗工作的监督。

（二）建立经常性的管理机制。

新型农村合作医疗是一项长期的工作，县、乡两级成立在县、乡新型农村合作医疗管理委员会领导

下的县、乡新型农村合作医疗办公室，为常设性的工作机构和管理机构，明确专人和专项工作经费，具体负责新型农村合作医疗工作的日常管理事务。

（三）落实部门职责。

1. 卫生行政部门：加强对新型农村合作医疗定点服务机构的监督管理和服务能力建设，深化其管理体制和内部运行机制的改革，提高服务质量及水平。组织实施好合作医疗药品集中议标采购工作，降低药价。积极开展对新型农村合作医疗的宣传，引导农民参加新型农村合作医疗。

2. 财政部门：保证新型农村合作医疗财政资金的按时足够到位及工作经费的落实。协助乡镇新型农村合作医疗管理委员会对农户家庭缴费的合作医疗资金的收取。对新型农村合作医疗的资金管理进行业务指导，加强对资金使用的监督检查。

3. 民政部门：负责组织帮助农村贫困农民群众参加合作医疗，为农村特困户、五保户缴纳每人每年10元的新型农村合作医疗资金。对参加新型农村合作医疗的农民在新型农村合作医疗报销补助后仍难以承担较高医药费给予医疗救助。

4. 计生、残联、扶贫部门：为开展新型农村合作医疗营造良好的环境氛围，大力做好新型农村合作医疗的宣传工作，计生、残联、扶贫部门要积极为农村计划生育户、农村贫困家庭、弱势群体、特困残疾人给予资金帮扶参加新型农村合作医疗。

5. 教育部门：积极作好新型农村合作医疗的宣传工作，发动乡村教师和在校学生积极参加新型农村合作医疗的宣传动员工作。

6. 宣传、文体广电部门：负责新型农村合作医疗的宣传工作，搞好典型案例报道，引导农民积极参加新型农村合作医疗。

7. 审计部门：定期对各级新型农村合作医疗基金的收缴、分配、使用、报销、补偿运转情况进行审计，确保资金专款专用，杜绝扣留、截留、借支、挪用、透支、预支的情况发生。

8. 食品药品监督部门：加强药品和医疗器械市场监管督管理，保证药品质量，配合卫生部门抓好药品集中议标采购，作好乡村一体化管理，保障人民群众用上安全、质优、价廉的合格药品。

七、新型农村合作医疗工作的实施步骤

（一）方案制定阶段（2007 年 1 月 25 日—2 月 5 日）

由县新型农村合作医疗管理委员会做好基线调查工作，借鉴其他地方的先进经验，制定我县《新型农村合作医疗实施方案》，报县委、县政府研究。由县新型农村合作医疗管理委员会办公室依据报经县委、县政府同意的《新型农村合作医疗实施方案》，制作可操作性强的《罗甸县农村新型农村合作医疗管理办法》和相关配套管理规定，报县委，县政府审批。

（二）宣传发动阶段（2007 年 2 月 5 日—2007 年 2 月 25 日）

1. 县有关部门、各乡镇及村（居）民委员会、村（居）民小组要采取丰富多彩的形式在全县农村开展广泛深入的宣传发动，使新型农村合作医疗家喻户晓、人人皆知。

2. 县、乡、村（居）委会、村（居）民小组四级要召开动员大会，宣传新型农村合作医疗工作重大意义，落实县、乡、村委会、村民小组四级组织的筹资责任。

（三）动员筹资阶段（2007 年 2 月 25 日—2007 年 3 月 20 日）

由乡镇在县级各部门的配合下，组织工作组，进村入组入户，宣传、发动群众，动员群众自愿参与、缴纳资金，确保全县参加新型农村合作医疗的农村群众达到 80% 以上。

（四）定点医疗机构的审批和人员培训阶段（2007 年 3 月 25 日—2007 年 4 月 25 日）

由县新型农村合作医疗管理委员会办公室组织对自愿申请承担新型农村合作医疗服务机构进行资格审查和人员业务培训。

（五）正式运转阶段（2007年1月1日起）

1. 对参加新型农村合作医疗的患者就医按相关管理规定进行补助。

2. 对定点医院机构进行动态管理和年度审查。

3. 乡镇新型农村合作医疗管理委员会组织经常性筹资工作。

罗甸县人民政府关于罗甸县村级行政区划调整的通知

罗府发〔2013〕35号

各乡镇人民政府，县府各工作部门：

为加快村级组织建设，进一步优化农村资源配置，拓展村级发展空间，深入推进社会主义新农村建设，促进农村经济和社会事业又好又快发展，实现小康社会建设目标。经县人民政府十六届27次常务会议研究并报中共罗甸县委十一届五次全体（扩大）会议审议通过，同意对我县村级行政区划予以调整，将原268个行政村撤并为177个行政村，原5个社区（居）委会不变。现将调整的有关情况通知如下：

1. 龙坪镇：撤并莲花村、新苑村，设立新的新莲村；撤并老城村、沙井村，设立新的老城村；撤并林霞村，马草村，设立新的马草村；撤并五星村、新民村，设立新的五星村；撤并八一村、八二村，设立新的八一村；撤并顶访村、卡祥村，设立新的顶访村；交谷村、金星村、六一村、七一村、新艾村、兴未村维持区域现状不变。

2. 云干乡：撤并云盘村、幸福村，设立新的幸福村；撤并道角村、中交村，设立新的道角村；撤并中心村、干里村，设立新的干里村；撤并大关村、打拥村、永进村，设立新的大关村；八木村维持区域现状不变。

3. 八总乡：撤并交广村、播也村、另桃村，设立新的交广村；撤并里厦村、平初村、八总村、设立新的八总村；撤并上儒村、下儒村，设立新的下儒村；撤并交友村、里矮村，设立新的里矮村。

4. 板庚乡：撤并兴龙村、保上村（钻平、油麻、纳贤、米闹组）、对门村，设立新的罗化村；撤并保上村（保上、上林、下林、田坝、裸上组）、大坪村、林园村，设立新的大坪村；撤并纳田村、坪寨村，设立新的坪寨村；撤并兴卫村、红岩村、板庚村，设立新的板庚村；撤并泽汉村（泽汉、里把组），旧寨村，设立新的旧寨村；撤并里免村、五星村、泽汉村（里女组），设立新的里免村。

5. 边阳镇：撤并打讲村、黄泥坳村，罗木村（打拱、罗木组），设立新的兴隆村；撤并新庄村、罗木村（大花厂、坪上、岩山组），设立新的罗木村；撤并关刀村、岩脚村，设立新的岩脚村；撤并新联村、明星村（播薅一、播薅二组）、翁纳村（绒钵组），设立新的明星村；撤并大文村、翁纳村（院隆、东院、翁纳、和平、良杠、冗水组）、明星村（中寨一、中寨二、下寨一、下寨二、下寨三、播东一、播东二组），设立新的翁纳村；撤并团田村、平洋村，设立新的团田村；撤并罗沙乡董油村（上渡组）、新丰村，设立新的新丰村；新街村、前进村、下坝村维持区域现状不变。

6. 栗木乡：撤并干洞村、摆贡村、深井村，设立新的深井村；撤并新场村、下冲村、设立新的新场村；撤并达上村、拉昂村，设立新的达上村；撤并打号村、简赖村（良纳、简赖、上嘎组），设立新的打号村；栗木村维持区域现状不变；

7. 罗沙乡：撤并者任村、罗路村，设立新的者任村；撤并平寨村、董油村（蛮浪、拉怀、兰兰、岩脚、纳磨、纳旁、古树、董油、高家组），设立新的董油村；撤并翁选村、油海村、栗木乡简赖村（竹冲、甲托、各滕组），设立新的油海村；撤并董油村（小坡组）、巴沙村，设立新的巴沙村。里博沟村、翁定村维持区域现状不变。

8. 交砚乡：撤并交砚村、交塘村，设立新的交砚村；撤并大寨村、告牙村，设立新的大寨村；撤并和平村、播饶村，设立新的和平村；新塘村、联兴村、石兴村维持区域现状不变。

9. 董王乡：撤并油捞村、皮桶村，设立新的油捞村；撤并屯脚村、过高村，设立新的董王村；打窖村、交足村、油尖村、打改村、尖坡村、油烟村维持区域现状不变。

10. 逢亭镇：撤并耐村村、纳上村，设立新的纳上村；撤并床井村、布吉村，设立新的床井村；撤并隆兴村、上隆村，设立新的上隆村；撤并新光村、公里村、纳见村，设立新的新光村；撤并祥脚村、祥林村，设立新的祥脚村；撤并布忙村、翁牛村、罗江村，设立新的翁牛村；拱里村、逢亭村、纳闹村、腮里村维持区域现状不变。

11. 木引村：撤并冗林村、从里村，设立新的从里村；撤并长生村、云保村，设立新的云保村；撤并罗坪村、纳汝村，设立新的罗坪村；撤并把坝村、兴隆村，设立新的把坝村；撤并木引村、窖里村，设立新的木引村；撤并勤民村、纳猛村，设立新的纳猛村；撤并纳钵村、高山村；设立新的高山村；宜龙村、水井村、摆落村、速进村维持区域现状不变，纳坪乡打金村划入木引乡，设立单独的行政村。

12. 沫阳镇：撤并沫阳村、纳括村，设立新的沫阳村；撤并访里村、林情村，设立新的访里村；撤并里改村、里怀村，设立新的里怀村；撤并纳翁村、里落村，设立新的纳翁村；罗沟村、柏林村、江亭村、翁保村维持区域现状不变。

13. 董当乡：撤并坡木村、董望村、梅坡村，设立新的董当村；大井村、拉良村、红星村、高峰村、勇进村、跃进村、先锋村、罗牙村维持区域现状不变。

14. 董架乡：撤并董架村、甲哨村，设立新的董架村；东跃村、麻怀村、田坝村、民进村、白龙村、董细村、联合村维持区域现状不变。

15. 平岩乡：撤并高兰村、弯心村，设立新的高兰村；撤并平岩村、火龙村，设立新的平岩村；撤并安阳村（川硐组）、独坡村，设立新的独坡村；撤并下朝村、联丰村，设立新的联丰村；安阳村维持区域现状不变。

16. 茂井镇：撤并边圩村、红屯村，设立新的红屯村；撤并兰西村、康里村，设立新的兰西村；撤并新茂村、油西村（七至十组），设立新的新茂村；撤并东山村、油西村（一至六组），设立新的东山村；高田村、丰井村、八达村、五家坟村、高里村维持区域现状不变。

17. 凤亭乡：撤并联明村、高山村，设立新的联明村；撤并良坪村、凤亭村，设立新的凤亭村、国光村、勤丰村、交吾村、抗村村维持区域现状不变。

18. 班仁乡：撤并仁兴村（一至七组）、红光村（七组），设立新的仁兴村；撤并金祥村、仁兴村（八至十组），设立新的金祥村；红光村（一至六组）设立新的红光村；班台村维持区域现状不变。

19. 大亭乡：撤并布良村、兴合村，设立新的大亭村；牛棚村、布江村、布苏村、亭西村、田坝村、北亭村维持区域现状不变。

20. 罗悃镇：撤并河东村、纳冗村，设立新的河东村；撤并河西村、洞甲村，设立新的河西村；撤并平艾村、上饶村，设立新的平艾村；撤并纳闹村、架良村，设立新的纳闹村；撤并冗瓦村、朗顶村，设立新的朗顶村；撤并干村村；玉里村，设立新的干村村；各化村、新坡村维持区域现状不变。

21. 沟亭乡：撤并沟亭村、布法村；设立新的沟亭村；撤并平坡村、响水村，设立新的响水村；撤并雷坡村、冗响村，设立新的冗响村；布乃村、拉喊村、布沙村、拉招村维持区域现状不变。

22. 罗苏乡：撤并罗苏村、纳庆村，设立新的罗苏村；撤并过石村、龙井村，设立新的龙井村；塘山村、沿河村、平榜村维持区域现状不变。

23. 罗暮乡：撤并平亭村、白羊村，设立新的平亭村；罗暮村、胡家湾村、冗袍村、保上村、沫村村维持区域现状不变。

24. 红水河镇：撤并下宜村、羊里村，设立新的红河村；原关故村更名为官固村维持区域现状不变，罗祥村、云里村维持区域现状不变。

25. 罗妥乡：撤并下妥村、上妥村，设立新的罗妥村；俄村村、交算村、牙村村、相亭村维持区域现状不变。

26. 纳坪乡：撤并新坪村、纳乌村，设立新的纳坪村；撤并翁传村、冗翁坪村、纳乌村过腮组，设立新的翁传村。将打金村划入木引乡。

各乡镇工切实加强领导，按要求组织实施。在实践过程中，要积极稳妥地做好干部群众的思想工作，妥善处理好资产交接和人同安排等工作，确保社会稳定。

附件：罗甸县村级行政区划调整表

罗甸县人民政府

2013 年 11 月 7 日

罗甸县村级行政区划调整表

序号	乡镇	原村名	组数	户数	人口数	并村后村名	组数	户数	人口	新村委会所在地	备注
1	龙坪镇	莲花村	3	287	1876	新莲村	7	639	3505	新寨	原来的 18 个行政村调整为 12 个行政村
		新苑村	4	325	1629						
		老城村	5	197	1012	老城村	11	641	2534	原沙井村	
		沙井村	6	444	1522						
		林霞村	6	947	1041	马草村	13	1267	2421	原马草村	
		马草村	7	320	1380						
		五星村	9	368	1629	五星村	13	554	2508	原五星村	
		新民村	4	186	879						
		八一村	5	187	891	八一村	9	334	1567	原把敢村	
		八二村	4	147	676						
		顶访村	4	167	970	顶访村	8	338	2195	原顶访村	
		卡祥村	4	221	1225						
		交谷村	4	132	596	交谷村	4	132	596	原址不变	
		金星村	10	373	1926	金星村	10	373	1926	原址不变	
		六一村	10	502	2142	六一村	10	502	2142	原址不变	
		七一村	12	350	1384	七一村	12	350	1384	原址不变	
		新艾村	13	456	2426	新艾村	13	456	2426	原址不变	
		兴未村	6	237	1104	兴未村	6	237	1104	原址不变	
2	云干乡	云盘村	9	296	1159	云盘村	15	490	2005	原云盘村	原来的 10 个行政村调整为 5 个行政村
		幸福村	6	194	846						
		道角村	15	414	1807	道角村	21	621	2678	原道角村	
		中交村	6	207	871						
		中心村	3	172	790	干里村	12	503	2167	原干里村	
		干里村	9	331	1377						
		大关村	12	327	1365	大关村	30	879	3522	原大关村	
		打拥村	6	218	920						

续表

序号	乡镇	原村名	组数	户数	人口数	并村后村名	组数	户数	人口	新村委会所在地	备注
2	云干乡	永进村	12	334	1237	大关村	30	879	3522	原大关村	原来的10个村调整为5个行政村
		八木村	14	413	1874	八木村	14	413	1874	原址不变	
3	八总乡	交广村	3	224	917	交广村	7	604	2647	原播也村	原来的10个行政村调整为4个行政村
		播也村	2	198	935						
		另桃村	2	182	795						
		里厦村	4	187	756	八总村	12	535	2231	原里厦村	
		平初村	5	175	750						
		八总村	3	173	725						
		上儒村	5	185	781	下儒村	10	423	1799	原上儒村	
		下儒村	5	238	1018						
		交友村	4	216	960	里矮村	7	332	1470	原里矮村	
		里矮村	3	116	510						
4	板庚乡	兴龙村	3	331	1470	罗化村	14	843	3717	原对门村	保上村钻平、油麻、纳贤、米闹组并入罗化村
		保上村	4	195	823						
		对门村	7	317	1415						
		保上村	5	188	855	大坪村	15	650	2842	原大坪村	保上村保上组、上林、下林、田坝、裸上组并入大坪村
		大坪村	6	259	1128						
		林园村	4	203	859						
		纳田村	8	265	1152	坪寨村	19	574	2585	原坪寨村	原来的14个行政村调整为6个村
		坪寨村	11	309	1433						
		兴卫村	3	180	739	板庚村	19	789	3014	原板庚村	
		红岩村	6	143	544						
		板庚村	10	466	1731						
		泽汉村	2	104	471	旧寨村	8	370	1687	原旧寨村	泽汉村泽汉、里把组并入旧寨村
		旧寨村	6	266	1216						
		里免村	4	161	736	里免村	9	352	1493	原里免村	泽汉村里女组并入里免村
		五星村	4	110	397						
		泽汉村	1	81	360						
5	边阳镇	打讲村	7	420	1863	兴隆村	13	766	3503	原打讲村	罗木村打拱组、罗木组并入兴隆村
		黄泥坳村	4	233	1141						
		罗木村	2	113	499						
		新庄村	6	288	1137	罗木村	9	439	1868	原新庄村	罗木村、大花厂、坪上、岩山组并入罗木村
		罗木村	3	151	731						
		关刀村	4	188	707	岩脚村	18	717	2938	原岩脚村	
		岩脚村	14	529	2231						
		新联村	7	223	885	明星村	10	338	1365	原新联村	明星村播薅一、播薅二组和翁纳村绒钵组并入明星村
		明星村	2	55	256						
		翁纳村	1	60	224						

续表

序号	乡镇	原村名	组数	户数	人口数	并村后村名	组数	户数	人口	新村委会所在地	备注
5	边阳镇	大文村	6	211	831	翁纳村	19	611	2716	原大文村	翁纳村院隆、东院、瓮钠、和平、良杠、冗水组和明星村中寨一、中寨二组、下寨一、下寨二、下寨三组、播东一、播东二组并入纳翁村
		翁纳村	6	201	931						
		明星村	7	199	954						
		团田村	5	211	931	团田村	9	387	1555	原团田村	原来16个行政村调整为10个行政村
		平洋村	4	176	624						
		前进村	11	552	2526	前进村	11	552	2526	原址不变	
		下坝村	7	331	1544	下坝村	7	331	1544	原址不变	
		新街村	8	522	2473	新街村	8	522	2473	原址不变	
		新丰村	14	431	1950	新丰村	15	462	2070	原址不变	罗沙乡董油村上渡组并入新丰村
		董油村	1	31	120						
6	栗木乡	干洞村	14	454	1962	深井村	39	1310	5458	原深井村	原来的10个行政村调整为5个行政村 （简赖村良纳、简赖、上嘎组并入打号村）
		摆贡村	8	330	1326						
		深井村	17	526	2170						
		新场村	8	636	2696	新场村	17	988	4228	原新场村	
		下冲村	9	352	1532						
		达上村	9	367	1587	达上村	21	825	3498	原达上村	
		拉昂村	12	458	1911						
		打号村	4	220	977	打号村	7	283	1260	原打号村	
		简赖村	3	63	283						
		栗木村	13	854	3710	栗木村	13	854	3710	原址不变	
7	罗沙乡	者任村	24	724	3102	者任村	41	1548	6711	原者任村	原来的9个行政村调整为6个行政村
		罗路村	17	824	3609						
		平寨村	9	418	1893	董油村	18	752	3382	巴沙小学	
		董油村	9	334	1489						
		翁选村	6	136	574	油海村	17	554	2766	原油海村	栗木乡简赖村竹冲组、甲托组、各滕组并入油海村
		油海村	8	326	1780						
		简赖村	3	92	412						
		里博沟村	7	304	1290	里博沟村	7	304	1290	原址不变	
		翁定村	5	164	713	翁定村	5	164	713	原址不变	
		巴沙村	11	291	1213	巴沙村	12	351	1483	原巴沙村	董油村小坡组并入巴沙村
		董油村	1	60	270						
8	交砚山	交塘村	7	273	1052	交砚村	14	600	2250	原交砚村	原来的9个行政村调整为6个行政村
		交砚村	7	327	1198						
		大寨村	8	171	691	大寨村	19	408	1549	原告牙村	
		告牙村	11	237	858						
		和平村	9	351	1375	和平村	15	563	2327	原和平村	
		播饶村	6	212	952						
		新塘村	8	267	1037	新塘村	8	267	1037	原址不变	
		联兴村	10	475	1879	联兴村	10	475	1879	原址不变	
		石兴村	9	404	1530	石兴村	9	404	1530	原址不变	

续表

序号	乡镇	原村名	组数	户数	人口数	并村后村名	组数	户数	人口	新村委会所在地	备注
9	董王乡	过高村	7	454	1749	董王村	14	725	2828	乡政府驻地	原来的 10 个行政村调整为 8 个行政村
		屯脚村	7	271	1079						
		油捞村	4	165	681	油捞村	10	401	1733	原油捞村	
		皮桶村	6	236	1052						
		打窖村	5	186	790	打窖村	5	186	790	原址不变	
		油烟村	3	280	1199	油烟村	3	280	1199	原址不变	
		油尖村	6	199	885	油尖村	6	199	885	原址不变	
		尖坡村	5	164	778	尖坡村	5	164	778	原址不变	
		打改村	3	183	772	打改村	3	183	772	原址不变	
		交足村	4	160	711	交足村	4	160	711	原址不变	
10	逢亭镇	耐村村	3	146	532	纳上村	9	351	1376	原纳上村	原来的 18 个行政村调整为 10 个行政村
		纳上村	6	205	844						
		床井村	4	150	689	床井村	10	466	1681	原床井村	
		布吉村	6	316	992						
		隆兴村	5	462	1730	上隆村	7	602	2358	原上隆村	
		上隆村	2	140	628						
		新光村	4	201	842	新光村	12	573	2371	原纳见村	
		公里村	5	172	699						
		纳见村	3	200	830						
		祥脚村	2	236	898	祥脚村	6	581	2280	原祥脚村	
		祥林村	4	345	1382						
		布忙村	3	135	615	翁牛村	7	372	1665	原翁牛村	
		翁牛村	2	125	619						
		罗江村	2	112	431						
		拱里村	6	272	1131	拱里村	6	272	1131	原址不变	
		逢亭村	6	742	2795	逢亭村	6	742	2795	原址不变	
		纳闹村	8	412	1675	纳闹村	8	412	1675	原址不变	
		腮思村	4	254	1022	腮思村	4	254	1022	原址不变	
11	木引乡	冗林村	4	180	866	从里村	12	542	2580	原从里村	原来的 18 个行政村调整为 11 个行政村；纳坪乡的打金村整体划入木引乡，单列 1 个村。木引镇共 12 个行政村
		从里村	8	362	1714						
		长生村	3	122	598	云保村	11	462	2041	原云保村	
		云保村	8	340	1443						
		罗坪村	4	262	1165	罗坪村	9	441	1991	原罗坪村	
		纳汝村	5	179	826						
		纳钵村	3	233	957	高山村	9	517	2210	原高山村	
		高山村	6	284	1253						
		把坝村	6	421	1914	把坝村	13	648	2954	原把坝村	
		兴隆村	7	227	1040						
		木引村	7	406	1650	木引村	12	615	2493	原木引村	
		窖里村	5	209	843						

续表

序号	乡镇	原村名	组数	户数	人口数	并村后村名	组数	户数	人口	新村委会所在地	备注
11	木引乡	勤民村	5	126	598	纳猛村	9	392	1799	原纳猛村	原来的18个行政村调整为11个行政村；纳坪乡的打金村整体划入木引乡，单列1个村。木引镇共12个行政村
		纳猛村	4	266	1201						
		速进村	10	371	1741	速进村	10	371	1741	原址不变	
		水井村	6	350	1563	水井村	6	350	1563	原址不变	
		宜龙村	6	240	1080	宜龙村	6	240	1080	原址不变	
		摆落村	11	526	2299	摆落村	11	526	2299	原址不变	
		打金村	7	255	1128	打金村	7	255	1128	原址不变	
12	沫阳镇	沫阳村	7	472	1774	沫阳村	14	768	3004	原沫阳村	原来的12个行政村调整为8个行政村
		钠括村	7	296	1230						
		访里村	5	258	1014	访里村	12	545	2215	原访里村	
		林情村	7	287	1201						
		里改村	3	190	804	里怀村	10	454	1913	原里改村	
		里怀村	7	164	1109						
		纳翁村	6	242	973	纳翁村	13	425	1663	原纳翁村	
		里落村	7	183	690						
		江亭村	9	493	1968	江亭村	9	493	1968	原址不变	
		罗沟村	8	400	1696	罗沟村	8	400	1696	原址不变	
		柏林村	7	451	1724	柏林村	7	451	1724	原址不变	
		翁保存	11	294	1220	翁保存	11	294	1220	原址不变	
13	董当乡	坡木村	6	200	955	董当村	17	767	3174	乡政府驻地	原来的11个行政村调整为9个行政村
		董望村	7	373	1264						
		梅坡村	4	194	955						
		大井村	8	344	1491	大井村	8	344	1491	原址不变	
		拉良村	9	392	1793	拉良村	9	392	1793	原址不变	
		红星村	7	261	1138	红星村	7	261	1138	原址不变	
		高峰村	8	412	1734	高峰村	8	412	1734	原址不变	
		勇进村	8	391	1726	勇进村	8	391	1726	原址不变	
		跃进村	10	439	1940	跃进村	10	439	1940	原址不变	
		先锋村	8	420	1773	先锋村	8	420	1773	原址不变	
		罗牙村	13	436	1944	罗牙村	13	436	1944	原址不变	
14	董架乡	田坝村	12	395	1513	田坝村	12	395	1513	原址不变	原来的9个行政村调整为8个行政村
		民进村	9	305	1260	民进村	9	305	1260	原址不变	
		白龙村	8	222	920	白龙村	8	222	920	原址不变	
		董细村	6	243	1079	董细村	6	243	1079	原址不变	
		东跃村	8	326	1309	东跃村	8	326	1309	原址不变	
		麻怀村	5	164	637	麻怀村	5	164	637	原址不变	
		联合村	8	350	1401	联合村	8	350	1401	原址不变	
		董架村	6	279	1056	董架村	12	534	2056	原董架村	
		甲哨村	6	255	1000						

续表

序号	乡镇	原村名	组数	户数	人口数	并村后村名	组数	户数	人口	新村委会所在地	备注
15	平岩乡	高兰村	12	287	1202	高兰村	16	427	1742	原高兰村	原来的 8 个行政村调为 5 个行政村
		弯心村	4	140	540						
		平岩村	11	425	1718	平岩村	16	554	2241	原平岩村	
		火龙村	5	129	523						
		安阳村川硐组	1	28	137	独坡村	5	245	1067	原独坡村	
		独坡村	4	217	930						
		下朝村	6	135	532	联丰村	10	337	1424	原联丰村	
		联丰村	4	202	892						
		安阳村	4	379	1057	安阳村	4	379	1057	原址不变	
16	茂井镇	兰西村	4	248	1034	兰西村	11	560	2295	原兰西村	油西村 7–10 组并入新茂村，油西村 1–6 组并入东山村。
		康里村	7	312	1261						
		边圩村	6	337	1395	红屯村	11	715	2581	原红屯村	
		红屯村	5	378	1186						
		新茂村	5	187	792	新茂村	9	323	1438	原新茂村	
		油西村	4	136	646						
		东山村	6	338	1423	东山村	14	542	2285	原东山村	原来的 12 个行政村调整为 9 个行政村
		油西村	8	204	862						
		五家坟村	6	249	974	五家坟村	6	249	974	原址不变	
		高里村	4	311	1118	高里村	4	311	1118	原址不变	
		高田村	11	319	1253	高田村	11	319	1253	原址不变	
		丰井村	6	261	1065	丰井村	6	261	1065	原址不变	
		八达村	7	392	1396	八达村	7	392	1396	原址不变	
17	凤亭乡	联明村	3	125	539	联明村	9	429	1751	原联明村	原来的 8 个行政村调整为 6 个行政村
		高山村	6	304	1212						
		良坪村	5	219	893	凤亭村	10	444	1945	原凤亭村	
		凤亭村	5	225	1052						
		国光村	8	377	1728	国光村	8	377	1728	原址不变	
		交吾村	6	220	878	交吾村	6	220	878	原址不变	
		勤丰村	8	263	1155	勤丰村	8	263	1155	原址不变	
		抗村村	7	189	824	抗村村	7	189	824	原址不变	
18	班仁乡	仁兴村	7	306	1086	仁兴村	8	325	1209	原仁兴村	红光村七组并入仁兴村
		红光村	1	19	123						
		红光村	6	302	1161	红光村	6	302	1161	原址不变	撤并后保持 4 个行政村不变
		班台村	3	195	947	班台村	3	195	947	原址不变	
		金祥村	5	224	918	金祥村	8	358	1580	原金祥村	仁兴村八、九、十组并入金祥村
		仁兴村	3	134	662						
19	大亭乡	兴合村	12	436	1955	大亭村	19	683	3075	原井借组	原来的 8 个行政村调整为 7 个行政村
		布良村	7	247	1120						
		布江村	8	227	1115	布江村	8	227	1115	原址不变	
		牛棚村	11	224	1073	牛棚村	11	224	1073	原址不变	

续表

序号	乡镇	原村名	组数	户数	人口数	并村后村名	组数	户数	人口	新村委会所在地	备注
19	大亭乡	布苏村	9	300	1360	布苏村	9	300	1360	原址不变	原来的8个行政村调整为7个行政村
		亭西村	5	235	1039	亭西村	5	235	1039	原址不变	
		田坝村	4	119	544	田坝村	4	119	544	原址不变	
		北亭村	8	229	1092	北亭村	8	229	1092	原址不变	
20	罗悃镇	河东村	8	386	1845	河东村	12	551	2669	原河东村	原来的14个行政村调整为8个行政村
		纳冗村	4	165	824						
		河西村	7	510	2296	河西村	9	706	3262	原河西村	
		洞甲村	2	196	966						
		平艾村	3	138	656	平艾村	9	368	1842	原平艾村	
		上饶村	6	230	1186						
		纳闹村	6	222	1139	纳闹村	11	399	2050	原纳闹村	
		架良村	5	177	911						
		冗瓦村	4	182	994	朗顶村	7	298	1563	原朗顶村	
		朗顶村	3	116	569						
		干村村	6	191	1035	干村村	9	308	1680	原干村村	
		玉里村	3	117	645						
		各化村	5	205	997	各化村	5	205	997	原址不变	
		新坡村	5	193	917	新坡村	5	193	917	原址不变	
21	沟亭乡	沟亭村	4	333	1771	沟亭村	6	416	2183	原沟亭村	原来的10个行政村调整为7个行政村
		布法村	2	83	412						
		平坡村	3	109	555	响水村	7	249	1244	原响水村	
		响水村	4	140	689						
		雷坡村	3	120	652	冗响村	7	294	1547	原雷坡村	
		冗响村	4	174	895						
		布乃村	4	201	984	布乃村	4	201	984	原址不变	
		拉喊村	4	160	809	拉喊村	4	160	809	原址不变	
		布沙村	5	195	1002	布沙村	5	195	1002	原址不变	
		拉招村	4	125	670	拉招村	4	125	670	原址不变	
22	罗苏乡	罗苏村	6	331	1383	罗苏村	9	461	1990	原罗苏村	原来的7个行政村调整为5个行政村
		纳庆村	3	130	607						
		过石村	3	142	643	龙井村	6	244	1098	原龙井村	
		龙井村	3	102	455						
		塘山村	4	202	900	塘山村	4	202	900	原址不变	
		沿河村	5	276	1238	沿河村	5	276	1238	原址不变	
		平榜村	5	436	2002	平榜村	5	436	2002	原址不变	
23	罗暮乡	平亭村	4	321	1504	平亭村	7	563	2556	原平亭村	原来的7个行政村调整为6个行政村
		白羊村	3	242	1052						
		罗暮村	7	485	2138	罗暮村	7	485	2138	原址不变	
		胡家湾村	6	273	1192	胡家湾村	6	273	1192	原址不变	
		冗袍村	6	249	1054	冗袍村	6	249	1054	原址不变	

续表

序号	乡镇	原村名	组数	户数	人口数	并村后村名	组数	户数	人口	新村委会所在地	备注
23	罗暮乡	保上村	4	128	571	保上村	4	128	571	原址不变	原来的 7 个行政村调整为 6 个行政村
		沫村村	4	354	1734	沫村村	4	354	1734	原址不变	
24	红水河镇	下宜村	6	223	902	红河村	12	458	1847	镇政府驻地	原来的 5 个行政村调整为 4 个行政村
		羊里村	6	235	945						
		罗祥村	5	216	793	罗祥村	5	216	793	原址不变	
		云里村	4	151	589	云里村	4	151	589	原址不变	
		关故村	6	232	1002	官故村	6	232	1002	原址不变	
25	罗妥乡	俄村村	5	219	903	俄村村	5	219	903	原址不变	原来的 6 个行政村调整为 5 个行政村
		相亭村	4	197	800	相亭村	4	197	800	原址不变	
		牙村村	5	296	1190	牙村村	5	296	1190	原址不变	
		下妥村	3	137	588	罗妥村	8	317	1383	乡政府驻地	
		上妥村	5	180	795						
		交算村	5	191	860	交算村	5	191	860	原址不变	
26	纳坪乡	新坪村	3	183	823	纳坪村	6	372	1701	原纳鸟村	纳鸟村一组、二组、冗拉组并入纳坪村
		纳鸟村	3	189	878						
		翁传村	4	190	895	翁传村	10	403	1906	原冗翁坪村	原来的 5 个行政村调整为 2 个行政村
		冗翁坪村	5	149	722						
		纳鸟村达腮组	1	64	289						
合计	26	268 个村	1703	74663	319166	177 个村	1703	74663	319166		全县总人数 351118 人

罗甸县人民政府办公室关于印发罗甸县玉石资源整合工作实施方案的通知

罗府办发〔2013〕184 号

各乡镇人民政府，县府有关工作部门：

《罗甸县玉石资源整合工作实施方案》已经县人民政府研究同意，现印发给你们，请认真抓好贯彻执行。

2013 年 11 月 14 日

罗甸县玉石资源整合工作实施方案

为全面提高玉石矿产资源开发的集约化、科学化水平，切实加强管理，不断提高玉石矿产资源对我县经济社会发展的保障能力，根据国务院、省、州全面整顿和规范矿产资源开发秩序的有关文件精神，按照《省委、省人民政府关于矿产资源配置体制改革的意见》（黔党发〔2012〕18 号）“一个矿区一个主体”的要求，结合我县实际，特制定本方案。

一、指导思想

以邓小平理论和“三个代表”重要思想、科学发展观为指导，坚持罗甸玉开发的经济效益、资源效益、环境效益、社会效益协调统一。综合运用经济、法律和必要的行政手段，通过并购、合作等方式，对具有相同和相似地质背景的玉石资源区域进行全面重组整合，摸清资源家底，科学规划，合理进行矿业权设置，确定矿业权数量和规模，实现资源优化配置、矿山开发合理布局，逐步形成以大型国有企业集团为主的罗甸玉开发新格局，建立罗甸玉标准体系，打造罗甸玉开发产业链，塑造罗甸玉品牌，加快资源优势转化为经济优势步伐，促进全县经济社会又好又快，更好更快发展。

二、工作的重要性和必要性

罗甸玉石资源整合，对罗甸来说具有基础性、全局性、科学性的战略意义，是贯彻落实省委、省政府“两加一推”“四化同步”要求，实现罗甸经济社会跨越发展的重大举措。为切实解决罗甸玉资源开发管理中存在的问题，合理调整矿山布局，合理设置矿业权，严格依法对矿产资源的勘查、开采活动实行集中统一管理，推动罗甸玉产业实现规模开发、集约发展，推进资源节约型和环境友好型社会建设，就必须进行罗甸玉资源整合。各乡镇、各部门要进一步提高对资源整合工作重要性、必要性和艰巨性的认识，调动一切积极因素，抓住关键环节，突破重点难点，加大工作力度，将资源整合工作作为事关全局的一项关键任务抓紧抓好抓实，确保资源整合任务完成。

三、基本原则

矿业权整合必须按照“政府主导、企业主体、市场运作、先易后难”的原则进行整合。

四、目标任务

通过资源整合，要实现的目标任务：一是规范矿业开采秩序，科学合理设置矿权，解决一个矿区多个矿业权人问题；二是集中玉石资源勘查开发程度，提高玉石资源开发综合利用水平，促进资源向开采技术先进、开发利用水平高、安全生产装备条件好和矿区生态环境得到有效保护的优势企业集聚，提高产业集中度；三是通过大型国有企业的开发带动，力争到2015年形成罗甸玉开发5亿元产业链，到2020年突破100亿元；开发主体企业产值到2015年达1—5亿元，到2020年达10—30亿元。

五、整合工作的主体

县人民政府是实施玉石资源整合的主体，县国土局和玉开办具体承办整合相关事宜，县相关部门配合对罗甸玉区域矿业权进行整合。按照“一个矿区一个主体”的要求，整合后的矿权由贵州盛世玉业股份有限公司作为罗甸玉矿权申办和勘查开发的重要主体，统筹罗甸玉的勘查开发。

六、矿业权设置现状、矿业权整合

（一）矿业权设置现状。区域内已设置各类矿业权20个。其中探矿权10个，采矿权10个，涉及矿种有铜、铁、金、金锑多金属、铅锌、锰、重晶石、大理石、铜矿、彩玉石等。

1. 已设置探矿权现状。整合区设置探矿权10个，矿种有彩玉石普查、铁矿详查、金矿详查、金锑多金属详查、铜矿的普查和详查（详见附件1）。从已设置的10个探矿权情况来看，仅有贵州省罗甸县红水河镇龙井彩玉石矿普查探矿权为玉石矿权，有效期限为2011年1月至2013年1月，余下矿权已灭失1个，未延续3个，详查及勘探各1个，正在办延续2个，有效期1个。

2. 已设置采矿权现状。整合区设置采矿权10个，矿种有砂石矿、饰面灰岩、金矿、铁矿、重晶石矿（详见附件2）。从已设置的10个采矿权情况来看，砂石矿采矿权4个，金-铁矿采矿权1个，多金属矿采矿权1个，重晶石采矿权1个，申请拟招、拍、挂饰面灰岩采矿权3个。采矿权为平艾村饰面灰岩采矿权、罗妥乡峨劳饰面灰岩采矿权、罗妥乡安抗饰面用灰岩。

（二）整合的主要范围

本方案涉及区域西起里平，东至冗央，北达罗甸县城，南迄纳翁，行政区划隶属罗甸县管辖。凡是涉及整合区域内的玉石矿业权均纳入本次整合范围，并按照先易后难的方式，逐步解决私挖乱采、非法开采、一矿多开等问题。

（三）整合方式

1. 行政整合方式：根据黔府专议〔2013〕11号的要求，停止罗甸县玉石区域内其他矿山矿权的办理。在已设置的10个探矿权中，对已灭失或到期未延续的4个探矿权，按照国土资源管理相关政策及规定进行注销。

2. 合作参股方式：对于已设置的彩玉石矿权，按照一个矿区，一个主体，“统一资源、统一开采、统一销售、统一品牌”的原则，支持贵州盛世玉业股份有限公司通过并购作价参股或合作等方式，实施有效整合。

3. 其他整合方式：对于未到期的金、铜、砂石等地质勘查工作程度低、投入不足的有效矿权，根据矿业权管理有关规定，到期后不再办理延续，由贵州盛世玉业股份有限公司进行整合；对存在玉石的矿权，由贵州盛世玉业股份有限公司按照市场规律对矿业权人适当补偿，支持贵州盛世玉业股份有限公司变更矿权和勘查主矿种。

（四）整合要求

1. 矿业权明晰，只有一个企业主体和完整生产系统。

2. 矿区范围明确，矿权设置合理，开发利用方案符合规范要求。

3. 集中开发程度高，矿山企业占用矿产资源储量、设计生产规模、矿山服务年限匹配合理，符合有效保护和合理开发利用的总体要求。

七、整合区块的划分、实施、时间安排

（一）区块划分

根据整合区内软玉石矿的成矿规律、矿集成度、控矿构造单元、地质勘查程度、自然地理条件等，将贵州罗甸玉的整合划分为3个整合区块，即峨劳区块、罗暮区块和罗悃区块。

（二）具体实施

三个区块共涉及8个矿业权，其中探矿权2个，采矿权6个，针对每个矿业权分别采取不同的方式进行整合（详见附件3）。

（三）时间安排

2013年11月至2014年11月，一年内完成整合。

八、工作措施

（一）加强组织领导。县国土、玉开办、安监、发改、财政、工商、税务等部门及涉及乡镇要高度重视，精心组织，要形成主要领导亲自抓，分管领导具体抓的工作格局，明确工作责任，细化方案，加强指导协调，及时研究解决整合工作出现的重大问题，确保如期完成资源整合的工作任务。

（二）工作职责。县国土资源局负责对整合后的矿山依法划定矿区范围，依法申办采矿许可证，依法取缔无证矿山。工商管理部门负责对整合矿山企业依法办理注销手续。供电部门负责整合矿山的供电工作。公安、监察等部门负责会同有关部门加强监督检查，对工作中存在的滥用职权、失职渎职、弄虚作假、徇私舞弊等违法违纪行为进行查处，严肃追究有关人员的责任，构成犯罪的，依法追究刑事责任。

（三）依法规范操作。运用经济手段以及必要的法律手段，推进资源整合工作。整合期间，整合区域内暂停新设置探矿权、采矿权，整合后矿权审批工作严格按法定权限进行。

（四）加强舆论宣传。县宣传部门要积极通过广播、电视、报纸、座谈会等多种形式，深入宣传资源整合工作的重要意义和相关政策，在全社会营造良好的工作氛围。

附件：1. 玉矿区域内已设置探矿权基本情况表

2. 玉矿区域内已设置采矿权基本情况表

3. 玉矿区域内整合矿权一览表

附件1

玉矿区域内已设置探矿权基本情况表

序号	探矿权名称	勘查许可证号	面积（km^2）	探矿权人	有效期
1	贵州省罗甸县罗暮乡罗暮铜矿普查	T52120081202019398	31.42	贵州富高矿业有限公司	2012.12.12—2014.12.11
2	贵州省罗甸县罗暮乡羊子坪铜矿详查	T52320080402006000	12.8	黔南州浙丰矿业有限责任公司	2012.04.02—2014.04.01
3	贵州省罗甸县峨村铁矿普查	5200000610591	16.25	贵州乾成矿业发展有限责任公司	2006.06.23—2008.07.01
4	贵州省罗甸县坡乃铅锌矿普查	T52120090502028414	16.87	广西喀斯特矿业有限公司	2009.04.05—2011.04.04
5	罗甸县翁传铁铅锌多金属矿探矿权	5200000610371	33.44	罗甸县鑫腾矿业开发有限责任公司	2007.10.15—2009.10.14
6	贵州省罗甸县鸭村铁矿详查	T52120080502006589	9.88	张　东	2011.07.05—2012.01.02

续表

序号	探矿权名称	勘查许可证号	面积（km^2）	探矿权人	有效期
7	贵州省罗甸县白果村铁、铜矿普查	T52120081102017802	29.46	李泽华	2008.06.01—2010.06.15
8	贵州省罗甸县上饶金矿详查	T52120090302026091	11.63	河南省有色金属地质矿产局第六地质大队	2012.06.17—2014.06.14
9	罗甸县冗共组中苏组铅锑多金属矿详查	T52120090302025733	4.65	罗甸县祥华石材厂	2011.01.02—2011.01.01
10	贵州省罗甸县红水河镇龙井彩玉石矿普查	T52120110103043665	15.71	贵州满堂投资有限公司	2011.12.24—2013.01.24

附件 2
玉矿区域内已设置采矿权基本情况表

序号	许可证号	采矿权人名称	矿山企业名称	开采矿种
1	C5227282011117130120092	罗甸县乾通建设工程有限公司	沟亭乡里王砂石场	砂石
2	C5227280830004	贲克念	巴他尚石岩矿山	砂石
3	–	广西天作集团	平艾村饰面灰岩采矿权	大理岩
4	C5200000810620	罗甸县样华石材厂	风亭乡交贯—中苏村多金属矿	多金属
5	5200000810116	罗甸县湘黔矿业采冶有限责任公司	罗妥冗决矿山	金矿、铁矿
6	–	广西天作集团	罗妥乡峨劳饰面灰岩采矿权	饰面用灰岩
7	5227000930027	罗甸县祥华石材厂	罗妥乡安抗饰面用灰岩	饰面用灰岩
8	5220282011017130105494	王　平	罗妥乡峨村建筑石料	砂石
9	5227282009117130041313	秦伟均	罗妥乡峨村峨坝砂石场	砂石
10	–	贵州天脉矿业有限公司	罗悃镇河西村重晶石矿	重晶石

附件3

玉矿区域内整合矿权一览表

区块名称	序号	矿权名称	矿权人	矿权性质	矿种	面积（平方米）	有效期	整合方式
峨劳区块	1	罗妥乡峨劳饰面灰岩采矿权	广西天作集团	采矿权	饰面灰岩	–	申请时间：2011.3.23	并购
峨劳区块	2	罗妥乡峨村峨坝砂石场	秦伟均	采矿权	砂石	0.0761	2009.11–2012.3	并购
峨劳区块	3	罗甸县罗妥乡安抗饰面用大理石矿山	罗甸县祥华石材厂	采矿权	饰面石材	0.2418	2006.3–2009.3	并购
峨劳区块	4	罗妥冗决矿山	罗甸县湘黔矿业采冶有限责任公司	采矿权	金矿铁矿	2.9088	–	并购
罗暮区块	5	贵州省罗甸县罗暮乡罗暮铜矿普查	贵州省富高矿业有限责任公司	探矿权	铜矿	31.42	2012.12.12–2014.12.11	并购或合作
罗暮区块	6	贵州省罗甸县罗暮乡羊子坪铜矿详查	黔南州浙丰矿业有限责任公司	探矿权	铜矿	12.8	2012.4.2–2014.4.1	并购或合作
罗悃区块	7	平艾村饰面灰岩采矿权	广西天作集团	采矿权	大理岩	–	申请时间：2011.4.22	招拍挂方式配置
罗悃区块	8	罗悃镇河西村重晶石矿	贵州天脉矿业有限公司	采矿权	重晶石	7.63	申请时间：2011.7.22	并购或合作

《罗甸县志（1991—2015）》资料撰稿人员

县 委 办：李仕富　黄瑞然　　　　县政府办：龙正江
县人大办：黄景杰　班凤章　　　　县政协办：韦政敏　陈盛先
县纪委、监察局：邢　明　　　　组 织 部：吴光德　王建木　陈　诚
宣 传 部：林　娟　王　倩　　　　政 法 委：覃信前
县直属机关工委：张成敏　　　　老 干 局：黄呈忠
县委党校：郑俊梅　赵　莎　　　　县 妇 联：罗　菁　王义肖
信 访 局：罗素梅　　　　总 工 会：陈邦智
工 商 联：李泽民　谢子丽　　　　县 残 联：王邦乔　刘光欢
县 文 联：黄海霞　　　　统 战 部：甘　泉
团 县 委：韦春梅　　　　红十字会　姚茂荪
老年大学：黄元勋　　　　县 编 办：黄光智
县 科 协：兰国琴　王宽立　　　　档案史志：何清福　王邦英
工 信 局：杨通军　罗实俭　杨秀鹏　　　　人 社 局：李润培
财 政 局：石　力　　　　国 土 局：黄保晶
农 工 局：潘彩冬　田玲慧　汪　勇　　　　民 政 局：陈建文　张存敏
教 育 局：敖应周　罗家胜　张秀元　　　　交 通 局：黄国兵　王小红
扶 贫 局：岑万明　　　　卫 计 局：郭昌萍　王德坤　王　程
安 监 局：黄　勇　　　　科 技 局：韦竹庚　网络电视：刘远新
林 业 局：张怀文　　　　统 计 局：黄元昌
审 计 局：舒　英　葛　鹏　　　　移 民 局：杨逸林　徐忠琴
地 税 局：王惠飞　　　　工业园区办：杨秀敏
司 法 局：王周龙　　　　检 察 院：王昌元
国 税 局：王文格　杨国军　　　　公 安 局：蒙华双　罗世源
环 保 局：黄景锐　裴儒弟　唐微婷　　　　住 建 局：刘期海　鄢东亮　李忠源
投 促 局：姚启发　　　　金 融 办：李仕勇
市 监 局：陈　波　覃智香　　　　水 利 局：李廷亮　郑　毓　汤　丹
供 电 局：李怀志　　　　烟 草 局：帅秋鸿
民 宗 局：罗德著　黄俊光　　　　邮 政 局：莫　琼
海 事 处：石广杰　　　　供 销 社：温忠宝　吴开京
发 改 局：张国祥　王大国　王学芝　苏顺堂　黄　智　方小强
文体广播旅游局：史传勇　杨胜敏　胡先志　罗锦嫚　秦　筠
县 法 院：罗克胜　黄光仁　岳为岿　石文广
玉 开 办：罗　睿　　　　电信公司：刘其华　李世海
移动公司：刘永建　　　　联通公司：吴培培　吴勇翔
盐业公司：刘　拓　汪显林　　　　气 象 局：谭清波

石油公司：万有扬　高远扬
农业银行：夏芝贵
人民银行（含银监办）：黄水源、李卫双
农村信用联社：王琪钧　王　炼
农业发展银行：李继平　罗　波
工商银行：刘智君　杨昌喜
邮政储蓄：李小中　董　波　赖竹梅
财产保险公司：王春泉　王朝向
人寿保险公司：刘小娟
太平洋保险公司：罗清华
省驻罗甸果科所：张兴吴
人武部：黄　勇
武警消防大队：董维红
武警中队：张明明
上隆茶果场：陆　军
龙坪镇：陈君霞　李　国　岑世敏　冉素钗　罗建敏
边阳镇：唐　芳　刘榜发　杨国美　汤泽强
罗悃镇：陈　林　龙正杰　程晓娟　鄢登雷　田孟昌
逢亭镇：王成毅
茂井镇：罗如双　王泽勇
沫阳镇：黄光贤　邹纯艳　周继东　王明州　王　朋　罗金干　黄　微
红水河镇：邹　伟　何大信
木引乡：李振方
凤亭乡：周文平　王朝虎　王世斌

《罗甸县志（1991—2015）》图照提供单位及人员

政府办　政协办　宣传部　公安局　民政局　县国土局　农工局　水务局　工信局　城管局　市监局　交通局　海事处　文化旅游局　教育局　移民局　人武部　住建局　县玉石开发办　中医院　县医院　疾控中心　边阳镇　逢亭镇　红水河镇　木引镇　沫阳镇　凤亭乡　刘文俊　董峰应　石朝友　王孝文　王邦英　陈盛先　班积辉　黄　蓉

《罗甸县志（1991—2015）》审稿人员

县级初审会审稿人员

黄锐光　陈邦禄　田儒斌　王邦荣　王琪钧　王科良　王周龙　王成毅　王　程　王朝向　计碧江　岑运鸿　岑万明　邢　明　李润培　李　玲　陈　诚　涂天菊　顾　萍　田玲慧　舒　英　郑俊梅　周永丽　徐元阶　刘　军　刘小娟　刘　丽　刘玲玲　罗世源　王晓优　陈邦智　王青志　何贵祥　鄢东亮　姚启发　宿华燕

严　飞　李庆霞　杨　治　韦金江　罗永丹　罗如双　罗尚兵　罗国琼　罗德凤
谯昌东　吴青青　韦启光　李　国　岳为岿　赉恩梅　刘其华　肖朝宏　邹　伟
杨　都　杨昌喜　杨秀鹏　薛茗殷　周继东　罗江萍　龙正杰　班凤章　张秀元
张雯雅　张明富　张应富　黄呈专　黄跃芬　黄海霞　黄元超　黄宝甸　黄元武
黄保晶　黄晓频　黄　勇（人武部）　黄　勇（安监局）　梁贵钢　钟　莉　陆　震
史维忠　周声浩　唐玉芳　车秀琴　李燕芝　胡智勇　王素琴　罗　菁　何清福
陈盛先　黄元勋　陈建文　袁继光　王邦英　兰国琴　邓政军

州级复审会审稿人员

州志史志办参加人员：

胡智勇（州史志办公室主任）
张慧玲（州史志办公室副主任）
喻昌富（州史志办公室副主任）
韦武昌（州史志办公室主任）
王素琴（州史志办公室方志科科长）
白映泉（州史志办公室副编审）
舒天洪（州史志办公室主任科员）

县参加州级复审人员：

宋　辉（中共罗甸县委常委组织部部长）
韦正江（罗甸县人大常委会副主任）
班禹霞（罗甸人民政府副县长）
黄大斌（政协罗甸县委员会副主席）
章　艳（县档案史志局局长）
何清福（县档案史志局常务副局长）
黄锐光（县人大常委会原主任）
冯光碧（县人大常委会原副主任）
谭宗文（政协罗甸县委员会原副主任）
陈邦禄（县人大常委会原主任）
陈盛先（政协罗甸县文史委原主任　执笔主编）
县直部门和八镇一乡有关领导及《罗甸县志》编辑部人员

省级终审会审稿人员

省志办参审人员：

梁贵钢（省地方志办公室副主任）
钟　莉（省地方志办公室业务四处处长）
陆　震（省地方志办公室业务四处副处长）

李燕芒（省地方志办公室业务四处工作人员）
史继忠（省文史馆　原副馆长）
唐玉芳（《贵州大百科全书》常务副主编）
黄大远（贵阳警备区原副政委）
周声浩（省地方志办公室原副主任）
车秀琴（省地方志办公室业务四处主任科员）

州史志办参审人员：
胡智勇（州史志办公室主任）
王素琴（州史志办公室方志科科长）

县参审人员：
班禹霞（罗甸人民政府副县长）
章　艳（县档案史志局局长）
何清福（县档案史志局常务副局长　主编）
陈盛先（政协罗甸县文史委主任（退休）　执笔主编）
王邦英（县档案史志局方志股负责人　编辑）
兰国琴（县档案史志局党史股负责人　编辑）
邓政军（县档案史志局　编辑）

编 后 记

《罗甸县志（1991—2015）》为1994年8月版的续志，是罗甸有史以来的第二部志书。本次修志是以马克思列宁主义、毛泽东思想、邓小平理论、“三个代表”重要思想、科学发展观和习近平总书记系列重要讲话精神为指导，按照省、州地方志编委会的文件精神，启动第二轮县志编修工作。

《罗甸县志（1991—2015）》修志工作可分为二个阶段。第一阶段是2005年9月—2007年12月，中共罗甸县委办公室、县人民政府办公室行文成立第二轮《罗甸县志》编写工作领导小组和关于认真做好第二轮《罗甸县志》续志编修工作的通知，并编写《罗甸县志》篇目向乡镇和县直各部门发出征稿通知。为加强史志工作领导，县委办公室、县人民政府办公室以罗委〔2007〕60号文件关于调整县史志编纂委员会成员及编委办公室人员，具体负责县志编修工作。当时文件要求，第二轮《罗甸县志》上限1978年，下限2006年，但因诸多因素，第二轮《罗甸县志》曾一度停止编修工作。第二阶段是2014年3月—2018年5月，根据国务院《地方志工作条例》、贵州省人民政府《地方志工作规定》和省、州有关要求，2014年3月县志编委办重新启动第二轮《罗甸县志》编修工作。聘请县政协文史委原主任陈盛先、县民宗局原副局长陆国器、县委党校原副校长高级讲师袁继光、县老龄办原主任陈建文，抽调县老年大学原副校长黄元勋5位同志于2014年4月1日到县档案史志局正式开展修志工作。编辑部重新草拟修志方案、框架设计及第二轮《罗甸县志》篇目。第二轮《罗甸县志》上限1991年，下限2015年。从2014年5月起，对县直机关单位及各乡镇84个承编单位撰稿人员进行分期培训，按编辑部提供的编写提纲编写志稿，并要求在8月31日将写好的志稿打印（含电子版文稿）送县志编辑部。

为确保志书质量和进度，编辑部把志书分成四大部分，明确分工，各负其责。主编和副主编负责修志中的协调工作。执笔主编陈盛先和编辑王邦英负责志书总体设计、篇目、凡例、代序、概述、编后记、全志审稿、初纂、总纂，同时承担沿革、地理、农业、工业、林业、水电、教育、卫生等篇章的编写、审稿工作；编辑黄元勋、邓政军负责党政群团、政法、公安、司法、军事和移民等篇章的编写、审稿工作；编辑袁继光、兰国琴负责经济、发改、工信、统计、交通、财政、金融等篇章的编写、审稿工作；编辑陈建文、王瑜负责26个乡镇、国土、计生、民政、文体广播电视等篇章的编写、审稿工作。

是年8月31日，县直各部门、各乡镇基本按时交出志稿，但志稿编写提纲编写，有写成工作总结的、流水账的，再则是资料缺漏多，数据其中数不等于总数，文字叙述冗繁。针对这些普遍存在的问题，编辑部的同志认真梳理，分析存在问题及原因，主要是编辑部对乡镇、部门编写人员培训力度不够，编写人员对志书要求把握不准等。为帮助编辑人员在新时期、新形势下写好县志工作，编辑部决定召开志书编写工作业务培训会，由执笔主编陈盛先讲授业务知识，对编志工作思想再认识，对修改审稿中存在的问题再进行统一。其次是由主编何清福带队，编辑部人员赴福泉、瓮安、贵定考察学习修志经验。同时各编写小组分赴各乡镇及部分县直部门作调研指导，及时解决各单位在编写中存在的困难和问题。

2015 年 12 月 2 日在参加史志办举办县志业务培训会时，编辑人员带着部分志稿请州志办审阅，请求提出修改意见。州志办的同志不顾开会劳累，晚上加班加点帮助审阅。次日（12 月 3 日）在州史志办召开对罗甸部分志稿审稿会（有省志办领导 2 人参加），会上对罗甸志稿提出要突出地方特色等意见和建议。县档案史志局领导和编辑部人员针对州志办的意见及建议，召开会议探讨罗甸特色是什么？并就“特色”问题，专题向县人民政府作情况汇报，县人民政府领导非常重视，经研究决定，将原用节或章写的有关内容提升为章或篇写。“玉石”“电站建设库区移民安置补偿”节升章写，“扶贫开发”由章升篇写；增加专记内容：信邦制药发展历程，艾纳香、边阳工业园区、罗甸一中建校情况等专记。为及时完成编写“特色”志稿，特举办特色产业编写培训班，并规定在 2016 年 1 月 24 日前将专记志稿送县志编辑部。

在编写县志工作中，县委书记杨朝伟、县长杨兴华、县人大常委会主任陈邦禄、县政协主席罗金逸和县政府分管修志工作的副县长马素芬、县委分管修志工作的副书记陈元贵以及县委常委、组织部部长宋辉等曾亲临县档案史志局县志编辑部指导修志工作。

《罗甸县志》编辑部的同志历经 4 年的艰苦努力，几度寒暑，默默伏案，艰辛耕耘，著写春秋。以高标准、高要求、出精品为追求目标，得到县委、县政府、县人大、县政协领导的关心和县直各机关单位及乡镇领导的支持。县档案史志局的全力帮助，编辑部同志的努力奋斗，执笔人员辛勤耕耘，四易其稿，完成分纂、初纂、总纂工作。2016 年 10 月 21 日通过县级初审，2017 年 4 月通过州史志办复审，8 月 18 日通过省志办终审。2017 年 10 月由于编辑人员变动，由章艳负责、罗祥祖分管，王邦英、兰国琴协助完成后期修改出版工作。《罗甸县志（1991—2015）》出版问世，为罗甸经济建设、精神文明建设、文化建设增添新的一页。

修志是一项系统工程，涉及面广、工作难度大、质量要求高，并要真实、全面、详尽、科学地记述罗甸改革开放和社会主义现代化建设宏伟业绩，展现时代新风貌。由于编修人员学识、经验水平有限，疏漏、差错等在所难免，恳请读者不吝赐教。

在编写本志过程中，得到各部门、各乡镇及全县各族各界人士的支持帮助，在此成书之际，一并表示衷心感谢。

2018 年 5 月

编　者

索　引

非音序

A

B

C

D

F

G

H

J

K

L

M

N

P

Q

R

S

T

W

X

Y

Y

Z